The Cambridge Handbook of
THE LAW OF
THE SHARING ECONOMY

Edited by
Nestor M. Davidson, Michèle Finck, John J. Infranca

케임브리지 핸드북
공유경제와 법률

번역: 블록체인법학회 번역팀
책임번역 및 감수: 박덕희 · 이정엽 · 김원순

박영사

일러두기

- 역자가 34명이라서 장별로 용어, 표현, 문체가 다를 수 있다. 원문의 저자 50명 사이에도 용어와 표현에 차이가 많은 점이 반영된 결과이기도 하다.

- 원문의 취지를 살리고 독자의 이해를 돕기 위하여 원문 형식의 유지보다는 취지의 전달에 치중하였다.

- 본문에서는 가급적 원어를 사용하지 아니하고, 각주에서는 참조의 편의를 위하여 원문을 최대한 살렸다. 우리말로 옮기면 오히려 이해의 신속성과 정확성이 떨어지는 예외적인 경우에만 원어를 그대로 사용하거나 병기하였다.

- 원문의 오탈자는 번역 시 바로잡았으며, 원문의 문장부호는 유지하지 아니하고 번역문에서 독자적으로 문장부호를 사용하였다.

- 원문에서 큰따옴표 " "는 주로 인용어구를 특정하기 위하여 사용하였는데, 번역문에서는 피인용 문구를 그대로 사용하는 것이 아니라 번역된 문구를 사용하므로 피인용 문구라도 " "를 사용하지 않았고, 어구 혹은 문장의 전체를 그대로 인용하는 경우에만 " "를 사용하였다. 목적어 혹은 수식어구가 길거나 문장성분 사이의 연결관계가 복잡한 경우에는 상호 연결관계를 명확히 하기 위하여 ' '를 사용하여 문장의 일부를 묶기도 하였다.

- 원문의 이탤릭체 등 강조표시 대부분은 번역문에 표시하지 않았다. 강조의 취지를 표현할 필요가 있으면 내용에서 그 취지가 드러나도록 하였다. 우리말 용어의 통상적 의미가 아니라 특별한 의미로 사용한다는 차원에서 주의를 환기할 필요가 있는 경우에는 어구에 ' '를 사용하기도 하였는데 이는 원문의 표기와는 무관하다.

- 원문의 이해에 불필요한 단어는 생략하였으며, 우리말 고유의 리듬과 분위기를 살리도록 원문에 없는 단어를 추가하기도 하였다.

- 번역문에 존재하는 오류나 착오는 전적으로 책임번역자 3인의 책임임을 밝혀 둔다.

발간사

이 번역서는 서울대학교 인공지능센터장으로 계시는 고학수 서울대 교수님이 2018년 12월 4일에 올린 페이스북 포스팅에서 시작하였다. 해당 포스팅에서 고학수 교수님은 공유경제와 관련하여 우리 사회에서 학술적인 논의는 없이 세력다툼만 계속 반복되고 있는데, 최근에 공유경제와 관련한 이슈들이 망라되어 있는 'Cambrige Handbook of the Law of the Sharing Economy'라는 좋은 책이 출간되어 있다고 소개해주셨다.

포스팅에 소개한 책의 목차를 보니 공유경제와 관련하여 현재 논의되는 대부분의 법, 제도적 이슈들이 망라되어 있었다. 우버나 에어비앤비로 표현되는 새로운 가치창출 조직에 대한 이슈, 정보를 가치로 전환시킬 수 있는 디지털 플랫폼 혹은 디지털 네트워크에 대한 이슈의 이해는 블록체이니즘으로 표현되는 새로운 시대를 이해하는 데 꼭 필요하다고 생각하고 있었다.

블록체인법학회 회원들에게 학문적 엄밀성을 희생하더라도 집단작업을 통해 빠르게 번역을 해서 우리 사회에 소개하자고 하였고, 고맙게도 52명이나 되는 블록체인법학회 회원들이 번역작업에 지원해주셨고, 최종적으로 34명이 참여하여 600페이지 정도 되는 이 책을 빠르게 번역할 수 있었다. 다수가 번역작업에 참여한 만큼 용어선택이나 문장 등의 통일성을 기하는 것이 어려웠다. 박덕희 변호사(법무법인 에이프로)가 많은 수고를 해주었는데 이 자리를 빌어 특별한 감사를 드린다.

수많은 지식과 정보가 쏟아져 나오고 있고, 그 대부분의 새로운 지식과 정보가 영어로 발행되는 현실을 감안하면 종전과 같이 엄밀한 번역작업도 중요하지만 빠르게 한국어로 번역하여 새로운 정보의 개요나 주장을 파악하는 것도 매우 중요하다고 생각한다. 원문 대조가 쉽게 가능하기 때문에 더욱 그러하다. 그런 의미에서 블록체인법학회가 집단작업으로 이 책을 번역한 것은 새로운 번역작업 형식으로 중요한 의미를 가진다고 하겠다. 당초 예정은 시작하고 6개월 이내에 작업을 마칠 예정이었지만 번역자들이 여가시간을 쪼개어 작업을 하였고, 감수에 시간이 많이 소요되어 1년 이상 지체되는 결과가 되었는데 이 점은 아쉬운 부분이다.

공유경제는 단순히 현재의 시장경제의 일부에 새로 나타난 트렌드에 불과한 것이 아니다. 오프라인 경제가 디지털 경제로 전환되면서 오프라인에서는 불가능하였던 여러 새로운 시도가 가능해지면서 여러 잠재력의 발현 중의 하나로 나타난 것이다. 따라서 디지털 전환이 가속화될수록 모든 자원을 가장 가치 있게 분배하고 사용하려는 요구가 계속될 것이고, 이러한 시대적 요청은 전통적인 사적소유권제도에 대해서까지 근본적인 의문을 제기할 것이다.

공유경제는 다른 방향에서 보면 디지털정보네트워크경제라고 볼 수 있다. 상품이나 서비스의 소유권을 기반으로 하는 경제에서 상품이나 서비스를 공급하는 네트워크에 접속할 수 있는 권리를 기반으로 하는 경제로 전환하고 있고, 이러한 네트워크에 접속할 수 있는 권리를 블록체인기술을 이용한 장부에 기재함으로써 해당 권리는 자본으로 진화할 수 있다. 공유경제와 관련한 여러 법적 이슈를 잘 살펴보는 것은 새롭게 나타난 공유경제를 잘 성장시키기 위한 제도를 디자인하는 데 중요하다. 이 책의 번역은 이런 점에서도 의의가 있다.

블록체인법학회에서는 종전에도 FATF의 권고안, 싱가포르나 미국의 암호자산 가이드라인도 협업을 통해 빠르게 번역하여 블록체인법학회 회원들에게 제공한 바 있다. 앞으로 블록체인법학회가 기존의 번역, 출판 관행을 혁신하여 우리 사회가 원하는 지식과 정보를 빠르게 번역 제공하는 조직으로도 발전하기를 기대하여 본다.

참여해주신 블록체인법학회 회원 모두에게 진심으로 감사한 마음을 전한다.

2020년 10월 20일
블록체인법학회장 이정엽

추천사

우버와 에어비앤비로 대표되는 공유경제가 혁신과 미래의 대명사로 떠오른 지 수 년이 지났다. 공유경제는 반공유지의 비극으로 대표되는 자원의 과소활용 문제를 해결하고 집중화된 현대 자본주의의 한계를 넘어설 대안으로서 조합주의자들을 비롯한 많은 사람들의 상상력을 사로잡았다. 그러나 시간이 지나면서 공유경제는 소유권과 계약이라는 기존 제도를 흔드는 것이라기보다는 오히려 그것에 바탕을 둔 것임이 분명해졌고, 플랫폼과 데이터에 의한 간접적 지배는 기존의 기업조직에 의한 지배 못지않게 견고해 보이기 시작했다. 결국 공유경제하에서도 종전의 법과 규제들이 추구했던 목표들은 여전히 유효하며, 문제는 과연 법과 규제가 어떻게 변화하여야 이러한 목표를 달성할 수 있을 것인가이다. 본서는 이 문제에 답하기 위한 시도 가운데 가장 훌륭한 것 중의 하나이다. 다행히 여러분의 노력으로 시의적절하게 국내에 번역되어 많은 사람들이 쉽게 접할 수 있게 된 것을 기쁘게 생각한다.

이상용(건국대 법학전문대학원 교수, 초대 인공지능법학회 회장)

유럽, 미국의 50명의 석학들과 한국의 뛰어난 법조인 34명이 함께 빚어낸 명작이다. 공유경제의 미래를 현실로 만들어내려면 주요 개념과 쟁점을 법의 관점에서 살펴보아야 한다. 이 책은 한국에 공유경제를 정착시키고 관련된 규제를 최신화하는 데 큰 도움이 될 것이다.

김문수(aSSIST 경영대학원 부총장)

사회와 경제의 패러다임이 바뀌고 있다. 그 핵심에 '데이터'가 있다. '데이터 이코노미'라는 표현은 이제 일상적인 것이 되었다. 하지만 생각해 보면 '데이터 이코노미'라는 표현이 익숙해진 것은 최근의 일이다. 불과 몇 년 전만 해도 데이터에 기초한 패러다임의 변화는 많은 이들에게 생경한 것이었다.

데이터 이코노미로의 패러다임 변화의 중심에는 공유경제(sharing economy)를 포함한 플랫폼 비즈니스가 있다. 공유경제라는 개념이 등장하기 시작한 것은 이미 10년 정도가 된 것 같다. 그리고 최근 몇 년 사이에 그에 대한 관심이 전반적으로 늘어나고 있는 것으로 보인다. 또한 관련된 사회적, 법적인 논란이 크게 발생하기도 하였다. 가장 대표적으로 우버, 타다 등으로 대표되는 모빌리티(mobility) 서비스를 둘러싼 논란을 떠올릴 수 있다. 모빌리티 서비스에 비하면 사회적인 관심은 상대적으로 작지만 에어비앤비 등 숙소 임대서비스와 관련된 이슈도 있다. 그 외에도 다양한 서비스들이 나타나면서 새로운 이슈들이 계속해서 제기되고 있다.

공유경제에 대한 관심이 늘어나면서, 자연스럽게 공유경제의 특징이 무엇인지 그리고 이를 우리 사회에서 어떻게 바라볼 것인지에 대한 관심도 늘어났다. 또한 공유경제라는 이름을 통해 공통적으로 파악할 수 있는 특징이나 원리는 어떤 것인지, 다른 한편 개별 비즈니스 영역별로 차별화된 특징이나 원리는 어떤 것인지에 대한 관심도 늘어나고 있다. 이와 같은 관심의 분화와 심화는 공유경제의 중요성을 고려하면 자연스러운 것이라 할 수 있다. 예를 들어 모빌리티 서비스 영역과 관련해서는 공유경제로서의 일반적인 특징에 더해, 대중교통 서비스의 특징, 택시 서비스에 대한 규제, 플랫폼 비즈니스의 특징 등 여러 관련 측면에 대한 관심이 나타났다. 물론 이러한 세부적이고 다양한 영역에 대한 관심은 심도 있는 연구의 수행으로 이어져야 한다. 심도 있는 연구가 이루어지지 않은 채 급하게 규율체계가 만들어진다면 이는 추후에 올바른 방향을 잡아서 필요한 개선작업을 하는 데에 훨씬 더 큰 사회적인 비용과 혼란을 수반하게 될 것이다.

그런 점에서 이 핸드북의 번역 작업이 이루어진 것은 무척이나 다행스럽고 소중한 것이라 할 수 있다. 이 책의 영문 원본이 처음 출간된 것은 2018년 12월 전후였던 것으로 기억한다. 36개 챕터에 걸쳐 공유경제와 관련된 광범위한 이슈를 망라하여 다룬 책자가 출간된 것에 대해 감탄하여 SNS에 포스팅을 한 바 있고, 그 포스팅이 계기가 된 것인지 모르지만 그 후에 블록체인법학회의 이정엽 회장이 주도하여 번역작업을 진행하게 될 것이라는 소식을 들었다. 그 소식을 듣고도, 워낙 여러 챕터를 통해 다양한 내용이 담긴 책자라서 실제 진행되고 출간이 이루어질지는 반신반의하고 있었는데, 번역이 완결되었다는 얘기를 듣고 감탄을 금할 수 없었다. 실제 팀을 이루고 번역작업을 진행하면서 어떤 어려움이 있었을지에 관해서는 감히 상상도 하기 어렵다. 번역작업에 참가한 모든 분들이 상당한 자긍심을 느껴도 좋을 것 같다. 그리고 특히 그 중심에서 리더십을 발휘하고 필요한 조율을 해낸 분들께는 진심을 담은 축하와 감사의 뜻을 전한다.

이 책을 통해 분석이 이루어진 내용은, 공유경제 더 나아가 여러 가지 형태의 플랫폼 비즈니스와 관련하여 법적, 정책적으로 생각해 봐야 할 만한 다양한 이슈들을 포괄하고 있다. 그런 점에서 데이터 이코노미로의 패러다임 변화와 함께 새로이 대두되고 있는 법정책적 과제에 관해 고심 중인 모든 분들께 강력하게 추천한다. 그리고 이로부터 오늘의 우리나라에 맞는 법정책은 어떤 것인지에 대한 깊이 있는 후속 연구와 진지한 논의가 이루어지는 데에 중요한 시사점을 주고 자극이 되기를 기대한다.

고학수(서울대학교 법학전문대학원 교수, 한국인공지능법학회 회장)

그간 공유경제를 둘러싼 법적 이슈에 대한 실무자와 연구자들의 관심은 매우 컸지만 이를 구체적으로 다룬 저서를 찾기는 쉽지 않았는데 이러한 갈증을 해소해 주는, 심지어 전문가에 의해 발간된 번역서를 발견한 기쁨은 이루 말할 수가 없다. 훌륭한 역서를 발간한 블록체인법학회와 이정엽 학회회장께 깊은 감사를 표한다.

공유경제는 사실 아주 낯설거나 매우 새로운 것은 아니다. 그러나 최근 공유경제가 기술 발전과 디지털혁신과 결합하여 플랫폼을 통해 실현되고 있고, 온라인 결제와 빅데이터 기반 수요분석 기술로 플랫폼비즈니스가 진화될수록 공유경제 또한 더욱 빠르게 진화할 가능성이 크다. 그런데 공유경제는 새로운 유형의 참여자를 등장시킬 뿐 아니라 종전에 매매중심의 수요자와 공급자 간의 거래관계를 서비스중심으로 전환하고 기존에 없던 새로운 형태의 시장을 형성함에 따라 기존 법적 틀 안에서는 해결하기 어려운 문제와 갈등·부작용 등 새로운 위험을 야기하고 있다.

원저에서는 새로운 경제활동으로 부상한 공유경제에 관한 개괄적인 소개에서 나아가 구체적으로 가장 대두되고 있는 법적 이슈를 노동법, 소비자법, 세법, 민법 등 다양한 측면에서 매우 밀도 있게 소개하고 법정책을 수립할 때 참고해야 할 방향과 내용을 제시하고 있어 이론자와 실무자에게는 매우 유용하고 시사성이 크다. 원저를 번역한다는 것은 쉽지 않은데, 이 분야의 전문성과 열정이 어느 분야보다도 요구되기 때문이다. 챕터별 주제들은 공유경제에 관련한 현황과 관련 개별법을 꿰뚫고 있는 전문가가 아니면 정확하게 번역하기가 어려우며, 더구나 그 양이 방대해서 열정적이고 소명의식이 없으면 번역을 마무리하기조차 쉽지 않다.

국내에서도 공유경제는 아직 법제 정비가 미흡한 분야다. 블록체인법학회의 전문성과 소명의식의 결과물인 이 역서는 국내 법제 정비에 큰 기여를 할 것으로 믿어 의심치 않는다.

안수현(한국외대 법학전문대학원 교수, 은행법학회 회장)

공유경제는 모바일 커머스 시대에 융성하는 플랫폼을 중심으로 더욱 활성화되고 있다. 이제 사람들은 어디서든 작은 일을 반복적으로 해서 소득을 얻고 생계를 지켜나갈 수 있다. 이러한 플랫폼경제로 인해 기회를 얻는 소상공인들이 있는 반면 그 이면에는 노동착취와 소비자 보호, 데이터독점, 조세형평성, 오프라인 산업과의 차별 등의 문제가 점점 커지고 있다. 인공지능과 독점데이터가 결합되면 이들 플랫폼은 더욱 거대화되고 결국 정부의 통제도 교묘하게 벗어나게 될지도 모른다. 이에 대해 시민사회는 어떤 대응을 해야 하는지에 대해 이 책은 다양한 쟁점을 통해 많은 고민거리를 제시한다. Web 3.0이 더이상 공유와 기회의 땅이 아닌 독점과 착취가 되지 않도록 지성을 모으는 데 이 책은 큰 길잡이 역할을 할 것이다.

구태언(한국공유경제협회 규제혁신위원장)

번역자 명단

순번	이름	소개
1	김경진	변호사
2	김민경	판사, 대전지방법원
3	김민재	변호사
4	김산하	한경닷컴 기자
5	김소진	RBS Bank Singapore(전)
6	김원순	변호사, 법무법인(유한) 지평
7	김의권	변호사, 법무법인 대호
8	김재승	판사
9	김진희	미쯔비시 은행 상무이사
10	김한가희	변호사, 법무법인 솔론
11	도은정	변호사, 한국산업기술진흥원
12	박덕희	변호사, 법무법인 에이프로
13	서동기	공인회계사, 정인회계법인
14	서연희	변호사, 라이프시맨틱스 법무정책실
15	선지원	광운대학교 법학부 조교수
16	손동후	미국변호사
17	신용우	변호사, 국회입법조사처
18	안태현	젠가 K 대표
19	안혜진	딜로이트 안진회계법인
20	유제민	판사, 법원행정처
21	유정한	변호사, 법무법인(유한) 지평
22	윤주호	변호사, 법무법인(유한) 태평양
23	이나래	변호사, 법률사무소 블리스
24	이신	미국변호사
25	이욱신	일간투데이 기자
26	이정엽	부장판사, 의정부지방법원
27	이지은	변호사, 법률사무소 리버티
28	장유진	변호사, 법률사무소 다감
29	전명산	㈜소셜인프라테크 대표
30	전주용	동국대학교 경제학과 교수
31	정다혜	고려대학교 법학연구원
32	정채연	포항공과대학교 교수, 법학박사
33	조숭희	변호사, 엑슬시어 S&E 대표에이전트
34	홍성희	공인회계사

차 례

제1부 공유경제 및 그 규제태양에 대한 이해

제1절 공유경제란 무엇이고, 왜 그것이 중요한가?

제2절 규제와 혁신 사이의 균형

제3절 규제적 대응틀의 구축

제4절 누가, 어떻게 공유경제를 규제해야 하는가?

제2부 구체적 규제사안의 해결

제5절 고용노동법

제6절 조세법

제7절 소비자보호 및 프라이버시에 관한 법

제8절 반차별법

오를리앙 아키에 (Aurélien Acquier)

유럽경영대학원(ESCP Europe)의 경영학, 조직학 및 사회학 담당 정교수이다. 그는 새로운 조직형태(예: 지구적 가치사슬, 공유경제)가 책임 문제와 지배구조 문제에 미치는 영향을 연구하고 있다. 그는 최근 Technological Forecasting and Social Change 잡지의 특별판을 편집하였는데, 위 잡지는 2017년에 '공유경제의 희망과 역설: 조직형태론'이라는 주제로 발간되었다.

안토니오 알로이시 (Antonio Aloisi)

플로렌스에 있는 유럽대학교연구소(European University Institute)의 막스 베버 프로그램 박사후 연구원이다. 그는 밀란의 보코니대학교에서 법률학(산업과 사회법) 박사학위를 받았다. 그의 학위 논문 제목은 '플랫폼으로 중개되는 노동이 제기하는 도전에 직면하여: 비표준적 노동과 디지털 변혁 시대의 고용관계'이다. 2016년에 그는 세인트루이스 법학전문대학원의 방문연구원이었다. 현재 그는 비표준적 형태의 고용이 갖는 개인적 측면과 집단적 측면에 대한 연구에 집중하고 있는데, 비표준적 고용에는 플랫폼 노동과 긱경제 노동이 포함되어 있다.

에레즈 알로니 (Erez Aloni)

브리티시 콜롬비아대학교의 피터 앨러드 법학전문대학원의 조교수이다. 그는 성인 사이의 법률관계에 대한 법적 규율을 연구하고 있다. 그는 제반 법률이 가족의 복리에 영향을 미치는 방식을 연구하면서, 법률이 사회 일반에 미치는 사회경제적 효과 등을 측정하고 있다. 그는 다원주의 이론에 대한 글도 썼는데, 다원주의이론이 가족법 등 여러 영역에서(플랫폼경제라는 새로운 시장을 포함하여) 나타나는 규제 딜레마에 시사하는 바를 다루기도 하였다.

모하마드 아미르 안와르 (Mohammad Amir Anwar)

옥스퍼드대학교 옥스퍼드 인터넷 연구소의 연구원이자, 요하네스버그대학교 여행 및 여행산업 대학원의 연구원이다. 그는 연구 수행 과정에서 인문지리학자가 되었다고 할 수 있는데, 그는 경제개발지리학, 빈곤, 노동 및 아프리카와 인도의 사회운동을 다루었다. 그는 현재 아프리카의 정보 경제와 디지털 긱노동을 연구하고 있다. 그는 Digital Geographies(2018)에 게재하기 위하여 마크 그레이엄과 함께 디지털 노동에 대한 글을 쓰고 있다.

조던 배리 (Jordan M. Barry)

샌디에이고대학교 법학전문대학원의 법학교수이다. 그는 조세법과 조세정책, 회사법, 법경제학에 대한 강의와 저술을 하고 있다. 그는 미시건대학교 법학전문대학원과 UC 버클리 법학전문대학원에서도 강의한 적이 있다. 그는 여러 논문을 집필하였는데 2017년에는 '규제활용 기업가정신'(Regulatory Entrepreneurship)이라는 논문도 썼다. 그는 샌디에이고 교수진에 합류하기 전에 Fried, Frank, Harris, Shriver & Jacobson 법률사무소의 뉴욕사무소에서 일하기도 하였고, 미국 제9연방항소법원 제이 바이비 판사의 재판연구원으로 일하기도 하였다. 그는 코넬대학교와 스탠퍼드 법학전문대학원을 졸업하였는데, 스탠퍼드에서는 Stanford Law Review의 편집장을 맡았다.

레이 브레샤 (Ray Brescia)

올버니 법학전문대학원의 법학교수이자 해럴드 타일러 판사 기념 법과 기술 학회장이다. 그의 이전 활동으로는 도시사법센터의 부소장, 뉴욕법률구조회의 Skadden 펠로, 뉴헤이븐 법률지원협회 변호사, 뉴욕남부 미연방지방법원 고 콘스탄스 모틀리 판사의 재판연구원 등을 들 수 있다. 그는 존 트라비스 마셜과 함께 '도시가 어떻게 세계를 구할 수 있는가: 인구이동, 기후변화, 경제적 불평등에 대한 도시의 혁신'이라는 책을 공동으로 편집하였다.

브라이언트 캐넌 (Bryant Cannon)

캘리포니아주 법무부 샌프란시스코 사무소 담당 부장관이다. 그는 연방법 및 주법에 관한 여러 소송(환경, 자연자원, 토지 사용 등에 관한 소송)에서 주의 기관들을 대리하여 여러 법집행 절차를 진행하거나 소송상 방어를 한다. 그는 많은 연구를 하고 있는데 공유경제에 대한 규제환경의 영향을 주제로 하여 2015년에 '기술 기반의 공유경제에 잘 맞춰진 공동규제 모델을 고안하기 위한 틀'이라는 글을 쓰기도 하였다.

발렌티나 카르본 (Valentina Carbone)

유럽경영대학원의 '공급사슬관리 및 지속가능한 사업모델' 전문 정교수이다. 그녀는 현재 공급사슬관리의 지속가능성 측면, 회사의 사회적·환경적 책임, 공유 및 순환경제 모델을 연구하고 있다.

미리암 체리 (Miriam A. Cherry)

세인트루이스대학교 법학전문대학원의 법학교수이자 윌리엄 웨펠 고용법 센터의 공동소장이다. 체리 교수는 하버드 법학전문대학원과 다트머스 칼리지를 졸업하였고, 30여 편의 논문을 썼고, 미국법협회(American Law Institute)의 회원이다. 그녀는 노동, 기술, 회사의 사회적 책임에 관한 국제적 전문가이다. 체리 교수는 '보이지 않는 노동: 현대 세계의 보이지 않는 노동'이라는 책을 공동으로 편집하였는데, 이 책은 2016년 발간되었다.

한나 정 (Hanna Chung)

캘리포니아주 법무부 부장관으로 재직하여 왔는데, 주로 형사항소업무를 담당하였다. 그녀는 이전에 공유경제에 영향을 미치는 규제환경에 관한 글을 썼는데, 그 글의 제목은 '기술 기반의 공유경제에 잘 맞춰진 공동규제 모델을 고안하기 위한 틀'(2015)이다.

피터 콜즈 (Peter Coles)

2015년 11월부터 에어비앤비의 수석 경제학자로 일하고 있다. 그전에는 이베이에서 수석 경제학자 겸 세계전략국장으로 일하였고, 그 이전에는 하버드 경영대학원의 교수였다. 그의 전문분야는 시장설계, 데이터, 전략 및 공공정책이다. 그는 시장의 마찰을 줄이는 연구를 많이 하였다. '신호를 맞추는 메커니즘'을 고안하였는데, 미국경제협회는 이를 이용하여 학생들과 직업을 연결해 주었다. 그는 2013년에 '일자리연결 시장에서 선호도 신호를 포착하기'라는 보고서를 쓰기도 하였다.

니콜라 쿤투리스 (Nicola Countouris)

유니버시티 칼리지 런던(University College London) 법학부의 노동법 및 유럽법 교수이다. 그가 연구하는 주요 분야는 고용법과 유럽연합법인데 개인의 노동관계에 대한 규제에 관하여 비교법 및 국제적 관점에서 특히 관심을 가지고 있다. 그는 고용관계 및 긱경제와 관련하여 국제노동기구 및 유럽노동조합연맹(ETUC)의 독립전문가로서 활동하였다. 그의 저술로는 '개인적 노동관계에 대한 법적 해석'이 있는데 이는 마크 프리랜드 교수와 공동으로 저술한 것이다.

네스터 데이비드슨 (Nestor M. Davidson)

2011년 포덤 법학전문대학원에 합류하였는데, 2017년 부동산, 토지사용 및 재산권법에 관한 앨버트 왈시 기념 교수로 선정되었다. 데이비드슨 교수는 재산권 및 도시법, 주거안정법 및 정책의 전문가이고, 포덤 법학전문대학원 도시법센터의 교수 소장으로 있다. 데이비드슨 교수는 Latham & Watkins 재직 시 상업용 부동산, 주거안정법 업무를 다룬 적이 있고, 미국 주택도시개발부에서 부(副)법무국장으로 일한 적도 있다.

니브 던 (Niamh Dunne)

런던정경대학의 법학과 부교수이다. 그녀는 경쟁법 분야를 연구하고 가르친다. 그녀는 '경쟁법과 경제규제'(2015)라는 책의 저자이다.

마이클 에제스달 (Michael Egesdal)

에어비앤비의 데이터 과학자인데 2016년 2월부터 에어비앤비에서 일하고 있다. 2016년 하버드에서 산업조직론에 관한 경제학 박사학위를 받았다. 그전에는 게임이론에 기반한 구조모델의 평가에 관한 연구를 한 적이 있다.

잉그리드 굴드 엘렌 (Ingrid Gould Ellen)

뉴욕대학교 와그너 공공역무대학원의 도시 정책 및 계획에 관한 폴렛 고다드 기념 교수 겸 뉴욕대학교 퍼먼 센터 교수 소장이다. 그녀는 '미국에서 이웃과 공유하기: 안정적인 인종통합의 전망'(2000)을 저술하였고, 주거와 지역사회에 대한 많은 글을 써서 호평을 받았다.

미셸 핑크 (Michèle Finck)

혁신과 경쟁을 위한 막스 플랑크 연구소의 선임연구원이고, 옥스퍼드대학교 케블 칼리지의 강사이다. 그녀는 기술변화와 규제의 상호작용을 연구하고 있는데 특히 (빅)데이터, 블록체인 및 공유경제에 관심을 두고 있다.

샬럿 가든 (Charlotte Garden)

시애틀대학교 법학전문대학원의 부교수 겸 연구 및 교수법 개발 담당 부학장이다. 그녀는 헌법과 노동법을 가르친다. 그녀의 주된 연구분야는 집단노동권, 특히 노동법과 수정헌법 제1조 사이의 관계이다. 그녀의 최근 논문인 '노동법의 교란: 긱경제에서의 중재'가 University of Chicago

Legal Forum에 실렸다. 그녀는 대중매체인 The Atlantic과 SCOTUSBlog에 글을 쓰기도 하며, 노동법 사건의 법정에 의견서를 제출하기도 한다.

안드레아 가이싱거 (Andrea Geissinger)

외레브로대학교 경영대학원 및 스웨덴 스톡홀롬에 있는 라티오 연구소의 경영학 박사학위 과정 학생이다. 그녀는 스톡홀름 경영대학원의 이학석사학위 및 독일 뮌헨대학교의 학사학위를 갖고 있다. 그녀는 시장과 조직에 기술이 가져온 변화로 인하여 촉발되는 사회의 변화 과정에 큰 흥미를 갖고 있다. 좀더 구체적으로 말하자면, 그녀의 주된 연구 분야는 개인과 조직에 대하여 공유경제가 가져오는 도전과 기회인데, 예를 들면 디지털 신뢰 지속가능성, 사업모델의 혁신 등을 다룬다.

마크 그레이엄 (Mark Graham)

옥스퍼드 인터넷 연구소의 교수, 그린 템플턴 칼리지의 선임연구원 겸 앨런 튜링 연구소의 연구교수이다. 그의 연구가 집중하는 분야는 경제개발, 노동, 권력관계, 참여 및 대표권 등이다. 그의 연구 결과는 www.markgraham.space에서 확인하기 바란다.

재니스 그리피스 (Janice C. Griffith)

매사추세츠주 보스턴에 있는 서퍽대학교 법학전문대학원의 교수이며 2008년부터 2011년까지 학무 부총장을 지냈다. 서퍽으로 오기 전에 그리피스 교수는 조지아주립대학교 법학전문대학원에서 가르쳤고 1996년부터 2004년까지 학장을 지냈다. 그녀는 그전에는 퀴니피액 법학전문대학원 및 브리지포트 법학전문대학원에서 가르쳤다. 그녀는 주법 및 지방법 학자로 전국적으로 알려져 있는데, 그녀가 쓴 글의 주제는 연방주의, 주거, 운송, 정부재정, 토지사용, 지역자치, 공간보호, 도시비교법, 지역정부론 등이다. 그녀는 '연방시스템에서의 주정부와 지역정부'라는 선구적 판례법 교재의 저자 중 한 사람이다. 학계로 가기 전에 그녀는 뉴욕시 정부에서 회사법 담당실장, 주택개발부의 법률고문 겸 부부장으로 일하였다. 정부에서 일하기 전에는 월스트리트 법률사무소인 Hawkins, Delafield and Wood에서 일하였다. 그리피스 교수는 시카고대학교 법학전문대학원에서 JD를 취득하였고 콜비 칼리지에서 문학사를 취득하였다.

레아 찬 그린발드 (Leah Chan Grinvald)

매사추세츠주 보스턴에 있는 서퍽대학교 법학전문대학원의 교수이자 학무담당 부학장이다. 그녀는 지적재산권법을 가르치고 연구하고 있는데, 주된 관심사는 지적재산권법의 국내외적 집행이다. 그린발드 교수가 서퍽대학교로 오기 전에 세인트루이스대학교 법학전문대학원의 조교수였다. 학계로 오기 전에는 캘리포니아 칼스배드에 있는 테일러메이드 골프용품 회사에서 국제회사법 담당 변호사로 일하였고 그전에는 두 개의 국제 법률사무소에서 일하였다. 그린발드 교수는 뉴욕대학교 법학전문대학원과 조지워싱턴대학교를 졸업하였다.

존 인프랑카 (John J. Infranca)

서퍽대학교 법학전문대학원 부교수이다. 인프랑카 교수의 연구분야는 토지사용 규제, 주거안정정책, 재산권이론 및 법과 종교를 아우른다. 그전에 인프랑카는 '부동산 및 도시 정책을 위한 퍼먼 센터'에서 법률연구원으로 일하였다. 미국 제3연방항소법원 판사 줄리오 푸엔테스의 재판연구원 및 펜실베이니아 미국연방지방법원 판사 벌리 쉴러의 재판연구원으로 일하였다. 그의 저작으로는 '도시적 현상으로서의 공유경제'(네스터 데이비드슨과 공저)와 '공유의 공간: 소유권에서 접근권으로 이동 중인 소규모 공간단위'가 있다.

자밀라 제퍼슨존스 (Jamila Jefferson-Jones)

캔자스시티에 있는 미주리대학교의 법학 부교수이다. 그녀는 재산법, 부동산거래 및 주거법을 가르친다. 그녀는 많은 로리뷰 논문을 썼고 공유경제 일반에 대한 글을 썼다. 그녀는 공유경제 중 주택 부문에 관하여 떠오르는 전문가이다. 미국변호사협회 산하 주법 및 지역정부법 부문 공유경제위원회의 창설자이자 부위원장이다. 그녀는 하버드 법학전문대학원을 졸업하였다. 학계에 들어오기 전에 워싱턴디시와 고향인 뉴올리언즈에서 법률사무소 근무를 한 적이 있다.

소니아 카티알 (Sonia Katyal)

기금교수이자 버클리 법과 기술 센터의 공동소장이다. 그녀는 2015년에 버클리에 합류하였다. 그전에는 포덤 법학전문대학원에 재직하였는데 거기에서는 조셉 맥로린 기념 법학교수 겸 연구담당 부학장으로 일하였다. 카티알 교수는 기술, 지적재산권법 및 민권법의 상호교차를 집중적으로 연구하였다. 학계로 오기 전에 그녀는 Covington & Burling 샌프란시스코 사무소에서 지적재산권 소송을 전문으로 하는 변호사였다.

로살리 쿨호벤 (Rosalie Koolhoven)

네덜란드 그로닝겐대학교 교수이다. 그녀는 네덜란드 니지메겐대학교, 포르투갈 코임브라대학교, 독일 오스나브뤽대학교에서 국제법 및 유럽법 공부를 하였다. 그녀는 오스나브뤽에서 부당이득법으로 박사학위를 받았다. 뤽상부르에 있는 유럽연합사법법원에서 행정 인턴십을 하였다. 그로닝겐에서 쿨호벤 교수는 주로 재산권, 자원에 대한 접근권 및 공유경제에 대한 연구와 강의를 하고 있다. 그녀는 2016년 그로닝겐대학교 '법률과 IT학과'(현재는 학제간 법률연구학과)에 합류하였는데, 순환경제와 공유경제에 관한 새로운 학제간 연구과정을 개발하여 가르치고 있다. 이러한 '신경제'가 정보통신기술에 의하여 촉진되어 전통적인 재산권과 계약법을 혼돈에 빠트리게 되었는데, 그녀는 이러한 신경제의 성장과 잠재력에 주목하고 있다.

크리스토퍼 쿠프만 (Christopher Koopman)

유타주립대학교 '성장과 기회의 센터'에서 전략 및 연구 담당 선임 소장을 맡고 있다. 조지메이슨대학교 메르카투스 센터의 선임 겸임 학자(Senior Affiliated Scholar)이다. 쿠프만은 아베마리아 법학전문대학원에서 JD를 받았고, 조지메이슨대학교에서 법경제학에 대한 LLM을 받았다.

낸시 리엉 (Nancy Leong)

덴버의 스턴 법학전문대학원의 법학교수인데, 그녀는 헌법과 민권법에 관한 강의를 하고 있다. 30개 이상의 로리뷰 글을 썼다. 그녀의 논문이 게재되었거나 곧 게재될 잡지로는 California Law Review, Georgetown Law Journal, Harvard Law Review, Northwestern University Law Review, Stanford Law Review, Virginia Law Review, Yale Law Journal 등이 있다. 리엉 교수는 상과 표창을 많이 받았다. 그녀는 2017-2018년간 덴버대학교 최고 학자상을 받았고, 그녀의 연구 결과는 2016년도 예일/스탠퍼드/하버드 신진 교수 포럼에서 우수논문으로 선정되었다.

샤오디 리 (Xiaodi Li)

뉴욕대학교 퍼먼센터의 박사연구원이자 뉴욕대학교 와그너 공공역무대학원 박사후보자이다. 그녀는 디지털 시대의 주거정책에 관심이 있는데 주로 단기임대차 규제에 집중하고 있다. 중국 칭화대학 경제관리학원에서 학사를 받았고, 코넬대학교에서 공공정책으로 석사를 받았다.

사라 라이트 (Sarah E. Light)

펜실베이니아대학교 와튼 경영대학원의 법률연구 및 사업윤리 담당 조교수이다. 그녀는 환경 경영, 법 및 정책 과목을 가르친다. 라이트는 환경법과 사업적·기술적 혁신 사이의 교차점에 있는 문제점을 연구한다. 그녀의 논문은 자율주행 자동차, 우버와 리프트와 같은 운송 플랫폼의 대두가 갖는 규제상 의미를 다루고 있고, 그녀가 군환경복합체(Military-Environmental Complex)라고 부르는 것을 통하여 화석연료의 사용을 줄이기 위한 사적 영역의 기술적 혁신을 촉진하는 데에 군대가 할 수 있는 역할을 탐구하고 있다. 그녀는 환경 규제의 수단으로서 국방부와 같은 비전통적인 기관의 역할에 관한 글을 쓰기도 하고 사적 환경 규제 수단이라고 할 수 있는 사적 부문의 역할에 대한 글을 쓰고 있기도 하다. 그녀의 글이 실렸거나 실릴 예정인 잡지로는 The Stanford Law Review, Duke Law Journal, UCLA Law Review, Vanderbilt Law Review, Emory Law Journal, Stanford Environmental Law Journal 등이 있다.

올리 로벨 (Orly Lobel)

샌디에이고대학교의 돈 웹스타인 법학교수인데, 하버드에서 석사 및 박사학위를 받았다. 그녀는 상을 받은 책을 여러 권 썼고, 많은 논문을 저술하였다. 그녀는 세계적으로 연설, 논평, 연구를 열심히 하여 정책과 산업계에 막대한 영향을 미치고 있다. 그녀의 베스트셀러로서 '당신은 나를 소유할 수 없다. Mattel v. MGA Entertainment 사건이 노정한 바비의 어두운 면'이라는 책은 국내외에서 호평을 받았고 여러 잡지에서 열렬한 서평을 받았는데, 그 잡지들로는 Wall Street Journal, Financial Times, New Yorker, NPR, Modern Law, Times Higher Education, Washington Blade 등이 있다. 그녀의 책 '재능을 자유롭게 할 필요성: 왜 우리는 누설, 습격 및 무임승차를 사랑하는 법을 배워야 하는가.'(2013)는 유명한 상을 여럿 탔는데, 여기에는 Gold Medal Axiom Best Business Books 2014, Gold Medal Independent Publisher's Award 2014, 2015 Gold Medal of Next Generation Indie Books, Winner of the International Book Award가 포함된다. 로벨은 고용법, 지적재산권법, 규제정책 및 행동법경제학 분야에 대한 저술 활동을 하고 있다.

데렉 맥키 (Derek McKee)

셔부르크대학교의 법학교수이자 '보통법 및 국제법 프로그램'의 공동소장이다. 맥길대학교에서 법학공부를 시작해서 토론토대학교에서 법학박사학위를 받았다. 2006-2007년간 캐나다 대법원의 베벌리 맥라크린 대법원장의 재판연구원을 하였다. 그의 강의와 연구는 행정법, 불법행위법, 국제법에 집중되어 있는데, 캐나다에서의 국내법과 국제법의 관계에 대한 연구도 하였다. 그가 핀 마켈라, 테레사 스캐사와 공동으로 편집한 책 '법과 공유경제: 시장 기반의 온라인 플랫폼에 대한 규제'가 곧 발간될 것이다.

스티븐 밀러 (Stephen R. Miller)

아이다호대학교 법학전문대학원의 법학교수 겸 교수법 개발 담당 부학장이다. 웨스트 출간 '토지사용 및 지속가능개발법'의 공동저자이다. UC 샌프란시스코 헤이스팅스 법학전문대학원에서 JD를 받았고, UC 버클리에서 도시 및 지역계획으로 석사학위를 받았으며, 브라운대학교에서 학부학위를 받았다.

매튜 미첼 (Matthew D. Mitchell)

조지메이슨대학교 메르카투스 센터의 선임연구원으로서 미국자본주의 연구 프로젝트의 책임자이다. 조지메이슨의 경제학 겸임교수이기도 하다. 그는 저술과 연구활동에서 주로 공공선택 경제학과 더불어 특정 산업, 기업 및 직업에 대한 정부의 선호주의에 관한 경제학을 다루고 있다. 미첼은 연방의회에서 증언하기도 하였고, 재정 및 규제정책에 관하여 각 주정부와 지역정부의 정책 담당자들에게 조언을 하기도 하였다. 그의 연구업적은 전국적으로 언론에서 다루어졌는데, 대표적으로 The New York Times, Wall Street Journal, Washington Post, US News and World Report, National Public Radio, C-SPAN 등이 있다. 그는 피터 뵈트케와 함께 '주류응용경제학: 이론과 정책 사이의 간극을 메우기'를 저술하였다. 조지메이슨대학교에서 경제학박사와 석사를 받았고, 아리조나주립대학교에서 정치학학사 및 경제학학사를 받았다.

마레이케 묄만 (Mareike Möhlmann)

워릭경영대학원에서 정보시스템 및 경영학부 조교수로 일하고 있다. 그전에는 뉴욕대학교 스턴경영대학원에서 박사후 연구원으로 일하였다. 그녀는 함부르크대학교에서 박사학위를 받았고, 런던정경대에서 석사학위를 받았다. 그녀의 연구는 주로 디지털 기술의 변화가 산업, 사회 및 인간상호작용에 어떤 영향을 미치는가에 집중되어 있다. 특히 그녀는 협업적 소비, 공유경제 서비스, P2P 플랫폼, 디지털 신뢰 및 알고리즘에 의한 경영에 관심이 많다.

브론웬 모건 (Bronwen Morgan)

오스트레일리아 시드니 소재 뉴사우스웨일즈대학교 법학교수인데 최근에 '사회적 운동과 사회적 기업 사이의 상호작용'에 관한 주제로 오스트레일리아 연구위원회의 미래연구반 작업을 마쳤다. 그녀는 '신경제를 위한 법: 기업, 공유, 규제'(2018)의 공동저자이다.

슈이 위 (Shu-Yi Oei)

보스턴칼리지 법학전문대학원의 법학교수이다. 그녀의 최근 연구는 인간자본에 대한 투자의 혁신 및 긱경제 등 신경제에 대한 과세와 규제에 집중되어 왔다. 그녀의 연구 관심에는 사회보험, 경제적 안정, 국내 및 국제적 과세행정이 포함되어 있다. 공유경제에 대한 최근 업적으로는 '공유경제에 과세할 수 있는가?'(2016)라는 책(다이앤 링과 공저)이 있다.

카테리나 판타자투 (Katerina Pantazatou)

룩상부르대학교의 조세법 부교수이다. 카테리나는 하버드 법학전문대학원에서 방문연구원으로서, 오스트리아 및 국제 조세법연구소(비엔나경영대학원)에서 에른스트 마흐 학자로서 각 연구를 한 적이 있다. 그녀는 디지털 경제에 대한 과세 및 회사 지배구조와 과세 사이의 상호작용에 대한 연구를 주로 한다.

루카 라티 (Luca Ratti)

룩상부르대학교의 유럽법 및 비교노동법 부교수이며, 로버트 슈만 유럽문제연구소의 내부 펠로이다. 영국에서 박사후 방문과정을 마친 후 2012년 볼로냐대학교에서 선임연구원 겸 노동법과 사회보장 과목의 겸임교수로 있었다. 볼로냐대학교에서 2007년 박사학위를 받았다. 그의 저작으로는 '유럽의 온라인 플랫폼과 군집노동: 파견노동 규정의 확대적용에 대한 두 단계 접근법'(2017)이라는 책이 있다.

대니얼 라우치 (Daniel Rauch)

예일 법학전문대학원의 2016년 졸업생이다. 그는 전에 '우버 유사 업체의 지역정부 정책 준수: 공유경제에 대한 지역적 규제의 미래'(2015)(데이비드 슐레이처와 공저) 및 '학교선택 구조'(2015)라는 책을 썼다.

다이앤 링 (Diane Ring)

보스턴칼리지 법학전문대학원의 법학교수이자 토머스 카니 박사 기념 우수교원이다. 그녀는 주로 공유경제, 국제조세, 법인세, 윤리 분야의 연구를 하고 있다. 공유경제에 관한 그녀의 저작으로는 '우버 운전자의 조세생활: 인터넷 토론방에서 얻은 증거들'(2017)(슈이 위와 공저)이라는 책이 있다.

브리센 로저스 (Brishen Rogers)

템플대학교 법학부교수이다. 그의 연구는 주로 노동/고용법 및 법과 정치경제학의 관계에 집중돼 있다. 그는 현재 MIT 출판국과 계약하여 현재의 기술적 혁신이 노동의 정치경제학과 노동규제를 어떻게 변화시키고 있는지에 대한 논문을 저술하고 있다. 이러한 주제와 관련하여 그는 전에 '우버의 사회적 비용'(2015) 및 '공정사회에서의 기본소득'(2017)이라는 책을 쓰기도 하였다.

나오미 쇼엔바움 (Naomi Schoenbaum)

조지워싱턴대학교 법학전문대학원의 법학 부교수이다. 그녀는 고용법, 가족법, 반차별법과 성 문제를 주로 연구한다. 그녀는 시장에서 중요하지만 자주 간과되는 것의 법적 규제를 다루는데, 그러한 것들로는 동료노동자 사이의 관계, 노동자와 고객 사이의 관계 그리고 반차별법의 설계 등이 있다. 그녀는 현재 공유경제에서의 차별과 친밀성 문제, 임신 관련 법에서 성적 구분을 제거하는 문제, 반차별 목표의 달성에 대한 법의 무지 등을 연구하고 있다. Washington Law Review에 '친밀노동법'이라는 글이 실리는 등 법률저널에 글이 자주 실렸고, Slate와 The Atlantic과 같은 대중잡지에도 글이 실렸다.

귀도 스모르토 (Guido Smorto)

이탈리아 팔레르모대학교의 법학 정교수이며 스페인 바르셀로나에 있는 인터넷학제간연구소(IN₃) 겸임 학자이다. 그의 최근 논문은 플랫폼경제를 다루고 있는데 주로 유럽법의 입장에서 검토한다. 이러한 주제에 관하여 학술 저작 및 학문외적 저술을 할 뿐만 아니라, 유럽연합집행위원회의 의뢰로 보고서를 내거나, 유럽연합의회에 연구보고서를 제출하기도 하고, 협업경제에 관한 유럽연합의회 2017년 결의안에 전문가로서 참여하기도 하였다.

아룬 순다라라잔 (Arun Sundararajan)

뉴욕대학교 스턴경영대학원의 경영학 교수 겸 로버트, 데일 앳킨스 로젠 기념 교수 펠로이고, 뉴욕대학교 데이터 과학 센터, 도시과학 및 개발 센터의 겸임교수요원이다. 그의 수상작인 '공유경제'(2016)는 중국어, 일본어, 한국어, 베트남어 및 포르투갈어로 번역되었다. 학계의 호평을 받은 논문 50여 편을 썼고, 35여 편의 칼럼을 집필하였으며, 세계적으로 수백 회의 강연을 하였다. 그의 논문은 최우수논문상을 여럿 수상하였고, 구글 학술상을 두 번 받았으며, Axiom Best Business Books Award와 Thinkers50 Radar Thinker Award를 받았다. 그는 세계경제포럼의 '기술, 가치 및 정책에 관한 세계미래위원회'의 위원이기도 하다. 미연방의회, 유럽의회, 연방무역위원회, 백악관 및 세계의 규제기관들에게 디지털 경제에 관한 전문가 의견을 제시하였다. 그는 여러 기관의 자문역을 수행하고 있는데 이러한 기관으로는 Female Foundation Fund, Walmart Corporation, Internet Society of China, OuiShare, National League of Cities 등이 있다.

엘리자베스 티펫 (Elizabeth Tippett)

오리건대학교 법학전문대학원의 부교수이자 '갈등 및 분쟁 해결' 석사과정의 공동 교수소장이다. 그녀는 사업윤리, 고용관행과 의사결정론을 연구하고 있다. 그녀의 연구결과는 주법원 및 연방법원에서 인용된 바 있는데, 연방항소법원의 두 개의 판결문에서 인용되기도 하였다. 그녀는 공동으로 웨스트 출판사의 책 '고용차별과 고용법: 실무연구'를 집필하였다. 그녀는 2017년 변호사 윤리에 대하여 미연방하원에서 증언하기도 하였다.

레베카 터시넷 (Rebecca Tushnet)

하버드 법학전문대학원의 프랭크 스탠튼 기념 수정헌법 제1조 초대 교수이다. 미국 제3연방항소법원의 에드워드 베커 법원장 및 연방대법원의 데이비드 수터 대법관의 재판연구원을 역임한 후 Debevoise & Plimpton에서 지적재산권 업무를 하다가 교수직을 시작하였다. 그녀의 저작 중에는 '불일치를 등록하기: 현대 미국상표법에서의 등록제도'(2017), '수천 단어의 가치: 이미지저작권법'(2012), '이 논문을 베껴라: 어떻게 공정사용 원칙이 표현의 자유를 무장시키며 복제가 표현의 자유를 증진하는가'(2004) 등이 있다. 그녀는 광고 및 마케팅법 판례집을 에릭 골드만과 함께 출간할 예정이고 조만간 지적재산권의 대상인 이미지에 대한 책을 낼 계획이다. 그녀의 연구는 현재 저작권법, 상표법, 허위광고금지법 및 그들과 수정헌법 제1조 사이의 관계에 집중되어 있다. 그녀의 블로그인 tushnet.blogspot.com은 미국변호사협회의 Blawg Hall of Fame에 포함되어 있다. 그녀는 Organization for Transformative Works를 설립하는 데에 기여하였는데 이 단체는 일반인의 창작활동을 지원하고 촉진하기 위한 비영리단체이다. 그녀는 현재 위 단체의 법률위원회에서 자원봉사를 하고 있다. 그녀는 2015년 Public Knowledge로부터 지적재산권에 관한 IP_3 상을 받았다.

마노즈 비스와나단 (Manoj Viswanathan)

UC 샌프란시스코 법학전문대학원에서 조세법원리와 실무를 가르친다. 그는 조세정책, 경제개발 및 조세면제 기관에 대한 규제의 연구에 집중하고 있다. 그는 뉴욕대학교 법학전문대학원에서 LLM과 JD를 받았고, MIT에서 학사와 석사를 받았다.

카트리나 와이만 (Katrina M. Wyman)

뉴욕대학교 법학전문대학원의 사라 헤링 소린 기념 교수이다. 그녀의 저작으로는 '우버시대의 택시 규제'(2017)와 '골치 아픈 사유재산: 뉴욕 택시 메달리온의 경우'가 있다.

켈렌 제일 (Kellen Zale)

휴스턴대학교 법학전문대학원의 조교수이다. 그녀는 재산권, 부동산, 토지사용 및 지역정부법에 대하여 글을 쓰고 가르친다. 프린스턴대학교에서 학사를, 듀크대학교에서 JD를 받았다. 휴스턴에 합류하기 전에 그는 뉴올리언즈 로욜라대학교 법학전문대학원의 웨스터필드 펠로였고, Gibson, Dunn & Crutcher 로스앤젤레스 사무소의 변호사였다. 그녀의 글이 Stanford Law Review, University of Colorado Law Review, Arizona State Law Journal, Ecology Law Quarterly 등에 실렸거나 실릴 예정이다.

감사의 글

우리는 Suffolk University Faculty Initiatives가 집필진을 위해 워크숍을 후원해 준 점에 대하여 감사드린다. 또한 Anthony Balzano, Louis Cholden-Brown의 무한한 지원에 감사드리며, Heather Addison, Laura Blake, Liz Davey, Sara Marchington, Deborah Renshaw가 세심하게 편집을 해준 점에 대하여도 감사드린다. Matt Gallaway가 이 프로젝트를 추진하는 데에 조언과 지도를 제공한 점에 대하여 깊은 사의를 표한다.

서문

여러분이 '케임브리지 핸드북: 공유경제와 법률'이라는 이 책을 읽고 있다는 사실은 세계적 현상의 대두를 증명해 주고 있는데, 그 현상이 나타난 시기는 겨우 10년 전이며, 경제와 규제를 변혁시키고 있는 것은 더 최근의 일이다. 조 게비아(Joe Gebbia)와 브라이언 체스키(Brian Chesky)가 그들이 거실에 사놓은 에어 매트리스를 임대할 계획으로 airbedandbreakfast.com이라는 웹사이트를 만든 때가 겨우 2007년이다. 오늘날 에어비앤비는 전 세계 191개국, 65,000개 이상의 도시에 300만 개가 넘는 등록물을 갖고 있다고 한다. 우버는 2010년 '검은색차량' 호출서비스로서 시작되었는데, 널리 사용되는 우버엑스(UberX)도 그 2년 후에야 출범하였다. 그 후 우버도 전 세계로 퍼져나갔고, 당초의 운행공유라는 사업모델을 넘어서 크게 사업을 확장하고 있다.

온라인 플랫폼의 대두로 인하여 모든 것이 공유되고 집체화(pooling)되었는데 방, 자동차, 음식, 돈, 옷, 사람의 기술과 시간 등 대상에 제한이 없다. 온라인 플랫폼은 재화, 서비스 시장을 변화시키고 있다. 또한 이러한 플랫폼과 그 사용자들은 예상하기 어려운 방식으로 기존의 규제와 사이에 상호작용을 함으로써 규제권자에게 여러 가지 도전과제를 안기기도 한다. 이 핸드북을 집필하게 된 계기는 공유경제의 대두가 법적으로 어떤 의미를 갖는지, 반대로 법이 어떻게 공유경제의 주요한 측면들을 형성해 가는지에 대하여 개념적 측면·실천적 측면에서 검토해 보고자 하는 야심에서 비롯되었다.

그와 같은 연구는 그 자체로서 중요하다. 왜냐하면 플랫폼이 제기한 도전과제로 인하여 다수 법체계에서 상당한 규제영역이 허물어지고 있기 때문이다. 또한 혁신과 교란(disruption)에 대한 다양한 법적 대응의 연구사례로서 공유경제와 법의 상호작용에 대한 연구가 중요하고 시의적절하다. 이러한 역동적인 모습이 아주 새로운 현상이라고 할 수 없는데, 비슷하게 중요한 의미를 갖는 변화의 사례는 얼마든지 찾아볼 수 있다. 우리 사회의 많은 부분이 빠르게 변화하고 있듯이 이 분야에서도 변화의 속도가 날마다 빨라지고 있으며, 기존 조직들은 생존을 위하여 놀라운 적응을 하고 있다. 기존 조직의 놀라운 적응 노력은 이 책의 집필자들이 생생히 보여 줄 것이다.

용어사용에 대한 일러두기

이 핸드북의 내용을 자세히 다루기에 앞서서 우리는 개념정의 문제에 대하여 잠시 생각해 보았다. 개념정의는 이 책 전체에 걸치는 사안이다. 이 핸드북은 다양한 영역의 활동에 대하여 공유경제라는 용어를 사용하는데, 그 하부영역을 지칭하는 데에 P2P경제, 플랫폼경제, 주문형경제, 긱경제, 협업경제 등 여러 가지 용어가 다양하게 사용된다. 공유경제라는 용어는 상당한 비판에 직면해 왔다. 많은 논평가들이 지적하였듯이, 우버, 리프트, 에어비앤비와 같이 널리 알려져 있고 자주 논쟁에 휩싸여 온 기업들이 공유경제의 형태로서 자주 언급되지만, 사실상 이들은 재화와 서비스를 무료로 공유하게 해주는 작용을 하지 않는다. 그들은 오히려 두 당사자 사이의 상업적 거래를 촉진한다. 즉 재화와 서비스의 매도자/공급자와 구매자/사용자 사이의 거래를 촉진한다. 이러한 이유로 많은 사람들은 P2P라는 용어를 선호하는데, P2P라는 용어가 암시하는 것은 대부분의 거래자가 직업적 거래자가 아니라는 점 그리고 많은 거래활동이 이미 보유하고 있는 여유자원을 활용하려는 부수적 업무라는 점이다. 그러나 이러한 묘사는 많은 공급자를 정확하게 설명하지 못하게 된다. 상당수의 개인들이 우버나 리프트에서 전업 운전자로 일하기도 하고, 에어비앤비에는 다수의 아파트를 임대하는 자도 있다. 어떤 사람들은 플랫폼경제라는 용어를 선호하기도 하는데, 플랫폼경제라는 말은 거래의 중개가 이루어지는 디지털 플랫폼과 앱에 치중된 용어이다. 이러한 플랫폼은 사용자로 하여금 주문형으로 필요할 때만 거래를 하는 방식으로 재화와 서비스를 얻게 해주는 경우가 많다고 할 수는 있다. 하지만 이 용어는 적용 범위를 너무 좁게 파악할 수도 있다. 즉 전통적인 의미의 공유가 적용되는 공유경제의 영역이 제외될 수 있는데 그러한 영역의 범위도 상당하다. 이러한 공유경제로는 동네에 있는 기계기구 공유거래소가 있는데 이 경우에는 거래의 촉진수단으로서 디지털 플랫폼을 사용하지 않는 수도 있다.

이러한 한계들을 인식한 상태에서 이 핸드북에서는 공유경제라는 용어를 사용하고자 한다. 이 용어는 재화와 서비스의 거래를 촉진하는 수많은 메커니즘을 뜻하는 것으로서 가장 널리 사용되고 있는데, 이와 같은 메커니즘에서는 개인이 소규모로 재화와 서비스를 제공하는 것이 흔한 모습이다. 이 핸드북은 매우 넓은 의미로 공유경제라는 용어를 사용하기 때문에 공유경제는 에어비앤비, 우버, 리프트, 태스크래빗, 업워크와 같은 대형 영리기업을 포함하기도 하고, 대여소, 작업장, 연구소와 같은 비영리의 소규모 협업체를 포함하기도 한다. 위에서 말하는 소규모 협업체에서는 사람들이 원하는 자원을 임시로 사용한다. 이 핸드북의 집필자들은 자신만의 용어를 사용하여 개념을 좁게 잡기도 하고, 논의의 대상인 경제적 활동을 한정하기도 한다.

이 책의 개관

이 핸드북은 크게 두 개의 부로 나누어져 있다. 제1부에서는 공유경제의 성질에 대하여 개관하고, 중심적 과제인 '혁신과 규제의 균형잡기'에 대한 탐색을 하며, 그 다음에는 이러한 규제과제에 직면한 기관들을 살펴본다. 제2부에서는 구체적인 일련의 규제영역으로 눈을 돌린다. 책의 집필이 시작된 이후로 전 세계의 규제환경이 계속 변화하여 왔고 새로운 규제사안이 출현하기는 하였지만, 핵심적인 법률문제들은 그대로이다. 법체계마다 세부적인 차이는 있지만, 공유경제가 제기하는 중요한 규제쟁점으로는 다음과 같은 것들이 있다. 노동자 및 플랫폼상 공급자의 보호, 반대측면으로 플랫폼에서 재화와 서비스를 구매하는 소비자의 복리, 세법 준수, 당연한 것으로 인권보호 등등. 이 책은 두 개의 부에서, 급변하는 규제환경을 시시각각 파악함과 동시에 광범위한 규제영역에 대한 깊이 있는 고찰을 하고자 한다.

공유경제의 가장 주목할 만한 특징은 그것이 국경을 뛰어넘어 전 세계로 퍼져나갔다는 점이다. 이 핸드북은 그 점을 설명하기 위하여 비교접근법을 취하고 있다. 집필자들은 공유경제가 각 지역에 미치는 영향을 서술한다. 특히 미국과 유럽연합에 집중하지만 다른 지역도 다룬다. 이렇게 다양한 측면에서 검토해 보면, 공유경제의 영향과 결과가 특정 지역에 깊숙이 관련되어 있음을 자주 보기도 하지만, 한편으로는 공유경제의 혜택과 도전과제 중 많은 것들이 지역을 불문하고 유사하다는 점을 볼 수도 있다.

디지털 플랫폼이 여러 국경에 걸쳐 운영되고 있듯이, 공유경제의 교란효과는 한 지역에 한정할 수 없다. 이 점을 염두에 두고서 이 핸드북은 공유경제의 출현에 대응하는 규제에 대한 종합정리가 가능하도록 광범위한 배경의 출신자들로 집필진을 구성하였다. 우리는 규제권역들이 다양한 측면에 대한 상호 논의를 전개함으로써 규제권자들이 다른 지역의 경험에서 배울 수 있기를 바란다. 비교접근법은 이 핸드북의 독특한 장점이다. 우리는 독자들이 자신의 규제권역에 한정된 장만을 읽지 않기를 바란다. 다른 지역에서의 경험이 자신의 권역에 못지않게 많은 통찰력을 가져다 줄 것이기 때문이다.

우리의 이러한 목적을 염두에 두고서 이 핸드북의 논의 내용을 순차적으로 개관해 본다.

제1절

이 핸드북의 제1절에서는 공유경제의 성질과 날로 더해지는 중요성에 대하여 고찰한다. 오를리앙 아키에(Aurélien Acquier)는 우버와 에어비앤비(가장 눈에 띄고 논쟁대상인 업체들이다)와 같은 P2P 디지털 플랫폼업체가 아주 새로운 현상은 아니라고 주장한다. 조직이론과 산업역사에 대한 고찰을 토대로 하여, 아키에는 이러한 플랫폼기업이 계층적이고 통합된 전통적인 모델에서 벗어나기는 했지만, 과거의 외주시스템을 디지털로 재현한 것이라고 결론짓는다. 산업혁명 이전의 사업조직형태와 유사하게, P2P 플랫폼은 생산수단을 소유한 개인들에게 작업을 외주한다. 플랫폼기업은 기업을 관리대상으로 파악하는 관리자적 이해방식에서는 벗어나지만, 기업을 계약관계의 연결점으로서 파악하는 금융적 시각에는 부합한다.

이러한 계약관계는 상당한 정도로 신뢰에 의존한다. 마레이케 묄만(Mareike Möhlmann)과 안드레아 가이싱거(Andrea Geissinger)는 신뢰의 역사적 변천과 변형과정에 대하여 사회학적인 설명을 제공한다. 저자들은 플랫폼기업이 상호평가와 같은 다양한 디지털 신호를 통하여 누적적인 방식으로 생면부지의 사람들 사이에 신뢰를 형성하는 방법(이 방법에 의하여 개인 간 신뢰 및 기업에 대한 신뢰가 형성된다고 한다)에 대하여 고찰한다. 이렇게 플랫폼으로 매개되는 신뢰 신호가 언젠가는 디지털 형태로 된 사회적 자본으로 축적될 수 있다고 저자들은 보는데, 그렇게 되면 그러한 신뢰 신호는 규제와 관련하여 중요한 의미를 갖게 될 것이다.

공유경제가 디지털 신뢰에 의존하는 소규모의 P2P 거래로 이해되기는 하지만, 그러한 소규모의 거래가 상당한 양으로 쌓이게 되면 부정적 효과가 누적되어 나타날 수 있다. 켈렌 제일(Kellen Zale)은 규모가 공유경제의 결정적 특징이며, 더 효과적인 규제대응을 위해서는 그 점이 제대로 이해되어야 한다고 주장한다. 소규모 활동에 대하여는 완화된 규제를 하는 것이 정당하다는 전통적인 논리는, 네트워크의 조정자인 플랫폼이 제3자로서 거래를 매개함으로써 소규모의 거래가 대량으로 이루어지는 경우에는 설득력을 잃는다.

제1절 말미에서는 사업모델과 관련하여 P2P 플랫폼을 더 세밀하게 분석한다. 오를리앙 아키에와 발렌티나 카르본(Valentina Carbone)은 유럽 내 30개의 공유경제 형태에 대한 실증조사를 거쳐서, 가치창조 메커니즘, 성장가능성, 사회적 혁신효과 등의 관점에서 공유경제 형태를 분석한다. 그들은 공유경제가 사회적 혁신을 증진할 것인가 여부는 상당한 정도로 정부, 학계 및 참여자들의 의사결정과 노력에 달려 있다고 주장한다.

제2절

공유경제는 일련의 혁신을 가져왔는데, 교통, 숙박, 금전대여 등 여러 분야를 변혁하였다. 제2절에서는 유익한 혁신을 조장하려는 목적과 적절하고 효과적인 규제의 필요성 사이에서 균형을 잡는 방법을 탐구한다. 먼저 올리 로벨(Orly Lobel)은 플랫폼이 어떻게 거래비용을 절감하고 거래체결을 촉진하는지를 검토한다. 그녀의 주장에 의하면, 규제권자는 플랫폼 혁신으로 인하여 어떤 전통적인 규제가 어떻게 무용지물로 될 것인지를 고려하여야 한다.

매튜 미첼(Matthew Mitchell)과 크리스토퍼 쿠프만(Christopher Koopman)은 교통 분야에서 공유경제가 어떻게 태동하였는지를 살펴보고, 교란적 혁신의 상황에서 질서를 잡아가는 데에 공적 규제모델과 사적 규제모델이 어떻게 기여하였는지를 본다. 두 필자는 이러한 연구를 기반으로 지금까지 채택된 규제방식을 4가지의 형태로 유형화한다.

공유경제 플랫폼이 최근에 대두하였음에도 상당한 시장영향력을 축적한 상태이다. 니브 던(Niamh Dunne)은 유럽의 관점에서 그러한 상태와 관련된 측면을 검토한다. 그녀는 경쟁법이 사회적·경제적으로 부정적인 결과가 나타나는 것을 방지하는 데에 한계가 있다고 지적한다.

확실한 데이터가 부족하다 보니, 특정 분야냐 영역에 대한 공유경제의 영향을 둘러싸고는 많은 추측이 난무하고 있다. 피터 콜스(Peter Coles), 마이클 에제스달(Michael Egesdal), 잉그리드 굴드 엘렌(Ingrid Gould Ellen), 샤오디 리(Xiaodi Li), 아룬 순다라라잔(Arun Sundararajan)은 뉴욕시에서 실제로 에어비앤비가 사용된 패턴에 관한 새로운 실증적 증거를 제시한다. 저자들은 여러 곳에서 취득한 충분한 데이터(일부는 에어비앤비에서 취득)를 종합하여 시간이 지남에 따라 에어비앤비가 뉴욕의 주택시장에 어떤 영향을 미쳤는지를 보여준다.

카트리나 와이만(Katrina Wyman)은 이동성 분야의 공유문제에 대하여 살펴보고, 새로운 규제형태로서 대두한 미국 내 운송네트워크회사(TNC)의 분야를 살펴본다. 카트리나 와이만은 새로운 규제형태를 전통적인 택시규제와 비교하는데, TNC가 오래된 문제점을 해결해 주기도 하지만, 업계포획(industry capture)이라는 고질적인 문제를 강화하기도 한다고 강조한다.

제3절

제3절에서는 공유경제의 대두에 따라 도입된 규제의 대응전략을 검토한다. 집필자들은 공유경제의 대두로 야기된 규제적 도전과제들의 각기 다른 측면을 논하지만, 그들은 적어도 규제적 대응이 공유경제의 개별적 특성에 맞추어져야 한다는 데에는 일치된 의견을 보인다.

공유경제는 광범위한 현상을 포함한다. 참여자들은 대체적으로 다양한데, 일반인 즉 비직업적인 공급자가 잉여의 시간, 기술 혹은 재화를 제공하기도 하고, 매우 직업적인 참여자들이 플랫폼 경제 모델을 활용하기도 한다. 에레즈 알로니(Erez Aloni)는 위와 같은 다양성이 규제적 대응에 어떠한 부담을 주는지를 설명하면서, 관련 위험으로부터 개인을 보호하기 위해서는 정부가 일련의 대체적 규제체제를 세심하게 다듬어야 한다고 주장한다.

레이먼드 브레샤(Raymond Brescia)의 설명에 의하면, 탈중앙화, 경제적 교환의 엔진인 신뢰에 대한 의존, 새로운 기술적 가능성 등이 공유경제를 매력적인 것으로 만들어 주기도 하지만, 그것들이 규제의 곤란성을 야기하기도 한다고 한다. 그는 신지배구조론(이해관계자의 주도적 참여를 허용하는 방식)에 기초하여 의견을 제시하는데, 그의 견해에 의하면 혁신과 소비자보호의 균형을 맞추기 위해서는 규제가 공유경제의 특성에 어울리게 설계되어야 한다고 한다.

공유경제 논쟁의 중심에는 자주 면허제도가 있다. 데렉 맥키(Derek McKee)가 캐나다의 사례를 통하여 하는 설명에 의하면, 플랫폼 기반 사업모델이 기존의 면허제도를 쓸모없게 만들지는 않았다. 물론 이에 반대되는 주장도 있기는 하다. 산업의 자율규제가 면허제도에 존재하는 문제점을 해결하지 못하는 것으로 드러났을 뿐만 아니라, 비효율과 정치적 독단성이라는 문제점이 여전히 제기되고 있으므로, 대안적 규제모델이 고려될 필요가 있다.

브라이언트 캐넌(Bryant Cannon)과 한나 정(Hanna Chung)의 입장에 의하면, 규제는 공유경제의 본질적 특성을 반영해야 한다. 이를 염두에 둔 필자는 시장 내 각 행동을 규율하는 민관합동규제 모델을 제안한다.

스티븐 밀러(Stephen R. Miller)는 플랫폼이 수집하는 데이터에 관심을 기울이면서 도시운영방식에 대한 데이터의 잠재력을 역사적 관점에서 강조한다. 공유경제 플랫폼을 데이터의 수집사례로서 분석하면서, 그는 도시 데이터에 기초한 의사결정방법의 법적·정치적 함의를 탐색한다.

제4절

공유경제는 지리적 경계를 넘어서 확산되었는데, 그 과정에서 각급 정부의 당국이 하는 규제에 영향을 미친다. 다양한 규제권자가 있을 수 있다는 점을 고려하여, 이 절은 어느 수준의 공공당국이 공유경제를 규제하기에 가장 적합한지를 밝히려고 시도한다.

공유경제는 압도적으로 도시적인 현상이다. 네스터 데이비드슨과 존 인프랑카는 공유경제의 소재지가 갖는 의미를 탐구하는데, 공유 플랫폼이 도시의 현안을 해결할 수도 있고, 도시생활의 특성을 활용할 수도 있음을 강조한다. 그들은 지역정부가 공유경제에 대한 초기의 규제자로서 한 역할을 탐구하면서, 다른 상급의 정부가 이제 개입하기 시작했지만 지역자치가 어느 정도는 보장되어야 한다고 주장한다.

공유경제의 대두로 가장 먼저 영향을 받는 곳이 지역사회이지만 다른 이해관계자들도 점점 더 규제에 관여하게 되었다. 사라 라이트(Sarah Light)는 공유경제에 대하여 미국의 연방주의가 갖는 의미를 다루는데, 그녀는 연방정부의 규제역할을 강조한다.

반면에 재니스 그리피스(Janice Griffith)는 미국 주정부의 역할을 탐구한다. 그녀는 공유경제가 주 및 지역의 이익에 미치는 영향을 고려한다. 그녀의 논문은 공유경제활동의 규제에 적합한 정부단위를 정하는 데에 관한 지침을 제공한다.

공유경제라는 현상은 각급 정부의 모든 규제당국에 관련된다. 대니얼 라우치(Daniel Rauch)는 공유경제의 규제에는 각급 정부가 관여할 수 있다는 점을 고려하면서 지역정부가 공유경제의 규제에서 중요하게 된 이유가 무엇인지를 살펴보고, 지역정부가 주요한 역할을 할 수 있는지 여부 및 과연 그러한 역할을 부여받아야 하는지 여부에 관한 질문을 다룬다.

유럽연합 내에서도 적정한 규제주체에 관한 의문이 제기되어 왔다. 미셸 핑크는 유럽연합이 공유경제를 규제할 영역이 있는지 여부를 검토한다. 그녀는 유럽연합이 규제할 여지가 있다고 주장하면서 디지털 데이터에 기반한 플랫폼에 가장 적합한 규제모델이 무엇인지를 알아보려고 시도한다.

브론웬 모건(Bronwen Morgan)은 호주에서 최적이라고 할 수 있는 규제주체에 대하여 검토한다. 그녀는 우선 공유경제의 개념에 대하여 논란이 있다는 점을 적시한다. 다음으로 그녀는 '플랫폼 협동조합주의'(platform cooperativism)라는 개념틀을 사용하는데 이를 통하여 지역적·국가적·국제적 규제로 이어지는 규제의 다층구조에 대한 설명을 시도한다.

제5절

제4절까지는 거시적 수준에서 공유경제와 그 규제환경에 대한 이해를 도모하여 왔다. 제5절부터는 구체적 규제영역을 다루는데, 그 첫 번째로 노동과 고용이라는 중대한 문제를 취급한다. 먼저 엘리자베스 티펫(Elizabeth Tippett)은 노동자를 독립계약자 혹은 피용인으로 구분하는 법적 기준을 조리 있게 설명한다. 그녀는 기존의 기준에 의하면 사용자들이 노동자 보호장치를 준수하지 않거나 회피할 가능성이 있다고 주장하면서 법제도가 그러한 문제들을 해결할 수 있는 방법을 제시한다.

그 다음으로 브리셴 로저스(Brishen Rogers)는 공유경제가 저임금 노동자에게 특별히 미치는 영향을 살펴본다. 로저스는 저임금 노동시장에 있는 두 개의 구조적 측면에 대한 유용한 분석을 한다. 그 중 한 측면은 공유경제 기업 노동자에 대한 법적인 보호정도이고, 다른 측면은 기업의 기술적 정교성, 내부 규제상 용이성 및 시장영향력이다. 이러한 분석을 통하여 로저스는 공유경제 노동의 비정규성으로 인하여 생기는 폐해의 개선방법을 제시하고, 낮은 노동품질을 향상시키는 방법도 찾아본다.

미리암 체리(Miriam Cherry)와 안토니오 알로이시(Antonio Aloisi)는 노동자를 독립계약자 겸 피용인이라는 복합적 성격으로 파악함으로써 새로운 개혁방안을 제시한다. 예리한 비교분석법을 통하여 체리와 알로이시는 캐나다, 이탈리아, 스페인, 독일, 한국의 비정규직 노동자를 지칭하는 제3의 범주를 사용할 수 있는지를 검토한다. 최종적으로 그들은 이러한 모델에 상당한 제약이 있다고 하면서, 오히려 공유경제에서는 노동자를 원칙적으로 피용인 혹은 그와 유사한 존재로 분류하는 것이 좋겠다고 주장한다.

마지막으로 마크 그레이엄(Mark Graham)과 모하마드 아미르 안와르(Mohammad Amir Anwar)는 아프리카와 아시아의 저임금 및 중임금 국가에서 디지털 노동이 어떤 역할을 하고 경제개발에 어떤 영향을 가져오고 있는지를 집중적으로 살펴본다. 그들은 조합체노동(cooperative work)의 모델이 전 세계 공유경제의 노동현장을 더 공정하게 만들 수 있는지에 대한 탐구를 한다.

제6절

공유경제 기업이 노동자를 독립계약자로 보는지 아니면 피용인으로 보는지에 따라 조세상 취급이 크게 달라진다. 제6절은 공유경제에 따른 조세문제들을 다루는데, 여기에는 공유경제 개별노동자의 관점, 플랫폼의 관점, 과세당국의 관점이 있다. 슈이 위(Shu-Yi Oei)와 다이앤 링(Diane Ring)은 미국의 공유경제 노동자들이 직면하는 여러 가지 조세쟁점을 다루는데 이러한 쟁점에는 독립계약자/노동자의 구분, 증빙서류의 준비, 세법 준수의 어려움 등이 포함되어 있다. 그들은 노동자에게는 현재의 법률규정이 매우 복잡하다고 하면서 개혁안을 제시한다. 그들이 지적하는 바와 같이, 조세제도가 공유경제를 어떻게 취급하느냐가 공유경제의 성장과 발전을 좌우하게 될 것이다.

마노즈 비스와나단(Manoj Viswanathan)은 논의의 중심을 이동하여 공유경제 노동자와 연방, 주, 지역의 과세당국 사이의 이해관계를 더욱 조화시키는 차원에서 조세법 준수문제와 제도변화의 가능성을 검토한다. 소득세문제 외에도 공유경제에는 원천징수세, 판매세, 점유세, 재산세 등의 부과·징수에 관한 다양한 쟁점들이 있다. 비스와나단은 성공적 조세징수를 위해서는 과세당국이 공유경제 업체들의 협력을 이끌어내야 한다고 제안한다. 왜냐하면 조세신고와 조세법 준수를 증진하는 데에 필요한 모든 정보와 자원을 공유경제 회사들이 보유하고 있기 때문이다.

유럽연합 차원에는 통일된 규율이나 규제가 없기 때문에는 유럽연합 내에서 공유경제에 대한 과세문제를 논하는 것은 본질적으로 쉽지 않다. 카테리나 판타자투(Katerina Pantazatou)는 유럽연합에서의 조세문제 일반을 개관한 뒤 공유경제에 대한 과세문제를 따로 검토한다. 그다음에 그녀는 유럽연합 회원국들이 공유경제에 대한 과세와 관련하여 취한 조치들을 설명하면서 그러한 조치들이 다른 영역에 대한 유럽연합 법제와 긴장을 일으킬 수 있다는 점을 지적한다. 판타자투는 유럽연합이 공유경제에 대한 포괄적 조치를 취해야 하며, 회원국에 대하여 적어도 일반적 지침은 제공하여야 한다고 주장한다.

마지막으로 조던 배리(Jordan Barry)는 조세에 관한 이 절에서 규제와 혁신의 균형을 도모하는 방법에 대하여 다시 검토한다. 그는 공유경제를 중심으로 하여 미국의 연방소득세법과 혁신의 상호관계에 대한 분석을 한다. 조세법이 기술적 혁신과 거래의 혁신이라는 결과를 가져오는 동인이 되고 있는가라는 점에 대하여 배리는 의문을 제기한다. 그에 의하면, 공유경제의 특징인 혁신이 조세법의 회색지대를 더 악화시킴으로써 오히려 규제권자로 하여금 이러한 영역을 분명하게 규율하도록 유도하여 최종적으로는 조세제도가 개선되는 결과가 발생할 수도 있다고 한다.

제7절

공유경제에는 생산자가 참여할 뿐만 아니라 플랫폼에 의하여 연결되는 소비자도 참여하는데, 소비자도 생산자와 똑같이 중요하다. 이 절에서는 소비자보호와 프라이버시에 관한 여러 쟁점을 다룬다. 과거의 규제영역에서는 언론의 자유와 상업적 활동 사이의 구분, 공적 영역과 사적 영역 사이의 구분, 노동의 제공과 자발적 공유 사이의 구분이 특징적이었는데, 레베카 터시넷(Rebecca Tushnet)은 이러한 구분이 붕괴됨으로써 야기되는 문제들을 검토한다. 위와 같은 구분이 없어짐으로써 어려운 문제들이 발생하였는데, 허위광고로부터 소비자를 보호하는 문제, 인터넷 체험수기에서 생기는 이해충돌의 문제, 대리인법리를 창의적으로 적용하여 플랫폼에게 법적 책임을 지우는 문제 등을 예로 들 수 있다. 터시넷은 공유경제라는 온라인 세계에서는 한 주체의 행위로 인한 책임을 다른 주체에게 지우는 여러 기법을 통하여 소비자복지법리를 발전시켜 나아갈 수 있다고 주장한다.

공유경제에서 문제될 수 있는 중요한 법적 제도로서 상표권이 있는데, 소니아 카티알(Sonia Katyal)과 레아 찬 그린발드(Leah Chan Grinvald)는 상표권이 플랫폼 회사의 성패를 결정하는 요소라고 주장한다. 이러한 중대한 요소는 상표권의 여러 작용영역에서 드러나는데, 카티알과 그린발드는 상표권과 플랫폼 기업운영의 상호 작용에 대한 통찰력 있는 유형화를 제시한다. 그들은 공유경제의 디자인과 설계방식이 현대적 상표권에 어떤 과제를 던져 주는지, 그리고 그 과정에서 상표권 현대화에 어떤 과제와 기회를 제공하는지에 대한 설명을 해준다.

로잘리 쿨호벤(Rosalie Koolhoven)은 유럽의 사법(私法)영역으로 관심을 옮긴다. 쿨호벤은 공급자의 행위로 발생한 피해에 대한 플랫폼의 책임을 따지는 데에 있어서 유럽연합법의 보충규정으로서 각 회원국의 계약법이 어떤 역할을 할 수 있는지를 분석한다. 쿨호벤은 회원국들이 공유경제의 연결서비스를 다루는 방식에 대한 검토를 하면서, 플랫폼과 공급자 사이의 관계를 정하는 계약의 주요내용에 의하면 플랫폼은 제3자, 즉 소비자의 이익을 보호할 의무를 지게 되었다고 주장한다. 쿨호벤이 주장하듯이, 소비자보호법이 유럽연합 회원국마다 다르기는 하나 사법영역에 놀라운 해결책이 숨어 있다.

새로운 선택 패러다임에 직면하여 규제를 완화하여야 한다는 주장이 있는데, 귀도 스모르토(Guido Smorto)는 이에 대하여 이의를 제기한다. 스모르토의 주장에 의하면, 플랫폼은 잘 보이지 않는 깨알같은 계약조항(boilerplate), 기술적 구조 및 알고리즘을 이용하여 공급자와 소비자에 대하여 우월한 영향력을 행사한다. 이러한 기법의 세세한 내용을 살펴보면서, 스모르토는 법이 공유경제의 약자에 해당되는 당사자를 보호하여야 한다고 주장한다.

제8절

슬프게도 공유경제에서도 실물세계의 병리적 현상이 대부분 그대로 나타나는 것으로 드러났다. 특히 반차별법과 관련하여 상당한 우려가 제기된다. 샬럿 가든(Charlotte Garden)과 낸시 리엉(Nancy Leong)은 이러한 역동적인 문제를 탐색하는데 우선 플랫폼 회사의 책임영역을 뒤집어본다. 가든과 리엉은 플랫폼 기업들이 정체성 위기를 겪고 있다고 보는데, 즉 기업들이 한편으로는 스스로 촉진하는 상업적 거래관계를 적극 포용하면서도 다른 한편으로는 스스로를 거기에서 멀어지게 하려는 이중적 행태를 보임으로써 '정체성 위기'가 나타난다고 한다. 그리하여 법은 플랫폼이 진정으로 중립적인 입장에서 양 당사자 거래를 형성하는 것에 불과한 것인지, 아니면 3당사자 거래관계에 적극 관여하는 것인지에 대하여 명확한 입장을 정하지 못하고 있다. 이와 같은 주요한 긴장관계를 노출시킴으로써 우리는 반차별법 및 공중접객업에 걸친 법적 대응책을 모색할 수 있고, 좀더 넓게는 플랫폼 기업의 일반적 책임범위를 정할 수 있게 된다.

그 다음으로 나오미 쇼엔바움(Naomi Schoenbaum)은 공유경제가 친밀노동(intimacy, 역주: 친밀한 관계를 수반하게 되는 노동)의 변동에 어떤 영향을 미치는지와 친밀노동과 평등권 사이의 관계가 어떻게 변하는지를 살펴본다. 쇼엔바움이 지적하기를, 공유경제 거래에는 개인적 공간(사적 영역)이 개입되는데, 그 과정에서 플랫폼은 신뢰를 확보하기 위하여 인적 관계를 강조하게 된다. 하지만 이러한 경제적 친밀성은 인종 차별 및 성 차별에 대한 우려를 낳았다. 그리하여 주요 플랫폼들은 거래를 몰개성적인 것으로 만들어 버렸다. 쇼엔바움이 정리한 바와 같이 평등과 친밀성을 이와 같이 재조정하는 데에는 여러 가지 비용이 유발된다.

자밀라 제퍼슨존스(Jamila Jefferson-Jones)는 경험적 연구방법을 취하여, 공유경제, 특히 단기임대차에 만연한 차별의 증거를 제시한다. 제퍼슨존스는 미국의 반차별법이 단기임대차의 새로운 모델에 적용되는 방식에 대한 설명을 하는데, 임대인과 플랫폼 기업 중 누가 차별에 대한 책임을 져야 하는지에 대하여 특별한 관심을 기울인다. 제퍼슨존스가 주장하듯이, 인종 차별 및 장애인 차별의 경우에는 전통적인 반차별법의 패러다임을 공유경제에 적용하는 데에 중대한 난관이 있다. 그녀는 새로운 개혁방안을 제시한다.

이 핸드북의 차별문제에 관한 부분을 마무리하면서 니콜라 쿤투리스(Nicola Countouris)와 루카 라티(Luca Ratti)는 유럽연합의 차별금지조치를 분석한다. 쿤투리스와 라티는 유럽연합 평등보호법에는 차별을 철폐시킬 중요한 잠재력이 있다고 주장한다. 왜냐하면 유럽연합 평등권은 적용범위가 넓고 경제적 및 사회적 기본권으로서의 이중적 성격을 갖고 있기 때문이다. 쿤투리스와 라티는 평등권이 유럽연합사법법원(CJEU)에 의하여 해석·적용되는 과정에서 나타나는 구조적·이론적 한계로 인하여 이러한 잠재력이 현실화되지 않을 수도 있다고 주장한다.

결론

공유경제의 성장으로 인하여 기존 사업모델이 교란되었고, 기존 산업은 대체되고 있다. 공유경제는 각급 정부에게 도전과제를 안기고 있다. 각급 정부는 혁신과 불확실성의 환경 속에서 기존의 규제를 집행하거나 새로운 규제를 만들려고 노력 중이다. 그리하여 개인들에게 노동이 더 불안정해지고, 조세법 준수가 더 어려워지고, 차별이 더 악랄해지는 경우가 생기기도 하였다.

공유경제의 특징인 급속한 성장과 변화 때문에 학자들도 공유경제를 이해하고 평가하는 것이 더 어려워졌다. 그래서 이 핸드북의 집필자들은 공유경제가 완전히 새로운 현상은 아닐지라도 발전 초기에 있음을 감안하여, 한 발 떨어져서 여러 가지 관점을 제시하고자 한다. 학자들은 이 새로운 경제 현상이 어디에서 왔는지, 어떻게 전개되고 있는지, 기존의 법률에 의하여 어떤 모습을 갖추어 가고 있고 동시에 기존의 법률을 어떻게 변화시키고 있는지에 대한 관점을 제시하고자 하는 것이다. 우리는 이 핸드북에서 2018년 현재의 공유경제에 대한 학제간 이해 및 비교법적 이해를 깊이있게 하도록 도모함으로써, 규제권자, 개별 시민 및 학자들이 향후 수 십년 동안 다루어야 하는 쟁점과 의문점 및 도전과제에 대한 논의의 틀을 제공하고자 한다.

제1부

공유경제 및 그 규제태양에 대한 이해

제1절

공유경제란 무엇이고, 왜 그것이 중요한가?

1

우버 방식의 기업과 조직이론의 만남:
플랫폼 자본주의와 외주시스템의 재탄생

오를리앙 아키에

서언

P2P 디지털 플랫폼을 처음 보면, 의심할 여지가 없이 철저히 새로운 현상으로 보인다. 이들 기업 대부분은 최근 10년 이내에 만들어졌다. 에어비앤비는 2008년, 우버는 2009년, 리프트는 2012년에 각각 설립되었던 것이니 말이다. 2차 산업혁명 이후로 자본주의 세계를 지배해온 대부분의 거대자본 기업들과 비교하여 본다면 플랫폼 기업들이 여전히 유아기에 있다고 할 시기에도 이들은 놀라울 정도로 짧은 기간 내에 주요한 경제적·사회적 변혁을 가져왔다. 이러한 현상에 대하여 많은 논문이 저술되었는데, 논문들의 주된 관심사는 ① 수백 년 된 기업과 직종에 대하여 에어비앤비와 우버가 미치는 경쟁상 변혁과 파괴적 압력,[1] ② 급여노동에 대비한 자기고용의 지속적 증가, 긱경제의 등장[2] 및 관련 규제 문제,[3] ③ '낯선자와의 공유'에 기초하여 이루어지는 새로운 형태의 협업적 소비와 교환,[4] ④ P2P의 개방적 생산활동[5] 등이라고 할 수 있다.

관료적이고 계층적인 전통적 기업이 오랫동안 자본주의와 조직이론을 지배해 왔는데, 플랫폼이 이러한 전통적 기업으로부터 대체적으로 벗어나 있다는 점은 의심할 여지가 거의 없다.[6] 플랫폼은 디지털 조직으로서 반문화적, 자유주의적인 가치 ―이들은 인터넷의 발원을 표상한다― 를 전달하고자 하며,[7] 분산화되고 수평적인 형태의 P2P 협업을 증진하려고 한다. 인터넷과 디지털 조

---

1 See C. M. Christensen, M.E. Raynor, and R. McDonald, What is Disruptive Innovation?(교란적 혁신이란 무엇인가?) December Harv. Bus. Rev. 44-53 (2015); A Sundararajan, The Sharing Economy(공유경제) (2016).

2 G. Friedman, Workers Without Employers: Shadow Corporations and The Rise of The Gig Economy(고용자 없는 근로자: 그림자 기업과 긱경제의 대두), 2 Rev. Keynes. Econ. 171-88 (2014).

3 Ⅲ R. L. Redfearn, Sharing Economy Misclassification: Employees and Independent Contractors in Transportation Network Companies(공유경제의 오분류: 운송네트워크회사에서의 피용인 및 독립계약자) (2016).

4 Y. Benker, "Sharing Nicely": On Shareable Goods and the Emergence of Sharing as a Modality of Economic Productions(멋지게 공유하기: 공유 가능한 재화를 및 경제 생산의 한 형태로서 나타난 공유에 대하여), 114 Yale Law Sch. Leg. Scholarsh. Repos. 273-358 (2004).

5 M. Bauwens, The Political Economy of Peer Production(동료 생산의 정치경제학), CTheory 12-1 (2015).

6 W. R. Scott and G. F. Davis, Organizations and Organizing: Rational, Natural, and Open System Perspectives(조직과 조직행위: 합리적, 자연적, 개방적 체제의 관점) (1st ed., 2014).

7 F. Turner, From Counterculture to Cyberculture: Stewart Brand, the Whole Earth Network, and the Rise of Digital Utopianism(반문화에서 사이버문화로: 스튜어트 브랜드, 호올 어스 네트워크와 디지털 이상향의 대두) 1 (paperback ed., 2008).

직은 자주 다음의 여러 형태로서 분석된다. ① 대안적, 협업적, 민주적 형태의 조직,[8] ② "홀라크라시(Holacracy)"에 기반한 비계층적 시스템,[9] ③ 개방적 생산체제,[10] ④ 재화의 공유를 가능하게 해주는 비상업적 협업의 공간.[11] 일반적으로 P2P 플랫폼들은 탈관료주의적 색채가 강하게 나타난다.[12]

조직이론을 교육받은 학자들에게 이러한 새로운 조직형태들은 도전과제이다. 이러한 새로운 변종을 이해하는 데에 조직이론이 쓸모있을까? 디지털 플랫폼이 기존의 조직이론 그 자체를 교란하지 않을까? 마치 우버와 에어비앤비가 기존의 택시와 호텔 영역을 교란한 것처럼 말이다. 나는 이 글에서 조직이론과 산업역사를 고찰함으로써 P2P 플랫폼이 새로운 현상이라는 점에 의문을 제기하고 우버와 에어비앤비와 같은 디지털 플랫폼에 대한 —더 나아가 플랫폼경제 일반에 대한— 조직론적 분석을 하고자 한다.[13] 나는 '플랫폼 자본주의'라는 용어로써 '서비스 제공자와 고객 사이의 거래를 연결시켜 주는 디지털 플랫폼을 통하여 생산적 영리활동을 하는 일단의 조직'을 지칭하고자 한다. 개념 정의와 관련하여 두 가지 점을 언급해 둔다. 첫째, 이 글에서 정의하는 플랫폼 자본주의는 보통 공유경제로 불리는 것의 한 부분만(가장 눈에 띄고 논쟁적이라고 할 수 있는 부분)을 구성한다. 따라서 공유경제의 더 넓은 영역, 즉 전체 영역을 다루지는 아니한다. 모든 공유경제가 '접근권 기반' 경제 및 '지역공동체 기반' 경제의 논리 위에 기초하고 있고,[14] 다양한 가치창출 모델을 갖고 있기는 하다.[15] 둘째, 동료 간에 정보를 공유하게 해주는 플랫폼(페이스북, 트위터와 같은 소셜 네트워크)을 다루지는 않을 것이다. 대신에 나는 상업적 거래에서 동료를 기반으로 하여 공급과 수요의 중개행위를 주 기능으로 수행하는 P2P 거래 플랫폼을 다루고자 한다.[16]

이 글에서 나의 핵심 주장은 "플랫폼 자본주의의 등장은 제조업과 관리자형 회사 형태가 나타난 산업화 시기 이전의 조직 형태인 '외주시스템'(putting-out system)의 디지털적 재현으로 이해되어야 한다"는 것이다.[17] 외주시스템에서는 상인이 개인(개인은 가내에서 물품을 생산하였고 자신의 생

---

8 R. Laloux, Reinventing Organizations(조직의 재구성) (2015).

9 B. J. Robertson, Holacracy: The New Management System for a Rapidly Changing World(홀라크라시: 빠르게 변화하는 시대의 신경영시스템) (1st ed., 2015). 전통적인 계층적 관료조직에 반대하여 경영 및 리더십에 대한 새 접근법을 강조하는 개념들이 많이 등장하였는데, 홀라크라시는 그중의 하나이다. 창시자인 브라이언 로버트슨에 의하면, 홀라크라시는 자발적 참여, 개별적 주도 및 분산된 리더십에 기반한 경영모델이라고 한다.

10 E. S. Raymond, The Cathedral & the Bazaar: Musings on Linux and Open Source by an Accidental Revolutionary(성당과 시장: 우연히 혁명가가 된 사람이 바라본 리눅스와 오픈 소스) (1st ed., 1999).

11 Y. Benkler, The Wealth of Networks: How Social Production Transforms Markets and Freedom(네트워크가 창출하는 부: 어떻게 사회적 생산체제가 시장과 자유를 변화시키는가?) (2006); D. Jemielniak, Common Knowledge? An Ethnography of Wikipedia(공유 지식? 위키피디아의 문화학) (2014).

12 A. Acquier, T. Daudigeos, and J. Pinkse, Promises and Paradoxes of the Sharing Economy: An Organizing Framework (공유경제의 희망과 역설: 조직형태론), 125 Technol. Forecast. Soc. Change 1-10 (2017).

13 P. C. Evans and A. Gawer, The Rise of the Platform Enterprise: A Global Survey(플랫폼 기업의 대두: 전 세계적 조사 결과) (2016); N. Srnicek and L. De Sutter, Platform Capitalism, Theory Redux(플랫폼 자본주의, 이론적 회귀) (2017); Sundararajan, supra note 1.

14 Acquier et al. supra note 12.

15 See Acquier and Carbone, this volume.

16 See Evans and Gawer, supra note 13.

17 D. A. Hounshell, From the American System to Mass Production, 1800-1932: The Development of Manufacturing Technology in the United States. Studies in Industry and Society(미국적 방식에서 대량생산 방식까지의 변천사, 1800-1932: 미국 제조업 기술의 발전사. 산업 및 사회에 대한 연구)(1984).

산수단을 소유하였다)에게 작업을 외주하였다. 이러한 생산방식이 오늘날 재출현함에 따라 조직이론, 플랫폼의 지배구조 및 개인들에게 상당한 도전과제가 발생하게 되었다.

이 글은 세 부분으로 구성되어 있다. 먼저, 나는 플랫폼 자본주의가 조직이론의 두 가지 근본원리에 어떻게 도전하고 있는지를 살펴보고자 한다. 두 번째 절에서는 역사적 관점에서 플랫폼 자본주의를 고찰한다. 나는 먼저 알고리즘 경영이 테일러주의[18]의 재탄생에 해당된다는 이론을 검토한 후 그에 대한 의문을 제기하고자 한다. 이러한 관점에서 더 나아가 나는 P2P 플랫폼의 조직모델을 개념화하는 데 중심이 되는 두 가지 명제를 제시한다. 첫째, 나는 '거래 플랫폼의 등장은 1970년대와 1980년대에 시작된 기업과 개인의 지속적인 금융화가 조직 형태로 나타난 결과로 파악할 수 있다'고 주장한다. 둘째, 나는 '이러한 원리로 인하여 자본주의 이전에 존재하였던 작업조직이 관리자형 조직을 대체하고 있는데 이는 디지털 기술에 의하여 유지되는 외주시스템의 형태를 띤다'고 주장한다. 세 번째 절에서 나는 플랫폼 지배구조의 관점에서 이러한 분석이 가져오는 도전과제를 검토한다.

I. 새롭고도 이상한 플랫폼 자본주의의 세계로 여러분을 환영합니다

P2P 플랫폼은 기업에 대한 경제적·사회적 관점으로 구성된 근본 원리에 도전을 하는데, 경제적·사회적 관점은 조직이론에서 두 개의 주요한 전통이라고 할 수 있다. 경제적 전통에서 본 조직분석론에 의하면, 플랫폼은 시장과 기업의 경계를 허문다. '기업의 본질'에 관하여 로널드 코스가 최초로 논문을 쓰고, 그 후속으로 올리버 윌리엄슨이 Transaction Cost Theory(거래비용이론)이라는 논문을 쓴 이후로,[19] 거래를 조정하는 데에 기업과 시장은 근본적으로 다른 두 개의 기구라고 일반적으로 인식되어 왔다. 이 관점에서 보면, '기업체에 의한 조정'은 중앙집중적 계층구조, 표준화와 계획에 의존하는데 그럼으로써 불확실성을 줄인다. 이는 '시장에 의한 조정'에 대응하는 것인데, 시장에 의한 조정은 이질적이고 불확실하고 자유로우며, 가격에 의한 통제를 받는다. 이러한 근본적인 차이는 —이는 자주 조직이론 교과서의 서론에서 제시되는데— 우버, 에어비앤비, 태스크래빗 등과 같은 플랫폼에는 적용되지 않음이 분명한데, 이와 같은 플랫폼은 플랫폼으로부터 독립된 서비스 제공자와 고객 사이의 거래를 조직한다. 플랫폼은 완전한 시장도 아니고 완전한 계

---

18 테일러주의라는 용어는 Frederick Winslow Taylor가 창안한 경영원리를 가리킨다. 이는 과학적 경영이라고도 알려져 있다. 테일러주의는 19세기 말과 20세기 초에 작업설계에 대한 최초의 체계적인 경영원리의 하나로 등장하였다. See F. W. Taylor, Shop Management(공장의 경영) (1903); F. W. Taylor, The Principles of Scientific Management(과학적 경영의 원리) (1911). 테일러는 과학적 원리를 사용하여 작업을 재설계하는 체계적 방법을 개발하였는데, 그는 경험론과 작업자의 자율에 기초하지 아니하고 과학과 합리성을 이용하였으며, 작업 설계자(작업의 설계와 통제를 맡는 자)와 작업자(작업의 실행자)를 극명하게 구별하였다. 테일러주의는 기계화, 대량 생산, 절차의 표준화, 자동화, 작업의 극단적 전문화, 작업자에 대한 부정적 결과(소외 혹은 노동인력의 탈숙련화)와 결부되어 왔다. See G. Friedmann, The Anatomy of Work: Labor, Leisure, and the Implications of Automation(작업의 해부: 노동, 여가 그리고 자동화의 의미) (1964).

19 R. Coase, The Nature of the Firm(기업의 본질), November Econ. NSG (1937); O. E. Williamson, The Economic Institutions of Capitalism(자본주의의 경제적 제도) (1985).

층구조도 아닌 혼성의 지배구조를 형성하는데, 이들은 그저 '시장적 조직'(market organization)이라고 부를 수밖에 없다.[20] 이러한 혼성체는 '조직체의 기능과 시장의 기능 사이에 근본적인 차이가 존재한다'는 이론을 무의미한 것으로 만들어 버린다.

사회적·경제적 지배관계가 더이상 자본과 노동의 구분에 의존하지 않음에 따라, 플랫폼은 조직분석에 대한 사회학적 전통의 기본원리들도 흔들고 있다. 카를 마르크스가 1865년에 자본주의체제의 지배관계를 이론화한 이래로 가치창출과 가치획득을 둘러싼 갈등이 '한 편의 자본소유자와 다른 편의 노동제공자(급여와 노동을 교환하는 자)를 구분하는 것'과 관련하여 전개되어 왔다[21]고 받아들여졌다. 이와 같이 자본과 노동을 근본적으로 구분하는 행위는 노동사회학의 오랜 연구전통을 지배하여 왔는데, 이마저도 플랫폼의 대두로 깨지고 있다. 실제로 플랫폼 노동자는 —우버 운전자이건, 에어비앤비 숙박제공자이건— 그들의 활동에 필요한 자본을 소유하거나 적어도 제공하고 있다. 플랫폼 자본주의의 이상한 세계에서는 '권력 없는 자본가'인 노동자가 '노동자 없는 회사'의 가상적 경영인(알고리즘)에 의하여 착취되고 있는 것이다!

II. 기업 형태에서 플랫폼으로: 금융화 및 외주시스템의 재탄생

조직 혁신이 어떻게 기능하는지에 대한 상황 파악 및 분석을 하고 그러한 혁신이 갖는 의미를 이해하는 데에 역사는 없어서는 안 될 도구이다. 이 절에서는 산업의 역사와 기업체의 변혁에 비추어서 플랫폼의 등장을 검토하고자 한다.

A. 테일러주의(Taylorism)의 환생?

최근 노동사회학자들은 알고리즘이 노동에 미치는 영향에 대하여 관심을 가지게 되었다. 그들은 알고리즘을 설계하는 프로그래머(디지털 화이트칼라)의 노동을 연구하기보다는 '디지털 노동'의 드러나지 않은 어두운 면(저기술 노동으로서 세계화되어 있는 새로운 노동 형태의 등장이라는 면)[22]을 연구하였다. 이러한 연구에서는 새로운 부류의 전문 노동자들(자주 이들은 '디지털 단편노동자'(digital pieceworker[23])로 불린다)이 아마존 미캐니컬 터크 플랫폼[24]과 유사한 세분작업 플랫폼(micro-task

---

20 R. Makadok and R. Coff, Both Market and Hierarchy: An Incentive-System Theory of Hybrid Governance Forms(시장과 계층구조: 혼성의 지배형태에 따른 인센티브구조이론), 34 Acad. Manage. Rev. 297-319 (2009).

21 K. Marx, Salaries, prix et plus value(급여, 가격과 잉여가치) (2010).

22 C. Fuchs, Digital Labour and Karl Marx(디지털 노동과 카를 마르크스) (2014); T. Scholz (ed.), Digital Labor: The Internet as Playground and Factory(디지털 노동: 놀이터 및 공장으로서의 인터넷) (2013).

23 D. Cardon and A. A. Casilli, Qu'est-ce que le digital labor?(디지털 노동이란 무엇인가?) (2015).

24 작동방식을 고려하지 않는다면, 미캐니컬 터크라는 명칭은 이 플랫폼의 배후에 있는 비전을 특히 엿볼 수 있게 해준다. 말 그대로 노동을 보이지 않게 해주는 것이다. See P.-Y. Gomez, La travail invisible: enquête sur une disparition(보이지 않는 노동: 사라진 현상에 대한 연구) (2013). 원래의 미캐니컬 터크는 정교한 가짜 자동장치였다. 18세기 말에 고안

platform)에서 노동을 파는 형태에 대하여 탐구한다. 그러한 플랫폼을 통하여 회사들은 세분작업을 전 세계의 노동자들에게 제공하는데, 노동자들은 소액의 임금을 받고서 그 작업을 수행한다. 노동자들은 작업당 몇 센트 혹은 몇 달러를 받고서 알고리즘이 진행하는 작업을 완성하거나 구성해 준다. 즉 그들은 단 몇 초 간의 데이터 입력 작업, 파일 검증, 복사, 번역, 수정, 코드 작성, 사진 촬영, 순서 정렬, 페이지 클릭 등을 해주는 것이다.

알고리즘을 통한 경영에 대한 학문적 연구를 원용하여,[25] 최근 파이낸셜 타임즈 기사는 이러한 역사적 관점을 제시하고 있다.[26] 런던의 우버이츠(UberEats)와 딜리버루(Deliveroo)(이들은 음식배달 분야에 속한다)의 배달기사와 배달원의 근로조건에 관하여 상세히 전하면서 이 기사는 새로운 형태의 노동 조직과 테일러주의를 비교한다. 그 기사는 어떻게 알고리즘이 실시간으로 배달원의 행위를 측정하거나 감시하여 경영자적인 결정(회원이 기대되는 표준으로부터 벗어나는 경우 자동으로 그 회원을 배제하는 것과 같은 결정)을 하는지를 부각시켰다. 이러한 도구들은 생산성을 측정하고, 활동 시간을 재고, 원격 감시를 하는 데에 사용되는데 이와 같은 행위들은 프레데릭 테일러가 말한 과학적 경영을 대체적으로 반영한다.[27] 위 기사는 옥스퍼드 법학 교수인 제레미아스 프라슬의 다음과 같은 말을 원용한다. "알고리즘은 강고한 테일러주의자조차도 꿈꿀 수 없는 수준의 통제권과 감독권을 제공한다."

21세기 초의 새로운 프롤레타리아에 관하여 보건대, 100년 전 테일러 방식의 작업 조직에 겨누어졌던 '한계론, 불안감 및 비판론'이 현재의 작업 방식에 그대로 전이될 수 있을 것 같다. 디지털 노동의 특징으로서 작업의 고안과 실행을 분명하게 분리하는 것을 들 수 있는데, 이로써 궁극적으로 개인은 알고리즘 기계에 봉사하는 위치(이는 영화 '모던타임즈'의 디지털 버전이라고 할 수 있다)에 놓이게 된다. 그러한 세분작업 플랫폼에서 노동은 극도로 파편화되고 노동자로부터 분리되어 개인은 작업자로 전락하고 테일러 방식의 작업 조직에서와 동일하게 '탈숙련화, 비인간화 및 의미의 상실'이라는 결과를 가져오게 된다.[28] 완전히 기계화되고 합리화된 작업 조직에 대한 테일러주의자의 공학적 희망은 우버의 자율주행 자동차 계획을 생각해 보면 여실하게 살아 있는 것처럼 보인다. 우버의 계획은, 운전자를 제거함으로써 완전히 서비스를 로봇화하고 기계화하여 인간의 노동이 없어지는 세계를 창설하려고 한다. 이러한 디지털 세계에서 인간의 노동이란 필요악에 불과하며, 공장의 물리적 생산 라인을 대체한 알고리즘의 생산 라인에 대한 공급자 역할을 하는 유물일 뿐이다.

되었는데 자동장치에 인공지능이 장착되어 인간을 상대로 체스 경기를 할 수 있다고 사람들을 속이기 위한 것이었다. 미캐니컬 터크가 표면상으로는 기계로 보였지만, 실제로는 체스 선수가 내부에 숨어서 조작을 하였다. 아마존은 미캐니컬 터크라는 표현을 통하여 플랫폼의 배후에 있는 관념을 보여준다. 즉 그것은 보이지 않는 사람의 노동력을 이용하여, 자동화되었다는 허상을 심어주고 알고리즘을 돕게 만드는 것이다.

25 M. K. Lee, D. Kusbit, E. Metsky, and L. Dabbish, Working with Machines: The Impact of Algorithmic and Data-Driven Management on Human Workers(기계와 함께 일하기: 인간 노동자에 대한 알고리즘과 데이터에 기반한 경영의 영향), 1603-12 (2015).

26 S. O'Connor, When your Boss is an Algorithm(당신의 상사가 알고리즘인 경우), Financ. Times. Sept. 8, 2016 at 10.

27 Supra note 18.

28 Friedmann, supra note 18.

디지털 세계에도 테일러주의의 흔적이 많이 남아 있는 것으로 보인다. 그 흔적으로서는 조직에 대한 기계론적 시각, 기술을 통한 조직의 통제가 가능하다는 과학적 몽상, 작업자에 대한 정확한 시간적 통제, 작업 설계와 실행을 명확하게 분리하는 것(이 경우 노동자는 기계의 연장일 뿐이다) 등을 들 수 있다. 하지만 테일러주의에 비유하는 것에는 한계가 있으며, 세 가지 중요한 점에서 구분이 있어야 한다. 첫째, 플랫폼마다 노동자의 자율성 정도가 다른데, 테일러주의자의 용어로 표현하자면 그에 따른 처방(prescription)이 다양하다. 우버나 미캐니컬 터크와 같은 플랫폼에서는 조직이 작업자에 의하여 준수되어야 할 가격 및 작업 절차를 정하므로 처방의 수준이 높은 것으로 보이는 반면에, 에치, 에어비앤비, 업워크(세계적인 자유직업 플랫폼이다)와 같은 플랫폼은 서비스 제공자에게 상당히 더 많은 자율성을 허용하고, 거래당사자 사이의 상호작용의 형태에 관하여 덜 개입적이다. 유사하게 크라우드펀딩 플랫폼은 단순한 중개자로 행동한다고 주장한다. 즉 그들은 사용자에 대한 제한을 거의 부과하지 않으며, 금융지원을 받을 프로젝트의 성질에 대한 제한을 가하지도 않고 프로젝트 제안자에 대하여 운영 혹은 책임상 조건을 거의 부과하지 않는다고 한다.

둘째, 테일러주의의 특징으로는 작업의 변형을 들 수 있는데, 이는 작업을 세분화하고 절차를 재구성함으로써 이루어지고, 플랫폼마다 달라서 상황이 더 복잡하다. 우버의 경우에는 활동의 변형이 일부에서만 일어난다. 운전 활동은 근본적으로 변형되지 않았다. 왜냐하면 운행경로, 운행횟수, 여객수, 운행방법, 노동시간을 선택할 자유가 여전히 있는 운전자가 운전을 수행하고 있기 때문이다. 플랫폼은 표준절차를 부과하지 아니하고, 작업을 파편화하여 재구성하지도 아니하며, 오히려 고객, 운전자 및 플랫폼에 의한 수행평가를 도입함으로써 통제권을 강화하고 있다.

마지막으로, 디지털 노동은 테일러주의하의 사회조직과 많이 다르다. 많은 산업역사학자들이 지적하였듯이, 테일러주의는 대기업, 급여 노동 및 노동조합의 출현과 밀접하게 관련되어 있다.[29] 작업에 대한 체계적 연구와 공학적 접근을 통하여, 테일러주의는 작업과 그 절차의 본질을 근본적으로 재정의하였다. 그러한 변형으로 인하여 작업장에서 위계적 권력의 창설과 인정이 이루어졌고, 노동자와 조직 사이에서 종속적 관계의 창설과 인정도 이루어졌다. 테일러주의의 등장과 함께 작업에 대한 책임이 개인에게서 조직으로 옮겨 갔고, 급여 노동은 기업 내의 작업을 규율하는 방식으로서 일반화되었다. 이러한 구조를 통하여 기업은 노동자의 기술, 생산수단 및 노동조건에 대한 책임을 지게 되었고, 장기고용관계를 확립하였다. 이러한 현상은 플랫폼 자본주의에서 노동자의 독자성과 자율성을 강조하는 것과는 확연히 대비된다.

결국, 일부 플랫폼이 테일러가 품은 이상의 기술적 측면을 반영하고는 있지만, 플랫폼은 테일

---

29 See A. Htchuel, Coordination and Control(조정과 통제), in The IEBM Handbook of Organizational Behavior 330-38 (A. Sorge and M. Warner eds., 1997). D. Nelson, Frederick W. Taylor and the Rise of Scientific Management(프레데릭 테일러와 과학적 경영의 대두) (1980); D. Savino, Louis D. Brandeis and His Role Promoting Scientific Management as a Progressive Movement(루이스 브랜다이스와 진보적 운동으로서의 과학적 경영의 보급에 미친 그의 역할), 15 J. Manag. Hist 38-49 (2009); C. D. Wrege and R. G. Greenwood, Frederick W. Taylor, The Father of Scientific Management: Myth and Reality(과학적 경영의 아버지, 프레데릭 테일러: 신화와 현실) (1991).

러주의의 근저에 있는 사회 조직의 특성(관리자형 기업 및 노동의 종속관계)에는 완전히 배치되는 것으로 보인다.

B. 관리자형 기업에서 금융 플랫폼으로의 진화

플랫폼 자본주의의 조직 논리는 금융화 과정의 산물로 이해되어야 한다. 그러한 금융화 과정은 관리자형 자본주의의 논리를 점차 대체하여 왔는데, 제럴드 데이비스가 이에 대하여 자세한 기술을 한 바 있다.[30] 전통적인 통합 관리자형 기업의 조직 모델은 2차 산업혁명과 20세기 동안에 일반화되었다. 앨프레드 챈들러가 보여 주었듯이, 대기업의 등장과 함께 경제의 중심적 동력과 혁신은 '시장의 보이지 않는 손'에서 '관리자의 보이는 손'으로 옮겨 갔다.[31] 관리자들은 그들의 권한을 통하여 기업을 합리적인 것으로 만들었고 운영방식을 조직화하였다. 기업은 권력을 집중시켰고, 독특한 유능함을 여러 방면에서 발휘하였다. 그 방면으로서는 제품 창조(기술적 복잡성과 규모에서 유례가 없었다), 노동 조직과 생산 조직(작업의 조직화에 대한 테일러의 노력으로 증명된다), 마케팅 혹은 시장 지배력을 들 수 있다.

1903년대에 벌과 민즈는 관리자적 혁명이 제기하는 통제와 지배의 문제들을, 특히 주주와 관련하여 강조하였다.[32] 관리자형 기업에서 경영권은 점점 더 집중되는 반면에 주식보유는 점점 더 분산된다. 그리하여 관리자가 기업의 경영을 독차지하였다. 멀리 분산되어 있는 주주에게 질 책임은 거의 없었다. 1960년대와 1970년대에 많은 연구자들이 관리자가 사회에 행사하는 커다란 영향력에 대하여 우려하였다. 갤브레이스는 '기업들이 경제력을 이용하여 공급과 수요의 법칙을 무력화하는 점, 정치적 영향력을 통하여 민주적 선택에 개입하는 점, 마케팅을 통하여 소비자의 내적 취향을 형성하는 점'에 대한 비판을 하였다.[33] 관리자 자본주의 시대에서는 거대한 사업체(이제는 번듯한 기업체이다)가 자신의 발전과 보존을 우선시하고 시장과 사회에 대하여 지배적 역할을 수행했다.

그러나 이야기는 여기에서 끝나지 아니하고 1970년대는 다시 시장이 복귀할 길을 열어 두었다. 그 변혁은 학문적이기도 하고 이념적이기도 하다. 그 배경으로서 신자유주의와 자본시장의 민주화가 있는데, 이는 금융에 대한 학문적 연구로 촉진된 것이었다. 1965년 헨리 만은 '관리자에 대한 책임을 제대로 묻기 위하여 금융시장의 규제제거가 필요하다'는 논문을 발표하였다.[34] 기업지배구조가 대수선되어야 했다. 주주가 다시 중심적 역할을 해야 하고, 금융투명성을 제고하고, 경

---

30 G. F. Davis, Managed by the Markets: How Finance Reshaped America(시장에 의한 경영: 어떻게 금융이 미국을 변화시켰는가) (2009).

31 A. Chandler, The Visible Hand: The Managerial Revolution in American Business(보이는 손: 미국 산업의 관리자 혁명) (1977).

32 A. A. J. Berle and G. C. Means, The Modern Corporation and Private Property(현대의 회사와 사유 재산) (1933).

33 J. K. Galbraith, The New Industrial State(새로운 산업국가), The James Madison Library in American Politics (1967).

34 H. G. Manne, Mergers and the Market for Corporate Control(합병과 기업통제를 위한 시장), 73 J. Polit. Econ. 110–20 (1965).

쟁자나 투자자에 의하여 언제든지 인수될 수 있다는 상시적 위협으로 관리자의 성과 부진을 막아야 한다는 것이다. 1976년 젠슨과 메클링은 '대리인 이론'의 기초를 닦았는데, 그 이론은 기업을 제도(관리자형 기업)로 보는 관념에 반대되는 것이다. 이에 의하면 기업은 계약관계(그 성질은 근본적으로 시장과 다르지 않다)의 단순한 연결고리에 불과하다.[35] 이 이론은 아래와 같다.

계약관계가 기업의 본질이다. 대부분의 조직들은 단순히 법적 허구로서 개인들 사이에서 계약관계의 연결고리로서 작용한다. 이런 방식으로 본다면, 기업(어느 조직이나 마찬가지이다)의 내부에 있는 사항과 외부에 있는 사항을 구별하는 것은 의미가 거의 혹은 전혀 없다. 매우 실질적으로 보건대, 법적 허구(기업)와 노동·재료·자본의 소유자와 산출물의 소비자 사이에 일련의 복잡한 관계(계약관계)가 존재한다. 우리는 밀 시장 혹은 주식 시장을 개인으로 파악하는 함정에는 잘 빠지지는 않지만, 조직에 대하여는 마치 동기와 의도를 가진 사람처럼 생각하는 오류를 자주 저지른다.[36]

대리인 이론에서는 기업을 명확한 경계와 책임을 가진 실체로 보지 않는다. 대리인 이론의 주창자들에게는 기업을 법인(in-corporation이라는 단어가 암시하듯이 이는 법인체를 의미한다)으로 보는 것이 매우 잘못된 것이다. 기업을 주체로 파악하는 것은 어떤 조직이 법률에 따라서 계약을 체결할 수 있게 해주는 법적 의제일 뿐이라는 것이다. 그 결과, 기업은 조직이나 사람으로 보아서는 안 되고, 당사자 사이의 계약을 중개하는 플랫폼에 불과하다고 보아야 한다고 한다. 기업을 계약의 연결점으로 보는 이러한 금융적 시각은 관리자적 관점에서 크게 벗어나는데, 관리자적 관점에서는 기업을 중심적 역할을 하는 사회적 주체 혹은 제도로 묘사하였다. 새로운 관점에서 보면, 노동자는 더이상 기업의 내부에 있지 아니하고 다른 이해당사자보다 더 많은 권리를 갖고 있지도 아니하다.

시장과 회사에 대한 이러한 새로운 원리는 1980년대 미국에서 일련의 법적 변혁을 가져왔는데 법적 변혁은 주로 로널드 레이건에 의하여 재촉된 것이며 이로 인하여 금융 자본주의로 이르는 길이 놓여졌다.[37] 이러한 변혁에 뒤이어 회사들은 시장 메커니즘을 내부적 기능안으로 대대적으로 도입하게 되었는데, 그 사실은 '연쇄적 아웃소싱, 대규모 기업집단의 해체, 핵심 사업에 대한 집중 노력, 임시직 노동자의 고용, 전 지구적 가치 사슬의 등장'을 통하여 수많은 독립 기업들이 단일 품목의 생산에 기여하는 구조를 형성한 점에서 확인할 수 있다. 금융 자본주의 세계에서는 기업이 그 자체만으로 존재할 수는 없게 되었고, 주주 가치 극대화의 도구가 되었다. 기업의 목적은 더이상 성장과 시장 경쟁으로부터의 보호가 아니고, 유연성과 수익성의 극대화가 그 목적이 되었다.

---

35 M. C. Jensen and W. H. Meckling, Theory of the Firm: Managerial Behavior, Agency Costs and Ownership Structure(기업 이론: 관리자의 행태, 대리인 비용 및 소유 구조), 3 J. Financ. Econ 305-60 (1976).

36 Id. at 310-11.

37 Davis, supra note 30.

이러한 관점에서 보면, 플랫폼 자본주의는 금융 자본주의의 논리적 성장물인 것으로 보인다. 우버와 에어비앤비와 같은 기업은 디지털 기술의 힘에 의존하여 '계약의 연결고리' 형태가 된 기업의 화신 그 자체로 보인다. 이러한 시장 지향의 조직들은 가볍고 유연한 중앙 조직으로 본질상 구성되는데 이러한 조직은 아웃소싱의 논리를 극단화하여 마케팅과 디지털 개발 업무 외에는 모든 생산활동에 아웃소싱을 적용한다. 플랫폼의 기본적 역할은 계약을 체결시키고, 알고리즘을 실행하고, 중개와 관리를 수행하며, 마케팅과 알고리즘 개발에 막대한 투자를 하는 것이다. 플랫폼은 자산을 거의 가지고 있지 않는데, '단순한 중개인'이라고 주장함으로써 생산에 대하여는 책임을 지지 않는다. 이러한 조직들은 보험, 서비스의 품질, 근로시간과 조건, 조세 등의 문제를 개인에게 떠넘기는 경향이 있다.[38] 이것은 젠슨과 메클링의 기업 이론에 완전히 일치한다. 기업이 실체로서 존재하지 않으므로, 기업이 사회적 책임을 진다고 보는 것은 오류라는 것이다.

이러한 변혁은 상당히 큰 것이다. 관리자형 기업은 노동을 조직하고 변형시켰지만, 플랫폼은 계약을 체결시키고, 노동을 아웃소싱하여 원격으로 노동을 관리할 뿐이다. 또한 작업장이 더이상 기업 내에 있지 아니하다. 기업이 과거에는 하나의 제도였는데 이제는 그저 시장일 뿐이다.

C. 실리콘 밸리에 의하여 지탱되는 새로운 외주시스템

디지털 플랫폼은 어떠한 생산 자산도 소유하고 있지 않다. 노동자가 작업을 수행하는 데에 필요한 자본을 획득하여 제공하여야 하고, 그에 따르는 위험도 떠안아야 한다. 노동자가 일을 하려면 우선 자신의 자본(승차공유 운전자의 경우는 차량, 에어비앤비의 경우에는 건물)을 확보하여 사용하여야 한다. 이러한 상황은 외주시스템(혹은 '가내기업 시스템')을 연상시킨다. 이러한 생산방식은 제조업자가 대두하기 전인 16세기 유럽에서 나타났는데, 농부들이 상인과 사이에 상업적 계약관계를 맺고 여유시간에 상인을 위하여 가내 작업(주로 직물 작업)을 수행하였다.[39] 농부들은 가내에서 자신의 도구를 이용하여 작업을 하였다. 그 외주시스템에서 상인이 작업에 필요한 원재료(천)를 제공하기도 하였다. 자본주의 이전의 이러한 작업방식은 플랫폼을 통한 현재의 작업 관계의 특징에 많이 반영되어 있다. 고용자가 관리하는 작업장이 사라졌고, 근로자가 업무 중개인에 대하여 갖는 관계가 위계적이지 아니하고 상업적이어서 그 독립성이 뚜렷하며, 대표조직 혹은 노동조합의 형태를 창설하기가 어려워졌고, 가내 영역과 직업 영역을 분명하게 구분하기가 어려워졌으며, 단일의 전업 직업을 갖기보다는 복수의 직업 및 2차 소득활동을 갖고 있고(여러 직업을 가진 자를 뜻하는 slasher를 생각해 볼 수 있다), 결국 개인이 독자적으로 활동을 조직한다(개인이 스스로 플랫폼과의 관계 수준을 결정한다).

이러한 맥락에서 보면, 자본과 노동의 구별은 권력과 착취의 관계를 이해하는 데에 기준이 되

---

38 See Smorto, this volume.
39 Hounshell, supra note 17.

지 못한다. 생산 자본이 아웃소싱되고 보통 널리 분포되어 있으므로, 플랫폼과 노동자 사이에서 권력의 균형을 결정하는 것은 상대적 시장지배력이다. 에어비앤비와 우버의 힘이라는 것은 수요를 축적해 내는 '상인, 사업 매개자 혹은 중개자'의 힘을 말한다.

오늘날 자본주의 이전의 조직 관계가 다시 돌아오게 되었는가? 경제적 관점에서 보면, 정보 기술이 전에 서로 모르던 사람들 사이의 거래에 대한 통제력을 상당히 개선하였고(평가 수단과 온라인 평판점수를 이용한다), 거래 수행에 따르는 위험을 감소시켰다. 기술은 거래 비용을 감소시켰고, 행위의 전 영역을 하나의 조직으로 통합하는 것보다는 시장을 만들어 내는 것이 더 매력적으로 되었다.[40] 이데올로기적인 관점에서 보면, 자본주의 이전의 이러한 조직형태는 대규모 아웃소싱과 시장 조정을 기반으로 하여 기업이 금융화를 추구하는 이상적 비전에 아주 적합한 형태이다. 정부 규제, 직업적 자율성, 조직적 통합보다는 시장을 가장 정당한 조정 장치로 보는 투자자에게 플랫폼의 정당성은 매우 크다.

III. 신외주시스템: 결과와 파급력

A. 개인수준에서의 결과: 플랫폼, 관리자화, 자기금융화(self-financialization)

개인에게 이러한 외주시스템의 복귀는 주요한 변화를 가져다 준다. '일상생활의 금융화'[41]란 개인 사이의 자산 불평등성을 증가시키고 금융 논리에 따라 개인의 정체성을 재정의하는 지속적인 과정을 말한다.[42]

플랫폼 조직은 생산 자산을 보유하지 않는다. 플랫폼은 독자적인 거대 자산을 통하여 경쟁의 우위를 구축하려고 하지 않고, 대규모로 아웃소싱을 한 후 평범한 자원만을 가지고 경쟁한다.[43]

동시에 자산의 가치와 특성에 관련된 쟁점들도 개인 영역으로 이전되고 있다. 플랫폼 노동자에게는, 전략적인 가치 자산을 소유하는 것이 P2P 경제에서 수익을 내는 데에 필요하다. '개인을

---

40 See Williamson, supra note 19 and Lobel, this volume. 플랫폼 반대론자들은 '이러한 비용상 이점이 인위적으로 가능하게 된 것은 플랫폼경제 활동의 큰 부분이 비규제 영역에서 벌어지기 때문이다'고 주장한다. 이 주장에 의하면, 비규제 영역이란 비공식 경제 및 법외의 영역(비신고 혹은 은닉 노동, 비신고 임대수입, 점유세의 불납부, 노동자에 대한 사회보장의 결여 등등)에 속하는데, 이 영역에서는 노동과 자본에 대한 과세를 회피할 수 있게 된다고 한다. See Tom Slee, What's Yours Is Mine: Against the Sharing Economy(당신 것은 나의 것: 공유경제에 대한 반대론) (2015). 혹자는 또한 주장하기를 이러한 비용상 이점은 벤처 투자자금이 손실을 감당할 수 있도록 상당한 자금을 지원한 데에서 기인한 것이라고 한다.

41 R. Martin, Financialization of Daily Life, Labor in Crisis(일상생활의 금융화, 노동의 위기) (2002).

42 G. F. Davis and S. Kim, Financialization of the Economy(경제의 금융화), 41 Annu. Rev. Sociol. 203-21 (2015).

43 F. Fréry, X. Lecocq, and V. Warnier, Competing with Ordinary Resources(통상의 자산으로서 경쟁에 참여하기), MIT Sloan Manage. Rev. (Spring 2015).

자산 기반의 관점에서 보는 입장'(Resource-Based View of the individual)⁴⁴에서는 플랫폼경제에서 이익을 창출하는 능력이 개인이 플랫폼경제로 가지고 오는 개별 자산(물질적이건 비물질적이건)의 가치에 직접적으로 비례한다. 그리하여 플랫폼이라는 메커니즘을 통하여 개인의 재산적 불평등이 재생산되거나 악화될 수가 있다. 에어비앤비는 이러한 메커니즘의 두드러지는 실례이다. 인사이드에어비앤비닷컴(InsideAirbnb.com)이 제공한 데이터를 분석해 보면, 파리에서는 ―관광객들에게 인기가 있는 세계 대부분의 도시도 마찬가지인데― 전통적인 임대차보다 단기임대차가 2~6배의 수익을 올리고 있다.⁴⁵ 이러한 결과는 자산의 위치에 의하여 야기된다. 파리의 경우 수익률과 점유율은 인기 있는 관광지역으로부터의 거리에 반비례한다.⁴⁶

플랫폼 자본주의에서 얻을 수 있는 이익은 개인이 소유하는 자산의 가치 및 희소성에 비례하는 것으로 보인다. 파리의 인기 있는 관광지역에서 비범한 숙소를 임대하게 되면 매우 많은 수익을 창출할 수 있지만, 관광객이 선호하지 않는 지역 혹은 인근 외곽에 있는 보통의 숙소를 갖고 있으면 그로 인한 이익은 훨씬 적다. 적합성이나 가치가 떨어지는 자산을 가진 개인은 이익을 얻을 가능성이 구조적으로 낮다. 자산이라는 것이 차뿐인 우버의 운전자에게도 마찬가지이다. 이와 같은 시장에서는 진입 장벽이 매우 낮고, 제공되는 서비스는 상당히 표준적인 것인데, 이로 인하여 대체 가능한 운전자들 사이에 경쟁이 심하고, 플랫폼에 대하여 운전자는 불리한 역학관계에 놓이게 된다. 그리고 이와 같은 피라미드 구조의 하단을 구성하는 오토바이 배달원의 경우 서로간 대체가능성은 더 높고, 이익의 전망은 더 낮다.

이러한 과정이 개인들 사이의 불평등성을 악화시킨다는 사실(더 가치 있는 자산을 가진 자는 이러한 새로운 모델에서 이익을 얻을 가능성이 크다는 사실)에서 더 나아가서, 이러한 과정에는 개인들을 변혁시킬 씨앗이 내포되어 있다. 즉 개인들은 점점 더 그들의 작동 방식에 금융 논리와 경영 논리를 반영하게 된다.⁴⁷ 개인은 플랫폼경제에서 가치를 뽑아내기 위하여 계속하여 자산의 금전적 가치를 높이고(monetize), 그 가치를 극대화하여야 한다. 그 의미를 예로써 설명하자면, 개인이 새로

---

44 이 용어는 '기업에 대한 자산 기반의 관점'(Resource-Based View of the firm)이라는 용어에서 응용한 것이다. See Birger Wernerfelt, A Resource-Based View of the Firm(기업에 대한 자산 기반의 관점), 5(2) Strategic Mgmt. J. 171–80 (1984); Jay Barney, Firm Resources and Sustained Competitive Advantage(기업 자산과 경쟁의 지속적 우위), 17(1) J. Mgmt. 99-121 (1991). 기업 전략에 관한 이러한 이론에 의하면, 기업의 지속된 전략적 우위는 가치 있고, 희귀하고, 모방불가하고, 대체불가한 자산을 보유하는 능력에서 나온다고 한다.

45 See Gay Justine, A Paris, la location Airbnb rapporte 2,6 fois plus que la location classique(파리에서 에어비앤비 임대차가 전통적인 임대차보다 2~6배의 수익을 올린다), JDN (Journal Du Net), Mar. 30, 2016, www.jounaldunet.com/economie/immoblier/1175834-location-airbnb-versus-location-classique/.

46 콜즈(Coles) 등은 이 책의 다른 글에서 뉴욕시 여러 지역의 에어비앤비 데이터를 분석하여 단기임대차와 장기임대차의 수익성을 비교하고 있다. 위 데이터에 의하면, 뉴욕 외곽의 중산층 지역에서 단기임대차와 장기임대차 사이의 수익률 격차가 높게 나타난다고 한다. 이는 뉴욕에 한정된 것인데, 뉴욕에서는 최근 에어비앤비에 대한 엄격한 규제를 도입하여 단기임대차의 증가를 제한하고 있다.

47 P. Fleming, The Human Capital Hoax: Work, Debt and Insecurity in the Era of Uberization(인간자본의 기망: 우버화 시대의 노동, 채무 및 불안정성) 38 Organ. Stud. 691-709 (2017); C. J. Martin, The Sharing Economy: A Pathway to Sustainability or a Nightmarish Form of Neoliberal Capitalism?(공유경제: 지속가능성으로 가는 길인가, 신자유주의 자본주의의 악몽적 형태인가?) 121 Ecol. Econ. 149-59 (2016); D. Murillo, H Buckland, and E. Val, When the Sharing Economy Becomes Neoliberalism on Steroids: Unravelling the Controversies(공유경제는 언제 스테로이드에 연명하는 신자유주의가 되었는가: 논쟁의 해부), 125 Technol. Forecast. Soc. Change 66-76 (2017).

운 자산을 구입한 경우 주기적으로 그 자산을 에어비앤비와 다른 임대차 플랫폼에 올려서 이익가 능성을 종합적으로 관리한다는 것이다. 개인의 자본에는 유형적인 것도 포함되고 무형적인 것도 포함된다. 즉 개인은 다음의 행위를 하여야 한다. 온라인 노출도와 평판의 유지, 신뢰도 관리, 정직한 행동의 채택, 이용자에 의한 윤리적 평가의 고려, 장래의 기회를 포착하기 위한 사회적 · 직업적 네트워크의 구축 등. 이러한 관점에서 보면, 어떤 자산이라도 —유형적이건 무형적이건— 그 가치를 극대화할 수 있고 또한 극대화하여야만 하는 유휴자산으로 파악할 수 있다. 새로운 인간형 인 협업적 인간(homo collaborans)은 나름 계산을 해서 여러 가지 선택을 하면서, 금융화 논리를 채용하여 자신의 가치를 끊임없이 관리하고 있다. 푸코(Foucault)를 불러내서 표현하자면, 정보기술과 플랫폼은 개인이 자신에 대한 인식, 정의 및 계획을 하는 방식을 재정의하는 '자기지배'의 기술이라고 할 수 있다.[48] 이러한 새로운 가내기업 시스템(domestic system)에서는 노동자가 단순한 계약자가 아닌 사업자로 형태가 바뀌는데, 이러한 사업자는 스스로 위험을 감수하고, 적응력을 발휘하며, 자신의 이미지 · 평판 · 네트워크를 관리하여야 한다.

B. 신외주시스템의 지배구조: 플랫폼에게 사회적 · 법적 책임을 지게 할 수 있는가?

P2P 플랫폼은 외주시스템의 재탄생을 의미하는데, 관리자형 기업과는 다른 조직적 혁신을 급격하게 가져왔다. 이로 인하여 규제상 공백이 많이 발생하게 되었는데, 그 이유는 현재의 규제 틀은 관리자형 회사의 상황에서 만들어졌기 때문이다. 관리자형 회사의 특징으로는 명확한 일의 경계, 급여고용관계, 회사에 의한 자산 소유와 통제 등이 있다. 반면에 플랫폼은 훨씬 불투명한 환경에 놓여 있다. 이러한 환경에서는 노동자가 독립계약자로서 활동하고, 시장과 위계조직 사이의 경계 및 직업 영역과 개인 영역 사이의 경계가 불분명하고, 자율성 혹은 경제적 의존성의 면에서 작업 환경이 크게 다르고, 행동에 대한 통제와 지배는 공식 규칙, 권위 혹은 위계질서가 아닌 알고리즘에 의하여 이루어진다.[49] 이러한 상황에서는 어떤 것이/누가 조직의 내부에 있는지, 아니면 외부에 있는지를 판단하기는 어렵다. 마찬가지로 플랫폼을 이용하는 개인의 책임과 관련하여 플랫폼의 책임이 언제 시작하고 언제 종료하는지를 결정하는 것은 어렵다.[50] 가든(Garden)과 리엉(Leong)이 이 책의 다른 글에서 주장하듯이, 플랫폼은 정체성의 위기에 있는데 이 위기는 스스로 만든 것이다. 이러한 정체성의 위기는 플랫폼의 모호한 성격 및 단순한 연결매개자와 진정한 서비스 제공자 사이의 중간적 지위에 관련된 것이다.

이러한 규제의 복잡성에 더하여, P2P 플랫폼은 놀라울 정도로 짧은 기간에 엄청난 속도로 해

---

48 M. Foucault, Discipline and Punish: the Birth of the Prison(규율과 처벌: 감옥의 탄생) (1979).

49 L. Lessig, Code and Other Laws of Cyberspace(코드와 사이버공간의 법) (1999).

50 See Cherry and Aloisi, this volume.

당 지역의 거래량을 늘려왔고 규모 및 범위의 양측면에서 대량의 외부효과를 가져왔다.[51] 예를 들면, 파리에서는 에어비앤비가 단 5년이 넘는 기간 동안에 개인 임대차시장에서 수만 개의 아파트를 빼갔다는 비난을 받고 있다. 일부 언론 기사에 의하면, 2016년의 경우 약 2만 개의 소유자가 불법적인 활동을 한 것으로 보인다. 왜냐하면 이들은 관련 임대차수입에 대한 세무신고를 하지 않았기 때문이다.[52] 이러한 활동은 부동산 가격과 임대료의 상승, 불법 임대차, 자산 간 불평등성의 악화를 가져왔다는 비난을 받았다. 2015년 바르셀로나의 바르셀로네타 전역에서 주민들이 이러한 활동으로 인한 생활환경의 침해가 급증하였다는 주장을 들고 나섰다.[53]

플랫폼의 놀라운 측면 중 하나는 그들이 이러한 논쟁과 외부효과에 대응하여 그들의 사회적·법적 책임을 구성하는 방법이다. 플랫폼이 야기하는 논쟁들에 대하여 누가 책임을 져야 하는지의 문제에 대한 명확한 해답은 없다. 플랫폼 거래를 제대로 규제하고 감독하지 못했으니 국가가 책임을 져야 하는 것인가, 플랫폼이 스스로 책임을 져야 하는가, 플랫폼을 이용하는 개인이 책임을 져야 하는가? 이러한 상황은 리텔, 웨버, 라이네케, 안사리가 '고약한 문제'(wicked problems)라고 부르는 상황을 반영하는데, 여기에서 말하는 고약한 문제에는 다수 행위자, 다양한 합리화, 공통되고 경계가 불명한 책임영역 등이 관련되어 있다.[54] 이와 같은 복잡한 상황에서는 개인과 플랫폼의 역할 및 책임을 미리 정의하기는 어렵고, 논쟁이 발생할 때마다 해결이 이루어져야 한다. 핵심 쟁점은 어떻게 행위자와 조직들 간에 책임을 분배할 것인가를 분석하는 일이다. 하나의 연구방법으로서는 플랫폼이 해결을 책임지는 과정(혹은 플랫폼이 책임을 회피하는 과정)을 연구하는 것이 있는데 이 경우 사회학, 법학, 경영학 등 다양한 학문의 관점에 의존하게 된다.

규제당국은 플랫폼경제의 관리에 관한 여러 가지 접근법을 탐색하고 있다. 어떤 접근법은 플랫폼 자체에 대하여 조치를 취하여 플랫폼이 광범위한 사회적·법적 책임을 지도록 한다. 그 의도는 '시장 조직'을, 규제하기가 쉬운 전통적 관리자형 조직과 비슷하게 다루는 것이다. 이러한 접근법의 예 중에는 런던에서 사회적 책임의 결여와 고객 안전 문제의 미해결을 이유로 하여 우버로부터 면허를 박탈한 사례가 있다.[55] 다른 대응방법으로서는 상업적 관계를 급여고용계약으로 재분류하려는 시도가 있다. 프랑스의 Urssaf(사회보장분담금을 수집하는 사회보장연합회)는 이러한 경로를 택

---

51 See Zale this volume.

52 Marine Lassery, Airbnb: 20,000 logements seraient dans l'illégalité à Paris(파리의 2만 개 숙소가 불법이다), Les Echos, May 30, 2016, www.leschos.fr/30/06/2016/leschos.fr/0211082718653_airbnb-20-000-logements-seraient-dans-lillegalite-a-paris.htm#WdpPeXGx8iKAkHci.99.

53 See Stephen Burgen, Barcelona Cracks Down on Airbnb Rentals with Illegal Apartment Squads(바르셀로나 당국이 불법아파트 단속반을 통하여 에어비앤비 임대차를 단속하다), The Guardian, June 2, 2017, www.theguardian.com/technology/2017/jun/02/airbnb-faces-crackdown-on-illegal-apartment-rentals-in-barcelona.

54 H. W. J. Rittel and M.M. Webber, Dilemmas in a General Theory of Planning(계획일반이론에서의 딜레마), 4 Policy Sci. 155-69 (1973); J. Reinecke and S. Ansari, Taming Wicked Problems: The Role of Framing in the Construction of Corporate Social Responsibility: Taming Wicked Problems(고약한 문제의 다스리기: 기업의 사회적 책임을 구성하는 데에 있어 정형화가 수행하는 역할), 53 J. Manag. Stud. 299-329 (2016).

55 Sarah Butler and Gwyn Topham, Uber Stripped of London Licence Due to Lack of Corporate Responsibility(우버가 사회적 책임의 결여를 이유로 하여 런던 면허를 박탈당하다), The Guardian, Sept. 22, 2017, www.theguardian.com/technology/2017/sep/22/uber-licence-transport-for-london-tfl.

하였는데, 마찬가지로 2014년 수천 명의 미국 우버 운전자가 제기한 집단소송에서도 같은 경로가 선택되었다.[56] 두 소송에서 모두, 목적은 노동자와 플랫폼 사이의 상업적 관계를 고용계약으로 변용하는 것이었는데, 관건은 노동자와 플랫폼 사이에 종속관계가 있다는 사실을 입증하는 것이었다. 그러나 지금까지 프랑스 및 미국에서 그러한 노력은 별로 성공하지 못하였다.[57]

업무 절차에 대하여 강한 수준의 지시와 통제를 하거나 엄격한 평가 및 수행 메커니즘을 갖고 있는 플랫폼에게는 이러한 재분류가 잠재적 위협이 된다. 동시에 그들의 조직상 기발함을 통하여, 디지털 플랫폼은 새로운 작업환경을 창설하게 되는데, 이러한 작업환경은 규제당국이 고용관계를 판단하는 데에 사용한 그간의 판단 기준에 난제를 제공한다. 벨기에 스타트업인 Click and Walk 는 이러한 어려움의 실례를 제공한다.[58] 만약 지배복종의 개념을 극히 느슨하게 파악한다면, 9명의 직원을 둔 이 회사는 의도하지 않게 30만 명의 피용인을 둔 다국적 기업으로 변화될 수 있다. 사실 세분작업 플랫폼은 2016년 6월 이래로 프랑스 내 불법노동을 단속하는 중앙기관에 의하여 30만 명(그중 16만 명이 프랑스 내에 있었다)에 이르는 유럽 내 클릭노동자들에 대한 세무신고 흠결과 관련한 조사를 받았다. 이 개인들은 세분 작업을 1~6유로를 받고 수행하는데, 그 세분작업이란 상점을 돌아다니면서 상품의 사진을 찍어 플랫폼에 전송함으로써 플랫폼이 진열대 위의 재고상황 및 진열위치를 확인할 수 있게 해주는 것이었다. 조사사유는 회사가 노동자의 업무수행을 평가하면서 제공된 작업의 질(주로 사진의 품질)에 따라 보수의 지급을 결정하는 것이었다. 이 사례는 신외주시스템에서 지배종속의 개념을 재고할 필요성을 보여주는데, 신외주시스템은 순수한 시장(순수한 시장에는 계약노동자가 있다)도 아니고 순수한 위계조직(위계조직에는 피용인이 있다)도 아닌 플랫폼에 의하여 창설된다. 현재 이러한 새로운 상황에 더 잘 적응하기 위한 노력이 진행되고 있다. 어떤 경우는 새로운 고용범주를 창설하려고 하고,[59] 어떤 경우는 고용으로 분류하는 판단기준을 새로운 디지털 플랫폼에 맞게 수정하여 적용하려고 한다.[60] 이러한 노력들은 P2P 플랫폼에 존재하는 다양한 작업환경을 더 잘 평가할 필요성을 인식하고 있기도 하다. 새로운 모델을 보면, 플랫폼에 존재하는 작업환경을 4개의 유형으로 구분하는 데 2개의 변수가 있음을 알 수 있다. 그 하나는 특정 플랫폼에 대한 노동자의 경제적 의존 정도인데 그들이 생계를 유지하기 위한 다른 경제적 대안을 갖고 있는지의 문제이다. 다른 하나는 작업에 대한 자율성의 정도인데 가격을 결정하고 작업 과정을 스스로 조직할 수 있는지의 문제이다.[61]

---

56 Christophe Alix, Devant la justice, I'Urssaf perd face à Uber(사회보장연합회가 우버에 대한 법원 소송에서 패하다), Liberation, Mar. 17, 2017, www.liberation.fr/futurs/2017/03/17/devant-la-justice-l-urssaf-perd-face-a-uber_1556255.

57 미국에서 이러한 소송이 어렵게 된 구체적 이유는 집단소송의 포기조항을 대대적으로 채택한 데에 있다. 그렇게 되면 고용으로 재분류를 받기 위하여 집단소송에 참여하는 것을 제한받게 된다. See Tippett this volume.

58 Arnaud Touati and Camilia Billon, Le Travail dissimulé, nouveau mal de l'économie collaborative(숨은 노동, 공유경제의 새로운 악), Maddyness, July 28, 2016, www.maddyness.com/entrepreneurs/2016/07/28/travail-dissimule-clic-and-walk/.

59 See Cherry and Aloisi, this volume. 여기에서는 전 세계의 대응노력을 살펴볼 수 있다.

60 See Smorto; Tippett this volume.

61 K. M. Kuhn and A. Maleki, Micro-entreperneurs, Dependent Contractors, and Instaserfs: Understanding Online Labor

두 번째 접근법은 플랫폼의 개별 이용자를 규제대상으로 함으로써 규제상 문제를 해결하는 것이다. 여러 규제적 대응책들은 플랫폼이 아닌 이용자에 집중하여 디지털 노동자에 관한 여러 형태의 조세, 법, 보호, 지원책을 강구하였다.[62] 프랑스의 경우 2016년 말 의회는 공유경제에 대한 일련의 과세조치를 통과시켰다.[63] 의원들은 엄격히 말하자면 '공유'에 해당되지 않지만 제공자에게 이익을 창출해주는 모든 활동에 대하여 과세를 하기로 결정하였다. 더욱이 이 과세는 연간거래액 기준을 따르는데, 위 기준은 사인이 사업자로 취급되는 액수(동산임대는 연간 8,000유로, 부동산 임대는 연간 23,000유로)를 말한다. 개인이 이 한도를 초과하면, 독립노동자 사회보장 제도(RSI)에 등록을 해야 한다. 그 취지는 개인의 역할과 활동 수준을 고려하여 가내 영역과 직업 활동을 구분하자는 것이다. 이러한 재정적 쟁점 외에도 많은 공적 · 사적 방안들이 자유 노동자에 관한 사회보장의 형태와 위험 분산에 대하여 고려를 하려고 노력한다.

세 번째 접근법은 약탈적 플랫폼의 지배에 대처하기 위하여 플랫폼을 이용하는 노동자와 고객에게 더 유리한 대안적 지배구조를 토대로 하는 경쟁 플랫폼의 출현을 조장하는 것이다. 플랫폼 협동조합주의를 둘러싸고 많은 논의가 제기되고 있는데, 협동적 지배구조를 통하여 플랫폼이 디지털 노동자에게 봉사하게 할 수 있다는 아이디어를 전파하고 있다.[64] La Ruche Qui Dit Qui(음식집합소)같은 대응들은 사회적 혁신 논리를 옹호하면서 경제적 · 사회적 목표를 동시에 추구하는 혼합조직의 출현을 지지한다.[65] 이러한 대응책들이 개발하는 플랫폼은 개발에 필요한 자금을 확보하면서도, 일정한 이익을 추구하고, 이해당사자들 사이에서 적정하게 수익을 분배하며, 추구하는 사회적 목적을 달성하려고 한다. 최근 런던에서 우버가 금지되면서, RideAustin의 철학에 따라서 지역사회에 기반하고 협동적 비영리 승차공유를 시도하는 대안적 플랫폼을 탐색하자는 목소리가 나타났다. RideAustin은 2016년 오스틴시에서 우버와 리프트가 떠난 후에 나타난 업체이다.[66]

Platform Workforces(세분작업 사업가, 의존적 계약자 및 인스타노예들: 온라인 노동플랫폼의 노동자들에 대한 이해), 31 Acad. Manag. Perspect. 183-2000 (2017).

62 See Pantazatou, this volume. 위 글에서 유럽연합의 현황에 대한 개관을 볼 수 있다.

63 Ulrika Lomas, French Lawmakers Approve Tax Hike on Sharing Economy(프랑스 의원들이 공유경제에 대한 증세를 승인하다), Tax-News, Nov. 1, 2016, www.tax-news.com/news/French_Lawmakers_Approve_Tax_Hike_On_Sharing_Econom_71629.html.

64 T. Scholz and N. Schneider, Ours to Hack and to Own: The Rise of Platform Cooperativism, A New Vision for the Future of Work and a Fairer Internet(함께 나누고 소유하기: 플랫폼 협동조합주의의 대두, 노동의 미래에 대한 새로운 시각과 더 공정한 인터넷) (2016).

65 See Acquier and Carbone, this volume.

66 Sam Levine, "There is Life After Uber": What Happens When Cities Ban the Service?(우버 이후의 삶: 도시들이 우버 서비스를 금지하면 어떤 일이 발생할 것인가?) The Guardian, Sept. 23, 2017, www.theguardian.com/technology/2017/sep/23/uber-london-nan-austin.

결론

플랫폼 자본주의는, 상당한 조직적 혁신 및 사회적 현상으로서 빠르게 성장하고 있는데, 사회적 영향과 책임에 대한 큰 논쟁을 불러일으키고 있다. 이 글에서 나는 플랫폼의 출현을 산업 역사 및 조직이론의 관점에서 고찰함으로써, 다음과 같은 아이디어와 제안을 발전시켰다.

❖ P2P 플랫폼은 조직의 방면에서 새로운 조직의 원형을 형성한다. 생산 활동의 면에서 이러한 '시장 조직'은 관리자형 기업과 현격하게 다르다. 관리자형 기업은 2차 산업혁명 이후에 산업을 지배하였고 산업을 규제하는 기존 틀의 초석이 되었었다.

❖ 플랫폼을 테일러주의 노동 조직의 귀환으로 본다면, 이러한 변혁의 복잡성의 일부를 놓치게 된다. 왜냐하면 테일러주의의 배경요소로서는 '위계질서에 의한 조정, 노동의 변혁 및 관리자형/통합형 기업'이 있기 때문이다. 오히려 플랫폼 조직은 금융화 절차(금융화는 기업과 개인에 동시에 영향을 미친다) 및 기업을 계약의 네트워크로 보는 기업 이론(제도로 보지 아니하고)과 더 밀접하게 관련된다.

❖ 조직론적 관점에서 보면, 플랫폼의 대두는 외주시스템의 재탄생을 나타내는데, 이 외주시스템에서는 디지털 연장이 통제 도구로서 사용된다. 이러한 신외주시스템에서는 작업이 관리자형 위계질서가 아닌 알고리즘으로 통제되며, 권력관계는 위계 권력보다는 시장 권력에 근거한다. 노동자 자율성 및 경제적 의존성 측면에서 보면, 이러한 신경제의 노동상황은 매우 다양하다.

❖ 이러한 새로운 상황을 놓고 보면, 우리는 기존의 개념들을 재고하고 현대화할 필요가 있다. 그러한 대상으로서는 고용관계 여부를 판단할 때 사용하는 지배복종의 개념 정의가 있다. 역사적으로 지배복종의 개념은 관리자형 통제와 기업에 의한 자산의 내부화/통제라는 개념을 중심으로 파악되었기 때문에, 이제 더이상 이 개념이 새로운 현실을 반영하지는 않으므로, 개념의 재정립과 그에 따른 적응이 이루어져야 한다.

글을 마감하면서, 조직이론이 전통적으로 조직에 대하여 두 측면에서 접근하였다는 점을 말하고자 한다. 한편으로 '조직'은 조직 행위 혹은 조직 절차를 말하는데 이러한 조직은 행태와 구조를 형성하게 된다. 다른 한편으로 '조직'(the organization)은 대상, 주체 혹은 실체로서 파악될 수 있다. 이러한 후자의 실체적 관점은 자주 기업, 법인 혹은 제도(사회적 · 법적 책임을 가진 조직)를 지칭하는 것으로 사용된다. 위 두 조직 개념 사이에 상당한 긴장관계가 형성되었다. 실체로서 이러한 시장 조직은 소규모의 '유동적 조직'인데 유동적이고 일시적인 구조를 갖추고 있다.[67] 동시에 그 조

---

67 Z. Bauman, Liquid Modernity(유동적인 현대사회) (2012); J. Kociatkiewicz and M. Kostera (eds.), Liquid Organization: Zygmunt Bauman and Organization Theory(유동적 조직: 지그문트 바우만과 조직이론). Routledge Studies in

직들은 사회에 널리 영향을 미친다. 플랫폼은 알고리즘을 통하여 많은 조직행위를 한다. 즉, 플랫폼은 작업을 처방하고, 사회적 질서를 설정하고, 생산자와 고객 사이의 관계와 상호작용을 형성하고, 개인의 정체성을 변화시킨다.[68] 확실히 이러한 조직 형성의 과정은 플랫폼에 대한 현재의 법적 경계를 훨씬 벗어난다. 절차로서의 조직과 실체로서의 조직 사이에 존재하는 불일치가 하나의 근본 원인이 되어 플랫폼경제와 공유경제를 둘러싼 사회적 논쟁과 현행 규제상 난점이 발생하였을 것이다. 사회에 광범위한 효과를 미치는 유동적 조직을 어떻게 관리하고 규제할 것인지를 이해하는 것은 흥미롭고도 시급한 연구 분야인데, 이 연구는 역사학·사회학·조직이론학 및 법학 사이의 학제간 협업을 요구한다.

Management, Organizations and Society (2014).

68 이러한 관점에서 보면 플랫폼은 조직과 시장의 구분을 애매하게 할 뿐만 아니라 조직과 사회의 구분도 애매하게 한다. 이론적인 측면에서 보면 위와 같은 이유로 조직사회학, 기술객체사회학, 일반사회학의 구분이 점점 어려워지게 되었음을 알 수 있다.

2

공유경제에서의 신뢰: 플랫폼으로 중개되는 동료 간 신뢰

마레이커 묄만, 안드레아 가이싱거

서언

공유경제는 새로 나타난 현상으로서 많은 산업영역에서 사업관행을 변화시켰는데, 미국의 역대 기술분야 신생기업 중 기업가치가 가장 높은 미공개 기업들이 탄생하게 되었다. 숙박공유 플랫폼인 에어비앤비 기업가치는 300억 달러에 이르고, 개인적 운송네트워크 기업인 우버의 기업가치는 680억 달러에 이른다.[1] 공유경제에는 교란적 효과가 있는 까닭에 '공유경제'라는 용어의 적절성은 여전히 논쟁의 대상이다. 연구자들이 제시하는 많은 유사용어 중에는 협업적 소비, 군중 기반 자본주의, 플랫폼경제, 접근권 기반 소비 등이 있다.[2] 이 개념의 범위를 명확하게 정의하는 것은 어려운 일이다. 우리는 이 글에서 공유경제가 '디지털적으로 작동하고 P2P 사이에서 물품과 서비스가 교환되도록 하는 플랫폼으로서, 임대·대여·재판매·교환 등을 통하여 유휴 자산과 수요를 연결해 주거나, 소유권보다는 접근권을 제공하도록 하는 것'을 의미하는 것으로 파악한다.[3]

디지털 기술과 인터넷이 널리 확산됨에 따라 온라인상으로 타인과 상호작용 및 의사소통을 할 수 있는 수단들이 많이 생겨났다. 엄청난 양의 정보와 다양한 물품 및 서비스에 노출이 되자 고도의 복잡성이 야기되었는데,[4] 이러한 복잡성에 대하여 루만은 '예상할 수 없는 놀라움이자 범접할 수 없는 것'이라고 평가하였다.[5] 현대 세계가 점점 더 디지털화됨에 따라 더욱 익명적이고 탈인간

---

1 See B. Stone, The $99 Billion Idea: How Uber and Airbnb Fought City Hall, Won Over the People, Outlasted Rivals and Figured Out the Sharing Economy(990억 달러짜리 아이디어: 우버와 에어비앤비는 어떻게 시당국과 싸우고, 사람들을 자기 편으로 끌어들이고, 경쟁자를 물리치고, 공유경제를 형성하였는가). Bloomberg Businessweek, Jan. 26, 2017, www.bloomberg.com.

2 R. Botsman and R. Rogers, What's Mine is Yours: The Rise of Collaborative Consumption(나의 것은 당신의 것: 협업적 소비의 대두)(2010) F. Bardhi and G. M. Eckhardt, Access-Based Consumption: The Case of Car Sharing(접근권 기반의 소비: 차량공유의 사례), 39 (4) J. Consumer Res. 881-98. (2012); M. Möhlmann, Collaborative Consumption: Determinants of Satisfaction and the Likelihood of Using a Sharing Economy Option Again(협업적 소비: 만족의 결정인자와 공유경제 재선택의 가능성), 14 (3) J. Consumer Behav. 193-207 (2015); A. Sundararajan, The Sharing Economy: The End of Employment and the Rise of Crowd-Based Capitalism(공유경제: 고용의 종말과 군중 기반 자본주의의 대두) (2016).

3 M. Avital, J. M. Carroll, A. Hjalmarsson, N. Levina, A. Malhotra, and A. Sundararajan, The Sharing Economy: Friend or Foe?(공유경제: 친구인가, 적인가?) Paper presented at the 36th International Conference on Information Systems, Fort Worth, TX (2015); Bardhi and Eckhardt, supra note 2; R. Belk, You Are What You Can Access: Sharing and Collaborative Consumption Online(당신은 당신이 접근할 수 있는 대상에 의하여 파악된다. 온라인상 공유와 협업적 소비), 67 (8) J. Bus. Res. 1595-2000 (2014); Botsman and Rogers, supra note 2; Möhlmann, supra note 2.

4 N. Luhmann, Risk: A Sociological Theory(위험: 사회학적 이론) (1994) P. Sztompka, Trust: A Sociological Theory (신뢰: 사회학적 이론) (2000).

5 N. Luhmann, Familiarity, Confidence, Trust: Problems and Alternatives, in Trust: Making and Breaking Cooperative

적인 사회가 되어, 많은 사람들이 현대사회를 예상할 수 없고 불확실한 것으로 인식하게 되었다.[6]

인터넷을 통해 물품과 서비스를 공유하는 것은 사실상 낯선자들끼리도 디지털 영역에서 상호작용을 하는 메커니즘이 기본적으로 그 토대로서 작동하기 때문에 가능하게 되었다. 따라서 온라인/오프라인을 막론하고 다른 사업환경의 경우와 마찬가지로, 공유경제에서도 신뢰의 존재는 거래가 성공하는 데 주요한 선행조건이 된다. 신뢰가 있어야 사람들은 공동체를 형성하고, 서로 협력하고, 가끔은 순전한 자기이익을 초월한 해결책까지도 찾을 수 있다. 신뢰는, 우리가 가족 혹은 친구와 관계를 맺는 방법 및 사업관계를 형성하거나 시장에서 물품을 구매하는 이유와 방법에 영향을 미친다.[7] 실제로, 복잡한 환경에서 자주 느끼는 불확실성을 완화하는 데 신뢰가 도움을 줄 수 있다. 따라서 앞으로 기술이 유발하는 복잡성을 이겨 나아가는 수단으로서 신뢰가 점점 더 필요하게 될 것이라고 예상할 수 있다.[8]

고도의 불확실성과 동적인 변화 과정을 특징으로 하는 새로운 영역을 공유경제가 헤쳐 나아가고 있기 때문에, 신뢰라는 개념은 공유경제에서 중요한 의미를 갖고 있다.[9] 에어비앤비의 공동창업자인 조 게비아는 '공유경제는 인간을 연결시켜 주겠다는 약속을 하는 상업활동이다. 사람들은 자신의 일부를 타인과 공유한다. 그것으로 모든 것이 바뀌었다'라는 의견을 제시한다.[10] 사람 및 인간적 상호작용을 핵심으로 하는 공유경제에서는 우리에게 내재한 '낯선자 위험 편견'을 누그러뜨리려고 하는데, 그 수단은 디지털 플랫폼을 통하여 상호작용을 하는 사람들 사이에 신뢰 구축의 역량을 설계하고 촉진하는 것이다.

이 글에서 주로 하고자 하는 말은 이것이다. '디지털 플랫폼에 관한 문헌에 의존하여 보면,[11] P2P에서 신뢰는 공유경제 플랫폼이 동료 간 신뢰를 중개하는 역량에 달려 있고, 그 역량은 신뢰를 제고하는 디지털 신호를 사용하여 모르는 사람 사이에 신뢰가 가능하게 하는 방법을 효과적으로 사용함으로써 창출된다'[12]는 것이다. 우리는 사회학적 관점에서 출발하여 공유경제의 신뢰를

Relations('신뢰: 협동적 관계의 구축과 붕괴'라는 글 중 '익숙함, 확신 및 신뢰: 문제와 대안'이라는 부분) 94-107, 96 (D. Gambetta ed., 2000).

6 K. Cook, M. Levi, and R. Hardin, Whom Can We Trust? How Groups, Networks and Institutions Make Trust Possible(우리는 누구를 믿을 수 있는가? 집단, 네트워크, 조직이 신뢰를 가능하게 하는 방법) (2009); A. Giddens, The Consequences of Modernity(현대성의 결과) (1990); Luhmann, supra note 4; Sztompka, supra note 4.

7 Cook et al., supra note 6; Sztompka, supra note 4; L. G. Zucker, Production of trust: Institutional sources of economic structure(신뢰의 창출: 경제구조의 제도적 원천), 1840-1920, 8 Res. Org. Behav. 53-111 (1986).

8 N. Luhmann, Trust and Power(신뢰와 권력) 16 (1979).

9 F. Mazzella, A. Sundararajan, V. D'Espous, and M. Möhlmann, How Digital Trust Powers the Sharing Economy(디지털 신뢰는 어떻게 하여 공유경제를 굴러가게 하는가), 30 IESE Insight 24-31 (2016); Möhlmann, supra note 2; M. Möhlmann, Digital Trust and Peer-to-Peer Collaborative Consumption Platforms: A Mediation Analysis(디지털 신뢰와 P2P 협업적 소비 플랫폼: 중개론적 분석). Research paper, Leonard N. Stern School of Business, New York University, New York (2016). DOI: 10.2139/ssrn.2813367; Sundararajan, supra note 2.

10 J. Gebbia, Joe Gebbia: How Airbnb Designs for Trust(조 게비아: 신뢰를 위한 에이비앤비의 설계) [videofile] (2016), www.ted.com.

11 See A. Hagiu and D. Spulber, First-Party Content and Coordination in Two-Sided Markets(양면적 시장에서의 자체 제품 및 조정), 59 (4) Mgmt. Sci. 933-49 (2013); G. Parker and M. Van Alstyne, Two-Sided Network Effects: A Theory of Information Product Design(양면적 네트워크 효과: 정보제품디자인 이론), 51 (10) Mgmt. Sci., 1494-504 (2005).

12 Möhlmann, supra note 9.

이해하려고 한다. 이는 경제학적 문헌과 대비되는데, 경제학적 문헌에서는 공유경제 상황에서 특정 거래 형태를 설명하면서 신뢰를 '묵시적 계약의 형태'로서 고려한다. 이 점에서 보면 흔히 경제학자는 거래비용을 다루는 이론에 의존하여 신뢰를 다룬다고 할 수 있다. 그러나 사회학적 관점과 그와 관련된 정보시스템 관리학 문헌에 비추어 보면, 신뢰는 더 포괄적인 개념으로서 배경 기반을 구성하는 여러 조건을 포함한다. 배경 기반을 구성하는 조건으로서는 사회화 과정에서 크게 영향을 받는 개인의 인간적 특성도 있고 각 개인이 활동하는 환경도 있다.[13] 그렇지만 신뢰가 수행하는 핵심적 역할을 놓고 보면, 개념의 본질에 관하여 학문적 입장 사이에 명확한 구분이 있기는 어렵다. 경제학자와 사회학자는 각자의 논의를 전개하는 과정에서 타방의 관점을 포섭하여 논의의 기초로 삼는다.

우리는 먼저 사회에서 신뢰가 확장되어 온 역사를 고찰하고자 한다. 가족 기반 신뢰와 조직 기반 신뢰가 발전하고 변형되어 공유경제에서 플랫폼 중개의 동료 간 신뢰로 나타나게 된 과정을 설명할 것이다. 또한 우리는 공유경제가 복수의 신뢰 주체에 의존하는 모습과 복수의 신뢰 주체가 상호작용하는 모습을 설명할 것이다. 그 다음에 우리는 신뢰 신호를 통하여 어떻게 플랫폼 중개의 동료 간 신뢰로 나아가는지를 정리할 것이다. 마지막으로 규제상 문제점들을 간략히 설명하고 디지털 신뢰의 가능성에 대한 전망을 제시한다.

Ⅰ. 역사적 관점: 제도화된 신뢰가 공유경제의 플랫폼 중개 동료 간 신뢰로 전이된 과정

'공유경제에서 신뢰와 신뢰성은 개인 간 관계에서 생성되어 신뢰의 반경을 확대하는 과정에서 생기는데 신뢰의 반경은 디지털 플랫폼에 의하여 확산되기도 한다'는 것이 우리의 주장이다.[14] 우리는 논의의 출발점으로서 마이어 등(Mayer et. al.)의 신뢰성에 대한 다음의 정의를 제시한다. "신뢰성이란 상대방에 대한 감시와 통제능력 유무와 무관하게 상대방이 신뢰자에게 중요한 특정 행위를 수행할 것이라는 기대를 하면서 상대방의 행위에 자신을 맡기려는 경향을 말한다."[15] 마이어 등은 위와 같이 개인 간 관점에서 출발하여 조직에 대한 신뢰를 검토해 나아갔다.

지난 수 세기 간 신뢰가 발전해온 역사를 보면, 신뢰성과 신뢰는 당초 오로지 가족구성원 혹은 가족의 친구에게 부여되었는데, 그들이 형성한 친밀하고 동질적인 공동체는 정직성과 협동성을 배양하는 공통된 규범과 행동양식으로 구성되어 있다.[16] 사회학자들에 의하면, 그러한 상황에

---

13 Zuckher, supra note 7.

14 F. Fukuyama, Trust: The Social Virtues and the Creation of Prosperity(신뢰: 사회적 미덕과 번영의 창출) (1995).

15 R. C. Mayer, J. H. Davis, and D. F. Schoorman, An Integrative Model of Organizational Trust(조직에 대한 신뢰의 통합 모델), 20 (3) Acad. Mgmt. Rev. 709-34, 712 (1995).

16 K. Cook, Trust in Society(사회의 신뢰) (2001); R. D. Putnam, Bowling Alone: America's Declining Social Capital

서 신뢰는 사회적 자본의 개념과 얽혀 있다고 한다. 콜만(Coleman)은 '사회적 자본은 그 기능에 의하여 정의될 수 있다'고 주장한다. 그에 의하면 사회적 자본은 행위자들 사이의 그리고 행위자들 내의 관계 구조에 내재한다는 것이다. 사회적 자본은 행위자 자체에 존재하는 것도 아니고 생산의 물리적 실현에 존재하는 것도 아니며, 보통은 폐쇄적인 네트워크 구성원 사이에 존재하는데, 폐쇄적인 네트워크의 예로서는 자주 접촉하는 사람들의 공동체, 친한 가족, 종교 집단 및 공동체 결사 등이 있다.[17]

경제적 거래가 증대됨에 따라, 신뢰성 있는 거래자라는 평판을 갖게 되면, 경제적 이익을 극대화하고 장래의 금전적 성공을 도모할 잠재력이 증가한다.[18] 거래가 직근 공동체 범위를 벗어나게 됨에 따라, 신뢰할 만하다고 인식되는 것은 중요한 속성이 되었다.[19] 거래량이 증가하고 정부기관 및 정치적 조직이 형성됨으로써 평판을 토대로 신뢰를 확인하는 것에서 거래 규정과 법규를 통해 신뢰를 확립하는 것으로 중심이 이동하였다. 쌍방에게 법적으로 구속력 있는 계약이 출현하여 관할지역에서 집행이 가능하게 된 것도 그 예 중 하나이다.[20] 이제 신뢰가 개인적으로 아는 사이에 맡겨지지 않고 제도적으로 확립됨에 따라, 이전에 교류한 적이 없고 직접적인 사회적 유대도 없는 낯선자 사이에서도 사업상 접촉이 일어나게 되었다.

정보기술이 출현하고 운송기술이 급격히 발전하여 지역적으로 근접하지 않더라도 고객으로 봉사할 수 있게 되자, 위와 같은 제도화와 중앙화 과정이 가속되었다.[21] 그리하여 기업들은 세계적으로 대규모 사업을 진행하여 고객 기반을 갖게 되었다. 큰 규모와 범위가 갖는 경제성을 활용하기 위하여, 기업은 브랜드 명성을 구축한 후, 신뢰 수단이었던 공식 계약서와 법규를 대신하여, 브랜드의 가치 명제를 모든 지역의 고객에게 심는 방법으로 신뢰를 구축하려 한다.[22]

디지털 기술이 계속 발전하면서, 서로 의사소통하는 방법, 거래의 모습 및 물품과 서비스를 소비하는 모습 등 우리가 세상에서 교류하는 방식에 커다란 변화가 생겼다. 네트워크 알고리즘에 기반한 디지털 플랫폼이 출현하여 수백만의 세계 사람들을 연결시켜 주자, 디지털 벤처 기업들이 네트워크와 디지털 군중의 잠재력에 문을 두드리게 되었다. 소셜 네트워크는 이제 신뢰를 중개할 능력을 갖추게 되었다.[23] 그 이유는 비슷한 성향의 사람들이 연대적 정체감을 공유하는 네트워크에

in Culture and Politics('문화와 정치' 중 '혼자서 볼링하기: 미국 사회적 자본의 쇠퇴') 223-34. (L. Crothers and C. Lockhart eds., 2000).

17 J. S. Coleman, Social Capital in the Creation of Human Capital(인간자본의 창출에서의 사회적 자본), 94 Am. J. Soc. S95-S120 (1988).

18 Mazzella et al., supra note 9.

19 Sztompka, supra note 4.

20 K. S. Cook, R. Hardin, and M. Levi, Cooperation Without Trust?(신뢰 없이 협력 가능한가?) (2005); Mazzella et al., supra note 9; Zucker, supra note 7.

21 Mazzella et al., supra note 9.

22 Id.; Sundararajan, supra note 2.

23 Cook et al., supra note 6; Cook et al., supra note 20; M. Foddy and T. Yamagishi, Group-Based Trust, in Whom Can We Trust? How Groups, Networks and Institutions Make Trust Possible('우리는 누구를 믿을 수 있는가? 집단, 네트워크 및 조직이 신뢰를 가능하게 하는 방법' 중 '집단 기반의 신뢰') 17-41 (K. Cook, M. Levi, and R. Hardin eds., 2009).

서는 신뢰가 발생하기 쉽기 때문이다.[24] 이러한 상호신뢰는 정부 기관 혹은 정치적 조직 같은 견고한 조직 구조가 아니라도 상호성을 기대할 수 있게 한다.[25] 가족과 친구 같은 밀접한 사회적 관계에서의 신뢰와 마찬가지로, 디지털로 형성된 네트워크에서도 사회적 자본이 신뢰에 대한 열쇠이다.

동료 간 평가 등 디지털 신뢰 징표가 생김에 따라, 온라인 공동체의 다른 구성원들이 축적해 놓은 사회적 자본에 접근할 기회가 생겼다. 이러한 새로운 디지털 인프라는 단순성, 직접성, 신속성으로 무장하여 복잡성, 고비용성, 장황성을 특징으로 하는 정부의 규제와 개입을 무력화하고, 디지털 네트워크에 자리잡은 개인들 사이에 신뢰가 구축되도록 해준다.[26] 이것은 동료 간 공유경제의 본질적 구성 토대라고 할 수 있다. 페이스북이나 이베이 같은 디지털 업체의 성공에 힘입어, 낯선자 사이의 디지털 연결은 매우 쉽게 이루어지고 시장에서 공유활동이 촉진되고 있다.[27] 하지만 대규모 온라인 상호작용과 거래가 완전히 결실을 맺으려면, 뿌리깊게 자리잡은 '낯선자 위험 편견'(stranger-danger bias)이 극복되어야 한다. 디지털 기술과 싹트고 있는 동료 기반 경제의 잠재력을 완전히 활용하기 위해서는 세심하게 고안된 신뢰시스템의 구축이 필수적이다.[28]

II. 공유경제와 플랫폼 중개의 동료 간 신뢰: 복수 주체에 대한 신뢰

전통적으로 신뢰는 신뢰자와 피신뢰자 사이의 양자관계로 설명되어 왔다. 하지만 공유경제와 관련된 대부분의 거래에는 적어도 3당사자가 관련된다. (디지털) 플랫폼 공급자와 플랫폼에서 활동하는 양 당사자가 있다. 그리하여 신뢰자와 피신뢰자로 구성된 전통적 양자관계는 삼각관계로 확장된다.[29]

플랫폼은 중개자로서 작용하는데, 동료들을 연결하고 원활한 거래가 이루어지도록 일정한 과제를 수행한다.[30] 공유경제의 경우 디지털 플랫폼은 보통 기업 혹은 조직을 뜻하는데, 그중 일부는 강력한 브랜드 이미지에서 수익을 창출하고 있다. 이러한 플랫폼에서 공유활동을 하는 자는

---

24 R. Kramer, M. B. Brewer, and B. A. Hanna, Collective Trust and Collective Action in Organizations: The Decision To Trust as a Social Decision, in Trust in Organizations: Frontiers of Theory and Research('조직 내 신뢰: 이론과 연구의 미개척지' 중 '조직 내 집단 신뢰 및 집단 행동: 사회적 결정으로서의 신뢰에 대한 결정') 357-89 (R. M. Kramer and T. R. Tyler eds., 1996).

25 Foddy and Yamagishi, supra note 23.

26 Mazzella et al., supra note 9; Möhlmann, supra note 9; Sundararajan, supra note 2.

27 Mazzella et al., supra note 9; Möhlmann, supra note 9; Sundararajan, supra note 2.

28 Mazzella et al., supra note 9.

29 F. Hawlitschek, T. Teubner, M. Adam, N. Borchers, M. Möhlmann, and C. Weinhardt, Trust in the Sharing Economy: An Experimental Framework(공유경제의 신뢰: 실험적 틀), in Proceedings of the 37th International Conference on Information Systems 1-14 (2016); Möhlmann, supra note 9; T. A. Weber, Intermediation in a Sharing Economy: Insurance, Moral Hazard, and Rent Extraction(공유경제에서의 중개: 보험, 도덕적 위험 및 지대 획득), 31 (3) J. Mgmt. Info. Sys. 35-71 (2014).

30 See Hagiu and Spulber, supra note 11; Parker and Van Alstyne, supra note 11.

독립계약자이거나 사적 개인이다(예컨대 에어비앤비 손님과 임대인, 우버 운전자와 고객).[31] 이렇게 구성된 행위자들로부터 우리는 서로 다른 신뢰관계를 추출할 수 있는데, 동료들 사이의 신뢰관계 및 동료와 디지털 플랫폼 사이의 신뢰관계가 별도로 있다. 신뢰주체들이 이렇게 얽힘으로써 플랫폼 서비스 이용자, 서비스 제공자와 물품/서비스의 판매자 사이의 경계가 모호하게 되고, 그 결과 '기업-시장 혼성체'가 형성되는데 그러한 플랫폼에서 공유활동을 하는 자들은 상황이 매우 복잡하다고 느낀다.[32]

플랫폼 중개의 동료 간 신뢰의 삼각적 성격을 토대로, 우리는 개인 간 신뢰와 조직에 대한 신뢰를 구별한다.[33] 개인 간 신뢰는 공유경제에서 핵심인데, 그 이유는 공유경제에서 활동하는 자들 사이의 관계를 다루기 때문이다. 공유 플랫폼 공급자는 개인 간 신뢰의 형성이 가능하게 만들기도 하지만, 플랫폼이 신뢰가능한 조직으로 인식되는 것에 의존하기도 한다.

우리는 신뢰성에 관한 마이어 등의 개념 정의(앞에서 보았다)로부터 개인 간 차원에 대한 논의를 시작하고자 한다.[34] 마이어 등은 신뢰성에 능력, 호의성, 성실성이라는 3개의 측면이 있다고 한다. 능력(ability)이란 피신뢰자의 기술, 유능함 및 요구되는 특성을 의미하는데, 예로서 도시 간 승차호출 서비스인 블라블라카에 등록된 운전자의 운전기술을 들 수 있다. 호의성(benevolence)이란 피신뢰자가 호의를 갖고 있을 것이라고 인식할 때 존재하는데, 예컨대 에어비앤비 임대인이 단순히 이윤을 추구하는 것이 아니라 손님에게 최고의 경험을 제공하려는 동기를 갖고 있는 것을 말한다. 성실성(integrity)이란 신뢰자가 정당하다고 보는 원칙을 실천하는 상태를 말한다. 성실성이란 피신뢰자가 약속대로 실천하는 것을 의미할 수도 있는데, 예컨대 대여물품이 약속과 같은 상태에 있는 것을 들 수 있다. 많은 학자들이 위 세 가지 차원을 연구하거나 실증적으로 계량하였는데,[35] 온라인 시장, 전자상거래 및 공유경제의 상황에서 수행된 것들도 있다.[36] 공유경제는 사람들의 상호작용에 의존하므로 개인 간 신뢰요소가 전자상거래 등 다른 온라인 거래에서보다 더 중요하다고 할 수 있다. 이베이, 아마존 등의 플랫폼에서 수행되는 거래가 몰개성적인 점에 비하여, 공유경제 활동에서는 동료 간 사회적 상호작용이 더 큰 역할을 하는 점이 특징이라고 할 수 있다.[37] 아마

---

31 Möhlmannn, supra note 9.

32 Sundararajan, supra note 2; Möhlmann, supra note 9.

33 Möhlmann, supra note 9.

34 See supra note 15.

35 O. Schilke and K. Cook, Sources of Alliance Partner Trustworthiness: Integrating Calculative and Relational Approaches(제휴 파트너에 대한 신뢰성의 원천: 계산적 접근법과 관계적 접근법의 종합), 36 (2) Strategic Mgmt. J. 276-97 (2015).

36 온라인 시장 및 전자상거래에 관하여 다음 글 참조하라. See D. H. McKnight and N. L. Chervany, What Trust Means in E-Commerce Customer Relationships: An Interdisciplinary Conceptual Typology(전자상거래 고객관계에서 신뢰는 무엇을 의미하는가: 학제간 개념의 유형화), 6 (2) Int'l. J. Electronic Com. 35-59 (2001); P. A. Pavlou and D. Gefen, Building Effective Online Marketplaces with Institution-Based Trust(조직 기반 신뢰를 통하여 효과적인 온라인 시장을 구축하기), 15 (1) Info. Sys. Res. 37-59 (2004). 공유경제에 관하여 다음 글을 참조하라. See F. Hawlitschek, T. Teubner, and C. Weinhardt, Trust in the Sharing Economy(공유경제에서의 신뢰), 70 (1) Die Unternehmung: Swiss J. Bus. Res. & Practice 26-44 (2016); Möhlmann, supra note 9.

37 Möhlmann, supra note 9.

존에서의 사회적 상호작용은 거래 막바지에 배달 기사와 의사소통하는 것일 뿐이지만, 통상적으로 공유경제 환경에서는 인간적 상호작용이 밀접하다. 예컨대 함께 차를 타고 가기도 하고, 임대인의 집에서 함께 밤을 보내고 식사를 하기도 한다.

공유경제에서는 개인 간 신뢰 수준뿐만 아니라 신뢰의 조직적 측면도 똑같이 중요하다. 오랫동안 학자들이 다양한 개념이론을 개발하여 왔다. 저커(Zucker)는 사회학의 신제도학파적 접근법을 취한다.[38] 그녀는 제도적 측면들이 결정적인 신뢰 구축 메커니즘을 구성한다고 보는데, 제도적 측면의 예로서는 조직의 토대가 되는 구조와 사회적 환경에서 명시적으로 드러나는 담보장치 등이 있다. 일반적으로 말하자면 대체적으로 우리 사회의 작동은 구조적 '신호'에 의존하는데, 구조적 신호란 공식적으로는 법규와 규정의 형태로 나타나고 비공식적으로는 문화적 규범과 가치로 나타난다.[39] 샤피로는 신뢰를 상황의 안전성에 대한 믿음으로 설명하면서 그 예로서 담보와 안전망을 든다.[40] 제도적 신뢰란 실시되고 있는 여러 메커니즘, 절차, 구조적 보장책을 의미할 수도 있다. 특정 제도 혹은 법과 규정이 이에 해당될 수도 있다. 넓게 보면 정부기관 혹은 법적 기관이 집행하는 법률과 정책일 수도 있고, 이러한 법제도에 편입된 디지털 플랫폼 혹은 공유경제 플랫폼이 제공하는 제도적 보장일 수도 있다. 구체적 인증이나 안전한 에스크로 서비스와 같은 제도적 신뢰 메커니즘이 작동하면 디지털 플랫폼에서의 거래가 촉진될 수도 있다.[41] 이 부분은 나중에 자세히 본다.

각 신뢰주체의 개념과 특성을 살펴보았으니, 이제 공유경제 거래의 당사자 사이에 존재하는 관계와 상호연결성을 살펴볼 필요가 있다. 다양한 신뢰주체 사이의 상호작용을 다룬 저자가 여럿 있다. 스튜어트는 '신뢰 이전'이라는 용어를 사용하는데, 그에 의하면 신뢰가 계층적 질서의 한 지점에서 다른 지점으로 옮겨 갈 수 있다고 한다.[42] 묄만도 공유경제에서 신뢰는 계층적 구성요소라고 본다.[43] 그녀의 주장에 의하면, 플랫폼 공급자나 브랜드와 같은 조직에 대한 신뢰는 공유의 상대방에 대한 신뢰로 이어지므로 신뢰주체 사이에 파급효과가 있다고 한다. 신뢰관계의 초기단계에서 이용자들이 공유경제 서비스를 잘 모르는 경우에 특히 신뢰의 계층구조가 명백히 노정된다. 우리는 신뢰 이전의 절차가 저수준의 신뢰로 가는 데에도 작용할 것이라고 본다. 즉 똑같은 메커니즘으로 신뢰가 상실될 수도 있다. 최근의 스캔들이 우버에 영향을 미친 것과 마찬가지로,[44] 대중적 스캔들은 공유경제 플랫폼 브랜드에 영향을 미칠 수 있는데, 그렇게 되면 플랫폼 일반에 대한 신뢰가 저하하게 된다.

---

38 Supra note 8.

39 Id.

40 S. P. Shapiro, The Social Control of Impersonal Trust(비개인적 신뢰에 대한 사회적 통제), 93 (3) Am. J. Soc. 623-58 (1987).

41 See, e.g., McKnight and Chervany, supra note 33; Pavlou and Gefen, supra note 36; Zucker, supra note 7.

42 K. J. Stewart, Trust Transfer on the World Wide Web(인터넷상 신뢰의 이전), 14 (1) Org. Sci. 5-17 (2003).

43 Möhlmann, supra note 9.

44 M. Möhlmann and L. Zalmanson, Hands on the Wheel: Navigating Algorithmic Management and Uber Drivers' Autonomy(운전대 잡기: 알고리즘적 경영의 해부와 우버 운전자의 자율성), in Proceedings of the International Conference on Information Systems (ICIS 2017), Dec. 10-13, Seoul, South Korea (2017).

후쿠야마는 '신뢰 반경'이라는 용어를 사용하였는데, 스톰프카가 이 용어를 '신뢰 원주'라는 말로 변용하였다.[45] 후쿠야마와 스톰프카에 의하면, 신뢰란 인간관계, 기능시스템, 사회의 일반적 제도라는 원주에 걸쳐 있고 각 원주는 서로 연결되어 있다고 한다. 그러나 신뢰의 원주 이면에는 모두 '신뢰의 원초적인 형태'인 사람 및 그 행동에 대한 신뢰가 자리잡고 있다.[46] 신뢰 원주의 중심부에는 가장 가까운 가족과 친구가 있고, 다음으로는 익숙한 사회적 역할을 수행하는 사람들(의사, 교수, 판사 등)과 사회적 집단(축구클럽 혹은 학생클럽)에 대한 신뢰가 있으며, 그다음으로 기관 혹은 조직이 있다. 전반적인 사회시스템, 현행 사회질서 및 기술적 시스템에 대한 신뢰는 신뢰 원주의 외곽에 있다.[47]

이 논리를 공유현상에 적용해 보면, 공유경제 플랫폼이 여러 신뢰 원주를 연결해 준다는 점을 보게 된다. 동료에 대한 인적 신뢰는 신뢰 원주의 핵심부에 바로 존재한다. 디지털적으로 연결되는 동료들은 먼저 공유경제 플랫폼에서 교섭을 한 후에 현실생활에서 접촉을 할 수 있다. 에어비앤비와 우버와 같은 공유경제 서비스를 이용하는 경우가 그 예이다. 그러나 공유경제 플랫폼은 신뢰 원주의 외곽에 있는 조직에 대한 신뢰도 구축하여야 한다. 플랫폼은 참여하는 동료와 사이에 전통적인 조직-고객 관계를 형성하기 때문이다.

Ⅲ. 디지털 신뢰 신호: 공유경제에서 플랫폼 중개의 동료 간 신뢰를 형성해 가는 모습

공유경제 플랫폼이 신뢰 형성에 성공한 부분을 연구한 최근의 사례가 있다. 예컨대 마젤라 등은 도시 간 승차공유 서비스 업체인 블라블라카를 이용하는 유럽인들을 조사했는데, 블라블라카는 장거리 이동을 하려는 승객들에게 차량의 빈 좌석을 중개하는 업체이다.[48] 마젤라 등은 다양한 사람들(가족, 친구, 직장 동료 및 이웃) 및 디지털 프로필이 온전히 제공된 블라블라카 회원에 대한 신뢰 수준에 관한 질문을 참가자에게 하였다. 블라블라카 회원에 대한 신뢰 수준은 88%로서 3위에 올랐는데, 가족(94%) 및 친구(92%)의 다음이었다. 즉 이용자들은 디지털 프로파일이 온전히 제공된 회원을 가족 및 친구와 거의 대등하게 신뢰하였다. 나머지 사람들에 대한 신뢰도는 훨씬 낮아서 직장동료는 58%, 이웃은 42%, 소셜미디어 접촉자는 16%에 머물렀다. 공유경제에서 완전한 낯선자를 이렇게 믿고 신뢰하는 것을 어떻게 설명할 것인가? 현실생활에서 전혀 만나지 않았던 사람들 사이의 신뢰성과 신뢰를 촉진하는 데에 여러 디지털 신뢰 신호가 작용을 한다. 우리는 그러

---

45 Fukuyama, supra note 14; Sztompka, supra note 4.

46 Sztompka, supra note 4, at 46.

47 Sztompka, supra note 4.

48 Mazella et al., supra note 9.

한 신호로 인하여 관계적 신뢰 및 계산적 신뢰가 동시에 구축될 수 있다고 본다.[49]

관계적 신뢰 구축 메커니즘이란 공통된 가치관 혹은 개인적/집단적 정체성을 기초로 하여 태도적, 사회적 토대(underpinnings)에서 신뢰성을 쌓아가는 과정을 말한다. 이 입장에서는 신뢰에 대한 사회학적, 심리적 관점을 채택하여 신뢰에 대한 고려의 중심에 사회적 관계를 둔다. 그리하여 가족과 친구에 대한 신뢰관계뿐만 아니라 직장동료, 사업 파트너 및 낯선자와의 관계도 고려한다.[50]

계산적 신뢰 구축 메커니즘이란 바람직하지 않은 행동을 막기 위한 위계조직적 통제수단과 대책을 말한다. 계산적 신뢰는 신뢰 여부와 관련하여 합리적 계산 및 경제적 고려를 하는 것에 토대를 둔다. 계산적 신뢰는 경제적 원리가 개인의 사회적 상호작용에 미치는 영향에 관한 하나의 사례를 제공한다. 공유경제에서 계산적 측면의 집행은 조직에 대한 신뢰에 관하여 앞서 본 각 당사자에 의하여 수행될 수 있다. 첫째, 가령 사기가 발생하면 기소되도록 하기 위하여 정부기관과 법적 기관은 규정과 정책을 수행할 수 있다. 디지털 교란이 지속되고 있기는 하지만, 법적 계약 및 법규와 같이 제도화된 신뢰창출 메커니즘을 통하여 신뢰를 창출하려는 입장[51]은 중요하며, 온라인상 신뢰를 설계하는 데에 고려되어야 한다. 그러므로 계속되는 디지털 혁신 속에서 나타나는 새로운 사업모델에서, 제도화된 신뢰를 확립하는 데에는 입법자, 규제권자, 사업자 및 대중이 모두 중요한 역할을 해야 한다는 점을 인식하여야 한다. 노동법과 조세규정에 맞도록, 서비스를 제공하는 동료들에게 법적 구속력이 있는 규정이 구비되어야 한다. 그렇게 되면 동료 간 공유의 관념에 기초한 디지털 신뢰의 수준이 더 높아지는 환경이 제공될 것이다. 둘째, 새로운 디지털 신뢰 신호가 발전한 결과, 그러한 법적 시스템 내에 착상한 디지털 경제 혹은 공유경제 플랫폼은 계산적 측면을 더욱 강화하게 될 것이다. 이러한 플랫폼은 독자적으로 제재를 가할 능력을 갖고 있기 때문에 거래자에게 책임을 묻는 감시자 혹은 제재자로서 활약할 수 있다. 플랫폼 참여자 중 일탈행위를 하는 자를 배제하는 것도 하나의 제재수단이다.[52]

공유경제에서는 디지털 신뢰 신호 덕분에 신뢰 구축 과정에서 여러 당사자들이 신뢰를 구축할 수 있다는 것이 우리의 견해이다. 신뢰 신호들은 관계적 면과 계산적 면을 동시에 충족함으로써 개인 간 신뢰 및 조직에 대한 신뢰를 구축할 수 있게 된다. 현재 여러 연구에서 핵심 디지털 신뢰 구축 신호를 발견하고 있다.[53] 공유경제 플랫폼에서는 계속하여 새롭고 혁신적인 디지털 신뢰 신호를 도입하여 신뢰 구축 절차를 보강하고 있다. 결과적으로 신뢰 신호는 성질상 누적적이라고 볼 수 있다. 공유 플랫폼이 더 많은 신뢰 신호를 제공하면 할수록, 더 많은 신뢰가 창출될 것으로 보인다. 이러한 신뢰 신호는 디지털 플랫폼 일반에 대한 신뢰를 구축하는 데 사용될 뿐만 아니라,

49 Kramer et al., supra note 24; Schilke and Cook, supra note 35.

50 Kramer et al., supra note 24; Schilke and Cook, supra note 35; Mayer et al., supra note 15.

51 Zucker, supra note 7.

52 Sztompka, supra note 4.

53 See Mazzella et al., supra note 9; Möhlmann, supra note 9.

특히 공유경제에 대한 신뢰를 구축하기도 한다.

1) 동료 간 평판: 국제적으로 분산된 대규모 공유경제 네트워크에서 개인적 · 직접적으로 특정 개인을 경험하는 것은 있기 어려울 것이다. 이 경우 동료 간 평가에 근거한 디지털 평판은 신뢰가 정당한가를 판단하는 데 핵심 기둥이 되고, 거래를 수행하는 근거가 된다.[54] 동료 평가 제도를 통하여 온라인 공유 플랫폼의 다른 참여자들이 축적한 디지털 사회적 자본에 접근을 할 수 있게 된다. 최근에 공유경제 플랫폼들은 쌍방향 평가제도, 즉 소위 동시적 평가제도를 도입하였는데, 이는 믿을 수 없을 정도로 과장된 점수를 부여하는 호혜적 평가 행태를 해결하기 위한 것이다. 동시적 평가 점수는 쌍방이 각기 상대방을 평가한 후에만 공개된다.[55]

2) 디지털화된 사회적 자본: 공유경제 플랫폼에서 개인의 프로필을 다른 소셜미디어 네트워크에 연결하게 되면 디지털 사회적 자본을 축적하여 디지털 네트워크나 플랫폼 사이에서 이동시킬 가능성이 열린다. 디지털 플랫폼에서는 이제 이용자들이 다른 이용자와 공유하는 소셜미디어 연락처(페이스북 친구 혹은 링크트인의 연락처 등)의 숫자를 확인할 수 있다. 여러 영역에서 사회적 자본을 축적하게 되면 피드백 신호의 양이 증가하게 되고, 신뢰 구축의 역량이 커진다.[56]

3) 정보의 제공: 온라인에서 신뢰를 구축하는 데에 성명, 나이, 특정 기술의 설명, 자격 및 일반적 관심사항을 제공하는 것이 사진을 올리는 것만큼 중요하다.[57] 이러한 정보는 온라인에서 거래하는 상대방에 대한 첫인상을 주는 데 결정적이다. 관련 정보 혹은 물품이나 서비스에 대한 설명(에어비앤비에서 제공하는 아파트의 실내 디자인 혹은 블라블라카에서 합동 승차공유에 사용되는 차량의 모델 등)도 신뢰를 구축하는 데에 기여할 수 있다.

4) 에스크로 서비스: 플랫폼 공급자는 자주 공유경제 플랫폼에서 거래하는 동료들 사이의 금전 거래에 편의를 제공하기도 한다. 어떤 플랫폼에서는 보안시스템을 확장하여 서비스가 약속 혹은 기대와 같지 않을 경우 대금이 지불되지 않도록 하기도 한다.[58]

5) 보험 처리 범위: 특정 공유경제 플랫폼에서 처리되는 거래와 관련하여 제공되는 보험의 상세한 내역을 알려주는 것도 신뢰 구축에 도움이 된다.[59] 전문가가 아닌 일반인이 실제로 공유경제 서비스를 제공할 수도 있다는 사실을 보면, 위험한 상황을 다룰 전문 직원이 없게 되는 위태로운 사태가 생길 수 있다고 볼 수 있다. 부정적 사태에서는 상당한 비용이 소요

54 Mazzella et al., supra note 9; McKnight and Chervany, supra note 36.

55 G. Bolton, B. Greiner, and A. Ockenfels, Engineering Trust: Reciprocity in the Production of Reputation Information(신뢰 만들기: 평판 정보의 창출에서의 상호성), 59 (2) Mgmt. Sci. 265-85 (2012); Möhlmann, supra note 9.

56 See Mazzella et al., supra note 9; Möhlmann, supra note 9.

57 Hawlitschek et al., supra note 29; Mazzella et al., supra note 9.

58 Mazzella et al., supra note 9; Pavlou and Gefen, supra note 36; Möhlmann, supra note 9.

59 Mazzella et al., supra note 9; Möhlmann, supra note 9; Sundararajan, supra note 2.

될 수도 있다. 예컨대 에어비앤비에서 아파트가 손괴될 수도 있고 우버를 이용할 때 사고가 발생할 수도 있다.[60]

6) 인증과 제3자의 확인: 어떤 공유경제 플랫폼은 디지털적으로 표시되는 인증 혹은 확인을 통하여 안전한 거래를 도모하는데, 예컨대 전화번호, 외부 소셜네트워크 프로필 혹은 아파트 사진을 확인해 주기도 한다. 플랫폼은 내부 인증시스템을 구축하기도 하고 인증 절차에 믿을 만한 제3자를 관여시키기도 한다. 그러한 제3자로서는 정부 기관(정부기관 증명서), 믿을 만한 소비자 단체, 사업자 단체, 인증전문기업 등이 있다.[61]

디지털적으로 표시되는 신뢰 신호 외에도 신뢰자의 인적 특성이 신뢰의 중요한 구축 토대이다. 그러한 인적 특성은 사회화의 결과물인데, 때로는 어린 시절의 경험 혹은 깊숙이 유전된 상호작용 패턴의 결과물일 수도 있다.[62] 하나의 유별난 특징으로서 '신뢰 경향성'이라는 것이 있는데, 이는 신뢰자가 특정인이나 물품에 신뢰를 보이는 일반적인 성향을 말한다.[63] 신뢰 경향성 수준은 문화권마다 다르다. 많은 저자들이 신뢰 경향성을 신뢰관계 이론의 주요한 요소로서 파악한다. 이러한 논리를 추종하여 마이어 등은 그들의 통합 신뢰 모델에서 이를 주요한 요소로 포함시킨다.[64]

신뢰 구축의 또 다른 요소로서 공유경제의 여러 측면에 대한 신뢰자의 익숙함이 있다. 루만에 의하면, 익숙한 환경은 신뢰의 전제요건이라고 한다. "신뢰는 익숙한 세상에서 발생하는데, 세상의 익숙한 요소에 변화가 생김으로써 인간관계에서 신뢰를 개발할 가능성에 영향을 미치기도 한다."[65] 익숙함은 공유경제의 다른 면에도 적용할 수 있다. 사람은 낯선자와 하는 모든 거래에 익숙할 수도 있고, 공유경제와 관련된 다른 서비스에 익숙할 수도 있으며, 특정 공유경제 서비스에 익숙할 수도 있다. 예컨대 개인은 블라블라카와 같은 다른 온라인 공유 플랫폼을 이용해 본 긍정적 경험을 가진 후에 에어비앤비와 같은 숙박 공유경제 플랫폼의 제공자를 더 신뢰하는 경향을 보일 수도 있다. 또한 개인은 에어비앤비에 대한 선행의 긍정적 경험이 있어서 에어비앤비 플랫폼을 더욱 신뢰하게 되었을 수도 있다. 개인과 플랫폼 공급자 사이에 상호작용이 이루어진 전력이 있으면 익숙함이 배가되고, 덩달아 신뢰 구축의 가능성도 올라간다.[66]

60 Möhlmann, supra note 9.
61 Mazzella et al., supra note 9; Pavlou and Gefen, supra note 36; Sundararajan, supra note 2.
62 Zuckher, supra note 7.
63 Möhlmann, supra note 9.
64 Mayer et al., supra note 15.
65 Luhmann, supra note 8; supra note 5, at 94.
66 Möhlmann, supra note 2.

Ⅳ. 전망: 신뢰 공유의 신시대에 접어들고 있는가?

공유경제에서 스마트하고 환경을 의식하는 소비를 촉진하겠다는 약속과 인간 사이의 의미 있는 연결을 통하여 더 공정한 사회를 만들겠다는 약속을 믿은 것이 정당한지는 더 두고보아야 할 일이다. 공유경제가 부정적 영향을 가져올 가능성과 관련하여 점점 비판이 고조되고 있는데, 특히 조세법, 노동시장 권리 및 다른 법적 문제에 관하여 그러하다.[67]

플랫폼 중개의 동료 간 신뢰의 개념은 규제에 관하여 중요한 의미를 갖는다. 다중주체의 특성으로 인하여 관계 당사자 모두에게 책임이 분배될 수 있는데, 당사자로서는 공유경제 플랫폼 공급자, 공급과 수요 양 측면의 거래당사자(에어비앤비의 손님과 숙박주, 우버의 운전자와 고객)가 있다. 우리는 플랫폼이 감시기관으로서 작용할 수도 있으며 일탈행동을 보이는 행위자에 대한 제재를 부과할 수도 있다는 점을 살펴보았다.[68] 플랫폼이 동료 간 거래를 촉진하기 때문에 플랫폼은 그 디지털 채널을 통하여 일어나는 모든 상호작용을 추적할 수 있어서 감시할 능력을 갖게 된다. 하지만 전 지구적인 네트워크에서 그러한 책임의 공유가 허용되기 위해서는 세계화된 사회의 일반적 규범, 법규 및 도덕적 규칙 등에 대한 논의가 있어야 하고, 플랫폼 공급자가 부적절할 수 있는 결정을 하지 못하도록 할 대책이 필요하다. 예컨대 플랫폼 공급자가 지리적 위치가 고정되지 않은 채 인터넷을 통하여 전 세계에 걸쳐 활동을 하고 있다는 사실만을 놓고 보아도, 요구되는 자격수준 및 수용할 만한 문화적 신뢰 신호에 대한 재정의가 필요함을 알 수 있다.[69] 현재 전 지구적 공유기업들이 사회적 규범, 법규 및 도덕 규칙을 변혁하는 데에 앞장서고 있다. 공유경제 활동자들은 낯선자들 사이에 신뢰를 가능하게 하는 능력을 통하여, 사회의 기능을 크게 변화시킬 사회적 변혁을 촉발하였다. 따라서 시민사회의 대표자들에게 중요한 점은, 그러한 세계화된 사회의 조직화에 관하여 협상하는 과정에서 공유경제의 선도적 행위자들이 주도적 역할을 하도록 할 것인지 여부에 대한 고민을 해야 한다는 것이다. 공유경제에서 미래의 방향은 '전 지구적 공유기업들이 보여준 가능성을 어떻게 이용할 것인가'에 대한 공적 담론에서 출발하여야 한다고 주장할 수 있다.

정부, 규제권자 및 입법자는 그러한 도전에 어떻게 대응할 것인가? 하나의 방법으로서 세계적으로 구속력 있는 규제와 입법의 형태를 통하여 제도화된 신뢰를 구축하는 것이 있다. 다른 방법으로서 어느 사회에서나 신뢰를 구축하는 데에 필요한 주요 구조적 조건을 강조하는 것이 있다. 그 조건이란 본질적 투명성, 공적·사회적 토론을 말한다.[70] 정부, 규제권자 및 입법자는 디지털 시대

---

67 S. R. Miller, First Principles for Regulating the Sharing Economy(공유경제 규제의 제1원칙들), 53 Harv. J. on Legis. 147-202 (2016); S. Oei, and D. Ring, Can Sharing Be Taxed?(공유경제에 과세할 수 있는가?) 93 (4) Wash. U.L. Rev. 989-1069 (2016); R. L. Redfearn, Sharing Economy Misclassification: Employees and Independent Contractors in Transportation Network Companies(공유경제의 오분류: 운송네트워크회사의 피용인과 독립계약자), 31 (2) Berkeley Tech. L.J. 1023-56 (2016).

68 Sztompka, supra note 4.

69 Zucker, supra note 7; Sztompka, supra note 4.

70 Sztompka, supra note 4.

에 맞게 사회를 재구축하는 과제를 적극 떠맡아야 한다. 정부 등은 과도한 소송으로 기성 질서를 과보호하지 않고 혁신과 구조적 변화를 위한 공간을 확보함으로써 디지털적 사회 질서를 재협상해내야 한다. 성공적 대책의 주요한 사례를 암스테르담시가 보여주었다. '암스테르담 공유 도시' 프로젝트는 여러 시험적 공유 프로젝트의 집합체인데, 여러 사업자, 비정부기구 및 지역정부들이 참여하여 암스테르담을 '공유를 염두에 둔 도시'로 탈바꿈시키려는 공통된 목적을 추구하였다.[71] 공유 모델이 사회에 광범위한 영향을 미치는지 여부와는 별도로, 새로운 신뢰 구축 메커니즘이 사용될 수 있게 됨에 따라 '낯선자와의 공유'가 인간의 상호작용 범위를 확장시키는 현상이 되었다고 볼 수 있다.[72] 이 글에서 우리가 주장하듯이, 사실상 낯선자인 사람과 사이에 신뢰를 구축하는 것은 모든 공유경제 플랫폼에서 필수적이다. 그러한 플랫폼의 최근 성공은 디지털 신뢰 신호가 그러한 목적을 달성하고 있다는 점을 보여주는 좋은 징표이다. 디지털 신뢰를 위한 설계가 없었다면 공유경제는 출현할 수 없었을 것이다.[73]

디지털 환경에서 신뢰가 추가적으로 향상될 가능성 여부는 흥미로운 주제이기는 하나, 좀더 탐구가 필요하다. 오늘날 플랫폼에서 동료 간 평판을 촉진하는 것이 상대적으로 흔한 현상이기는 하나, 미래에는 디지털 신뢰가 '신뢰 자본'(trust capital)의 형태로 집적되어 단일의 플랫폼이 아니라 여러 플랫폼과 앱에서 활용되고 송출될 수 있을 것이다. 신뢰 자본이란 이용자들이 다른 디지털 네트워크에서 송출된 페이스북 친구나 링크트인 연락처를 볼 수 있게 해주는 디지털적 · 사회적 자본과 유사한 개념이다. 동료 간 평가와 의견을 모든 플랫폼의 디지털 인격체에 연결시킬 가능성과 그 위험성에 관하여는 여러 입장이 가능하다. 한편으로 어디에서나 접근이 가능한 디지털 신뢰 자본의 집적으로 디지털 신뢰의 역량이 더욱 깊어진다. 다른 한편으로 개인에 대한 민감한 정보의 집적으로 사이버 안전, 데이터 착취, 사찰 문제와 같은 위험에도 노출된다. 문화적 환경에 따라 신뢰 경향성의 수준이 서로 다르므로 추가적인 연구가 행해져서, 디지털 신뢰를 적절히 배양하기 위해서는 어디서 그리고 어떻게 디지털 신뢰 신호가 수정되고 조정되어야 하는지를 밝혀야 할 것이다.

더구나 블록체인 기술이 급속하게 발전함에 따라 공유경제에서 동료 간 직접적 상호작용을 촉진할 가능성이 생기게 되었다.[74] 특히 분산원장기술(DLT), 스마트 컨트랙트, 다른 응용프로그램들이 중개 플랫폼 공급자의 필요성에 영향을 미친 이후로 더욱 그러하다. 이렇게 되면 탈중앙화된 자율적 조직들이 생기는 방향으로 갈 것이다.[75] 중개 플랫폼 공급자가 필요하지 않게 되면, 동료 간 신뢰는 향후 동료 경제에서 '새로운 통화'가 될 것이기에 동료 간 신뢰는 더욱 중요해질 가

---

71 See Amsterdam Sharing City, www.sharenl.nl/amsterdam-sharing-city.

72 J. Schor, Debating the Sharing Economy(공유경제에 대한 토론), Great Transition Initiative (2014), greattransition. org/publication/debating-the-sharing-economy.

73 Botsman and Rogers, supra note 2.

74 Sundararajan, supra note 2.

75 S. Jarvenpaa and R. Teigland, Trust in Digital Environments: From the Sharing Economy to Decentralized Autonomous Organizations(디지털 환경에서의 신뢰: 공유경제에서 탈중앙화된 자율적 조직까지), in Proceedings of the 50th Hawaii International Conference on Systems Science, 5812-16 (2017).

능성이 있다.[76]

　조 게비아가 '단순한 거래를 넘어선 연결이 공유경제가 지향하는 바이다'라고 말할 때 위 현상을 낭만적으로 표현했다고 볼 수는 있다. 하지만 낯선자 사이에서 신뢰를 구축하는 것은 공유경제 모델의 진정한 업적이라고 할 수 있다.[77] 디지털 신뢰가 우리의 낯선자 위험 편견을 바꾸어서 낯선자를 아직 만나지 못한 친구로 인식하는 것으로 만들 가능성에 관하여는 더 많은 논의가 필요하다.

76　Botsman and Rogers, supra note 2.
77　Gebbia, supra note 10.

3

규모와 공유경제

켈렌 제일*

서언

이 글에서는 공유경제에서 규모가 점하는 역할을 검토하고자 한다.[1] 한편으로 우버, 리프트, 에어비앤비와 같은 기업들은 수백만 혹은 수십억에 달하는 숙박공유, 승차호출 거래가 가능하도록 함으로써 그 기업가치가 수십억 달러에 달한다고 평가받는다. 다른 한편으로 개별 P2P 거래는 —에어비앤비에서 이루어지는 숙박주와 손님 사이의 거래이건, 리프트와 우버에서 이루어지는 운전자와 승객 사이의 거래이건— 위와 같은 플랫폼에서 이루어지는 숙박공유 및 승차공유의 전체 활동에서 소규모의 미미한 부분을 차지할 뿐이다.

위와 같은 규모의 이분성(거래의 소규모성 및 양의 막대함)이 공유경제를 급격하게 성장하게 한 열쇠이다. 그런데 '모든 것이 작은 때'(when everything is small)[2] 규제상으로는 엄청난 도전에 직면하게 된다. 학자들이 환경법, 행정법, 조세법에 이르기까지 여러 법률 영역에서 지적하여 왔듯이 "사업체의 규모는 비교적 작지만 그 사업체 개수의 숫자가 큰 경우라면 규제에 많은 비용과 어려움이 발생한다."[3]

나는 이 글에서 규모의 문제가 공유경제의 본질적 특성이라는 점 및 공유경제의 효과적 규제는 규모가 수행하는 역할에 대한 더 완전한 이해가 있어야 한다는 점을 제시하고자 한다. 완화된 규제를 받는 데 적합하다고 할 수 있는 소규모 활동이라도 그것들이 합쳐져서 점점 더 큰 규모로 행해지는 경우라면 규제의 잣대가 변경되어야 한다. 전통적 모델은 규제의 대상이 되는 활동과 관

---

* 이 글은 San Diego Law Review에 게재된 보다 긴 글에 기반하고 있다. See Kellen Zale, When Everything is Small: The Regulatory Challenge of Scale in the Sharing Economy(모든 것이 작은 때: 공유경제의 규모에 따른 규제상 문제점), 53 San Diego L. Rev. 949 (2016).

1 무엇이 공유경제인가에 대하여는 단일의, 합의된 정의는 없다. 공유경제라는 용어 자체부터 다툼의 대상이다. Id. 이 글에서는 공유경제를 '제3의 플랫폼이 촉진하는 P2P 거래를 통하여 재화와 서비스에 대한 접근이 용이해지는 현상'을 지칭하는 것으로 사용하는데, 두드러지는 분야인 숙박공유와 승차공유를 중심으로 본다.

2 See Uri Friedman, Airbnb CEO: Cities Are Becoming Villages(Airbnb CEO의 말: 도시가 마을로 바뀌고 있다), Atlantic (June 29, 2014), www.theatlantic.com/international/archive/2014/06/airbnb-ceo-cities-are-becoming-villages/373676/ (에어비앤비의 CEO인 브라이언 체스키의 다음 말을 인용하고 있다. "At the most macro level, I think we're going to go back to the village...everything will be small."("가장 거시적인 수준에서도 우리는 다시 마을 단위로 돌아가고 있다고 생각한다. 모든 것이 작은 단위로 쪼개질 것이다").

3 David Barnhizer, Waking from Sustainability's "Impossible Dream": The Decisionmaking Realities of Business and Government(지속가능성이라는 '불가능한 꿈'에서 깨어나기: 기업체와 정부의 의사결정 현실론), 18 Geo. Int'l Envtl. L. Rev. 595, 672-73 11.172 (2006).

대한 규제의 대상이 되는 활동을 구분하였는데(상업적 활동과 개인적 활동의 이분법과 같은 모델이 이에 해당한다), 개인적 자산을 상업적 목적으로 거래하려는 개인들의 활동을 촉진하는 업체로서 수십억 달러의 규모에 이르는 업체에 직면해서는 전통적 모델이 적절하지 않다. 네트워크 주도자 모델(network orchestrator model)을 사용하는 제3의 플랫폼이 소규모의 활동을 촉진하고 이들 활동이 쌓여 거대한 규모가 된 경우인데도, 노동법 및 공정주거법 등 기존 규제의 범위에서 벗어나 있다. 왜냐하면 기존 규제들이 공유경제의 독특한 규모 양태에는 적합하지 않기 때문이다. 공유 경제에서 규모가 수행하는 역할을 이해하는 것이 누적적·부정적 효과[4]를 제거하고, 다수의 소규모 숙박공유 및 승차공유 활동에서 파생되는 규제상 균열[5]에 대처하는 데 필수적인 절차가 된다.

이 글은 세 부분으로 진행된다. 섹션 Ⅰ에서는 공유경제에서 규모가 하는 역할을 개관하는데, 에어비앤비와 우버와 같은 회사가 어떤 방법으로 네트워크 주도자 사업모델을 활용하여 막대한 숫자의 소규모 거래를 유발하였는지를 검토한다.

섹션 Ⅱ에서는 소규모 활동에 대한 규제적 대응을 분석함으로써 널리 규제에서의 규모 문제를 다루고자 한다. 소규모 활동이 관대한 규제를 받게 되는 이유를 설명하고, 소규모 활동의 숫자가 증가함에 따라 규제적 대응이 변천하는 모습을 설명한다.

섹션 Ⅲ에서는 세 가지 차원에서 공유경제의 규모에 대한 규제적 대응방법을 개발하고자 한다. 첫째, 다수의 소규모 숙박공유 혹은 승차공유 활동으로 인하여 누적적·부정적 효과가 나타날 수 있다. 예컨대 장기임대 물량이 줄거나 교통체증 및 배출가스가 증가할 수 있다. 둘째, 기존 규제가 3면의 네트워크 주도자 모델에는 적합하지 않은데, 이러한 부정합성을 해결하지 못하면 규제상 균열이 일어나 인권법 등 중요한 공공정책을 훼손할 수도 있다. 마지막으로, 소규모 활동을 관대하게 규제하자는 전통적 정당화 논리를 공유경제의 네트워크화된 P2P 활동에 전면적으로 적용하기는 어렵다.

I. 공유경제에서 규모가 제기하는 문제점들

공유경제의 성장 및 그를 둘러싼 논쟁은 언론의 광범위한 취재 대상이었고 점점 많은 법률문헌의 대상이었다. 이들의 내용을 반복하는 것이 이 섹션의 목적은 아니므로, 공유경제에서 규모가 하는 역할을 드러내는 측면을 다루고자 한다.[6]

---

4 누적적 효과란 개별적으로는 미미한 효과만을 가진 활동들이 다수의 개별행위자에 의하여 반복되어 부정적 효과가 누적되어 나타나는 현상을 말한다. Zale, surpa note * at 971.

5 '규제상 균열'이라는 용어는 비정형적 경제에 관한 사스키아 사센의 논문에서 유래한 것인데, 기존 규제가 표준으로 삼은 모델에서 벗어난 활동으로서 상당한 형태를 구축한 상태이지만 마땅히 이를 규제의 위반이라고 말할 수 없는 상황을 가리키는 용어이다. Saskia Sassen, The Informal Economy: Between New Developments and Old Regulations(비정형적 경제: 새로운 현상과 과거의 규제수단), 103 Yale L.J. 2289, 2291 (1994).

6 여기에서의 논의는 공유경제에서 일어나는 활동에 널리 적용될 수 있지만, 공유경제에서 현저한 두 개의 분야인 숙박공

공유경제에서 일어나는 P2P 활동의 규모는 전례가 없지만, 기본적 활동은 새로운 것이 아니다. 우버와 에어비앤비가 출현하기 훨씬 전부터 숙박공유 및 승차공유의 형태들은 존재해 왔다.[7] 하숙자나 여행객에게 방 한 칸을 제공하는 것[8] 혹은 호출택시를 이용하거나 차량 편승 제공을 하는 것과 같은 거래행위는 공유경제 이전부터 있었다.[9] 그러나 과거에는 거래비용 때문에, 그러한 활동은 일시적이거나 비공식적인 수준에 머물렀고 가까운 공동체 내에서만 이루어졌다. 구체적 날짜 혹은 장소에서 단기대여 혹은 승차 약정을 할 상대방을 찾기가 어려웠을 뿐만 아니라 안전과 지불 확보의 문제와 같은 여러 위험이 존재하였다. 그리하여 최근까지 단기숙박 및 점대점(point-to-point) 운송은 호텔과 택시업체 같은 소수의 대형 업체에 의하여 수행된다는 특징을 가졌었다. 대형 업체들은 규모의 경제를 이용하여 거래 비용을 낮출 수 있었다.

그러나 에어비앤비와 우버와 같은 회사들이 등장하자 활동 규모가 달라졌다. 전에는 비싸고 불편하고 위험했던 거래들이 GPS 위치 서비스, 스마트폰, 앱 소프트웨어 덕분에 바로바로 체결될 수 있게 되었다. 신원확인, 양방향 이용자 평가, 외부 지불절차와 같은 신뢰 검증 메커니즘이 등장하여 P2P 거래에서 거래 비용과 위험이 낮아졌다(위험이 완전히 없어졌다고 할 수는 없지만).

그 결과 이제는 엄청난 수의 사람들이 1회성의 소규모 거래에 참여하고 있다.[10] 우버는 세계적으로 20억 회 이상의 운행을 제공하였고,[11] 나날이 더 많은 도시에서 택시보다 높은 점유율을 보이고 있다.[12] 에어비앤비는 세계적으로 큰 호텔 체인들보다 더 많은 단기숙박 등록물을 갖고 있다.[13] 미국 거주자 중 거의 3/4이 공유경제에 어떤 형태로든 참여하였다.[14] 벤처자금이 투자된 미공개 회

유와 차량공유에서 사례를 주로 도출하였다.

7   See Kellen Zale, Sharing Property(재산의 공유), 97 U Colo. L. Rev. 501 (2016).

8   공유경제 이전의 하숙 또는 홈스테이는 단기간(하룻밤) 또는 장기간(주간 또는 월간) 단위로 이루어졌다. See id. at 517, 572 (여행객과 하숙자가 사용했던 단기 숙박을 이 글에서 논의하고 있다); see also Emily M. Speier, Embracing Airbnb: How Cities Can Champion Private Property Rights Without Compromising the Health and Welfare of the Community(에어비앤비를 수용하기: 어떻게 도시들은 사적 재산권을 허용하면서도 공동체의 보건과 복지를 훼손하지 않을 것인가), 44 Pepp. L. Rev. 387, 392-93 (2017) (이 글에서는, 미국에서 하숙집의 역사를 논의하면서 이러한 숙소에 묵었던 노동자들이 보통 단기간 머물렀다는 점을 지적하고 있다).

9   See Saskia Sassen, The Global City: New York, London, Tokyo(국제적 도시: 뉴욕, 런던, 토쿄) (2nd edn, 2001) (지하경제의 비공식적 운송행위를 이 글에서 논의하고 있다).

10   공유경제 서비스 이용자 중 상당 수는 1회성 이용자가 아니다. 그러나 대규모로 거래하는 에어비앤비 숙박업주 및 우버를 자주 이용하는 승객이라도 소규모 행위자로 간주된다. 왜냐하면 그들의 활동도 플랫폼의 거래량 중 작은 부분을 차지하기 때문이다. 이러한 의미에서 소규모란 개별 참여자(우버 운전자 또는 승객, 또는 에어비앤비 숙박업주 혹은 손님 등)가 플랫폼의 전체 활동에 대비하여 기여하는 활동량을 말하는 것이지, 플랫폼의 한 참여자를 다른 참여자와 비교하는 상대적 활동량을 말하지는 않는다. 대량활동 참여자와 소량활동 참여자의 구분은 규제상 대응을 설계하는 데에 의미가 있다. See infra Section Ⅲ.

11   Brian Solomon, Uber Just Completed its Two Billionth Ride(우버가 막 20억 회의 운행을 달성하였다), Fortune (Jul. 18, 2016), www.forbes.com/sites/briansolomin/2016/07/18/uber-just-completed-its-two-billionth-ride/-43f99a3f5224.

12   Andrew Bender, Uber's Astounding Rise: Overtaking Taxis in Key Markets(우버의 놀라운 성장: 주요 시장에서 택시를 따라잡다), Forbes: Travel(Apr. 10, 2015, 11:42 AM), www.forbes.com/sites/andrewbender/2015/04/10/ubers-astounding-rise-overtaking-taxis-in-key-markets/#528582432ef.

13   Vicki Stern et al., Hotels: Is Airbnb a Game-Changer?(호텔업: 에어비앤비는 게임체인저인가?), Barclays, at 1,4,13 (Jan. 16, 2015) (이 글에서는, 에어비앤비가 뉴욕시 내 숙박용 방의 20%를 차지하고 있다고 하며, 향후 12개월 내에 시장점유율이 두 배로 될 것이라고 예상하고 있다).

14   Aaron Smith, Shared, Collaborative, and on Demand: The New Digital Economy(공유, 협업 및 주문형: 새로운 디지털 경제), Pew Research Center, May 19, 2016, www.pewinternet.org/2016/05/19/the-new-digital-economy/.

사로서 전 세계적으로 기업평가액이 가장 높은 3개 회사에 에어비앤비와 우버가 포함되어 있다.[15]

하지만 에어비앤비와 우버 등 회사가 매개하는 전체 활동량 중 숙박공유 혹은 승차공유의 개별 거래가 차지하는 양은 미미하다. 중심적 기관의 매개하에 소규모 개별 거래가 대량적으로 일어나는 현상을 경제학 문헌에서는 네트워크 주도자 모델의 한 사례로서 제시한다. 네트워크 주도자는 이용자 네트워크를 촉진하는 회사인데, 이용자들이 네트워크를 이용하여 활동을 함으로써 그 회사의 가치를 창출하게 한다. 이러한 사업모델은 네트워크 효과로 알려진 현상을 이용하는데, 이용자가 늘어날수록 물품과 서비스의 가치가 증가하는 경우에 네트워크 효과가 발생한다.[16]

네트워크 효과는 긍정적 외부효과를 창출하는데, 그 이유는 개별 이용자가 네트워크에 참여하기로 결정하게 되면 그 이용자에게도 이익이 되고, 다른 참여자, 대중 및 네트워크 주도자에게도 이익이 되기 때문이다. 예컨대 우버, 리프트와 같은 승차공유 네트워크의 경우에 참여자가 많을수록 승객에게는 이용할 수 있는 운전자가 많아지고 운전자에게는 승차를 원하는 승객이 더 많아질 것이기 때문에 네트워크 참여자는 이익을 본다. 사회적으로 바람직하지만 전에는 조율하기가 어려웠던 활동이 네트워크를 통하여 가능하게 되면 대중에게도 이익이다. 예컨대 우버풀(UberPool)과 리프트라인(LyftLine)과 같은 공동승차 서비스가 교통혼잡과 배출가스를 줄이게 되면 카풀링이 이전보다 더 지속가능한 형태로 된다. 이로써 네트워크 참여자뿐만 아니라 일반대중에게도 이익이 된다.

마지막으로 네트워크 효과는 네트워크 주도자에게도 이익이다. 네트워크에 참여하는 개인들이 많아질수록 네트워크의 가치가 올라간다. 우버와 리프트는 운행 횟수마다 수수료를 받는데, 네트워크 이용자가 많아지면 운행 횟수가 더 많아져서 더 많은 수수료가 회수될 것이다. 네트워크 효과는 자기영속적이기 때문에 소규모 거래가 많아질수록 더 좋은 것이다. 링크트인의 설립자인 리드 호프만이 말하였듯이 "최초로 규모를 키운 자가 최초로 시작한 자를 이긴다."[17]

우버, 에어비앤비 같은 네트워크 주도자는 대량의 승차공유 및 숙박공유 거래를 촉진하였을 뿐만 아니라 대량의 데이터 네트워크도 창출하였다. 공유경제 이전의 승차공유 및 숙박공유(호출택시나 하숙자에게 방을 대여하는 행위)가 일시적 · 단발적 · 무감시의(보통 감시가 불가능한) 거래인 반면에 우버, 에어비앤비와 같은 회사는 네트워크에서 일어나는 모든 거래에 관한 데이터를 갖고 있다. 데이터의 가치와 이용방법에 관하여 어려운 문제들이 제기되는데 이는 이 글의 논의 범위를 벗어난다. 공유경제의 규제체제에는 데이터의 존재가 도전이자 기회이다.

공유경제 회사들의 네트워크 주도자 모델에서 규모의 형태가 취하는 구체적 모습은 전통적 사

---

15 Scott Austin et al., The Billion Dollar Startup Club(십억 달러급의 신생기업 클럽), Wall St. J. (Feb. 18, 2015), http://graphics.wsj.com/billion-dollar-club/(이 글에서는, 2016. 9. 기준 우버의 기업가치를 680억 달러로, 에어비앤비의 기업가치를 255억 달러로 매기고 있다).

16 Carl Shapiro and Hal R. Varian, Information Rules: A Strategic Guide to the Network Economy(정보 법칙: 네트워크 경제에 대한 전략적 안내) 174-75, 183-84(1999)("네트워크 가치는 사용자 수의 2제곱으로 증가한다.").

17 Reid Hoffman, Expertise in Scaling Up Is the Visible Secret of Silicon Valley(대규모화의 전문성이 비결이라는 점은 실리콘밸리의 공공연한 비밀이다), Fin. Times(Sept.12, 2015), www.ft.com/content/39001312-4836-af2f-4d6eoe5eda22.

업모델과 여러 면에서 크게 다르다. 택시 회사와 호텔 등 비공유경제의 경쟁자들과는 달리 에어비앤비, 우버 같은 네트워크 주도자들은 사업모델의 대상인 기본 자산을 소유하지 않는다(그리하여 관련 비용도 부담하지 않는다). 대신에 그 회사들은 네트워크 참여자들의 자산(예컨대 에어비앤비 숙박주의 주택, 우버 운전자의 차량)을 이용함으로써 회사의 위험과 비용을 줄인다.

더구나 전통적인 양면적 사업모델(예컨대 사업자와 소비자 사이)에서와 달리 공유경제 모델에서는 3면이 있는데 여기에는 플랫폼, 이용자(승차공유의 승객 혹은 숙박공유의 손님) 및 제공자(승차공유의 운전자 혹은 숙박공유의 숙박주)가 있다. 세 번째 범주 즉 제공자는 양면적 모델에서는 대부분 소비자로 취급될 것이지만, 3면적 모델에서는 그 역할이 모호하다. 이들이 물품과 서비스를 공급하지만 이들이 항상 직업인인 것은 아니다. 그들은 개인차량 혹은 개인주거를 일시적으로 상업적 목적에 이용하는 것이 보통인데, 그 외에는 이러한 자산을 개인적 용도를 위해 보유한다.

II. 규제와 규모의 관계

위 섹션에서 본 바와 같이 공유경제에서는 네트워크 주도자 모델을 통하여 대량의 소규모 거래가 갖는 힘을 활용한다. 공유경제에 대량의 거래가 있음에도 불구하고 공유경제 회사들은 P2P 거래의 소규모성을 자주 강조하여 왔다. 리프트의 광고문구는 '차를 가진 당신의 친구'이다.[18] 우버는 '당신을 위한 개인기사'라고 한다.[19] 에어비앤비는 '위대한 성과는 거대한 것이 아니다… 매일 우리 사이에 일어나는 작고, 의미 있는 연결이 위대한 것이다.'라고 주장한다.[20] P2P, 공유경제와 같은 용어도, '플랫폼'이 아닌 '서비스를 제공하는 사람들'에 초점을 맞춤으로써 소규모성을 내포하고 있다.[21]

에어비앤비, 우버와 같은 회사들은 수십억 달러의 기업가치 평가액이나 촉진되는 거래의 대량성을 도외시하고 각 거래의 소규모성을 강조함으로써 강력한 프레임형성 도구를 이용하게 되었다. 여러 법률 분야의 규제 시스템이 소규모 활동을 덜 엄격하게 다루고 있는데, 완전히 규제를 면제한 경우도 있고 규제적 감독의 수준을 낮춘 경우도 있다.

소규모 활동에 대한 관대한 규제의 정당화 사유는 다음의 5개 범주로 나눌 수 있다. (1) 활동의

---

18 Aarti Shahani, In Battle Between Uber and Lyft, Focus Is on Drivers(우버와 리프트 사이의 싸움에서 관건은 운전자이다), 89.3 KPCC (Jan. 18, 2016), www.scpr.org/news/2016/01/18/56919/in-battle-between-lyft-and-uber-is-on-driver/.

19 Id. (우버와 리프트의 각 모토를 보면 두 회사의 차이점이 드러난다고 이 글에서 지적하고 있다).

20 에어비앤비의 창업기, 에어비앤비, https://create.airbnb.com/en/about.

21 Natasha Singer, Twisting Words to Make 'Sharing' Apps Seem Selfless(단어를 꼬아서 공유 앱은 공짜인 것처럼 보이게 하기), N.Y. Times (Aug. 8, 2015), www.nytimes.com/2015/08/09/technology/twisting-words-to-make-sharing-apps-seem-selfless.html?_r=0 (사전편찬자인 Erin McKean을 이 글에서 인용하고 있다). 앞서 본 바와 같이 공유경제라는 단어 자체가 논란의 대상이다. See Zale, supra note 7 at 525-28(그 용어에 대한 학계와 언론계의 논의를 이 글에서 다루고 있다).

미미성, (2) 사생활과 자율성 관련, (3) 집행 비용, (4) 공정성 관련, (5) 법적 규제의 대안 관련. 나는 아래에서 위 각 사유들을 각각 살펴본 후에 대량의 소규모 활동이 발생하는 경우에 규제적 대응책이 어떻게 변화하는지를 살펴보고자 한다.

활동의 미미성 소규모 활동은 말 그대로 소규모이다. 각 활동이 전체 활동량에 기여하는 양이 작고, 그에 따라 활동이 사회적 '해악'(bads)에 기여하는 부분도 미미하다.[22] 결과적으로 소규모 행위자에 대한 규제는 '1% 문제'로 불리는 쟁점을 야기한다.[23] 1% 문제에서는 각 행위자가 특정 활동의 총합에 조금씩 미미한 기여를 한다.[24] 예컨대 통근자 1인은 매일 운전하는 수천 혹은 수십 만의 사람들 중 단 한 사람일 뿐이다. 단독 운행으로 야기되는 사회적 해악(교통체증 혹은 배출가스 등)이 있다고 인정되기는 하지만, 그러한 문제의 전체적 수준에 대한 개인의 기여도는 미미하다. 그 결과 '1% 행위자'는 규제에서 면제된다. 한 개인이 전체 배출가스나 혼잡도에 미치는 영향과 같이 매우 낮은 수준의 가능성을 평가하고 그에 대처하는 것은 인지적 편견상 어려울 뿐만 아니라,[25] 매우 낮은 퍼센트(%)와 가능성을 거의 0으로 취급하는 것이 인간의 성향이다.[26]

사생활과 자율성 규제가 자율성·사생활·내밀성을 침해할 우려가 있다는 이유로 소규모 활동은 관대하게 규제하는 것이 적절하다고 생각하는 경우가 많다. 비상업적 혹은 개인적 활동에 대한 정부의 규제는 상업적 활동(금전적 이익을 위한 활동으로 일반적으로 정의된다)에 대한 규제보다는 더 회의적인 시각으로 바라본다.[27] 활동이 사적·개인적 공간(특히 주거)에서 일어날 때 더욱 그러하다.[28] 덧붙여, 인간의 선택권이 제한 없이 보장되어 왔던 영역(혹은 보장되어 왔다고 생각된 영역)에서의 활동을 규제 대상으로 하는 경우, 자율성에 대한 고려로 인하여 관대한 규제를 받게 될 수도 있다.[29] 그러므로 소규모 활동이 비상업적이라면 가벼운 규제적 간섭을 받게 될 가능성이 높다. 소규모 활동이 상업적이라고 하더라도, 주거 등 개인적 공간에서 일어나는 활동 혹은 개인의 선택권이 강하게 보장되거나 오랜 기간 보장되어 온 활동이라면, 규제가 가급적 개입하지 않으려고 할 것이다.

---

22 해악 발생의 가능성이 낮다고 하더라도 미미한 활동이 중대한 해악을 가져올 위험성이 있는 경우에는 관대한 규제의 근거인 미미성에도 예외가 적용된다. 이 경우에는 소규모 활동이라도 규제될 가능성이 있다.

23 Kevin M. Stack and Michael P. Vandenbergh, The One Percent Problem(1% 문제), 111 Colum. L. Rev. 1385, 1393 (2011).

24 Zale, supra note * 960-61.

25 Stack and Vandenbergh, supra note 23 at 1398 (개인은 10만분의 1, 100만분의 1, 1,000만분의 1의 가능성 사이의 변화에는 반응을 보이지 않고, 650분의 1, 6,300분의 1, 6만 8,000분의 1의 위험도 사이의 차이에도 무감각하다는 연구 결과를 이 글에서 인용하고 있다).

26 Id. 1399-1400("연구결과에 의하면, 어떤 상황에서 개인은 확률이 낮은 위험의 특성상 그 위험이 실질적으로 0이라고 생각하여 이를 예방하기 위한 노력 혹은 비용 지출이 필요하지 않다고 느낀다").

27 See Zale, supra note 7, at 522-24(여러 법 영역에서 상업성/비상업성의 이분법 사례를 이 글에서 논의하고 있다).

28 See e.g., Katrina Fischer Kuh, When Government Intrudes: Regulating Individual Behaviors that Harm the Environment(정부가 개입하는 때: 환경에 해를 가하는 개인을 규제하기), 61 Duke L.J. 1111, 1168-74 (2012)(실체적 적법절차 사건에서 주거의 중요성을 이 글에서 논의하고 있다).

29 Holly Doremus, Biodiversity and the Challenge of Saving the Ordinary(생물다양성과 보통의 생물을 보존하는 문제), 38 Idaho L. Rev. 325, 346 (2002). 사생활과 자율성 문제로 소규모 활동에 대한 직접적 규제는 제한되겠지만, 간접적인 규제의 대상이 되는 경우가 많다. See Graig N. Oren, Getting Commuters Out of Their Cars: What Went Wrong?(자동차 출근을 막기: 무엇이 잘못되었는가?), 17 Stan. Envtl. L.J. 141, 148-49 (1998) (자동차 제조자가 준수하여야 하는 연비 기준이 어떻게 개별 운전자가 배출하는 배기가스를 간접적으로 규제하는가를 이 글에서 논의하고 있다).

집행비용 행위자에 대한 규제 집행비용이 효용을 초과한다면 그러한 규제는 효율적인 대응 방법이 아니라고 여겨진다.[30] 소규모 행위자에 대한 규제에서는 집행비용이 상당한데 효용은 상대적으로 작을 가능성이 있기 때문에 특별한 고려가 있게 된다. 한정된 자원을 가진 정부의 규제당국에게는 소규모 행위자는 놔두고 대규모 행위자에 집중하는 것이 비용상 효율적인 경우가 많은데, 그 이유는 대규모 행위자가 규제대상 활동의 많은 부분을 차지하고 위반행위를 할 가능성이 더 높기 때문이다.[31]

공정성 효율성뿐만 아니라, 공정성도 규제체제에서 중요한 목표로 취급된다.[32] 따라서 특정 규제가 복지 극대화의 관점에서 보았을 때 효율적이라고 하더라도, 만약 규제가 불공평한 결과로 인식되는 결과를 만들어낸다면, 규제는 재조정의 대상이 된다. 예컨대 소기업은 여러 법 영역에서 규제상 요건의 면제 혹은 경감을 받는다. 이러한 관대한 규제가 정당화되는 근거로서 획일적 규제가 소기업에 부당하게 과도한 비용을 지운다는 점(소기업은 대기업이 누리는 규모의 경제를 이용할 수 없다)과 그리하여 사업에서 밀려날 위험이 더 크다는 점이 제시된다. 그러한 결과가 경제적으로 효율적이라고 하더라도 불공정하다고 생각될 수 있으므로, 소규모 행위자에 대한 규제상 부담이 경감되도록 규제체제가 조정될 가능성이 있다.[33]

공식 규제에 대한 대안 법 외에도 규범, 시장, 사회구조와 같은 도구들도 개인의 행동을 형성하거나 제약할 수 있다.[34] 개인 행동으로 구성된 소규모 활동은 규범에 의한 규제에 민감한데, 그 이유는 규범은 대체로 사회적 제재를 통해 강제되고 규범 위반자는 평판상 대가를 치르기 때문이다.[35] 소규모 활동에서 규범이 적합한 이유는 당사자가 비교적 동질적이고, 교류가 빈번하게 이루어지고, 전체 인원이 비교적 적기 때문이기도 하다.[36]

---

30 See generally Alfred E. Kahn, The Economics of Regulations: Principles and Institutions(규제의 경제학: 원리와 조직) (1988).

31 See Richard J. Pierce, Jr., Small Is Not Beautiful: The Case Against Special Regulatory Treatment of Small Firms(작다고 아름다운 것은 아니다. 소규모 기업에 대한 특별한 규제 취급에 반대하는 의견), 50 Admin. L. Rev. 537, 561 (1998). ("규정이 널리 준수되도록 하는 데 충분한 조사 및 집행 비용을 가진 규제기관은 없다. 예컨대 직업안전위생국(OSHA)은 매년 1 % 미만의 작업장을 조사할 수 있을 뿐이다. 규제 기관은 준수 및 집행에 할당된 희소한 자원을 대개 대규모 기업에 편중하여 사용한다.")

32 Richard H. Fallon, Jr., Should We All Be Welfare Economists?(우리는 모두 복지경제학자가 되어야 하는가?), 101 Mich, L. Rev. 989, 1000 (2003) (Thomas Nagel, Equality and Partiality(평등성과 불공평성) 10-11 (1991)을 인용하면서, 공정성 개념이란 '객관적으로 볼 때 우리가 어느 누구보다 더 중요한 존재는 아니다'라고 인식하게 만드는 '몰개성적 관점'에서 도출된다는 점을 이 글에서 논의하고 있다).

33 See C. Steven Bradford, Does Size Matter? An Economic Analysis of Small Business Exemptions from Regulations(규모가 중요한가? 소기업에 대한 규제 면제의 경제적 분석), 8 J. Small & Emerging Bus. L. 1, 24 (2004)("소기업 혹은 소규모 거래에 대한 규제의 총비용이 총효용을 초과하는데 그러한 기업 혹은 거래에 대한 규제 면제가 거래비용을 유발하지 않는 경우라면, 규제 면제가 행해져야 한다. 따라서 거래비용이 야기되지 않는다면, 규모에 따른 규제 면제는 효율적일 수 있다. 하지만, 규제 면제에는 거래비용이 수반되므로 논의를 복잡하게 만드는데, 그러한 경우라면 소기업에 대한 면제가 효율적이라고는 말할 수 없게 될 것이다.")

34 See Lawrence Lessig, The New Chicago School(신시카고학파), 27 J. Legal Stud. 661, 661-63 (1998) (법적 규제 외에 행동을 제약하는 요소들을 이 글에서 설명하고 있다).

35 See Richard H. McAdams, The Origin, Development, and Regulations of Norms(규범의 기원, 발전 및 규제), 96 Mich. L. Rev. 338, 355(1997)(규범의 '존중이론'을 설명한다. "존중받고자 하는 욕망이 규범을 낳는다 …규범 위반자는 그가 얻고자 하는 존중을 받지 못하는 벌을 받게 된다").

36 Ann E. Carlson, Recycling Norms(규범의 재활용), 89 Calif L. Rev. 1231, 1245-47 (2001).

위와 같은 이유로 규제권자가 소규모 활동을 관대하게 대할 수도 있겠지만, 소규모 활동이 증가함에 따라 생기는 누적적 효과 때문에 규제상 대응이 변화할 수도 있다. 소규모 활동을 개별적으로 보면 부정적 효과가 미미할 수도 있지만, 다수의 개인이 행위를 반복하여 생기는 부정적 효과의 총합은 매우 커질 수 있다.

부정적·누적적 효과의 문제는 회사법, 고용법, 환경법 등 여러 법 영역에서 볼 수 있다.[37] 예컨대 환경법학자들이 밝혀온 바에 따르면, 기후변화, 수질오염, 도시의 확산과 같은 '거대 문제'는 어느 한 행위자 때문에 발생하는 것이 아니라, 수백만의 사람들이 조금씩 소규모로 기여한 결과라고 한다.[38] 각 개인의 행위가 1% 행위자에 의한 것으로서 미미한 것일지라도, 개인의 행위를 규제하지 아니하면 행위의 총합적 효과로 인하여 특정 사회적 목표를 달성하기가 어려울 수 있다.[39] 그러므로 규제권자는 이러한 부정적·총합적 효과를 해결하기 위해 개인의 소규모 행위에 적용되던 당초의 규정을 수정해야 할지도 모른다.[40]

III. 공유경제의 규모에 따른 규제적 대응방안의 제시

섹션 I에서는 규모가 공유경제의 핵심 특징이라는 점을 보았다. 섹션 II에서는 여러 규제 모델과 규모 사이의 상관성을 보았다. 이번 섹션에서는 세 가지 논거하에 규모의 관점에서 공유경제에 대한 규제적 대응방안을 제시하고자 한다. 첫째, 막대한 수의 소규모 숙박공유 혹은 승차공유 거래가 있게 되면 거래의 당사자가 떠안을 수 없는 부정적·누적적 효과 및 외부효과가 있을 수 있다. 둘째, 기존 법률과 공유경제의 네트워크 주도자 모델 사이의 부정합성으로 인하여 규제상 균열이 발생하는데, 그로 인하여 인권 보장 등 중요한 정책 목표가 훼손될 위험이 있다. 마지막으로, 소규모 활동에 대한 관대한 규제를 옹호하는 전통적 논거를 공유경제의 네트워크화된 P2P 거래에 그대로 적용할 수는 없다.

A. 부정적·누적적 효과

공유경제의 성공을 위해서는 막대한 숫자의 소규모 활동이 필수적이다. 네트워크 효과가 발생하려면, 승차를 원하는 모든 승객에 대하여 충분한 운전자가 있어야 하고, 운임을 획득하려는 모든 운

---

37 See J. B. Ruhl and James Salzman, Climate Change, Dead Zones, and Massive Problems in the Administrative State: A Guide for Whittling Away(기후변화, 죽음의 바다 및 행정국가의 거대 문제들: 점진적 해결책을 위한 지침), 98 Calif. L. Rev. 59, 92-93 (2010)(누적적 영향 또는 효과의 개념이 여러 법 영역에 영향을 미치는 모습을 이 글에서 논의하고 있다).

38 Id. at 65.

39 Id. at 92; see also Stack and Vandenbergh, supra note 23, at 1388.

40 Id. at 1397("누구도 하찮은 것을 뭐라도 되는 것처럼 취급하는 것에 찬성하지는 않는다. 다만, 어떤 것이 하찮은 것이라고 정의하려면 먼저 주변 환경을 잘 고려하는 것이 중요하다").

전자에 대하여는 충분한 승객이 있어야 한다. 에어비앤비, 우버 등 플랫폼에게는 활동이 소규모일수록 더 좋다. 네트워크가 확장되고 개별 거래의 숫자가 증가함에 따라 네트워크 주도자는 이익을 보지만, 소규모 활동이 막대한 숫자로 일어나게 되면 일련의 부정적·누적적 효과가 발생할 수 있다.

공유경제의 모든 영역에서 일어나는 부정적·누적적 효과를 이 장에서 전부 논할 수는 없지만, 숙박공유 활동에서 개별적으로는 미미한 활동이 누적적으로는 부정적 영향을 가져오는 모습을 살펴볼 수 있다.[41] 한 번의 숙박공유 거래가 상당한 소음, 안전, 교통 혹은 주차 문제를 일으킬 가능성은 낮겠지만, 어떤 도시나 이웃에서 수천의 숙박공유 거래가 일어난다면 위 문제들이 일어날 가능성은 증폭된다. 잠시 머무는 숙박공유 손님은 주차 제한 등의 법적 규제와 소음상 배려 등의 비공식적 규범을 잘 모르거나 무시할 가능성이 있기 때문에 주거지역 혹은 주거용 건물의 질서를 교란할 수 있다. 주거가 상업 활동에 치중하여 사용될 경우에는 주거지역이었던 곳이 본질적으로는 주상복합인 지역으로 사실상 재구획될 수 있다.[42]

숙박공유가 막대한 규모로 이루어지게 되면 장기임대차 시장에도 부정적·누적적 효과가 발생할 수 있다. 장기임차인들이 에어비앤비와 같은 숙박공유 플랫폼에서 재임대를 하는 경우가 늘면, 임대인들은 단기임대에서 높은 임대료를 받을 목적으로 장기임대차 시장에서 방을 빼내어 돈이 되는 단기임대차로 돌리려고 할 것이다. 장기임대차 시장에서 임대물을 빼내지 않는 임대인이라면 임차인들이 단기임대차로 —단기임대차가 합법이건 불법이건— 올리는 수입을 회수하기 위하여 임대료를 올릴 가능성이 있다. 그 결과 장기임대차 공급량이 줄 가능성이 있고, 에어비앤비 숙박주를 포함한 모든 사람들의 임대 비용이 올라갈 가능성이 있다.[43] 호텔, 전통적 B&B 등 단기 숙박에 부과되는 세금 혹은 수수료가 공유경제 활동에는 부과되지 않는다면, 공공시설 및 공공서비스 부문에 부담이 가중됨으로써 부정적·누적적 효과가 발생할 수도 있다.[44] 숙박공유 한 건에 세금을 부과하지 않더라도 시 재정에 당장 눈에 띄는 효과가 나타나지는 않겠지만, 수천 건의 숙박공유 거래에 부과될 수도 있는 세금이 누락되면 시 재정이 부족하게 되어, 거주자들의 세금이 올라가거나 공공서비스와 공공시설의 수준이 내려가게 될 것이다.[45]

---

41 승차공유의 부정적·누적적 효과에 대하여는 다음 글을 참조하라. See Zale, supra note * at 988-89.

42 주상복합적 사용이 장기적으로는 도시계획상 긍정적일 수 있다고 보이나, 단기적으로는 해당 지역이 주거지역이라고 믿고 주택을 구입한 거주민에게는 부정적 결과로 인식될 것이다.

43 현재로서는 숙박공유가 장기임대차 시장에 영향을 미친다고 볼 증거는 제한적이다. LA에서 장기임대차가 급격히 감소한 것을 발견한 연구도 있고, 시애틀에서 영향이 별로 없었다고 파악한 연구도 있다. See Roy Samaan, Airbnb, Rising Rent, and the Housing Crisis in Los Angeles(로스앤젤레스에서의 에어비앤비, 임대료 상승 및 주거 위기), LAANE 3, 16(Mar. 2015), www.laane.org/wp-content/uploads/2015/03/AirBnB-Final.pdf (에어비앤비가 LA에서 운영되는 동안 약 7,000건의 임대물건이 장기임대차에서 단기임대차로 전환되었음을 이 글에서 확인하고 있다); Airbnb and the City of Seattle(에어비앤비와 시애틀), Airbnb 3 (Dec.2015), https://1zxiwovqxo0ryvp23ikczauf-wpengine.netdna-ssl.com/wp-content/uploads/2016/08/AirbnbandtheCityofSeattle.pdf. 에어비앤비가 뉴욕 부동산 시장에 미친 영향에 대해서는 다음을 참조하라. See Peter Coles et al., this volume.

44 에어비앤비는 전에 플랫폼을 통한 세금의 징수를 거절한 바 있으나, 현재는 방침을 변경하여 몇몇 지역에서 세금을 거두고 있다.

45 숙박공유 거래에 세금과 수수료가 부과되는 경우라도, 그 수입금이 숙박공유 활동의 영향을 받는 시설과 공공재에 최종적으로 투입될 것인지 여부는 그 수입금의 사용에 대한 법적 제한 및 그 수입금의 사용에 관한 선출직 공무원의 결정에 달려 있다.

위의 부정적·누적적 효과가 모든 지역에서 전부 발생하는 것은 아니고 지역에 따라 그 효과의 정도가 다르겠지만, 정책결정자로서는 대량으로 발생하는 소규모 활동이 부정적·누적적 효과를 가져오는 과정을 잘 파악한 후라야 총합적 효과를 해결하는 데에 필요한 규제방법을 조율할 수 있을 것이다.

B. 규제상 균열

공유경제 규모의 독특한 구조로 인하여 기존 규제와 새로운 활동 유형 사이의 부정합성이 나타남으로써 인권법 등 여러 법의 준수가 위협받고 있는데, 사스키아 사센은 이 현상을 '규제상 균열'이라고 불렀다.[46] 공유경제에서 이러한 규제상 균열이 발생하는 이유는, 많은 규제(도시계획 지역조례, 고용에 관한 주법, 인권에 관한 연방법 등)가 공유경제의 3면적 네트워크 주도자 모델에 꼭 들어맞지 않기 때문이다. 규제대상이 전통적 2당사자 모델(업계와 소비자, 고용자와 피용자 사이)이라면, 기존 규제가 충분히 잘 작동하여 왔다. 그러나 그러한 규제가 공유경제의 3면적 모델에 적용되면 제대로 작동을 하지 않는다.

예컨대 연방장애인법(ADA)에 의하면, 다중이용시설은 장애인이 접근할 수 있도록 '합리적인 수정'이 이루어져야 한다.[47] 호텔, 택시와 같은 상업적 시설도 장애인법의 다중이용시설에 해당되므로, 위 법의 접근성 요건을 준수하여야 하는데, 통상 접근성의 준수는 일정한 비율의 운전자가 접근 가능한 차량을 보유하거나 일정한 수의 호텔 방을 접근 가능한 상태로 둠으로써 충족된다.[48] 승차공유 혹은 숙박공유에 대한 장애인법의 적용 여부는 법적 문제뿐만 아니라 현실적 난점도 제기한다. 우버와 에어비앤비가 다중이용시설의 제공자인가? 보통은 사적 주거나 개인 차량은 장애인법의 적용대상이 아니나, 공유경제에서는 이러한 자산들이 상업적 목적으로 사용되며, 호텔, 택시 등 다중이용시설과 유사한 방식으로 일반인에게 제공된다. 하지만 호텔이나 택시 회사와는 다르게, 우버와 에어비앤비는 차량과 방을 소유하지 않으므로 호텔과 택시 회사가 준수하는 방식 그대로 장애인법을 준수할 여지는 없다. 그러나 때로는 개인용으로, 때로는 상업용으로 주거와 차량을 사용하는 개별 숙박주와 운전자에게 직접 장애인법을 적용하는 것에도 고유의 난점이 있다. 이러한 규제상 과제가 난공불락은 아니지만, 이들을 보면 우리가 장애인법(기존의 다른 규제도 마찬가지이다)을 어떻게 변용하여 공유경제의 3면적 모델에 적용해야 할 것인지를 알 수 있다.[49]

집행에서의 난제들을 고려하여 보면, 기존 규제체제 모델과 공유경제 사이의 규제상 부정합성은 더욱 명백하다. 예컨대 호텔이 운영에 필요한 제반 인허가를 갖추도록 하는 것은 비교적 단순

---

46 Sassen, supra note 5, at 2291.
47 42 U.S.C. §12182 (2012).
48 See Zale, supra note *, at 992 (단기숙박과 점대점 운송에서의 장애인법 준수를 이 글에서 논의하고 있다).
49 See, e.g., Charlotte Garden and Nancy Leong, this volume (반차별법의 공유경제에 대한 적용가능성을 이 글에서 논의하고 있다).

하다. 어느 지역이라도 인허가와 점검의 대상인 호텔의 숫자는 일반적으로 그리 많지도 않고 쉽게 확인된다. 반면에 규제권자가 숙박공유의 숙박주로 하여금 필요한 인허가를 갖추도록 하는 것은 불가능에 가까운데, 그 이유는 규제권자는 누가 그러한 활동에 실제로 종사하는지를 알 방법이 도무지 없기 때문이다.[50] 에어비앤비 같은 회사는 이러한 정보를 제공할 만한 데이터를 수집하고 있기는 하지만, 지금까지 에어비앤비 등 플랫폼은 규제권자와 이러한 데이터를 공유하는 것을 대체적으로 거부하였다.[51] 그리하여 각 도시의 자체 집행부서는 적은 인원과 한정된 예산을 가지고서 신고가 들어오는 경우에 간헐적으로 집행하는 수밖에 없었다.[52]

이러한 규제상 부정합성은 혁신의 자연스러운 결과라고 주장하는 사람이 있을지 모르나, 공유경제에서 물품과 서비스를 제공하는 혁신적 방법들이 사용된다고 하더라도 그 근저의 활동들을 규제의 대상으로 삼을, 중요한 공공정책상 이유가 있다는 사실을 잊어서는 안 된다. 숙박공유와 승차공유가 숙박 및 운송 시장에서 점점 큰 비중을 차지하고, 에어비앤비와 우버가 사실상의 규제권자[53]로서 여분의 주거공간, 준공공적 운송, 대량의 데이터를 관리함에 따라, 규제 모델도 이에 적응해 나아갈 필요가 있다.

C. 관대한 규제가 정당하다고 보는 입장에 대한 비판적 검토

앞의 섹션 II에서 본 바와 같이 소규모 활동에 대한 관대한 규제에 관하여 여러 정당화 사유가 제시될 수 있다. 그러나 공유경제의 네트워크화된 P2P 모델에 이러한 정당화 논거를 그대로 적

---

50 See Lawrence Lessig, Code: Version 2.0(코드: 2.0버전) 39 (2006) (효과적 규제를 위해서는 누가, 어디서, 무엇을 하는지를 알아야 한다고 이 글에서 지적하고 있다).

51 통신품위법 섹션 230은 규제권자가 해당 지역의 규제를 집행하는 데에 필요한 데이터를 플랫폼으로부터 얻는 데에 장애물로 작용할 가능성이 있다. 47 U.S.C. §230(c)(1) (2012) (다른 '정보 제공자'(information content provider)의 공표행위나 발언에 대하여 '상호작용 컴퓨터 서비스'(interactive computer service) 제공자에게 책임을 묻는 주법 혹은 지역 조례를 배제하고 있다). 예컨대 샌프란시스코가 숙박공유 관련 조례를 개정하여 유효한 등록 번호가 없는 등록물에 관하여 플랫폼이 수수료를 걷지 못하게 하자, 에어비앤비가 소송을 제기하여 해당 조례는 섹션 230에 의하여 배제되었다고 주장하였다. See Zale, supra note * at 1001-03 (섹션 230 및 위 섹션이 숙박공유에 관한 시 조례를 배제하였는지 여부에 관한 쌍방의 주장을 이 글에서 논의하고 있다). 에어비앤비와 샌프란시스코는 2017년 5월에 조정에 이르렀다. See Kate Benner, Airbnb Settles Lawsuit with its Hometown, San Francisco(에어비앤비는 본거지인 샌프란시스코와 조정에 이르다), N.Y. Times (May 1, 2017), 222.nytimes.com/2017/05/01/technology/airbnb-san-francisco-settle-registration-lawsuit.html?_r=o (조정문에 의하면 에어비앤비는 시에 숙박주 정보를 제공하기로 하고, 시의 요청이 있으면 등록번호가 없는 등록물을 지우기로 하였다는 점을 이 글에서 논의하고 있다).

52 See, e.g., Phillip Matier and Andrew Ross, "No Way of Enforcing" Airbnb Law, S.F. Planning Memo Says(샌프란시스코 기획국의 문서에 의하면 '에어비앤비 법률을 집행할 방법이 없다'고 한 점을 이 글에서 논의하고 있다), S.F. Chron. (Mar. 22, 2017) www.sfchronicle.com/bayarea/matier-ross/article/No-way-ofenforcing-Airbnb-law-S-F-planning-6151592.php. (에어비앤비가 단기임대차법을 집행하는 데에 필요한, 숙박공유 활동의 데이터에 대한 접근권을 제공하지 아니하여 그 법의 집행이 곤란하다는 시 기획국의 결정을 이 글에서 논의하고 있다). See also Rob Walker, Airbnb Pits Neighbor Against Neighbor in Tourist-Friendly New Orleans, N.Y. Times (Mar. 5, 2016), www.nytimes.com/2016/03/06/business/airbnb-pits-neighbor-against-neighbor-in-touristfriendly-new-orleans.html (뉴올리언즈 시장의 다음과 같은 실토를 이 글에서 다루고 있다. '뉴올리언즈의 단기임대차법을 집행하는 것은 느슨하고 어렵다. 숙박공유 등록물에는 이름과 주소가 나오지 않아서, 위반자를 확인하여 처리하는 것에 많은 시간과 비용이 든다고 공무원들이 하소연한다').

53 '사실상 규제권자'라는 용어는 특정 시장에서 상당한 지분을 갖고 있으면서 공적규제와 비슷한 정도의 시장 결정권을 갖고 있는 사적 주체를 의미한다. See Daniel Schwarcz and Steven L. Schwarcz, Regulating Systemic Risk in Insurance(보험의 구조적 위험에 대한 규제), 81 U. Chi. L. Rev. 1569, 1616 (2014) (재보험 업계에서 사기업인 평가기관이 실질적 규제권자 역할을 수행한다는 점을 이 글에서 고찰하고 있다).

용할 수는 없다.

첫째, 숙박공유 혹은 승차공유 거래 하나는 미미하지만, 이러한 활동들의 잠재적·누적적 효과는 결코 미미하지 않다.[54] 위에서 본 바와 같이 이러한 활동의 총합적 효과는 중대한 부정적 결과를 가져올 수 있는데, 여기에는 장기임대차 주택의 감소, 공공서비스와 시설에 대한 부담의 증가 등이 포함된다. 특정한 사회적 해악을 가져오는 활동의 대부분을 소규모 행위자가 차지하는 경우에는 규제의 계산법도 달라져야 한다.[55]

둘째, 공유경제 내 유료공유 활동은 정확히 상업적 활동의 정의에 포함되기 때문에 사생활과 자율성 우려는 크게 감소되었다.[56] 또한 상업적 활동에도 사생활 문제가 있고, 상업적 활동이 개인적 공간에서 수행되는 경우에 특히 그러하나, 주거나 개인 차량이 사용된다는 사실에만 근거하여 사생활에 대한 우려를 이유로 그 활동에 대하여 자동적으로 규제상 면제를 부여할 수는 없다.[57] 예컨대 차량 소유자는 등록과 보험요건을 충족해야 하고, 주거지에서 일하는 자도 조세, 고용, 보건 안전 관련 법과 도시계획법을 준수하여야 한다.[58]

셋째, 집행비용은 각 도시가 수많은 개인에 대한 규제를 감독하고 집행하는 경우 상당히 큰 문젯거리이지만(어떤 개인이 규제대상 활동에 종사하는지를 판단하는 데 필요한 데이터에 접근할 수 없는 경우에 특히 그러하다), 공유경제의 네트워크 주도자 모델과 플랫폼의 역할을 이용하면 집행비용을 낮출 수 있다. 플랫폼이 소규모 거래를 촉진할 뿐만 아니라 그에 대한 데이터를 축적하기도 하므로, 플랫폼이라는 하나의 행위자에 새로이 집중한다면, 이러한 데이터를 이용하여 규제를 고안함으로써 집행비용을 줄일 수 있다. 숙박공유를 예로 들자면, 각 도시의 규제권자가 활동의 요건인 인허가가 수천의 단기임대 숙박주에게 있는지를 일일이 확인하는 것(이는 시지프스의 돌 굴리기 작업과 같다)보다는 플랫폼에 치중하여 플랫폼으로 하여금 사이트에 올린 등록물에 인허가 번호를 포함시키도록 할 수 있다.[59]

---

54 더구나 단 하나의 거래라고 하더라도 공유경제의 어떤 소규모 활동은 중대한 해를 야기하여, 관대한 규제의 정당성을 더 약화시킬 수 있다. 예컨대 승차공유는 낯선자의 차량에서 개인적 교류를 하게 한다. 이러한 경우 사고나 폭력이 발생할 가능성이 낮기는 하지만, 심각한 위해의 위험이 있기 때문에 활동의 미미성을 이유로 관대한 규제를 주장하는 입장은 더욱 약화된다.

55 See Stack and Vendenbergh, supra note 23, at 1396 ("소규모 활동에 대한 이러한 예외를 두도록 하는 이유로서 규칙 준수의 상대적 비용과 예외범위의 상대적 협소성을 들 수 있다. 그러나 이러한 비용/효용 분석법은 예외가 적용되는 활동의 비율이 변하면 같이 달라져야 한다").

56 카우치서핑 등 몇몇 공유경제 플랫폼에서는 당사자들 간에 금전적 교환이 일어나지는 않지만, 대부분의 공유경제 활동에서는 금전적 교환이 일어나므로 사용자들에게 공동체 구축 등의 동기가 있다고 하더라도 상업적 활동으로 간주될 것이다. See Zale, supra note 7, at 523 (상업적 활동과 비상업적 활동의 특성을 이 글에서 비교하고 있다).

57 그렇다고 하여 단기임대차에는 사생활 침해 우려가 없다는 뜻은 아니다. 만약 내가 평소 살고 있는 주거용 집 전체를 에어비앤비에서 임대한 경우 호텔 방에 숙박시킨 경우보다는 사생활 우려가 크다. 그러나 문제는 사생활 침해 우려의 존부가 아니라, 사생활에 대한 우려가 너무 커서 중요한 공공정책을 달성하려는 규제에서조차도 면제시키는 것이 정당한가 여부이다.

58 See, e.g., Nicole Stelle Garnett, On Castles and Commerce: Zoning Law and the Home-Business Dilemma(성채와 상업활동: 도시계획법과 가정 내 상업활동의 딜레마), 42 Wm. & Mary L. Rev. 1191, 1195 (2002) (재택 비즈니스에 적용되는 법들을 이 글에서 논의하고 있다).

59 통신품위법이 이러한 공동규제 방식에 난점을 제공할 수는 있으나, 그렇더라도 공동규제 책임을 회피하려는 회사들에 포괄적인 면책이 부여되지는 않을 것이다. See Zale, supra note * at 1001-03 (규제자로서의 플랫폼에 대하여 통신품위법 섹션 203이 제기하는 잠재적 과제를 이 글에서 논의하고 있다).

넷째, 소규모 행위자가 획일적 규제를 준수하여야 함으로써 과도한 부담을 지게 되는 것에 관한 공정성 문제를 해결하기 위해서 규제가 규제대상 활동에 비례하도록 하거나, 소규모 활동의 총합체인 플랫폼에 치중하도록 접근할 수 있을 것이다. 예컨대 획일적 규제라도 공유경제의 어떤 측면(승차공유 운전자의 신원확인 등)에 대하여는 적절할 수 있을 것이나, 어떤 측면(숙박공유 허가 수수료 혹은 조세 의무 등)은 단계적으로 규제를 하여 소규모 행위자에게 과도한 영향이 가지 않게 하는 것이 적절할 수 있을 것이다. 또한 각 운전자나 숙박주가 개인의 주택이나 차량에 접근성 증진 조치를 취하도록 하는 대신에 플랫폼이 각 거래에서 소액의 수수료를 징수하여 운송 접근성과 숙박 접근성을 제공하는 데에 지원함으로써 장애인법이 요구하는 접근성 요건을 충족시킬 수 있을 것이다.[60]

마지막으로, 공유경제에서 비법률적 대안들이 소규모 행위자의 행동을 제한할 수는 있을 것이나, 그러한 대안들만으로는 부정적·누적적 영향과 규제상 균열을 완전히 해결할 수는 없을 것이다. 예컨대 규범의 경우, 사람들이 다수이고 경제적 유인이 약하며 동질성이 결여된 상황에서는 제대로 효과를 발휘하지 못함이 입증되었다.[61] 위 경우가 바로 공유경제의 상황이라고 할 수 있다. 유사하게 운영구조 및 시장 기반 대응도 부분적 해결책밖에 되지 아니한다. 예컨대 양방향 평가시스템이 공유경제에서 행동을 규제하는 데 매우 효과적인 비법률적 메커니즘으로서 자주 원용된다.[62] 그러나 양방향 평가시스템이 이용자의 행동 중 일부(차량과 주거의 청결함 등)를 통제할 수는 있을 것이나, 공공안전의 관점에서 보아 매우 우려스러운 행동을 해결해 주지는 않는다. 예컨대 에이비앤비 숙박주가 친절하고 집도 깨끗하다면 별 다섯 개를 받게 되겠지만, 플랫폼의 평가시스템은 숙박주가 화재감지기를 설치하지 않은 점을 반영하지 못할 것이다.[63]

---

60 See Cities, the Sharing Economy, and What's Next, National League of Cities 17 (2015), www.nlc.org/sites/default/files/2017-01Report%20%20%20Cities%20the%20Sharing%20Economy%20and@20Whats%20Next%20final.pdf(워싱턴, 시카고, 시애틀에서 어떻게 유사한 법규를 시행하게 되었는지를 이 글에서 설명하고 있다).

61 See Carlson, supra note 37, at 1235–36.

62 See Arun Sundararajan, Trusting the "Sharing Economy" to Regulate Itself(공유경제가 자체 규제를 하도록 신뢰하는 문제), N.Y. Times(Mar. 13, 2014), https://economix.blogs.nytimes.com/2014/03/03/trusting-the-sharing-economy-to-regulate-itself/?_r=2.

63 나아가, 공식적·법적 규제가 아닌 메커니즘에 의하여 행동을 규제하는 경우에는 투명성도 없고, 공식적·법적 규제에서 제공되는 사법심사 등의 민주적 절차도 없다. See Jane K. Winn, The Secession of the Successful: The Rise of Amazon as Private Global Consumer Protection Regulator(성공한 자의 이탈: 전 지구적 소비자 보호를 위한 사적 규제권자로서의 아마존의 등장), 58 Ariz. L. Rev. 193, 196 (2016) (아마존의 소비자 보호를 위한 사적 규제에 관한 문제점을 이 글에서 논의하고 있다). 예컨대 양방향 평가는 주로 긍정적인 방향으로 흐르기 때문에, 실수 혹은 오해로 인하여 부정적 평가 단 하나라도 이루어지면 과도한 결과가 초래될 수 있다. 운전자는 예고나 해명의 기회도 없이 승차공유 플랫폼에서 축출될 수 있는 것이다. See David Streifeld, "Ratings Now Cut Both Ways, So Don't Sass Your Uber Driver(이제 평가가 양방향으로 이루어지니 우버 운전자에 대하여 악담을 하지 말라)," N.Y. Times (Jan. 30, 2015), www.nytimes.com/2015/01/31/technology/companies-are-rating-customers.html (양방향 평가가 부정확하게 이루어지는 경우 '오정보 경제'에 이르게 될 것이라는 학자들의 우려를 이 글에서 지적하고 있다).

결론

한때 관대한 규제 기준에 적합하였던 소규모 활동이 공유경제에서 엄청난 숫자로 일어남에 따라 규제적 접근법을 재설정해야 하는 상황이 도래하게 되었다. 이 책의 다른 글에서 논의되는 공동규제 혹은 협동 모델과 같은 규제체제를 보면, 규제가 공유경제에 어떻게 적응할 수 있는지를 알 수 있다.[64] 공유경제에서 이루어지는 활동의 규모에 맞게 규제를 재설정하면, 공유경제가 경제적 기회와 사회적으로 유용한 활동을 창출하면서도 공유경제에 수반되는 부정적·누적적 효과와 규제상 균열을 해결하는 데 도움이 될 것이다.

---

64 See Zale, supra note * at 1004-11 (숙박공유와 승차공유에서 그러한 규제체제가 작동하는 모습을 이 글에서 설명하고 있다); see also Bryant Cannon and Hanna Chung, this volume.

4

공유경제와 사회적 혁신

오를리앙 아키에, 발렌티나 카르본

서언

공유경제는 사업체의 법적 형태, 가치 창출 논리, 기술적 자원 및 이념적 근원의 측면에서 보면 아주 다양한 사업 형태를 띨 수 있다.[1] 공유경제 사업가들의 공통점은 불충분하게 사용되는 자원을 최적화하려고 한다는 점이다. 그리고 그들은 대부분 사업모델을 통하여 사회를 변혁하고 어떤 사회적 약속을 고양하려 한다고 주장한다. 즉 그들은 대기업의 수입구조를 교란함으로써 물품과 서비스에 대한 접근권을 개선하고, 사회적 유대를 구축하며, 물건의 수명을 늘리고, 재활용을 장려하는 등의 활동을 한다고 한다. 이러한 약속에 대하여는 전문가와 학자 사이에서 두 가지 상반된 시각이 충돌한다. 한편으로 공유경제의 지지자들은 공유경제를 개혁과 사회운동으로서 기술하는데, 그들에 의하면 정치적·조직적 지배구조 영역에서 연대와 혁신의 새로운 형태를 배양하는 토양이 될 것이라고 한다.[2] 그들은 대기업과 같은 전통적 경제 조직(이들은 2차 산업혁명의 후계자들이다)의 위계적 권력에 대항하여 개인의 해방과 환경 보호를 도모하는 기회로서 공유경제를 파악한다.[3] 반면에 점점 더 많은 반대자들이 이러한 이상적 시각을 신비주의의 하나라고 비난한다.[4] 그들은 공유경제와 P2P 플랫폼의 등장을 저비용 접근권 경제라면서 비난한다.[5] 그들은 공유경제 사업 모델이 고용관계를 불안정하게 하고,[6] 숨겨진 신자유주의 정책을 옹호하고,[7] '기업'과 '급여 고

---

1 A. Acquier, T. Daudigeos, and J. Pinkse, Promises and Paradoxes of the Sharing Economy: An Organizing Framework(공유경제의 희망과 역설: 조직형태론), 125 Tech. Forecasting & Soc. Change 1-10 (2017); A. Sundararajan, The Sharing Economy: The End of Employment and the Rise of Crowd-Based Capitalism (공유경제: 고용의 종말과 군중 기반 자본주의의 대두) (2016).

2 M. Bauwens, The Political Economy of Peer Production, C-Theory(동료 생산의 정치경제학, C-이론) (2005), https://journals.uvic.ca/index.php/ctheory/article/view/14464/5306; F. Laloux Reinventing Organizations (2014); Sundararajan, supra note 1).

3 OuiShare, Société collaborative: La fin des hiérarchies(협업적 사회: 위계조직의 종말) (D. Filippova ed., 2015); Bauwens, supra note 2).

4 T. Slee, What's Yours is Mine: Against the Sharing Economy(당신의 것은 나의 것: 공유경제에 대한 반론) (2016).

5 F. Bardhi, and G. M. Eckhardt, Access-Based Consumption: The Case of Car Sharing(접근권 기반의 소비: 차량 공유의 사례), 39 (4) J. Consumer Res. 881-98 (2012).

6 T. Scholz (ed.), Digital Labor: The Internet as Playground and Factory(디지털 노동: 놀이터와 공장으로서의 인터넷) (2012); A. Casilli, Venture Labor│How Venture Labor Sheds Light on the Digital Platform Economy(사업성 노동 │ 사업성 노동이 디지털 플랫폼경제에 미치는 영향), 11 Intl. J. Comm. 4 (2017).

7 C. J. Martin, The Sharing Economy: A Pathway to Sustainability or a Nightmarish Form of Neoliberal Capitalism? (공유경제: 지속가능성으로 가는 길인가, 아니면 신자유주의 자본주의 악몽적 형태인가?) 121 Ecological Econ. 149-59(2016); D. Murill, H. Buckland, and E. Val, When the Sharing Economy Becomes Neoliberalism on Steroids:

용'의 개념을 훼손하는 데[8]에 기반하고 있다고 비판한다.

이렇게 상반되는 입장은 시각과 공유경제 자체의 개념에서 크게 다르기 때문에(종종 융화가 불가능하기 때문에) 서로 융화할 수 없게 된다.[9] 이 글에서는 그와 같은 극단적 입장을 피하고자 한다. 이 분야 내부의 복잡성과 다양성을 놓고 보면, 공유경제 전부에 대한 논의를 해결하는 것은 불가능하다고 믿는다. 그러므로 우리는 공유경제의 사업 모델론[10]에 기초하여 좀더 작은 단위로 분석을 전개할 것이고, 각 사업형태가 가치 창조의 구체적 메커니즘, 규모의 팽창가능성, 사회적 혁신 문제와 어떻게 연결되는지를 검토한다.

경험적 측면을 말하자면, 이 글은 프랑스 등 유럽 여러 나라의 물품 분야 사업방식 중 30개를 추출하여 2015년과 2016년에 진행된 현장 조사에 기반을 두고 있다. 우리가 연구대상으로 삼은 것에는 다양한 사업방식과 논리가 포함되어 있는데, 물품의 교환·대여·판매·증여도 있고 디지털 모형생산과 제조장인 일명 팹랩(fab lab)도 포함되어 있다. 우리는 각 사업방식의 창시자와 지분권자를 면담하였고, 사업모델의 구조와 지속가능성 요소를 탐구하였다. 이 글에서 우리는 우리의 분석틀을 제시하기 위하여 몇몇 유명 공유경제 사업방식을 언급한다.

이 글은 다음과 같이 구성되어 있다. 제1섹션에서는 네 가지 이상적 형태의 사업방식을 제시하는데 이들은 가치 창조와 배분 메커니즘 및 사회적 혁신 약속에 기반한 것이다(Section I). 다음으로 우리는 약속과 실제 효과를 분명히 구분하는 것이 중요하다는 점을 강조한다. 왜냐하면 각 이상적 형태들은 크게 상이한 성장 잠재력을 갖고 있기 때문이다(Section II). 이 섹션에서는 세 가지 상황으로 나눈다. 첫째, 사회적 혁신으로 추진되나 성장 잠재력은 제한된 사업방식(II.A). 둘째, 시장 동력으로 추진되고 훨씬 큰 성장 잠재력을 갖고 있으나 사회적 혁신 요소는 불확실한 사업방식(II.B). 셋째, 혼합조직 형태로서 높은 성장 잠재력과 사회적 가치 창조를 결합하고 있으나 정당성과 임무 표류의 측면에서는 복합적인 관리상 도전과제를 안고 있는 사업방식(II.C).

공유경제에서는 조직 형태와 가치 창조 논리가 다양하므로, 우리는 약속과 효과 사이의 관계가 결코 단선적이지 않고, 균일하지도 않으며, 명쾌하지도 않다고 주장한다. 마지막으로 공유경제가 반드시 사회적 혁신에 이르지는 않을지라도 사회적 혁신 프로젝트를 추진하는 데에 사용될 수 있는 기회와 조직 모델을 제공한다는 점을 지적한다. 그리하여 정치적 결정의 길을 열게 된다. 혁신적 시각과 가치를 창출하는 사회적 프로젝트에 기여하는 공유경제를 형성하는 데에 정부, 학술기관 및 사회적 활동가들이 적극적 역할을 하여야 하는 것이다.

Unravelling the Controversies(언제 공유경제가 스테로이드를 맞은 신자유주의로 되는가: 논쟁의 해부), 125 Tech. Forecasting and Social Change 66-76 (2017).

8 G. Davis, Managed by the Markets: How Finance Reshaped America(시장에 의한 운영: 어떻게 금융이 미국을 재형성하였나) 328 (2009); P. Fleming The Human Capital Hoax: Work, Debt and Insecurity in the Era of Uberization(인간자본이라는 기만술: 우버화 시대의 노동, 채무 및 불안정성), 38 (5) Org. Stud. 691-709 (2017).

9 Acquier, Daudigeos, and Pinkse, supra note 1). 공유경제의 개념과 접근법 사이의 모순점에 대한 논의를 하는 글.

10 Acquier A., V. Carbone, and D. Mass., Framing the sharing economy: a business model perspective(공유경제의 형태 분석: 사업 모델의 관점에서) (2016), 32nd EGOS Colloquium, Naples, July 7-9.

I. 공유경제: 사업모델에서부터 사회적 약속까지

사업모델이라는 개념은 어떤 조직이 자신의 가치 명제와 수입 흐름에 기초하여 고객, 분배 관여자 및 각 파트너와 사이에 가치의 창조, 전달 및 포착을 수행하는 절차를 말한다.[11] 사업모델에 대한 연구는 주로 다음 두 가지에 집중한다. 1) 기업이 가치를 창조하는 방식, 2) 기업의 생태계에서 이러한 가치가 포착되고 공유되는 방식.[12] 공유경제 사업방식의 다양성을 기술하는 데에서 이러한 두 측면은 특히 의미가 있다.

A. 가치 창조 메커니즘: P2P 중개행위에서 자원집체화까지

공유경제에는 두 개의 주요한 가치 창조 메커니즘이 있다고 본다. 어떤 사업방식은 동료 사이를 연결하고 상업적 혹은 비영리적 플랫폼을 통하여 그들 사이를 중개함으로써 가치를 창조한다.[13] 여기에는 영리 방식의 에어비앤비와 비영리 방식의 카우치서핑과 같은 P2P 플랫폼이 있다. 어떤 사업 방식은 일부 사용자군에게 접근이 불가능하던(활용이 어렵거나 너무 비싸서) 자원들의 공통 집합체를 만드는 메커니즘을 세움으로써 가치를 창조한다. 여기에서는 지식, 기술, 서비스 및 기술 인프라를 공유함으로써 자원에 대한 접근을 확장시켜 준다.[14] 모두가 지식을 공짜로 접할 수 있는 위키피디아와 같은 사업방식과 단기 차량 임대차 서비스인 집카(Zipcar)와 같은 접근권 서비스가 이 범주에 포함된다.

이 두 가지 가치 창조 메커니즘이 상호 배타적이지는 않다. 이들은 한 연속체의 양 극단으로서 때로는 서로 결합되고 혼합될 수 있는 것으로 간주되어야 한다.[15] 팹랩과 해커스페이스 사업방식은 그러한 혼합방식 형태의 실례이다. 이들의 목적은 각자가 DIY 활동을 할 수 있도록 자원(작업장, 기계, 기술 등)의 집합체에 대한 접근권을 제공하는 것이다. 이들은 사용자 네트워크의 형성을 배양하기도 하고, 상호보완적 기술을 가진 사람들을 모아주기도 한다.[16]

---

11 A. Osterwalder and Y. Pigneur, Business Model Generation: A Handbook for Visionaries, Game Changers, and Challengers(사업모델의 창조: 미래전망자, 현실 파괴자 및 도전자를 위한 지침서) (2010).

12 C. Bowman and V. Ambrosini, Value Creation Versus Value Capture: Towards a Coherent Definition of Value in Strategy(가치 창조 대 가치 포착: 전략적 가치에 대한 일관된 정의), 11 (1) Brit. J. Mgmt. 1-15 (2000).

13 R. Belk, Z. Arsel, D. Bajde, J. Deschenes, E. Fisher, M. L. Gall-Ely, ... B. Urien, Giving, Sharing, Consuming: Connecting Consumer Behaviors(기부, 공유, 소비: 소비자 행동을 연결하기), 39 Advances in Consumer Res. 684-85 (2011).

14 R. Botsman and R. Rogers, What's Mine Is Yours: How Collaborative Consumption Is Changing the Way We Live(당신의 것의 내 것: 공유소비가 어떻게 우리의 삶의 방식을 바꾸고 있는가) (2010); L. Gansky, The Mesh: Why the Future of Business Is Sharing(그물망: 사업의 미래는 공유다) (reprint ed., 2012).

15 J. Germann Molz, CouchSurfing and Network Hospitality: "It's Not Just About the Furniture," (카우치서핑과 네트워크 손님맞이: "이것은 단순한 가구가 아닙니다.")1 (3) Hospitality & Soc., 215-25 (2012).

16 C. Kohtala, and C. Bosque, The Story of MIT-Fablab Norway: Community Embedding of Peer Production(MIT-팹랩 노르웨이의 이야기: 동료 생산의 공동체 편입), 5 J. Peer Production (2014); A. Toombs, S. Bardzell, and J. Bardzell, Becoming Makers: Hackerspace Member Habits, Values, and Identities(제작자가 되기: 해커스페이스 구성원의 습관, 가치 및 정체성), 5 J. Peer Production (2014).

B. 가치 포착과 분배의 메커니즘

사업모델이 전통적으로는 기업의 내부 절차에 치중되어 있었는데 점차로 기업, 사용자[17] 및 일반 사회와 가치를 공유하는 것의 중요성을 포함시키게 되었다. 그리하여 기업이 창조한 가치를 생태계 내에서 어떻게 공유하는지에 대한 새로운 관점들이 대두하게 되었다.[18] 공유경제의 가치 창조와 포착과 관련하여 사업방식은 일반적으로 두 가지 형태로 구분할 수 있다.

1) 일련의 사업방식은 영리 논리에 따르는데, 서비스를 금전화하여 이익을 창출한다.[19] 그리하여 이러한 방식은 공유경제의 범위에 대한 논쟁 및 금전적 거래와 영리적 교환이 진정한 공유인지 아니면 의사공유인지에 대한 논쟁을 다수 일으켰다(Belk, 2014).[20] 가치 포착 메커니즘은 다양하다. 고객이 서비스 접근에 대한 수수료를 지급하는 경우와 같이 직접적인 가치 포착도 있고, 양면적 시장에서 제3자가 고객에 대한 서비스의 재원을 제공하는 경우와 같이 간접적인 가치 포착도 있다. 후자의 방식으로서 온라인 플랫폼에서 광고 공간을 팔거나 사용자가 창출한 데이터를 금전화하고는 사용자에게 무료 접근권을 제공하는 구글, 페이스북 등의 예가 있다.

2) 반면에 어떤 사업방식은 자신들을 '한정적' 영리업체 혹은 비영리업체로 정의한다.[21] 대부분의 첨단기술 신생업체들과는 달리 이들은 창출된 가치의 일부만을 포착하여 그 가치를 확장된 생태계에 배분한다는 분명한 임무를 추구한다.[22] 이러한 사업방식에는 주로 비영리업체들이 포함된다. 사용자와 플랫폼 사이에 영리적 거래가 있을 수 있고, 위키피디아 재단의 경우처럼 진행 사업의 사회적 영향력을 극대화하기 위한 기부나 재정적 원조가 있을 수 있다.[23]

이러한 두 방식을 결합하면 하나의 연속체가 형성될 수 있다. 한쪽 끝에는 창출한 가치의 대부분을 포착해 가는 영리업체가 있고, 다른 쪽 끝에는 해당 생태계에서 창출된 가치의 대부분을

---

17 R. L. Priem, A Consumer Perspective on Value Creation(가치 창조에 대한 소비자의 관점), 32 (1) Acad. Mgmt. Rev. 219-35 (2007).

18 M. Yunus, B. Moingeon, and L. Lehmann-Ortega, Building Social Business Models: Lessons from the Grameen Experience(사회적 사업모델의 구축: 그라민 경험에서의 교훈), 43 (2-3) Long Range Plan. 308-25 (2010); M. E. Porter and M. R. Kramer, The Link Between Competitive Advantage and Corporate Social Responsibility(경쟁의 우위와 기업의 사회적 책임 사이의 관련성), 84 (12) Harv. Bus. Rev. 78-92 (2006).

19 D. J. Teece, Business Models, Business Strategy and Innovation(사업모델, 사업전략 및 혁신), 43 (2-3) Long Range Plan. 172-94 (2010).

20 R. Belk, You Are What You Can Access: Sharing and Collaborative Consumption Online(이제 중요한 것은 접근권이다: 온라인에서 이루어지는 공유와 협업적 소비), 67(8) J. Bus. Res. 1595-600 (2014).

21 C. Seelos and J. Mair, Profitable Business Models and Market Creation in the Context of Deep Poverty: A Strategic View(최하위 빈곤층과 관련하여 본 영리적 사업모델과 시장의 창출: 전략적 시각), 21 (4) Acad. Mgmt. Perspectives 49-63 (2007).

22 Germann Molz, supra note 15).

23 D. Jemielniak, Common Knowledge?: An Ethnography of Wikipedia(공유지식?: 위키피디아의 분석) 312 (2014).

배분함으로써 자원의 민주화를 추구하는 비영리업체(예: 지식을 민주화하려는 위키피디아)가 있다.[24]

C. 공유경제의 네 가지 사업 형태

수평축에 가치 창출 메커니즘을 두고 수직축에 가치 배분 메커니즘을 둠으로써, 우리는 4가지 사업형태로 구분할 수 있다. 우리는 이들을 공유자(Commoners) 방식, 임무추구 플랫폼(Mission-driven platforms) 방식, 공유인프라 제공자(Shared infrastructure providers) 방식, 중개자(Matchmakers) 방식이라고 각 부른다(도해 4-1).

• **도해 4.1: 네 가지 사업 형태**

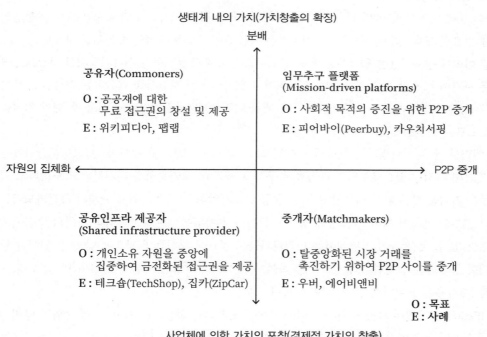

1. **공유자 방식**

공유자 방식은 공공재에 대한 무료 접근권을 창설하여 제공한다. 이들은 자원과 기술을 집체화하여 가능한 한 많은 사람들이 이용할 수 있게 하고 대안적·비시장적 가치(예: 공개 지식, 무료의 공개적 접근권, DIY)의 출현을 촉진한다. 공동체 내에서 공동체에 의하여 가치가 창출되거나, 사

---

24 J. B. Schor, E. T. Walker, C. W. Lee, P. Parigi, and K. Cook, On the Sharing Economy(공유경제에 관하여), 14 (1) Contexts 12-19 (2015).

업체의 생태계 내에서 가치가 창출된다. 이들의 이념은 디지털 문화에 뿌리를 두고 있지만, 이러한 사업방식은 디지털 세계 및 물리적 세계에 공히 존재한다. 이러한 형태의 사업방식의 예로 두 가지가 있다. 1990년대에 MIT 교수인 닐 거센펠드가 선봉에 선 팹랩(fabrication laboratory) 운동이 있었는데, 그는 누구나 디지털 생산 도구를 이용하여 무엇이든 만들 수 있게 하려고 노력하였다. 팹랩은 일반인에게 개방되어 있고 온갖 생산 도구가 구비되어 있는데, 특히 다양한 제품의 설계와 제조를 위한 컴퓨터 방식의 기계/도구(3D 프린터 등)가 많다. MIT의 정의에 따른 팹랩 외에도 해커스페이스, 메이커스페이스 등 유사한 목적과 이름을 가진 공간들이 나타났다. 2017년 10월 기준으로 전 세계에 거의 1,200개의 팹랩이 있었다.[25]

미국의 사기업인 iFixit(2003년 설립)와 프랑스의 유사한 업체인 Comment Réparer(2011년 설립된 비영리시설)는 디지털 세계 공유자 방식의 사례이다. 그들은 위키피디아가 추진하는 논리를 따르고 있는데, 위키피디아는 세계에서 가장 크고 인기 있는 백과사전으로서 한 달의 페이지뷰가 125억 뷰에 이르고 3,800만 개의 항목을 갖고 있다.[26] 이러한 온라인 수리 플랫폼은 여러 물건의 수리에 필요한 도움/정보를 구하거나 제공하는 사람들로 구성된 온라인 공동체를 구축한다. 탈중앙화된 이러한 상호작용은 웹사이트에 모아지는데, 공동체 구성원들은 수리지침서를 무료로 올려서 모든 사람이 이용할 수 있게 하고, 그 과정에서 웹사이트는 지침서를 편집하는 역할을 수행한다. 위 두 업체가 명시적으로 표방하는 목적은 폐기물(특히 전자제품 폐기물)과 사용 후 폐기 계획을 저지함으로써 순환경제를 고양하는 것이다.

이러한 공유자 사업방식은 대안적 이념으로서의 수리, DIY 및 메이커 문화로 충만되어 있으며,[27] 거대 사적 기업으로부터의 해방을 추구하고 사용 후 폐기문화를 저지하려고 노력하고 있다. 이들은 지식을 모든 삶이 이용할 수 있는 공공재로 파악하고, 자연스럽게 관계의 금전화보다는 교환과 기부의 문화에 의존한다. 공유 방식의 공간에서 이루어지는 사고방식과 가치의 중심에 학습 행위가 있다. 예를 들어 팹랩에서는 비전문가들도 공간을 자신들의 필요에 맞출 수 있어야 한다. 그러한 공간들은 충분한 융통성을 제공하여 사용자들이 다양한 제품에 대하여 변경, 수리, 모형제작, 재활용을 용이하게 할 수 있어야 한다.

iFixit의 사례에서 보듯이 환경에 대한 관심은 명시적인 설립 원리이고, 수리 작업과 낭비 제거가 추구하는 목적에서 확연히 드러난다. 이러한 사업방식은 소유권의 개념을 재정의하려고 하는데 이에 의하면 소유권이란 '수리할 권리'를 뜻한다. 팹랩과 메이커스페이스의 경우, 제공되는 도구들이 환경적 목적을 추구하는 프로젝트에서 사용될 수는 있겠지만, 환경적 시각이 꼭 핵심적인 것이라고 할 수는 없고 그 효과도 측정하기 어렵다.

---

25 Labs, FabLabs, www.fablabs.io/labs.

26 Jemielniak, supra note 23).

27 C. Anderson, Makers: The New Industrial Revolution(메이커들: 신산업혁명) (2014).

2. 임무추구 플랫폼 방식

임무추구 플랫폼 방식은 사회적 이념을 달성하기 위하여 디지털 플랫폼을 통하여 동료들 사이에서 중개행위를 한다. 공유자 방식과 마찬가지로 이 방식에서도 소비, 교환 및 관계의 새로운 관행을 촉진함으로써 사회를 변혁하는 임무를 추구한다. 창설자에게 당초의 동기를 부여한 이념과 가치가 이 사업방식의 목적을 구성하는데, 플랫폼을 통하여 공유되는 자원의 규모가 커지면서 그 목적도 같이 성장한다. 이러한 사업방식의 웹사이트에서는 물품의 순환을 강화하고 이웃 사이의 기부 혹은 도움을 증진함으로써 낭비를 줄이려고 한다. 이들은 일정한 가치에 기반을 두는데, 그 가치로서는 기부, 대여 및 대량소비·사용 후 폐기의 억제가 있다. 어떤 사업체는 사회적 연결을 창조하고 이웃간 유대를 증진함으로써 공동체를 구축하고 플랫폼 밖에서의 교환과 상호 원조를 배양하려고 한다. (프랑스의 Peuplade[28]과 네덜란드의 Shareyourmeal을 참고하라.) 이러한 사업체의 법적 지위는 비영리 조직에서 '간이 주식회사'(유한책임회사)에 이르기까지 다양하다. 임무추구 플랫폼은 다음의 두 가지 형태로 설명할 수 있다.

1) 플랫폼의 한 형태로서 사인이 서로에게 물건을 빌려주게 하는 것이 있다. 네덜란드의 피어바이가 한 예인데, 이 업체는 2013년에 설립되었고, 플랫폼을 통하여 같은 지역 내의 사용자 사이에서 물건을 빌려주겠다는 제안 및 빌려달라는 요청을 한다. 이 플랫폼에 따르면 30분 내에 원하는 무료 물건을 찾을 확률이 85%라고 한다. 2016년 이 신생업체는 직원 15명에 네덜란드, 벨기에, 런던, 베를린에 10만 명 이상의 사용자를 두게 되었으며, 자금군집을 통하여 사업확대(특히 미국으로의 확대)에 필요한 220만 달러를 확보하였다.

2) 다른 플랫폼의 형태로서 중고 물품의 기부와 재사용에 치중한 것이 있다. 프랑스 업체로서 Recupe.net이 있는데, 이 업체는 개인이 물품을 주고받을 수 있게 해줌으로써 낭비를 억제하고 동료 간 사회적 유대를 배양하는 이중목적을 달성한다. 이 웹사이트는 기부의 관행을 중개하는 데에 특화되어 있는데, 2001년 출범한 이후 금방 하루 평균 방문자가 15,000명이 되었다.

임무추구 플랫폼은 사회적 프로젝트를 추진하는 도구로서 고안되었다. 이들은 사회적 행동주의라는 점을 완전히 인정하는데 그렇다고 하여 꼭 성질이 정치적인 것은 아니다. 우리가 연구한 업체에서는 다양한 사회적 이념이 추구되고 있었다. 어떤 업체는 소비주의의 부작용인 사용 후 폐기 행위를 억제하려고 하였다. 물품의 교환과 기부와 같은 여러 방법으로, 그리고 사용자가 100% 사용하지 않는 물품의 대여와 기부를 촉진함으로써, 이러한 플랫폼은 물품의 사용주기를 늘리려고 한다. Co-recyclage[29]와 같은 업체들은 사용주기가 다된 물품을 재활용함으로써 낭비를 줄이려고

---

28 www.peuple.fr는 자원자로 구성된 이웃간 상호 원조 네트워크이다.

29 www.//co-recyclage.com.

한다. 저사용 물품을 재순환시키는 것이 쓰레기를 자원으로 변환하는 방법으로서 나타나고 있다. 어떤 공유 사업방식은 플랫폼에서 일종의 약속을 천명하고 있는데, 그들은 기부와 대여를 통하여 아파트 단지, 이웃, 동네, 심지어 회사 내에서 사회적 연대를 부활시키려고 한다.

3. 공유인프라 제공자 방식

공유인프라 제공자 방식은 전략적 소유 물품에 대한 접근권을 금전화한 영리추구 방식이다. 회비 혹은 이용료에 기하여 작동되는 공유인프라 제공자 방식은 개인과 직업인이 프로젝트를 실현하는 데에 사용하는 독점적 인프라로부터 이익을 얻고 영향력을 얻는다. 그들은 서비스 제공자의 논리에 기하여 경제적 가치를 창출한다. 이 형태의 예로서 TechShop이 있는데 이 업체는 캘리포니아에서 2006년에 디지털 제작소의 체인으로서 설립되어 물품 제작에 필요한 여러 전문 기계, 도구, 장비를 제공한다. TechShop 제작소는 DIY 애호가, 발명가, 예술가 혹은 사업가들의 거대한 공간인데, 이들은 자신들의 프로젝트를 실현하는 데 필요한 제작소, 장비, 심지어 기술까지도 갖고 있지 않은 경우가 많다. 다른 업체들도 같은 논리를 재생한다. 여기에는 두 가지 형태가 있다.

1) 개인들의 협업적 공간으로서 DIY 애호가를 위한 '체육관'과 같은 형태. 이러한 공간의 크기는 다양하고, 사인들을 위하여 학습의 장을 지향하기도 하고 직업인을 위하여 기술과 기술적 인프라의 공유공간을 지향하기도 한다. 예를 들어 협업적 생산 공간인 l'Etablisienne[30]는 2011년 파리에서 개설되었는데 목공 및 나무를 이용한 창의적 활동을 전문으로 한다. 2015년 l'Etablisienne의 경우에는 2,000명 이상의 회원이 상당히 주기적으로 작업장에 와서 전문 도구들을 사용하게 되었다.

2) 전문가를 위한 생산적 혹은 협업적 공간으로서 신생기업, 예술가 혹은 자영직업인의 촉진자로서 이용되는 것. 이러한 형태의 예로서 ICI Montreuil[31]가 있는데, 이것은 파리 교외에서 2013년에 개설된 협업적 생산 공간이다. 이 공간에서는 165명이 상주하고 있고 365명의 사용자가 있는데, 예술가, 예술가 겸 디자이너, 디지털 신생기업이 동등한 숫자로 참여하고 있다.

이러한 방식의 사회적 약속은 공유자 방식의 사회적 약속과 유사한 면이 있다. 이러한 방식들 일부는 실제로 어떤 지역의 문화적, 사업가적 역동성을 증진하는 수단으로 생각할 수 있다. 이러한 경우 공공 주체가 중심적 이해당사자가 될 수 있는데, 자원을 지원하고 때로는 운영에 관여할 수도 있다. 그 예로서 몽트뢰유 시의회와 Est Ensemble(파리 동부의 도시연합체)의 사례가 여기에 해당하는데, 이들은 '집단이익 협동조합 회사'인 Ici Montreuil의 공식 구성원이다.

---

30 www.letablisienne.com/.

31 www.icimontreuil.com/.

4. 중개자 방식

중개자 방식은 공유경제에서 가장 눈에 띄고 논쟁의 대상인 방식이다. 이들은 영리적 상업플랫폼인데 개인들을 네트워크에 모아서 개인들이 P2P 방식으로 물품과 서비스를 교환하도록 해준다. 개인적 운송 혹은 숙박 영역의 예로서 우버, 에어비앤비 및 블라블라카가 있다. 이들은 자유시장 이념을 옹호하고 기성 기업의 경제적 지대에 대항하면서 저사용 상태에 있는데 공유가치가 높은 자원을 식별해낸다. 플랫폼은 동료들 사이에서 중개를 하고, 창출된 가치의 일부를 포착함으로써 이러한 중개행위로부터 이윤을 획득한다.

물품 공유를 위한 이 범주의 P2P 사업방식은 크기, 직원 수, 발전 정도 및 시장 위치의 면에서 매우 다양하다. 시장 위치와 관련하여 두 개의 주요한 형태가 있다. 하나는 일반 플랫폼이고 다른 하나는 특화된 플랫폼이다. 일반 플랫폼은 일정한 물품의 재판매 혹은 임대를 제공한다. 예를 들어 Place de la Loc[32]은 프랑스의 인터넷 플랫폼으로서 2012년에 설립되었는데 사인들이 다양한 물품(자동차, 전동 드릴, 자전거 등)을 임대할 수 있게 해준다. 다른 사용자에게 물품을 임대하는 사람들이 수입을 올릴 수 있다는 점이 이 사업 가치의 핵심 명제이다. 특화된 플랫폼은 특정 영역의 물품에 대한 임대차 혹은 전대를 다룬다. 예를 들어 Vestiaire Collective[33]는 2009년 설립된 플랫폼으로서 명품 의류를 동료들 사이에 재판매하게 해준다. 설립된 이래로 이 전자상거래 사이트는 판매물품의 소진율이 매우 높고 매년 100%에 가까운 높은 성장률을 보여 왔다. 등록된 물품의 25%가 일주일 내에 판매된다. 이 플랫폼은 2015년 매출액을 1억 유로로 보고하였는데, 향후 5년 내에 그 두 배가 될 것으로 예상된다. 현재 영국·독일·미국에 자회사가 있고, 조만간 중국 시장에 진출할 계획이다. 직원은 180명이다.

일반적으로 보면 환경과 사회에 긍정적 결과를 가져오겠다는 것이 이러한 플랫폼의 주요한 동기는 아니다. 대신에 중개자 방식은 대부분 경영적 측면 혹은 경제적 측면에서 운영된다. 하지만 성장 가능성이 높기 때문에 이러한 사업방식은 상당한 환경적·사회적 외부효과를 가져올 수 있다. 이 점은 플랫폼 논리에 기반한 사업모델을 둘러싸고 논란이 점증하고 있다는 점에서 확인된다 (블라블라카, 에어비앤비, 우버를 보라). 중개자 방식은 긍정적 외부효과를 가져올 수도 있어서, 이들을 정당화 도구로 이용할 수 있다. 예를 들어 블라블라카는 공유차량이 자동차 탑승인원을 증가하여 이산화탄소의 배출량에 긍정적 효과를 가져온다고 홍보하고 있다.

---

32 www.placedelaloc.com/.
33 https://fr.vestiairecollective.com/.

표 4.1•네 가지 형태의 사업방식에 대한 개관

	공유자 방식	임무추구 플랫폼 방식	공유인프라 제공자 방식	중개자 방식
사업사례	위키피디아, 팹랩	카우치서핑, 피어 바이	집카, 테크숍	우버, 에어비앤비, 베스티에어 컬렉티브
지배적 논리	접근권	물물교환, 수수, 기부	임대 및 접근권 (B to C)	재판매, P2P 대여 (C to C)
고객가치 명제	집단학습 조장, 공개된 접근권, DIY 문화	사회적 이상을 증진하기 위한 동료들 사이의 중개	접근권/서비스 기반의 경제	동료들 사이 중개로 시장기반의 거래를 성사시킴
사회적, 환경적 약속	중심적 (사업의 핵심)	중심적(사업방식의 목적 그 자체)	주변적(서비스가 지역개발 목적에 기여할 수 있음)	주변적이나 상당한 효과를 가져올 수 있음(긍정적/부정적 외부효과)

표 4.1은 네 가지 사업방식의 개요를 보여주는데, 여기에서 지배적 논리, 고객 가치 명제 및 각 사업방식의 사회적 약속을 정리하고 있다. 위 표는 공유경제와 사회적 혁신 사이의 복합적 연결관계를 보여주는데, 각 사업방식은 서로 다른 사회적 혁신 패턴을 제시한다. 사회적 혁신은 각 사업의 중심이 될 수도 있고, 주변적인 것일 수도 있다. 여러 형태를 띨 수도 있는데, 예컨대 환경보호를 주창하기도 하고, 적극적 참여를 공통 프로젝트의 운영원리로 도입하여 사회적 유대 혹은 문화적 변혁을 추진하기도 한다.

II. 약속과 실제 효과의 대비

공유경제는 다양한 사회적 혁신을 약속하며,[34] 다양한 사업모델 구조를 갖고 있다.[35] Seelos와 Mair가 보여 주었듯이, 사회적 혁신에 대한 주요 장애물 중 하나는 사회적 혁신의 규모를 키우지 못한 데에서 발생한다.[36] 그 결과 사회적 혁신이 공유경제에서 어떻게 전개되는지를 이해하기 위해서는, 사회적 혁신의 약속을 사업방식의 확장 가능성에 견주는 방법으로 잠재적 효과에 대한 평가를 하는 것이 필요하다. 이 섹션에서는 세 개의 상황을 대조한다. 스펙트럼 한쪽 끝에는 다양한 개혁 성향의 비영리 사업방식이 야심찬 사회적 약속에 기반을 두고 있는데 확장 가능성이 제한적

---

34 Acquier, Daudigeos, and Pinkse, supra note 1).

35 Acquier, Carbone, and Mass., supra note 10); P. Munoz and B. Cohen, Mapping Out the Sharing Economy: A Configurational Approach to Sharing Business Modeling(공유경제의 구조: 공유경제 사업모델에 대한 구조적 접근법), 125 (C) Tech. Forecasting and Soc. Change 21-37 (2017).

36 Seelos and Mair, supra note 21.

이어서 잠재적 효과도 제한적이다(Ⅱ.A.). 다른 쪽 끝에는 플랫폼 논리에 기반을 둔 영리적 사업방식이 강력한 확장가능성을 띠고 있으나(그리하여 잠재적 효과가 증가한다), 모순적인 사회적 혁신 효과도 있는데, 이는 그들이 창출하는 외부효과가 긍정적일 수도 있고 부정적일 수도 있기 때문이다(Ⅱ.B.). 마지막으로 우리는 혼합적 구조가 이러한 상황에 대하여 조직론적 대응을 혁신적으로 제공한다는 점을 설명하는데, 이러한 대응은 상업적, 사회적, 환경적 논리를 결합하고는 있으나, 정당성 문제나 임무 표류의 위험을 안고 있음을 제시하고자 한다(Ⅱ.C.).

A. 사회적 혁신을 추구하는 사업방식으로서 확장 가능성이 제한적인 경우

위에서 본 네 가지 사업방식 중에서 공유자 방식과 임무추구 플랫폼 방식은 명시적으로 생태계 내에서 가치를 공유하는 메커니즘을 채택하고 있다. 그들은 주로 비상업적 모델에 기하여 운영되며, 사회적 혁신에 대한 야심찬 약속에 기한 임무를 구축하였다. 이러한 사업방식은 사회적 임무를 추구하기 때문에 환경적·사회적 혁신에 대하여는 상당한 잠재력을 갖고 있다. 하지만 이들의 성장은 자주 다른 요소에 의하여 제약을 받는다. 하나의 문제로서 외부 자금의 조달상 어려움이 있고, 다른 문제로서 성장을 지지할 사업모델을 찾는 것의 어려움이 있다. 공유자 방식에서는 생존 가능한 사업모델을 찾는 것 자체에서부터 어려움이 있다. 임무추구 플랫폼에서는 플랫폼으로는 금전적 흐름이 거의 혹은 전혀 이루어지지 않기 때문에 가치를 포착할 수가 없다. 사회적 임무를 추구하는 플랫폼에서는 사용자로부터 가치를 포착하는 것이 어렵기도 하고 불편하기도 하다. 따라서 임무추구 플랫폼이 성장을 도모하거나 비용을 조달하기 위해서는 가치를 포착하는 간접적인 메커니즘을 용의주도하게 고안할 필요가 있다. 이러한 사업방식에서 생존 가능한 사업모델을 확보하는 것은 복잡하고도 중요한 문제이다. 물건 대여의 영역에서 피어바이나 ShareVoisin[37] (이들은 이웃들 사이의 물품 대차와 상호 원조 서비스를 중개하는 플랫폼이다)과 같은 사업체는 독특한 수입모델을 추구하고 있는데, 그러한 수입모델은 그들이 표방하는 가치인 기부와 상호 기부의 문화를 유지하면서도 프로젝트의 추진에 필요한 자금을 확보하려고 한다. 예를 들어 피어바이는 무료 대여 서비스 업체에서 P2P 임대서비스 업체로 변경되었는데, 이는 플랫폼의 교통량과 수입을 증가시키기 위한 것이었다. 피어바이는 환경적·공동체적 논리를 견지하면서도, 대차행위에 금전적 거래를 도입함으로써 '진정한' 혹은 '순수한' 공유로부터 멀어졌다는 비판을 받을 수 있다.

사업모델의 부실함이 초래한 난점들 외에도 금융자원의 결여와 연결된 세 번째 요소로서 핵심경영능력의 취약성이 있다. 특히 지역 공동체와 온라인 공동체를 아울러 공동체에서는 사용자의 플랫폼 활동을 야기할 만큼 충분히 많은 사람들이 관여하여야 하는데 공동체 관리 능력의 허약성이 있다. 이 점은 이웃들 사이의 물건 대여와 상호 원조를 추구하는 플랫폼에게는 특히 중요하다.

---

37 https://sharevoisins.fr/.

왜냐하면 지속가능한 수준의 교통량을 창출하고 해당 지역의 수요와 공급이 균형을 이루기 위해서는 다수가 참여하는 지역 네트워크를 구축하는 것이 핵심이기 때문이다. 그래서 어떤 저자들이 주장하는 바와 같이 공유경제는 주로 도시적 현상이라고 할 수 있다.[38]

공유자 방식(자원을 창조하고 집체화하여 모든 사람에게 무료로 접근하게 해주는 방식, iFixit이나 팹랩이 그 예이다)에서도 문제가 동일하게 복잡하다. 상대적으로 자원집중적 구조라는 점(기계와 공작소와 같은 비디지털 인프라를 상당히 요구하는 사업방식에서는 특히 중요한 특성이다), 지역토착성 및 개방성과 비상업성의 이상을 종합하여 볼 때, 성장전략을 개발하는 것도 복잡한 문제이다. 하지만 분점의 형태로 빠른 성장을 이룰 수는 있다. 팹랩은 충분한 금융자원을 갖고 있지 않아서 세계적으로 협업적 공간을 확대하는 것이 어렵기 때문에, 고립된 사업체의 규모를 넘어서는 사회적 운동의 틀 내에서 복수지역 확장전략을 채택하였다. 복수지역에서 사업이 복제되도록 하기 위하여, 이들은 추구하는 가치와 임무를 공식화하고 업무를 규범화함으로써 광범위한 운동이 출현하거나 그 운동에 동참하도록 한다. 예를 들어 닐 거센펠드는 MIT의 최초 FabLab을 본떠서 세계적인 팹랩 네트워크를 개발하였는데, 팹랩 네트워크에 합류하기 위해서는 일정한 원칙(개방성, 협업, 도구와 장비의 자유로운 사용, 발명품의 소유권 등)을 정한 헌장[39]을 준수하여야 한다.

공적 주체(중앙정부 및 지방정부)는 적절한 생태계가 구축되어 이러한 형태의 사업방식이 발전하는 데에 도움을 줄 수 있다. 그렇게 되면 해당 지역의 정치적 사업과 시각에 발맞추어서 긍정적 사회적 효과를 거둘 수 있을 것이다. 정부는 경영, 공학 혹은 디자인 등의 교육기관 및 투자자와 연합하여 사회적 사업과 P2P 디지털 세계를 둘 다 아우르는 발전을 도모할 수 있는데, 그 과정에서 사용할 수 있는 다양한 행동조치로는 전문 인큐베이터의 제공, 자금 모집 도구와 정책의 수립, 기관 및 조직 사이의 협업적 프로젝트 수행 등이 있다. 예를 들어 바르셀로나 Fab City 프로젝트는 2014년 바르셀로나 시의회와 바르셀로나 FabLab 사이의 협업으로 창설되었는데,[40] 그 추구하는 목적을 '지역의 창의성을 자극하고, 디지털 제작 기술의 사용을 통하여 도시를 생산 거점으로 변환하는 것'에 두었다. 이는 도시가 어떻게 '공유경제 참여자'(Rauch 저술 부분 참조)가 되는지를 보여주는 상징적인 사례이다.

B. 확장 가능성이 높고, 사회적 영향이 크지만 확실치는 않은 사업방식

다른 한쪽 끝의 사업방식(중개자 방식 및 공유인프라 제공자 방식)은 상업적 논리에 기반하고 있지, 사회적 이념을 추구하고자 개발된 것은 아니다. 일반적으로 중개자 방식(동료들 사이를 중개하는

---

38 N. M. Davidson and J. J. Infranca, The Sharing Economy as an Urban Phenomenon(도시적 현상으로서의 공유경제), 34 Yale L. and Policy Rev. 215 (2015).

39 The Fab Charter, http://fab.cba.mit.edu/abut/charter/.

40 See www.collaborative.city/item/barcelona-fab-city/.

플랫폼)은 경영자적·경제적 논리에 따라 구축되어 있고 그에 따라 사업상 판단을 하는데, 이들은 신시장을 개척하여 새로운 업무관행을 만들려고 노력한다. 환경적·사회적 영향은 이러한 플랫폼의 외부효과를 구성하는데, 이는 이 사업방식의 주요한 목표가 아니라 부수적인 결과일 뿐이다.

예를 들어 동료들 사이에서 이루어지는 명품의 재판매는 여러 사업 구상의 대상이 되었는데, 이들 구상은 전통적 전자상거래의 범위를 확장하는 기회로 삼으려는 것이었다. 환경에 대한 긍정적 영향은 제품의 수명을 연장하고 순환을 확대함으로써 부수적으로 달성된다. 이러한 부수적 영향도 무시해서는 안 된다. 왜냐하면 이러한 사업방식은 매우 빠르게 성장할 가능성이 있고 소비자 관행에 구조적 영향을 줄 수 있기 때문이다. 그러므로 소비자 행태의 관점에서 이러한 플랫폼의 효과를 철저히 분석하는 것이 필수적이다. 하지만 최근 연구에 의하면 주의가 요구된다.[41] 최근 연구는 '환경에 대한 긍정적 결과가 공유경제 플랫폼에서 연유하거나 소유권이 아닌 유용성과 접근권 관점에 근거한 시스템에서 연유한다'는 생각에 비판적인 검토를 하고 있다. 실제로 비직관적인 메커니즘 다수가 반대의 결과에 도달할 수 있다.

접근권 기반의 대차 서비스(우리의 분류상 공유인프라 제공자 방식이 이에 해당한다)의 경우, 소유권에서 접근권으로의 이동은 사용자 측에서는 심오한 정체성의 변환에 해당하는데, 이러한 현상은 사용자들이 제품에 대한 주의나 책임감을 갖지 않은 현상에서 나타나기도 한다.[42] 예를 들어 JCDecaux가 파리에서 Vélib이라는 자전거 대여 서비스를 개시하였는데, 고객이 신종 공공인프라에 대한 주의를 기울이지 않음으로써 초래되는 유지비용을 크게 과소평가하였다. 그 결과 환경에 대한 잠재적 효용은 비소유자의 태만한 행태에 의하여 감소될 수 있는 것이다. 더구나 대여 서비스는 고객들 사이에 제품 업그레이드와 갱신이 자주 일어날 것이라는 기대를 심어줄 수도 있다.

P2P 대여 혹은 재판매 플랫폼(중개자 방식)에서는 운송으로 인한 영향(특히 물품의 교환과 재판매의 경우)은 분석 과정에서 자주 간과된다. 물품 조달의 측면에서 보건대 탈중앙화된 시스템은 환경적 관점에서 덜 효율적인 경우가 많다. leboncoin.fr 혹은 Craiglist(한 줄 광고 웹사이트)를 통한 거래의 완료를 위하여 수 킬로미터를 운전한다면 물건의 증가된 수명과 관련된 환경상 긍정적 혜택은 사라지게 될 것이다. 유사하게 플랫폼의 사무처리(디지털 플랫폼의 운영)도 환경상 영향을 야기하는데, 이 점은 분석 과정에서 자주 배제된다.

다른 문제점들이 소비자 행태에 플랫폼이 미치는 효과에서 발생한다. 물품의 교환과 재판매에서 얻거나 절약된 돈의 사용과 관련된 '리바운드 효과'가 있다.[43] 여름 휴가기에 주택을 교환함으로써 한 가정은 돈을 절약하고 환경에 도움을 주는 행위(자산의 선용)를 할 수 있다. 그런데 절약된 돈으로 비행기로 세계 여행을 할 수도 있고, 그리하여 환경상 혜택을 상쇄시킬 수 있다.

---

41 For an overview, see A. Acquier, V. Carbone, and D. Demailly, L'economie collaborative est-elle source de progres environnemental? (2016), https://theconversation.com/leconomie-collaborative-est-elle-source-de-progres-environnemental-61543.

42 Bardi and Eckhardt, supra note 5.

43 D. Demailly and A.-S. Novel, The Sharing Economy—Make It Sustainable!(공유경제－지속가능하게 하라)(2014).

이러한 환경상 외부효과 외에도 중개자 방식 모델은 공유경제의 거대기업을 포함하는데 거대한 규모로 수많은 사회적 외부효과를 유발할 수 있다(Zale의 글을 참조하라). 중개자 방식은, 기존의 결합기업과는 현격하게 다른 조직원리에 기반한 플랫폼경제의 급격한 등장과 자주 연결된다(Acquier의 글을 참조하라). 이러한 모델들이 기생적 사업논리와 무책임한 사업모델을 감출 뿐만 아니라, 여태까지는 보호받은 생활의 측면에까지 가혹한 자유시장 관행을 들이댔다는 비난을 심하게 받고 있다.[44] 비판자들에 따르면, 플랫폼경제는 규제되지 않은 시장과 불공정한 경쟁을 야기하며, 조세 회피와 개인 사용자에 대한 증가된 위험에 의존한다고 한다.[45] 플랫폼경제는 일의 영역을 재구성하고, 직업적 영역과 사적/가내적 영역의 구분을 재구성하며, 디지털 경제의 새로운 노동자와 관련하여 노동법과 사회보장에 대한 쟁점을 제기한다.[46] 어떤 관찰자들은 데이터와 개인의 행태에 대한 관리와 관련하여 플랫폼경제의 정치적 성격을 지적하기도 하는데,[47] 이 점은 알고리즘에 의한 지배와 규제에 대한 논의에서 노정된 바가 있다.[48] 더구나 품질에 대한 동료 간 평가와 평판 제도로 인하여 플랫폼이 생산하거나 수집하는 개인 데이터의 보호 및 그 상업적 사용에 대한 복잡한 문제가 야기되고 있다. 플랫폼에서 특정 사용자가 배제된 최근의 사건에서 차별(인종, 성 등에 의한 차별)의 현실적인 위험이 있다는 점이 확인되기도 하였다(Countouris and Ratti, Garden and Leong, Jefferson-Jones, Schoenbaum의 글을 보라). 플랫폼은 사회적, 경제적 및 문화적 자본에 있어서 불평등을 조장하거나 강화한다는 비판도 받아 왔다.[49]

많은 중개자 방식이 전 지구적 규모로 수행되는 경우에 사회적 영향이 극적으로 확장될 수 있다는 관점에서 보면, 이러한 논란은 규제권자 및 공적 주체가 적극적으로 플랫폼이 환경과 사회에 미치는 영향을 평가하도록 요구한다(독립적인 연구와 영향 평가를 권장한다). 그러한 첫 번째 단계가 이루어지면, 긍정적 외부효과를 조장하고 부정적 외부효과를 규제하는 방향으로 공적 행위가 발동되게 될 것이다.

C. 제3의 길? 상업적 논리와 사회적 임무를 결합한 혼합 조직들

어떤 사업방식들은 혼합적 성격을 띠고 있다. 그들은 임무추구 방식의 논리와 중개자 방식의

---

44 Slee, supra note 4.

45 Martin, supra note 7.

46 J. Prassl and M. Risak, Uber, Taskrabbit, and Co.: Platforms as Employers? Rethinking the Legal Analysis of Crowdwork(우버, 태스크래빗 주식회사: 고용자로서의 플랫폼? 군집노동에 대한 법적 분석을 재고하기), 37(3) Comparative Labor L. & Policy J. 619 (2016); Scholz, supra note 6); G. Friedman, Workers Without Employers: Shadow Corporations and the Rise of the Gig Economy(고용자 없는 노동자: 그림자 회사와 긱경제의 대두), 2 (2) Rev. Keynesian Econ. 171-88 (2014).

47 C. Benabent, Plateformes(플랫폼) (2016).

48 L. Lessig, Code: Version 2.0(코드: 2.0 버전) (2006); E. Morozov, The Rise of Data and the Death of Politics (데이터의 등장과 정치의 사망), The Observer, July 20, 2014.

49 J. Schor, C. Fitzmaurice, L. B. Carfagna, W. Attwood-Charles, and E. D. Poteat, Paradoxes of Openness and Distinction in the Sharing Economy(공유경제의 개방성과 식별성의 역설), 54 Poetics 66-81 (2016).

논리를 결합하여 명시적으로 경제적 가치 창조 목적과 사회적 가치 창조 목적을 조화시키려고 한다. 사회적 사업의 영역에서는 이러한 혼합적 조직들이 사업 논리의 요소와 사회유대적 경제 목표를 결합시킨다.[50] 이러한 결합은 약하고 위태로운 균형을 이루고 있다. 왜냐하면 이러한 방식이 성장함에 따라 많은 문제가 제기되고 있기 때문이다. 이웃한 모델(더 상업적인 모델 혹은 더 사회운동적인 모델)과 대비하여 정당성과 성격정립의 문제를 해결해야 하고 자본 제공자의 기대와 임무의 보존 사이의 긴장관계를 관리하여야 하는데, 그 결과 임무가 표류할 위험이 있다. 우리는 La Ruche qui dit qui!(The Food Assembly)의 사례로써 이러한 논쟁을 설명하고자 한다. 위 업체는 프랑스의 음식 배포 사업체인데 소규모 음식 생산자를 지원하고 생산과 소비 사이의 거리를 줄이고자 설립되었다.

The Food Assembly는 새 창업자의 만남에서 시작하였다. 디자이너인 길헴 쉐롱(Guilhem Chéron)은 집중 농업의 대안에 특히 관심이 있었고, 웹 개발자 두 사람이 디지털 개발과 관리 기술을 제공하였다. 현재 The Food Assembly를 운영하고 있는 Mark-David Choukroun은 The Food Assembly의 사업모델이 소규모 시장(mini marketplace)을 창설하여 음식의 유통과정을 줄이는 것이라고 설명한다. The Food Assembly는 2010년에 설립된 지역 음식 유통 플랫폼인데, 지역 농업인과 소비자를 불러모아 어셈블리로 불리는 일시적 소규모 지역시장(local temporary micro-market)을 형성한다. 각 어셈블리에는 유통센터로부터 반경 250킬로미터 이내(평균 40킬로미터)에 있는 농업인과 생산자가 공급을 한다. 어셈블리 운영자는 각기 독자적으로 소규모 지역시장을 개설하여 사전 주문 시스템으로 플랫폼을 운영함으로써 생산자와 소비자를 불러모은다. 운영자는 이러한 조직 활동에 대한 금전적 보상을 받는데, 어셈블리에서 이루어진 금전지불행위에 대하여 수수료를 수취한다. 생산과 소비 사이의 직접적 유통통로를 구축하고 생산자에게 공정한 가격을 보장하기 위하여 고안된 이 플랫폼은 대량유통과 기업형 농업에 대한 대안 모델을 제시하려고 한다. 이 플랫폼은 출발할 때부터 이 모델을 대규모로 확산시키려고 노력해 왔다.

The Food Assembly의 두드러진 강점 중의 하나로 인터넷 신생기업 세계의 논리와 사회연대적 경제의 논리를 처음부터 결합시킬 수 있었다는 점을 들 수 있다. 한편으로 이 플랫폼은 디지털 세계와 플랫폼 경제에 뿌리를 둔 사업형태의 힘을 이용하는데, 이러한 힘은 신생기업과 벤처자금의 논리에 의하여 지지된다. 처음부터 이 플랫폼은 사업의 기술적·조직적 복잡성을 제대로 가늠하였고, 시스템의 기술적·기능적 발전을 도모하는 데에 필요하게 될 재정적·인적 자원도 제대로 가늠하였다. 지역적 네트워크를 구축하는 데에는 상당한 자원, 구체적 학습력 및 전문적 능력이 필요하다. 동시에 The Food Assembly는 사회연대적 경제에 뿌리를 두고 있기도 하다. 즉 짧은 유통

---

50 J. Battilana and S. Dorado, Building Sustainable Hybrid Organizations: The Case of Commercial Microfinance Organizations(지속가능한 혼합적 조직을 구축하기: 상업적 미세금융 조직의 사례), 53 (6) Acad. Mgmt. J. 1419-40 (2010); A. C. Pache and F. Santos, Inside the Hybrid Organization: Selective Coupling as a Response to Competing Institutional Logics(혼합적 조직의 내부: 경합하는 조직논리에 대한 대응으로서의 선별적 결합), 56 (4) Acad. Mgmt. J. 972-1001 (2013).

경로를 통하여 농업을 혁신하려는 조직을 구상한 것이다. 위와 같은 구상은 지배구조의 형태, 생태계 내에서 가치를 공유하기 위한 유통 구조, 어셈블리 운영자(운영자는 어셈블리 거래금액의 8.35%를 수수료로 받는다)와 농업인에게 상당한 이익을 배분하려는 최초의 이념에 반영되어 있기도 하다.

어셈블리의 발전 과정에서 외부적 정당성의 문제가 주요한 도전과제로 등장하기도 하였다. 이 회사는 상당한 비판을 받았는데, 프랑스의 AMAP 네트워크(이는 소규모 농업을 옹호하는 단체이다)로부터 비판을 많이 받았다. AMAP는 지역 농업을 지지하고 대량 생산에 반대하면서도 연합체를 구성하여 적극적으로 운동을 전개하는 모델을 취하는데, 이 모델에서는 The Food Assembly의 근저에 있는 상업적 논리를 배격한다. 반면에 디지털 세계의 전통적 투자자는 이윤을 극대화하고 시장지배적 지위를 추구하기 때문에 The Food Assembly가 추구하는 혼성적 관계를 달가워하지는 않을 것이다. 그러므로 사업의 혼성적 성격을 지지하는 투자자가 이 사업의 발전에서 핵심적 요소이다. 2010년 간이 주식회사(simplified joint stock company, 프랑스에서는 이를 SAS라고 한다)로 설립된 위 업체는 2011년 9월 첫 번째 플랫폼 버전을 내놓았다. 이 사업은 급속하게 성장하였는데, 여러 번 자금을 조달하여 재정에 충당하였다. 2012년에는 150만 유로를 모았고, 2015년에는 800만 유로를 모았다. 2014년 이후로 급격하게 성장하여 현재 국제적으로 확산하는 중인데, 벨기에·영국·이탈리아·스페인·독일에서 어셈블리를 개설하고 있다. 2016년 기준, 위 업체의 피용인은 100명 가량이고 어셈블리 숫자는 1,000개에 이른다(그중 750개가 프랑스에 있다).

비상업적 논리와 영리적 논리 사이의 긴장관계는 임무 표류의 위험성에서도 나타나는데, 내부적 경영상 모순을 해결함에 있어서 한 논리가 다른 논리에 우선하려는 경향이 나타날 수 있다.[51] 공유경제의 혼성적 조직이 수익성 있는 사업모델을 추구하면서 순수한 영리모델과 경쟁을 하려고 노력하다 보면, 성장과정에서 점점 더 시장논리에 치우치게 되고 급기야 사회적 혁신의 역량을 훼손할 수도 있다. 예컨대, 블라블라카(카풀) 혹은 피어바이(동료 간 임대차)와 같은 플랫폼은 당초의 비영리 모델에서 이탈하여 플랫폼 커미션 제도와 동료 간 금전적 거래 제도를 도입하였다.

벤처업체가 성장하면서도 장기적으로 혼성적 성격을 유지하기 위해서 어떤 지배 메커니즘과 법적 지위가 필요한지에 관한 연구가 더 이루어져야 한다. 이러한 혼성적 조직이 시장 논리와 사회적 혁신 논리를 조화시킬 수 있다면, 독특한 구조체가 되어 강력한 성장 잠재력과 사회운동 모델을 결합시킬 뿐만 아니라, 지배구조에 관하여 풍부한 실험의 장을 제공하고 혁신을 가져올 수 있을 것이다.

---

[51] A. Ebrahim, J. Battilana and J. Mair, The Governance of Social Enterprises: Mission Drift and Accountability Challenges in Hybrid Organizations(사회적 기업의 지배구조: 혼성적 조직의 임무 표류와 책임 문제), 34 Res. Org. Behav. 81-100 (2014).

결론

공유경제는 극히 다양한 사업형태를 내포하고 있어서, 많은 논쟁점을 두고 공유운동의 지지자와 반대자가 서로 간에 격렬하게 대립하고 있다. 화해할 수 없게 보이는 위와 같은 입장 차이를 극복하기 위하여, 이 글에서는 공유경제 사업형태를 네 가지로 나누어서 공유경제의 핵심에 존재하는 약속과 사회적 혁신의 다양성을 이해하려고 노력하였다. 우리는 사회에 대한 잠재적 혹은 실제적 영향력과 관련하여 이러한 약속을 검토하였다. 이것은 어려운 작업인데, 사업형태가 최근에 대두한 것이어서 사회적 영향력을 측정하는 수단을 가진 경우가 소수이기 때문이다. 약속과 영향력 사이의 연관관계는 복합적이고 다양하며 비선형적인 것으로 나타났다.

위와 같은 관찰 결과를 놓고 볼 때, 공유경제의 각 사업형태가 갖는 환경적, 사회적 잠재력을 극대화하는 모델이 대두하도록 진작하는 방법은 무엇일까? 오늘날 일부 공유경제 사업은 사회적 임무와 경제적 임무를 결합시키는 사회적 기업가 정신의 혼성적 논리에 기반하고 있다. 하지만 재정적 자원이 제한되어 있기 때문에 대부분의 이러한 사업형태에서는 전문기술적 능력과 역량이 부족하다. 그러므로 사회적 혁신과 소프트웨어 개발 및 전문가 문화(geek culture) 사이의 간극을 좁혀서 디지털 영역에서 사회적 기업가의 사업형태가 대두하도록 조장하는 것이 필요한 것으로 보인다. 이러한 조장활동은 기업 인큐베이터, 재정적 지원 정책, 교육기관(공학, IT, 디자인 및 경영대학 등) 사이의 협업적 프로젝트로 이루어질 수 있다. 사회적, 환경적 혁신의 전개는 공유경제에 내재한 것도 아니고 자동적으로 발생하는 것도 아니지만, 공사(公私)의 행위자들은 이를 적극 활용하여야 할 것이다. 공유경제에서는 혁신의 기회가 만들어지는데, 공적 행위자들은 이를 이해하고 사회에 긍정적 결과가 만들어지도록 노력하여야 한다. 공적 행위자들은 공유경제의 미래를 정책에 반영함으로써 공유경제가 또 하나의 자본주의 권력이 아닌 발전, 복지, 생활향상을 추구하는 수단이 되도록 하여야 한다.

제2절
규제와 혁신 사이의 균형

5

코스와 플랫폼경제

올리 로벨

서언

　인터넷, 스마트폰, 정교한 앱, 알고리즘에 의한 빅데이터의 처리 등이 어우러져서 새로운 경제적 상호작용을 발생시켰다. 승차공유, 단기 주택/방 대여, 자유직업, 대출업을 포함한 기존의 여러 서비스 및 소매산업에 걸쳐서 널리 이러한 혁신적 사업모델이 발생하였는데, 우버, 리프트, 에어비앤비, 태스크래빗, 렌딩클럽(Lending Club) 등 선도적 플랫폼이 위 각 분야에서 그 동력을 제공하였다.[1] 이러한 새로운 경제 모델은 조금은 오해스러운 용어인 '공유경제'라는 단어에 자주 뭉뚱그려져 있다.[2] 이 책의 많은 필자들이 적절히 지적하는 바와 같이, 공유라는 말은 협업적·반기업적 거래라는 낭만적인 개념을 뜻하지는 않는다. 실제로는 수천만 달러짜리 기업들이 공유와는 거의 관련성이 없는 이윤 추구 목적을 가지고서 소위 공유경제 시장을 지배하고 있다.[3] 우버와 에어비앤비와 같은 디지털 플랫폼은 아주 분명하게 기업체에 해당한다. 제공자와 구매자 사이에서 탐색과 거래 성립을 용이하게 해주는 디지털 소통이 그들이 파는 상품이다. 디지털 플랫폼 시장은 세 개의 그룹으로 구성되어 있다. (1) 플랫폼, (2) 물품이나 서비스의 제공자, (3) 최종 구매자가 있다.[4]

　전통적인 시장과 같은 것으로 보이지만, 플랫폼은 가치 있는 방식으로 구 모델의 서비스 제공에 대하여 도전을 한다. 가장 기본적으로, 플랫폼은 거래당사자를 맺어주는 비용을 낮추었고 실거래 비용도 낮추었다. 그와 함께 최종 이용자, 제공자, 구매자는 그들이 원하는 것(노동, 승차, 숙박을 불문하고)을 전보다 빠르게 찾을 수 있게 되었다. 구직자의 이동성이 더해지고, 활용되지 않

---

[1] Bernard Marr, The Sharing Economy—What it is, Examples, and How Big Data, Platforms and Algorithms Fuel It(공유경제— 정의, 사례 및 어떻게 빅데이터·플랫폼과 알고리즘이 그 동력이 되었는가) Forbes, Oct. 21, 2016, www.forbes.com/sites/bernardmarr/2016/10/21/the-sharing-economy-what-it-is-examples-andhow-big-data-platforms-and-algorithms-fuel/#7c1225f17c5a.

[2] Id.

[3] Lauren Thomas, Airbnb Just Closed a $1 Billion Round and Became Profitable in 2016(에어비앤비가 막 10억 달러의 자금을 모았고 2016년에 흑자로 돌아섰다), CNBC, Mar. 9, 2017, 10:45 AM, www.cnbc.com/2017/03/09/airbnb-closes-1-billion-round-31-billion-valuation-profitable.html; Richard Beales, Uber's $70 Bln Value Accrues Mainly to Customers(우버의 700억 달러 짜리 기업가치는 주로 고객에게 해당되는 말이다), Reuters, Dec. 22, 2016, 12:40 PM, www.reuers.com/article/us-uber-valuation-breakingviews-idUSKBN14B23A.

[4] FTC Staff Report, The "Sharing" Economy: Issues Facing Platforms, Participants & Regulators(공유경제: 플랫폼, 참가자 및 규제권자가 직면한 문제들), Federal Trade Commission, Nov. 2016, www.ftc.gov/system/files/documents/reports/sharing-economy-issues-facing-platformsparticipants-regulators-federal-trade-commission-staff/p151200_ftc_staff_report_on_the_sharing_economy.pdf.

아 온 자산에 대한 접근성이 증가하고, 시장의 생산성이 증대됨에 따라, 공유경제는 전 세계 GDP 를 증대시키는 데에 기여함으로써, 임금을 상승시켜 소득과 생활비의 격차를 해소할 잠재력을 갖게 되었다.[5] 디지털 플랫폼의 대두와 함께 산업 전체가 진보해왔다. 예를 들어 우버의 일부 행태에 대하여 타당한 비판이 있기는 하나, 승차공유산업은 운전자의 공급을 증가시켰고, 택시를 포함한 전 운송산업에서 서비스 질의 향상을 가져왔으며, 승차의 안전성과 신뢰성을 제고하였고, 심지어 음주운전도 감소시켰다.[6] 단기숙박은 더 저렴해지고 더 많은 고객들이 이용하기 쉬워졌고, 이용 가능한 숙소의 형태는 더욱 다양해졌는데, 그 결과 여행의 빈도와 기간이 증가하게 되었다.[7]

새로운 공유경제가 가져다 주는 이점이 명백하기는 하지만, 우버 · 리프트 · 에어비앤비 등 디지털 플랫폼이 소득원으로 등장함에 따라 여러 규제상 난제가 발생하게 되었다. 그 난제로서 노동자의 분류, 안전보장, 보험표준, 과세, 면허 · 인허가요건 등이 있다. 새로운 종류의 온라인 서비스 제공행위를 기존 법률에 맞추려다 보니 많은 소송이 제기되었으나 구체적인 해결책은 나오지 않았다. 미국 연방지방법원의 챠브리아 판사가 리프트 운전자의 법적 성격에 관하여 언급한 바와 같이, 주어진 과제는 '네모난 막대기를 주면서 둥근 구멍 두 개 중에 하나를 골라서 들어맞게 집어넣으라고 요구하는 것'과 유사한 작업이다.[8] 많은 사건에서 즉각적인 사법적 판단이 이루어지지는 않았는데, 수년 동안 법원에 계류 중인 사건도 있고,[9] 절차적 하자로 기각된 사건도 있으며,[10] 판결이 선고되기 전에 합의로 끝난 사건도 있다.[11] 챠브리아 판사 등 법률가들이 제시한 바와 같이 이러한 문제에는 소송보다는 규제적 · 입법적 해결책이 더 적합할 수도 있다.[12] 어떤 절차로 해결하든지 간에 우리가 추구하는 사회적 정책상 목표를 달성하는 데에 새로운 사업모델이 가져오는 위험과 기회의 모습에 법은 대응을 하여야 한다. 사업적 혁신과 기존 법률 사이의 긴장관계가 초래하는 일련의 문제를 의회, 규제권자, 법원이 잘 해결하기 위해서는 디지털 플랫폼에 수반되는 가치뿐만 아니라 위험과 논리구조도 잘 이해하여야 한다.

이 글에서는 우버와 에어비앤비와 같은 디지털 플랫폼이 거래체결 및 거래비용 감소를 완결해

---

5 Alexander Howard, How Digital Platforms Like LinkedIn, Uber And TaskRabbit Are Changing The On-Demand Economy(링크트인, 우버, 태스크래빗 같은 디지털 플랫폼은 어떻게 주문형 경제를 변화시켰는가), Huffington Post, Jan. 3, 2017, www.huffingtonpost.com/entry/online-talent-platforms_us_55a03545e4b0b8145f72ccf6?ncid=engmod ushpmg00000004.

6 FTC Staff Report, supra note 4.

7 Id.

8 Cotter v. Lyft, Inc., 60 F.Supp. 3d 1067, 1081 (N.D. Cal. 2015).

9 See Ehret v. Uber Techs., Inc., 148 F.Supp. 3d 884, 888 (N.D. Cal. 2015) (단체소송인데 이 사건에서는 '20% 팁은 허위로서 대중을 오도하고 기만할 가능성이 있다'는 주장이 제기되고 있다); L.A. Taxi Coop., Inc. v. Uber Techs., Inc., 114 F.Supp. 3d 852 (N.D. Cal. 2015) (우버가 안전에 대하여 허위의 주장 및 오도하는 주장을 하였다는 주장이 제기되고 있다).

10 See Greenwich Taxi, Inc. v. Uber Techs., Inc., 123 F.Supp. 3d 327, 336, 337, 338-40, 342, 343 (D. Conn. 2015) (청구원인인 허위광고, 사기, 허위연합, RICO, CUTPA에 대한 주장이 불충분하고 부적절하다는 것이 이유였다.); XYZ Two Way Radio Serv., Inc. v. Uber Techs., Inc., 214 F. Supp. 3d 179 (E.D.N.Y. 2016) (청구원인인 허위광고, 운전자와의 연합, 불법적 관여행위에 대한 주장이 불충분하고 부적절하다는 것이 이유였다).

11 Cotter v. Lyft, Inc., No. 13-cv-04065-VC, 2017 WL 1033527, at *1 (N.D. Cal. Mar. 16, 2017).

12 See Cotter, 60 F.Supp. 3d at 1081.

가는 단계를 분석한다. 이 글에서 나는 거래의 3단계(거래이전, 거래체결 및 거래이후)에서 공히 디지털 플랫폼을 이용하면 1) 탐색비용, 2) 협상 및 타결비용, 3) 감독 및 집행비용에서 이익을 볼 수 있다고 주장한다. 각 단계에서 더 많은 정보와 최적의 상호 연결을 제공하여 비용을 줄일 수 있다. 이 글에서 나는 플랫폼이 다측면의 대규모 디지털 네트워크와 정교한 가격책정 알고리즘을 통하여 어떻게 위 3단계의 거래비용에 긍정적 영향을 미치는지를 설명한다. 미국에서 플랫폼이 직면하는 법적 도전과제의 사례를 위주로 하여 이 글에서는 '규제권자가 플랫폼 서비스와 함께 오는 기회를 고려하여야 한다는 점'과 '전통적 규제권자는 플랫폼 혁신으로 인하여 불필요한 존재가 될 가능성이 있다는 점'을 지적하고자 한다. 위와 같은 논의를 통하여 정책결정자들이 규제적 해결이 여전히 필요한 영역과 플랫폼의 사적 규율이 더 적절한 쟁점들을 식별하도록 촉구하고자 한다.

I. 부가가치의 창출

로널드 코스는 1960년 그의 맹아적 논문에서 거래체결의 단계에서 발생하는 거래비용에 대하여 다음과 같이 기술하였다. "종종 거래에서 막대한 비용이 들 수 있다. 비용이 들지 아니하고 작동하는 가격책정 시스템이 있는 세계라면 원만히 이루어졌을 수많은 거래가 상당한 비용이 소요됨으로 인하여 성사되지 않고 있다."[13] 거래이전, 거래체결, 거래이후로 구성된 3단계 동안의 거래비용으로서 탐색비용, 협상 및 결정비용, 그리고 감독과 집행비용이 있다.[14] 비용을 줄이기 위해서는 각 단계마다 정보의 입수가 필요하다. 디지털 플랫폼은 거래의 모든 측면에 첨단 기술을 적용함으로써 정보에 대한 접근성을 증가시킬 잠재력을 갖고 있다. 그리하여 모든 단계의 관련된 거래비용이 영향을 받는다. 플랫폼이 성장함에 따라 효율성도 증가한다. 나는 '플랫폼법'이라는 논문에서 거래비용을 줄이는 데에 공동으로 기여하는 10개의 개별원리들을 새로이 분류해 보았다.[15]

1) **우버급 규모의 달성**: 플랫폼은 세계적인 규모로 서로 모르는 사람을 연결해 준다. 전례가 없는 규모로 다측면의 네트워크를 형성하고, 공급과 수요면에서 활용할 가능성을 증가시킨다.
2) **'죽은' 자본의 부활**: 플랫폼은 물리적 물품, 기술, 지식, 인간노동 등 유휴자산 혹은 자원을 시장으로 끌어낸다.
3) **거래단위의 맞춤화**: 디지털 플랫폼은 판매할 자원을 작은 단위로 쪼개서, 공급과 수요를 미세형태로 나눈다. 그 예로서 단기대여, 한 시간 동안의 자동차나 잔디깎이 사용하기, 수분 간의 노동제공 혹은 배달하기가 있다. 거래체결 비용이 많이 들어 전에는 체결되지 못

---

13 Ronald Coase, The Problem of Social Cost(사회적 비용의 문제), 3 J. of Law and Econ. 15 (1960).
14 Carl J. Dahlman, The Problem of Externality(외부효과의 문제), 22 J. of Law and Econ. 1, 148 (1979).
15 Orly Lobel, The Law of the Platform(플랫폼법), 101 Minn. L. Rev. 87, 87 (2016).

했던 소규모 거래의 경우 기술의 발달로 인하여 체결이 용이하게 되었다. 소규모 단위로도 시장이 형성되면서 휴면상태이던 인간자본마저도 이제는 경쟁력 있는 가격을 가진 시장 참여자로서 활용되는 것이다.[16]

4) **만물의 상품화:** 디지털 플랫폼이 혜성처럼 나타난 것을 보면 '공유의 비중이 기하급수적으로 늘어났다는 점, 그러나 공유는 공짜가 아니라는 점'을 알 수 있다.[17] 대부분의 거래는 대여, 교환, 서비스, 운전, 금전대여 등에 대하여 경쟁력 있는 가격이 책정되는 것을 기반으로 하여 형성된다. 따라서 한때는 친구를 공항에 데려다 주는 것이 관행이었지만, 이제는 들어보기 힘든 관행이 되었고, 오히려 다음과 같은 생각이 들게 될 것이다. '우버를 부르는 것이 낫지 않았을까?' 모든 거래를 상업화함으로써 최종 이용자의 규모가 증가하듯이 공급도 증가하게 되므로, 코스의 관점에서 보면 공급이 무한정하게 이루어질 것으로 보임에 따라 비용도 감소되는 것이다.

5) **거래의 개별화:** 디지털 플랫폼에서 제공되는 서비스와 자원은 미세형태로 제공될 뿐만 아니라, 제공된 거래의 특성들이 결합되거나 합쳐져서 각 개인의 수요에 최적화된 개별성을 제공하고 전례가 없는 수준의 특화를 할 수 있다. 바로 당장 운행이 필요한가? 우버를 부르라. 단독으로 부를 여력이 안 되는가? 문제될 것 없다. 우버풀(uberPool)에 올라타면 당신의 목적지로 가는 다른 사람들과 비용을 분담할 수 있다. 개를 포함하여 당신의 대가족이 하루 묵을 집이 필요한데 풀장이 있고 계단이 없어야 하는가? 에어비앤비에서 찾을 수 있을 것이다. 직원 3명이 일주일에 두 번 이용할 사무실 공간이 필요한데다가 2시간 동안 업무보조원을 사용하기 원하는가? 리퀴드스페이스(LiquidSpace)와 같은 공유업무공간이 이를 제공할 수 있다. 몇 번의 온라인 클릭만으로 거래하는 편의성이 여전히 유지되는 상태에서도 선택할 메뉴는 더욱 넓어졌다.

6) **소유권보다 접근권의 중시:** 디지털 플랫폼은 재산에 대한 소비적 심리현상이 접근권 쪽으로 전이하는 데에도 일조한다. 이러한 전이 과정에서는 거래되는 가치의 크기를 축소하는 방법으로 거래비용을 경감한다. 예컨대 차의 매수가 차의 호출보다 더 중대한 결정에 해당한다. 접근권 중시 심리현상은 자원의 사용을 가능하게 하고 시장 내의 자원 순환을 증진한다.

7) **경상비용의 감축:** 디지털 플랫폼은 거래를 중개함에 통상의 사무실과 직원보다는 디지털 기술에 더 의존한다. 디지털 회사들이 채택한 기술적·경제적 혁신으로 인하여 오프라인 회사에 비하여 비용을 적게 쓰는데, 그에 따라 플랫폼 회사들은 전통적인 통상의 회사에 비하여 상대적으로 낮은 비율의 중개비용을 청구한다. 뒤에서 더 자세히 보겠지만, 경쟁

---

16 Yochai Benkler, The Wealth of Networks: How Social Production Transforms Markets and Freedom(네트워크 국부론: 어떻게 사회적 생산이 시장과 자유를 변화시켰는가) 100 (2006).

17 Lobel, supra note 15.

시장에서의 생존과 규제책임의 영역에서는 여전히 비용의 문제가 본질적으로 중요한 사안이다.

8) **진입장벽의 축소:** 디지털 분야에서 신생기업이 경쟁에 진입하는 비용은 낮다. 그 이유는 주로 위에서 본 바와 같이 중개비용이 적게 들기 때문이다. 온라인 시장에서 필요로 하는 것은 주로 도메인 이름과 앱이기 때문에, 전통적 유지비용의 일부를 절감할 수 있다. 또한, 곧 발간 예정인 '플랫폼 시장의 지배력'(Platform Market Power)에서 케네스 뱀베르거와 내가 분석했던 것처럼, 일단 플랫폼이 대규모로 채택된 상태에 이르면, 주로 네트워크 효과와 전환비용의 부담으로 인하여, 플랫폼은 시장지배력을 쉽게 누리게 된다.[18]

9) **가격책정의 정밀성:** 디지털 플랫폼은 정교한 가격책정 알고리즘에 의존하는데, 그 알고리즘은 데이터 채굴과 인공지능을 통하여 개선된다. 자율학습 프로그램은 전례가 없이 많은 양의 정보에 의존하여 역동적으로 가격책정을 한다. 코스의 관점에서 보면, 플랫폼은 완벽한 마케팅의 이상을 달성한다. 즉 시장정보를 역동적이고 광범위하게 처리하여 정확한 가치를 산정할 수 있다.

10) **역동적 피드백 시스템:** '정보의 비대칭성이 존재하면 거래비용이 높아진다'는 것이 코스가 우리에게 남긴 교훈이다. 디지털 플랫폼은 이 분야에서 혁신을 일으켰는데, 역동적 평점제도·고객평가·회사 전반에 대한 정보 데이터를 제공함으로써, 거래이전에는 신뢰를 증진시켜 주고, 거래이후에는 관리감독과 집행을 용이하게 해준다. 그리하여 승차공유 소비자는 다음과 같은 점을 알게 됨으로써 안도하게 된다. 즉 소비자로서는 '훌륭하지 못한 운전자를 식별하는 시스템이 있다는 점, 그러한 운전자는 배제되고 다른 승객에게 훌륭하다는 평가를 받는 운전자만이 잔존하게 되었다고 추정할 수 있다는 점, 고객평가를 남길 수 있으므로 승객은 거래이후에도 불만을 알릴 수 있고, 다시는 불만의 대상인 운전자와 엮이지 않게 할 수 있다는 점'이 안도의 요인이 된다.

플랫폼 회사들은 디지털 플랫폼의 이러한 열 가지 특징 외에도 전통적인 오프라인 거래와의 차별성을 통하여 가치를 창출한다는 점을 유념하라. 플랫폼경제는 전에 제공된 똑같은 서비스를 단지 효율적으로만 제공하는 것이 아니라, 이용자의 취향과 선호도를 수용하거나 선도함으로써 새로운 시장을 구성하기도 하는 것이다. 디지털 플랫폼은 새로운 유형의 거래를 도입하고 보편화함으로써 오래된 문제에 대한 새로운 해결책을 제공한다. 동시에 이러한 디지털 플랫폼의 거대기업은 전통적인 기존 시장과 직접적으로 경쟁을 한다. 우버와 전통적 택시의 대결[19] 및 에어비앤비와

---

18 Kenneth Bamberger and Orly Lobel, Platform Market Power(플랫폼 시장의 지배력), Berkeley L. and Tech. J. (forthcoming 2018).

19 Vanessa Katz, Regulating the Sharing Economy(공유경제의 규제), 30 Berkeley Tech. L.J. 1066, 1092 (2015) (보스턴과 시카고의 택시파송 서비스 업체는 연방랜햄법(Lanham Act)과 주 불공정경쟁법에 의거하여 우버를 상대로 손해배상청구를 하였다).

호텔업계의 대결을 생각해 보라. 이 점이 규제상 과제를 해결하는 데 열쇠가 된다. 플랫폼은 기존의 경쟁시장에서 시장 참여자로 행위할 뿐만 아니라, 그들만의 고유시장을 구성하는 것으로 범주화할 수 있는데, 그 시장에서는 다른 디지털 플랫폼을 상대로 경쟁을 한다. 예컨대 우버와 리프트사이의 경쟁을 들 수 있다. 플랫폼에서 제공되는 물품과 서비스가 매우 다양하고, 디지털 플랫폼이 혁신적 기술과 사업모델을 채용함에 따라, 서비스 제공에 관한 신구의 방식 사이에 긴장이 발생한다. 결국 이 점을 보면, 전통적 영업 방식 내에서 그들의 영역을 지키려고 하는 규제권자와 경쟁자를 상대로 하여 많은 대표적 플랫폼들이 진행하고 있는 현재의 법적 다툼을 이해할 수 있다. 그런데 사실 플랫폼이 딛고 있는 양탄자를 끌어당겨 무너뜨리려는 노력이 동시에 진행되고 있다. 다음 섹션에서 논의하겠지만, 이러한 법적 문제들을 검토하는 규제권자와 판단권자로서는 거래비용을 감소시키는 신형 플랫폼이 창출하는 부가가치를 이해해야만 규제의 계속이 필요한 영역과 규제가 이미 무용한 것이 된 영역을 구분하기가 용이할 것이다.

II. 규제와 혁신의 만남

규제에는 다양한 목적이 있다. 코스의 관점에서 보면, 법규와 규제는 거래비용을 줄이고 시장을 효율화하도록 고안된 것이다.[20] 그러나 규제는 다른 목적에 봉사할 수도 있는데, 추구하는 목적으로서는 평등한 소득분배, 공공안전, 보건, 소비자보호 등이 있다.[21] 정책결정자는 거래 · 물품 교환 · 서비스 제공을 하는 방식의 혁신에 직면했을 때, 거기에 법규가 적용되어야 하는지 여부와 어떤 법규가 적용되어야 하는지를 결정하여야 한다. 디지털 플랫폼이 전통적 시장모델에 긍정적 교란효과를 가져왔지만, 결함이 전혀 없는 것은 아니다. 플랫폼이 전 세계로 손을 뻗침에 따라 여러 문제들이 제기되어 이제는 규제를 하기에 무르익은 상태가 되었다. 기존의 일부 규제는 플랫폼에 직접 적용되기가 매우 용이하다. 일부 규제는 시대에 뒤떨어진 것으로 보인다. 기술적, 사회적, 경제적 혁신의 물결이 도래할 때마다 그랬던 것처럼 규제권자들은 여러 법적 요건이 새로운 가능성, 기호, 위험, 취향 및 규범에 직면해서도 지속적 가치를 갖는지를 검토하여야 한다. 더구나 규제권자는 기존의 직접적 하향식 규정이 달성했던 규제상 목적이 플랫폼상의 기술적 · 경제적 혁신으로도 달성될 수 있는지를 검토하여야 한다. 예를 들어 평점 및 고객평가 시스템은 규정에 의하여 강제되는 거래이전의 품질공시 제도와 거래이후의 감독 제도와 비교하여 검토되어야 한다. 정보의

---

20 Paul Stephen Dempsey, Market Failure and Regulatory Failure as Catalysts for Political Change: The Choice Between Imperfect Regulation and Imperfect Competition(정치적 변화의 촉매제로서 시장실패와 규제실패: 불완전 규제와 불완전 경쟁 중의 선택), 46 Wash. & Lee L. Rev. 1 (1989).

21 Orly Lobel, The Renew Deal: The Fall of Regulation and the Rise of Governance in Contemporary Legal Thought (리뉴딜: 규제의 몰락과 현대 법사상에서의 지배구조론의 대두), 89 Minn. L. Rev. 342, 415 (2004); Orly Lobel, New Governance as Regulatory Governance(규제적 지배구조로서의 신지배구조론), in Oxford Handbook of Governance(David Levi-Faur ed., 2012); Cass R. Sunstein, After the Rights Revolution: Reconceiving the Regulatory State(권리혁명 이후: 규제국가에 대한 재구성) 84-91 (1990).

비대칭성 혹은 거래의 조건을 감시하고 집행하는 데에 들어가는 높은 거래비용 등 시장의 비효율성을 교정하기 위하여 규정이 만들어진 경우라면, 플랫폼에 채용된 새로운 기술이 그러한 정책의 대체물로서 작용할 수 있다.[22] 스마트 기술을 통한 자율규제 형태가 효과적으로 규제수단을 대체한다면 매수인과 매도인에게 이익이 될 것이다.[23]

한편, 규제가 평등, 공정 등 분배 문제를 해결하도록 고안된 것이라면, 오프라인 거래의 문제 일부가 플랫폼 관계에서도 지속될 것이다. 그리하여 플랫폼경제는 기존 법률의 목표와 실제 결과 사이의 적합성을 관찰하여 판단하는 새로운 기회를 제공한다. 법이 사회적 목표를 증진하지 아니하고 기존 업자를 경쟁으로부터 보호하는 경우라면, 플랫폼의 개입은 명백히 환영받을 것이고, 그러한 반경쟁적 법률은 대체적으로 쓸모없는 것으로 취급될 것이다. 이미 도래하였는지도 모르지만, 언젠가는 플랫폼이 기성사업자를 능가하거나 기성사업자 자체가 되는 날이 도래할 것이다.[24] 전형적인 예로서 우버가 운송시장에서 획득한 지배력을 들 수 있는데, 그리하여 일부 지역에서는 개인에게 안전점검을 요구하거나 정부의 규제 요건을 부과하기가 어려워졌다. 경쟁적 시장일수록 그러한 소비자 보호조치가 쉽게 채택될 것이다. 그러므로 우리는 문제점이 드러나는 때마다 반경쟁적 법률을 제거하는 토대를 구축하고 신규 진입자가 활동할 무대를 마련함으로써, 소비자가 원하는 물품을 개발한 신규 진입자가 시장에서 자리를 잡을 수 있도록 하여야 한다. 기성사업자라면 누구나 필연적으로 시장에 새로운 경쟁자가 들어오는 것을 막으려고 하는데, 위와 같이 하면 그러한 고질적인 문제에 대처할 수 있는 수단을 구비하게 될 것이다.[25] 사회적 가치를 증진하는 데에 치중한 규정이 관련된 경우에는 상황이 아주 어렵다. 왜냐하면 정책결정자가 그러한 목표를 플랫폼에 반영하기 위해서는 신중한 행보가 필요하기 때문이다.

혁신은 전통적 규제의 범주를 해체하고 새로이 범주를 구성할 기회라고 볼 수도 있다. 플랫폼은 혼성적 종류를 만들어내는데 이는 아래와 같이 설명할 수 있다.

---

22 Eric Goldman, Regulating Reputation(평판의 규제), in The Reputation Society: How Online Opinions Are Reshaping the Offline World 51, 53 (Hassan Masum and Mark Tovey eds., 2011); see also Chrysanthos Dellarocas, Designing Reputation Systems for the Social Web(사회적 앱을 위한 평판시스템의 설계), in The Reputation Society: How Online Opinions Are Reshaping the Offline World 3(Hassan Masum and Mark Tovey eds., 2011); Liangjun You and Riyaz Sikora, Performance of Online Reputation Mechanisms under the Influence of Different Types of Biases(여러 형태의 편견의 영향하에서의 온라인 평판 메커니즘의 작동), 12 Info. Sys. and e-Bus. Mgmt. 417, 418 (2014); Katz, supra note 19, at 1075 (평판 시스템이 안전대책으로서 작용한다고 주장한다).

23 See also Arun Sundararajan, The Sharing Economy: The End of Employment and the Rise of Crowd Based Capitalism (공유경제: 고용의 종말과 군중 기반 자본주의의 대두) (2016).

24 Bamberger and Lobel, supra note 18; Joanna Penn and John Wihbey, Uber, Airbnb and Consequences of the Sharing Economy: Research Roundup(우버, 에어비앤비와 공유경제의 결과: 연구의 종합), Journalist's Resource, June 3, 2016, https://journalistsresource.org/studies/economics/business/airbnb-lyft-uber-bike-share-sharing-economy-research-roundup.

25 Harriet Taylor, What Happened in Austin After Uber and Lyft Got Up and Left(우버와 리프트가 오스틴을 떠난 후 무슨 일이 생겼나), CNBC, Aug. 18, 2016, www.cnbc.com/2016/08/18/what-happened-in/austin-after-uber-and-lyft-got-up-and-left.html; Patrick Sisson, Uber and Lyft Return to Austin: What's Changed, and Why It's Important(우버와 리프트가 오스틴으로 다시 돌아오다. 그동안 생긴 변화 및 그 중요성), CURBED, June 14, 2017, www.curbed.com/2017/6/14/15803138/austin-uber-lyft-transportation-ride-hailing-return.

경우에 따라서는 소비자/사업자, 피용인/자유업자, 주거용/상업용 등 이분법적 구분은 더이상 이론구성의 틀로서 의미가 없게 될 수도 있다… 기술업체들이 지불수단, 탐색 및 고객평가, 정보와 신뢰도 등 시장거래의 중요 측면들을 집중시킴에 따라 독특한 융합현상이 나타나기도 한다. 동시에 이들은 거래의 다른 핵심 측면들을 분산시켜 이용자로 하여금 통제하도록 하는데, 숙박 앱에서의 가격책정, 운송과 청소 서비스 앱에서의 노동시간 책정 등이 이러한 측면으로서 이들이 공급측면의 하부구조를 결정한다. 위와 같은 현상이 규제권자에게 부여하는 의미는 '전통적인 규제의 대상이었던 통합된 단일 주체가 거래를 형성하는 것이 아니라, 이제는 복수의 행위자가 거래를 형성하고 있으며, 행위자들은 다양한 역량, 이해관계 및 요구사항을 갖고 있다'는 점이다.[26]

하늘의 별처럼 무수히 많은 행위자들과 혼성적 개념정의에 직면하여, 규제권자가 할 일은 '거래의 경제적 실체를 추적하고, 코스가 말한 거래의 비용과 논리를 검토하고, 해당 법 영역의 정책적 목표와 위와 같은 현실을 대비하는 것'이다.[27]

고용노동법의 영역을 보라. 플랫폼은 긱경제의 광범위한 대두와 자주 연결되는데, 단일의 장기고용자로부터 분리된 '위태로운' 노동이 문제로 제기된다. 플랫폼에서는 이러한 노동에 대하여 '플랫폼 거래의 틀을 통하여 불공정하게 큰 몫을 떼어가는 회사의 관여 없이도 노동자가 동료 간 거래를 하는 것을 가능하게 함으로써 노동자에게 권한을 부여하게 되었다'고 묘사하기도 한다. 이 견해에 의하면 플랫폼 노동자는 독립성, 선택권, 자율성, 자유를 누려서 스스로의 조건과 시간에 따라 일을 하게 된다고 한다. 플랫폼에서 서비스를 제공하는 사람들은 사업가 정신을 구현하는 것으로 설명된다.[28] 이러한 특성과 자주 연결되는 것으로서 노동자를 독립계약자로 분류하고 좀더 보호를 받는 피용인으로 분류하지 않는다는 점이 있다.[29] 혹자는 긱경제가 직업시장에 큰 불안정성을 가져와서 20세기 고용노동법이 구축한 망을 허물고 있다고 비난한다.[30] 그리하여 플랫폼 노동자를 피용인 혹은 독립계약자로 규정하려는 노력이 매우 치열하고, 규제적 목표에 대한 규범적 이해가 서로 충돌하고 있다. 최근 논문인 '긱경제와 고용노동법의 미래'에서 나는 네 가지 개혁의 길을 제시하였는데 이들은 다음과 같다. 1) 악명높게도 불투명한 피용인 분류 원칙을 단순화하고 명확화하기, 2) 분류 결과와 상관없이 모든 노동자에게 일정한 고용상 보호를 제공하거나 노동자 분류 제도를 완전히 배제하기, 3) 중간적 범주를 위한 특별한 법리를 개발하기, 4) 건강보험, 퇴직

---

26   Lobel, supra note 15.

27   Victor Fleischer, Regulatory Arbitrage(규제활용), 89 Tex. L. Rev. 227, 229 (2010).

28   Joao E. Gata, The Sharing Economy, Competition, and Regulation(공유경제, 경쟁 및 규제), Competition Pol'y Int'l, Nov. 25, 2015, www.competitionpolicyinternational.com/assets/Europe-Column-November-Full.pdf.

29   19 Samuel Williston, Williston on Contracts(윌리스턴 계약법) §54:2 (4th ed., 2017).

30   Robert Kuttner, The Task Rabbit Economy(태스크 래빗 경제), The American Prospect, Oct. 10, 2013, http://prospect.org/article/task-rabbit-economy.

연금과 같은 사회보장 제도를 노동으로부터 완전히 분리하기.[31]

고용자 분류 측면에서 보면 플랫폼 시장은 수 세기 동안 피용인과 독립계약자라는 두 부류를 구분해온 기준선의 한계점을 노정하게 되었다. 운전자의 분류가 문제로 된 리프트 상대의 단체소송 사건을 심리한 챠브리아 판사가 언급한 바와 같이, 21세기의 문제를 해결하는 데에 20세기의 노동자 분류 척도를 사용하는 것은 적절하지 않을 수도 있다.[32] 특이하게도 그 척도에 문제가 없던 적이 없었다. 이 문제는 100년 이상 법원에서 다루어졌고, 독립계약자와 피용인을 구분하는 선은 점점 더 흐려지게 되었다. 더구나 구분 선을 긋는 것이 초과근무와 휴가법 등 일정한 규제상 보호에 관하여는 의미가 있을 것이나, 차별금지 및 내부고발자 보호 등에 관하여는 의미가 없을 수도 있다. 캘리포니아에서 제기된 단체소송인 O'Connor v. Uber Techs., Inc.에서는 우버가 노동자를 피용인이 아닌 독립계약자로 분류한 것이 다투어졌다.[33] 보통법상 피용인 분류에 관한 오래된 기준인 다중요소 분류법을 적용하는 것이 어렵다는 점을 감안하여 볼 때, 법원이 쌍방의 주장 모두에 충분한 근거가 있다고 본 것은 놀라운 일이 아니다.[34] 운전을 감독이나 특별한 기술이 필요없는 직업으로 분류하는 것과 운전자는 우버의 사업에 핵심적인 서비스를 제공한다고 보는 것과 같은 요소는 운전자를 피용인의 지위로 분류하는 쪽으로 기울게 한다.[35] 운전자를 독립계약자로 보게 하는 요소로서는 운전자의 차량을 사용한다는 점, 운전자가 우버 외에 제3의 운송기업에 고용될 수 있다는 점, 운전자와 우버 사이에는 고용관계가 없다고 선언하는 계약문구가 있다는 점 등이 있다.[36] 우버가 잠재적 운전자들에게 광고를 할 때 '스스로 당신의 상사가 되고 더 많은 돈을 벌라'는 말을 퍼뜨린다.[37] 우버는 서비스 계약서에서 우버가 운전자를 고용하지는 않는다는 점을 명백히 하고 있다.[38] 하지만 우버가 노동자를 독립계약자로 분류하고 피용인으로 분류하지 아니한 것이 적절한지의 문제는 그리 단순하지 않다. 그 문제의 해결은 분류를 요구하는 보호 법률의 전제 상황과 구체적 목표에 달려 있다. 우버 사건에서 쌍방은 1억 달러에 합의를 했기에 구속력 있는 선례를 남기지는 않았다.[39] 법원은 '보통법상의 전통적인 고용판단 기준은 최근의 공유경제와는 매우 다른 경제모델하에서 전개된 것'이라는 점을 지적하였다.[40]

---

31 Orly Lobel, The Gig Economy & The Future of Employment and Labor Law(긱경제와 고용노동법의 미래) 51 U.S.F. L. Rev. 51 (2017).

32 Cotter v. Lyft, Inc., 60 F. Supp. 3d 1067, 1081 (N.D. Cal. 2015).

33 201 F.Supp. 3d 1110, 1113 (N.D. Cal. 2016).

34 Id. at 1145.

35 Id. at 1151, 1152-53.

36 Id. at 1136, 1137, 1149.

37 Id.

38 Alexis Kramer, Uber Driver Fight Helps Shape Sharing Economy(우버 운전자의 투쟁이 공유경제의 형성에 일조를 한다), Electronic Commerce and Law Report (BNA), Dec. 14, 2016.

39 Cyrus Farviar, Judge Expresses Notable Concerns over Proposed $100M Settlement in Uber Case(우버 사건에서 판사가 1억 달러 합의안에 대하여 상당한 우려를 표시하다), arsTECHNICA, June 2, 2016, 5:17 PM, http://arstechnica.com/tech-policy/2016/06/most-drivers-in-uber-labor-case/would-getunder-25-so-some-protest-settlement.

40 O'Connor v. Uber Techs., Inc., 201 F. Supp. 3d 1110, 1153 (N.D. Cal. 2016).

리프트를 상대로 한 병행사건에서도 챠브리아 판사는 동일한 쟁점을 판단해야 했다.[41] 챠브리아 판사는 캘리포니아의 노동자 분류 기준이 시대에 맞지 않은 것은 아닌지에 대한 의문을 표시하였고, 합리적인 배심원이라면 어느 쪽으로도 결정할 수 있을 것이라는 논리를 폈다.[42] 챠브리아 판사는 '입법이 개입하여 현대에 맞는 새로운 척도를 창설하지 않는다면, 이와 같은 사건들이 장래에도 애매모호함이 만연한 채 배심에 회부되어 각 지역의 배심원마다 양립할 수 없는 결론을 내놓을 것이므로, 각 사건의 결론이 전혀 명확하지 않은 답을 내놓을 것이다'라는 의견을 피력하였다.[43] 리프트 사건도 최종 판단에 이르기 전에 합의로 종결되었다.[44]

고용 분류 사례를 보면 신경제모델을 규제하는 데 문제 상황이 중요함을 알 수 있다. 분류 문제를 완전히 고립된 상태에서 파악할 수는 없다. 오히려 질문을 던지는 이유가 해답의 열쇠가 된다. 달리 말하면 분류는 목적을 갖고 있다. 왜 우리는 피용인의 지위에 대해 의문을 갖는가? 어떤 법적 보호, 권리와 의무 때문에 이 질문을 던지는가? 임금, 노동시간, 보건과 사회보장급여와 같은 사회적 정책을 다루는 경우라면, 이제 변화가 필요한 때이다. 이러한 쟁점과 관련해서는 20세기에 횡행했던 단일고용자 모델로부터 벗어나야 좋을 것이다. 그러나 어떤 정책은 계속하여 작업장에 부과되어야 하며, 피용인이건 독립계약자이건 근로를 제공하는 모든 자에게 확대되어야 할 것이다. 예컨대 반차별법은 근로자에 대한 분류와 무관하게 시장 모델들에 부과되어야 할 것이다. 하지만 위험규제, 안전, 프라이버시 등 법 영역은 민주적 해결책을 통하여 충돌하는 사회적 목표 사이에 균형을 맞춘다. 네스터 데이비드슨과 존 인프랑카가 널리 고찰하였듯이 플랫폼에 대한 규제상 다툼은 대부분 도시지역 단위에서 발생하고 있다. 플랫폼과 지역정부 사이의 상호작용을 통하여 디지털 혁신의 효율성과 공공 목표 확보의 지속적 필요성 사이에 균형이 회복될 수 있다는 점을 네스터 데이비드슨과 존 인프랑카가 보여준다. 흥미롭게도 이러한 상호작용이 있음으로 인하여 수많은 규제의 근저에 있는 정책적 목표에 대하여 정책결정자가 좀더 개방적이고 합리적일 것이 요구된다. 현재 세계적으로 플랫폼의 운영에 지역의 법규를 더 잘 통합시키려는 노력이 전개되고 있다.[45] 동시에 데이비드슨과 인프랑카가 설명하였듯이 플랫폼의 중요한 특징 중 하나는 지역적 다양성과 실험적 성질이다. 현재 발전 중인 형태에 과도한 획일성을 요구하면 혁신이 죽게 된다. 과도한 획일성을 부과하게 되면 맞춤형 거래를 디지털적으로 제공하는 능력 및 세 단계의 거래비용을 줄이는 능력이 훼손된다. 거래이전에는 탐색과 정보습득을 더 잘하게 하는 시스템에 대한 실험을 할 수 없고, 쌍방이 관심을 갖는 거래를 맞추어 가고 정교하게 협상하는 시스템에 대한 실험도 할 수 없으며, 거래이후의 관리와 신뢰를 가능하게 해주는 다양한 온라인 상호작용 공간 시스

---

41 Cotter v. Lyft, Inc., 60 F. Supp. 3d 1067, 1081 (N.D. Cal. 2015).

42 Id. at 1070, 1077.

43 Id. at 1082.

44 Cotter v. Lyft, Inc., No. 13-cv-04065-VC, 2017 WL 1033527, at *1 (N.D. Cal. Mar. 16, 2017).

45 Marie Mawad, City Mayors Worldwide Forge Alliance in Response to Airbnb, Uber(에어비앤비, 우버에 대응하여 전 세계 시장들이 연합체를 형성하다), Bloomberg Technology, June 20, 2016), www.bloomberg.com/news/articles/2016-06-20/city-mayors-worldwide-forge-alliance-in-response-to-airbnb-uber.

템에 대한 실험도 할 수 없게 된다.

Ⅲ. 규제권자와 평점시스템의 만남

현대의 디지털 플랫폼 시대는 협상에 소요되는 과도한 시간을 줄임으로써 거래비용을 절감하는 방향으로 가고 있다.[46] 이러한 플랫폼에도 여전히 거래비용이 있기는 하지만, 거래횟수가 올라감에 따라 효율성도 올라간다. 효율성이 올라가면 거래비용은 점점 작아지고 사회는 코스가 한때 상상했던 시장 쪽으로 더 가깝게 이동한다. 코스는 그의 논문에서 아래와 같이 말하였다.

시장거래를 진행하기 위해서는 여러 가지가 필요하다. 거래하고자 하는 상대방이 누구인지를 확인하는 것, 사람들에게 거래를 하고자 한다는 뜻 및 어떤 조건으로 거래를 원하는지를 알리는 것, 타협이 될 때까지 협상을 전개하는 것, 계약서를 작성하는 것, 계약조건을 준수하는지를 확인하는 데 필요한 점검을 수행하는 것 등등이다.[47]

거래조건을 작성하는 데 효율성을 달성하기 위해서는 거래의 집행에 대한 확신과 보장책이 있어야 한다. 달만(Dahlman)이 코스의 분석론을 확장하여 설명하였듯이, 거래내용이 결정된 뒤에는 타방이 계약조건이 정한 대로 의무를 수행하는지를 감독하고 평가하는 비용 및 합의된 계약을 집행하는 비용이 소요된다.[48]

거래에 대한 평가는 플랫폼 경험의 일부가 되었고, 플랫폼 사용자들에게는 일종의 통제감을 제공한다. 플랫폼 회사에 관련된 최근의 경험에 대한 평가를 유도하거나 의무화함에 따라 고객이 의존할 수 있는 비교적 자율규제적인 시스템이 만들어졌는데, 이러한 제도는 일정 수준의 규정 준수를 확보함으로써 잠재적으로는 규제를 통한 감독권을 대체할 수 있을 것이다. 예컨대 우버 운전자는 맡은 운송업무가 끝난 뒤에 필연적으로 평점과 고객평가의 대상이 될 것이라고 알기 때문에 시간 준수, 효율적 운행, 안전성을 도모하려 한다. 덜 명확한 법령상 규제로는 이렇게 하도록 강제할 수도 없고, 유사한 결과를 도출할 수도 없다. 그렇기 때문에 코스가 말한 거래의 세 단계가 불가피하게 서로 연결되어 있다고 보는 것이다. 거래이후에 고객평가를 하게 되면 거래이전에 신뢰와 확인을 하게 해줄 뿐만 아니라, 장래의 거래에 관한 정보도 제공하여 탐색을 편리하게 해준다. 디지털 평점과 평가제도는 디지털 플랫폼의 내부 분쟁해결시스템과 함께 사기적이거나 무책임한 이용자를 저지하거나 배제할 수 있다. 그리하여 이용자는 거래상대방에 대한 신뢰를 더 많이 가질

---

46 See Katz, supra note 19, at 1100-1.

47 Coase, supra note 13.

48 Dahlman, supra note 14, at 148.

수 있는데, 이 점은 코스의 관점에서 볼 때 시장거래를 진행하는 데에 필수적 요소라고 할 수 있다. PwC의 수석 경제학자인 존 호크스워스(John Hawksworth)가 말했듯이, 현대의 디지털 의사소통은 동료 간의 전자적 평가로 확보되는 신뢰를 통하여, 전 세계의 소비자와 제공자 사이에 공유가 일어나도록 하고 있다.[49] 플랫폼에서 플랫폼 제공자 및 이용자 모두가 서로 추적하고 평가함으로써 푸코가 말한 유토피아적(디스토피아적이라고 할 수도 있을 것이다) 파놉티콘이 만들어진다. 에릭 골드먼은 온라인 평점시스템을 '두 번째의 보이지 않는 손'이라고 하면서 아래와 같이 말하였다.

정보 획득에 비용이 드는 경우 평판정보는 소비자가 판매자에 대한 판단을 더 잘 할 수 있게 해줌으로써 보이지 않는 손의 작동을 개선할 수 있다. 이런 의미에서 평판정보는 보이지 않는 손을 안내하는 보이지 않는 손으로 작용하는 것이다. 왜냐하면 평판정보는 소비자에게 시장에서의 선택을 하도록 지침을 제공하고, 결과적으로는 보이지 않는 손으로 작동하기 때문이다.[50]

면허제도와 품질통제 요건과 같은 단발적인 검증 규제보다는 방대하고 역동적인 정보에 의존하는 것이 거래에서 더 효율적일 수도 있다.[51] 양방향의 상호평가 제도로 설계된 이 시스템을 통하여 매수인과 매도인은 서로를 평가하게 된다. 이것이 완벽한 시스템이 아닌 것도 사실이다. 일반적으로 평점자와 평점의 진실성에 대한 통제가 전혀 없다. 연구에 의하면 오로지 만족한 고객만이 굳이 평점을 남기므로 평점은 긍정적인 내용으로 기울 가능성이 있다고 한다.[52] 혹자는 평점의 투명성을 높이기 위한 방법을 제안하는데, 이러한 제안에는 이용자에 대한 점수 및 백분율 수치를 공개하는 것, 이용자의 거래건수 대비 평가 건수를 보여주는 것, 과거의 거래보다는 최근 거래에 더 비중을 두는 것이 포함된다.[53] 어떤 사람들은 플랫폼이 더 적극적인 역할을 떠맡아서 공급자/이용자의 배경 조사를 하고 소비자에게 환불 혹은 보험을 제공하여야 한다고 제안한다. 여기에서 중요한 점은 평가시스템이 오래될수록 그리고 플랫폼 이용자가 많을수록, 이용자가 평점시스템에 대한 신뢰를 더 많이 갖게 된다는 것이다. 이러한 평가시스템도 역시 효과적이고 거의 비용이 들지 않는 사적 품질관리 메커니즘을 기대하게 한다.

동시에 제기되는 문제로서 플랫폼의 시장 지배력이 있다. 지배적인 플랫폼은 네트워크의 크기와 연륜을 활용하여 고객들이 새로운 경쟁자에게 옮겨가기보다는 그 플랫폼의 서비스를 계속하여 사용하게 할 수 있다. 빅데이터와 거래 관리에 사용되는 방대한 정보가 효율성을 증진하기는

49 Gill Carson, Five Key Sharing Economy Sectors Could Generate £9 Billion of UK Revenues by 2025(5개 주요 공유 경제부문이 2025년까지 영국에서 90억 파운드의 매출을 올릴 것이다), PWC Blogs, Aug. 15, 2014, http://pwc.blogs.com/press_room/2014/08/five-key-sharing-economy-sectors-could-generate-9-billion-of-ukrevenues-by-2025.html.

50 Goldman, supra note 22, at 53; see also Dellarocas, supra note 22, at 3; Liangjun You and Riyaz Sikora, Performance of Online Reputation Mechanisms under the Influence of Different Types of Biases(여러 형태의 편견의 영향을 받는 온라인 평판 메커니즘의 작용), 12 Info. Sys. and e-Bus. Mgmt. 417, 418 (2014).

51 FTC Staff Report, supra note 4, at 1, 5.

52 Id.

53 Id.

하나, 동시에 프라이버시에 관한 새로운 위험을 야기하기도 한다. 케네스 뱀베르거와 나는 지배적 플랫폼이 시장 영향력을 이용하여 불공정하게 프라이버시 보호에 관한 소비자의 선택권을 제한하게 될 것인지에 대한 질문을 제기하였다. 예컨대 우버는 데이터 기반의 회사인데, 그리하여 분석가들은 '우버가 구글, 페이스북, 비자와 같은 유의 빅데이터 회사로 될 것이며, 나와 당신에 대한 방대한 정보를 이용하여 새로운 서비스를 제공할 수도 있고, 데이터를 제3자에 팔아 수입을 올릴 수도 있다'라고 예언한다.[54] 줄리 코언은 플랫폼 사업체가 법적 권리와 의무의 모습(예, 데이터 소유권, 프라이버시 권리, 디지털 중개자에 대한 면책)을 변화시키고 있는 방식에 주목하여야 한다고 촉구한다.[55] 코언이 예리하게 통찰하듯이 이해관계를 가진 플랫폼 기업이 통제를 받지 않은 채 전략적으로 개입함으로써 그들의 여러 사업과 목표에 최적화된 법제도적 형태가 만들어지고 있다.[56]

데이터가 전통적 규제 및 집행 메커니즘을 대체할 막강한 잠재력을 주면서도 새로운 위험과 시장남용·불형평성의 새로운 형태를 초래하고 있는 현상을 주도면밀하게 검토해야 하는 새로운 과제를 규제권자가 떠안게 되었다. 결정해야 할 대상은 정책결정자와 우리 사회가 기꺼이 프라이버시를 포기하고 효율성을 받아들일 것이냐 여부이다. 간단히 말하자면, 우리가 묻고 판단하고 결정할 것은 과연 자체적 감시를 다소간 가능하게 해주는 기술을 구현하여 거래비용을 낮게 유지하는 능력을 플랫폼에게 부여하는 경우에 우리가 제공한 정보 및 우리에 관한 정보를 공유하는 것 이상으로 많은 가치가 창출되느냐 여부이다. 어디서나 즉시 운송차량을 부를 수 있는 것에 비교하여 보면 이메일 주소를 제공하여 수입을 올리게 해주는 것에 대하여 어떤 사람은 기껏해야 소소한 불편함이라고 보는 반면에 어떤 사람은 과도한 침해라고 본다. 이메일 주소를 공개하는 것이 가치가 있다고 보는 사람들 중에는 언제, 어디를, 얼마나 자주 가는지에 대한 정보의 판매행위는 '선을 넘은 행위'라고 보는 사람도 있고, 여전히 이것이 공정한 거래에 해당된다고 보는 사람도 있다. 그러므로 플랫폼 개설자와 이용자 사이의 거래가 코스의 관점에서 보아 가치가 있는 것인지를 판단할 때 정책결정자는 플랫폼의 다른 비용과는 달리 프라이버시에 대한 가격은 균일한 것이 아니라는 점을 고려하여야 한다.

결론

'사회적 비용의 문제'라는 글에서 로널드 코스는 '우리가 거래의 모든 단계에 걸쳐 거래비용을 줄이게 되면, 관계 당사자 모두에게 더욱 효율적이고 공정한 결과에 다다르게 될 것이다'라고 설

---

54 Ron Hirson, Uber: The Big Data Company(빅데이터 회사로서의 우버), Forbes, Mar. 23, 2015, www.forbes.com/forbes/welcome/?toURL=www.forbes.com/sites/ronhirson/2015/03/23/uber-the-big-data-company/&refURL=&referrer.

55 Julie Cohen, Law for the Platform Economy(플랫폼경제의 법), 51 U.C. Davis L. Rev. (forthcoming 2017).

56 Id.

명한다.[57] 거래비용이 높을수록 거래가 한 당사자에게 유리하게 귀결될 가능성이 높고, 그 당사자는 더 많은 자원을 가진 자일 가능성이 높다. 그러나 거래비용이 더 낮고 각 당사자가 협상의 대상을 금전화할 수 있다면 혜택은 각 당사자에게 비교적 동등하게 분배될 것이다.

21세기 디지털 플랫폼의 등장으로 새로운 시장 시스템이 등장하였는데, 여기에서는 20세기 시장 관행 중 많은 부분이 변화하였다. 이 글에서 우리는 플랫폼경제의 근본 원리(대규모의 공급과 수요, 다측면의 최종 이용자 네트워크에 기반한 정보의 집적, 거래를 소형화하여 미세한 맞춤형을 제공하는 능력)가 코스가 말한 거래단계마다 비용을 감소시키는 데에 어떻게 도움을 주었는지에 대하여 고찰하였다. 디지털 플랫폼 모델은 코스의 이론적 이상을 달성하는 데에 더욱 가까이 가도록 전례 없는 기회를 제공한다. 동시에 플랫폼에 대한 규제의 문제는 복잡한데, 우리 앞에 놓인 사회적 정책 목표에 대체적으로 의존할 것이다. 안전 규제 등의 경우에는 평점 및 평가시스템이 더욱 넓어지고 심화됨에 따라 플랫폼이 사적 규제로서 적합할지도 모른다. 긱노동자에 대한 기본적 복지의 확보와 같은 영역에서는 플랫폼이 노동층에 이미 자리잡은 기대감을 깨뜨릴 수 있는데, 정책결정자는 노동과 사회보장제도를 분리하는 보완적 시스템을 제공하도록 개입하여야 할 것이다.[58]

---

57 Coase, supra note 13, at 1, 15.
58 Lobel, supra note 32.

6

택시, 택시스 및 차량운송산업의 지배구조

매튜 미첼, 크리스토퍼 쿠프만*

서언

광의의 규제란 질서를 형성하는 행동 규칙을 말한다. 차량운송산업은 방대하고 복잡하고 다중심적인 규제들의 지배를 받는다. 지배구조의 두 측면을 통하여 우리는 서로 겹치고 얽혀 있는 메커니즘을 이해하고자 한다.

1) 공적/사적 측면이 있는데, 이는 규제가 강제력의 위협에 의하여 지지되는 정도를 표현한다.
2) 코스모스/택시스 측면인데, 이는 규제가 자연발생적인 것인지(코스모스) 아니면 창조된 것인지(택시스)를 표현한다.

위와 같이 하여 우리는 규제를 네 가지 주요 유형(공적-택시스, 공적-코스모스, 사적-택시스, 사적-코스모스)으로 분류하고, 순차로 이를 평가해 보고자 한다.

공적-택시스 규제는 체계적이고, 의도적으로 고안되며, 정부가 집행하는데, 공적-택시스 규제는 극히 드물다. 정부가 집행하는 대부분의 규칙은 자연스럽게 나타나는 현상이다. 즉 공적-코스모스 규제가 훨씬 더 흔하다. 그래서 택시산업에 대한 공적 규제가 공언된 목표를 달성하지 못하는 경우가 그렇게 많았을 것이다. 하지만 공적-택시스 규제도 기술·경쟁·소비자 선호도의 변화를 제대로 파악하여 반영시킬 수는 없을 것이기에 비슷한 방식으로 실패했을 것이다.

사적 규제(택시스 및 코스모스 포함)는 공적 규제보다도 일반대중에 더 잘 봉사한다. 섹션 Ⅰ에서는 차량운송산업의 이해를 위한 도구로서 다중심적 지배구조의 개념을 소개하고자 한다. 섹션 Ⅱ에서는 공적 규제와 사적 규제의 차이점을 탐구해 보고, 섹션 Ⅲ에서는 코스모스 규제와 택시스 규제의 차이점을 검토해 보고자 한다. 섹션 Ⅳ에서는 경제규제의 맥락에서 이러한 네 가지 측면을 분석한 후, 차례로 자세히 검토한다. 섹션 Ⅴ에서는 우리의 주장을 요약한 후 차량운송산업의 규제에는 사적 지배구조가 적절하다는 견해를 제시한다.

---

* 미셸 핑크 등 이 책의 다른 저자들이 제공한 많은 조언이 도움이 되었다는 점에 대하여 필자들은 감사드린다. 여전히 있을 실수와 누락은 오로지 필자들 책임이다.

82 제2절 규제와 혁신 사이의 균형

I. 다중심적 지배구조

무엇이 차량운송산업을 지배하는가?[1] 연방과 주의 노동법이 택시 회사와 피용인 사이의 관계 및 운송네트워크기업과 그 계약자 사이의 관계를 지배한다. 주와 연방의 조세법이 산업에 투입되는 자금의 흐름 및 산업이 창출한 경제적 이익 수준을 지배한다. 보통법은 주의회 입법으로부터 일정한 제한을 받기는 하지만 손해배상책임을 배분하는 문제를 지배한다. 그리고 각종 규정은 법률 제정 —규제권자의 공표— 각 기관(주 교통부, 공공편익시설규제권자 혹은 택시위원회)의 집행이라는 순서를 거쳐서 진입, 가격, 사업관행을 지배한다.

정부가 만든 규정이 지배구조의 유일한 원천은 아니다. 작고한 정치경제학자인 빈센트 오스트롬은 다음과 같이 주장한 바 있다.

> "우리는 '지배기구' 혹은 '지배구조'를 오로지 국가가 만든 것이라고 생각할 필요가 없다. 가정, 자발적 조직, 마을 그리고 다른 형태의 인간결사도 일정한 형태의 자기지배를 한다. 국가만을 바라볼 일이 아니다. 사람들이 일상생활에서 서로 건설적 관계를 맺고 문제해결 방법을 찾을 수 있도록 조직의 기본적 구조를 형성하는 데에 더욱 관심을 기울여야 한다."[2]

지배구조에 관한 이러한 견해에 의하면, 차량운송산업은 의회와 규제권자의 규칙만에 의하여 전적으로 지배되는 것이 아니라, 에티켓 규칙, 경제학 규칙, 사적 규제주체의 규칙에 의하여 지배되기도 한다. 예를 들면 팁 문화규범에 의하여 지배되기도 한다. 또한 좋은 이야기나 나쁜 이야기나 즉각, 널리 이를 퍼뜨리는 소셜미디어 이용자에 의하여 지배되기도 한다. 승차공유이건 택시이건 각 서비스 제공자가 그들의 서비스에 걸어놓는 이용조건에 지배되기도 한다.

공법은 조세율을 지배할 수 있다. 하지만 고용자, 피용인 및 고객 사이에서 조세 부담을 실제로 분배하는 문제는 경제법령이 결정한다.[3] 법률과 규제기관의 방침이 최고가격을 정할 수 있지만, 과잉과 부족이 발생하는 시기는 경제법칙이 정한다. 시장이 옐프(Yelp) 혹은 구글에서의 고객 평가에 의하여 지배되기도 하지만, Better Business Bureau와 Angie's List 같은 전문 평가기관에 의하여 지배되기도 한다.[4] 시장은 안전운전자에 대한 보상으로 낮은 보험료를 부과하는 보험회사에 의하여 지배되기도 하고, 보증금 예치와 평판 관리와 같은 자발적 행위에 의하여 지배되기도

---

1 우리에게 가장 익숙한 지역이 미국이므로 미국의 지배구조 체계를 주로 다루고자 한다.

2 Vincent Ostrom quoted in Paul Dragos Aligica and Peter J. Boettke, Challenging Institutional Analysis and Development: The Bloomington School(조직 분석론 및 발전론에 대한 도전: 블루밍턴 스쿨) 146 (2009).

3 공공재정이론에 의하면 시장에서 탄력도가 낮은 부분이 대부분의 조세를 부담한다. 노동공급은 일반적으로 노동수요에 비하여 덜 탄력적이기 때문에 피용인이 소득세 혹은 급여세의 대부분을 부담하는 것으로 생각된다.

4 1912년에 설립된 Better Business Bureau(BBB)는 미국과 캐나다에 100개 이상의 연합 지역조직을 갖춘 비영리 사설 기관이다. BBB의 인증을 받은 사업체는 BBB의 점검을 받으며 인증을 유지하기 위해서는 BBB의 사업운영 규범을 준수하여야 한다. 1995년에 설립된 Angie's List는 이용자로 하여금 인근 사업체에 대한 평가를 읽거나 올리도록 해준다.

한다. 시장은 우버, 리프트, 바이어(Via) 및 겟(Gett)에서 일하는 프로그래머가 개발한 알고리즘에 지배되기도 하고, 그 앱을 사용하는 고객의 평가가 지배되기도 한다.

간단히 말하면, 이 산업은 다중심적 질서에 의하여 지배된다. 마이클 폴라니는 다중심성이라는 개념을 개발하였는데, 그는 과학적 탐구의 구조를 '복잡계에서 수많은 중심이 상호 조정하는 절차'로 파악하였다.[5] 빈센트 오스트롬, 찰스 티부, 로버트 워렌은 도시의 지배구조를 연구하면서 다중심성의 개념을 정치경제학에 확대하였다.[6] 30년 후 오스트롬은 다중심적 질서에 관한 그들의 이론을 요약하면서, 세 개의 특성을 강조하였다. 다중심적 질서는 다음의 개념으로 구성된 시스템이라고 한다.

(1) 많은 자율적 요소들이 공식적으로 서로 독립되어 있으면서도 (2) 협력, 경쟁, 갈등 및 갈등해결의 과정을 통하여 (3) 다른 요소에 영향을 미치는 방식으로 행위를 선택하는 상태[7]

• 도해 6.1: 차량운송산업의 다중심적 지배구조

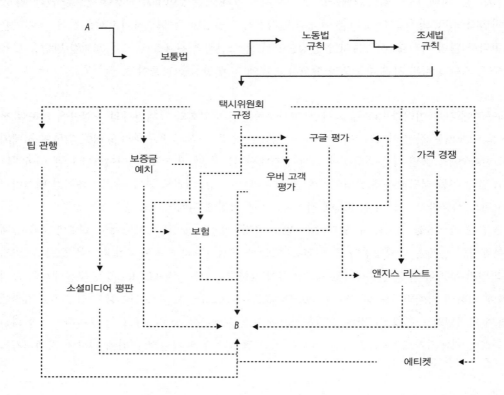

---

5 Michael Polanyi, The Logic of Liberty(자유론) 140 (1951).

6 Vincent Ostrom, Charles M. Tiebout, and Robert Warren, The Organization of Government in Metropolitan Area: A Theoretical Inquiry(도시지역의 지배구조: 이론적 탐구), 55(4) Am. Pol. Sci. Rev. 831-42 (Dec. 1, 1961).

7 Vincent Ostrom, Polycentricity: The Structural Basis of Self-Governing Systems, in The Meaning of American Federalism(다중심성: 미국 연방주의의 의미에 비추어 본 자기지배 시스템의 구조적 기초) 223-44 (1991).

시스템이론(systems theory)의 도구들이 이 개념을 설명하는 데 도움이 된다.[8] 도해 6.1 에서 A는 특정 시점의 차량운송산업 시장을 나타내고, B는 그 시장의 변화 후 상태를 나타낸다. 위 변화는 예를 들어 가격 · 품질 · 활동자 · 서비스 모델 · 기술의 새로운 구성 상태를 뜻할 수도 있다.

다양한 선이 A에서 B로 이어지는데, 점선은 자발적인 노선을 가리키고, 실선은 의무적인 노선을 가리킨다. 각 연결점은 자율적 지배체제를 나타내고, 각 노선은 영향이 가해지는 경로를 나타낸다. 오스트롬의 말로 표현하자면, 각 연결상태는 '협력, 경쟁, 갈등 및 갈등 해결'의 과정으로 생각할 수 있다고 한다.

이 도해는 물론 크게 단순화된 것이다. 현실에서는 이러한 다중심 시스템이 도해 6.1에서 본 상호작용 망보다 훨씬 복잡하다. 예를 들면 플랫폼의 개별 이용자도 독자적 연결점으로서 다른 이용자에게 연결될 수 있고, 도해의 다른 연결점에도 연결될 수 있다. 위에서 본 연결점 사이의 연결관계는 훨씬 더 많이 생길 수 있다. 예를 들어 보증금 예치와 보험을 연결하는 선이 그어져 있음에 주목해 보자. 큰 금액을 예치한 기업은 더욱 안전한 것으로 평가되어 낮은 보험료를 지불할 수도 있을 것이다. 우리는 앤지스 리스트와 구글 평가를 선으로 연결하였는데 양단의 끝에 화살표가 있다. 위 두 플랫폼은 서로 역동적인 경쟁관계에 있어서 한쪽의 평가가 좋아지면 다른 쪽의 평가도 좋아지게 될 것이다. 이와 같은 광대하고 복잡한 시스템에서는 가능한 연결관계와 치환의 숫자가 놀라울 정도로 크다.[9]

II. 공적-사적 측면

우리는 규칙을 '상명하달'의 현상으로 생각하는 데에 익숙한데, 우리가 규칙에 대하여 말하는 방식이 이 생각을 강화한다. 우리는 지배자들이 '지배한다'고 말하고, 규칙은 '저 높은 곳'에서 내려온다고 말하고, '법령집'에서 규칙을 찾을 수 있다고 말한다. 우리는 '규칙이 공식적인 선언이고 우리에게 복종을 명하는 권한을 가진 공직자로부터 나온다'고 생각하는 경향이 있다.

많은 규칙이 이러한 설명에 들어맞는다. 예를 들어 2009년 7월에 워싱턴 택시위원회(DCTC)의 당시 위원장 레온 스웨인(Leon Swain Jr.)은 신규 독립택시면허의 발급을 중단하기로 하는 메모를 발령하였다.[10] 최초의 명령은 120일 동안 유효하였는데, 나중에는 '별도 통지가 있을 때까지' 효력을 유지하도록 연장되었다. 이 명령에 있는 두 가지 중요한 특징을 주목하라. 첫째, 이 명령은 의무

---

8 Kenneth E. Boulding, General Systems Theory: The Skeleton of Science(일반 시스템이론: 과학의 골격), 2(3) Man. Sci. 197-208 (1956).

9 n개의 연결점을 가진 시스템의 경우 연결점 사이에서 가능한 연결관계의 숫자는 $c = (n(n-1))/2$이다.

10 Government of the District of Columbia Taxicab Commission, The H-Tag Report: Final Report of the Panel on Industry: Findings and Recommendations on DCTC Policy on the Issuance of New Vehicle Licenses for Taxicabs(H-Tag 보고서: 업계연구반 최종보고서: 신규택시면허발급에 관한 조사 결과 및 위원회 정책에 대한 권고), Aug. 28, 2015.

적이었다. 명령을 회피하거나 그 효과에서 벗어날 방법은 워싱턴을 떠나는 것밖에 없었다. 둘째, 이 명령은 강제력을 통하여 집행되었다. DCTC(현재 명칭은 Department of For-Hire Vehicles)는 준수를 강제하기 위하여 벌금 부과, 면허 정지 혹은 취소, 차량 몰수 등을 할 수 있다.

회피 불가능성 및 강제력 행사의 묵시적 위협은 발급중단 조치가 '공적' 규칙이라는 징표이다. 그러나 우리가 이미 본 바와 같이 현행 차량운송산업은 여러 사적 메커니즘에 의하여 지배되기도 하는데, 여기에는 강력한 사적 지배 형태인 '경쟁'이 포함되어 있다.

이러한 사적 지배 형태는 공식적 공적 규제가 수행하는 것과 동일한 기능을 많이 수행한다. 이들은 품질 보장, 사기 방지, 저렴한 가격의 유지, 약속의 이행, 시장 실패의 교정 등을 달성하려고 한다. 공적 규제와 사적 규제의 단순 이분법은 조직들의 상호작용이 갖는 다양성을 무시하는 것이다. 엘리너 오스트롬은 노벨상 강연에서 아래와 같이 말하였다.

"'조직과 물품의 이분법에 직면하여 개인이 합리적으로 행동한다'는 고전적 가정을 고수하면, '공용 자원의 과잉소모와 지역 공공재의 과소공급과 같은 사회적 딜레마를 파악하고 해결하는 데에 개인과 집단이 생산적 기여를 제공할 수 있다'는 점을 영영 깨닫지 못하게 된다."[11]

달리 표현하자면, 사적 지배구조 형태 중에는 지역주택소유자협회(HOA)와 같이 공공지배의 외관과 느낌을 주는 것도 있다. 누구나 주택을 매각하고 HOA에서 탈퇴할 수 있다. 또한 누구나 자유롭게 협약에 가입한다는 점에서 그 지배구조 메커니즘은 자발적인 것이라고 할 수 있다. 그러나 대개의 경우 지역 HOA는 정부 유사의 기관이 되었다.

반대쪽의 극단인 공공영역으로 가보자. 적어도 장기적으로 보면, 정부에도 약간의 자발성 요소가 있다고 주장하는 사람이 있다. 제임스 뷰캐넌은 노벨상 강연에서 '궁극적인 헌법상 거래가 그들에게 이익이 되는 경우에만 개인들이 정부 혹은 정치의 강제력에 순응한다'고 주장하였다.[12]

공적 규칙과 사적 규칙의 이분법으로 끝까지 가다 보면, 미묘한 차이점들이 무시될 가능성이 있다. 공적 지배의 특징으로서 탈퇴 불가능성과 강제적 제재의 위협이 있다고 보게 되면, 더욱 공적인 것일수록 탈퇴비용과 제재의 정도가 더 심해진다는 기준에 따라서 '공적'의 의미를 파악하게 될 것이다. 이 기준에 의하면, 탈퇴하기가 어려운 연방정부는 HOA나 운송산업차량부(department of for-hire vehicles)보다 더 공적인 존재가 된다. 그리고 차량을 몰수할 권한을 가진 기관은 택시를 운행할 권리를 거부하는 권한을 가진 기관보다도 더 공적인 존재가 된다.

---

11 Elinor Ostrom, Beyond Markets and States: Polycentric Governance of Complex Economic Systems(시장과 국가를 넘어서서: 복잡계 경제시스템의 다중심적 지배구조), 100(3) Am. Econ. Rev. 641-72 (2010).

12 James Buchanan, The Constitution of Economic Policy(경제정책 헌법학), 77(3) Am. Econ. Rev. 243-50 (1987).

III. 코스모스-택시스 측면

하이에크는 '만들어진' 혹은 '계획된' 질서를 의미하는 그리스어 taxis를 사용하여 의도적으로 고안된 질서를 '택시스' 질서라고 불렀다.[13] 그는 택시스 질서를 그리스인들이 '코스모스' 질서로 부르는 것과 대비하였다. '만들어진' 것이 아닌 코스모스 질서는 인간의 행동으로부터 '자라나고 출현한다.' 애덤 퍼거슨이 주장한 바와 같이, 사회에 생긴 제도 중에는 인간의 고안이 실현된 것이 아니라 '인간의 행동이 가져온 결과'에 해당되는 것도 있다.[14]

이 점에 관한 애덤 스미스의 설명에 의하면 '다른 많은 분야에서와 마찬가지로 이 분야에서도 자신의 이익만을 추구하는 개인이라도 보이지 않는 손에 의하여 자신이 의도하지 않은 목적의 달성에 기여하게 된다.'[15] '출현하는 질서'(emergent order)라는 위 개념은 사회과학의 많은 영역에서 다루어진 주제이다. 특히 경제학자들은 시장 과정을 '출현하는 질서'로서 자주 표현한다.

택시스와 코스모스가 차량운송산업에 동시에 존재한다. 챠녹 슈라이버는 이 산업에 존재하는 몇몇 문제점에 주의를 환기하였는데, 그는 '이 시장에 어떤 고유한 특성이 있기 때문에 규제(그의 견해에 의하면, 공적-택시스 규제)가 필요하다'고 주장한다.[16] 운전자가 승객을 태우러 돌아다니는 상황에서 규제가 없으면 가격경쟁이나 품질경쟁이 거의 없게 된다고 그는 주장한다. 승객은 가장 근처에 있는 택시를 잡을 수밖에 없기 때문에 운전자와 차량의 품질이나 안전성을 너무 늦기 전에 파악하기가 어렵다. 더구나 운전자는 보통 운행경로에 대한 지식을 더 많이 갖고 있어서, 이러한 정보의 비대칭성을 이용해서 이익을 취할 수 있고, 그리하여 회의적인 고객은 택시를 아예 회피하기도 한다.[17]

비록 슈라이버의 목적은 이러한 문제점을 해결하기 위한 공적 규제를 정당화하는 것이었지만, 사적 사업가들은 슈라이버가 지적한 문제들 중 많은 것에 대한 해결책을 영리하게 고안함으로써 크게 이익을 보기도 하였다.[18] 사실 우리가 기대하는 것은 바로 이것이다. 오늘날 시장이 불완전할 때마다 사업가들은 그것을 교정하거나 개선함으로써 이익을 얻을 수 있다.[19] 오늘날 운송산업에서 운전자가 승객을 태우러 다닌다고 하여 더이상 경쟁이 제한되지는 않는다. 왜냐하면 우버나 리프트 같은 앱이 있어서 운전자들이 승객으로부터 좋은 평가를 받기 위하여 서로 간에 격렬한 경쟁을

---

13 택시스는 taxi-iss로 발음한다. 택시의 복수형과 혼동되지 않도록 계획된 혹은 만들어진 질서를 의미할 때는 택시스를 이 택릭체로 표시한다. F. A. Hayek, Law, Legislation and Liberty(법, 입법 및 자유) Ch. 2 (1978).

14 Adam Ferguson, An Essay on the History of Civil Society(문명사회 역사에 대한 고찰) 205 (5th ed., 1782).

15 Adam Smith, The Theory of Moral Sentiments(도덕감정론), Part Ⅳ, Ch. 5 (1759).

16 Chanoch Shreiber, The Economic Reasons for Price and Entry Regulation of Taxicabs(택시업계에서 가격 및 진입규제가 필요한 경제적 이유), 9(3) J. Transport Econ. & Pol. 268-79 (1975).

17 George A. Akerlof, The Market for "Lemons": Quality Uncertainty and the Market Mechanism(저품질 시장: 품질 불확실성과 시장 메커니즘), 84(3) Q.J. Econ. 488-500 (1970).

18 Adam Thierer, Christopher Koopman, Anne Hobson, and Chris Kuiper, How the Internet, the Sharing Economy & Reputation Feedback Mechanisms Solve the "Lemons Problem,"(어떻게 인터넷, 공유경제 및 평판 피드백 메커니즘이 저품질 문제를 해결하는가) 70 U. of Miami L. Rev. 830 (2016).

19 Israel M. Kirzner, Discovery and the Capitalist Process(발견과 자본주의 과정) (1985).

하기 때문이다. 업체들은 점수가 너무 낮은 운전자와는 더이상 일을 하지 않으며, 좋은 운전자에 대한 보상 메커니즘을 다양하게 개발하고 있다. GPS 기술로 정보 비대칭성이 해소되어서 이제 승객은 운전자가 최선의 경로를 채택하였는지를 확인할 수 있다. 디지털 기록과 디지털 지불 시스템은 사기와 절도를 못하게 한다. 이러한 업체들은 운전자가 승객을 평가하는 평가 시스템도 갖추고 있다. 그리하여 승객이 가장 선한 행동을 보여주도록 유도한다.

이러한 택시스 질서 외에도 운송산업은 코스모스 질서에 의하여도 지배된다. 예를 들어 에티켓과 어떤 문화 규범은 수용가능한 행동의 한계를 설정하고, 적절한 행동에 대한 공통된 이해 체계를 만들어 낸다. 즉 운전자와 고객이 농담을 주고받는 것은 괜찮으나 사생활을 꼬치꼬치 캐묻는 것은 예의에 어긋난다고 이해한다. 이러한 문화 규칙 중의 하나인 팁 관행은 운전자로 하여금 고객을 잘 대우하도록 유인을 제공한다. 코스모스 질서가 작동하는 경우라면, 가격, 품질 경쟁 등 새로이 출현한 질서도 시장을 지배하게 된다.

공적/사적 규제 사이의 경계와 마찬가지로, 코스모스/택시스 규제 사이의 경계가 항상 명확한 것은 아니다. 기업은 코스모스 질서를 이용한 메커니즘을 의도적으로 고안함으로써 경쟁의 우위를 추구할 수도 있다. 예를 들어 리프트는 한동안 팁 기능을 앱에 포함시켰었다. 이렇게 되면 팁을 유도하는 문화가 공식적으로 생기게 된다. 물론 문화 규범 및 다른 현상들이 나타나서 팁 관행을 지배하기는 할 것이다. 어떤 질서가 다른 질서에 비하여 '출현하게 된 것'에 해당되는지 여부를 판단하는 것은 어렵지 않다.

Ⅳ. 지배구조의 네 가지 유형

이제 우리는 네 가지 유형의 지배구조를 그려볼 수 있다. 즉 공적-택시스, 공적-코스모스, 사적-택시스, 사적-코스모스의 유형이 그것들이다. 표 6.1은 이러한 네 가지 범주를 묘사하는데 차량운송산업의 각 사례도 제시한다.

표 6.1•지배구조의 네 가지 유형

	택시스	코스모스
공적	A. 사례 없음	B. 연방노동법, 연방조세법, 차량부 규칙, 택시위원회 규칙
사적	C. 보증금 예치, 브랜드 유지, 자본시장, 보험시장, 중앙화된 혹은 제3자의 평판 메커니즘(BBB), 배경조사, GPS에 의한 경로의 감시, 수행에 대한 보상 알고리즘	D. 가격·품질·역동적 경쟁, 에티켓, 소셜미디어 평판, P2P 혹은 탈중앙화된 평판 메커니즘

A. 공적-택시스 질서

우리가 규제에 대하여 이야기할 때는 공적-택시스 지배구조가 먼저 마음에 떠오른다. 이것은 의도적으로 고안되고 정부가 강제하는 일련의 규칙들이다. 슈라이버 혹은 피구(A.C. Pigou)와 같은 '공공이익규제론'에 치중된 사람들이 시장 실패를 해결하기 위해 규제가 필요하다고 말할 때 이것을 염두에 둔 것이다. 공공이익규제론자들은 '유권자, 이익단체, 의원, 관료들이 정확한 정보를 갖고 있고, 그들로 하여금 그 정보에 의거하여 현명한 규정을 만들도록 하는 올바른 유인이 있다'고 가정하고서 그러한 규제를 요구한다.

공공선택론 경제학자들은 이러한 가정이 과도하게 낭만적이라고 주장하여 왔다.[20] 유권자들은 공공정책 중 매우 기본적인 사실 이상을 알려고 하지 않는 강력한 경향이 있다.[21] 어떤 경우에는 우리가 체계적인 허위의 인식에 지배당할 수도 있다.[22] 공공규제로 이익을 얻는 특수이익단체는 허위 주장과 공포 조성을 하는 방법으로 이러한 편향성을 이용하기도 한다.[23]

무임승차문제는 모든 집단적 행동을 조직하기 어렵게 만드는데, 분산된 소비자 집단에 비하여 생산자 집단은 이러한 문제를 극복하기가 쉽다고 할 수 있다.[24] 생산자 집단은 자신들의 전문영역을 상세하게 알고 있고, 자주 규제권자에게 정보를 제공하는 원천이 된다.[25] 생산자 집단은 조직 능력이 뛰어나고 지식도 풍부하기 때문에 소비자 집단보다는 더 큰 영향력을 규제에 대하여 행사하는 수가 많다. 그들은 이렇게 유리한 상황을 이용하여, '진입을 제한하고, 경쟁자의 비용을 상승시키고, 높은 가격으로 고정시키거나, 어떻게 해서든지 생산물에 대한 수요를 증가시키는' 규칙을 만들려고 한다.[26]

이러한 사실을 보면, 공공이익규제론이 공적 지배구조에 대한 정확한 설명이 아니라고 거부된 이유 및 이 이론이 택시시장 규제에 대한 설명으로서는 특히 부적합하게 된 이유를 알 수 있다.[27] 실제로 택시산업은 교과서 집필자들이 공공이익규제론의 실패를 설명하는 데에 자주 사용하는 예

---

20 James M. Buchanan, Public Choice: Politics Without Romance(공공선택론: 낭만을 배제한 정치), 19(3) Policy 13-18 (2003).

21 Anthony Downs, An Economic Theory of Democracy(민주주의의 경제이론) (1957).

22 Bryan Caplan, The Myth of the Rational Voter: Why Democracies Choose Bad Policies(합리적 유권자 신화: 왜 민주주의는 나쁜 정책을 선택하는가) (new ed., 2008).

23 Adam Smith and Bruce Yandle, Bootleggers and Baptists: How Economic Forces and Moral Persuasion Interact to Shape Regulatory Politics(밀주꾼과 침례교인: 경제적 힘과 도덕적 설득이 규제 정치를 형성하는 데 어떻게 상호작용 하는가) (2014).

24 Mancur Olson, The Logic of Collective Action: Public Goods and the Theory of Groups(집단적 행위의 논리: 공공재와 집단이론), Second Printing with New Preface and Appendix (revised ed., 1965).

25 Ernesto Dal Bo, Regulatory Capture: A Review(규제포획: 검토보고서), 22(2) Oxford Rev. Econ. Pol. 203-05 (2006).

26 George J. Stigler, The Theory of Economic Regulation(경제규제 이론), 2(1) Bell J. Econ. & Mgmt. Sci. 3-21 (1971).

27 Edmund W. Kitch, Marc Isaacson, and Daniel Kasper, The Regulation of Taxicabs in Chicago(시카고의 택시 규제), 14(2) J. Law & Econ. 285-350 (1971); Adrian Moore and Ted Balaker, Do Economists Reach a Conclusion on Taxi Deregulation?(경제학자들은 택시 탈규제에 대한 결론에 도달하였는가?) 3(1) Econ. J. Watch 109-32 (2006); Samuel Staley and Benjamin Douglas, Market Concentration and the Supply of Taxicabs in US Cities(시장 집중과 미국 도시에서의 택시 공급), Working Paper, DeVoe L. Moore Center, Florida State University, April 2014, http://coss.fsu.edu/dmc/sites/coss.fsu.edu.dmc/files/Staley_Douglas_APEETaxiConcentration_Ver2.pdf.

이다.[28] 1976년에 이르러 로저 놀은 그의 문헌 조사보고서에서 '공공이익규제론이 더이상 널리 논의되고 있지는 않다'고 보고하고 있다.[29]

흥미롭게도 공공이익규제론자만이 공적-택시스 규제론을 염두에 두고 활동하는 자인 것은 아니다. 정부 규제의 비판론자들(특히 모든 혹은 대부분의 공적 규제가 업계에 포획된 상태라고 보는 견해를 가진 자들)도 공적-택시스 모델을 염두에 두고 있는 것으로 보인다.[30] '포획이론'은 '규제장치 전부가 나포되어 규제대상의 이익을 옹호하고 있다'고 보는 듯하고, '공적 규제는 업계의 초과이윤(지대)을 만들어 주기 위해 고안된 것이다'고 암시하는 듯하다.[31]

공공이익론자와 포획론자는 모두 틀렸다. 누구라도 함께 둘러앉아, 복잡하고 모순적이며 반생산적인 규칙을 의도적으로 만들어서 공적 규제를 구성하도록 하지는 않을 것이다. 이러한 규칙은 공적-코스모스 질서로 이해하는 것이 더 정확하다. 공유경제에 대하여(혹은 그 어떤 시장에 대하여라도) 최적의 공적 규제를 고안할 수 있다고 생각하는 사람은 좀더 고민을 해봐야 한다. 어떠한 규제 시스템이라도, 일단 설계된 뒤에는 곧바로, 규제권자·선거직 공무원·이익집단의 특정 선호도를 반영하려는 변화의 길로 나서게 될 것이다.

B. 공적-코스모스 질서

규제는 완벽한 정보에 기한 생산물이라고 생각할 것이 아니라, 각 집단이 정치적 거래를 하는 과정에서 상당한 시간을 거쳐서 '출현하는'(emergent) 것으로서 이해되어야 한다. 이러한 동적 절차에서는 공적 규제가 소비자에게 봉사하는 것도 아니고 생산자에게 봉사하는 것도 아니다. 공적 규제를 '출현하는' 현상으로 이해하여야 하는 여섯 가지 이유가 있다.

1) 지대를 확보하기 위해서는 이익집단과 이익집단이 결탁하여 각자의 규제상 특권을 지지하기로 할 필요가 있을 것이다.[32] 차량운송산업에서 고급 리무진 사업자단체는 택시 등 다른 사업자단체의 이익을 지지할 필요도 있을 것이다.

2) 특수이익단체는 유력 소비자집단 혹은 정치적 동조자인 소비자집단에게 상당한 양보를 해야 할 필요가 있을 것이다. 예를 들어 규제로 독점을 유지해 주는 것에 대한 반대급부로

---

28   See, e.g., Alfred Kahn, The Economics of Regulation: Principles and Institutions(규제 경제학: 원리와 제도) (1988).

29   Roger G. Noll, Government Administrative Behavior and Private Sector Response: A Multidisciplinary Survey(정부의 행정행태와 사적 분야의 대응: 다분야 조사보고서), Social Science Working Paper, Pasadena, CA: California Institute of Technology, 1976.

30   See, e.g., David B. Truman, The Governmental Process: Political Interests and Public Opinion(정부절차: 정치적 이해관계와 여론) (1951); Marver H. Bernstein, Regulating Business by Independent Commission(독립위원회에 의한 산업 규제), 31 Indiana L.J. 160 (1955).

31   Gordon Tullock, The Welfare Costs of Tariffs, Monopolies, and Theft(관세, 독점 및 부패로 인한 복지 손실), 5(3) W. Econ. J. [Economic Inquiry] 224-232 (1967).

32   Gordon Tullock, Problems of Majority Voting(다수결의 문제점), 67 J. Pol. Econ. 571-79 (1959); James M. Buchanan and Gordon Tullock, The Calculus of Consent: Logical Foundations of Constitutional Democracy(동의의 계산법: 합헌 민주주의 논리적 기초) (1962); William H. Riker, The Theory of Political Coalitions(정치적 연합 이론) (1984).

서 정책결정자는 규제대상 산업으로 하여금 비용이 많이 드는 지역에도 서비스를 제공하도록 요구하기도 하고, 최대매출액을 달성하지 못하는 수준의 요금을 특정 고객군으로부터 받도록 요구하기도 한다.[33] 만약 이익집단이 이러한 과정을 완전히 장악한 상태라면, 이런 양보를 할 이유가 없을 것이다.

3) 정책결정자는 규제상 특혜를 공익상 규제로 위장하게 될 것이다. 이익이전이 비교적 비효율적으로 이루어질 것이라는 것을 의미한다. 만약 택시업계가 스스로 시스템을 설계한다면, 그저 그들은 의원들로 하여금 세금으로 형성된 재원에서 매년 수표를 끊어 주도록 만들면 족하다.

4) 시장에 변화가 생기면 규제상 특권의 가치도 잠식당한다. 택시면허가 택시의 공급을 제한하고 한동안 정상 수준 이상의 이익을 제공하였지만, 이러한 지대의 가치는 종국적으로 택시면허의 가치로 자본화되었다. 독점권을 취득하려는 자는 정상 수준 이상의 이익을 얻을 권리에 대하여 큰 돈(100만 달러 이상)을 지불하여야 했다. 따라서 이러한 비용을 제한 순이익, 즉 수익률은 실제로 정상적 수준이 되었다.[34] 다시 보건대 어떤 택시 회사도 실제로 규제를 이렇게 설계하지는 않을 것이다.

5) 사업가들은 경쟁을 벌일 만한 한계 영역을 발견해서는 규제상 특권이 제공하는 정상 수준 이상의 이윤을 취하게 된다. 그렇게 되면 추가적인 규제가 또 필요하게 된다. 규칙과 규칙이 꼬리를 문다. 알프레드 칸은 항공업 규제에 관하여 이 점을 잘 묘사하였다. 항공업계에 대한 규제 시도는 다른 한계 영역에서의 경쟁을 자극하는 인위적 촉진제가 되었고, 그러면 다시 추가적인 규제가 생겼으며, 그에 따라 또 다른 한계 영역에서 경쟁을 촉진하는 추가적 자극제를 만들어 냈다. 칸은 '댐에서 물이 샐 때마다 손가락으로 구멍을 막는 일이 생긴다'라고 설명하였다.[35]

6) 다수의 공적 규제자들이 중복하여 시장을 지배하는 경우가 많다. 각 규제자는 시장 접근을 제한하거나 배제하는 힘을 갖고 있다. 상호 조정할 능력이 미약하므로, 각 규제자는 다른 규제자에 미치는 영향을 완전히 고려하지는 못한다. 이로 인하여 과도규제가 발생하는데, 이를 보통 '반공유지의 비극'(tragedy of the anticommons)이라고 한다. 도해 6.1의 A 이후에 있는 네 개의 연결점(이러한 지배구조 메커니즘을 피할 수 없다는 점을 표시하기 위해 연달아 연결되어 있다)은 그와 같은 반공유지(anticommons)를 의미한다.[36]

---

33 Richard A. Posner, Taxation by Regulation(규제의 조세기능론), 2(1) Bell J. Econ. 22-50 (1971).

34 Gordon Tullock, The Transitional Gains Trap(과도기적 이익의 함정), 6(2) Bell J. Econ. 671-78 (1975).

35 Quoted in Thomas K. McCraw, Prophets of Regulation(규제의 예언자들) 272 (1984).

36 이 개념은 원래 헬러가 개발한 것인데 뷰캐넌과 윤(Yoon)이 공식적으로 모델을 만들었다. See Michael Heller, The Tragedy of the Anticommons: Property in the Transition from Marx to Markets(반공유지의 비극: 마르크스에게서 시장으로 이동 중인 재산에 관하여), 111 Harv. L. Rev. 621 (1998); James M. Buchanan and Yong Yoon, Symmetric Tragedies: Commons and Anticommons(대칭적 비극: 공유지와 반공유지), 43(1) J.L. & Econ. 1-13 (2000); Matthew Mitchell and Thomas Stratmann, A Tragedy of the Anticommons: Local Option Taxation and Cell Phone Tax Bills (반공유지의 비극: 지방정부의 휴대폰 과세권과 휴대폰에 부과되는 조세의 효과), 165(3) Pub. Choice 171-91 (2015).

최종 결과는 큰 제한을 부과하는 규칙들의 누더기 모음(리처드 와그너는 이를 '정치경제의 혼합물'(entangled political economy)이라고 부른다)이 되는데, 이것은 일반인의 이익을 위한 것도 아니고 생산자의 이익을 위한 것도 아니다.[37] 이것을 코스모스 질서라고 한다. 정치적 거래의 과정에서 나타나기 때문이기도 하고 여러 행위자들(규제권자, 정책결정자 및 이익집단 등)이 그것을 변형시키기 때문이기도 하다. 그러나 불행하게도 이것은 잘못된 코스모스 질서이다.

이 점을 보면 무슨 이유로 택시에 대한 공적 규제가 잘못된 규제 사례로서 교과서에서 언급되는지를 알 수 있다. 정보 비대칭성은 차량운송산업의 오작동을 일으킬 수 있으므로, 공적-코스모스 질서의 많은 부분이 정보 비대칭성을 극복하기 위하여 고안되었다. 중고차 시장에 대한 연구에서 조지 애컬로프는 '정보 오류가 있는 경우 모든 관계자의 복리 수준을 높이기 위해서 정부의 개입, 즉 공적-코스모스 질서가 요구될 것이다'고 주장하였다.[38] 그러나 이러한 공적 규제는 두 이유 중 하나에 의하여(혹은 두 이유가 결합하여) 장기적으로는 일관되게 실패하였다. 첫째, 앞에서 설명하였듯이 이러한 공적-코스모스 질서는 일반인의 이익도, 생산자의 이익도 대변하지 못한다는 점이 불가피한 최종 결과로 나타났다.

둘째, 공적-코스모스 질서는 업계 내에 고착상태를 만드는 경향이 있다. 즉, 공적-코스모스 규제는 기술과 소비자 선호에 발맞추지 못하는 절차와 과정을 의무화하는 경향이 있다. 차량운송산업에 대한 공적 규제를 요구하는 자조차도 '신뢰 기반의 평판 메커니즘이 정보 비대칭성을 어느 정도까지 극복할 것인지'와 '사업가들이 정부의 공식 메커니즘을 어느 정도까지 뛰어넘을 것인지'를 예측할 수 없었다.[39] 차량운송산업에서 발생한 교란의 대부분은 우버, 리프트와 같은 플랫폼이 과거의 문제점들에 대하여 해결책을 —전통적인 택시업계가 활용하지 못한 해결책을— 제공한 결과로서 발생하였다.

C. 사적-택시스 질서

시장은 역동적인 —즉 진화하는— 절차이다.[40] 오늘날에는 효율적으로 보이는 표준, 도구 및 메커니즘이 장래에는 더 효율적인 수단에 의하여 대체될 수 있을 것이다. 이것이 사적 질서가 공적 질서보다 뛰어난 이유 중의 하나이다. 그리고 차량운송산업은 아마도 사적 지배구조의 장점을 가장 잘 보여주는 사례일 것이다.

지난 30년간 인터넷과 사업가들이 개발한 여러 평판 메커니즘이 정보획득 비용을 줄여 왔고,

37　Richard E. Wagner, Politics as a Peculiar Business: Insights from a Theory of Entangled Political Economy(독특한 사업으로서의 정치: 정치경제의 혼합이론 관점에서 본 시사점) (2016).

38　Akerlof, supra note 17.

39　이 부분에 대한 자세한 설명은 다음 자료에서 볼 수 있다. Thierer et al., supra note 18, at 836-40.

40　See Israel M. Kirzner, Competition and Entrepreneurship(경쟁과 사업가정신) 155 (1973); see also Armen Alchian, Uncertainty, Evolution, and Economic Theory(불확실성, 진화성 및 경제이론), 58 J. Pol. Econ. 211, 212-21 (1950).

애컬로프가 제기한 '레몬 문제'의 많은 부분을 해결하였다. 애덤 티어러와 그 공저자들은 아래와 같이 설명한다.

"정보 문제가 인식될 때마다 사업가들에게는 이윤 기회를 만들어 낼 새로운 방안을 발견하도록 하는 유인이 생긴다. 정보를 지속적으로 갱신하고 시행착오의 실험을 하면서, 사업가들은 인간의 상호작용을 증진하고 거래를 촉진할 수 있는 더 효율적인 수단을 발견하게 된다."[41]

사업가들이 인식된 문제를 해결하기 위하여 의도적으로 고안한 것이 사적-택시스 메커니즘이다. 그러한 사적-택시스 질서의 예로서는 자체 평판유지활동, 중앙화된 혹은 제3자의 평판 메커니즘(예, BBB), 배경조사, GPS를 통한 경로 감시, 알고리즘 규칙 등을 들 수 있다. 이러한 메커니즘들은 소비자들이 선택할 서비스를 결정하기 전에 수집하고 싶은 정보의 많은 부분을 수집해 줌으로써 신뢰를 조장하고 거래를 촉진한다. 이러한 메커니즘은 나쁜 행위자가 정보 비대칭성을 이용하여 타인에게 해를 끼치지 못하도록 함으로써 행동을 규제하기도 한다(즉 승객의 돈을 빼앗거나 난폭하게 운전하지 못하게 한다).

사적-택시스 질서는 공적-코스모스 질서보다는 덜 나쁜 편이다. 왜냐하면 시장 과정의 경쟁적 성격 때문에 사적-택시스 질서를 가지고 장난을 치기는 어렵기 때문이다. 만약 어떤 플랫폼이 더 이상 소비자의 욕구를 충족시키지 못한다고 깨닫게 되면, 탈퇴가 쉬우므로 소비자는 바로 다른 곳으로 가버릴 수 있다. 이러한 사실 때문에 위와 같이 고안된 메커니즘은 더 개선되도록 지속적으로 유도된다. 한 플랫폼이 소비자의 신뢰를 저버리면 다른 플랫폼이 즉각 그 자리를 차지하게 된다.[42]

더구나 소비자는 플랫폼에서 관계를 맺는 상대방을 실제로 믿어서가 아니라 플랫폼을 믿기 때문에 플랫폼을 이용할 수도 있다. 예를 들어 이베이의 환불보장 제도를 보자.[43] 이 약속으로 매도인에 대한 매수인의 신뢰가 꼭 올라가지는 않는다. 하지만 매수인이 매도인이 올려놓은 것을 매수할 가능성이 증가하고 서로가 거래를 신뢰하게 된다.[44] 또한 승차공유 플랫폼이 사용하고 있는 많은 메커니즘도 이용자 사이의 신뢰를 촉진하고 있다고 보기는 어렵다(이는 공유경제 플랫폼 일반도 마찬가지이다). 다른 측면에서 보면 이용자는 '거래할 상대방 및 피해야 할 상대방을 검증하는 어려운 일의 대부분이 완료되었다'고 믿게 된다.[45]

---

41 Thierer et al., supra note 18, at 849 (internal citations removed).

42 그 사례로서 "#deleteuber" 캠페인이 있다. Mike Isaac, Uber Board Stands by Travis Kalanick as It Reveals Plans to Repair Its Image(우버 이사회는 이미지 개선 계획을 발표하면서 트레비스 캘러닉을 계속 지지하기로 하다), NY Times, Mar. 21, 2017, www.nytimes.com/2017/03/21/technology/uber-boardstands-by-travis-kalanick.html; 그로 인하여 동 기간에 리프트의 이용자가 증가하였다는 보도가 있다. Madison Malone Kircher, How Much Did #DeleteUber Actually Help Lyft?(#deleteuber는 얼마나 리프트에게 도움이 되었나?), New York Magazine, Apr. 27, 2017, http://nymag.com/selectall/2017/04/lyft-user-numbers-spiked-after-delete-uber-campaign.html.

43 eBay Money Back Guarantee, eBay, http://pages.ebay.com/help/policies/money-back-guarantee.html#MBG.

44 See Thierer et al., supra note 18, at 858–63.

45 Id. at 859.

나쁜 행위자가 될 가능성이 있는 사람이 앱을 사용하여 타인에게 해를 끼치는 것을 막기 위하여, 우버와 리프트 같은 플랫폼은 범죄기록과 운전기록을 확인하고, 유효한 면허가 있도록 보장하며, 차량의 기본적 안전요건을 설정하고, 운전자가 보험에 들 것을 요구한다. 운행 도중에 GPS를 사용하여 운전자를 추적함으로써 우버와 리프트는 계속하여 품질을 감시한다.

공적-코스모스와는 달리 사적-택시스 조치는 기술이 발전함에 따라 계속하여 개선된다. 사적-택시스의 모든 질서는 생산자와 소비자 모두에 대하여 규제수단으로서 작동한다. 이 질서는 충족되지 않은(혹은 충족되었더라도 불만족스럽게 충족된) 소비자 욕구에 대한 사업가의 민첩성에 의하여 만들어졌다. 그리고 이 질서는 기술의 변화뿐만 아니라, 소비자 선호도 및 현실적 가능성의 변화에도 반응하면서 발전하게 될 것이다.

예를 들어 우버는 Real-Time ID Check(실시간 신분확인)라고 부르는 프로그램을 시험해 보았다.[46] 운전자는 손님을 받기 직전에 앱을 사용하여 본인 사진을 찍도록 요청받는다. 그러면 우버는 마이크로소프트의 Cognitive Services(인식서비스)를 사용하여 본인 사진을 보관하고 있는 기존 사진과 즉각 대조한다. 사진이 일치하지 않으면 우버는 해결책을 강구하는 동안 해당 계정을 일시적으로 차단한다. 이러한 조치를 통하여 실제로 승객을 태우는 자가 기록상 운전자와 동일하다는 점이 확인되고 운전자 계정이 절취되지 않도록 보호를 받는다.

의도적으로 고안된 검증 메커니즘은 소비자 측의 올바른 행동을 확보하는 데에도 사용될 수 있다. 차량공유 서비스인 투로(Turo)는 차량을 임차하려는 자의 운전기록에서 주요 문제(음주운전, 난폭운전 등)에 대한 검증을 하여 그 결과에 따라 임대를 거부하려고 한다.[47] 사실 투로는 제3자의 별도 플랫폼에 의존하는데, 이 플랫폼은 각 운전자의 상대적 위험을 측정하기 위하여 고유의 '자동차 보험 점수제'를 만들었다.[48]

이러한 사적-택시스 질서가 효과적이기는 하지만, 이들은 사업가가 활용할 수 있는 정보량 및 효과적으로 정보를 처리하고 인식된 문제의 해결책을 설계하는 사업가의 능력에 전적으로 달려 있다.

D. 사적-코스모스 질서

위에서 본 바와 같이 사적-택시스 질서는 신뢰를 촉진하고 거래를 조장하며 개인들 사이에서 (혹은 적어도 그들의 상호작용에 대하여) 신뢰를 구축할 수 있다. 그러나 사적-택시스 질서는 정보를 획득·처리·공유하여 최종적으로 행동자료로 삼는 개인의 능력을 제대로 포착하지 않고 있다. 그 대신에 사적-택시스 질서는 개별 사업가의 민첩성과 능력에 의존하는 것이다. 사적-코스모스

---

46 Selfies and Security(자기사진과 안전), Uber, www.uber.com/ms-MY/blog/ipoh/selfies-and-security/.

47 Turo Support, What Are the Eligibility Requirements?(임대차 요건이 어떻게 되는가?), Turo, https://support.turo.com/hc/en-us/articles/203991060–whatare-the-eligibility-requirements.

48 Turo Support, What is an auto insurance score?(자동차 보험 점수제란 무엇인가?), Turo, https://support.turo.com/hc/en-us/articles/220443588–Whatis-an-auto-insurance-score-.

질서는 플랫폼 자체를 뛰어넘는데, 생산자와 소비자 사이에 퍼져 있는 지식을 활용한다. 시장경제에서 코스모스 질서는 다양한 방식으로 자신을 드러낸다.

1) 경쟁적 시장에서 공급이 부족하면 사업가는 가격을 올리고 공급이 과다하면 가격을 내리게 되는데, 이러한 방식으로 가격(즉 한계 효용)이 한계 비용과 동일하게 되는 최적의 평형상태로 시장이 수렴하게 되는 경향이 있다.[49]

2) 가격 시스템은 중요한 조정 메커니즘으로 작동하는데, 이로써 수백만의 개인들이 널리 퍼져 있는 정보(타인의 주관적 선호도도 포함)에 기하여 행동하게 된다. 그리하여 각 개인은 수많은 타인과 사이에 조정작용을 하고, 중앙의 계획당국이 없이도 각자의 계획을 서로 맞추어 간다.[50]

3) 장기적으로 시장이 확장됨에 따라 개인과 기업은 더 전문화되고, 그 결과 생산성이 증가하게 된다.[51]

4) 독점이익의 유혹 때문에 기업은 경쟁자들에 대하여 차별화를 하기 위하여 혁신을 하고 새로운 방법을 고안한다. 반면에 경쟁의 규율은 가격을 억제한다.[52]

소셜미디어는 또 다른 형태의 사적-코스모스 질서의 대두를 가능하게 하였다. 개인들은 —특정거래의 당사자건 아니건 간에— 찬성 혹은 반대를 전보다 쉽게 그리고 빠르게 전파할 수 있게 되었다. 그리하여 회사 혹은 정부와 같은 기관들은 소비자와 시민의 요구사항에 좀더 빠르게 반응하게 되었다.[53] #DeleteUber 캠페인과 2017년의 United Airlines 사고에 대한 소셜미디어의 반응은 이러한 유형의 사적-코스모스 질서의 두 사례이다.[54]

평가와 평석은 사적-코스모스 질서의 또 다른 사례이다. 다만 이 경우에는 사업가들이 평가 시스템(평가 시스템은 생산자와 소비자의 상호작용 과정에서 발생한다)의 설계를 의도적으로 하고 보통은 관리를 하기 때문에 택시스 요소가 있기는 하다. 적어도 이베이와 아마존 이후로는 평가 시스템이 인터넷의 두드러진 특징이 되었다. 위에서 본 이베이의 보장 제도에 더하여, 거래 이후에 서로에 대한 평가와 평석을 할 수 있게 됨으로써 매도인과 매수인 사이의 신뢰가 더욱 촉진되었다. 이로써 이용자들은 거래상대방이 과거에 어떻게 행동했는지를 어느 정도 자세히 알게 된다.

---

49 Vernon L. Smith, An Experimental Study of Competitive Market Behavior(경쟁적 시장 행태에 대한 실험적 연구), 70(2) J. Pol. Econ. 111-37 (1962).

50 F. A. Hayek, The Use of Knowledge in Society(사회에서의 지식 활용), 35(4) Am. Econ. Rev. 519-30 (1945).

51 1 and 2 Adam Smith, An Inquiry into the Nature and Causes of the Wealth of Nations(국부론) Book 1, Ch. 1 (Glasgow ed., 1776).

52 Kirzner, supra note 19; Israel M. Kirzner, Entrepreneurial Discovery and the Competitive Market Process: An Austrian Approach(사업가의 발견과 경쟁시장 절차: 오스트리아의 접근법), 35(1) J. Econ. Lit. 60-85 (1997).

53 Thierer et al., supra note 18, at 864-65.

54 Mike Isaac, What You Need to Know About #DeleteUber(#DelteUber에 대하여 알아야 할 것들), NY Times, Jan. 31, 2017, www.nytimes.com/2017/01/31/business/delete-uber.html; Julia Zorthian, 'Boycott United': Twitter Users Outraged After Man Forcibly Removed from Flight('유나이트 항공사를 배척하라': 한 남자가 비행기에서 쫓겨난 것에 대하여 트위터 이용자들이 분노하다), Fortune, Apr. 10, 2017, http://fortune.com/2017/04/10/boycott-united-airlines/.

사적-코스모스 질서는 대부분의 공유경제 플랫폼에서 핵심적 요소이고, 공유경제 기업들은 사적-코스모스 질서에 크게 의존하게 되었다. 예를 들어 승차공유 회사들은 광범위한 평가 시스템을 채용하고 있다. 운전자와 승객 쌍방이 운송이 종료된 후 서로를 평가하고, 이러한 평가결과는 추후의 거래 여부를 결정하는 데에 사용된다. 회사는 저평가 운전자와 더이상 일하지 않기로 선택할 수 있고, 운전자는 저평가 승객을 태우지 않기로 선택할 수 있으며, 회사는 과거에 서로에 대하여 낮게 평가를 주고받은 운전자와 승객을 연결시키지 않기로 선택할 수 있다.

플랫폼은 이용자 사이에서 직접 소통하는 것도 권장하기 시작하였다. 이로써 이용자들 사이에 협력 수준이 높아지게 되고, P2P 단계에서 신뢰가 형성되고, 더 효과적인 사적-코스모스 질서가 나타나게 된다. 엘리너 오스트롬은 이를 다음과 같이 설명하였다.

"이론적 관점에 보면, 대면 소통은 사회적 난제를 해결하는 데에 별다른 차이를 가져오지 않을 것이다. 하지만 일관되고 강력하며 검증가능한 조사결과에 의하면, 개인들이 대면 소통을 하게 되면 협력의 수준이 실질적으로 증가하게 된다고 한다."[55]

차량공유 플랫폼 투로(Turo)는 수년 전에 아래와 같은 발견을 하였다.

"회사가 처음 시작되었을 때 모든 소유자의 차량에 회원카드 판독기가 있었다. 임차인은 회원카드를 통과시켜서 차량의 문을 열고 시동을 걸 수 있었다. 그러므로 소유자가 현장에 있을 필요가 없었다. 하지만 투로는 곧 명백히 알게 되었다. 효율적인 성장을 위해서는 모든 차량에 설치된 카드 판독기를 없애야 한다는 사실을. 그 대신에 차량 소유자가 임차인을 대면으로 만나서 열쇠를 주고받게 되었다. 사람들은 서로 연결됨으로써 서로에게 이익이 되었다. 소유자는 손해배상청구를 더 적게 하였고, 임차인과 소유자 쌍방이 더 높은 평가를 하였다. 투로의 CEO인 안드레 해다드가 말하였듯이, '사람들은 대화하고 나면 서로 공통점이 있다는 것을 알게 되고, 그러면 서로 신뢰가 쌓이고 책임있게 행동하려고 한다. 그들은 이 차량을 상대방에게 반환할 때 눈을 똑바로 쳐다볼 수 있는 사람이 되자고 다짐하는 것이다.'"[56]

똑같은 이유로 에어비앤비, 우버, 리프트 등 많은 플랫폼이 이용자에게 그들의 계정에 선명한 프로필 사진을 올리도록 요구한다. 그러한 정보에 대한 접근이 필요조건이기는 하나 충분조건은 아니다. 이러한 사적-택시스 질서는 사적-코스모스 관행에 의하여 보충되어야 한다. 미시건대학

---

[55] Elinor Ostrom, A Behavioral Approach to the Rational Choice Theory of Collective Action: Presidential Address, American Political Science Association(집단적 행위의 합리적 선택 이론에 대한 행동학적 접근법: 미국정치학회 회장 연설), 1997, 92 Am. Pol. Sci. Rev. 1, 6 (1998).

[56] See, e.g., Jason Tanz, How Airbnb and Lyft Finally Got Americans to Trust Each Other(어떻게 에어비앤비와 리프트는 미국인들이 서로를 신뢰하게 만들었나), WIRED, Apr. 23, 2014, 6:30 AM, www.wired.com/2014/04/trustin-the-share-economy. See also Thierer et al., supra note 18, at 866-67.

교 정보대학원의 클리프 램프 교수는 '이러한 메커니즘(정보를 획득·공유하고 그에 따라 행동하는 것)이 새로운 사회적 규범을 확립하는 데에 도움을 주었다'고 지적하였다. 그의 말에 의하면 "평판 및 추천시스템은 행동에 대한 피드백을 제공하고, 부정적 행위에 대한 제재를 하고, 바라는 결과에 대한 신호를 보내고, 이용자에 대한 보상을 함으로써, 사회화 기능을 수행하기도 하고 온라인 환경을 조직하는 수단이 되기도 한다."[57] 간단히 말하면 평가와 평석은 이러한 플랫폼 내에서 사회적 규범을 가르치고 강화한다. 램프가 지적하였듯이 "평가 시스템이 이용자 정보를 제공함으로써 온라인 공동체에서 '눈치'와 '신호'로 작용하여, 사용자 사이에 공감대가 형성되기도 하고, 사회적 상호작용이 촉진되기도 한다."[58]

사적-코스모스 질서는 사적-택시스 질서가 남겨 놓은 '구석구석과 갈라진 틈'을 많이 메워준다. 우버와 리프트 같은 플랫폼은 운송 서비스 중 취해야 할 적절한 태도에 관한 일반적 표준을 설정해 주고, 이용자 평석은 개별적 상황별로 수용이 가능한 것과 불가능한 것을 명확하게 전달해 준다. 플랫폼도 후자를 시도하였으나 성공하지는 못하였다. 뉴욕시에서 적절하다고 할 수 있는 것이 오하오주 신시내티에서는 적절하지 않을 수도 있다.

더구나 이러한 사적-코스모스 메커니즘은 어떤 규제 조치가 플랫폼의 사적-택시스 메커니즘에 추가되어야 하는지에 관한 강력한 신호를 플랫폼에게 제공할 수도 있다. 예를 들어 우버는 '칭찬' 기능을 추가하여 승객이 운전자에 대한 구체적 찬사를 제공하게 함으로써 '긍정 강화'(positive reinforcement)를 만들도록 하였다.[59]

사적-택시스 질서에 사적-코스모스 질서를 통합하는 다른 방법도 있다. 예를 들어 에어비앤비는 전문가 수준의, 진실성이 검증된 사진이 붙은 물건은 그렇지 않은 물건보다 2.5배 이상 예약이 잘 된다는 것을 발견하였다.[60] 좋은 사진이 있을 뿐만 아니라 그것이 외부적으로 검증된 경우라면(즉 해당 물건의 사진이 맞다는 확인이 있다면) 임차인들이 예약을 더 많이 하게 된다는 사실을 에어비앤비가 알게 되었다. 플랫폼 이용자들은 자신들이 무엇을 선호하는지에 대한 신호를 보냈고, 에어비앤비는 이를 귀담아 들었다.

사적-코스모스 질서의 모든 장점에도 불구하고, 그러한 평판 메커니즘에는 몇 가지 문제가 있다. 장난을 치거나 조작하거나 해킹당할 수 있다. 이러한 메커니즘에 의존하게 되면 차별을 쉽게 허용하여 인종 간 분리를 악화시킬 수 있다는 우려도 있다.[61] 그러나 이러한 문제의 많은 부분이

---

57 Cliff Lampe, The Role of Reputation Systems in Managing Online Communities(온라인 공동체의 관리에서 평가 시스템이 한 역할), in The Reputation Society: How Online Opinions are Reshaping The Offline World, 77 (Hassan Masum and Mark Tovey eds., 2011).

58 Id. at 81.

59 Mike Truong, Introducing Compliment(칭찬 기능의 도입), Uber, Nov. 21, 2016, https://newsroom.uber.com/compliments/.

60 Airbnb Free Photography: Celebrating 13,000 Verified Properties & Worldwide Launch(에어비앤비의 무료 사진 서비스: 3,000개의 검증된 물건과 제도의 세계적 도입), Airbnb, Oct. 6, 2011, http://blog.atairbnb.com/airbnb-photography-celebrating-13000/verified.

61 See, e.g., Nancy Leong, The Sharing Economy Has a Race Problem(공유경제에는 인종문제가 있다), Salon, Nov. 2, 2014, www.salon.com/2014/11/02/the_sharing_economy_hasa_race_problem; Greg Harman, The Sharing Economy

플랫폼 사이의 경쟁을 통하여 해결되고 있다.[62]

V. 최적의 지배구조

우리가 규제라는 말을 들으면, 의도적으로 고안된 공적 규제가 가장 먼저 마음에 떠오르겠지만, 실제로 그러한 공적 규제는 극히 드물다. 대부분의 공적 규제는 의도적으로 고안된 것이 아니어서 오랜 시간에 걸쳐 진화하는데, 결국 규칙의 누더기로 귀결되어 공공에 봉사하지 못하는 현상이 너무 자주 있어 왔다.

반면에 사적 규제는 자주 무시되고 있으나 장점이 많다. 첫째, 사적 질서는 조직의 다양성과 경쟁을 허용한다. 다수의 중복된 공적 질서는 반공유지의 비극을 만들지만, 다수의 중복된 사적 질서는 이용자로 하여금 서로 다른 지배구조를 드나들면서 선택할 수 있게 해준다. 또한 이를 보면, 지배구조 메커니즘들이 발전하고 개선되어 서로 경쟁하도록 유도하여야 한다는 점을 알 수 있다. 또한 지배구조 메커니즘이 지역에 대한 지식을 더 잘 이용할 수도 있고, 지역 이용자들의 취향과 선호에 맞추어 구성될 수 있음도 알 수 있다. 사적-택시스 질서에서는 사업가들이 열악한 지배구조의 결함을 교정함으로써 이익을 누릴 수도 있다. 사적-택시스 메커니즘은 시장 전부를 지배하는 것은 아니기 때문에 잘못된 지배구조로 인한 위험이 있더라도 이를 일부 영역에 한정시킬 수도 있다.

사적-코스모스 질서는 탈중앙화의 속성을 갖고 있으므로 빠르게 변하는 시장에는 이상적이다. 사적-코스모스 질서와 중첩적으로 적용되는 사적-택시스 질서는, 사업가들로 하여금 결함을 발견하여 시정하도록 함으로써, P2P 사이의 직접적인 상호작용이 해결하지 못한 문제점들을 극복할 수 있다.

Is Not as Open as You Might Think(공유경제는 당신이 생각하는 것만큼 개방적이지 않다), Guardian, Nov. 12, 2014, www.theguardian.com/sustainable-business/2014/nov/12/algorithms/race-discrimination-uber-lyft-airbnb-peer.

62 자세한 내용은 다음 글에서 볼 수 있다. Thierer et al., supra note 18, at 870-73.

7

공유경제에서의 경쟁법과 그 한계

니브 던

서언

이 글에서는 공유경제 내에서 경쟁법을 적용할 수 있는지에 대해 검토하고자 한다. 구체적으로 반경쟁적인 단독행위 혹은 공동행위에 반독점법을 적용할 수 있는지를 본다. 활기차고 혁신적이며 성공적인 공유경제 시장의 등장은, 어떤 관점에서 보면, 역동적이고 실효적인 경쟁의 전형적 사례이다. 이것이 바로 반독점법이 조장하고 보호하려는 활동의 유형이다. 그런데 공유경제에 의하여 형성되어 공유경제 내에서 활동하는 경쟁 세력은 본질적으로 불공정하고 불법적이라는 우려도 있고, 그 사업모델의 성공은 결국 시장 영향력과 반경쟁적 행태로 이어질 것이라는 우려도 있다. 따라서 이 글에서는 이러한 시장 내에서 반경쟁적으로 보이는 행태를 억제하는 데에 어느 범위에서 경쟁법이 적용될 수 있고, 실제로 적용되어야 하는지를 검토하고자 한다.

비록 '공유경제' 용어가 거의 끝없이 넓은 스펙트럼의 사업모델 및 활동을 지칭하기는 하지만, 이 분야의 특징으로서 경쟁력을 결정하는 특질이 반복하여 나타난다는 점 및 그리하여 경쟁법이 적용될 여지가 있다는 점이 있다. 첫째, 경제적 기본 논거로서 내구재 등 자산의 과소활용으로 발생한 잉여 능력을 임대할 수 있다는 점이 있다.[1] 공유경제 사업은 거래비용을 줄이는 기술을 사용함으로써 그 기술이 없었다면 시장화가 불가능했을 법한 새로운 자산, 제품 및 공급자를 시장으로 데려온다.[2] 소위 긱경제는 이러한 논리를 인간노동시간에 확대하여 개인에게 유연하게 노동할 기회(논쟁의 여지가 없는 것은 아니지만)를 제공한다.[3] 이리하여 공유경제 사업이 시장에 참여하지 않았을 제공자와 고객을 시장에 포함시킴으로써 시장의 크기를 확대하기는 하나, 전통적인 제공자로부터 고객을 유인함으로써 경쟁을 증대시키기도 한다.[4] 둘째, 공유경제 기업은 교란적 혁신의

---

1 John J. Horton and Richard J. Zeckhauser, Owning, Using and Renting: Some Simple Economics of the "Sharing Economy,"(소유, 활용 및 임대: 공유경제의 단순한 경제학) HKS Faculty Research Working Paper Series RWP16-007, 6 (2016).

2 David Stallibrass and John F. Fingleton, Regulation, Innovation and Growth: Why Peer-to-Peer Businesses Should be Supported(규제, 혁신 및 성장: 왜 P2P 경제가 지지되어야 하는가), 7 JECLAP 414, 415 (2016); Federal Trade Commission (FTC), The "Sharing Economy." Issues Facing Platforms, Participants & Regulators(공유경제. 플랫폼, 참여자 및 규제권자가 직면한 문제들), An FTC Staff Report, 21-23, Nov. 2016.

3 Nathan Heller, Is the Gig Economy Working?(긱경제는 작동하고 있는가?), The New Yorker, May 15, 2017, www.newyorker.com/magazine/2017/05/15/is-the-gig-economy-working.

4 Stallibrass and Fingleton, supra note 2, at 415.

원형적 사례를 보여주는데,[5] 교란적 혁신은 가치 네트워크의 외부에서 발생하여 그것을 무너뜨리는 역할을 한다.[6] 이것은 슘페터가 경쟁을 '창조적 파괴'라고 설명한 것과 비슷하다.[7] 교란의 대상이 된 제품이나 사업모델은 궁극적으로 시장에서 퇴출될 수 있다. 셋째, 공유경제를 지탱하는 혁신은 인터넷과 모바일 기술에 뿌리를 두고 있다.[8] 공유경제 기업은 다측면적 시장에서 전자적 플랫폼으로 작용하면서 일반인 사이의 거래가 이루어지도록 중개 서비스를 제공한다.[9] 그러한 활동이 가진 양 측면적 성질은 반독점법의 적용과 위반 여부 확인에서 중대한 의미를 가진다.[10] 마지막으로, 공유경제 기업은 경쟁자들의 활동을 통제하고 제한하는 규제체제와 자주 충돌을 일으킨다. 그리하여 그에 따른 경쟁은 본질적으로 불공정하다는 비판이 자주 제기된다. 위 모든 사정으로 인하여, 역동적이고 급격하며 혁신적이고 치열한(특히 기존 사업모델과 참여자에 대하여 비대칭적이라는 관점에서 더욱 그러하다) 경쟁의 시장 구조가 형성된다.

이 글의 주요 대상은 유럽연합의 기능에 관한 조약(TFEU) 중 경쟁법 조항인데, 그것은 바로 제101조와 제102조이다. 하지만, 다음의 분석 내용은 반독점 체제에 널리 적용할 수 있는 것이다. 특히 대부분의 지역에서 판례법이 별로 없다는 점을 고려하면 그렇다. 적절한 경우 미국의 반독점법인 셔먼법 §1, 2를 언급하기도 한다. 섹션 Ⅰ, Ⅱ에서는 반경쟁적 단독행위 및 반경쟁적 공동행위를 금지하는 규정을 공유경제에 적용할 수 있는지 검토한다. 이어서 섹션 Ⅲ에서는 불공정 경쟁의 개념과 반독점법의 한계를 일반적으로 살펴보는데, 경쟁법 문제로 보이는 것이 많은 이유와 그 상황에서 경쟁법이 비교적 비효과적인 이유를 탐색하고자 한다.

Ⅰ. 단독행위에 대한 경쟁법 규율

공유경제 내 경쟁에는 독특한 조건이 있다는 점을 감안해서 볼 때 과연 경쟁법의 적용 범위는 어떻게 될 것인가? 우리는 '공유경제에는 다양한 사업모델이 있고, 시장 영향력의 정도 및 반독점법의 적용에서 사업모델별로 상이하다는 점'을 출발의 전제로 삼고자 한다. 즉 순수한 '공유' 모델도 있고 제공자에게 이익을 추구하게 허용하는 모델도 있으며, 제공자가 수취할 수 있는 가격까지 정해주는(다른 것도 정해주기도 한다) 플랫폼도 있고 단순히 거래의 촉진작용만 하고 나머지는 알아

---

5 OECD, Hearing on Disruptive Innovation, Issues Paper(교란적 혁신에 대한 청문보고서 – 쟁점정리, DAF/COMP(2015)3, 2 (2015).

6 Alexandre de Streel and Pierre Larouche, Disruptive Innovation and Competition Policy Enforcement(교란적 혁신과 경쟁정책의 집행), OECD Global Competition Forum, DAF/COMP/GF(2015)7, 2 (2015).

7 FTC, supra note 2, at 10.

8 Stephen P. King, Sharing Economy: What Challenges for Competition Law?(공유경제: 경쟁법의 도전 과제로 무엇이 있는가?), 6 JECLAP 729, 729 (2015); Guy Lougher and Sammy Kalmanowicz, EU Competition Law in the Sharing Economy(공유경제에 관한 유럽연합 경쟁법), 7 JECLAP 87, 87-88 (2016).

9 Lougher and Kalmanowicz, supra note 8, at 89.

10 Id. at 91-93.

서 하도록 하는 플랫폼도 있으며, 자산 임대차의 플랫폼도 있고 노동 거래의 플랫폼도 있고 자산 임대차와 노동 거래를 둘 다 해주는 플랫폼도 있다.

TFEU 제102조는 '역내시장 내에서 지배적 지위에 있는 한 개 혹은 다수 기업의 지배력 남용행위'를 금지한다. 이 조항의 중심적 생각은 '지배적인 기업(상당하고 지속적인 시장 영향력을 가진 기업이라고 할 수 있다[11])은 경쟁에 해를 끼칠 특별한 능력을 갖고 있으니[12] 경쟁 과정을 훼손하지 않을 특별한 의무를 동시에 부담하고 있다'는 것이다.[13] 위반행위가 인정되려면 '지배력', '남용행위', '법적 정당성의 부존재'라는 세 개의 요소가 충족되어야 한다. 제102조는 산업의 독점을 금지하는 셔먼법 §2에 대체로 상응한다. 다만 제102조에 적용되는 시장 점유율 기준이 더 낮으므로, 제102조가 더 많은 상황에서 작동하게 될 것이다.

지배력 개념은 '기업이 경제력을 행사하는 지위로서, 다른 경쟁자, 고객 및 궁극적으로 소비자로부터 구애를 받지 아니한 채 상당한 정도로 독자적 행동을 할 힘을 갖는 지위'로 파악된다.[14] 지배력 입증 과정은 두 단계로 구성되어 있다. 먼저 관련 시장의 정의가 있어야 하고, 다음으로 현재의 경쟁제한 행위에 대한 평가가 있어야 한다. 지배적 기업에 의한 지위남용행위만이 금지되므로, 지배력의 존재는 기본적 요건이다. 시장 영향력이 없는 기업의 단독행위는 적어도 경쟁법에 관한 한 문제가 되지 않는다.

시장 정의의 목적은 기업들 사이의 경쟁 범위를 확인하고 정의하는 것이다.[15] 시장은 제품과 지리적 차원의 측면에서 정의된다.[16] 수요 대체성(고객이 대체물로서 평가하는 제품의 범위)은 경쟁제한의 주요한 결정요소로서 의미가 있다.[17] 전통적으로 수요 대체성은 '가설적 독점자' 측정법 즉 SSNIP 측정법으로 측정되었다. SSNIP 측정법은 제품에 '작지만 의미있고 비일시적인 가격 인상'(small but significant non-transitory increase in price)이 있는 경우가 소비자의 행동에 미치는 영향을 고려한다.[18] 그러나 양면적 시장에서는 위 도구의 유용성이 제한적이라는 점은 널리 인정되고 있는데, 그 이유는 한 면의 가격 변동이 다른 면에 피드백 효과를 가져오기 때문이다.[19]

이 원리들을 공유경제에 적용하면, 여러 현상이 관찰될 수 있다. 첫째, 적용의 복잡성이 명백히 드러난다. 공유경제 활동에는 양면적 성격이 있을 뿐만 아니라, 넓은 범위의 여러 서비스와 사

---

11 Commission, Guidance on the Commission's enforcement priorities in applying Article 82 of the EC Treaty to abusive exclusionary conduct by dominant undertakings(유럽공동체 조약 제82조를 지배적 기업의 남용적 배제행위에 적용하는 것에 대한 집행위원회의 집행 우선원칙의 안내서) (OJ C45/7, 24.2.2009), paras. 9-12.

12 C-85/76 Hoffmann-La Roche EU:C:1979:36.

13 C-322/81 Michelin (I) EU:C:1983:313, para. 57.

14 27/76 United Brands EU:C:1978:22, para. 65.

15 Commission, Notice on the Definition of the Relevant Market for the purposes of Community Competition Law(유럽공동체 경쟁법의 적용에 있어서의 관련 시장 개념에 관한 고시) (OJ C372/5, 9.12.1997) para. 2.

16 Id. at paras. 7-9.

17 Id. at para. 13.

18 Id. at para. 15.

19 OECD, Disruptive Innovation(교란적 혁신), DAF/COMP(2015)3 at 24.

업모델이 있기 때문이다.[20]

　둘째, 다음 네 부류의 관련자들이 영향을 받는다. 중개 플랫폼, 제휴된 서비스 제공자, 서비스 이용자 및 전통적 활동자(이는 좀 명확하지는 않은 개념이며, 신규 제공자와 경쟁을 하다가 결국 퇴출될 수 있는 자들이다).[21] 그리하여 공유경제 플랫폼이 한 개의 시장이냐 여러 개의 시장이냐라는 의문이 제기된다. 루거 및 칼마노위즈는 경제 활동의 양쪽에 당사자가 있는 것이 정상이라는 점을 지적하면서 '플랫폼은 양면 중개를 위한 하나의 시장에서 작용하는 것이지, 상업활동의 각 면별로 분리되어 존재하는 시장에서 작용하는 것이 아니다'라고 주장하였다.[22] 비교적 좁게 파악하는 이러한 접근법에서는 플랫폼이 비슷한 서비스를 제공하는 다른 플랫폼과는 경쟁하나(우버와 리프트가 경쟁하는 경우와 같이) 공유경제를 벗어나서 경쟁하는 것은 아니라고 본다. 중개 활동이 디지털적이고 대체로 국경의 구애를 받지 않는다는 점을 놓고 보면, 언어조건 등과 같은 지역별 변용은 있겠지만, 넓은 지역에 걸친 시장을 상상해 볼 수 있다.[23] 플랫폼이 중개하는 서비스를 공급하는 별개의 시장이 플랫폼과 별도로 있을 수 있는데, 이 경우에는 전통적 제공자와 플랫폼상 제공자가 동일한 서비스의 제공을 두고 틀림없이 경쟁을 할 것이다.[24]

　하지만 Uber Spain 사건의 판결은 공유경제 플랫폼이 플랫폼의 토대인 현실의 서비스로부터 분리될 수 있는지에 의문을 제기한다.[25] 슈푸나르 법무관이 제시하여 사법법원이 채택한 접근법은 특히 시사적이다.[26] 슈푸나르 법무관은 우버가 '정보서비스 제공자'가 아니라 '운송기업'에 해당된다고 주장하면서, 호텔과 항공권 예약을 용이하게 해주는 '단순 중개자' 플랫폼과 우버의 사업모델을 구별하였다. 단순 중개자의 경우 서비스 제공자인 호텔, 항공사 등은 독자적으로 기능하며, 소비자에게 접근하는 방식의 하나로 플랫폼을 이용할 뿐이다. 가격 등 서비스의 조건은 서비스 제공자가 직접 정하고, 플랫폼은 다른 조건을 제시하는 서비스 제공자에 대한 선택권을 소비자에게 부여할 뿐이다.[27] 반대로 우버 운전자는 플랫폼에 의하여 존재하게 된 경제적 활동을 추구하는데,[28] 이는 고객에게 단일 운송업체의 서비스로서 제시되고,[29] 우버는 이와 같이 공급되는 운송의 핵심 조건에 대한 통제권을 행사한다.[30] 제휴 운전자가 하청업자로서 우버 대신에 운송 서비스를 직접 제공하기는 해도, 운송 서비스의 제공으로 우버의 중개 활동에 경제적 의미가 있게 되었

20　Francesco Russo and Maria Luisa Stasi, Defining the Relevant Market in the Sharing Economy(공유경제의 관련 시장을 정의하기), 5(2) Internet Pol. Rev. (June 2016), DOI: 10.14763/2016.2.418.

21　Lougher and Kalmanowicz, supra note 8, at 89-90; see also FTC, supra note 2, at 18.

22　Lougher and Kalmanowicz, supra note 8, at 92.

23　Id. at 93-94.

24　Id. at 94.

25　C/434/15 Asociación Profesional Elite Taxi v. Uber Systems Spain EU:C:2017:981.

26　Opinion in C-434/15 Asociación Profesional Elite Taxi ("Uber Spain Opinion") EU:C:2017:364.

27　Id., paras. 57-60.

28　Id., para. 56. 이는 Uper Spain 사건에서도 채택된 분석법이다. para. 39.

29　Id., para 53.

30　Id., para. 72.

으므로,[31] 우버는 운송 서비스 제공자로 간주되어야 한다.[32] 사법법원은 유럽연합 경쟁법의 단일경제주체 이론(single economic entity doctrine)하에서 확립된 '결정적 영향력'(decisive influence) 기준을 채택하여,[33] 이러한 결론을 도출하였다. 즉 제휴 운전자가 제공하는 운송 서비스의 조건에 대하여 우버가 결정적 영향력을 행사한다는 사실을 중시하였다.[34] 더구나 Uber Spain 사건에서의 접근법은 집행위원회의 '협업경제를 위한 안건'과 주목할 만하게 다른데, 후자는 서비스 시장에 대한 참여의 징표로서 자산의 소유권을 강조하였다.[35]

그 판결은 직접적으로는 우버의 사업모델에 관한 것이었지만, 공유경제 플랫폼 일반에 대한 생각의 재료를 제공하기도 한다. 시장 정의의 문제로 전환하여 보건대, 판결에 의하면 경우에 따라서는 관련 시장을 중개 시장에 협소하게 한정할 것이 아니라 대상 서비스 시장으로 넓게 파악할 수도 있을 것이다.[36] 구체적으로 말하자면, 공유경제 플랫폼은 보통 경제적으로 존재할 수 없을 활동을 생존가능하고 수익성 있는 서비스로 탈바꿈해 준다. 흔히 플랫폼은 예약 사이트 등에 비하여 최종 상품을 '창조하는' 범위가 훨씬 넓기 때문에,[37] 플랫폼을 '단순한' 중개자로 취급할 수는 없다. 또한 우버만큼 서비스 제공자의 활동 조건에 개입하는 플랫폼은 거의 없고, 우버만큼 두드러지게 균일한 상품을 제공하는 플랫폼은 거의 없다.[38] 이 점을 판단한 선례가 없기 때문에 양쪽의 가능성을 검토하고자 한다.

관련 시장이 좁은가 넓은가는 플랫폼이 지배적인 위치에 있는가를 판단하는 데에 결정적이기 때문에 중요한 문제이다. 시장 점유율은 시장 영향력의 1차적 판단 표지인데, 시장 점유율의 계산이 가능하게 하는 것이 시장 정의의 주요 목적이다.[39] 유럽연합법상 50% 이상의 점유율이라면 지배력이 추정되는데,[40] 40% 미만의 점유율이라면 지배력이 인정되지는 않을 것이다.[41] 미국 반독점법상의 요건은 더 높다. 90%의 점유율은 독점을 구성하기에 충분하지만, 65% 점유율에서는 독점이 의문스럽다.[42] 경쟁자의 상대적 위치도 중요하다.[43] 대상 시장을 넓게 파악할수록(차량과 승객을

---

31 Id., para. 64.

32 Id., paras. 54-55.

33 See, e.g., C-97/08 P Akzo Nobel and Others v. Commission EU:C:2009:536.

34 Uber Spain, supra note 26, at para. 39.

35 COM(2016)356 final at 6.

36 See, similarly, Vera Demary, Competition in the Sharing Economy(공유경제에서의 경쟁), IW Policy Paper 19/2015, 13.

37 See, similarly, Vassilis Hatzopoulos and Sofia Roma, Caring for Sharing? The Collaborative Economy under EU Law (공유경제에 대한 관심? 유럽연합 법에서의 협업경제), 54 CML Rev. 81, 95 (2017).

38 우버 사업모델의 반독점적 의미에 대하여는 다음을 참조하라. See Julian Nowag, The UBER-Cartel? Uber between Labour and Competition Law(우버 카르텔?, 노동법과 경쟁법 사이에 있는 우버), LundLawCompWP 1/2016, and Jan Kupcik, Why Does Uber Violate European Competition Laws?(왜 우버는 유럽연합 경쟁법을 위반하는가?), 37 ECLR 469 (2016).

39 Market Definition Notice, supra note 15, at paras. 53-55.

40 C-62/86 AKZO EU:C:1991:286, para. 60.

41 Enforcement Priorities, supra note 11, at para. 14.

42 United States v. Aluminum Co. of America, 148 F.2d 416, 424 (2d Cir. 1945).

43 Enforcement Priorities, supra note 11, at para. 13.

위한 중개 서비스 시장으로 파악하지 않고, 한 지역의 모든 여객 택시와 차량을 포함하는 시장으로 파악하면) 한 플랫폼이 시장을 지배한다고 보기가 더 어려워질 것이다. 그러나 플랫폼 활동에는 양면적 성질이 있기에 시장 점유율만을 보는 것은 무의미하다.[44]

시장 점유율이 현재의 경쟁 상태를 보여주는 그림이기는 하나, 기존 경쟁자의 확장, 신규 경쟁자의 진입 및 구매자 영향력에 의한 상쇄가 충분히 예견되는 경우라면, 경쟁상 억지력이 충분히 존재하므로 지배력은 발생하지 않을 것이다.[45] 디지털 세계에서 공급능력 제약은 상정하기 어려우므로, 확장의 형태로서 신규 시장에 기존 플랫폼을 출시하는 것이 있을 수 있다. 예를 들면, 리프트는 미국 시장 밖으로 확장할 계획을 발표하였다. 신규 진입으로서 완전히 새로운 플랫폼을 구축하는 것이 있다. 공유경제 플랫폼이 본질상 디지털적이기는 하지만 대부분의 플랫폼에서 가장 혁신적이고, 교란적인 측면은 새로운 사업모델에서 나오는 것이지, 최첨단 기술에서 나오는 것이 아니다. 마이크로소프트 판결과 같은 과거의 사례에서는 경쟁자들이 '지배적 기업의 기술적 노하우가 경쟁에 필수불가결하다'고 주장하였지만,[46] 이제 관련 기술은 복제하기가 그리 어렵지도 않고, 경쟁에서 성공하는 데에 필수적인 것도 아니다. 그러나 플랫폼이 상당한 데이터를 수집하고 그에 따라 소비자 선호도에 대한 학습효과를 거두는 방법으로 이익을 획득한 경우라면 달리 볼 수도 있을 것이다.[47] 그럼에도 불구하고 잠재적 신규 진입자가 기존 플랫폼의 기능을 대체적으로 복제한 신규 플랫폼을 구축하여 경쟁에 돌입하는 것은 비교적 어렵지 않을 것이다. 반면에 경쟁 플랫폼으로 이동하라고 이용자를 설득하는 것은 어려울 수 있다.

그에 따라 논평가들은 공유경제 플랫폼이 네트워크 효과를 일으켜서 더 많은 이용자가 참여함에 따라 개별 이용자의 효용도 증가할 가능성에 주목하였다.[48] 네트워크 효과는 긍정적인 외부효과로 생각되었지만, 선호되는 플랫폼의 시장 영향력을 증대하여 지배력을 부여하고 결국 장기적으로는 소비자 복지를 감소시킬 수도 있다.[49] 예를 들자면, 최근의 반독점 사건에서, '구글이 지배적 지위를 차지하고 있다'고 유럽연합집행위원회를 설득하는 데에 네트워크 효과의 존재가 중요한 역할을 하였다.[50] 하지만 단순히 네트워크 효과가 존재하기만 하면 지배력이 있다고 가정하는 것은 현명하지 못하다.[51] 특히 공유경제 플랫폼 사이에서 이동하는 비용이 0은 아니지만 비교적 낮다.[52] 일부 잘나가는 플랫폼(특히 우버가 두드러진다)에 대한 반발이 있었다는 이야기도 있다.

---

44 Lougher and Kalmanowicz, supra note 8, at 97.

45 Enforcement Priorities, supra note 11, at para. 12.

46 T-201/04 Microsoft EU:T:2007:289.

47 Lougher and Kalmanowicz, supra note 8, at 96.

48 King, supra note 8, at 730-32.

49 King, supra note 8, at 731.

50 Commission, Antitrust: Commission Fines Google €2.42 Billion for Abusing Dominance as Search Engine by Giving Illegal Advantage to Own Comparison Shopping Service(반독점법: 위원회가 구글이 자사의 쇼핑비교서비스에 불법적 이익을 줌으로써 검색엔진으로서 지배력을 남용하였다는 이유로 24억 2,000만 유로의 벌금을 부과하다), June 27, 2017.

51 OECD, The Digital Economy 8-9(2012).

52 Demary, supra note 36, at 11.

이를 보면 공유경제에서 발현된 시장 영향력이 상대적으로 불안정하다는 것을 알 수 있다.[53] 공급자 혹은 이용자가 한 개 이상의 플랫폼을 이용하는 것을 의미하는 다중플랫폼 제휴(multi-homing)도 플랫폼이 시장 영향력을 행사할 능력을 비슷하게 감퇴시킨다.[54] 이는 구매자 영향력에 의한 상쇄의 한 형태에 해당한다.[55] 더구나 공급자와 고객 사이의 상호의존성이 플랫폼의 영향력을 더욱 감소시키는 양면적 시장에서는 네트워크 효과의 존재가 문제로 될 여지가 더 작다.[56] 그리하여 시장의 정의를 최대한 좁게 파악하더라도, 공유경제에서 지배력이 발생할 것이라고 보는 데에 회의론이 제기되어 왔다.[57]

하지만 아마존과 홀푸즈(Whole Foods)의 결합과 같이, 플랫폼경제의 기업과 전통적인 실물기업이 합병하는 추세가 나타나기 시작한 것으로 보이는 점은 주목할 만하다.[58] 2017년에 소매업자인 이케아가 '별난 작업'(odd job) 플랫폼인 태스크래빗을 인수한 것은 공유경제에서 나타난 두드러진 사례이다.[59] 수직적 효과 혹은 대기업 효과(conglomerate effects)가 발생하는 디지털 영역에서, 수평적 중첩이 없더라도, 그러한 결합은 시장 영향력을 증가시킬 가능성이 있다.[60] 더구나 지배력과 남용행위가 디지털 시장과 비디지털 시장에서 각각 발생할 여지가 있다면, 비디지털 영역에 지배력이 존재하는 것이, 합병 후 기업이 공유경제 내에서 하는 활동에 대하여 반독점 심사를 할 충분한 사유가 된다.[61]

지배력이 존재하는 경우에는 제102조가 적용될 잠재적 가능성이 있겠지만, 자동적으로 위반행위가 성립한다고 할 수는 없다.[62] 위 조항은 시장 영향력의 남용행위만을 금지하는데, 시장 영향력의 남용행위란 '정상적인 경쟁행위라고 볼 수 없는 수단을 사용하여 시장 내 기존 경쟁 수준의 유지를 방해하거나 경쟁의 증가를 방해하는 효과를 가져오는 행위'를 말한다.[63] 이 부분에서는 우리의 평가가 더욱 추측적이다.

제102조는 두 범주의 남용행위를 금지한다. 약탈적 활동과 배제적 활동이 그것이다. 지배적 기업이 과도하게 높은 가격 등으로 소비자를 직접적으로 착취하는 경우에 약탈적 남용행위가 있게

53 See, e.g., Leslie Hook and Mamta Badkar, Lyft Downloads Surpass Uber on Anti-Trump Backlash(반트럼프 역풍으로 리프트 다운로드가 우버를 추월하다), Fin. Times, Jan. 31, 2017, www.ft.com/content/4d3e0ac2-e73c-11e6-967b/c88452263daf.

54 King, supra note 8, at 732.

55 FTC, supra note 2, at 26.

56 Lougher and Kalmanowicz, supra note 8, at 98.

57 FTC, supra note 2, at 26-28.

58 See Statement of FTC's Acting Director of the Bureau of Competition on the Agency's Review of Amazon.com, Inc.'s Acquisition of Whole Foods Market Inc., published Aug. 23, 2017.

59 See, e.g., Tiffany Hsu, Ikea Enters 'Gig Economy' by Acquiring TaskRabbit(이케아가 태스크래빗을 인수하여 긱경제에 진입하다), NY Times, Sept. 28, 2017, www.nytimes.com/2017/09/28/business/ikea-taskrabbit.html.

60 See, e.g., European Commission, Guidelines on the Assessment of Non-Horizontal Mergers under the Council Regulation on the Control of Concentrations Between Undertakings(기업 집중에 대한 통제에 관한 유럽위원회의 규정에 근거한 비수평적 합병의 평가에 대한 지침) (OJ C265/6, 18.10.2008).

61 Case T-83/91 Tetra Pak v. Commission EU:T:1994:246.

62 Michelin (I), supra note 13, at para. 10.

63 Hoffmann/La Roche, supra note 12, at para. 91.

된다. 약탈적 행위는 교과서적 독점 행위의 한 유형인데도 불구하고, 최근 들어 이를 좀더 이용하려는 징후가 있기는 하지만, 유럽연합 내에서 오랜 기간 그에 대한 반독점법적 집행은 그리 선호되지 않았다.[64] 공유경제 플랫폼과 관련하여, 특히 긱경제에서, 다른 의미에서 약탈 주장이 제기되어 오기는 했지만,[65] 약탈 이론으로써 반독점적 해악을 파악하는 입장이 정착될 것 같지는 않다. 첫째, 다수의 사업모델에 의하면, 플랫폼은 제공자가 소비자로부터 수령할 기본 요금을 책정하지 않고, 그저 일방 혹은 쌍방으로부터 고정액 혹은 일정 비율의 수수료를 징수할 뿐이므로, 과도한 가격책정 주장은 그리 설득력이 없게 된다.

둘째, 지배적 사업자가 예컨대 바가지 가격(price-gouging)을 취하려고 해도, 공유경제의 특성상 최종 소비자가 가격에 상대적으로 민감할 수도 있고, 공유경제 안팎에 비교적 근접한 대용물을 갖고 있을 수도 있다. 사실 공유경제는, 원칙적으로 중단기적으로 자율교정을 할 수 있다면, 높은 가격이 문제로 되지 않는 종류의 시장(공개 경쟁에 대한 규제 등의 장애물이 없는 시장)이라고 볼 수 있을 것이다.[66] 심지어 우버의 할증요금 모델과 같은 악명 높은 고의적 고가격조차도 과도한 가격이 되지 않을 수 있다. 왜냐하면 그것이 바로 '경쟁에 따른' 가격, 즉 공급과 수요를 가장 효과적으로 연결해 주는 가격에 해당된다고 주장할 수 있을 것이기 때문이다.[67][68] 더구나 할증 가격의 본질적 간헐성과 운행의 일부 영역에만 적용되는 특질 때문에 과도한 가격책정이 지배력 남용을 구성하는 데에 필요한 '중대성'과 '지속성' 요건이 충족되기는 어려울 것이다.[69] 위 요건은 일시적이고 간헐적인 것과는 다르다.

그런데 흥미로운 반론으로서, 디지털경제 내 서비스에 치르는 간접비용(특히 가치 있는 개인 데이터의 제공)이 과도한 가격책정의 형태를 구성한다는 주장이 있다.[70] 이 개념은 어떤 공유경제 사업모델에는 적용될 이론적 가능성이 있는데, 최근 합병 과정에서 프라이버시 관련 우려 사항이 고려 요소로 인정됨으로써 좀더 지지를 받게 되었다고 할 수 있다.[71] 하지만 여전히 추측에 가깝고, 해악이론으로서는 의문스럽다고 할 수 있다.

서비스 제공자에게 과도한 가격 문제는 실제로 플랫폼 운영자가 플랫폼을 통하여 수입액에서 불공정한 비율을 가져갈 때에 생긴다. 제공자가 취약한 위치에 있을 경우 이 문제는 다양한 사회

---

64 Speech of Commissioner Vestager, Protecting Consumers from Exploitation(약탈로부터 소비자를 보호하기), Chillin' Competition Conference, Brussels, Nov. 21, 2016.

65 Satyajit Das, The Sharing Economy Creates a Dickensian World for Workers – It Masks a Dark Problem in the Labour Market(공유경제가 노동자에게 암흑의 세계를 창조하다. 노동시장의 어두운 문제점을 감추다), The Independent, Feb. 12, 2017, www.independent.co.uk/voices/sharing-economy-gig-economy-uber-airbnbworkers-rights/a7575856.html.

66 Opinion in C-177/6 Autortiesību un komunicēšana ās konsultāciju agentūra–Latvijas Autoru apvienība EU:C:2017:286, para. 48.

67 Id. at paras. 17 & 106.

68 King, supra note 8, at 731; Hatzopoulos and Roma, supra note 37, at 111-12.

69 C-177/16 Autortiesību un komunicēšana ās konsultāciju agentūra–Latvijas Autoru apvienība EU:C:2017:689, paras. 56 & 61.

70 Michal Gal and Daniel L. Rubinfeld, The Hidden Costs of Free Goods: Implications for Antitrust Enforcement(공짜 물건의 숨겨진 비용: 반독점 집행의 관련성), 80 Antitrust L.J. 521(2016).

71 Case M-8124–Microsoft/LinkedIn (Dec. 6, 2016).

적 우려를 야기하지만, 반독점 관련성은 명백하지 않다. 중개 시장의 양면적 성질에 비추어 보면, 공급자에게 높은 가격이란 플랫폼 양 측면의 수요에 균형을 맞추어 준다는 점에서 정당화될 수도 있고,[72] 낮은 가격이라면 직접적으로 최종 소비자에게 혜택을 줄 수도 있다. 더구나 상당한 네트워크 효과가 존재하는 경우에는 특히나, '공급되는 물품의 경제적 가치에 비하여 가격이 합리적 관련성을 갖지 않아서 가격이 과도하다'는 점을 입증하기는 쉽지 않을 것이다.[73] '필수적인' 플랫폼과 연계함으로써 얻는 이익이 있다고 가정해 보면, 제공받는 혜택과 요구되는 반대급부 사이에 불균형적 관계가 존재한다고 결론을 내는 것은 쉽지 않다.[74]

배제적 남용행위에 관하여 보건대, 지배적 기업이 반경쟁적 방법으로 경쟁자를 배제하고 소비자 복지에 악영향을 끼침으로써 실효적인 경쟁을 저해하는 행위가 여기에 해당된다.[75] 여러 범주의 남용행위가 파악되었는데, 여기에는 약탈적 가격책정, 배타적 거절, 거래 거절, 끼워팔기/결합판매 등이 있다. 다만 구글 사건이 보여주듯이, 금지행위의 범주는 엄격히 고정된 것이 아니다.[76] 사실 보기에 따라서는 위 경우 디지털 환경으로 인하여 야심찬 해악이론이 제기되고 정당화되었다고 할 수 있는데, 이러한 관점은 공유경제에 제102조를 적용하는 것과 관련하여 여러 의미가 있을 것이다.

예상되는 남용행위가 여럿 지적되었다. 독점적 이용의무 부과는, 경쟁 플랫폼이 규모의 경제를 실현하는 데에 필요한 고객 층에 충분히 접근하지 못하도록 하므로 배타적 거래 유형에 해당될 수 있다.[77] 최혜국대우 조항처럼 경쟁자에 연계하는 계약은 유사하게 경쟁을 배제하는 결과를 가져올 수 있다.[78] 플랫폼은 알고리즘과 데이터 수집을 통하여 경쟁자의 비용을 증가시킬 수 있다. 예를 들면 다중플랫폼 이용자를 파악하여 지배적 플랫폼을 주로 이용하도록 유인을 제공할 수 있다.[79] 어떤 플랫폼이 '필수적 시설'(essential facility)의 지위(개연성이 높지는 않지만 가능한 상태)를 획득하게 되면, 그 운영자에게 합리적 조건으로 중개업무에 대한 접근권을 제공할 의무가 부과될 수도 있다.[80] 더욱 논란이 될 만한 시나리오로서는 경쟁 중개자들이 플랫폼 기반시설(성공적인 기술 혹은 이용자로부터 추출된 데이터가 여기에 해당될 것이다[81])의 일부에 대한 접근권을 얻으려고 노력하

72 King, supra note 8, at 731-32.

73 United Brands, supra note 14, at para. 250.

74 Opinion in C-52/07 Kanal 5 EU:C:2008:491, para. 39; also FTC, supra note 2, at 27.

75 Enforcement Priorities, supra note 11, at para. 19.

76 See id.

77 King, supra note 8, at 732.

78 Id. at 733; see generally Pinar Akman, A Competition Law Assessment of Platform Most-Favoured-Customer Clauses(플랫폼의 최혜고객조항에 대한 경쟁법상의 평가), 12 J. Competition L. & Econ. 781, 823-31(2016).

79 See e.g., Herrera Anchustegui and Julian Nowag, How the Uber & Lyft Case Provides an Impetus to Re-Examine Buyer Power in the World of Big Data and Algorithms(어떻게 우버와 리프트 사건이 빅데이터와 알고리즘 세상에서 구매자 영향력을 재평가하도록 동인을 제공하는가), LundComp Working Paper No.01/2017.

80 Lougher and Kalmanowicz, supra note 8, at 100.

81 Lougher and Kalmanowicz, supra note 8, at 100.

는 경우가 있다.[82] 역으로, 전통적 제공자와 관련하여 공유경제에 제기되는 주요한 이의(가격을 후려치는 경향이 있다는 이의)에 의하더라도 해악이론상 구매행위가 있다고 보기는 어려울 것이다. 원가 이하의 지속적 가격책정이 불법이기는 하나,[83] 낮은 가격 체제를 이용하는 것은 결코 불법이 아니다. 더구나 많은 경우에 최종 구매 가격의 대부분은 서비스 제공자에 의하여 결정된다. 비록 최종 구매 가격이 제공자의 명목상 비용측정치 미만이라고 하더라도, 플랫폼 운영자에게 약탈적 행위를 귀속시키는 것은 어려울 것이다.

마지막으로 권한남용 행위가 고도로 추정되는 드문 경우에서도 피고는 정당한 목적을 달성하는 데에 그 행위가 객관적으로 필수적이라는 점 혹은 그 행위가 반경쟁적 효과보다 월등한 효율성을 창출한다는 점을 입증함으로써 그 행위를 정당화할 가능성이 여전히 살아 있다.[84] 그러나 기업이 경쟁에 대응하려고 노력한다(경쟁을 물리치려고 한다는 의미로 하는 것이겠지만)는 사실로는 유효한 정당화가 있다고 할 수 없다.[85] 플랫폼이 지배력을 획득한 한도 내에서는 '특별한 책임'[86]을 부담하므로 오늘에 이르기까지 공유경제의 특징이 되어 온 것과 같은 공격적 경쟁 행태에 종사하는 것은 이론상으로 금지된다.

II. 반경쟁적 공동행위

비지배적 기업들은 반경쟁적 공동행위에 종사한 경우에만 반독점 규율의 범위에 들어온다. 유럽연합법 규정 중 관련 조항은 제101(1)조인데, 위 조항은 '본질적으로, 혹은 결과적으로 경쟁의 저지·제한·왜곡을 가져오는 사업자들의 모든 협약, 사업자 단체의 결정 및 조율된 행태'를 금지한다. 제101(3)조는 효율성을 중심으로 한 기준들을 달성하기 위한 조치에 대하여는 예외를 제공한다. 미국법상 독점금지 조항은 셔먼법 §1인데, 위 조항은 유사하게 '거래를 제약하는 모든 합의, 트러스트 등 형태의 기업결합, 공모행위'를 금지한다.

카르텔은 반독점 분야에서 '최대의 악'으로 널리 인식되고 있다.[87] 공유경제 시장에서 악질적 카르텔이 형성된 경우(예를 들어 외관상으로는 독립된 플랫폼 중개사업자들 사이에 가격 고정 혹은 시장 분점이 있는 경우라면), 카르텔을 금지하는 일반 규정이 특별히 달리 적용될 것 같지는 않다. 그러한 행위가 제101(3)조에 해당됨이 없이 제101(1)조에 위반되고, 본질적으로 셔먼법 §1에 위반됨에는 논란의 여지가 없는 것으로 보인다. 개별 공유경제 사업자 사이에서 발생하는 카르텔의 추정 문제

---

82 An analogy can be drawn with C-418/01 IMS Health EU:C:2004:257.

83 C-202/07 France Telecom EU:C:2009:214.

84 Enforcement Priorities, supra note 11, at paras. 28–31.

85 France Telecom, supra note 83.

86 See supra note 13.

87 Verizon Communications v. Trinko, 540 U.S. 398 (2004).

를 논외로 한다면, 공유경제 사업모델 내에서 어떤 방식으로 반경쟁적 담합이 일어나는가가 고찰의 대상이 된다. 세 가지 가능성이 있다. 공유경제 플랫폼이 중심축-방사망(hub-and-spoke)으로 이어지는 카르텔 활동의 도관이 되는 경우, 비카르텔의 수평적 담합의 수단으로 사용되는 경우, 수직적 경쟁제한의 원천으로서 사용되는 경우가 그것들이다.

각 경우의 중심 전제는 플랫폼이 제101(1)조의 '사업자 사이의 합의'를 구성하는 것으로 이해하는 데에 달려 있다. 사업자 개념에는 '경제활동을 하는 모든 주체'가 포함되어 있는데,[88] 경제활동이란 '특정 시장에서 물품이나 서비스를 제공하는 모든 활동'을 의미한다.[89] 최종 소비자는 사업자를 구성할 수 없으므로, 우리의 주안점은 플랫폼과 서비스 제공자 사이의 관계에 놓여 있다. 공유경제의 개념적 특성으로서 "공유경제가 '기업'의 최소 유효크기를 극단적으로 축소함으로써 온전한 사업자가 아니라도 괜찮다"는 점이 있다. 예를 들면 주택소유자는 방 하나를 가끔씩 임대할 수도 있다.[90] 그러나 제공자가 간헐적으로 일을 하는 개인이라고 하더라도, 그를 사업자로 분류하기에 불충분한 것은 아니다.[91] 사실 해당 주체가 수수료를 받아야 하는 것도 아니다. 기본적 척도는 '이윤을 추구하는 사적 주체에 의하여 수행될 만한 활동(적어도 원칙적으로는 그럴 만한 활동)에 쟁점 주체가 종사하는가 여부'이다.[92] 이렇게 확장된 기준에 의하면, 영리적 제공자와 경쟁을 하는 경우 진정한 공유활동조차도 경제 활동의 개념에 포함될 수 있다.

두 개의 예외가 자연스럽게 드러난다. 그 하나는 서비스 제공자가 플랫폼(본인)의 대리인에 해당되어, 대리인과 본인이 단일한 사업자를 구성하는 경우이다.[93] 하지만 유럽연합법에 따르면 대리인이 인정되기 위해서는 엄격한 요건을 충족하여야 하는데, 사업의 재정적·상업적 위험 중 대리인이 부담하는 부분이 의미가 없을 정도로 작아야 한다.[94] 서비스 제공자가 사실상 자신의 이익을 추구하는 업무에 종사하는 대부분의 공유경제 사업에 이러한 요건을 적용하면(비록 소비자에게는 플랫폼의 구성 요소로서 자주 제시되지만), 진정한 대리관계가 발생할 것 같지는 않다.

두 번째로, 명목적으로는 독립된 계약자이지만 플랫폼에 대하여 취약하고 종속적이며 근접한 지위를 점하고 있어서 사실상 자기고용이 허위라고 볼 수 있는 제공자도 예외이다.[95] FNV 사건에서 그러한 주장이 제기되었는데, 그 사건에서 사법법원은 '서비스 제공자가 독자적으로 시장 내 행동을 결정하지 않고 완전히 본인(principal)에 의존하여 본인의 사업 내에서 보조인으로 활동하는 경우'라면 그 서비스 제공자가 사업자로서의 지위를 상실한다는 점을 인정하였다.[96] 내국법

---

88 C-41/90 Höfner EU:C:1991:161, para. 21.

89 C-218/00 Cisal EU:C:2002:36, para. 23.

90 Stallibrass and Fingleton, supra note 2, at 414.

91 C-413/13 FNV Kunsten Informatie en Media EU:C:2014:2411, para. 27.

92 Opinion in C-67/96 Albany EU:C:1999:430, para. 311.

93 C-217/05 CEEES EU:C:2006:784, paras. 38-42.

94 Id. at para. 46.

95 FNV, supra note 91, at para. 31.

96 Id. at para. 33.

상 제공자의 지위와 상관없이, 외견상 독립성이 단지 개념적인 것에 불과한 경우라면 그 제공자는 별개의 사업자를 구성하지 않는다.[97] 비슷한 주장이 긱경제에 관련된 비슷한 상황에서 제기되었는데, 우버로 하여금 고용보호법률의 적용을 받도록 하려는 노력도 그중의 하나였다.[98] 그러나 핵심 문제는 제공자가 같은 역할을 하는 피용인보다 큰 독립성과 융통성을 누리는가 여부였다.[99] 이는 상대적으로 낮은 기준이어서 공유경제의 많은 부분이 제101조의 적용을 받게 만들 수 있다.

만약 제공자가 사업자에 해당된다면, 어떠한 경쟁제한적 담합이라도 제101조의 위반이 될 수 있다. 이제 미국 반독점 소송사건인 Meyer v. Kalanick[100]에서 논의된 접근법을 검토하는 것이 유용할 것인데, 위 사건에서 우버와 그 운전자들이 재판매가격유지(RPM)와 유사한 '수직적' 가격 제한을 함과 더불어 할증가격 제도로 '수평적' 공모를 함으로써 셔먼법 §1을 위반하였다는 주장이 제기되었다.

반경쟁적 담합을 하는 것으로서 우선 가장 나쁜 방식은 플랫폼이 제공자들 사이에 카르텔 담합이 이루어지도록 중심축-방사망(hub-and-spoke) 방식을 이용하는 것이다. 중심축-방사망 카르텔에는 공통된 거래당사자를 통하여 정보를 유통시켜 경쟁자들이 수평적 유착관계를 간접적으로 형성하는 예가 많다.[101] 이와 같은 해악이론에 의하면 플랫폼은 카르텔 촉진자로서 기능하는데,[102] 겉으로는 수직적 접촉으로 보이나 실제로는 경쟁 제공자들 사이의 수평적 결합인 것들이 생기게 된다. 사례로서 Apple E-Books 사건이 있는데, 그 사건에서는 플랫폼 운영자가 각 출판업자에게 경쟁자와의 협상 상태를 알려줌으로써, 온라인 플랫폼 운영자와 출판업자 사이의 수직적 협상이 수평적 효과를 갖는다고 판단되었다.[103] 제공자가 담합을 하기로 정확히 합의할 필요는 없고, 보조를 맞춘 행태만으로 충분하다. 즉 사업자가 경쟁의 위험을 피하기 위해 고의적으로 현실적 담합행위를 하면 된다.[104]

최근 세 사건이 이 이론의 발전을 도왔다. ETURAS 사건[105]에서 한 여행예약 플랫폼이 할인율 상한을 낮추기로 하는 플랫폼 차원의 정책을 이메일로 고지하였다. 사법법원은 '여행사가 그 내용을 인지하였고, 묵시적으로 동의한 것으로 간주될 수 있었으며, 그 후 여행사가 반경쟁적 행위에 종사하였고, 인과관계가 입증된 경우'에는 메시지의 단순한 수령만으로도 수평적 담합이 인정된

---

97 Id. at para. 35.

98 Uber Spain Opinion, supra note 26, at para. 54.

99 FNV, supra note 91, at para. 37.

100 No. 1:2015cv09796, Doc.37, Motion to Dismiss (S.D.N.Y. 2016). 우버의 서비스 조건에 의하면 원고가 분쟁을 중재로 해결하여야 한다는 주장에 기초하여, 그 사건은 우버가 당초 소송에 관여함으로써 중재항변을 포기하였는지 여부를 심사하도록 지방법원으로 환송되었다. See Meyer v. Uber Technologies, Inc., No. 16-2750 (2d Cir. 2017), judgment of Aug. 17, 2017.

101 Okeoghene Odudu, Indirect Information Exchange: The Constituent Elements of Hub and Spoke Collusion(정보의 간접적 교환: 중심축-방사망 유착의 구성요소), 7 Euro. Competition J. 205 (2011).

102 Opinion in C-74/14 ETURAS EU:C:2015:493, para. 42.

103 Case COMP/AT.39847 – E-Books (OJ C73/17, 13.3.2013).

104 C-8/08 T-Mobile EU:C:2009:343, para. 26.

105 C-74/14 ETURAS EU:C:2016:42.

다고 확인하였다.[106] 그런데 묵시적 동의가 없다면 플랫폼과의 단순한 거래행위로 담합을 인정하기는 충분하지 않다. 그러한 경우 다른 증거가 필요하다.[107] 따라서 제공자 사이의 경쟁을 억제할 의도로 제한을 가하는 온라인 플랫폼에 참여하여 하는 경우, 제공자들이 제한을 인지하고 그에 따라 행동한 때에만 제공자 사이에 간접적 담합이 있는 것으로 된다. 더구나 사법법원은 이러한 분석은 구체적 사실관계의 성격에 크게 의존한다고 강조하였다.

위와 같은 논리는 공유경제 내에서 전형적으로 작고 비전문가인 서비스 제공자와 보통은 크고 수익성 높은 플랫폼 사이에 상당한 권력 불균형이 있다는 점을 포착하지 못하고 있다. 수직적 합의는 일반적으로 부합계약에 해당되는데, 제공자가 그 계약 내용에 영향을 미칠 재간은 거의 없다. 그러므로 외견상 수평적 경쟁자인 업체의 관점을 위주로 담합을 평가하는 경우에는 시장 역학관계를 이해하지 못할 위험이 있다. ETURAS 사건에서 슈푸나르 법무관은 '불법적 제안과 실행에 대한 책임이 자체 이익을 추구하는 제3자인 플랫폼 운영자에게 귀속되더라도 그 제안이 그 제3자에 의하여 전파된다면, 초래되는 경쟁제한은 해당 사업자의 단독적 행위로만 귀속시킬 수 있을 것이다'라고 주장하였다.[108] 그러한 행위는 수직적 경쟁제한으로서, 즉 제102조에 의하여 검토되어야 한다.

이러한 접근법은 VM Remonts 사건에서 지지를 받았는데, 위 사건에서는 하나의 독립 컨설턴트가 여러 사업자의 입찰서를 모두 준비하고 그 과정에서 상업적으로 민감한 정보를 공유하여 입찰 담합이 이루어졌다. 사법법원은 '컨설턴트가 이와 같은 방식으로 정보를 공유할 것이라는 점을 전혀 알지 못한 경쟁자는 수평적 담합에 참여한 것으로 볼 수 없다'라고 판시하였다. 대신에 피고가 컨설턴트에게 반경쟁적으로 행동하도록 지시했다는 점, 피고가 진행되는 반경쟁적 행위를 알고 있었고 불법적 결과에 기여하려고 의도했다는 점, 혹은 그러한 행위를 합리적으로 예상할 수 있었는데도 그 위험을 감수하려는 태도였다는 점 중 하나를 입증할 필요가 있다.[109] 따라서 수직적 도관을 통하여 수평적 협동을 하는 경우에는 서비스 제공자가 실질적으로 경쟁자와 담합을 하고 있다는 사실을 인지하고 수용하는 것이 요구된다. 공유경제 플랫폼에 적용해 보면, 운영자가 설정한 이용 약관에 단순히 동조한 것 이상의 무엇인가를 서비스 제공자가 해야 한다는 것을 의미한다. 담합의 입증에는, 그러한 약관이 플랫폼 운영자와의 관계를 넘어서 확대된다는 사실에 대한 이해와 묵시적 동의가 요구된다. 더불어 경쟁 제공자와 사이의 관계에 대한 의미도 인지하고 있다는 증거가 있어야 한다.

수평적 담합이 입증된 경우라도, 수직적 차원에도 여전히 의미가 있다. 플랫폼 운영자가 카르텔 촉진자로 기능하는 경우, 플랫폼 운영자가 해당 시장에서 적극적으로 활동을 하지 않더라도, 카

---

106 Id., paras. 42 & 44.
107 Id., para. 45.
108 Opinion in ETURAS, supra note 105, at para. 73.
109 C-542/14 VM Remonts EU:C:2016:578, paras. 30-33.

르텔에 참여한 것으로서 제101(2)조에 따른 책임이 있다고 판단될 수 있다.[110] 그러기 위해서는 운영자가 그 산하의 카르텔 활동을 인지하고 있었거나 합리적으로 가능성을 예견할 수 있었다는 점 및 반경쟁적 계획의 실현에 기여하려고 의도하였다는 점이 입증될 필요가 있다.[111] AC-Treuhand 사건에서는 이 점이 충족되었는데, 위 사건에서는 피고가 모든 것을 알면서도 카르텔의 추진을 직접적인 목적으로 하는 행정적 서비스(회합의 주선과 데이터 수집)를 제공하였다.[112] YIRD 사건에서 유럽연합집행위원회는 은행들이 금리에 대한 수평적 조작을 하는 데에 도관으로서 행위한 중개인이 그러한 촉진을 하였다고 판단하였다.[113] 그리하여 플랫폼 운영자가 고의적으로 반경쟁적 수평적 담합을 촉진하면 스스로 카르텔에 참여한 것과 같은 책임을 지게 된다.

앞의 분석론은 담합행위가 경쟁제한을 어느 정도 야기한다는 가정을 전제로 한다. 강조하건대, 제101(1)조와 셔먼법 §1은 모든 계약상 제한을 규제하는 것은 아니다. 담합이 경쟁제한을 목적으로 한다는 점 혹은 경쟁제한의 효과가 있다는 점을 입증할 필요가 있다. '목적상' 경쟁제한(object restriction)에는 경쟁에 대한 해악의 정도가 충분하게 드러나는 담합이라서 추가로 그 효과를 검토할 필요성이 없다고 보이는 정도의 것이 포함되어 있다.[114] 수평적 가격 고정 혹은 시장분점은 전형적인 사례들이다.[115] 예를 들어 가격 고정 공모가 Meyer 사건에서 주장되었다. 모든 수평적 경쟁제한이 그 자체로서 카르텔을 구성하지는 않으므로 카르텔 담합과 비카르텔 담합을 구분하여야 한다. 카르텔은 거의 이변이 없이 비밀리에 이루어지고, 상쇄하는 효율성을 창출하지 않고, 소비자를 착취할 목적으로 만들어진다. 카르텔은 플랫폼에 참여하는 것처럼 원래 합법적인 공동행위의 상황에서도 발생할 수 있으나, 그러한 카르텔은 강고한 반경쟁적 행태에 수반되는 이익추구적 협동행위와는 통상 구분된다.[116] 플랫폼이 카르텔 촉진 메커니즘으로 기능한다(ETURAS 사건에서 제기된 주장이다)는 증거가 있으면, 제101조와 셔먼법 §1에서 위법한 것으로 판단할 것임은 거의 확실하다.

하지만 플랫폼은 반경쟁적임이 확실하지는 않은 수평적 협동행위 혹은 경쟁의 제한에 관여할 수 있다. 가격, 제공 서비스, 대상 고객 등에 관련된 제한행위가 플랫폼의 기능에 불가피하거나 크게 도움이 되는 경우라면, 제101조가 그러한 공동행위를 정당화하는 길을 열어 놓고 있다.

첫째, 경쟁의 단순한 제한과 경쟁에 해를 끼치는 담합은 구분되어야 한다. 후자만이 목적상 제한행위로서 자동적 금지대상으로 적합하다.[117] 둘째, 그러한 행위가 제한적 결과를 가져온다고 하

---

110 C-194/14 AC-Treuhand EU:C:2015:717.

111 Id., para. 30.

112 Id. paras. 37–38.

113 Case AT.39861–Yen Interest Rate Derivatives (C(2015)432 final).

114 C-67/13 CB EU:C:2014:2204, para. 49.

115 Id. para. 51.

116 See, e.g., COMP/39.579 –Consumer Detergents (OJ C193/14, 2.7.2011).

117 CB, supra note 114, at paras. 69–75.

더라도, 경제적·법적 맥락에서 담합의 반대사실에 대한 세밀한 평가를 필요로 한다.[118] 이 경우 공유경제의 양면적 성질이 의미를 갖는다. 담합이 다면체인 플랫폼의 한 측면에 이익을 갖다 주더라도 다른 측면에 과도한 불이익이 발생한다면 제101(1)조의 적용을 피해갈 수 없다.[119] 그런데 이에 대하여는, 담합이 없었으면 관련 제품이 존재하지 않았을 것이라는 주장도 제기된다. 그 취지는 경쟁 및 소비자 복지가 전반적으로 감소할 것이라는 것이다.[120] 셋째, 제한적 조항이 상업 활동 전반을 실현하는 데 객관적으로 필요하고 제한조치 외에는 계약내용이 친경쟁적인 경우라면, 부수적 제한 이론(ancillary restraints doctrine)에 따라서 개별적 제한조치를 면책시킬 수 있다.[121] 하지만 까다로운 요건이 충족되어야 한다. 즉 제한조치를 전반적인 조정행위에서 분리하는 것이 불가능하거나 그것이 없이는 활동을 수행하는 것이 불가능하여야 하고, 제한조치가 친경쟁적 목표에 비례하여야 한다.[122] 마지막으로, 제한적 담합이라고 일응 추정되는 경우라도 상쇄하는 효율성이 있다면 제101(3)조에 의하여 구제받을 수 있다. 피고는 네 개의 누적적 기준이 충족됨을 입증하여야 하는데, 측정가능한 경제적 이익의 경우에는 이익의 상당 부분이 소비자에게 돌아간다는 점이 충족되어야 한다.[123] 공유경제의 발전으로 상당한 복리 증진의 효과가 있기 때문에 제101(3)조가 적극적으로 적용될 사건들이 분명히 있다.[124]

발생 여부가 불확실한 수평적 담합 외에도 플랫폼 모델에는 제101조가 적용될 수 있는 다양한 수직적 협약들이 있다. 비록 목적성/효과성 구분이 유효하지만,[125] 목적상 경쟁제한의 존재는 쉽사리 인정되지 않는다.[126] 목적상 경쟁제한의 주요한 형태로 의미가 있는 것으로 재판매가격유지행위가 있다. 이는 플랫폼 운영자가 서비스 제공자가 징수할 수 있는 가격을 결정하는 때에 존재하는데, 이 경우 적어도 플랫폼이 정한 가격에서 벗어나지 못하거나 그 밑으로 내려가지 못하여야 한다.[127] 플랫폼 책정 가격을 재판매가격유지로 해석하는 데에 대한 개념적 반대는 플랫폼의 양면적 성격에 관련된다. 공급자가 물품을 생산하고 그 가격에 대한 통제권을 행사하는 전통적 시나리오와는 달리 플랫폼 운영자는 플랫폼을 통하여 공급되는 서비스를 생산하지는 않는다. 그 말은 재판매가 아니라는 뜻이다. 대신에 그들은 중개 서비스에 대한 접근권의 조건을 정하고, 거기에 가격책정 표준이 포함될 수 있을 뿐이다. Binon 사건의 단호한 문구를 보면, 이러한 주장에도 난점

---

118 C-345/14 Maxima EU:C:2015:784, para. 26.
119 C-382/12 MasterCard EU:C:2014:2201.
120 For instance, Asda v. MasterCard [2017] EWHC 93 (Comm).
121 MasterCard, supra note 119, at paras. 89–90.
122 Id. at paras. 90–91.
123 Guidelines on the Application of Article 81(3) of the Treaty(협약 제81(3)조의 적용에 관한 지침), Commission (OJ C101/97, 27.4.2004).
124 David Bailey, Reinvigorating the Role of Article 101(3) under Regulation 1/2003(규정 1/2003에 따라 제101(3)조의 역할을 부활시키기), 81 Antitrust L.J. 111 (2016).
125 C-56/64 Consten and Grundig EU:C:1966:41.
126 Maxima, supra note 118, at para. 21.
127 Guidelines on Vertical Restraints(수직적 경쟁제한에 대한 지침), Commission (OJ C130/1, 19.5.2010), para.223.

이 있다. 위 사건에서는 '제3자와의 계약에서 준수되어야 할 가격을 고정하는 조항은 그 자체로서 경쟁의 제한에 해당된다'는 판시가 있었다.[128] 소비자 거래가 플랫폼과 사이에 이루어지거나 제공자와 사이에 직접 이루어지거나 상관없이, 이러한 파악은 소비자에 대한 가격을 책정하는 모든 수직적 협약을 의심스러운 것으로 만든다. 재판매가격유지에 목적성 접근법을 반사적으로 적용하는 것은 많은 비판을 받았는데, Maxima 사건은 수직적 가격 고정을 수평적 가격 고정과 같은 것으로 취급해야 하는지에 대하여 의문을 던졌다.[129] 비록 집행위원회가 예견한 효율성 정당화는 수용가능성을 적용의 한시성에 연계시키기는 하였지만, 경쟁제한적 재판매가격유지행위라고 일응 추정되는 것이라도 제101(3)조에 의한 면제를 받을 수 있다.[130]

'목적성 영역'에는 해당되지 아니하더라도, 수직적 합의의 누적 효과가 관련 시장(상방시장인 중개시장이든 하방시장인 서비스 시장이든 무관하다)의 배제에 기여한 것으로 평가될 수 있는 경우에는 플랫폼 모델이 곤란한 상황에 직면하게 된다.[131] 어느 공유경제 플랫폼이나 성공의 열쇠는 서로 경쟁하는 많은 서비스 제공자로 구성된 '두툼한' 시장인데, 그러한 시장에서는 제공자와 사이에 체결된 다수의 병행적 합의를 필요로 한다.[132] 그 결과 다른 시장에서는 흔히 볼 수 있는 수직적 합의들 대부분(독점적 고객 할당, 배타적 공급, 일정 지역에 대한 단일/소수 공급자의 지정)은 별로 의미가 없어서 잘 이루어지지 않을 것 같다. 하지만 플랫폼이 시장 영향력(지배력의 수준에 이르지 못할지라도)을 획득하는 경우,[133] 문제가 될 만한 경쟁제한이 성립한다고 볼 수 있다. 전속 제휴 강제는 단일브랜드강제(single branding)와 유사한데, 전속 제휴 강제를 하는 경우 경쟁 플랫폼을 경쟁에서 배제하거나 동일 플랫폼 내 제공자들 사이의 경쟁을 완화할 가능성이 있다.[134] 끼워팔기는 한 상품(예, 중개행위)을 구매하는 경우 반드시 다른 상품(예, 보험)을 구매하도록 하는 것을 말하는데, 끼워파는 상품에 대하여 단일브랜드를 강제하는 것이 된다.[135] 마지막으로, 최혜국대우 조항은 제101(1)조 및 제102조와 관련하여 경쟁제한 효과를 가져올 수 있다.[136] 그럼에도 불구하고 수직적 제한조치가 효과상 경쟁제한에 해당된다고 보기 위해서는 시장의 상황을 고려하여 합의들에 관련하여 인과관계에 대한 포괄적인 분석을 필요로 한다. 그렇게 하면, 부수적 제한 이론 및 제101(3)조에 의하여 합의들이 구제될 가능성이 있다.

---

128 243/83 Binon EU:C:1985:284, para. 44.
129 Maxima, supra note 119, at paras. 19-21.
130 Guidelines on Vertical Restraints(수직적 경쟁제한에 대한 지침), supra note 129, at para. 225.
131 Maxima, supra note 119, at paras. 25-31.
132 FTC, supra note 2, at 20.
133 Guidelines on Vertical Restraints(수직적 경쟁제한에 대한 지침), supra note 129, at para. 6.
134 Id. at para. 130.
135 Id. at para. 214.
136 King, supra note 8, at 732-33.

III. 공유경제에서의 반독점법의 한계

앞의 논의를 보면, 공유경제 주체의 시장 행동은, 혼자 하건 함께 하건, 반독점법이 적용된다고 생각할 수 있지만, 경쟁법 문제로 보이는 것들 중 많은 것들이 이 관점에서 심사 혹은 감독을 받기에는 부적절하다. 이 마지막 섹션에서는 우리는 이러한 역설적인 문제를 검토하고자 한다. 공유경제에는 불공정한 경쟁 행태로 주장되는 사례가 많은데, 왜 반독점법상의 경쟁법 쟁점이 아니라는 말인가?

공유경제가 발전하면서 경쟁 및 소비자 복지 전반에 긍정적 기여를 하였다는 점은 널리 인정되고 있다.[137] 하지만 공유경제가 등장하면서 특히 두 부류의 활동자에게 부정적 영향을 끼쳤다. 그중 하나는 혁신적 진입자에게 자리를 빼앗긴 기존 제공자이고, 다른 하나는 강력한 중개 플랫폼이 저지른다는 착취행위에 취약한 일부 신규 제공자이다. 게다가 이러한 부정적 영향은 양면적 사업모델로서의 공유경제 플랫폼의 성공에, 적어도 부분적으로는, 직접적으로 연결되어 있다. 전통적 제공자로부터 다수의 고객을 빼내 오기도 하고, 동시에 다수의 서비스 제공자를 빼내 오기도 하는데, 고객이나 서비스 제공자나 별로 협상력이 없다. 불공정 경쟁 주장이 유별나게 인간의 모습으로(생계의 터전을 잃은 택시 기사, 최저임금도 못받는 오토바이 배달원 등) 자주 다가오지만, 불공정 사례가 전부 경쟁법 사안인 것은 아니다.[138] 반독점법의 관점에서 보면, 부정적으로 보이는 그러한 결과라도, 공격적이기는 하나 건강하고 허용가능한 경쟁으로서 허용할 수 있을 것이다.[139] 따라서 유럽연합 경쟁법상의 보호는 경쟁절차 그 자체에 부여되는 것이지 경쟁자들에게 부여되는 것이 아니다…. 궁극적으로 분석해 보면, 경쟁법은 효율성 증진을 목표로 한다고 할 수 있다.[140]

지금까지의 논의에서 우리는 공유경제가 경쟁법의 문언과 정신에 부합하는 방식으로 효율성 증진에 성공하는 데 사용한 수단에 대하여 언급하였다. '공유경제의 핵심 특질은 그냥 놔두면 사회적 손실이 되었을 생산능력 중 가치창출의 가능성이 있는 것들을 활용하는 데에 있다'고 우리는 처음부터 지적한 바 있다. 공유경제는 생산 잠재력을 실현하고 그 이익을 경제 일반에 전달할 수단을 제공함으로써 기본적으로 사회적 낭비를 줄인다고 할 수 있다.[141] 더구나 매몰 비용에 해당하는 기존 자산을 활용한다는 점(가정용으로 가끔 사용하는 드릴의 경우), 대체적 사용으로 고정비용을 회수할 수 있다는 점(임차한 개인 주택 중 남는 침실의 경우), 기회비용이 들지 않는 점(우버 운전자는 노는 시간에 수입이 없다)이 적어도 이론적으로는 공유경제의 전제로 되고 있을 뿐만 아니라, 서비스

---

137 See, e.g., Hatzopoulos and Roma, supra note 37, at 109.

138 Speech of Commissioner Vestager, "Setting Priorities in Antitrust,"(반독점법의 우선과제 선정) GCLC, Brussels, Feb. 1, 2016.

139 Opinion in C-413/14 Intel, EU:C:2016:788, para. 41.

140 Id.

141 Malthe Mikkel Munkøe, Regulating the European Sharing Economy: State of Play and Challenges(유럽 공유경제의 규제: 현상황과 도전과제), 52 Intereconomics 38, 39 (2017).

제공자는 상응한 전통적 제공자(전통적 제공자는 더 높은 유지비용으로 경쟁하므로 더 많은 보상 혹은 자본 수익률을 기대할 것이다)보다는 낮은 가격으로 서비스를 제공할 능력과 의사를 갖고 있을 것이다. 소비자 복지의 관점에서 보면, 특히 분배 효율성의 관점에서 측정해 보면, 공유경제의 이익은 매우 크다. 가격은 낮아지고 소비자 선택은 넓어지기 때문이다. 공유경제 안팎의 제공자들이 어찌하여 이러한 시장 모델을 불공정하게 보는지는 쉽게 알 수 있다. 제공자들은 노력에 비하여 많은 보수를 받는 것을 이상적이라고 보고, 낮은 비용 기반을 가진 경쟁자가 치고 들어오는 것을 피하고 싶어 한다. 하지만 위와 같은 주장이 경쟁의 증가에서 직접적으로 파생된 것이기는 하지만, 반독점법적 차원에서는 이를 경쟁의 문제점으로 해석할 수 없다. 소위 '파탄적 경쟁'(ruinous competition)이라도, 반독점법에서는 하등 우려사항이 아니라는 점은 이미 오래 전에 확립된 원리이다.[142]

많은 논평가들이 유사한 결론이 도출된다고 보기는 하나 좀더 복잡한 문제로서 '비대칭적 규제 부담이 불공정한 이익에 해당돼서 반독점적 심사를 필요로 하는지 여부'가 있다. 공유경제의 비판자 다수가 '공유경제의 경쟁력 우위는, 높은 효율성에서 나오는 것이 아니라, 전통적인 규제를 회피하기 위해 사각지대를 이용하는 것에서 주로 나온다'고 주장한다.[143] 전통적인 규제로서는 호텔사업자를 값비싼 상업지구에 한정하는 도시계획법, 높은 진입장벽을 부과하고 운전자가 가격경쟁을 하지 못하도록 하는 택시산업 규제로부터 책임보험 가입, 사업자 과세 등의 일반적인 요건들에 이르기까지 다양하다.[144] 이 문제와 위의 우려사항 사이의 핵심적 차이는 '사업자의 이익을 갉아 먹을 경쟁 압력을 회피하려는 욕구는 극히 사적인 이익이지만, 공유경제가 우회하려는 종류의 규제는 전형적으로 넓은 의미에서 공적인 이익을 위하여 확립되었다'는 점이다. 그리하여 비대칭적 규제에 대하여 두 가지 반론이 제기될 수 있을 것이다. 첫째, 전통적인 규제 대부분의 근저를 구성하는 공공정책 목표(공공안전, 소비자 보호, 차별 금지 혹은 환경보호 등)가 공유경제에서는 충분한 보호를 받지 못한다는 우려가 있다. 둘째, 규제가 결과적으로 시장 자유를 제한하고 비용을 상승시킴으로써 규제 대상을 억누르는 정도에 따라, 사업에 대한 국가의 차등적 규제 부담이 평등권을 침해한다는 주장이 있을 수도 있다.

많은 경우에 첫째 우려에 대하여는 '공유경제 플랫폼을 떠받치는 혁신적 사업모델과 기술이 효과적으로 공공이익 목표를 다루고 보호할 것이며, 시장 실패에 대하여 규제적 해결책이 아닌 사업적 해결책을 제공할 것이기 때문에, 그러한 하향식 규제는 필요없다'고 답할 수 있다.[145] 특히 플랫폼은 더 나은 정보 제공 및 평판 시스템에 크게 의존하므로, 국가의 통제를 불필요하게 만든다.[146] 하지만 이러한 대답이 전적으로 타당한 것은 아니다. 왜냐하면 자율규제는 모든 소비자를 보호하

---

142   US v. Socony-Vacuum, 310 U.S. 150 (1940).

143   Horton and Zeckhauser, supra note 1, at 2.

144   Sofia Ranchordás, Does Sharing Mean Caring? Regulating Innovation in the Sharing Economy(공유란 배려를 의미하는가? 공유경제에서의 혁신에 대한 규제), 16 Minn. J. L., Sci. & Tech. 413 (2015).

145   Stallibrass and Fingleton, supra note 2, at 417.

146   Id. at 417.

는 데에 효과적인 보호를 제공한다고 보기에 불충분하기 때문이기도 하고,[147] 정보 비대칭성에 직면하여 소비자 보호를 증진하도록 의도된 일부 규제수단에만 자율규제가 이루어지기 때문이기도 하다.[148] 노동법과 조세법과 같은 영역에 대하여 공유경제 사업모델이 적응을 해 갈 것인지 아니면 교란을 할 것인지에 관한 문제는 여전히 미해결 상태이다. 실제로 이러한 영역에서 자발적으로 부담을 증가시켰으나 소비자 관점에서 플랫폼에 대한 매력을 증진시키지는 아니하고 비용이 증가한 경우라면, 공유경제 플랫폼과 서비스 제공자의 이익에는 일반적으로 배치될 것이다.

이제 사실상 공정성 주장인 두 번째 우려사항으로 이어지는바, 규제 부담에서도 같은 것은 같게 취급되어야 하는데, 현재로서는 공정한 경쟁의 장(level playing field)이 존재하지 않는다는 것이다.[149] 공유경제의 경쟁 잠재력 및 교란 잠재력이 현실화되자, 규제권자는 딜레마에 빠지게 되었다. 규제적 통제에 대한 필요성 및 정당성이 약한 상황에서도 신규 진입자에게 기존 규제를 확대할 것인가, 아니면 기존 규제체제를 수정하거나 폐기하고 문제가 될 소지가 있는 시장 행태에 대한 감독권한이 덩달아 사라지는 것을 감수하여야 하는가의 딜레마가 생겼다. 우버가 런던 시장에 진입한 이후에 런던교통국(TfL)이 사적운송 규제의 미래에 대하여 한 의견수렴 결과에서 적당한 사례를 발견할 수 있다. 기존의 규제를 확대적용하려고 한 계획은 크게 다투어졌고 이는 큰 규제를 받는 고급 택시 업체에 대하여 우버가 갖는 경쟁상 우위를 사실상 제거하려는 것이었는바, 보호주의, 경쟁과 혁신의 질식에 대한 우려와 최종적으로 소비자에게 손해가 될 것이라는 걱정 때문에 이 계획은 크게 수정되었다.[150] 경쟁시장국(Competition & Market Authority)이 인정하였듯이, 제안된 규정 중 많은 부분이 시장 실패 가능성을 해결하는 데 필요하다고 생각된 것들이었는데 이미 우버 플랫폼이 다룬 것들이었고(예를 들면, 고객이 맞는 차량을 선택하도록 5분 동안 대기하게 하는 방식), 어떤 것은 의도와 다르게 우버의 기존 시장 영향력을 증대시켜 주는 효과를 가져올 수도 있었다(예를 들면 운전자의 다중플랫폼 제휴를 금지하는 것).[151] 그리하여 경쟁정책 전문가들은 '사려깊지 못하게 규제상 부담을 동등하게 만들게 되면 소비자에게 심각한 부정적 효과가 미치게 되고, 서비스는 접근성이 떨어지고 더 비싸지게 될 것이다'고 강력하게 주장한다.[152]

하지만 두 가지 우려의 공통점은 미국법학계에서 '반독점법상 피해'(antitrust injury)라고 알려진 것을 다루지 않는다는 점이다.[153] 반독점법상 피해란 반경쟁적 사적 행위로 인하여 초래되는 경쟁

---

147 Id. at 418-19; see also Michèle Finck, Digital Regulation: Designing a Supranational Legal Framework for the Platform Economy(디지털 규제: 플랫폼경제에 대한 초국가적인 규제 틀을 설계하기), LSE Law, Society and Economy Working Papers 15/2017, 12-15.

148 Stallibrass and Fingleton, supra note 2, at 418.

149 Lougher and Kalmanowicz, supra note 8, at 101.

150 Transport for London, Private Hire Regulations Review. Part Two Consultation Report(사적운송 규제에 대한 검토보고서, 제2부 의견수렴 보고서), Mar. 2016.

151 Competition & Markets Authority, Response to Transport for London's Private Hire Regulations Proposals(런던교통국의 사적운송 규제 제안에 대한 응답), Dec. 2, 2015.

152 Stallibrass and Fingleton, supra note 2 at 418.

153 Brunswick Corp. v. Pueblo Bowl-O-Mat, 429 U.S. 477, 489 (1977).

의 감소가 가져오는 피해를 말한다. 그렇다고 하여 서비스 접근권 차별행위, 취약한 제공자에 대한 착취와 같은 행위가 문제없다거나 덜 급하다는 것을 뜻하지는 않는다. 하지만 이들은 경쟁법 사안이 될 정도의 것이 아니다. 규제의 비대칭적 효과에 대하여 아무리 강력하게 항의하더라도, 즉 전통적 제공자들이 '경쟁이 불가능한 것은 아니나 효과적으로 경쟁하기가 어렵다'고 아무리 말해 보았자, 반독점법적 피해가 있다고 보일 것 같지는 않다. 한편으로는 이것은 사적 행위가 아닌 국가의 행위로부터 나오는 것이고, 다른 한편으로는 일부 참여자가 퇴출된 사실이 있다고 하더라도 그것이 잔존 행위자의 시장 영향력을 증가시키지 않는 한 문제가 되지는 않는다.[154]

공유경제의 등장으로 널리 나타나는 영향이 기존의 사회질서 규범과 일치하도록 하기 위하여는 사회적으로 바람직하지 않은 결과가 나타날 때 규제권자 및 다른 정책결정자가 관심을 기울여야 한다.[155] 다시 여기에서도 런던 우버의 운명은 교훈적이다. 2017년 9월 런던교통국은 우버의 사적 운송운영자 면허를 갱신해 주지 않았는데, 그 근거는 우버가 그러한 면허를 유지하는 데에 적합하지도, 타당하지도 않음을 보여 주었다는 것이었다.[156] 몇몇 언론기관은 고급택시 업체가 우버 브랜드 경쟁자들에 대하여 승리한 것으로 보도하였지만,[157] 런던교통국 처분의 명시적 근거는 '공공안전과 보안에 관련될 수 있는 다수 사안에 대하여 기업의 책임성이 결여되어 있다'는 것이었는데,[158] 이러한 사안으로서 범죄의 신고 및 규제당국의 감독을 피하기 위한 소프트웨어의 사용이 있었다. 두드러진 대중적 반발과 정치적 역풍을 보면, 경쟁자인 우버가 없어짐으로써 고객들이 즉각적으로 받은 부정적인 영향의 정도가 크다는 점을 알 수 있다.[159] 그 이후의 사태를 보면, 장기적으로는 타협이 이루어져서(우버가 규제권자에게 상당한 양보를 하고), 우버가 런던에서 계속해서 경쟁할 것 같다.[160]

따라서 공유경제로부터의 경쟁 혹은 공유경제 내의 경쟁이 어떤 주목할 만한 '패배자'를 만들고, 그 패배자의 불이익이 우리가 살면서 일하고 있는 사회에 대한 존재론적 의문을 제기하는 경우에, 그럼에도 불구하고 경쟁이 소비자 복지에 긍정적 혜택을 제공한다면, 그러한 사실만으로는 근저의 경쟁 행위를 반독점적 관점에서 공격할 근거가 되지 못한다. 경쟁법이 강력한 도구이기는 하나, 효과적이고 정당한 적용 범위는 비교적 한정적이다. 이제 집행위원회가 경쟁법 집행이 '더 공정한 사회'의 달성에 기여하는 것을 더욱 강조하고 있지만, 이 경우에도 초점은 여전히 소비자

---

154 Enforcement Priorities, supra note 11, at para. 19.

155 See, e.g., Orly Lobel, The Gig Economy & the Future of Employment and Labour Law(긱경제 & 고용노동법의 미래), 51 U.S.F. L. Rev. 51 (2017).

156 TfL Press Release, Licensing Decision on Uber London Limited(우버 런던에 대한 면허 처분), Sept. 22, 2017.

157 See, e.g., Katrin Bennhold, London's Uber Ban Raises Questions on Race and Immigration(런던의 우버 금지는 인종과 이민자에 대한 의문을 제기한다), NY Times, October 2, 2017, www.nytimes.com/2017/10/02/world/europe/uber-london-cab.html.

158 TfL, supra note 156 (emphasis added).

159 See, e.g., Patrick Greenfield, Uber Licence Withdrawal Disproportionate, Says Theresa May(테레사 메이는 우버에 대한 면허철회가 과도하다고 주장한다), The Guardian, Sept. 28, 2017, www.theguardian.com/technology/2017/sep/28/uber-licence-withdrawal-disproportionate-says-theresa-may.

160 See, e.g., Julia Kollewe and Gwyn Topham, Uber Apologizes after London Ban and Admits "We Got Things Wrong,"(우버가 런던 금지 조치에 대하여 사과를 하고, 과오가 있었음을 인정하다) The Guardian, Sept. 25, 2017, www.theguardian.com/business2017/sep/25/uber/tfl-concerns-vows-keep-operating-london-licence.

지향적이다. 구체적으로 보자면 경쟁 압력이 사업자로 하여금 가격을 인하하도록 하는데,[161] 공유경제 내에서 가격인하는 앞서 본 바와 같이 통상적으로 흔한 일이다. 그리하여 공유경제 내 불공정 경쟁의 문제는 반독점법에 대하여 인정된 (여러) 적용 한계 중의 하나라고 할 수 있을 것이다. 이렇게 본다고 하여 공유경제에서 매우 분명하게 반경쟁적인 행위가 일어날 가능성이 없다고는 결코 할 수 없다. 이와 같은 상황에서 반경쟁적 행위가 발생하는 경우 여러 규제의 틀이 적응하여 다른 사회적·경제적 문제들을 해결하도록 준비가 잘 되어 있는지도 반문해 볼 필요가 있다.

---

[161] Speech of Commissioner Vestager, Competition for a Fairer Society(더 공정한 사회를 위한 경쟁), 10th Annual Global Antitrust Enforcement Symposium, Georgetown, Sept. 20, 2016.

8

뉴욕시내 각 지역별 에어비앤비 사용 실태: 지리적 사용패턴과 규제상 의미*

피터 콜즈, 마이클 에제스달, 잉그리드 굴드 엘렌, 샤오디 리, 아룬 순다라라잔

서언

지난 몇 년간 에어비앤비 및 경쟁 플랫폼들이 인기를 끌게 되자, 세계의 여러 도시에서 단기임대 시장이 주목을 받게 되었다. 플랫폼 기반 활동의 대부분에서 나타나는 핵심적 특징은 사적 영역과 상업적 영역의 구분선이 흐려진다는 것이다. 즉 과거에 배타적 주거공간이던 주택이 이제는 주상혼합 용도의 부동산이라는 새로운 형태로 바뀐 것이다. 그동안 비정형적으로 이루어지던 단기임대 활동이 급격하게 증가하자, 기존 규제체제가 시험을 받게 되는 현상이 발생하였는데, 이러한 현상은 도시계획, 주택건축기준 및 조세정책 등 다양한 분야에서 발생하고 있다. 플랫폼의 옹호자와 비판자는 그 주장을 뒷받침할 만한 사례들을 제시하고 있고, 세계의 각 지역정부는 일련의 규제적 대응책을 채택하고 있다. 그러나 플랫폼 사용형태의 지리적 특성, 사용형태의 시간적 변화 혹은 장단기임대차의 상대적 수익성에 대한 엄격한 실증적 증거를 조사하지도 않은 채 위와 같은 행위들이 이루어지고 있다.

따라서 우리는 뉴욕시에서 실제 이루어진 에어비앤비 사용패턴에 대한 실증적 증거와 2011년과 2016년 사이에 사용패턴이 동네별로 어떻게 변해왔는지에 대한 실증적 증거를 제시함으로써 위와 같은 논의에 명료함을 더하고자 한다. 우리가 종합검토한 데이터로는 에어비앤비로부터 얻은 센서스 구역별 에어비앤비 고유의 데이터, 질로우(Zillow)로부터 얻은 지역별 임대료 호가 데이터, 각 지역에 대한 행정기관·센서스·소셜미디어 데이터가 있다. 우리는 어느 지역이 높은 사용빈도를 보이고 있는지 및 호텔 방의 공급 부족과 단기임대 사이에 어떤 상관관계가 있는지를 검토하고자 한다. 우리는 시기와 공간에 따라 장단기임대료 비율이 어떻게 달라지는지도 고려할 것인데, 그 점을 보면 사람들에 대한 행동유인이 어떻게 달라지고 있는지를 알 수 있을 것이고, 장차 어느 지역의 시장이 성장할 것인지에 관한 징후를 포착할 수 있을 것이다.

우리가 발견한 바에 의하면, 비록 도심근접성이 등록물 위치의 중요한 예측인자로 남아 있기는 하지만, 시간이 지나면서 에어비앤비 사용량이 증가하자 등록물이 지리적으로 더 분산되었음

---

* 본 결과물은 필자들 사이의 독자적인 연구 협력으로 이루어졌다. Ingrid Gould Ellen, Xiaodi Li와 Arun Sundararajan은 에어비앤비와 연관된 적이 없다. 또한, Peter Coles와 Michael Egesdal은 뉴욕대학교와 연관된 적이 없다. 뉴욕대학교 소속 필자들이 에어비앤비 측으로부터 혹은 에어비앤비 소속 필자들이 뉴욕대학교 측으로부터 어떤 자문료, 연구비, 지불금도 받은 사실이 없다.

이 확인되었다. 미드타운 맨해튼(Midtown Manhattan)에 대한 근접성을 의미하는 도심근접성 인자를 배제하고 보면, 저소득 지역의 인기가 높아졌고, 독채 등록물보다는 개별방 등록물이 훨씬 많아졌다.

　많은 사람들이 생각하는 만큼 뉴욕시의 단기임대행위가 광범위하지도 않고 수익성이 있지도 않다는 사실이 두드러지게 나타난다. 더구나 우리의 연구기간 동안 장기임대 수익에 대비한 단기임대 수익률이 점차 줄어들게 되자, 임대인들이 장기임대를 단기임대로 전환할 동기가 줄어들었다. 그렇긴 하지만, 장단기임대료 비율에서는 지역별로 두드러진 변화가 있음을 발견하였다. 단기임대가격이 엠파이어 스테이트 빌딩에서 멀어질수록 내려가기는 하나, 장기임대료에 비하여 단기임대료에서 거리 기울기(distance gradient)가 훨씬 편평했다.[1] 즉 단기임대 시장은 장기임대 시장만큼 도심근접성에 높은 가치를 두지는 않은 것으로 보이는데, 그것은 아마도 단기임차인이 이동시간에는 신경을 덜 쓰고 주거지역을 더 선호하기 때문일 것이다. 더구나 단기임대는 장기임대와 비교하여 임대료가 낮고 소득이 중상 수준인 지역에서 더 수익성을 냈다.

　요컨대 우리가 경험한 결과에 의하면, 에어비앤비 사용이 확대되면서 단기임대 시장의 효용 및 부담이 점점 더 많은 비중심지역으로 확산하게 되었음을 볼 수 있다. 도시마다 이러한 확산이 나타나는 정도가 다르겠지만, 단기시장에 새로운 관심을 불러일으켰고, 단기임대에 대한 규제 요구가 강해졌다. 세계의 도시지도자들은 다양한 접근법을 취하였다. 우리는 결론 부분에서 상호대체적인 규제적 대응책을 다루고자 한다. 우리는 메인주 포틀랜드와 뉴올리언즈가 입법화한 대응책처럼 시 전체 차원과 각 지역 차원에서 이루어지는 대응책을 모두 살펴보고자 한다. 경제적 관점에서 보았을 때 괜찮은 접근법으로서 사용빈도에 따라 변동 수수료를 부과하는 것이 있다. 예컨대 메인주 포틀랜드에서는 숙박주가 내는 단기임대 수수료가 숙박주가 등록하는 방의 개수에 따라 증가하고,[2] 매사추세츠주 하원에 제출된 최근 법안(H.3454)은 개별방의 사용빈도에 따라 변동되는 세금을 제안한다.[3] 그러한 변동 수수료는 장기임대를 단기임대로 전환하지 않게 하고, 사용이 늘어남에 따라 증가하는 외부효과를 더 잘 내재화하는 데에 도움이 될 수 있다. 하지만 과도하게 맞춤형인 접근법은 관리하기가 어려울 수 있다. 규제의 복잡성 자체도 정책적 대응책을 고르는 기준이 될 수 있다.

1　엠파이어 스테이트 빌딩은 뉴욕시의 사업 중심지를 대변하는 지형지물로 자주 사용된다.

2　Randy Billings, Portland's New Rules Limit Short-Term Rentals, Add Fees for Hosts(포틀랜드의 새로운 규정은 단기임대차를 제한하고 숙박주에게 수수료를 부과하다), The Portland Press Herald, Mar. 27, 2017, www.pressherald.com/2017/03/27/portland-enacts-rules-for-short-term-rentals/.

3　법안의 검토에 관하여는 다음 자료를 참조하라. See Bill H.3454, An Act Regulating and Insuring Shirt-Term Rentals(단기임대에 대한 규제 및 보험처리를 위한 법률), Commonwealth of Massachusetts, https://malegislature.gov/Bills/190/H3454.

I. 단기임대에서 외부효과가 나타난 배경

단기임대 시장이 성장함에 따라 효용과 비용에 대한 논의도 증가하였다. 그럼에도 불구하고 철저한 연구가 이루어지지 않고 있다. 한편으로 단기임대는 여행자와 숙박주에게 명백한 가치를 창출하는데, 2016년 7월부터 2017년 6월까지 사이에 에어비앤비에 등록된 뉴욕시의 전형적인 임대물은 평균 5,367달러의 수익을 올렸다.[4] 단기임대물은 지리적으로 호텔보다 더 분산되어 있으므로, 관광의 혜택(여기에는 숙박주의 수입과 주변 사업자들의 경제적 활동의 증가가 포함된다)이 대부분 주거지역으로 되어 있는 곳(이런 곳에는 호텔이 잘 허용되지 않는다)으로 확산된다.[5]

반면에 주거용 부동산을 단기임대용으로 사용하는 것이 확산되면 인근 지역에 부정적 외부효과가 발생할 수 있다. 개인용과 상업용을 구분하는 기본적 도시계획은 그러한 주변지역 수준의 외부효과가 존재한다는 사실에 착안하고 있다. 개별 건물의 상태와 사용이 같은 구역 혹은 지역의 다른 건물에 파급효과를 미친다는 증거가 많다.[6] 이웃이 주택을 단기로 임대하는 경우를, 옆집에 도살장이 있는 경우 및 옆집이 강제경매되는 경우에 비교할 수는 없지만, 주변 건물에 조금이라도 파급효과가 있을 수 있다. 단기임대물에서 나오는 소음에 인근 주민이 항의하였다는 몇몇 신문 기사가 있기는 하지만, 철저한 연구를 통하여 단기임차인이 장기임차인보다 소음을 더 일으킨다는 점이 확인된 적은 없다.[7] 사실 명백한 현상을 놓고 본다면, 증가된 단기임대량의 존재가 부동산 가격을 증감시키는지 여부는 명백하지 않다.[8]

단기임대물로 인하여 건물이나 이웃에 낯선 얼굴이 늘어남과 동시에 공동체에 이해관계를 갖게 되는 장기거주자가 줄어들고, 그에 따라 주거지역의 사회적 구조가 훼손됨으로써 또 다른 외부효과가 생길 가능성도 있다. 단기임대차의 문제점에 관한 보고서가 최근에 호주 시드니의 뉴사우스웨일즈 의회에 제출되었는데, 이에 의하면 일부 주민들은 인근 지역에 체류하는 방문자가 점점 늘어난 점에 대하여 일반적인 불안감을 표현하고 있다고 한다.[9] 일부 연구에 의하면, 이웃간 응집력이 결여되는 경우 주민들이 해당 구역과 공동체에 대한 감시를 할 수 없어서(혹은 내키지 않아)

---

4   See June Update on One Host, One Home: New York City, airbnbcitizen, June 9, 2017, https://new-york-city.airbnbcitizen.com/june-update-on-one-host-one-home-new-york-city/.

5   에어비앤비가 유발하는 소비지출에 대한 고급 통계자료에 관하여는 다음을 참조하라. See The Economic Impacts of Home Sharing in Cities Around the World(전 세계 도시의 숙박공유가 가져오는 경제적 효과), Airbnb, www.airbnb.com/economic-impact.

6   John Y. Campbell, Stefano Giglio, and Parag Pathak, Forced Sales and House Prices(강제매각과 주택가격), 101(5) Am. Econ. Rev. 2108-31(2011); Ingrid Gould Ellen, Johanna Lacoe, and Claudia Ayanna Sharygin, Do Foreclosures Cause Crime?(강제경매는 범죄를 유발하는가?) 74 J. Urban Econ. 59-70 (2013); Jenny Schuetz, Vicki Been, and Ingrid Gould Ellen, Neighborhood Effects of Concentrated Mortgage Foreclosures(집중된 저당권 강제경매의 이웃효과), 17(4) J. Housing Econ. 306-19 (2008).

7   Daniel Guttentag, Airbnb: Disruptive Innovation and the Rise of an Informal Tourism Accommodation Sector(에어비앤비: 교란적 혁신과 비공식적 여행객 숙박 부문의 등장), 18(12) Current Issues in Tourism 1192-217 (2015).

8   에어비앤비 숙박 수입으로 저당채무 불이행의 가능성이 줄 수 있고, 건물을 잘 유지하게 할 유인이 소유자에게 부여될 수 있다.

9   Nicole Gurran and Peter Phibbs, When Tourists Move In: How Should Urban Planners Respond to Airbnb?(관광객이 마을에 나타난 경우: 도시계획자들은 에어비앤비에 어떻게 대응하여야 하는가?) 83(1) J. Am. Plan. Ass'n. 80-92 (2017).

범죄가 증가할 가능성이 있다고 한다. 예컨대 샘슨, 로덴부시, 얼즈는 지역의 범죄율과 '집단적 효율성'(collective efficacy) 사이에는 연관관계가 있음을 밝혔는데, 여기서 말하는 집단적 효율성이란 '사회적 선을 위하여 개입하려는 의지'로서 사회적 응집력과 신뢰로 촉진된다고 한다.[10]

이러한 외부효과에는 공통적인 특징이 있다. 효과가 미치는 지역적 범위가 상당히 제한되어 있다. 아파트 건물의 에어비앤비 손님은 다른 지역의 주민들에게는 '낯선 얼굴'의 형태로 나타나는 비용이 미미하다. 유사하게, 그리니치빌리지의 단기임대물에 체류하는 시끄러운 관광객들은 뉴욕시내 다른 지역 거주자들에게는 불편을 끼치지 않을 것이다. 외부효과의 이러한 국지성을 보면, 지역맞춤형 규제가 사회적으로 효율적이라는 점을 알 수 있다. 예컨대 코언과 순다라라잔은 '점점 더 많아지는 협동조합, 아파트관리위원회 및 주택소유자연합회가 규제적 역할을 할 수 있을 것'이라고 강조하면서, '손님 소음이나 건물 내 낯선자로 인한 외부효과는 통상 국지성을 띠고 있다'는 이유로 '위 주체들이 위와 같이 국지화된 외부효과로 인한 영향을 완화하는 데에 어떤 역할(아마도 중심적 역할)을 하여야 한다'고 주장하였다.[11] 필리파스와 호튼은 더 나아가 '소음과 낯선자의 외부효과 문제는 건물 단위에서 일어나므로 단기임대차 규칙은 개별 건물이 설정하고 운용하여야 한다'고까지 주장한다.[12] 소음과 낯선자의 외부효과가 국지적이기는 해도, 적어도 사용도가 일정한 수준에 다다르게 되면 해당 구역 등 더 넓은 지역으로 퍼져나갈 수 있다.

에어비앤비 등의 단기임대활동에 대하여 아마도 가장 흔히 제기되는 우려는 '그러한 활동으로 인하여 임대인이 장기임대물을 단기임대물로 전환함으로써 주택 부족으로 어려움을 겪는 도시의 장기임대 공급량을 줄일 수 있다'는 것이다.[13] 이러한 우려는 뉴욕과 샌프란시스코와 같이 공급이 부족한 도시들에서 특히 많이 나타나는 것으로 보이는데, 이들 지역에서는 주택가격과 임대료의 인상분이 소득증가분을 앞지르고 있다. 앞서 본 대부분의 외부효과들과는 달리 이러한 금전적 외부효과는 더 확산되어 그 지역 전체의 주택시장에 영향을 미칠 수도 있다.[14]

에어비앤비 활동이 장기임대료에 미치는 영향에 대한 확실한 증거는 많지 않다. 장기임대가격의 상당한 증가를 겪은 많은 도시들이 동시에 주택총량 증가를 훨씬 능가하는 인구증가율을 겪었

---

10 Robert J. Sampson, Stephen W. Raudenbush, and Felton Earls, Neighborhoods and Violent Crime: A Multilevel Study of Collective Efficacy(지역사회와 폭력 범죄: 집단적 효율성에 대한 다층적 분석), 277(5328) Sci. 918-24 (1997).

11 Molly Cohen and Arun Sundararajan, Self-Regulation and Innovation in the Peer-to-Peer Sharing Economy(P2P 공유 경제에서의 자율규제와 혁신), 82 U. Chi. L. Rev. Dialogue 116, 116-31 (2015).

12 Apostolos Filippas and John Horton, The Tragedy of Your Upstairs Neighbors: Is the Negative Externality of Airbnb Internalized?(위층 이웃의 비극: 에어비앤비의 부정적 외부효과는 내재화되었는가?) Working Paper (2017).

13 Katie Benner, Airbnb Sues Over New Law Regulating New York Rentals(에어비앤비가 뉴욕시 임대차 임대차 규제에 관한 새 법률에 대하여 소를 제기하다) N.Y. Times (Oct. 21, 2016). www.nytimes.com/2016/10/22/technology/new-york-passes-law-airbnb.html.

14 주석 12의 필리파스와 호튼이 지적하듯이, 단기임대 시장이 주택 자산가치나 장기임대료에 미치는 영향은 금전적 외부효과에 해당하기 때문에 정부의 개입이 불필요할 수도 있다. 외부효과는 시장 효율성을 해치는 것이 아니고, 한 부류에서 다른 부류로 가치를 옮긴 것뿐이다. 그러나 정부는 때로 효율성 이외의 이유로 시장에 개입하곤 하며, 금전적 외부효과는 소득분배 차원에서 중대한 결과를 불러올 수 있다. 단기임대의 경우, 금전적 외부효과란 장기임대인에게서 단기임대인 및 소유자에게로 가치를 이전하는 것을 의미할 수 있다.

는데, 주택총량 증가는 규제 장벽으로 심한 제약을 자주 받는다.[15] 임대료제한법 및 임대료안정법의 존재와 예상 외의 인구증가가 결합하여, 위 각 법의 적용을 받지 않는 기존 주택의 장기임대료에 큰 영향을 미칠 수도 있다. 이러한 복합적 요소 때문에 단기임대가 초래하는 효과를 구별해 내는 것은 특히 어려운 과제이다.

에어비앤비 숙박이 주거비 산정 요소로서 차지하는 상대적 중요성에 관하여 에어비앤비와 도시 규제권자들이 지금까지 한 분석론은 다음과 같은 중심적 계산법에 주로 치중하였다. "숙박주가 시장에서 장기임대물을 빼내서 단기임대 활동에 제공한다면 며칠 동안의 숙박을 확보해야 손익분기점에 다다르는가?"[16] 우리는 이 글에서 이러한 논의를 하고 뉴욕시의 상황을 규명하고자 하는데, 장단기임대료의 분포도와 상호 비율의 변천 과정에 대한 종합적인 분석을 제공할 것이다. 뉴욕시에 관하여 우리가 조사한 바에 의하면, 에어비앤비 숙박이 장기 주택공급을 단기 주택공급으로 전환시킴으로써 장기임대료에 미친 영향은 미미한 것으로 보인다. 하지만 좀더 종합적인 분석을 해 보아야, 이러한 금전적 외부효과의 성질과 규모, 이에 대한 적절한 규제 대응, 앞서 본 비금전적 외부효과 등을 제대로 이해할 수 있을 것이다.

II. 데이터

우리는 에어비앤비, 미국공동체조사국(American Community Survey, ACS), 질로우,[17] 트립어드바이저[18]의 데이터를 결합함으로써, 단기임대물, 장기임대물, 호텔 및 위 각 소재지의 특성 사이의 관계에 대한 독특한 통찰을 얻을 수 있었다. 우리는 센서스 구역을 이용하는데, 센서스 구역은 보통 4,000명의 인구(1,000~2,000개 가구의 거주 인구)를 기준으로 나눈 지역을 말한다.

에어비앤비는 2011년부터 2016년까지의 센서스 구역별 종단자료를 제공하였는데, 여기에는 독채 등록물, 단독실/공유실[19] 등록물과 예약된 전체 등록물이 포함되어 있고, 숙박된 등록물의

---

15 Tracy Elsen, SF's Population Is Growing Way Faster Than Its Housing Stock(샌프란시스코의 인구는 주택총량보다 훨씬 빠르게 성장하고 있다), Curbed San Francisco, Feb. 4, 2015, https://sf.curbed.com/2015/2/4/9995388/sfs-population-is-growing-way-faster-than-its-housing-stock; Edward Glaeser and Joseph Gyourko, The Economic Implications of Housing Supply(주택공급의 경제적 함의), Zell/Lurie Working Paper 802, Wharton School (2017); Joseph Gyourko and Raven Saks Molloy, Regulation and Housing Supply(규제와 주택공급), 5 Handbook of Regional and Urban Econ. 1289–337 (2015).

16 에어비앤비 분석론에 관하여는 다음을 참조하라. See Abby Lackner, Anita Roth, and Christopher Nulty, REPORT: The Airbnb Community in San Francisco(보고서: 샌프란시스코의 에어비앤비 공동체), Airbnb, June 8, 2015, https://timedotcom.fi les.wordpress.com/2015/06/the-airbnb-community-in-sfjune-8-2015.pdf; 도시 규제권자들의 분석론에 관하여는 다음을 참조하라. See Fred Brousseau, Julian Metcalf, and Mina Yu, Analysis of the Impact of the Short-Term Rentals on Housing(단기임대의 주거에 대한 영향의 분석), San Francisco City Budget and Legislative Office, May 13, 2015, www.scribd.com/doc/265376839/City-Budget-and-Legislative-Analysis-Report-on-Short-term-Rentals.

17 Zillow는 온라인 부동산 데이터베이스 회사인데 2006년에 설립되었다.

18 TripAdvisor는 호텔 예약 서비스와 여행 관련 내용에 대한 평가를 제공한다.

19 우리는 에어비앤비 등록물을 단독실과 공유실로 나누는데, 이를 묶어 간편하게 개별방 혹은 단독실/공유실로 부르기도 한다. 에어비앤비 등록물 중에서 공유실은 소소한 부분을 차지한다.

경우 1일 평균 수익률의 중앙값,[20] 침실 유형(원룸, 침실 1개 등 비율), 다숙박물(연간 180일 이상) 개수가 포함되어 있다. 6개 이상의 에어비앤비 등록물이 있는 센서스 구역에 관한 데이터만을 받았다. 또한 독채와 개별방이 각각 6개 이상 있는 경우에만 독채와 개별방의 데이터가 구분되어 제공되었다.

어떤 연구자는 Inside Airbnb[21] 등 제3의 정보원을 이용하여 에어비앤비 사용도와 요금패턴을 분석한다.[22] 어떤 연구자는 웹을 직접 뒤지고 소비자에게 접촉하여 데이터를 수집한다.[23] 위 둘 다 중대한 한계를 안고 있다. 첫째, 이러한 접근법은 에어비앤비에 올려진 등록물에 의존하고 실제로 숙박된 등록물에 의존하지 않는다. 그리하여 이들은 올려진 등록물이 실제로 숙박되었는지를 확인할 수 없으므로 숙박률을 과대평가할 수 있다. 예컨대 어떤 등록물은 너무 오래되거나 우연히 올려진 것이라서 에어비앤비에 전혀 숙박실적이 없는 경우도 있다. 숙박주 예약달력의 갱신 내용을 추적하는 경우 숙박주가 어떤 이유건 접근을 막아 놓은 날짜와 실제 숙박된 날짜를 구분하기가 어렵다. 둘째, 위와 관련된 것으로서 실제 숙박률 정보를 얻기가 어렵기도 하다. 예컨대 Inside Airbnb는 실제 숙박률을 추정하기 위하여 여러 수치를 종합하는데, 고객평가횟수, 평가등급, 최소 체류일, 평균 체류일 등을 사용하기도 한다.[24] 셋째, 이러한 정보원들은 에어비앤비에서의 호가를 수집할 뿐 실거래 가격을 수집하지 않는다. 일부 호가는 시장가격보다 훨씬 높아서 예약이 이루어지지 않으며, 어떤 경우에는 손님이 숙박주와 협상하거나 장기 투숙 할인을 받아(가령 7일 이상 투숙 시) 더 낮은 가격으로 숙박한다. 호가를 사용하면 에어비앤비 요금을 과대평가하게 되어 단기임대료 수준이 과장된다.

센서스 구역별 임대료 수준을 파악하기 위하여 우리는 Zillow Rent Index 데이터를 사용하였는데, 우리의 연구기간 동안 매주 이 데이터가 제공되었다. 이러한 데이터자료는 질로우의 Rent Zestimates를 사용하여 구성되었는데, 질로우는 부동산에 관한 공공자료와 임대등록물 정보를 종

---

20 센서스 구역 내 장단기임대료를 제대로 비교하기 위해서 에어비앤비와 질로우의 서로 다른 침실 유형도 고려하여야 한다. 그래서 에어비앤비 임대료 추정치를 질로우 임대물의 침실 유형으로 재조정한다. 즉 우리는 센서스 구역별로 에어비앤비 등록물의 각 침실 형태로 임대료 중앙값을 계산한 다음 질로우 임대물의 구역별, 연도별 침실 유형에 기한 조정을 한다. 우리는 30일 미만 체류의 에어비앤비 임대물 데이터에 한정하여 침실유형별 단기임대료 추정치를 계산하였다.

21 InsideAirbnb.com은 에어비앤비 웹사이트에 공개된 자료를 이용하여 데이터를 제공하는 비상업적 업체이다. 에어비앤비 등록물의 시점별 정보를 제공하는데, 에어비앤비와는 무관한 업체이다.

22 Gurran and Phibbs, supra note 9; Javier Gutierrez, Juan Carlos Garcia-Palomares, Gustavo Romanillos, and Maria Henar Salas-Olmedo, Airbnb in Tourist Cities: Comparing Spatial Patterns of Hotels and Peer-to-Peer Accommodation(관광도시에서의 에어비앤비: 호텔과 P2P 숙박시설의 공간패턴 비교), 62 Tourism Mgmt. 278-91 (2016); Venoo Kakar, Julisa Franco, Joel Voelz, and Julia Wu, Effects of Host Race Information on Airbnb Listing Prices in San Francisco(숙박주 인종 정보가 샌프란시스코 에어비앤비 등록물의 가격에 미치는 영향), MRPA Paper No. 69974, San Francisco State University (2016).

23 Giovanni Quattrone, Davide Proserpio, Daniele Quercia, Licia Capra, and Mirco Musolesi, Who Benefits from the Sharing Economy of Airbnb?(에어비앤비의 공유경제로부터 누가 이익을 보는가?) Proceedings of the 25th International Conference on World Wide Web (2016); Georgios Zervas, Davide Proserpio, and John W. Byers, The Rise of the Sharing Economy: Estimating the Impact of Airbnb on the Hotel Industry(공유경제의 대두: 호텔산업에 에어비앤비가 미친 영향의 평가), 54 J. Marketing Res. 687-705 (2017).

24 See San Francisco Model at About Inside Airbnb, Inside Airbnb, http://insideairbnb.com/about.html.

합하여 헤도닉 방식(hedonic model)으로 Rent Zestimates를 산출한다.[25] 질로우는 또한 센서스 구역별로 2011년부터 2016년까지 등록물의 침실 유형에 관한 데이터(원룸, 1개 침실형, 2개 침실형, 3개 침실형의 각 개수)를 제공하였다.[26] 우리는 에어비앤비와 질로우의 데이터를 ACS(미국공동체조사국)의 센서스 구역별 추정치와 결합시켰는데, ACS의 자료에는 2011년부터 2015년까지 5개년의 주택수, 학사 학위 이상 소지자로서 25세 이상인 인구 비율, 가계소득 중앙값 등이 포함되어 있다. 추가적으로 우리는 트립어드바이저에서 뉴욕시내 578개 호텔에 관한 2016년도 위치 및 평가 자료를 수집하였다.

장단기임대료의 비율을 구성하기 위하여 우리는 각 센서스 구역에서 에어비앤비 독채의 1박 평균 수입금 중앙값을 가중하여 나온 수치를 Zillow Rent Index의 1박당 임대료로 나누었다. 이렇게 하여 우리는 534개 센서스 구역(에어비앤비와 Zillow Rent Index의 정보가 모두 있는 구역들이다)의 2016년도 장단기임대료 비율 추정치를 얻었는데, 이는 뉴욕시내 2,167개 센서스 구역의 대략 1/4에 이르는 수치이다. 여기에는 숙박이 이루어진 28,540개의 독채 등록물이 포함되어 있는데 이는 그 해에 숙박된 독채 등록물의 88%에 해당한다. 이 센서스 구역 중 198개는 맨해튼에, 254개는 브루클린에, 80개는 퀸스에 있다.[27]

III. 사용빈도

이 섹션에서는 에어비앤비의 사용빈도가 뉴욕시의 센서스 구역별로 어떻게 다른지와 사용패턴이 2011년과 2016년 사이에 어떻게 변하였는지를 검토하고자 한다.

우리가 가장 먼저 발견한 것은 에어비앤비 사용이 증가하면서 시간이 지남에 따라 등록물이 지리적으로 더욱 분산되었다는 점이다(도해 8.1 참조). 한 개 이상의 숙박이 이루어진 센서스 구역의 숫자는 2011년 723개(뉴욕시 센서스 구역의 33%)에서 2016년 1,744개(뉴욕시 센서스 구역의 87%)로 늘었고,[28] 숙박된 숙소 중 맨해튼 소재 등록물의 비율은 2011년 66%에서 2016년 54%로 줄었다. 엠파이어 스테이트 빌딩으로부터의 평균 거리는 2011년 4.8km에서 2016년 6km로 늘었다.

---

25 See A Peek Inside Our Newest Zestimate: The Rent Zestimate(최근 Zestimates의 엿보기: 임대료 Zestimates), Zillow, www.zillow.com/research/a-peek-inside-ournewest-zestimate-the-rent-zestimate-1076/.

26 질로우의 임대료 추정치가 근거로 삼은 등록물은 전체 임대물을 대표하는 것이 아닐 수도 있다. 특히 연구대상 기간 중 초기의 것이 그러하다. 질로우 추정치는 게시된 임대료에 기반하는데, 이는 실제 거래임대료보다 높을 것이다. 세부적인 실거래 임대료 데이터를 얻는 것이 어렵기는 하나, 질로우 임대료 데이터자료는 가장 종합적이고 정확한 것 중 하나라고 믿는다.

27 임대료 비율 자료가 있는 구역은 뉴욕시 전체에 비하여 평균적으로 도심에 가깝고 소득과 임대료가 높다. 위와 같은 구역들의 중간층 소득가계 중위값(2011-1015 ACS 추정치)은 59,397달러이고(뉴욕시 전체는 54,563달러), 2016년도 질로우 Rent Index의 중위값은 2,816달러이며(시 전체는 2,267달러), 엠파이어 스테이트 빌딩까지의 거리 중위값은 6.8km이다(시 전체적으로는 12.9km).

28 에어비앤비에서 숙박된 등록물이 6개 이상 있는 센서스 구역(우리가 가격 데이터를 갖고 있는 한정된 자료에 따른 것이다)의 숫자는 2011년 371개(뉴욕시 센서스 구역의 17%)에서 2016년 937개(뉴욕시 센서스 구역의 43%)로 늘었다.

2016년에 이르러 에어비앤비의 숙박된 숙소는 호텔에 비하여 지리적으로 상당히 더 분산되어 있었다(도해 8.2). 2016년 트립어드바이저 자료에는 뉴욕시 센서스 구역의 10%에 해당하는 215개 구역에 있는 호텔 578개에 대한 정보가 담겨 있다. 트립어드바이저의 자료가 제한적일 수는 있으나, 확실히 에어비앤비의 숙소보다는 호텔이 소재한 센서스 구역의 개수가 훨씬 적은데 2016년도 에어비앤비 숙소는 뉴욕시 센서스 구역의 거의 90%에 산재해 있다. 또한 호텔은 더 집중되어 있는 것으로 보이는데, 이는 아마도 호텔을 상업지구에 한정하는 도시계획 때문일 것이다. 호텔은 거의 2/3(방의 개수로 따지면 더 많을 것이다)가 맨해튼에 소재하는 데에 비하여 에어비앤비 숙소는 54%가 맨해튼에 소재한다.

• **도해 8.1: 뉴욕시 센서스 구역별 독채 및 단독실/공유실 숙박 현황, 왼쪽 2011년, 오른쪽 2016년**

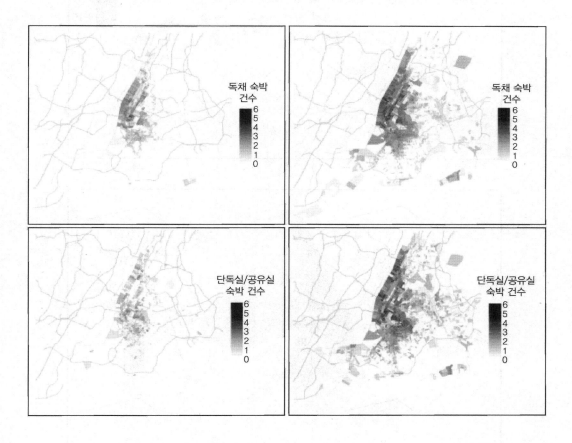

• 도해 8.2: 뉴욕시 센서스 구역별 2016년 호텔 및 에어비앤비 등록물 비교

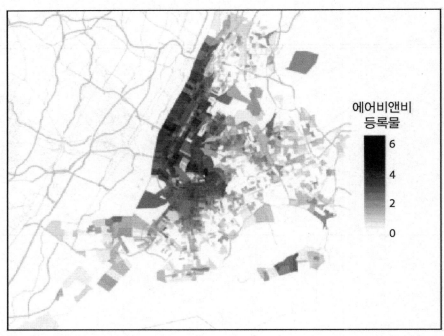

• 도해 8.3: 2016년 에어비앤비 독채 숙박 빈도와 엠파이어 스테이트 빌딩으로부터의 거리, 검은 선은 일반
화가법모형(generalized additive model)의 적합도(fit)를 나타낸다

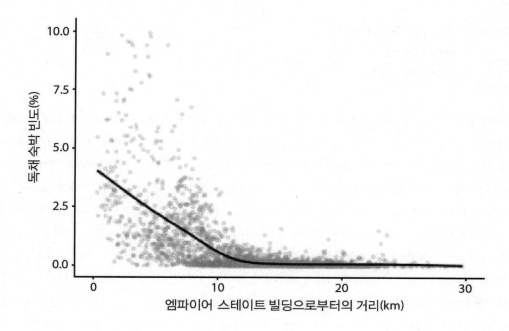

이러한 분산도에도 불구하고 도심근접성은 에어비앤비 등록물의 위치에 관한 중요한 예측인자이다. 2016년의 경우 에어비앤비 숙박 등록물 중 엠파이어 스테이트 빌딩으로부터 3km 내에 28%가, 5km 내에 46%가, 10km 내에 87%가 있었다. 사용빈도는 중심부인 맨해튼과 노던 브루클린(Northern Brooklyn)에서 가장 높았다. 더구나 주택총량 중 1년 중 한 번이라도 숙박된 독채의 비율을 의미하는 '독채 숙박 빈도'는 맨해튼에서 멀어질수록 떨어진다. 독채 숙박 빈도는 평균적으로 맨해튼에서 3km 내 지역에서는 대략 3-5%를 보이나, 10km가 넘어가면 1% 미만으로 확 떨어진다(도해 8.3).

유사하게 2016년에 180일 이상 숙박된 주택의 비율은 엠파이어 스테이트 빌딩으로부터 3km 내에 있는 곳에서는 주택총량 중 0.3-0.5%에 이르나, 10km 이상 떨어진 곳에서는 0.1% 아래로 한참 떨어진다. 즉 중심부 센서스 구역이라도 연중 180일 이상 숙박되는 건수는 1,000개 중 5개 미만이다.[29]

---

29 평균적으로, 연간 180일 이상 임대되는 건수는 에어비앤비 독채 숙박 건수의 10% 가량이다. 에어비앤비 등록물 중에는 소형 호텔, 부속주거시설(ADU) 등 특수한 등록물이 포함되어 있는데, 이들은 연간 180일 이상 숙박될 것으로 기대할 수 있다는 점을 주의하라. 우리가 가진 데이터자료는 앞의 섹션 II 데이터 부문에서 다룬 것 이상으로 등록물의 세부 성격을 제시하지는 않고 있다.

표 8.1•센서스 구역별 에어비앤비 등록물의 가중평균치(2011년 및 2016년)[30]

구분	2011	2016
가계소득	$82,000	$73,000
엠파이어 스테이트 빌딩으로부터의 거리	4.8 km	6.0 km
대학졸업자 비율	62%	54%
25-34세 연령자 비율	27.0%	25.6%

에어비앤비 이용은 뉴욕시 소득의 중위값 이상을 가진 지역에 집중되어 있지만 조금 낮은 소득 지역의 인기도가 상승하여 왔다. 표 8.1은 2011년과 2016년의 에어비앤비 평균 숙박물의 지역 특성을 보여주는데, 이에 의하면 에어비앤비 숙박이 통상적으로 이루어진 센서스 구역의 가계소득 중위값은 2011년에 82,000달러였고 2016년에 73,000달러였음이 나타난다. 위 두 해에 뉴욕시 가계소득 중위값(ACS의 2011-2015년 5년간 추정치에 의하면 이는 53,000달러이다)을 상회하였으나, 상대적으로 더 낮은 소득 지역으로 사용빈도가 확장되었음이 명백하다. 유사하게도 에어비앤비의 평균적 숙박물이 소재한 지역의 대학졸업자 비율은 뉴욕시 전체의 것(ACS의 2011-2015년 5년간 추정치에 의하면 이는 35.7%에 이른다)에 비하여 매우 높았으나 이 경향은 점점 더 감소하고 있다. 마지막으로, 에어비앤비의 평균적 숙박물은 비교적 젊은이가 많은 지역(ACS의 2011-2015년 5년간 추정치에 의하면 뉴욕시의 25-34세 연령자 비율은 17.6%에 이른다)에 소재하지만, 이 비율은 점점 감소하고 있다.

개별방 등록물의 개수는 독채 등록물보다 훨씬 빨리 증가하고 있다. 2011년 독채 숙박물은 전체 숙박물의 68%였는데, 이에 비하여 2016년에는 53%였다. 우리의 연구기간 동안 위 두 형태가 모두 매년 증가하였다.

저소득 지역에는 독채 등록물보다는 개별방 등록물이 훨씬 많다는 특징이 있다. 도해 8.4에 의하면, 저소득 지역의 등록물에서 개별방이 독채보다는 높은 비율을 차지하고 있음을 알 수 있다. 가계소득 중위값이 4만 달러 미만인 구역에서는 65%에 가까운 숙박물이 개별방이다. 이 비율은 센서스 구역의 중위소득값과 함께 선형적으로 감소하는데 최고소득 구역에서는 숙박물의 1/4만이 개별방이다. 2016년의 경우 소득분포도에서 하위 50%에 해당하는 센서스 구역에 개별방 숙박물의 50%가 몰렸고, 독채 숙박물은 27%였다.[31] 이를 보면 하위소득 지역의 숙박주는 주된 주거지의 남은 공간을 공유하는 경향이 있다는 사실을 알 수 있다.

---

30 ACS의 2011-2015년간 센서스 구역별 추정치에 기초한 것이다.

31 이는 ACS의 2011-2015년 센서스 구역별 가계소득 중위값 추정치에 근거한 것인데, 위 자료는 뉴욕시 센서스 구역의 97%를 반영하고 있다. 2011년의 경우 소득분포도 하위 50%에 해당되는 센서스 구역에 개별방 숙박물의 41%가 있었고, 독채 숙박물의 17%가 있었다.

• 도해 8.4: 2016년 뉴욕시 센서스 구역별 가계소득 중위값과 단독실/공유실 비율의 관계

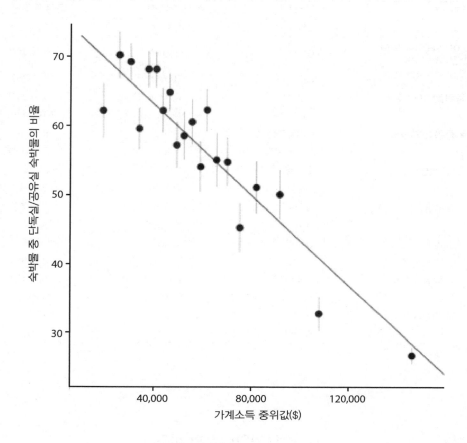

위에서 말한 패턴은 지역 위치와 소득에 대하여 등록물 빈도가 회귀하는 데에서도 유지된다 (표 8.2) 엠파이어 스테이트 빌딩으로부터 매 1km마다 에어비앤비 등록물 빈도가 0.2% 포인트만 큼 떨어진다. 에어비앤비 등록물 빈도는 맨해튼과 브루클린에서 현저하게 높다. 개별방 등록물과 비교하여 독채 등록물은 맨해튼에 훨씬 더 집중되어 있다. 도심근접성을 제외하면, 사용빈도는 소 득이 높은 지역에서 높은 경향이 있지만, 최고 소득 지역에서는 오히려 사용도가 내려가는데, 이 는 그러한 지역의 가정들은 단기임대차 시장에서 추가로 벌어들이는 소득에 상대적으로 낮은 가 치를 두기 때문이다.

표 8.2•2016년 에어비앤비 등록물 빈도의 회귀 결과

	전체 등록물	독채 등록물	단독실 등록물
	(1)	(2)	(3)
엠파이어 스테이트 빌딩 으로부터의 거리	−0.214***	−0.110***	−0.104***
	(0.0124)	(0.00507)	(0.00957)
소득 중위값(1,000달러)	0.0415***	0.0306***	0.0109**
	(0.00579)	(0.00236)	(0.00446)
소득 중위값 제곱합	−0.000230***	−0.000142***	−8.71e−05***
	(3.43e−05)	(1.40e−05)	(2.64e−05)
맨해튼	0.999***	0.764***	0.236
	(0.252)	(0.103)	(0.194)
브루클린	0.590***	0.206***	0.384***
	(0.163)	(0.0665)	(0.125)
퀸스	−0.498***	−0.362***	−0.135
	(0.116)	(0.0677)	(0.128)
상수	2.472***	0.812***	1.659***
	(0.277)	(0.113)	(0.213)
관찰 결정계수	2,101	2,101	2,101
	0.264	0.429	0.106

Note: ***$p < 0.01$, **$p < 0.05$, *$p < 0.1$

Ⅳ. 장단기임대료의 비교

단기임대차가 장기임대차를 밀어내고 있다고 우려하는 주거운동가들도 있다. 그러나 우리가 확인한 바에 의하면, 많은 사람들이 생각하는 것만큼 전반적으로 단기임대의 수익성이 장기임대에 비하여 높다고 보이지는 않는다. 2016년의 경우 시 전역에 걸쳐서 독채의 1박당 장기임대료 추정 수입액에 대하여 1박당 단기임대료 중위값의 비율을 등록물량으로 가중산출하면 그 평균 수치는 대략 1.7이었다. 이 말은 장기임대 수입과 동등해지기 위해서는 숙박주가 연간 216일(단기임대의 손익분기 숙박일수이다) 동안 숙박을 받아야 한다는 것을 의미한다. 이러한 상황에서 2017년 7월을 기준으로 살펴보면, 뉴욕시에서 전형적인 독채 등록물의 숙박일 중위값은 46일이다.[32] 단기임대 숙박주가 고객예약 관리, 청소 등 여러 비용을 부담하는데도(단기임대 숙박주가 부담하는 비용은 장기임대인보다 많은 것이 보통이다) 거래비용을 0으로 가정하므로, 이렇게 수입액을 기준으로 계산

---

32 See June Update, supra note 4.

표 8.3 • 자치구별/연도별 등록물량 가중산출 장단기임대료 비율(손익분기 숙박일[33])[34]

	2011	2012	2013	2014	2015	2016
맨해튼	1.73	1.81	1.83	1.73	1.56	1.54
	(211)	(202)	(199)	(211)	(234)	(237)
브루클린	2.04	2.09	1.98	1.98	1.96	1.95
	(179)	(175)	(184)	(184)	(186)	(187)
퀸스[35]	NA	NA	2.23	1.97	1.90	193
			(164)	(185)	(192)	(189)
뉴욕시 전체	1.80	1.88	1.88	1.81	1.70	1.69
	(203)	(194)	(194)	(202)	(215)	(216)

하는 것은 보수적인 셈법임이 사실이다.[36] 앞으로 이 섹션에서는 시기별, 동네별로 장단기임대의 상대적 수익성을 탐구할 것이다.

2011년과 2016년 사이에 단기임대 시장은 상대적으로 수익성이 좋지 않았다. 왜냐하면 단기임대료는 변함이 없었던 반면에 같은 지역의 장기임대료 중위값은 19%나 상승하였기 때문이다. 표 8.3에 의하면, 뉴욕시에서 장단기임대료의 1박당 등록물 가중산출 평균치 비율은 2012년에 최고치 1.88에 이르렀다가 2016년에 1.69로 내려갔다(따라서 장기임대 시장에서보다 더 나은 수익을 올리는 데 필요한 숙박일수가 194일에서 216일로 늘어났다). 단기임대료가 더 큰 안정성을 보이는 이유는 공급의 신축성이 더 크다는 점으로 설명할 수 있다. 단기임대 수요가 증가하면 가격에 상승압력을 넣게 되며 거주자들은 여분의 공간을 쉽게 시장에 내놓게 된다. 장기임대 공급은 수요변화에 훨씬 덜 민감하다. 그 이유는 주택 건축에 장기의 승인절차 등 규제상 장애물이 있기 때문인데, 워튼 대지사용규제지표(Wharton Residential Land Use Regulatory Index)에 의하면, 특히 뉴욕에서 그 부담이 현저하다.

임대료의 상대적 비율에는 지역 간에 상당한 차이가 있다. 브루클린과 퀸스에서는 2016년도 등록물 가중평균 비율치가 2였고, 맨해튼에서는 대략 1.5로서 상당히 낮았다. 이 말은 맨해튼에서 유사한 아파트를 가지고서 장기임대 시장에 내놓는 것만큼 수익을 올리려면 브루클린이나 퀸스에 비하여 단기임대에서는 추가로 50일 이상을 더 임대해야 한다는 것을 의미한다. 도해 8.5에서 보는 바와 같이, 센트럴브루클린과 퀸스의 외곽에 있는 일부 구역에서는 장단기임대료 비율이 3에 가까워서, 장기임대 시장과 동등한 수입을 얻는 데 120일 동안 숙박을 받으면 된다는 것을 알 수 있다.

---

33 손익분기 숙박일 = 365/(단기임대료/장기임대료 비율). 거래비용은 0으로 가정한다.

34 브롱크스와 스태이튼아일랜드는 자료가 충분치 않아 보고서에 포함되어 있지 않다.

35 2011년과 2012년 경우 퀸스에 관한 자료가 충분치 않아(5개 이하 센서스 구역만 있다) 해당 연도 수치는 포함되어 있지 않다.

36 단기임대 관리 서비스를 거래하는 사이트인 Handy.com에서 제공하는 계산기에 의하면, 맨해튼에 있고 방이 1개, 2개, 3개인 숙소를 청소하는 데는 각각 57, 84, 111달러가 든다고 한다. See Get a Price, Handy, www.handy.com/quotes/new?service=52.

• 도해 8.5: 2016년 센서스 구역별, 독채의 에어비앤비 1박당 수입액과 장기임대의 1박당 수입액의 비교

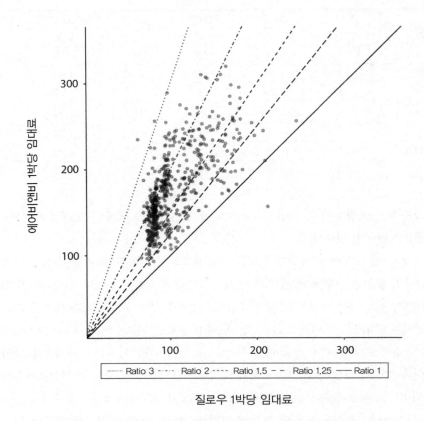

질로우 1박당 임대료

주의: 선들은 장기임대료의 1박당 수입액에 대한 독채의 단기 1박당 수입액 비율을 나타낸다.

단기임대료/장기임대료 비율은 저임대료 지역, 중소득 지역 및 맨해튼 밖의 지역에서 일반적으로 높다. 달리 말하면, 도심의 고임대료 지역에서 살기 위해서 장기임차인들이 지불하려고 하는 금액은 단기임차인(방문자)이 같은 지역에서 지불하려고 하는 금액보다 더 많다. 도해 8.6에서는 2016년의 경우 맨해튼 중심부로부터 멀어질수록 꾸준히 손익분기 숙박일수가 감소하는 모습을 볼 수 있다. 예컨대 2016년에 손익분기 숙박일수가 146일 미만(임대료 비율 > 2.5)인 구역의 등록물은 엠파이어 스테이트 빌딩으로부터 떨어진 거리가 평균 8.6km였음에 비하여 손익분기 숙박일수가 243일(임대료 비율 <1.5)인 구역의 등록물은 4km밖에 떨어져 있지 않았다. 장단기임대료 비율이 2.5를 초과한 구역의 등록물은 하나도 맨해튼 내에 소재하지 않았다.

• 도해 8.6: 2016년 손익분기 숙박일수와 엠파이어 스테이트 빌딩으로부터의 거리, 가계소득, 장기임대료의 비교

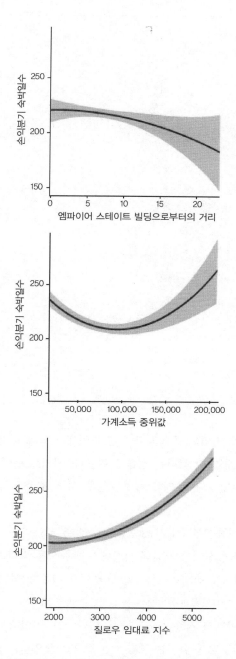

주의: 선들은 2차 방정식 최량 적합도(quadratic best fit)를 의미하고 회색지역은 표준 오차영역이다. 손익분기 추정
     치는 365/(장단기임대율 비율)로 계산한다. 즉 주택이 장기임대 시장에서 벌어들일 만큼의 수익을 올릴 숙박일
     수를 말한다.

• 도해 8.7: 2016년 뉴욕시 센서스 구역별 손익분기 숙박일수 지도, 독채의 손익분기 숙박일수

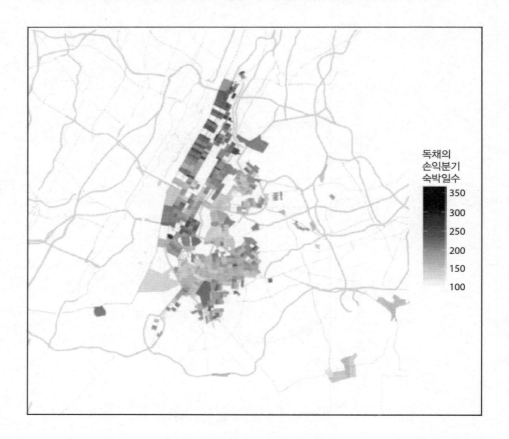

독채의
손익분기
숙박일수

350
300
250
200
150
100

　　도해 8.6은 또한 저임대료 지역의 주택의 경우 장기임대 시장에 대하여 손익분기를 이루는 데에 필요한 단기임대 숙박일 수가 더 적다는 점을 보여준다. 지역 소득에 관하여 보건대, 손익분기 숙박일수와 소득 사이의 관계는 U자 형태를 보여주는데, 시 전체 소득의 중위값보다 약간 높은 지역의 이익률이 가장 높다.

　　이러한 결과에 의하면, 비중심부, 저임대료, 소득 중간층 지역의 거주자들이 숙박공유에서 가장 큰 이익을 얻을 수 있음과 동시에 장기임대 시장에서 부동산을 빼내려는 투자자들에 의하여 축출을 당할 위험성을 안고 있기도 하다는 점을 알 수 있다(도해 8.7). 하지만 맨해튼 외에서는 개별 방 등록물이 56%를 차지하는데(브롱크스에서는 놀랍게도 71%를 차지한다), 이런 경우라면 이 지역의 숙박주 대부분은 투자자가 아니고 거주자라고 볼 수 있다. 장단기임대차의 상대적 수익률을 고려하면, 이러한 지역에서도 전환의 위험성은 제한적인 것으로 보인다. 위와 같은 논의에 덧붙여서 이 주제에 대하여 좀더 들어가 보자.

V. 규제적 대응책

플랫폼 기반 단기임대차 활동이 급속하게 증가하자, 각 도시는 기존 규정을 현대화하거나 새로운 규정을 채택하게 되었다. 우리는 경제적 가치를 유지하면서도 금전적/비금전적 외부효과를 최소화한다는 이상적 목표를 달성하기 위하여 단기임대차를 규제하는 방법론에 대하여, 우리의 실증적 발견내용과 경제이론에 입각한 검토를 진행하고자 한다. 우리는 지역별로, 사용형태별로 매우 큰 다양성이 존재함을 발견하였는바, 이러한 다양성을 고려한 접근법이 중요하다는 점을 강조한다. 예컨대 숙박주 대부분이 임시적인 이용자이고 다수가 독채가 아닌 개별방을 임대하기 때문에 이러한 부류에게 과도한 부담을 주지 않는 규제가 필요할 것이다. 전문적 숙박주는 더 엄격한 규제를 받을 수 있다. 특히 임대활동이 가장 활발한 지역은 더욱 그러하다. 우리가 실증적으로 발견한 증거를 활용하면, 경제적 가치가 있는 활동을 허용하면서도 부정적 파급효과를 최소화하는 규제를 만드는 데에 도움이 될 것이다.

세계 각 도시는 단기임대차에 대하여 다양한 목적을 가지고서 다양한 규제적 접근법을 채택하여 왔다. 하나의 관심사안은 단기임대에 대한 과세를 확보하는 것인데, 어떤 도시는 숙박주에게 등록의무를 부과하여 직접 세금을 정부에 납부하도록 요구하고(최근까지 샌프란시스코가 그리하였다), 암스테르담, 리스본, 런던 등의 도시는 에어비앤비와 같은 플랫폼에게 세금을 징수하여 납부하도록 요구한다.[37] 품질과 안전 문제에 관하여 보면, 대부분의 도시가 청결과 위생 문제를 플랫폼에 묵시적으로 위임한 것으로 보인다(플랫폼의 동료 간 피드백에 기반한 평판시스템은 이와 같은 정보 비대칭성에 따른 문제에 관하여 효과적인 자율규제적 해결책을 제시할 수 있다).[38] 공공안전 문제는 훨씬 복잡하나, 단기임대에는 화재감지기 설치, 안전한 전선의 사용, 청정수의 제공과 같은 표준 주거 및 건축규정이 적용된다.[39]

이 섹션에서 우리는 섹션 I에서 본 바와 같이 사용빈도에 따라 나타나는 각 외부효과를 해결하기 위한 규제적 대응책을 평가하고, 각 정부가 최근 입법화한 개입방법을 주로 검토하고자 한

---

37 2017년 9월 현재, 숙박주 대신에 에어비앤비가 세금을 징수하여 납부하는 지역에 미국 에어비앤비 등록물의 절반 이상이 소재하고 있다. 이러한 방법은 아룬 순다라라잔이 다음의 책에서 옹호한 '데이터 기반 위임'(data driven delegation)의 철학을 널리 구현한 구체적 사례의 하나이다. Arun Sundararajan, What Governments Can Learn From Airbnb And the Sharing Economy(정부는 에어비앤비와 공유경제에서 무엇을 배울 수 있나), Fortune, July 12, 2016, http://fortune.com/2016/07/12/airbnb/discrimination/; Arun Sundararajan, The Sharing Economy: The End of Employment and the Rise of Crowd-Based Capitalism(공유경제: 고용의 종말과 군중 기반 자본주의의 대두) (2016).

38 온라인 평판시스템에 관한 많은 문헌들에서, 여러 P2P 시장에서 나타나는 정보 비대칭 문제를 경감하는 효과가 기술되고 있다. (e.g., Andrey Fradkin, Elena Grewal, and David Holtz, The Determinants of Online Review Informativeness: Evidence from Field Experiments on Airbnb(온라인 평가의 유용성 결정인자: 에어비앤비 현장실험에서 얻은 증거), Working Paper (2017)). 평판시스템이 정부 규제를 대체할 만한 범위에 대한 논의로서 다음을 참조하라. See Arun Sundararajan, Why the Government Doesn't Need To Regulate the Sharing Economy(왜 정부는 공유경제를 규제할 필요가 없는가), WIRED, Oct. 22, 2012, www.wired.com/2012/10/from-airbnb-to-coursera-why/the-government-shouldnt-regulate-the-sharing-economy/.

39 사실 뉴욕시에서는 영속적 점유자를 위한 건물에 비해 일시 사용을 위한 건물에는 더 엄격한 화재 안전 기준이 적용된다. 왜냐하면 일시적 체류자는 건물의 도피로와 긴급시 행동요령에 대하여 잘 알지 못하여, 화재시 더 큰 위험에 처하게 된다고 생각되기 때문이다. Daniel Parcerisas and Sarah Watson, Sleeping Around: Short-term Rentals and Housing in New York City(여기저기 숙박하기: 뉴욕시의 단기임대와 주거생활), CHPC Report, Mar. 2017), http://chpcny.org/assets/Sleeping/Around-Final-for-Web.pdf.

다. 우리는 빈도 제한을 어떻게 설계할 것인지에 치중하고, 누가 이를 집행할 것인지(이는 중요하고 법적으로 복잡한 문제이다)를 다루지는 않는다.[40] 우리는 어떤 하나의 접근법을 지지하지는 않는데, 이는 어느 외부효과나 그 성질과 크기가 불확실하고, 지역에 따라 어떻게 달리 나타날지도 불확실하기 때문이다. 오히려 우리는 실증적 연구결과와 경제적 관점을 사용하여 여러 접근법의 장단점을 규명하고자 한다.

A. 금지조치

뉴저지주 포트리[41](Fort Lee)나 캘리포니아주 산타모니카[42](Santa Monica) 등 일부 지역은 숙박주가 거주하지 않는 상태의 단기임대를 전면 금지하였다. 어떤 지역은 부동산 형태별로 혹은 선별된 지역별로 제한을 부과하고 있다. 예컨대 메인주 포틀랜드는 소유자가 거주하지 않는 단독세대 주택의 단기임대를 금지하는데, 휴가용 임대를 오랜 기간 해온 포틀랜드 해안가의 섬들은 예외로 두고 있다.[43] 뉴올리언즈의 경우 프렌치 쿼터(French Quarter)에서 단기임대를 못하도록 하고 있다.[44] 시카고에서는 시의원이 단기임대가 금지되는 '주거전용지역'(restricted residential zone)으로 선거구 내 소구역(precinct)을 지정해 달라고 제안할 수 있는데, 제13선거구(Ward) 시의원이 선거구 내 48개 소구역 중 4개 소구역에서 등록유권자 25%의 서명을 받아오자 시의회는 2017년 최초로 주거전용지역을 승인했다.[45] 뉴욕시는 3개 세대 이상의 건물에서 영속적 거주자가 없는 상태로 30일 미만으로 임대하는 것을 금지하고, 불법 단기임대 세대에는 막대한 과태료를 부과한다.[46]

경제적 관점에서 일반적으로 보면, 금지조치는 외부효과를 해결하는 접근법으로서는 불필요하게 천편일률적이고 비효율적인 방법이다. 단기임대차 활동이 일정한 수준에서 이루어진다면 효

40　Cohen and Sundararajan, supra note 11의 설명에 의하면, 단기임대 디지털 플랫폼에게는 막강한 잠재적 집행역량이 있으므로 플랫폼은 스스로 야기한 부정적 외부효과를 해결할 효율적인 행위자로 취급되어야 한다고 한다.

41　포트리(Fort Lee)의 시조례는 최소한 30일 연속으로 거주할 것을 요구한다. Christopher Lang, N.J. Towns, State Government Move To Regulate Short-Term Rentals(뉴저지주 도시들과 주정부가 단기임대를 규제하기 시작하다), NorthJersey.com, Feb. 1, 2017, www.northjersey.com/story/news/2017/02/01/nj-towns-state-government-move/regulate-short-term-rentals/96 248564/.

42　산타모니카 시의회는 30일 미만의 독채 임대를 금지한다. Sam Sanders, Santa Monica Cracks Down on Airbnb, Bans 'Vacation Rentals' Under A Month(산타모니카는 에어비앤비를 규제하면서 한 달 미만의 '휴가용 임대'를 금지하다), NPR, May 13, 2015, www.npr.org/sections/thetwo-way/2015/05/13/406587575/santa-monica-cracks/down-on-airbnb-bans-vacation-rentals-under-a-month.

43　Billings, supra note 2.

44　Jeff Adelson, New Orleans Begins Roll Out of Short-Term Rental Law Enforcement(뉴올리언즈가 단기임대법 집행을 개시하다), New Orleans Advocate, May 14, 2017, www.theadvocate.com/new_orleans/news/politics/article_5b428d14-38e0-11e7-8ae2-7b5409eacfab.html.

45　Fran Spielman, Southwest Side Alderman Is First To Declare Ward Off-Limits to Airbnb (사우스웨스트사이드 시의원이 최초로 선거구를 에어비앤비 금지지역으로 선언하다), Chicago Sun Times, June 22, 2017, http://chicago.suntimes.com/news/southwest-side/aldermen-is-first-to-declare-ward-off-limits-to-airbnb/.

46　집행에 대한 자료는 별로 없지만, 뉴욕시청 특별집행국이 311건의 진정이 들어온 경우에만 주택점검을 실시한 점에서 보듯이 주로 주민들의 진정으로 집행이 이루어진다(Parcerisas and Watson, supra note 39). 2017년 2월부터 4월까지 사이에 개인 혹은 기관 9개에 대하여 총 65,000달러의 과태료가 부과되었다. James Dobbins, Making a Living With Airbnb(에어비앤비로 생계를 유지하기), N.Y. Times, Apr. 7, 2017, www.nytimes.com/2017/04/07/realestate/making/a-living-with-airbnb.html.

용이 전체 사회적 비용을 능가할 수도 있다. 금지조치가 부정적 외부효과가 발생할 가능성을 완전히 없앨 수는 있으나, 동시에 숙박주 등에게 돌아올 가치를 전부 소멸시킬 가능성도 있다. 숙박주는 수익을 획득할 수 있고, 손님은 금지 구역에 머무르면서 소비를 하고 싶을 수도 있고, 지역정부는 세금을 획득할 수 있을 것이다. 예컨대 아주 대충 추정해 보더라도, 뉴욕시에서 3개 이상 세대의 건물에서 단기임대를 못하게 하는 정책을 집행하게 되면 영향을 받는 숙박주 수입액은 1억 4,000만 달러에서 3억 5,000만 달러에 이르게 되는 것으로 나온다.[47]

B. 단기임대일수 상한제

많은 지역이 단기임대로 주택을 제공할 수 있는 숙박일수 제한 제도를 채택하였다. 이러한 접근법은 '상한을 두게 되면 임대인 혹은 사업자가 장기임대를 단기임대로 바꾸려는 유인이 크게 감소하면서도 상시거주자는 여전히 주택을 공유할 수 있다'는 동기에서 비롯되었다.[48] 예컨대 일본은 최근 모든 단기임대주택에 180일의 숙박일 상한을 두는 법을 제정하였고,[49] 필라델피아도 같은 수준의 제한을 가하고 있다.[50] 런던은 거주자가 자신의 집을 연간 최대 90일까지 임대하는 것을 허용한다.[51] 대부분의 상한제는 에어비앤비 숙박주가 같이 머무는 '숙박주 동반' 체류에는 적용되지 않는데, 개별방 등록물의 대부분이 숙박주 동반 형태에 해당한다.[52] 예컨대 새너제이의 180일 상한제[53] 및 뉴올리언즈의 90일 상한제[54]는 오로지 숙박주 비동반 체류에만 적용된다.

이런 규제에는 영향이 주로 상업적 임대인에게 미치고 간헐적 임대인에게는 미치지 않는다는 이점이 있다. 왜냐하면 상시거주자는 일년에 90일 이상 집을 임대하는 경우가 거의 없기 때문이다. 더구나 뉴욕시의 저소득 지역에서는 숙박주 동반의 개별방 체류가 매우 많다는 사실을 놓고 보면, 숙박주 동반 체류를 제외함으로써 누진적 소득배분 효과가 있다고 볼 수 있다. 그러나 숙박

---

47 뉴욕시에서 독채 등록물이 1년간 벌어들이는 소득의 중위값은 5,000-6,000달러이다. 소득분포도는 우측으로 기울어져 있으므로 우리는 6,000-12,000달러를 독채의 연간 평균 연소득으로 사용한다. 2016년에 뉴욕시에서 숙박이 이루어진 독채 등록물은 32,500개이고, ACS에 의하면 뉴욕시 전체 주택수의 71%가 3개 이상의 세대로 구성된 건물에 있다. 추정치를 구성함에 있어서 우리는 에어비앤비 독채 등록물 중 70-90% 이상이 3개 이상 세대로 구성된 건물에 있다고 보는데, 이는 맞지 않을 수도 있을 것이다. 이러한 수치들을 결합하면, 영향을 받는 숙박주 수입액은 1억 4,000만 달러에서 3억 5,000만 달러로 추정된다고 본다.

48 2015년 영국 탈규제법(UK Deregulation Act) 중 런던의 단기임대규제조항인 섹션 44-45의 주석서(explanatory notes)를 보면 다음과 같이 되어 있다. "이 조항의 목적은 영속적 거주자의 이익을 위하여 런던의 기존 주택공급량을 보장하기 위한 것인데, 이 조항에 의하여 런던의 자치구는 가정집을 단기임대로 전환하는 것을 통제하는 데 더 강력하고 용이한 계획수단을 갖게 될 것이다. Deregulation Act of 2015, www.legislation.gov.uk/ukpga/2015/20/notes/division/5/46.

49 이 규정에 대한 검토는 다음을 참조하라. See Airstair, http://airstair.jp/minpaku_new_law/.

50 이 규정에 대한 검토는 다음을 참조하라. See Short Term Home Rental(단기주택임대), Licenses and Inspections, City of Philadelphia, www.phila.gov/li/PDF/Limited%20Lodging%20Information%20Flyer.pdf.

51 이 조항에 관하여 다음을 참조하라. See SimplyHospitality, http://simplyhospitality.com/short-term-lets-uk-rules-regulations/.

52 에어비앤비의 2016년 설문조사 자료에 따르면, 뉴욕시에서 단독실 혹은 공유실을 임대한다고 답변한 숙박주의 92%는 주된 주거지를 임대한다고 답변하였는데, 주된 주거지란 일년 중 대부분을 생활하는 곳을 말한다(표본 개수: 348).

53 해당 규제에 관하여는 다음을 참조하라. See Memorandum(제안서), City of San Jose, http://sanjoseca.gov/DocumentCenter/View/37863.

54 Adelson, supra note 44.

일수 상한제의 천편일률성으로 인한 단점도 있다. 주요 단점을 들자면, 여러 부류의 비상업적 주택도 영향을 받을 수 있다는 것이다. 부속주거시설(Accessory Dwelling Unit, ADU)이 그 예의 하나인데, ADU란 주된 주택에 부속된 소형의 시설로서 부분적으로 주거형태를 갖춘 것을 말한다. 어떤 경우에는 주택소유자가 이를 단기임대할지, 아니면 장기임대할지를 선택할 수 있을 것이다. 그러나 많은 경우에 이러한 주거시설은 장기임대로 하기에 적합하지 않다. 왜냐하면 부엌 등 시설이 없을 수도 있고 소유자가 방문하는 친척이나 친구를 재울 수 있도록 융통성을 유지하고 싶어할 수도 있기 때문이다.[55] 영향을 받는 비상업적 시설의 부류로서 2차 주택(second home)이라는 것이 있는데, 이는 휴가용 임대물의 형태로 사용될 수도 있고, 도시에서는 일시체류용 주택으로 사용될 수도 있다. 이러한 공간은 공유경제에서 가장 적합한 형태의 공간을 제공할 수 있을 것이다. 단기임대를 못하게 하면, 많은 ADU와 2차 주택이 비어 있을 것이며, 도시들이 상한제를 통하여 억제하려고 했던 금전적 외부효과도 줄어들지 않을 것이다.[56]

상한제 형태의 규제가 갖는 또 다른 단점으로서 여러 플랫폼을 이용하는 활동에 대하여 시당국이 제대로 확인하기 어렵다는 점이 있다. 일부 도시에서는 숙박주가 주택을 단기임대물로서 시당국에 등재하여야 하고, 에어비앤비가 법적 상한 이내로 숙박일수가 유지되도록 숙박일수를 확인하기로 약속한 적도 있다. 한 플랫폼이 주택의 숙박일수를 확인하고 제한하기로 동의한다 손치더라도, 주택은 여전히 다른 플랫폼이나 광고사이트(크레이그리스트 등)에 등록될 수 있는 것이다. 이러한 경우에는 시당국의 역할이 중요한데, 시당국이 복수의 플랫폼에서 숙박정보를 수집하고, 플랫폼들의 등록물을 서로 대조하고, 수박일수를 확인하고, 적시에 플랫폼들에게 정보를 제공하여야 한다. 이러한 규제의 기술적 복잡성은 그 자체로서 단점이다. 설상가상으로, 규제를 따르는 플랫폼은 그러지 않는 플랫폼에 비하여 불리한 위치에 놓일 수 있는데, 이 경우 합동규제에 먼저 참여하는 플랫폼은 경쟁상 불리하게 된다.

C. 단기임대주택 개수 상한제

일부 도시에서는 단기임대활동을 허용하면서도 단기임대 개수를 시 전역 혹은 각 구역단위로 제한하는 방식을 취하기도 하였는데, 통상 이때에는 고정적 주거시설과 단기임대전문 주거시설을 구분하여 규제한다. 이러한 접근법의 근저에서는 '관광활동이 충분히 분산되고 단기임대전문 주거시설이 전체 주택량에서 차지하는 비율이 작은 한, 외부효과가 크지 않다'는 전제가 자리잡고 있다. 예컨대 메인주 포틀랜드 시의회는 다세대주택의 비소유자 점유물 중 단기임대로 등록될 수 있는 숫자를 300개로 제한하는 법을 통과시켰는데(섬 지역은 예외로 하고 있다), 이 숫자는 매년 시

---

55 각 지역별로 ADU를 숙박주 동반의 시설로 보고 상한제가 적용되지 않도록 하면 이러한 비율성을 제거할 수 있다.

56 단기임대로 인하여 주택소유가 좀더 쉬워져서 한계영역에서 2차 주택 보유의 확산을 가져올 수는 있다. 2차 주택 중과세 등의 제도에 비추어 보면, 단기임대의 금지는 2차 주택을 제한하는 수단으로서는 비효율적이다. 왜냐하면 단기임대는 기존 2차 주택을 빈 공간으로 남겨두게 할 것이기 때문이다.

의회가 재검토하도록 되어 있다.[57] 내슈빌시는 데이비드슨 카운티의 각 센서스 구역별로 단일 세대 주택이 소유자 비점유인 상태하에서 단기로 임대될 수 있는 개수에 대한 상한제를 채택하였는데, 흥미롭게도 고정된 숫자를 책정하지 아니하고 센서스 구역별로 주택총량의 일정 비율로 정함으로써 주택총량의 증가에 따라 단기임대전문 주택개수가 늘어나도록 해놓았다.[58] 시카고시는 국지적 외부효과를 제거하기 위하여 최근 자치법규를 개정하여 건물 중 단기임대로 사용될 수 있는 방의 개수를 6개 혹은 방 개수의 1/4 중 작은 수의 것으로 제한하였다(소유자 점유 여부와 무관하다).[59]

이러한 종류의 규제는 일률적 금지보다는 더 효율적일 수 있고, 집행 여하에 따라서는 모든 단기임대 숙박일수를 포괄적으로 제한할 수도 있다. 위와 같은 규제에서는 근본적으로 다른 두 형태의 단기임대 주택이 있다는 점을 보통 인정하고 있다. 하나는 가끔씩 임대되는 고정적 주거시설이고, 다른 하나는 임대전용의 부동산 혹은 2차 주택인데, 위 두 개의 범주는 다르게 취급된다. 위와 같이 함으로써 국지적 외부효과를 다룰 수 있게 되고, 주택총량 중에서 전적으로 단기임대전용인 주택의 개수가 작은 비율로 유지되도록 할 수 있다.

하지만 임대주택 개수 상한제에도 단점이 있다. 여기에서는 주택의 개수를 제한하고 숙박 이용의 정도를 제한하지 않는데, 오히려 후자가 관광활동 수준과 관련된 외부효과를 더 잘 나타내는 지표일 것이다. 예컨대 메인주 포틀랜드에서는 주택등록 개수를 제한하는데 그렇게 되면 어떤 날에는 단기숙박이 몇 개만 이루어지고, 어떤 날에는 300개의 숙박이 이루어질 수 있다.[60] 이와 같은 비효율성의 유사한 사례로서 차량 운행거리의 상한을 제한하지 아니하고 소유 차량 대수를 제한함으로써 교통혼잡을 줄이려는 것이 있다. 또한 주택 개수 제한에서는 인허가의 분배 방법 및 적정한 인허가 개수가 몇 개인지에 관한 문제도 제기된다. 택시 메달리온 세계에서의 경험에 비추어보면, 일단 상한이 결정되면 이를 조정하는 것은 쉽지 않은데, 그 이유는 상한을 올리는 데에 새로운 입법이 필요할 수도 있고, 기존 면허권자들이 증설을 반대할 수도 있기 때문이다.[61] 예를 들어, 하와이주 호놀룰루 카운티는 엄청나게 수요가 증가하는데도 불구하고 1989년 이후로 신규 단기임대허가를 한 번도 내주지 않았다.[62] 마지막으로 인허가 수준이 너무 넓은 지역에 걸쳐서 설정되면, 지역 내의 일부 지역에서는 더 높은 활동수준이 바람직한데도 불구하고 여전히 엄격한 제한이 적용되는 문제점도 있다.

---

57 Billings, supra note 2.

58 이 규정에 대한 검토는 다음을 참조하라. See Short Term Rental Property(단기임대 부동산), Nashville, www.nashville.gov/Codes-Administration/Construction-and-Permits/Short-Term-Rentals.aspx.

59 Associated Press, Chicago Set to Begin Enforcing Tougher Short-Term Rental Laws(시카고가 더 엄격한 단기임대차법의 집행을 개시하다), Skift (Mar. 16, 2017), https://skift.com/2017/03/16/chicago-set-to-begin-enforcing-tougher/short-term-rental-laws/.

60 Billings, supra note 2.

61 Jeff Horwitz and Chris Cumming, Taken for a Ride(택시 세계의 요지경), Slate, June 6, 2012, www.slate.com/articles/business/moneybox/2012/06/taxi_medallions_how_new_york_s_terrible_taxi_system_makes_fares_higher_and_drivers_poorer_.html.

62 Associated Press, The Latest: Hawaii Lawmakers Mull Short-Term Rental Bills(최신 뉴스: 하와이 의원들은 단기임대법 개정안을 고려 중이다), NewsOK (Feb. 7, 2017), http://newsok.com/article/feed/1163484.

숙박일수 상한과 주택개수 상한을 결합함으로써 혼합적인 규제 접근법을 취할 수도 있다. 예컨대 시당국은 모든 주택에 대하여 일년 중 일정한 수의 숙박을 받게 허용할 수도 있고, 주택총량을 감안하여 일정한 개수의 주택에 대하여는 숙박일수 상한이 없는 인허가를 줄 수도 있는데, 후자에서는 2차 주택 등 임대전문 주택에 대한 고려를 할 수 있다.

D. 조세와 수수료를 통한 활동수준의 규제

교통혼잡, 환경오염과 같은 영역에서 부정적 외부효과를 취급하는 데 널리 사용되는 다른 접근법으로서는 이용에 대하여 수수료나 조세를 부과하는 것이 있다.[63] 이 접근법의 배후에 있는 원리에 의하면 '조세가 적절하게 고안되는 경우, 최고의 가치를 창출하는 활동은 지속되지만, 가장 부정적인 외부효과를 가져오는 활동은 억제될 것'이라고 한다. 조세수입은 외부효과를 많이 받는 자에게 교부금으로서 지급될 수도 있을 것이다.

현재 단기임대차에 대한 조세와 수수료에는 여러 형태가 있다. 앞서 본 바와 같이, 대부분의 도시에서 숙박주는 일시점유세(transient occupancy tax, 일명 TOT 혹은 호텔세)를 낸다. 어떤 도시의 경우 숙박주가 단기임대를 합법적으로 하기 위해서는 연간 등록비를 추가로 내야 한다. 이러한 조세와 수수료는 시의 수입원일 뿐 아니라, 특히 금액이 사용도에 따라 올라가서 소유자로 하여금 장기임대물을 단기임대물로 전환하지 못하도록 하는 경우 활동수준을 규제하는 효율적인 수단이 되기도 한다. 예컨대 메인주 포틀랜드에서는 등록수수료가 한 숙박주의 등록개수에 따라 증액된다.[64] 이러한 규제체제는 '한 개를 임대하는 숙박주는 주된 주거(여행하는 동안에) 혹은 2차 주택을 임대하는 것이고, 여러 개를 임대하는 숙박주는 위와 같은 상황이 아니라고 보는 것이 맞아서, 그에 따라 조세를 부과하는 것이 타당하다는 점'을 포착한 것이다.

조세와 수수료에 대한 이의제기는 그의 역진적 분배 효과에서 비롯된다. 예컨대 높은 단기임대료 수입을 올리는 고가의 주택에 거주하면서 활발하게 임대를 하는 숙박주는 고정된 등록수수료를 쉽게 낼 수 있는데, 임대를 자주 하지 않는 숙박주 혹은 사회경제적으로 덜 선호되는 지역 또는 부동산에 거주하는 숙박주는 수수료를 내지 못하여 배제될 수가 있다. 간헐적 숙박주와 상업적 숙박주를 다르게 취급하는 방법으로서 최소기준치를 정하는 것이 있다. 즉 일정 기준치의 숙박일수까지는 수수료를 내지 않게 하고, 그 이후로는 사용량에 따라 단계적으로 수수료를 증액하는 것이다. 예컨대 필라델피아에서는 숙박주가 등록수수료를 내지 않고도 연간 90일까지는 숙박을 받을 수 있으나, 91-180일간 숙박을 받는 경우에는 '부분적 숙박 가정'(Limited Lodging Home)으로서 등록 및 수수료 납부를 하여야 하고, 180일을 초과하여 숙박을 받으려면 추가적으로 '여

---

63 William J. Baumol, On Taxation and the Control of Externalities(외부효과에 대한 조세 및 통제에 관하여), 62(3) Am. Econ. Rev. 307-22 (1972).

64 Billings, supra note 2.

행자용 숙박시설'(Visitor Accommodation) 허가를 받아야 한다. 이러한 접근법을 사용하면 정액수수료의 역진적 성질이 완화되는데, 이렇게 하지 않으면 플랫폼을 간헐적·비상업적으로 이용하는 자는 플랫폼을 잘 이용하지 않게 될 것이다. 다른 한편 TOT와 같은 세율에 기반한 조세는 특정 주택의 사용빈도에 따라 달라질 수 있다. 예컨대 매사추세츠주는 최근 60일 이상의 임대가 이루어지는 경우에 고세율을 부과하는 방안을 제안하였는데, 이에 의하면 장기임대물의 전환이 저지될 것이다.[65] 더 일반적으로 보자면, 일정 수 이상 숙박된 등록물에 고세율을 부과한다면, 비어 있을지도 모를 2차 주택 등이 사용되도록 하면서도 다른 주택이 단기임대용으로 전환되는 것을 막는 데에 유용할 수도 있다.

E. 지역맞춤형 규제

대부분의 지역에서 전 지역에 적용되는 단일의 규정을 채택하여 왔지만, 우리가 보여 준 바와 같이 뉴욕시내 각 지역 사이에는 단기임대율에 현저한 차이가 있고, 동시에 상대적 수익성에도 차이가 있다. 이러한 차이 때문에 지역별 규제대응의 가능성이 제기되는데, 최근 메인주 포틀랜드,[66] 뉴올리언즈[67] 혹은 시카고(주민 투표로 찬성하는 경우)에서 그러한 대응이 이루어졌다.

가변적 규제체제에서는 자연스럽게 지역마다 다른 규제수준을 갖게 될 것이다. 예컨대 시 전역에 걸친 규제체제라도, 간헐적·일시적 숙박주에 대하여는 최소한으로 규제하고, 상시숙박주에 대하여는 등록 요구, 과세, 숫자 제한 등을 하면, 어떤 지역에서는 관광객 활동을 선호하고 어떤 지역에서는 선호하지 않게 될 것이다. 이렇듯 지역별로 이질성과 선호도 차이가 있고, 단기임대의 집중도가 다른 것으로 관찰된다는 이유로, 지역맞춤형 규정이 필요하다는 주장이 경제적 관점에서 제기되고 있다.

지역마다 장기임대차 시장의 특성, 경제적 영향과 발전에 대한 요구사항, 관광활동 선호도가 다르다. 환경의 변화를 달가워하지 않는 지역에 관한 규제 내용은 휴가철 임대가 대대적으로 일어나는 지역에는 적합하지 않을 것이다. 달리 말하자면, 외부효과의 성질과 정도는 해당 지역에 따라 다르므로 지역맞춤형 대응이 필요한 것이다.

고도의 맞춤형 규제의 하나로서 주택소유자연합회(homeowner association, HOA)가 설정한 규제가 있다. 혼잡도, 소음 등 파급효과는 지역별로 다르므로 HOA가 이들을 다루는 데 가장 적합할 수 있다. 코언과 순다라라잔은 이 점에 관하여 아래와 같이 자세히 설명하고 있다.

---

65 법안(H.3454)은 '주거용' 등록물(연간 60일 미만으로 임대되는 주된 주거 등록물을 말한다)에는 4%의 조세를 부과하고, '상업용' 등록물(주된 주거가 아니거나 연간 60일 이상 임대되는 주택을 말한다)에는 8%의 조세를 부과하도록 제안하고 있다. 매사추세츠주 내 도시는 주거용 등록물에 대하여는 5%까지, 상업용 등록물에는 10%까지 소비세를 부과할 수 있도록 하고 있다. See Bill H.3454, supra note 3.
66 포틀랜드는 섬들에 위치한 곳들을 제외하고, 소유자 비점유의 건물 내 단기임대 주택 개수를 300개로 제한한다. Billings, supra note 2.
67 단기임대가 프렌치 쿼터에선 금지되어 있지만, 다른 지역에선 허가를 받아 합법적으로 할 수 있다. Adelson, supra note 44.

혼합적 규제체제에 HOA를 포함시키면 규제업무의 분담에서 흥미로운 현상이 있게 된다. 정보 비대칭성에 관련된 규제업무는 에어비앤비 등 플랫폼에 위임한다(플랫폼은 자연스럽게 전 세계 정보의 축적, 역선택과 도덕적 해이의 경감에 관심을 갖는다). HOA로 하여금 지역별 외부효과에 대한 규제에서 주요한 역할을 하도록 한다. 손님들의 소음과 건물 내 낯선자의 왕래와 같은 외부효과는 전형적으로 해당 지역에 관련되는 것으로서 주로 HOA 회원들에게 영향을 미치기 때문이다. 주택소유자와 임대자는 HOA와 지속적으로 돈독한 관계를 맺고 있다. HOA는 믿을 만할 뿐만 아니라 규정준수를 감시할 능력이 있는 등 막강한 집행역량을 보유하고 있다. 그리하여 건물과 지역공동체는 자연스럽게 에어비앤비 우호 지역과 에어비앤비 제한 지역으로 나뉠 수 있게 되고, 그 이후 매수인과 임대인은 자율적으로 그중에서 선택을 할 수 있다.[68]

하지만, 비거주자의 증가로 인한 국지적 외부효과가 다른 지역으로 확산되어 전체 시의 생활품질을 훼손하는 경우라면, 지역별 접근법은 그리 적절하지 않을 것이다. 주택총량에서 장기임대물이 빠져나감으로써 생긴 파급효과가 있다는 증거가 있는 경우에도 국지적 접근법은 적절하지 아니하다.

더구나 지역맞춤형 규제나 수수료는 실시하기에 복잡할 수 있고, 시 거주자 및 손님에게 혼동스러울 수 있으며, 바람직하지 않은 분배효과를 가져올 수가 있다.

결론

도시들이 가장 효율적이고 형평적인 대응책을 만들기 위해서는 우선 실증적 연구를 해서 단기임대시장의 전개과정과 그로 인한 외부효과의 본성을 제대로 이해하여야 한다. 우리는 이 방향으로 한 걸음을 내디며, 뉴욕시내의 에어비앤비 사용패턴과 상대적 수익성을 지역별로, 시기별로 검토하였다. 2011년과 2016년 사이에 에어비앤비가 비중심부의 주거지역으로 확산되었는데, 그곳에서는 장기임대 시장에 비하여 단기임대가 더 좋은 수익성을 보이는 경향이 있다. 그러나 전반적으로 보면, 단기임대 시장의 수익성이 사람들이 생각하는 만큼 좋지는 않은데(비중심부의 주거지역에서도 마찬가지이다), 시간이 지나면서 상대적 수익성은 더욱 악화되었다. 우리가 데이터에서 관찰한 바와 같이 주거시설을 전환시킬 유인이 제한적이고, 시간이 지나면서 이러한 유인도 감소하고 있다는 사실을 감안하여 보면, 현재 에어비앤비가 뉴욕시에서 임대용 주택의 공급에 영향을 미치고 있다고 보기는 어렵다.

우리는 단기임대 시장이 야기하는 외부효과를 다루기 위해 고안된 각종 규제적 대응책(전면적

---

68   Cohen and Sundararajan, supra note 11, at 130-31.

금지, 숙박일수 상한제, 임대주택 개수 상한제, 조세와 수수료 등)의 장단점을 경제적 관점에서 검토하였다. 스펙트럼의 한쪽 끝에 있는 전면적 금지조치는 단기임대 시장에서 부정적 외부효과가 발생할 가능성을 전적으로 제거하기는 하지만, 지역정부, 숙박주, 손님에게 창출되는 가치도 전적으로 제거하게 된다. 다른 쪽 끝에 있는 조세와 수수료는 임대사용 형태에 여러 가지가 있음을 감안하여, 고가치의 활동은 지속되도록 하면서도 전반적인 활동수준은 제한함으로써 부정적 외부효과를 최소화한다. 임대사용 정도에 따라 조세와 수수료를 변동시키게 되면 장기임대를 단기임대로 전환하는 것을 억제하는 데에 기여하며, 지역별로 조세와 수수료를 달리 적용하면 환경의 변화를 싫어하는 지역과 주로 휴가철 임대를 하는 지역에 각기 타당한 규제적 접근법을 적용할 수 있다.

우리는 장차의 연구에서 각 지역별로 장단기임대차 비율의 결정인자를 연구하고자 한다. 우리는 앞으로 '장기적 평형상태에서 단기임대의 상대적 수익성이 어떤 모습을 보일 것인지, 이러한 안정적 상태에서 에어비앤비 임대활동의 수준이 어느 정도로 이루어질 것인지, 그에 따라 앞서 본 여러 규제적 접근법이 어떤 영향을 보일 것인지'에 대한 검토를 할 계획이다.

9

TNC 규제의 창의성

카트리나 와이먼*

서언

산업전문 언론인 브래드 스톤은 The Upstarts라는 글에서 우버의 발전과정을 연대순으로 개관하였는데, 주문형 자동차 서비스에 대한 개릿 캠프의 2008년 구상에서 시작하여 2016년 말까지 우버가 미국 사회에 준 영향를 다루었다.[1] 스톤은 그 과정에서 우버와 리프트가 서비스 형성기에 시의회, 주의회, 규제권자 사이에 펼쳤던 싸움을 설명한다.[2] 그들 중 어떤 기관은 우버와 리프트의 혁신에서 이익이 온다는 점을 인정하면서도 공공안전의 보장을 고집하였다.[3] 어떤 기관은 전통적인 택시업계와의 오래된 유대관계 때문인지 현상 유지에 과도하게 집착하였다.[4]

우버와 리프트의 부상 이야기는 기업가적 대담함에 대한 것일 뿐만 아니라, 스톤이 주로 다룬 것은 아니지만 법률 및 규제의 혁신에 대한 것이기도 하다. 우버와 리프트가 지난 5년 동안, 특히 2015년 이후 밀어붙인 새로운 규제의 틀은 미국 대부분의 지역에서 채택되어 이러한 신생기업을 합법화하고 규율하는 데에 사용되고 있다.[5] 이 새로운 규제틀과 택시산업을 규율하는 데 역사적

---

* Julia Kindlon, Aaron Lichter, Dana Rubin, André Smith, Caleb Thomas가 연구에 탁월한 도움을 준 점에 대하여 감사를 드리고, Michèle Finck, Maarit Moran, Derek McKee가 유용한 의견을 준 점에 대하여도 감사를 드린다. 택시와 TNC 업계의 관련자들이 주신 유용한 통찰력에도 감사를 드린다.

1 Brad Stone, The Upstarts: How Uber, Airbnb, and the Killer Companies of the New Silicon Valley Are Changing the World(신생기업들: 우버, 에어비앤비 등 신실리콘밸리의 킬러기업은 어떻게 세계를 변화시키고 있는가.)(2017). Adam Lashinsky, Wild Ride: Inside Uber's Quest For World Domination(질주: 세계 지배를 추구하는 우버의 내막) (2017).

2 Stone, supra note 1 at 64, 122, 133, 163-64, 180-81, 188-92.

3 Id. at 156, 202.

4 Id. at 189, 193-94, 206, 312.

5 우버가 로비스트를 이용하는 것은 언론에서 널리 다뤄졌다. See, e.g., Glenn Blain and Kenneth Lovett, Uber to Pay $98G for Underreporting N. Y. on Lobbying Expenses(우버가 뉴욕시 로비비용을 축소신고하여 98,000달러의 벌금을 내다), NY Daily News, June 8, 2017, www.nydailynews.com/new-york/uber-pay-98g-misleading-n-y-lobbying-expenses-article-1.3232089; Stephanie Mehta, Meet Uber's Political Genius(우버의 정치적 천재성을 경험해보라), Vanity Fair, June 17, 2016, www.vanityfair.com/news/2016/06/bradely-tusk-fanduel-uber; Chris Kirkham and Tracey Lien, Facing Regulatory Roadblocks, Uber Ramps Up Its Lobbying in California(캘리포니아의 규제 장벽에 직면하여 우버는 로비를 강화하다), L.A. Times, July 26, 2015, www.latimes.com/business/la-fi-uber-california-20150726-story.html; Rosalind S. Helderman, Uber Pressures Regulators by Mobilizing Riders and Hiring Vast Lobbying Network (우버가 이용자를 활용하고 광범위한 로비 네트워크를 이용하여 규제권자에 압력을 가하다), Wash. Post, Dec. 13, 2014 www.washingtonpost.com/politics/uber-pressures-regulators-by-mobilizing-riders-and-hiring-vast-lobbying-network/2014/12/13/3f4395e6-7f2a-11e4-9f38-95a187e4c1f7_story.html. 스톤은 캘리포니아 공공편익시설위원회(California Public Utilities Commission, CPUC)가 비직업운전자를 활용해 승차공유를 할 수 있도록 하는 데 리프트의 로비스트가 한 역할에 대해 설명한다. Stone, supra note 1 at 200-04. 리프트와 사이드카(Sidecar)는 우버보다 먼저 2012년에 샌프란시스코에서 승차공유를 시작했다. CPUC는 승차공유를 다룬 최초의 규제기관이었다. Id. at 197-200.

으로 사용된 접근 방식 사이에는 중요한 차이점이 있다. 역사적으로 지방정부가 택시업의 주요한 규제자였지만, 미국의 많은 지역에서 주정부가 운송네트워크회사(TNC)를 규율하는 규제틀을 고안하여 왔다.[6] 2017년 6월 말까지 48개 주가 TNC의 운행을 용이하게 하는 입법을 통과시켰다.[7] 반면에 지역정부의 경우 뉴욕시,[8] 워싱턴디시,[9] 시카고[10] 등 몇몇 대도시 정부만이 TNC를 규제한다. 아마도 규제 주체의 변화보다 더 중요한 것은 각 지역이 TNC에 대하여 전통적인 택시산업보다는 더 가벼운 규제틀을 적용한다는 점이다. 택시와 TNC 차량들이 똑같은 점대점 운송(point-to-point transportation)을 두고 같은 시장에서 경쟁하고 있는데도 그러하다.

이 글에서는 미국에서 TNC를 대상으로 만들어진 규제체제의 창의적 성격을 다루고자 한다. 내가 주장하는 핵심내용은 세 가지이다. 첫째, 미국의 TNC 규제체제의 분석에 필요한 역사적 배경을 제시한다. TNC가 생기기 수십 년 전부터 경제학자들은 택시에 대한 전통적 규제가 낙후되어 있고 택시산업에 과도한 부담이 된다고 비판했다. TNC가 등장하기 전부터 과거의 규제틀은 변화를 목전에 두고 있었는데, 사실 TNC의 출현은 택시산업에 대한 택시규제의 동맥경화적 영향에서 비롯된 것이기도 하다.[11] 둘째, 주와 지역정부가 채택한 TNC 규제체제의 내용을 다룬다. 각 정부가 일반적으로 채택한 규제는 전체적인 내용에서는 대체로 비슷하다. 왜냐하면 그들은 공공안전에 치중하되, 택시에 대한 낙후된 규제의 중심내용인 진입과 운임 수준에 대한 규제는 포함하고 있지 않기 때문이다. 이렇게 안전규제에 치중한 것은 경제학자들이 파송택시에 대한 규제로서 오랜 기간 권고한 내용과 일반적으로 일치한다. 그런데 TNC는 파송택시의 현대적 예시이다.[12] 세 번째로

---

6   'Transportation Network Company'라는 용어는 미국법에서 우버와 리프트 같은 회사를 지칭하기 위해 통상적으로 쓰이고 있다. CPUC(캘리포니아 공공편익시설위원회)가 이 용어를 만든 것으로 인정받고 있다. CPUC는 TNC를 '온라인상에서 작동되는 애플리케이션(앱)이나 플랫폼으로 자신의 개인 차량을 이용하는 운전자와 탑승객을 연결함으로써 대가를 받고 미리 정해진 이동 서비스를 제공하는 조직'이라고 정의한다. Decision Adopting Rules and Regulation to Protect Public Safety While Allowing New Entrants to the Transportation Industry(운송산업에 대한 신규 진입자의 허용 및 공공안전을 보장하기 위한 규칙과 규제의 채택 결의), Cal. Pub. Utils. Comm'n), R. 12-02-001, 2 (2013).

7   Nearly Every State Requires Insurance Protections for TNC Drivers, Passengers and the Public(거의 모든 주가 TNC 운전자, 승객, 공중을 위한 보험을 요구한다), Property Casualty Insurers Association of America (2017), www.pciaa.net/industry-issues/transportation-network-companies. 48개 주 중 5개는 TNC와 TNC 운전자에 대한 보험만을 요구하는 입법을 하였다. Maarit Moran et al., Policy Implications of Transportation Network Companies: Final Report (운송네트워크회사에 대한 정책적 고려사항: 최종 보고서), Texas A&M Transportation Institute: Transportation Policy Research Center 8 (2017), https://static.tti.tamu.edu/tti.tamu.edu/documents/PRC-17-70-F.pdf.

8   뉴욕주 법률은 TNC에 대한 지역정부의 규제를 배제하였는데, 두 개의 예외가 있다. 뉴욕시는 뉴욕주법의 적용을 받지 아니하고 자체적으로 TNC를 규제할 수 있다. 그리고 인구 10만이 넘는 도시들은 관할구역 내에서 TNC가 승객을 태우는 것을 금지할 수는 있지만 그 운행을 허용하는 경우에는 그러한 규제를 할 수 없다. N.Y. Gen. Mun. Law §182 (McKinney 2017); N.Y. Veh. & Traf. Law §§1691, 1692, 1693 & 1700 (McKinney 2017).

9   D.C. Code Ann. §§50-301-50-332 (2017).

10 일리노이주법은 TNC에 대한 최소한의 규제를 하면서도, 지방정부가 보다 엄격하게 규제할 수 있게 허용한다. 시카고는 TNC 조례를 갖고 있다. 625 Ill. Comp. Stat. Ann. 57/32 (West 2017); Chicago, Ill., Municipal Code §9-115 (Transportation Network Providers).

11 산업전문 언론인 Adam Lashinsky의 글에 의하면, '우버의 창립자 중의 하나인 Travis Kalanick은 우버 승객과 택시를 중국에서 맺어주는 사업(이 사업은 단명했다)을 싫어했다'고 한다. Lashinsky는 그 이유로서 "무엇보다 Kalanick은 택시업계를 좋아하지 않았다. 우버의 모든 것이 택시와는 반대였는데, 그는 택시산업의 경직성을 초래한 두 개의 기둥인 '낮게 고정된 차량의 공급 제도'와 '높게 책정된 가격'에 중점적으로 반대하였다. 승객을 택시 운전자와 연결해 주는 것만으로는 우버에게 이익이 되지 않았다. 그는 이 사실을 샌프란시스코에서 뼈저리게 배웠기 때문이다"라고 설명한다. Lashinsky, supra note 1, at 193.

12 TNC가 파송택시의 현대적 형태라는 점에 대한 멋진 설명은 다음 글에서 볼 수 있다. See Eric Tucker, Uber and the Unmaking and Remaking of Taxi Capitalisms: Technology, Law and Resistance in Historical Perspective(우버와 택시

다루는 논점은 현재의 규제 혁신이 갖는 한계에 대한 것이다. TNC에 대한 규제틀은 TNC의 영향력을 반영하는데, 이는 지난 택시규제체제가 택시산업의 영향을 받은 것과 같은 이치이다. 그리하여 이전의 택시규제가 그러하였듯이, 사회 일반의 관점에서 본다면 TNC 규제가 최적의 상태를 갖추지는 못할 것이라고 예측할 수 있다. 또한 규제는 기존 TNC로 하여금 기득권 옹호 체제를 구축하여 점대점 운송 시장에 신규 사업자가 진입을 쉽게 하지 못하게 하는 수단을 제공할 수도 있다.

I. 우버 이전의 상태

우버의 '탄생 설화'에 따르면, 우버는 개릿 캠프와 트래비스 캘러닉이 2008년 어느 날 밤 파리에서 택시를 타려다가 느낀 좌절감에서 만들어졌다고 한다.[13] 사실 이것은 사후에 꾸며진 신화이다.[14] 개릿 캠프는 파리에서의 밤 이전에 주문형 자동차 서비스에 대한 아이디어를 이미 갖고 있었다.[15] 그는 샌프란시스코에서 택시를 잡기 어렵자 낙담을 하고는 스마트폰 기술을 이용하여 도시 운송을 변혁할 수 있는 잠재력을 보게 되었다.[16] 하지만 캠프가 심한 규제하의 샌프란시스코 택시산업에서 시장 기회를 포착하기 전에 이미 많은 도시에서 기존 택시산업과 이에 대한 규제틀에 대하여 상당한 비판이 있었다.

우버 이전에 미국의 많은 도시에 지역 택시산업이 구축되어 수십 년간 근본적으로 변하지 않은, 안정적인 규제체제의 적용을 받아 왔다. 이러한 규제체제에는 다섯 개의 기둥이 있었다.[17] 그들은 택시산업에의 진입을 제한하였는데, 한정된 숫자의 택시면허(이는 보통 메달리온이라고 불린다) 중 하나를 구입하도록 함으로써 택시의 숫자를 제한하는 방법을 자주 썼다. 많은 도시에서 택시의 숫자는 제한된 운임 수준에서 기대되는 택시수요 이하로 유지되었기 때문에 이러한 메달리온의 가격은 높았다. 둘째, 택시 요금은 가격경쟁을 하지 못하는 수준으로 규제되었다. 셋째, 택시 서비스의 품질을 위한 규제 방법으로서 사용 차량의 종류와 연령을 제한하고, 운전자에게 일정 자격의 충족을 요구하고, 사고에 대한 보험을 요구하였다. 넷째, 일부 도시에는 택시 운전자에 대한 최소한의 보호장치가 있었지만 이는 흔하지 않았고 서로 편차도 컸다. 많은 곳에서 택시 운전자는 독립사업자로 취급되어 고용법상 혜택을 거의 받지 못하였다.[18] 다섯째, 택시는 인종 혹은 시 경계

자본주의의 해체와 재편: 역사적 관점에서 본 기술, 법 및 저항), in Law and the "Sharing Economy": Regulating Online Market Platforms (Derek McKee et al. eds., forthcoming).

13 Stone, supra note 1, at 48 (referring to Uber's "origin myth"); Lashinsky, supra note 1, at 13. Stone과 Lashinsky는 우버의 탄생 신화에 대하여 조금 다른 설명을 한다. Lashinsky, supra note 1, at 13; Stone, supra note 1, at 51.

14 Lashinsky, supra note 1, at 13.

15 Stone, supra note 1, at 45.

16 Id. at 45-47.

17 이 부분은 다음의 기사에 의존하여 작성되었다. Taxi Regulation in the Age of Uber(우버 시대의 택시규제), 20 N.Y.U. J. Legis. & Pub. Pol'y 1 (2017).

18 Id. at 10 n. 19. 전통적 택시 운전자 일부는 산재보상보험의 적용을 받고, 정부가 정한 임차료 제한을 적용받는다. Id. at 57-60.

내라면 목적지 등을 이유로 차별을 할 수 없다. 그래도 택시 운전자가 차별을 한다는 불만이 많이 제기되기는 하였다. 2010년대 초 몇몇 대도시가 '보편적 서비스 제공 제도'를 확대하여 이동장애자들에게 일정 비율의 택시가 제공되도록 규정하였다.[19]

우버 앱이 샌프란시스코에서 활성화된 2010년에 이르기까지,[20] 이러한 택시규제와 그에 따라 만들어진 택시산업은 경제학자들로부터 널리 비판을 받아왔다. 우버와 리프트를 창립하고 자금을 지원한 창업자들이 택시사업에 혁명을 일으킨 이유는 그들이 현대 스마트폰 기술을 이용하여 좀 더 효율적인 점대점 운송을 제공하는 방법을 알아냈기 때문이지, 그들이 택시산업 및 그 규제틀에 문제가 있다는 점을 최초로 인식했기 때문은 아니다. 택시규제를 경제적 관점에서 비판한 고전적 글로서 연방무역위원회 경제국(the Federal Trade Commission's Bureau of Economics)의 업무보고서가 있다.[21] 이 보고서는 경제학계 자료에 광범위하게 의존하고 있는데, 레이건 행정부 기간에 항공산업 등에 대한 연방의 탈규제가 있은 이후에 발표되었다. 그 시절 연방무역위원회는 지역정부가 택시산업에 대한 탈규제를 하도록 하기 위하여 소송제기 및 변론지원 활동을 전개하기도 하였다.[22] 그 보고서는 택시규제의 실질적 축소를 옹호했다. 그때 미국의 몇몇 중형 도시에서는 그러한 정책 실험이 진행되고 있었다. 그 보고서는 대담하게도 '택시산업의 가장 중요한 규제 중 일부에는 어떤 설득력 있는 경제학적인 근거도 없다는 것이 주요 결론이다'라고 선언하였다.[23] 그 보고서는 일부 시장 부문에 탈규제로 인한 문제가 좀 있다는 점을 지적하였지만 지방에서의 탈규제 실험을 대체적으로 긍정적이라고 묘사하였다.[24]

1984년 보고서는 택시규제의 경제학에 대한 지침을 제공하는데 이는 지금도 활용할 수 있다. 보고서는 TNC의 규제에 사용되는 규제틀의 경제적 근거를 광범위하게 보여 준다. 보고서는 택시산업에 대한 진입제한이 타당하지 않음을 보여주면서 메달리온 요건의 폐지를 권고한다.[25] 보고서는 '메달리온 요건을 통해 택시 숫자를 줄인다면, 바쁜 시간에 택시 잡는 것을 어렵게 함으로써 서비스가 제한되고, 택시운전사가 되려는 사람에게 메달리온을 취득하게 함으로써 택시 운전사에

---

19 Id. at 70-71.

20 Stone, supra note 1, at 57. 당초에 우버는 중형 면허차량을 파송하였는데, 2013년에 들어 UberX를 출범시키면서 비직업 운전자를 파송하게 되었다. Id. at 204.

21 Mark W. Frankena and Paul A. Pautler, An Economic Analysis of Taxicab Regulation(택시규제에 대한 경제학적 분석), Federal Trade Commission, Bureau of Economics Staff Report (May 1984).

22 Federal Trade Commission, 1985 Annual Report(1985년도 연례보고서) 5 (1985), www.ftc.gov/sites/default/files/documents/reports_annual/annual-report-1985/ar1985_0.pdf; Organisation for Economic Cooperation and Development, Directorate for Financial and Enterprise Affairs, Competition Committee, Taxi Services Regulation and Competition(택시 서비스 규제와 경쟁) 199 (2008).

23 Frankena and Pautler, supra note 21, at 1.

24 이러한 많은 실험들은 나중에 번복되어 여러 도시들이 택시산업을 재규제하게 되었다. 1970년대 후반과 1980년대 초반에 이루어진 미국 택시 부문의 규제완화 실험에 대한 비판적인 평가에 대해서 다음 글을 보라. See Bruce Schaller, Entry Controls in Taxi Regulation: Implications of U.S. and Canadian Experience for Taxi Regulation and Deregulation(택시규제와 진입통제: 택시규제와 탈규제에 미국과 캐나다의 경험이 주는 시사점), 14 Transport Pol'y 290 (2007); Price Waterhouse, Analysis of Taxicab Deregulation & Re-Regulation(택시의 탈규제와 재규제의 분석), Prepared for the International Taxicab Foundation)(1993).

25 Frankena and Pautler, supra note 21, at 1. 보고서에서 그들은 탈규제에 대한 정치적 장애물을 지적하며, 메달리온의 가치와 그 이전 비용에 관한 정치적 문제를 언급한다. Id. at 124-25.

대한 인위적인 장벽이 만들어지며, 결국 높은 택시 요금으로 이어진다'고 강조한다.[26] 오늘날 사람들이 TNC 차량들의 숫자를 제한하자고 주장할 때 종종 그러한 차량이 교통 정체에 미치는 영향을 근거로 든다. 프랭케나와 폴터는 교통 정체를 줄이기 위해 택시 숫자를 제한하는 것이 필요하다는 주장을 일축했다. 그들은 '택시 숫자를 제한하는 것은 조악한 방법으로서 교통 정체가 심하지 않은 지역 혹은 낮 시간대의 택시 사용을 줄이게 될 것이며, 택시 숫자의 제한은 개인 차량의 도로 사용으로 상쇄될 것이다'라고 주장하였다.[27]

한편, 프랭케나와 폴터는 택시 서비스의 안전을 규제하는 데에 경제적 근거가 있다고 주장한다.[28] 그들의 주장에 의하면, 차량안전 및 책임보험의 규제는 정당화할 이유가 있다고 한다. 왜냐하면 승객이 택시 서비스의 질에 관련된 문제를 판단하기는 어렵거나 불가능하기 때문이다.[29] 그들은 운전자격 규제를 강력히 요구하지는 않는데, 그 이유는 택시 서비스를 자주 이용하는 고객에게 좋은 평판을 유지하기 위하여 운전자격을 감시할 동기가 택시 회사에게 있기 때문이라고 한다.[30] 한편 운전자 품질이 낮은 경우에는 보행자, 다른 운전자 등 제3자에게 미치는 외부효과가 있기 때문에 운전자격을 규제할 필요가 있다는 주장도 제시한다.[31] 아래에서 보듯이 많은 TNC 규제가 TNC 서비스의 안전에 관련되어 있는데, 이 점은 프랭케나와 폴터의 권고와 일치한다.

보고서 중 운임 수준의 규제에 관한 권고 내용은 복합적이다. 프랭케나와 폴터에 의하면, 거리, 공항 등의 택시 승강장에서 손님을 태우는 택시에 대하여, 많은 도시가 채택한 것처럼 강제적·획일적인 운임을 설정할 것이 아니라, 거래 비용에 기반을 둔 운임 상한을 설정할 강력한 근거가 있다고 한다. 승객은 다음 택시가 언제 와서 얼마를 요구할지도 모르는 등 협상 정보의 취득에 장애가 있으므로, 그러한 운임 상한이 필요한 것이다.[32] 택시 승강장에서의 협상은 쉽지 않을 것인데, 그 이유는 맨 앞의 차에 탑승하여야 한다는 것이 보편적인 규범이기 때문이다.[33] 무선파송 택시는 역사적으로 대다수 도시의 택시시장에서 가장 큰 부분을 차지하여 왔고, TNC와 가장 유사한 택시 영역인데(TNC도 차량을 파송하는데 디지털 방식을 이용할 뿐이다), 무선파송 택시의 요금 수준을 위와 같은 근거로서 규제하기는 어려울 것이다.[34] 거리나 승강장에서 택시를 부르는 사람에 비하여 파송업체에 연락하는 승객은 가격에 대한 비교쇼핑을 더 쉽게 할 수 있을 것이다. 부르는 가격이

---

26 Id. at 84-89, 93, 97-98, 104.

27 Id. at 40.

28 Id. at 1, 4, 38, 63, 65.

29 Id. at 4; see also id. at 101 일반적으로 경제학자들은 차량상태, 운전자격, 보험요건 등 품질에 대한 규제에는 비판적이지 않았다고 한다.

30 Id. at 56-57.

31 Id. at 73, at n. 96. 그들은 이 점에 대하여 다소 애매한 태도를 취한다. 외부효과 때문에 택시와 다른 차량에 대해 동일한 기준을 적용하여야 한다고 하면서도, 그저 좀더 엄격하게 적용하여야 한다고 말한다. Id.

32 Id. at 46-52. 이제 사람들이 대부분 스마트폰을 가지고 있어서 거리에서 잡는 택시에 관한 정보상 장애는 예전처럼 크지 않을 것이다. 승객과 운전자는 TNC 차량이 언제 올지를 전화기에서 확인할 수 있고 요금도 알 수 있기 때문이다.

33 Id. at 50.

34 Id. at 3.

마음에 들지 않으면 다른 파송업체에 연락할 수 있기 때문이다. 우버가 자연독점 업체라는 주장을 예견이나 하듯이, 그 보고서에 의하면 파송택시 업체에는 규모의 경제가 작용하여, 수익을 내는 영업을 할 업체의 수는 한정적이고, 살아남은 기업은 시장 영향력을 획득하여 높은 가격을 책정할 수도 있게 될 것이라고 한다.[35] 하지만 프랭케나와 폴터는 '이러한 규모의 경제는 대도시보다는 소도시에서 시장 지배력 혹은 비효율적 자원배분의 문제를 일으킬 것이고, 대중교통과 같은 괜찮은 대체수단이 있는 경우에는 시장 지배력이 큰 문제가 되지 않을 것이다'라고 한다.[36] 그리하여 그들은 대도시 지역에서는 가격 경쟁이 가능하다고 결론지었다.[37] TNC 운임수준의 규제가 사실상 없다는 점을 음미할 때는 프랭케나와 폴터가 파송택시의 운임수준 규제에 대하여 소극적인 태도를 취한 점을 기억할 필요가 있다.

프랭케나와 폴터는 '택시규제가 간소화되고 재조정되어야 한다'는 결론이 경제학자들의 일치된 견해를 반영한 것이라는 점을 강조하였다.[38] 수십 년 뒤에도 여전히 경제학자들은 대체적으로 택시산업의 탈규제를 옹호하였고,[39] 연방무역위원회도 프랭케나와 폴터의 보고서를 지지하였다.[40] 사실 프랭케나와 폴터의 권고에 대체적으로 부응하여 파송택시에 대한 규제를 가볍게 한 도시들이 있었다. 예를 들어 뉴욕시는 강한 규제를 받는 노란색 메달리온 택시와 함께 1980년대부터 훨씬 약한 규제를 받는 유상운송 차량 부문을 허용하였는데, 그에 의하면 차량을 파송할 수는 있으나 길거리나 택시 승강장에서 승객을 태울 수는 없었다.[41] 뉴욕시는 유상운송 차량의 숫자를 제한하지는 않았지만, 면허제도와 연계하도록 요구하였다. 뉴욕시는 이 부문의 운임수준을 정하지도 않았다. 미국에서 극히 중요한 TNC 시장인 뉴욕에서 유상운송 범주를 이용하여 우버와 리프트에게 면허를 부여하였는데, 우버와 리프트는 운전자가 뉴욕시택시리무진위원회의 면허를 받아야 한다는 요건을 수용하는 등 유상운송 차량에 대한 뉴욕시의 기존 규정을 준수하는 데에 동의하였다. 결국 뉴욕시는 다른 지역과는 달리 TNC에 대한 완전히 새로운 규제틀을 만들 필요가 없었다.[42]

---

35 Id. at 53-56.

36 Id. at 55.

37 Id. at 83.

38 Id. at 99.

39 Adrian T. Moore and Ted Balaker, Do Economists Reach a Conclusion on Taxi Deregulation?(경제학자들은 택시산업 탈규제에 관한 결론에 도달하였는가?) 3 Econ. J. Watch 109, 126(2006).

40 See Letter to State of Colorado Public Utilities Commission(콜로라도주 공공편익시설위원회에 보내는 서신), Federal Trade Commission, Office of Policy Planning, Bureau of Competition, Bureau of Consumer Protection, Bureau of Economics, Docket No. 13R-0009TR, March 6, 2013 at 2.

41 Katrina M. Wyman, Problematic Private Property: The Case of New York Taxicab Medallions(골치아픈 사유재산: 뉴욕 택시 메달리온의 경우), 30 Yale J. on Reg. 133-35, 172 (2013).

42 Wyman, supra note 17, at 17-18; Stone, supra note 1, at 163-64.

II. TNC에 대한 규제들과 그에 대한 경제적 논리

2017년으로 건너뛰어 가보자. 48개 주의회가 법률을 제정하여 TNC를 합법화하고 규제를 하게 되었다. 뉴욕시, 워싱턴디시, 시카고 등 대도시에서는 지역정부의 규제 혹은 지역정부와 주정부 공통의 규제하에 TNC가 운영되었다. 각 지역이 TNC 서비스의 안전에 주로 치중하였으므로 각 지역 TNC의 전체적인 모습은 대개 비슷하다.[43] 이렇게 안전에 초점을 맞춘 점은 무선파송 택시에 대한 프랭케나와 폴터의 권고와 일치한다.

많은 지역이 TNC에 대하여 운행 면허 혹은 허가를 받도록 요구하기는 하지만, 내가 아는 한 어떤 지역도 TNC 면허 대수를 명시적으로 제한하지는 않는다.[44] 게다가 미국의 어느 지역도 TNC가 도로에서 운행할 차량의 숫자를 규제하지 않는다. 어느 지역도 TNC가 받을 운임 수준을 정하지 않는다. 어떤 지역이 요금을 규제한다고 하더라도, 그것은 손님이 승차하기 전에 운임 요율을 공개하도록 하거나[45] 운행을 종료하면 영수증을 교부하도록 하는[46] 등의 방법으로 TNC에게 개시 의무를 부과하는 정도에 불과하다. 소수의 지역만이 TNC 요금 수준을 다루는 규제를 가지고 있는 것으로 보이고 이것도 특히 과도하다고 보기는 어렵다. 일부 지역에서는 TNC의 요금할증을 제한하고 있는데, 예컨대 비상시에는 할증을 못하도록 하거나,[47] 고객이 명시적으로 할증에 동의하는 때에만 이를 허용한다.[48]

진입 규제의 부재와 요금 규제의 사실상 부재는, 프랭케나와 폴터가 무선파송 택시의 관련 규제를 반대한 이유에 비추어 보면, 경제적으로 합리적이다. TNC 차량 숫자를 제한하면, 승객이 차를 잡기가 어려울 것이고, 경쟁이 제한되어 운임이 올라가고 서비스의 질이 떨어질 것이다. TNC

---

43 미국에서의 법규제 내용에 대한 나의 평가는 세 개의 자료에 근거하고 있다. (1) 48개 주 및 워싱턴디시 법률에 대한 2017년 8월 기준 정책분석서, The Transportation Policy Research Center at the Texas A&M Transportation Institute 작성, See Moran et al., supra note 7; (2) 48개 주 및 워싱턴디시에 대한 조사서. 2015년말 및 2016년초 연구조교인 Aaron Lichter와 Andre Smith가 나를 위해 작성하였는데 2017년 여름과 가을에 연구조교인 Julia Kindlon과 Caleb Thomas가 갱신한 것으로서 저자가 보관하고 있는 요약보고서(Summary Memorandum, 2017. 10. 22.자); (3) 미국 여러 지역의 법규제 내용을 저자가 직접 정리한 내용.

44 Moran et al., supra note 7, at 20 (Table 2: Policies and Regulations in State TNC Legislation as of August 2017) (44개 지역 중 36개가 TNC 면허를 받도록 요구한다.)

45 Id. (44개 지역 중 41개가 승객에게 운임요율을 공개하도록 요구한다); Summary Memorandum, supra note 43, at 3 ("49개 지역 중 39개가 TNC로 하여금 운임예상액, 운임 혹은 운임계산방식을 미리 제공하도록 요구한다.")

46 Moran et al., supra note 7, at 20 (Table 2: Policies and Regulations in State TNC Legislation as of August 2017) ("44개 지역 중 37개가 TNC로 하여금 승객에게 전자영수증을 교부하도록 요구한다); Summary Memorandum, supra note 43, at 3 (49개 지역 중 36개가 영수증 발부를 요구한다"). 조지아주는 TNC가 요금을 책정하는 데 고려하는 모든 요소를 규제한다. Ga. Code Ann. §40-1-196(c) (2017); 네브래스카주는 TNC로 하여금 공공서비스위원회에 요금을 신고하도록 강제한다. Neb. Rev. Stat. Ann. §75-327(2)(c) (2017).

47 Moran et al., supra note 7, at 20 (Table 2: Policies and Regulations in State TNC Legislation as of August 2017) (7개 주가 비상시에는 요금 변동제를 제한한다); Summary Memorandum, supra note 43, at 2 ("49개 지역 중 5개가 비상시의 변동 요금을 규제한다"). See, e.g., Conn. Gen. Stat. Ann. P.A. 17-140 §3 (4)(C) (West 2017) (비상사태가 선포된 지역에서 TNC는 2.5배를 초과하여 할증요금을 요구할 수 없다); Mass. Gen. Laws Ann. ch. 159A 1/2 §2(e) (West 2016) (비상시에는 기본요금을 올리지 못하게 한다)

48 Moran et al., supra note 7, at 20 (Table 2: Policies and Regulations in State TNC Legislation as of August 2017) (4개 주가 변동요금제의 공개 및 승객의 동의를 요구한다.) See, e.g., Conn. Gen. Stat. Ann. P.A. 17-140 §3 (b) (4)(B) (West 2017).

차량 숫자의 제한이 체증을 감소시키지는 않을 것이다. 오히려 체증 감소는 택시나 TNC 차량뿐만 아니라 모든 차량에 적용되는 가변적 혼잡요금제를 통하여 더 잘 달성될 것이라고 널리 공감대가 형성되어 있다.[49] 어떤 TNC도 승차 가격을 결정할 정도로 시장 영향력을 갖고 있지 않기 때문에 요금 수준 규제는 필요 없다. 사실 우버는 사업 규모를 키우고 리프트와 전통 택시와의 경쟁에서 이기려고 승차 비용의 50% 이상을 보조하고 있다고 보도되고 있다.[50] 또한 소비자들은 TNC 차량을 이용하기 전에 우버, 리프트, 그 대체 수단의 요금을 비교해 볼 수 있다.

도입된 대부분의 규제는 넓게 보면 안전규제의 범주에 들어가는데, 안전규제는 경제적 관점에서 합리화하기가 용이하다. 소비자는 자신을 태우고 가는 운전자와 차량이 안전한지 및 사고 시에 보험이 될 것인지에 대해 알고 싶어 하나, 운전자와 차량의 안전에 대한 정보 및 보험이 되는지를 확인하는 데에는 비용이 많이 든다. 그러한 규제는 운전자와 승객 사이 거래의 당사자가 아닌 다른 운전자 및 행인을 보호하기도 한다. TNC 승객과 운전자는 사고의 위험 및 안전하지 못한 차량과 운전자의 위험을 과소평가하기 쉬운데, 이러한 인지상 실패도 규제가 다루는 대상이다.[51]

보험요건은 TNC에 대한 안전규제의 가장 보편적인 형태이다. TNC를 규율하는 법을 가지고 있는 모든 주가 보험요건을 포함하고 있다.[52] TNC가 2012/2013년 처음으로 승차공유에 비직업 운전자를 활용한 때에는 보험이 제한적으로 사용되었는데 그 이후로 보험요건이 강화되었다.[53] 2015년 3월 우버, 리프트, 책임보험사업자들은 모범보험법안을 만들어서 주의회로 하여금 채택하도록 촉구하기 시작하였다.[54] 많은 주가 TNC를 규제하는 법에서 이 모범법안을 채택하였는데, 여기에

---

49 우버는 도로요금제를 지지하였다. 도로요금제는 혼잡요금제의 우버식 용어이다. Andrew Salzberg, Road Pricing: A Solution to Gridlock(도로요금제: 교통체증에 대한 해결책), Medium, Mar. 30, 2017, https://medium.com/uber-under-the-hood/road-pricing-a-solution-to-gridlock-b093b3f364f2. 우버는 Move NY를 지지하는 연합체의 구성원인데, Move NY는 뉴욕시의 혼잡요금제를 지지하는 협의체이다. City. Move NY Endorsements, Move NY, Oct. 16, 2017, https://movenewyork.wordpress.com/move-ny-endorsements/. 뉴욕시의 혼잡요금제에 대한 최근의 촉구에 대하여는 다음의 글을 참조하라. See Schaller Consulting, Unsustainable? The Growth of App-Based Ride Services and Traffic, Travel and the Future of New York City(지속불가능성? 앱 기반 승차서비스의 성장, 교통, 이동 및 뉴욕시의 미래 (2017), www.schallerconsult.com/rideservices/unsustainable.pdf.

50 Steven Hill, What Dara Khosrowshahi Must Do to Save Uber(다라 코스로우샤히가 우버를 살리기 위해 할 일), N.Y. Times, Aug. 30, 2017 (우버는 매 승차비용의 50% 이상을 보조하고 있다).

51 Benjamin G. Edelman and Damien Geradin, Efficiencies and Regulatory Shortcuts: How Should We Regulate Companies Like Airbnb and Uber?(효율성과 규제의 지름길: 에어비앤비와 우버와 같은 회사를 어떻게 규제할 것인가?), 19 Stan. Tech. L. Rev. 293, 317–18 (2016).

52 Moran et al., supra note 7, at 8 (48개 주 및 워싱턴디시); Summary Memorandum, supra note 43, at 3 (검토대상인 49개 주가 TNC 혹은 운전자에게 보험을 요구한다). 위에서 본 바와 같이 일부 소수 주는 오로지 보험에 관한 법률만을 두고 있다. Supra note 7.

53 Maarit Moran, Policy Implications of Transportation Network Companies(운송네트워크회사에 대한 정책적 고려), Texas A&M Transportation Institute: Transportation Policy Research Center 8 (2016), https://policy.tti.tamu.edu/technology/prc-report-policyimplications-of-transportation-network-companies/; Transportation Network Company Insurance Principles for Legislators and Regulators(운송네트워크회사에 관한 보험상 원칙: 의회 및 규제권자를 위한 안내), National Association of Insurance Commissioners (2015). 우버가 2010년 처음 업무를 개시하였을 때 원래 사업 모델에서는 직업면허 운전자를 사용하기로 하여 상대적으로 고급인 블랙차량을 파송하였다. 리프트와 사이드카는 2012년 비직업 운전자의 사용을 선도하였다. 캘리포니아 공공편익시설위원회가 리프트와 사이드카의 비직업 운전자 사용을 합법화한 후인 2012년 우버도 자신의 플랫폼에 비직업 운전자를 도입하였다. Stone, supra note 1, at 197–200, 204–05.

54 National Association of Insurance Commissioners & The Center for Insurance Policy and Research, Commercial Ride-Sharing(상업적 승차공유), www.naic.org/cipr_topics/topic_commercial_ride_sharing.htm; TNC Insurance Compromise Model Bill, Mar. 26, 2015, www.naic.org/documents/committees_c_sharing_econ_wg_related_tnc_insurance_compromise_bill_package.pdf; Moran, supra note 53, at 8–9. The National Conference of Insurance

서는 두 개의 시간대로 구분한다. 첫 번째는 운전자가 하나 혹은 그 이상의 TNC 앱에 접속한 상태이나 아직 승객을 태우지 않은 시간대이고, 두 번째는 운전자가 운송을 승낙한 때 시작하여 승객이 탑승한 때에 지속되다가, 승객이 하차할 때 종료하는 시간대이다.[55] 두 번째 시간대에 요구되는 보험수준은 운전자가 단순히 앱에 접속된 상태보다 엄격한데,[56] 그 수준은 전통적인 택시에게 요구되는 것보다 더 높을 수 있다.[57] TNC와 운전자는 각기 또는 공동으로 보험을 제공하여야 한다.[58]

TNC를 통제하는 많은 규제에서 운전자격도 다뤄졌다.[59] 전통적 택시의 운전사들은 정부로부터 면허를 받고 일정한 신원조사를 받는다. 뉴욕시 등 일부 시장을 제외하고는 대부분의 TNC 운전자에게는 정부의 구체적인 면허가 요구되지 않는다. 하지만 대부분 지역의 법률과 규제에 의하면, TNC가 자체 플랫폼에 운전자를 등록하기 전에 최소한의 요건을 구비할 것이 요구된다. 예를 들어 운전자는 표준 운전면허·개인 차량보험·최소 연령요건을 갖춰야 하며, 결격사유에 해당되는 범법행위가 없어야 하고, 일정한 수 이상의 교통법규 위반이 없어야 한다.[60] 리프트와 사이드카가 2012년 샌프란시스코에서 비직업 운전자들과 탑승객을 연결시키기 시작할 때 그들은 운전자들의 범죄기록을 검사했지만 운전이력은 확인하지 않았다.[61] 이제는 TNC 운전자에 대한 신원조사가 요구되는 것이 보통이다.[62] 이러한 신원조사의 범위는 논란이 돼 왔다. TNC는 운전자를 플랫폼에 등록하기 전에 지문을 채취하도록 하려는 정부의 시도에 대하여 강력히 반대하면서, 이름을 기초로 한 신원조사로 충분하다고 주장하였다.[63] 하지만 뉴욕시에서는 지문등록의 대상인 택

Legislators도 2015년 여름에 모범법안을 채택하였다. Model Act to Regulate Insurance Requirements for Transportation Network Companies and Transportation Network Drivers(운송네트워크회사와 운송네트워크 운전자에 대한 보험요건을 규제하기 위한 모범법안), National Conference of Insurance Legislators, July 19, 2015, http://ncoil.org/wp-content/uploads/2016/04/07232015TNCModelAct.pdf. 모범법안들의 비교를 위해서는 다음 글을 참조하라. See National Association of Insurance Commissioners & The Center for Insurance Policy and Research, supra.

55 Moran, supra note 53, at 9 (텍사스 등 많은 주가 이 법안에 유사한 보험법을 갖고 있다); Summary Memorandum, supra note 43, at 3 (48개 주가 두 시간대를 구분하여 사용한다). 메릴랜드주는 예외이다. 운전자가 운송네트워크서비스를 제공하는 동안에 단일한 수준의 보험을 제공하도록 한다. Md. Code Ann., Public Utilities §10-405 (a)(2)(i) (2017).

56 모범보험법에 의하면 운전자가 앱에 접속된 상태에서는 1차적 보험으로서 사망 및 상해에 대하여 1인당 5만 달러, 1사고당 10만 달러, 재산 피해에 대하여 2만 5,000달러가 최소한 보장되어야 하며, 주법이 요구하는 보험도 들어야 한다. 운전자가 운송에 종사하는 경우 사망, 상해, 재산 피해에 대하여 최소 100만 달러의 보험이 가입되어야 한다. TNC Insurance Compromise Model Bill, supra note 54, at section B.

57 Christian Denmon, Ride Sharing vs. Traditional Taxis, How do Insurance Injury Claims Compare?(승차공유 대 전통적 택시, 보험의 인적보상은 어떻게 다른가?), Huffpost, The Blog, July 7, 2014, www.huffingtonpost.com/christian-denmon/ride-sharing-vs-tradition_b_5273964.html.

58 TNC Insurance Compromise Model Bill, supra note 54, at B.

59 Moran et al., supra note 7, at 20 (Table 2: Policies and Regulations in State TNC Legislation as of August 2017) (44개 지역 중 42개가 운전자격을 요구하고, 운전자는 TNC에 지원서를 제출하도록 요구한다); Summary Memorandum, supra note 43, at 4 (49개 지역 중 40개가 일정한 운전자격을 요구한다).

60 Moran, supra note 53, at 9 (통상의 정책에 의하면, 운전자는 최소한의 연령(18-21세)이어야 하고, 유효한 운전면허, 적법한 차량 등록, 자동차 책임보험 증명서를 보유하여야 한다).

61 Stone, supra note 1 at 204.

62 Summary Memorandum, supra note 43, at 4 (42개 지역이 TNC 혹은 그 위임을 받은 제3자가 운전자에 대한 신원조사를 하도록 요구한다).

63 Moran et al., supra note 7, at 4 (42개 주 및 워싱턴디시는 운전자가 활동을 하기 전 혹은 활동을 한 후 일정한 시일 내에 이름에 기초한 신원조사를 하도록 요구한다). 지문채취에 대한 TNC의 반대에 대하여는 다음을 참조하라. See, e.g., id. at 11-12; John Kartch, Austin's Fingerprint Regime for Uber & Lyft Will Harm Minority Drivers(우버와 리프트에 대한 오스틴시의 지문채취 요구로 소수인종 운전자가 피해를 볼 것이다), Forbes, May 12, 2016, www.forbes.com/sites/johnkartch/2016/05/12/naacp-austins-fingerprint-regime-for-uber-lyft-will-harm-minority-drivers/#2089c9021143.

시면허 운전자를 사용할 것이 요구된다.[64] 또한 TNC는 '정부의 행정절차는 운전자 등록을 지연시키므로 이를 피하기 위해 직접 운전자 신원조사를 하는 것이 필요하다'고 주장하였다. 대부분 주의 TNC 법률은 TNC에게 신원조사 혹은 신원확인 업무를 위임하였는데, 제3자를 통하여 이를 수행하는 것도 허용하였다.[65]

TNC 규제는 통상 차량안전 문제도 다룬다.[66] 많은 TNC 차량이 개인 차량으로서 부업으로 사용되고 있다. 반면에 대도시의 전통적인 택시들은 특수목적 차량으로 분류되어 규정상 여러 사양을 충족하도록 철저히 관리될 것이 요구되고 있고, 정부기관이 정기적으로 점검을 한다. TNC 법률상 차량이 특정한 방식의 장치를 갖도록 요구되지는 않으며, 정부의 엄격한 점검을 받도록 요구되지도 않는 것으로 보인다.[67]

일부 TNC 법률이 부과하는 소비자보호의 다른 형태로서 승객에 대한 차별을 막기 위한 비차별정책의 요구가 있다.[68] 운전자를 보호하기 위해 고안된 TNC 규제는 거의 없다. 사실 몇몇 주의 의도는 TNC가 운전자에게 고용상 보장과 혜택을 제공하지 않아도 된다고 보는 듯하다. 13개 주의 법률에서는, TNC 운전자가 일정한 조건을 일반적으로 충족하는 경우 독립계약자로 추정하도록 규정하고 있다.[69]

많은 주에서 지역정부의 규제는 대부분 주법에 의하여 배제되었다. 하지만 위에서 본 바와 같이 몇몇 주에서는 뉴욕시와 시카고 등 대도시가 예외적으로 TNC를 직접 규제할 수 있도록 허용하고 있다.[70] 안전규제에 초점을 맞춘 것에 대한 경제적 관점과 동일하게, 여러 지역에서 주 단위로 규제를 옮긴 것은 경제적인 관점에서 정당화될 수도 있다. 많은 지역에서 유상운송 차량이 여러 지역에 걸쳐 손님을 태우고 내릴 수 있으면 더욱 효율적으로 운행될 수 있다. 프랭케나와 포틀러가 보고서에서 중심적으로 다룬 주제는 아니지만, 소규모 지역들이 각기 규제를 하여 택시산업

---

64 New Driver Applicants, NYC Taxi & Limousine Commission, www.nyc.gov/html/tlc/html/industry/drivers.shtml.

65 Summary Memorandum, supra note 43, at 4 (49개 지역 중 42개가 TNC 혹은 그 위임을 받은 제3자가 운전자에 대한 신원조사를 할 것을 요구한다). 매사추세츠주는 이중확인 제도를 갖고 있는데, TNC와 주 공공편익시설부가 함께 운전자를 등록하기 전에 검증하도록 하고 있다. Mass Gen. Laws. Ann. ch. 159A. §3(d) & 4(a)&(c) (West 2017). 법문은 운전자에 대한 검증을 요구하고 있지만, 주의회는 TNC가 플랫폼에 등록되어 있는 동안에 운전자의 행태도 감시하도록 요구한다. 예컨대 TNC는 운전자에 의한 약물과 술의 사용을 금지하는 정책을 실시하도록 요구된다. Moran et al., supra note 7, at 20 (Table 2: Policies and Regulations in State TNC Legislation as of August 2017) (44개 지역 중 38개에서 TNC가 약물 및 술을 금지하거나 무관용 정책을 세우도록 요구한다).

66 Moran et al., supra note 7, at 46 (23개 주에서 TNC에게 차량안전 점검을 하도록 요구하거나, 차량이 안전기준을 충족하도록 할 책임이 TNC에게 있다고 규정하고 있다. 주마다 문구의 내용은 다르나, 전형적으로 TNC는 개인 차량과 동등한 수준의 안전기준을 지키도록 요구받는다); Summary Memorandum, supra note 43, at 3 (49개 지역 중 29개에서 TNC 차량이 안전점검 기준을 충족하도록 요구된다).

67 Moran et al., supra note 7, at 20 (Table 2: Policies and Regulations in State TNC Legislation as of August 2017) (19개 지역이 TNC 차량에 영업표지, 로고 혹은 상징물을 달도록 요구한다).

68 Id. at 52 (36개 주와 워싱턴디시가 비차별정책을 요구한다).

69 Summary Memorandum, supra note 43, at 4. 게다가 6개 주 법률은 TNC 운전자가 독립계약자로 간주되어야 한다고 암시하는 것으로 해석될 수 있는 문구를 담고 있다. Id.; see, e.g., Ok. Stat. Ann. Tit. 47, §1011(4) (West 2017).

70 Moran et al., supra note 7, at 3 (대부분의 주법은 TNC에 대한 지역정부의 규제, 과세 및 규칙제정을 배제한다). See also Summary Memorandum, supra note 43, at 5-6 (49개 지역 중 38개가 지역정부의 규정을 배제한다). 주가 지역정부의 규제를 배제하는 범위는 다양하다. See Moran et al., supra note 7, at 10-11. 예컨대, 사우스다코다주는 TNC의 보험에 관한 지역정부의 규정만을 배제한다. S.D. Codified Laws §32-40-23 (2017).

이 피해를 보았다는 점을 지적한다. 규제권한이 분산되어 택시업계는 광역단위로 영업할 수가 없었다. 즉 다른 지역에서 손님을 내려준 택시는 승객을 태우지 못한 채 어쩔 수 없이 자신의 영업근거지로 복귀할 수밖에 없었다.[71] 주 단위 규제로 인하여 TNC는 넓은 지리적 단위로 영업을 할 수 있게 된다. 동일한 산업에 비슷한 기준을 설정하는 규제와 규제권자의 수를 제한한다는 점에서 주 단위 규제는 규제 측면에서 '규모의 경제'의 이점을 누릴 수 있다.

III. 타성적 연속성과 문제점들

TNC에 대한 규제틀이 창의성과 경제적 타당성을 갖고 있음에도 불구하고, 택시에 대한 역사적 규제의 연속성이 유지되는 측면이 있다고 우려된다. 우려 중 하나는 택시에 대한 규제와 마찬가지로 TNC 규제의 상당 부분이 증거에 기초한 결과라기보다는 강력한 이익단체가 추진한 로비의 산물로 보인다는 것이다.[72] 이제는 많은 지역에서 유상운송업의 가장 강력한 이익집단은 전통적인 택시업계가 아니라 TNC일 것이다. 그들은 이익을 증진하기 위해 돈을 많이 썼다. 그리하여 TNC 규제가 사회적인 관점에서 보면 최적이 아닌 상태를 유지할 가능성이 생기게 된다.

많은 지역에서 주정부가 TNC에 대한 규제를 하는 데 합당한 근거가 있기는 하지만, 많은 곳에서 주정부가 TNC를 규제하게 된 명백한 이유 중 하나는 TNC가 지역정부는 전통적인 택시업계의 과도한 영향력하에 있었다고 보고 지역정부를 우회하여 주의회에서 호소를 했기 때문이기도 하다. 예컨대 텍사스에서 오스틴시가 운전자 지문 채취를 요구하자 우버와 리프트는 주의회가 직접 규제함으로써 지역정부의 규제를 배척해 달라고 공격적으로 로비를 하였다.[73] 텍사스는 2017년 봄 그러한 법안을 통과시켰다.[74] 주정부들은 TNC의 요구를 수용하면서도 면허·인허가 수수료나 조세를 통하여 TNC로부터 수입을 뽑아내는 혁신적 방법을 찾아냈다.[75]

TNC의 규제틀은 일반적으로 기존 TNC의 사업모델과 이익을 반영하는 회사면허 체제이다. 이러한 규제는, 주정부에 면허나 인허를 신청할 수 있을 정도로 자본이 풍부한 대형 회사(대표적으로

---

71 Frankena and Pautler, supra note 21, at 91.

72 Supra note 5 (TNC의 로비를 다룬 기사들을 언급하고 있다). 택시규제에 대한 택시산업의 영향력에 대하여는 다음을 참조하라. See, e.g., Wyman, supra note 41; Edmund W. Kitch et al., The Regulation of Taxicabs in Chicago(택시에 대한 시카고의 규제), 14 J.L. & Econ. 285 (1971).

73 Michael King, Lege for Sale?, Uber and Lyft Splurge on Lobby to Deregulate Themselves(입법 매매? 우버와 리프트가 탈규제를 위하여 막대한 자금을 쓰다), The Austin Chronicle, Mar. 14, 2017, www.austinchronicle.com/daily/news/2017-03-14/lege-for-sale/.

74 Alex Samuels, Senate Sends Bill Creating Statewide Ride-hailing Regulations to Governor(상원이 주지사에게 주 전역의 승차호출 규제 법안을 송부하다), Texas Tribune, May 17, 2017, www.texastribune.org/2017/05/17/senate-tentatively-backs-measure-creating-statewide-regulations-ride-h/.

75 See, e.g., N.Y. Tax Law §1292 (McKinney 2017) (뉴욕주에서 시작하고 끝나는 운임 총액에 대하여 4%의 조세를 부과하였다. 뉴욕시는 제외); N.Y. Veh. & Traf. Law §1692(2) (McKinney 2017); FAQ for TNC Applicants, New York State, Department of Motor Vehicles, https://dmv.ny.gov/more-info/faq-tncapplicants (TNC는 최초 면허 시 10만 달러의 수수료를 내야 하고 매년 갱신 시 6만 달러를 내야 한다).

우버, 그보다 못하지만 리프트도 이에 해당한다)를 위하여 만들어졌다.[76] (콜로라도주만 해도 TNC가 11만 1,250달러를 매년 지불해야 운행할 수 있다.[77]) TNC가 법을 준수하기 위해서는 전 차량에 대한 보험을 갖추고, 많은 운전자를 검증하고(혹은 제3자에게 검증하게 하고), 각 주정부가 부과하는 요건을 충족하여야 하는데, 이에는 상당한 자원이 요구된다. 우버와 리프트의 근간인 앱 기술은 상당히 저렴하므로 쉽게 복제하여 더 좋게 만들 수 있지만, 기존의 TNC 법률과 규제에 맞추어서 합법적인 사업을 구축하는 것에는 비용이 많이 들므로, 신규 경쟁자가 등장할 가능성은 낮게 된다. TNC를 합법화하면서도 기존의 택시 업계를 짓누르는 규제적 부담을 크게 완화하지 않음으로써, 전통적인 택시산업이 TNC와 경쟁할 능력은 크게 제약을 받는다는 것이 내가 느낀 소회이다.[78] 많은 주의회와 규제권자로서는 전통적 택시산업이 몰락하도록 내버려 두는 것이 더 편할지도 모른다. 택시산업이 경쟁력을 갖추게 만들 종류의 변화조치들은 정치적으로 실행하기가 너무 어렵다. 더구나 TNC가 미국 여러 지역에 잘 구축되어 있는 이 시점에서는, 많은 지역에서 전통적 택시에 대한 규제를 급격하게 개혁하더라도 택시산업을 구할 수 없을지도 모른다.

앞서 보았듯이 안전에 치중한 TNC 규제는 경제적인 근거가 있을 뿐만 아니라, 이러한 치중은 TNC의 이해관계에도 잘 맞는다(여러 지역의 안전 관련 기존 규제도 마찬가지이다). 일찍이 우버는 전통적 택시처럼 규제받는 것에 반대했다. 그러나 우버와 리프트는 어떤 규제에는 이점이 있다는 사실을 금방 인지했다. 2015년에 우버와 리프트가 책임보험자들과 연합하여 모범보험법안을 만든 후 주의회들이 이를 채택하도록 노력하였다는 점을 기억해 보라. 우버는 또한 다양한 입법패키지를 개발하여 채택이 되도록 노력하였는데, 이 점은 많은 주의 TNC 법률들이 유사하다는 점에서 드러난다.[79] 어느 정도의 규제는 TNC의 목적 달성에 기여한다. 규제는 해당 산업에 대한 대중의 신뢰를 고취하는데, 신뢰는 승객과 운전자를 모집하고 유지하는 데 필수적이고, 규제가 있으면 투자자에게 규제상 확실성을 제공하여 TNC가 적자인데도 유동성 위기에 빠지지 않도록 도와주기도 하

---

76 이 책에 실린 Derek McKee의 글은 공유경제에서 정부의 면허제도가 하는 역할을 잘 설명하고 있다. 택시규제에서 회사면허 체제가 사용된 역사적 선례가 있다. TNC가 도래하기 전에 각 지역은 개개 택시 회사에 대하여 면허를 부여하였다. Schaller, supra note 24, at 494; 495-96 (Table 2: Key characteristics of entry/related policies in selected cities and counties). 면허 수수료와 보험요건이 TNC와 경쟁하려는 신규진입자를 억제하는 양태에 대하여는 다음을 참조하라. See Matthew W. Daus, Post-TNC Transportation Policy & Planning: Who and What Should be Regulated & How to "Level the Playing Field" with Taxicabs and For-Hire Vehicles(TNC 도래 이후의 운송 정책과 계획: 누가, 무엇이 규제되어야 하는가 & 어떻게 택시와 유상운송차량에 공정한 경쟁의 장을 제공할 것인가), University Transportation Research Center 9-10 (2016), www.utrc2.org/sites/default/files/Final-Post-TNC-Planning-Leveling-the-Playing-Field. pdf. 뉴욕시는 예외이다. 우버와 리프트는 회사면허로 영업을 하지 않는다. 유상운송업계의 다른 주체들과 마찬가지로, 그들도 면허차량과 연계되어 활동하여야 한다. For-Hire Vehicles, New York City Taxi & Limousine Commission, www.nyc.gov/html/tlc/html/industry/for_hire.shtml.

77 Colo. Rev. Stat. Ann. §40-10.1-606 (West 2014). 콜로라도주의 1년 수수료는 주들 중에서 가장 높을 것이다. Moran, supra note 53, at 8.

78 TNC가 도래함에 따라 각 지역이 전통적 택시산업에 대한 규제를 개선한 정도에 대하여는 체계적인 연구가 추가로 필요하다. 어떤 주에서는 TNC 규제가 택시규제도 다루기는 하나 시늉만을 낼 뿐 실질적으로 기존 규제를 변경하지는 않고 있다. See, e.g., 80 Del. Laws 374 §2 (2016) (델라웨어 교통부는 TNC와 대중교통수단 사이에 공정한 경쟁조건을 제공하는 방법을 2017년 1월 15일까지 의회에 제안하도록 지침을 받았다). 반면 전통적 택시에 대한 규제를 개선하려는 주들도 있다. See, e.g., Ga. Code Ann., §40-1-191 (West 2015) (TNC와 택시업계 사이에 균일한 행정규제 및 형평성을 제공하는 것이 공익에 합당하다고 보고 있다); 53 Pa. Cons. Stat. §57B02 (c) (2017) (필라델피아 주차국으로 하여금 택시규제를 개혁하라고 지시하고 있다).

79 Moran et al.의 글에서, 여러 주의 법률들이 유사한 성질을 갖고 있음이 잘 분석하고 있다. Moran et al., supra note 7.

며, 더 가혹한 규제를 방지할 수 있고, 기존 TNC를 신규 경쟁자로부터 보호해 줄 수도 있는 것이다.

더구나 뉴욕시와 같은 일부 지역을 제외하고는, TNC에 대한 안전규제는 특별히 엄격하다고 할 수도 없다. 운전자격 요건은 대체로 TNC 관행을 성문화하고 있고, 지문채취와 정부의 운전자 검증을 반대한 TNC의 입장을 그대로 반영하고 있다.[80] 보험시간대를 2개로 분리함에 따라 유료승객을 태우러 가는 중이거나 태운 상태에 비하여 앱에 단순히 접속된 상태에서는 보행자와 도로 위의 다른 운전자들은 보험 보장을 덜 받게 되었다. 정책결정자들의 선택을 비난하는 것은 쉽지 않다. 왜냐하면 지문채취 등 TNC의 안전규제 수준이 달라짐에 따른 비용/효용 분석을 위한 경험적 자료가 거의 없기 때문이다.[81] 하지만 희망적이게도 이 부문의 경험이 많이 얻어지면서, 정책결정자들은 드러난 증거에 의거하여 이미 선택된 정책들을 재검토하게 될 기회가 있을 것이다. 실제로 일부 규제권자는 이미 TNC 규제의 일부 측면을 강화하고 있는 것으로 보인다.[82]

결론

우버는 리프트와 마찬가지로 설립된 이래로 여러 해 동안 미국에서 많은 손실을 보고 있는데, 이 글을 쓰는 2017년 여름에도 우버의 미래에 대하여는 상당한 불확실성이 있는 상태이다. 지난 수 년 동안 TNC를 합법화하고 규율하기 위해 만들어진 규제틀의 궁극적 운명은 이러한 TNC의 운명과 밀접하게 결합되어 있다. 우버와 리프트가 택시에 대한 낙후된 규제의 적용을 피하기는 했는데, 과연 미국에서 수익을 낼 수 있는 길을 찾고 자리를 잡을 수 있을까?[83] 새로운 TNC가 우버와 리프트로부터 출현하여 우버와 리프트가 만든 규제체제의 이점을 활용하게 될 것인가? 아니면 새로운 기술과 사업모델(자율주행차량을 소유하며 파송하는 회사가 있을 수 있다)이 우버와 리프트를 대체하고, 그들만의 새로운 규제체제를 구축하여 TNC 규제가 택시규제를 옆으로 밀어냈듯이 TNC 규제도 고사하게 만들 것인가? TNC 규제는 많은 지역에서 전통적 택시에 대한 규제로부터 여러 면에서 혁신적으로 탈피한 것임에도 불구하고, 그 규제체제는 여전히 근본적으로 상황에 대한 반응으로서 뒤따라 고안된 것이다. 왜냐하면 규제가 기술과 사업모델의 변화에 뒤따라서 전

---

80 사업전문 언론인 Adam Lashinsky는 그가 2016년 우버 운전자가 되기가 얼마나 쉬웠는지를 경쾌하게 묘사한 적이 있다. Lashinsky, supra note 1, at 161-62.

81 Joe Fitzgerald Rodriguez, Sweeping New Regulations Proposed for Uber, Lyft May Level Playing Field for Taxis(우버와 리프트를 위하여 제안된 포괄적인 신규제가 공정한 경쟁의 장을 마련할 수 있다), San Francisco Examiner, Oct. 13, 2017, www.sfexaminer.com/more-inspections-criminal-checks-in-sweeping-new-caregulations-for-uber-lyft/(안전과 관련하여 지문채취 효과에 대한 경험적 증거의 부족을 언급함) 보험수준을 정할 때 여러 주의회는 적절한 정보가 없이 입법을 한다는 점을 인정하면서, 보험 보장에 대한 추가적인 연구를 요구하였다. See, e.g., Cal. Pub. Util. Code §918.2 (West 2017) (캘리포니아 공공편익시설위원회와 보험부는 보험요건에 관한 데이터기반의 결정을 하는 데에 보험요건이 운송네트워크회사의 위험에 상응한 것인지 여부에 관하여 2017년 10월 31일까지 보고를 하도록 되어 있다). Colo. Rev. Stat. §40.10.1-604(3)(c) (2014) (보험부가 보험요건 수준이 적절한지 여부를 연구하게 되어 있다).

82 Rodriguez, supra note 81.

83 Samuels, supra note 74.

개되기 때문이다. 택시산업의 역사적 운명을 보면, 규제구조 자체가 혁신을 불러일으킬 수 있다는 점을 강조할 만하다. 택시에 대한 케케묵은 규제구조가 기존의 택시산업을 보호함으로써 새로운 사업모델의 개발의욕을 감소시켰다. 스마트폰 기술의 잠재력을 발견하고 그것을 점대점 운송에 적용한 자는 바로 택시산업의 국외자인 개릿 캠프와 트래비스 캘러닉이었다. 좀더 시간이 지나면, TNC 규제구조가 점대점 운송에 관한 미래의 혁신경로에 영향을 미친 것인지 여부와 그 정도를 알 수 있을 것이다.

제3절

규제적 대응틀의 구축

10

다원주의와 규제적 대응책

에레즈 알로니

서언

플랫폼경제에서의 활동이 모두 동질적인 것은 아니다. 일부 비직업적 제공자는 간헐적으로, 그리고 증가된 잉여역량을 사용하여(물품, 시간, 기술에 여유분이 있는 경우) 활동을 수행한다. 반대로 전문적 제공자는 주로 거래용인 자산을 활용하여 상업적 방식으로 상이한 활동을 펼친다. 내가 '잉여역량을 부가적으로 사용하는 활동'이라고 지칭하는 첫 번째 활동유형은 소비자와 노동자에게 가치 있는 선택권을 제공하면서도 부정적 외부효과는 적게 야기하는 편이다. 후자의 활동유형은 때로 노동자와 소비자의 선택권을 감소시키고(혹은 감소시킬 위험이 있고), 통상 첫 번째 유형보다는 부정적 외부효과를 더 많이 야기한다. 나는 이 글에서 위 두 가지 유형의 차이를 밝히면서, 그들 사이의 차이 때문에 서로 다른 규제적 대응책이 필요하다는 점을 제기하고자 한다.

사법(私法)분야에서 다원주의 이론을 탐구한 최근 논문을 보면, 어찌하여 행위가 다르면 다른 규제체제를 필요로 하는지를 이해하는 데에 도움이 된다. 그러므로 나는 기존 문헌을 기초로 다원주의 이론을 더욱 발전시킨 후 다원주의 원리를 플랫폼경제에 대한 규제의 지침으로 삼고자 한다. 뒤에서 보는 바와 같이 다원주의는 '국가가 개인에게 대체적인 경제사회적 영역을 제공하여 개인이 다양한 가치를 구현할 수 있게 함으로써 개인에게 더 많은 선택권이 부여되도록 하여야 한다'고 요구한다. 하지만 선택권의 촉진이 꼭 탈규제를 의미하지는 않으며, 오히려 국가는 자유시장 체제에서 생길 수 있는 해악으로부터 개인을 보호하기 위하여 가치 있는 대안들을 다양하게 구비하여야 한다. 다원주의 원리에 의하면, 잉여역량의 추가적 사용에 해당되는 활동으로 인하여 소비자와 노동자에게는 더 많은 선택권이 생기므로, 국가는 이러한 범주의 활동에 맞는 규제를 함으로써 이러한 활동을 촉진하여야 한다. 같은 원리로, 잉여역량의 부가적 사용에 해당되지 않는 상업적 활동에서는 선택권의 감소 등 부정적 외부효과가 더 많이 발생하므로, 입법자는 이러한 해악을 억제하기 위하여 엄격한 선제적 규제장치를 채택하여야 한다.

아래에서 나는 다원주의 이론의 기원, 발전 경위, 원리를 간단히 살펴본다. 다음으로 나는 플랫폼경제의 활동이 잉여역량 사용의 스펙트럼에서 차지하는 부분에 맞추어서 활동을 구분하여야 한다는 점을 제기하고자 한다. '플랫폼 기반 활동 중에서 잉여역량의 부가적 사용을 유발하는 활동은 가치 있는 선택권을 증가시키는 반면에 상업적 업무의 경향을 띠면서 잉여역량의 부가적 사용이 거의 혹은 전혀 없는 활동은 선택권을 감소시킨다'는 것이 나의 의견이다. 마지막으로 다원주의 이론을 기반으로 플랫폼이 촉진하는 경제활동에 대한 규제방안을 제시하고자 한다.

용어에 대하여 주의할 사항이 있다. 검토대상인 경제모델의 명칭은 치열하고도 중요한 논쟁의 대상이고, 단순한 개념론의 문제는 아니다. '공유'라는 말은 잘못된 명칭이고, '긱'경제는 플랫폼이 촉진하는 활동의 일부만을 기술하기 때문에(더구나 긱은 플랫폼 활동의 큰 부분을 차지하는 상업활동을 외면하게 된다), 나는 더 중립적인 용어인 '플랫폼경제'를 사용한다.[1]

I. 자율성 기반 다원주의에 대한 간략한 소개

법학계와 다른 학문에서 '다원주의'라는 용어는 여러 의미로 사용된다. 이 글에서 내가 사용하고 전개하는 다원주의 이론은 여러 학문적 연구의 연장선에 있다. 나는 특히 '자율성 기반 다원주의'를 원용하는데, 이는 하노흐 다간(Hanoch Dagan)이 기술한 이론적 접근법으로서 하노흐 다간은 자율성과 다원주의의 연관관계에 관한 조세프 라즈(Joseph Raz)의 창시적 논문에 주로 의존하여 이론을 전개하였다.

라즈에게 개인적 자율성(도덕적 자율성과 구분된다)은 도구로서 가치가 있을 뿐만 아니라 복리의 구성요소이다. 왜냐하면 개인적 자율성이 있어야 인생을 원하는 대로 통제하고, 영위하고, 창조할 수 있기 때문이다. 라즈가 선호하는 비유법으로 달리 표현하자면, 개인적 자율성이 있어야 '자기 인생의 저자'가 될 수 있다. 그리하여 자율적 인간의 인생은 부분적으로나마 스스로 만든 것이 된다.[2] 개인이 자신의 인생을 형성할 수 있을 때 자기정체성과 자아실현이 가능하게 된다. 결국 이것은 자신의 잠재력을 극대화할 수 있다는 것을 의미한다.[3] 라즈는 그러한 개인적 자율성을 행사하는 데에 필요한 세 가지 조건을 제시한다. 첫째, 개인은 합리적 선택을 하고 이를 수행하는 데에 필요한 정신적·육체적 능력을 가져야 한다. 둘째, 개인은 독립적으로 선택을 하여야 하는데, 즉 강요와 조작으로부터 자유로워야 한다. 셋째, 자율적 인간에게는 적정한 범위의 선택권이 있어야 한다.[4]

위와 같은 설명에서 세 번째 조건이 가장 중요하다. 자율적인 삶을 영위하는 데 선택권이 있고 이를 행사할 수 있다는 점은 자율성의 충분조건이 아니다. 적정한 범위의 선택대상이 존재하는 것이 필요조건이다. 예컨대 구덩이에 갇힌 사람이 생존에 충분한 식량을 갖고 있는 경우 그에게 선

---

1 See Erez Aloni, Pluralizing the "Sharing" Economy(공유경제의 다원화), 91 Wash. L. Rev. 1397, 1406-07 (2016) (플랫폼경제의 기존 개념들에 대해 비판하고 있다).

2 Joseph Raz, The Morality of Freedom(자유도덕론) 204 (1986).

3 Joseph Raz, Liberalism, Autonomy, and the Politics of Neutral Concern(자유론, 자율성, 중립적 관여의 정치학), in 7 Midwest Studies In Philosophy 202 (P. French, T. Uehling, and H. Wettstein eds., 1982).

4 Raz, supra note 2, at 373.

택권을 행사할 역량이 있다고 할 수는 있지만, 자율적 삶을 영위할 만큼 충분한 범위의 선택권이 있다고 볼 수는 없다.[5] 라즈는 다음과 같이 말한다. "어떤 사람에게 수용가능한 선택지가 다양하게 주어져서 그중에서 선택할 수 있고, 그러한 선택지 중에서 실제로 선택권을 행사함으로써 현재의 모습을 갖추게 되었을 때에만, 우리는 그 사람이 자율적이라고 할 수 있다."[6] '적정한 범위'란 양적인 측면을 의미하는 것이 아니라 대안의 다양성을 의미한다. 동질의 것에 대하여 많은 선택권이 부여되었다고 하여 이러한 요건이 충족되었다고 볼 수는 없다.[7]

라즈의 주장에 의하면, 이렇게 자율성을 평가하는 경우 도덕적 다원주의의 채택이 필요한데, 도덕적 다원주의란 "삶에는 다양한 형태와 양식이 있어서, 서로 달라 양립할 수 없는 이상을 각기 실현한다고 보는 견해"를 말한다고 한다.[8] 이 견해는 양립 불가능하면서도 각기 가치가 있는 다양한 목적, 관계 및 집념이 존재하는 것을 전제로 하는데, 사람들은 이들 중에서 자율성을 실현하기 위한 수단을 선택할 수 있다. 라즈의 다원주의 원리에서는 자율성의 전제조건으로서 나름대로의 가치가 있는 선택지가 충분한 범위에서 제공되는 것을 전제로 한다. 비슷한 집 100개 중에서 매수인이 선택해야 한다면, 각기 가치가 있는 선택지가 여럿 있다고 할 수는 없다. 타운하우스, 도심 아파트, 교외 주택 중에서 선택할 수 있어야 적정한 범위의 선택권이 있다고 할 수 있다.

이러한 자율성 기반 다원주의 개념에서 출발하여 라즈는 최종적으로 다음과 같은 결론을 낸다. "국민이 자신의 인생의 저자가 되도록 여건을 조성하는 것이 국가의 임무이다. 그러므로 적정한 선택권을 확보함에 있어서 국가가 불간섭을 준수하는 것만으로는 충분하지 않다. 오히려 국가는 국민들이 보다 더 큰 자유를 누리도록 하는 조건을 조성할 의무를 지고 있다."[9]

다간은 최근의 연구에서 라즈가 주창한 자율성과 다원주의 개념을 이용하여 다원주의 원리를 사법(私法)이론의 토대로서 원용하고 있다.[10] 이러한 논의에 관한 그의 주요한 기여점으로서는 두 가지가 있다. 첫째, 다간은 라즈의 다원주의 원리가 아닌 다른 다원주의 이론을 채용하여 자신만의 개념을 구성하면서도 라즈의 '가치 다원주의'를 채용하여 규제에 관한 국가의 역할에 대한 논거를 제시하고 있다.[11] 가치 다원주의는, 보편적 가치의 다원성 때문에 가치들 사이에 서열을 매길 수 없으며(동일 평면에서 비교하기 어렵고), 서로 충돌하기도 한다는 관념에 기초를 둔다.[12] 논의

---

5 Id. at 373-74.

6 Id. at 204.

7 Id. at 375.

8 Joseph Raz, Autonomy, Toleration, and the Harm Principle(자율성, 관용 및 해악원리), in Justifying Toleration: Conceptual and Historical Perspectives 155, 159 (Susan Mendus ed., 1988).

9 Raz, supra note 2, at 18-19.

10 See, e.g., Hanoch Dagan, Autonomy, Pluralism, and Contract Law Theory(자율성, 다원주의와 계약법이론), 76 L. & Contemp. Probs. 19 (2013).

11 Hanoch Dagan, Pluralism and Perfectionism in Private Law(다원주의와 사법의 완벽주의), 112 Colum. L. Rev. 1409, 1412 (2012).

12 George Crowder, Liberalism and Value Pluralism(자유주의와 가치 다원주의) 44-56 (2002) (가치 다원주의를 다음의 네 가지 요소로 정의하고 있다. (1) 보편적 가치, (2) 다양성, (3) 동일 평면에서 비교할 수 없음, (4) 상충관계), William A. Galston, Liberal Pluralism: The Implications of Value Pluralism for Political Theory and Practice(자유론적 다원주의: 정치이론 및 현실에서 가치 다원주의의 의미) 5-6 (2002).

의 목적상 단순하게 관련 논점을 정리하자면, '세상에서 보편적 가치는 다종다양하며 인간은 같은 경험에도 서로 다른 가치를 부여한다'는 것이다.[13] 둘째, 다간은 라즈의 사법체계에 대한 관찰 내용을 원용하면서, 다원주의적 접근법만이 사법원리와 제도를 설명할 수 있다고 주장한다. 유일한 가치로는 사법체제를 지탱할 수도 없고 그래서도 안 되며, 다양한 가치의 존재와 그들 사이의 조화가 있어야 전체 사법체계의 토대가 형성된다고 한다.

위와 같은 두 가지 입장은 사법제도를 지탱하는 데 국가가 하는 역할에 관한 하나의 논리정연한 이론으로 귀결된다. 즉 다간에 의하면, 다양한 가치와 서로 다른 가치평가에 대한 존중 및 자율성의 증진(자율성은 적정하고 의미있는 선택권이 있는 경우에만 달성된다)을 근거로 하여 다원주의가 성립한다.[14] 다원주의적 사법의 역할은 '인간 상호작용의 형태를 풍부하게 제공하는 것'이다.[15] 이러한 구조적 다원주의 시스템의 목적이 자율성 촉진에 있기는 하나, 구조적 체계에는 자율성 외에도 다양한 가치가 포함되어 있다. 다간의 주장에 의하면, '법은 서로 다른 가치평가의 방식이 실현되도록 다양한 사회영역이 일정한 한계 내에서 공존하게 하여야 한다'고 한다.[16] 한편 다양한 가치평가 방식을 실현하기 위한 다양한 법적 선택지를 촉진한다고 하여 반드시 이를 자유시장 원리의 구현이라고 볼 필요는 없다. 다간이 지적하듯이, 불간섭 정책을 취하고 그에 따라 계약의 자유에 온정적인 태도를 취하는 것으로 위와 같은 '촉진행위'가 완료되는 것은 아니다. 오히려 촉진행위가 이루어지도록, 법은 기회주의적 행동을 막는 데 충분하다고 여겨지는 보장책 등을 포함하여 여러 제도적 장치를 제공하는 적극적 역할을 해야 한다.[17]

다간의 통찰은 사법영역 이외에서도 유효하다. 이는 주택, 교통과 같이 전통적으로 공법영역에 해당되는 문제를 규제하는 경우에도 지침을 제공할 수 있으므로 그렇게 활용되어야 한다. 국가의 의무에 관하여 라즈가 정의한 내용은 사적 당사자 사이에만 적용되는 것이 아니다. 사람들의 삶이 번창할 수 있기 위한 조건을 보장하는 것이 바로 국가의 역할인 것이다.

이제 우리는 플랫폼경제의 쟁점들을 규명하고 규제의 일반적 지침을 제공하는 데에 다원주의 이론이 어떻게 도움을 줄 수 있는지에 관하여 살펴보고자 한다.

II. 잉여역량 사용의 스펙트럼

플랫폼경제가 잉여역량을 사용하는 활동을 증대시키면 가치 있는 선택권도 증대된다. 나

---

13 See, e.g., Cass R. Sunstein, Incommensurability and Valuation in Law(법의 다양성과 가치평가), 92 Mich. L. Rev. 779, 780 (1994).

14 Dagan, supra note 11, at 1435.

15 Id. at 1432.

16 Id. at 1424.

17 Id. at 1429.

는 '잉여역량'이란 단어를 '미사용 혹은 저사용된 시간, 기술, 자산의 잉여분을 활용해서 소유자가 스스로 사용할 수 있는 것보다 많은 역량을 창출하고 이를 금전화하는 활동'을 가리키는 것으로 사용한다.[18]

  행위 유형 중 어떤 것은 선택권을 증진하고 어떤 것은 선택권을 감소시키는지에 관한 이유를 설명하기 전에 우선 중요한 것은 플랫폼 활동에서 두 활동(잉여역량을 부가적으로 사용하는 활동과 전통적인 활동)이 차지하는 정도를 이해하는 일이다. 잉여역량을 활용하는 거래와 잉여역량의 부가적 사용에 해당되지 않은 전통적 거래의 차이점은 우리가 플랫폼경제에 대한 규제를 논의할 때 고려하여야 하는 주요 측면이다. 우리가 이들을 구별하지 아니한 채 긱경제 혹은 공유경제와 같은 용어를 사용한다면, 이들 사이의 엄청난 차이점을 흐릿하게 하고 이들을 유사하게 취급하는 것이 될 것이다. 이미 본 바와 같이, 이는 단순한 개념론이 아니다. 흔히 플랫폼 기업은 '그들이 하는 일은 주로 긱업무, 즉 잉여역량의 부가적 사용을 통한 업무를 가능하게 하는 것일 뿐'이라고 주장한다. 예컨대 에어비앤비를 통하여 이루어진 뉴욕시내 단기임대가 불법이라고 법원이 판결하자,[19] 에어비앤비는 '이제 법을 고쳐서 주택을 가끔씩 임대하는 숙박주를 보호할 시점이다. 뉴욕시 에어비앤비 숙박주의 87%가 그들이 거주하는 주택을 임대물로 등록하는데, 그들은 근근이 살아가는 평균적 뉴욕시민이지, 2010년 법률의 적용을 받아야 하는 불법호텔업자가 아니다'라고 주장하였다.[20] 에어비앤비의 지지자들은 이러한 생각을 반영하여 주장하기를 '에어비앤비의 서비스는 방문자에게는 저비용의 숙박을 제공하고, 부동산 소유자에게는 저사용된 자산에서 수익을 올리도록 해준다'라고 한다.[21] 유사하게, 우버는 법원제출 서면에서 '우버는 플랫폼을 제공함으로써 자동차 소유자가 그들의 기술과 인적 자산을 활용할 수 있도록 하면서 그 기술과 자산에 대가를 지불하려는 사람들을 연결해 줄 뿐'이라고 주장하였다.[22]

  비록 유휴역량의 활용으로 인한 활동이 플랫폼 업무의 대부분을 차지하지만, 상당히 많은 부분을 전업 제공자가 차지하는데, 전업 제공자란 전용 자본재(주로 이 목적으로 사용하는 물품)를 이용하는 사람 혹은 플랫폼경제가 그들의 주 수입원인 사람을 말한다. 이 부문의 비중이 상당하다는 점은 참여자와 거래의 숫자에서도 나타나고, 플랫폼 수입의 대부분이 여기에서 창출된다는 점에서도 나타난다. 더욱이 긱의 측면을 강조하는 수사에도 불구하고, 플랫폼 기업들, 특히 운송 부문의 기업들은 상업적 사용을 자주 권장한다. 예컨대 주당 40시간 이상 운전자에 대하여 혜택을 주

---

18 See Donald J. Kochan, I Share, Therefore It's Mine(나는 공유한다. 고로 이것은 내 것이다), 51 U. Rich. L. Rev. 909, 929 (2017).

19 See City of New York v. Carrey, Nos. 13006002 and 1300736 (N.Y.C. Envtl. Control Bd. May 9, 2013), www.scribd.com/document/142650911/Decision-and-Order-for-NOV-35006622J.

20 See Vacation Rental Site Airbnb Ruled Illegal in New York City(뉴욕시에서 휴가철 임대사이트인 에어비앤비가 불법이라는 판결을 받다), Fox News, May 21, 2013, www.foxnews.com/travel/2013/05/21/airbnb-illegal-in-new-york-city.html.

21 Andrew Moylan, RoomScore 2016: Short-Term Rental Regulation in U.S. Cities(2016년 주거실태: 미국 도시의 단기임대에 대한 규제), R Street Policy Study No. 55, Mar. 2016, at 1, www.rstreet.org/wp-content/uploads/2016/03/RSTREET55.pdf.

22 Salovitz v. Uber Techs., Inc., No. A-14-CV-823-LY, 2014 WL 5318031, at *1 (W.D. Tex. Oct. 16, 2014).

는 것이 권장의 한 방법이다.[23]

플랫폼경제의 소비자와 제공자 유형에 대한 데이터가 한정적이기는 하지만, 데이터상으로는 위 두 유형의 활동(잉여역량의 부가적 사용 및 그와 무관한 전통적 사용)이 두드러지게 공존하고 있음이 명백하다. 예컨대 단기임대차 플랫폼 데이터를 보면, 임대인의 저사용 정도에 따라 활동 양상이 어떻게 달라지는지가 일관되게 나타난다. 에어비앤비 임대인이 제공하는 대부분의 부동산은 진정으로 저사용된 자산을 활용하는 것이고 에어비앤비에서 부동산을 상업적으로 활용하는 자는 실질적으로 소수이다. 펜실베이니아 주립대학교 호텔경영대학원이 미국호텔협회의 후원을 받아 진행한 연구에서 미국의 14개 대도시에서 2014년 10월부터 2015년 9월까지 에어비앤비에 부동산을 게시한 임대인의 행위를 분석한 바 있다.[24] 그 연구에서는 임대인을 세 범주로 나누었다. 일년 중 단기간 독채를 제공한 자, 일년 내내 하나의 주택을 제공한 자 및 플랫폼에 두 개 이상의 주택을 게시한 자가 그 셋이다. 연구 결과에 의하면, 전용 자본재(단기임대가 주 사용처인 부동산)를 제공하는 자는 소수이지만 모든 도시에 걸쳐 지속적으로 나타나고 있고, 에어비앤비 수입의 대부분을 차지하고 있다는 점이 보인다. 연구에 의하면, 2,772명의 상시 활동자(연간 360일 이상 한 개 혹은 두 개 이상의 주택을 임대한 자)가 전체 임대인의 3.5%를 차지한다.[25] 이것이 작은 숫자로 보일지 모르나, 상시 활동자로부터 에어비앤비가 벌어들이는 수입은 막대하다. 연구기간 동안 이들은 에어비앤비에게 347,479,616달러의 수입을 안겨 주었는데, 이는 해당 지역 에어비앤비 수입의 26%에 이른다.[26] 더구나 한때라도 두 개 이상 주택을 임대한 자는 총 활동자의 16.1%에 이른다는 사실이 밝혀졌다.[27] 마지막으로 거대활동자(위 연구에서는 기간을 불문하고 4개 이상의 주택을 임대하는 자를 이렇게 불렀다)는 숙박주의 6.5%를 차지하였고, 해당 기간 동안 해당 도시에서 에어비앤비 수입액의 24.6%인 328,299,944달러를 올려 주었다.[28] 다른 도시의 사용자에 대한 데이터 역시 유사한 결과를 보여 주었다.[29]

운송플랫폼의 경우, 저사용된 개인 차량을 사용하는 운전자 숫자와 상업적 운송에 주로 사용할 목적으로 차량을 구입한 운전자 숫자를 알 수 있는 데이터는 존재하지 않는다. 하지만 플랫폼 운송 기업은 운전자가 차량을 획득할 수 있도록 여러 프로그램을 운용하고 있는데, 이를 보면 전

---

23 Uber Launches Power Driver Rewards to Compete with Lyft(우버는 리프트와 경쟁하기 위하여 우수운전자 보상책을 실시하다), Rideshare Dashboard, Mar. 10, 2016, http://ridesharedashboard.com/2016/03/10/uber-launches-power-driver-rewards-to-compete-with-lyft/; Brenton J. Malin and Curry Chandler, Free to Work Anxiously: Splintering Precarity Among Drivers for Uber and Lyft, 10 Commun. Cult. Crit. 382, 391-92 (2016).

24 John W. O'Neill and Yuxia Ouyang, From Air Mattresses to Unregulated Business: An Analysis of the Other Side of Airbnb(에어 매트리스에서 시작하여 규제받지 않은 사업체가 된 사례: 에어비앤비의 이면에 대한 분석), Am. Hotel & Lodging Association (2016), www.ahla.com/sites/default/files/2016-10/Airbnb_Analysis_September_2016.pdf.

25 Id. at Key Findings.

26 Id. at Appendix: Data Tables, Jan. 2016 Report.

27 Id. at National Trends.

28 Id.

29 See Erez Aloni, Capturing Excess in the On-Demand Economy(주문형경제에서 잉여역량을 활용하기), 39 U. Haw. L. Rev. 315, 324 (2017).

용 차량을 보유한 운전자가 일부에 국한된다고 보기는 어렵다. 최대의 플랫폼 운송 회사인 우버는 운전자가 차량을 임차, 리스, 구매하도록 도와주는 프로그램을 운용하고 있다.[30] 우버의 익스체인지(Xchange) 리스 프로그램을 이용하면 저신용자 혹은 무신용자도 운행거리 제한 없이 자동차를 리스할 수 있는데,[31] 익스체인지 프로그램은 자동차의 유지 관리도 해준다.[32] 유사하게 우버의 주요 경쟁자인 리프트도 Express Drive Rental Car Program을 운용하여 운전자가 차를 임차할 수 있도록 도와준다.[33] 차량 임차 비용은 운전자가 리프트에서 일하는 시간량에 따라 결정되는데, 일하는 시간이 길어질수록 임차료가 저렴해진다.

물품과 자본재의 사용 형태와 마찬가지로, 플랫폼경제에서 제공자는 상시 노동을 할 수도 있고 미사용 혹은 저사용된 시간을 활용할 수도 있다. 이와 같은 경우 저사용된 노동 혹은 기술을 이용하여 한정된 시간 플랫폼에서 일을 하는 노동자(상시 직업의 형태로는 제공할 수 없는 노동시간을 파는 것이다)와 기존 피용인과 동일하게 상시적으로 플랫폼에서 일을 하는 노동자가 서로 구분된다.

대부분의 플랫폼이 제공자에 관한 정확한 데이터를 제공하지 않으므로, 우리는 플랫폼에서의 노동 패턴에 대한 이해를 위하여 대안적인 조사방법과 연구방법을 사용한다. Request for Startups 그룹이 실시한 연구에서는 에어비앤비, 우버, 리프트, 태스크래빗 등 78개 플랫폼 기업의 노동자 900명 가량을 조사하였다.[34] 연구자들은 제공자들이 플랫폼에서 벌어들이는 소득에 의존하는 정도를 조사하였다. 제공자가 플랫폼에서 대부분의 수입을 얻는다면, 플랫폼이 근로주입의 주된 원천이라는 확실한 표지가 된다. 플랫폼 수입에 부분적으로 의존한다면, 이는 주된 직업을 보충하는 긱업무에 해당된다는 점을 나타낸다. 위 조사에 의하면, 플랫폼에 수입을 의존하는 정도에 있어서 39%의 노동자가 수입의 25%를, 19% 노동자가 수입의 25-50%를, 13%의 노동자가 수입의 50-75%, 29%의 노동자가 수입의 75-100%를 각 얻는 것으로 나타난다.[35] 그러므로 노동시간에 비추어 보면, 플랫폼경제의 노동자는 일종의 스펙트럼을 구성하는데, 일부 노동자는 긱으로서 파트타임으로 일하고 있고, 30% 가량의 노동자는 주된 혹은 유일한 소득원으로서 플랫폼을 이용한다. 2014년 겨울 대략 600명의 우버 운전자를 대상으로 진행된 조사에서도 비슷한 결과가 나왔는데, 우버 운전자의 거의 40%에게는 다른 직업이 없었고, 약 30%의 운전자에게는 다른 전업 직업이 있

30 See Vehicle Solutions(차량의 조달방법), UBER, www.uber.com/drive/vehicle-solutions/.

31 See Eric Newcomer and Olivia Zaleski, Inside Uber's Auto-Lease Machine, Where Almost Anyone Can Get a Car(누구라도 자동차를 획득할 수 있는 곳! 우버의 자동차 리스 제도에 관하여), Bloomberg, May 31, 2016, www.bloomberg.com/news/articles/2016-05-31/inside-uber-s-auto-lease-machine-where-almost-anyone-can-get-a-car.

32 See Harry Campbell, Uber Vehicle Marketplace(우버가 운영하는 자동차 시장), Rideshare Guy, http://therideshareguy.com/uber-vehicle-marketplace/.

33 See Express Drive Rental Car Program, Lyft, https://help.lyft.com/hc/en-us/articles/218196557-Express-Drive-Rental-Car-Program-#cost.

34 Jennifer Rossa and Anne Riley Moffat, The Workers(노동자들), Bloomberg Briefs, June 15, 2015, https://newsletters.briefs.bloomberg.com/document/4vz1acbgfrxz8uwan9/the-workers-demographics; Alison Griswold, Young Twentysomethings May Have a Leg Up in the 1099 Economy(20대 젊은이들이 1099 경제에 한 발을 걸쳐 놓다), MoneyBox, May 22, 2015, www.slate.com/blogs/moneybox/2015/05/22/_1099_economy_workforce_report_why_twentysomethings_may_have_a_leg_up.html.

35 See Rossa and Moffat, supra note 34).

었으며, 나머지 30%에게는 다른 파트타임 직업이 있었다.[36]

결론적으로, 노동에 투입된 자본재 사용과 노동 시간에 관한 데이터에 의하면 플랫폼경제 활동은 스펙트럼을 구성하는데, 여기에는 잉여분을 활용하는 소규모 긱노동자로부터 전문 자본재를 가지고서 플랫폼을 상업적으로 이용하는 직업적 제공자에 이르기까지 다양한 활동자가 있다. 이하에서 나는 '잉여역량의 부가적 사용 수준이 다르기 때문에 이들 활동에서는 선택권과 부정적 외부효과의 정도가 서로 다르게 나타난다'는 점을 제기하고자 한다.

Ⅲ. 선택권 증대 메커니즘으로서의 플랫폼경제

다원주의 이론의 렌즈를 통해 보면 플랫폼의 장점 중 하나가 '소비자와 제공자에게 가치 있는 선택권을 확대시켜 주는 것'이라는 사실을 알 수 있다. 사실상 플랫폼경제는 일련의 활동영역을 가능하게 만들어 주기도 하고 단순화하기도 하는데, 바로 그에 해당되는 영역이 유휴역량(물품, 자본재 혹은 시간)을 노동활동으로 변환하는 것이다. 많은 사람들이 이용할 수 있고 비교적 사용자 친화적인 기술을 제공함으로써, 플랫폼은 잉여자원을 최대한 활용하도록 거래의 진입장벽을 낮추고, 비직업적 제공자의 참여를 원활하게 한다. 잉여역량의 부가적 사용에서 유발된 활동은 플랫폼이 도래하기 오래 전부터 존재해 왔지만, 플랫폼을 통하여 비직업적 제공자의 잉여 기반 거래가 전에 비하여 더욱 쉽고 효율적인 것으로 되었다.

소비자에게는 플랫폼경제가 또 한 겹의 시장 선택권을 창출한다. 소비자는 다양한 수요, 취향, 선호도를 갖고 있는데, 플랫폼은 그러한 것들의 선택지를 확장한다. PwC 조사에서는 플랫폼을 잘 안다는 응답자의 86%가 플랫폼이 생활을 더욱 윤택하게 한다는 데에 동의하였고, 83%가 플랫폼이 생활을 더욱 편리하고 효율적이게 한다는 데에 동의하였다. 이 연구에 의하면, 플랫폼은 소비자의 상이한 수요와 선호도를 만족시켜 준다고 한다.[37]

예컨대 단기임대차 플랫폼은 다른 사람의 상시거주 주택에 일시적으로 체류할 기회를 창출한다. 이런 대안을 전보다 더욱 쉽게 이용할 수 있게 하면, 가격을 중시하는 소비자에게는 이 대안이 매력적이게 된다. 왜냐하면 단기임대는 보통 호텔보다 저렴하기 때문이다. 여행자가 현지 거주민의 관점에서 여행지의 체험을 하고 싶어하는 경우에도 이러한 기회는 매력적이다. 반대로 여행자에 따라서, 위험회피 성향이라서 개인과 거래함으로써 생길 수 있는 문제를 피하기를 원할 수도

---

36 Jonathan V. Hall and Alan B. Krueger, An Analysis of the Labor Market for Uber's Driver-Partners in the United States(미국내 우버 파트너 운전자에 대한 노동시장의 분석), 10 (Princeton Univ. Indust. Relations Section, Working Paper No. 587, 2015) (우버의 의뢰로 Benenson Survey Group에 의해 수행된 설문조사를 설명하고 있다).

37 PricewaterhouseCoopers, Consumer Intelligence Series: The Sharing Economy(소비자 인지도 조사: 공유경제) 20 (2015), www.pwc.com/us/en/industry/entertainment-media/publications/consumer-intelligence-series/assets/pwc-cis-sharing-economy.pdf.

있고, 호텔의 경관이나 청결함을 선호할 수도 있고, 비용에는 신경 쓰지 않을 수도 있다. 운송 플랫폼 기업의 경우에도 유사한 구분이 가능한데, 소비자에게 또 한 겹의 선택권이 제공되는 것이다. 어떤 승객은 택시를 선호하는데, 그 이유는 승차하기 위해 기다리는 것을 싫어해서일 수도 있고, 택시가 안전하다고 느끼기 때문일 수도 있으며, 현금으로 지불하고 싶거나 스마트폰이 없기 때문일 수도 있을 것이다. 그런데 어떤 승객은 플랫폼 승차의 저렴한 요금을 좋아하거나 운전자가 어디쯤 있는지 알게 해 주는 기술적 편리함을 좋아할 수도 있다. 그렇기에 PwC 조사에서 응답자의 32%가 '시장에서 선택권이 늘어나게 한 것이 운송 플랫폼 기업의 강력한 자랑거리'라고 지적한 점은 놀라운 일이 아니다.[38] 요컨대 '플랫폼경제가 잉여역량의 활용을 증진함으로써 소비자에게 더 많은 선택권을 부여하였다'는 것이다.

플랫폼은 제공자에게 유연한 구조로 일할 기회를 제공하는데, 그리하여 제공자는 사용되지 않은 시간과 기술을 이용하여 작은 긱 단위로 일을 함으로써 보충적 소득을 올릴 수 있다. 달리 말하자면, 플랫폼경제가 과거에는 초기 자본 투자와 어떤 전문적 지식을 필요로 했던 산업의 진입장벽을 낮춤으로써, 비직업적 행위자도 운전에서 제빵에 이르기까지 저사용된 기술을 최대한 이용하여 여분의 소득을 올릴 수 있게 되었다.

산업 전반의 많은 노동자에게 노동시간의 유연성은 중요하다. McKinsey Global Institute의 연구원들이 자유사업자 일반(플랫폼 노동자에 국한하지 않았다)의 경험을 조사한 결과, 독립계약자들은 그들의 직업 구조가 제공하는 유연성과 자율성을 중요하게 생각한다는 점이 확인되었다.[39] 연구원들은 다음과 같이 설명한다. "많은 직업인이 독립노동의 자율성과 유연성을 강하게 선호한다. 그들은 자기 자신의 상사가 되고 어느 정도 노동시간을 스스로 설정하여 원하는 작업에 집중하는 것에 가치가 있다고 생각한다 … 우버 운전자는 수업시간이나 가정 내 다른 행사에 맞추어서 노동시간을 짤 수 있다."[40] 플랫폼경제 노동자에 관하여 위 연구원들이 발견한 바에 의하면, 미국에서 이러한 노동 패턴을 취한 노동자의 87%는 어쩔 수 없어서 그렇게 한 것이 아니라(즉 다른 유형의 직업을 찾을 수 없어서 그런 것이 아니라) 스스로 선택한 것이었다. 우버가 제공한 데이터에 의하면, 우버 운전자들은 노동의 유연성을 높이 평가한다고 한다. 운전자들에게 노동시간을 어떻게 정하냐고 물었더니, 40%가 스케줄상의 다른 일정에 맞추어서 노동시간이 결정된다고 답하였다.[41] 따라서 플랫폼경제에서 자유사업자로 일을 하게 되면 노동자에게는 선택권이 증가할 수 있는 것이다. 결국, 사람들이 각기 생활의 각 측면에 상이한 가치를 부여한다는 다원주의적 이론에서 보면, 플랫

---

38 Id.

39 McKinsey Global Institute, Independent Work: Choice, Necessity, and the Gig Economy(독립노동: 선택권, 불가피성 및 긱경제) 61 (2016), www.mckinsey.com/~/media/McKinsey/Global%20Themes/Employment%20and%20Growth/Independent%20work%20Choice%20necessity%20and%20the%20gig%20economy/Independent-Work-Choice-necessity-and-the-gig-economy-Full-report.ashx.

40 Id. at 45.

41 Amy Levin, The Driver Roadmap: Where Uber Driver-Partners Have Been, and Where They're Going(운전자의 운행 경로: 우버 파트너 운전자가 어디에서 어디로 이동하는가), Benenson Strategy Grp. 3 (2014), https://newsroom.uber.com/wp-content/uploads/2015/01/BSG_Uber_Report.pdf.

폼경제는 소비자와 제공자의 선택권을 증진한 것이다.

IV. 플랫폼경제는 선택권 감소 메커니즘이 될 수도 있다

플랫폼경제는 소비자와 제공자가 가진 대안을 감소시킬 수도 있다. 플랫폼상의 공급자와의 경쟁으로 인하여, 플랫폼에 기반하지 아니하는 전통적 서비스가 희귀해질 위험이 있다. 플랫폼이 상업적 활동, 그중에서도 잉여역량을 사용하지 않는 활동을 허용하게 되면, 전통적 서비스에 대한 위협이 특히 현실화된다. 그러한 경우에 불공정 경쟁으로부터 기존업자를 보호하는 규제가 없다면, 플랫폼을 이용하지 않는 전통적인 제공자는 경쟁을 당해낼 재간이 없을 것이다. 우리는 전통적 서비스의 이용가능성이 줄어든 사실을 이미 목도하였다.

예컨대 운송 플랫폼이 시장에 진입하자, 택시 운행의 숫자가 상당히 감소하였다. 택시이용도의 극적인 변화를 경험한 도시가 로스앤젤레스이다. UCLA 노동연구소의 보고서에 의하면, 2013년과 2014년 사이에 택시 운행이 18% 감소하여, 전년도에 비하여 총 140만 횟수가 줄었다고 한다.[42] 로스앤젤레스 공항은 최대의 택시 운행 거점인데, 위 연구가 진행될 당시 플랫폼 파송 차량은 로스앤젤레스 공항에서 승객을 태울 수 없었다가 현재는 가능하게 되었기 때문에 현재로서는 더 많이 줄었을 것이다. 로스앤젤레스의 경험은 많은 미국 도시에서도 나타난 전형적인 현상이다.[43] 이로 인한 재정적 어려움으로 택시 회사들은 직원을 해고하고, 파산신청을 하고, 심지어 완전히 폐업하기도 하였는데, 일부 지역에서는 일반인들이 택시를 이용하기가 더 어려워졌다.[44]

전통적 택시의 이용이 어려워지면, 서비스 이용에 불안을 느끼거나 차별받을 가능성이 높은 소비자에게 피해가 돌아간다. 특히 소수인종이 그러하다. 예컨대 최근 연구에 의하면, 흑인은 백인에 비하여 우버와 리프트의 운행 서비스를 이용하기가 더 어려웠다고 한다.[45] 위 연구에 의하면, 시애틀에서 흑인이 우버에서 승차예약을 하는 데에 백인에 비하여 35분을 더 기다렸다고 한다. 위 연구에 의하면, 보스턴에서는 승객이 흑인으로 보이는 이름을 사용하였더니 백인으로 보이는 이름에 비하여 우버 운전자의 예약취소율이 두 배 더 높았다고 한다. 명백히 전통적 택시의 인종차

---

42 Saba Waheed et al., Ridesharing or Ridestealing? Changes in Taxi Ridership and Revenue in Los Angeles 2009–2014(승차공유 혹은 승차탈취? 2009–2014년 로스앤젤레스 택시의 운행량과 수입의 변화), UCLA Labor Ctr. (2015), www.labor.ucla.edu/downloads/policy-brief-ridesharing-or-ridestealing/.

43 Aloni, supra note 29, at 331 (시애틀과 알링턴의 유사한 경험에 대해 설명하고 있다).

44 2016년 샌프란시스코의 가장 큰 택시 회사가 파산을 신청하였다. See In re Yellow Cab Cooperative, Inc., No. 3:16-bk-30063 (N.D. Cal. Jan. 22, 2016); see also Kate Rogers, Uber, Lyft Put Pressure on Taxi Companies(우버, 리프트가 택시 회사들에 압력을 가하다), CNBC, Jan. 26, 2016, 1:10 PM, www.cnbc.com/2016/01/26/uber-lyft-put-pressure-on-taxi-companies.html.

45 See Yanbo Ge et al., Racial and Gender Discrimination in Transportation Network Companies(운송네트워크회사에서의 인종차별과 성차별) (Nat'l Bureau Econ. Research, Working Paper No. 22776, 2016), www.nber.org/papers/w22776.

별은 잘 알려지고 확고히 입증된 사실이고, 상시적으로 일어나고 있다.[46] 여러 연방법과 주법에 의하여 전통적 택시의 인종차별은 금지되고 있으나,[47] 플랫폼 기반의 운행 및 플랫폼 기업에 이러한 법을 적용할 수 있는지 여부는 많이 다투어지는 문제이다.[48]

장애인은 전통적 택시 서비스의 소멸 혹은 감소로 인하여 피해를 본 별개의 집단이다. 장애인이 안내견이나 휠체어를 이용한다는 이유로 우버 운전자가 승차를 거부하였다는 이야기는 흔하다.[49] 전국시각장애인협회 캘리포니아지부는 시각장애인을 대표하여 우버를 상대로 제기한 집단소송에서 '우버가 연방장애인법을 위반하였다'고 주장하였다. 이에 대하여 우버는 '연방장애인법은 우버에 적용되지 않는다'고 답변하였다.[50] 우버와 리프트가 휠체어를 이용하는 승객의 필요를 수용하기 위한 프로그램을 최근 수립하였지만, 이런 서비스를 이용하기는 거의 불가능하다는 주장이 여전히 있다.[51]

마지막으로, 사회적 약자는 플랫폼 기반의 승차보다는 택시가 더 안전하다고 생각할 수 있다. 택시가 플랫폼 파송 차량보다 더 안전한다는 점과 많은 사람들이 그렇게 인식한다는 점에 관한 확정적 증거는 없지만, 플랫폼 운전자가 폭행·성희롱·소수인종의 승차거부를 했다는 사례가 다수 공개된 이상 일부 사람들은 플랫폼 이용을 망설일 가능성이 있다.[52] 플랫폼 기업이 택시 회사가 한 것과 같은 운전자의 지문 채취를 거부함으로 인하여 이러한 망설임이 강화될 수 있다.[53] 중요한 점은, 어떤 이에게는 대안적 방법이 위험하거나 이용하기 쉽지 않으므로 전통적 택시의 이용이 필수적이라는 것이다.

이와 유사하게, 단기임대차 플랫폼은 저렴한 호텔과 같은 전통적 숙박시설에 대한 가치 있는 선택권의 존재를 위협한다. 고급 호텔은 사업가와 부유한 여행객에게 플랫폼보다 더 인기가 있을 것이므로, 단기임대차 플랫폼과의 경쟁에서 위험을 받는 것은 저렴한 호텔이다. 최근의 연구에

---

46 See, e.g., Service Denied: Responding to Taxicab Discrimination in the District of Columbia(서비스의 거절: 워싱턴 디시에서의 택시 차별에 대한 대책), The Equal Rights Ctr. (2003), https://equalrightscenter.org/wp-content/uploads/taxicab_report.pdf.

47 Aaron Belzer and Nancy Leong, The New Public Accommodations(신공중접객업), 105 Geo. L.J. 1271, 1297–98 (2017).

48 See, e.g., Brishen Rogers, The Social Costs of Uber(우버의 사회적 비용), 82 U. Chi. L. Rev. Dialogue 85, 95 (2015).

49 See Jason Marker, Wheelchair Using Passenger Films Uber Driver Refusing to Pick Him Up(휠체어를 이용하는 승객이 우버 운전자의 운행 거부 모습을 찍다), Auto Blog www.autoblog.com/2017/01/10/wheelchair-using-passenger-films-uber-driver-refusing-to-pick-hi/.

50 See Nat'l Fed'n of the Blind of California v. Uber Techs., Inc., 103 F. Supp. 3d 1073, 1082 (N.D. Cal. 2015).

51 See Heather Kelly, Uber's Services for the Disabled Lack Actual Cars(우버의 장애인 서비스에는 실제 차량이 없다), CNN, http://money.cnn.com/2016/05/02/technology/uber-access/.

52 See Raymond Rizzo, Uber Driver James Henneberg is "Bothered" by the "Transgender Thing"; Refuses to be Paired with Gay Couple in Future; Admits to Lying(우버 운전자 제임스 헤네버그는 성전환자를 싫어하고, 앞으로 동성애 커플을 태우고 싶지 않은데, 거짓말을 했음을 인정한다), E. Nashville News, Jan. 7, 2017, http://eastnashville.news/2017/01/uber-driver-james-henneberg-is-bothered-by-the-transgender-thing-refuses-to-be-paired-with-gay-couple-in-future-admits-to-lying/; Mary Emily O'Hara, Lyft Driver Accused of Threatening Activist Monica Jones in Transphobic Post(리프트 운전자가 성전환자혐오 글에서 활동가인 모니카 존스를 위협한 것으로 고소당하다), The Daily Dot, Feb. 28, 2016, www.dailydot.com/irl/lyft-driver-monica-jones-location-facebook/.

53 See, e.g., Heather Kelly, Uber CEO explains why he thinks fingerprinting drivers is "unjust,"(운전자 지문의 채취가 정당하지 않은 이유에 대해 우버 CEO가 설명하다) CNNMoney, June 24, 2016, http://money.cnn.com/2016/06/23/technology/uber-travis-kalanick-ges-fingerprinting/index.html.

의하면, 에어비앤비가 텍사스 호텔업에 미친 영향은 호텔마다 달랐는데, 그 이유는 에어비앤비가 주로 저급 호텔에 영향을 미쳐서 저급 호텔이 경제적 피해를 가장 많이 받기 때문이었다고 한다.[54] 저급 호텔 체류의 기회가 줄면, 가장 영향을 많이 받는 부류는 고급 호텔에 묵을 수 없는 사람들이나 단기임대 숙박 플랫폼을 통하여 방을 예약하기 어려운 사람들이다. 기술에 익숙하지 않아 플랫폼을 사용할 수 없거나 사용하고 싶어하지 않는 사람들에게는 전통적 호텔의 사용 기회가 중요할 수가 있다. 어떤 사람들은 차별로 인하여 플랫폼에서 방을 예약하기가 어려울 수도 있다. 최근의 연구에 의하면, 흑인의 특징을 가진 것으로 보이는 이름의 이용자가 방을 예약하는 경우 동일한 인적사항을 가지고는 있으나 이름만 백인으로 인식되는 경우에 비하여 예약성공률이 16% 더 낮다고 한다.[55]

　마지막으로, 많은 소유자들이 장기임대 주택을 단기임대로 전환함에 따라 소비자들은 자신의 도시에서 장기임대 주택물량이 감소하고 있다는 사실을 발견하게 될 것이다. 사람들이 투자로 구입한 아파트를 단기임대물로 변환하는 현상은 널리 퍼져 있는데, 그 사실에 관한 증거는 단기임대의 수익성이 높은 도시에서 매수 희망자에게 그러한 조언을 하는 웹사이트가 있다는 점에서 찾을 수 있다.[56] 이러한 현상에 대응하여 지역사회와 지역정부는 이를 억제하기 위한 규제를 요청하였다. 이에 대해 더 언급하지는 않겠지만, 상업적인 단기임대의 증가로 대도시의 많은 인기지역에서 임대물량 부족 현상이 악화되었고, 더욱이 임대료를 상승시켰다는 점만을 지적해 둔다. 그리하여 소비자가 휴가용 임대물량을 확보할 기회가 더 많아지기는 하였지만, 자신의 동네에서 장기임대물량을 확보하는 데에는 어려움을 겪을 수 있다.

　중요하게도, 플랫폼경제는 법적 보호를 받는 전속적 고용기회의 숫자를 감소시킴으로써 노동자의 선택권을 제한할 수도 있다. 플랫폼경제의 노동자는 피용인으로 분류되지 않는다. 오히려 그들이 플랫폼 기업을 위하여 일하는 시간과 횟수, 기업이 그들에 대하여 행사하는 통제권 여부와 무관하게 그들의 지위는 독립계약자이다.[57] 피용인의 지위가 인정되면 여러 고용상 보장이 제공되기 때문에 이와 같이 분류를 다르게 하는 것은 그 의미가 크다고 할 것인데, 고용상 보장의 내용으로는 업무비용의 변상, 초과근무수당, 사용자의 고용보험 분담금, 최저임금제 등이 있다.[58] 실제로 한 연구에서 플랫폼 공급자를 상대로 조사를 하였는데, 그중 41%가 '전통적 회사에서 일하면 유연성이 더 작게 되더라도, 고용의 안정성과 여러 혜택을 주는 전통적 회사를 선택할 것'이라고 답

---

54 See Georgios Zervas, Davide Prosperio, and John Byers, The Rise of the Sharing Economy: Estimating the Impact of Airbnb on the Hotel Industry(공유경제의 대두: 에어비앤비가 호텔산업에 미친 영향의 평가), 30 Boston U. Sch. Mgmt. Research, Working Paper No. 2013-16, 2013, http://papers.ssrn.com/sol3/papers.cfm?abstract_id=2366898.

55 See Benjamin Edelman, Michael Luca, and Dan Svirsky, Racial Discrimination in the Sharing Economy: Evidence from a Field Experiment(공유경제에서의 인종차별: 현장실험에 따른 증거), 1 Harv. Bus. Sch., Working Paper No. 16-069, 2016, www.hbs.edu/faculty/Publication%20Files/16-069_5c3b2b36-d9f8-4b38-9639-2175aaf9ebc9.pdf.

56 www.airdna.co/about("Airdna는 휴가용 임대 사업가와 투자자에게 데이터와 분석결과를 제공한다").

57 Keith Cunningham-Parmeter, From Amazon to Uber: Defining Employment in the Modern Economy(아마존에서 우버에 이르기까지: 현대 경제의 피용인에 대한 정의), 96 B.U.L. Rev. 1673, 1684-88 (2016).

58 See, e.g., Cotter v. Lyft, Inc., 60 F. Supp. 3d 1067, 1073-74 (N.D. Cal. 2015).

하였다.[59] 그리하여 플랫폼경제에는 또 하나의 상충관계가 있게 되는데, 유연한 노동 기회의 증가와 전통적 고용 기회의 감소가 연동되어 있다.

결론적으로, 플랫폼경제는 선택권의 증가와 감소를 동시에 일으킨다. 이하에서는 시장 내에 구성된 선택권의 구조에 관하여 다원주의가 제공하는 가르침을 검토하고자 한다.

V. 플랫폼경제의 규제에 대한 지침으로서 다원주의 원리를 이용하기

플랫폼경제로 가능하게 된 활동이라도 잉여역량을 이용하는 정도에 차이가 있는데, 이용도의 스펙트럼에서 차지하는 위치에 따라서 거래행위가 선택권의 증감에 기여하는 정도가 다르다. 다원주의는 국가가 선택권을 확대할 것을 요구하는데, 그 말은 국가가 플랫폼경제를 적극적으로 옹호하여야 한다는 뜻이다. 그러나 옹호한다고 하여 탈규제로 유도하는 것은 아니다. 사실 그 반대이다. 진정한 다원주의 구조는 상업적 활동을 하는 플랫폼이 만들어내는 외부효과로부터 제공자, 소비자, 전통적 선택권을 보호하려고 한다. 라즈가 명백히 한 바와 같이, 불간섭적 접근법을 취하게 되면, 우리 문화에서 많은 '소중한 부문'들이 존속할 기회가 사라질 것이다.[60] 플랫폼경제와 관련해서 '소중한 부문'이란 경쟁업체들이 같은 물품과 서비스를 제공하면서도 다른 규제를 받은 결과, 도태당할지도 모르는 전통적인 서비스를 지칭한다.

따라서 다원주의로부터 도출되는 첫 번째 원칙에는, 잉여역량의 부가적 사용을 통한 활동과 그렇지 않은 활동 사이의 차이점을 포착하는 것이 포함된다. 구체적으로 보면, 입법자들은 잉여역량의 부가적 사용에 기한 활동이 스펙트럼에서 차지하는 위치에 근거하여 활동을 구분하도록 규제를 고안하여야 한다. 기존업자에 유사한 제공자인데도 불구하고 전통적 부문의 법령을 회피하는 방편으로서 잉여역량을 활용하는 제공자인 것처럼 행동하는 것을 규제가 막아야 한다.

입법자는 다음의 두 요소를 동시에 검토함으로써 잉여역량의 부가적 사용 수준을 구분할 수 있다. 하나는 공급의 빈도이고, 다른 하나는 거래에 사용된 시설이다. 공급의 빈도란 제공자가 일정한 기간 동안에 관여한 거래의 횟수를 말한다. 공급자가 물품이나 서비스를 제공한 횟수가 잦을수록 그는 부가적 잉여역량 사용자가 아닐 가능성이 높다. 다른 구별인자는 시설인데, 물품 혹은 부동산이 주로 상업적 목적으로 제공된 것인가, 아니면 때때로 그러한 용도에 전환될 뿐인가가 관심대상이다. 예컨대 플랫폼 운송 부문에서 운전자가 전문 차량 혹은 임대차량이 아닌 '개인

---

59 See Press Release, Penn Schoen Berland, Forty-Five Million Americans Say They Have Worked in the On-Demand Economy, While 86.5 Million Have Used It, According to New Survey(최근의 조사에 의하면 4,500만 명의 미국인이 주문형경제에서 일을 한 적이 있고, 8,650만 명이 이를 이용한 적이 있다고 한다), Jan. 6, 2016, http://psbresearch.com/wp-content/uploads/2016/01/On-Demand-Economy-Release.pdf.

60 Raz, supra note 2, at 162.

용 차량'을 사용하도록 허용할 것인가 여부를 두고 논쟁이 벌어진 지역도 있다.[61] 단기임대 시장에서 거주자가 단기체류용으로 부동산을 임대하는 숙박일수를 제한한 지역도 있다. 적은 횟수의 거래를 한다면 잉여공간을 활용하는 제공자로 볼 수 있는데, 이러한 기준치를 초과한 자는 상업적으로 활동한다고 보아야 한다는 추정에 근거한 것이었다. 예컨대 샌프란시스코에서 기준치가 연간 90일이다.[62]

다원주의 원리에서는 법적 규제가 가치를 증진하는 정도에 따라서 국가가 법적 규제를 달리하도록 요구한다. 부가적 이용활동의 경우에는 사람들이 물품, 시간, 기술을 활용함으로써 혁신을 일으키고 성과를 내도록 입법자의 지원이 있어야 한다. 그러므로 입법자가 각 범주를 다르게 취급하는 것이 맞다. 입법자는 잉여역량 사용의 스펙트럼에 기반하여 서로 다른 두 개(혹은 그 이상의)의 규제체제를 창설하여야 한다. 잉여역량의 부가적 사용에 기반한 활동에 대한 규제는 가벼워야 하고, 간헐적·비직업적 제공자에 적합하게 고안되어야 한다. 전통적인 활동이 플랫폼에서 이루어지는 경우라면, 기존 규제에서 이탈하여야 할 상당한 이유가 있지 않는 한, 기존업자에 대한 규제와 동일한 규정의 적용을 받아야 한다.

안전규제 등 중요한 문제에서는 잉여역량의 부가적 사용 수준에 따른 구별이 중요하지 않을 것이다. 그런 문제에서는 정책결정자가 잉여역량의 부가적 사용인 경우와 아닌 경우 사이에 차이를 두지 않는 것이 합리적이다. 파트타임 운전자가 안전하지 않은 차량을 운행하거나 적절한 보험이 없이 운행한다면, 직업적으로 운전하는 자와 동일한 해를 끼칠 수 있다. 따라서 입법자는 공공안전과 합리적 위험분배가 이루어지도록 범죄경력조회, 차량점검, 보험가입 등의 안전요건을 부과해야 한다. 일반적으로 말하면, 잉여역량의 부가적 사용에 해당되는 활동이라도, 안전을 증진하고 시장실패를 예방하기 위한 규제의 적용을 받아야 한다는 것을 의미한다. 그러한 활동에 대한 규제는 가급적 간헐적 공급자에 대한 장애가 최소화되는 방향으로 적절히 고안되어야 한다.

그러나 안전과 같은 핵심적인 문제 이외에는 잉여역량의 부가적 사용 활동에 대한 규제는 전통적 거래(플랫폼에서 영위되는지를 불문하고)에 부과되는 것과 달라야 한다. 이 점에 관하여 호텔세는 흥미로운 실험적 사례를 제공한다. 다른 지역과 마찬가지로 샌프란시스코는 단기임대에 대한 일련의 규정을 새로 만들었다. 샌프란시스코는 호텔에 부과되는 것과 동일한 세금을 매 거래마다 점유세로서 부과하였다(징수는 에어비앤비가 한다).[63] 그러나 거래행위마다 끌어들이는 방문자의 유

---

61 See, e.g., Order Instituting Rulemaking on Regulations Relating to Passenger Carriers, Ridesharing, and New Online-Enabled Transp. Servs.(여객운송, 승차공유, 온라인 방식의 신운송서비스에 관한 규제를 위한 규칙의 제정 명령) (Cal. P.U.C. Dec. 27, 2012), http://docs.cpuc.ca.gov/PublishedDocs/Published/G000/M040/K862/40862944.pdf; Carolyn Said, Uber, Lyft May Face New Rules in California(우버와 리프트는 캘리포니아에서 새로운 규정에 직면할 수도 있다), S.F. Chronicle, April 5, 2016, www.sfchronicle.com/business/article/Uber-Lyft-may-face-new-rules-in-California-7230320.php ('공공편익시설위원회는 리스 기간이 4개월 이상일 때에 한정하여, 운전자들이 리스 자동차를 사용하도록 허용하려 한다'고 보도하고 있다).

62 See S.F., Cal., Admin. Code §41A.5(g)(1)(A) (2016).

63 See Transient Occupancy Tax (TOT) Frequently Asked Questions for Hosts, Website Companies and Merchants of Record(일시점유세에 관한 숙박주, 웹사이트, 가맹점의 의문사항들), Office of the Treasurer & Tax Collector, City & Cnty. of S.F., http://sftreasurer.org/tot_host_website_merchant_faq#1.

형이 다르고 지역 인프라의 사용 정도가 다르기 때문에, 잉여역량 사용의 정도에 따라서 여러 거래에 대해 상이한 세율을 책정하는 것이 합리적인 규제일 것이다. 호텔을 이용하는 자는 회의장이나 공연예술장과 같은 시설을 이용하는 사업가이기 쉽다. 반대로 여행자가 거주자의 관점에서 한 지역을 경험하고자 플랫폼을 이용하는 경우라면, 이러한 시설을 이용할 가능성이 낮다. 간헐적으로 임대되는 에어비앤비 주택은 성질상 관광지역이 아닌 곳에 있기 쉽다. 그리하여 이런 지역에서는 호텔세 수입이 적을 것이다. 당초 여행객이 적은 지역에서 방이나 주택의 단기임대가 많이 이루어지므로, 입법자는 이러한 지역에 사람들이 더 많이 방문하도록 독려할 만하다. 그러므로 많은 도시가 플랫폼을 통하여 단기임대에 대하여 호텔세를 징수하면서 지금까지 택해온 경로와는 달리, 다원주의 원리에서는 간헐적 사용에 기반한 거래에 대하여 다른 세율을 적용하는 것이 정당하다고 본다. 물론 이러한 간헐적 거래의 경우에도 호텔세가 재원이 되는 서비스를 이용할 수는 있을 것이다. 그래서 지역에 따라서 제공자에 대한 세금을 완전히 면제하지는 아니하고 경감된 세율을 적용할 수 있을 것이다. 한편 지역에 따라서는 도심 관광지역의 단기임대에는 정규 호텔세와 동일한 세금을 부과하고, 그 외 지역의 단기임대에는 경감된 세율을 적용할 수 있다. 이렇게 한다고 하여 행정상 부담이 가중되거나 혼동을 불러일으키지는 않을 것이다. 규제가 이루어지는 경우 통상 임대인은 주택을 등록하여야 하는데, 등록 시 시당국은 그들에게 적용될 호텔세율을 알려 줄 수 있기 때문이다.

고용문제에 관하여도 유사하게, 다원주의 이론에서는 입법자가 플랫폼경제의 간헐적 제공자와 전업적 노동자를 다르게 취급하도록 기대할 것이다. 후자는 전통적 피용인과 실질적으로 다르지 않다. 플랫폼은 이러한 노동자에 대하여 상당한 수준의 통제권을 행사하는데, 이러한 통제권은 고용자가 피용인에 대하여 행사하는 것과 매우 유사하다.[64] 예컨대 운송 영역에서, 리프트와 우버는 주당 더 많은 시간을 제공한 운전자에게 인센티브를 제공하는 다양한 프로그램들을 만들어, 장시간 노동자에 대하여 더욱 많은 통제를 하게 된다.[65] 운전자가 손님을 받지 못하게 강요되는 경우라면, 독립계약자 형태의 유연성과 자율성은 위축되는 것이다. 또한 이들 운전자의 수입은 상당 부분 플랫폼 고용자에 의존한다. 따라서 잉여역량을 사용하는 경우이건 아니건, 아무튼 고용자를 위하여 실질적으로 전속으로 (혹은 거의 전속으로) 일하는 것이라면, 그러한 제공자는 고용상 혜택과 보호장치의 적용에 관한 한 전통적 피용인으로 취급되어야 한다. 실제로 세계의 일부 법원은 우버 운전자가 피용인으로 분류되어야 한다고 판시한 바 있다.[66]

나아가 진정으로 잉여역량을 활용하는 간헐적 노동자도 기본적 보호는 받아야 한다. 다원주의는 혁신과 다양한 선택권을 요구한다. 드물게 활동하는 제공자는 자유사업자에 더 가깝다고 할 수

---

64 Cunningham-Parmeter, supra note 57, at 1687.

65 See, e.g., Power Driver Bonus(우수노동자 보너스), Lyft, https://help.lyft.com/hc/en-us/articles/214586477–Power-Driver-Bonus.

66 See, e.g., Reserved Judgment of the Employment Tribunal at 1, Aslam v. Uber BV [2016] IRLR 4 (U.K. Empl. Trib.) (No. 2202551/2015) (우버 운전자는 노동자로 고용된 것이지, 자영업자가 아니라고 판시하였다).

있지만, 최저임금·초과근무수당과 같은 핵심적 규범과 보호장치는 여전히 적용되어야 한다. 일부 논평가는 입법자가 피용인과 독립계약자의 중간적 존재에 해당되는 특별한 범주를 만들어서, 그들에게 기본적 고용보장과 혜택을 부여하자고 제안한다.[67] 운송 플랫폼을 규제하고 있는 지역에서도 아직까지는 운전자의 고용상 지위문제는 다루지 않고 있다. 그리하여 고용상 지위에 관한 최종 판단은 법원에 맡겨져 있는데, 법원이 할 수 있는 일에는 한계가 있다. 법원은 노동자가 피용인으로 분류되는지, 독립계약자로 분류되는지를 판단할 수 있을 뿐이고, 잉여역량을 부가적으로 사용하는 자와 그러지 않는 자의 차이점을 반영하는 중간적 지위를 창설할 수는 없다.

잉여역량을 부가적으로 사용하는 거래를 촉진하는 규제체제에서는 새로운 내용을 창설하는 것에 덧붙여서 규제가 준수하기 쉽도록 분명하여야 하고 행정상 부담을 최소화하는 것이어야 한다. '간헐적 제공자는 소액을 버는 활동자에 불과하지, 법률대리인을 고용할 돈이 있거나 복잡한 규정을 이해할 능력을 가진 똑똑한 행위자가 아니라는 점'을 인식하고서 규정을 만들어야 한다. 시장이 지하경제에서 작동하면 조세징수 수입이 감소하고 노동자와 고객을 위험에 방치하게 되므로, 지하경제로 들어가 사람들이 법을 준수하지 않게 되면 여러 효용의 상실이 있게 되는데, 위와 같이 설계를 하면 이를 방지할 수 있을 것이다.

요컨대 다원주의 원리에서는 잉여역량의 부가적 사용에 기한 스펙트럼에서 각 거래가 차지하는 위치에 따라 거래를 달리 취급한다. 다원주의 원리는 유휴역량을 금전화하는 활동을 증진하는 규제체제의 창설을 지지하며, 이러한 활동을 잉여역량의 부가적 사용인 양 가장하지만 실제로는 전통적 거래에 유사한 거래활동으로부터 구분한다.

결론

플랫폼경제는 기대와 위험을 동시에 가져온다. 잉여역량의 부가적 사용에 기반한 거래를 촉진한 점은 기대된다. 위와 같이 하면 또 한 겹의 선택권이 제공되어 사람들이 자기 자신의 인생의 저자가 될 가능성이 한층 높아진다. 플랫폼경제가 이와 같이 기능하는 경우 다원주의 원리에서는 이러한 활동이 활발히 펼쳐지게 하면서도 관계자 혹은 제3자에게는 해가 되지 않도록 하는 규제가 행해질 것을 요구한다. 하지만 플랫폼들은 너무나도 자주 전통적·상업적 활동자(잉여역량의 활용에 근거하지 않는 위장된 활동자)의 활동에 눈감거나 이를 조장하고 있다. 이러한 경우에는 소비자,

---

67 See Seth D. Harris and Alan B. Krueger, A Proposal for Modernizing Labor Laws for Twenty-First-Century Work: The "Independent Worker,"(21세기 노동을 위한 노동법의 현대화 제안: 독립노동자) Brookings Inst. 2 (2015), www.hamiltonproject.org/assets/files/modernizing_labor_laws_for_twenty_first_century_work_krueger_harris.pdf; Sarah Leberstein, Rights on Demand: Ensuring Workplace Standards and Worker Security in the On-Demand Economy (주문된 권리: 주문형경제에서의 근로기준과 노동안정성의 확보), Nat'l Emp't Law Project, 10 (2015), www.nelp.org/content/uploads/Rights-On-Demand-Report.pdf.

노동자, 사회 일반의 선택권이 감소될 수 있다. 그래서 다원주의 원리에서는 국가가 규제를 통한 개입을 하여 여러 폐해를 방지하고 가치 있는 선택권을 보호할 것을 요구한다.

11

적합한 규제의 모색: 공유경제 형태에 따른 규제의 설계

레이 브레샤

서언

모바일 기술의 도래와 함께 새로운 종류의 사업모델이 나타나서 다양한 분야에서 주문형 서비스를 제공하고 있다. 공유경제는 승차공유, 심부름, 가정방문 마사지, 개인 제트기 등 여러 영역에서 이러한 방식을 이용한 사업을 성공적으로 구축하였는데, 공유경제는 전통적 방식으로 물품과 서비스를 제공하는 경쟁자들과 경합을 벌이고 있다. 현재 숙박공유 플랫폼인 에어비앤비는 주요 호텔체인 대부분의 시장가치를 추월한 상태이다. 승차공유 대기업인 우버의 시장가치는 세계의 많은 거대 자동차기업의 시장가치보다 크다. 이 모든 것이 최근 10년 내에 일어난 일이다. 공유경제가 이렇게 빨리 성장함에 따라 많은 현상이 발생하였다. 공유경제 기업의 설립자들은 돈방석에 올랐는데, 공유경제 모델을 받아들인 과감한 사업가들이 여럿 억만장자가 되는 등 기업의 설립자들을 돈방석에 올려 놓았고, 이용이 가능하게 된 서비스가 매우 다양하게 되었으며, 전에 없이 잉여 물품과 서비스가 활용되어 생산적 용도에 제공되었고, 수백만 개의 일자리가 창출되었다. 그러나 공유경제를 사업모델로서 그토록 매력적이게 만든 특성이 동시에 규제를 어렵게 만든 요인이기도 하다. 그러한 특성으로서는, 공유경제 내 행위자들은 새로운 기술에 대한 반응 혹은 대응으로서 신속하게 사업모델을 수정한다는 점, 신뢰를 경제적 거래의 엔진으로 사용한다는 점, 탈중앙화를 하여 P2P 거래를 촉진하고 중개행위를 불필요하게 한다는 점을 들 수 있다. 위와 같은 현상은 공유경제의 규제권자에게 도전으로 다가온다. 왜냐하면 낯선자가 운전하는 차량의 뒷좌석에 앉아 있거나, 타인의 주택에 머무르거나, 온라인시장에서 비면식자로부터 물건을 구매하는 경우 등과 같이 위험도가 높은 상황에서, 소비자들이 직면하는 남용과 착취의 위험성과 공유경제의 효용성을 비교형량하여야 하기 때문이다. 공유경제의 규제를 어렵게 만드는 요소들은 시스템 자체의 내재적 하자가 아니고 오히려 핵심적 특성이라고 할 수 있다. 공유경제에는 전통적 사업모델과 구별되게 하는 매력적인 강점이 있는데, 우리가 이러한 핵심적 특성을 규제하려고 하면 할수록 덩달아 공유경제 방식의 강점이 고사할 위험성이 있다. 나날이 성장하는 공유경제 부문에서 규제권자가 적정한 수준의 소비자 보호를 제공하면서도 공유경제의 효용을 지속적으로 활용하기 위해서는, 혁신과 규제의 균형, 실험과 지배구조의 균형, 신뢰와 감시의 균형을 이루는 방법을 찾아야 한다.

이 글에서는 공유경제 규제의 여러 접근방법론을 통하여 공유경제 고유의 독특한 측면 및 효용을 창출하는 핵심적 측면을 찾아가면서, 이러한 측면과 규제체제를 적절히 결합하여 규제가 혁신을 조장하면서도 소비자 보호를 희생하지 않는 방법을 규명하고자 한다. 공유경제와 규제를 최선으로 결합시키는 방법을 찾기 위하여 나는 공유경제의 핵심적 특성을 파악한 뒤에 최적의 짝으로 보이는 규제모델을 탐색하고자 한다. 최적의 규제모델은 공유경제의 핵심 특성을 동일하게 갖고 있는 형태일 것이다. 이러한 탐색과정에서는 공유경제의 핵심적 특성이라고 할 수 있는 변화무쌍성, 탈중개성, 탈중앙화를 주시하는데, 결국은 규제에 대한 소위 '신지배구조론'의 접근방법이 공유경제 자체와 가장 유사하다는 점을 확인하게 된다.

특정 규제 영역의 법령, 규제, 정책은 광범위한 이해당사자와 결정권자 집단에 의하여 고안되어야 한다는 관념에서 신지배구조론적 접근법이 출발한다. 신지배구조론은 해당 영역의 법률, 규범 및 규정을 정하고 집행하는 데에는 이러한 광범위한 참여자들이 가장 적합하다고 본다.[1] 이러한 접근법은 민주적 · 참여적 · 대의적 이상을 반영한 것이고, 종사자 · 소비자 · 규제권자의 통찰력을 이용하는 것인데, 이들이 보유한 통찰력은 통상 규제에서 활용되지 못하고 있으나, 이러한 통찰력은 규제의 필요성과 혁신의 효용 사이의 조화를 달성하는 데에 도움이 된다. 신지배구조론적 접근법에서는 또한 해당 규제의 통제권을 지역에 맡겨서 실험해 보도록 권장하는데, 실험에서 획득된 정보를 순환시키는 방법으로서 해당 영역을 규제하는 데 필요한 정보를 다른 지역에 제공할 수도 있다.[2] 규제에 대한 신지배구조론적 접근법은 성질상 사업가적이다. 왜냐하면 올리 로벨의 말로 표현하자면, 이 접근법에서는 '고객을 포착하여 그들의 요구를 확정하고 이 욕구를 충족시키는 데에 최선의 방법이 무엇인가를 찾아서 나아가는 것'이기 때문이다.[3] 이렇기 때문에 신지배구조론적 접근법의 조직원리에는 '유연성, 경쟁, 적응력, 학습'이 포함되어 있다.[4]

신지배구조론은 여러 상황에서 채택되었다. 예를 들자면 사법절차, 입법, 규제, 행정절차 등에서이다. 제이미 앨리슨 리는 아래와 같이 설명한다.

예컨대 법원은 고용차별, 증권규제 등 아주 다양한 사건에서 자주 소송당사자에게 직접 해결방안을 만들어 보라고 요구한다. 직업안전보건국(The Occupational Safety & Health Administration, OSHA)은 이해당사자로 하여금 탈중앙화된 문제 해결방식을 시도해 보라고 하는데, 즉 관료가 고안한 하향식 규정을 하달하지 아니한 채 노동조합과 사용자가 작업장 안전 절차를 스스로 개선해 보라고 촉구한다. 일부 연방기관은 하향식의 전통적인 '공고 및 의견수렴' 절차를 이용

---

1 신지배구조이론의 원리를 구체화한 대표적인 논문으로서는 다음의 것들이 있다. Ian Ayres and John Braithwaite, Responsive Regulation: Transcending the Deregulation Debate(반응적 규제: 탈규제 논쟁을 초월하여) (1992); Michael C. Dorf, Legal Indeterminacy and Institutional Design(법적 비결정론과 제도적 설계), 78 N.Y.U. L. Rev. 875(2003); Michael C. Dorf and Charles F. Sabel, A Constitution of Democratic Experimentalism(민주적 실험주의 헌법), 98 Colum. L. Rev. 267 (1998).

2 Dorf and Sabel, supra note 1, at 287-88.

3 Orly Lobel, The Renew Deal: The Fall of Regulation and the Rise of Governance in Contemporary Legal Thought(새로운 뉴딜: 현대 법률사상에서의 규제론의 쇠퇴와 지배구조론의 등장), 89 Minn. L. Rev. 342, 366 (2004). Id., at 367.

4 Id.

하지 아니하고, 규칙협의절차법(Negotiated Rulemaking Act)에 기해 업계 관계자 및 소비자 집단과 직접 협상하여 규정안을 초안하기도 한다.[5]

공유경제가 현재 활성화되어 있거나 장차 그렇게 될 부문에 대한 규제체제에 지침을 제공할 수 있도록, 이 글에서는 규제모델이 나아갈 경로를 신지배구조론을 통하여 가늠하여 보고자 한다.

이러한 접근법을 염두에 두고서 이 글을 네 섹션으로 나누었다. 앞의 세 섹션의 분류는 공유경제의 핵심적 특성에 따른 것이다. 그 특성은 변화무쌍적 성격, 대부분의 공유경제 모델에 어느 정도의 탈중개적 접근법이 포함되어 있다는 성격과 대부분이 탈중앙화되어 있다는 성격을 말한다. 각 부분에서 나는 공유경제의 위 각 특성과 전통적인 규제 접근법들의 특성을 살펴본 후 전통적 접근법을 신지배구조론적 접근법과 비교하여 봄으로써, 위 각 특성에 더 적합하게 어울리는 접근법이 어떤 것인가를 판단하고자 한다. 이러한 방식으로 내가 보여주고자 하는 바는 신지배구조론 모델이 공유경제의 특성에 더 어울리고, 더 적합한 규제적 접근법이라는 사실이다. 섹션 Ⅳ에서는 공유경제에 대한 규제의 과정에서 규제권자가 이 글에서 기술하는 신지배구조론적 접근법을 취하였을 때 나타날 수 있는 단점을 짚어 본다.

I. 공유경제의 변화무쌍성과 실험성

공유경제 기업의 가장 두드러지는 특징은 변화무쌍성일 것이다. 즉 그들은 항상 진화하고 있고, 여러 요소에 대응하여 신속하게 변화하고 있다. 기술은 공유경제 기업이 지금까지 적용해 온 가장 두드러진 외생적 요소인데, 이들이 기술에 잘 적응해 왔음은 이미 확인되었다. 실제로 기술은 단순히 공유경제 기업의 진화를 이끌어 온 요소에 불과한 것이 아니라, 공유경제 기업을 탄생시킨 존재이다. 인터넷과 모바일 기술의 결합이 있었기에, 공유경제 플랫폼이 존재하게 되었다. 이베이와 에치(Etsy)는 인터넷과 더불어 등장하여 사용자의 접속수단에 따라 반응하는 사이트를 운영하고 있는데, 이동 중에도 전자상거래를 할 수 있도록 모바일 앱까지도 갖추고 있다. 길거리에 서서 손바닥의 스마트폰으로 차량을 부를 수 있게 해주는 모바일 기술로 번창하고 있는 기업이 우버이다. 공유경제 기업은 단순히 기술을 적극 받아들인 것에 그치지 아니하고, 기술을 이용하여 산업 전반에 걸쳐 교란을 일으킨 것으로 보인다. 클레이튼 크리스텐슨이 교란적 혁신 이론에서 설파한 바와 같이, 기술을 적극 활용한 공유경제 기업은 소비자의 욕구에 부합한 제품과 서비스를 제공하면서 물품과 서비스의 인기와 접근성을 높였을 뿐만 아니라 가격도 많이 저렴하게 만들었다.[6]

---

5 Jaime Alison Lee, "Can You Hear Me Now?": Making Participatory Governance Work for the Poor(이제 제 목소리가 들리나요? 참여적 지배구조론이 빈자를 위하여 작동하도록 만들기), 7 Harv. L. & Pol'y Rev. 405, 411 (2013) (citations omitted).

6 Clayton M. Christensen, The Innovator's Dilemma: When New Technologies Cause Great Firms to Fail(혁신가의 딜

공유경제 기업들은 기술 변화에 부응하고 업무시스템에 기술을 도입하였을 뿐만 아니라, 시장 변화에도 적응하여 왔고, 소비자의 욕구에 더 부합한 제품도 제공하여 왔다. 승차공유를 예로 들자면, 도시에 사는 소비자는 차량의 소유에 관심이 덜한데, 우버모델 및 그와 유사한 모델(예, 집카)은 이러한 소비자의 취향에 부응하고 있다. 이들 기업은 소비자의 취향에 맞추어서 자산을 소유하지 않아도 되는 주문형 서비스를 제공한다. 자산을 사용하지 않을 때는 놀리는 상태에 있는데도 소유자는 이를 유지하는 데에 많은 수고와 비용을 지출한다. 소유자는 사용할 때에 대비하여 작동 가능한 상태를 유지하여야 하고, 단순한 주차와 보유 등을 위하여 주차료, 등록비, 보험료 등도 부담하여야 한다.

공유경제 기업이 기술과 시장수요의 변화에 잘 적응한 것 외에도, 규제에도 잘 적응해 온 것으로 증명되었는데, 이로 인한 결과에는 긍정적인 것과 부정적인 것이 있다. 긍정적으로 보자면, 공유경제 기업은 지역마다 다른 규제적 접근에 맞추어서 사업모델을 변화시켜 왔다는 점을 들 수 있다. 특정 지역의 규제권자가 '어떤 공유경제 서비스는 필요하지 않다거나 공유경제 기업이 택한 접근방식이 부당하다'고 결론을 내는 경우에는, 공유경제 기업이 해당 지역이 원하는 서비스만을 제공함으로써 그 지역에 어느 정도의 혁신과 효용을 갖다 줄 수 있을 것이다. 예컨대 우버엑스(UberX)는 저급차량으로 저렴한 승차를 제공하는데, 일부 지역에서는 이러한 형태의 승차서비스를 금지하였다.[7] 이러한 지역의 규제권자는 해당 서비스가 지역에 가져오는 효용에 비하여 기존 업자에 대한 부정적 효과 및 해당 분야에 양질의 서비스를 적절히 제공하는 것을 방해하는 역효과가 더 크다고 판단하였다. 그러므로 규제권자는 자기 지역에서 허용하고 싶은 사업 특성을 선정할 수 있는데, 공유경제 기업은 적응력이 뛰어나므로, 이러한 지역에서 제공하는 사업모델을 변형시킬 수 있다. 공유경제 기업은 서비스의 전면적 금지를 당하지 않기 위하여(확실히 일부 지역에서는 어떤 공유경제 기업을 전면적으로 금지하기도 하였다) 변화무쌍한 공유경제의 특성을 이용하여 각 지역의 요구에 맞도록 사업형태를 구성한다. 이러한 적응력은 공유경제의 장점인데, 적응력이 있기에 공유경제 기업은 지역적 요구에 부응하는 서비스를 제공할 수 있는 것이다.

부정적인 것으로서는, 공유경제 기업의 변화무쌍성으로 인하여 규제를 하기가 어렵게 된다는 점을 들 수 있다. 더구나 일부 주장에 의하면 적어도 공유경제 기업인 우버는 기술의 이용과 변용을 통하여 규제권자를 회피하는 이점을 누리고 있다고 한다. 우버 임원들은 우버가 감시의 대상이 되었다고 파악된 지역에서는 Greyball이라는 프로그램을 가동하는데, 위 프로그램은 컴퓨터 알고리즘을 통하여 규제권자가 언제 서비스를 이용한 승차공유를 하기 위하여 앱에 접속하는지를 알려 주게 되어 있다고 한다. 이 프로그램이 사용된 것으로 의심되는 지역에서는 규제권자가 우버 서비스를 제한하거나 전면적으로 금지하는 것을 검토하면서 우버를 주요 관찰 대상으로 두고 있었

레마: 언제 신기술이 거대기업을 쓰러뜨리는가), xv (1997) (기술 변화, 기업 행동, 사업 실패 사이의 상호관계를 설명하고 있다).

7 Uber가 최근 직면하고 있는 규제 문제와 관련해서는 다음을 참조하라. Jon Henley, Uber Clashes with Regulators in Cities around the World(우버가 세계 여러 도시의 규제권자와 충돌하다), The Guardian, Sept. 29, 2017.

다. 만약 행정당국이 사이트에 접속하여 차량을 부른 후 우버에 대한 조치를 취하는 데에 필요한 사실관계와 증거를 수집하려는 것으로 알고리즘상 파악되면, Greyball 프로그램이 개입하여 규제권자가 부르려고 하는 차량을 찾지 못하도록 방해한다.[8] 공유경제 사업모델의 적응력과 변화무쌍성을 이용하여 규제를 회피하거나 서비스 제공방식을 변경함으로써 규제당국의 탐색, 규제 및 감독을 피할 수도 있게 되는 것이다.

공유경제 기업의 특성인 적응력과 유연성을 전통적인 규제 접근법에 대비하여 보면, 전통적 접근법이 공유경제 사업모델을 다루는 데에는 그리 적합하지 않다는 점이 보일 것이다. 무엇보다도, 전통적 규제형태는 본질적으로 정적이며, 변화에 대한 반응이 느리다. 전통적인 방식을 이용하여 감독 및 규제체제를 만드는 경우, 의원들은 회의를 거쳐 법을 만들어야 하고, 행정기관은 심의절차를 거쳐 규정을 제정하여야 한다. 이러한 입법절차와 규정 제정 절차는 자주 까다롭고 완료에 시간이 걸리고, 기존업자에게 휘둘릴 수도 있다. 이러한 절차는 '한 시점의 동결'(frozen in time)이라는 현상을 가져오는데, 이 말은 법률이나 규정이 한번 통과되거나 채택되면 일정한 내용으로 고정되어 동일한 절차를 처음부터 다시 시작하지 않으면 고칠 수 없다는 점을 의미한다. 이들은 정적인 규제형태로서 당시의 상황을 다루기 위해 고안된 것이 보통인데, 완전히 법률을 제정하거나 규칙을 발령하는 절차를 새로 시작하지 않은 상태에서 변화된 상황에 적응하기가 쉽지 않다. 전통적 형태의 법률과 규제는 '경성법'(hard law)으로 알려져 있기도 한데, 이는 명령과 통제의 고정된 방식으로서 금지되는 행위와 허용되는 행위를 상세히 규율하는 엄격한 규칙을 담고 있다는 특성이 있다. 이와 대비되는 것으로서는 규제대상 영역에서 피규제자에게 행위의 준칙에 관한 일반적 지침이 제공되도록 일정한 기준만을 정하는 방식이 있다. 이와 같은 경성규칙의 내용을 정하는 것은 보통 쉽지 않은데, 특히 변화가 진행 중인 상황에서 그러하다. 또한 준수하기도 쉽지 않은데, 특히 혁신이 발생하여 규제대상이 진화하는 경우에 그러하다. 규제대상이 진화하는 상황에서, 향후 모습을 예상하여 미리 경성규칙을 만드는 일은 입법자와 규제권자 모두에게 쉽지 않은 일이다. 그렇기 때문에 변화무쌍한 공유경제 모델에는 규제적 감독의 전통적인 방식은 적합하지 않을 것이다.

전통적 규제 접근법 대신에 공유경제에 대한 감독을 제공할 대안은 있는가? 신지배구조론이 공유경제 사업모델과 동일한 성질을 많이 공유하고 있는 것으로 보인다. 신지배구조론적 접근법에는 유연성, 반응성, 적응성이 있다. 이들은 경성법에 대비되는 연성법의 개념을 포섭하고 있어서, 일반적 지침이 되는 기준을 제시한다. 이는 엄격하고 강고한 규칙을 제시하는 경우와 대비되는 것인데, 엄격하고 강고한 규칙은 특정 영역에서 발생할 모든 상황과 활동을 예상한 후 미리 정해진 시나리오에 따라 그 분야에서 취할 행동에 대한 상세한 지침을 제공하려고 한다. 그러므로 현재 공유경제 기업이 활동하고 있는 영역을 다루는 데에는 신지배구조론적 접근법이 매우 적합한 것으로 보인다.

공유경제 모델과 신지배구조론적 접근법은 분명히 서로 잘 어울리는 관계이다. 적어도 공유경

---

8 Mike Isaac, How Uber Deceives Authorities Worldwide(우버는 어떻게 세계의 규제당국을 속이는가), N.Y. Times, Mar. 3, 2017, www.nytimes.com/2017/03/03/technology/uber-greyball-program-evade-authorities.html.

제 기업의 적응능력과 신지배구조론적 접근법은 서로 잘 어울린다. 이것이 사실이라면 이렇게 명백한 관계가 공유경제 규제의 방법론이 채택하여야 할 특성으로서 제안할 만한 것은 무엇일까? 신지배구조론에서는 규칙보다는 기준을, 경성법보다는 연성법을 선호한다. 그래서 기술, 고객의 요구, 지역사회의 선호도가 새롭게 바뀜에 따라 끊임없이 진화하는 경제적 현상에는 기준 중심의 규제를 적용하여 원리를 폭넓게 정한 후 준수를 요구하는 것이 더 적합할 것이다. 규제영역에서 발생할 수 있는 모든 상황을 예상하여 그에 대한 규제대상의 행동방식에 대한 지침을 제공하는 방식은 적합하지 않다. 규제대상이 변하면 규제방식도 같이 변해야 한다.[9]

유사하게도, 공유경제 플랫폼의 핵심 기능 중 하나는 그것이 정보의 전달로로 작동하는 것이다. 플랫폼은 주문형 방식으로 서비스와 그 소비자를 연결해 준다. 소비자가 이용가능한 서비스에 대한 정보를 많이 가지면 가질수록, 소비자는 시장에서 제공된 서비스 중 자신에게 맞는 것을 더 잘 찾을 수 있다. 그러므로 공시 기반의 규제적 접근법(이는 신지배구조론이 실현하려는 접근법이다)은 공유경제 내 행위자에 대하여 소비자가 보유한 정보를 취합하는 데 매우 적합한 것으로 보인다. 유명한 공유경제 플랫폼은 대부분 평가시스템이라는 공시제도를 이용하는데, 이를 통하여 플랫폼상 제공자의 신뢰도에 대한 소비자 정보를 제공하고 있다. 규제권자는 공시제도를 받아들여 평가시스템에서 일정한 역할을 할 수 있는데, 평가내용을 점검하거나 제3자의 관리하에 둠으로써 플랫폼, 생산자, 소비자가 평가를 왜곡하지 않게 할 수 있을 것이다. 중립적 기관이 '지속가능한 건축의 지침'으로 만들어서 널리 채택된 소위 '친환경 건물 조례'(Green Building Codes)가 이런 현상의 예라고 할 수 있는데, 많은 지역이 이를 채택하여 각 지역의 건축조례에 편입하였다.[10] 신지배구조론 모델은 이러한 방식으로 공시 기반 접근법의 정당성과 신뢰성을 확보함으로써 감독체제를 강화하는 데에 기여할 것이다. 다시 한번 말하자면, 공유경제의 기능에 정보가 여러 면에서 중심적 역할을 하므로, 공시 기반의 체제는 공유경제 시스템의 특성을 가장 잘 반영하는 것으로 될 것이다.

II. 공유경제의 탈중개성 및 민주성

공유경제의 두 번째 주요 요소는 탈중개성이다. 그 결과 공유경제는 참여성을 띠기도 하고, 어떤 면에서는 민주성을 띠기도 한다. 공유경제 주체는 물품과 서비스의 제공자와 수요자가 직접 연결되도록 하여, 소위 '중간자'(middle person)를 완전히 배제하기도 하고, 적어도 중개인의 역할을

---

9 See, e.g., Bradley C. Karkkainen, "New Governance" in Legal Thought and in the World: Some Splitting as Antidote to Overzealous Lumping(법사상과 세계의 신지배구조론: 과도한 획일화에 대한 대책으로서의 약간의 분할), 89 Minn. L. Rev. 474, 474 (2004) (변화하는 상황과 새로운 정보에 대응하는 신지배구조론 모델의 적응적·실험적 측면에 대한 기술을 하고 있다).

10 See Sarah B. Schindler, Following Industry's LEED: Municipal Adoption of Private Green Building Standards(업계의 자율적 기준을 따라가기: 지방정부에 의한 사적 친환경빌딩 기준의 채택, 62 Fla. L. Rev. 285 (2010) (사적으로 고안된 LEED 기준을 설명하고 있다). LEED = Leadership in Energy and Environmental Design.

최소화하여 상업적 거래가 수행되는 단순히 플랫폼으로만 기능하도록 한다. 우버와 에어비앤비가 공유경제의 사례로서 자주 제시되기는 하나, 공유경제 모델의 중심적 특질인 탈중개성의 유형을 보여주는 다른 유사 업체도 있다. 에치는 이러한 플랫폼 서비스의 주요한 사례 중 하나이다. 과거에는 예술가와 장인이 작품을 전시하거나 판매하기 위하여 가게, 소매점, 화랑을 일일이 찾아 다녀야 하였고 상당한 수수료와 이윤을 업체에 지불하여야 했으나, 이제는 에치에 사진을 올려서 판매를 할 수 있는데, 에치에서는 수백만의 잠재적 고객을 접할 수 있고, 전시와 판매를 위해 기존 판매점에 지불했던 수수료의 극히 일부분만을 지불하면 된다. 공유경제에 대한 규제의 많은 부분이 소비자의 수중에서 평가메커니즘으로 수행되기 때문에 탈중개화는 감독 차원에서도 일어난다. 우버 고객이나 에어비앤비 투숙객이 나쁘게 평가하면 제공자의 평판이 훼손되어 고객이 이탈할 수 있으며, 매우 낮은 평가를 받거나 지속적으로 낮은 평가를 받는 제공자는 그 플랫폼에서 활동하는 기회를 완전히 박탈당할 수도 있다. 공유경제 관계에서 규제적 기능은 부분적으로나마 소비자에게 분산되기도 하는데, 이는 규제적 탈중개화의 한 형태를 반영하는 것이다.

거래비용(사업관계의 진행 과정에서 증가하는 마찰력이라고 할 수 있다)의 절감 외에도 공유경제에서 이용되는 탈중개화는 민주적 성격도 있는데, 민주적 성격은 공유경제로 진입하는 출입문의 통제 여부와 관련된 문제이다. 대부분의 경우 공유경제 플랫폼의 제공자와 소비자에 대한 진입장벽은 매우 낮다. 이렇게 낮은 진입장벽이 있으므로, 제공자는 별다른 제약 없이 플랫폼에 진입하여 물품과 서비스를 제공하고, 소비자는 별다른 거래비용을 들이지 아니하고 제공자에게 접근할 수 있다. 전형적으로 소비자의 거래비용이란 신뢰할 만한 사업파트너를 찾거나 확보하는 데에 드는 비용을 말한다. 플랫폼은 사회적 자본의 중개자로서 플랫폼에 대한 신뢰를 통하여 사업관계를 촉진하는바, 전통적으로는 면허제도 등 소비자 보호장치들이 신뢰를 창출하여 왔으나, 플랫폼이 이러한 보호장치를 대체하거나 신뢰 자체를 대신 제공하게 되었다.

공유경제의 이러한 민주적·참여적 성격은 소비자 보호를 증진하는 법의 역할에 관련되어 있다. 공유경제 네트워크에 내재된 신뢰는 사회적 자본의 개념과 유사하지만, 이는 만들어진 사회적 자본이고, 노조회의실 혹은 로버트 퍼트남이 말한 길거리 파티(block parties)에서 생성된 것이 아니라 인터넷과 모바일 기술의 '비트'와 '바이트'에서 생성된 것이다.[11] 실제로 사회적 자본은 사회적 네트워크와 이와 관련된 상호성 및 신뢰성 규범에서 전통적으로 발견된다.[12] 로널드 코스는 거래비용이 사업파트너 찾기, 정보 수집, 협상, 감시에서 발생한다고 보았는데,[13] 사회적 자본은 일반적으로 이러한 거래비용을 전반적으로 줄이는 데에 도움이 된다. 사회적 자본 네트워크에서와 마

---

11 Robert D. Putnam, Bowling Alone: The Collapse and Revival of American Community(혼자서 볼링하기: 미국 지역공동체의 몰락과 부활) (2000); see also James S. Coleman, Social Capital in the Creation of Human Capital(인간 자본을 창조하는 사회적 자본), 94 Am. J. Soc. S95–S120 (1988).

12 Robert D. Putnam, E Pluribus Unum: Diversity and Community in the 21st Century: The 2006 Johan Skytte Prize Lecture(여럿으로 이루어진 하나: 21세기의 다양성과 지역공동체: 2006년 Johan Skytte상 수상 기념 강연), 30 Scandinavian Pol. Stud. 137, 137 (2007).

13 R. H. Coase, The Nature of the Firm(기업의 본성), 4 ECONOMICA 386, 390–92 (1937).

찬가지로 공유경제 사업모델에서도 사업적 기능이 좀더 쉽게 가동되도록 만들어진다. 위와 같이 만들어진 사회적 자본은 공유경제에 뿌리를 내려 P2P 거래를 원활하게 만들어 주고, 전통적 시장 거래에 존재하는 규제와 감독의 대체물로서 작동한다. 그렇게 만들어진 사회적 자본이 신뢰를 오도하는지, 보호와 안전에 대한 환상을 심어주는지 여부는 별개의 문제이다. 네트워크가 만들어낸 사회적 자본이 신뢰로 이어진 것인데, 현재로서는 공유경제 거래에서 신뢰의 존재는 명백히 확인되는바, 신뢰가 있음으로 해서 전통적인 규제가 없이도 공유경제 거래는 원활하게 돌아가는 것이다. 그러나 공유경제 모델은 신뢰에 의존하여 참여를 원활하게 하는 것과 비슷하게 신뢰에 의존하여 법을 대체하거나 몰아내고 있다.[14]

공유경제에서 탈중개가 발생하는 여러 형태를 살펴보면, 우리가 공유경제 플랫폼을 규제하는 방식과 관련하여 배울 점이 있다. 사실 시장거래에서 전형적으로 나타나는 전통적인 규제와 감독의 형태는 공유경제의 탈중개적 · 민주적 기능, 신뢰의 역할에는 별 의미가 없다. 민주적 절차로 입법이 이루어진다고 희망하기는 하지만, 통상의 소비자가 그 과정에서 하는 역할은 거의 없다. 규칙 제정 절차는 훨씬 덜 민주적이다. 전통적인 법률 및 규제체제에서는 법이 공고와 의견수렴 절차를 요구한다고 하더라도, 규칙 제정의 주도권을 가진 자, 내부자, 상시적 참여자가 입법 및 규칙제정 절차를 장악하기 쉽고, 보통의 소비자가 의미 있는 역할을 할 여지는 별로 없다. 전통적인 지휘통제 방식의 감독은 탈중개성과 직접적으로 대비된다. 사실 이러한 감독체제에서는 규제권자가 규제대상과 소비자 사이에 깊숙이 개입하여 거래상 상당한 마찰력을 야기하는데, 그렇게 되면 거래비용이 증가하여 거래가격 및 소비자의 최종 비용도 증가한다. 규제권자가 부과하는 비용의 한 예로서, 진입장벽(교육, 면허, 감독을 요구하기도 한다)을 들 수 있는데, 진입장벽은 해당 물품과 서비스에 상당한 비용을 가중할 수도 있다. 이러한 현상을 설명하기 위해 법조 직역을 예로 들자면, 법률교육을 받고 자격을 유지하는 데에 들어가는 비용은 법률 서비스를 제공하려는 자에게 상당한 비용을 부담시켜서, 그러한 비용은 법률 서비스 비용을 높이는 데에 작용하고, 그에 따라 많은 사람들이 비용 문제로 법률대리인을 이용하지 못한 채 법률 문제를 해결하려고 하게 된다.

법조 직역과 대부분의 공유경제 모델을 비교하여 보라. 공유경제가 가진 장점의 하나는 공유경제 플랫폼에서 제공되는 물품과 서비스의 가격이 전통적 경제에서 제공되는 것에 비하여 믿을 수 없을 정도로 경쟁력이 있다는 점이다. 에어비앤비 숙박주는 숙박업계의 다른 경쟁자에 비하여 규제를 거의 받지 않는다. 그들은 호텔업자보다 훨씬 적은 비용을 받고도 비슷한 서비스를 제공하거나 소비자가 보기에 그런대로 괜찮다고 생각되는 서비스를 제공한다. 진입장벽을 부과하거나 사업비용을 증가시키는 유사한 법적 통제를 부과함으로써 비용절감 부분을 제거한다면, 공유경제 기업은 경쟁력을 상실할 것이다. 전통적 제공자들은 그렇게 되는 것을 반길 것이지만, 소비자와 제공자는 공유경제 플랫폼이 제공하는 귀중한 이점을 많이 박탈당할 것이다.

---

14 법이 신뢰를 몰아낼 가능성에 대하여는 다음을 참조하라. See Larry E. Ribstein, Law v. Trust(법과 신뢰의 대립), 81 B.U. L. Rev. 553, 581-82 (2001).

공유경제의 탈중개성을 감안하면 신지배구조론적 접근법이 같은 속성을 갖고 있으므로 경쟁력과 이점을 유지하면서도 공유경제를 규제할 전략을 제공할 수 있을 것이다. 신지배구조 이론가들이 받아들인 핵심 전략 중의 하나가 자율규제이다.[15] 자율규제는 참여적이면서도 민주적인 탈중개적 규제의 한 형태이다. 자율규제는 또한 신뢰를 배양할 수도 있다. 영역에 따라 공유경제에서 나타날 수 있는 자율규제의 형태로서, 제공자가 혹은 어느 정도는 소비자도 각 준수하여야 할 행위준칙(code of conduct)이 있을 수 있다. 행위준칙은 군중모집방식으로(crowdsourced) 만들어질 수 있다. 즉 공유경제 플랫폼의 운영자, 제공자, 소비자가 참여적 방식으로 형성할 수 있다.[16] 행위준칙에서는 제공자와 소비자의 행동에 지침을 제공하는 기준을 정하여야 하고, 어느 정도의 소비자 보호를 제공할 만큼은 충분하도록 최소한의 진입장벽은 있어야 하나, 진입장벽이나 그로 인한 비용이 지나쳐서 능력 있는 제공자를 쫓아낼 정도가 되어서는 안 된다. 자율규제적 행위준칙은 제공자와 소비자가 축적하면 공유경제 참여자가 받아들이게 되는데, 그리하면 공유경제에 신뢰를 불어넣는 방식이 되고, 공유경제 플랫폼의 필수 요소인 신뢰를 갉아먹지는 않는다. 신뢰성을 창출하는 행위준칙을 따르는 데에 동의한다고 표시하면, 믿을 만하다는 신호가 처음부터 존재하게 된다. 연구에 의하면 동의한다는 표시를 하는 사람이 나중에 더욱 믿을 만한 사람이 되는 경향이 있다고 한다.[17] 따라서 공유경제의 행위자가 행위준칙의 작성에 참여하고 이를 따르겠다고 동의함으로써, 공유경제가 작동하도록 하는 데에 필요한 신뢰를 배양할 수 있을 것이며, 또한 규제와 그에 수반되는 거래비용이 공유경제가 제공하는 이점을 소멸시키지 않게 할 것이다. 제공되는 이점으로는 공유경제에서 많은 물품 및 서비스가 낮은 비용으로 제공되는 면뿐 아니라, 공유경제 플랫폼의 민주적·참가적·탈중개적 면도 있다. 후자는 그 자체로서 공유경제의 추가적 이점이기도 하다.

유사하게, 신지배구조론이 자주 채택하는 연성적 접근법의 하나로서 보험제도가 있는데, 보험은 자발적 행위준칙의 최소한으로서 기능한다. 일부 공유경제 플랫폼의 보험제도 현황을 보면, 승차공유 서비스와 같은 경우에는 기존 법률에 의하여, 에어비앤비와 같은 경우에는 내부적 요건에 의하여 보험이 제공된다. 서비스 제공자는 P2P 네트워크에서 물품과 서비스를 제공하는 경우에 보험제도를 통하여 소비자가 입게 될지 모를 피해의 배상을 보장하여야 한다. 공유경제 플랫폼은 행위준칙에서 보험가입을 요구할 수도 있다. 즉 행위준칙은 행위준칙의 준수 요건으로서 제공자가 소비자에게 보장책을 제공함에 있어 보험을 보유하여야 한다고 규정할 수 있다. 다른 보험

---

15 자율규제와 관련된 논의로는 다음을 참조하라. See Jason M. Solomon, New Governance, Preemptive Self-Regulation and the Blurring of Boundaries in Regulatory Theory and Practice(신지배구조론, 우선적 자율규제, 규제이론과 실무에서 바라본 경계선의 흐려짐), 2010 Wis. L. Rev. 591 (2010).

16 이것은 각주 1에서 보와 같이 Dorf와 Sabel이 주창한 민주적 실험주의의 개념에 상응한다. 여러 상황에서 군중모집 통제수단이 규제보다 우월하다는 주장에 관하여는 다음을 참조하라. See Richard Epstein, The Political Economy of Crowdsourcing: Markets for Labor, Rewards, and Securities(군중모집의 정치경제학: 노동시장, 프로젝트모금시장, 증권시장의 경우), 82 U. Chi. L. Rev. Dialogue 35 (2015).

17 See e.g., Nina Mazar, On Amir, and Dan Ariely, The Dishonesty of Honest People: A Theory of Self-Concept Maintenance(정직한 사람들의 부정직성: 자아관념유지 이론), 45 J. Marketing Res. 633(2008) (실험대상이 행동준칙에 동의하도록 요청받은 경우에 부정행위를 적게 한다는 것을 보여준다).

의 형태와 마찬가지로 특정 제공자는 기왕의 신뢰성 이력에 따른 합리적인 보험요율로 보험을 유지할 수 있을 것이다. 플랫폼이 제공자에게 보험을 강요하지 않고 싶은 경우라도, 공시메커니즘을 통하여 보험 유무를 잠재적 소비자에게 명백히 밝히도록 할 수는 있을 것이다. 이러한 공시만으로도 소비자에게 동시에 여러 신호를 보낼 수 있다. 첫째, 거래에서 소비자가 손해를 입었을 때 일정한 보호가 제공된다는 점을 알려 준다. 둘째, 제공자가 어느 정도 신뢰할 만하다는 점을 알려 주기도 한다. 즉 공급자가 소비자에게 보험을 제공하려 하는 만큼 신뢰할 수 있다는 것이다. 이렇게 하는 것이 일종의 '신뢰의 첫걸음'이라고 할 것인데, 인간의 협력행위에 대한 연구에 의하면, 신뢰를 부양하고 협력관계를 조장하는 데에는 이러한 첫걸음이 있어야 한다고 한다.[18]

III. 공유경제의 탈중앙화성

공유경제에는 변화무쌍성, 탈중개성 외에도 탈중앙화성이라는 특징이 있다. 앞의 두 요소는 '공유경제가 여전히 진화 및 확산 중이며, 상호작용의 가장 낮은 단계에서 이루어지는 두 당사자 사이의 단순한 관계(직접적인 P2P 거래)에 해당된다'는 사실을 가리키는데, 탈중앙화는 여러 면에서 이 두 가지 요소의 산물이다. 이는 전국 단위에서 지역 단위로, 다시 초지역 단위로 분산되는 것을 말한다. 모든 거래에서, 대부분의 거래로, 다시 하나의 거래로 초점이 이동한다. 공유경제의 변화무쌍성 및 탈중개성 덕분에 초지역적 시장(궁극적으로는 소비자 1인의 시장이 된다)의 개별적 취향과 수요를 충족하도록 공급을 재단하고, 맞춰가고, 미세하게 조정하는 것이 가능하게 된다. 이러한 거래에서 얻은 데이터, 즉 초지역적 취향과 선호도가 무엇인지 및 그것들을 취합했을 때 특정 시장 혹은 전체 시장의 취향과 선호도가 어떻게 나타날 것인지에 관한 정보는 공유경제 플랫폼을 통해 궁극적으로 어떤 서비스를 제공할 것인지를 결정하는 데에 도움이 된다. 초지역적, 전국적, 국제적 시장에서 물품과 서비스를 제공하는 플랫폼의 진화와 실험이 탈중앙화와 정보의 집적을 통하여 진행된다.

탈중앙화성과 실험성(이들은 P2P 네트워크의 결과물이기도 하고 변화무쌍성의 원인이 되기도 한다)은 공유경제를 규제하려는 자에게 커다란 도전을 창출한다. 그러나 동시에 이러한 특성은 공유경제의 작동을 감독하는 데 주요한 역할을 할 기회를 지역 규제권자에게 제공하기도 한다. 규제에 대한 신지배구조론적 접근법은 지역적 감독과 실험성을 결합시킬 수 있으므로, 공유경제의 탈중앙화와 잘 어울린다.

규제의 전통적 형태는 그 특성상 보통 중앙집권적 정부 시스템에서 유래하여, 모든 지역에 획일적인 적용을 시도하고, 변화에 저항적이고, 새 정보를 무시하고, 실험을 꺼리는데, 이와 달리 신

---

18 Carol M. Rose, Trust in the Mirror of Betrayal(배신의 거울에 비친 신뢰), 73 B.U. L. Rev. 531, 531 (1995). See also Robert Axelrod, The Evolution of Cooperation(협력행위의 진화) 13 (1984).

지배구조론적 접근법은 탈중앙화에서도 공유경제를 닮아 간다. 신지배구조론적 접근법은 그 특성상 지역적 실험을 권장하고, 확산적이고, 탈중앙화적이며, 지역 수요에 맞게 규제를 미세하게 조정하는 것을 권유하고, 무엇이 효과가 있는지를 알아보기 위해 실험에서 정보를 획득하고, 규제 실험에서 얻은 교훈을 이용하여 더 큰 규모의 규제를 위한 신전략 수립에 노력한다.

위에서 본 바와 같이 이러한 실험에서는 플랫폼, 제공자, 소비자, 규제권자의 각 대표자들이 대화해야 한다. 이러한 방법은 연성법적 접근성을 선호하는데, 이는 자율규제적 행정준칙이 보험제도에 의하여 뒷받침되는 상황과 유사하다(뒤에서 보는 바와 같이 법원도 비슷한 기능을 한다). 행동준칙은 지역공동체의 독특한 수요에 맞게 형성될 수 있을 것이다. 만약 행동준칙을 협상하는 것이 너무 힘들게 되면, 이해단체들이 협업하여 모범 준칙을 만들고, 이 준칙을 토대로 다시 지역적 수요에 맞추거나, 해당 지역의 기대와 이익을 반영한 보완을 할 수 있을 것이다. 이러한 실험에서는 정보의 순환구조가 만들어져 행동준칙을 채택하려는 지역에 피드백을 제공할 수 있을 것이고, 모범 준칙의 수정안과 개정안이 만들어진 후 지역 단위에서 추가로 다듬어지거나 채택될 수 있을 것이다. 이렇게 하다 보면 플랫폼 공급자들이 세계의 수백수천의 지역과 협상을 해야 하므로 막대한 거래비용이 유발되겠지만, 공유경제에서와 마찬가지로 이러한 절차의 결과로서 확산되고 분산된 규제체제가 만들어져서, 지역 시장의 이해와 수요를 반영하고, 혁신·실험·학습 및 최종적으로는 신뢰를 촉발하게 될 것이다. 이렇게 하여 규제체제가 지역 시장에 맞추어져 있다는 신뢰 및 공유경제 플랫폼과 제공자가 지역적 요구를 인식하고 존중한다는 신뢰가 형성된다.[19]

Ⅳ. 공유경제에 대한 신지배구조론적 접근법의 예상되는 단점

위에서 본 바와 같이 신지배구조론적 접근법은 공유경제와 마찬가지로 가변적이고 참여적이며 탈중앙화되어 있다. 신지배구조론적 접근법은 공유경제의 형태와 특성에 부합하는 것으로 보이기 때문에 공유경제의 규제에 대한 유용한 전략을 제공할 수 있을 것이다. 신뢰, 자율규제, 실험에 기반하여 구축된 모델인 신지배구조론 모델에는 잠재적 문제점도 확실히 있다. 이러한 문제점은 규칙이 충분히 강력하지 못하여 지대추구와 약탈적 행위를 막지 못한 경우에 가장 두드러지게 나타난다. 이 섹션에서는 신지배구조론적 접근법이 공유경제의 규제 임무를 수행하려고 할 때 명백히 드러나는 잠재적 단점이 제기하는 몇 가지 문제점을 검토하고자 한다.

나타날 수 있는 첫 문제는 신지배구조론적 접근법이 특히 자율규제적 측면에서 남용적 행위와 부적절한 행위에 대한 통제장치로서 작용할 만큼 충분히 강력한가 여부이다. 승차공유 서비스

---

19 규제에 대한 신뢰의 증가를 가져오는 신지배구조론적 접근법에 대한 논의는 다음을 참조하라. See Orly Lobel, Interlocking Regulatory and Industrial Relations: The Governance of Workplace Safety(규제와 산업의 밀착 관계: 작업장 안전에 대한 관리), 57 Admin. L. Rev. 1071 (2005) (작업장 안전에 관한 규제의 협동적 접근법을 기술하고 있다).

에서의 차별행위이건 숙박공유 서비스에서의 성적으로 부적절한 행동이건 자율규제가 그러한 행위를 단속하는 데에 충분하다는 생각은 좋게 보면 기이한 것이고, 나쁘게 보면 위험하고 순진한 것이다. 실제로 모든 자율규제에 불법적·차별적 행위를 시정하는 해결책이 있어야 한다. 그러한 행위가 처벌되는 공식적 법원에 대한 접근권은 자율규제에 대한 주요한 보충장치로서 기능할 것이다. 법조 직역을 보면, 규제에 대한 신지배구조론적 접근법의 특징이 나타난다는 점을 앞에서 제기하였는바,[20] 일정한 수준까지는 자율규제가 행위를 규제할 수 있다. 하지만 변호사가 고객에 대한 주의의무를 위반하거나 계약을 위반한 경우, 고객은 법원에 호소하여 불법행위 손해배상 청구를 하거나 계약위반에 따른 청구를 할 수 있다. 공유경제에 대한 감독도 동일한 방식으로 이루어질 수 있다. 먼저 공유경제에 대하여 가벼운 감독과 규제를 하고, 제공자가 소비자에 대한 의무를 중대하게 위반한 것으로 밝혀진 경우에는 강력한 감독으로 보완하는 것이다. 이러한 혼합적·탄력적 접근법은 '반응적 규제'의 개념으로 이어지는데, 이는 신지배구조론적 접근법과 상통하는 개념이다.[21]

자율규제를 이용하는 경우에서 대체적으로 이러한 강력한 감독장치가 주요한 역할을 하도록 보장하기 위해서는, 공유경제 플랫폼이 중재에 분쟁을 회부하는 권리를 갖지 못하도록 하여야 한다. 중재절차는 통상 대중의 눈을 피해서 어둠 속에서 분쟁을 해결하는 형태로서 매우 취약한 방식이다. 사법적 분쟁해결 절차의 주요한 기능 중의 하나로서 '규범을 정립하고 그 규범을 공동체에 알리는 것'이 있다.[22] 일반적으로 중재절차는 덜 공식적이고 더 참여적인 절차로서 신지배구조론적 접근법과 어울린다고 할 수는 있다. 특히 공유경제 플랫폼에서 분쟁해결 절차로서 선호되어 왔다. 하지만 신지배구조론적 접근법이 자율규제 행위준칙을 통하여 협동규범을 정립하고 있는 상황에서, 규제체제는 그러한 규범의 중대한 위반행위를 단속하도록 강고한 분쟁해결 메커니즘을 필요로 하는데, 중재절차를 이용하게 되면 그러한 분쟁해결 메커니즘이 소용없게 된다. 결국 중재절차는 공유경제의 신지배구조론적 체제에서 요구되는 기능을 제대로 하지 못하게 될 것이어서 분쟁해결 수단으로서는 배척되어야 한다.

분산된, 탈중앙화된 규제에 대한 또 다른 우려 사항은 '공유경제 플랫폼과 같이 돈이 많은 주체들은 충분한 자원을 갖고 있으므로, 규모의 경제를 활용하고 경제력을 동원하면 지역 단위의 규제권자를 압도하여 원하는 대로 규제의 내용을 정할 수 있다'는 점이다. 아무리 정직한 공무원이 공유경제의 남용적 행위를 억제하려고 해도 공유경제의 거대기업에 효과적으로 대항하는 데 필요한 자원이 없는 형편인 것이다. 탈중앙화가 반드시 탈규제를 의미하는 것은 아니다. 각 지역의 규제권자들은 서로 대화와 협동을 통하여 자율규제 행위준칙의 적정한 내용을 모색하고, 각 지역에

---

20 Raymond H. Brescia, Regulating the Sharing Economy: New and Old Insights into an Oversight Regime for the Peer-to-Peer Economy(공유경제의 규제: P2P경제의 감독체제에 대한 신구의 통찰력), 95 Neb. L. Rev. 87 (2016).

21 Ayres and Braithwaite, supra note 1.

22 비사법적 분쟁해결 절차에 관하여는 다음을 참조하라. See Owen Fiss, Against Settlement(조정절차 반대론), 93 Yale L.J. 1073 (1984).

맞게 준칙을 미세조정할 수 있을 것이다. 여러 지역이 함께 규제를 조율할 수 있다. 분산화와 지역별 통제를 한다고 하여 협력을 포기하라는 것은 아니다. 실제로 지역별로 분산을 하는 목적의 하나는 지역별로 실험을 하여 효과가 있고 유용한 대응책을 찾는 것이다. 이러한 효과와 대응책은 여러 지역의 각 기관이 학습의 자료로 삼을 수 있고, 효과적 접근법의 사례는 다른 지역에 전파되고 공유되어 확산될 수 있다. 다만 이러한 접근법도 지역의 요구를 반영하도록 재조정되기는 하여야 한다. 이러한 종류의 대화와 참여적 절차는 신지배구조론적 접근법에 부응하는데, 이로써 일관되고 지역별 맞춤이 이루어진 규제 접근법을 찾아가는 길을 안내받을 수 있을 것이다. 위와 같은 규제 접근법은 특정 공유경제 플랫폼이 누리는 정치적 영향력과 시장지배력을 상쇄하면서도 지역별 규제권자에게 부담이 과도하거나 감당할 수 없을 정도가 되지 않는 방식으로 개발되어야 한다.

자율규제 접근법의 또 다른 우려 사항은 '자율규제가 엄격한 편인 규제를 밀어낼 수 있다'는 점이다. 공유경제에 대한 모든 자율규제는 진정으로 소비자에 대한 보호를 제공할 수 있어야 하는데, 그 보호는 규제권자 혹은 소비자(규제의 제3수혜자)가 기대한 수준은 되어야 한다. 그렇지 않다면 자율규제는 제 기능을 하지 못하는 것이 되므로, 규제권자로서는 자율규제가 약탈적, 차별적, 남용적 행위에 대한 주요 방어선으로 기능하도록 허용하지 않을 것이다. 공유경제 플랫폼으로서는 선행적으로 이러한 문제를 다루면서 자율규제적 접근법의 채택을 제안하는 것이 유리할 것이다. 그들이 더 부담스러운 요건의 부과를 피하는 수단으로서 그렇게 할 가능성은 있다고 본다. 사실 공유경제가 자율규제를 받아들이는 주 목적의 하나가 바로 그것이다. 이 순간 공유경제는 자율규제를 자발적으로 채택하지 않고서는 광범위한 규제를 피할 수 없다는 점을 잘 알고 있다. 적어도 규제적 감독에서 일반적으로 기대되는 정도의 소비자 보호를 자율규제가 제대로 제공하지 못하는 점이 확인되기 전까지는 외부 규제를 막을 수 있을 것이다.

규칙보다는 기준을 중시하는 자율규제에 대하여 제기하는 또 다른 비판은 '적어도 일부 제공자는 직업적 제공자가 아니어서 관련 물품이나 서비스의 제공에 대한 전문적 훈련을 받기 어려우므로, 그들이 공유경제에 제공자로서 참여할 때 준수할 만한 명백한 지침(즉 규칙)을 선호할 수 있다'는 것이다. 그들은 초심자이므로 공유경제 플랫폼에서 물품이나 서비스를 제공하는 방식을 정확히 정해 놓은 엄격한 규정을 원할 수도 있다. 여기에 대하여는 나는 두 가지 응답을 줄 수 있다. 첫째, 제공자 혹은 잠재적 제공자가 공유경제 플랫폼이 제공하는 지침의 현 수준(최소한의 지침만이 있거나 제공자의 진입장벽이 매우 낮은 상태)에 불안감을 느끼는 것이 사실이라면, '잠재적 제공자는 플랫폼에서 물품이나 서비스를 제공하는 방식에 대한 지침이 더 많아야 한다고 생각하는 것 때문에 플랫폼에 진입하지는 않고 있다'는 연구결과가 이미 있을 것이다. 내 직관상으로는 제공자가 그런 상태에 있다고 보이지는 않으며, 내가 알기에 그런 연구결과도 없다. 실제로 과감한 제공자는 과도한 요건 혹은 지침을 부과하지 않는 시스템을 더 선호하면서 낮은 진입장벽을 적극 활용할 가능성이 높다. 제공자가 지침을 요구한다고 하더라도, 자율규제 행위준칙이 어느 정도는 지시와 정보를 제공자에게 제공한다. 시장진입 방법을 알고자 하는 초보 제공자에게는 플랫폼이 자체적으로 추가적 조력을 제공할 수도 있다. 실제로 이미 에어비앤비는 숙박주에게 어느 정도의 지침을 제공하고 있다. 에어비앤비가 '어떻게 숙박을 제공하느냐는 당신에게 달려 있다'라고 하면서 제공자에게 기준을 거의 제공하지 않고 있지만, 다음과 같은 부드러운 제안은 하고 있다. "대부분의 숙박주는 손님이 사용하는 공간을 청결하게 유지하며 깨끗한 침구·수건·화장지를 제공합니다."[23]

둘째, 낮은 진입장벽의 이점 중 하나는 '거래비용을 낮게 해준다'는 것이다. 제공자가 특별한 교육, 면허를 받아야 한다거나 특정한 방식으로 물품이나 서비스를 제공하여야 한다는 등의 요건이 거의 없다. 공유경제 플랫폼에서 제공자가 되는 절차에 거의 마찰이 없다는 점은 장래의 제공자가 플랫폼에 물품과 서비스를 제공하는 데에 참여하도록 유인하는 주요 특징일 것이다. 만약 엄격한 요건이 부과된다면, 거래비용이 늘어나고 진입장벽은 올라가고 소비자의 비용도 증가하여, 제공자는 플랫폼에 참여하기를 꺼리게 될 것이다. 달리 말하면, 공유경제 플랫폼이 전통적 제공자에 비하여 갖는 중심적 경쟁상 이점 중 하나를 제거하는 것이 될 것이다. 공유경제가 성공하게 된 이유의 핵심인 이러한 경쟁상 이점이 없어지면, 공유경제 플랫폼이 제공하는 혜택(낮은 비용, 더 나은 접근성)은 사라질 것이고, 공유경제가 혁신과 그 경제적 효용을 제공할 능력도 훼손될 것이다.

결론

이 글에서는 공유경제 플랫폼의 3대 주요 특징으로 변화무쌍성, 탈중개성, 탈중앙화성이 있다는 점을 지적하였다. 그 결과 규제와 정부 감독의 전통적 형태(이는 전형적으로 정적이고, 변화에 느리며, 어떤 면에서는 반민주적이고, 중앙집권화된 것이다)는 효과적인 규제 기능을 발휘하기에 적절하지 아니하여 소비자보호를 제대로 제공하지 못하고, 공유경제에서 제공되는 물품과 서비스의 제공 방식에 관한 혁신을 조장하지도 못하고, 혁신에 제대로 부응하지도 못한다. 반면에 신지배구조론은 일련의 규제적 대응책과 접근법을 제공하는데, 이들이 공유경제의 특성과 더 잘 부합하는 것으로 보인다. 구체적으로 신지배구조론적 전략은 자율규제 모델을 선호하는데, 자율규제 모델에서는 규칙보다는 기준을 제공하고, 사법적 권위로 보강된 자율규제적 행위준칙을 옹호하며, 보험제도의 이용을 촉진하고, 지역별 실험을 권장한다. 이러한 접근법은 공유경제의 본 모습과 더 잘 부응하는 경향을 보이므로, 규제적 방법으로서 소비자 보호의 주요한 목적을 달성하고, 혁신을 조장하며, 경제사회적 효용을 보존하는 데에 더 적합한 규제장치가 될 것이다.

---

23 Earn Money as an AirBnB Host(에어비앤비 숙박주로서 돈을 버세요), Airbnb, www.airbnb.com/host/homes?from_nav = 1.

12

면허체제와 플랫폼 기반 사업 사이의 관계

데렉 맥키*

서언

P2P 플랫폼 기반 사업에 관한 논란의 중심에 면허제도가 있다. 쉬운 예를 들자면, 세계 어느 지역에서도 정부가 발행한 특별면허 없이 택시를 운행하는 것은 불법이다. 우버 및 이와 유사한 교통 서비스 업체들은 보통 그러한 면허 없이 영업을 한다. 호텔 및 단기숙박업소에 대한 면허제도는 택시만큼 흔하지는 않지만, 면허제도가 있는 경우에도 면허절차를 준수하지 않아 에어비앤비를 둘러싸고 많은 논란이 일어나고 있다.

그러한 면허체제는 플랫폼 기반 사업활동에 대한 적절한 규제 형태에 관한 논의를 복잡하게 만들었다. 정책담당자들은 플랫폼 사업활동이 이용자에게 위험을 야기하고 제3자에게 비용을 부담시킬 수 있다는 점을 인식하게 되자, 이 분야에 대한 규제가 필요하다고 결론을 냈다.[1] 하지만 논평가들은 정부가 직접 규제할지 아니면 업체의 자율규제를 권장할지에 대하여 견해를 달리한다. 어떠한 입장을 취하건 면허체제가 이미 존재하고 있으므로, 그러한 논의가 상상 속에서 이루어질 수 없다는 점은 명백하다. 오히려 새로운 형태의 서비스가 어떻게 규제되어야 할 것인지를 결정함에서는 규제당국이 기존 면허체제의 적용 가능성을 고려하여야 한다. 더불어 규제당국은 기존 규제체제를 어떻게 할지도 검토하여야 한다. 즉 기존 규제를 그대로 유지할지, 수정할지 혹은 완전히 폐기할지를 말이다.

P2P 플랫폼을 통하여 제공되는 경제적 활동을 규제하는 방편으로서 면허제도는 분명 매력적이다. 면허제도는 믿을 수 없을 정도로 다기능적인데 여러 목표 달성에 기여한다. 즉 품질 보장, 보건·안전·환경의 보호, 공정한 거래관행과 고용조건의 증진과 같은 목적을 달성하기도 하고, 소모적 경쟁을 막기 위하여 공급을 제한하기도 한다. 또한 면허제도는 극도로 강력하다. 수면허

---

* 나는 이전의 초고에 대하여 논평해준 카트리나 와이먼 및 이 책의 편집자들에게 감사를 드린다. 이 글에 오류가 있다면 그것은 나의 책임이다.

1 각국 정부 및 국제기구들이 발표한 다음의 정책보고서를 참고하라. Protecting Consumers in Peer Platform Markets: Exploring the Issues(P2P 플랫폼 시장에서의 소비자보호: 쟁점의 탐구,) OECD (2016), www.oecd.org/official-documents/publicd isplaydocumentpdf/?cote＝DSTI/CP(2015)4/FINAL&docLanguage＝En; A European Agenda for Collaborative Economy (협업경제를 위한 유럽연합의 안건), European Commission (2016), http://ec.europa.eu/DocsRoom/documents/16881; The "Sharing" Economy: Issues Facing Platforms, Participants & Regulations(공유경제: 플랫폼, 참여자 및 규제당국자들이 직면한 문제들), United States, Federal Trade Commission, www.ftc.gov/system/files/documents/reports/sharing-economy-issues-facing-platforms-participants-regulators-federal-trade-commission-staff/p151200_ftc_staff_report_on_the_sharing_economy.pdf.

자는 여러 조건의 부과를 받을 수 있는데, 만약 그 조건을 위반하는 경우 최종적으로 면허취소의 제재를 받을 수도 있다.

하지만 면허제도에는 어두운 면도 있다. 면허체제의 강력성 그 자체로 인하여 권리와 자유를 중시하는 자유주의적 비판가들은 면허제도에 의심을 품고 있다.[2] 경제학자들은 면허제도에 관련된 비효율성을 지적하였는데, 특히 면허가 시장진입에 장애물이 된다는 사실에 주목하였다.[3] 공공선택이론가들은 효율성, 분배와 정치적 정당성을 종합적으로 고려하여 면허체제에 대하여 날카로운 여러 비판을 쏟아냈다.[4]

그러한 비판은 '공유경제'와 관련된 플랫폼 기반 사업에 대한 논쟁에서 특별한 역할을 해왔다.[5] 새로운 플랫폼과 그 이용자들이 면허제도를 무시하는 상황이라면, 규제당국은 이러한 면허요건을 얼마나 엄격하게 적용할 것인지 결정하여야 한다. 그러한 면허체제가 적정한지 여부에 대한 판단이 묵시적으로 혹은 명시적으로 위와 같은 결정에 영향을 미친다. 실제로 면허제도의 비판자들은 새로운 플랫폼의 출현을 기회로 삼아 기존 면허체제의 해체를 자주 요구하여 왔다.

하지만 현실적으로 보면 플랫폼 기반 사업이 출현한 이후에도 기존의 면허체제가 완전히 해체되는 경우는 거의 없었다. 그 대신에 일부 지역의 규제당국은 이러한 면허제도를 사실상 강화하거나 오히려 수정하여 신구의 사업모델이 공존하도록 해왔다. 캐나다 퀘벡주의 여행객 숙박업 사례에서 위 두 가지 현상이 관찰되는데, 이 부분은 뒤의 섹션 Ⅱ에서 다루고자 한다. 더구나 어떤 지역에서는 규제당국이 새로운 온라인 서비스에 대하여 별도의 병행적 면허제도를 창설하기도 하였는데, 이러한 사례로서는 미국 대부분의 주에서 운송네트워크회사를 합법화한 경우 및 암스테르담과 샌프란시스코와 같은 도시에서 단기 숙박업 등록제도를 마련한 경우가 있다. 이러한 병행적인 면허제도에는 기존 면허제도에서와 같은 확정적인 수량 쿼터가 없지만, 여전히 공급관리 측면의 우려는 존재한다. 이 점은 뒤에서 보는 바와 같이 퀘벡주의 스마트폰 호출 교통서비스에서 사실로 나타난다. 이러한 추세를 보면 기존 면허체제에 존재하는 정책적 우려사항이 완전히 사라지지 않았다는 점을 알 수 있다.

더구나 규제당국이 면허제도를 완전히 폐기한다고 해도, 면허제도와 관련된 문제점이 완전히 제거되지는 않는다. 개별 플랫폼에 의한 자율규제가 기능적으로는 사적 면허체제로서 작동하기 때문이다. 플랫폼은 공적 면허제도가 불필요하다고 주장하는 근거로서 그들이 정부가 하는 방식과 동일하게 서비스 제공자들을 규제할 수 있다는 점을 대체적으로 들고 있다. 하지만 이 점을 시

---

2 See e.g., Charles Reich, The New Property(신재산권), 73 Yale L.J. 733 (1964).

3 See e.g., Shirley Svorny, Licensing, Market Entry Regulation(면허, 시장진입에 대한 규제), in Encyclopedia of Law & Economics, Vol. Ⅲ. The Regulation of Contract 296 (Boudewijn Bouckaert and Gerrt De Geest eds., 2000).

4 See e.g., George J. Stigler, The Theory of Economic Regulations(경제 규제의 이론) 2 Bell J. of Econ. and Mgmt. Sci. 3 (1971).

5 나는 공유경제라는 단어에 따옴표를 쳤는데 이는 에어비앤비와 우버와 같은 상업적 기업에 이 표현을 사용하는 것이 정확하지 않다는 점을 지적하고자 한다. 시장과 공유 사이의 차이점에 관하여는 다음을 참조하라. Yochai Benkler, "Sharing Nicely": On Shareable Goods and the Emergence of Sharing as a Modality of Economic Production(멋지게 공유하기: 공유가능한 재화들 및 경제 생산의 한 형태로서 나타난 공유), 114 Yale L.J. 273 (2004).

인한다면, 플랫폼의 자율규제가 공적 면허체제와 관련된 병리적 현상의 많은 부분을 동일하게 재생산할 것이라는 점도 시인하여야 한다. 그러한 병리적 현상으로서는 개별 수면허자에 대한 횡포 및 업계에 의한 규제당국의 휘둘림을 들 수 있다. 플랫폼에 의한 규제는 효과가 강력하기도 하지만 비효율성, 분배 왜곡, 이해충돌, 자의성을 일으킬 수도 있다.

누가 면허제도 혹은 다른 수단을 통하여 플랫폼 기반 사업을 규제하는 주체가 되어야 하는가를 정하는 데에 공적 주체/사적 주체를 구분하는 것은 별로 도움이 되지 않는다. 그 대신에 공적 규제와 사적 규제를 사회적, 경제적, 정치적 맥락에서 평가하여 실효성과 난점을 고려하는 신중한 접근법이 요구된다.

I. 행정체제의 한 형태로서의 면허제도

면허제도는 현대의 행정형태에서 어디서나 볼 수 있는 특성이다. 세계 모든 국가가 면허제도를 이용한다. 애완동물 보유와 같은 일상적인 면에서부터 교통·통신·에너지 생산과 같은 대규모의 연관 경제 활동에 이르기까지, 그리고 그 중간의 모든 활동이 면허의 대상이다.[6] 앤서니 오거스(Anthony Ogus)는 면허제도가 토지의 사용에 대하여 뿐만 아니라 전문직종, 직업, 상사 활동, 물품에 대하여도 자주 적용된다는 점을 지적하였다.[7] 행정체제로서의 면허제도가 존재하는 데에는 상당한 이유가 있다. 그것은 극도로 강력할 뿐만 아니라 다기능적이다. 하지만 면허제도를 어디서나 볼 수 있기에 면허제도에 대한 비판이 생겼다고 볼 만한 측면이 있기도 있다.

면허제도는 다양하게 사용되고 있으므로 면허제도가 무엇인지를 간단히 정의하기는 어렵다. 실제로 영문으로 된 법률 논문에서 면허제도를 정의하려고 노력한 학자가 많지 않다. 그래서 나는 피에르 이살리스(Pierre Issalys)와 드니 르미외(Denis Lemieux)가 정의한 면허개념을 사용하고자 한다. 그들은 면허를 "승인 없이 하면 위법이 되는 행위나 활동을 할 수 있도록 자연인 혹은 법인에게 공공당국이 부여하는 승인(자주 조건이 붙기도 한다)"으로 정의한다.[8] 나는 이 정의가 대체적으로 '상식적 이해'에 부합하기 때문에 이 정의를 선택하였다. 상식적으로 어떻게 이해되고 있는지를 살펴보는 것 및 면허와 다른 형태의 행정방식을 구분하는 것은 도움이 될 것이다. 면허제도는 승인이 없으면 해당 행위가 위법하게 된다는 사실을 강조한다는 점에서 인증제도와 다르다. 인증제도는 표준을 준수하고 있다는 점을 인정할 뿐이고 관련 행위를 하는 데에 인증이 꼭 요구되지

---

6 Glanville Williams, Control by Licensing(면허에 의한 통제), 20 Current Legal Problems 81 (1967); Richard A. Epstein, The Permit Power Meets the Constitution(인허가제와 헌법), 81 Iowa L. Rev. 407 (1995).

7 Anthony I. Ogus, Regulation: Legal Form and Economic Theory(규제: 법적 형태와 경제 이론) 214-44 (1994).

8 Pierre Issalys and Denis Lemieux, L'Action gouvernementale: Précis de droit des institutions administratives(정부의 처분: 행정조직법 해설) 916 (3d ed. 2009).

는 않는다.[9] 면허제의 위 특성은 면허제도를 다른 법적 절차와 구분시켜 주기도 하는데, 정부는 법적 절차가 없더라도 완전히 합법적인 사적 행위들(계약관계, 회사조직행위, 가족법관계 등)을 법적으로 인가하는 절차를 두기도 한다.

내가 선택한 정의는 대체적으로 기능적 정의라고 할 수 있다. 공식적으로 사용되는 용어는 이와 무관하다. 실제로 면허제도는 '인허가' 혹은 '승인' 등 여러 용어의 모습으로 등장하기도 한다. 면허가 여러 다른 기관에 의하여 처리될 수 있다는 사실도 주목할 만하다. 일반적으로는 면허는 공공기관이 발급하지만 정부는 이 권한을 사적 기관에 위탁할 수도 있다. 전문직종 단체에 자율규제를 맡기는 경우를 예로 들 수 있다. 면허는 여러 법적 형태를 띨 수도 있다. 경우에 따라서는, 특히 면허가 양도 가능한 경우에는, 면허는 특정한 용도에 관하여 재산권의 형태로 인식될 수 있다.[10] 또 수면허자에게 엄격한 조건이 부과된 경우와 같은 때에는 면허가 계약의 형태를 띨 수도 있다.[11] 하지만 위 정의는 형식적 요소도 포함하는데, 공적 수권이 면허의 원천이라는 점에서 그러하다. 따라서 통상의 재산권 보유자가 타인에게 재산에 대한 사용권을 허여하는 의미의 용익권 설정행위(license)는 이 개념에서 배제된다(역주: 영미법에서 license란 용어는 공적 면허를 가리키기도 하지만, 사법적으로 일시적 사용권을 설정하는 행위를 가리키기도 한다).

면허제도는 상세한 부분에서 매우 다양하게 전개된다. 어떤 면허는 특정인에게 고정돼 있는 반면에, 어떤 면허는 양도 가능하다. 어떤 면허는 무기한으로 발급되고, 어떤 면허는 정기적 갱신을 요한다. 면허에는 조건이 부과되는데 일정한 품질 혹은 안전 기준을 유지하기 위한 조건을 예로 들 수 있다. 당국은 면허를 발급하기 전에 이러한 기준의 충족을 확인하기도 하고, 일단 면허를 발급하고 나서 추후에 확인을 받도록 요구할 수도 있다.[12] 면허는 가격통제와 같은 다른 형태의 경제적 규제와 결부될 수도 있다. 특정 행위에 대한 면허의 개수에 제한이 없을 수도 있고, 상한이 있을 수도 있다(이로써 공급 제한이 이루어진다). 면허에 공식적인 수량제한이 없다고 하더라도 높은 기준이 설정되면 동등한 기능이 발휘될 수도 있다. 그 예로서 런던시의 택시 기사에 대한 '지식'시험요건을 들 수 있다.[13] 면허는 지리적 제한이 부과될 수 있는데, 그러한 경우에는 수면허자가 일정한 지역 내에서만 면허에 따른 행위를 할 수 있다.

그럼에도 불구하고 모든 면허에는 공통점이 하나 있는데, 그것은 면허 정지 혹은 면허 취소의 가능성이다. 이러한 가능성이 있기에 행정당국은 면허보유자에 대한 지배권을 행사할 수 있다. 그

---

9 Ogus, supra note 7 at 215.

10 See, e.g., Saulnier v. Royal Bank of Canada, [2008] 3 S.C.R. 166, 2008 SCC 58.

11 See, e.g., Société de l'assurance automobile du Québec v. Cyr, [2008] 1 S.C.R. 338, 2008 SCC 13.

12 Eric Bibert and J. B. Ruhl, The Permit Power Revisited: The Theory and Practice of Regulatory Permits in the Administrative State(허가권의 재검토: 행정국가의 규제수단인 허가권의 이론과 실제), 64 Duke L.J. 133 (2014).

13 Jody Rosen, The Knowledge, London's Legendary Taxi-Driver Test, Puts Up a Fight in the Age of GPS(런던시의 전설적인 택시기사 시험인 지식시험이 GPS 시대에도 여전히 맹위를 떨치다), NY Times, Nov. 10, 2014, www.nytimes.com/2014/11/10/t-magazine/london-taxi-test-knowledge.html.

리하여 면허제도는 특히 강력한 행정형태의 하나가 된다.[14]

공공당국은 다양한 정책 목표를 추구하는 데에 면허제도를 이용한다. 두드러지게도 면허제도는 품질과 안전을 위한 기준을 집행하기 위하여 혹은 오염과 같은 경제활동의 원치 않는 부작용을 억제하기 위하여 흔히 사용된다. 경제적 용어로 표현하자면 정보의 비대칭성 및 외부효과와 같은 흔한 시장실패에 대한 대응책으로서 자주 그러한 기준이 사용된다.[15] 다른 한편으로는, 면허제도가 도시계획 차원에서 사용되기도 하는데, 토지와 같은 한정된 자원이 특정 목적에만 제공되도록 보장하기도 한다. 동시에 정부는 면허제도를 통하여 생산자가 일정한 수입을 보장받게 할 수 있다.[16] 또한 정부는 진입 제한에 가격통제제도를 결합시켜 소비자가 서비스를 누릴 만하게 만들 수도 있다. 면허제도는 면허보유자로 하여금 활동 정보를 당국에 자세하게 알릴 의무를 부과할 수 있고, 그리하여 감독의 형태로서 작용할 수도 있다.[17] 마지막으로 많은 당국이 면허보유자로부터 수수료를 징수하는데, 이는 면허제도가 수입원으로 작용한다는 것을 의미한다. 이러한 다양한 목적은 서로 배타적이지 않다. 실제로 면허제도는 위의 여러 목적에 동시에 봉사하는 게 보통이다.[18]

면허제도의 사용은 적어도 세 부류의 비판을 받아 왔는데, 이들은 여러 규범적 우려를 반영한 것이다. 첫째 부류의 비판은 진보적 학자들이 제기했는데 이들은 법의 지배와 개인적 권리의 보장에 대한 우려를 갖고 있다. 이들 학자에 의하면 면허 정지 혹은 취소에 따르는 강력한 지배력은 자의성을 불러일으킬 수 있다. 실제로 당초에 면허를 부여할지 말지부터 남용의 기회가 된다. 정부가 시민의 사적 생활에 부적절하게 개입하게 해준다. 예를 들어 찰스 라이히(Charles Reich)는 유명한 1964년의 논문에서 면허를 정부가 제공하는 '시혜'(largess)의 한 형태로서 파악하였는데, 그에 의하면 면허제도는 사회적·경제적으로 더욱 중심적 역할을 하게 됨으로써 법적 보호를 더 필요로 하는 대상이 되었다.[19]

둘째 부류의 비판은 경제적 분석가들에게서 나왔는데, 이들은 면허제도의 비효율성을 우려한다. 경제적 관점에서 보면 면허는 시장진입에 대한 장벽이다. 그리하여 공급을 인위적으로 제한하고, 소비자에게 더 높은 가격을 요구하게 된다.[20] 시장진입에 대한 이러한 제한은 면허 개수에 상한이 있고 면허가 양도 가능한 경우에 더욱 심각하게 된다. 시장에 진입하려면 돈을 지불하여야 한다는 뜻이 된다. 경제적 분석가들이 시장 실패에 대한 대응으로서 면허 제도에도 장점이 있다고 인정하고 있기는 하지만, 그들은 면허제도의 비용에 주의를 기울여야 한다고 강조하면서, 비용이

---

14 Ian Ayres and John Braithwaite, Responsive Regulations: Transcending the Deregulation Debate(반응적 규제: 탈규제 논의를 초월하여) 35-36 (1992).

15 Ogus, supra note 7.

16 Williams, supra note 6.

17 Mariana Valverde, Police Science, British Style: Pub Licensing and Knowledges of Urban Disorder(영국 방식의 경찰 과학: 술집 면허와 도시 무질서에 대한 파악), 32 Econ. and Soc'y 234 (2003).

18 Issalys and Lemieux, supra note 8.

19 Reich, supra note 2.

20 See, e.g., Svorny, supra note 3; see also Thomas G. Moore, The Purposes of Licensing(면허제도의 목적), 4 J. L. & Econ. 93 (1961).

덜 드는 대안을 이용하는 것이 자주 가능하다고 주장한다.[21]

셋째 부류의 비판은 공공선택이론과 관련되는데, 이 입장은 위와 같은 효율성 문제를 포함하여 논하면서 정치적 정당성 및 분배문제로 이어간다. 공공선택이론가들은 경제 규제가 일반대중의 이익을 희생하면서 규제 대상 산업의 사적 이익을 옹호하는 경향이 강하다고 주장한다.[22] 그리하여 이 비판론에서는 분배문제를 분석한다. 즉 규제는 다수의 희생하에 소수에게 이익을 부여한다고 한다. 공공선택이론가들에 의하면, 규제는 자주 공공당국의 정치적·관료적 이익에 봉사하는데 공공당국은 일반대중의 이익보다는 집중된 이익집단의 압력에 반응하기 쉽다고 한다.[23] 이 비판론에 의하면 경제 규제는 자주 민주적 절차를 이탈하게 된다고 한다. '규제포획'(regulatory capture) 현상은 공공당국이 공식적으로 규제권한을 규제 대상 산업분야에 위임할 때 아주 두드러지게 나타난다. 공공선택이론은 경제 규제 일반에 대한 것이고 면허제도에 한정한 것이 아니었다. 하지만 면허제도는 일반적으로 공공선택이론가들이 비효율적이고 퇴보적이며 부당한 규제의 주요 사례로서 제시하여 왔다.

그러므로 면허제도는 흔한 병리적 현상들로 연결된다. 그럼에도 불구하고 면허제도는 거의 모든 사회적·경제적 생활에서 널리 사용되고 있다. 일부 학자들은 면허제도가 다른 형태의 행정방식으로 대체될 수 있다고 주장하지만, 그렇게 말하기는 쉬워도 실행은 만만치 않다. 한편으로 이는 면허제도가 경제적 이익의 집중을 초래하여 이익집단 정치가 탄생한 데에서 기인하기도 하다. 즉 공공당국은 완전히 백지상태에서 시작할 수 없는 노릇이다. 다른 한편으로 오거스가 제기하는 것과 같은, 면허제도 폐지 논의는 면허제도에 오로지 하나의 명확한 목적이 있다는 전제에 기반하고 있다.[24] 사람들은 그 목적을 더 효율적으로 그리고 효과적으로 달성하는 행정방법이 있으니 이로써 면허를 대체하면 된다고 착각하기 쉽다. 하지만 이미 지적하였듯이 면허제도는 서로 연결된 다수의 목적에 봉사하는 게 보통이다. 로데릭 맥도날드(Roderick Macdonald)가 언급하였듯이, 달성하려는 정책 목표를 확정하였다고 하여 곧바로 목표 달성을 위한 정당하고 효율적이며 공정한 방법이 도출되는 것은 아니다. 정부의 목표를 달성하는 데에 필요한 도구들은 고유의 자체 논리를 가지고 있을 뿐만 아니라 목표에 대하여 상호작용의 효과를 가져 오기도 한다.[25]

---

21 See, e.g., Ogus, supra note 7.

22 See, e.g., Stigler, supra note 4.

23 Id.; see also Moore, supra note 20.

24 Ogus, supra note 7.

25 Roderick A. Macdonald, The Swiss Army Knife of Governance(행정의 만능칼), in Designing Government: From Instruments to Governance) (Pearl Eliadis, Margaret M. Hill, and Michael Howlett eds., 2005). See also Lon L. Fuller, Means and Ends(수단과 목적), in the Principles of Social Order: Selected Essays of Lon L. Fuller (rev'd ed., Kenneth I. Winston ed., 2001).

II. 면허와 플랫폼 기반의 사업: 캐나다 사례의 연구

세계적으로 최근 수년간 공유경제와 관련된 플랫폼 기반 사업은 면허제도와 충돌을 일으켰다. 이러한 플랫폼의 도움으로 통상의 사용자들(일반적으로 제공자라고 한다)은 면허가 요구되기도 하는 경제 활동을 수행하여 왔다. 이 상황에 대한 당국의 반응방식은 서로 다르다. 한편으로 당국은 플랫폼과 제공자들에 대한 법적 제재를 가함으로써 면허제도를 강화하기도 하였다. 다른 한편으로 어떤 지역에서는 당국이 이와 같은 서비스의 대중화에 직면하여 기존의 면허제도에서 이들을 면제시켜 주는 조치를 취하기도 하였다. 하지만 후자의 경우에는 새로운 서비스에 대하여 병행의 새로운 면허제도를 창설하는 경우도 많았다. 이제 나는 숙박업 및 택시 면허에 관하여 캐나다 퀘백주에서 최근 이루어진 개혁에 대한 설명과 다른 지역과의 일부 비교를 통하여 이와 같은 변동 상황을 보여주고자 한다.

유럽 일부 지역과 마찬가지로 퀘벡에서는 호텔 및 기타 여행자 숙박 시설(tourist accommodation establishments)은 의무적 등급분류제도의 적용대상이다. 대가를 받고 단기숙박을 제공하려는 자는 해당 시설에 대하여 1성에서 5성에 이르는 등급인증서를 받아야 한다.[26] 그러한 인증서 없이 숙박을 제공하는 것은 불법이기 때문에 그 결과 면허제도가 되는 것이다. 관광부장관은 해당 제도의 운영을 호텔과 기타 숙박시설의 사업자단체인 퀘벡관광업협회(CITQ)에 위탁하였다. CITQ는 시설의 등급을 매기기 위하여 주기적으로 점검한다. 관광부장관은 위반 사례를 조사하고, 숙박제공자에게 경고장을 발송하는데, 검찰청에 고발할 수도 있다. 인증제도는 지역의 도시계획 규정과 결부되어 있다. 해당 지역의 승인이 없으면 인증서 발급이 거부되기 때문이다.

에어비앤비가 2013년경 널리 이용되었을 때 비판자들은 그 숙박제공자들이 보통 필요한 등급을 갖고 있지 않아 법을 벗어나서 영업하는 것이라고 지적하였다.[27] 호텔업계는 강력히 항의하였고, 임대인은 임차인들이 허락 없이 전대할 것을 염려하였으며, 주거운동가들은 불법적 에어비앤비 임대차가 몬트리올과 퀘벡 지역에서 사용 가능한 주거의 공급을 감소시킬 것이라고 우려하였다.[28] 그에 대응하여 관광부장관은 일부 사건을 검찰에 고발하였다.[29] 하지만 법의 적용을 둘러싸고 상당한 불확실성이 있었다. 왜냐하면 관련 조항은 간헐적으로 여행자에게 숙박을 제공하는 경

---

26 Act Respecting Tourist Accommodation Establishments(여행자 숙박 시설에 관한 법), CQLR c E-14.2, s 1.

27 Nathaëlle Morissette, Jolie chambre, ni chère ni… légale,(멋진 방이지만 비싸지도 않고 합법적이지도 않아요), La Presse 16 Mar. 2013.

28 Isabelle Porter, Airbnb accusé de réduire l'offre de logements(에어비앤비가 주거 공급을 줄인다는 비난을 받다), Le Devoir, July 24, 2013.

29 Isabelle Porter, Québec s'en charge… mais le dernier mot va aux villes(퀘백주가 관심을 기울였으나, 최종적으로는 시당국이 결정하게 되었다), Le Devoir, Mar. 7, 2015. 다른 숙박제공자들도 에어비앤비 수입신고 누락에 대하여 세무관서의 눈총을 받게 되었다. Tristan Péloquin, Le fisc réclame 60 000 $ à un hôte Airbnb(세무서가 에어비앤비 숙박제공자에게 6만 달러의 세금을 부과하다), La Presse, Mar. 22, 2016. 또한 어떤 숙박제공자는 허락없는 전대를 하였다가 임대인의 항의를 받았다: see, e.g., 9177-2541 Québec inc. c. Li, 2016 QCRDL 8129.

우에는 인증서가 불필요하다고 규정하고 있었기 때문이다.[30]

2015년 가을 퀘벡 정부는 에어비앤비의 도래에 맞추어서 법을 개정하겠다고 선언하였다. 이러한 개혁조치는 2016년 5월 효력을 발생하였는데, 이로써 등급인증서 없이 여행자 숙박시설을 제공하는 경우의 벌금액이 2,500캐나다달러에서 10만 캐나다달러(반복 위반 시)에 이를 정도로 제재가 크게 강화되었다.[31] 개정법은 제도를 집행할 검열관의 숫자를 증가시켰다. 당초에 정부는 간헐적 임대차에 대한 적용 여부를 명확히 하겠다고 약속하였다. 정부가 에어비앤비상 임대의 경우 등급인증서 없이도 연간 일정한 일수까지 허용할 것이라는 소문이 있었기 때문이다.[32] 최종적으로 정부는 규정의 내용을 바꾸어서 여행객들에게 정기적으로 숙박을 제공하는 업주에게 등급인증서를 요구하였다.[33] 나중에 정부는 규정의 해석론을 게시하였는데 이에 의하면 '정기적 임대'란 1년 2회 이상을 의미하며, 예를 들어 연례 휴가기에 주된 거주지를 임대하거나 연례 축제 시에 여행객을 숙박시키는 경우는 이에 해당되지 않는다고 한다.[34] 결국 퀘벡 주정부가 에어비앤비에 대응한 조치로서 기존 면허제도를 강화하고, 에어비앤비 숙박제공자로 하여금 전통적인 상업숙박업자와 동일한 규칙의 적용을 받도록 함으로써 비공식적 임대차 영업에 한정되고 모호한 개념 틀이 적용되게 되었다. 이러한 규정형식의 모호성이 많은 비판의 대상이 되자, 정부는 다시 법을 개정하려는 의도를 표시하였는데 개정법의 세부적인 사항은 더 두고 보아야 한다.[35]

정부의 개혁조치는 다양한 정책 목표를 반영한다. 정부의 일반적인 설명에 의하면, 개혁조치는 불법 호텔업을 단속함으로써 기성 사업자의 시장 점유율 및 기존 면허제도를 보호하려는 것이다.[36] 이러한 우려를 감안하여 보면 정부의 획일적인 논조를 이해할 수 있다(한정된 예외가 그 논조의 배후에 숨어 있기는 하지만). 정부는 소비자보호 문제도 언급하였으며, 자원배분(여행객에게 제공되는 도시 공간을 제한하는 문제)에 대한 논의에도 관심을 기울였다. 유사한 역학관계가 샌프란시스코[37]와 암스테르담[38] 등 다른 지역에서도 발견되는데, 이들 지역은 단기임대차에 대한 특별한 면

---

30 Regulation Respecting Tourist Accommodation Establishments(여행자 숙박 시설에 대한 규정), RRQ c E-14.2, r 1, 2 1 (previous version, in force prior to May 15, 2016).

31 Québec, Bill 67. An Act mainly to improve the regulation of tourist accommodation and to define a new system for governance as regards international promotion, 1st Sess., 41st Leg., 2015 (first treading, Oct. 22, 2015); Act Respecting Tourist Accommodation Establishments, supra note 26 (version in force since May 15, 2016).

32 Jean-Michel Genois Gagnon, Airbnb en voie de'être légalisé au Québec(퀘벡에서 에어비앤비가 합법화 과정에 놓이게 되다), Le Soleil, Aug. 9, 2015.

33 Regulation Respecting Tourist Accommodation Establishments(여행자 숙박 시설에 관한 규정), RRQ c E-14.2 r 1, s 1.

34 Touisme Québec, Guide d'interprétation de la loi et du règlement sur les établissements d'hébergement touristique(여행자 숙박 시설에 대한 법률과 규정의 해석 안내서), www.tourisme.gouv.qc.ca/programmes-servces/hebergement/guide-interpretation.html.

35 Karl Rettino-Parazelli, Québec promet d'en 'faire plus' pour encadrer Airbnb(에어비앤비에 대하여 퀘벡시가 더 많은 조치를 취하다), Le Devoir, Aug. 30, 2017 (퀘벡시에서 3.5%의 숙박세를 받기는 데에 에어비앤비가 합의한 점을 논의한다).

36 Dominique Vien, Point de presse de Mme Dominique Vien, ministre du Tourisme(관광부장관 도미니크 비앙 언론 브리핑), Assemblée nationale, www.assnat.qc.ca/fr/acualites-salle-presse/ConferencePointPresse-25417.html.

37 San Francisco Planning, Office of Short Term Rental Registry & FAQs, http://sf-planning.org/officer-short-term-rental-registry-faqs.

38 IAmsterdam, Private holiday rental: What you should know, www.iamsterdam.com/en/visiting/plan-your-trip/

허제도를 새로이 만들었다. 그 면허제도에서는 단기임대차가 연중 일정한 기간 내에 한하여 허용되는데(샌프란시스코에서는 90일 내, 암스테르담에서는 60일 내), 이는 에어비앤비 현상을 억제하려는 의도의 증거라고 할 수 있다.

소비자보호와 자원배분 목표를 동시에 달성하기 위하여 새로운 법적 형태가 만들어진 점이 두드러지게 부각된 것처럼, 택시의 사례에서 플랫폼 기반 사업모델과 기존 면허제도 사이의 충돌관계가 가장 뚜렷하게 부각되었다. 다른 북미지역과 마찬가지로 퀘벡은 고정된 숫자의 택시 '면허'(이를 어떤 지역에서는 '번호판' 혹은 '메달리온'이라고 부른다)가 각 지역에 할당되는 시스템을 갖고 있다.[39] 정부가 양도 가능한 택시 면허의 발급을 중단하였지만, 2000년 11월 15일까지 발급된 면허는 양도 가능하고 상당한 가치를 획득한 상태이다.[40] 퀘벡은 다른 북미 지역이 각 지역정부에 면허 권한을 이양하는 것과는 다르게 주정부가 각 지역의 최대 면허 개수를 정하는 등 면허 제도를 직접 운용하고 있다. (하지만 몬트리올시에서는 독자적 기구인 택시국이 면허제도의 일상적인 업무를 감독하고 있다.)

우버는 몬트리올시에서는 2013년 10월에, 퀘벡시에서는 2015년 2월에 영업을 개시하였다. 우버 운전자의 대부분은 적법한 면허 없이 운행을 하였다. 우버는 "승차공유" 서비스를 제공한다고 주장하였다. 그러나 퀘벡주 의회는 다음과 같은 점을 명백히 하였다. 즉, 한정된 소수의 경우 외에는 퀘벡에서 대가를 받고 승객을 운송하는 자는 택시 서비스를 제공하는 것에 해당된다고.[41] 그러므로 면허 없이 운송을 하는 것은 범죄행위이다.[42] 2014년부터 2016년까지 사이에 주정부 및 시정부 기관들은 위반행위를 이유로 차량 수백 대를 압류하였다.[43] 우버와 우버 운전자들은 조세당국의 조사도 받았는데, 조세당국은 전격적으로 우버의 지역 사무소에 조사를 나가서 '운전자의 서비스가 일부 조세의 면제대상이다'라는 우버의 주장에 의문을 표시하였다.[44] 이러한 법적 난점에도 불구하고 우버는 퀘벡에서 널리 이용되고 있고 계속하여 영업하고 있다.

같은 시기에 캐나다의 많은 다른 지역이 우버를 합법화하기 시작하였다. 택시업이 주로 지역정부에 의하여 규율되는 앨버타주에 속한 에드몬튼시는 2016년 3월 1일자로 앱 기반의 운전자("사적 운송제공자") 및 그들의 활동기반의 되는 플랫폼("사적 운송제공자의 상업적 파견업자")에 관한 새로운 면허제도를 도입하였다.[45] 이는 미국 전역에 퍼진 운송네트워크회사 모델에 의하여 촉

---

where-to-stay/private-holiday-rental.

39 Act Respecting Transportation Services by Taxi CQLR c S-6.01 s. 4.

40 우버가 도래하기 전 몬트리올에서 택시 면허는 20만 캐나다달러 이상의 가격에 이른 것으로 보도되었다. Tristan Péloquin, La chute de la valeur des permis de taxi se confirme(택시 면허의 가치 하락이 확인되다), La Presse, Dec. 7, 2016.

41 Act Respecting Transportation Services by taxi, supra note 39, s. 2(3) ("택시에 의한 운송 서비스").

42 Id. s. 117.

43 Tristan Peloquin, Saisies de véhiclules Uber: le Bureau du taxi 'perplexe' devant de nombreux cas(우버 차량의 압류: 택시국이 수많은 사례에 당황하다), La Presse, Feb. 25, 2016.

44 Uber Canada inc. c. Agence du revenu du Québec, 2016 QCCS 2158.

45 City of Edmonton, Bylaw 17400, Vehicle for Hire ("사적 운송제공자"), www.edmonton.ca/documents/Bylaws/C17400.pdf.

발되었는데, 이를 통하여 우버 운전자는 스마트폰 앱으로 승객을 받을 수 있었다. 반면에 전통적인 면허 택시는 길거리 호출 및 택시승강장을 이용하게 되었다. (이러한 새로운 규제제도에 관한 유용한 개관을 위하여는 이 핸드북에 실린 카트리나 와이만의 글을 보기 바란다.) 이러한 면허제도하에서는 앱 기반 운전자에 대하여 신원확인, 차량점검, 영업보험 가입요건을 부과하는데 이러한 조건의 준수 여부는 플랫폼 기업이 확인하게 된다. 마지막으로 앱 기반 서비스 업체와 그 운전자는 일정한 면허료를 지급하여야 하는데 이는 연간 및 운행횟수당으로 부과된다. 2015년과 2016년에 걸쳐서 앨버타주의 다른 도시(대표적으로 캘거리)와 온타리오주의 다른 도시(대표적으로 토론토와 오타와)가 유사한 면허제도를 채택하였다.

퀘벡 주정부는 이러한 상황을 잘 파악하고 있었지만, 우버에 대하여는 특별한 규제 모델을 개발하기로 결정하였다. 2016년 9월 퀘벡 주정부와 우버는 협약을 체결함으로써, 1년 동안 임시적으로 우버 서비스를 합법화하였다.[46] 택시산업의 현대화를 위한 시범적 사업(pilot project)으로 지칭된 이 협약에 따라서 우버는 택시 300대에 상당한 면허를 부여받았는데 이는 실제로 차량대수가 아닌 차량운행 시간으로 측정된다. 우버 운전자들은 1주일에 5만 시간 동안 운행할 수 있다. 그 대신에 우버는 정부에 다른 수수료와 더불어서 운행당 0.90캐나다달러를 지불해야 한다. 특정 주에 5만 시간 이상 운행을 하게 되면 5만 시간 초과 부분의 운행당 수수료는 1.10캐나다달러가 되고, 10만 시간을 초과하는 부분에 대하여는 운행당 1.26캐나다달러가 된다. 협약은 우버의 운행당 최저 요금을 3.45캐나다달러로 책정하였는데 이는 전통적 택시의 최저요금과 같다. 또한 우버는 운전자 대신에 특정 조세를 징수하여 납부하기로 합의하였다. 우버의 운전자는 상업용 수준의 운전면허를 취득하여야 하며, 플랫폼은 차량점검과 운전자 신원확인에 대한 책임을 진다. 북미 다른 지역의 규제 모델과 마찬가지로 우버 운전자는 앱으로 접근하는 승객만을 받을 수 있고, 길거리 호출 및 택시 승강장은 전통적 택시에게 유보되어 있다.

다른 많은 북미 지역에서 플랫폼 기반 운송 서비스에 대한 별도의 규제제도를 만들어서 정부가 직접 운용하고 있는데, 이와 다르게 퀘벡의 우버에 대한 규제 모델은 표면상으로는 그렇게 하지 않았다는 점에서 독특하다. 대신에 적어도 문언상으로는 퀘벡이 개념적으로 단일화된 제도를 고수하고 있다고 할 수 있다. 하지만 실제로는 퀘벡이 실험이라는 명목으로 이 제도에 대한 예외를 만들어냈다. 이 실험에서 퀘벡은 승객 안전 확보 및 다른 소비자보호 목표 달성의 책임을 우버에게 위임하였다. 퀘벡은 이러한 조처를 시범사업이라고 부름으로써 그 사업이 한시적이라는 점과 언제든지 이를 변경할 권리를 유보하였다는 점을 강조하였다. 퀘벡은 또한 면허제도의 자원배분적 측면을 완전히 방기하려고 하지는 않았다. 우버 운전자의 도로 운행시간에 따라 상향되는 단계적 운행 수수료를 살펴보면 전통적 택시의 시장점유율을 보장하면서 일정한 영역 내로 전체 시

---

46 Québec, Ministère des Transports, de la Mobilité durable et de l'Électrification des transports, Entente(지속가능한 운송업과 운송의 전기화를 위한 협약), www.transports.gouv.qc.ca/fr/salle-de-presse/nouvelles/Documents/2016-09-09/entente-uber.pdf

장 상황을 유지하려는 의지가 있음을 알 수 있다.

플랫폼 기반의 서비스 영역에서 공적 면허제도를 계속 사용한다는 사실(실제로는 수정된 형태의 사용이다)을 보면, 그러한 면허제도가 여전히 몇몇 정당한 목적(정당한 목적에는 소비자보호 및 자원 배분이 포함된다)에 봉사하고 있음을 알 수 있다. 면허제도에 예외를 두거나 병행적 제도를 창설하는 경우를 보면 면허제도에 한계가 있다는 인식 및 병리적 현상을 극복하기 위한 시도가 여실히 드러난다. 내가 언급한 퀘벡의 규제형태가 소기의 효과를 가져올지 여부를 말하기는 너무 이르다. 즉 그러한 규제가 규제권한을 통제하고, 효율적인 서비스 시장을 배양하고, 소득의 형평 분배를 가져오도록 기여하고, 규제상 포획을 억제할지 여부는 두고 볼 일이다. 그럼에도 불구하고 플랫폼 의 목표가 정부의 면허제도를 회피하는(그리고 그 병리적 현상을 극복하는) 대안을 창설하는 것이라 면, 그 목표는 오로지 불완전하고 단편적으로만 이루어졌다고 할 수 있다.

Ⅲ. 사적 면허제도로 기능하는 플랫폼

면허제도가 존속하고 있다는 사실을 보면 면허제도를 필요하게 만드는 문제점이 여전히 존재 함을 알 수 있다. 실제로 플랫폼 사업모델은 '개별 플랫폼에 의한 자율규제가 공공 규제, 특히 면 허제도를 대체할 수 있다'는 주장에 자주 근거하고 있다(플랫폼을 옹호하는 논거 중 일부도 같은 주장 에 근거하고 있다).[47] 그러한 주장은 '공적 면허제도를 완전히 제거하여 그 역할을 없애는 것이 더 좋 을 것이다'라고 암시한다. 이러한 입장은 플랫폼이 어느 정도는 사적 면허제도로서 작용한다는 사 실에 근거하고 있다. 공적 면허제도와 마찬가지로 플랫폼의 강점은 그 집행력에 있다. 즉 제공자 에 대하여 준수를 강제할 능력을 갖고 있다. 하지만 플랫폼은 공적 면허제도가 가진 병리적 현 상(자의성, 비효율성, 역진적 분배 효과, 이해충돌 등)을 재생산할 수도 있다.

공식적 관점에서 보면 플랫폼이 면허제도로 간주될 수는 없다. 지적재산권의 보유자인 플랫폼 이 서비스 이용조건으로서 제공자에게 소프트웨어를 사용할 라이선스를 제공할 수 있다는 점은 사실이다. 하지만 그 계약은 재산권 개념 및 상호 간의 계약관계에 의존하는 사적 행위이므로, 이 러한 라이선스는 우리가 채택한 면허제도의 정의에서 벗어난다. 국가의 법률 체계에서 보면 플랫 폼 네트워크를 이용하지 못한다고 하여 제공자의 행위가 불법으로 되는 것은 아니다.

하지만 기능적 관점에서 보면 플랫폼의 작동은 면허제도의 작동과 유사하다. 어떤 플랫폼 기 반 영역에서는 네트워크 효과로 인하여 독점 혹은 복점의 경향이 나타난다.[48] 이론적으로는 제공

---

47 See, e.g., Molly Cohen and Arun Sundararajan, Self-Regulation and Innovation in the Peer-to-Peer Sharing Economy(P2P 공유경제에서의 자율규제와 혁신), 82 U. Chi. L. Rev. Dialogue 116 (2015); Christopher Koopman, Matthew Mitchell, and Adam Thierer, The Sharing Economy and Consumer Protection Regulations: The Case for Policy Change(공유경제와 소비자보호 규제: 정책변경을 위한 제안), 8 J. Bus. Entrepreneurship & L. 529 (2015).

48 K. Sabeel Rahman, Curbing the New Corporate Power(새로운 기업지배력의 억제), Boston Rev., May 4, 2015.

자가 독자적으로 활동할 수 있는 것처럼 보이나, 실제로는 플랫폼의 승인 없이는 운영이 불가능하다. 플랫폼은 여러 조건을 붙여 그러한 승인을 하는 경향이 있다. 그들은 일방적으로 조건을 변경할 권리를 보유하며, 네트워크로부터 제공자를 추방할 권리도 갖고 있다. (제공자가 여러 플랫폼을 통하여 동일한 서비스를 제공하는 방식으로서 여러 플랫폼에 다중기반을 둘 수 있다는 사실이 어느 정도는 플랫폼의 권력을 누그러뜨리기는 한다.)

이러한 관계의 형성을 배경적 조건으로 하여 플랫폼 및 그 주창자들은 플랫폼이 효과적인 자율규제 시스템을 제공한다고 주장한다.[49] 실제로 이러한 주장에 의하면, 자율규제란 일반적으로 개별 플랫폼 기업에 의하여 제공자에 대한 규제가 이루어지는 것을 의미하는 것으로 이해된다. 플랫폼 기업이 행사하는 지배력은 네트워크에 대한 접근을 통제함으로써 제공자에 대하여 행사될 수 있는데, 이는 품질과 안전 등 기준의 준수를 확보할 수 있을 만큼 강력한 것으로 파악된다. 그리하여 우버는 자체 차량점검 및 운전자 신원확인을 수행하게 되면서, '공공당국의 규제 필요성을 사라지게 하였다'는 주장을 강력히 제기한다.[50]

그러나 플랫폼이 면허제도와 유사한 기능을 수행하는 과정에서 공공 면허제도와 전형적으로 결부된 병리적 현상을 재생산할 수도 있다. 우선 플랫폼은 자의적으로 운영된다. 플랫폼은 '제공자가 중대한 과오를 범한 경우에 제공자를 비활성화하였다'는 점을 수시로 강력히 홍보하였다.[51] 또한 우버와 다른 플랫폼 기반 기업들은 사전 고지를 거의 혹은 전혀 하지 않은 채 일방적으로 제공자의 근무조건을 자주 변경하였다.[52]

더구나 플랫폼이 항상 효율적이라고 볼 수는 없다. 플랫폼이 완전하게 깔끔한 시장을 제공하는 것은 아니다. 플랫폼을 통한 거래에는 여전히 거래 비용이 존재한다. 플랫폼이 제공자에게 부과하는 기준은 진입에 대한 장벽을 제공한다. 예를 들어 차량점검 및 신원 확인의 형태로 장벽을 만들어서 일부 제공희망자들이 접근하지 못하게 하기도 한다. 플랫폼이 전통적인 택시 면허에서와 같은 품질상 제한조건을 부과하지는 않지만 진입장벽은 존재한다. 우버와 같은 일부 사례에서

49 See, e.g., Arun Sundararajan, The Sharing Economy: The End of Employment and the Rise of Crowed-Based Capitalism(공유경제: 고용의 종말과 군중 기반 자본주의의 대두) (2016).

50 한때 우버는 업계 최고의 신원확인 시스템을 갖추고 있다고 주장한 바가 있는데, 캘리포니아에 제기된 단체소송에 대응하여 이러한 주장을 폐기하였다. Mike Isaac, Uber Settles Suit Over Driver Background Checks(우버는 운전자 신원확인에 관한 소송에서 조정에 합의하다), NY Times, Apr. 7, 2016. 매사추세츠에서는 의원들이 정부가 신원확인을 하라고 요구하였는데 이러한 신원확인 절차는 플랫폼들이 수행하는 절차보다 더 엄격한 것으로 판명되었다. Adam Vaccaro and Dan Adams, Thousands of Current Uber, Lyft Drivers Fail New Background Checks(우버와 리프트의 운전자 중 수천 명이 새로운 신원확인 절차에서 탈락되다), Boston Globe, Apr. 5, 2017.

51 See, e.g., Ann Hui, Toronto Man Says He Was Forced To Jump Out of Moving Uber Car(토론토 시민이 움직이는 우버 차량에서 강제로 뛰어내렸다고 주장하다), The Globe and Mail, May 26, 2015; Georgia Wilkins, Dumped Uber Driver Pleads for Explanation(배제된 우버 운전자가 합당한 설명을 요구하다), Sydney Morning Herald, May 21, 2016. 그러나 일부 지역의 비활성화절차에서는 우버가 어느 정도의 투명성(혹은 적법절차 원리)을 보장하려는 비활성화 정책을 도입하였다는 점에 주목하라. Legal: Driver Deactivation Policy-Australia and New Zealand Only, Uber, www. uber. com/legal/deactivation-policy/.

52 See, e.g., Alan Feuer, Uber Drivers Up Against the App(우버 운전자들이 앱에 대하여 반기를 들다), NY Times, Feb. 19 2016; Joel Rubin, Lawsuit Accuses Uber of Ripping Off Drivers, Paying them Smaller Fares than What Passengers Pay(우버가 승객에게서 받은 운임보다 적은 금액을 운전자에게 지급하여 운전자에게 사기를 쳤다는 소송이 제기되다), LA Times, Apr. 28, 2017.

는 플랫폼이 가격을 정하지, 제공자와 소비자가 가격에 대하여 협의하도록 내버려 두지는 않는다. 우버의 가격책정 알고리즘은 최대한 많은 운전자가 운행을 하도록 함으로써 플랫폼이 갖는 이해 관계에 맞추어져 있다는 증거가 있다.[53] 모순적이게도 다중기반을 둘 수 있다는 사실(여러 플랫폼을 통하여 서비스를 제공하는 것)로 인하여 제공자의 협상력을 약화시키고 플랫폼의 지대 수탈을 가능하게 할 가능성이 있다.[54] 또한 플랫폼의 서비스는 외부효과(소음, 공기 오염 등)를 발생시키는데, 그 비용을 전부 내부화하지 못할 수도 있다. 이러한 현상은 모두 실제의 혹은 잠재적인 비효율성을 보여준다. 세밀하게 경제적 분석을 해보면 공적 면허제도가 발생시키는 비효율성과 자율규제가 발생시키는 비효율성을 비교할 수 있을 것이다.

마지막으로 플랫폼은 공익보다는 자신의 사익을 위하여 운영되기 쉽다. 그들의 가격 구조는 이윤을 극대화하도록 설계되어 있지, 최적의 서비스를 제공하도록 되어 있지 않다. 플랫폼은 상대적으로 낮은 가격을 유지하는 경향이 있고, 그 이유로 소비자에게 인기가 있기도 하다. 하지만 플랫폼이 취하는 수수료는 이 가격의 상당한 부분을 차지한다. 그리하여 플랫폼이 올리는 수입의 적정성 여부는 분배상 우려로 이어진다. 만약 정부들이 플랫폼을 공적 면허제도의 대체물로서 받아들인다면 이러한 지지행위는 '규제포획'의 매우 극단적인 형태로서 보여질 것이다. 이것은 사적 단체에 면허권한을 위임하는 것이기 때문이다. 이러한 결정의 정당성에 대하여는 현실적인 우려가 있다. 특히 플랫폼이 기존의 법률을 무시하면서 시장점유율을 확보하여 나아갈 때(우버가 자주 그렇게 하였다[55]) 문제가 발생한다.

결론

플랫폼 기반 사업체를 옹호하는 자 중에 공적 면허제도가 무용지물로 되었다고 주장하는 자가 있기는 하나, 그러한 주장에 어긋나게도 공적 면허제도가 완전히 무용지물로 되었다고 보기는 어렵다. 면허제도와 관련하여 보건대, 플랫폼에 대한 정부의 대응방식은 매우 다양하다. 어떤 경우에는 정부가 기존 면허제도를 강화하여 이를 보편적으로 적용하려고 하였다. 또 어떤 경우에는 퀘벡의 여행자 숙박 시설 면허와 같이 기존 면허를 유지하면서 한정된 예외를 설정하기도 하

---

53 Noam Scheiber, How Uber Uses Psychological Tricks to Push Its Drivers' Buttons(우버는 어떻게 심리적 기술을 사용하여 운전자를 움직이게 하는가), NY Times, Apr. 2, 2017

54 See generally Mark Armstrong, Competition in Two-Sided Markets(양면의 시장에서 이루어지는 경쟁), 37 RAND J. of Econ. 668 (2006); Stephen P. King, Sharing Economy: What Challenges for Competition Law?(공유경제: 경쟁법의 도전과제는 무엇인가?), 6 J. of Eur. Competition L. & Practice 729 (2015).

55 Mike Isaac, How Uber Deceive the Authorities Worldwide(우버는 어떻게 세계 각국의 당국을 속이는가), NY Times, Mar. 3, 2017, www.nytimes.com/2017/03/03/technology/uber-greyball-program-evade-authorities.html; Sam Levin, Uber Attacked Over Pattern of Ignoring Police and Victims Before London Ban(우버가 런던에서 금지되기 전에 우버는 경찰과 피해자들을 무시한 것으로 비난받았다), The Guardian, Sept. 27, 2017, www.theguardian.com/technology/2017/sep/27/uber-london-ban-sexual-assault-california-case-police.

였다. 또 어떤 경우에는 플랫폼 및 그 제공자들에 대하여 새로운 병행의 면허제도를 창설하거나, 면허권한을 엄격한 조건하에 플랫폼에 위임하기도 하였다. (퀘벡이 단일의 면허제도라는 구실하에 우버를 시범적으로 합법화한 것은 후자의 예이다.) 이러한 현상을 보고서 면허제도가 필요하다거나 현명한 정책이라고 말할 수는 없다. 하지만 이러한 과정을 살펴보면 역사적으로 면허제도를 창설하여 달성하려고 한 목표들(소비자보호와 자원배분 목표 등)이 여전히 타당한 공공정책 사안임은 드러난다. 실제로 위 두 정책목표에 대한 증거는 새로운 서비스를 위하여 확립된 새로운 면허제도에서 발견할 수 있다.

역으로 말하자면 정부가 플랫폼 중심의 자율규제를 채택하고 면허제도를 폐기한다고 하더라도 그러한 개혁이 그간 면허제도와 결부된 문제점을 제거할 수는 없을 것이다. 플랫폼은 공공 면허제와 마찬가지로 —아마도 그 이상으로— 자의성, 비효율성, 역진적 자원배분 효과 및 정치권력의 부당한 행사를 야기할 수도 있다. 경쟁이 있으면 플랫폼이 적정하게 행동할 것이라는 생각은 환상일 수도 있다. 왜냐하면 플랫폼은 네트워크로서 기능하므로 네트워크 효과를 악용할 수 있기 때문이다.

이 글의 입장을 현상의 옹호로서 해석하면 안 된다. 현존 면허제도는 실질적인 문제점을 안고 있으며 개선의 여지가 크다. 또한 공공 면허제도가 유일한 해결책이라고 주장하는 것으로 이해되어서도 안 된다. 다른 규제 모델도 가능하다. 반면에 이러한 규제적 도전과제의 사회적, 경제적, 정치적 복잡성을 도외시하는 유혹적인 제안에 대한 경고도 제공하고자 한다.

13

결정권자는 누구인가?
공유경제의 공동규제를 시장의 모습에 맞추기 위한 틀

브라이언트 캐넌, 한나 정*

서언

공유경제는 계속 확대되어 기존 시장을 교란하기도 하고 새로운 시장을 창출하기도 한다. 공유경제는 긱경제, 주문형경제, 동료경제 혹은 플랫폼경제 등 여러 이름으로 알려져 있지만, 공유경제의 결정적 특징은 일정한 기간 동안에는 사용되지 않는 물품과 노동을 시장으로 가져오는 방식에 있다. 신경제는 투입비용을 회수하여야 하는 판매자에게, 소유권을 판매하지 않고도 물품과 노동의 사용을 공유할 수 있는 방법을 제공한다. 즉 자동차가 사용되지 않아 차고에 대기하는 시간을 금전화할 수 있고, 비고용되거나 저고용된 자가 남는 시간을 심부름하는 데에 사용할 수 있다. 공유경제 기업은 검소한 구매자 혹은 편익이나 선택권을 추구하는 자에게, 그들의 예산 혹은 취향이 수용할 만한 작은 크기로 물품이나 서비스를 제공한다. 이 경제에는 여러 다른 동기들이 모이게 된다. 협업적 소비로써 쓰레기를 줄이려는 생각도 있고, 소규모 소비 단위를 원하는 소비자의 요구에 부응하여 이윤을 확보하려는 가업가적 노력도 있다. 이러한 경향이 촉발한 공유경제는 막강한 경제적 영향력을 획득하여, 전통적 규제 노력과 자주 충돌한다.

재화와 서비스 제공자의 공동 사용으로 복잡한 경제적 관계와 의존성이 발생한다. 이러한 협력적 행동은 잘 정의된 규칙을 필요로 하며, 신산업과 사업모델을 언제, 어떻게 규제할지를 분간하는 일은 쉽지 않다.[1] 공동규제[2](공동규제란 정부와 업계가 협력하여 규제메커니즘을 세우고, 집행하고, 유지하는 방식을 말한다)는 공유경제의 혁신과 교란적 효과에 대응한 조치로서 풍부한 정보에 기반

---

* 브라이언트 캐넌은 캘리포니아주 법무부의 공적 권리국 담당 부장관이다. 한나 정은 캘리포니아주 법무부의 형사국 담당 부장관이다. 이 글에서 표시된 견해는 캘리포니아 법무부의 견해가 아니다. 이 글의 일부는 필자들의 다른 저작에도 포함되어 있다. Bryant Cannon and Hanna Chung, A Framework for Designing Co-Regulation Models Well-Adapted to Technology-Facilitated Sharing Economies(기술 기반의 공유경제에 잘 맞춰진 공동규제 모델을 고안하기 위한 틀), 31 Santa Clara High Tech. L.J. 23 (2015).

1 See Steven C. Hackett, Heterogeneities, Information, and Conflict Resolution: Experimental Evidence on Sharing Contracts(이질성, 정보, 분쟁 해결: 공유계약의 실험적 증거), 6 J. Theoretical Pol. 495, 495-97 (1994).

2 See, e.g., Tony Prosser, Self-Regulation, Co-Regulation and the Audio-Visual Media Services Directive(자율규제, 공동규제 및 시청각미디어 서비스 지침), 31 J. Consumer Pol'y 99, 106 (2008); Jody Freeman, The Private Role in Public Governance(공적 지배구조에서의 사적 역할), 75 N.Y.U. L. Rev. 543, 547-49 (2000); Edward J. Balleisen and Marc Eisner, The Promise and Pitfalls of Co-Regulation: How Governments Can Draw on Price Governance for Public Purpose(공동규제의 희망과 함정: 정부는 어떻게 공적 목적을 위하여 가격구조를 이용할 수 있는가), in New Perspectives on Regulations 127, 143-45 (David Moss and John Cisternino eds., (2009).

한 포괄적인 틀이다. 하지만 단순히 시장활동에 대한 통제권을 공유 혹은 조정하기로 합의한 것만 가지고는 충분하지 않다. 우리에게는 더 많은 문제가 남아 있다. 이와 같은 책임의 공유는 어떤 모습을 띨 것인가? 누가 무엇을 관리할 것인가? 어떤 견제와 균형이 있어야 하나? 오래된 규제의 천에다가 이러한 신경제의 조각을 누비는 경우 의미론적 분쟁에 휩싸이게 된다. 예컨대 공유경제 활동이 기존 규정의 적용 대상인 택시 서비스, 호텔업 혹은 소유권에 해당하는가 여부의 문제가 있다. 더구나 공유경제 기업은 인터넷 상거래의 자율규제 문화에서 성장하여 왔기 때문에 하향식의 중앙집중적 규제적 접근법(여기에서는 정부의 규칙제정자를 선호한다)과 자주 충돌하여 왔다.[3]

정부규제권자가 전통적 경제 중 표면적으로 유사한 영역에 적용되는 기존의 규칙을 단순히 변형하여 새로운 공유경제에 적용한다면, 정부는 익숙한 업무를 수행하겠지만 결과는 현실과 맞지 않게 될 것이다. 의사결정권자는 위와 같이 해서는 안 되고, 특정 시장의 행태에 대한 사실적 분석을 철저히 한 후에 특정 시장의 성향과 체형에 딱 맞는 규제의 복장을 디자인해야 한다. 공유경제에서 이루어지는 시장활동의 유형은 매우 다양하므로, 규제권자가 모든 산업에 갖다 붙이기만 하면 되는 것으로서 지배구조에 관한 만인 공통의 청사진은 없다. 대신에 누가 특정 시장활동의 규율을 하여야 하는지에 관하여 정부와 업계 이해당사자가 논의를 할 때에는 의사결정의 공통된 틀(문제를 해석하고 해결하는 일반적인 방법론)이 있어야 한다. 즉 그들은 효율성과 실현성 등 공통된 가치와 공통된 사고방식을 가져야 한다. 그래야 특정 활동을 규제하기에 누가 더 적합한가를 알아낼 수 있고, 그 외의 이해당사자에게 어떤 견제와 균형의 수단을 주어야 하는지를 파악할 수 있다. 다른 이해당사자가 견제와 균형의 수단을 가져야, 그들의 이해관계를 주된 규제권자의 의사결정 과정에 반영시킬 수 있게 된다. 따라서 이하의 섹션에서 우리는 지배구조를 처방적으로 제시하기보다는, 협력적 문제해결의 틀을 기술하고자 한다. 협력적 문제해결 절차에서는 규제기관의 역량을 상호 비교하여 규제권자들 사이에서 규제 업무의 취급 권한을 서로 위임하고, 이차적 공동규제권자가 피드백 통로를 통하여 규제권자에 대하여 견제와 균형의 수단을 행사할 수 있다.[4]

I. 공유경제의 본질적 특성과 규제의 필요성

공동규제 노력에서 누가 무엇을 규제할 것인가를 논하기에 앞서 논리적 출발점으로서 검토할 것은 무엇보다도 무슨 이유로 시장의 행태가 규제될 필요가 있는가를 분석하는 일이다. 이를 위하여 우리는 아래에서 공유경제의 독특한 특징이 무엇인지와 어떤 구체적 경위로 그러한 특징이 시

---

3 See Bruce L. Benson, The Spontaneous Evolution of Cyber Law: Norms, Property Rights, Contracting, Dispute Resolution and Enforcement Without the State(사이버법의 즉각적 전개: 국가 외에서의 규범, 재산권, 계약론, 분쟁해결 및 집행), 1 J.L. Econ. & Pol'y 269, 326, 329(2005).

4 우리가 이 글에서 논의하는 공동규제가 가장 밀접하게 적용되는 지역은, 일반인이 기술을 통하여 정보에 쉽게 접근할 수 있고 정부가 민주적으로 운영되는 곳이다.

장실패나 외부효과로 이어져서 개입을 필요로 하는지를 분석하고자 한다.

A. 공유된 경제는 전통적 경제와 어떻게 다른가?

이 섹션에서는 다음의 특성에 해당되는 공유된 경제를 다루고자 한다. (1) 대여자가 서비스의 대상인 물품 혹은 서비스의 영구적 소유권을 보유하고(자기고용의 서비스 제공자이므로 단일 고용자에 종속된 서비스 제공자와 대비된다), (2) 차용자는 물품이나 서비스의 일부 사용에 대한 대가를 지불하는데, 물품에 대한 배타적 소유권을 구매하지 아니하며, 고용자의 지위에서 서비스 제공자의 노동에 대한 배타적 권리를 구매하지 아니하고, (3) 시장중개 디지털 플랫폼이 거래를 촉진하여 시장의 매도인측과 매수인측이 낮은 진입장벽을 누릴 수 있게 된다. 이와 같은 특성 덕분에 사업경험이 없는 개인이라도 다른 개인을 상대로 사용되지 않은 생산역량에 관한 거래를 용이하게 할 수 있게 된다.

디지털 플랫폼의 존재로 인하여 현대의 공유경제가 이전 시대의 대차거래와 구분된다. 온라인 플랫폼은 이중 역할을 수행한다. 플랫폼은 시장을 확장하여 보통의 비전문적인 대여자와 차용자를 참여시킬 뿐만 아니라, 평판/평점 시스템과 보험안전망과 같은 위험감소/신뢰구축 메커니즘을 구축하여 낯선자와 거래하는 것을 꺼리는 현상을 해결하기도 한다.[5] 그러나 공유경제 고유의 특성이 일정한 유형의 비효율성을 더욱 악화시킬 수 있다. 예컨대 공유된 경제의 차용자는 다른 시장의 소비자와 마찬가지로 위험노출도를 과소평가하여 적정하지 않은 수준의 시장보호책에 만족할 가능성이 있다.[6] 이러한 경우 장기적 목적을 가진 행위자(시장 플랫폼 개발자와 대중 보호의 임무를 가진 정부규제권자 등)가 적극 개입하여 외부효과와 정보 비대칭성을 시정하여야 한다. 외부효과와 정보 비대칭성이 있으면, 비효율적 결과가 양산되고 시장 참여자가 효율적인 보호를 받지 못한다.

B. 공유경제는 어떻게 시장 비효율성을 가져오는가

낮은 진입장벽, 무경험, 개별거래의 즉시성으로 인하여 '유인격차'(incentive gap) 현상이 발생할 수 있다. 유인격차란 무경험의 시장행위자(주말사업가 혹은 1회성 차용자 등)가 적정한 수준의 심사숙고 및 안전책을 도모하는 데 당연히 가져야 하는 유인과 현실 사이의 격차를 가리킨다. 심사숙고가 있어야 하는 대상으로는 실패한 공유관계의 해결, 위험의 관리, 외부효과의 해결, 최소한의 소비자 보호와 노동기준의 설정 등이 있는데, 이들은 시장의 장기적 생존을 도모하는 데 필요

---

5 See, e.g., Arun Sundararajan, The Sharing Economy: The End of Employment and the Rise of Crowd-Based Capitalism(공유경제: 고용의 종말과 군중 기반 자본주의의 대두) (2016).

6 Avishalom Tor, The Fable of Entry: Bounded Rationality, Market Discipline, and Legal Policy(진입의 우화: 제한된 합리성, 시장규율 및 법적 정책), 101 Mich. L. Rev. 482, 505-20, 505 n. 91 (2002).

한 것들이다.[7] 이러한 격차 때문에 공유경제 시장에는 고객보호와 책임분배, 노동보호, 정보보호, 외부효과의 고려에 관한 비효율성이 존재한다.

1. 고객보호 및 책임분배에 관한 비효율성

즉시성 거래(spot transaction)는 마우스 클릭이나 스마트폰 탭을 통해 거의 즉각적으로 이루어지므로, 소비자가 의도하지 않은 결과를 예방하는 데에 필요한 만큼의 적정한 보호책을 생각할 여지가 거의 없다. 진출입 장벽이 낮으므로, 시장에서 계속하여 활동하겠다는 의무감 없이 활동하는 비직업적 참여자가 다수 존재하게 된다. 이러한 참여자들은 행위 시에 소비자가 요구하는 보장 수준을 그대로 제공하면서도 거래 이후의 예기치 못할 위험에 대하여는 전혀 생각해 보지 않는 상황에 놓이기 쉽다. 예컨대 비직업적 마사지사는 자신의 서비스를 구매하려는 자에게 집에서 배운 기술을 펼치는 데에 따르는 위험을 잘 파악하지 못하는데, 불만족한 고객이 느닷없이 상태를 더 악화시켰다는 이유로 소송을 제기하는 상황에 부닥칠 수도 있다. 비직업적 서비스 제공자는 고객과의 관계에서 기본규칙을 설정해야 한다는 점을 미리 생각하지 못할 수도 있다. 자신의 능력을 과대평가하거나, 부정적 경험의 위험과 결과를 과소평가하는 것이 원인일 것이다. 비슷하게, 고객은 부상의 위험을 과소평가하여 책임문제에 대한 보장을 계약상 요구할 생각을 하지 않기 때문에 무면허 마사지사라도 받아들일 가능성이 있다. 매수인과 매도인이 모두 무경험자이므로, 장기 결과를 잘 이해하지 못하는 인간적 한계와 낙관적 편향에 더욱 취약할 수가 있다.[8]

2. 노동보호의 비효율성

유인격차에 때문에 부적절한 노동규제가 이루어졌다고 볼 수 있다. 적정성의 수준은 논쟁의 여지가 있지만, 공유경제 지지자의 주장에 의하면, 공유경제 기업을 혁신적이고 승승장구하게 만든 바로 그 요인이 자기보호적이고 지대추구적인 노동과 상거래에 관한 기존의 규제를 교란하는 동인으로 된다고 한다. 하지만 모든 노동법상 제한이 기득권층의 특권을 유지하기 위해 존재하는 것은 아니다. 노동규제는 시장의 병리현상을 치유하는 데 기여하기도 한다.[9] 단기거래를 주로 하는 참여자는 느슨한 노동규제와 함께 저수준의 노동보호도 받아들이려 할 것이다. 이러한 경우에 규제가 부적정하게 될 수 있는데, 경험도 없고 장기적 상사거래를 할 생각도 없고 심사숙고할 겨를도 없는 노동의 매도인과 매수인은, 어쩌면 당연하게도, 거래의 문제점과 그에 따른 비용에 대

---

7 Molly Cohen and Corey Zehngebot, What's Old Becomes New: Regulating the Sharing Economy(옛것의 새로운 탄생: 공유경제의 규제론), 58 Bos. B.J. 6, 7 (2014).

8 Christopher Koopman, Matthew Mitchell, and Adam Thierer, The Sharing Economy and Consumer Protection Regulation: the Case for Policy Change(공유경제와 소비자보호 규제: 정책변경을 위한 제안), 8 J. Bus. Entrepreneurship & L. 529 (2015).

9 See generally Blake E. Stafford, Riding the Line Between "Employee" and "Independent Contractor" in the Modern Sharing Economy(피용인과 독립계약자 사이의 경계선을 넘나드는 현대의 공유경제), 51 Wake Forest L. Rev. 1223 (2016).

하여 과소평가를 하는 경향을 띠게 될 것이다. 전통적 작업장의 피용인과는 달리 온라인 플랫폼에서 노동을 제공하는 사람들에게는 단체교섭을 할 만한 유대관계와 조직이 갖춰져 있지 않고,[10] 한 개인이 나서서 세를 규합하여 집단행동을 조직할 만한 동기도 없다.[11] 끝으로, 노동규제는 제3자에 대한 위험을 과소평가하는 참여자의 시장편향을 교정할 수 있는데, 이는 트럭업 규제가 공중의 안전을 위하여 운전자의 운행시간에 상한을 두고 있는 사례가 이와 비슷하다.[12]

3. 믿을 만한 시장정보의 공유에 관련된 비효율성

유인격차는 공유경제의 근간을 이루는 피드백 및 신뢰구축 메커니즘에 불완전성을 가져올 수 있다. 빈번하고 정직한 고객평가가 있으면 시장에 이롭다. 이 논리는 나쁜 경험에 대한 신속한 신고에도 해당된다. 소비자들은 공동체 내에서 관심과 인정을 받으려는 경향이 있기 때문에 식당, 호텔, 기업 등에 대한 긍정적이거나 부정적인 평가를 올리게 된다.[13] 그러나 합리적 인간이 정보공유에 참여하는 경우라도 오정보가 판을 칠 수 있다. 구체적으로 보건대, (1) 참여자는 부정적 경험을 잘 신고하지 않는 경향이 있고,[14] (2) 일부 사람들이 오정보를 의도적으로 퍼뜨리더라도, 공동체가 이를 잘 알지 못하거나, 오정보를 인지하여 수정할 권한이 없는 수가 많으며,[15] (3) 어떤 행위는 너무 위험해서 시장참여자가 공동체의 피드백에 의존한 시행착오 방식으로 의사결정을 해서는 안 되는 경우도 있다.

4. 외부효과

어떤 종류의 시장에서나 외부효과를 제대로 고려하지 못하는 경우가 있기는 하지만, 공유경제의 특성으로 인하여 일부 외부효과가 악화되어 나타날 여지가 있다.

---

10 Gemma Newlands, Christian Fieseler, and Christoph Lutz, Power in the Sharing Economy(공유경제의 권력관계), Working paper, 2017, www.researchgate.net/publication/316596585_Power_in_th_Sharing_Economy.

11 Deepa Das Acevedo, Regulating Employment Relationships in the Sharing Economy(공유경제의 고용관계에 대한 규제), 20 Emp. Rts. & Emp. Pol'y J. 1, 14 (2016).

12 See, e.g., Fed. Motor Carrier Safety Admin. v. Distribution LTL Carriers Ass'n, 374 F.3d 1209, 1218 (D.C. Cir. 2004).

13 Abbey Stemler, Feedback Loop Failure: Implications for the Self-Regulation of the Sharing Economy(피드백 순환의 실패: 공유경제의 자율규제가 갖는 의미), 18 Minn. J.L. Sci. & Tech. 673, 688 2017).

14 See Andrey Fradkin, Elena Grewal, David Holtz, and Matthew Pearson, Reporting Bias and Reciprocity in Online Reviews: Evidence from Field Experiments on Airbnb.com(온라인 평가에서의 신고편향성과 상호결탁성: Airbnb.com의 현장실험에서 얻은 증거), Proceedings of the Sixteenth ACM Conference on Economics and Computation (2015), https://dl.acm.org/citation.cfm?id=2764528; Chrysanthos Dellarocas and Charles A. Wood, The Sound of Silence in Online Feedback: Estimating Trading Risks in the Presence of Reporting Bias(온라인 피드백에서의 침묵의 소리: 신고편향성에 비추어 본 거래위험성의 평가), 54 Mgmt. Sci. 460, 460-76 (2008).

15 See Weijia Dai, Ginger Jin, Jungmin Lee and Michael Luca, Optimal Aggregation of Consumer Ratings: An Application to Yelp.com(소비자평가의 적정한 축적: Yelp.com에 대한 적용의 사례) (2014), www.people.hbs.edu/mluca/OptimalAggregation.pdf; Eric T. Anderson and Duncan I. Simester, Reviews Without a Purchase: Low Ratings, Loyal Customers, and Deception(비구매고객의 평가: 낮은 평가, 충성고객 및 사기), 51 J. Marketing Res. 249 (2014).

a. 조각거래 시장에 진입하기 위하여 한 덩어리인 시장을 잘게 쪼개기

시장참여자들이 자산을 작은 단위로 쪼개서 임대할 목적으로 저사용된 자산을 구입하는 것이 공유경제의 한 특징이다. 이러한 자원분배는 기존 자원의 효율적 사용으로 귀결되기도 하지만, 비효율적인 경우도 있다. 즉 저사용되는 소유자산 중 미사용 부분을 판매하는 것이 아니라, 새로운 자산을 구입하여 이를 잘게 쪼개는 경우도 생긴다. 이러한 경향으로 인하여 구매자가 완전한 소유권 혹은 통제권을 원하지만 그러한 공급이 충분히 이루어지지 않을 수도 있고, 매도인은 협상력을 상실하여 어쩔 수 없이 작은 조각으로 판매하게 되는 수도 있다.[16] 공유경제의 조각거래는 매도인에게 손해일 수가 있다. 왜냐하면 매도인은 물품과 서비스를 잘게 쪼개고 가격을 낮춰야 될 수도 있다. 매도인이 조달비용을 관철시킬 만한 협상력을 덩달아 확보하지 않는다면, 급기야 제공되는 소단위의 조달비용이 매도가격보다 높아질 수도 있을 것이다. 긱경제가 효율성을 높일 수는 있으나, 이는 전업노동자의 미활용 노동시간을 활용할 때의 이야기이고, 전업노동자의 수요를 축소하여 전업노동을 찾을 수 없는 노동자가 늘어날 수도 있다.[17] 한 덩어리를 조각으로 파편화한다고 하여 항상 시장실패가 있다고 볼 수는 없지만, 그러한 파편화는 한 방향으로만 작용하여 시장 실패가 일어나고 가치가 영구히 소실될 수도 있다. 즉 시장이 파편화 방향으로 고정될 여지가 있다.

b. 지역의 과세와 재정수입 창출에 대한 교란

공유경제는 전에는 한정된 수의 행위자만 참여할 수 있었던 곳에서 진입장벽을 열어젖힘으로써 번영을 구가하는 것이 보통이다. 때로 이런 장애는 인위적인 것인데, 택시 메달리온의 경우와 같이 정부가 수입을 창출하기 위하여 장애를 만들기도 한다. 공유경제가 시장의 공급과 수요를 촉진하는 새로운 수단으로 작용하게 되면, 시장이 교란될 뿐만 아니라, 관련 서비스에서 수입을 올리고 있는 정부와 서비스도 교란을 받게 된다. 조세가 공유경제에 부과되어야 하는지 여부는 해당 조세의 목적에 달려 있다. 공유경제와 전통적 경제에 공통적으로 존재하는 외부효과를 내재화하는 것이 조세의 목적이라면, 그 목적을 달성하기 위하여 규제권자가 공유경제를 억누르는 것보다는 조세를 공유경제에 확대하는 것도 가능할 것이다. 마차세로부터의 재정수입이 감소한 것을 파악한 규제권자로서는 자동차를 완전히 금지하지 않고 자동차세를 부과하는 것을 택할 것이다. 특정 경제활동에 대한 과세의 전통적인 목적이 무엇이든지 간에(공공자원의 사용료이건, 안전과 품질유지를 위한 면허 수수료이건, 단순한 수입원이건), 공유경제에서 동일한 목적을 달성할 수 있도록 기능적으로 동일한 규제를 도출하는 데에 규제권자와 플랫폼 개발자가 상호 협력을 경주하여야 한다.

---

16 Daniel K. McDonald, Is the Sharing Economy Taxing to the Traditional?(공유경제는 전통적 경제에 부담을 주는가?), 16 Fla. St. U. Bus. Rev. 73 (2017); Kellen Zale, When Everything Is Small: The Regulatory Challenge of Scale in the Sharing Economy(모든 것이 작은 때: 공유경제의 규모에 따른 규제상 문제점), 53 San Diego L. Rev. 949, 985 (2016).

17 See Antonio Aloisi, Commodified Workers: A Case Study Research on Labor Law Issues Arising from a Set of "On-Demand/Gig Economy" Platforms(상품화된 노동자: 주문형/긱경제 플랫폼에서 야기되는 노동법 문제에 관한 사례 연구), 37 Comp. Lab. L. & Pol'y J. (2016); Brishen Rogers, The Social Costs of Uber(우버의 사회적 비용), 82 U. Chi. L. Rev. Dialogue 85 (2015).

그렇게 하지 않으면, 그들은 필요사항을 충족시키는 과정에서 과거의 비효율적인 시장을 보호하는 결과에 이르게 될 것이다.

II. 누가 문제해결 및 규제집행의 적임자인가를 판단하는 방법

공동규제적 접근법에서는 정부가 주된 규제권자이자 최적의 규제권자라는 전제에 대하여 도전을 한다. 오히려 공동규제가 출발점으로 삼는 원칙은, 정부와 시장참여자가 협동하여 누가 시장행동을 규제할 것이며 어떻게 규제할 것인지를 결정하여야 규제가 더욱 효과적이라는 것이다. 그러므로 이 글에서 널리 검토하는 '공동규제'의 대상에는 정부와 시장행위자가 합동규제 기구에 참여하는 것[18]뿐만 아니라, 어떤 영역을 자율규제 영역으로 남겨서 정부의 개입을 제한할 것인지를 협의하여 정하는 절차도 포함된다. 종국적으로 보면, 자율규제와 공동규제 사이의 구분은 어렵고, 가장 방임적인 공동규제에 해당될지라도 공동규제는 순수한 자율규제와 다르다. 왜냐하면 공동규제에서는 정부가 일정한 상황에 개입을 한정하겠다는 의도적인 정책적 선택으로서 개입 여부와 개입조건을 정하는데, 이는 법의 부재 시에 나타나는 자율규제와는 대비되기 때문이다.[19]

이해당사자들이 정부규제, 자율규제 혹은 여러 수준의 공동규제 중에서 어느 것이 시장의 비효율성과 외부효과를 다루는 데에 가장 효과적인가를 결정하기 위해서는, 해당 공유경제의 시장에서 가장 취약한 문제점이 무엇인지를 먼저 파악하여야 한다. 시장참여자와 정부기관은 먼저 문제의 본질을 파악하여야 하고, 다음의 사항을 다루는 데에 대한 상대적 역량을 평가하여야 한다. 1) 규칙제정에 필요한 정보를 누가 가장 잘 제공할 수 있는가, 2) 시장 내 행동의 적정성에 관한 기준선을 누가 가장 잘 설정할 수 있는가, 3) 그 기준선의 집행을 누가 가장 잘 할 수 있는가(정부기관인가, 온라인 플랫폼을 운영하는 기업인가, 시장의 매도인과 매수인인가, 혹은 이들의 결합체인가). 즉 공동규제 절차에서 누가, 무엇을 기여할 것인지를 정하기 위해서는 (혹은 자율규제와 같은 경우, 추가적 개입을 일부러 제한하기로 결정할 것인지를 정하기 위해서는) 협의 과정에서 각 이해당사자가 공통된 어휘와 틀을 사용해야 한다고 우리는 제안한다. 이 글에서는 규제적 조치(구체적으로는 공유경제의 잠재적 시장실패를 다루는 조치)의 최적임자가 누구인가를 결정하는 데에 필요한 공통된 어휘와 분석 틀을 기술한다. '정부기관과 사기업이 공동 규제권자로서 공식 절차에서 협업적으로 결정을 하는 경우에 공동규제 절차를 촉진하는 최적의 실무상 관행으로서 어떤 것이 있는지'는 기

---

18 See, e.g., Chris Ansell and Alison Gash, Collaborative Governance in Theory and Practice(협업적 지배구조의 이론과 실제), 18 J. Pub. Admin. Research & Theory 544, 544-45 (2008); Kirk Emerson, Tina Nabatchi, and Stephen Balogh, An Integrative Framework for Collaborative Governance(협업적 지배구조를 위한 통합적 틀), 22 J. Pub. Admin. Research & Theory 1, 2-3 (2011).

19 Carmen Palzer, European Provisions for the Establishment of Co-Regulation Frameworks(공동규제 틀의 정립을 위한 유럽연합의 규정), 13 Media L. & Pol'y 7, 8-9 (2003); Dennis D. Hirsch, The Law and Policy of Online Privacy: Regulation, Self-Regulation, or Co-Regulation ?(온라인 프라이버시의 법률과 정책: 규제, 자율규제 혹은 공동규제), 34 Seattle U. L. Rev. 439, 441 (2011).

존의 문헌에 맡기고자 한다.[20]

　일단 정부기관과 시장참여자가 공존의 불가피성에 합의한다면, 취할 행동에 관한 합의점을 도출하는 데 좋은 첫걸음은, 어떤 행위자가 다른 행위자의 행동에 대하여 견제와 균형을 제공하기에 적절한 위치에 있는가를 결정하는 것이다. 위와 같은 결정은 효과적 해결책을 구축하려는 공통된 이해관계에 기초하여야 하는데, 이러한 견제와 균형은 자유방임시장에서는 제공되기 어렵다. 공유경제에서 유인격차가 발생하기 쉬운 네 개의 영역에서는 적어도, 정부가 규제상 요건을 확립하는 데 가장 적절한 위치에 있다고 보는 것이 일반적이다. 위 네 개의 영역이란 ① 고객보호와 책임분배, ② 노동보호, ③ 정보공유, ④ 외부효과 대책이다.

　공유경제에서 중개절차 구축, 기대수준 관리 및 품질관리가 사업모델의 일부분인데, 거래 촉진 기능을 하는 온라인 플랫폼으로서는 이러한 역할을 할 만한 장기적 동기를 갖고 있다. 온라인에서 자라고 있는 공유경제의 매력 중 하나는 낮은 거래비용이라고 할 수 있다. 누군가가 지엽적인 부분을 세세히 정해 놓은 덕분에, 소비자로서는 원하는 대로 바로 근처에서 물품이나 서비스를 받을 수 있고, 대여자로서는 남는 시간과 자원을 공중에게 내놓자마자 바로 수요자를 찾을 수 있어 즉각적인 만족을 얻게 된다.

　예컨대 에어비앤비에 아파트를 내놓은 사람은 플랫폼이 투숙자의 신뢰성을 확인하기 위해 어느 정도의 보증과 배경조사를 제공하는가 여부를 확인하기는 할 것이나, 재산에 관한 손해보험은 생각해 보지 않을 수 있다. 선량하고 신뢰할 만한 손님이라도 부주의로 피해를 야기할 수 있다는 점을 아파트 제공자가 간과하는 것이다. 더구나 아파트의 제공자와 차용자는 제3자에 대한 영향은 완전히 무시할 가능성이 있다. 이러한 경우 각 당사자가 인지하면서 그러한 위험감수 혹은 회피를 하였는가를 판단함에는 소비자를 적절하게 보호하지 못할 위험이 있는지와 주택소유자에게 책임배분을 제대로 하고 있는지를 평가하여야 한다. 시장에서 위험이 명확하게 분배되지 않는 경우 불확실성이 증가하고 장기적으로 시장기능에 문제가 생길 수 있다.[21]

　소비자보호와 책임분배 영역에 유사하게, 노동보호, 정보공유 및 일부 외부효과는 공유경제에서 시장실패를 가져올 만한 영역이고, 유인격차 때문에 정부의 역할이 바람직스러운 영역이다. 예컨대 독립계약자로 구성된 온라인 시장에서는 모든 것이 투명하고 협상력이 상대적으로 가변적이기 때문에, 시장참여자를 지원하는 플랫폼과 일부 시장참여자는 노동규제를 지나치게 가부장적인 것으로 보고 좋아하지 않을 것이고, 단기거래에 치중하는 참여자는 최소한의 노동보호를 선호할 것이다. 하지만 모든 노동보호가 보호주의 혹은 지대추구에 해당된다고 볼 것은 아니다. 트럭 규제가 공공안전을 위하여 트럭운전자의 운행시간에 상한을 두듯이, 노동규제를 통하여 노동시간과 노동연령을 제한하고 서면화(노동착취를 방지하기 위해 필요하다)를 요구하면, 시장참여자가

20　Ansell and Gash, supra note 18, at 550–63; see also Emerson et al., supra note 18, at 7-19.

21　Inara Scott and Elizabeth Brown, Redefining and Regulating the New Sharing Economy(새로운 공유경제의 재정의와 규제), 19 U. Pa. J. Bus. L. 553, 572-86(2017).

제3자 혹은 취약한 참여자(특히 협상력이 약한 경우)에 대한 위해를 대수롭지 않게 여기는 편향성을 시정하는 데 도움이 될 것이다. 또 예컨대 시장이 정보에 의존하는데 시장실패로 인하여 정보의 원천이 영향을 받아 정보가 왜곡된 경우에는 정부의 강력한 개입이 필요할 것이다. 앞서 본 바와 같은 온라인 플랫폼의 피드백 및 신뢰구축 메커니즘에서 불완전성이 드러난 경우가 이에 해당된다. 또한 시장활동에서 외부효과가 발생한 경우에도 정부의 개입이 정당화될 것이다. 이에 해당되는 예로서는 해당 활동에 따르는 공공비용을 메꾸기 위하여 수입원이 존재하는데 이를 공유경제가 교란하는 경우와 공공재를 보호하기 위한 규제를 공유경제가 회피하는 경우를 들 수 있다.

시장참여자가 항상 정부의 개입을 환영하지는 않을 테지만, 정부와의 공존이 불가피함을 인정하여야 한다. 역으로, 정부가 관할권한을 행사하여 어떤 활동을 합법화하거나 금지할 수는 있겠지만, 민주적 정부라면 지역에 깊이 존재하는 수요를 충족시키는 시장활동과의 공존이 불가피하다는 점도 인정하여야 한다. 이러한 필연적 공존에서 나타나는 하나의 공통된 가치관은, '모종의 시장실패가 확인되는 경우에는 어떤 형태라도 개입이 필요하다고 인정하여야 한다'는 것이다. 어떤 시장실패가 교정을 필요로 할 만큼 심각한 것인지에 대하여는 정부와 공유경제 플랫폼이 인식을 달리할 수 있지만, 위와 같은 공통된 가치관에서 공통된 어휘를 얻을 수 있는데, 공통된 어휘를 기초로 하여 규제를 할지 말지에 대한 논의를 하고, 궁극적으로 그 정당성 여부를 판단할 수 있을 것이다.

그 후 이해당사자들이 어떤 형태로든 개입이 필요하다고 결정하면, '합의된 개입 내용을 수행하는 데 가장 효율적인 행위자가 누구인지를 찾아야 한다'는 공통된 가치관에 호소하게 되는데, 이에 의지하여 협력절차를 촉진한다. 예컨대 어떤 영역에 관하여, 이해당사자들이 시장 자체가 잘 굴러가고 있다는 점, 시장참여자들이 외부효과를 유발하지 아니하고 현명한 선택을 하고 있다는 점, 심각한 실패현상에만 개입이 필요하다는 점에 대하여 동의하는 경우에는 정부는 최소한의 감독역할만을 취하고, 사적 행위자가 자율규제에 실패하는 때에만 개입할 권한을 보유하는 것이 좋을 것이다. 예컨대 고급 파티복을 대여하는 공유경제 플랫폼이라면 정부가 개입할 필요성이 거의 없다. 1) 매도인은 경쟁의 생리상 당연하게도 깔끔하고 멋진 드레스를 좋은 상태로 매도할 것이고 고객이 만족하지 않으면 환불도 해 줄 것이며, 2) 매수인은 자신이 원하는 취향과 품질수준을 잘 알 것이고, 잘 몰라서 손해보는 일은 없을 것이며, 3) 잘못된 의사결정이 이루어질 위험성은 낮고, 4) 제3자에 대한 외부효과는 무시해도 될 정도이다. 매도인 혹은 매수인이 사기를 치는 때와 같이 거래가 실패하는 경우에도 공유경제 특유의 법률이 필요한 것은 아니고 기존의 일반적인 법률로써 충분할 것이다. 그와 같은 경우에는 공유경제 플랫폼이 공동규제의 주요한 규제권자로서 활동하기에 매우 적절한 위치에 있는데, 정부는 최소한의 역할만을 수행하고 대체적으로는 규제에 개입하지 않아도 된다. 이를 규제된 자율규제라고 할 수 있다. 시장실패가 없으므로, 정부는 규제를 요구하는 전통적인 시장참여자(옷가게 등)의 압력에 굴복할 필요가 없다. 앞서 본 공통된 가치관을 감안하여 보면, 규제의 시도에 대하여 공유경제 플랫폼과 시장참여자들이 들고 일어나서 '규제에는 아무런 실익이 없으며 기득권을 옹호하여 소비자에게 손해가 된다'는 점을 지적할 수 있을 것이다.

다른 예로서, 정부에게는 없는 데이터에 대한 접근성이 공유경제 플랫폼에게 있기는 하지만, 플랫폼에게 맡겨 두었을 때 플랫폼이 공익상 책임 있는 결정을 하도록 할 시장유인이 없는 경우를 생각해 보자. 위와 같은 시나리오의 사례로서, 샌프란시스코에서 장기임대물이 부족해지고 집세가 올라가는 데에 좌절한 사람들이 에어비앤비 등의 숙박공유 플랫폼에 대하여 공분을 표시한적이 있다. '에어비앤비 등 플랫폼을 이용함으로써 단기임대의 수익성과 활용성이 증대하여, 투자자들이 샌프란시스코의 그나마 많지 않은 장기임대물을 사들여 단기호텔로 전환하여 급기야장기 주거비용을 증가시킬 것'이라고 샌프란시스코 시규제권자들은 우려하게 되었다. 일단 이해당사자들이 규제의 필요성을 인정하게 되면, 즉 외부효과를 일으키는 시장행태의 패턴을 시정하기 위해 개입하는 것이 공익상 필요하다고 보면, 효율적 규제를 추구하자는 공통된 가치관에 입각하여 공적 · 사적 행위자들이 협상 테이블에 모이게 된다. 이들은 협상 테이블에서 '에어비앤비가 지역정부에 필요한 정보를 가장 잘 제공할 만한 위치에 있고, 지역정부는 도시계획상 필요와공중의 주거수요의 균형점을 찾는 데에 가장 적합한 위치에 있다'는 결론을 도출할 수 있을 것이다. 이러한 공동규제의 모델은 규제의 여러 과업요소를 가장 적합한 행위자에게 할당함으로써 효율성을 증진한다. 그리하여 에어비앤비는 데이터 투명성을 제공하는 대신에, 정부에게 의사결정상 투명성을 더 많이 요구하기도 하고 정부가 시정하려는 시장실패에 대한 결정의 근거를 제시하라고 요구할 수 있을 것이다.

공통된 가치관에 기대어서 공동규제 절차에서 취하여야 할 의사결정의 준칙을 정할 수 있다. 규제를 정당화하는 논리 혹은 근거 데이터가 약한 경우라면, 앞서 본 공통된 가치관(시장병리와 같은 개입의 근거논리가 없다면 정부의 개입을 반대하는 가치관)이 규제를 저지하는 근거원리 혹은 공통된 어휘를 제공한다. 규제를 지지하는 논거를 밝히도록 함으로써, 시장참여자는 정부가 제안하는규제의 정당성 혹은 실효성에 관한 여론을 환기할 수 있게 되고, 공동규제 절차에서 영향력을 행사하게 된다.

물론 다른 조건들에 의하여, 우호적 공동규제의 가능성이 촉진되기도 하고 배제되기도 한다. 그러한 조건들로서는 신뢰 혹은 불신의 역사, 업계의 장기적 이익이 공익과 얼마나 일치하는지에대한 업계의 인식 수준 등이 있다. 때로는 데이터의 투명성과 가용성이 고양되어 시장보호가 더많이 제공되면 정부의 개입 필요성도 줄어든다.[22] 가격책정이 불투명하여 불공정한 경쟁이 이루어지는 사례가 있다고 보자. 물품이나 서비스의 평균 비용에 관한 데이터 혹은 다른 플랫폼의 가격비교에 관한 데이터를 더 많이 제공하면, 불공정 경쟁의 위험을 제거하는 데에 필요한 형태의 정보로 이용할 수 있을 것이다. 이러한 정보를 제공한다면, 가격결정 과정이 투명해지기도 하고, 경쟁력 있는 가격 및 재화의 활용성 증대를 보여주고자 하는 플랫폼의 이해관계에 부합하기도 한다.

---

22 Abbey Stemler, Regulation 2.0: The Marriage of New Governance and Lex Informatica(규제 2.0: 신지배구조론과 정보화법의 결합), 19 Vand. J. Env't. & Tech. L. 87, 102-10 (2016).

시장참여자 사이에서 외부효과가 심각할수록, 그리고 비합리적이거나 불충분한 정보에 기한 선택의 가능성이 클수록, 공동규제 노력 중 정부 개입의 필요성이 더 커진다. 그러나 공유경제가 성숙해지고 경쟁이 안정화되면서, 업계 구성원들은 외부효과와 시장실패 취약성을 해결하는 것이 업계의 장기적 이익에 도움이 된다는 인식을 제대로 하게 될 것이다. 업계 구성원들이 시장을 유지하는 데 단결함에 따라, 공유경제 플랫폼은 시장마다 규제업무를 취급할 기관을 만들어서 분쟁을 해결하게 될 것이다. 시장참여자들이 협업하여 제3의 평가기관을 만들게 되면, 중립적 평가 절차가 생겨서 시장실패를 억제할 수 있을 것이다.[23] 그러한 자율 규제기관이 존재하게 되면, 업계 자체가 근본적 문제에 대한 해결 수단을 제공하면서 자기거래에서 오는 무책임성을 억제하기 때문에 정부가 개입할 여지가 줄게 된다. 이러한 규제된 자율규제의 시나리오하에서도 정부가 공중에 대한 책임을 완전히 방기하지는 아니한다. 중립적 기관이 더이상 중립적이지 못하거나 공적 문제가 여전히 해결되지 않는다면, 정부가 개입하여 절차와 결과를 관리할 준비를 지속적으로 하고 있어야 한다. 수동적 감독의 여지를 남겨 놓으면, 플랫폼 주도의 규제적 접근법에서 예상 외의 문제가 발생하는 경우에 규제권을 행사할 통로가 존치하게 된다. 기술적 측면 혹은 규제 쟁점이 특히 복잡하지도 않고 급속하게 발전하고 있지도 않아서, 정부가 갖기 어려운 전문지식이 필요하지 않은 경우에 이러한 방식의 접근법이 적절할 것이다.[24]

위와 같은 특성이 있는 경우에는 시장 플랫폼과 정부가 협동심을 효과적으로 발휘함으로써 효율적 시장을 확보하는 데에 각자의 장점을 제공하고, 문제 소지가 큰 실패현상을 줄일 수 있을 것이다. 위와 같은 특성이 없고 유인격차가 뚜렷하지 않은 경우에는, 공유경제 업계가 소규모의 형태로 과도기적 단계를 지나게 될 것이고, 개인이나 자원이 영향을 받는 일도 많지 않을 것이고, 공중에 부정적 영향을 미칠 가능성도 제한적일 것이다. 어린 공유경제가 성장하게 되면, 정부가 여러 가지 역할을 수행할 수 있다.[25] 첫째, 업계 구성원의 이해관계가 일치하지 않거나 다수의 시장 경쟁자들이 존재하는 경우, 정부가 나서서 토론을 촉진하고 대중을 동원하고 공통된 문제를 발굴할 수 있다. 둘째, 현재의 경쟁상태와 관련된 중요한 영역에 쟁점이 있는 경우, 정부가 특정 영역의 규제를 회피하기로 의도적인 결정을 함으로써 경쟁시장의 딜레마를 섣불리 결정하는 것을 피할 수도 있다. 셋째, 지도력의 공백이 있는 경우 정부가 이해당사자를 불러모아서, 주요 역할을 수행할 만한 참여자들에게 더 심각한 개입이나 집행권 발동이 있을 수 있다고 위협하면서 협력을 유도할 수도 있다.

---

23 Emily Hammond, Double Deference in Administrative Law(행정법에서의 거듭된 양보), 116 Colum. L. Rev. 1705, 1716 (2016).

24 Raymond H. Brescia, Regulating the Sharing Economy: New and Old Insights into an Oversight Regime for the Peer-to-Peer Economy(공유경제의 규제: P2P경제의 감독체제에 대한 신구의 통찰력), 95 Neb. L. Rev. 87, 88 (2016).

25 Kellen Zale, When Everything Is Small: The Regulatory Challenge of Scale in the Sharing Economy(모든 것이 작은 때: 공유경제의 규모에 따른 규제상 문제점), 53 San Diego L. Rev. 949, 960 (2016).

III. 공동규제 및 협력적 균형의 유지

지금까지는 협력적 문제해결의 틀, 공동규제가 시장의 상태를 보완하는 영역을 정의하는 틀 및 잠재적 규제권자들의 상대적 기관 역량에 따라서 규제의 집행책임을 위임하는 틀에 대하여 살펴보았는바, 이제는 공동규제 절차의 유지방법에 대하여 살펴본다. 규제방법론에서는 다른 공동규제 당사자가 견제와 균형을 주요 규제권자에 대하여 행사할 수 있도록 피드백 통로를 보장하여야 한다. 이렇게 하면 공동규제 구조에서 서로 간에 전파와 상호교류가 가능하게 될 것이다.

A. 역할을 위임하되 견제와 균형을 유지하는 방법

정부규제권자로서는 시장 위험의 가능성과 우려 대상을 평가하고 정부 혹은 시장참여자 중 누가 그리고 어떻게 규제상 통제권을 행사하는 것이 가장 적절한지 살펴본 후, 공동규제의 역동성이 유지되도록 적절한 역할을 하여야 한다. 적절한 정보를 제공하는 데에 가장 적합한 주체는 개입(혹은 적어도 건설적 상호작용)에 필요한 정보를 공급하는 역할을 하여야 하고, 모든 관련 이익(공익을 포함한다)을 옹호하는 데에 가장 적합한 주체는 이 데이터를 사용하여 정책상 선택권을 행사하는 역할을 부여받아야 한다. 항상은 아닐지라도 대부분의 경우, 정보제공 역할과 정책결정 역할이 어떻게 수행될 것인가에 관한 최종결정권을 행사하는 주체는 정부가 될 것이다. 하지만 최종결정권을 가진 주체는 결정권을 행사하기에 앞서서 어떤 문제를 어떻게 해결하려고 하는지를 투명하게 알려야 한다. 그래야 다른 행위자가 피드백을 하고 잘못된 결정에 대한 견제를 할 수 있다. 잘못된 결정은 한 이익단체의 과도한 압력행사(기득권 보호에 따른 압력), 규제상 포획, 우선순위 설정의 과오 등 규제실패에서 유래하기 쉽다. 예컨대 정부가 특정 규제과업을 수행하기에 가장 적합하다고 판단되었는데, 정부의 미흡한 규제로 인하여 방종한 플랫폼이 제공자나 소비자에게 예기치 않은 해를 야기하는 경우라면, 플랫폼 운영자들이 협의조정하여 신속하게 정부의 규제적 접근법에 존재하는 결함을 제시하는 수단이 마련되어야 한다. 과다규제의 점에서 보건대, 정부의 엄격한 통제로 인하여 플랫폼이 제 기능을 하지 못하는 경우라면, 구체적인 의사소통 및 정보 공유 절차를 마련하는 것이 전통적인 로비관행보다는 규제상 자제의 범위와 정도에 대한 요구를 전달하는 데에 더 효율적일 것이다. 반면에 정부가 보기에 공유경제 플랫폼이 최종결정권자로 가장 적합하다고 보이는 영역이라면, 과잉 자율규제의 위험성은 낮으므로, 플랫폼의 미진한 규제로 인하여 감내하기 어려운 위험 혹은 시장 비효율성이 창출되는 경우에만 정부 당국이 개입할 위치에 놓이게 될 것이다.

공유경제에서는 미사용 자원을 재배치하여 탁월한 시장효율성을 창출하고 있으므로, 공동규제를 하면서 과거의 규제체제를 적용하면 비생산적일 것이다. 정부는 이중의 역할을 수행할 수 있다. 정부는 규제권자로서 공공안전을 보호하고, 좋은 규제제도가 목표를 달성하도록 기능하면서도, 협업자 겸 촉진자로서 유능한 기술인력과 일자리를 도입하고, 초기에 정착하도록 유도하며, 영향을 평가하고, 공적/사적 자산이 주민들에게 더 잘 이용되도록 할 수 있다.[26] 정부가 공유경제 기업에 대한 수용적·협업적 태도를 취함으로써 누구보다 앞서 경제성장의 새로운 기회를 성공적으로 받아들인다면, 고용기회의 다양화와 우월한 지배구조 모델의 전파라는 성과를 거둘 수 있을 것이다.[27] 이러한 잠재력을 활용하려는 많은 도시들이 첨단기술을 도시 지배구조에 적용하기 위한 직제를 만들었다.[28] 그런데 플랫폼에게 자율규제 활동을 허용할 만한 조건이 갖춰졌다고 보이는 상황에서도 정부는 주의를 게을리하면 안 된다.[29]

B. 규제협업에서 우선순위를 정하기

조세정책으로 외부효과와 지역경제에 대한 영향을 조정할 수 있을 것인데, 현재 공유경제가 가진 역동성을 고려했을 때, 가장 충족되지 못한 부문이 노동보호와 제3자보호 영역이다. 많은 공유경제에서 적정한 안전 수준에 대한 합리적 판단을 가능하게 하는 경제적·평판적 동인이 있기 때문에, 소비자보호와 기망적 표현에 대한 규제의 우선순위는 일반적으로 낮다.[30] 평점조작, 부정직한 평가, 부정확성이 있기는 하지만, 업계로서는 매우 심각한 조작만을 단속하고 언론의 자유를 보장하는 것이 더 좋다고 생각할 만한 이유가 있다. 더구나 미국에서는 사용자의 발언을 기망적으로 왜곡하는 데에 업체가 가담한 경우를 불공정 행위로 취급하는 주법이 이미 있기 때문에, 공유경제 고유의 규제가 없더라도 완전한 시장실패가 발생할 위험은 그리 크지 않다.[31] 따라서 규제권자가 규제 노력에 대한 조정 여부를 검토하는 과정에서, 자율규제 관행(공식적인 것이건, 효율적인 신뢰 및 검증 절차에 의하건)이 잘 기능하고 있다고 본다면, 언론에 대한 규제가 불필요하다는 판단을 내릴 수 있을 것이다. 이 경우의 공동규제는 포괄적이거나 굳이 간섭적일 필요가 없고, 오히려 업계의

26 Report on the Sharing Economy: Accessibility Based Business Models for Peer-to-Peer Markets(공유경제 보고서: P2P 시장을 위한 접근권 기반 사업모델), Business Innovation Observatory, Eur. Comm'n 16–17 (2013), http://ec.europa.eu/enterprise/policies/innovation/policy/businessinnovation-observatory/files/case-studies/12-she-accessibility-based-business-models-for-peer-to-peer-markets_en.pdf.

27 See Sharing Economy Advisory Network Created as Resource for Cities(공유경제 자문 네트워크가 도시들에게 정보를 제공하기 위해 창설되었다), Nat'l League of Cities, Aug. 14, 2014, www.nlc.org/media-center/news-search/sharing-economy-advisory-network-created-as-resource-for-cities.

28 See Bos. Mayor's Office of Urb. Mechanics, www.boston.gov/departments/new-urban-mechanics; S.F. Mayor's Office of Civic Innovation, www.innovation.sfgov.org/; Ruth Reader, New York City Gets a Chief Technology Officer(뉴욕시가 기술담당관 제도를 도입하다), VentureBeat, Sept. 9, 2014, 4:15 PM, http://venturebeat.com/2014/09/09/new-york-city-gets-a-chief-technology-officer/.

29 Ryan Calo and Alex Rosenblat, The Taking Economy: Uber, Information, and Power(탈취경제: 우버, 정보 및 권력), 117 Colum. L. Rev. (forthcoming 2017), https://papers.ssrn.com/sol3/papers.cfm?abstract_id=2929643.

30 See Paul Brady, Six Tips for First-Time Airbnb Renters(에어비앤비의 최초 이용자를 위한 6개의 팁), Condé Nast Traveler, Jan. 14, 2014, www.cntraveler.com/dailytraveler/2014/01/six-tips-for-first-time-airbnb-renters.

31 See, e.g., Press Release, A.G. Schneiderman Announces Agreement With 19 Companies To Stop Writing Fake Online Reviews and Pay More Than $350,000 in Fines(슈나이더만 주법무장관의 발표: 19개 회사가 허위 온라인 평가를 올리지 않고 벌금으로 35만 달러 이상을 내기로 합의하였다), N.Y. State Office of the Att'y Gen., Sept. 23, 2014, www.ag.ny.gov/press-release/ag-schneiderman-announces-agreement-19-companies-stop-writing-fake-online-reviews-and.

자율규제를 촉진하는 것에 더 유사한 형태가 될 것이다. 업계로 하여금 인증제도를 운영하게 하여 업계 최선의 관행이 준수되도록 할 수 있고, 회사들로부터 신고기준을 적극 공개하고 준수하겠다는 비공식적 약속을 받아낼 수도 있다. 반면 업체 간 합의, 주도세력 혹은 자연스러운 행동요인 등이 없는 경우라면, 정부가 나서는 것이 가장 적절할 것인데, 정부는 협의의 부재로 인한 부작위 문제를 해결하면서, 신경제 혹은 혁신경제를 배양하고 공동규제 협동체를 창설할 수 있을 것이다.

널리 파악된 시장비효율성에 대응하여 공동규제적 해결책이 효율적으로 활용될 수 있다. 이러저러한 문제를 해결해야 한다는 결론에 일치를 본 경우에는(규제적 메커니즘에 대한 동의가 이루어진 것은 아닐지라도), 공동규제 노력을 정비하는 것이 더 쉬울 것이다. 시장참여자들이 한 쟁점에 집중할 때 유의미한 개혁이 더 쉽게 이루어진다. 이렇듯 현실을 반영하면서 우선순위를 정하는 현상은 정부가 손해배상 문제에 집중할 때에도 나타난다. 어떤 회사는 책임분배의 투명성을 사업운영과 대중이미지의 중요한 일면으로서 취급한다. 널리 알려진 사고 때문에(특히 보험격차(insurance gap)에 낀 사고의 경우), 공유기업들은 자체적으로 점점 더 진보적인 정책을 기꺼이 취해 왔다.[32] 책임분배에 대한 기대가 사업모델에서 확고히 자리잡음에 따라 이제는 시장의 성숙화가 진행되고 있다.[33] 정치인들은 새로운 추세에 부응하여 이미 업계관행으로 빠르게 정착하고 있는 내용을 법에 명시적으로 규정하고 있다.[34]

책임 및 조세문제에서는 시장 플랫폼과 정부 간에 강력한 협력이 필요하다는 점이 인정되고 있으나, 노동에 대한 공정한 처우문제는 공유경제 시장이 성숙하는 과정에서 대두되는 쟁점 중에서 가장 까다롭고 가변적이다. 고용관계 자체도 유동적이고, 플랫폼에서 개별 물품 및 서비스가 거래되는 정도도 유동적이므로 노동보호 수준을 획일적으로 적용하기는 어렵다. 이 점은 자유직업자에 대한 적정한 노동보호에 관한 논의와 비슷하지만 공유경제에는 훨씬 경험이 적은 노동 제공자가 참여한다. 자유직업자가 소득 보충 혹은 소득원 개척 차원에서 플랫폼으로 이동하여 서비스를 제공하고 있다는 점도 있다. 온라인 공유 플랫폼에서 제공되는 노동에 대한 규제에 접근하는 방식에 대하여는 시장측과 정부측에 강력한 공감대가 형성되어 있지는 않다. 부분적으로 그 이유는 시장이 고도로 파편화되어 수많은 세부 영역이 있고, 제공되는 서비스와 공유의 방식에도 많은 다양함이 있기 때문이다. 공유 플랫폼의 사용자 집단도 노동보호를 위한 규제가 필요하다는 이해를 점점 더 키워가고 있다. 지금까지의 공유경제 사업풍토에서 매출액에 따라 노동을 증감시키려는 경향성이 일반적으로 나타나지는 않은 상황인데도 그렇다.

32 Alexander B. Traum, Sharing Risk in the Sharing Economy: Insurance Regulation in the Age of Uber(공유경제에서의 위험의 공유: 우버시대의 보험규제), 14 Cardozo Pub. L. Pol'y & Ethics J. 511, 523-29, 538-40 (2016).

33 Benjamin G. Edelman and Damien Geradin, Efficiencies and Regulatory Shortcuts: How Should We Regulate Companies Like Airbnb and Uber?(효율성과 규제의 지름길: 에어비앤비, 우버와 같은 기업을 어떻게 규제할 것인가?), 19 Stan. Tech. L. Rev. 293 (2016).

34 See Amanda Kelly, Chapter 389: Closing the App Gap with Insurance Requirements for Transportation Network Companies(제389장: 운송네트워크회사의 보험요건에 관한 앱의 미비점을 채우기), 46 McGeorge L. Rev. 399, 400-01 (2014).

관련된 사업모델, 서비스 유형, 피용인·독립계약자의 유형이 각기 다양하므로 노동문제에 관하여 전적으로 사업계가 주도하는 공감대는 거의 없고 형성될 가능성도 낮다. 그래서 주도세력을 조직하려는 약간의 시도가 있기는 하였으나, 주도세력의 형태가 전통적 노동조합이건(현재의 노동조합은 독립적이고 분산되어 있는 온라인 사용자층의 요구를 다룰 준비가 되어 있지는 않은 것으로 보인다) 온라인 공동체 자체이건, 확연히 드러나거나 믿을 만한 주도세력은 없다.[35] 그러나 그렇다고 하여 정부가 이 영역에 개입해서는 안 된다는 것을 뜻하지는 않는다. 하지만 개입은 토대를 형성하는 것으로서, 공통적 영역을 발굴하고 기본 뼈대를 세우는 정도여야 한다.

노동시장이 조직화되어 있지 않은 위와 같은 상황에서는 공동규제가 전통적인 입법활동이 되어서는 안 되고, 좀더 공동체 조직활동에 가까워야 한다. 즉 노동보호가 부족하다는 인식을 대중이 더 하도록 하고, 업계와 사용자층에서 잠재적 동지 혹은 주도세력을 찾고 배양하며, 우선순위를 공통으로 하는 문화가 형성되도록 토대를 깔아야 한다. 요약하자면, 공동규제의 구성요소인 협상과 협동은 상황에 따라 매우 달라질 수 있으며, 어떤 우선순위와 접근법을 채택하건 그 이유는 합리적이고 적확하여야 한다는 것이다. 공동규제의 형태가 '목표설정 혹은 입법행위, 관계자의 소집 및 공감대의 구축, 책임의 요구와 취약점의 공개, 업계와 정부 사이의 독자영역 분리 혹은 합동작업' 중 어느 것에 해당되건 간에, 정부와 업계의 지도자들은 '경제의 자연적 모습이 개입의 필요성에 어떤 영향을 끼치는지와 정책목표를 달성하기 위하여 선택된 수단이 타당한지'에 대하여 고민하여야 한다. 정부와 업계 상호 간의 강점과 권한은 상호보완적이기에 서로 간의 협력이 필요하기는 하지만, 협력이 어렵다는 점은 익히 알려져 있고 상호관계는 깨지기 쉽다. 선택된 접근법 및 선정된 목표에 대한 명확하고 상세한 근거를 제시하면서 동반자관계가 운영된다면, 동반자관계가 정상적으로 유지되는 데 도움이 될 것이다. 그래야 장기적 목표를 고수하면서 공유경제의 본질적 속성에 접근법을 맞추기가 쉽게 되고, 공유경제의 급변하는 상황과 그 과정에서 나타나는 쟁점에 따라 공동규제 관계를 조정하는 데 충분한 융통성을 발휘할 수 있을 것이다.

---

35 Orly Lobel, The Gig Economy & the Future of Employment and Labor Law(긱경제와 고용노동법의 미래) (Univ. of San Diego Sch. of Law, Legal Studies Research Paper Series, Research Paper No. 16-223, Mar. 2016); Antonio Aloisi, Commoditized Workers: Case Study Research on Labor Law Issues Arising from a Set of "On-Demand/Gig Economy" Platforms(상품화된 노동자: 주문형/긱경제 플랫폼에서 야기되는 노동법 문제에 대한 사례 연구), 37 Comp. Lab. L. & Pol'y J. 653 (2016); Independent Drivers Guild, https://drivingguild.org/; Network for New Mutualism(신호혜주의 네트워크), Freelancers Union, www.freelancersunion.org/network/; Gavin Kelly, Digital Trade Unions Will Empower Tomorrow's Sharing Economy Employees(디지털 노동조합으로 미래의 공유경제 피용인들이 영향력을 갖게 될 것이다), WIRED, Jan. 12, 2017, www.wired.co.uk/article/gig-economy-digital-unions.

14

도시 데이터와 플랫폼 도시

스티븐 밀러

Ⅰ. 도시 데이터와 플랫폼: 과거는 서막이다

19세기에 산업화 물결과 함께 도시가 커지면서부터 데이터와 거기에서 의미 있는 정보 혹은 실용적인 지식을 뽑아내는 데이터 처리 기술은 도시생활의 중심을 차지하게 되었다. 그동안의 데이터 처리 경험에 의하면, 데이터의 가치는 데이터 자체에 내재하는 것이 아니라, 데이터를 생산하는 사회 구조 및 데이터를 수용하고 처리하는 일반대중의 방식과 밀접한 관련을 갖고 있다는 점을 알 수 있다. 이 글에서는 도시 데이터의 새로운 대두와 플랫폼 앱(현재 대부분의 앱은 공유경제회사들이 사용하고 있다)의 대두가 독특하게 결합되어 있는 면을 고찰하고자 한다. 그러나 이러한 결합의 가능성과 위험성을 검토하기 전에, 좋은 사례이건 나쁜 사례이건 도시 데이터의 사용례를 뒤돌아보는 것은 의미가 있을 것이다. 여러 측면에서 과거에 있었던 문제는 데이터와 플랫폼의 통합에 관하여 미래에 발생할 문제의 서막을 제공한다.

데이터가 도시 발전의 도구로서 갖는 잠재력과 문제점은 주요한 세 사례에서 확인할 수 있다. 첫째, 19세기 후반에 시카고에서, 제인 애덤스(Jane Addams)와 Hull House의 자원봉사자들이 일년 동안 고밀도 인구의 1/3 마일 구역에서 최근 이민자의 국적과 임금 이력을 조사한 사례를 검토해 보라.[1] 이 데이터세트는 그 당시로서는 전례가 드물게 특별한 것이었는데, 조사자들은 연구 지역 내의 연립주택, 건물, 방을 방문하였고,[2] 조사결과를 보고서의 색깔지도에 표시하였다. 보고서는 Hull-House Maps and Papers라는 명칭으로 1895년에 발표되어, 신규이민자들이 매우 열악한 생활환경과 저임금 수준을 감내하고 있음을 세상에 드러냄으로써, 사람들의 이민자에 대한 사고방식을 크게 바꾸어 놓았다.[3] 도시생활에서는 사람들이 고통받는 현실을 파악하기 어려운데, 애덤스가 보여 주었듯이 데이터는 이러한 현실을 개선하는 데 유용한 도구가 될 수 있는 것으로 판명되었다.

그런데 데이터는 나쁜 목적에 사용될 수도 있다. Home Owner's Loan Corporation(HOLC)가

---

[1] 필자는 Jamila Jefferson-Jones 교수와 함께 '공유경제와 그 전개 과정'에 관한 논문을 쓰고자 협업을 하고 있는데 이 글은 그 과정에서 도움을 많이 받았다. Residents of Hull House, Hull-House Maps and Papers: A Presentation of Nationalities and Wages in a Congested District of Chicago 12 (Richard T. Ely ed., 1895), http://homicide.northwestern.edu/pubs/hullhouse/.

[2] Id. at 11.

[3] Redlining in New Deal America, Mapping Inequality, https://dsl.richmond.edu/panorama/redlining/#loc=14/39.7506/-84.1957&opacity=0.8&city=dayton-oh&area=D9&adimage=4/80/-121&text=intro

1935년부터 1940년까지 실시한 사례를 보자. HOLC는 연방보증부 모기지의 적격 여부를 판명하기 위하여 미국 250개 이상 도시의 각 지역별로 상대적 신용도와 위험도를 지도에 표기하였다. 그 결과 만들어진 지도에는 신용도가 가장 높은 지역에서 가장 낮은 지역까지 네 개의 범주가 표기되었다. 대도시마다 상세하게 만들어진 지도에서 연방보증 모기지가 거부되는 가장 위험한 지역은 붉은 색으로 표시되었다. 붉은 색 지역은 여러 요소에 의하여 결정되었지만, 가장 유력한 요소는 '흑인의 유입 여부'(양식의 한 요소로 예/아니오로 표기하게 되어 있었다)와 지역의 흑인인구 비율이었다. 위 평가서에서는 흑인 유입으로 지역에 '해로운 영향'이 있었는지에 대한 평가도 요구하였다. 한 전형적인 평가서를 보면, 오하이오주 데이튼에 그러한 해로운 영향이 있었다고 보고 있는데, 흑인이 구도심 지역에 유입됨으로써 그 지역에 해로운 영향이 있게 되었다고 적고 있다.[4] 미국 수백 개 도시의 수천 개 지역에 대해 수집된 이 자료는 외관상 객관적이어서, 연방보증 대출 여부 결정의 기초로 삼을 만하였다. 하지만 여기에는 어두운 면도 있다. 이러한 '붉은 구역 표시'(redlining)는 흑백 차별을 제도화하는 끔찍한 수단의 하나가 되었다. 흑인사회에서는 모기지 금융에 대한 접근이 어려워졌고, 백인사회는 연방보증 모기지를 잃지 않기 위해 흑백 통합을 반대하게 되었기 때문이다. 표면상 정당한 목적을 위하여 데이터가 수집되었더라도, 데이터는 사악한 용도에 사용될 수도 있고 편견을 제도화할 수도 있다.

마지막으로, 미국 주택도시개발부(US Housing and Urban Development)의 대대적인 연구 프로젝트인 '기회지역으로의 이동'(Moving to Opportunity, MTO)을 보자. 이 연구는 빈곤이 집중된 지역환경으로 인하여 4,600개 가정이 받는 영향을 밝히고자 1990년대와 2000년대에 걸쳐서 실시되었다. 이 연구에는 본질적으로 두 개의 집단이 있었다. 한 집단은 빈곤이 극심하게 집중된 도시 지역에 있는 표준적이고 평균적인 주택을 배정받았고, 다른 집단은 좀더 부유한 지역에 있는 평균적 주택을 배정받았다. MTO 데이터의 당초 연구는 부유한 지역으로 이사했을 때의 효과를 알아보기 위해 진행되었는데, 그 연구 결과 효과는 미미한 것으로 나타났다. 이사가 어른에 미치는 영향을 주로 연구한 결과에 의하면 새 지역으로 이동한다고 하여 큰 이점이 없었다. 그런데 몇 년 후에 라즈 체티 등 경제학자들이 MTO 데이터를 다시 분석한 결과, 빈곤이 덜 집중된 지역에 거주하여 생기는 환경효과가 실제로 엄청나기는 하나, 주로 가정 내 어린 아이들에 대한 장기적 전망에서 긍정적인 효과가 나타나는 것으로 파악되었다.[5] MTO 연구에 의하여 '데이터는 해석을 필요로 한다'는 점과 '데이터의 가치는 최고의 연구자에게도 처음에는 오랫동안 잘 드러나지 않는다'는 점이 확인되었다. '새로운 환경의 이점이 어른에게 발생하는가, 아이들에게 발생하는가'와 같은 질문에서 보는 바와 같이, 제기되는 질문의 내용이 우리의 데이터 해석과 데이터에 기한 정책 결정에 상당한 영향을 미친다.

---

4 Id.

5 Raj Chetty, Nathaniel Hendren, and Lawrence F. Katz, The Effects of Exposure to Better Neighborhoods on Children: New Evidence from the Moving to Opportunity Experiment(더 좋은 환경의 노출이 어린이에게 미치는 효과: MTO 실험에서 얻은 새로운 증거) (May 2015), www.nber.org/mtopublic/final/MTO_IRS_2015.pdf.

도시들이 기술기반 의사결정을 하는 시대에 진입함에 따라 Hull House, HOLC, MTO의 각 사례는 불가결한 관점을 제공한다. 기술기반 의사결정 과정에서는, 행정조직이 재편될 것이라고 기대할 수도 있고, 심지어 행정조직 대신에 디지털 기반의 행정절차가 생길 수도 있을 것이기 때문이다. 이 글에서는 새로운 도시적 기술이 서로 결합하는 독특한 모습을 살펴보고, 광의의 법정책적 틀이 도시의 사회적 규범을 반영하고 있는 상황에서 도시의 데이터 사용능력이 시험받고 있는 현상을 살펴보고자 한다.

이러한 세 개의 기술 중 첫 번째는 소위 빅데이터인데, 빅데이터는 사물인터넷(IoT) 스마트시티 기술(예: 센서)을 통해 생성된다. 빅데이터는 스마트폰 앱의 백그라운드 사용으로 생성되기도 하고, 우버, 에어비앤비 등의 플랫폼 기반 기술을 통하여 생성되기도 한다. 데이터가 센서로 생성되건, 앱의 스마트폰 백그라운드 사용으로 생성되건 간에 개인 차원 및 도시 차원에서, 매일 전례가 없는 양의 데이터가 생성되고 저장되고 있다. 두 번째 기술은 인공지능인데, 인공지능은 특히 학습 알고리즘을 특징으로 하며, 알고리즘이 더 많은 데이터를 처리함에 따라 더욱 빠른 속도로 데이터를 처리하게 된다. 이들 알고리즘은 표면적으로는 중립적 객관성을 가지고 데이터를 평가한다. 그러나 앞서 본 사례가 명확하게 보여주듯이, 표면적으로는 객관적인 분석이라도 알고리즘 자체의 구조에 내재하는 주관적 판단에 의존할 수밖에 없다. 세 번째 기술은 데이터 플랫폼인데, 이는 공유경제를 촉진한 플랫폼의 하위 단위이다. 데이터 플랫폼은 처리된 데이터에 대한 접근성을 제공하기도 하고, 자체의 데이터를 창출하기도 한다. 현 발전 단계의 공유경제회사들은 서로 연결될 수 없었던 시장 참여자들을 연결해 주는 데에 치중하고 있는데, 시장 참여자들이 서로 연결되어 다른 사람의 집에서 숙박하거나 시내에서 승차 서비스를 이용할 수 있게 된다. 그러나 이들 플랫폼은 상품과 서비스를 판매하는 훨씬 더 거대한 플랫폼이 되고자 노력하는 동시에, 디지털 플랫폼과 아날로그 세계의 다른 사업자들에게 가치가 있을 만한 사용자 데이터를 판매하는 데에도 집중하고 있다. 앞서 본 바와 같이, 우버 등 플랫폼회사들은 공유경제 앱이기도 하고, 지역정부가 교통계획을 수립하는 데 사용하도록 판매될 수 있는 교통 데이터의 생성자이기도 하다. 이런 식으로 공유경제 플랫폼은 빅데이터를 활용함과 동시에 창출하기도 함으로써 기술 데이터의 순환구조를 심화하고 있다.

새로운 데이터 기술의 위와 같은 세 측면(생성, 처리, 접근성 제공)은 정부 규제의 기존 틀에 도전을 제기하고, 데이터 기반의 대안적 지배조직을 제시하고, 기존 산업을 대체하는 새로운 기술을 창출하며, 새로운 산업을 몰고올 새로운 기술을 창출한다. 거의 모든 주요 도시들이 진행 중인 시범 프로젝트들에서 위 기술 전반의 미래가 형성되고 있다. 이 글에서는 도시국가 싱가포르의 사례를 통하여, 규제 및 민간의 도시 투자와 관련하여 위 기술들을 증진시키기 위한 도시 주도의 노력에 대한 고찰을 하고자 한다. 전 세계 도시 중에서 공공 목적과 민간 성장을 위해, 데이터, AI 및 공유경제 플랫폼을 연결하는 작업을 가장 두드러지게 추구해 온 도시가 싱가포르이다. 따라서 싱가포르의 사례에서 앞으로 세계의 도시들이 이러한 기술의 새로운 발전 방향에 어떻게 부응해야 하는지를 파악할 수 있을 것이다.

도시들이 이러한 기술의 미래를 선도하려 노력하는 것과 동시에, 거의 모든 주요 기술회사들도 이 세 가지 기술이 미래에 어떻게 조화를 이룰 것인가를 연구하는 데 많은 투자를 하고 있다. 이 글에서는 이러한 기업의 투자활동 사례를 몇 가지 들고자 한다. 그 예로서 한국 서울의 외곽에서 삼성이 추구하는 송도 신도시 개발 사례, 파나소닉의 일본 후지사와 스마트시티 사례(현재 그의 복제판이 덴버 Pena Station NEXT 프로젝트로 추진되고 있다), 페이스북의 Willow Creek 개발사업, Sidewalk Labs(구글 모기업 알파벳의 자회사)가 오로지 데이터에 의하여 규제되도록 시당국으로부터 모든 규제권을 부여받으려고 노력하고 있는 사례 등이 있다. 주도자가 공공이건 민간이건, 도시 데이터 기반의 의사결정을 위한 규칙이 현재 형성되고 있는데, 법적·정치적으로 엄청난 파장이 일어날 것이다.

II. 도시 데이터의 의미 해석과 경제적 활용

차세대 도시 데이터는 이미 사용되고 있는 세 기술의 융합과 함께 도래하기는 하지만, 각 기술은 개별적으로 궁극적인 자신의 모습을 찾아가고 있다. 기술 발전의 속도가 매우 빠르기에 현재의 기술을 대단한 것이라고 자랑할 것은 못 된다. 그래도 미래에 완전히 사라질 것이라고 말할 수는 없는 유용성이 현재의 기술에 여전히 있다. 그럼에도 불구하고 특히 도시 정부의 경우 기술적 융합의 일반적인 추세는 주목할 만한데, 여기에서는 포괄적으로 그 추세를 개관하고자 한다. 어느 경우나, 현재의 공유경제의 핵심인 플랫폼 앱이 장차 이러한 데이터가 도시의 의사결정에 활용되는 데에 중심적 역할을 수행한다.

A. 도시 데이터의 생산: 센서와 플랫폼 앱

위 기술의 우선적 특징은 도시 데이터 생산의 현저한 증가다. 디지털 도시 데이터의 사용 노력은 새로운 것이 아니지만, 과거에는 현실이라기보다는 꿈에 불과하였던 것들도 지난 10년 간의 여러 변화로 인하여 그 실체가 형성되었다. 각급 정부 대부분이 오픈소스 데이터 접근성을 제공한 것은 꽤 오래된 일이다. 미국 주요 도시 대부분이 공개데이터가 제공되는 웹사이트를 운영하고 있는데, 전형적인 예를 들자면, 샌프란시스코의 DataSF, 뉴욕시의 NYC Open Data, 보스턴의 Analyze Boston이 있다. 위 사이트는 각 도시가 생산하거나 보유한 데이터세트에 대한 접근성을 제공한다. 하지만 일반인이 방대한 데이터세트에 대한 의미를 파악할 수 없었기 때문에, 공개데이터 운동은 별로 각광을 받지 못하였다.

도시들은 이 문제를 시정하고자 다각도로 노력하였다. 그 방법 중 하나로서 '최고디지털책임자'(chief digital officer)라는 직책을 만들어서, 그로 하여금 데이터를 유용하게 만들기 위한 시 차원의 정책을 입안하도록 하고, 각 부서에서 만든 데이터를 통합하도록 하는 것이 있다.

어쩌면 더 중요하게도, 도시가 직접 데이터 생산 업무를 수행하게 되었다. 어느 정도는 도시가 예부터 데이터 생산 업무를 수행하여 왔다고 볼 수 있다. 아마도 교통 이동 데이터는 미국 주요 도시들이 관리하는 가장 오래되고 방대한 데이터세트일 것인데, 이 데이터는 보통 511 웹사이트와 스마트폰 앱으로 제공된다. 도시 데이터 수집의 새로운 방법이 대두하여 전에는 가능하지 않았던 대규모로 정보 수집이 이루어지고 있는데, 이는 사물인터넷(IoT) 기술 덕분이다. IoT는 상대적으로 저렴한 센서가 데이터를 관리하는 기관에 연결되어 있는 구조로 되어 있다. 기술업계 밖에서는 도시 지역의 IoT 구축을 지칭하여 '스마트시티' 기술이라는 화려한 용어를 사용하여 묘사한다. 마케팅적 표현은 별론으로 하고, 도시 데이터의 수집을 위한 이러한 새로운 노력은 실제로 데이터를 수집하는 센서의 대량 설치를 의미한다. 이러한 데이터가 흩어져 있을 때에는 도시생활에 대한 단조롭고 무의미한 사실에 불과하지만, 수집과 축적이 이루어지면 도시 기능을 유지하는 데에 매우 중요한 정보를 제공할 수 있다.

전국도시연합(National League of Cities)의 보고서가 자세히 기술하고 있듯이, 현재 적어도 다음과 같은 데이터를 수집하는 데에 스마트시티 IoT 센서가 이용되고 있다. ① 정체를 탐지하고 위반행위를 적발하는 교통 혼잡 감지기, ② 누수와 저수압을 감지하는 물 및 폐수 감시 시스템, ③ 운전자에게 주차공간을 안내하는 주차앱 및 키오스크, ④ 시설물의 안전성을 감지하는 교량 점검 시스템, ⑤ 다양한 수준의 자율주행 자동차(일부 차량은 이미 사용되고 있다), ⑥ 전구가 나간 사실을 전송하는 가로등, ⑦ 에너지 사용을 실시간으로 표시하는 에너지 감지 시스템, ⑧ 다양한 목적으로 광범위하게 배치된 드론, ⑨ 매장 재고 충전의 시기를 감지하고 교통상황을 조회하여 최적의 배송시간을 알려주는 스마트 재고관리 시스템, ⑩ 도시 전역에 배치된 키오스크를 통한 광대역 통신의 광범위한 제공.[6] 위 목록은 도시들이 도시규제 기능의 많은 부분을 개선하거나 대체하려는 노력을 하고 있다는 점을 보여 준다.

IoT를 통한 데이터 생성 체제를 가장 광범위하게 설치한 도시는 싱가포르일 것이다.[7] 2014년 말 Smart Nation 프로그램 출범을 시작으로, 사실상 싱가포르 정부의 모든 분야에 센서 설치가 진행되고 있다. 싱가포르 Smart Nation 프로그램에 대한 연구에 의하면, 싱가포르에는 이미 다양한 부문에서 사용되고 있는 다양한 센서가 있다고 한다. 예컨대 교통 및 도시 이동성 부문의 경우, 실시간 교통수요와 인접 교차로의 신호를 감안하여 녹색신호를 제어하는 기술을 주요 도로를 따라서 사용한다.[8] 싱가포르의 모든 택시에는 GPS 시스템이 설치되어 있어, 교통정보의 귀중한 공급원

---

6 Trends in Smart City Development(스마트시티 발전의 추세), National League of Cities (2017), www.nlc.org/sites/default/files/2017-01/Trends%20in%20Smart%20City%20Development.pdf.

7 Jake Maxwell Watts and Newley Purnell, Singapore Is Taking the "Smart City" to a Whole New Level(싱가포르는 스마트시티를 완전히 다른 차원으로 가져가고 있다), Wall St. J., Apr. 24, 2016, www.wsj.com/articles/singapore-is-taking-the-smart-city-to-a-whole-new-level-1461550026.

8 Inter-American Development Bank, International Case Studies of Smart Cities: Singapore, Republic of Singapore 20 (스마트시티의 국제 사례 연구: 싱가포르) (2016), https://publications.iadb.org/bitstream/handle/11319/7723/International-

이 되고 있다.[9] 시민 안전을 위하여, 싱가포르는 대부분의 인구가 살고 있는 국영 주거 건물에 4만 대 이상의 경찰 카메라를 이미 설치하였다.[10] 센서가 설치된 다른 부문으로는 상수도와 폐수 감시, 긴급상황 대응, 환경 부문이 있다.[11] 싱가포르가 센서 설치를 어디까지 진행하고 있는지를 보여주는 예를 들자면, 노인들의 건강 상태를 지속적으로 확인하기 위하여 집 안에 있는 노인들의 움직임을 감지하는 감지기를 시험적으로 설치하고 있기도 하다.[12]

그러나 데이터를 생성하려는 주체로 도시만 있는 것이 아니다. 세계 대부분의 주요 기술기업들도 도시 데이터 체제를 창출하고 소유하는 방법을 찾고 있다. 아마도 스마트시티 IoT 기술을 최초로 설치한 곳은 송도일 것인데, 송도는 400억 달러 규모의 개발사업으로서 약 8만 채의 아파트, 5,000만 제곱피트의 사무 공간, 1,000만 제곱피트의 상업시설로 구성되어 있다.[13] 이 도시에서는 CISCO의 Smart+Connected Communities 기술이 시범사업으로 펼쳐졌는데, 위 기술에서는 거주지, 사무실, 학교 등의 데이터가 통합되었고, 거주자가 원격으로 집 기능을 제어할 수 있게 해주었다. 송도가 시행착오를 겪고 있기는 하지만, 도시생활에 관한 데이터를 만드는 수단으로서 기술을 상업용 및 주거용 부동산 개발의 모든 측면에 적용한다는 아이디어는 여전히 주요 목적으로 진행되고 있다.

파나소닉도 부동산 개발 사업에 진입하였는데, IoT 기기를 부동산 개발에 통합시킨 여러 개발 사업건을 진행하고 있다. 완성된 프로젝트로 일본 후지사와 개발 건이 있는데,[14] 일상생활의 모든 면에 스마트 센서를 통합하였다. 파나소닉은 현재 미국 덴버 공항 인근에 820억 달러 규모의 스마트시티를 건설하고 있다. 이 프로젝트는 Peña Station NEXT라고 불리는데, 여기에는 '혁신적인 태양전지와 충전기가 결합된 마이크로그리드, 지역사회 안전과 주차를 위한 비디오 분석 등 기능을 갖춘 스마트 LED 가로등, 공용 Wi-Fi, 전기자동차 충전소, 철도역에 연결되는 대중교통수단을 통하여 편안한 이동 경험을 제공하기 위한 자율 전기 셔틀버스' 등이 포함된다.[15]

스마트시티 사업에 뛰어든 다른 기술회사로서 Sidewalk Labs가 있다. 2016년 4월 뉴스에 의하면, Sidewalk Labs는 대규모 개발을 수행할 권한을 부여받고자 하였는데, 그 개발사업의 내용은 '시당국의 규제로부터 벗어난 자율성을 부여받아서 주차, 도로설계, 편의시설에 따르는 규제를 받지 않고 개발을 하는 것'이었다.[16] 유사하게 페이스북은 현재 본사 인근에 Willow Creek이라는 프

Case-Studies-of-Smart-Cities-Singapore-Republic-of-Singapore.pdf?sequence=1.

9   Id. at 21.

10   Id. at 22.

11   Id. at 22–24.

12   See supra note 7.

13   Nexcess, http://songdoibd.com/.

14   FujisawaSST, http://fujisawasst.com/EN/.

15   Tamara Chuang, Denver Smart City Peña Station Next a Technological Testing Ground for Panasonic(덴버 스마트 시티 Peña Station Next, 파나소닉의 기술시험장), Denver Post, Dec. 11, 2016, www.denverpost.com/2016/12/11/pena-station-next-panasonic-smart-city/.

16   Eliot Brown, Alphabet's Next Big Thing: Building a 'Smart' City(알파벳의 차기 거대 사업: 스마트시티 건설), Wall St.

로젝트를 계획하고 있는데, 그 프로젝트는 사무실 175만 제곱피트, 주택 1,500채, 약국을 포함한 12만 5,000제곱피트의 상업 공간, 문화관광센터 등으로 이루어져 있고, 틀림없이 IoT 구성 요소를 갖고 있을 것이다.[17]

지금까지의 사례는 주로 IoT 센서의 사용에 치중되어 있었다. 하지만 스마트폰 그리고 특히 수많은 공유경제 앱들도 공공 부문과 민간 부문 양쪽에 이용될 수 있는 엄청난 양의 데이터를 수집하고 있다. 예를 들어 Street Bump 앱은 보스턴에 처음으로 채택된 앱인데, 이용자가 허용하는 경우, 스마트폰의 가속도 센서를 통해 도로의 파인 곳을 자동으로 전송한다.[18] 현재 우버는 이용자가 우버 앱을 사용하지 않는 동안에도 이용자의 동선 데이터를 수집한다. 이용자들이 이 기능을 끌 수 있음에도 대부분은 끄지 않기 때문에, 우버는 도시 전반에 걸쳐 대규모의 사용자 동선 데이터베이스를 제공받는다. 우버는 도시계획자들에게 Uber Movement라는 제품명으로 이 데이터를 팔고 있는데, 우버는 판매 전에 익명화 처리가 되었다고 주장한다. 그러나 유능한 교통컨설턴트는 이 데이터를 다른 전형적인 데이터세트와 연결하여 이동경로의 출발점을 골목길까지 추적할 수 있다.[19] 플랫폼의 이러한 데이터 수집은 자주 이용자가 모르게 진행되는데, 인터페이스와 애매한 이용자 동의서(이용자는 이 동의서를 잘 읽지 않는다) 때문에 이용자가 이러한 사실을 알기는 어렵다.

센서를 통하건, 스마트폰을 통하건, 정부와 회사의 데이터 수집은 빠른 속도로 늘어나고 있다. 데이터의 소유권, 프라이버시 및 사용권을 두고 많은 의문이 제기되고 있다. 더 큰 문제는 정부와 회사가 데이터로 무엇을 할 것인가이다.

B. 도시 데이터의 처리: 인공지능

지난 수십 년 동안 공개데이터 운동이 잠재력의 실현에 실패한 사실이 보여 주듯이, 디지털 도시 데이터만으로는 가치가 있다고 볼 수 없다. 효과적으로 사용될 수 있는 데이터의 양보다 훨씬 더 많은 데이터가 이미 존재하고, IoT, 스마트폰, 공유경제 앱을 통해 더 많은 데이터가 생산되고 있기 때문에, 데이터들이 의미를 갖도록 하기 위한 효과적인 사용방법이 필요하게 된다. 공적 맥락에서는 시민에게 그리고 사적 맥락에서는 소비자에게 의미가 있게 전달되도록 데이터가 처리되고 전달되어야, 공적으로나 사적으로나 가치를 획득하게 된다.

도시 데이터의 처리는 인공지능(AI)을 이용하는 알고리즘에 점점 더 의존하게 된다. 인공지능

J., Apr. 27, 2016, www.wsj.com/articles/alphabets-next-big-thing-building-a-smart-city-1461688156.

17 George Avalos, Facebook campus expansion includes offices, retail, grocery store, housing(페이스북 캠퍼스 확장계획에는 사무실, 상업시설, 식료품점, 주택 등이 포함되어 있다), The Mercury News, July 7, 2017, www.mercurynews.com/2017/07/07/facebook-campus-expansion-includes-offices-retail-grocery-store-housing/.

18 Phil Simon, Potholes and Big Data: Crowdsourcing Our Way to Better Government(도로 파인 곳과 빅데이터: 집단 정보수집을 통한 더 나은 정부의 구현), WIRED, www.wired.com/insights/2014/03/potholes-big-data-crowdsourcing-way-better-government/.

19 Based on an off-the-record private conversation with transit engineer at national transportation consulting firm on March 17, 2017 in Denver, Colorado.

은 부여된 과제를 반복하여 수행하면서 능력을 향상시키는 방법을 터득한다. 도시가 데이터의 처리에 AI를 사용하는 모습에 관한 예를 들어 보자. 국가적으로 천명된 노력이 두드러진 곳이 싱가포르이다. 도시국가인 싱가포르는 National Research Foundation 내에 AI 전담부를 두고서, IoT 센서를 통해 수집한 방대한 데이터의 처리를 하고 있다. 싱가포르는 AI의 사용을 촉진하기 위해 Virtual Singapore라는 단일의 인터페이스에 모든 데이터를 모으도록 하고 있다. 이를 기초로 싱가포르는 향후 5년간 스마트시티 AI에 1억 5,000만 달러를 투입할 계획인데, 아래와 같은 목표를 천명하고 있다.

사회와 산업계에 영향을 미치는 주요 도전과제를 해결하기 위해 AI를 이용한다.
AI는 예를 들어 번잡한 시간대의 교통 소통을 증진하거나 고령화 시대와 함께 오는 보건의료 문제를 해결하는 데 사용될 수 있다. 현재의 보건의료는 지식 산업이자 노동력 집중 산업이다. 수년간 진행된 싱가포르 보건의료의 디지털화와 함께 AI는 싱가포르인의 건강을 지키는 데에 크게 기여할 수 있다. AI는 예방, 진단, 치료 계획, 투약 관리, 정밀의약 및 약품 개발에서 큰 역할을 할 수 있다. 진료인력은 AI 도구의 지원을 받아 앞으로 늘어날 진료 수요에 더 잘 대처할 수 있다.
차세대 과학적 혁신을 포착하도록 심오한 능력의 개발에 더 많은 투자를 한다.
인간에 유사한 학습능력을 가진 차세대의 '이해가능한'(explainable) AI 시스템이 포함될 뿐만 아니라, 컴퓨팅 구조(소프트웨어, 펌웨어, 하드웨어의 통합), 인지과학 등과 같은 인접 기술도 포함된다.
산업계에서 AI와 기계학습이 더 널리 채용되고 사용되기를 바란다.
AI.SG는 기업과 함께 AI를 사용하여 생산성을 향상하고, 신제품을 개발하며, 연구소의 연구결과를 시장에 내놓도록 노력한다. NRF는 100개의 의미 있는 프로젝트 및 실용적 아이디어를 내놓아 최종 소비자가 현실적 문제를 신속하게 해결하도록 한다. 금융, 보건의료, 도시행정 분야가 특별히 유망하므로, 이 분야에서 먼저 프로그램을 진행하도록 한다.[20]

주요 도시들이 고유의 플랫폼을 만들어서 데이터를 처리하고 있기도 하지만, 민간 회사들도 그러한 데이터를 관리할 데이터 플랫폼을 제공하고 있다. 아마도 가장 눈에 띄는 회사가 공유경제기업인 에어비앤비일 것인데, 에어비앤비는 전통적으로 단기임대차 기업으로 인식된다. 그러나 에어비앤비는 '머지않아 단기임대차에서 올리는 매출액은 절반도 되지 않을 것'이라고 선언하였다.[21] 에어비앤비의 잘 알려지지 않은 사업적 측면으로 IoT 도시 데이터를 장기간 활용하여 온 점

---

20 Artificial Intelligence R&D Programme(인공지능 연구개발 프로그램), Nat'l Research Found., Prime Minister's Office, Singapore, www.nrf.gov.sg/programmes/ai-sg.

21 Katie Benner, Airbnb Tries to Behave More Like a Hotel(에어비앤비가 호텔처럼 행동하려 한다), N.Y. Times, June 17, 2017, www.nytimes.com/2017/06/17/technology/airbnbs-hosts-professional-hotels.html ("그동안 에어비앤비는

이 있다. 에어비앤비의 활동은 Airflow에서 확인된다. 에어비앤비는 오픈소스의 데이터 관리 소프트웨어인 Airflow를 무료로 나눠주면서,[22] 데이터를 저장하는 플랫폼으로서 도시들에게 적극적으로 마케팅을 하고 있다. 이렇게 하면 에어비앤비가 얻는 이익이 있다. 에어비앤비의 내부적 데이터 처리절차와 호환이 되는 방식으로 데이터가 분류되면, 에어비앤비가 그렇게 처리된 디지털 데이터를 이용하여 수익을 얻기가 훨씬 수월해질 것이다.

C. 도시 데이터의 접근성, 상업화 및 창조: 공유경제 플랫폼

이제 도시 데이터를 변환하는 기술로서 세 번째이자 마지막인 단계의 것을 보자. 이는 공유경제회사들이 널리 사용하고 있는 플랫폼을 말한다. 디지털 플랫폼의 개념 범위가 넓어서 잡다한 온라인 사업 형태를 모두 포함한다고 볼 수도 있다. 도시 데이터와 관련하여 의미가 있는 플랫폼 형태는 공유경제회사와 가장 밀접하게 관련된 것들이다. 운송네트워크회사인 우버와 단기임대차 회사인 에어비앤비에 관하여 앞서 언급한 바와 같이, 이러한 공유경제회사들 자체가 데이터의 창조자이자(예: Uber Movement) 데이터를 처리하는 플랫폼이다(예: Airflow). 그러나 이러한 공유경제 플랫폼이 제공하는 가치는 IoT 센서로 창출된 데이터를 받아서 AI로 처리할 수 있게 하고, 공공목적 및 사적 상업화에 사용되도록 그것을 가공하는 방식에서 도출된다. 이러한 공유경제 플랫폼이 호텔과 택시산업을 혁명적으로 변화시킨 사례에서 보듯이, IoT의 도시 데이터 창출과 AI의 최적화에 공유경제 플랫폼이 결합되면, 기존 산업을 교란하고 새로운 산업을 창출할 잠재력은 매우 커질 것이다.

공유경제회사가 도시 데이터와 결합하여 거둔 성공의 국제적인 예가 싱가포르의 GrabShuttle이다. Grab은 우버의 일종으로서 동남아시아 최대의 운송네트워크회사이다. Grab은 싱가포르에서 두 개의 원천으로부터 데이터를 받아 버스 노선을 운행하기 시작하였다. 원천 중 하나는 IoT로 창출되는 싱가포르의 실시간 교통 데이터이고, 다른 하나는 이용자가 스마트폰 앱으로 입력하는 희망 노선 제안이다. GrabShuttle은 그 정보를 바탕으로 고정노선 버스를 운행하는데, 통근자는 스마트폰으로 예약을 하고 운행 상황을 추적할 수도 있다. 앞으로 운행 노선은 데이터의 입력 내용에 따라 달라질 수 있는데, 그 데이터는 정부의 센서에서 오는 교통 정보일 수도 있고, 소비자가 요구하는 새로운 노선일 수도 있다.[23] GrabShuttle은 정부가 생성한 데이터 시스템과 민간기업 사

여행 및 식당 예약으로 업무영역을 확장하였다. 체스키는 새로운 서비스들이 언제가는 회사 수입의 절반 이상을 차지할 것이라고 말하였다. 그리하여 에어비앤비는 Orbitz와 같은 종합 온라인 여행사가 될 것이고 숙박 중개는 업무의 작은 부분만을 차지할 것이다").

22 Maxime Beauchemin, Airflow: a workflow management platform(에어플로: 업무흐름 관리 플랫폼), Airbnb Eng'g & Data Sci. https://medium.com/airbnb-engineering/airflow-a-workflow-management-platform-46318b977fd8.

23 Grab Launches Shuttle Service in Collaboration with GovTech(그랩이 싱가포르 정부기술청과 협업으로 셔틀 서비스를 개시하다), Channel NewsAsia, Mar. 2, 2017, www.channelnewsasia.com/news/singapore/grab-launches-shuttle-service-in-collaboration-with-govtech-8770964.

이에 협력이 가능하다는 점을 보여준다. 실제로 정부 데이터(이 경우 실시간 교통 데이터)의 상업화는 싱가포르 스마트시티 구상의 목표 중 하나이다. 앞서 나가는 도시들이 도시 스마트시티 운동을 선도하여 기술적 진보를 불러일으키면, 세계의 다른 도시들도 이를 수용할 뿐만 아니라, 결과적으로 데이터 기반의 경제와 지식산업 인력 개발을 진흥하게 될 것이다.

도시 데이터와 공유경제의 관계는 잘나갈 수도 있지만, 그렇지 않을 수도 있다. 실제로 삼성의 송도, 파나소닉의 후지사와와 Pena Station NEXT, Sidewalk Labs의 비밀 프로젝트 등 스마트시티를 원점에서부터 구축하려는 주요 기술기업들의 노력을 보면, 이용자가 데이터를 생산하는 순간부터 데이터를 소유하려는 기술기업들의 욕망이 잘 드러난다. 통합된 스마트시티에서는, 도시 데이터가 수집되면 사적 소유의 데이터세트에 저장되고, 독점적 AI 시스템에 의하여 처리되며, 최종적으로는 경쟁상대도 없이 지역사회의 개인들에게 배포되고 판매될 가능성이 있다. 원만한 관계가 형성될 수는 있을 것이다. 주민들은 회사가 제공하는 서비스를 좋아하고, 회사는 디지털 형태의 주택소유자연합회로서 데이터의 배포를 통하여 공동체의 의사결정을 대신할 수 있는 것이다. 성향상 자유주의자인 사람들이 정부의 규제를 혐오하면서도 담으로 둘러싸인 주택단지에 살면서 규약(Covenants, Conditions & Restrictions, CC&R)의 형태로 상당한 사적 토지사용 규제를 받기로 하는 것처럼, 많은 사람들이 정부에 의한 데이터 접근을 싫어하면서도 민간 회사가 독점적 디지털 데이터에 기반하여 규제를 실시하는 공동체에 사는 것은 감내할 만하다고 생각한다.

공유경제 플랫폼이 일상생활에 대한 통제권을 더 많이 갖는 쪽으로 진화함에 따라(자율주행 자동차로 생기는 주문형 차량의 미래가 그 주요한 예가 될 것이다), 공유경제 플랫폼은 재산권의 본질 자체에 변화를 가져올 것이다. 재산권의 이러한 변화는 공유경제 플랫폼으로 촉진되는 대량 중개거래에서 파생된다. 부동산의 매매, 임차와 같은 재산권의 거래는 오랫동안 주거용 부동산의 중개인, 상업용 부동산의 광고자와 같은 중개자를 통하여 이루어져 왔다. 공유경제 플랫폼이 하고자 하는 바는 더욱 많은 거래에서 중개인으로 작용하는 것이다. 주택을 구입할 때 중개인에게 수수료를 지급하는 것과 공유 플랫폼에서 집을 임대할 때마다 플랫폼에 요금을 지불하는 것은 완전히 다른 문제이다. 유사하게, 중개행위의 관여가 없이 택시를 부르는 것과 승차거래를 중개하는 운송네트워크회사를 이용하는 것 사이에는 차이가 있다. 자율주행 자동차가 있게 될 미래에는 중개 플랫폼에게 매일 공유차량에 대한 요금을 지불할 것으로 예상된다. 이러한 예를 보면, 공유경제 플랫폼의 성장과 함께 일상생활에서 점점 더 중개행위를 필요로 하게 될 것이라는 점을 알 수 있다. 그러한 중개행위가 부드럽게 이루어지기 위해서는 데이터가 꾸준히 취득되고 AI가 데이터를 원만히 처리하여야 한다. 그리하여야 사업기회의 증가와 플랫폼 이익의 증대를 가져오는 사업모델이 촉진될 것이다.

III. 공유경제 플랫폼 도시 도래 이후의 법과 정책

스마트시티 IoT 데이터를 AI 및 공유경제 플랫폼에 통합시키는 것에 대하여 시민과 소비자가 어떻게 생각할지 예측하기는 어렵다. 그 대체적인 이유는 그러한 통합을 지지하는 공무원 및 사업가들이 최종 도달목표로 삼는 것이 정확히 무엇인지를 확인할 수 없기 때문이다. 그럼에도 불구하고 기술들 사이에 가교가 만들어지고 있다. 싱가포르 같은 곳에서는 정부의 프로그램이 가교 역할을 하고, 어떤 곳에서는 기술회사들이 사적으로 가교를 만들어 가고 있다. 이 섹션에서는 여러 매개변수를 사용하여 이러한 기술적 통합의 미래에 대한 생각에 접근하고자 하는데, 이 글에서 나는 이러한 기술적 통합을 '플랫폼 도시'로 부르고자 한다. 나는 이러한 기술적 통합이 현재의 공유경제 사업모델을 뛰어넘을 것이라고 보는데, 이는 이미 발생하고 있는 현상이다. 예컨대 에어비앤비는 현재 식당 예약 사업에 진입하고 있다.[24] 그 결과, 미래는 공유경제 산업의 최초 진입자들이 형성해 놓은 현재의 시장 부문에 의하여 유도되는 아니할 것이다. 오히려 그러한 공유경제회사들이 얼마나 광범위하게 자신들을 통합플랫폼으로 진화시켜서 소비자에게 일상적인 해결책(대부분의 해결책은 데이터에 기반하고 AI를 활용하여 만들어진 제품을 이용할 것이다)을 제시할 것인가에 달려 있을 것이다.

이러한 미래를 분석함에는 희망적인 자세로 시작하는 것이 중요하다. 왜냐하면 복잡한 시스템에서 살아가는 과정에서 정부가 해결해야 할 주요한 문제들을 해결하는 데에 이러한 기술의 통합이 도움을 줄 수 있을 것이기 때문이다. 엘리너 오스트롬(Elinor Ostrom) 등 경제학자들의 글에서 볼 수 있듯이, 도시 생태계 등 환경시스템의 관리는 제때에 정확한 정보를 획득하는 데에 달려 있다.[25] 도시가 환경에 미치는 복잡한 영향들을 관리하는 데 필요한 데이터에 대한 접근성을 플랫폼 도시가 제공하기 시작할 수 있다. 이 중에서 가장 중요한 것은, 특히 대도시에서 부서 간 칸막이를 없애려는 시도였다. 최근 수년간 록펠러재단이 여러 도시의 최고재생책임자(chief resilience officer) 제도에 자금을 지원한 사실에서 이 시도를 엿볼 수 있다. 이러한 데이터의 확산이 그러한 목적 달성을 위해 사용된다면, 도시 환경의 개선 및 그 개선 비용의 절감에 극적인 효과를 가져올 수 있을 것이다.[26]

그러나 위와 같은 희망에는 즉시 장애물이 나타난다. 현재의 플랫폼 도시가 전개되는 현실을 보면, 지역정부가 추진하는 노력조차도 상업적 데이터의 활용에 의존할 뿐만 아니라 데이터가 상업적으로 활용되는 것을 목표로 하고 있다. 이 말은 데이터의 수집과 활용 유형에 이미 편향성이

---

24 Kaya Yurieff, You Can Now Book a Restaurant Reservation on Airbnb(이제 당신은 에어비앤비에서 식당예약을 할 수 있다), CNNTech.com, Sept. 20, 2017, http://money.cnn.com/2017/09/20/technology/airbnb-restaurants-booking-resy/index.html.

25 Thomas Dietz et al., The Struggle to Govern the Commons(공공재 관리상 문제점), 302 Sci. 1907 (2003).

26 See generally William Boyd, Environmental Law, Big Data, and the Torrent of Singularities(환경법, 빅데이터 및 특이성의 홍수), 64 UCLA L. Rev. Disc. 544 (2016).

있어서 상업적 수익성이 가능한 쪽으로 기우는 경향이 있다는 것을 뜻한다. 이러한 상업적 사용의 대부분은 시민과 소비자에게 큰 가치를 제공할 것으로 보인다. 하지만 삶의 질을 높일 수 있으나 쉽게 수익성이 나지 않는 데이터가 최대한으로 활용될지는 의문스럽다. 수익성이 없는 데이터가 수집되고 활용되도록 플랫폼 도시 기술을 최대한 활용하는 일은 이제 시민단체와 비영리조직의 임무로 귀결될 수밖에 없을 것이다. 시민단체와 비영리조직은 데이터를 수집하기도 어렵고 돈을 주고 민간기업에서 구입하기도 어려울 것이다. 이들 단체에 데이터에 대한 접근성을 제공하는 것은, 플랫폼을 데이터 및 AI에 통합시키는 과정에서 적극적으로 고려하여야 할 중요한 요소이다.

도시 운영의 원천으로서 데이터에 의존하는 정도가 커짐에 따라 제기되는 또 다른 문제로서 '아날로그 빈민촌'(analog ghetto)이 있다. 이는 일부 주민이 플랫폼 도시에 접근하지 못하는 현상을 말한다. 이 점은 도시생활의 더 많은 부분들이 소유를 우선시하는 데에서 공유를 강조하는 쪽으로 이동함에 따라 더욱 중요한 문제가 된다. 예컨대 자율주행 자동차가 흔해지면 차량을 호출하는 앱을 사용하지 못하는 사람들은 아날로그적 방법을 사용할 수밖에 없을 것인데, 더 비쌀 수밖에 없는 전통적인 택시를 이용하여야 할 것이다. 이러한 형평성 문제를 해결하려면 틀림없이 규제적 대응이 필요할 것이다. 혹은 정부가 나서서 접근성에서 소외된 각 개인들을 시장에 흡수하여 디지털 회사의 서비스를 받도록 하여야 할 것이다. 예컨대 저소득 지역은 대부분 TNC의 채용 속도가 느리다. 운전자들이 골목까지 운전하는 것을 회피하는 현상(last mile dilemma)을 해소하고자, 여러 도시가 실험적으로 저소득층의 TNC 이용을 보조하고 있다. 또 다른 해결책으로서는 저소득층이 플랫폼 도시에 접속할 수 있도록 저가의 스마트폰을 제공하는 것도 가능하다.

각 도시가 유념해야 할 것은, 아날로그 행정에서 벗어나 데이터 기반의 행정으로 이행하게 되면, 장기적으로 데이터 수집에 매진하여야 한다는 사실이다. 도시가 장기적으로 데이터를 수집하면서 확실하게 의사결정의 수준이 개선되거나 향상될 것이다. 그러나 예산이 빠듯한 도시라면, 아날로그 방식으로도 이미 꽤 잘할 수 있는 일을 처리하기 위하여, 값비싼 플랫폼 도시를 이용하는 상황이 될 수도 있다. 업체가 데이터 수집, 데이터 호스팅 및 데이터 플랫폼을 무료로 제공하겠다고 제안하는 경우라도, 그것들이 정부의 기능을 복잡하게 만들 가능성이 있다면, 전형적인 중소규모의 도시들은 면밀하게 업체의 제안을 검토할 필요가 있다. 예컨대 그러한 앱은 전통적으로 공공재인 것들을 거의 모두 사유화할 수 있다. 샌프란시스코의 MonkeyParking 앱에서 이러한 현상이 발생하였는데, 공공 소유인 길거리 주차공간을 확보한 개인들이 즉시 타인에게 전매하는 현상이 발생한 것이다.[27] 샌프란시스코는 소를 제기하여 앱을 금지시켰다. 하지만 그 이후 샌프란시스코는 자체 앱을 개발하고 길거리 주차장 및 주차건물에 데이터 센서를 설치하여 공공주차의 여유 공간에 관한 정보를 제공하였다.[28] 플랫폼 도시의 대두로 인하여 시 당국과 민간회사 사이에서, 공

---

27 Ted Rall, The MonkeyParking App Could Turn Us into Monsters(MonkeyParking 앱으로 우리는 괴물이 될 수 있다), L.A. Times, Jan. 15, 2015, www.latimes.com/opinion/opinion-la/la-ol-rall-monkeyparking-app-sell-parking-spot-20150114-story.html

28 SFpark, http://sfpark.org/.

적 영역과 사적 영역의 구분 및 정보의 규제와 판매에 관한 상호 간 역할을 둘러싸고 위와 같은 분쟁이 틀림없이 더 많이 발생하게 될 것이다. 소규모 도시가 이러한 분쟁에 휘말리게 되면 많은 비용이 소요되고, 결국 공공재가 사적 착취의 대상이 될 가능성이 있다.

'플랫폼 도시가 발전하고 규제상 노력이 전개됨에 따라 각급 정부 간에 긴장관계가 발생할 수 있다'는 점을 도시들은 인지하여야 한다. 그 사례로서 미국의 주의회에서 지역정부의 규제를 배제하려는 시도가 있자 이에 대한 다툼이 생긴 점을 들 수 있다. 배제 주장의 첫 단초로서는, 디지털 기업(특히 공유경제 플랫폼)에 대한 지역정부의 규제로 인하여 혁신이 저해되므로 주가 각 도시의 행위를 배제하여야 한다는 점이 제시된다. 배제에 관한 이러한 주장은 강력하여 이미 여러 주에서 공유경제에 관한 배제법률의 근거로 사용되고 있다. 두 번째 단초로서는, 플랫폼 도시가 기술적으로 너무 복잡하여 지역정부가 규율하기에는 부적당하다는 점이 제시되는데, 이러한 논거는 플랫폼 도시가 출현하면서 더욱 지지받을 가능성이 있다. 플랫폼 도시에 대한 정부의 통제나 참여가 적은 경우 논거는 더욱 강력해진다. 예컨대 파나소닉, 삼성, 구글 등 기술기업이 플랫폼을 통하여 접근 가능한 데이터를 생성, 처리 및 전개하는 경우에는 그러한 개발사업에 도시가 관여하지 못하도록 주정부가 나서게 될 가능성이 높다.

위와 같은 상황에서는 거대 기술기업의 손아귀에 있는 플랫폼 도시가 궁극적으로 정부를 대체하는 지배체제가 될 것인가의 의문으로 이어지게 된다. 지역정부가 신성불가침이라고 말하는 것은 아니다. 많은 기업도시가 정부의 관여 없이 독자적인 관할지역으로서 존재해 왔다. 헌법규범이 계속 적용되겠지만, 거대 기술기업이 지배하는 지배체제가 대규모로 전개되면 미국인의 생활은 획기적으로 재창조될 것이다. 너무 나간 이야기로 들릴지 모르지만, 구글이 토지와 통제권을 완전히 이양할 도시를 알아보았다는 사실을 감안하여 보면, '전통적으로 지역정부가 행사해 오던 통제권을 플랫폼 도시가 대체하게 되었다'고 보는 것이 기술기업의 시각이라고 할 수 있다.

물론, 사생활에 어떤 영향이 미칠 것인지와 개인이 플랫폼 도시를 완전히 차단할 수 있느냐 여부가 플랫폼 도시에서 확실히 우려되는 사항이다. 이 문제들은 최종적으로 국민여론으로 결정될 것이다. 플랫폼 도시의 발전 궤적은 최종적으로 국민여론이 결정할 것이라는 말이다. 예컨대 싱가포르에서는 정부에 대한 신뢰가 돈독하여, IoT 센서가 대규모로 설치되어도 이를 침습적인 것으로 보지 않는다. 미국에서 정부가 유사한 설치를 한다면 거의 틀림없이 반대에 부딪힐 것이다. 하지만 민간기업이 그런 센서를 소유한다면 어떤가? 데이터 센서를 덴버시가 소유하는 경우와 파나소닉이 소유하는 경우가 서로 다른가? 아마도 서로 다를 것인데, 이러한 의견들이 앞으로 미래의 기술에 존재하는 공적 성질과 사적 성질의 모습을 형성하게 될 것이다.

IV. 도시 데이터와 플랫폼의 목적

도시생활과 데이터는 서로 밀접하다. Hull House, 붉은 구역 표시(redlining), 빈곤의 이웃효과에 이르기까지, 도시가 운영되는 방식은 도시생활에 대하여 우리가 파악한 내용에 직결되어 있다. 역사를 살펴보면, '본질적으로 윤리적인 데이터라는 것은 있지 않다'는 점과 '데이터를 전개하는 사람들의 의도(좋든 나쁘든)와 무관하게 움직이면서 본질적으로 스마트한 기술이라는 것이 없다'는 점을 배울 수 있다. 플랫폼 도시가 현재의 공유경제 기업이 진화하는 것과 비슷하게 발전하다 보면, 장차 정부의 데이터 사용 방식으로 자리잡게 될 것이다. 사정이 그러한 만큼 플랫폼 도시는 도시 전체(부자와 빈자, 기존거주자와 신규유입자)에 관련된 비용과 혜택에 대한 해답을 스스로 내놓아야 한다.

이러한 신 데이터 시대는 실제로 더 대단한 것일지도 모른다. 플랫폼 도시는 정부 자체와 경쟁하여, 정부보다도 더 매력적이고 대안적인 지배체제를 제공할지도 모른다. 오늘날의 공유경제 플랫폼이 진화하면서 재산권 거래에 관한 중개행위가 일상생활에 침투함에 따라 역풍이 불 가능성도 없지 않다. 하지만 역풍이 불지 않을 수도 있다. 대부분의 경우 소비자로서의 필요와 시민으로서의 필요에 정부와 플랫폼이 어떻게 대응하느냐에 따라서 결과가 달라질 것이다.

아마도 플랫폼 도시는 대부분 공적/사적 동반자관계의 디지털화된 모델로서 전개될 것이다. 위의 동반자관계는 20세기 후반의 도시개발 과정에서 흔히 볼 수 있었다. 이러한 방식에서 지역정부의 통제권이 허물어지기는 했으나, 도시재정상 감당할 수 없거나 시민들이 돈을 대려고 하지 않을 기반시설 혹은 혜택들을 도시가 확보할 수 있었다. 싱가포르의 접근방식은 이미 그러한 방향으로 나아가고 있는 것 같다. 즉 민간이 상업적 활용을 할 수 있도록 하기 위하여 지역정부가 기반시설을 확충하는 것이다. 이러한 협동은 플랫폼 도시의 도래를 촉진할 것이 확실하다. 그러나 과거의 공적/사적 동반자관계에서와 마찬가지로, 우리는 경계를 늦추지 말고 시민과 소비자가 동등한 발언권을 확보하도록 노력하여야 한다.

제4절

누가, 어떻게 공유경제를 규제해야 하는가?

15

공유경제의 활동 장소

네스터 데이비드슨, 존 인프랑카

서언

공유경제와 최근의 많은 다른 기술적 변혁 사이에는 장소적 위치에 관련된 차이가 있다. 즉 상당한 정도로 공유경제는 독특한 도시적 현상이다.[1] 공유경제의 활동 장소를 이해하게 되면, 공유경제 현상의 본질을 이해하는 데에 도움이 될 뿐만 아니라 공유경제가 만들어 낸 규제 지형을 파악하는 데에도 도움이 된다.[2]

공유경제는 어떤 면에서 도시적인가? 도시의 집중도와 혼잡도에서 발생하는 문제들을 해결하고자 많은 공유경제 기업들이 나타났다. 이러한 기업들은 다시 도시의 특징인 공간적 근접성, 다양성, 심지어는 익명성을 이용하게 된다. 도시 내에서 운송 제공자와 소비자가 밀집된 네트워크를 형성하고 있지 않다면, 우버, 리프트와 같은 운송네트워크회사(TNC)의 급격한 성장을 상상하는 것은 어려울 것이다. 마찬가지로 사람들이 가장 외진 곳에서도 공유 숙박물을 올릴 수 있기는 하지만, 독특한 시설이 있어 여행객을 많이 끌어들이고 있는 도시지역에서 단기임대차의 주요 활동이 이루어지고 있다. 심지어 플랫폼이 신뢰를 구축하는 데에 사용하는 메커니즘에도 도시적 요소가 있다. 즉 대중의 익명성이 보장되고 사회적 유대감이 강하지 않아 생기는 도시의 고전적 문제들을 해결하기 위하여 평가 수단과 평점시스템이 활용되는 것이다. 이와 같은 측면에서 볼 때, 공유기업이 창출하는 가치의 대부분은 도시적 문제를 효과적으로 해결하고 도시생활의 특성을 활용하는 공유기업의 능력을 반영한다.

공유경제에 깊숙이 자리잡은 도시성을 보게 되면 규제권한이 이러한 현상에 대응하여 독특하게 분산된 이유를 알 수 있다. 초기에 공유경제가 도시에서 번성한 것과 마찬가지로 규제적 대응도 지

---

1 이 점에 대한 자세한 논의는 다음의 문헌을 참조하라. See M. Davidson and John J. Infranca, The Sharing Economy as an Urban Phenomenon(도시적 현상으로서의 공유경제), 34 Yale L. & Pol'y Rev. 215 (2016); Michèle Finck and Sofia Ranchordás, Sharing and the City(공유와 도시), 49 Vand. J. of Transnational L. 1299 (2016); See also Daniel E. Rauch and David Schleicher, Like Uber, But for Local Government Policy: The Future of Local Regulation of the Sharing Economy(우버 유사 업체의 지역정부 정책 준수: 공유경제에 대한 지역적 규제의 미래), 76 Ohio St. L.J. 902 (2016); Jacob Thebault-Spieker, Loren Terveen, and Brent Hecht, Toward a Geographic Understanding of the Sharing Economy: Systemic Biases in UberX and TaskRabbit(공유경제에 대한 지리적 이해를 위하여: 우버엑스와 태스크래빗에 대한 체계적 편견), 24 (3) ACM Trans. Comput.-Hum. Interact. 1-40 (2017).

2 명칭과 범위에 대한 규범적 논의에 관하여는 이 책에 실린 올리 로벨의 글을 보라. 이 글에서는 공유경제를 넓게 파악하여, 여러 부문과 다양한 접근법을 포함시키려 한다. 이 글에서는 미국에서 전개되고 있고 규제지형을 주로 다루지만, 다른 법체계에서의 상황에도 의미가 있을 것이라고 본다.

역 차원에서 시작되었다(적어도 미국에서는 그러하였다).[3] 공유경제 이용자들이 수백수천 개의 지역에 걸쳐 물품과 서비스를 교환하고 있으므로, 공유경제 기업은 수많은 지역의 규제를 받는다는 점을 당초부터 알고 있었다. 다수 기업이 택한 사업전략은 지역 경제의 기존 업계를 교란하면서도 지역적 규제의 경계선을 이동시키는 것이었다. 산업이 성장함에 따라 주정부와 연방정부가 점점 더 개입하게 되었고, 결국 공유경제에 대한 수직적 규제의 측면에서 더욱 독특한 성격이 가미되었다.[4]

공유경제에 대한 규제가 도시에서 대체로 시작된 이유는 무엇이고, 그 규제의 모습이 이제 변화하고 있는 이유는 무엇인가? 부분적으로는 역사적 상황에 따른 것이다. 가장 중대한 규제적 난제를 안겨준 공유경제 산업(승차공유와 단기임대차가 이에 해당한다)의 경우 규제는 대체로 지역 차원에서 이루어지고 있었다(적어도 미국에서는 그러하였다).[5] 또한 당초에 공유경제 기업은 여러 가지 이유로(긍정적인 이유도 있고, 그리 긍정적이지 않은 이유도 있다) 규제체제가 수요 물품과 서비스의 공급을 과도하게 제한하는 지역과 부문에서(택시와 주택이 그 예이다) 번성하기도 하였다. 신규 진입자는 지역적 규제의 흠결과 미비점을 활용하여 혁신의 기회로 삼았다.

이 분야의 규제와 혁신에 관한 정치경제학이 더욱 복잡해졌다. 왜냐하면 공유기업들이 지역정부를 우회하여 주정부 단위에서 더 우호적이고 통일된 규제를 얻어내려고 하였기 때문이다. 그 결과 규제자와 피규제자 사이에 긴장이 발생하였을 뿐만 아니라 주정부와 도시정부가 서로 다른 의제를 추구함에 따라 규제자 자신들 사이에도 긴장이 발생하였다. 경제 및 규제 면에서 지역적 혁신의 공간을 허용할 필요성과 전 지역에 걸쳐 일관된 감독 체계를 구축할 필요성 사이의 긴장은 공유경제에만 국한되는 것은 아니지만, 규제의 모습을 이해하는 데 점점 더 중요한 특성이 되고 있다.

이 글에서는 이러한 긴장에 관하여 살펴보고, 지역적 규제가 강력한 역할을 수행하여야 한다는 주장을 조심스럽게 제시하고자 한다. 지역할거주의와 규제포획에 관한 정당한 우려에 대한 고려를 하여야 하겠지만, 실험의 이점을 살리고 지역적 선호를 반영하는 데에 주 단위의 과도하게 공격적인 규제는 바람직하지 않다.

따라서, 섹션 I 에서는 공유경제의 활동장소에 비추어 위와 같은 논의를 진행하며, 이러한 신경제의 성장 및 규제적 대응에 영향을 미치는 지리적 특성을 고려하고자 한다. 섹션 II 에서는 주정부와 지역정부 간의 규제상 충돌을 검토하는데, 장차 권한의 분배를 좌우할 중요한 요소들을 중점적으로 살펴보고자 한다. 이러한 고려 사항을 바탕으로, 섹션 III 에서는 여전히 매우 빠르게 변화하는 산업에서 지역적 규제의 역할을 유지해야 한다는 점과 그와 관련된 우려사항을 제시함으로써 글을 마무리하고자 한다.

---

3 See Rauch and Schleicher, supra note 1, at 903-04.
4 주정부와 연방정부의 역할에 대한 추가적 논의에 대하여는 이 책에 실린 Janice C. Griffith와 Sara E. Light의 글을 참조하라.
5 어느 정도 TaskRabbit과 같은 인적 서비스 제공은 단기고용(spot labor)의 문제를 야기하였고, 물품의 공유는 소비자보호법 문제를 제기하였지만, 지역정부는 이러한 영역의 주요한 규제권자 역할을 하지는 않아 왔다. 마찬가지로, 공유경제의 주요 부문인 P2P 대출도 대체적으로 지역적 규제를 받지 않았다.

Ⅰ. 공유경제에 대한 규제가 지역에서 먼저 시작된 이유는 무엇인가?

정부의 각급 단위에서 공유경제에 대한 권한을 어떻게 분배할 것인가는 항구적인 의문점이다. 미국의 경우 규제가 지역 단위에서 시작하였고 현재도 지역 및 주정부 단위에서 주로 규제가 이루어지며 연방정부는 한정된 관여만을 하는데, 그 이유를 이 글에서 살펴보고자 한다. 이러한 현상을 설명하기 위해서는 여러 사항이 고려되어야 한다. 예컨대 대부분의 공유경제에는 도시적 성격이 있다는 점, 공유경제 활동에서 야기되는 외부효과가 지역적으로 발생한다는 점, 규제에는 역사적 패턴이 있다는 점, 도시적 성격과 공유경제가 교차하면서 독특한 정치경제적 성격이 발현된다는 점 등이 고려되어야 한다.

A. 도시적 현상으로서의 공유경제

공유경제의 상당 부분은 지역(특히 도시 지역)에 확고하게 뿌리를 둔 혁신활동에서 기인하는데, 여기에서 이루어지는 정보의 교환은 공유경제가 촉진하는 시장관계의 장소적 측면에 크게 의존한다. 이러한 기업으로는 세계적으로 잘 알려진 업체도 있고 소규모 업체도 있는데, 전자로서는 운송제공업체(우버, 리프트), 숙박업체(에어비앤비) 및 인적 서비스업체(태스크래빗) 등이 있고, 후자로서는 비교적 저가치인 물품의 교환을 촉진하는 업체가 있다.[6] 위의 모든 경우에 걸쳐서, 공유경제가 채택한 플랫폼 기술은 지역무차별적 성격을 갖는 것으로 보이지만, 공유경제 자체에서는 장소적 기반성이 두드러진다.

공유기업은 기술을 활용하여 도시 생활의 비용과 좌절감을 경감하려고 한다. TNC는 도시에서 차량을 소유함으로 인한 번잡함을 피하도록 해준다. 카풀 중개 플랫폼은 신뢰할 수 없는 대중교통에 대한 합리적인 대안을 제공한다(교통 체증이 증가할 위험이 있지만). 음식 배달 서비스는 시간이 없는 도시근로자에게 붐비는 식료품점에서 오래 기다리지 않게 해주고, 비좁은 부엌에서 요리하는 암울한 상황을 모면하게 해준다. 때로 남는 방이나 아파트 전체를 임대함으로써 돈이 궁한 도시 거주자는 임료 수입을 올릴 수도 있다.

물론 도시 생활이란 것이 항상 좌절의 연속이고 끊임없이 해결책을 요구하는 상황이라고 할 수는 없다. 도시 경제학자들이 오랫동안 인식해 왔듯이, 사람들은 도시의 본질적 근접성과 밀집성이 주는 많은 혜택에 이끌려 도시로 온다.[7] 도시의 밀집성 덕분에 물품, 사람, 아이디어의 이동에

---

6 See e.g., Regina R. Clewlow and Gouri S. Mishra, Disruptive Transportation: The Adoption, Utilization, and Impacts of Ride-Hailing in the United States(교란적 운송업체: 미국에서의 승차공유의 수용, 활용 및 영향) 28 (Inst. of Transp. Studies, Univ. of Cal., Davis, Research Report UCD-ITS-RR-17-07, 2007). (이 논문에서는 미국 7개 주요 대도시 내 및 주변 지역의 이동 수단에 대한 조사를 기반으로 하여 도시 인구의 29%가 승차공유를 수용하여 자주 이용하는 편이나 교외 인구의 7%만이 이를 이용한다는 결과를 도출하고 있다).

7 See e.g., Gilles Duranton and Diego Puga, Micro-Foundations of Urban Agglomeration Economies(도시 집적경제의 세부적 기초), 4 Handbook Reg. & Urb. Econs. 2063, 2065 (2004); David Schleicher, The City as a Law and Economic

비용이 적게 들어 경제성장이 촉진된다.[8] 공유경제에서는 물품과 인적 서비스의 제공자들이 도시 지역에서 쉽게 고객을 찾을 수 있어서 혜택을 보는데, 그에 따라 효율성이 증가할 뿐만 아니라 잠재적 제공자와 고객은 공유경제 활동에 참여하는 것이 서로 이익이라고 생각할 가능성이 커진다.[9] 잠재적 구매자와 판매자의 근접성 및 집중도는 물품과 서비스의 신속한 교환을 촉진하고, 공유경제 기술은 이러한 도시적 특성을 적극 활용한다.[10]

단기임대차 플랫폼으로 연결되는 숙박주와 손님이 서로 인접하여 살지는 않겠지만, 이러한 플랫폼은 원하는 도시 시설에 대한 근접성을 제시하는 방식으로 공간적 관계를 촉진하는 것에 의존하고 있다. 여러 도시에 대한 경제적 영향을 요약한 에어비앤비의 보고서에 의하면, 에어비앤비 여행자의 79%가 특정 지역을 탐방하고 싶어 하고, 91%가 현지인처럼 살아보고 싶어 한다고 한다.[11] 에어비앤비의 마케팅 담당자가 지적했듯이, 잠재적 손님에게 에어비앤비가 제시하는 매력의 주요한 요소는 특정 도시 지역에서 숙박을 제공함으로써 대형 호텔보다는 더욱 '진정한' 경험을 제공할 수 있다는 점이다.[12] 다른 경우도 마찬가지이지만,[13] 위와 같은 면에서 공유경제는 먼저 도시에서 번성하였고, 놀랍지 않은 일이지만 역시 같은 도시 지역에서 규제적 마찰에 직면하게 되었다.

B. 국지적 외부효과로 인하여 규제상 대응이 발생하다

공유경제가 도시지역에서 성장하여 왔기 때문에, 긍정적이건 부정적이건 가장 큰 영향은 지역 단위에서 발생하여 왔다. 공유회사들에게 두꺼운 시장을 제공하는 밀접성과 근접성은 동시에 지역에 대한 이러한 효과를 증폭시킨다. 기존 자원의 사용을 증대하고 공급 잉여분을 활용하게 함으로써 공유 플랫폼이 도시 지역에서 급속하게 규모를 키우면서 지역에 외부효과를 집중시킨다.[14] 그리하여 그러한 효과가 집중된 지역 단위에서 특히 맹렬한 정치적 · 법적 싸움이 촉발된다.

토지 이용에 대한 갈등은 공유경제가 유발하는 종류의 국지적 외부효과를 분명하게 보여주는

Subject(법과 경제의 주체로서의 도시), 2010 U. Ill. L. Rev. 1507, 1516 (2010). 경제학자들은 근접성과 밀집성에서 오는 이점은 집적효용이라고 하는데, 이는 혼잡비용의 대가이다. See generally Edward L. Glaeser, Introduction to Agglomeration Economics(집적경제학 서설) (2010).

8 Glaeser, supra note 7, at 140.

9 Glaeser, supra note 7, at 140.

10 Roy Samaan, LAANE, AirBnb, Rising Rent, and the Housing Crisis in Los Angeles(로스앤젤레스에서의 에어비앤비, 임대료 상승 및 주거 위기) 18 (2015) (AirBnB에는 로스앤젤레스 전역의 임대물이 등록되어 있기는 하나, 95개 지역 중 9개가 에어비앤비 매출액의 73%를 차지한다).

11 The Economic Impacts of Home Sharing in Cities Around the World(전 세계 여러 도시에 대한 숙박공유의 경제적 영향), Airbnb, www.airbnb.com/economic-impact.

12 Dan Peltier, Skift Global Forum: Airbnb's CMO on the Meaning of Authentic Travel Experiences(스키프트 글로벌 포럼: 에어비앤비 마케팅담당자가 설명하는 진정한 여행 경험의 의미), Skift, July 14, 2015, http://skift.com/2015/07/14/skift-global-forum-2015-airbnbs-cmo-on-the-meaning-of-authentic-travel-experiences.

13 See Davidson and Infranca, supra note 1, at 227-29; Finck and Ranchordás, supra note 1, at 1313-15.

14 Kellen Zale, this volume.

예이다. 주거 공간과 상업 공간이 어떻게 사용되는지는 지역 수준에서 즉각적인 영향을 보인다.[15] 단기임대차 플랫폼에 대한 반대는 국지적 효과에 대한 우려에서 기인하는 수가 많은데, 특히 주거 안정성과 주변적 특성에 미치는 영향에 대한 우려가 크다.[16] 반대론자들의 주장에 의하면, 에어비앤비 등의 플랫폼은 세입자가 이용할 수 있는 주택 공급을 줄임으로써 주거 비용을 증가시킨다고 한다.[17] 찬성론자들은 공유로 인한 수익을 통해 고비용 지역에서 임차인과 주택 소유자 모두에게 주거비용부담을 완화시킨다고 반박한다.[18] 현재까지의 경험적 자료로는 이 논쟁을 명확하게 해결하지 못한다.[19] 고도로 국지적인 영향에 대한 우려가 얼마나 정당한지는 모르겠지만, 그러한 우려는 상당한 주목을 받았고, 일반인과 정부가 대응책을 형성하는 데에 과도하다고 할 만한 역할을 하였다.

운송 부문에서 TNC, P2P 승차공유, 플랫폼 중개의 카풀은 지역에서의 출퇴근 방식, 교통, 공공 안전의 문제를 직접적으로 야기한다. 승차공유를 하면 개인의 잉여 운송역량을 활용함으로써 차량 사용을 줄일 것이라고 기대되었다. 그러나 적어도 최근의 연구 결과에 의하면, 주요 도시에서 승차공유로 인하여 총 운송거리(vehicle miles traveled, VMT)가 늘어날 가능성이 있다고 한다.[20] 게다가, 카풀 서비스는 벤처투자자금을 받아서 낮은 요금으로 승차를 제공함으로써 사람들이 대중교통을 이용하지 않게 할 수도 있다.[21]

TNC에 관한 최근의 매사추세츠 주법률은 이러한 국지적 외부효과에 대응하여 TNC에 승차당 수수료를 부과한 후 그중 절반을 승객이 승차한 지역의 정부에 배분한다.[22] 뉴욕 등 많은 도시가 교통 정체, 대기 질, 안전 등에 대한 TNC의 영향을 연구하였다.[23] 그리고 샌프란시스코는 우버와 리

---

15 Lee Anne Fennell, Agglomerama(집적화 현상), 2014 B.Y.U. L. Rev. 1373, 1383.

16 David Zahniser, Advocates are wary of Airbnb(주거운동가들이 에어비앤비에 대하여 우려를 표시하다), L.A. Times, Nov. 16, 2015, B1.

17 See, e.g., Samaan, supra note 10, at 19 ("AirBnB 시장 밀도는 임대료가 도시 평균보다 훨씬 높은 지역들과 일치한다. 임대료 책정은 수많은 경제적 요소와 시장 요소에 의하여 이루어지기 때문에 우리가 AirBnB 밀도와 임대료 중위값의 정확한 관계를 알기는 어렵다."); BJH Advisors LLC, Short Changing New York City: The Impact of Airbnb on New York City's Housing Market(뉴욕시를 속이기: 뉴욕시의 주거시장에 대한 에어비앤비의 영향) (2016) (뉴욕시에서 에어비앤비 등록물의 지리적 집중은 급속한 임대료 인상 지역과 일치한다고 보고 있다).

18 Roberta A. Kaplan and Michael L. Nadler, Airbnb: A Case Study in Occupancy Regulation and Taxation(에어비앤비: 주거 규제와 조세에 관한 사례연구), 82 U. Chi. L. Rev. Dialogue 103, 106-07 (2015).

19 Alastair Boone, There's New Research Behind the Contention that Airbnb Raises Rents(에어비앤비가 임대료를 올린다는 주장을 지지하는 새로운 연구결과가 있다), CityLab, Aug. 2, 2017; Peter Coles et al., this volume; Keren Horn and Mark Merante, Is Home Sharing Driving Up Rents? Evidence from Airbnb in Boston(주거공유가 임대료를 올리는가? 보스턴 에어비앤비의 증거), 38 J. of Housing Econ., 14, 24 (2017).

20 Clewlow and Mishra, supra note 6, at 29 ("우리는 승차공유를 통한 이동의 49%-61%는 전혀 이루어지지 않았을 것이고, 도보, 자전거 혹은 대중교통을 이용하지도 않았을 것이라고 본다.")

21 See Emma G. Fitzsimmons, Subway Ridership Declines in New York. Is Uber to Blame? (뉴욕에서 지하철 승객이 줄고 있는데 이는 우버 때문인가?) N.Y. Times, Feb. 23, 2017.

22 2016 Mass. Legis. Serv. Ch. 187 §9. 20센트에 이르는 승차당 수수료의 절반은 주 교통부에 귀속된다. Id.

23 The Downside of Ride-Hailing: More New York City Gridlock(승차공유의 단점: 뉴욕시의 증가된 교통체증), N.Y. Times, Mar. 6, 2017; see also Schaller Consulting, Unsustainable? The Growth of App-Based Ride Services and Traffic, Travel and the Future of New York City(지속불가능성? 앱 기반 승차서비스의 성장, 교통, 이동 및 뉴욕의 미래) (Feb. 2017). 일부 도시들은 이러한 지역적 효과를 평가하고 규제 대응을 마련하기 위해 실무그룹을 구성했다. 예를 들어, 로스앤젤레스 시의회는 공유경제 실무그룹을 조직하여 공유경제의 효과, 특히 주거 부문에 대한 효과를 분석하도록 했다. Los Angeles City Council File #14. 0593, https://cityclerk.lacity.org/lacityclerkconnect/index.cfm?fa=ccfi.

프트가 교통 체증을 유발하고 운전자들을 더 장시간 운전하도록 함으로써 공공위해를 야기하였는지에 대한 조사를 하였다.[24] 이와 같은 노력을 보면, 위와 같은 공유경제 부문들이 크게 국지화된 외부효과를 창출하였다는 점을 알 수 있다.

C. 역사적 우연성 및 규제의 경로의존성

대체적으로 공유경제가 도시에서 발전하여 도시에 영향을 미쳤다고 본다면, 도시를 관리하는 규제권자가 대응의 최전선에 있다는 점은 놀라울 일이 못된다. 공유경제가 창출한 활동(특히 숙박 및 도시 내 이동 등)이 지역적 사안이라는 사실은 부분적으로는 역사적 우연성 및 규제권의 경로의존성에서 나온 산물이기도 하지만, 이는 지역정부의 상대적 역량과 앞의 섹션에서 논한 역학구조의 반영이기도 하다.[25]

예를 들어, 택시들은 오래 전부터 지역정부 단위에서 규제되어 왔는데, 택시 면허제로 인해 진입이 제한되고, 요금이 고정되었다.[26] 도시들은 교통 혼잡과 오염에 대한 지역적 우려 등의 이유로 진입을 제한해 왔다.[27] 그 결과 크게 지역화된 택시산업이 역사적으로 상당한 정치적 영향력을 발휘해 왔다.[28] 이로 인해 많은 도시에서 택시가 부족해졌고, 무면허 '집시 택시'에 대한 수요가 발생했으며,[29] 관할 구역을 넘어서 이동하고자 하는 승객에게 불편을 끼쳤다. TNC는 진입 제한과 고정 운임에 도전했을 뿐만 아니라, 규제의 영역을 지역정부로부터 주정부로 옮기는 데에도 성공하였다.[30]

단기임대차의 경우, 가장 유사한 기존 산업인 호텔에 관한 전통적 규제의 영역은 더 분산되어 있다. 호텔에는 지역의 도시계획과 건축규정이 적용될 뿐만 아니라, 지역·주·연방 단위의 각 보건 및 안전 규정이 적용된다. 택시산업과는 달리 호텔 산업은 전국적·국제적인 규모로 이루어진다. 그리하여 에어비앤비의 주요 경쟁자들은 특정 지역에 뿌리내린 정도가 덜하다. 그럼에도 일부

---

view record&cfnumber=14-0593.

24 San Francisco Investigating Whether Uber, Lyft Are Public Nuisances(샌프란시스코는 우버와 리프트가 공공위해에 해당되는지를 조사하고 있다), Reuters, June 5, 2017. 시 당국은 최근 우버와 리프트와 타협을 이루었으며 TNC는 주법이 제정되기 전이라도 승차당 수수료를 지급하기로 합의하였다. Nuala Sawyer, Uber and Lyft Agree to Pricey New S.F. Tax(우버와 리프트는 샌프란시스코에 상당한 조세를 부담하기로 하다), S.F. Weekly, Aug. 1, 2018.

25 Rauch and Schleicher, supra note 1, at 941-42.

26 Katrina Miriam Wyman, Taxi Regulation in the Age of Uber(우버 시대의 택시 규제), 20 NYU J. on Legis. & Public Pol. 1, 76 (2017).

27 Katrina Miriam Wyman, Problematic Private Property: The Case of New York Taxicab Medallions(골치 아픈 사유재산: 뉴욕 택시 메달리온의 경우), 30 Yale J. on Reg. 125, 168 (2013).

28 Wyman, supra note 26 at 9, 20.

29 Wyman, supra note 27 at 170-72.

30 See infra Section II. 현재 거의 모든 주가 일정한 TNC 규제를 가지고 있다. For more detail see Transportation Network Company(TNC) regulation(TNC에 대한 규제), Texas A&M Transportation Institute, https://policy.tti.tamu.edu/technology/tnc-legislation/.

지역에서는 호텔 노동조합이 단기임대차에 대한 반대 목소리를 냈다.[31]

규제의 역사적 패턴과 법집행 능력의 사이에는 분명한 관계가 있다. 지역정부는 공중접객산업에 대하여, 특히 식당과 식품안전 일반에 관련하여 검사와 집행을 주도한다.[32] 전형적으로 지역정부가 주거의 품질과 안전 기준을 집행한다. 이것이 현실이라고 하여 반드시 향후 지역정부가 규제를 해야 한다고 볼 수는 없지만, 이는 주 단위의 입법에 영향을 미칠 수밖에 없으며, 주의 입법은 지역정부의 집행역량과 우선순위를 고려에 포함시켜야 할 것이다.

D. 규제활용(Regulatory Arbitrage)

공유경제가 도시 단위의 규제와 불가분적으로 연결되어 있다는 점을 감안하고서 큰 그림을 그려 보자면, 공유경제는 해당 부분의 초기 단계에서 도시규제의 적극적 활용을 통하여 번성하였다고 할 수 있는데, 견해에 따라서는 이러한 현상이 지역 법령의 단점을 노출하였다고 볼 수도 있고, 지역 법령을 악의적으로 회피한 것에 해당된다고 볼 수도 있다.[33] 예컨대 단기임대차 부문은 토지이용 규제의 이면에서 성장하였다고 볼 수 있는데, 토지이용 규제가 있으면 주거 공급이 제한되고 주거 비용이 증가하며, 주거가 고용 및 편의시설로부터 분리될 수가 있다.[34] 숙소 중개 플랫폼은 이러한 국지적 공급 제약 및 공간적 단절에 대한 대응이다. 그리고 공급을 제한하는 바로 그 도시계획이 있으므로, 임차인과 주택 소유자들이 에어비앤비를 통해 주거의 전부 또는 일부를 제공하는 시장이 발전하게 된다. 미국에서 각 지역의 도시계획은 용도지역을 구분하고 주거지역에서 떨어진 도심지에 호텔을 집중시킴으로써 외지 방문객에게 인기 있는 지역에서 단기임대차 플랫폼이 생성될 공간이 만들어진다. 이와 유사하게 택시 면허제도는 이동 서비스의 수요가 증가함에도 불구하고, 택시 수의 상한을 정함으로써 공급을 제한하였다.[35]

이러한 제약조건에 직면하여, 많은 공유기업은 경쟁자에게 적용되는 규제상 제약에서 경제적 가치를 창출하는 여러 방법을 고안해 냈다. 기업들은 도시시장에 존재하는 비효율성을 활용하였는데, 그 방법 중 하나는 불리한 규제를 피하는 방식으로 사업을 정립하고 구조화하는 것이었다.[36]

---

31 Josh Dawsey, Union Financed Fight to Block Airbnb in New York City(노동조합이 뉴욕시에서 에어비앤비를 저지하기 위한 투쟁에 자금을 댔다), Wall Street Journal, May 9, 2016.

32 See generally Sarah B. Schindler, Regulating the Underground: Secret Supper Clubs, Pop-up Restaurants, and the Role of Law(지하경제의 규제: 비밀저녁식당, 임시식당 및 법의 역할), 82 U. Chi. L. Rev. Online 16 (2015).

33 어떤 경우에는 이러한 행동들이 Elizabeth Pollman and Jordan Barry가 말하는 "규제활용 기업가정신"이라고 할 수도 있는데, 이는 법을 변경시키거나 형성하려는 적극적 노력을 말한다. Elizabeth Pollman and Jordan M. Barry, Regulatory Entrepreneurship(규제활용 기업가정신), 90 S. Cal. L. Rev. 383, 392 (2017).

34 Edward L. Glaeser and Joseph Gyourko, The Impact of Building Restrictions on Housing Affordability(건축규제가 주택공급에 미친 영향), 9 Econ. Pol'y Rev. 21, 23 (2003).

35 Wyman, supra note 27 at 171.

36 Julia Verlaine and Jim Brunsden, Uber Insists 'Ceci N'Est Pas un Taxi' in City of Magritte(마그리트의 도시에서 우버는 '이것은 택시가 아닙니다'라고 주장하다), Bloomberg Technology, Oct. 12, 2014; David Streitfeld, Companies Built on Sharing Balk When It Comes to Regulators(공유 기반의 회사들은 규제권자에 직면하여 움찔하다), N.Y. Times, Apr. 21, 2014.

예상할 수 있듯이, 공유경제 진입자와 기존업자가 충돌하면서 이러한 노력은 긴장을 불러왔다. 역사적으로 지역에서 상당한 정치적 영향을 행사해온 기존업자들은 1차적으로 지역적 규제를 통한 대응을 도모하였다. 공유경제 기업은 이에 대응하여 늘어가는 고객층을 동원하여 불리한 규제에 도전하기도 하고 불리한 지역 법령을 주법으로 배제시키려고 노력하기도 하였다. 그 결과 많은 경우에 규제권한을 둘러싸고 주정부와 지역정부 사이에 갈등이 조성되었는데, 아래에서는 이 점에 관하여 보고자 한다.

II. 규제 갈등의 대두

공유경제 기업은 주정부 수준의 규제를 추구하는 과정에서 더 수용적인 주정부가 지역정부의 법을 대체할 능력과 의지를 갖고 있음을 알게 되었다. 이로 인해 주정부가 지역정부의 명시적인 규제 노력을 수정하거나 봉쇄하는 등 점점 많은 규제 다툼이 발생하였다. 이러한 규제 갈등은 완화될 기미를 보이지 않는다. 이 섹션에서는 그러한 갈등의 일반적인 현황을 설명하고, 이러한 다툼의 역학관계를 보여주기 위해 텍사스주와 오스틴시 사이에서 TNC 규제를 둘러싸고 일어난 다툼을 검토한다.

A. 주정부에 의한 지역 규제의 배제

지금까지 운송네트워크회사들은 단기임대차 플랫폼보다는 더 효과적으로 주정부 수준의 규제를 얻어냈다. 현재 워싱턴디시를 포함하여 총 48개의 주가 TNC를 규제하는 법률을 두고 있고,[37] 전국도시연맹(National League of Cities)의 최근 연구에 따르면, 적어도 37개 주가 이 분야의 일정한 면에서는 지역정부의 권한을 배제하고 있다.[38] 카트리나 와이먼의 연구에 따르면, 이러한 규정은 운전자의 기본적 자격을 포함한 안전 문제에 상당한 초점을 맞추고 있다.[39] 또한 이러한 주법 중 많은 부분이 보험보장 범위에 관한 문제를 다루는데, 우버, 리프트 및 주요 보험사가 개발한 모델 법안의 요소를 반영한 경우가 많다.[40]

이러한 주정부 차원의 활동에서 몇 가지 추가 패턴이 드러났다. 약 절반의 주들이 명시적으로 지역정부가 TNC를 규제할 수 없도록 금지하고 있다.[41] 일부 주에서는 일반적으로 해당 사업을 허용하면서 지역정부에 의한 규제를 제한적으로 허용하지만, 주 수준에서 기본적 요건을 설정한다.

---

37 For citations to these statutes see Appendix I to this chapter.

38 National League of Cities, City Rights in an Era of Preemption: A State-By-State Analysis(주법 우위의 시대와 도시의 권한: 주별 검토) (2017), http://nlc.org/preemption.

39 See Katrina M. Wyman, this volume.

40 Id.

41 For citations to these statutes see Appendix II to this chapter.

뉴욕주는 후자의 접근방식을 취했는데, 2017년 4월부로 TNC가 뉴욕시 외부에서 영업하는 것을 허용하였고, 주법령을 통하여 운전자의 신원조회를 실시하고, 각 차량에 대해 125만 달러의 책임보험, 125만 달러의 추가보험을 제공하며, 운전자가 최소 19세 이상일 것을 요구한다.[42] 그런데 뉴욕주법은 각 카운티와 4개 대도시(버팔로, 로체스터, 시러큐스, 용커스)가 각 관할구역에서 승차공유 회사들의 영업을 허용할 것인지 여부를 결정할 수 있도록 규정하고 있다.[43]

주정부 수준에서 하는 교통 부문의 규제는 단일 대도시 지역 내에서 인접 관할구역 간에 생길 수 있는 이해조정 문제를 해결하기 위하여 필요하다는 점에 따라 부분적으로 정당화되는데, 지역 면허제도에 의하면 운전자가 관할구역 밖으로 갔다가 돌아올 때 승객을 태우지 못하게 하여 비효율성이 발생할 수 있다는 점을 해소할 필요성이 있는 것이다.[44] 그러나 주정부 차원의 개입은 TNC의 상당한 로비 노력에 기인한 것이기도 한데, 기존 택시업계가 지역 단위에서 TNC에 반대하자 TNC가 로비에 나서게 된 것이다.

공유경제의 단기임대차 부문에서는 지역정부 권한의 배제가 적었지만, 적어도 7개 주(애리조나, 플로리다, 뉴욕, 유타, 아이다호, 인디애나, 테네시)는 주정부 차원에서 지역정부의 권한을 배제하거나, 법을 제정하여 지역정부의 규제 전부 혹은 일부를 대체하였다.[45] 실제로 뉴욕 외 나머지 주들은 지역정부가 단기임대차를 규제하는 것을 완전히 금지하고 있다.

이처럼 다양한 경로는 어떻게 생겼는가? 단기임대 업체는 지역의 기존업자들로부터 상당한 저항을 받기보다는 거주자들 및 주거안정 운동가들의 반대에 직면한 경우가 잦기 때문이라고 설명할 수 있을 것이다. 이러한 반대는 플랫폼 업체에 대한 것이라기보다는 다세대주택을 불법적 호텔로 전용하는 건물 소유자와 같은 불량한 행위자에 대한 것인 경우가 많다. 에어비앤비는 이러한 비판에 직면하여 다량의 등록물을 올린 개별 숙박업주와 거리를 두기도 하고, 숙박세를 납부하겠다고 제안하는 등 지역 규제권자와 좋은 관계를 유지하려고 노력해 왔다. 반면에 TNC 영역에서는 지역의 반대가 개별 운전자가 아닌 플랫폼에 대체적으로 집중되자, TNC는 과도하다고 생각되는 지역 규제(주로 기득권자의 농간으로 비난한다)를 피하기 위하여 주정부에 호소하게 되었다.

규제의 경로가 다른 것에 대한 설명으로서는 각 부문에서 야기되는 외부효과가 상당히 달라서 규제권한의 할당이 달리 될 수밖에 없다는 점을 들 수 있다. 비록 TNC를 통한 이동거리가 단거리이지만, 대도시 권역에서는 여러 지역 간 경계를 자주 넘나들게 되어 광역 규제가 더 효율적이다 (그래서 주 수준의 개입이 필요할 것이다). 대조적으로 기존 주택의 강화된 사용이라고 이해할 수 있

---

42 N.Y. Veh. & Traf. Law §§1699, 1695, 1696 (McKinney, 2017).

43 N.Y. Gen. Mun. Law §182 (McKinney, 2017). 만약 카운티에서 승차공유를 허용한다면, 카운티 내의 도시들은 승차공유를 제한할 수 없다.

44 Freeman Klopott, Cuomo Seeks Statewide Uber Policy, Undercutting New York City(쿠오모 주지사는 뉴욕시를 무시하고 주 전역에 걸친 정책을 추진하다), Bloomberg Business, Oct. 21, 2015; Lauren Hirshon et al., Nat'l League of Cities, Cities, The Sharing Economy and What's Next(도시와 공유경제의 미래) (2015); Wyman, this volume.

45 Ariz. Rev. Stat. §§9. 500.39, 11. 269.17 (2017); Fla. Stat. §509.032(7) (2017); N.Y. Mult. Dwell. Law §121 (McKinney 2017); Utah Code Ann. §§10-8-85.4, 17-50-338 (West 2017); Idaho Code Ann. §67-6539 (West 2018); Ind. Code §36-1-24-8 (2018); Tenn. Code Ann. §66-35-102 (2018).

는 단기임대차는 주변 지역 혹은 가까운 인근에 국지적 외부효과를 일으킨다. 단기임대차가 도시 전역과 심지어 광역 주택 시장에도 어느 정도 영향을 미칠 수 있지만, 이러한 영향이 크지는 않고, 대도시 권역의 시장 전체에 걸친 단일한 규제(미국에서는 주택 규제 및 토지사용 일반에 관한 광역적 규제는 보통 존재하지 않는다)를 통해 얻을 장점이 훨씬 덜 뚜렷하다. 그럼에도 불구하고 고려하여야 할 추가적인 비용과 효용의 문제가 있다. 다음 섹션에서 이 점을 설명한다.

B. 텍사스 대 오스틴: 통일성과 지역적 실험 간의 긴장에 관한 사례 연구

텍사스주 오스틴에서 TNC를 둘러싸고 발생한 사태는 지역적 실험의 사례이자, 미국에서 주정부의 개입이 혁신을 봉쇄할 위험성에 관한 사례이다. 2016년 5월에 우버와 리프트는 멋, 젊음, 첨단기술의 도시인 오스틴에서 사업을 중단하였다. 우버와 리프트는 철수하기 전에 운전자에 대한 지문 기반 신원 확인을 요구하는 지역 법을 뒤집기 위하여 주민투표를 추진하였다.[46] 지역 유권자들은 이 조치를 거부하였다. 위 회사들이 떠난 후 토착 승차공유 앱이 다수 등장하여 새로운 요건을 충족시키면서 그 공백을 메웠다. 이러한 앱 중에는 운전자에게 더 많은 몫을 할당하는 비영리 업체인 라이드 오스틴(Ride Austin)도 있고,[47] 승차당 1달러의 수수료를 부과할 뿐 일정 비율의 수수료를 부과하지 않는 패슨(Fasten)도 있다.[48] 이러한 초기의 상황을 보면, 적어도 혁신적 기술이 적용되는 부문에서는, 시 당국이 공유기업에 대해 더 엄격한 규제를 부과하면, 지역토착 기업이 대안으로서 대두하여 다국적 대기업에 대항할 수 있음을 알 수 있다.[49]

그 후 텍사스주 의회는 TNC에 대한 지역 통제권을 배제하는 법을 통과시켰는데, 이는 지역 통제권의 상실을 우려하는 지역 당국의 상당한 반발에도 불구하고 주민투표가 부결된 이후에 추진된 것이다.[50] 주 의회는 각 지역정부가 지문 기반 신원 확인을 요구할 수 있도록 허용하는 개정안

---

[46] 지문 기반 신원 확인이 안전증진에 효과가 있는지 여부, 소수인종과 저소득층에 주로 부정적 효과가 있는지 여부에 대한 논란이 있다. See Letter from Austin Area Urban League and Austin Branch of the NAACP to Austin City Council Member Ann Kitchen, Oct. 13, 2015, www.scribd.com/doc/285911804/Letter-of-Opposition-to-Fingerprinting-Austin-s-Uber-Lyft-Drivers. 우리는 지문 기반 신원 확인의 개별적 특성에 대한 비판을 우선 제쳐 두고, 그 대신 지역 규제를 통해 지역적 우려에 대응하고 지역적 대안 개발을 촉진할 가능성에 초점을 맞추고자 한다.

[47] See One Year After Fleeing Austin, Uber and Lyft Prepare a Fresh Invasion(우버와 리프트는 오스틴을 떠난 지 일년 만에 다시 진입할 준비를 하고 있다), Wired, May 7, 2017. ("오스틴 재진입은 그리 순탄치 않을 수도 있다. 현재 라이드 오스틴과 일하는 운전자들은 원래 리프트와 우버와 일하였다. 그들은 돌아가고 싶어하지 않을 수 있다. 리프트는 운임의 20%를 가져간다. 비영리의 Ride Austin은 표준 서비스의 경우 운임 전부를 운전자에게 지급하고, Fasten은 승차당 1달러 미만의 정액 수수료를 취한다. 운전자들은 돈이 있는 곳으로 가고, 승객들은 운전자가 있는 곳으로 갈 것이다.")

[48] For discussion of Fasten, Ellie Kaufman, The Ride-Share Startup That's Competing with Uber and Lyft by Charging $1(1달러를 징수함으로써 우버와 리프트와 경쟁하는 승차공유 신생기업), Fast Company, Oct. 31, 2016.

[49] Sam Levin, "There is life after Uber": What Happens when Cities Ban the Service?(우버 이후의 삶: 도시들이 우버 서비스를 금지하면 어떤 일이 발생할 것인가?), The Guardian, Sept. 23, 2017 (우버의 런던 운영 면허 상실과 오스틴 및 기타 도시에서의 지역 대안 개발에 관한 논의를 한다). 한국 서울은 국내 택시 앱 개발을 장려할 목적으로 우버를 일부 금지했다. See Neal Gorenflo, Shareable, Why Banning Uber Makes Seoul Even More of a Sharig City(우버를 금지하는 것이 서울을 더욱 공유의 도시로 만드는 이유), July 25, 2014, www.shareable.net/blog/why-banning-uber-makes-seoul-even-more-of-a-sharing-city/.

[50] Bill to regulate Uber, Lyft statewide gets green light from Texas House(주 전역에 걸쳐 우버와 리프트를 규제하는 법안이 텍사스 하원에서 통과되다), Dallas News, April 17, 2017.

을 명시적으로 거부했다.[51] 스티브 애들러(Steve Adler) 오스틴시장은 주법에 강하게 반발하면서 "주 의회가 오스틴 유권자들의 반대에도 불구하고 우리 도시에 규제를 가함으로써 기본적 원리인 주민자치 원리 및 제한적 정부 원리를 무력화한 것에 대하여 실망한다"고 발표하였다.[52]

우버와 리프트는 돌아와서 즉각 상당한 시장점유율을 되찾았고 적어도 한 경쟁자를 시장에서 몰아냈다.[53] 주법의 지지자들은 과도한 규제와 지역 기업의 횡포(local capture)에 대항하여 자유롭고 개방된 시장을 옹호하여야 한다고 주장한다.[54] 그러나 어떤 논평가가 지적하듯이, 우버와 리프트가 시장점유율을 빠르게 회복한 이유는, 그들이 막대한 벤처 캐피털 자금을 이용하여 승차 요금을 보조함으로써 더 낮은 가격을 제시할 수 있었기 때문인 것으로 보인다.[55] 이러한 어려움에도 불구하고 라이드 오스틴[56]과 패슨[57]과 같은 대안 플랫폼은 여전히 오스틴에서 운영되고 있다.

요컨대, 주정부는 공유경제의 국지적 영향에 관한 지역정부의 권한을 점점 더 제한하고 있는데, 그렇게 된 데에는 자체적인 필요성도 있겠지만, 주 단위로 공유경제의 중심을 옮기려는 공유기업들의 정치경제적 노력에 기인한 면도 있다. 하지만 이러한 경향에는 우려할 만한 이유도 있다.

Ⅲ. 지역주의의 지속에 대한 조심스러운 지지

주 단위의 규제를 할 만한 중요한 이유가 있다. 인권 보호와 소비자 보호를 위한 기본적 요건의 규정, 비효율성의 제거, 외부효과를 유발하는 지역정부 행위의 완화 등을 들 수 있다. 그러나 공유경제처럼 급변하는 산업에서는 지역주의와 분권적 실험주의에 큰 이점이 있다.[58] 그리고 규제포획이 주 단위에 존재할 가능성도 무시할 수 없다. 이 섹션에서는 지역규제권자에게 우선적 역할을 계속 부여하는 것이 타당하다고 제안한다. 다만 지역할거주의에 본질적 문제점이 있다는 사실은 어느 정도 인정한다.

---

51 Id.

52 Id.

53 라이드 오스틴의 CEO는 다음과 같이 말하였다. "시장 3위인 페어(Fare)는 일주일 만에 오스틴에서 사업을 접었다. 패슨은 3일 이내에 요금을 인하하고, 가격에 민감한 승객들을 유지하기 위해 할인 프로그램을 빠르게 확대했다. 그리고 라이드 오스틴의 거래량은 1주일에 55%가 줄었다(전 주 58,700건에서 26,400건으로 감소한 것인데, 이는 UT 학생들이 졸업 후 귀향하여 발생한 계절성 하락폭 최대 20%를 포함한 것이다). 거대 기업들의 시장 지배력은 의심할 여지 없이 막강하다. 우리에게서만 적어도 20,000건의 승차를 가져갔다." Laura Bliss, Why Uber Will Still Dominate(우버는 왜 여전히 강자인가), CityLab, June 14, 2017.

54 See Kimberly Reeves, Uber's Big Win: Texas Ridesharing Rules Bill Passes Through Senate(우버의 대승리: 텍사스 승차공유 법안이 상원을 통과하다), Austin Bus. J., May 18, 2017 (위 보도에 의하면, 상원의 법안 제안자는 "자신의 목표는 안전에 관한 최소한의 기준을 만들면서도 자유시장에서 각 승차공유기업의 성패가 결정되도록 하는 것이었다"라고 말하였다고 한다).

55 Bliss, supra note 53 (시 정부는 여전히 TNC를 규제할 수 있다고 한다. 그 방법으로는 탑승 위치 제한, 배기가스 기준 설정, 데이터 공유 제한, 혼잡요금 제한 등이 있다고 한다).

56 Ride Austin: A nonprofit rideshare built for Austin, www.rideaustin.com/.

57 Fasten, https://fasten.com/cities.

58 See Davidson and Infranca, supra note 1, at 254-55; Finck and Ranchordás, supra note 1, at 1328-29; Rauch and Schleicher, supra note 1, at 938-40.

A. 지역의 역할을 유지할 필요성

1. 지역 실험주의는 지역 조건에 맞는 규제 혁신을 창출할 수 있다

지역정부가 실험주의의 자연스러운 엔진이라는 점은 진부한 진리라고 할 수 있다. 미국의 연방주의 문헌에서 주정부가 연방정부보다 더 나은 실험실이라고 그토록 강조된 것과 마찬가지로 지역정부는 주정부보다 여러 면에서 더 나은 실험실이다. 이는 지역정부가 지역의 수요를 수집하고 지역의 정보를 행정에 반영하는 기능을 발휘하는 데에 상대적으로 유리한 위치에 있기 때문이다. 물론 이는 지역정부가 제대로 기능하는 경우의 말이다.

지역 실험주의는 급격하게 변화하는 상황의 경우에 특히 적합하다. 폴 딜러가 지적했듯이, 적어도 미국에서는 도시가 구조적으로 혁신에 적합하게 만들어져 있는데, 이는 도시 의회가 통상 단원제로 되어 있고 절대다수결을 요구하지 않기 때문이다.[59] 더욱이 지역정부는 주요 정책 분야에서 독특한 혁신의 원천이 되어 왔는데, 실용적인 지역 정책담당자들은 전 지구적으로 네트워크를 형성하여 이를 적극 이용하고 있다.[60]

지난 세기 동안 미국 지역정부의 주요한(유일한 것은 아닐지라도) 역할은 국지적 외부효과의 문제를 해결하는 한편, 토지 용도 지정 등의 규제를 통해 지역사회의 건강, 안전, 복지를 보존하고 강화하는 것이었다.[61] 각 지역은 다양한 방식으로 상충하는 용도 사이에 타협을 하는데, 개인에게는 다양한 지역의 유형이 제시되어 각자는 자신의 선호에 따라 지역 혹은 광역권을 고를 수도 있고, 한 지역 내에서의 거주 지점도 고를 수 있게 된다.[62] 이러한 논리에 따른다면 '지역 시민들이 제공자, 소비자 및 이해관계자를 구성하므로 이들의 이해관계를 조정하면서 공유경제에 관한 혁신을 추진하는 데에 가장 적합한 주체를 지역정부로 보는 것'은 확실히 지혜로운 입장일 것이다.[63]

2. 독점에 대한 견제로서의 지역 혁신

공유경제가 성숙해지고 일부 기업들(특히 우버, 리프트, 에어비앤비)이 점점 더 해당 영역을 지배함에 따라, 지역정부는 혁신을 조장하고 이러한 기업들의 독점성을 견제하기에 가장 적절한 위치에 있다고 볼 수 있다. 다만 이 점이 명백히 드러난다고 하기는 어려울 것이다.

---

59 See generally Paul A. Diller, Why Do Cities Innovate in Public Health? Implications of Scale and Structure(보건행정에서 왜 도시가 혁신을 이루어내는가? 규모와 구조상의 특성), 91 Wash. U. L. Rev. 1219 (2014).

60 See generally Benjamin R. Barber, If Mayors Ruled the World: Dysfunctional Nations, Rising Cities(시장들이 세계를 지배한다면 좋으련만: 실패한 국가들, 성공한 도시들) (2013).

61 C.f. Gideon Parchomovsky and Peter Siegelman, Cities, Property, and Positive Externalities(도시, 부동산 및 긍정적 외부효과), 54 Wm. & Mary L. Rev. 211, 214 (2012) ("경제적 관점에서 보면 도시는 모두 긍정적, 부정적 외부효과의 문제이다. 부정적 외부효과의 범위와 크기를 최소화하고 긍정적 외부효과를 창출하는 도시는 이 두 과제를 이루어내지 못하는 도시에 비하여 본질적 우위를 점할 것이다.").

62 See generally Charles M. Tiebout, A Pure Theory of Local Expenditures(순수 지역재정지출이론), 64 J. Pol. Econ. 416 (1956).

63 이러한 입장을 견지하여 유럽연합 지역위원회는 공유경제에 의해 야기된 국지적 외부효과를 지칭하면서 국가 내 하위 단위의 규제가 가장 적합하다고 제안하였다. Finck and Ranchordás, supra note 1, at 1336.

플랫폼 기술을 통해 기업들은 지역 정치의 역학구조를 빠르게 변화시킬 수 있게 되었다.[64] 역사적으로는 집중된 이익집단이 보통은 눈에 띄지 않게 비용을 분산시키는 규제적 이익을 확보하여 왔으나, 공유경제 기업은 기술을 동원하여 이러한 비용을 부담하는 수천 명의 분산된 개인들을 신속하게 조직하는 기술을 도입하여 정치역학을 변화시켰다.[65] 예를 들어 오스틴에서 우버는 "키친(Kitchen)의 말과 마차"(지역 규정을 초안한 위원회의 의장인 시의원의 이름을 본딴 명칭이다)라는 옵션을 추가하여 이를 시대착오적인 규제안이라고 비난하였다.[66] 이는 드 블라시오 기능에 뒤이어 나온 것인데, 드 블라시오 기능은 뉴욕시장을 겨냥하여 만들어진 것으로서 유사한 성격의 것이다.

이러한 새로운 역동성이 더 많은 대중에게 발언권을 부여하기 위한 것인지, 아니면 새로이 집중된 이익집단으로서의 공유경제 기업이 규제 이익을 추구하여 고객층을 자신의 이익을 위해 이용하고 조종하는 것에 불과한 것인지는 아직 명확하지 않다. 표적이 된 오스틴시의회 의원은 후자의 입장을 견지하면서 다음과 같이 말하였다. "실리콘 밸리에 있는 이 사람들은 자신을 혁신자로 생각하지만, 그들은 전에 우리가 보았던 것의 다른 버전일 뿐이다. 즉 자신들이 스스로 법을 만들 수 있다고 생각하는 대기업 유형들 말이다."[67]

공유경제 기업이 특정 부문을 지배하는 경우, 지역정부가 잃는 것이 훨씬 더 많다. 만약 우버가 지역 운송을 완전히 통제하게 되어 택시, 호출택시, 다른 TNC와 같은 대안을 몰아내고 대중교통 이용객이 줄어들면, 지역정부에 기대되는 필수적인 서비스를 제공하기 위한 시의 장기적인 능력에 부정적인 영향을 미칠 수 있다. 이러한 정치적 역학관계를 어떻게 보든지 간에, 특정 분야를 독점할 수 있는 공유기업의 성장을 억제할 필요가 있다고 보거나 그럴 필요가 있다고 가정하는 경우라면, 지역정부가 이를 수행할 가장 적합한 위치에 있다. 지역정부의 활동 규모가 작기 때문에 전국적 혹은 세계적 기업의 규모에 비하여 관할 영역이 소규모라는 점을 감안하여 보면, 위와 같은 입장은 역설적으로 보일 수 있다. 그러나 오스틴, 런던,[68] 시애틀, 워싱턴[69]의 사례에서 보는 바와 같이, 지역정부가 지역적 우려에 대응하는 규정을 제정할 수 있으므로, 권력의 균형을 지배적인 플랫폼으로부터 지역 공유경제 참여자에게로 이동시키는 간접적인 역할을 수행하는 데에 지

---

64 See Davidson and Infranca, supra note 1, at 273-74 (이 글은 어떻게 우버가 사용자들을 동원하여 운전자 수 상한제 법안을 반대하도록 하였는지를 설명한다); Liam Dillon, California Lawmakers Can't Figure Out What To Do with Airbnb. Here's Why(캘리포니아주 의원들은 에어비앤비 처리방안을 찾지 못하고 있다. 그 이유는 다음과 같다), L.A. Times, Feb. 3, 2017 (이 기사는 Airbnb가 제안된 법안에 반대하는 데에 숙박업주를 동원하면서 숙박업주에게 자동생성되는 이메일 링크를 보냄으로써 숙박업주로 하여금 주 상원의원들에게 거의 2만 개의 이메일을 보내도록 한 경위를 설명한다).

65 우리가 이 글을 집필하고 있는 동안에 우버는 런던시 운영면허를 취소당하였는데, 우버를 지지하는 온라인 청원이 금세 80만 명의 서명을 받았다. William Booth, How 800,000 People are Trying to Save Uber in London(80만 명이 런던에서 우버를 구하려고 노력하는 모습), Wash. Post, Sept. 25, 2017.

66 See Nellie Bowles, "We're Just Getting Started": Inside Austin's Contentious Clash with Uber and Lyft("우리는 막 시작했어요." 오스틴시와 우버 및 리프트 사이의 충돌 내막), The Guardian, Mar. 10, 2016.

67 Id.

68 See Josh Cohen, With Uber Out, London Coalition Calls for Driver-Owned "Khan's Cars," (우버가 퇴출된 후 런던 연합체는 운전자 소유의 '칸의 자동차' 서비스를 요구한다) NextCity, Sept. 28, 2017 (런던에서 우버의 사업 면허 갱신이 거절된 이후 "집단적으로 소유되고 공중에 의해 규율되는 새로운 승차공유 서비스"를 출시하는 것에 대한 논의를 한다).

69 See infra note 73 and accompanying text.

역정부가 특히 적합하다.

일부 지역에서 더욱 제한적인 규제를 만들게 되면, 거대 공유경제 기업들이 이를 받아들이지 않는 사이에 지역 자생 기업이 발생하여 이윤을 지역 내로 유지하겠다는 약속을 하기도 하고, 특정 목적을 추구하는 플랫폼이 개발되어 지역의 수요를 충족시키려고 할 수도 있다.[70] 많은 경우 위와 같은 활동의 창조자나 지지자는 명시적으로 지역성을 강조하는데, '위 활동은 지역 사회나 공동체를 개선하기 위한 지역적 노력의 일환이며, 특정 편익시설의 비용을 분담하고 상호작용을 촉진함으로써 사회적 자본을 형성하고 지역 경제의 발전을 촉진한다고' 이들은 이해하고 있다.[71] 유사하게, 논평가들은 라이드 오스틴의 사례와 같은 차원에서, 근로자 소유의 협동조합이 특정 지역에서 지역 택시 운전사를 위해 우버나 리프트에 상응하는 앱을 제공할 것을 제안하였다.[72] 승차 건당 20-30%의 비용이 지역사회에서 플랫폼 공급자에게로 유출되지 않게 하면서, 이러한 협동조합은 그 돈을 이용하여 우버보다 요금을 낮게 책정하고 운전자에게 추가 혜택을 제공할 수 있다. 시정부가 자생 공유기업을 유익한 현상으로 본다면, 규제전략을 형성하는 과정에서 동원할 수 있는 권한의 수준에 맞추어 그러한 기업을 장려할 수 있다. 즉 시정부는 사회적 자본 및 지역경제의 개발을 증진하는 순효과가 나타나도록 공유경제의 관련 측면을 강화하는 규제전략을 사용할 수 있을 것이다.

강력한 근로자 보호제도를 두고 있는 워싱턴주 시애틀은 공유기업의 운영에 대한 엄격한 규제를 가하지 아니하면서도, 2015년 제정한 법에서 TNC와 택시 근로자들이 노동조합을 구성하여 단체협상을 할 수 있도록 허용하였다.[73] 그러한 움직임은 적어도 지역적으로는 플랫폼과 운전자들 사이에서 힘의 균형을 바꾸는 역할을 할 수 있다.[74] 공유경제에 대한 규제가 주정부에 의해 선점된 경우라고 하더라도, 지역정부는 여전히 비규제적 개입을 통해 공유경제를 형성하는 제한된 수단을 보유하고 있을 수 있다. 운송 영역에서 지역정부는 대중교통을 보완하도록 대중교통 회사와 TNC 사이의 협약을 중개해 왔는데, 예를 들면 통근자들의 연계운송 문제(first-and last-mile

---

70 See e.g., Peerby, www.peerby.com/ (소비자들이 물품을 서로 빌려 주게 해준다); cf. Recupe.net (중고 물품을 기증하거나 재활용하게 해준다)); The Food Assembly, https://thefoodassembly.com/en (지역사회가 신선식품을 지역 생산자나 농민으로부터 구매할 수 있게 해준다); see also Aurélien Acquier and Valentina Carbone, this volume.

71 See Boyd Cohen and Pablo Munoz, Sharing Cities and Sustainable Consumption and Production: Towards an Integrated Framework(공유 도시, 지속가능한 소비와 생산: 통합 모델), 134 J. of Cleaner Production 87, 88 (2016) ("최근 언론의 관심은 에어비앤비와 우버와 같은 상업적이고 확장 가능한 공유경제 거대기업들에 집중되어 있지만, 지역사회에서 공유의 역사적 뿌리는 상업적이지 않았고, 정보와 통신 기술을 활용하는 공유활동의 최근 접근법도 전혀 상업적이지 않다.").

72 Alex Marshall, An Old Idea for the New App-Based Economy(새로운 앱기반 경제를 위한 오래된 아이디어), Governing, Dec. 2015.

73 이 법은 현재 Uber와 Lyft를 대신하여 미국 상공회의소가 제기한 소송으로 집행이 보류된 상태이다. Genie Johnson, Court Blocks Seattle Law Letting Uber, Lyft Drivers Unionize(법원은 우버와 리프트 운전자들이 노동조합을 구성하는 것을 허용한 시애틀법의 시행을 막고 있다), The Associated Press, Sept. 8, 2017. 이 법에 반대하는 자들은 이 법이 연방 및 주 노동법에 배치된다고 주장한다. 운전자들이 독립계약자이고 피용인이 아니라서 연방노동관계법의 적용을 받지 않는다고 주장한다. David Gutman, US Chamber Sues Seattle Again, Says Uber, Lyft Taxi Drivers Can't Form Union (미국 상공회의소는 소를 제기하여 우버와 리프트의 택시 운전자들이 노동조합을 구성할 수는 없다고 주장한다), Seattle Times, Mar. 10, 2017.

74 여러 중개기관이 어떻게 TNC와 운전자 사이의 힘의 균형을 바꾸는지에 대하여는 다음을 참조하라. See John J. Infranca, Intermediary Institutions and the Sharing Economy(중개기관과 공유경제), 90 Tul. L. Rev. Online. 29 (2016).

problem)를 해결하도록 조치하거나 장애인에게 운송서비스를 제공하도록 할 수 있다.[75] 일부 지역에서는 거주자들이 대중교통 이용권으로 TNC 요금을 지불할 수 있다.[76] 밀집된 도시 시장에서 공유경제 기업들이 상당한 가치를 얻고 있기 때문에,[77] 도시는 이와 같은 협상을 하는 과정에서 TNC로부터 양보를 받아내서 지역의 우려사항을 해결하거나, 협력관계를 구성할 때 지역 기업을 우대할 수도 있다.[78]

B. 지역할거주의에 대한 반론

지역적 규제를 우선하여야 한다는 입장에서도 신중함이 필요하다. 왜냐하면 실용적 차원과 규범적 차원 모두에서 강력하게 고려되어야 할 반대측면이 있다. 언급한 바와 같이, 일부 공유 활동에는 광역적 이익 혹은 주 전역에 걸친 이익이 관련된다.[79] TNC는 여러 권역에 걸쳐 승객을 수송하므로 공유경제의 운송부문에는 명백히 복수 지역에 걸친 요소가 있다. 단기임대차도 여러 권역에 걸친 외부효과를 만들 수 있다. 주택 시장의 범위는 광역적이라고 할 것인데, 단기임대차가 이러한 주택 시장에 압력을 미쳐 주거안정성에 영향을 미친다고 본다면, 동일한 방식으로 단기임대차의 영향이 인근 지역으로 파급될 수 있다.

더욱이 일부 규제체제의 경우, 주 전체 차원(또는 국가 차원)에서 최소기준을 설정하는 통일된 규칙을 책정하고 있는데, 지역정부는 추가적인 보호를 시행할 수 있는 여지가 있을 뿐이다. 노동고용법, 불법행위법 또는 반차별법을 집행하는 것은 규제 대상 활동이 어디에 있는지에 따라 크게 좌우되지는 않을 것이다. 소득세의 경우도 마찬가지일 것이나, 호텔 세금이나 이용료를 고려할 때 소득세 과세는 더 어려워지고 있다.

소수 기업이 각 부문을 지배하려는 경향에 대한 민주적 통제에 관하여 보건대, 주정부는 규제의 장단점에 대한 상대적 평가를 할 민주적 정당성을 갖고 있으며, 주 헌법하에서 그러한 권한을 부여받고 있다. 지역할거주의와 보호주의는 진정으로 우려되는 사항인바, 일부 지역정부에게는 독점을 저지하고 혁신을 장려하는 조치로 보일지라도 외부인에게는 기존업자의 포획 및 기득권 보호주의라고 해석될 여지도 있다.[80]

---

75 See Erika I. Ritchie, Laguna Beach Partners with Uber to Provide Transportation for Seniors and the Disabled-A First in the U.S.(라구나 비치는 우버와 협약을 맺어 노인과 장애인에게 운송서비스를 제공하도록 하는데, 이는 미국에서 최초이다), Orange County Register, May 10, 2017; Eric Jaffe, Uber and Public Transit Are Trying to Get Along(우버와 대중교통이 잘 지내려고 노력하고 있다), Citylab, Aug. 3 2015.

76 Dan Bobkoff, Uber Is Using a Tax 'Loophole' to Make Its Rides Cheaper(우버는 조세법의 허점을 이용하여 요금을 싸게 책정하고 있다), Business Insider, Oct. 6 2016; Alexandra Semanova, MTA Plans Dramatic Expansion of E-Hail Service(MTA는 전자호출 서비스를 극적으로 확대할 계획이다), Crain's New York Business, June 21, 2017.

77 Ian Hathaway and Mark Muro, Tracking the Gig Economy: New Numbers(긱경제의 추적: 새로운 숫자들), Brookings, Oct. 13 2016, www.brookings.edu/research/tracking-the-gig-economy-new-numbers/.

78 Rausch, this volume.

79 이 점에 대한 자세한 논의는 다음을 참조하라. See Janice Griffith, this volume.

80 바로 이 점과 관련하여 오스틴에서 TNC를 둘러싼 싸움에 대하여는 다음을 참조하라. See John Kartch, With Governor's

이것들이 여러 상황에서 정당한 우려들이기는 하지만 본질적으로 가변적이라고 보는 것이 가장 적절한 태도일 것이다. 통일성과 확실성은 지역적 차이를 지나치게 평가절하하려는 정치경제학적 핑계가 될 수 있으며, 민주적 우선 순위의 충돌에 관하여 보더라도, 공유경제에 참여하는 지역민과 공유경제의 좋은 영향 및 안 좋은 영향을 가장 크게 받는 해당 지역의 거주자가 산업에 대한 규제적 대응에서 가장 큰 역할을 수행해야 한다고 보는 것이 타당하다.[81] 따라서 지역정부의 통제권은 우선적으로 인정되어야 하는데(적어도 동등한 통제권은 인정되어야 한다), 특히 산업이 지속적으로 진화하는 경우는 더욱 그러하다.

결론

규제의 측면에서 공유경제의 활동 장소에 대하여는 가까운 미래에 다투어질 소지가 크다. 왜냐하면 산업은 계속 진화하고 있고 각급 정부의 의회가 공유경제로 야기된 변혁을 심사숙고하고 있기 때문이다. 이러한 진화가 계속되는 동안에는 주정부의 주 전역에 걸친 규제는 그 통일성과 확실성의 이점에도 불구하고 신중하게 접근되어야 한다. 지역적 상황에 맞추어 난제인 규제적 대응을 가지고 실험을 전개하도록 하기 위하여 지역정부에게 권한을 부여하는 것과 지역적 선호를 배려하는 것은 여전히 존중할 가치가 있다.

Appendix I State Legislation Regarding TNCs (as of October 2017)

Alabama, see Ala. Code §32-7C-1 to 32-7C-4 (2017); Alaska, see Alaska Stat. §§21.96.018, 28.23.010-28.23.190 (2017); Arizona, see Ariz. Rev. Stat. Ann. §§41-2138 to 41-2139.06 (2017);Arkansas, see Ark. Code Ann. §§23-13-701 to 23-13-722 (2017); California, see Cal. Pub. Util. Code §§5430- 5445.2 (West 2017); Colorado, see Colo. Rev. Stat. §§40-10.1-601 to 40-10.1-608 (2017); Connecticut, see 2017 Conn. Pub. Acts 140 (effective October 1, 2017); Delaware, see Del. Code Ann. tit. 2 §§1901- 1922 (2017); District of Columbia, see 2014 D.C. Sess. L. Serv. 20-197 (West); Florida, see Fla. Stat. Ann. §627.748 (West 2017); Georgia, see Ga. Code Ann. §33-1-24, 40-1-190 to 40-1-200 (2017); Hawaii, see Haw. Rev. Stat. Ann. §431:10C-701 to 431:10C-705

Signature, Uber and Lyft Return to Austin(주지사가 서명하자 우버와 리프트는 오스틴으로 돌아오다), Forbes, May 30, 2017 (오스틴시 의회가 기존 택시 회사들을 지원하고, 여유 시간에 운전을 하여 돈을 벌고자 하는 이들에게 진입 장벽 역할을 하는 무의미한 유형의 규제를 도입했다고 주장한다).

81 권한의 수직적 배분에 관한 흔한 논쟁에서 공유경제를 달리 취급할 만한 이유가 또 있다. 공유경제의 상당한 영역에서, 재화 및 서비스를 실제로 제공하는 자의 다수 및 소비자의 대다수가 그들이 살고 있는 같은 지역에서 활동하는 개인들이다. 승차공유의 경우에 특히 그러한데 승객과 운전자는 승차가 행해지는 곳에서 아주 가까운 지역에서 살 가능성이 높다. 단기임대차의 경우 소비자가 외지인일 가능성이 높지만, 대부분의 숙박업주는 집의 공간을 임대하는 지역민들이다. 따라서, 개인은 공유경제의 참여자로서 규제를 접할 뿐만 아니라, 규제가 보호하려고 하는 이익의 주체인 주민 혹은 주택소유자로서도 규제를 접하게 된다.

(West 2017); Idaho, see Idaho Code §§41-2517 to 41-2521, 49- 3701 to 49- 3715 (2017); Illinois, see 625 Ill. Comp. Stat. Ann. 57/10– 57/34 (West 2017); Indiana, see Ind. Code Ann. §§8-2.1-19.1-1 to 8-2.1-19.1-20 (West 2017); Iowa, see I.C.A. §§321N.1-321N.11 (West 2017); Kansas, see Kan. Stat. Ann. §§8-2701 to 8-2720 (2017); Kentucky, see 2015 Ky. Acts 19; Louisiana, see La. Stat. Ann. §§45:201.1-45:201.13 (2017); Maine, see Me. Stat. tit. 29-A §§1671-1677 (2017); Maryland, see Md. Code Ann., Pub. Util. §§10-401 to 10-407 (West 2017); Massachusetts, see Mass. Gen. Laws Ann. ch. 159A. (West 2017); Michigan, see M.C.L.A. §§257.2101-257.2153 (West 2017); Minnesota, see Minn. Stat. Ann. §-65B.472 (West 2017); Mississippi, see Miss. Code Ann. §§77-8-1 to 77-8-39 (2017); Missouri, see Mo. Ann. Stat. §§387.400-387.440 (West 2017); Montana, see M.C.A. §§69-12-340 to 69-12-345 (2017); Nebraska, see Neb. Rev. Stat. Ann. §§75-323 to 75-343 (West 2017); Nevada, see Nev. Rev. Stat. Ann. §§706A.150-706A.310 (West 2017); New Hampshire, see N.H. Rev. Stat. Ann. §§376-A:1 to 376:A19 (2017); New Jersey, see N.J.S.A. §§39:5H-1 to 39:5H-27 (West 2017); New Mexico, see N. M. S. A. §§65-7-1 to 65-7-22 (2017); New York, see N.Y. Veh. & Traf. Law §§1691-1700 (McKinney 2017); North Carolina, see N.C.G.S. §§20-280.1 to 20-280.10 (2017); North Dakota, see N.D. Cent. Code §§39-34-01 to 39-34-06 (2017); Ohio, see Ohio Rev. Code Ann. §§4925.01-4925.11 (West 2017); Oklahoma, see Okla. Stat. tit. 47, §§1010-1030 (2017); Pennsylvania, see 66 Pa. Cons. Stat. and Cons. Stat. Ann. §§2601-2610 (West 2017); Rhode Island, see 39 R.I. Gen. Laws Ann. §§39-14.2-1 to 39-14.2-22 (West 2017); South Carolina, see S.C. Code Ann. §§58-23-1610 to 58-23-1720 (2017); South Dakota, see SDCL §§32-40-1 to 32-40-23 (West); Tennessee, see T. C. A. §§65-15-301 to 65-15-311 (2017); Texas, see Tex. Occ. Code Ann. §§2402.001-2402.201 (West 2017); Utah, see Utah Code Ann. §§13-51-101 to 13-51-204 (West 2017); Virginia, see Va. Code Ann. §§46.2-2099.45 to 46.2-2099.53 (2017); Washington, see Wa. Rev. Code. Ann. §§48.177.005-48.177.010 (West 2017); West Virginia, see W. Va. Code Ann. §§17-29-1 to 17-29-19 (West 2017); Wisconsin, see Wis. Stat. Ann. §§440.40-440.495 (West 2017); Wyoming, see Wyo. Stat. Ann §§31-20-101 to 31-20-111 (2017).

Appendix II State Legislation that Expressly Preempts Local TNC Regulation (as of October 2017)

Arkansas, see Ark. Code Ann. §23-13-720 (2017); Colorado, see Colo. Rev. Stat. Ann. §40-10.1-603 (West 2017); Delaware, see Del. Code Ann. tit. 2, §1922 (2017); Florida, see Fla. Stat. Ann. §627.748(15) (West 2017); Georgia, see Ga. Code Ann. §40-1-191 (2017); Idaho, see Idaho Code §49-3715 (2017); Indiana, see Ind. Code Ann. §36-9-2-4 (West 2017); Iowa, see I.C.A. §321N.11 (West 2017); Maine, see Me. Rev. Stat. Ann. tit. 29-A §1677 (2017); Massachusetts, see Mass. Gen. Laws Ann. ch. 159A 1/2, §10 (West 2017); Michigan, see M.C.L.A. §257.2115 (West

2017); Mississippi, see Miss. Code Ann. §77-8-37 (2017); Missouri, see Mo. ann. Stat. §387.430 (West 2017); Montana, see M.C.A. §69-12-342 (2017); New Hampshire, see N.H. Rev. Stat. Ann. §376-A:17 (2017); New Jersey, see N.J.S.A. 39:5H-26 (West 2017); New Mexico, see N.M.S.A. §65-7-18 (West 2017); North Carolina, see N.C.G.S. §20-280.10 (2017); North Dakota, see N.D. Cent. Code §39-34-06 (2017); Ohio, see Ohio Rev. Code Ann. §4925.09 (West 2017); Oklahoma, see Okla. Stat. tit. 47, §1030 (2017); Rhode Island, see 39 R.I. Gen. Laws §39-14.2-18 (2017); Tennessee, see T. C. A. §65-15-302 (2017); Texas, see Tex. Occ. Code Ann. §2402.003 (West 2017); Virginia, see Va. Code Ann. §46.2-2099.46 (2017); West Virginia, see W. Va. Code Ann. §17-29-19 (West 2017); Wisconsin, see Wis. Stat. Ann. §440.465 (West 2017); Wyoming, see Wyo. Stat. Ann. §31-20-111 (West 2017).

16

공유경제의 규제에 관한 연방정부의 역할

사라 라이트

서언

공유경제는 플랫폼경제[1]라고도 하고 다른 명칭으로 불리기도 하는데, 학자 · 정책담당자 · 일반대중의 주목을 받게 되었다. 새로운 형태의 이러한 사업조직의 영향으로 자원의 활용이 더 효율적으로 되었고, 소유권보다는 접근권이 더 중요해졌고, 새로운 형태의 신뢰관계가 나타날 가능성이 생겼다.[2] 우리는 승차, 도구, 아파트, 서비스, 토지를 공유한다. 그리고 새로운 경제적 관계가 가져오는 결과도 —그것이 좋든 나쁘든— 어느 때보다 더 복잡한 방식으로 공유한다. 학자와 정책입안자는 플랫폼경제에서 법적 책임을 어떻게 이해할 것인지에 대한 고민을 하기 시작하였다. 입법자와 규제권자는 조세, 고용노동, 보험, 반차별, 안전, 환경보호, 소비자보호, 프라이버시 등에 관한 기존 법률이 이러한 플랫폼에 그대로 적용되는지, 아니면 완전히 새로운 법적 범주가 요구되는지에 대한 결정을 하여야 하는 상황이다.

예컨대, 교통수단과 관련하여 우버, 리프트와 같은 승차공유 플랫폼은 어떠한 교통수단도 소유하고 있지 않고 있으며, '운전자를 고용하는 관계가 아니다'라고 주장하지만, 전 세계적으로 하루에 100만 회 이상의 승차를 이용하게 한다.[3] 법원과 규제권자는 고용노동법을 적용함에 있어 플랫폼 운전자가 피용인인지 아니면 독립계약자인지를 저울질하고 있다.[4] 지역정부 및 주의 규제기관도 여러 쟁점에 관하여 플랫폼이 전통적 택시업체와 충분히 유사한지에 대한 판단을 시도하고 있는데, 해당되는 쟁점으로는 운전자 신원조회에 관한 안전규정의 설정, 최소보험가입 요건, 장애

---

1 옥스퍼드 영어사전(2015년판)은 공유경제를 "주로 인터넷을 매개로 하여 개인들 사이에서 자산과 서비스가 무료 또는 유료로 공유되고 있는 경제시스템"으로 정의하고 있다. 이 정의에 부합하는 사업을 하는 많은 회사들이 무상공유보다는 영리목적으로 운영되고 있으므로, 나는 이 글에서 공급과 수요를 연결하는 플랫폼 중개인의 역할을 반영하여 플랫폼경제라는 용어를 사용하고자 한다. See Orly Lobel, The Law of the Platform(플랫폼법), 101 Minn. L. Rev. 87 (2016).

2 '동료 간 생산활동'(Peer Production)이 기업의 본질을 변동시켜 온 과정에 대하여는 다음을 참조하라. See Yochai Benkler, Sharing Nicely(멋지게 공유하기), 114 Yale L.J. 273 (2004); Yochai Benkler, Coase's Penguin, or, Linux and the Nature of the Firm(코스의 펭귄, 리눅스 및 기업의 본질), 112 Yale L.J. 369 (2002).

3 Uber Says It's Doing 1 Million Rides Per Day, 140 Million In Last Year(우버에 따르면 작년에 하루 100만 회, 총 1억 4,000만 회의 승차를 제공하였다고 한다), Forbes Mag., Dec. 17, 2014, www.forbes.com/sites/ellenhuet/2014/12/17/uber-says-its-doing-1-million-rides-per-day-140-million-in-last-year/)

4 Steven Davidoff Solomon, Uber Case Highlights Outdated Worker Protection Laws(우버 사건으로 낙후된 노동자 보호 법률이 드러나다), N.Y. Times, Sept. 15, 2015; Brishen Rogers, Employment Rights in the Platform Economy: Getting Back to Basics(플랫폼경제에서의 노동권: 기본으로 돌아가기), 10 Harv. L. & Pol'y Rev. 479 (2016) (이 글은 위의 논의를 요약하고 있다).

인의 승차접근권, 기타 공적 관심사안(예: 반차별법) 등이 있다.[5] 유사한 법적 문제들이 에어비앤비 등 플랫폼에서도 제기되어 왔는데, 예컨대 숙박과 단기임대차에 대하여 호텔과 동일하게 기존의 조세, 도시계획, 안전, 반차별 관련 법률이 적용되어야 하는 문제가 제기되고 있다.[6] 모든 신규 사업모델과 마찬가지로, 규제권자들은 기존의 법령과 규정이 신규 상황에 적용될 수 있는지, 아니면 새로운 법규가 필요한 것인지에 대한 탐구를 하고 있다.[7] 즉 이러한 혁신적 사업형태가 정책에 교란을 야기하고 있는 것이다.[8]

물론, 신경제현상으로서 최초로 정책적 교란을 야기한 것이 공유경제인 것은 아니다.[9] 혁신가가 법적 허점이나 미비점을 이용하는 경우이거나 기존 법규가 적용되는 것이 맞는지에 대한 의문이 있는 경우에는, 다른 산업에서도 혁신적 사업형태나 신기술이 나타나서 정책적 교란을 비슷하게 야기하였다.[10] 이러한 정책적 교란에 직면하여 규제권자는 네 가지 선택지를 갖는다. 혁신가가 시장에 진입하지 못하게 막는 것(Block), 기존업자에게는 손해를 주는 방식으로 혁신가에게 기존 법규에 관한 자유통행권을 부여하는 것(Free Pass), 혁신가에 대하여 불완전하지만 기존 규제를 적용하는 것(OldReg), 완전히 새로운 규제를 만드는 것(NewReg)의 네 가지가 그것이다.[11] 기존업자가 신뢰이익에서 손해를 보는 경우에 이들에게 어떠한 형태로든 보상(buy out)을 제공해야 하는지가 부수적 문제로 떠오른다.[12]

플랫폼에 어떤 실체법을 적용할 것인가의 문제를 다루기에 앞서서 다루어야 할 선행문제가 있다. 그것은 누가 플랫폼에 적용될 실체법을 결정하느냐이다.[13] 규제권한이 연방정부, 주정부, 지역정부에게 있는지, 아니면 복수주체에게 있는지에 따라, 실체법의 적용양상이 달라질 것이다. 이 글에서는 플랫폼경제의 대두와 연방주의의 연관성에 대하여 검토하는데, 연방정부가 무엇을 할 수 있고 해야 하는지를 주로 검토한다.[14] 이 글은 다음과 같이 구성되어 있다. 섹션 I 에서는 연방주

---

5 Katrina Wyman, Taxi Regulation in the Age of Uber(우버시대의 택시규제), 20 N.Y.U. J. Legis. & Pub. Pol'y 1 (2017).

6 Nancy Leong, New Economy, Old Biases(새로운 경제, 오래된 편견), 100 Minn. L. Rev. 2153 (2016); Benjamin Edelman, Michael Luca, and Dan Svirsky, Racial Discrimination in the Sharing Economy: Evidence from a Field Experiment(공유경제에서의 인종차별: 현장실험에 따른 증거), 9 American. Econ. J. 1 (2017); Katharine Bartletter and Mitu Gulati, Discrimination by Customers(고객에 의한 차별), 102 Iowa L. Rev. 223 (2016).

7 Elizabeth Pollman and Jordan Barry, Regulatory Entrepreneurship(규제활용 기업가정신), 90 S. Cal. L. Rev. 383(2017); Nancy Leong and Aaron Beltzer, The New Public Accommodations(신공중접객업), 105 Geo. L.J. 1271 (2017).

8 Eric Biber, Sarah E. Light, J. B. Ruhl and James Salzman, Regulating Business Innovation as Policy Disruption: From the Model T to Airbnb(정책상 교란을 일으키는 사업혁신의 규제: 모델 T에서 에어비앤비까지), 70 Vand. L. Rev. 1561 (2017).

9 Id.

10 Id.; Kevin Werbach, The Song Remains the Same: What Cyberlaw Might Teach the Next Internet Economy(노래는 항상 같다. 사이버법이 차세대 인터넷경제에 어떤 교훈을 줄 것인가), 69 Fla. L. Rev. 887 (2017); Deepa Das Acevedo, Invisible Bosses for Invisible Workers, or Why the Sharing Economy is Minimally Disruptive(보이지 않는 노동자들의 보이지 않는 상사들, 공유경제가 야기하는 교란이 그리 크지 않은 이유), 2017 U. Chi. L. F. 35 (2017).

11 Biber et. al., supra note 8.

12 Id.

13 Sarah E. Light, Precautionary Federalism and the Sharing Economy(예방적 연방주의와 공유경제), 66 Emory L.J. 333 (2017).

14 권력분립이란 의회, 행정부, 행정기관, 법원 중 어느 기관이 규제권한을 행사하여야 하는 문제를 다루는데, 이 장에서는 미국에서의 규제에 집중하되 권력분립 문제를 다루지는 않는다. 우버와 에어비앤비는 시장가치가 가장 큰 신생 온라인

의이론의 개요를 살펴보는데, 이 이론을 통하여 연방정부, 주정부, 지역정부, 복수의 정부 중 어느 주체에게 규제권한을 주는 것이 가장 적합한지, 아니면 규제권한을 전혀 주지 않는 것이 적합한지를 설명하고자 한다. 섹션 Ⅱ에서는 어떻게 연방주의이론이 플랫폼경제에 적용될 수 있는지를 검토하는데, 플랫폼경제의 누적효과와 지역적 활동범위가 다르기 때문에 여기에서 제기되는 외부효과 문제는 제조업 등 전통적인 형태의 사업조직의 경우와는 다르다는 점을 피력한다. 외부효과와 해악에 대한 우려를 해결하는 과정에서 연방주의에 관하여 많은 이론이 이미 형성되었다. 게다가 플랫폼기업들은 지역 단위에서 규제를 받고 있는 기존업자에게 도전을 하기 때문에, 많은 학자들이 플랫폼경제와 그에 대한 규제를 지역적인 문제로서 파악하는 경향이 있다. 섹션 Ⅲ에서는 그럼에도 불구하고 적어도 다음의 세 영역에서는 연방정부가 필수적 역할을 하여야 한다고 주장한다. (1) 연방반차별법의 집행,[15] (2) 소비자의 보호(에어비앤비의 손님과 숙박주, 우버나 리프트의 승객과 운전자를 포함하는 것으로 넓게 해석하는데, 여기에는 소비자 프라이버시도 포함된다),[16] (3) 주정부와 지역정부가 실시하는 실험의 조정(정책성공 사례의 전파도 포함된다).[17]

Ⅰ. 연방주의이론- 기초이론

규제권한의 주요 분배방법으로 네 가지가 있다.[18] 첫째, 공적 규제가 전혀 없을 수 있다. 사기업과 비정부조직은 여러 사적 지배체제와 함께, 제3자 인증, 자발적 정보 공개, 산업 자체의 기준 등 여러 수단을 이용하여, 환경에 대한 외부효과 등의 문제를 해결할 수 있다.[19] 조직화된 사적 지배체제가 없는 경우에도 사적 부문이 스스로의 장치를 이용하여 소위 '무허가 혁신'(permissionless innovation)을 도모할 수 있다.[20] 공유경제에서도 무허가 혁신을 해야 한다고 주장하는 사람들에 의하면, 이러한 접근을 통하여 규제의 방해 없는 혁신이 가장 잘 이루어질 수 있으며, 플랫폼이 운영하는 평판등급 시스템(reputation ratings system)이 준정부적 기능을 수행할 수 있다고 한다.[21] 사적

기업이고 다른 플랫폼이 제기하는 대부분의 문제를 제기하므로, 위 플랫폼 및 리프트를 사례로서 든다. David S. Evans and Richard Schmalensee, The Businesses that Platforms Are Actually Disrupting(플랫폼이 실제로 교란하는 사업체들), Harv. Bus. Rev., Sept. 21, 2016, https://hbr.org/2016/09/the-businesses-that-platforms-are-actually-disrupting.

15 Cf. Leong and Beltzer, supra note 7.

16 Cf. Ryan Calo and Alex Rosenblat, The Taking Economy(탈취경제), 117 Colum. L. Rev. 1623 (2017).

17 Cf. Hannah Wiseman, Regulatory Islands(규제의 섬), 89 N.Y.U. L. Rev. 1661 (2014); Michael C. Dorf and Charles F. Sabel, A Constitution of Democratic Experimentalism(민주적 실험주의 헌법), 98 Colum. L. Rev. 267 (1988).

18 Sarah E. Light, Advisory Nonpreemption(권고 위주의 비배제주의), 95 Wash. U. L. Rev. 325, 361 (2017).

19 Sarah E. Light and Eric W. Orts, Parallels in Public and Private Environmental Governance(공사병행의 환경관리), 5 Mich. J. Envtl. & Admin. L. 1 (2015); Sarah E. Light, The New Insider Trading: Environmental Markets within the Firm(새로운 내부자 거래: 기업 내의 환경시장), 34 Stan. Envtl. L.J. 3 (2015); Michael P. Vandenbergh, Private Environmental Governance(사적 환경관리), 99 Cornell L. Rev. 129, 133 (2013).

20 Adam Thierer and Ryan Hagemann, Removing Roadblocks to Intelligent Vehicles and Driverless Cars(지적 자동차 및 운전자 없는 자동차에 대한 장애물의 제거), 5 Wake Forest J.L. Pol'y 339 (2015)

21 Richard A. Epstein, The Political Economy of Crowdsourcing: Markets for Labor, Rewards, and Securities(군중모

지배체제의 옹호자에 의하면, 비정부조직이 —예컨대 사적 보험기준 및 제3자 인증제도가— 공법이 수행하는 동일한 규제기능을 일부 담당할 수 있다고 한다. 그래도 사적 지배체제는 공법을 완전히 대체하기보다는 흠결을 보충하거나 공법을 보완하는 것으로 주로 간주된다.[22]

둘째, 규제권한이 연방의 관여가 없는 채 주정부에게 맡겨질 수도 있다. 주정부에 규제권한을 배분하여야 한다고 보는 근거는 여러 가지이다. 정책실험의 증진, 지역의 상황과 선호도에 맞춘 정책, 활동으로 인하여 긍정적/부정적 외부효과를 받는 범위에 맞춘 최소 규제구역의 설정, 민주절차에 대한 참여를 통한 훌륭한 지배체제의 구축 등을 들 수 있다.[23] 비록 지역정부가 주의 구성부분으로 취급되어 왔지만, 최근에 이르러 많은 학자들이 지역정부도 독자적 이익을 갖는 것이라는 주장을 하게 되었다.[24]

셋째, 연방정부가 배타적 규정을 채택하여 주정부와 지역정부의 법을 배제할 수 있다. 연방규칙을 우선하고 연방이 통일적으로 규율하는 것을 정당화하는 데에는 여러 근거가 제시되고 있다. 규제 및 산업에서 규모의 경제를 달성할 수 있고, 업체를 유치하기 위해 가장 느슨한 규제를 추구하는 '바닥을 향한 경쟁'(race-to-the-bottom)을 피하게 되며, 통일된 연방규칙으로 주간 파급효과(interstate spillover, 주가 규제활동을 통하여 이웃 주에 해악을 떠넘기고 혜택을 자신만이 독점하게 되는 효과)를 막을 수 있다.[25]

넷째, 연방정부, 주정부, 지역정부는 규제권한을 동시에 보유할 수 있는데, 그 방법으로서 협동적 연방주의(cooperative federalism), 최소한의 연방규제 등의 접근법이 있다.[26] 권한배분에 관한 이

집의 정치경제학: 노동시장, 프로젝트모금시장, 증권시장의 경우), 82 U. Chi. L. Rev. Dialogue 35, 36 (2015); Arun Sundararajan, Why the Government Doesn't Need to Regulate the Sharing Economy(정부가 공유경제를 규제할 필요가 없는 이유), WIRED(Oct. 22, 2012, 1:45 PM), www.wired.com/2012/10/from-airbnb-to-coursera-why-the-government-shouldntregulate-the-sharing-economy. 어떻게 이용자 평가 시스템이 법 집행을 대신할 수 있는지에 관한 플랫폼경제 이전의 초창기 설명에 관하여는 다음을 참조하라. See Lior Strahilevitz, "How's My Driving" For Everyone(and Everything?)('운전평가를 해주세요'를 모든 사람과 사물에 적용하라), 81 N.Y.U. L. Rev. 1699 (2006). But see Abbey Stemler, Feedback Loop Failure: Implications for the Self-Regulation of the Sharing Economy(피드백 순환의 실패: 공유경제의 자율규제가 갖는 의미), 18 Minn. J. of L., Sci. & Tech. 673, 686-88 (2017).

22 See, e.g., Light and Orts, supra note 19.

23 Light, supra note 13, at 350-56; Henry N. Butler and Jonathan R. Macey, Externalities and the Matching Principle: The Case for Reallocating Environmental Regulatory Authority(외부효과와 매칭의 원리: 환경규제권한의 분배에 대한 제안), 14 Yale L. & Pol'y Rev. 23, 36 (1996); Richard L. Revesz, Rehabilitating Interstate Competition: Rethinking the "Race-to-the-Bottom" Rationale for Federal Environmental Regulation(주간 경쟁의 회복: '바닥을 향한 경쟁'을 막기 위해 연방환경규제가 필요하다는 주장에 대한 재고), 67 N.Y.U. L. Rev. 1210, 1211-12 (1992); David B. Spence, The Political Economy of Local Vetoes(지역 투표의 정치경제학), 93 Tex. L. Rev. 351, 351-52 (2014).

24 See e.g., Nestor M. Davidson, Cooperative Localism: Federal-Local Collaboration in an Era of State Sovereignty (협동적 지역주의: 주 주권시대의 연방-지역 간 협업), 93 Va L. Rev. 959, 995-1000 (2007); Heather K. Gerken, Foreword: Federalism All the Way Down(서언: 지역정부에 대한 연방주의의 적용), 124 Harv. L. Rev. 4, 22-23 (2010); Cristina M. Rodríguez, The Significance of the Local in Immigration Regulation(이민규제와 지역정부의 중요성), 106 Mich. L. Rev. 567, 568(2008); cf. David J. Barron, A Localist Critique of the New Federalism(신연방주의에 대한 지역주의자의 비판), 51 Duke L.J. 377, 378-79 (2001).

25 연방법규의 정당성에 대하여는 다음의 글을 참조하라. See Daniel C. Esty, Revitalizing Environmental Federalism(환경문제에 관한 연방주의의 활성화), 95 Mich. L. Rev. 570, 570-71 (1996); David B. Spence, Federalism, Regulatory Lags, and the Political Economy of Energy Production(연방주의, 규제 지체 및 에너지 생산의 정치경제학), 161 U. Pa. L. Rev. 431, 477- 78 (2013); Richard B. Stewart, Pyramids of Sacrifice? Problems of Federalism in Mandating State Implementation of National Environmental Policy(제물의 피라미드? 연방환경정책을 주가 집행하도록 강제하는 연방주의의 문제점), 86 Yale L.J. 1196, 1210-15 (1977).

26 Light, supra note 13, at 356-60.

러한 역동적 접근법(역동적 접근법은 상호배타적인 권한을 보유시키는 이중적 연방주의(dual federalism) 와는 다르다)을 지지하는 사람들은 연방/주 또는 연방/주/지역정부에 권한을 중첩시키면, 정책적 실험이 촉진됨과 동시에 주간 파급효과(interstate spillover)의 문제를 해결하면서, 국가 전체의 이 익을 옹호할 수 있다고 한다.[27] 그러므로 연방주의가 연방과 주의 권한 사이의 제로섬 게임이 될 필요가 없는 것이다.[28]

마지막으로, 당초의 권한배분이 정적인 상태로 있을 필요는 없다고 본다. 나는 다른 글에서 혁 신적 사업 형태나 신기술을 다룰 때 규제권한의 분배는 '예방적인' 차원에서 이루어져야 한다고 주장한 바 있다.[29] 우리가 위와 같은 혁신에 대한 최선의 정책이 무엇인지 알 수 없는 것과 마찬가 지로, 우리는 누가 적절한 규제권자인지 혹은 단일의 적절한 규제권자가 있기는 한지를 처음부터 알기는 어렵다. 따라서 혁신의 초기 단계에서는 혁신이 완성되었을 때의 해악과 혜택이 어떻게 분 배될 것인지에 대한 불확실성이 존재하므로, 동시적 관할권을 역동적으로 분배해 두어야, 규제 및 사업상 혁신이 효과적으로 증진될 것이고, 규제대상인 해악이 지역별로 어떻게 변화하고 있는지 에 대한 정보와 지식을 확보할 수 있을 것이다. 정보가 추가로 수집되면 권한배분은 좀더 통일된 방향으로 갈 수 있을 것이다.[30]

II. 플랫폼경제와 연방주의이론 사이의 부정합성 및 지역정부의 역할

위에서 요약한 연방주의이론은, 규제권자가 특정한 종류의 산업활동을 규제하고 있음을 추정 하는 경향이 있는데, 그 추정이 플랫폼경제에 꼭 맞는 것은 아니다. 많은 전통적 산업에서는, 예컨 대 공장의 경우, 공장을 유치하려는 주에 일자리와 조세수입을 약속하지만, 공장으로부터의 오염 은 주의 경계를 벗어나는 특성이 있으므로, 전통적 산업활동의 위치는 제로섬 선택을 야기한다. 제 로섬 선택 때문에 주들은 그러한 산업활동의 혜택을 받기 위하여 경쟁을 하게 된다고 보는데, 그리 하여 주들은 소위 '바닥을 향한 경쟁'의 형태로 더욱 느슨한 규제를 채택하게 된다.[31]

27 See, e.g., David E. Adelman and Kirsten H. Engel, Adaptive Federalism: The Case Against Reallocating Environmental Regulatory Authority(적응적 연방주의: 환경규제권한의 재분배에 대한 반대론), 92 Minn. L. Rev. 1796, 1798-99 (2008); William W. Buzbee, Asymmetrical Regulation: Risk, Preemption, and the Floor/Ceiling Distinction(비대칭 적 규제: 위험, 배제 및 상한/하한의 구별), 82 N.Y.U. L. Rev. 1547, 1555-56 (2007); William W. Buzbee, Interaction's Promise: Preemption Policy Shifts, Risk Regulation, and Experimentalism Lessons(상호작용의 희망: 배제정책의 변화, 위험 규제 및 실험주의의 교훈), 57 Emory L.J. 145 (2007); Ann E. Carlson, Iterative Federalism and Climate Change (반복적 연방주의와 기후변화), 103 Nw. U. L. Rev. 1097, 1099-1100 (2009); Kirsten H. Engel, Harnessing the Benefits of Dynamic Federalism in Environmental Law(환경법에서 역동적 연방주의의 이점을 이용하기), 56 Emory L.J. 159, 176-77 (2006).

28 Erin Ryan, Federalism and the Tug of War Within(연방주의와 내부영역 다툼), at xii-xiii (2012); Erin Ryan, Negotiating Federalism(협상적 연방주의), 52 B.C. L. Rev. 1, 5 (2011).

29 Light, supra note 13, at 360-65.

30 Light, supra note 18.

31 '바닥을 향한 경쟁'의 존부에 대한 논의에 대하여는 다음을 참조하라. See Kirsten H. Engel, State Environmental Standard-Setting: Is There a "Race" and Is It "To the Bottom"?(주의 환경기준 설정: 경쟁의 유무 및 그것이 바닥을 향

플랫폼경제와 이러한 전통적 산업활동 사이의 주요한 차이점은, 플랫폼경제가 매우 적은 비용으로 동시다발적으로 수많은 지역에서 사업을 영위하는 것이 가능하다는 점이다. 대체로 우버, 리프트, 에어비앤비 등 플랫폼은 운전을 할 의향이 있는 운전자나 자신의 집을 빌려주려는 사람이 있는 주나 지역이라면 어디라도 매우 적은 한계비용만으로 진출할 수 있다.[32] 이는 '바닥을 향한 경쟁'이 실제로 발생하는지 여부에 영향을 미치게 된다. 둘째, 플랫폼경제의 일부 효과가 주경계를 넘는 경우도 있지만, 대개 그러한 플랫폼은 작은 지역의 수준에서 작동하고 있다. 제3자에게 가장 문제가 될 만한 손해의 유형도 —이웃의 "삶의 질"에 대한 방해와 같은— 작은 지역의 수준에서 발생한다고 볼 수 있다. 2015년에 우버는 이미 세계적인 플랫폼이었지만, 이용자들이 우버를 타고 이동한 거리의 평균은 6-7마일 사이에 불과하였다.[33] 그래서 어떤 면에서는 우버가 택시와 비슷한 면이 있다. 택시가 특정 도시에 국한되어 있었고 여러 도시에 걸쳐 운영되는 경우는 없었던 측면에서 말이다.[34] 공유플랫폼은 유사한 서비스를 제공하는 택시와 호텔 등 지역의 기존업자와 경쟁하므로 기본적으로 지역적 규제의 적용을 받는데, 기존업자는 이미 도시계획상 제한 등 지역적 규제를 받고 있다.[35]

이러한 역동성의 결과로, 플랫폼경제에 관하여 많은 학자가 지역정부의 규제가 더 바람직하다고 생각하거나 명백하게 그것을 더 선호하는 경향을 보인다.[36] 우버, 에어비앤비 등 플랫폼은 본질상 전국적 기업 혹은 세계적 기업이지만, 이용자, 서비스 제공자의 관점에서 보면 고객에게 제공되는 서비스는 일반적으로 지역 차원에서 제공된다. 데이비드슨과 인프랑카가 지적하듯이, 이러한 신규 진입자에 대한 규제적 대응은 주로 지역 차원에서 이루어져 왔다.[37] 플랫폼경제는 용도지역, 호텔면허 제도, 택시면허 요건, 필수보험 조건 등 독특한 지역적 제도하에서 형성되어 왔다.[38] 특히 데이비드슨과 인프랑카는 플랫폼경제의 가치창출은 대체로 도시의 과밀성에 의존하고 있다는 점과 플랫폼경제가 도시생활의 마찰을 악화시키는 도시규제 체제에 대한 대응을 나타내기도

하는 것인지 여부) 48 Hastings L.J. 271 (1997); Richard L. Revesz, Rehabilitating Interstate Competition: Rethinking the "Race-to-the-Bottom" Rationale for Federal Environmental Regulation(주간 경쟁의 회복: '바닥을 향한 경쟁'을 막기 위해 연방환경규제가 필요하다는 주장에 대한 재고), 67 N.Y.U. L. Rev.1210 (1992).

32 Light, supra note 13, at 384-85.

33 SherpaShare, Uber Trips Are Becoming Longer and Faster, but are they More Profitable?(우버 이동이 길고 빨라지기는 했는데 수익성도 더 높아졌는가?), www.sherpashareblog.com/tag/uber-trip-distance/.

34 Wyman, supra note 5, at 9. 와이만은, 우버 운전자가 어떤 하나의 도시 안에서만 운행을 한다고 하더라도 우버는 전지구적인 가상세계의 택시업자에 해당된다는 점을 지적하였다. Id. at 11 (와이만은 다음 글을 인용한다. Justin Jenk, Theory Meets Practice in the Taxi Industry: Coase & Uber 2(택시업계의 이론과 실제: 코스와 우버 2) (Much Pers. RePEc Archive, Working Paper No. 63206, 2015)).

35 Wyman, supra note 5, at 16-20, 76-77.

36 Daniel E. Rauch and David Schleicher, Like Uber, But for Local Government Policy: The Future of Local Regulation of the Sharing Economy(우버 유사 업체의 지역정부 정책 준수: 공유경제에 대한 지역적 규제의 미래), 76 Ohio St. L.J. 901 (2015); Michèle Finck and Sofia Ranchordás, Sharing and the City(공유와 도시), 49 Vand. J. of Transnat'l L. 1299, 1352-1365 (2016); Nestor M. Davidson and John J. Infranca, The Sharing Economy as an Urban Phenomenon(도시적 현상으로서의 공유경제), 34 Yale L. & Pol'y Rev. 215, 217 (2016); Kellen Zale, When Everything is Small: The Regulatory Challenge of Scale in the Sharing Economy(모든 것이 작은 때: 공유경제의 규모에 따른 규제상 문제점), 53 San. Diego L. Rev. 949 (2017).

37 Davidson and Infranca, supra note 36, at 217-18.

38 Id.

한다는 점을 지적하였다.[39] 그러한 마찰에는 택시 서비스, 호텔 방 등 도시 편의시설의 공급 제한
도 포함된다. 일부 학자들에 의하면, 지역정부가 플랫폼과 협력하여 보조금을 지급하는 방법으로
플랫폼이 공공재를 생산하거나 정부의 전통적 서비스를 제공하게 할 수도 있다고 한다.[40] 실제로
일부 지역정부는 그러한 전략을 채택하였는데, 우버와 협력하여 지역의 대중교통 허브에 연결되
는 운행에 대하여 보조금을 지급한 경우가 있다.[41]

III. 연방정부가 주도적 역할을 할 영역

규제는 지역정부가 하는 것이 맞다고 보는 것이 일반적인 입장이지만, 적어도 세 영역에서는
연방정부가 주도적 역할을 수행할 수 있을 뿐만 아니라 반드시 수행하여야 한다. 그것은 (1) 연방
반차별법의 집행 영역, (2) 소비자 프라이버시를 포함한 소비자보호 영역, (3) 주정부와 지역정부
의 실험에 대한 조정 및 정책전파 영역이다. 앞의 두 영역은 지역적 사안이 아닌 전국적 사안에 해
당되어 이미 강력한 연방법의 규율 대상이다. 세 번째 영역은 연방정부의 위치에서 특히 수행할
수 있는 역할이다.

A. 반차별법

첫째, 연방정부는 연방반차별법 및 규범을 집행하는 데 핵심적 역할을 수행한다. 숙박업과 운
송업은 주간통상(interstate commerce)의 본질적 요소이다. 인종차별 등 여러 차별행위가 주간통상
을 방해하지 않도록 하기 위하여 미국의 민권법이 채택되었다.[42] 최근의 경험적 연구에 의하면, 플
랫폼은 사회 내에 존재하는 차별을 모방하거나 증폭시킨다는 것이 확인되었다. 예컨대 에어비앤
비에 관한 최근 연구에 의하면, 흑인으로 보이는 이름의 손님이 숙박 신청을 하는 경우에 백인으
로 보이는 이름의 손님보다 수락률이 16% 더 적다고 한다.[43] 이 연구의 수행자는 이 현상이 매우
넓게 퍼져 있다는 사실에 대하여 아래와 같이 지적하였다.

흑인과 백인 숙박주가 공히 흑인 손님을 차별한다. 남성과 여성 숙박주가 마찬가지로 차별을
하고 남성과 여성의 흑인 손님이 마찬가지로 차별당한다. 집 전체를 빌리는 경우뿐 아니라 손

---

39 Id. at 217-19.

40 Rauch and Schleicher, supra note 36, at 901.

41 Ariel Wittenberg, Fla. City Subsidizes Uber Rides to Expand Commuting Options(통근 편의를 위하여 플로리다 도시가
우버 운행을 보조하다), GREENWIRE(Apr. 15, 2016), www.eenews.net/greenwire/stories/1060035694/feed.

42 Leong, supra note 6.

43 Edelman et. al., supra note 6, at 1.

님과 집을 공유하는 경우에도 그러한 차별적 취급이 존재한다. 차별행위는 유경험 숙박주에 게서도 발견되는데, 다주택자 및 고객평가가 많이 달린 숙박주도 마찬가지이다. 고가 주택이 나 저가 주택이나 마찬가지이며, 인종혼거 지역이나 단일인종 주거지역이나 마찬가지이다.[44]

이러한 차별은 에어비앤비에만 한정되는 것이 아니고 우버, 리프트 등 운송플랫폼에서도 발견 된다. 최근의 실증적 연구에 의하면, 우버 운전자가 흑인 이름을 가진 사람에 대하여 더 자주 운행 취소를 한다고 한다.[45] 각 회사가 이 차별문제를 시정하기 위한 노력을 하고 있기는 한데 —예컨대 에어비앤비는 전 법무부장관 에릭 홀더를 고용하여 내부적 조사를 수행하고 장래 차별 회피를 위 한 권고안을 만들도록 하였다— 전국적인 문제는 전국적인 대책을 필요로 한다.[46]

공중숙박업을 규율하는 민권법 Title Ⅱ(Title Ⅱ of the Civil Rights Act),[47] 공정주거법(Fair Housing Act),[48] 장애인법(Americans with Disabilities Act)[49]을 포함하여 현존 연방민권법은 플랫폼을 통한 서 비스 제공자(에어비앤비 숙박주, 우버/리프트 운전자가 해당된다) 및 플랫폼 자체에 의한 인종차별 등 차별행위를 금지하는 데에 적용될 수 있다. 그러나 사업적 혁신에 대한 다른 법률들의 관계와 마 찬가지로 위 법들은 완벽하지 못하다.[50] 예컨대 1964년 민권법 Title Ⅱ는 '공중접객업소'에서 인 종, 피부색, 종교, 출신국에 따른 차별을 하지 못하도록 하면서, 공중접객업소에 관하여 '일 시체류 손님에게 숙박을 제공하는 여관, 호텔, 모텔, 시설을 말하는데, 방이 5개 미만인 시설로 서 숙박제공자가 실제 주거로 사용하는 것을 제외한다'라고 규정하고 있다.[51] 일반적인 차별금지 규정은 많은 에어비앤비 등록물에 적용될 수 있으나, 상당히 많은 수가 예외에 해당할 수 있다. '실제 주거로 사용하는 것'의 예외는 수백만 건의 임대물이 누적될 수 있다는 점을 염두에 두지 않 고 만들어진 것이다. 임대물이 누적되면 주간통상에 영향을 미칠 수 있어서 문제이다. 에어비앤 비에서 매년 수백만 건의 숙소 예약이 이루어지고 있으며, 결과적으로 예약 건수에서 전통적 호 텔 체인을 능가할 수 있다.[52]

---

44 Id. at 2. 미발간 실무보고서에 의하면, 잠재적 고객의 에어비앤비 계정 페이지에 고객의견이 올라와 있는 경우 인종차 별이 없어진다고 한다. Ruomeng Cui et al., Discrimination with Incomplete Information in the Sharing Economy: Evidence from a Field Experiment(불완전한 정보에 따른 공유경제상 차별: 현장실험에서 얻은 증거) (December 8, 2016), available at https://ssrn.com/abstract=2882982.

45 Yanbo Ge et al., Racial and Gender Discrimination in Transportation Network Companies(운송네트워크 회사에서 의 인종차별과 성차별) 1-3, 12 (Nat'l Bureau of Econ. Research, Working Paper No. 22776, 2016), www.nber.org/ papers/w22776.

46 Abha Bhatarai, Airbnb Hires Eric Holder to Help Company Fight Discrimination(에어비앤비가 에릭 홀더를 고용하여 차별철폐를 추진하다), Wash. Post, June 16, 2016.

47 42 U.S.C. §2000a ("(a) 모든 사람은 인종, 피부색, 종교, 출신국에 근거한 차별이 없이 완전하고 동등하게, 이 장에서 규 정된 공중숙박업소에서, 재화, 서비스, 시설, 권리, 편익을 누릴 권리가 있다.").

48 42 U.S.C. §3601 et seq.

49 42 U.S.C. §12101 et seq.

50 Biber et al., supra note 8; Leong and Beltzer, supra note 7.

51 42 U.S.C. §2000a(b) (2012).

52 Clay Dillow, Can Airbnb Book a Billion Nights a Year by 2025?(2025까지는 에어비앤비가 연간 10억 건을 예약할 수 있을까?) Fortune (Apr. 11, 2016), https://qz.com/329735/airbnbwill-soon-be-booking-more-rooms-than-the-worlds-

마찬가지로 공정주거법도 인종, 피부색, 종교, 성별, 출신국가 또는 가족 상태에 따라 주거의 매매와 임대차에서 차별하는 것을 금지한다.[53] 그러나 공정주거법은 명시적으로 그 적용범위에서 세 채 이하 집의 소유자가 단일세대 주거를 매도하거나 임대하는 경우를 제외하고 있다.[54] 그리고 이 법은 '네 가족 이하가 점유하거나 점유하도록 되어 있는 생활공간이 포함된 방 혹은 주거 단위로서, 소유자가 그 생활공간 중 하나를 실제로 점유하고 있는 경우'를 적용제외 사유로 규정하고 있다.[55] 역시나 공정주거법의 차별금지는 에어비앤비 등록물에 쉽게 적용될 수는 있을 것이나, 일부 등록물은 예외에 해당될 수 있을 것인데, 그러한 예외 사례가 수백만 건으로 누적될 수 있다는 점은 생각하지 못하였다.

게다가 1990년의 장애인법(ADA)은 장애에 기한 이동권 차별을 하지 못하도록 규정하고 있는데, 이는 공중접객업소 및 운송서비스 제공자(공중접객업소에 해당되는지 여부를 불문한다)에 공히 적용된다.[56] 실제로, 법무부는 최근 한 소송에 제출한 의견서(statement of interest)에서 '우버는 장애인법에 따라서 장애인에게 합리적 서비스를 제공할 의무를 부담하고 있으며, 그 의무에는 시각장애인이 안내견을 데리고 차에 타도록 허용하게끔 운전자를 교육시킬 의무가 포함된다'는 의견을 제시하였다.[57] 더 나아가 법무부는 장애인법이 공중접객업소에 적용될 뿐만 아니라, 주문형 운송서비스를 제공하는 개인에게도 적용된다는 의견을 제시하였다.

가장 크고 복잡한 법적 문제는 위 법들이 서비스 제공자(숙박주 혹은 운전자) 외에 플랫폼 자체에도 적용되느냐 여부이다.[58] 더구나 특정 유형의 에어비앤비 숙박주에 대하여는 명백히 적용되는 면제 규정(주된 주거 중 일부를 빌려주는 경우 등)이 있다. 현행 연방법이 플랫폼 자체 혹은 플랫폼이 촉진하는 총체적 서비스에 명백히 적용되지는 않는다고 판단된다면, 연방정부는 법을 개정하거나 규정을 채택함으로써, 숙박 및 운송에 관한 이러한 차별문제가 연방법의 관할 사안으로서 통일된 법적 규율을 필요로 한다는 점을 명백히 표명하여야 한다.

---

largest-hotel-chains/.

53 42 U.S.C. §3604. 이 법은 '주거'를 '하나 이상의 가족에 의하여 주거로서 점유되고 있거나 주거로 사용하도록 고안되거나 의도된 건물, 구조물 또는 그 일부분'이라고 정의한다. 42 U.S.C. §3602(b). 제9연방항소법원은 주거에 대하여 아파트 독채가 아니고 집의 일부라면 이에 해당되지 않는다고 판시하였다. Fair Housing Counc. v. Roommate.com, LLC, 666 F.3d 1216, 1220 (9th Cir. 2012) ("의회가 집 내부에서 이루어지는 개인적 관계에 관여하려는 의도를 가지고 있었다고 볼 아무런 근거가 없다.")

54 42 U.S.C. §3603(b) (2012).

55 Id.

56 42 U.S.C. §12182(a) (2012)(공중접객업소에서의 차별을 금지하고 있다); 49 C.F.R. §37.29 (2017) (택시 서비스의 제공자가 장애인법 교통 규정의 요건의 적용을 받는다고 한다); 42 U.S.C. §12184 (운송서비스 제공자는 공중접객업소인지 여부에 불문하고 차별이 금지된다); Leong and Beltzer, supra note 7.

57 Statement of Interest of the United States, National No. 3:14-cv-04086-NC (N.D. Cal.) (filed Dec. 23, 2014), www.ada.gov/briefs/uber_soi.pdf.

58 Leong and Beltzer, supra note 7.

B. 소비자 보호

둘째, 서비스 제공자, 고객과 플랫폼 사이에는 정보의 비대칭성이 있으므로, 이들을 보호하는 데 연방정부가 중요한 역할을 수행하여야 한다. 소비자 보호는 성질상 전국적인 문제이고 주간통상에 영향을 미치기도 하므로, 강력한 소비자 보호법이 연방 단계에 존재하게 된다. 소비자 보호는 지역별로 달리한다고 볼 수는 없기 때문에 이는 플랫폼 차원의 문제이다.

플랫폼은 서비스를 향상하기 위하여 소비자 습관, 선호도 등에 대한 방대한 데이터를 수집한다. 그러나 플랫폼은 이러한 정보적 우위를 부당하게 이용하고 있는 것으로 알려져 있다. 프라이버시에 관한 우려가 처음부터 제기되었는데, 우버가 접근하는 정보의 범위가 어떻게 되는지도 문제였고, 회사 내 정보의 이용 혹은 공유에 대한 통제권의 부재도 문제였다. 언론은 우버가 'God view'라고 부르는 기능에 대한 우려를 보도한 바 있다. 이 기능에 의하면, 모든 고객의 위치를 추적하여 제3자에게 제공할 수 있는데, 어떤 고객이 금요일 밤에는 늘 어디에서 하차해 왔는지와 같은 개인정보가 추적될 수 있다.[59] 아날로그적이기는 하지만 유사한 문제가 정보에 대한 내부적 접근권에 관하여 제기되었다. 최근에 한 여성이 인도의 우버 운전자에 의하여 강간을 당했다고 주장했는데, 그녀는 자신의 개인적 의료정보가 우버 내에서 부적절하게 사용되었다면서 우버를 상대로 소송을 제기하였다.[60]

라이언 칼로와 알렉스 로젠블랏은 최근 기사에서, 우버 플랫폼 이용자가 공정성과 정보의 조작 혹은 투명성의 결여에 대하여 제기한 우려의 여러 측면을 정리하여 제시하였다. 정보조작 문제는 탑승자뿐만 아니라 운전자에게도 해당된다. 탑승자가 승차하고자 앱에 접속하는 경우 '유령 자동차'가 나타나는 문제가 있다.[61] 초기 화면에는 그 지역에 많은 자동차가 있는 것으로 나타난다. 하지만 탑승자가 예약하면 많은 유령 자동차는 사라지고 실제로는 멀리 있는 운전자가 비로소 앱에 나타난다.[62] 운전자에 관하여 칼로와 로젠블랏은 많은 정보의 비대칭성 사례를 보여 주는데, 이는 운전자에게는 불리하고 플랫폼에는 유리하게 작용한다. 예컨대 우버 운전자가 5분 미만으로 탑승객 대기를 한 경우에는 승차약속을 취소한 것으로 처리된다. 운전자가 탑승객을 5분 이상 기다렸을 경우에 한하여 운행 취소에 해당하지 않는 것으로 간주되는 것이다. 너무 잦은 취소는 운전자에 대한 제재사유(다른 제재사유도 있지만)가 된다.[63] 물론 정확한 정보 제공도 중요하다. 리프트 앱은 운전자가 대기시간 5분 시간이 경과하였는지 확인할 수 있도록 시계를 제공하고 있기는 하지

---

59 Kashmir Hill, "God View": Uber Allegedly Stalked Users for Party-Goers' Viewing Pleasure (Updated)(God View: 우버가 사용자를 추적하여 파티 참가자들에게 구경거리로 제공하였다는 주장이 제기되었다), Forbes.com (Oct. 3, 2014).

60 Douglas MacMillan, Rape Victim Sues Uber over Handling of Medical Records(강간 피해자가 의료기록의 취급과 관련하여 우버를 제소하다), Wall St. J., June 15, 2017.

61 Calo and Rosenblat, supra note 16.

62 Id.

63 Id.

만, 우버 앱에서는 2017년 중반까지 이러한 정보를 공유할 수가 없었다.[64] 그 결과 우버 운전자가 5분을 기다렸다고 이의를 제기하면 오히려 운행을 취소한 것으로 취급되었다는 주장까지 제기되었다.[65] 그러나 오직 우버만이 객관적 정보라고 할 수 있는 경과시간에 대한 정보를 갖고 있었다.[66] 정보 조작의 다른 사례로서 운전자의 화면에 짧은 순간에만 나타나는 '유령 탑승요청' 혹은 '순식간에 사라지는 탑승요청'의 문제가 있다.[67] 우버 운전자가 보장된 시간당 보수를 받기 위해서는 일정 비율의 승차를 수락하여야 한다. 어떤 승차요청은 화면에 나타났다가 순식간에 사라지므로 도저히 승차 수락을 할 수 없다는 불평이 운전자들 사이에 있다. 그럼에도 불구하고 우버는 순식간에 사라지는 탑승 요청을 운전자에게 불리하게 취급한다.[68] 일부 운전자는 우버가 탑승수락비율을 실제보다 적게 산정한다고 주장하기도 한다.[69] 보이지 않은 5분 시계처럼, 운전자들이 얼마나 많은 탑승을 수락할 수 있었는지를 파악하는 것은 오로지 우버에 전적으로 달려 있는데, 그 이유는 운전자가 순식간에 사라지는 탑승 요청을 일일이 추적하기는 어렵기 때문이다.[70] 칼로와 로젠블랏이 지적하듯이, 운전자가 알고 있는 사실관계를 입증하는 데 필요한 정보를 취득하기 위해 앱을 역설계하는 것은 운전자 서비스 계약서를 위반하는 것이 되어 허용되지 않을 것이다.[71]

우버가 정보의 비대칭성을 남용하고 있다거나 남용할 수 있다는 점에 대한 우려로 인하여, 연방무역위원회(FTC) 소관의 주요한 사안인 소비자 보호 문제가 제기된다.[72] FTC는 FTC법 Section 5(a)를 집행하는데, 위 조항은 상거래에 영향을 주는 불공정하거나 기만적인 행위나 관행을 금지한다.[73] 위에서 설명한 기만적 관행에서 말하는 기만성 문제는 플랫폼 전역에 걸친 것으로서 특정 지역에 한하는 것이라고 할 수 없으므로, 연방의 조치와 개입이 적절하다. 실제로, 2015년 6월 FTC는 '공유경제: 플랫폼, 참여자, 규제권자의 당면 과제'라는 제목으로 공유경제 워크숍을 열었고, 2016년 11월 향후 조치에 관한 보고서를 발간하였다.[74] FTC는 2017년 1월 우버를 상대로 소를 제기하면서 조정안을 제출하였다. 그 소송에서 FTC는 우버가 기만적이고 불공정한 관행을 저질렀다고 주장하였는데, 그 예로서 우버 운전자가 벌어들일 수 있는 수입을 과장하여 광고한 점, 우버 운전자가 사용할 자동차를 Vehicle Solution Program을 통하여 구입하는 경우의 비용절감

---

64 Id.
65 Id.
66 Id.
67 Id.
68 Id.
69 Id.
70 Id.
71 Id.
72 Id.
73 15 U.S.C. §45(a) (2012).
74 FTC, The "Sharing" Economy: Issues Facing Platforms, Participants & Regulators(공유경제: 플랫폼, 참여자, 규제권자의 당면 과제) 7 (Nov. 2016), www.ftc.gov/reports/sharing-economy-issues-facing-platforms-participants-regulators-federal-trade-commission.

과 편리성을 과장한 점을 들었다.[75] 우버는 과징금 2,000만 달러를 지급하고 그 소송을 종결시키는 것에 동의하였고, 향후 운전자의 기대 소득·제3자에 의한 자동차 구입 자금지원 조건·모든 차량구입 프로그램의 조건에 관하여, 허위표시를 하지 않도록 금지하는 명령에 동의하였다.[76] 소비자 보호 문제는 전국적 범위로 중요하여 지역적 문제로 한정할 수 없기 때문에, 연방정부가 강력하게 집행하는 것이 요구된다.

C. 조정과 정보의 확산

마지막으로, 연방정부가 수행해야 할 세 번째 역할로서 법적 보호의 실체법적 영역을 초월하는 문제가 있다. 많은 학자가 주와 지역정부의 실험주의를 옹호하면서, 실험주의의 주요한 혜택으로서 좋은 정책이 다른 지역으로 전파된다는 점을 지적하고 있기는 하나, 정책확산에 장애물이 있다는 회의론도 제기되고 있다. 예컨대 한나 와이즈만은 환경과 에너지법 분야의 여러 사례를 제시하였는데, 이 영역에서는 규제 실험 사례가 취합되기가 어렵고, 한곳에서 집중관리하기도 어려우며, 정책입안자들이 다른 지역의 정책이나 그러한 정책의 성패에 관한 정보에 접근하기 어렵다고 주장한다.[77] 일반적인 용어로 말하자면, 주나 지역정부가 '규제의 섬'(regulatory islands)으로서 다른 지역으로부터 고립되거나 차단되어 서로 간에 정책적 교훈을 교환하지 않는 경우라면, 규제 실험은 별로 가치가 없다는 것이다.[78] 마이클 도프와 찰스 사벨도 연방정부가 주와 지역의 실험에 관하여 조정역할을 할 것을 요구하고 있다.[79] 즉, 이들은 권한을 주와 지역정부로 분산하여 '민주적 실험주의'라는 지배체제를 구축하는 것을 옹호하면서도, 연방정부가 조정역할을 수행하여 지식의 공유가 이루어지고 규제의 성공 사례가 확산되어 서로 참조할 수 있도록 하여야 한다고 주장한다.[80]

지역정부가 플랫폼을 규제하고 그와 상호작용을 하는 데에 대한 실험을 수행하는 것에 부응하여, 연방정부는 지역적 정책실험의 성패에 관한 정보를 수집하여 배포하는 중심적 기구로 작용하고 정책을 확산시킴으로써 긍정적 파급효과를 거둘 수 있다.

---

75 FTC v. Uber Technologies, Inc., No. 17 Civ. 0261 (N.D. Cal.), Cmplt., filed Jan. 19, 2017, ¶¶ 10-12; FTC v. Uber Technologies, Inc., No. 17 Civ. 0261 (N.D. Cal.), Stipulated Order for Permanent Injunction & Monetary Judgment, filed Jan. 19, 2017.

76 Stipulated Order, supra note 75. FTC는 연방법상 FTC 관할영역이 포괄적이라는 견해를 채용하지 않았다는 점에도 주목할 만하다. FTC는 여전히 주와 주정부의 역할을 인정하고 있다. FTC의 2016년 11월 보고서에서는, '그동안 FTC가 시와 주정부에 독려 및 지지 서한을 보내서, 조세징수, 지역환경 보존, 장애인에 대한 서비스 제공 등과 관련하여, 경쟁정책과 규제목표의 균형을 맞추는 데에 필요한 포괄적인 원리를 전파하여 온 점'을 강조하였다. FTC, supra note 74, at 8-9.

77 Wiseman, supra note 17.

78 Id.

79 Dorf and Sabel, supra note 17, at 314.

80 Id.

결론

플랫폼경제는 지역, 주, 연방을 불문하고 기존 법규에 도전을 던지고 있다. 어떤 경우에는 플랫폼을 지역정부가 관장하는 것이 더 낫다. 실험을 촉진할 필요가 있거나 주로 지역적 범위에서 관련 효과가 발생하는 경우가 그러하다. 하지만 중요한 문제가 여러 주에 걸쳐서 발생하는 경우에는 연방정부의 관여가 필요하다. 차별을 방지하거나 플랫폼 이용자(서비스 제공자 및 고객)를 보호할 필요가 있는 경우에 그러하다. 주와 지역정부의 실험주의에 관련해서도 연방정부가 조정 역할을 수행하여 정책 확산이 일어나도록 할 필요가 있다.

17

공유경제에서의 주정부의 역할

서언

공유경제의 복잡성 때문에, 규제당국이 혁신을 막지 않으면서도 공유경제의 잠재적 위험으로부터 대중을 보호하는 방법으로 공유경제를 규제하는 것은 쉽지 않은 문제이다. 공유경제의 탈중앙화된 속성과 그 거래의 규모로 인하여, 다음과 같은 어려운 문제들에 대한 답을 찾는 것이 더 어려워졌다. 누가 이것을 규제해야 하는가? 규제를 해야 한다면, 어떻게 규제해야 하는가? 이 글에서는 공유경제 활동에서 발생할 수 있는 부정적인 외부효과로부터 공중을 보호하기 위해 미국의 주정부가 해야 하는 역할에 관하여 탐구한다. 공유경제는 주뿐만 아니라 하부 지역 단위의 이해관계에도 영향을 미치기 때문에,[1] 이 글에서는 특정 공유경제 거래를 규율하는 데 가장 적합한 지배수준을 밝히는 가이드라인을 제시하고자 한다.

공유경제를 어떻게 정의하는 것이 적절한지에 관하여 보편적인 합의가 이루어지지는 않았으나, 공유경제가 물품 또는 서비스의 매수인과 매도인 사이에서 거래를 중개하는 디지털 플랫폼을 수반하는 개념이라는 점에 관하여는 공감대가 형성되었다.[2] 미국 상무부는 공유경제를 '인터넷 기반의 플랫폼이 중개하는 소비자와 독립 서비스 제공자 사이의 거래'로 정의하였다.[3] 1990년대 중후반에 주류로 등장한 인터넷의 사용으로 인하여 빠르고 쉬운 P2P 거래가 가능해졌고 시장성이 있는데도 충분히 활용되지 못하였던 자원을 공유하고 판매하는 것이 촉진되었다.[4] 인터넷에서 '온라인 평판'을 통하여 검증되는 물품과 서비스의 양이 누적됨에 따라 공유중개의 거래비용이 극

---

1 일반적으로 연방정부는 공유경제의 규제에 관여하지 않았다. See infra note 31-32).

2 See Jared Mayer, Uber-Positive: Why Americans Love the Sharing Economy(우버에 긍정적인 태도: 미국인이 공유경제를 사랑하는 이유) (2016). 공유경제는 '지역 기반 온라인 서비스를 통하여 물품과 서비스에 대한 접근권을 획득, 수여, 공유하는 P2P 활동'으로 정의되기도 한다. Hamari, Sjöklint, Ukkonen, "The Sharing Economy" (공유경제)에서 인용한 것이다. Niam Yaraghi and Shamika Ravi, The Current and Future State of the Sharing Economy(공유경제의 현재와 미래 상태), Brookings Inst. (Dec. 29, 2016), www.brookings.edu/research/the-current-and-future-state-of-the-sharing-economy/.

3 Rudy Telles Jr., U.S. Dept. of Commerce, Digital Matching Firms: A New Definition in the "Sharing Economy" Space 1(디지털 매칭 회사: 공유경제 공간에서의 새로운 정의 1) (June 3, 2016), www.esa.gov/sites/default/files/digital-matching-firms-new-definition-sharing-economy-space.pdf. 디지털 매칭 회사는 다음과 같은 특징이 있다. (1) P2P 활동을 촉진하기 위해 정보기술을 사용한다는 점, (2) 품질 관리를 위해 사용자 기반의 평가시스템의 의존한다는 점, (3) 근로자에게 그들만의 근무시간을 선정하는 유연성을 제공한다는 점, (4) 서비스 제공을 위하여 근로자가 자신의 도구와 자산을 제공하도록 한다는 점 등이다. Id.

4 See Meaghan Murphy, Cities as the Original Sharing Platform: Regulation of the New "Sharing" Economy(공유 플랫폼 원형으로서의 도시들: 새로운 공유경제의 규제), 12 J. Bus. & Tech. Law 127, 128-29 (2016).

17. 공유경제에서의 주정부의 역할 269

적으로 감소되었다.[5] 우버, 리프트, 에어비앤비 등 기술 기반 플랫폼은 P2P 거래를 촉진하고 소비자와 공급자를 연결해주는 중개상으로 기능한다. 이런 디지털서비스 공급자들은 그와 같은 거래를 위한 지불 및 조세 징수 시스템을 창출할 수도 있고, 마케팅에 대한 조언이나 다른 분야의 전문성도 제공할 수 있다.

공유경제는 여러 개의 서로 다른 영역에서 출현하였다. 제레미아 오양의 협업경제벌집 모델(Collaborative Economy Honeycomb model)은 공유경제 거래가 발생할 영역으로서 16개를 제시한다.[6] 벌집 모델에는 공공부문이 최근에 혹은 전통적으로 공유경제 유형의 활동을 해온 영역들이 포함되어 있는데, 그러한 유형으로서는 다양한 공유자전거 보관소를 들 수 있다. 벌집 모델의 영역 중에서 주와 지역의 규제당국 사이에서 가장 많은 충돌을 불러일으킨 것은 '이동 서비스'와 '공간' 영역이다. 우버와 리프트 등 승차공유 서비스는 이동 서비스로 분류될 수 있는데, 현재 주 정부가 이를 규제하고 있다. 주거지역에서 사적 공간을 임대하는 것과 같은 단기임대차는 상업적 유형의 사용으로서 공적 우려의 대상이 되었는데, 이러한 상업적 사용은 용도제한 조례와 충돌하거나 인근 부동산에 악영향을 끼칠 수 있다.

벌집 모델 16개 영역의 분석에 사용된 기본 사업모델에 대한 연구와 설명이 이루어져 왔다. 공유경제에서 세 가지 다른 유형의 플랫폼이 자주 이용되는데, P2P, B2B, B2C가 그것들이다.[7] 위와 같은 플랫폼 유형 외에도, 벌집 모델을 대표하는 신생기업의 분석을 통하여 공유경제 사업모델에 존재하는 다섯 개 주요 차원이 특징으로 포착되었다.[8] 첫째 범주는 '기술'인데, 이는 공유경제 참여자의 기술 사용 수준을 지칭한다.[9] 다음 범주인 '거래유형' 측면을 보면 거래는 시장 가격거래, 금전 외 대가 거래, 무상거래로 분류될 수 있다.[10] '사업접근법' 범주에서는 이익추구형, 공익추구형, 공사익 혼합형으로 공유경제 신생기업을 분류할 수 있다.[11] 신생공유기업은 자원을 다른 방식으로 이용함에 따라 '공유자원'을 기준으로 새로운 분류를 할 수 있다. 새로운 자원을 활용할 수도 있고, 이미 이용되는 자원의 소재지를 찾아낼 수도 있고, 이미 이용되고는 있으나 제대로 이용되지 않는 자원을 최대한으로 이용할 수도 있다.[12] 다섯째 범주인 '지배구조 모델'에 관하여 보건대 공유경제 신생기업에는

---

5 See Duncan McLaren and Julian Agyeman, Sharing Cities(공유도시) 56 (2015).

6 Jeremiah Owyang, Collaborative Economy Honeycomb Version 3.0(협업경제 벌집버전 3.0) Web-Strategist: Infographic (2016. 3. 10.), www.web-strategist.com/blog/2016/03/10/honeycomb-3-0-the-collaborative-economy-market-expansion-sxsw/. 16개 신생기업 영역들: 근로자 지원, 학습, 웰빙과 뷰티, 지방자치, 돈, 물품, 건강, 공간, 음식, 공공편익사업, 이동서비스, 서비스, 물류, 차량 공유, 회사와 조직, 분석과 평판. Id.

7 See McLaren and Agyeman, supra note 5, at 15.

8 Boyd Cohen, Making Sense of the Many Business Models in the Sharing Economy(공유경제의 다양한 사업모델에 대한 이해), Fast Company (2016. 4. 6.), www.fastcompany.com/3058203/making-sense-of-the-many-business-models-in-the-sharing-economy.

9 Id. 기술 수준은 '기술주도적(tech-driven), 기술 기반적(tech-enabled), 저기술/비기술적'으로 나누어진다. Id.

10 Id.

11 Id.

12 Id.

'전통적 회사구조', '협업적 지배구조', '협동조합적 모델' 등 여러 지배구조가 있다.[13]

　우선 제기되는 문제는 어느 정부 수준에서 공유경제를 규율해야 하는지이다. 오늘날 '우버, 에어비앤비 등 대규모 공유경제 플랫폼이 여러 국가에서 영업하고 있기 때문에 세계적 수준에서 이 경제의 세부내용이 정해져야 한다'는 주장이 제기될 수 있다. 플랫폼은 유리한 내용으로 구성할 수만 있다면 세계적 수준에서 통일된 취급을 받고 싶어 할 것이다. 각 국가로 구성된 국제사회에서는 경제의 글로벌화에도 불구하고 각 중앙정부 혹은 연방국가가 현재 공유경제의 활동양식에 대한 관할권을 갖고 있다.[14] 공유경제 거래는 지역적·광역적 영향을 미치므로 미국에서는 지역정부 및 주정부가 규제적 제한을 부과하였다. 이 글에서는 공유경제에 대한 주정부의 규제를 다룬다.

　미국의 주의회들은 공유경제에 대한 규제적 접근법을 형성하는 데에 적극적 역할을 하였는데, 특히 승차공유 및 단기임대에 기한 공간공유에서 그러하였다.[15] 이 글의 섹션 Ⅰ에서는 왜 공유경제의 특정 영역이 공적 규제를 받아야 하는지를 살펴본다. 섹션 Ⅱ에서는 공유경제를 규제하는 데 대한 주정부의 이해관계를 분석하고, 아울러 규제에 관한 지역적 우려를 다룬다. 섹션 Ⅲ에서는 부분적으로 보통법상의 배제원리(common law preemption doctrines)에 기하여, 지역정부가 아닌 주정부에 맡겨 놓는 것이 가장 좋은 거래가 무엇인지를 결정하는 것에 대한 가이드라인을 제시한다. 그 후 섹션 Ⅳ에서는 승차공유와 단기임대차에 대한 주정부의 이해관계를 분석하고, 이러한 공유경제활동에 위 가이드라인을 적용한다. 섹션 Ⅴ에서는 주정부가 공유경제를 규제하는 수단을 제안하고, 주정부가 선호할 만한 전략적 단계를 논한다. 섹션 Ⅵ에서는 주 내에서의 공동규제 틀을 발전시켜 공유경제를 규제하여야 한다고 주장한다.

Ⅰ. 공유경제 규제의 필요성

　정부규제를 정당화하는 주된 이유는 소비자 보호라고 설명되어 왔다.[16] 다음과 같은 목적을 달성하기 위하여 법률이 제정될 수 있을 것이다. (1) 시장의 보호, (2) 확립된 전문적 표준의 집행, (3) 공동체 환경과 생태계의 보존, (4) 희소자원의 보호, (5) 특정 산업 근로자와 종사자의 보호, (6) 공중접객시설에 대한 공평한 접근권의 확보, (7) 특정 산업에 대한 조세 부과를 통한 재정수입의 확

---

13 Id.

14 프랑스 의회는 소유자에게 최대 4개월의 단기임대를 허용하는 법을 제정하였다. Loi 2014-366 du 24 mars 2014 pour l'accés au logement et un urbanisme rénové [Act 2014-3 66 of 24 March 2014 for Access to Housing and Renovation planning]. Journal Officiel De La Republique Française [J.O.] [Official Gazette of France]]. Mar. 26, 2014, p. 5809.

15 See, e.g., Short-term Home and Room Rentals for Overnight Accommodations(숙박을 위한 집과 방의 단기임대), Dep't. of Revenue, Wash. State, http://dor.wa.gov/Content/DoingBusiness/BusinessTypes/Industry/PersonalHomeRentals/default.aspx (referring to Wash. Rev. Code §458-2-166); Airbnb, Inc., In What Areas is Occupancy Tax Collection and Remittance by Airbnb Available?(에어비앤비에 의한 점유세의 징수 및 송금이 가능한 지역은 어디인가?) www.airbnb.com/help/article/653/in-what-areas-is-occupancy-tax-collection-and-remittance-by-airbnb-available?topic=264 (에어비앤비가 숙박주 대신에 세금을 징수하여 납부하는 주를 열거하고 있다).

16 See Meyer, supra note 2, at 15.

보, (8) 보험과 같은 일부 물품과 서비스의 구입 강제 등을 들 수 있다.[17] 시장규제는 재화나 서비스의 이용가능성을 보장하거나, 공급을 제한하여 일정한 사업자들에게 안정적인 생계를 보장하는 것을 일반적인 목적으로 한다.[18] 예컨대 건실하고 수익성 있는 택시산업을 육성하기 위해 택시면허의 숫자를 제한할 수 있다.[19]

유럽연합집행위원회에 의하면 공유경제 규제는 여러 공익목적상 정당화되는데, 이러한 목적으로서는 관광객 보호, 조세회피 방지, 공평한 경쟁의 보장, 공공안전·보건·음식 안전의 보장, 적정한 주거안정의 확보 등이 있다고 한다.[20] 유럽연합집행위원회에 의하면 협업경제가 성장함에 따라, 시장 접근성 및 품질과 안전성의 보장이 해결되어야 한다고 한다.[21] 공유경제에 대한 자율규제권을 제3자인 플랫폼에게 맡겨야 한다고 주장하는 사람들도 플랫폼이 항상 공익에 완전하게 일치되게 행동하지는 않는다는 점을 인정한다.[22]

일반적으로 규제가 나타나는 이유는 시장실패가 일어나서 비효율적인 혹은 비형평적인 결과가 발생하고 그 해결을 대중이 요구하기 때문이다.[23] 공유경제에서 시장실패의 통상적 유형으로 확인된 세 가지가 정보 비대칭성, 외부효과, 비전문적 제공자이다.[24] 플랫폼으로 촉진되는 승차공유 서비스 및 단기임대차는 이러한 시장실패에 취약하다. 정보 대칭성의 결여와 관련하여 보건대, 우버 운전자는 미래의 승객에 비하여 자신의 운전 실력과 차량의 상태에 대하여 훨씬 많이 알고 있다. 유사하게, 에어비앤비 숙박주는 숙박시설의 청결도에 대한 정보를 갖고 있으나, 잠재적 손님은 청결도에 대한 동료 평가에 의존할 뿐이다.

공유경제 이동서비스와 공간공유에서 발생하는 외부효과 문제는 어렵지 않게 확인할 수 있다. 승차공유를 이용하면 혼잡한 도시지역의 차량 사용이 더 많아진다. 2016년 가을 뉴욕시의 앱 기반 승차공유 서비스는 2015년 봄의 세 배인 월 평균 1,500만 명의 승객을 기록하였다.[25] 앱 기반 단기임대차에도 외부효과가 있을 수 있다. 주민이 앱 기반 플랫폼을 통하여 접촉된 사람에게 숙소를 임대하는 경우, 비거주자가 지역사회에 들어와서 기성 지역규범에 맞지 않는 행동을 할 수도 있

---

17 See Janelle Orsi, Practicing Law in the Sharing Economy: Helping People Build Cooperatives(공유경제에서의 변호사 활동: 협동조합 설립에 대한 지원), Social Enterprise, and Local Sustainable Economies 417-19 (2012).

18 See Id. at 417.

19 See Id.

20 European Econ. & Social Comm. & Comm. of Regions, European Comm'n, A European Agenda for the Collaborative Economy(협업경제를 위한 유럽연합의 안건), 3 (2016. 6. 2.), www.eesc.europa.eu/resources/docs/com2016-356-final.pdf.

21 See Id. at 4. 그러나 유럽연합집행위원회는 공유경제에 관한 규정을 공포하지는 않았다. See Guidance and Policy Recommendations for the Collaborative Economy(협업경제를 위한 지침과 정책제안), European Comm'n, http://ec.europa.eu/growth/single-market/services/collaborative-economy_en.

22 Molly Cohen and Arun Sundararajan, Self-Regulation and Innovation in the Peer-to-Peer Sharing Economy(P2P 공유경제에서의 자율규제와 혁신), 82 U. Chi. L. Rev. Dialogue 116, 116-17 (2015).

23 Id. at 120.

24 Id. at 120-24.

25 Unsustainable? The Growth of App-Based Services and Traffic, Travel and the Future of New York City(지속불가능한가? 앱기반 서비스와 교통의 증가, 이동과 뉴욕시의 미래), Schaller Consulting, 2017. 2. 27.

다. 단기임대차의 수익률이 더 높으면, 장기임대로 사용되었을 주택이 장기임대시장에서 사라질 수도 있다. 주택 혹은 휴가용 주택을 임대하는 거주자는 면허를 받은 호텔업자가 제공하는 형태의 안전 및 화재 대비책을 제공하지 못할 것이다.

주정부는 공유경제와 관련된 다른 잠재적 부정적 외부효과에도 대응해야 한다. 공유경제 외에서는 과세를 받았을 거래가 공유경제에서 과세를 받지 않을 수가 있다. 공유경제 제공자는 거래하고 싶은 고객만을 선별하는 차별적 행위를 저지를 수도 있다. 충분히 이용되지 않았던 자원을 더 충분히 이용할 수 있게 하는 것이 공유경제의 강점이지만, 그 자원의 이용이 증가되는 경우 그 이용이 희소했던 때보다 생태계에 더 큰 해를 가할 수 있다.

주정부와 지역정부는 작업장에서 근로자를 보호하기 위하여 많은 노력을 해왔다. 온라인 시장은 '투명성'과 '협상의 상대적 유연성' 때문에 덜 엄격한 근로관련 규제를 정당화할 수 있으나, 어린이 또는 미성년자가 제공하는 서비스와 관련된 영역에서는 주의를 요한다.[26] 우버 운전자는 일반적으로 근로자 보호법이 적용되지 않는 독립계약자로 분류된다.[27] 에어비앤비 숙박주도 단기숙박의 독립제공자로서 노동법의 보호영역에 속하지 않을 것이다. 아마도 기술플랫폼 공급자(우버, 에어비앤비 등)와 서비스 제공자(플랫폼으로 소비자와 연결된다) 사이의 불평등한 협상관계가 더 규제를 받을 만한 영역일 것이다.

어떤 경우에는 공유경제가 시장에 대한 진입 장벽을 없앨 수 있다. 면허 등 규정상 요건을 충족하지 못한 사람이라도, 공유경제에서는 규제체제 밖의 온라인 거래를 통하여 서비스나 자산을 매각하거나 공유할 수 있게 된다. 전문가에게 기대되는 품질 수준을 공유경제에서 확보하는 것은 쉽지 않다. 공유경제 환경에서는 기능이 덜 뛰어난 사람이라도 서비스와 물품을 제공할 수 있기 때문이다. 택시 메달리온 등 면허 요건 때문에 비용이 많이 들어서, 젊은이가 택시운전자로 되는 것은 거의 불가능에 가깝기 때문에, 젊은이에게는 승차공유 운전이 매력적이다.[28] 승차공유는 차량을 가진 사람이 저비용으로 돈을 벌 수 있는 방법이다.[29] 택시 운전자에 비하여 우버와 일하는 운전자는 전형적으로 더 어리고, 직업적 운전자로서의 경험이 없으며, 파트타임으로만 일하고, 그중 50%가 일주일에 10시간 미만으로 일한다.[30] 에어비앤비를 통해 숙박하는 손님은 호텔의 안전 기준과 주방 점검이 있으면 피할 수 있을 위험도 감수하게 된다.

---

26 Bryant Cannon and Hanna Chung, A Framework for Designing Co-Regulation Models Well-Adapted to Technology-Facilitated Sharing Economy(기술 기반의 공유경제에 잘 맞춰진 공동규제 모델을 고안하기 위한 틀), 31 Santa Clara High Tech. L.J. 23, 37-38 (2015).

27 See McGillis v. Dep't of Econ. Opportunity, 210 So. 3d 220, 225-227 (Fla. Dist. Ct. App. 2017) (우버 운전자가 재고용보험의 대상인 피용자가 아니라고 판단하였다), but see Amie Tsang, Uber Is Dealt a Fresh Blow in European Legal Case(우버가 유럽 소송사건에서 큰 충격을 받다), N.Y. Times (July 4, 2017), www.nytimes.com/2017/07/04business/uber-ecj-europe-france.html (유럽연합사법법원 법무관이 '프랑스에서 우버 영업이 택시 서비스로 취급되어야 한다'는 권고적 의견을 냈다고 보도하고 있다).

28 Meyer, supra note 2, at 24-25.

29 Id. at 25.

30 Id. at 22-25.

II. 미국의 공유경제 규제권자

현재 미국 헌법에서는 공유경제의 여러 활동들이 주의 권한 범위 내에 명백히 들어가기 때문에 주정부와 그 예하의 지역정부가 주로 공유경제를 규제한다. 공유경제의 기본적 추진력은 특정 산업 내에서가 아니라 경제 전반에 걸쳐서 물품과 서비스에 대한 접근성을 향상시킨다는 데에서 나오므로, 연방 차원의 일률적 입법은 거의 확실히 타당하지 않을 것이다.[31] 그러나 공유경제에서 독점적 플랫폼이 출현하여 가격왜곡이 발생하는 경우에는 전국적·국제적 수준의 규제가 적절하다는 주장도 제기되어 왔다.[32] 따라서 현재 우버 운전자와 개별 서비스 제공자에 대하여 주정부 차원에서 이루어지는 규제와 플랫폼 자체에 대한 규제는 구분되어야 한다. 어떤 수준의 정부가 규제권자이든지 간에, 피규제 산업이 규제권자를 포획하여(capture) 자신들에게 유리한 조건을 얻을 위험이 존재한다.[33]

A. 공유경제를 주정부가 규제하는 헌법상 근거

미국에서는 주정부가 연방정부에 수여된 권한을 제외한 나머지 모든 권한을 갖는다. 미국 수정헌법 제10조는 다음과 같이 명시하고 있다. "헌법에 의하여 연방에 위임되지 아니한 권한은…각 주 또는 인민에게 유보되어 있다."[34] 다른 국가의 경우 중앙정부, 주정부, 지역정부 사이에서 권한이 분배될 수 있다. 이러한 경우 'State'라는 말은 중앙정부를 의미할 수도 있고, 일부 지역을 관할하면서 그 산하의 지역정부에 대한 감독권을 가진 정부를 의미할 수도 있다.[35]

미국 연방헌법은 주권한을 명시적으로 나열하고 있지는 않지만, 미국 대법원은 1829년에 이미 주의 이른바 경찰권(police power)을 인정한 바 있다.[36] 미국 헌법이 문언상 지역정부의 역할을 언급하고 있지는 않으므로, 주정부는 예하 지역정부에게 어떤 권한을 위임할지에 대해 전적인 재량을 행사할 수 있다.[37] 그럼에도 불구하고 대부분의 개정 주헌법은 지역정부에게 일정한 형태의 권

---

31 Cannon and Chung, supra note 26, at 71.

32 See E. Glen Weyl and Alexander White, Let the Best 'One' Win: Policy Lessons from the New Economics of Platforms(최고가 승리하게 하는 것: 새로운 플랫폼경제로부터의 교훈) 22-23 (Coase-Sandor Inst. for Law and Econ., Working Paper No. 709 (2d Series), Dec. 2014), http://chicagounbound.uchicago.edu/cgi/viewcontent. cgi?article=2388&context=law_and_economics (택시 규제 당국인 지방정부가 우버를 규제하게 되면 우버와 경쟁하는 대체적 플랫폼을 장려하게 되므로 그들이 우버를 규제하면 안 된다고 주장하고 있다).

33 Eric Posner, Why Uber Will-and Should-Be Regulated(왜 우버가 규제되어야 하는가), Slate (2015. 1. 5.), www.slate. com/articles/news_and_politics/view_from_chicago/2015/01/uber_surge_pricing_federal_regulation_over_taxis_ and_car_ride_services.html.

34 U.S. Const. amend. X.

35 See, e.g., S. Afr. Const., 1996, ch. 3, §40 (1) ("In the Republic, government is constituted as national, provincial and local spheres of government which are distinctive, interdependent and interrelated.").

36 See Willson v. Black Bird Creek Marsh Co., 27 U.S. 245, 251 (1829) (주민의 보건을 증진하는 조치는 의심할 여지가 없이 주에 유보된 권한에 속한다고 판시하였다. Id. at 251).

37 See Hunter v. City of Pittsburgh, 207 U.S. 161, 178 (1907) (지방공사는 주정부의 정치적 하부기관이고, 지방공사의 인원, 존속기간, 위임권한의 본질은 전적으로 주의 재량에 달려 있다고 판시하였다).

한을 보장하는 지역자치권(home rule)을 부여하고 있는데, 그 형태는 임페리오(imperio, 역주: 주내 지역정부에 고유의 자치권이 있다는 이론)형일 수도 있고, 입법형일 수도 있다.[38]

B. 지역정부에 대한 경찰권의 위임

'고유자치론'(defined) 즉 임페리오 모델에 따라 자치권을 부여하는 주에서는 지역정부가 주의 입법적 관여를 받지 아니한 채 자치영역에 해당되는 업무, 행정, 재산권에 관련된 사항에 대한 권한을 행사할 수 있다.[39] 주법원이 소위 자치영역에 해당하는 업무의 범위를 좁게 해석하기 때문에 많은 지역이 입법적 조치를 취하여 '제한이 없는 한 전면적인'(total unless limited) 자치권을 부여하게 되었다.[40] 위 자치유형에서는 주헌법, 주법률, 지역정부 자치헌장이 금지하지 않는 한 지역정부가 권한과 기능을 행사할 수 있다.[41] 지역정부는 헌법 및 수권법률상의 위임규정에 따라서 주민의 보건, 안전, 복지에 관한 권한(소위 경찰권을 말한다)을 행사할 수 있다.

미국에서는 보통 주정부 단위에서 규제감독권이 행사되고 있다. 그 이유는 여러 광역대도시권 내에 있는 다수 지역정부의 관할영역이 좁아서 관할영역별로 행정체제를 구축하기 어렵기 때문이다.[42] 주정부와 지역정부의 관계는 대부분 수직적·계층적 구조이기는 하나, 공유경제는 탈중앙화된 경제적 거래와 경제개발을 위한 기회를 제공한다.[43] 공유경제가 야기하는 부정적 외부효과가 미국 대도시의 중심부 등 지역에서 나타나기 때문에, 지역정부가 공유경제를 규제해야 한다는 요구가 쇄도하게 되었다.[44]

---

38 See generally Daniel R. Mandelker, Judith Welch Wegner, Janice C. Griffith, Kenneth Bond, and Christopher J. Tyson, State and Local Government in a Federal System(연방시스템에서 주정부와 지역정부) 89-94, 112-14 (8th ed., 2014). (미국 지역자치의 역사와 유형을 설명하고 있다).

39 Id. at 89–90.

40 Id. at 90.

41 Id. at 112–13.

42 Janice C. Griffith, Regional Governance Reconsidered(지역정부에 관한 재고찰), 21 J.L. & Pol. 505, 520-21 (2005).

43 Stephen R. Miller, Decentralized, Disruptive, and On Demand: Opportunities for Local Government in the Sharing Economy(탈중앙화, 교란성 및 주문형: 공유경제가 지역정부에게 주는 기회), 77 Ohio St. L.J. 47, 49 (2016) (공유경제를 지역적 경계선 안에 묶어 둘 수 없다고 주장한다 id. at 55).

44 See Nestor M. Davidson and John J. Infranca, The Sharing Economy as an Urban Phenomenon(도시적 현상으로서의 공유경제), 34 Yale L. & Pol'y Rev. 215, 238-41 (2016) (공유경제는 매우 국지적으로 외부효과를 야기하기 때문에 지역정부가 규제를 하여야 한다고 주장한다).

III. 주정부와 지역정부 중 누가 공유경제를 규제해야 하는지를 정하는 가이드라인

A. 보통법상 배제원리(common law preemption doctrines)에서 파악하는 주정부의 이익

공유경제에 대한 최선의 규제권자가 주정부인지, 지역정부인지를 결정함에는 보통법상의 묵시적 배제원리를 검토하는 것이 도움이 된다. 묵시적 배제원리란 '주가 묵시적으로 주정부의 통제사항으로 유보해 둔 경우에는 지역정부의 권한행사가 배제된다'는 원리를 말한다. 지역정부의 기능 행사를 분명하게 배제하지 않은 경우에는, 주의회가 묵시적으로 특정 영역에 대한 통제권을 행사하도록 지역정부의 권한을 배제한 것인지 여부에 관하여 법원이 자주 나서서 판단하게 된다. 주정부의 소관사항인가 지역정부의 소관사항인가를 판단함에 사법부가 확립한 원리는, 누가 공유경제를 규제하는 것이 최선인가를 판단함에서도 유용한 도구가 된다.

임페리오 모델의 지역에서는 주정부가 지역행정 혹은 지역적 사안에 해당되는 행위를 배제하는 것이 금지된다.[45] 보통 공적 기능은 한 지역의 범위보다 넓은 사안에 관련되기 때문에, 주정부와 지역정부에 공통된 사안 혹은 주로 주정부의 사안으로 볼 문제들이 순수한 지역적 성격의 사안보다는 훨씬 많다. 예컨대 역사적으로는 공공안전을 지역적 문제로 보겠지만, 세계적으로 테러리즘이 점증하자 지역경찰관서가 국가안보를 위해 연방 및 주의 담당자들과 협력하게 되었다. 따라서 임페리오 지역에서도 주의 이익이 관련되어 있고, 주법률 혹은 규정의 집행과 충돌하는 지역정부의 권한행사에 대하여는 주정부에 의한 배제가 있을 수 있다.

'별도로 제한되지 않은 한 모든 사안'에 대하여 지역자치가 적용되는 지역에서는 자치헌장, 주헌법, 주법률이 금지하지 않는 한 지역정부가 권한을 행사할 수 있다. 따라서 이러한 지역이 주정부의 배제로부터 자유롭다고 말할 수는 없으나, 주가 권한을 부인하지 않는 한 행정권을 행사할 수 있다. 이 경우는 헌법 혹은 법률의 문언상 권한배제 조치가 있었느냐 여부의 해석론에 의존한다. 임페리오형이건 '제한되지 않은 모든 사안'에 자치가 허용되는 형이건, 배제론 분석에서는 지역의 행위가 주헌법, 주법률, 자치헌장에 위반되는지 여부가 주요 문제로 대두된다.[46]

주법률과 자치조례의 충돌로 인하여 묵시적인 배제가 있는지 여부와 무관하게, 다른 형태의 배제가 발생할 수 있다. 만약 주법률이 특정영역을 포괄적으로 규정한다면, 주정부가 그 영역을 전면적으로 지배함으로써 지역정부의 규정이 존재할 여지가 없게 되었다고 볼 수도 있다. 그러나 임페

---

[45] See City and County of Denver v. State, 788 P.2d 764, 767 (Colo. 1990) (imperio 모델에 따른 콜로라도 주헌법에 의하면, 지역적 사안에 관한 조례나 헌장은 배치되는 주법 조항에 우선한다고 판단하였다).

[46] See Cape Motor Lodge, Inc. v. City of Cape Girardeau, 706 S.W.2d 208, 211 (Mo. 1986) (시의 권한이 주헌법, 주법률, 자치헌장에 위반되지 않는다는 이유로, 시당국과 주립대학교 사이의 협력계약을 허용하는 시조례는 유효하다고 판시하였다).

리오 지역에서는 순수한 지역적 사안은 배제에서 보호된다고 하겠지만, 조금이라도 주정부의 이해관계가 있으면 배제가 발생할 수 있다. 예컨대 법원은 '환경에 영향을 미칠 수 있는 행위를 규제하는 주법률은 지역정부의 환경대책을 배제할 수 있다'고 보아 왔는데, 그 이유는 주정부의 그러한 규제가 갖는 포괄성은 그 분야를 규율하려는 의지를 나타낸다고 보기 때문이다.[47]

주법원들은 지역 조례가 어떠한 경우에 주의 법률 또는 규제와 충돌하는지 명확히 선언하기 위해 고심해 왔다. 이를 판단하는 한 가지 방식으로 허용/금지 규칙이라는 것이 있다. 이에 의하면, 지역 입법이 주가 금지하는 것을 허용하는 경우, 또는 그 반대로 지역 입법이 주가 허용하는 것을 금지하는 경우, 지역 입법이 배제된다는 것이다.[48] 그러나 주정부가 규정한 사항을 지역 조례가 단순히 보충하거나 더 엄격하게 규제하는 상황에서는, 기술적으로는 주법이 허용하는 것을 지역 입법이 금지하는 경우에 해당하더라도,[49] 허용/금지 규칙이 적용되지 않을 수 있다. 반면 주법률이 규정하는 한도 이내의 활동인데도 지역 조례가 금지한다면, 그 지역 조례는 주법과 충돌하는 것으로 보아 보통은 배제될 것이다.[50] 허용/금지 규칙은 다소 기계적인 규칙이라서 제대로 작동하지 않는다는 비판을 받아 왔다.[51]

법원은 자의적인 결과를 초래할 수 있는 원칙에 의존하지 아니하고, 흔히 지역정부의 이익과 주정부의 이익을 비교형량함으로써 지역정부의 활동이 묵시적 배제에 의하여 배척되어야 하는지를 판단한다. 공유경제 관할권에 관한 분쟁에서도 유사한 접근법을 취할 것으로 예상된다. 법원은 City and County of Denver v. State 사건[52]에서 여러 사항을 깊이 고려한 판결을 통해 덴버시의 고용거주요건을 지지하였는데, 규제사안을 (1) 지역적 관심사안, (2) 주 전체의 관심사안, (3) 주정부 이익과 지역정부 이익의 혼재 사안으로 분류하였다.[53] 법원은 이익혼재 사안에서 모순저촉이 없는 한 자치헌장과 조례가 주법률과 공존할 수 있다고 판시하였다.[54] 이익혼재 사안에서 충돌이 있는 경우에는 주정부의 이익이 우선한다고 한다.[55]

City of Denver 사건에서 법원은 어떤 사안이 지역이익 사안인지, 주이익 사안인지, 이익혼재 사안인지를 판단할 특별한 기준은 없다고 판시하였다.[56] 오히려 이러한 유형의 판단에서는 그때그

---

47 See, e.g., Bd. of Supervisors v. ValAdCo, 504 N.W.2d 267, 269 (Minn. App. 1993) (규제대상의 성질과 주법률의 포괄성을 보면, 주의 입법의도가 대상에 관한 지역정부의 입법을 배제하려는 것이었음을 알 수 있다고 판시하였다).

48 See generally Mandelker et al., supra note 38, at 128-30 (금지/허용 규칙이 적용된 주법원의 판결을 설명하고 있다).

49 See Miller v. Fabius Twp. Bd., 114 N.W.2d 205, 208-09 (Mich. 1962) (수상기구의 운영허용시간을 주법률보다 제한한 지역 조례가 주법률을 단지 보충하는 것으로서 이와 충돌되지 않는다고 판단하였다).

50 See, e.g., Steinberg v. Frawley, 633 F. Supp. 548, 557 (D. Del. 1986) (성인오락시설의 이격거리를 줄인 지역 조례는 주법률에 저촉되어 배제된다고 판시하였다; Overlook Terrace Mgmt. Corp. v. Rent Control Bd., 71 N.J. 451, 463-68 (N.J. 1976) (주정부가 설정한 임대료 제한선 이하로 임대료를 설정한 지역 조례는 주법률에 의하여 배제된다고 판시하였다).

51 Paul Diller, Intrastate Preemption(주 내부에서의 배제법리), 87 B.U. L. Rev. 1113, 1142-53 (2007).

52 788 P.2d 764 (Colo. 1990).

53 Id. at 767.

54 Id.

55 Id.

56 788 P.2d at 767-68.

때에 맞추어서 다툼의 대상인 사안을 규제하는 데에 대한 자치지역과 주정부의 상대적 이익을 고려하여야 한다.[57] 법원은 자치지역의 입법을 배제하기에 충분할 정도로 주의 이익이 있는지를 판단하는 데에 관련된 요소를 설시하였는데, 그 요소들로서는 (1) 주가 통일성을 유지할 필요성, (2) 지역규제가 비거주자에 미치는 역외적 효과, (3) 주 이익의 중요성, (4) 지역이익의 중요성이 있다고 한다.[58] 특정 사안을 주정부가 처리하는 것이 좋은지, 반대로 지역정부가 처리하는 것이 좋은지를 판단함에서 다른 법원들도 위 가이드라인을 채용하였다.[59]

더 나아가 법원은 쟁점이 된 사안을 지역정부가 규제하여 일반대중에게 해가 초래되는지 여부도 고려하게 될 것이다.[60] City of Denver 사건에서 법원은 자치지역 내외를 막론하고 보호조치를 제공하는 데 주정부의 행위가 필수적인지 여부를 판단하는 것이 중요하다고 보았다.[61] 예컨대 한 지역정부가 지역 내 발전소 건설을 금지하게 되면, 에너지 수요를 맞추는 과정에서 다른 지역에 부담이 가해질 수 있다. 법원은 시장을 교란하거나 시장참여자에게 부당한 부담을 지우는 지역정부의 규제를 무효화하는 데 주저하지 않았는데, 법원은 산업계의 일부에게 해를 가하는 지역정부의 법이 묵시적으로 배제되었다는 판시를 자주 하여 왔다.[62] 임대되는 주거 부분에 대한 차임의 상한을 정하는 지역정부의 차임통제 규정은 여러 지역에서 무효로 선언되었다.[63] 일부 법원은 역사적으로 누가 문제된 사항을 규제해 왔는지 여부도 배제 여부 문제를 결정함에 관련성이 있다고 보면서, 역사적으로 해당 문제를 규제하여 온 주체에게 우선권을 주었다.[64]

위에서 언급한 측면 외에도 주정부는 공유경제 규제에 다른 이해관계도 갖고 있다. 지역정부의 통제권은 지역할거주의 혹은 배타적 조치로 이어질 수 있다.[65] 그러한 고립과 분리의 사례로서 지역정부가 특정 공유경제활동을 금지하는 것을 들 수 있다. 각 지역이 시장에 더 많은 참여자를 유인하기 위해 조건과 기준을 하향조정하는 경향을 말하는 '바닥을 향한 경쟁'(race to the bottom)을 막는 데에도 주정부는 이해관계를 갖고 있다.[66] 더구나 특정 영역이 주정부에게 중요한 경우 혹은 다수의 무분별한 규제가 있으면 해악이 초래될 것이라고 인정되는 경우에는 주정부가 그 영역을 규율할 분명한 이익이 있다.

---

57 Id.

58 Id.

59 See, e.g., Beard v. Town of Salisbury, 392 N.E.2d 832, 837 (Mass. 1979) (읍내에서 채취한 토사를 읍 외의 지점으로 반출하는 것을 금지할 권한이 읍당국에는 없다고 판시하였다); In Re Pub. Serv. Elec. & Gas Co., 173 A.2d 233, 239 (N.J. 1961) (전선지중화를 요구하는 지역정부의 규정을 통일성 유지를 이유로 하여 무효화하였다); City of Lorain v. Tomasic, 391 N.E.2d 726, 728 (Ohio 1979) (주정부가 설정한 상금 허용범위를 축소한 조례가 주법률의 통일성을 해친다는 이유로 무효화하였다).

60 See Bd. of Supervisors v. ValAdCo, 504 N.W.2d 267, 269 (Minn. Ct. App. 1993).

61 See City and County of Denver v. State, 788 P.2d 764, 768 (Colo. 1990).

62 See Diller, supra note 51, at 1115.

63 See, e.g., Old Colony Gardens, Inc. v. City of Stamford, 156 A.2d 515, 516 (Conn. 1959) (시 자치헌장에 경찰권에 대한 일반적 수권조항이 있다고 하더라도 City of Stamford가 차임통제를 할 수는 없다고 판시하였다); City of Miami Beach v. Fleetwood Hotel, Inc., 261 So. 2d 801, 804 (Fla. 1972) (주정부의 구체적 수권 없이 시가 차임통제 조례를 입법할 권한이 없다고 판단하였다).

64 See City and County of Denver v. State, 788 P.2d 764, 768 (Colo. 1990).

65 See Diller, supra note 51, at 1132.

66 Id.

B. 공유경제 중 주정부 규제영역과 지역정부 규제영역을 구분하는 가이드라인

이 글에서 하는 주장은 '공유경제 거래를 주정부와 지역정부 중 누가 규제해야 하는가를 정하는 데에 위에서 본 보통법상 배제법리가 지도적 원리를 제공할 수 있다'는 것이다. 첫째, 주 이익과 지역 이익의 비중이 평가되어야 한다. 주 이익이 우월하다면 주정부가 공유경제를 규제하여야 한다. 지역정부의 규제가 다음의 결과를 초래한다면 주정부의 주도권은 특히 강력하게 부여되어야 한다고 할 수 있다. (1) 규제의 통일을 필요로 할 만큼 무질서가 생기는 경우, (2) 다른 지역에 부정적인 역외효과를 야기하는 경우, (3) 일반대중 혹은 주 전체의 이익을 해치는 경우, (4) 시장의 기능과 효율성을 저해하는 경우. 위와 같은 경우라면 공유경제 부문에 대한 주의 규제가 정당화될 수 있다.

해당 분야에 대한 이해관계를 이유로 하여 주정부 혹은 지역정부가 공유경제 부문을 규제하기에 적합하다고 판단하는 데에는 몇 가지 어려움이 있을 수 있다. 비교형량 기준은 불확실한 결과를 낳는다는 점에서 비판을 받아 왔다.[67] 그럼에도 불구하고 점점 더 많은 주가 정부 사이의 분쟁에 비교형량 테스트를 채용하고 있다.[68] 미국에서는 주정부가 지역정부에 대해 우월하다는 점을 고려하면, 주와 지역이 모두 강한 이익을 갖는 경우에는 비교형량이 주정부에게 유리하게 기울 것이다. 이렇게 치열하게 다투어지는 사안에서는 주정부가 지역정부와 함께 공동규제를 추진하여, 지역정부로 하여금 지역정부 차원에서 지역의 이익을 옹호하도록 조치할 수도 있다. 공유경제는 밀집도가 높은 도시 안에서 번영하기 때문에, 대도시가 공유경제 규제에 특별히 강한 이해관계를 가지는 경우가 많다.[69] 예컨대 뉴욕에서는 인구 100,000명 이상의 도시와 카운티가 우버, 리프트 등 운송네트워크회사가 손님을 태우는 것을 금지할 수 있는 권한을 부여받았다.[70]

IV. 승차공유와 단기임대차에 대한 주정부 역할의 가이드라인

A. 승차공유 규제에 관한 주정부의 이해관계

승차공유 서비스 규제에 관한 주의 이익은 지역의 이익보다 크다. 교통 연결성과 안전성은 주

---

[67] See generally Laurie Reynolds, The Judicial Role in Intergovernmental Land Use Disputes: The Case Against Balancing(각 정부 간 토지사용 분쟁에 대한 법원의 역할: 이익형량론의 반대), 71 Minn. L. Rev. 611 (1987).

[68] Mandelker et al., supra note 38, at 189.

[69] See Michèle Finck and Sofia Ranchordás, Sharing and the City(공유와 도시), 49 Vand. J. Transnat'l L. 1299, 1323 (2016).

[70] N.Y. Gen. Mun. Law §182 (West, Westlaw current through Laws 2017, Chs. 1 to 334). 백만 명 이상의 도시에는 기술네트워크회사를 규제하는 일반법의 예외가 적용되었다. N.Y. Veh. & Traf. Law §1700 (3) (West, Westlaw current through Laws 2017, Chs. 1 to 334).

의 복리에 중요하다. 따라서 주정부는 자동차 운전면허를 부여하고 주 단위로 자동차안전기준을 설정한다.[71] 택시산업이 지역정부에 의하여 규제되어 왔지만, 주내 교통 시스템 운영상 통일성이 필요하다는 것이 오랫동안 인식되어 왔다. 대도시권의 각 지역정부가 이동에 필수적인 공간의 이용에 대하여 별도로 규제한다면 혼란이 초래될 것이다. 주정부는 이동 서비스의 지속적 제공에 관한 이익도 있다. 지역정부가 승차공유 서비스를 금지하면 승차공유 시장에 교란이 초래될 수 있고, 실업이 발생하여 주 전역의 납세자가 내는 세금으로 유지되는 사회적 서비스의 제공이 어려워질 수도 있다.[72]

택시 운전자는 통상 면허를 받은 지역정부 내에서만 승객을 받을 수 있기 때문에, 기존의 택시 규제에서는 비효율성이 발생한다. 택시 운전자가 다른 지역으로 이동하는 승객을 태운 경우 돌아올 때는 빈 차로 돌아와야 한다. 소규모 지역정부가 다수 존재하는 대도시권에서 이러한 형태의 지역적 규제가 있으면 연료의 낭비를 가져 오고, 택시 운전자는 면허받은 승차지역 밖으로 가려는 승객을 거절하게 된다.

지역정부의 기존 택시 규제에서는 시장진입이 제한되고, 가격이 규제되며, 면허를 통하여 운전자 자격과 차량안전 요건이 부과된다. 반면 규제받지 않는 승차공유 서비스에는 진입장벽과 가격통제가 없다. 플랫폼 공급자가 품질과 안전기준을 정한다. 보편적인 서비스 기준이 택시산업을 구속하지만, 이를 집행하는 데에는 난점이 여전히 존재한다. 규제되지 않는 승차공유 서비스의 인기가 많은 이유 중에는, 택시 서비스가 제대로 제공되지 않는 지역에서 서비스를 제공한 것도 있다. 승객은 보통 길거리에서 택시를 잡는데, 승차공유 플랫폼이 제공하는 것과 같은 기술 기반 애플리케이션을 이용하지는 않는다. 택시 서비스는 이동 서비스의 수요가 강하여 서비스 제공자가 많은 곳에서 주로 잘 작동한다.

승차공유 플랫폼이 택시산업을 교란함에 따라 규제의 형평성이 요구되었다. 주정부는 디지털 플랫폼인 우버, 리프트 등 소위 운송네트워크회사(TNC)에 대하여 주 전역에 걸쳐서 규제를 하는 법을 제정하였다. TNC는 앱 기반 사업모델을 보호하기 위해 입법 과정에 적극적으로 참여하였다.[73] 이 사업모델에서는 비전문적 운전자가 주로 파트타임으로 자신의 자동차를 이용하여 승객을

---

71 See, e.g., Ala. Code §§32-3-3, 32-4-2, 32-4-5, 32-5-1 (West, Westlaw current through the end of the 2017 Regular Session); Ariz. Rev. Stat. Ann. §§28-602(B), 28-626 (West, Westlaw current through the First Regular Session of the Fifty-Third Legislature (2017)); Colo. Rev. Stat. §§42-1-101, 42-1-201 to 203 (West, Westlaw current through all Laws of the First Regular Session of the 71st General Assembly (2017)).

72 See Diller, supra note 51, at 1172.

73 See Sophie Quinton, How Should Uber Be Regulated?(우버를 어떻게 규제하여야 하는가?), Pew Charitable Trusts: Stateline (Nov. 24, 2015), www.pewtrusts.org/en/research-and/analysis/blogs/stateline/2015/11/24/how-should-uber-be-regulated (우버와 리프트는 주정부와 지역정부의 규정이 그들의 사업에 유리하도록 로비를 열심히 하였다고 보도하였다).

운송한다. 주법은 보험요건[74]과 차량검사,[75] 최소한의 운전자 자격요건을 부과하였다.[76]

주정부는 운송 서비스 제공자의 품질에 대한 지식이 없거나 부족한 승객을 보호할 이익이 있다. 보통 승객에게는 운전자 품질, 차량 상태, 서비스 제공 회사의 평판에 대한 정보가 없기 때문에, 승객은 그들의 안전을 보장하는 규제체제에 의하여 보호되어야 한다. 반면 승차공유 서비스로 이동하는 승객은, 승차공유 플랫폼으로부터 운전자에 대한 정보를 받고 차량의 지리적 위치가 추적되기 때문에, 어느 정도 보호를 받을 수 있다. 게다가 승객은 운전자를 평가할 수 있다. 평판에 의한 보호가 공공안전에 대한 우려를 불식시키기에 불충분할 수 있으나, 전혀 규제되지 않는 이동 서비스보다는 더 많은 보호를 제공한다.

승차공유 서비스의 통일적 취급, 최소한의 전문적 운전기준 확립, 승차공유 시장의 유지에 대하여 주정부가 이해관계를 갖고 있기는 하지만, 지역정부의 이해관계도 증가하고 있다고 할 수 있다. 지역정부가 주민의 안전을 보호하기 위하여 TNC를 규제하는 법률보다 강화된 안전요건을 부과하고 싶어할 수도 있다. 택시 면허에서는 일반적으로 TNC에 부과되는 요건보다 더 엄격한 요건을 요구한다. 지역정부는 이동 서비스 증가로 다양한 유형의 부정적 외부효과를 겪게 될 수도 있다. 혼잡한 도시지역에서 승차공유 서비스를 방임하는 경우 교통체증과 오염물질 증가 등의 바람직하지 않은 외부효과가 발생할 수 있다. 승차공유로 이동 서비스가 크게 늘어나는 경우가 환경에 미치는 영향에 대하여는 좀더 연구가 이루어져야 한다.[77] 과거에는 그런 교통체증을 막기 위해 지역정부가 면허를 통하여 택시영업권의 숫자를 제한하였다. 지역정부의 보충적 규제가 환경에 대한 부정적인 효과를 경감하기 위해 필요할 수 있다. 미국에서 법원들은 주법과 동일한 사항을 다루는 지역정부의 보충적 규제가 주법보다 더 제한적인 경우라도, 주법이 묵시적 또는 명시적으로 지역정부의 법을 배제하고 있지 않은 한 그 효력을 인정해 왔다.[78] 일부 주에서는 지역정부가 주정부의 TNC 규제를 보충하도록 허용한다.[79]

---

[74] See, e.g., Cal. Pub. Util. Code §§5442-44 (West, Westlaw current with urgency legislation through Ch. 26, also including Chs. 28, 38, 42, 47, 50, 51, 55 and 65 of 2017 Reg. Sess.); Colo. Rev. Stat. §40-10.1-604 (West, Westlaw current through Laws effective May 24, 2017 of the First Regular Session of the 71st General Assembly (2017)); Mass. Gen. Laws Ann. ch. 159A ½, §2 (c) (West, Westlaw current through Ch. 20 of the 2017 1st Annual Session).

[75] See, e.g., Colo. Rev. Stat. §40-10.1-605 (1) (g)-(h) (West, Westlaw current through Laws effective May 24, 2017 of the First Regular Session of the 71st General Assembly (2017)); Mass. Gen. Laws Ann. ch. 159A ½, §2 (f) (West, Westlaw current through Ch. 20 of the 2017 1st Annual Session).

[76] See, e.g., Cal. Pub. Util. Code §5445.2 (West, Westlaw current with urgency legislation through Ch. 26, also including Chs. 28, 38, 42, 47, 50, 51, 55와 65 of 2017 Reg. Sess.); Colo. Rev. Stat. §40-10.1-605 (1)(d), (3)(a)-(b), (4)(a)-(b) (West, Westlaw current through Laws effective May 24, 2017 of the First Regular Session of the 71st General Assembly (2017)); Mass. Gen. Laws Ann. ch. 159A ½, §4 (a)-(f) (West, Westlaw current through Ch. 20 of the 2017 1st Annual Session).

[77] See Sarah E. Light, Precautionary Federalism and the Sharing Economy(예방적 연방주의와 공유경제), 66 Emory L.J. 333, 342-43, 366-71 (2017).

[78] See, e.g., Phantom of Brevard, Inc. v. Brevard County, 3 So. 3d 309, 314-15 (Fla. 2008) (폭죽 판매자에게 책임보험에 가입하도록 한 카운티의 요건을 유효라고 판시하였다); People v. McGraw, 150 N.W. 836, 836 (Mich. 1915) (지역적 특수상황을 인정하여 지역정부의 교통규제가 유효하다고 판시하였다).

[79] See, e.g., 625 Ill. Comp. Stat. Ann. 57/3 2 (West, Westlaw current through Public Acts effective Nov. 22, 2017, through Public Acts 100-535) (지역정부가 주법보다 덜 엄격하게 TNC를 규제하는 것을 금지하나, 더 엄격한 규제는 금지하지 않는다); La. Stat. Ann., §45:201.3(D) (West, Westlaw current through the 2017 Second Extraordinary

B. 단기임대차 규제에 관한 주정부의 이해관계

주정부와 지역정부가 공간 이용에 대하여 갖는 이익은 이동서비스에 관한 이익과는 다르다. 자동차는 보통 지역정부의 경계선을 넘나들지만, 토지는 지역정부의 경계선 내에 고정되어 있다. 역사적으로 보면 각 주가 토지 사용에 관한 권한을 지역정부에 위임함으로써, 지역정부는 주택공유와 단기임대차의 조건을 규제하는 데 결정적 이해관계를 갖게 되었다.[80] 단기임대의 환경에 대한 영향도 지역정부의 우려사항이다. 일시체류자에게 주택을 단기로 임대하면 인근 지역에 소음, 교통, 생활방해 등이 추가로 발생할 수 있다. 단기임대가 증가하면 주차공간이 더 필요할 수 있고, 손님의 행동이 지역의 기대수준에 맞지 않을 수도 있다. 지역정부로서는 임대용 주택이 단기임대용으로 전환되면 주민들의 주거선택권이 상실될 것이라고 우려할 만하다.[81] 그 지역의 특성을 보존하는 것도 문제될 수도 있다.

주정부도 단기임대를 규제할 이익을 가진다. 관광객에게 이용가능한 숙박시설에 관한 선택권을 많이 줌으로써 주 전역에 걸쳐 관광이 진흥될 수 있다. 단기임대에 대한 점유세 부과 혹은 주거공유 손님의 물품과 서비스 구매활동을 통하여 얻어지는 주정부의 재정수입을 주정부 입장에서는 무시할 수 없다. 따라서 지역정부가 단기임대를 금지하거나 단기임대에 과도한 부담을 주는 방식으로 단기임대차를 고사시키는 것은 주정부의 이익과 일치하지 않을 것이다. 지역정부와 마찬가지로 주정부도 단기임대 손님의 안전과 복리에 대한 책임이 있다. 숙박시설은 청결해야 하고 화재 등 건강상 위험을 경감하기 위한 여러 보호책(소화기, 출구 표시, 일산화탄소/화재 경보기 등)이 마련되어야 한다.

특히 디지털 플랫폼 공급자의 입장에서는 단기임대차에 관하여 대도시권역 및 주 전역에 걸쳐 통일적 접근이 필요하다는 주장을 강력하게 제기할 만하다. 조세 부과와 징수를 집중하면 효율성이 증가할 수 있다. 주정부는 단기임대 과세에서 얻을 수 있는 상당한 조세수입에 이해관계가 있다.[82] 통일되지 않은 세율로 단기임대에 과세하게 되면 조세를 징수하고 납부할 의무를 부담하는 주체에 부담이 될 수 있다.[83] 2017년 5월 현재, 에어비앤비는 주정부와 지역정부들과 275개의 조

Session) (TNC는 자동차의 소유, 등록, 운행에 관한 주내 지역정부의 조례를 준수하여야 한다고 규정하고 있다); Md. Code Ann., Pub. Util. §10–406 (West, Westlaw current through all legislation from the 2017 Regular Session of the General Assembly) (카운티 혹은 도시가 운송 관련 재원을 마련하기 위하여 운송네트워크서비스에 과세하는 것을 허용하고 있다).

80 See Julian Conrad Juergensmeyer and Thomas E. Roberts, Land Use Planning and Development Regulation Law(토지이용계획과 개발규제법) §3.5 (3d ed., 2013).

81 See McLaren and Agyeman, supra note 5, at 24 (Latitude와 Shareable Magazine의 공동연구 결과를 인용하여, 2013년 샌프란시스코에서 최대 1,960개의 주택이 임대시장에서 에어비앤비로 옮겨 갔다고 기술한다).

82 See Editorial: Tax, Regulate Short-term Online Rentals(사설: 단기온라인임대차에 조세를 부과하고 이를 규제하라), Daily Hampshire Gazette (2017. 5. 23.), www.gazettenet.com/Editorial-State-should-approve-legislation-taxing-short-term-online-rentals-and-giving-local-communities-regulatory-power-10255532.

83 온라인 플랫폼은 각 지역에서 상이한 세율에 따라 부과되는 세금액을 계산하기 위해 알고리즘을 사용할 수 있기 때문에 그러한 부담이 감소될 수 있다. See Aqib Aslam and Alpa Shah, Taxation and the Peer-to-Peer Economy 6 (과세와 P2P 경제 6), 26–29 (Int'l Monetary Fund, WP/17/187, Aug. 2017), www.imf.org/en/Publications/WP/Issues/2017/08/08/Taxation-and-the-Peer-to-Peer-Economy-45157 (조세행정을 촉진하는 디지털 플랫폼의 역할을 논하고 있다).

세협력관계를 체결하고 있는데, 이에 기하여 손님으로부터 방세(room tax)를 징수하기로 합의하였다.[84] 단기임대 온라인 플랫폼의 입장에서는 이러한 조세협력관계의 숫자가 적을수록 더 효율적일 것이다. 손님도 통일적인 취급으로 이익을 얻을 것인데, 특히 여러 곳의 숙소를 예약하는 손님이라면 그러할 것이다.

전자상거래가 주세와 지역세의 부과와 징수에 미치는 영향 때문에 미국에서 계속적으로 중요한 문제가 제기된다. 미국 대법원은 '미국 헌법의 통상조항에 따르면 주정부가 조세부과권의 행사를 통해 주간통상에 과도한 부담을 가하는 것은 금지된다'고 판시하여 왔다.[85] 사업자에 대한 주정부의 과세는 다음의 요건을 충족하여야 한다. (1) 과세를 정당화할 만큼 그 활동이 주와 충분한 관련성을 가질 것, (2) 공평하게 안분될 것, (3) 차별적이지 않을 것, (4) 과세주가 납세자에게 제공하는 서비스와 상당한 관련성을 가질 것.[86] 전자상거래가 확산되기 전의 경우에, 대법원은 첫 번째 기준 즉 판매자와 과세주 사이의 상당한 관련성 요건에 의하면, 판매자에게 판매세 및 사용세를 징수하고 납부하도록 강제하기 위해서는 그 판매자가 주 내에 물리적으로 소재해야 한다고 판시한 바 있다.[87] 2018년 이른바 물리적 소재 원칙은 틀린 것이라고 선언되었고, 위 원칙에 기한 판단은 폐기되었다.[88]

단기임대차에 대한 지역정부의 규제로 인한 역외효과에 관하여 보건대 역외효과는 크지 않은 것처럼 보인다. 어떤 지역정부가 단기임대를 금지하거나 제한하는 규제를 하면 주변 지역에서 임대가 늘어나고, 그 지역 주민에게 발생하는 부담을 악화시킬 것이다. 주정부는 주 전체의 부담을 공평하게 분담하지 않으려는 지역정부의 행동을 방지하고자 노력해 왔다.[89] 한 지역이 임대주택에 관한 보건과 안전요건을 적절하게 설정하여 집행하지 아니하면, 안전한 여행자 시설에 대한 주 전체의 평판이 훼손될 수 있다. 손님은 해이된 법집행의 영향을 받겠지만, 인근 지역에 대한 영향은 크지 않을 것으로 보인다. 공간 임대에 대한 지역정부의 제한이 있게 되면, 주택소유자가 담보대출금을 상환하는 데 사용할 보충적 수입금을 상실하여 저당권경매가 증가할 수는 있을 것이다.

---

84 See supra note 82).

85 See Gwin, White & Prince Inc. v. Henneford, 305 U.S. 434, 438-41 (1939) (어떤 주가 지역 및 여러 주에서 과일을 판매하고 배달하는 업체에 대하여 전체 판매액 중 주내 거래액만큼으로 안분하지 않은 상태에서 과세를 하면, 덩달아 다른 주도 과세 대상이 아닌 타주 내부의 거래에 대해 과세를 하게 될 것이므로, 안분을 하지 않은 과세는 과도한 부담을 주는 것으로서 위헌이라고 판시하였다).

86 Complete Auto Transit, Inc. v. Brady, 430 U.S. 274, 277-79 (1977).

87 See Quill Corp. v. North Dakota, 504 U.S. 298, 312-13 (1992), overruled by South Dakota v. Wayfair, 585 U.S. _(2018). (폐기 전의 앞 사건에서, 대법원은 노스다코타주에 재산 혹은 직원이 없는 우편판매업체로 하여금 주내 고객으로부터 주법에 따른 사용세의 징수를 하도록 하는 것은 주간통상에 부담을 지우는 것이라고 판시하였다).

88 See South Dakota v. Wayfair, 585 U.S._,_(2018) (주내에 물리적으로 소재하지 않는 주 밖의 소매상에게 그들이 판매한 물품과 서비스에 대한 판매세를 징수하여 납부하도록 규정한 사우스다코타법의 효력을 인정하였다). Eric Yauch, News Analysis: Getting to Quill: The Path to Overturning an Outdated Supreme Court Decision(뉴스분석: Quill 사건에 재검토: 낙후된 대법원 판결의 폐기로 가는 길, Tax Analysts (2016. 2. 3.), www.taxanalysts.org/content/news-analysis-getting-quill-path-overturning-outdated-supreme-court-decision.

89 See, e.g., Mass. Gen. Laws ch. 40B, §§20-23 (1917), https://malegislature.gov/Laws/GeneralLaws/PartI/TitleVII/Chapter40B/Section23; Southern Burlington County v. Township of Mount Laurel, 336 A.2d 713, 727-28 (N.J. 1975) (지역정부는 각 지역에서 저소득층용 주거를 공평하게 제공할 의무가 있다고 보았다).

단기임대차 손님의 안전과 보건을 유지하는 데에는 주정부와 지역정부가 함께 참여하여야 한다. 역사적으로 주정부는 주택 및 건물법규를 통해 주거용 건물에 대한 최소한의 기준을 설정하였다. 주 내의 지역마다 상황이 다르므로 지역정부가 주정부의 규정을 보충하는 것이 허용되었다. 특히 주 내의 지역 간에 환경이 서로 다른 경우에 그러하였다. 지역정부는 주거와 가까운 곳에 소재하므로 주거의 상태를 점검하는 것이 쉽기 때문에, 전통적으로 지역정부가 주택점검 기능을 수행하여 왔다. 지역정부는 도시계획법규 등 제반 법률의 집행을 통하여 토지이용통제권을 행사하는데, 주택의 가치를 보존하는 데에 지속적이고 확고한 이해관계를 가질 것이다.

V. 주정부에 의한 공유경제 규제의 방법론

주정부는 공유경제 참여자에 대한 규제를 하기로 결정하기에 앞서 몇 가지 조사를 해야 한다. 먼저, 공유경제 참여자가 정부의 간섭 없이 자율적으로 거래를 규제할 수 있는지 판단해야 한다. 공유경제활동이 주의 규제권 행사를 요하는 성질의 것인가? 일부 협업활동은 제한적인 규모의 개인적 공유와 관련되어 있기 때문에 공적 규제의 대상인 상거래로 취급되어서는 안 된다.[90] 어떤 공유활동은 규제영역에 포함되는지가 명확하지 않은 회색지대에 있을 수 있다.[91] 어떤 경우에는 규제가 소규모이고 공동체 기반의 활동인 경우를 명시적으로 제외하기도 한다.[92] 규제될 가능성이 낮은 공유경제 활동의 유형적 특성으로는 소규모인 점, 파급력이 작은 점, 간헐적인 점, 이익추구가 아닌 비용분담을 목적을 하는 점, 해악이 적은 점 등을 들 수 있다.[93]

다음으로, 사용가능한 규제통제권의 유형이 검토되어야 한다. 기존 규제체제는 경쟁 경제를 위해 고안되었다. 전통적인 규제방법으로는 등록제도, 허가, 면허, 안전 검사, 벌금, 조세, 조건부허가, 통지와 청문을 통한 대중 의견의 반영절차 등이 있다. 공유경제는 협업을 요구하므로 명령하고 통제하는 유형의 규제가 덜 적절할 수도 있다.[94] 분명히 공유경제의 여러 측면을 제대로 이해하지 못하고 있는 상태에서 기술 발전으로 인해 새로운 형태의 공유경제가 계속 나타나는 상황에서는, 주정부가 강압적인 규제조치를 취하기 전에 한 발 물러나서 공유경제가 어떻게 작동하는지 관찰하는 것이 적절할 수 있다.[95]

공유경제 영역의 규제에 따른 비용과 효율성도 평가하여야 한다. 규제 집행의 어려움과 사생

---

90 See Orsi, supra note 17, at 420-25.

91 See Id.

92 See Id. at 424.

93 See Id. at 425-30.

94 See Robert A. Kagan, Adversarial Legalism: The American Way of Law(당사자주의 법률주의: 미국법의 방식) 198 (2001) (협동적 규제와 비교하여 보면, 미국 규제시스템의 당사자주의적, 법률적 성격으로 인하여 법적 비용 및 준수비용이 더 늘어나고, 규제대상 기업과의 사이가 벌어진다고 주장한다).

95 유럽연합집행위원회는 일단 지켜보자는 태도를 취하였다. See supra note 21.

활의 이익 침해 가능성이 있으므로, 모든 공유경제 거래를 규제하는 것은 바람직하지 않다. 공유경제는 많은 경우 파트타임으로 일하는 다수의 행위자를 수반하기 때문에 규제 비용이 너무 높아 규제하기가 불가능할 수도 있다. 예를 들어 자기 집의 일부를 단기로 임대하는 수천 명의 개인을 규제하는 것보다 지역정부 안에서 영업하는 제한된 수의 호텔을 규제하는 것이 훨씬 쉽다. 규제를 집행하는 데 실패하는 경우 법 경시 풍조를 야기할 수 있다.

공유경제를 규제하는 것이 바람직하다고 여겨지는 경우 가장 잘 규제할 수 있는 정부의 수준을 결정해야 한다. 이와 같은 결정을 내리기 위한 일차적 지침은 그 활동이 주로 어느 지역에 영향을 미치는지에 관하여 평가하라는 것이다. 영향지역이 (1) 주의 모든 지역, (2) 대도시권을 포함한 주 내의 광역지역, (3) 소규모 지역 및 마을 중 어느 것인가를 보자는 말이다. 어떤 활동의 영향이 지역의 경계선 밖으로 확장되는 경우, 주정부가 규제를 주도하는 것이 수순이다. 나아가 공유경제 거래가 주정부의 강력한 이익에 영향을 주는 경우, 규제의 통일성이 요구되는 경우, 지역정부의 규제에 맡길 경우 광역적으로 또는 주 전역에 걸쳐 해로운 영향이 발생하는 경우에는 주정부의 규제가 이루어져야 한다고 본다.

바람직한 규제 주체가 정해지면, 공유경제 규제의 최적상태를 구현하기 위한 여러 선택지가 추구될 수 있다. 예컨대 시장 진입 및 활동의 기준을 최소한으로 설정할 수도 있고, 높게 설정할 수도 있다.[96] 어쩌면 그 활동의 외부효과에 대한 자료가 수집되는 동안에는 좀더 관찰적인 접근방법이 바람직할 수 있다. 주는 지나친 규제로 공유경제의 생명력을 파괴하지 않도록 노력해야 한다. 끊임없이 변화하는 기술에 기반하여 경제를 최적화하려면 유연성과 적응성이 필요한데, 과도한 조례와 규제를 만들게 되면 그러한 유연성과 적응성이 소멸한다. 과도하게 엄격한 기준은 법집행상 문제를 야기하고, 법을 지키지 않는 것이 훨씬 이익인 상황을 초래할 수도 있다.

정부기관은 적용될 규제기준에 관하여 공유경제 사업가와 협상할 여지도 있다.[97] 어떤 경우 주정부는 플랫폼 공급자가 자율적으로 규제하도록 권유할 수 있다.[98] 플랫폼 공급자는 많은 경우 규제자를 상대로 자신에게 더 유리한 조건으로 협상할 수 있도록 정치적 지원이나 공동체의 지원을 받는다.[99] 따라서 불공평한 거래가 되지 않도록 주의를 기울일 필요가 있다. 다양한 공유경제 참여자를 다르게 취급하는 경우 불공평한 결과가 초래되거나 평등보호조항(Equal Protection Clause)[100] 위반 주장이 제기될 수 있다. 다양한 공적 · 사적 이해관계인 사이의 광범위한 협력을 통하여 공유경제 물품이나 서비스에 관한 공동체 기준 혹은 최소 기준치를 설정할 수도 있다.

---

96 See Finck and Ranchordás, supra note 69, at 1335-51 (공유경제를 규제하는 도시의 태도 중에는 허용적인 경향과 제한적인 경향이 있다고 설명한다).

97 See Cannon and Chung, supra note 26, at 54 (정부와 산업주체 사이에 협상된 공동규제가 더 바람직하다고 주장한다).

98 See Cohen and Sundararajan, supra note 22, at 123-27 (자율규제 조직을 설명한다).

99 See Bryan Lowry, Kansas Legislature Approves Compromise that Will Return Uber to State(캔자스 의회가 우버가 그 주로 돌아오게 만들 타협책을 승인하다), Kansas City Star (2015. 5. 19.), www.kansascity.com/news/politics-government/article21406239.html (우버가 캔자스주의 규제적인 입법 때문에 영업을 종료한 후 주의회가 제한을 덜하는 법을 만들었다고 보도하였다).

100 U.S. Const. amend. XIV, §1.

주의회는 공유경제의 특성에 관하여 더 배워야 한다. 지역적 실험이 바람직한지 여부와 과도한 규제의 효과 등에 대한 관심이 필요하다. 주법이 구체적으로 공유경제의 특정 형태를 승인하거나 규율하는 경우에는 그 영역이 합법화되어 다른 시장참여자도 그 영역으로 진입할 것이다. 신규진 입자가 차례로 당초의 플랫폼 공급자를 무너뜨리고 그 영역을 지배할 수도 있다. 따라서 법을 제 정하기 전에 주 입법으로 인하여 나타날 결과를 주의깊게 탐색하여야 한다.

VI. 공유경제에 대한 공동규제

주정부와 지역정부는 공유경제를 규제함에서 서로 협력하고 상의하여야 한다.[101] 주 내부 차원 에서 기존 규제모델은 주정부로의 권한집중화에 관한 것이기는 하지만, 공유경제의 진화 범위에 비추어 보면 상의적 접근법(consultative approach)이 더 좋을 수도 있다.[102] 주정부의 이익과 지역정 부의 이익이 공존하는 영역에서는 공동규제가 바람직하다.

보통 주정부가 지역정부가 갖는 통제권한의 범위를 정하기 때문에, '거래비용을 낮추고 불확 실성을 감소시키면서 정책 목적을 실현하기 위해서는 위계 체계가 아니라 상호 조정된 형태의 규 제가 필요하다'는 주장이 제기되고 있다.[103] 도시가 혁신과 경제 성장의 중심으로 부상하였기 때 문에 그에 따라 도시들의 공유경제 활동 감독 역할을 간과하여서는 안 된다.[104] '지역정부의 실험 을 통해 구성원의 요구를 반영한 다양한 정책을 도입할 수 있으므로 지역정부가 실험실이 되도록 허용해야 한다'는 주장에도 설득력이 있다.[105] 지역정부가 통제하는 경우 그 규제가 그 지역정부의 필요와 정치적 선호도에 따라 더 섬세히 재단될 수 있다.[106]

물리적 공간에 관한 거래에서 공유경제는 계속하여 지역정부 또는 주정부라는 두 개의 다른 규제체제 중 어느 것이 바람직한지를 시험하게 될 것이다. 공간은 지역정부의 핵심을 형성하고 지역정부가 이를 스스로 보호하기 위해 싸우려 하기 때문에, 주와 지역 모두의 상호 보완적 규제 가 바람직할 것이다.[107] 단기임대는 특히 가까운 거리에 위치한 인접 공간에 영향을 미친다. 에어 비앤비에 대하여 자주 제기되는 불만은, 에어비앤비 손님에 의해 부정적 외부효과가 야기된다는

---

101 See Rick Su, Intrastate Federalism(주 내부의 연방주의), 19 U. Pa. J. Const. L. 191, 226-27 (연방주의가 주 내부의 분 쟁을 해결하는 구조가 될 수 있다고 주장한다).

102 See Michael E. Libonati, The Law of Intergovernmental Relations: IVHS Opportunities and Constraints(정부 간 관계 의 법: IVHS의 기회와 한계), 22 Transp. L.J. 225, 244-49 (1994) (정부 간 관계 모델로서 집중화 모델, 연방주의 모델, 상의적 모델, 동등협력 모델을 들고 있다).

103 See Id. at 248.

104 See Bruce Katz and Jennifer Bradley, The Metropolitan Revolution: How Cities and Metros Are Fixing Our Broken Politics and Fragile Economy(대도시의 혁명: 도시와 대도시가 어떻게 우리의 고장난 정치와 취약한 경제를 고치는 가) 1-5 (2013).

105 See Diller, supra note 51, at 1127-28; Finck and Ranchordás, supra note 69), at 1355-59.

106 See Diller, supra note 51, at 1129.

107 See supra notes 78 & 79 and accompanying text.

점, 이 플랫폼으로 인해 저렴한 주택의 공급이 감소될 우려가 있다는 점, 상업적 숙박업자가 호텔 등 관광시설에 적용되는 안전성 기준과 조세 규제를 따르지 않고 단기임대업을 영위할 수 있게 될 우려가 있다는 점 등으로 유형화될 수 있다.[108] 마찬가지로 승차공유 서비스는 교통량과 체증을 증가시킴으로써 운전자가 승객을 태우고 운송하는 지역에 영향을 미친다.[109] 주정부가 이런 영향이 지역에 미친다는 점을 인식하고, 공유경제 거래로 인한 부정적 외부효과를 감소시키기 위해 지역정부와 협력하여 이를 규제하거나, 지역정부가 규제조치를 취할 수 있도록 권한을 부여할 긴요한 필요가 있다.

지역정부는 기반시설 유지, 주거안정, 환경보호를 촉진하는 역할을 하여야 하므로, 지역의 특유한 상황에 적합한 도시계획과 용도규제 조치가 필요하다. 소음 증가, 범죄, 교통과 주차난 등 단기임대가 주거지역에 미치는 부정적 영향으로 인하여, 용도규제 정책과 규제에 대한 새로운 검토가 필요하다.[110] 장기임대주택이 줄어들 수 있다는 점에서도 기존의 주거 공급 정책에 대한 재검토가 필요하다.[111] 에어비앤비가 주택 공급에 미치는 실제 영향에 관한 추가적 연구가 있어야 할 것인데, 지역 상황에 따라 영향이 다르다는 점을 고려하여야 한다.

공유경제 규제에 관한 주정부와 지역정부의 동반자관계는 그 가치를 인식하지 않고서는 성공할 수 없다. 전통적으로 주 입법기관은 자신의 권한을 지키려고 애써왔고, 지역정부에 대해 상당한 통제를 해 왔다. 광역지역에 걸쳐서 어떤 공적 기능을 조정할 필요가 있는 경우에, 주정부는 넓은 지역에 걸쳐 다양한 기능을 수행하도록 일반목적의 강력한 정부 단위를 만들기보다는 하나의 기능만을 수행하도록 특수목적의 광역기관을 설립하여 왔다.[112] 미국의 많은 대도시에서 광역지역을 아우르는 지역적 정체성이 없고, 지역정부도 자치를 선호한 것 때문에, 광역정부가 나타나지 않게 된 것도 사실이다.[113]

어떤 공유경제 영역에 대한 주정부의 규제권한을 부여하는 주법은 명시적으로 하급 정부의 보

---

108 See Stephen Sheppard and Andrew Udell, Do Airbnb Properties Affect House Prices?(에어비앤비용 주택이 주택가격에 영향을 미치는가?), Dep't Econ., Williams C. 4-5 (2016. 10. 30.), http://web.williams.edu/Economics/wp/SheppardUdellAirbnbAffectHousePrices.pdf (뉴욕시에서 에어비앤비가 주거재산의 가치에 미치는 영향을 측정하고 있다.

109 Regina R. Clewlow and Gouri Shankar Mishra, Disruptive Transportation: The Adoption, Utilization, and Impacts of Ride-Hailing in the United States(교란적 운송수단: 미국에서의 승차공유의 채택, 이용과 그 영향) 2, 11 (U.C. Davis Inst. Transp. Studies, UCD-ITS-RR-17-07, 2017. 10.), https://its.ucdavis.edu/research/publications/ (앱이 아니라면 승차공유 중 49~61%가 승차공유를 하지 않고 도보, 자전거, 대중교통을 이용하였을 것이라고 보며, 도시지역에서 승차공유가 많이 발생한다고 지적한다).

110 See Nicole Gurran and Peter Phibbs, When Tourists Move In: How Should Urban Planners Respond to Airbnb?(관광객이 들어올 때: 도시계획자는 에어비앤비에 어떻게 대응해야 하는가?), 83: 1 J. Am. Plan. Ass'n 80, 81, 85-87, 90-91 (2017), www.tandfonline.com/doi/full/10.1080/01944363.2016.1249011 (호주 시드니에 대한 에어비앤비의 영향을 분석한다). Yu-Hua Xu, Jin-won Kim, and Lori Pennington-Gray, Explore the Spatial Relationship between Airbnb Rental and Crime(에어비앤비 임대와 범죄 사이의 공간적 관련성을 탐색하라), U. Mass. Amherst, Scholar Works@ UMass Amherst (2017), http://scholarworks.umass.edu/cgi/viewcontent.cgi?article=2075&context=ttra (에어비앤비 임대시설의 지리적 장소와 범죄의 공간적 관련성을 분석한다).

111 See Roy Samaan, Airbnb, Rising Rent, and the Housing Crisis in Los Angeles(에어비앤비, 임료 상승 및 로스앤젤레스의 주거 위기), Laane, www.ftc.gov/system/files/documents/public_comments/2015/05/01166-96023.pdf (에어비앤비가 로스앤젤레스 주거시장에 미친 영향을 분석하면서 위 영향이 단기임대정책에 반영되어야 한다고 주장한다).

112 See Richard Briffault, Localism and Regionalism(지역주의와 광역주의), 48 Buff. L. Rev. 1, 4-5 (2000).

113 See Id. at 28-29.

충적 통제권을 허용하여야 한다. 예컨대 주정부가 최소한의 준수기준을 설정하는 경우에, 필요하면 주내 지역정부가 보충적 통제권을 행사할 수 있음을 명시적으로 규정하여야 한다. 주법이 공동규제가 이루어져야 할 영역을 규정하지 않는 경우가 태반이다. 주법이 특정 사안에 대한 주의 통제권을 규정하기만 하고 많은 영역을 그대로 방치하여, 과연 주가 그 점에 관한 지역정부의 규제권을 배제하였는지 여부가 불확실한 상태를 야기하는 현상은 아주 흔하다. 묵시적 배제의 회색지대로 인하여 지역정부의 권한을 다투는 소송이 수없이 제기되고 있다.

현재로서는 공유경제를 어떻게 규제해야 하는지가 불확실한 문제이기 때문에, 주정부가 지역정부와의 협력의 관점에서 생각하는 것이 가장 효율적일 것이다. 정부 간 약정을 체결하는 방식도 모색해 볼 수 있다.[114] 이런 약정에서는 지역정부와 주정부의 역할을 규정할 수도 있고, 상황 변화와 새로운 데이터의 수집으로 다른 접근법이 요구되는 경우에 대비하여 규제상 유연성과 적응성을 보장하는 규정을 둘 수도 있다.[115] 예컨대 텍사스에서는 지역정부가 텍사스 환경품질 위원회(Texas Commissions on Environmental Quality)와 합의각서를 체결하여 집행권한을 위임받은 경우에는 지역정부가 자동차 공회전에 관한 주정부 규제 권한을 집행할 수 있다.[116]

주정부가 승차공유 서비스를 규제하기 위한 법률을 제정해 왔지만, 그러한 법률은 주로 승객 보호와 안전 문제를 다루고 있을 뿐, 서비스의 환경에 대한 영향은 다루지 않는다.[117] 공유경제가 나타남에 따라 승차공유 서비스 증가로 인하여 발생하는 부정적 외부효과를 규제하기 위해 다른 규제체제가 도입될 필요가 있다. 이런 외부효과들로 인해 주정부와 지역정부 단위의 규제가 모두 필요하게 될 가능성이 높기 때문이다.

결론

시장의 다양한 부문에서 공유경제 거래가 발생하면서, 그 기초가 된 사업모델에 맞춘 규제수단이 필요해졌다. 주정부는 서비스와 상품의 질이 기대되는 규범에 따른 수준에 부합하도록 보장하는 데에 중요한 역할을 한다. 또한 주정부는 공유경제 활동의 범위와 성질에 따라 부정적인 영

---

114 See, e.g., Tex. Comm'n on Envtl. Quality, 8-Hour Ozone Flex Program: Austin-Round Rock Metropolitan Statistical Area(8시간 오존완화 프로그램: 오스틴-라운드록 대도시 통계권역) 3, 5–8 (2008), www.tceq.texas.gov/assets/public/implementation/air/sip/austin/Austin-RoundRock8-HourOzoneFlexFinal.pdf (미국 환경청, 텍사스 환경품질 위원회, 텍사스 맑은공기 연대, 각 카운티, 지역정부가 공기질을 개선하기 위하여 추진한 자발적 프로그램 및 협약을 설명하고 있다).

115 See Stephen Goldsmith, How Government Can Nurture the Nudge(정부가 어떻게 하면 더 잘 유도할 수 있는지), Governing (2017.5.16.), www.governing.com/blogs/bfc/col-louisville-nudge-behaviorally-informed-intervention.html (루이스빌시가 시규정의 준수를 촉진하기 위하여 행동의 변화를 유도한 캠페인에 대한 설명을 한다).

116 Vehicle Idling Restrictions(차량공회전 제한), Tex. Comm'n on Envtl. Quality, www.tceq.texas.gov/airquality/mobilesource/vehicleidling.html.

117 See supra notes 74–76 and accompanying text.

향을 받을 수 있는 자원과 생태계를 보호해야 한다. 그와 동시에 주정부는 혁신과 실험을 좌절시킬 수 있는 지나치게 엄격한 규제를 피해야 한다.

주정부가 나서서 어떤 공유경제 거래를 규제하는 것이 더 나은지 여부를 결정함에, 이 글에서는 주와 지역의 이익을 형량하여야 한다고 제안한다. 지역정부의 경계선을 넘는 지역에 영향을 미치는 활동의 경우 주정부의 이익이 더 강해진다. 지역정부의 규제로 인해 (1) 혼란이 초래되어 규제의 통일성이 필요한 경우, (2) 다른 공동체에 부정적 역외효과를 미치는 경우, (3) 일반대중 또는 주 전체의 이익을 해하는 경우, (4) 시장의 기능이나 효율성을 저해할 것으로 예상되는 경우 등에는 주정부의 규제가 우선해야 한다. 많은 공유경제 거래가 주정부의 이익과 지역정부의 이익에 모두 영향을 미치기 때문에, 주정부와 지역정부의 협업적 규제가 취해져야 한다는 점 및 필요한 경우 지역정부의 보충적 규제가 허용되어야 한다는 점을 지적하고자 한다.

공유경제에 대한 지역정부의 규제

대니얼 라우치

서언

공유경제 대두 과정에 보인 두드러진 특징은 그것이 주로 지역정부 수준의 활동 양상으로 나타났다는 점이다. 어느 나라에서나 공유경제에서 가장 중요한 문제가 '어떤 기업에게 어떤 영업을 허용할 것인가'인데, 이 문제는 국회의사당이 아닌 시의회에서 주로 결정되고 있다. 그런데 지역정부가 공유경제 규제가 이루어지는 장소가 된 이유는 무엇인가? 도시당국이 공유경제를 상당히 규제해도 된다고 보는 경우, 과연 규제는 어떻게 이루어져야 하는가?

이 짧은 글에서는 위 질문들에 대한 예비적인 검토를 하고자 한다.[1] 제시하는 사례 중 많은 것들이 미국법과 관련된 것이기는 하나, 전체적인 틀은 세계의 여러 지역정부에 대해서도 의미와 연관성이 있다.

섹션 I 에서는 지역정부의 공유경제에 대한 법적 규제권한과 그 행사의 유인에 대하여 살펴본다. 이 섹션에서는 리프트, 에어비앤비 등 가장 두드러진 공유경제 기업들이 지역정부가 전통적으로 광범위하게 규제권을 행사했던 운송, 숙박 등 산업영역에서 활동하고 있다는 점을 지적한다. 여기에서는 공유경제의 특유한 역동성을 살펴보는데, 이러한 역동성으로서는 이용집중도가 증가한다는 점, 비전문적 노동력을 사용한다는 점, 지역에 강력한 기존업자가 존재한다는 점을 들 수 있다. 이러한 역동성 때문에 도시들이 공유경제의 규제에 관여할 가능성이 더욱 커지게 된다.

위에서 살펴본 것을 배경으로 하여 섹션 II 에서는 지역정부가 중요 정책목표를 달성하기 위해 이러한 권한을 사용해 온 방식과 나중에 사용할 만한 방식을 규명하고자 한다. 여기에서는 도시들에서 나타난 주요 전략에 초점을 맞춘다. 주요 전략적 선택으로서는 공유기업을 완전히 금지하는 것, 비공유기업에 대한 전략과 동일한 것을 사용하여 공유기업을 규제하려고 시도하는 것, 공유경제를 묵시적·명시적으로 보조하는 것, 경제적 재분배의 도구로 공유경제를 활용하는 것, 직접 공유경제의 참여자가 되는 것 등이 있다. 이 섹션은 주로 현상기술적인 내용으로 되어 있지만, 다소

---

1 이 글의 여러 부분에서 다음의 글을 참고하였다. Daniel E. Rauch and David Schleicher, Like Uber, but for Local Government Law: The Future of Local Regulation of the Sharing Economy(우버 유사 업체의 지역정부 정책준수: 공유경제에 대한 지역적 규제의 미래), 76 Ohio St. LJ. 901 (2015); and Daniel E. Rauch and David N. Schleicher, Local Regulation of the Sharing Economy(공유경제에 대한 지역정부의 규제), in Who Is an Employee and Who Is the Employer? (Kati L. Griffith and Samuel Estreicher eds., 2017).

예언적인 주장도 있는데, 보건대 도시들이 완전한 금지 · 전면적 허용과 같이 단순한 접근법을 택할 가능성은 거의 없다. 오히려 다양한 정책적 목표를 달성하기 위해 복합적인 정책을 활용할 것으로 보인다. 마지막으로 섹션 Ⅲ에서는 간단한 결론을 제시한다.

Ⅰ. 도시의 공유경제 규제권한은 어떤 것이며, 그 권한을 행사하는 이유는 무엇인가?

첫 번째 질문은 '지역정부가 공유경제를 규제하는 데 어떤 권한을 갖고 있으며, 그러한 권한을 행사하는 이유는 무엇인가'이다. 확실히 여러 면에서 지역정부 규제권자가 갖고 있는 '도구상자'(tool kit)는 공유경제를 규제하기에 적합하지 않다. 예컨대 미국에서 도시는 주정부 혹은 주 헌법이 부여한 제한된 권한만을 보유하고 있다.[2] 그 결과 도시는 공유경제에서 핵심적인 정책 영역들인 독립계약자 개념의 재정의,[3] 연방반독점법의 적용[4] 등에 대한 규제권한을 갖고 있지 않다. 어떤 지역에서는 지역정부의 규제권을 배제하는 주와 연방의 정책을 통하여 도시의 권한이 매우 공격적으로 제한되고 있기도 하다. 예컨대 애리조나주는 지역정부가 단기임대차를 금지하지 못하도록 한다.[5] 반면에 이탈리아에서는 특정 도시가 어떠한 정책을 채택하든지 상관없이 전국적으로 우버를 금지하는 조치를 취해 오고 있다.[6]

그리고 물론 도시가 규제할 법적 권한을 가지고 있는 곳에서도, 그들은 현실적인 경제적 이유로 그렇게 하는 것을 단념할 수도 있다. 결국 지역정부는 경제 활동을 유치하기 위하여 오랜 기간 상호 경쟁해온 것으로 생각할 수 있다.[7] 상호 경쟁으로 인하여 지역정부는 공유경제에 대한 규제에서 제약을 받는데(그 점은 어느 정부의 규제실행에서도 마찬가지이다), 만약 한 지역이 과도하게 규제를 실시하면 공유경제 사업자는 '더 나은 목초지'(greener pastures), 즉 규제가 덜한 지역을 찾아

---

2 See generally Gerald E. Frug and David Barron, City Bound: How States Stifle Urban Innovation(도시의 억압: 주정부가 도시의 혁신을 억누르는 방법) (2008).

3 See, e.g., O'Connor v. Uber Techs., Inc., 82 F. Supp. 3d 1133 (N.D. Cal. 2015).

4 See Mark Anderson and Max Huffman, The Sharing Economy Meets the Sherman Act: Is Uber a Firm, a Cartel, or Something in Between?(공유경제와 셔먼법의 만남: 우버는 기업, 카르텔, 그 중간적인 것 중 어느 것인가?), Colum. Bus. L. Rev. (forthcoming 2017), https://papers.ssrn.com/sol3/papers.cfm?abstract_id=2954632.

5 Stefan Etienne, Arizona's Governor Ducey Signs SB 1350 into Law, Prohibiting the Ban of Short-Term Rentals(듀시 애리조나 주지사가 단기임대차를 금지하지 못하게 하는 SB 1350 법안에 서명하여 효력을 발생시키다), TechCrunch (May 13, 2016), https://techcrunch.com/2016/05/13/arizonas-governor-ducey-signs-sb-1350-into-lawprohibiting-the-ban-of-short-term-rentals/.

6 Ben Chapman, Uber Banned in Italy Nationwide After Court Rules App Provides Unfair Competition to Taxi Drivers(법원이 우버가 택시에 대하여 불공정경쟁을 한다고 판시하자, 이탈리아 전역에 걸쳐서 우버를 금지하였다), The Independent (Apr. 11, 2015), www.independent.co.uk/news/business/news/uber-italy-ban-app-taxi-driver-unfaircompetition-court-ruling-decision-trade-unions-legal-action-a7677881.html.

7 이 문제에 대한 고전적 논의를 위해서는 다음을 참고하라. See Charles M. Tiebout, A Pure Theory of Local Expenditures(순수 지역재정지출 이론), 64 J. Pol. Econ. 416 (1956).

서 그 지역을 떠날 것이기 때문이다.[8]

　이러한 한계에도 불구하고, 공유경제 기업이 참여하는 산업인 택시운송, 주거, 호텔, 식당 등은 오랫동안 광범위하게 지역정부 수준에서 정책입안의 대상이 되어 왔다. 도시들은 이러한 산업에 종사하는 기업에 보조금을 지급하고, 사회 정책적 목적을 위한 규제를 하고, 세금을 부과하고, 관광객과 방문객에게 홍보를 하고, 공공 서비스의 제공에서 이 기업에 의존한다. 도시들의 이러한 관심은 우연한 일이 아니다. 지역 시장의 깊이와 효율적인 연결을 보장하고 도시의 혼잡도(많은 시민이 한곳에 밀집하여 생기는 외부효과)에 미치는 영향을 최소화하기 위하여, 밀접한 규제를 할 만한 정치적 동기와 법적 권한이 오랫동안 도시당국에 부여되어 왔다. 동시에 도시 주민들은 도시가 '집적 이익'(도시에 물품과 서비스의 두꺼운 시장이 형성됨으로써 생기는 이익)에 대한 접근성을 제공하는 경우에만 도시의 높은 부동산 가격을 기꺼이 지불할 용의가 있을 것이다.[9]

　이러한 권한이 실제로 얼마나 막강한지를 보기 위해서는 도시가 주요 공유부문에서 기존 업자를 어떻게 규제하고 있는지를 고려하면 족하다. 택시를 보자. 뉴욕에서 택시가 영업을 하기 위해서는 메달리온을 구입하여야 하는데, 메달리온은 시 수입의 원천이다.[10] 택시 요금도 택시리무진위원회(Taxi and Limousine Commission, TLC)가 엄격하게 통제한다.[11] 허용되는 차량 유형과 차량 상태, 장애인에 대한 접근성, 요금 지급 수단 등이 규제되고 표준화되어 있고,[12] 택시 기사의 행동규범도 규제를 받고 있다.[13] TLC는 요금 과다 청구와 같은 위반행위에 대하여 벌금을 부과할 수 있는 권한을 가지고 있다.[14] 한편 '옐로 캡'은 관광객들이 진정으로 뉴욕적인 체험으로 즐길 수 있는 것으로 공식 홍보되고 있다.[15] 비슷하게, 도시 규제권자와 호텔, 주택 개발업자, 근로 제공자, 식당 사이에도 광범위하고 복합적인 관계가 있다는 이야기를 할 수 있다.

　요컨대, 도시에게 공유경제의 핵심 부문을 규제할 광범위하고 복합적인 권한이 있는 것이 보통이다. 관련 업종의 기존업자에 비하여 공유기업을 규제할 필요성이 더 크다고 보는 데에는 명확한 이유가 있다.

8　See, e.g., Biz Carson, Uber Is Considering Leaving Seattle if Drivers Join Unions(우버는 운전자가 조합을 결성하면 시애틀을 떠날 것을 고려하고 있다), BusinessInsider (Mar. 24, 2017), www.businessinsider.com/uber-is-considering-leaving-seattle-if-drivers-join-unions-2017-3.

9　See David Schleicher, The City as a Law and Economic Subject(법과 경제의 주체로서의 도시), 2010 U. Ill. L. Rev. 1507, 1558 (2010).

10　Katrina Miriam Wyman, Problematic Private Property: The Case of New York Taxicab Medallions(골치 아픈 사유재산: 뉴욕 택시 메달리온의 경우), 30 Yale J. Reg., at 125, 136-38, 148-56 (2013) (메달리온 제도가 어떻게 작용하는지를 설명한다).

11　N.Y.C. Taxi and Limousine Comm'n Rules ch. 52 at §52-04(b)(1) (last updated Feb. 11, 2014), www.nyc.gov/html/tlc/downloads/pdf/rule_book_current_chapter_52.pdf.

12　See id. at ch. 58, §58-29-41, www.nyc.gov/html/tlc/downloads/pdf/rule_book_current_chapter_58.pdf.

13　Medallion Taxicab Passenger Bill of Rights(메달리온 택시 승객 권리장전), N.Y.C. Taxicab and Limousine Comm'n (2015), www.nyc.gov/html/tlc/html/passenger/taxicab_rights.shtm.

14　See N.Y.C. Taxi and Limousine Comm'n Rules, at §54-02(e); see also id. at ch. 68, www.nyc.gov/html/tlc/downloads/pdf/rule_book_current_chapter_68.pdf.

15　Phil Patton, The Taxi as Icon, Taxi of Tomorrow(아이콘으로서의 택시, 미래의 택시), www.nyc.gov/html/media/totweb/taxioftomorrow_taxiasicon.html ("택시는 수백만의 관광객에게 뉴욕의 상징이다").

첫째, 공유기업은 도시 자원의 사용집중도를 크게 증가시킬 수 있다. 주차면적 규제에서부터 토지용도 규제에 이르기까지 많은 지역적 규제는 공공 자원의 사용 방법에 대한 전통적인 가정에 기반하고 있다. 어떤 집주인에게는 자고 가는 손님이 있겠지만, 대부분은 그렇지 않다. 어떤 차량은 하루에 12시간씩 운행되지만, 대부분은 그렇지 않다. 그러나 공유경제는 이러한 많은 가정을 반대로 뒤집고, 본래 예상했던 것보다 더 집약적으로 자원을 활용할 수 있게 한다.

그러한 갈등의 좋은 예는 소유주나 임차인이 단기체류자에게 방을 임대하는 서비스인 에어비앤비, OneFineStay,[16] VRBO[17]의 성공에서 찾을 수 있다. 이들 부동산들의 상당수는 지속적으로 손님을 받기 때문에, 이들 부동산은 원래 계획된 것보다 더 집중적으로 주변지역을 활용하는 것이다. 문제는 한때 주거지역으로 지정된 곳이 사실상 상업적인 호텔 지역이 될 수 있다는 점이다. 이 때문에 에어비앤비 임대인의 이웃들은 용도규제, 임대차법 또는 계약법에 근거하여 불만을 제기해 왔다. 따라서 도시가 공유기업을 규제함으로써 그러한 외부효과들을 규제할 강한 동기를 가지고 있다는 사실은 놀랄 일이 아니다.

둘째, 공유경제의 대두로 서비스와 물품의 비전문적 제공자들이 대규모로 증가하였고, 효과적 도시규제의 필요성이 커졌다. 숙박, 운송 등의 시장에 아마추어가 참가하기 쉬워지자, 도시경제에 중요한 이익이 제공되었다. 기존 기업과 노동자에 더하여 서비스를 제공하는 비전문가들이 등장하여 서비스의 새로운 공급이 이루어지는데, 새로운 공급으로 소비자 가격은 낮아지고, 일자리를 구하는 시민들도 일을 할 수 있게 된다.[18]

동시에, 비전문적인 서비스 제공의 증가는 도시에 문제를 야기할 수 있다.[19] 예컨대 전문적이면서도 규제를 받는 기존 사업자들은 불공정 경쟁이라는 불만을 제기한다. 택시업계에서 전통적인 운전자들은 택시 메달리온의 대가를 지불해야 하고, 수많은 주행시험과 자격요건을 충족해야 한다.[20] 반면에 리프트 운전자는 대개 어떠한 공적 인증이 없이도 운행을 시작할 수 있다.[21] 마찬가지로 전통적인 호텔은 세금을 납부해야 하고 도시의 광범위한 규제를 준수해야 한다. 반면 에어비앤비 임대인은 대개 그럴 의무가 없다. 더욱이 공유경제 물품과 서비스에서의

---

16 See OneFineStay, www.onefinestay.com.

17 See VRBO, www.vrbo.com.

18 See Ryan Lawler, Feastly Launches an "Airbnb For Dinner" Marketplace(피스틀리가 음식계의 에어비앤비 시장을 출시하다), TechCrunch (Apr. 21, 2014), http://techcrunch.com/2014/04/21/feastly/; see also John Tozzi, It Turns Homes into Restaurants (and Tests Food Laws' Boundaries)(집을 식당으로 바꾸고 요식업법을 시험하다), Bloomberg Businessweek (July 26, 2013), www.businessweek.com/articles/2013-07-26/it-turns-homesinto-restaurants-and-tests-food-laws-boundaries; DogVacay, https://dogvacay.com.

19 See Orly Lobel, The Law of the Platform(플랫폼법), 101 Minn. Law Rev. 87, 110-11(2015).

20 See Andrea Peterson, What It Looks Like When Taxi Drivers Protest Uber and Lyft in D.C.(워싱턴시에서 택시 운전자들이 우버와 리프트에 대하여 시위를 하면 어찌될 것인가), Wash. Post (Oct. 28, 2014), www.washingtonpost.com/news/the-switch/wp/2014/10/28/what-it-looks-like-when-taxi-drivers-protest-uber-and-lyftin-d-c/.

21 그러나, 일부 도시에서 이러한 승차공유 서비스를 규제하기 시작하였고, 어떤 지역에서는 공유경제 참여자에게도 그러한 인증 요건을 부과하기 시작하였다는 점을 주목하라. See Andy Vuong, Colorado First to Authorize Lyft and Uber's Ridesharing Services(콜로라도가 최초로 리프트와 우버의 승차공유 서비스를 허가하다), Denver Post (June 5, 2014), www.denverpost.com/business/ci_25907057/colorado-first-authorize-lyft-and-ubers-ridesharing-services.

'비전문화'는 심각한 소비자 보호문제를 일으킬 수가 있는데, 이는 도시가 해결해야 한다. 에어비앤비 임대물은 호텔 화재 기준을 충족할 필요가 없고,[22] 리프트 운전자는 보통 시의 인증이나 면허가 필요하지 않으며,[23] 조세핀(Josephine)[24]의 지역공동체 요리사는 지역 보건규정을 준수할 의무가 없다.

마지막으로, 도시는 정치적 영향력이 센 기존업자들을 보호하기 위하여 공유경제를 규제하려고 할 수 있다. 공유경제로 교란을 가장 많이 받는 주체들은 지역 정치에서 오랫동안 영향력을 행사하여 왔다. 호텔 노동조합, 택시 노동조합, 지역보존협의회 같은 단체들이 그 예이다. 따라서 도시는 자주 공유기업을 억제하려고 하는데, 적어도 부분적으로는 그러한 단체의 요구가 작용한 것이다.[25]

위 요소들을 종합해 보면, 도시가 공유경제를 규제할 법적 권한과 정치적 동기를 가지고 있음을 보여준다. 이제 문제는 도시가 어떻게 규제를 할 것인가이다.

II. 지역정부가 어떻게 공유경제를 규제할 것인가?

위의 논의에서 알 수 있듯이, 도시당국에게는 공유경제의 여러 면을 규제할 권한과 동기가 있다. 규제 선택지의 하나인 '전면적 비규제'는 적어도 논의대상이 아니다.[26] 하지만 여전히 도시들이 취할 수 있는 길에는 여러 가지가 있다.[27] 이 섹션에서는 공유경제에 대한 지역정부의 규제에 관한 접근법을 살펴보고자 한다. 접근법으로는 다음의 다섯 가지가 있다. (1) 공유경제 기업을 전면적으로 금지하기, (2) 전통적 경제 참여자에 적용한 것과 유사한 기준을 공유경제 기업에 적용하기, (3) 공유경제 기업에게 보조금을 지급하기, (4) 경제적 재분배와 지역사회의 발전에 도움을 주는 데 공유경제를 활용하기, (5) 직접 공유경제의 참여자가 되기.

---

22 Dean Baker, Don't Buy the "Sharing Economy" Hype: Airbnb and Uber Are Facilitating Rip-Offs(공유경제의 과장을 그대로 믿지 말라. 에어비앤비와 우버는 사기를 조장하고 있다), Guardian (May 27, 2014), www.theguardian.com/commentisfree/2014/may/27/airbnb-uber-taxes-regulation.

23 See Bobby Kerlik, Rivals Try to Block Uber, Lyft in Pittsburgh(경쟁자들이 피츠버그에서 우버와 리프트를 저지하려고 한다), Trib Live (Aug. 2, 2014), http://triblive.com/news/allegheny/6543923-74/lyft-puc-ride#axzz3BDwh7wLz. 이 사실로 많은 주가 막연하지만 우려섞인 경고를 표시하였다. See also Ben Popken, States Warn of Rideshare Risks for Passengers(주정부들이 승차공유의 승객에 대한 위험성을 경고하고 있다), NBC News (June 5, 2014), www.nbcnews.com/business/consumer/states-warn-rideshare-risks-passengers-n116736.

24 See www.josephine.com/learn-more.

25 See, e.g., Caroyln Said, Airbnb Hurts Hotels, Trade Group and Union Say(에어비앤비로 호텔이 타격을 받는다고 호텔연합회와 노동조합이 주장한다), SF Chronicle (Sept. 30, 2016), www.sfchronicle.com/business/article/Airbnb-hurts-hotels-says-trade-group-and-union-9517727.php.

26 공유경제 업계대표자들이 때로는 자유주의적 주장을 하기는 하지만 이 선택지는 채택하기 어렵다. See Tom Slee, The Secret Libertarianism of Uber & Airbnb(우버와 에어비앤비의 비밀스러운 자유주의론), Salon.com (Jan. 28, 2014), www.salon.com/2014/01/28/the_big_business_behind_the_sharing_economy_partner.

27 규제에 대한 신지배구조론적 접근법에 의하는 경우 도시 및 다른 정부 단위가 어떻게 공유경제를 규제할 것인가에 대하여는 다음 글을 참조하라. See Ray Brescia, this volume.

A. 공유기업에 대한 전면적 금지조치

아마도 도시가 공유경제 규제에서 취할 수 있는 가장 단순한 방법은 그러한 활동을 전면적으로 금지하는 것일 것이다.[28] 어떤 곳에서는 주정부나 연방정부에 의해 도시가 이런 조치를 취하는 것이 배제되어 있을 수 있다.[29] 그러나 대부분의 경우 지역정부는 자유롭게 그러한 기업들을 금지할 수 있다. 경우에 따라서는 이러한 금지는 도시 전역에 적용되기도 하는데, 가령 뉴올리언스에서는 적어도 일시적으로는 우버가 금지된 적이 있다.[30] 제한적 규제만 이루어지는 경우도 있는데, 애틀랜타, 디트로이트, 보스턴, 필라델피아에서 공항에서의 승차공유 서비스가 금지된 바 있다.[31]

이 접근법을 옹호하는 사람들은 보통 불공정한 경쟁에 대한 우려를 근거로 제시한다. 예컨대 택시업계는 우버가 메달리온을 구입하거나 소비자 보호 또는 가격 규제를 준수할 필요가 없어서 부당한 이점을 누리고 있다고 주장한다.[32] 마찬가지로 호텔 및 지역단체들은 에어비앤비가 세금을 회피하고, 임대차 규정을 위반하며, 주거지역의 부동산을 상업적 용도로 사용하고, 손님 및 운영자를 위한 안전장치가 부족하다고 주장한다.[33] 그리고 물론 금지조치가 가져오는 혜택의 면에서 본다면, 금지조치는 도시 내 기존의 사업자를 경쟁으로부터 보호하는 효과가 있다.

금지조치에도 그럴 만한 가치가 있기는 하지만, 금지조치는 그리 오래가지 못한 것이 상례이다. 뒤에서 자세히 논의하는 바와 같이, 도시들은 보통 공유기업과 협력하려고 노력하는데, 업계는 더 큰 규제를 받아들이면서 돈이 되는 도시시장에 대한 접근권을 획득하게 된다. 때로는 이러

---

28 Mark J. Perry, Minneapolis and Seattle Restrict Ride-Sharing Services Lyft and Uber as Crony Capitalism Prevails and Consumers Lose(정실자본주의가 만연하고 소비자가 피해를 봄에 따라 미니애폴리스와 시애틀은 승차공유업체인 리프트와 우버의 영업을 제한하다), Am. Enter. Inst. AEI Ideas (Feb. 28, 2014), www.aei.org/publication/minneapolis-and-seattle-restrictride-sharing-services-lyft-and-uber-as-crony-capitalism-prevails-and-consumers-lose/.

29 Stefan Etienne, Arizona's Governor Ducey Signs SB 1350 into Law, Prohibiting the Ban of Short-Term Rentals(듀시 애리조나 주지사가 단기임대차를 금지하지 못하게 하는 SB 1350 법안에 서명하여 효력을 발생시키다), TechCrunch (May 13, 2016), https://techcrunch.com/2016/05/13/arizonas-governor-ducey-signs-sb-1350-into-law-prohibiting-the-banof-short-term-rentals/; see also Martha Stoddard, Nebraska Legislators Debate Bill to Ban Local Regulations of Airbnb, Other Short-Term Rentals(네브래스카 주의회는 에어비앤비 등 단기임대차 업체에 대한 지역정부의 규제를 금지하는 법안에 대한 토론을 하다), Omaha World Herald (Apr. 14, 2017), www.omaha.com/news/legislature/nebraska-legislatorsdebate-bill-to-ban-local-regulations-of-airbnb/article_7016a212-fc93-5293-89e7-13be58b0fc4f.html.

30 See Jeanie Riess, Why New Orleans Doesn't Have Uber(왜 뉴올리언스에는 우버가 없는가), GAMBIT (Feb. 4, 2014), www.bestofneworleans.com/gambit/why-new-orleans-doesnt-have-uber/Content?oid=2307943. 나중에 이 금지는 해제되었다. See New Orleans Welcomes Uber, Lyft Ride-Sharing Services as Deal Struck(협상이 타결되어 뉴올리언즈가 우버, 리프트 등 승차공유 업체를 다시 환영하게 되다), Apr. 9, 2015, www.nola.com/politics/index.ssf/2015/04/new_orleans_welcomes_uber_lyft.html.

31 Kerry Close, This Is Why You Can't Take an Uber Home from the Airport(이것이 공항에서 우버를 타고 집으로 갈 수 없는 이유이다), Time (Jul. 7, 2016), www.time.com/money/4396248/uber-lyft-ban-airport/.

32 See, e.g., Luz Lazo, Cab Companies Unite Against Uber and Other Ride-Share Services(택시업계는 단결하여 우버 등 승차공유 업체에 대항하다), Wash. Post (Aug. 10, 2014), www.washingtonpost.com/local/trafficandcommuting/cab-companies-unite-against-uber-and-other-ride-shareservices/2014/08/10/11b23d52-1e3f-11e4-82f9-2cd6fa8da5c4_story.html.

33 See, e.g., Carolyn Said, S.F. Planners Support, Toughen "Airbnb Law,"(샌프란시스코 도시계획위원회는 에어비앤비법을 지지하고 강화하다) S.F. Chron. (Aug. 9, 2014), www.sfgate.com/realestate/article/S-F-planners-support-toughen-Airbnb-law-5677368.php (에어비앤비에 대한 비판을 설명한다); Bruce Watson, Airbnb's Legal Troubles: The Tip of the Iceberg for the Sharing Economy?(에어비앤비의 법적 문제: 공유경제 빙산의 일각인가?), The Guardian (London) (Nov. 20, 2013), www.theguardian.com/sustainable-business/airbnb-legal-trouble-sharing-economy.

한 협력이 공유기업의 정치적 현명함에서 나오기도 한다. 공유기업들은 정치적 거물을 채용하고 소비자들을 강력한 정치적 수단으로 활용함으로써, 확고하게 자리잡은 기존업자들을 상대로 한 정치적 전투에서 승리를 거두어 왔다.[34] 그러나 공유기업이 금지조치를 회피하는 데 성공한 것은 도시당국이 공유기업을 규제할 다른 수단을 갖고 있다는 점과 상당히 관련되어 있다.

그렇다면, 공유기업의 전면적 금지조치는 장기적 정책으로서가 아니라 협상 수단으로서 더 큰 효용성을 가지는데, 도시들은 좀더 균형잡힌 다른 규제상 접근법을 업계가 받아들이도록 하기 위하여 금지조치를 위협수단으로 활용할 수 있을 것이다.

B. 전통적 형태의 규제

앞서 본 바와 같이 정치적 · 경제적 현실을 감안할 때, 공유기업에 대한 전면적 금지는 대체로 유지할 수 없는 정책으로 판명되었다. 이와 반대로, 자주 도시들은 공유경제 기업이 활동하도록 하는 대신에 기존 경쟁업체와 같은 종류의 제한을 준수하도록 요구하였다. 예컨대 마이애미데이드 카운티는 에어비앤비 등 업체의 영업을 허용하였는데, 기존 호텔과 마찬가지로 유원지세(resort tax)를 내도록 하였다.[35] 또한 에어비앤비는 합법적 운영을 위해서는 숙박주의 등록을 요구하는 샌프란시스코의 규정을 준수하는 데에 동의하였다.[36] 아마도 가장 극단적인 예를 들자면, 브뤼셀에서는 주거공유 참여자로 하여금 호텔이 준수하여야 하는 모든 규정을 준수하게 하는데, 여기에는 손님당 옷걸이 최소 개수에 관한 규정도 포함된다.[37]

이러한 접근법은 지방 재정 및 소비자 보호의 관점에서 명백한 이점이 있다. 또한 이러한 정책은 공유기업에 대하여 택시 회사, 호텔 등 전통적 기존 기업과 공평한 상태에서 경쟁을 하도록 강제할 수 있기 때문에, 불공정 경쟁에 대한 우려를 완화시킬 수 있다. 그러나 이러한 규제들이 공유기업을 과도하게 제약하여 소비자나 도시가 공유기업이 제공할 수 있는 독특한 혜택을 상실하지 않도록 하는 것이 과제이다.

---

34 See Davey Alba, After Victory, AirBnB Compares Its Influence to the NRA's(승리를 거둔 후를 보면 에어비앤비의 영향력은 전미총기협회에 필적한다), WIRED (Nov. 4, 2015), www.wired.com/ 2015/11/after-victory-airbnb-compares-its-influence-to-the-nras/; Christine Lagorio-Chafkin, Resistance Is Futile(저항은 쓸모없다), Inc. Mag. (July– Aug. 2013), www.inc.com/magazine/201307/christine-lagorio/uber-the-car-service-explosive-growth.html. 이러한 전략이 작용하는 과정에 관하여는 다음 글을 참조하라. See Andrew Leonard, The Sharing Economy Muscles Up(공유경제가 힘을 발휘하다), Salon (Sept. 27, 2013), www.salon.com/2013/09/17/the_sharing_economy_muscles_up; Marcus Wohlsen, Uber's Brilliant Strategy to Make Itself Too Big to Ban(너무 커서 금지할 수 없게 만든 우버의 탁월한 전략), Wired (July 8, 2014), www.wired.com/2014/07/ubers-brilliant-strategy-to-make-itself-too-big-to-ban/.

35 Chabeli Herrera, Airbnb Strikes Tax Deal with MiamiDade Mayor(에어비앤비는 마이애미데이드 시장과 조세협상을 타결짓다), Governing (Mar. 20, 2017), www.governing.com/ topics/finance/tns-airbnb-miami-dade-mayor.html.

36 See New York Deflates AirBnB(뉴욕시가 에어비앤비를 수축시키다), The Economist (Oct. 27, 2016), www.economist.com/news/business/21709353–newrules-may-temper-airbnb-new-york-its-future-still-looks-bright-new-york-deflates.

37 Marilyn Haigh, EU's "Sharing Economy" Stifled by Petty Rules on Coat Hangers to Light Bulbs(유럽연합의 공유경제는 옷걸이 개수와 전구 등과 같은 사소한 규정에 의하여 억압을 받는다), Reuters (Sept. 26, 2016), www.reuters.com/ article/us-eu-ecommerce-regulations-idUSKCN11W1SN.

C. 공유기업에 대한 보조금 지급

한걸음 더 나아간 규제 접근방식으로, 도시는 여러 혜택을 받기로 하면서 직·간접으로 공유기업에 대한 보조금을 지급하고자 할 수 있다.

왜 도시가 이 길을 택하는가? 공유기업 보조금을 주는 이유로서 당초에는 공유기업이 거주민을 위하여 공공재와 상당한 소비자 잉여 및 생산자 잉여를 제공한다는 점을 들었다. 공유기업은 많은 사람들이 다른 목적을 위하여 보유하거나 소유하는 물품(남는 침실, 노는 자동차 등)의 거래를 할 수 있도록 플랫폼을 제공할 수 있다. 일단 공유기업이 영업을 시작하면, 많은 판매자들이 큰 비용을 들이지 않고도 돈을 벌 수 있을 것이다. 더구나 구매자 측면에서 보면, 공유경제가 제공하는 많은 물품에는 쉬운 대체물이 없다(예컨대, 렌트 더 런웨이[38]가 생기기 전에는 딱 하루 동안만 빌릴 수 있는 고급 의류의 종류가 상당히 제한적이었다). 이베이와 크레이그스리스트에 의해 창조된 시장이 사람들의 기존 소유물로부터 새로운 부를 창출한 것처럼 공유 서비스 역시 막대한 소비자 잉여 및 생산자 잉여를 제공한다.[39]

보조금을 정당화할 수 있는 두 번째 효용은 '보조금이 도시를 지도상에서 확인할 수 있을 만큼 유명하게 만들어 주는 데 도움이 된다'는 것이다. 즉 공유기업에 대한 보조금을 통해 도시가 문화적 명성을 얻게 되고, 결국 이를 이용해서 경제적 이익을 얻을 수도 있다는 것이다. 유사한 예로서, 오늘날 도시들이 스포츠 경기장이나 미술관과 같은 편의시설에 보조금을 지급하고 있는 것이 있다. 보조금을 지급하는 이유 중에는 도시를 '세계 유명도시'로 보이게 하거나 적어도 전국적으로 유명하게 만들고자 하는 것도 있다. 이런 식으로 도시가 주목을 끌면 두 가지 이익이 생긴다. 첫째, 세계적 도시가 되면 관광과 같은 산업에서 도시의 인지도를 직접적으로 상승시킬 수 있다(그러나 적어도 스포츠 경기장과 같은 도시 편의시설과 관련하여 이 주장에 대한 실증적인 근거는 불확실하다).[40] 둘째, 유명도시가 되면 그 도시가 살기에 더 매력적이거나 흥미롭게 되어 새로운 거주자들을 끌어들이며, 기존 거주자들이 '진짜 도시'를 찾아 떠날 필요가 없게 만들지 모른다. 이 점은 특히 젊고, 이동이 잦고, 고학력인 근로자들에게 의미가 있다.

공유기업은 점점 더 지도상 표시(on-the-mapness)에서 중요한 표시자가 되고 있다. 2014년 미국계획협회(American Planning Association)는 도시 거주자의 67%와 젊은 밀레니엄 세대의 73%가

---

38 See Patricia Marx, The Borrowers: Why Buy When You Can Rent?(차용자들: 빌릴 수 있는데 왜 구입하나?), New Yorker (Jan. 31, 2011), www.newyorker.com/magazine/2011/01/31/the-borrowers (고급의류 대여서비스인 Rent the Runway를 소개하고 있다).

39 See Ravi Bapna, Wolfgang Jank, and Galit Shmueli, Consumer Surplus in Online Auctions(온라인 경매의 소비자 잉여), 19 Info. Syss. Res. 400, 400 (2008); see also Christoph Busch, Hans Schulte-Nolke, Aneta Wiewiorowska-Domagalska, and Fryderyk Zoll, The Rise of the Platform Economy: A New Challenge for EU Consumer Law(플랫폼 경제의 대두: 유럽연합 소비자법에 대한 새로운 도전), 5 J. Eur. Consumer & Market L. 3 (2016), available at https://papers.ssrn.com/sol3/papers.cfm?abstract_id=2754100.

40 Roger G. Noll and Andrew Zimbalist, The Economic Impact of Sports Teams and Facilities(스포츠 팀과 시설의 경제적 효과), in Sports, Jobs, and Taxes: The Economic Impact of Sports Teams and Stadiums 55, 69-70 (Roger G. Noll and Andrew Zimbalist eds., 1997).

공유 서비스에 대한 접근성을 어느 정도 중요한 것으로 본다는 사실을 확인하였다.[41] 피츠버그 시장은 이를 반영하여 공유경제에 대한 새로운 규제를 반대하면서 다음과 같이 말하였다. "21세기 기술 허브로 부상하는 피츠버그가 과거에 얽매인 무책임한 관료에 의하여 희생되지 않게 하겠다."[42] 2017년 알래스카 앵커리지 시의회는 선도적인 시로 보이기 위하여 우버와 리프트를 허용할 계획을 지지하였다.[43]

마지막으로, 공유기업 보조금에는 세 번째 혜택이 있다. 그것은 도시혼잡을 줄이는 것이다. 도시경제학자들이 말하는 혼잡이란 도시밀집도의 비용, 특히 높은 임대료를 지칭하는데, 이로써 도시의 성장 잠재력이 한계에 다다른다. 공유경제로 부동산이 더욱 효율적으로 사용될 수 있고, 희소한 도시 공간을 거듭하여 물품에 할애할 필요성을 줄인다. 더구나 도시는 혼잡을 줄이기 위하여 돈이 많이 드는 정책을 취하지 않아도 된다.

예컨대, 에어비앤비 등 서비스를 사용하면 숙박 손님을 기존의 주택으로 유도할 수 있어 호텔과 숙박용으로 사용되었을 도시 공간과 비용을 절약할 수 있다. 그리하여 도시는 숙박수요가 최고조일 때 추가의 수용능력을 제공함으로써 과거보다 더 큰 규모의 행사도 개최할 수 있다. 브라질은 2014년 월드컵을 위해 충분한 호텔 객실을 짓지 못했지만 에어비앤비 등 주거공유기업들이 방문객의 20%를 수용하여 잠재적 숙박 위기를 피할 수 있었다.[44]

요컨대, 혼잡 감소는 공유기업이 도시에 제공하는 긍정적인 외부효과인데, 이는 지방정부의 대차대조표에 즉시 나타나지는 않더라도 보조금의 정당화 근거가 된다.

도시가 공유경제를 어떻게 보조하는가? 때로는 직접 소유를 할 수도 있다. 즉 도시가 직할로 공유 서비스를 제공할 수 있다. 이것은 이미 도시 자전거 공유에서 나타난 모델이다. 도시가 공중을 위해 자전거를 다수 구입하여 소유하거나, 도시를 대신하여 그러한 업무를 수행하는 기업을 활용할 수도 있다.[45] 자전거 공유가 도시 소유의 공유로 잘 알려져 있기는 하나, 단지 이것만 있는 것이 아니다. 일부 도시는 자동차를 보유하면서, 주정부와 연방정부의 보조를 받아서 공공 자동차 공

41 Am. Planning Ass'n, Investing in Place for Economy Growth and Competitiveness(경제적 성장과 경쟁력을 위한 지역 투자) 29 (2014), www.planning.org/policy/polls/investing/pdf/pollinvestingreport.pdf.

42 Kim Lyons, Mayor Bill Peduto Promises Ride-Share "Fight" in Pittsburgh(빌 데부토 시장은 피츠버그에서 승차공유를 위해 싸우겠다고 약속한다), GovTech (July 3, 2014), www.govtech.com/local/Peduto-promises-ride-share-fight-in-Pittsburgh.html.

43 Devin Kelly, Uber and Lyft Get Anchorage Assembly's OK, but the Companies Are Awaiting State Action(우버와 리프트가 앵커리지 의회의 승인을 얻었으나 주정부의 조치를 기다리고 있다), Alaska Dispatch News (Mar. 22, 2017), www.adn.com/alaska-news/anchorage/2017/03/21/assembly-allows-uber-and-lyft-inanchorage-but-those-ride-booking-companies-are-awaiting-state-action/.

44 Kriston Capps, The Sharing Economy Could Drive Down the Price of Mega-Events(공유경제는 대규모 행사의 비용을 낮춰 준다), Atlantic: CityLab (Sept. 29, 2014), www.citylab.com/tech/2014/09/the-sharing-economy-could-drive-down-the-price-of-mega-events/380908.

45 뉴욕시의 CitiBike에서 고정비를 제외하고 자전거 한 대당 예상 비용은 5,000달러였다. Jersey Journal, Jersey City Snubs North Hudson Bike-Share Program for NYC's CitiBike System(뉴저지시가 뉴욕시의 CitiBike 시스템을 위한 노스허드슨 자전거공유 프로그램을 거부하다), NJ.com (Sept. 29, 2014), www.nj.com/jjournal-news/index.ssf/2014/09/jersey_city_snubs_north_hudson.html.

유 프로그램에 따라 낮은 요금으로 대여를 하고 있다.[46] 토론토는 시 자체의 도구 공유 프로그램을 운영하고 있는데, 이를 통하여 시민들은 도서관 책을 빌리는 것과 동일하게 도구를 빌리고 있다.[47]

단순하게, 도시들은 다양한 형태의 직불 보조금을 사용할 수도 있다. 이미 일부 공유기업은 서비스 확대에 대한 대가로 현금 보조금을 받는다. 예를 들어 겟어라운드(Getaround)는 오리건주 포틀랜드에서 자동차 공유를 확대하는 대가로 연방 보조금을 받았고,[48] 그 이후 이 프로그램을 확대하여 저소득 지역을 위한 전기 자동차를 더 많이 포함시켰다.[49] 마찬가지로 뉴저지주 서밋(Summit) 시는 시립 주차장을 신설하지 않기 위해 지역 기차역을 오가는 우버의 요금을 보조하는 프로그램을 시범 운영하고 있다.[50] 다른 도시들은 세금 우대조치를 통해 공유경제에 보조금을 지급한다. 멀트노마 카운티(Multnomah County), 포틀랜드, 보스턴, 시카고는 모두 일반 렌터카 서비스보다 자동차 공유 회사에 더 낮은 세금을 부과하였다.[51]

도시는 또한 도시 서비스 비용의 면제 또는 감액을 통하여 공유기업에 보조금을 지급할 수도 있다. 덴버, 샌프란시스코 등 도시들은 자동차 공유 사용자에게 자주 주차 서비스를 제공하고 있다.[52] 앞으로는 그러한 도시들이 더 나아가서 건물에 공유 자동차를 위한 주차 공간을 지정하도록 요구하거나, 신규 아파트 사업 승인 시 개발업자가 거주자의 자동차 공유 프로그램 가입비를 지불할 것을 조건으로 요구하게 될 것이다.[53]

---

46 See, e.g., A Bold Plan to Bring Car-Share to the Poor(빈곤층에게 승차공유를 제공하려는 과감한 계획), CityLab (July30, 2015), www.citylab.com/cityfixer/2015/07/las-bold-plan-to-bring-car-share-to-the-poor/400031; Adam Blair and Jennifer Dotson, Carsharing in a Small City: Ithaca Carshare's First Two Years(작은 도시에서의 자동차공유: 이타카 카셰어의 첫 2년간 경험), N.Y. Dep't Transp. S-1 (Mar. 2011), www.dot.ny.gov/divisions/engineering/technical-services/trans-r-and-d-repository/C-06–33%20Ithaca%20Carshare%20Final%20Report%20NYSERDA%20 Agreement%209821.pdf.

47 Solomon Greene and John McGinty, What if Cities Could Create a Truly Inclusive Local Sharing Economy?(도시가 진정으로 포용적인 지역 공유경제를 창설하면 어떤가?) Urban Institute Policy Brief (June 2016), at 5, www.urban.org/research/publication/what-if-cities-could-create-truly-inclusivelocal-sharing-economy. 물품공유적 접근법의 경제학적 의미에 관하여는 다음을 참조하라. See Saif Benjaafar, Guangwen Kong, Xiang Li, and Costas Courcoubetis, Peer-to-Peer Product Sharing: Implications for Ownership, Usage and Social Welfare in the Sharing Economy(P2P 물품공유: 공유경제에서의 소유, 사용, 사회복리상 문제) (Oct. 6, 2015), https://papers.ssrn.com/sol3/papers.cfm?abstract_id=2669823.

48 See Joseph Rose, Peer-to-Peer Car-Sharing Company Getaround Ready to Launch in Portland, with Help from $1.7 Million Federal Grant(P2P 자동차 공유 회사인 겟어라운드는 170만 달러의 연방보조금을 받아서 포틀랜드 영업을 준비하고 있다), Or. Live (Dec. 13, 2011), http://blog.oregonlive.com/commuting/2011/12/peer-to-peer_car-sharing_servi. html (다른 기업이 서비스를 제공하지 않는 지역에 겟어라운드가 영업을 하도록 연방보조금이 지급되었음을 설명하고 있다)

49 Kristen Hall-Geisler, Shared EV Access Is Expanding in Portland(전기자동차 공유서비스가 포트랜드에서 확대되고 있다), TechCrunch (Mar. 28, 2017), https://techcrunch. com/2017/03/28/shared-ev-access-is-expanding-in-portland/.

50 Amy Cairns, Summit Pilot Program Offering Free Uber Rides to Train Station(열차역까지의 우버 승차를 무료로 제공하는 서밋시의 시범 프로그램), New Jersey Patch (Oct. 3, 2016), www.nj.com/independentpress/index.ssf/2016/10/summit_pilot_program_offering.html.

51 Policies for Shareable Cities: Transportation(공유도시를 위한 정책: 운송 부문), Shareable (Dec. 3, 2013), www.shareable.net/blog/policies-for-shareablecities-transportation.

52 Car2go Denver Parking FAQs, Car2Go, www.car2go.com/common/data/locations/usa/denver/Denver_Parking_FAQ.pdf.

53 Neha Bhatt, Smarter Parking Codes to Promote Smart Growth(스마트 성장을 위한 스마트 주차규정), Smart Growth Am. (Aug. 12, 2014), www.smartgrowthamerica.org/2014/08/12/smarter-parking-codes-to-promote-smart-growth (자동차공유 주차요건을 검토한다); Car-Sharing Requirements and Guidelines(자동차공유 요건과 지침), City & County S.F. Planning Dep't, www.sf-planning.org/index.aspx?page=2347 (last updated Oct. 6, 2015) (샌프란시스코 계획국은 개발업자로 하여금 자동차공유 기업 입회비를 납부하도록 요구할 권한을 갖고 있다는 점을 지적한다).

마지막으로, 도시들은 공유경제 참여를 촉진하는 사회기반시설이나 프로그램에 투자할 수 있다. 오클랜드는 시민들이 지역신분증(municipal ID)을 선불 직불카드로 사용할 수 있도록 노력해 오고 있는데, 이로써 은행을 이용하지 않는 시민도 기술 중심 및 앱 기반의 공유경제에 참여할 수 있게 해준다.[54]

물론, 공유 보조금이 제공되는 곳에서는 이러한 규제적 접근이 중요한 규범적 · 법적 · 정책적 문제를 야기할 수 있다. 공적 자금의 지출을 유도하고 비효율적인 방향으로 시장을 왜곡할 가능성이 상당하다. 그럼에도 불구하고, 현상만을 놓고 본다면 이미 그러한 보조금은 존재하는데, 앞으로 수년 내에 보조금이 현저하게 증가하게 되면 위 문제들이 전면으로 대두될 가능성이 있다.

D. 불평등성을 막기 위한 규제

도시가 추구할 수 있는 규제전략으로서 공유경제 기업에게 시장 접근성을 제공하는 대신에 소외된 지역에 혜택을 제공하겠다는 약속(이를 달리 말하면 빈곤퇴치 약속 부관이라고 할 수 있다)을 하도록 요구하는 것이 있다. 처음에는 이것이 우리의 직관에 맞지 않는 것으로 보일 수 있다. 어찌 되었건, 많은 공유회사들은 상류층 소비자들에게 주로 초점을 맞추고 있기 때문이다. 우버요트와 우버콥터 등의 출범을 보면 알 수 있다.[55] 그리고 적어도 에어비앤비 등 일부 공유기업은 그들의 서비스가 인종에 따라 일부 사용자를 차별한다는 비난에 직면하여 있다.[56] 그러나 좀더 자세히 살펴보면 자주 심각성을 띠기도 하는 이러한 우려에도 불구하고, 도시는 공유기업과 협력하여 도시의 불평등성을 완화할 수 있다.

지역정부는 세금과 직접 지출 이외의 도구를 사용하여 가난한 거주자와 이웃에게 자원을 재분배하려고 한다. 공유기업은 이러한 노력을 구축하는 데에 잠재적으로 중요한 수단을 제공해 준다. 따라서 많은 경우 도시는 공유기업을 재분배 및 노동정책 규제의 도구로 활용할 좋은 이유가 있다. 예컨대 공유기업이 그 지역에서 공유 사업을 수행하기 위한 조건으로 재분배 기능을 갖는 서비스를 제공하도록 하거나, 특별한 직원 복지를 보장할 것을 요구할 수도 있다. 이러한 조치에는 빈곤 지역으로의 확대 운영, 그러한 지역에서의 의무적 할인, 불우한 배경의 근로자에 대한 우선적 고용, 최저생활임금의 요구, 긱노동자에 대한 건강보험혜택 등이 포함된다.

도시가 이러한 경로를 채택한 것은 도시 시장에 대한 접근성을 추구하는 도시 부동산 개발업자에게 빈곤퇴치를 위한 부담을 부과했던 오랜 전통을 반영한 것이다. 중요한 점은 이런 형태의

---

54 See Greene and McGinty, supra note 47, at 5.

55 The Sharing Economy Brings Tycoon Lifestyles Within Reach of Some(공유경제는 거부의 인생타일을 다른 사람들도 이용할 수 있게 해준다), The Economist (Nov. 26, 2016), www.economist.com/news/business-and-finance/21710767-thanks-companies-such-netjets-getmyboat-and-thirdhomecommerely-rich-can-upgrade.

56 Brentin Mock, AirBnBWhileBlack and the Legacy of Brown vs. Board(AirBnBWhileBlack과 브라운 대 보드 사건), CityLab (May 20, 2016), www.citylab.com/housing/2016/05/brown-v-board-v-airbnb/483725/. 이에 대한 법학적 분석론에 관하여는 다음을 참조하라. See Nancy Leong and Aaron Belzer, The New Public Accommodations: Race Discrimination in the Platform Economy(신공중접객업: 플랫폼경제에서의 인종차별), 105 Georgetown L.J. 1271 (2017).

규제를 피규제자들이 실제로 환영한다는 것이다. 공적 지지를 공고히 하는 방편이 되고 다른 형태의 지역적 규제보다는 준수 비용이 덜 들기 때문이다. 반면에 다른 부담과 마찬가지로 이러한 정책들은 가격을 상승시켜 도시 소비자에게 비용으로 전가될 수 있다.

이론상 공유 서비스는 도시의 빈민층 및 소외 계층에 특히 유용하다. 그러한 회사들은 주로 여피족(yuppies, 역주: 도시에 사는 젊고 세련된 고소득 전문직 종사자)에 의해 사용되는 상류층 상품으로 여겨지고 있지만, 그들의 핵심 공유 서비스인 운송이나 숙박 영역에서 전에는 이용하기 어려웠던 물품에 대한 임차 가능성을 부여한다. 공유경제 서비스로 인하여 공급자의 수가 늘어나고, 가격이 내려가며, 최소 대여시간 단위가 감소된다(예컨대, 30분 간 자동차를 임차할 수도 있다). 동시에 그러한 기업들은 저소득 판매자들의 투하자본을 줄여 주기도 한다. 세입자는 에어비앤비를 통해 방을 세놓음으로써 자신이 집주인에게 지급해야 하는 임차료를 부분적으로 상쇄할 수 있고, 차량 비용은 릴레이라이즈(RelayRides)에서 대여하여 상쇄시키는 등의 방법이 있다.[57] 마지막으로 태스크래빗(TaskRabbit), 워놀로(Wonolo), 우버엑스(UberX), 리프트 등 공유기업들은 비고용 또는 불완전고용 상태의 도시 주민들에게 제2, 제3의 직업을 위한 고용 기회를 제공해 줄 수 있다.[58]

더 전통적인 규제 상황에서와 마찬가지로 이로써 '거래'가 가능하게 된다. 도시가 재분배 정책을 중시하는 경우, 규제승인을 쉽게 주는 대신에 공유기업으로 하여금 빈곤층에게 서비스를 제공하게 하거나 노동자권리를 보완하도록 명시적 혹은 묵시적으로 요구할 수 있다. 이러한 조치를 통해 지역 정치인들은 조세수입을 제한하는 주법상 한계를 피하고 정면으로 증세하는 정치적 부담도 피하면서, 특정 주민에게 혜택이 돌아가게 할 수 있다. 공유기업들이 꼭 접근성을 획득하려고 하는 도시(즉 크고 부자인 도시)에서는 공유기업에게 위와 같은 거래가 특히 매력적이다. 더구나 취약계층에게 고용과 기회를 제공하면, 공유기업은 이미지를 고양할 수 있을 뿐만 아니라 사업을 확장하는 데 필요한 정치적 지지자를 확보할 수 있게 된다.[59]

오늘날의 공유경제에서 우리는 이미 그러한 거래의 시작을 보고 있다. 예컨대 시카고에서 우버가 사업 승인을 받기 위한 투쟁에서 핵심으로 부상한 쟁점은 우버가 서비스가 부족한 지역에 차량을 제공하는지 여부 및 택시만큼 차량을 제공하는지 여부였다.[60] 이와 유사하게, 뉴욕주의 규제

---

57 이 책의 다른 글들이 이러한 가능성에 대한 설명을 설득력 있게 제시한다. 뉴욕시에서 에어비앤비 등록물은 보통 가계소득의 지역에서 점점 더 늘어났다. See Peter Coles et al., Chapter 8.

58 See generally Greene and McGinty, supra note 47. 공유기업들은 자주 이러한 경제적 기회의 가능성을 홍보해 왔다. See, e.g., Airbnb: We're Bringing "Economic Opportunity" to NYC's Black Community(에어비앤비의 주장: 우리는 뉴욕시의 흑인사회에 경제적 기회를 제공하고 있다), GOTHAMIST (Apr. 21, 2016), gothamist.com/2016/04/21/airbnb_data_black_nyc.php.

59 See, e.g., Eric Jaffe, Lyft Is Hiring a Lot of Deaf Drivers(리프트는 많은 청각장애인을 운전자로 고용하고 있다), Atlantic: CityLab (Sept. 24, 2014), www.citylab.com/work/2014/09/lyft-is-quietly-hiring-a-lot-of-deaf-drivers/380672.

60 Andrew MacDonald, Uber Economic Study: Uber Serves Underserved Neighborhoods in Chicago as well as the Loop. Does Taxi?(우버에 대한 경제적 연구: 우버는 시카고 중심의 서비스 소외 지역에 승차서비스를 제공하고 있다. 택시는 어떠한가?), Uber Newsroom (Mar. 3, 2014), http://blog.uber.com/chicagoneighborhoodstudy; Ted Cox, Uber, Taxis Clash Over Rides to Underserved Areas(우버와 택시가 서비스 소외지역에 대한 문제로 충돌하다), DNAinfo (Mar. 6, 2014), www.dnainfo.com/chicago/20140306/downtown/uber-taxis-clash-over-rides-underserved-areas; see also Matt Flegenheimer, De Blasio Administration Dropping Plan for Uber Cap, for Now(드 블라시오 시장은 당분간 우버 택시 활용 계획을 중단하다), N.Y. Times (July 22, 2015), www.nytimes.com/2015/07/23/nyregion/de-blasio-

를 피하기 위해 에어비앤비는 기회가 있을 때마다 경제적으로 어려움을 겪고 있는 주택소유자들에게 어떻게 혜택을 주는지 그리고 전통적 호텔이 적은 브롱크스 등 지역에서 어떻게 관광을 육성하는지를 홍보해 왔다.[61]

최종적으로는 도시가 적어도 다음의 두 가지 면에서 이러한 거래를 명시적으로 진행할 것이다. 즉 직접적 현금 지급 혹은 서비스 현물의 제공을 요구하는 것이다. 무엇보다 네트워크 사용자로부터 조세를 징수하는 데 공유기업이 도움을 제공하는 것을 조건으로 공유 서비스의 제공을 승인할 수 있다. 이렇게 하지 않으면 조세징수가 극도로 어려워질 것이다.[62] 이러한 접근법은 포틀랜드, 샌프란시스코, 암스테르담 등의 도시에서 채택되었는데, 이들 도시는 에어비앤비에게 위와 같은 요건을 부과하였다.[63]

더 흥미로운 가능성은 재분배를 중시하는 도시들이 서비스 자체의 제공을 요구할 수 있다는 점이다. 예컨대 도시는 빈곤 지역에 서비스를 제공한다고 약정하는 것을 공유회사에 대한 승인의 조건으로 삼을 수 있다. 또한 도시는 승인의 조건으로서 긱노동자에 대한 생활임금의 보장, 소외계층 노동자에 대한 고용상 우대의 제공, 특정 지역 소비자에 대한 가격 할인 등을 요구할 수도 있다. 심지어 도시는 기업에게 주요 사업내용을 승인하는 대신에 새로운 서비스를 제공하라고 요구하기도 한다. 예를 들어 도시가 리프트에게 고급 승차사업을 허용하면서 저렴한 카풀서비스인 '리프트라인'(LyftLine)도 제공하라고 요구할 수 있을 것이다.

E. 공유경제 참여자로서의 도시들

마지막으로, 도시가 어떤 규제전략을 채택하든지 간에 공유경제의 주요 참여자가 될 수 있는데, 정부계약을 통하여 공유경제 기업을 고용하기도 하고, 심지어 대중에게 공유 물품이나 서비스를 판매하기도 한다.

중요하고도 고가인 물품과 서비스로서 가끔씩이기는 하지만 도시가 꼭 필요로 하는 것들이 있다. 공무원은 지역정부로부터 차량을 제공받아야 하는데, 이 차량들은 대부분의 시간을 차고에서 보낸다. 도시당국에게 도로포장용 기계가 필요하기는 하나 유지보수가 필요할 때만 그러하다. 학교건물은 하루 중 9시간 동안 사용되고 나머지 15시간 동안에는 대체로 놀린다. 즉 공유경제 소비

---

administrationdropping-plan-for-uber-cap-for-now.html.

61 Adrianne Jeffries and Russell Brandom, Hey, New York: Airbnb Wants to Get You in Bed(뉴욕시는 보세요. 에어비앤비는 당신들을 침대로 모시고 싶어 해요), Verge (July 14, 2014), www.theverge.com/2014/7/14/5896785/hey-new-york-airbnb-wants-to-get-you-in-bed.

62 John Kuo, How Should Government Regulate the Sharing Economy?(정부는 공유경제를 어떻게 규제해야 하는가?), NerdWallet (Mar. 11, 2014), www.nerdwallet.com/blog/investing/2013/government-regulate-sharing-economy; see Baker, supra note 22.

63 Eliot Njus, Portland Legalizes Airbnb-Style Short Term Rentals(포틀랜드가 에어비앤비 스타일의 단기임대차를 합법화하다), OregonLive (July 30, 2014), www.oregonlive.com/front-porch/index.ssf/2014/07/portland_legalizes_airbnb-styl.html.

자와 생산자를 이상적으로 만들어내는 잉여역량의 역동적인 측면이 도시에게도 있다.

이 점을 놓쳤을 리가 없다. 오늘날에도 많은 지역정부가 차량유지 비용을 줄이기 위하여 자동차공유 회사를 이용한다. 보스턴, 휴스턴, 워싱턴디시 및 연방조달청(General Service Administration) 등의 연방기관은 집카(ZipCar)와 계약을 체결하여, 공무원들이 자동차 공유제도를 통하여 차량을 이용하도록 하고 있다.[64] 한편 시카고 등 일부 도시는 공무원들이 사용할 수 있도록 집카 등 차량공유기업에 차량이용 비용을 지불한다.[65] 샌프란시스코는 비응급차량 전부를 폐기하고 차량공유를 이용하는 것을 고려하기도 하였다.[66]

그러나 차량공유는 시작에 불과하다. 미시간과 오리건에서는 뮤니렌트(Munirent)라는 서비스가 도입되었는데, 이는 각급 정부가 소유하는 중장비를 정부들이 공유하려고 만들어진 제도이다.[67] 비슷한 맥락에서, 영국 정부는 정부 부처들이 사무실 집기와 비품을 공유경제 방식으로 교환할 수 있는 제도를 창설하자고 제안하였다.[68]

최종적으로는, 이러한 공유 플랫폼이 확대되어 도시들이 직원도 공유할 수 있을 것이다. 즉 전문 장비뿐만 아니라 장비를 활용하도록 고도로 훈련된 직원의 유지비용도 도시들이 공유할 수 있을 것이다. 조만간 그러한 플랫폼이 더욱 확대되어 정부가 일반인 소유의 물품도 공유할 수 있을 것이다. 개인 소유의 카메라, 주차공간 등 가용재산을 쉽게 임차할 수 있을 것이다. 그렇게 하면 정부가 구입하지 아니하고 빌릴 수 있는 물건의 수와 종류가 크게 늘어나고 비용이 절감될 것이다.

이 모델이 어떻게 전개될지를 보기 위해서는 샌프란시스코 비상대책부(Department of Emergency Preparedness)와 베이셰어(BayShare, 공유기업이 설립한 권익단체이다) 사이에 논의되고 있는 협력체제를 고려해 보라. 이 협력체제는 시 전체의 위기에 대응하여 사적 소유의 공유 서비스를 전개하

---

64 이 제도의 효과는 극적이라고 할 수 있다. 보스턴은 차량의 규모를 50%나 줄였다. Lisa Rein, Will the Federal Fleet be Run By Zipcar(연방정부 차량은 집카가 운영할 것인가), Wash. Post: Federal Eye (Nov. 6, 2013), www.washingtonpost.com/blogs/federal-eye/wp/2013/11/06/will-the-federal-fl eet-be-run-by-zipcar; Alex Howard, Carsharing Saves U.S. City Governments Millions in Operating Costs(자동차공유로 미국 도시정부들은 운영비 수백만 달러를 절약하고 있다), O'Reilly Radar (Apr. 10, 2012), http://radar.oreilly.com/2012/04/carsharing-through-zipcar-save.html; Houston Electric Vehicle Fleet Car Sharing Program(휴스턴 전기자동차 공유 프로그램), Inst. for Sustainable Communities, http://sustainablecommunitiesleadershipacademy.org/resource_files/documents/Houston-Electric-Vehicle.pdf.

65 Michael Grass, How Big Cities Are Saving Big Bucks with Car Sharing(대도시들은 차량공유로 어떻게 비용을 절약하고 있는가), Gov't Executive (July 9, 2014), www.govexec.com/state-local/2014/07/car-sharing-chicago-zipcar-indianapolis-blueindy/88141. 인디애나폴리스의 제도가 매우 흥미롭다. 인디애나폴리스의 Unigov는 공사혼용의 전기자동차 공유제도인데, 공무원과 일반인 회원이 함께 이용할 수 있다. Id.

66 John Coté, S.F. Supervisor Seeks to Phase Out Fleet, Use Car Sharing(샌프란시스코 감독위원이 시 보유차량을 없애고 차량공유를 이용하는 제도를 도입하려고 한다), S.F. Chron. (Sept. 8, 2014), www.sfgate.com/bayarea/article/S-F-supervisor-seeks-to-phase-out-fleet-use-car-5743051.php.

67 Colin Wood, Munirent Brings the Sharing Economy to Government(뮤니렌트로 정부에 공유경제가 도입되다), Gov't Tech. (Aug. 21, 2014), www.govtech.com/ internet/Munirent-Brings-Sharing-Economy-to-Government; Ben Schiller, Now Cities and States Can Get Involved in the Sharing Economy, Instead of Just Slowing It Down(이제 도시와 주는 공유경제의 장애가 되는 것이 아니라 직접 공유경제에 참여하고 있다), Fast Co.: Co.Exist (Aug. 6, 2014), www.fastcoexist.com/3033971/now-cities-and-states-can-get-involved-in-the-sharing-economy-instead-of-just-slowing-it-down.

68 Steve O'Hear, Collaborative Consumption of Stationery! (and Other UK Gov Responses to Sharing Economy Report) (비품의 협업적 소비 및 공유경제에 대한 영국 정부의 대응에 관한 보고서), TechCrunch (Mar. 19, 2015), https:// techcrunch.com/2015/03/19/can-i-borrow-a-pen/.

기 위한 장치이다.[69] 매사추세츠만 교통공단(Massachusetts Bay Transit Authority)이 우버 및 리프트와 체결한 협력체제를 고려해 보라. 이 협력체제는 노인 및 장애인을 위해 준공공적 교통수단에 보조금을 제공하는 장치이다.[70]

관련하여 보건대, 도시들은 공유사이트에서 구매자가 될 수 있듯이 매도인이 될 수 있는데 매도인으로서는 대규모 자본비용을 경감시킬 수 있을 것이다. 가장 널리 논의되는 가능성은 정부건물을 공유하는 것이다. 도시들은 오랫동안 학교와 같은 정부건물 공간을 일과 시간 후 사적 단체들이 무료 또는 유상으로 활용할 수 있도록 해 왔다.[71] 인기 있는 공유 플랫폼에 그것들을 등록하면, 관련 서비스 시장이 확대될 것이고, 추가적인 재정수입을 창출할 수 있을 것이다.

결론

이 책의 다른 글들이 잘 보여주듯이, 도시에서만 공유경제의 규제가 의미 있게 이루어지는 것은 아니다. 그러나 위 논의에서 보듯이, 도시들이 이 영역을 규제할 권한과 동기를 갖고 있으며, 잠재적으로 유용한 전략들도 많다. 특히 위의 논의에서 알 수 있듯이, 공유기업에 대한 지역정부의 규제는 전면금지 또는 완전허용의 단순한 경로를 취하지는 않을 것으로 보인다. 이와 반대로, 도시들이 이전의 '비공유'경제를 다루었을 때와 마찬가지로, 공유경제를 규제함에서도 다양한 정책적 도구와 접근법을 전개하여 온 사실을 우리는 보아 왔는데, 앞으로도 계속 그 사실을 보게 될 것이다.

---

69 Rory Smith, San Francisco's Mayor Lee Launches Sharing Economy Partnership for Disaster Response(샌프란시스코의 리 시장이 재난대응을 위한 공유경제 협력체제를 추진하다), Shareable (June 12, 2013), www.shareable.net/blog/san-franciscos-mayor-lee-launches-sharing-economy-partnership-for-disaster-response.

70 Aarian Marshall, Good News: The Tech to Change Your Grandma's Life Is Already Here(좋은 뉴스: 당신의 할머니 인생에 변화를 가져올 기술이 여기에 있다), WIRED (Sep 26, 2016), www.wired.com/2016/09/ridesharing-paratransit-seniors/.

71 See, e.g., Welcome to Community Use(지역민의 사용을 환영합니다), Denver Pub. Schs., http://schooluse.dpsk12.ord/DPSCommunityUsePolicy.

19

공유경제와 유럽연합

미셸 핑크*

서언

제4절의 제목(누가, 어떻게 공유경제를 규제해야 하는가?)에 맞추어서, 이 글에서는 유럽연합에서의 공유경제 규제와 관련하여 '누가'와 '어떻게'의 문제를 검토하고자 한다. 다른 지역에서와 마찬가지로 공유경제, 특히 광범위한 온라인 플랫폼의 출현은 유럽의 규제권자에게 갑작스러운 일이었다. 현재 유럽연합에서 이 현상을 누가, 어떻게 다룰 것인지에 관하여는 불확실성이 지배하고 있다. '누가'의 문제는 유럽연합이 직접 규제를 발령할지, 아니면 회원국에 맡겨둘지의 문제이다. 이 문제의 해답을 찾기는 쉽지 않다.

'누가' 즉 주체의 문제는 초국가적 조직의 핵심을 건드리는 중요한 문제를 제기하는데, 여기에는 유럽연합과 회원국 사이의 권한분배, 보충성 원칙(subsidiarity principle)[1](역주: 이는 유럽연합조약 제5조에 기한 것으로서 우선적으로 회원국에 규제권한이 있다는 원칙을 말한다)의 적용, 집중적 규제 혹은 분산적 규제의 타당성 등이 포함되어 있다. 공유경제라는 현상에는 소비자 보호,[2] 경쟁법,[3] 조세법,[4] 도시운송 및 주택정책 등에 관한 다양한 쟁점이 있다는 점을 살펴보고자 한다. 본서의 다른 글들에서 이미 규제적 개입의 적정한 규모의 문제가 여러 나라에서 제기되고 있다는 점이 지적되고 있다. 그중 미국에서는 적정한 규제의 규모가 지역정부, 주정부, 연방정부의 수준 중 어느 수준에서 책정되는 것이 타당한지에 대한 논의가 진행되어 왔다.[5] 다른 복합적 지배구조 시스템과 마찬가지로 유럽연합에서는 다양한 행위자 사이의 권한분배 문제가 항상 제기되고 있다는 점에서 더욱 복잡하다.[6] 그러한 복잡성을 고려하여, 진정으로 초국가적인 대응을 요하는 문제와 회원국 및 회원국 내 지역정부에게 맡기는 것이 최선인 문제 사이에서 신중한 균형을 유지해야 한다고 주장하고자 한다.

---

* 유용한 논평과 제안을 해 준 Nestor Davidson과 John Infranca 및 2017년 핸드북 워크숍 참석자들의 고무적인 토론에 대해서도 감사드린다.
1 Article 5(3) Treaty on European Union (TEU).
2 See Guido Smorto, this volume.
3 See further Dunne in this volume.
4 See Katerina Pantazatou, this voume.
5 See Nestorr M. Davidson and John J. Infranca; Janice Griffith; Sarah Light; Daniel E. Rauch in this volume.
6 유럽연합에서 권한은 본질적으로 유럽연합이 배타적으로 가지고 있거나(가령 반독점 정책), 유럽연합과 회원국들이 공유하거나(역내시장과 관련된 사례), 회원국들에게 유보되어 있다(가령 주택 정책).

플랫폼경제에 대한 규제권 배분의 문제는 '어떻게'의 문제로 이어지므로 이중적 성격을 갖는다. 공유경제가 플랫폼 혹은 프로슈머(prosumer)[7]의 법적 분류와 같은 새로운 법적 문제를 야기할 뿐만 아니라 규제와 혁신의 상호작용과 같은 기존의 문제들을 상기시킨다는 점에서 만만치 않은 어려움을 내포한다. 유럽연합법에 관한 본서의 다른 글들과는 반대로, 이 글에서는 그러한 규제의 실체적인 내용을 다루기보다는 그 배후에 있는 절차를 다루기로 한다. 현재 민주적 입법절차의 이상론도 다중심적 공동규제 절차를 통하여 디지털 시대에 적응해 가야 한다. 다중심적 공동규제 절차에서는 승인된 공공정책 목적을 보존하면서도 참여와 집행을 위한 도구가 제공하는 장점을 활용할 수 있다.

이 글에서는 규제권 분배의 이중적 과제가 유럽연합에서 어떻게 진행되는지를 분석해 보고자 한다.[8] 분석은 네 부분으로 진행한다. 첫째, 유럽연합에서 정의되는 공유경제의 개념을 살펴보고, 둘째, 이 현상과 관련하여 어느 수준의 공적 주체가 권한을 행사할 것인지를 규명한다. 셋째, 규제 절차 자체에 디지털 플랫폼이 제공하는 도전과 기회에 대해 탐구한다. 결론적으로, 경제가 원자(atom)의 시대에서 비트(bit)의 시대로 이동함에 따라, 법과 기술의 상호작용이 더 필요하다는 점을 규제도 적극 받아들이면서 이에 적응하여야 할 것이라고 본다.

Ⅰ. 개념 정의의 문제

현황 파악을 하기에 앞서서 먼저 개념 정의의 문제를 살펴보자. 우선 정의와 관련한 도전을 다루어야 한다. 현재 유럽대륙에서 이 핸드북이 공유경제라고 부르는 것의 단일한 개념 혹은 명칭에 관한 합의가 성립된 상태는 아니다. 유럽연합집행위원회는 '협업경제'라는 개념을 사용하였고, 유럽연합의회는 같은 현상을 '공유경제'라고 하였으며, 지역위원회는 두 개념을 다 사용하였다.[9] 유럽연합집행위원회는 실용적인 차원에서 협업경제를 다음과 같이 정의하였다.

이 사업모델에서는 협업적 플랫폼이 거래활동을 촉진하는 공개시장인데 주로 사인이 제공하는 물품 혹은 서비스의 일시적 사용이 이루어진다. 협업경제에는 아래의 여러 행위자가 있다. (ⅰ) 자산, 자원, 시간, 기술을 공유하는 서비스 제공자— 이들은 비정기적으로 서비스를 제공하는 사인('동료')이거나 전문적인 능력을 가지고 활동하는 서비스 제공자('전문적 서비스 제공자')이다. (ⅱ) 서비스의 이용자. (ⅲ) 온라인 플랫폼을 통하여 연결을 시켜주는 중개자('협업적 플랫폼'), 이들은 서비스 이용자와 제공자를 연결하여 거래를 촉진한다. 협업경제 거래에는

---

7 이 용어는 공유경제에서 한 개인이 동시에 생산자와 소비자가 될 수 있다는 맥락에서 나타난 것이다.

8 이 분석은 2017년 여름까지의 상황을 반영한 것이다.

9 See, e.g., www.euriparl.europa.eu/news/en/press-room/20170609IPR77014/sharing-economy-parliament-calls-for-clear-eu-guidelines.

306 제4절 누가, 어떻게 공유경제를 규제해야 하는가?

일반적으로 소유권의 이전이 이루어지지는 않으며, 영리 혹은 비영리로 거래가 이루어진다.[10]

온라인 플랫폼을 중시하는 이러한 정의를 보면, 유럽연합이 디지털 시장에 한정하여 공유경제에 관심을 갖고 있다는 점을 알 수 있다.[11] 거래연결자 및 파수꾼으로서의 플랫폼은 사용자를 연결해서 물품과 서비스를 더 쉽게 이용할 수 있게 해준다.[12] 공유행위는 인류의 문명만큼 오래되었는데, 그 범위와 규모가 늘어나게 된 것은 실로 플랫폼 덕분이다. 유럽연합이 디지털 플랫폼에 집중하고 있는 점을 반영하여, 이 글에서는 디지털 공유경제 플랫폼에 집중하고, 소유권의 이전에 관여하는 온라인 플랫폼(에치, 이베이 등) 및 오프라인 공유행위(도구대여소나 오프라인 음식공유 형태 등)를 다루지는 않는다.[13]

본 핸드북에 실린 서문과 여러 글들이 누누이 강조하듯이, 공유경제의 개념 범위에 포함되는 것이 무엇인지와 이 용어가 쓸 만한지에 관하여는 공감대가 아직 형성되지 못하고 있다. 유럽연합 안팎을 불문하고 개념 정의상 합의가 형성되지 않음을 감안하여, 나는 '공유경제', '플랫폼경제', '협업경제'라는 말을 혼용하고자 한다. 이 책의 취지에 맞추어서, 이 글에서는 광의의 개념을 채택하여 대중적인 용례에 따라 광범위한 현상(여기에는 '진정한 공유'가 아닌 것도 포함된다)을 포착하려고 한다.[14] 유럽연합의 현재 정의를 그대로 반영한다면, 오로지 디지털 플랫폼만이 고려될 것이다. 마지막으로 지적해 둘 것은 내가 공유경제 플랫폼 자체의 규제 문제에 집중한다는 점이다. 그리하여 거래되는 물품과 서비스 제공자의 문제(고용관계, 제공자의 책임 등) 및 물품과 서비스의 수령자의 문제(소비자 보호 등)를 다루지는 않는다.[15] 이제 이 글에서 다루는 규제권한 분배의 두 가지 문제 중 첫 번째의 것인 행위자의 문제, 즉 누가 공유경제 플랫폼을 규제할 것인가를 살펴보자.

II. 누가 공유경제를 규제할 것인가?

초국가적 상황에서 흔히 그러하듯이, 규제에 관한 현재의 논의에서 핵심은 누가 권한을 갖느냐이다. 달리 표현하면 현재 유럽연합의 규제권자들이 고심하는 문제로서는 '어떻게' 규제를 할 것

---

10 Commission Communication, A European Agenda for the Collaborative Economy(협업경제를 위한 유럽연합의 안건), COM (2016) 356 final, at 2.1

11 위 정의에서는 진정한 공유라고 할 수 있는 전통적인 형태를 배제한다. 자세한 내용을 다음 글에서 참조하라. See Michèle Finck and Sofia Ranchordás, Sharing and the City(공유와 도시), 49 Vand. J. Transnat'l L, 1299 (2016).

12 공유경제 플랫폼을 평가할 때 플랫폼의 파수꾼 기능을 강조해야 하다는 논의에 대해서는 다음 글을 참조하라. See Orla Lynskey, Regulationg "Plattform Power,"(플랫폼의 힘에 대한 규제), LSE Law, Society and Economy Working Papers 1/2017.

13 공유경제모델에서는 소유권 이전이 이루어지지 않는다는 집행위원회의 관점에 따른 것이다.

14 플랫폼 일반과 진정한 공유 사이의 구분이 바람직한지에 대하여 다음을 참조하라. See Finck and Ranchordás, supra note 11.

15 유럽연합에서의 위 문제들에 대하여는 이 책의 글 중 Koolhoven과 Smorto가 저술한 부분을 보라.

인가의 문제 외에 '누가' 규제를 할 것인가의 문제도 있다. 후자는 회원국(중앙정부 혹은 지역정부)이 규제할 것인가,[16] 유럽연합이 규제할 것인가의 문제이다. 이 섹션에서는 양측의 주장을 살펴본 후 결론적으로 '유럽연합이 공유경제 플랫폼을 규제하는 데에 아무런 법적 장애물이 없지만 현재 유럽연합이 규제를 적극적으로 하지 않고 있다'는 점을 지적한 후, '공유경제의 특수한 성격을 고려할 때 작은 규모 단위로 규제를 하는 것이 더 좋다'는 주장을 살펴본다.[17]

유럽연합 조약들은 역내시장에 대한 규제권이 유럽연합과 회원국들 사이에서 공유된다고 규정한다.[18] 유럽법의 문구에 의하면, 이는 "의도한 조치의 목적이 회원국들의 중앙정부 혹은 지역정부에 의하여 충분히 실현될 수 없고 오히려 그 범위와 규모의 면에서 유럽연합이 조치를 취하는 것이 더 적절한 경우에만 유럽연합이 행동을 취한다"는 것을 의미한다.[19] 통일적인 법체계에 대한 요구가 반복되고 있다는 점을 고려하여 보면, 공유경제의 일부 측면에는 유럽연합이 규제를 해야 할 영역이 있는 것으로 보인다. 예컨대, 유럽연합의회는 규제의 회색지대를 제거하고 역내시장에 통일된 법규를 적용하기 위하여 초국가적인 규제를 하여야 한다고 역설하였다.[20] 집행위원회 자체도 '플랫폼이 디지털 경제를 극적으로 변화시켰으며 유럽연합의 디지털 단일시장(Digital Single Market) 프로젝트에서 중요한 역할을 수행한다'는 점을 인정한다.[21] 사실 유럽연합이 초국가적으로 운영되고 영향을 미친다는 점에서 볼 때, 확실히 '유럽연합의 권한배분에 관한 원칙에 따르면, 유럽연합이 역내시장 차원에서 협업경제를 규제할 법적 권한을 갖는다'고 주장할 만하다.

관련된 의문은 유럽연합이 그러한 행보를 취하는 것이 정치적으로 적절하다고 판단할 것인가 여부이다. 유럽연합의회와 지역위원회는 집행위원회에게 '공정경쟁 원칙을 유지하기 위한 명확한 법적 틀을 제시하도록' 요구한 바 있다.[22] 더욱이 집행위원회의 자유방임주의적 접근에 대한 비판이 증가하고 있다. 일부 주장에 의하면 집행위원회의 '2016년 협업경제에 대한 통신문'(2016 Communication on the Collaborative Economy)에서 가장 흥미로운 점은 "'협업사업모델의 특수한 성격들로 인하여 전통적 사업모델에 적용되는 규칙보다 덜 엄격한 규칙이 적용되어야 한다'는 협업경제 플랫폼의 주장 중 상당한 부분을 집행위원회가 수용할 것"이라는 것이다.[23] 또한 유럽연합집행위원회 부의장과 역내시장 담당 집행위원은 공유경제 영업을 금지하려는 일부 회원국의 움직

---

16 유럽연합조약 Article 5(3)에 의거하여, 회원국들은 중앙정부가 규제할 것인지, 지역정부가 규제할 것인지의 선택권을 갖는다.

17 See further Finck and Ranchordás, supra note 11.

18 Article 4(2)(a) TFEU.

19 Article 5(3) TEU.

20 www.euriparl.europa.eu/news/en/press-room/20170609IPR77014/sharing-economy-parliament-calls-for-clear-eu-guidelines.

21 Commission Communication on Online Platforms and the Digital Single Market, Opportunities and Challenges for Europe(유럽의 기회와 도전), COM (2016) 288 final, 2.

22 Id.

23 Caroline Cauffman and Jan Smits, The Sharing Economy and the Law(공유경제와 법), Food for European Lawyers, 23 Masstricht Journal of European and Comparative Law 903, 907.

임을 비판하였는데, 이러한 움직임은 초국가적인 규제 틀을 통해서만 해결 가능한 것이다.[24] 현재의 단계에서 공유경제를 규제하는 것이 어렵기는 하지만, 지역위원회가 표현한 바와 같이, 초기에 우선적으로 규제의 파편화를 막는 것이 나중에 28개 국가 및 그 지역정부들의 수많은 규제를 조화시키는 것보다는 훨씬 덜 어렵다고 할 수 있다.[25] 마지막으로, 집행위원회는 규제의 회색지대가 공익을 보호하기 위해 만들어진 법규를 회피하는 수단으로 악용될 위험이 있다고 인정하였다.[26] 그리하여 집행위원회는 변화하는 규제환경, 경제와 사업의 전개 양상을 반영하여 협업경제 플랫폼에 관련된 감독 틀을 발표하였다.[27] 이와 같은 상황을 종합하여 보면, 앞으로 유럽연합 차원에서 플랫폼경제의 일부 측면이라도 다루기 위한 규제 틀을 채택할 가능성이 농후하다. 플랫폼경제가 역내시장 전체에 미칠 영향을 감안하여 보면, 유럽연합이 마음만 먹는다면 공유경제를 규제할 수 있는 권한을 보유한 것으로 보인다.

하지만 역시 아직까지 그러한 조치를 취한 바는 없다. 이는 아직 정치적 합의가 성사되지 않았고 이 현상을 규제하기가 어렵다는 것을 의미한다. 예컨대 플랫폼이 법적으로 그저 중개인에 불과한지 아니면 서비스 제공자로 분류되어야 하는지가 대체로 결정되지 않았는데, 그러한 분류 결과에 따라 법적 체제가 달라질 것이다.[28] 게다가 노동권이나 이용자 보호의 문제 외에 협업경제의 효과 중 가장 논란이 되는 것은 도시주택 및 교통정책에 관한 것인데, 이는 회원국과 그 지역정부가 다루어야 할 문제들이다. '이러한 새로운 사업모델이 가져오는 수많은 결과들이 본질적으로 지역적인 것이기에 어떠한 형태의 초국가적 규제라도 지역규제권자의 문제해결 능력을 저해해서는 안 된다'는 강력한 주장들이 실제로 제기되고 있다.[29] 두 가지의 해법을 상정할 수 있다. 한편으로 유럽연합은 회원국과 그 지역정부들이 토대로 삼을 수 있도록 소비자 보호 등 문제들에 대한 최소기준을 정할 수 있다. 다른 한편으로 공유경제의 구체적 효과와 기존 권한분배 체제를 반영하여, 어떤 문제는 유럽연합이 다루지 않는 것이 좋다는 점도 기억할 가치가 있다. 이와 관련하여 지적하고 싶은 것은 유럽연합에게는 도시계획, 주택정책 등의 문제를 규제할 권한이 없다는 점이다. 이로써 우리는 파편화된 규제권한을 보게 된다. 그 이유는 유럽연합은 초국가적인 역내시장에서 공유경제를 규제할 권한을 갖고 있고, 회원국 및 지역정부는 협업경제가 각 지역에 가져오는 효과를 다룰 권한을 가고 있기 때문이다(이 문제는 다른 글에서도 다루고 있다).[30] 이제 규제 개입의 가능

---

24 D. Robinson, Brussels Urges More Caring for Sharing Economy(유럽연합은 공유경제를 좀더 배양할 것을 주문한다), Fin. Times (May 30, 2016), www.ft.com/content/4c19a666-267f-11e6-8ba3-cdd781do2d89.

25 Opinion of the Committee of the Regions on the Collaborative Economy and Online Platforms: A Shared View of Cities and Regions(협업경제와 온라인 플랫폼에 대한 지역위원회의 의견: 도시 등 지역들의 공통된 견해), ECON-VI/016, 1.

26 European Commission, supra note 10, 184 final at 2.

27 Id. at 15.

28 이는 Uber Spain 사건에서 유럽연합사법법원이 결정할 것이다.

29 이에 관하여는 다음을 참조하라. See further Davidson and Infranca in this volume and Finck and Ranchordás, supra note 11.

30 Finck and Ranchordás, supra note 11.

한 형태에 대한 분석을 하고자 한다.

III. 유럽연합의 플랫폼 규제에 대한 방법론

이제 이 글에서 살펴보는 규제권한 분배 문제의 두 번째 면인 규제절차의 관여자 부분을 검토하고자 한다. 아래에서 다루는 여러 측면은 어떤 수준의 공적 권한자에게도 해당되는 문제이기는 하나, 이 글의 주안점에 맞게 주로 유럽연합에 집중하고자 한다. 이 문제는 자세한 관찰을 요한다. 왜냐하면 '2016년의 온라인 플랫폼 통신문'에서 유럽연합집행위원회는 '협업경제의 경우 전통적인 하향식 규제절차보다는 자율규제와 공동규제가 더 바람직하다'고 제안하였기 때문이다. 집행위원회는 '법적 요건의 적용과 적절한 감시 메커니즘의 확보를 위한 업계 내의 수단 등과 같이, 원칙에 기초한 자율규제/공동규제 방식은 플랫폼 규제의 한 형태가 될 수 있다'고 기술하였다.[31] 여기에서는 하향식 규제, 자율규제, 공동규제의 방법을 간략히 소개한 후, 플랫폼경제의 구체적 특성에 비추어 보아 위 세 가지 방식 중 세 번째 것이 가장 적합한 규제적 접근법이라고 제안하고자 한다.[32]

A. 하향식(Top-Down) 규제

하향식 규제는 경제적 행위에 대한 규제를 생각할 때 전형적으로 떠오르는 유형인데, 이는 바로 입법행위를 통하여 이루어진다. 하향식 규제란 '국가에 의한 규제로서 특정한 형식, 즉 법규의 형식을 취하고 형사 제재에 의하여 지지되는 것'이라고 정의되어 왔다.[33] 실제로 유럽연합의 규제 활동은 통상의 입법 절차에 의거하여 제정되는 2차적 입법[34]과 보통 관련되어 있다.[35] 전통적인 2차적 입법에서는 회원국과 공유경제 플랫폼에 대하여 통일성이라는 장점을 제공하여, 유럽연합 전역에 걸쳐 규제상 불확실성과 파편화를 제거한다.[36]

그러나 공유경제의 특수한 성격에 비추어 보면, 이것이 정말로 적절한 규제적 대응일지에 대해서 의심해 볼 수 있다.[37] 첫째, 플랫폼과 규제자 사이의 심각한 정보 비대칭성을 고려해야 한다.

---

31 European Commission, supra note 22, at 5.

32 추가적 논의는 다음을 참조하라. See Michèle Finck, Digital Regulation(디지털 규제), Eur. L. Rev. (forthcoming, 2018).

33 Julia Black, Decentring Regulation: Understanding the Role of Regulation and Self-Regulation in a "Post-Regulatory" World(규제의 탈중심화: 탈규제 세계에서의 규제 및 자율규제의 역할에 대한 이해), 54 Current Legal Probs, 103, 105 (2001).

34 유럽연합에서 제2차 입법에는 TFEU Article 288에 의거하여 유럽연합이 발령한 규정(regulation)과 지침(directive)이 포함된다.

35 Article 294, TFEU.

36 조세법의 파편화 결과에 대하여는 다음을 참조하라. See Pantazatou in this volume.

37 미국의 관점에서 본 유사한 의견으로는 이 책 중 Brescia의 저술 부분을 참조하라.

플랫폼은 자신의 운영 상태에 대하여 더 많은 정보를 갖고 있으며, 사회경제적 결과에 관한 정보도 더 많이 갖고 있다. 이러한 정보 격차가 있는 상태에서 입법을 하게 되면 여러 위험이 초래될 수 있다. 혁신이 억제되고, 플랫폼과 경제에 피해를 입히며, 집행하기 어려운 규칙을 만들고, 이미 복잡한 규제 틀에 더 많은 규제를 더하는 결과가 될 수도 있다. 또한 이러한 자율적·기술적 공유경제 플랫폼에 대한 이해격차, 특히 그들이 서비스 제공자인지 아니면 단순한 중개인인지 여부에 관한 이해격차는 정치인과 공무원에게도 해당되는데, 그로 인하여 규제권 행사에 더 큰 부담이 발생하게 된다. 더구나 던(Dunne)에 의하면, 현행 법적 틀에서는 플랫폼의 성질을 규명하고 대처하는 것이 쉽지 않은 것으로 보이므로 개별 상황에 특화된 틀이 더 적절한 대응책이 될 것이다.[38] 언뜻 보기에는 하향식 규제 접근법이 더 민주적이고 정당하게 보이지만, 이익집단에 의한 포획과 3자 간 협의(trilogue)에 따른 밀실입법의 관점에서 보면 문제가 없다고 보기는 어렵다.[39] 게다가 아래에서 부각되는 바와 같이, 그러한 민주주의적 이상론은 공동규제라는 해법에 포함시킬 수 있다. 이어서 집행위원회가 제안한 대안 중 자율규제부터 검토하기로 한다.

B. 자율규제

자율규제는 하향식 입법 방식에 대한 첫 번째 대안으로서 집행위원회가 제안한 것이다. 현재 공유경제 플랫폼은 이미 자율규제를 하고 있는 주체인데, 자신이 하는 중개기능의 조건을 결정함으로써 제공자와 소비자에 대하여 온라인과 오프라인상의 행위 기준을 정하고 있다. '코드가 곧 법이다'(code is law)라는 레시그의 금언이 포착한 바와 같이,[40] 이로써 기술은 부분적으로나마 자율규제능력을 갖고 있다는 사실을 알 수 있다. 이 시점까지 유럽연합 차원에서 공유경제의 파장을 다루려는 구체적 입법 노력이 있지는 않았다. 회원국들도 대체로 일단 두고 보자는 입장을 취해 왔다. 이러한 환경이라면 업계의 자율규제가 많았다는 점은 별로 놀랄 일이 아니다.[41] 어떤 사람들은 공유경제 플랫폼을 정부에 비유하기도 하였다. 그렇게 한 이유는 정부와 마찬가지로 각 플랫폼은 원활하고 안전한 사회경제적 활동이 가능하도록 하기 위한 정책을 개발하는 업무를 수행하고 있기 때문이다.[42] 우버의 공동체 협약(Community Compact)이 적절한 사례이다. 공동체 협약은 운전자와 탑승자 사이의 상호 작용 및 안전 문제를 규정한다.[43] 이러한 기준을 준수하지 않으면, 플랫폼에서 삭제되는 제재를 받는다.[44] 자율규제의 또 다른 예는 국제적인 프리랜서 플랫폼인 업워

---

38 경쟁법과 플랫폼에 대한 개관은 이 책 중 Dunne의 저술 부분을 참조하라.

39 3자간 협의(trilogues)는 유럽연합 입법절차의 요소로서 논쟁의 대상이다. 2차 입법 과정에서 집행위원회, 의회, 평의회의 대표들이 모여 비공식적으로 밀실협의를 진행한다.

40 Lawrence Lessig, Code and Other Laws of Cyberspace(코드와 사이버공간의 법) (1999).

41 이러한 자율규제 조치는 장래의 입법을 막으려는 희망도 부분적으로 작용하여 이루어진 것이다.

42 Lessing, supra note 40.

43 Id.

44 Id.

크(Upwork)가 플랫폼을 통해 계약한 노동에 대해 요율 하한선을 정한 사례에서도 발견된다.[45] 기술의 규제적 잠재력에 있는 '코드가 법이다'라는 측면 외에도, 기술에는 좋건 나쁘건 개인으로 하여금 특정한 행동을 하게 하는 막대한 잠재력이 있다는 점을 강조하고자 한다. 예컨대 풍설에 의하면, 우버는 운전자가 일하는 시기, 장소, 방법에 관한 심리적 유도를 하는 등의 방법으로 우버 사업의 성장을 도모하기 위하여 운전자의 조작에 관한 행동과학적 실험을 막후에서 이례적으로 진행하였다고 한다.[46] 이러한 유형의 행태를 보면 노동자와 이용자 보호와 같은 공공정책 목표를 달성하기 위하여 외부의 규제개입이 필요함을 알 수 있다.

유럽연합에서 자율규제란 '경제행위자, 사회적 동반자, 비정부기구 혹은 조직이 자체적으로 그리고 자발적으로 유럽 전역 차원의 공통된 지침(특히 업무규칙 혹은 분야별 협약)을 채택하는 행위'를 의미하는 것으로 정의되어 왔다.[47] 앞서 제시한 사례에서는 기업이 자신을 스스로 규제하는 형식을 취하는 고립된 자율규제가 있을 수 있는데, 그러한 경우가 집합적인 노력을 통해 규제가 이루어지는 경우보다 더 큰 위험을 만들어 낼 수 있다는 점이 확연히 드러난다. 자율규제는 여러 형태를 띨 수 있는데, 공적 주체가 위임할 수도 있고 자발적으로 채택할 수도 있다. 플랫폼경제의 경우, 자율규제는 업계 내부자들의 지지를 받아 왔으며,[48] 순다라라잔은 '정부규제의 신뢰강화 기능이 이제 공유경제 플랫폼의 동료평가 메커니즘에 의하여 수행된다'고 강조하였다.[49]

위에서 본 바와 같이 자율규제에도 위험은 있으므로, 공유경제 플랫폼이 순전한 자율규제 과점체제가 되어 어떤 감독 메커니즘도 없이 행동하지 않도록 주의하여야 한다. 이러한 체제에서는 투명성이 결여되어 있을 뿐만 아니라, 플랫폼을 제외한 다른 행위자의 이해관계에 대한 책임을 지지 않으려고 한다. 순위 평가 메커니즘과 동료 평가 선택지는 신뢰를 강화하는 메커니즘으로서 매력적으로 느껴지기는 하지만, 이로써 공적 장치를 대체하게 해도 될 정도인지는 알 수 없으므로, 행동심리학과 경영학으로부터 추가적인 통찰력을 얻을 필요가 있다.[50] 그러한 메커니즘은 많은 경우 가치를 창출하지만, 한편으로는 편견과 조작에도 취약하다는 것은 주지의 사실이다. 이러한 측면에서 독자적인 규제대응책이 될 수 있는지를 확인하기 위해서는 이러한 측면들이 좀더 연구되어야 한다. '경쟁 플랫폼들이 조정을 하여 그들 사이의 경쟁을 제한하는 경우라면 플랫폼의 자율규제는 경쟁법을 위반할 위험이 있다'는 점을 유럽연합법의 관점에서 중점적으로 보아야 한다.[51] 더구나 외부의 통제가 없는 자율규제는 실패하기 쉽다는 점을 우리는 알고 있다. 승객과 우버 운전

---

45 www.upwork.com

46 www.nytimes.com/interactive/2017/04/02/technology/uber-drivers-psychological-tricks.html?_r=0.

47 Interinstitutional Agreement on Better Law-Making (2003) OJ C 321, para. 22.

48 Nick Grossmann, Regulation 2.0(규제 2.0), www.nickgrossmann.is/tag/regulation-2-0/.

49 Arun Sundararajan, The Sharing Economy(공유경제) 138-58 (2016).

50 신뢰와 평판 메커니즘의 규제적 측면을 다음 글이 논의하고 있다. Marta Cantero Gomito, Regulation.com. Self-Regulation and Contract Governance in the Platform Economy: A Research Agenda(규제닷컴, 자율규제 및 플랫폼경제에서의 계약구조: 연구 의제), 9 Eur. J. Legal Stud, 53 (2017).

51 For a discussion, see Imelda Maher, Competition Law and Transnational Private Regulatory Regimes: Marking the Cartel Boundary(경쟁법과 초국가적 사적 규제체제: 카르텔 경계선의 표시), 38 J. L. & Soc'y. 119 (2011).

자 사이의 성적 접촉에 관한 우버 자체의 규칙에도 불구하고, 승객에 대한 성범죄를 저지르는 운전자에 대하여 우버가 제대로 조치하지 않은 예가 반복되어 왔다.[52] 자율규제 모델에 통일된 규제상 기준이 없음으로 인하여, 각 소송사건에서 개별적으로 적용규칙을 판단하여 왔는데, 이는 플랫폼에게나 규제권자에게나 바람직스러운 일이 아니다.[53] 규제에 비판적인 사람조차도 "'자유방임의 자유시장, 즉 정부권한에 전혀 의존하지 않는 시장이 효과적으로 작동할 것'이라고 보는 생각은 무정부주의자의 신화라 할 수는 없을지라도 엄청난 착각에 해당된다"고 주장하고 있다.[54] 우리가 자율규제를 협업경제의 적정한 지배 수단으로서 받아들이지 않는다면, 이제는 집행위원회가 제안한 두 번째의 대안적 규제해결책인 공동규제를 평가해 보자.

C. 공동규제

공동규제란 '유럽연합이 입법적 행위를 통하여, 입법자가 정한 목적을 달성하도록 해당 영역의 당사자(경제행위자, 사회적 동반자, 비정부기구 혹은 조직 등)에게 권한을 위탁하는 메커니즘'으로서 정의되어 왔다.[55] 이러한 모델에서는 유럽연합이 수탁자인 비공적 행위자가 달성해야 할 목적을 정의하게 될 것이다. 이 섹션에서는 이러한 해결책이 견고한 안전장치로 보완되는 경우라면, 유럽연합 차원에서 협업경제를 규제하는 가장 적정한 규제적 대응책이 될 수 있다는 점을 보여주고자 한다.

공동규제 모델의 규제체제는 일반적 입법과 자율규제 기구 사이의 복합적 상호작용으로 구성된다.[56] 이렇게 하면 공적 주체와 사적 주체 사이에 사적 행위를 규제하기 위한 협업이 이루어지면서, 사적 행위의 특수성이 고려되기도 하고 공공정책 목표도 달성될 것이다.[57] 공동규제는 국가와 시장 사이의 복합적 상호작용을 인정함으로써 신지배구조론적 접근법의 정신을 반영하고 있는데, 신지배구조론이란 정책, 법률, 규범 개발, 감독 및 규제를 정립하고 집행하고 전개하는 과정에 폭넓게 이해당사자와 결정권자를 포함시키는 것의 효용을 인정하는 접근법을 말한다.[58] 규제권자와 피규제자 사이의 상호영향을 강조하여 공동규제는 '규제된 자율규제'라고 부르기도 하였다.[59] 따

---

52   www.theguardian.com/technology/2017/aug/13/uber-failing-to-report-sex-attacks-by-drivers-says-met-police.

53   Edward Glaeser and Andrei Shleifer, The Rise of the Regulatory State(규제국가의 대두), 41 J. Econ, Ltd. 401, 402–03 (2003).

54   Richard Epstein, Can Technological Innovation Survive Government Regulation?(기술혁신은 정부의 규제를 살아남을 것인가?), 36 Harv. J. L. & Pub. Pol'y. 87, 88 (2013).

55   2003 Interinstitutional Agreement on Better Law-Making, supra note 48, at para 18.

56   Christopher Marsden, Internet Co-Regulation(인터넷에 대한 공동규제) 46 (2011).

57   미국에서의 공동규제에 대한 시각에 관하여는 다음 글을 참조하라. See Cannon and Chung in this volume.

58   Raymond Brescia, Regulating the Sharing Economy: New and Old Insights into an Oversight Regime for the Peer-to-Peer Economy(공유경제의 규제: P2P경제의 감독체제에 대한 신구의 통찰력), 95 Neb. L. Rev. 87, 134 (2016).

59   See Wolfgang Hoffmann-Riem, Verwaltungsrechtsreform–Ansätze am Beispiel des Umweltschutzes(행정법의 개혁– 환경보호의 접근법), in Reform des Allgemeinen Verwaltungsrechts–Grundfragen, 115, 140 (Wolfgang Hoffmann-Riem et al. eds., 1993). See also Wolfgang Schulz and Thorsten Held, Regulated Self-Regulation as a Form of Modern Government(현대 정부의 형태로서의 규제된 자율규제) (2004).

라서 공동규제는 자율규제 및 탈규제와는 구별된다. 왜냐하면 입법적 틀, 복합적 평가, 점검 메커니즘의 모든 단계에 공적기관이 관여하기 때문이다.

현재 유럽연합에서 공유경제 공동규제의 사례를 많이 볼 수 있다. 예컨대 에어비앤비와 암스테르담시는 '책임감 있는 주택공유'를 추진하기 위한 양해각서를 체결하였는데, 이에 의하면, 독채 등록물이 연간 60일을 초과하여 임대되지 않도록 자동적으로 상한제가 적용되도록 하였다.[60] 비슷한 모델이 런던 등 유럽 도시에서 적용되었는데, 런던에서는 90일로 합의되었다.[61] 조세정책에서도 유사한 해결책이 발견되고 있다. 예컨대 에어비앤비는 리스본, 파리 등 여러 도시에서 관광세(tourist tax)를 처리하는 업무를 떠안았다.[62] 에어비앤비의 사례를 좀더 살펴보건대, 에어비앤비가 공동체 협약을 채택하여 도시들과의 동반자 관계를 만들기 위한 지도원칙을 설정하였다는 점을 눈여겨볼 가치가 있다.[63] 규제에 플랫폼을 관여시켜야 한다는 주장의 주된 논거는 플랫폼의 협력이 있어야 많은 규제 목적을 효율적으로 달성할 수 있다는 것이다. 에어비앤비는 관광세를 징수하는 데 알고리즘을 바꾸기만 하면 된다. 반면에 조세법의 집행은 조세당국에게 비용이 많이 들고 힘든 업무인데다가 완벽한 집행도 불가능한 것이 보통이다.

사실상의 자율규제 시대에서, 유럽연합은 공동규제를 통하여 어떻게 공공정책의 목표를 달성할 것인지에 대한 논의를 재점화시킬 수 있을 것이다. 더욱이 플랫폼이 데이터를 독점하고 있고 규제권자는 보통 최선의 결정을 하는 데 필요한 데이터가 없는바, 공동규제는 정보의 비대칭성을 해결하게 된다. 사적 행위자를 관여시키면 규제가 '투영적'(reflexive)이 될 수 있는데, 이 말은 규제대상인 자율적 사회시스템이 규제의 형성 과정을 이해하게 된다는 뜻이다.[64] 공동규제적 해법에서 규제대상의 이해관계는 무시되는 것이 아니라, 오히려 규제개념의 중심적 요소가 된다. 슐츠와 헬드는 '공동규제로써 정보수집이 용이해지는데, 그 주된 이유는 규제영역의 활동자(경제사업체 등)가 진행되는 상황을 직접적으로 파악하기 때문이다'라고 강조한다.[65] 현실로 존재하는 정보 비대칭성이 공동규제를 선호할 수밖에 없게 하는 분명한 요소이다. 더구나 공동규제에는 유연성이 내재한다. 공유경제에는 여러 플랫폼이 있는데, 이러한 플랫폼에서는 동료 및 전문적 제공자에 의한 다양한 거래가 이루어지고 있다. 기술이 변하고 경험이 쌓임에 따라 규제가 적응해가야 하는바, 이렇듯 급격하게 변하고 양상도 다양한 산업분야에서는 규제 실험주의의 가치가 더욱 부각된다.[66] 공동규제는 지속적인 평가와 보고를 통하여 모범 사례를 확인할 수 있게 하는 한편 상호 학습

---

60 www.dutchdailynews.com/amsterdam-airbnb-announce-new-unique-agreement/.

61 Id.

62 Id.

63 www.airbnbcitizen.com/the-airbnb-community-compact/.

64 Günter Teubner, Justification: Concepts, Aspects, Limits, Solutions(정당성: 개념, 측면, 한계, 해법) in A Reader on Regulation 406 (Robert Baldwin et al. eds., 1998) and Günter Teubner, Law as an Autopoetic System(자기창조적 체계로서의 법) (1993).

65 Schulz and Held, supra note 60, at 15.

66 See Sofia Ranchordás, Innovation Experimentalism in the Age of the Sharing Economy (공유경제 시대의 혁신 실험주의), 19 Lewis & Clark L. Rev. 871 (2015).

을 촉진할 것이다. 집행위원회는 실제로 이미 공공당국으로 하여금 '혁신적 규제접근법을 시험 삼아 가동해 보고, 복잡성과 가변성의 측면에서 보았을 때 혁신적 해법에 타당성과 지속가능성이 있는지를 확인해 보라'고 촉구하였다.[67] 게다가 공동규제는 하향식 입법으로는 달성할 수 없는 집행의 용이성을 가져온다. 협업경제 플랫폼은 코드를 변환하기만 하면 프로슈머가 조세를 납부하고 기간제한 제도를 지키게 할 수 있는데, 이는 규제권자가 할 수 없는 꿈같은 조치이다. 이러한 이점이 있으므로, 유럽연합에서 협업경제를 규제함에서 공동규제가 적합한 접근법이 될 수 있다.

물론 다른 제도와 마찬가지로 공동규제에도 고유의 위험과 문제점이 있다. 예컨대 소형 플랫폼에 비하여 대형 플랫폼이 더 쉽게 이러한 절차에 참여할 수 있을 것이다. 하지만 공동규제 절차를 추가적 안전장치로 보완할 수 있는데, 자율규제라고 부를 수밖에 없는 상황으로 가지 않고 진정한 협력과 대화가 진행되는 것이 되도록 보완이 이루어질 수 있다. 공공당국은 '제대로 준수되지 않으면 언제든지 협업적 절차를 폐기하고 하향식 입법절차로 갈 수 있다'는 우월한 입장을 견지하여야 하고, 정기적 점검절차가 객관적으로, 독립적으로 수행되어야 한다. 또한 다른 규제기법에서와 마찬가지로 규제포획을 경계해야 하고, 모든 관계자가 동등한 목소리를 내도록 보장해야 한다. 매우 중요한 두 개의 안전장치인 다중심성 및 데이터 공유에 관하여는 아래에서 자세히 보기로 한다.

D. 공동규제적 접근법의 중심적 요소로서의 다중심성 및 데이터 공유

위에서 본 전통적인 공동규제적 접근법은 구체적으로 공유경제에 맞춘 기능상 보완이 이루어져야 한다. 첫 번째로 다중심성은 모든 공동규제적 해법의 핵심적 특성이 되어야 한다.[68] 다중심성은 권한의 분산과 파편화에 기초한 신지배구조론 모델의 특징적 요소이다.[69] 엄밀한 공동규제적 접근법에 따른다면, 오직 업계와 유럽연합만이 협력하여 플랫폼 규제를 정하게 될 것이다. 하지만 다른 이해당사자도 참여해야 한다. 왜냐하면 그것이 더 나은 결과를 가져올 것이고, 공유경제 자체에 존재하는 다중심적 성격을 반영할 것이기 때문이다. 다중심적 공동규제적 접근법에서는 구속력 있는 규칙이 다수의 행위자들 사이의 상호작용을 통해 도출된다. 다수의 이해당사자가 투명한 방식으로 의견을 제시하게 될 것인데, 이해당사자에는 시장점유율이 가장 큰 플랫폼뿐만 아니라 여러 플랫폼도 포함되고, 소비자, 전문가, 기존업계의 대표자 등도 포함될 것이다. 이러한 절차는 대개 기술을 통하여 촉진될 것이고, 실제로 이미 유럽연합은 온라인 협의를 통하여 입법에 관

---

67 Communication from the Commission to the European Parliament, the Council, the European Economic and Social Committee and the Committee of the Regions Upgrading the Single Market: More Opportunities for People and Business(유럽연합의회, 평의회, 유럽연합경제 사회위원회 및 지역위원회에 대한 집행위원회의 통신문: 단일시장의 개선으로 사람과 사업체에게 더 많은 기회를 제공하고자 함), COM (2015), 28. 10. 2015.

68 On this, see further Finck, supra note 33.

69 Joanne Scott and David Trubek, Mind the Gap: Law and New Approaches to Governance in the European Union (격차에 유념하라: 유럽연합에서의 법과 신지배구조론), 8 Eur. L.J. 1, 8 (2002).

한 이해당사자의 의견을 듣고 있는데, 이 점은 공동규제적 접근법에도 시사하는 바가 있다.[70] 사실 이는 정확히 집행위원회가 플랫폼, 온라인 중개, 데이터 및 클라우드 컴퓨팅, 협업경제 등의 규제 환경에 대한 2015년의 공적 의견조회를 통하여 달성하고자 시도했던 것이다.[71] 이러한 다중심적 협의의 노력으로 정보가 더욱 많이 수집될 수 있는데, 보통 지식은 사회에 분산되어 있고 정보의 비대칭성이 존재하므로, 이렇게 정보를 수집하는 것은 가치가 있다.[72]

더 나아가 이러한 접근법은 유럽연합의 '2015년 더 나은 규제를 위한 안건'(Better Regulation Agenda)과도 관련된다. 위 안건은 폭넓은 의견조회와 시민참여를 포함하는 등 증거 기반 규제를 촉진하는 것이었다.[73] 플랫폼경제의 규제를 위한 대화는 초국가적인 여러 분야를 대상으로 하고, 지역정부, 초국가적 기구 등 각급 정부의 행위자들이 관련되어 있어서 이미 다중심성이 명확히 존재하므로, 위와 같은 설명은 쉽게 이해할 수 있다.[74] 사실 위에서 본 논의와 관련하여 보건대, 중요한 점은 '유럽연합의 입법이 오로지 개괄적인 틀만을 형성하고, 각 회원국 내 지역정부가 국지적 효과에 대응하여 각 지역의 특성을 반영한 대책을 세울 여지를 남겨 둔다'는 것이다.[75]

디지털화된 공유경제가 출현하게 만든 바로 그 기술적 변화에 의하여 다중심성이 심화된다는 점을 특히 강조할 가치가 있다. 새로운 디지털 통로가 생겨서 참여와 숙고가 이루어짐으로써 정책 결정 네트워크가 생기고, 정책 대화를 위한 대안적 공간과 형태가 확장될 가능성이 커졌다. 공유경제 플랫폼 스스로가 기술이 일반인에 대해 갖는 영향력을 활용하는 법을 오랜 기간 배워 왔다. 분명히 온라인 참여에 문제가 없는 것은 아니다. 격렬한 의견 충돌, 정당성, 선별적 채택, 부당한 영향, 편견 등에 관한 문제가 제기되고 있다. 그러나 디지털 도구가 전반적으로 시민 참여에 긍정적인 역할을 한다는 증거가 증가하고 있다.[76] 위에서 본 이유로, 기술적 혁신으로 촉진되는 다중심적

---

70 See, by way of example, the EU's Public Consultation on Building the European Data Economy(유럽연합 데이터경제의 구축에 관한 의견조회), https://ec.europa.eu/digital-single-market/en/news/public-consultation-building-european-data-economy.

71 European Commission, Public Consultation on the Regulatory Environment for Platforms, Online Intermediaries, Data and Cloud Computing and the Collaborative Economy(플랫폼, 온라인 중개, 데이터 및 클라우드 컴퓨팅, 협업경제의 규제환경에 대한 공적 의견조회) (2015), https://ec.europa.eu/growth/content/public-consultation-on-the-regulatory-environment-for-platforms-online-intermediaries-data-and-cloud-o_en.

72 Cass Sunstein, Infotopia: How Many Minds Produce Knowledge(인포토피아: 얼마나 많은 사람들이 지식을 생산하는가) (2006); Henrik Serup Christensen, Maija Karlainen and Laura Nurminen, Does Crowdsourcing Legislation Increase Political Legitimacy? The Case of Avoin Ministeriö in Finland(군중 기반 입법이 정치적 정당성을 증대시키는가? 핀란드의 정부공개제도의 사례), 7 Pol'y & Interner 25 (2015).

73 Communication from the Commission to the European Parliament, the Council, the European Economic and Social Committee and the Committee of the Regions, "Better Regulation for Better Results- An EU Agenda,"(유럽연합의회, 평의회, 유럽연합경제사회위원회 및 지역위원회에 대한 집행위원회의 통신문, "더 나은 결과를 위한 더 나은 규제－유럽연합 안건"), COM(2015) 215.

74 규제를 위한 대화에 관하여는 다음을 참조하라. See furhter Julia Black, Regulatory Conversations(규제를 위한 대화), 29 J. L. & Soc'y, 163 (2002).

75 유럽연합법에서 회원국 내 지역정부가 차지하는 지위에 관하여는 다음을 참조하라. See Michèle Finck, Subnational Authorities in EU Law(유럽연합법에서의 회원국 내 지역정부) (2017).

76 Shelley Boulianne, Does Internet Use Affect Engagement? A Meta-Analysis of Research(인터넷 사용이 참여에 영향을 미치는가? 연구에 대한 메타 분석), 26(2) Pol. Comm, 193, 205 (2009); Kevin Desouza and Aksay Bhagwatwar, Technology-Enabled Participatory Platforms for Civic Engagement: The Case of U.S. Cities(시민 참여를 위한 기술 기반의 참여적 플랫폼: 미국 도시들의 경우), 21(4) J. Urban Tech, 25 (2014).

공동규제 절차가 자율규제 및 하향식 규제보다 더 나은 것으로 보인다. 더구나 공유경제의 출현을 가능하게 한 기술 자체가 수정될 여지가 있으므로, 이와 같은 절차의 유연성으로 인하여 학습과 적응의 공간이 만들어진다는 점은 두드러진 강점이라고 할 수 있다.[77] 공동규제적 접근법을 통한 플랫폼의 규제에는 다중심성이 반영된다는 면 외에도 데이터 공유를 가능하게 한다는 면도 있다.

디지털경제의 공동규제적 해법은 피규제자와 규제권자 사이에서 데이터가 공유되는 경우에만 제대로 작동할 수 있다. 중개인은 내부적 작동방식을 잘 알고 있지만, 규제권자는 대체로 추측에 의존할 뿐이다.[78] 따라서 규제권자가 필요한 정보를 얻고 플랫폼이 해당 기준을 잘 집행하고 있는지 판단하기 위해서는, 공동규제가 일종의 데이터 공유 기구를 갖추어야 한다(이러한 경우에도 당연히 데이터보호기준[79]은 준수되어야 한다). 이와 관련하여 흥미로운 사례가 있는데, 예컨대 밀라노시와 에어비앤비 사이의 데이터 공유 협정이 있다.[80] 그러나 이러한 경우에 공유된 정보가 정확히 무엇인지는 거의 알려져 있지 않으므로, 규제권자로서는 규제 목적이 달성되었는지를 제대로 평가하는 데 필요한 데이터가 공유되었는지 여부를 일일이 확인하여야 할 것이다. 현재로는 플랫폼이 데이터 공유를 자체적으로 규제하고 있는 것이 사실이다. 에어비앤비의 공동체 협약에서는 데이터 공유의 개방성을 표명하면서 '각 도시가 주택공유 정책에 대한 올바른 판단을 하는 데에 필요한 정보를 제공하겠다'고 규정하고 있다.[81] 하지만 공개된 정보는 비교적 일반적인 것들로서 여기에는 에어비앤비가 상당한 활동을 하고 있는 도시에 관한 '주택공유활동 보고서'가 있는데, 이 보고서에는 에어비앤비에서 연간 발생한 경제적 활동의 총량, 전형적 숙박주의 수입, 공유수입 덕분에 퇴거 혹은 강제경매를 면한 숙박주의 숫자, 전형적 등록물의 연간 임대일수, 각 도시별 손님의 평균 숙박일수 등이 포함되어 있다.[82]

공공당국이 공동규제 절차를 감사하고 평가하기 위해서는 충분한 데이터에 접근하여야 한다. 이와 관련해서 많은 대안이 존재한다. 우선, 공공당국이 그러한 데이터에 대한 무제한의 접근권을 가질 수 있다. 이는 의심할 여지 없이 가장 급진적인 방법인데, 고도의 역설계 기법에 의하면 완전한 데이터 익명화가 유지되기는 어려울 것이므로, 개인 데이터 보호에 대한 우려를 야기한다.[83] 플랫폼 역시 그러한 급진적 투명성을 반기지 않을 것이다. 더 완화된 해법을 생각해 볼 수 있는데, 예컨대 대규모 데이터 점검에 대신하여 정부의 감사 목적에 맞춘 응용프로그램 인터페이스(API)를 사용하거나 데이터 샘플링을 이용할 수 있을 것이다.[84] 이 글에서는 지금까지 협업경제에서 규

---

77 블록체인 등 분산원장기술은 플랫폼의 작동방식에 막대한 영향을 미칠 수 있으므로, 이러한 기술의 출현으로 위 논의가 더욱 부각된다.

78 Frank Pasquale, The Black Box Society(블랙박스 사회) (2015).

79 유럽연합에서는 일반데이터보호규정(General Data Protection Standards)의 적용을 받는다.

80 www.airbnbcitizen.com/moving-fowards-in-milan/.

81 Id.

82 Id.

83 See further Article 29 Working Party Opinion 04/2014 on Anonymization Techniques, 0829/14/EN, 12-13.

84 간략히 말하면, API는 시스템 간의 데이터 흐름을 가능하게 하는 도관이다.

제권자와 규제의 영향을 받는 행위자 사이에 협력을 강화하는 것이 필요하다는 입장을 피력하여 왔다. 이제 결론으로서 '어찌하여 기술과 규제의 융합이 플랫폼경제에 특유한 것이 아니라 미래에 도래할 세계의 징표가 되는지'를 검토하고자 한다.

Ⅳ. 기술과 법의 융합의 증대

위에서는 신기술을 규제할 때 직면하는 과제들을 분석해 보았다. 디지털 플랫폼의 활동범위와 효과는 초국가적이지만, 활동지역에 밀접하게 연결된 결과를 초래하는 것이 흔하다.[85] 따라서 '누가 공유경제를 규제해야 하느냐'는 질문에 단순한 대답이 있을 수 없으며, 각 국가 및 지역정부의 정책에 대한 자율권과 역내시장의 목적을 달성하기 위한 초국가적 규제 사이에 균형이 이루어져야 한다. 물론 여기에는 유럽연합 내의 권한분배 상황이 반영되어야 한다. 초국가적 차원에서 공유경제에 대응하도록 정하는 것이 어려운 이유는 공유경제에는 소비자 보호,[86] 조세(일반적으로 이는 회원국 권한이다),[87] 도시문제와 주택정책(이것도 회원국 권한인데 주로 지역정부가 권한을 행사한다) 등의 문제가 있기 때문이다. 규제책임의 이러한 파편화는 유럽연합의 권한분배를 반영할 뿐만 아니라 협업경제의 특성을 반영하고 있기도 하다. 왜냐하면 협업경제는 본질적으로 초국가적 현상이기도 하지만 국지화된 파급효과도 있기 때문이다.

규제의 형태를 제안하는 것도 동일하게 힘든 일이다. 하향식 입법은 디지털 영역에 적용하기 적합한 수단이 아니라고 볼 이유가 많다. 동시에 자율규제에는 데이터 독점을 강화하고 공공정책의 목표가 준수되지 않을 위험이 있다. 이러한 상황에서 제3의 길인 공동규제 해법이 나타난 것인데, 이 해법에서는 신기술의 강점과 공적 시장개입의 고전적 이유가 서로 연결된다는 것이 주요한 장점이다. 결론으로 간단히 주장하건대, 앞으로 기술과 법이 더욱 융합될 필요성이 있다는 점을 암시한다. '다중심적 공동규제 절차'라는 아이디어만을 놓고 보면, 이것이 혁명적인 것이라고 할 수는 없다. 이 아이디어는 '광범위한 참여와 합의에 기하여 구속력 있는 규범이 생성되어야 하고 사회 전체를 위하여 작동하는 목적을 추구하여야 한다'는 이념을 대변한다. 그러나 규제에 관한 현재의 논의를 보면, 민주적 입법절차에서 현재 추구하는 이상을 디지털 경제 전반에, 구체적으로는 공유경제 플랫폼에 전이하는 것이 쉽지 않은 것으로 판명되었다는 점을 알 수 있다. '초국가적 입법절차가 민주주의의 이상에 부합하지 못하고 있고 밀실 협상에 의하여 형성되고 있다'는 비판이 점점 거세지는 것과 함께 위와 같은 현상이 나타나고 있다. 규제대상인 공유경제 플랫폼이 원자(atom)의 세계에서 비트(bit)의 세계로 옮겨간 것이다. 이로써 다양한 어려움이 생겼지만, 플

---

[85] See further Davidson and Infranca in this volume.
[86] Articles 4(2)(f), 12, 114(3) and 169 TFEU and Article 38 of the Charter of Fundamental Rights of the European Union.
[87] On this, see further Pantazatou in this volume.

랫폼에 의한 조세징수 사례가 보여주듯이 상호협의와 집행의 기회도 생겼다. 동시에, 공유경제로 인하여 우리는 적정한 규제의 수준에 대한 오래된 논의를 다시 하게 되었고, 결론적으로는 이러한 논의에서 포괄적인 해답을 찾기가 여전히 어렵다는 점을 인식하게 되었다. 이제 다중심적 공동규제는, 다양한 행위자가 테이블에 모여서 규제 쟁점을 토론하고, 집행과 평가 등 규제절차의 여러 단계에서 서로 협력하도록 유도한다. 공동규제가 바람직한 결과를 창출해 내지 못하는 경우에 대비하여 입법자가 우월한 지위에서 하향식 입법을 할 권한을 보유하여야 하지만, 위와 같은 절차가 진정으로 개방되고 투명한 방식으로 설계된다면 대의민주주의의 이상을 잘 대변하고 바람직한 결과를 달성할 수 있을 것이다.

혁신의 진행은 항상 규제절차보다 빠르기 때문에 규제권자에게 혁신은 영원한 숙제이다. 역사적으로 교란적 기술은 산업, 시장, 법체계를 변혁시켰다. 혁신이 항상 규제권자에게 도전을 제공하였지만, 혁신이 사회에 미친 영향의 속도는 보통 느리다(제1차 산업혁명의 단초가 된 신제조업절차를 생각해 보라). 하지만 데이터 기반의 디지털 경제에서는 규제권자가 학습하고 적응할 시간이 거의 없다. 이 점은 다양한 상황(디지털 플랫폼, 빅데이터, IoT, 분산원장기술 등)에 대한 적정한 규제적 대응이 무엇인지를 결정하지 못하고 있는 현재의 상태를 보면 알 수 있다.[88] 위 각 기술영역에는 혁신적 가치의 약속도 있지만 초기에 해결해야 하는 위험성도 존재하고 있다. 다른 사람들과 마찬가지로 규제권자도 이러한 기술을 제대로 이해해 보려고 애를 쓰고는 있으나, 이 기술들은 더욱 빨리 변화하고 있다. 우리가 플랫폼의 현재 작동방식을 이해하려고 노력하는 동안에도, 블록체인 등 여러 형태의 분산원장기술의 발전으로 인하여 적어도 기반기술은 이미 수정되고 있는 상황이다. 더욱이 플랫폼이 온라인에서 운영되고 있기 때문에, 오프라인 거래에 맞춰진 법 원리를 온라인 세계의 플랫폼 운영에 적용하는 것도 부담스러운 문제이다.

이 상황에서 유념해야 할 핵심적 사실은, 기술이 규제 목적의 달성에 대한 불확실성과 위험성을 제공하기도 하지만, 동시에 기회도 제공한다는 것이다. 공유경제 플랫폼에 대한 초기의 경험을 살펴보면, 공공정책 목표가 플랫폼 기능에 코딩될 수 있다는 점, 추가로 데이터 공유 등 메커니즘을 규제절차에 포함시킬 경우 공공정책 목적을 집행하는 것 역시 상당히 수월해질 수 있다는 점이 드러난다. 이러한 경향은 해가 갈수록 지속될 가능성이 높다.[89] 브레샤가 보여준 바와 같이, 소비자 보호 목적을 희생하지 않으면서 혁신을 조장하는 해법을 찾는 것이 과제이다.[90] 필요한 것은 공유경제의 영향을 받는 다수 이해당사자 사이의 대화이다. 규제는 디지털화에 적응할 필요가 있다. 왜냐하면 규제 목적 중 일부는 관련 기술의 코드에 반영되어야 달성이 가능하고, 동시에 선택된 이해당사자와 일반 시민의 직접 참여를 가능하게 하는 새로운 통로가 기술에 의하여 제공되기

---

88 See further Mischèle Finck, Blockchain Regulation(블록체인 규제), German L.J. (forthcoming 2018).
89 유럽연합의 데이터 보호 목적이 설계와 기본값을 통하여 디지털 플랫폼과 블록체인에 포섭되는 태양을 보면 사례를 파악할 수 있을 것이다.
90 See Brescia in this volume.

때문이다. 더욱이 기술을 제대로 사용한다면 발전과 집행을 위한 새로운 메커니즘이 제공될 것인데, 그렇게 되면 규제권자는 기존 규제 해법의 효과를 평가할 수도 있고, 시민들에게 이에 관한 투명성을 제공하는 데에 기술이 기여할 수도 있다. 기술과 법의 융합방식을 결정하기 위해서 다중심적 규제 대화가 여러 이해당사자 사이에 있어야 한다. 이러한 이해당사자로는 플랫폼, 규제권자, 영향을 받는 소비자, 시 대표 등이 포함된다. 원칙이 정해지면, 규제권자는 그 준수를 감독하는 위치에 있어야 하는데, 데이터 보호 요건을 충족하면서도 관련 데이터에 대한 접근권을 획득하여야 준수에 대한 감독의 수행이 가능할 것이다. 규제적 관점에서 보면, 공유경제의 전개와 같은 기술적 변혁은 도전과 기회를 동시에 던져 주므로, 이러한 도전과 기회는 공동규제를 통하여 잘 이용되어야 한다. 더불어 공동규제적 접근법에서는 초국가적인 공통의 법적 기준을 적용하는 한편 회원국 및 회원국 내 지역정부에 실험과 적응의 여지도 남겨두어야 한다. 기술이 빠른 속도로 발전을 지속하고, (AI를 통해) 사회적 규범을 디지털화하거나 (블록체인 기반의 스마트 계약을 통해) 법적 합의를 코드화하는 상황에서, 기술과 법의 관계를 재고할 필요가 있다. 과거에는 기술이 언제나 규제의 대상이었으나, 현재는 기술이 점점 그 스스로 규제세력이 되어 가고 있다. 장기적 공공정책 목표를 보존하고 현재의 민주적 절차의 단점을 보완해 가면서 기술적 혁신을 지속하기 원한다면, 법과 기술의 가교를 찾고 그 상호작용을 증대하여야 한다. 플랫폼경제는 관련 원리를 실험하고 미래에 대한 준비를 할 기회를 조기에 제공하고 있다.[91]

---

91 기술과 법의 상호작용에 대한 자세한 논의에 관하여는 다음 글을 참조하라. See Finck, supra note 89.

공유경제에 대한 다층적 규제의 문제: 플랫폼 조합주의와 사회연대적 경제의 관점

브론웬 모건

서언

공유경제의 전개로 인하여 지역, 정부, 국제 단위에서 이루어지는 각 규제의 상호작용에 대한 기존 이해가 흔들리고 있는데, 공유경제의 전개 자체에 대한 다툼이 크게 일어나고 있다. 즉 공유경제 규제에 대한 논의의 타당성은 새로운 공유경제에 대한 가정에 의존하는데, 그러한 가정 자체가 다투어지고 있는 것이다. 공유경제가 점점 더 '플랫폼 자본주의'[1] 혹은 '긱경제'[2]와 동일시되고 있다는 측면에서 생각하는 것이 특히 중요하다고 이 글에서 주장한다. 또한 이 글에서는 플랫폼 조합주의[3]의 시각에서 다층적 규제의 문제를 살펴보고, 보다 광범위하게는 공공재, 연대성, 공동체 등에 관한 담론과 현실에 뿌리내린 공유경제운동을 살펴본다.[4]

첫째, 나는 경쟁적 공유경제의 두 가지 유형론 중 두 번째 유형론에서 플랫폼 조합주의를 고려한다.[5] 둘째, 플랫폼 조합주의와 사회연대적 경제(PC/SSE, the platform cooperativism and the social solidarity economy)에 두 가지 독특한 제도적 특징이 있다고 보는데, 그 두 가지는 기업의 새로운 법적 형태와 수평적 확산이고, 수평적 확산은 '규모 확장(scaling-out)' 및 복제를 통하여 이루어진다. 이러한 점들은 각각 특별한 규제적 의미를 가지고 있다. 나는 공유경제의 규제에 관한 지역, 국가, 국제적 측면의 다차원적인 관계에 대한 독특한 시각을 제공하고자 한다. 미국, 호주 및 EU 등 각기 다른 지역의 사례를 활용하는데, 지역별로 특정한 전개 상황을 파악하기보다는 일반적인 개념적 관점을 형성하는 것을 목표로 한다. 결론 부분에서는 공유경제 규제와 관련된 논란에서 이러

---

1   N. Srnicek, The Challenges of Platform Capitalism: Understanding the Logic of a New Business Model(플랫폼 자본주의의 도전: 새로운 사업모델 논리에 대한 이해), 23 Juncture 254-57 (2017); N. Srnicek, and L. De Sutter, Platform Capitalism(플랫폼 자본주의) (2016).

2   O. Lobel, The Gig Economy and the Future of Employment and Labor Law(긱경제와 고용노동법의 미래)(역주: 원제의 인용이 잘못되어 있는데 이를 바로잡았다) 51 U.S.F.L. Rev. 51-74 (2017).

3   T. Scholz, Platform Cooperativism: Challenging the Corporate Sharing Economy(플랫폼 조합주의: 법인형 공유경제에 대한 도전) (2016).

4   P. Utting ed., Social and Solidarity Economy Beyond the Fringe(주변부를 초월한 사회연대적 경제) (2015).

5   K. Frenken, Political Economies and Environmental Futures for the Sharing Economy(정치경제와 공유경제의 환경적 미래), 375 Phil. Transactions of the Royal Society A 20160367 (2017); A. R. Davies, B. Donald, M. Gray, and J. Knox-Hayes, Sharing Economies: Moving Beyond Binaries in a Digital Age(공유경제: 디지털 경제의 이분법을 넘어서), 10 Cambridge J. Regions, Econ. & Soc'y. 209-30 (2017).

한 접근방식에 대한 몇 가지 중요한 한계를 인정하고자 한다.

I. 경쟁적 공유경제(Contested Sharing Economy)의 유형

프렌켄은 공유경제를 '소비자들이 사용빈도가 낮은 자신들의 물리적 자산에 대한 한시적 접근권을 서로에게 부여하는 형태'로 정의한다.[6] 위 정의를 사용하는 경우, 뚜렷한 세 가지 경제적 경향의 상호작용 속에서 공유경제의 대두가 이루어지는 것으로 이해할 수 있다. 위 세 가지는 P2P의 교환, 소유권보다는 접근권의 중시, 순환적 사업모델의 추진이다. 이와 같이 상당히 좁은 개념을 사용하더라도, 공유경제의 미래 경로가 다양하게 펼쳐진다. 프렌켄은 이러한 경로를 세 가지 미래로 설정한다. '자본주의적 미래'에서는 상업적으로 운영되는 거대 플랫폼이 독점력을 축적하여 거대 규모의 사용자 집단에 극대한 편의성을 제공하고, '국가주도적 미래'에서는 과세의 대상을 노동에서 자본으로 바꾸고 공유경제의 이익을 승자로부터 패자에게로 재분배하고, '시민주도적 미래'에서는 협동조합 형태의 플랫폼이 민주적으로 통제된다.[7]

유럽연합집행위원회의 지원으로 공유경제에 관한 최신 문헌에 대한 검토보고서가 최근에 발간되었다. 위 보고서에서는 위 세 가지 가능성(플랫폼 자본주의, 플랫폼 재분배주의, 플랫폼 조합주의)을 반영하여 조금 다른 표현으로 이들을 확장하여 설명한다.[8] 이 보고서에서는 다시 네 개의 경로로 나누고 있는데, 이들은 공유경제의 장래 발전 시나리오를 각기 제시한다. 첫째, '대변혁' 경로는 공동체 주도의 낙관적인 경로로서 친환경적·친사회적 공정경제를 구현하므로 큰 규제적 개입이 필요하지는 않다. 행동과 문화의 변경만으로도 경제의 재조정(re-embedding)이 원만히 일어난다. 둘째, '규제에 의한 지속가능성' 경로에서는 정부가 재조정을 추진하는데, 전통적 규제적 개입 수단으로 지속가능한 사회를 추구하며 공유경제가 가져오는 소외와 불공정성을 시정하려고 한다. 셋째, '성장지향적 세계화' 경로가 나타나는 경우, 정부 개입은 최소화될 것이고 그리하여 불평등과 사회적 양극화가 발생하고 지속가능성에도 부정적인 영향이 있을 것이다. 이 시나리오의 공유경제에서는 인간자본의 전문화와 '가상공간'의 이주노동이 발생할 것이다. 마지막으로, 위 보고서는 네 번째 경로를 추가하는데 이는 프렌켄이 생각하지 못한 것이다. 이는 바로 '야만화'의 경로이다. 여기에서는 전통적 기업과 노동이 기존의 중개절차에서 탈피하고 탈중심화와 파편화를 거쳐서, 알고리즘에 의한 재중개절차로 돌입한다. 로봇이 노동을 대체하고, 노동자는 일상적이고 반복적인 세분작업을 수행한다. 노동 이탈과 무력화가 발생하는데도 정부가 개입하지 않아 실업과 불평등이 심화된다.

---

6 Frenken, supra note 5.

7 Id.

8 Davies et al., supra note 5.

위 두 유형은 모두 유용하지만, 둘 다 주목할 만한 한계가 있다. 플랫폼경제에 관한 시장 주도 시각이건 시민 주도 시각이건, 국가의 중요한 역할을 뒷전으로 밀어내고 시장의 '보이지 않는 손' 혹은 공동체의 '보이지 않는 손들'을 중시하려는 경향이 있다. 프렌켄의 경우에는 시장, 국가, 시민이 각 경로의 주도자임을 인정하는데,[9] 반면에 유럽연합 보고서가 전제로 삼는 점은 규제에 의한 지속가능성 시나리오에서는 정부가 주도하고 나머지 경로에서는 공동체 주도이거나 정부의 개입이 최소화되어 있다는 것이다.[10] 특히 이 글에서 특별히 초점을 맞추고 있는 시민 주도의 경로에 관하여 보건대, 법적 틀과 정부 정책이 집단적 행위의 여러 가능성을 제공하는 데에서 수행하는 중요한 역할이 위와 같은 유형화에서는 제대로 설명되지 않고 있다.

플랫폼 조합주의가 형성하는 공유경제의 방향이 관련 법률과 정책의 제도적 경로와 어떻게 연결되는지를 이해한다면 국가가 할 수 있는 다양한 역할을 좀더 명확하게 이해할 수 있다. 트레버 숄츠의 설명에 따르면, 플랫폼 조합주의를 통하여 공유경제의 기술적 혁신이 노동 자율성과 안정성을 증진하는 원리를 준수하면서 '소유권 모델'로 하여금 민주적 가치의 옹호와 사용자–소비자 연대의 배양에 기여하도록 하였다고 한다.[11] 이 글에서는 사회연대적 경제에 대한 광범위한 약속의 개별 사례로서 플랫폼 조합주의를 취급하는데, 사회연대적 경제란 '공공재, 연대감, 공동체, 개방적 조합주의'에 관한 담론과 현실에 뿌리를 둔 공유경제 활동을 포함하고 있다.[12] 플랫폼 조합주의와 사회연대적 경제(plaftform cooperativism and social solidarity economy)의 시각을 통해 공유경제의 전개를 고찰하는 방식을 PC/SSE 접근법으로 부르고자 한다.

이 글에서는 PC/SSE 접근법에 내재된 두 가지 중요한 경로인 '기업적 다양성'과 '수평적 복제'를 설명하고자 한다. 먼저 각 경로의 진행 방향을 기술한 후 제도적으로 뚜렷이 구분되는 각 경로의 세부적 규제관련성을 개괄적으로 그려보고자 한다. 마지막 섹션에서는 위의 규제관련성이 지역–국가–국제의 다층적(multi-scalar) 관계로 귀결된다는 점 및 다층적 관계는 다단계적(multilevel) 규제와는 매우 상이하다는 점을 상세히 지적하고자 한다.

---

9 Frenken, supra note 5.

10 C. Codagnone, F. Biagi, and F. Abadie, The Passions and the Interests: Unpacking the "Sharing Economy,"(열정과 이해관계: 공유경제의 해부) JRC Science for Policy Report. Belgium, European Commission (2016).

11 Scholtz, supra note 3.

12 United Nations Taskforce on the Social and Solidarity Economy, Social and Solidarity Economy and the Challenge of Sustainable Development: A Position Paper(사회연대적 경제와 지속가능한 발전의 도전: 입장문) (2014); Utting, supra note 4; M. Vieta, The New Cooperativism(신조합주의), Affinities, 4 (2010).

II. PC/SSE는 제도적으로 구분되는 공유경제의 형태인가?

A. 기업형태의 다양성

PC/SSE의 시각을 통해 보는 공유경제의 첫 번째 제도적 특색은 기업적 다양성이다. 이 점의 주요 측면은 '공유경제의 행로가 공유경제의 규제에 의하여 형성될 뿐만 아니라 공유경제 활동의 법적·조직적 구조와 지배체제에 의한 영향도 받는다'는 점이다. 사회적·환경적 도전은 원래 규제가 해결해야 할 일이지만, 공유기업은 이러한 도전을 기업의 법적 형태에 선제적으로 반영시켜서 내부화하는데, PC/SSE의 시각에서 보면 새로운 기업 형태가 수행하는 역할을 음미하는 것이 특히 중요하다.

점점 많은 학자들이 기업의 대안적 법적 모델에 더 관심을 가져야 한다고 주장하는데, 대안적 모델에서는 기업을 구성함에서 사회적·환경적 가치에 대한 약속 및 주주 외 일반인에 대한 책임을 조직화하여야 한다는 것이다.[13] 이러한 모델에서는 내부의 기업 지배체제 역학을 이용하여 제반 사회적 목표를 취급하려고 한다. 이러한 결과를 창출하는 메커니즘을 제도화하는 방법으로서는 공동소유와 통제, 보고 및 감사 메커니즘 혹은 위 둘의 결합이 있을 수 있다. 공유경제라는 말이 등장한 이후로 공유경제 활동의 조직 형태에 대한 논란이 있어 왔다. 실제로 전 지구적으로 가장 빠르게 상업적 확장을 해온 승차공유(우버의 등장 사례에서 알 수 있다)와 같은 영역에서는 기업적 다양성이 증가하고 있다. 기업적 사양성의 사례로서는 프랑스의 비영리 승차공유 업체인 블라블라카(BlaBlaCar),[14] 미국 텍사스 오스틴 기반의 비영리업체인 라이드셰어(Rideshare),[15] 저소득 지역 사회에 초점을 맞춘 버팔로의 승차공유 협동조합,[16] 노조와 협력하는 덴버의 승차공유 협동조합[17]이 있다. 요컨대, 기업적 다양성은 거래법과 사적 경제활동의 구성 틀에서 중요하면서도 제대로 평가되지 못한 부분이다. 이러한 독특한 경로가 규제에 미치는 구체적 효과는 무엇인가?

---

13 N. Boeger, The New Corporate Movement(신회사운동), Ephemera (submitted, in review); B. Morgan, J. McNeill, and I. Blomfeld, The Legal Roots of a Sustainable and Resilient Economy: New Kinds of Legal Entities, New Kinds of Lawyers(지속가능하고 활력 있는 경제의 법적 기초: 새로운 종류의 법적 형태와 새로운 종류의 변호사), in New Directions for Law in Australia: Essays in Contemporary Law Reform 399 (R. Levy, M. O'Brien, S. Rice, P. Ridge, and M. Thornton eds., 2017); J. Gibson-Graham, J. Cameron, and S. Healy, Take Back the Economy: An Ethical Guide for Transforming our Communities(경제의 회수: 공동체의 개혁을 위한 윤리적 지침) (2013).

14 N. Coca, How BlablaCar Is Revolutionizing the Way Carpooling Now Works Around the World(전 세계적으로 카풀의 활동형태를 블라블라카가 어떻게 혁신하고 있는가), Shareable, July 31, 2017.

15 M. Sutton, New Ridesharing Alternatives Thrive After Uber Leaves Austin(우버가 오스틴을 떠난 후 새로운 승차공유의 대안이 번성하다), Shareable, July 6, 2016.

16 J. Gottlieb, Buffalo, N.Y., Nonprofit Launches Car Sharing Service for Low-Income People(뉴욕 버펄로가 저소득층을 위한 승차공유 서비스를 출시하다), Gov't. Tech. (2015).

17 M. Hansen, What If Uber Were a Unionized, Worker-Owned Co-Op? These Denver Cabbies Are Making It Happen(우버가 노조화된 노동자로 구성된 협동조합이라면 어떤가? 덴버시 택시들은 그것을 실현하였다), Yes! (2015).

B. 규제에 미치는 효과

첫 번째 요점은 개념적인 것이다. 사적 경제활동의 법적 형태가 취하는 다양성의 범위는 어느 정도 선택의 결과이지만, 기업적 다양성은 여전히 규제의 문제이기도 하여 시민이 즉흥적으로 행동한 결과라고만 말하기는 어렵다. 회사 형태를 선택하여 법적 주체를 설립하는 문제는 오랫동안 이윤의 극대화 필요성과 관련되어 있었다. 이 점이 사회적으로 바람직한지 여부는 주식회사 제도가 창설된 역사적 초기에서부터 기업의 사회적 책임에 관한 현재의 논의에 이르기까지 격렬한 논쟁의 대상이 되어 왔다.[18] 최근 들어, 회사법과 기업지배구조 전문가들 사이에서 이익 극대화의 필요성에 대한 흥미로운 입장 변화가 있어 왔다.[19] 이것은 기업 주체의 법적 형태가 갖는 사회적·정치적 가치에 대한 더욱 창의적인 사고를 할 수 있는 여지를 열어 주었다. 사회적 기업가들이 활동을 함에서, 법적 주체의 형태는 구체적이고 개별적인 활동 목적을 추진하는 데에 일정한 역할을 할 수 있는데, 때로는 정치적 목적이 예상치 못한 방향으로 흐를 수도 있다. 이익, 효율성, 사회적·환경적 이익 사이의 관계를 재설정하는 목표를 추구하도록 하는 데에 이익과 효율성에 대한 검토가 하는 역할과 관련하여 기업의 법적 형태는 특별한 의미를 갖고 있다. 법적 형태는 공동체와 시장 사이의 관계를 창의적으로 재설정하므로 주목할 만한 가치가 있다. 이익 창출을 위한 법적 형태의 표준적 모델을 새로이 구성한다면, 호혜성과 상호성 등 생태사회적 문제를 해결하고, 상호의존성과 사회적 관계를 중시하며, '이익보다 사람'이라는 목적에 집중할 수 있을 것이다.

지난 10년 동안 기업의 법적 형태와 관련된 창의적인 사례가 많이 나타났다. 사회적 기업에 맞는 법적 기업 구조를 이용할 수 없는 국가에서는 그러한 모델을 채택해야 한다는 압력이 점점 커지고 있다.[20] 현재 진행 중인 국제적 사례비교 연구프로젝트는 40개국의 사회적 기업에 관한 신규 혹은 기존 모델에 대한 심화연구를 촉진하기 위하여 전 세계적인 데이터베이스를 구축하고 있다.[21] ICSEM 프로젝트는 사회적 기업 문헌들이 한편으로는 성과 중심의 사회적 기업을 중시하기도 하고 다른 한편으로는 오랜 조합주의 전통에 따른 민주적 참여를 중시하기도 한다는 점을 연구의 출발선으로 삼는다. 그런 관점에서, 기업의 법적 형태에서 최근 10년 내에 나타난 특히 주목할 만한 두 가지 혁신적 제도의 상이한 규제 틀을 살펴보는 것이 유익한데, 그 두 가지는 영국의 공익회사

---

18 R. Shamir, Between Self-Regulation and the Alien Tort Claims Act: On the Contested Concept of Corporate Social Responsibility(자율규제와 외국인 불법행위법 사이에서: 기업의 사회적 책임에 대한 논쟁에 대하여), 38 L. & Soc'y. Rev. 635-64 (2004). (역주: 외국인 불법행위법이란 외국인이 미국연방법원에 국제법 위반의 불법행위책임 소송을 제기할 수 있게 허용하는 법률이다.)

19 S. Deakin, The Corporation as Commons: Rethinking Property Rights, Governance and Sustainability in the Business Enterprise(공공재로서의 회사제도: 사업형태에서의 재산권, 지배체제, 지속가능성에 대한 재검토) (2011), 37 Queen's L.J. 339 (2012); L. A. Stout, The Shareholder Value Myth: How Putting Shareholders First Harms Investors, Corporations, and the Public(주주가치의 신화: 주주이익을 우선하는 것이 어떻게 투자자, 회사 및 공중에게 해를 끼치는가) (2012).

20 G. Walker, S. Hunter, P. Devine-Wright, B. Evans, and H. Fay, Harnessing Community Energies: Explaining and Evaluating Community-Based Localism in Renewable Energy Policy in the UK(공동체 에너지의 이용: 영국의 재생에너지 정책에 관한 공동체 기반 지역주의에 대한 해설과 평가), 7 Global Envtl. Pol. 64-82 (2007).

21 See ICSEM, www.iap-socent.be/icsem-project.

(community interest company)와 미국의 공익법인(benefit corporation)이다.

영국은 2004년 회사법 개정법(감사, 조사, 공동체 기업법)에 따라 2005년 공익회사 제도를 도입했다. 이 법에 의하여 배당을 지급하고 유급 이사에 의해 운영되는 유한책임주식회사도 공동체 이익을 명시적으로 추구할 수 있게 되었다. 이 구조에서 사익과 공익의 균형을 맞추는 데에 작동하는 두 개의 메커니즘이 있다. 첫째, 주요 기업지배구조에 관한 내부적 결정에 법상 제한이 있는데, 즉 배당에 대한 상한제도와 정관상 '자산고정'제도가 있다. 둘째, 공익의 내용은 일반 회사의 규제권자가 아닌 정부의 전담 규제권자에 의하여 감독을 받는다. 캐나다의 브리티시컬럼비아주는 대체로 유사한 조직체를 갖고 있는데, 2012년 브리티시컬럼비아 사업회사법의 개정으로 생긴 공동체기여회사(community contribution company)라는 것이 있다.[22]

미국에서는 공익법인이 사익과 공익을 조화시키는 데 가장 많이 사용되는 법적 구조이다.[23] 이 제도는 2010년 이후 도입되어 재정 수익 외에 일반 공공 이익을 창출할 법적 의무를 부과하고 있으며, 현재 영향력이 큰 델라웨어를 포함한 34개 주와 워싱턴디시에서 이용할 수 있다.[24] 공익법인은 내부 지배구조상 장치보다는 외부적 보고, 공시 및 투명성 의무의 지배를 받는다. 영국의 CIC 구조에서는 정부규제권자가 공익의 내용을 감독하는 반면에 미국의 공익법인은 스스로 공익의 내용을 정할 기업적 재량권을 갖고 있다. 다만 그들은 그 내용을 보고할 의무를 질 뿐이다. 제3의 공인기관의 '검증'을 통하여 공익법인의 보고내용을 확인받을 의무가 있다. 위 인증기관들 사이의 경쟁이 치열하기 때문에, 영국의 CIC 모델에 비하여 공익에 대한 임의적 해석이 이루어질 가능성이 존재한다.[25]

위 두 형태의 차이는 ICSEM 프로젝트의 국제적 연구에서 취한 이분법을 그대로 반영하는데, 그 점은 용어의 차이에서도 나타난다. 영국과 캐나다에서 공동체(community)란 내부적 절차와 집단적 정체성을 의미하는 데에 비하여, 미국에서 공익(benefit)이란 최종적 결실을 의미한다. 앞에서 본 바와 같이 협동조합의 역사와 사회적 기업의 역사는 서로 겹친다. CIC 형태는 민주적 책임성이 부족하고 기업적 활동을 장려한다는 비난을 받아 왔다.[26] 이러한 견해는 특히 상호집단적인 활동과 지원으로 구성된 협동조합의 전통에 뿌리를 두고 있는 자들이 주로 제기한다. CIC는 소수의 사람들이 만들어 운영할 수 있기 때문에 덜 민주적이고 덜 포용적인 것으로 보일 수 있다.[27] 이

---

22 S. Manwaring and A. Valentine, Social Enterprise in Canada(캐나다의 사회적 기업) (2012).

23 다른 법적 구조도 있는데 이에 관하여는 다음의 문헌을 참조하라. The Social Enterprise Law Tracker, http://socentlawtracker.org.

24 W. Davies, 20 Public Spirited Lawyers Could Change the World(공익을 추구하는 변호사 20명이면 세상을 변화시킬 수도 있다), Potlatch Blog (Sept. 23, 2013), http://potlatch.typepad.com/weblog/2013/09/20-public-spirited-lawyers-could-change-the-world.html.

25 실제로 미국 공익법인에 대한 제3자의 검증은 부실할 가능성이 있다. UK Community Interest Company Regulator speech on 10th anniversary celebration of the CIC legislation, Bristol, UK, July 7, 2015, www.youtube.com/watch?v=kt_me_MCwbU.

26 S. Teasdale, P. Alcock, and G. Smith, Legislating for the Big Society? The Case of the Public Services (Social Value) Bill(거대사회를 위한 입법인가? 공공서비스(사회적 가치) 법안의 지지 의견), 32 Pub. Money & Mgmt. 201-08 (2012).

27 G. Smith and S. Teasdale, Associative Democracy and the Social Economy: Exploring the Regulatory Challenge(연

러한 관점에서 볼 때 영국은 흥미로운 중간적 위치를 차지하고 있다. 내부 지배구조와 민주적 협동조합의 영향을 강조하는 정도가 유럽보다는 작고 미국보다는 크기 때문이다.

협동조합은 개념 및 문구상 표현에서 공유경제에 대한 PC/SSE 접근법과 가장 직접적으로 관련되어 있다. 협동조합은 사회적, 민주적, 평등주의적 목표를 직접적으로 법인의 내부 구조에 체화하는 법적 형태로서 가장 오래된 사례이다. 유럽 대륙의 사회적 기업에 대한 이해를 하기 위해서는 여전히 협동조합적 전통의 영향력을 중점적으로 보아야 한다. 실제로 이탈리아, 프랑스 등 여러 유럽 국가에서 사회적 기업의 법적 구조는 '1인 1표'의 원칙을 요구한다. 이와 같이 중첩된 유산이지만, 특히 법적 주체의 구조의 관점에서 보면, 협동조합은 사회적 기업과는 다른 지배구조로서 발전한 것이라고 보는 것이 더 타당하다. 국제연합이 2012년을 세계협동조합의 해로 지정한 데에서 보듯이 협동조합에 대한 관심과 이용이 최근 부활한 사실을 놓고 보면, 위와 같이 보는 것이 맞다고 보지 않을 수 없다. 국제연합의 지정은 최근 수십 년간 여러 지역에서 협동조합이 부활한 사실을 반영하고 있다. 근로자 소유의 협동조합과 관련하여 새로운 2차적 협동조합대표단체가 미국(미국협동조합연합회), 영국(협동조합기업협회) 및 유럽연합[28]에서 탄생하였는데, 유럽연합에서는 특히 공동체 소유의 재생에너지 협동조합에서 협회가 만들어졌다. 마르첼로 비에타는 이러한 협동조합의 부흥을 '신협동조합주의'라고 묘사하였는데, '구협동조합주의'와는 달리 여기에서는 다수 이해당사자의 참여, 그들 사이의 연대, 이익의 공유를 강조하고 있다.[29] 신협동조합주의에서는 노동자, 소비자 등 일부 구성원을 특정한 후 그들을 중심으로 한 기업형태를 설계하는 방식을 택하지 아니한다. 대신에 노동계층과 풀뿌리집단이 신자유주의에 대응하는 과정에서 부의 재분배에 대한 새로운 접근법을 채택하려고 한다. 새로운 접근법에서는 지속가능 발전 기준의 준수, 보다 수평적인 노동관계, 더 공평한 이익분배의 구조, 강한 공동체 정신을 추구하여 사회적 목표와 공동체 발전 목표를 달성하려고 한다.[30]

신협동조합주의는 1992년 이탈리아에서 제정된 '사회적 협동조합'에 관한 혁신적 법률에서 확인된다. 이 법률은 사회적 기업의 형태에서 나타나는 주제의 일부를 반영하고 있다. 이탈리아의 법률상 사회적 협동조합이 추구하는 주요 목적은 공동체 일반에 혜택이 돌아가게 하고 시민의 사회적 통합을 도모하는 것인데, 7,000개 이상의 협동조합이 이 법에 따라 설립되었다.[31] 이 법에 따른 협동조합에게는 법인격이 부여되고 유한책임이 인정되며, 수익의 80%를 초과하여 분배하지 못하고 채권이자율 이상으로 이자를 지급하지 못하고 해산 시 일부 자산을 고정하여 분배하지 못

합 민주주의와 사회적 경제: 규제적 도전의 탐구), 41 Econ. & Soc'y. 151-76 (2012).

28 See www.resscoop.eu.

29 Vieta, supra note 12.

30 Id,; D. Stark, The Sense of Dissonance: Accounts of Worth in Economic Life(불협화음의 의미: 경제생활에서의 가치에 대한 설명)(2011).

31 A. Mancino and A. Thomas, An Italian Pattern of Social Enterprise: The Social Cooperative(사회적 기업의 이탈리아식 형태: 사회적 협동조합), 15 Nonprofit Mgmt. & Leadership 357- 69 (2005).

하게 한다. 이러한 제약은 협동조합이 사회적 목표를 우선시할 여력을 내부화한다. A형 협동조합은 보건, 사회, 교육 서비스를 제공하고, B형 사회적 협동조합은 사회적 약자[32]를 노동시장에 통합한다.[33] 그 결과 법적 체제를 통하여 지배구조에 다수의 이해당사자가 참여하는 것이 제도화된다. 유급 직원, 수익자, 자원봉사자(조합원의 최대 50%), 금융투자자, 공공기관 등 여러 범주의 이해당사자가 조합원이 될 수 있다.[34]

신협동조합주의의 새로운 면이 디지털경제와 협동조합 전통의 교차점에서 전개되고 있다. 디지털 플랫폼은 멀리 떨어진 지역 간에도 대규모로 협력하게 하는 내부적 지배구조가 가능하게 해준다. 예컨대 솜 에너지아(Som Energia)는 스페인의 재생에너지 협동조합인데 그린 에너지의 생산 및 판매를 하고, 온라인 플랫폼을 통하여 8,000여 조합원에게 통보를 한다. 디지털 환경은 또한 출자금과 기여도를 추적하는 창의적인 방법(예를 들어, 디지털 통화 또는 가상 토큰)을 제공한다. 이로 인하여 개방적 협동조합에 대한 추구가 늘어나는데, 개방적 협동조합에서는 지속적이고 반응적인 방식으로 다수의 이해당사자에 대한 책임을 지도록 제도화가 이루어진다.[35] 이러한 실험이 공동체, 공유, 지속가능성 등과 같은 규범에 의해 활성화되면, 새로운 방식으로 연대를 증진하는 역할을 할 수 있다.

끝으로, 협동조합의 전통이 기업의 형태와 구조에 영향을 미치기는 하지만 새롭고 독특한 법적 형태를 실제로 도입하지 않을 수도 있다. 예컨대 세계적으로 영향력 있는 모델인 공정거래(Fair Trade) 운동의 역사는 조합주의의 역사와 얽혀 있다.[36] 로리 리들리더프(Rory Ridley-Duff)가 '공정주식 모델'(FairShares Model)이라고 부른 기업 지배구조가 영국에서 전개된 양상이 이를 보여준다.[37] 공정주식 운동은 조합, 협동조합, 회사에 이르기까지 법인의 법적 표준 구조를 수정하는 데 필요한 법적·기술적 지원을 제공할 뿐만 아니라 모범 정관조항도 제공한다. 기업 내부 구성의 혁신을 이용하는 접근법은 '다수 이해당사자 조합주의'의 가치에 기초한다. 이러한 수정방법을 통하여 투자자, 근로자/노동자, 고객/이용자, 설립자의 회원 자격, 발언권 및 의사결정 권한이 제도화된다. 협동조합과 마찬가지로 공정주식 모델은 재정적 영향력에서 발언권을 분리하고, 신협동조합주의에 따라 여러 이해관계자 집단에 권한을 세심하게 배분한다. 공정주식 모델에서는, 노동자와 사용자 주주가 공동소유화(mutualization)를 통하여 직접·간접으로 투자자 주식을 취득하게 하되, 자

---

32 적용대상인 사회적 약자의 범위에는 신체적·정신적 장애, 마약 및 알코올 중독, 발달 장애, 법위반자가 포함된다. 실업, 인종, 성적 성향, 학대와 같은 다른 불리한 요소는 포함되지 않는다.

33 R. Laratta, Social Cooperatives: A Model of Co-Production in the Provision of Community Services(사회적 협동조합: 공동체 서비스의 제공을 위한 공동생산 모델), 10 Int'l. J. Civil Soc'y L. 9-18 (2012).

34 B형 사회적 협동조합 조합원 중 적어도 30%는 사회적 약자 집단이어야 한다.

35 M. Bauwens, J. Restakis, and D. Bollier, Commons Transition(공공재의 이동) (2015), http://commonstransition.org/commonstransition-plans/.

36 W. Davies and T. Mills, Beyond the Laws of the Market: An Interview with Will Davies(시장법칙의 초월: 윌 데이비스와의 인터뷰), New Left Project (Aug. 28, 2014), www.newleftproject.org/index.php/site/article_comments/beyond_the_laws_of_the_market.

37 L. Boltanski and L. Thevenot, On Justification: Economies of Worth(정당화의 근거: 가치의 경제) (2006).

산의 공동소유를 촉진하는 방식으로 주식 종류들 사이의 구분을 유동적인 상태로 유지하게 한다는 점이 독특한 것이라고 할 것이다.[38]

위에서 본 바와 같이, 공유경제에 PC/SSE 접근법을 적용하는 데에는 법적 형태가 중요하다. 그러나 그것만으로는 부족하다. 코넬리 등은 캐나다의 사회적 경제 운동을 추진하는 법적 주체의 형태를 탐구하였다.[39] 이들에 의하면, 공동체 중심의 점진적 변화가 가능하기는 하나 '주된 경제활동이 보조금을 받는다는 점' 및 '잠재적 소비자가 받게 되는 혜택에 대한 이해 부족'이 장애물로서 다가온다는 점을 알 수 있다. 위의 사례에서 보면, 기존 질서에 대한 대규모의 교란이 가능하기는 하지만 그러기 위해서는 지원책과 정책에 변화가 있어야 한다. 이제 공유경제에 대한 PC/SSE적 시각의 두 번째 제도적 측면을 보기로 하자.

C. 수평적 확산, 복제 및 확장

공유경제에 대한 PC/SSE적 비전의 두 번째 제도적 특징은 확산 방식이다. 이러한 확산 방식은 체계적 사회 변혁에 관하여 비영리 세계에서 논의된 내용[40]에서 영감을 얻기도 하고, 사회적·환경적 혜택을 강력하게 추진하는 기업가적 활력을 중심으로 하는 지역경제를 중시하기도 한다.[41] 이 경로의 핵심적 특징은 비교적 소규모인 지역적 활동이 수평적으로 확산되거나 복제된다는 점이다. 그 목적은 지역적 재확장 생태계를 구축함으로써 세계화의 역동적 경쟁에서 혜택을 추출한 후 용의주도하게 확산시키도록 하는 것이다.

호세 라모스는 이를 '세계지역주의'(cosmo-localism)라고 부르는데, 이 경로에서는 지구적으로 분산되어 형성되고 있는 '지식 및 설계의 공동체'와 각 지역에서 고사양 혹은 저사양의 기술을 이용하여 대두하고 있는 '가치 재생산 역량'을 결합시켜서 역동적 잠재력을 뽑아낸다.[42] 그의 주장에 의하면, 재지역화(relocalization)의 동력이 환경적 이익(이동비용의 절감과 에너지 위기 대응력의 개선)과 사회적 이익(공동체 연대감과 지역에 대한 이해의 개선)을 증진하게 된다고 한다. 세계적 측면

38 R. Ridley-Duff, Internationalisation of FairShares: Where Agency Meets Structure in US and UK Company Law(공정 주식 운동의 국제화: 미국과 영국 회사법에서의 대리인 이론과 구조론), in Shaping the Corporate Landscape Ch. 16 (N. Boeger and C. Villiers eds, 2016).

39 S. Connelly, S. Markey, and M. Roseland, Bridging Sustainability and the Social Economy: Achieving Community Transformation Through Local Food Initiatives(지속가능성과 사회적 경제의 가교: 지역 음식 운동을 통한 공동체 변혁의 달성), 31 Critical Soc. Pol'y. 308-24 (2011); P. Graefe, Whose Social Economy? Debating New State Practices in Québec(누구의 사회적 경제인가? 퀘벡의 신국가운동에 대한 논의), 21 Critical Soc. Pol'y. 35-58 (2001).

40 M.-L. Moore, D. Riddell, and D. Vocisano, Scaling Out, Scaling Up, Scaling Deep: Strategies of Non-profits in Advancing Systemic Social Innovation(규모의 확장, 확대, 심화: 체계적 사회혁신에 관한 비영리단체의 전략), 58 J. Corporate Citizenship 67-84 (2015).

41 M. Shuman, The Local Economy Solution: How Innovative, Self-Financing "Pollinator" Enterprises Can Grow Jobs and Prosperity(지역경제의 해법: 혁신적, 자조적인 '창시적' 기업이 어떻게 일자리와 번영을 창출하는가) (2015); J. Ramos, Alternative futures of globalisation a socio-ecological study of the world social forum process(세계화의 대안적 미래: 세계사회포럼절차에 대한 사회생태적 연구), PhD thesis, Queensland University of Technology (2010).

42 J. Ramos, Cosmo-Localism and the Futures of Material Production(세계지역주의와 물질생산의 미래), P2P Foundation (June 1, 2016), https://blog.p2pfoundation.net/cosmo-localism-futures-material-production/2016/06/01.

의 동력을 보면, 광범위한 지식과 설계의 자원을 이용하여 다양한 지원시스템(현재 오픈라이선스의 분산 웹에서 이 시스템이 사용되고 있다)이 구축되어 있으며, 제조장비의 비용이 급격하게 하락하여 메이커 운동 등의 발전이 이루어지고 있다.[43] 위 두 동력이 합쳐져서 지역적 차원의 분산생산이 이루어지고 이들이 상향식으로 연결되고 조정되어 지구적 가치사슬을 형성한다. 라모스가 염두에 둔 더 큰 배경은 지구화의 대안적 경로들을 설명하는 일반적 담론이었고, 위 경로란 '재지역화', '지구적 네트워크 사회' 및 '초국가적인 보편적 연대'를 말하는데,[44] 이 비전에는 구체적인 규제적 측면들이 있다.[45]

D. 위 각 경로의 규제적 측면들

놀랍게도, 세계지역주의적 관점의 규제는 좀더 일반적으로 조장적인 정책 환경에 의존하지, 노동, 환경, 소비자 등의 기능별·부문별 개별 이익을 규제하는 공식적 일반 법리에 의존하지 않는다. 전반적으로 PC/SSE 접근법이 재창조된 거래경제를 추진하는 기업의 새로운 법적 모델에 주로 의존하는 상황은 이러한 접근법의 성격에 맞아떨어진다. 그런 맥락에서 규제는 강제적이라기보다는 조정에 가깝다. 라모스의 주장대로, 소규모 활동으로 구성된 작은 단위의 집단들 사이에서 조정을 하려면, 지역적 기업 생태계를 만들어서 공유거래 플랫폼들이 완결형 순환 생산과정(circular closed loop production)에서 자원과 수요를 연결할 수 있게 해 주어야 한다.[46] 이 생태계의 구성 요소로서는 정책 네트워크, 세금 감면, 국가지원에 의한 역량 강화가 있는데, 금융·경쟁·지적재산에 관한 규칙 기반의 기능적 규제 인프라에도 혁신이 있어야 한다.

정책 네트워크에서 중요한 것은 공적·사적 기관의 네트워크를 연결하여 집단적으로 산업 발전과 경쟁력 제고를 도모하도록 하는 역량인데, 공적·사적 기관으로서는 산업협회, 기술센터, 업계 지도자 단체, 지역정부 등이 있다.[47] 산업발전을 추구하는 문헌들은 대개 표준적인 지구적 가치사슬에 편입하는 데에 중점을 두고 주류 시장에서의 경쟁력을 전제로 하는 데 비하여,[48] 현재 대두하는 지역기업 생태계는 PC/SSE적 접근법에 좀더 맞추어져 있다. 예컨대 초국가적인 공유도시네트워크(Sharing Cities Network)는 지역적 공유활동에 대한 상호 지원을 국경을 넘어서 제공하는데,

43 Id.; see also M. Mclaughlin, The Future of Mississippi's Economy: The Maker Movement(미시시피 경제의 미래: 메이커 운동), 35 Misss. C.L. Rev. 353-64(2017); E. J. Van Holm, Makerspaces and Local Economic Development(메이커스페이스와 지역경제의 발전), 31 Econ. Dev. Q. 164-73 (2017).

44 Ramos, supra note 41.

45 Boyd Cohen and P. Munoz, Sharing Cities and Sustainable Consumption and Production: Towards an Integrated Framework(공유도시와 지속가능한 소비와 생산: 통합적 틀을 향하여), 134 J. Cleaner Production 87-97 (2016).

46 Ramos, supra note 42.

47 D. Messner, The Network Society: Economic Development and International Competitiveness as Problems of Social Governance(네트워크 사회: 경제발전과 사회적 지배구조 문제로서의 국제적 경쟁력) (1997).

48 J. Humphrey and H. Schmitz, How Does Insertion in Global Value Chains Affect Upgrading in Industrial Clusters?(지구적 가치사슬에의 편입이 산업집단의 발전에 어떤 영향을 미치는가?) 36 Regional Stud. 1017-27 (2002).

도시공동체를 활성화하기 위한 다양한 수단을 제시하는 문헌과 방법론을 제공한다.[49] 이렇듯 광범위한 정책 네트워크는 국가적인 네트워크(미국의 지역생활경제를 위한 사업자 연맹 등)를 보충한다.[50] 영국 정부가 사회적 투자에 대하여 제공한 것과 같이, 지역정부 및 중앙정부는 사회적 공익 추구 조직에 대하여 조세 감면 혹은 세액공제를 제공할 수 있다.[51] 국가는 재정, 예산, 역량강화 지원을 혼용하여 PC/SSE가 배양되도록 할 수도 있다. 이와 같은 방법으로서는 지역정부의 협동조합지원 프로그램(미국의 여러 도시에 존재한다)도 있고,[52] 분산 제조를 위하여 기술집약적 제조장비의 비용을 국가가 보조하는 경우도 있다.[53]

특정한 형태의 규칙 기반 규제는 공유경제를 규제하는 PC/SSE 접근법의 독특한 정책 환경에 기여할 수도 있다. 결정적으로, 이들은 제약을 가하기보다는 촉진을 제공하는데, 이 방식은 '급진적 거래주의'(radical transactionalism)를 구현하면서, 시장경제의 핵심적 구성요소인 금융, 경쟁, 지적재산 등을 재구성하게 된다.[54] 지분투자의 군집모금을 합법화하는 것과 같이 어떤 사례는 성질상 적극적이고 직접적이다. 이러한 합법화는 각국의 여러 지역에서 진행되고 있는데,[55] 뉴질랜드 등 일부 국가에는 그에 관한 법적 제약이 거의 없다. 적극적으로 촉진하는 규제 장치 중에는 지적재산의 새로운 형태와 같이 공식적 입법이 없이도 실현이 가능한 것도 있지만, 법이 있으면 더 나을 것이다. 예컨대 소프트웨어가 필수적으로 공유경제 활동을 지탱하는 기술인 상황에서는, 공동체 기반 상호 라이선스(commons-based reciprocity licensing)를 통하여 비영리단체로 하여금 소프트웨어의 사용 및 수정 권한을 상호 공유하게 하면서, 상업적 주체가 소프트웨어를 사용하고 수정하는 경우에는 수입이 창출되도록 할 수 있다.[56]

공유경제에 대한 PC/SSE적 접근법을 지원하는 촉진적 규제는 기발하게 보호적이고 더 간접적인 혁신으로 발전할 수 있다. 특히 플랫폼 자본주의의 규제 인프라가 플랫폼 조합주의의 발전을 적극적으로 억제할 상황에서는 위 혁신이 일어난다. 예컨대 정부 기관의 자국 내 조달제도는 강력한 적극적 규제 메커니즘이지만, 세계무역기구의 규정 또는 국가 원조에 관한 유럽연합 규칙에서 파생된 실정법이 그러한 메커니즘의 직접적 적용을 금지할 수 있다.[57] 자국 내 사업체에 대한

49 www.shareable.net/sharing-cities-old; see also D. Mclaren and J. Agyeman, Sharing Cities: A Case for Truly Smart and Sustainable Cities(공유도시: 진정으로 스마트하고 지속가능한 도시를 위한 주장) (2015).

50 www.livingeconomies.org; see also D. Korten, Agenda for a New Economy: From Phantom Wealth to Real Wealth (신경제를 위한 안건: 유령적 부와 실질적 부) (2010).

51 M. Fountain, DIY Social Investment(DIY 사회적 투자), Flip Finance (2016).

52 C. Kerr, Local Government Support for Cooperatives(협동조합에 대한 지역정부의 지원) (2015).

53 Ramos, supra note 42.

54 B. Morgan and D. Kuch, Radical Transactionalism: Legal Consciousness, Diverse Economies, and the Sharing Economy(급진적 거래주의: 법적 인식, 다양한 경제 및 공유경제), 42 J. L. & Soc'y. 556-87 (2015).

55 M. Nehme, The Rise of Crowd Equity Funding: Where to Now?(군중 기반 지분 투자의 등장: 미래의 예측) 13 Int'l. J.L. in Context 253-276.

56 M. Said Viera, and P. d Filippi, Between Copyleft and Copyfarleft: Advance Reciprocity for the Commons(카피레프트와 카피파레프트: 공동체를 위한 사전의 상호협약), 4 J. of Peer Production (2014).

57 Christopher McCrudden, Buying Social Justice: Equality, Government Procurement, and Legal Change(사회적 정의의 구매: 평등, 정부조달 및 법적 변화) (2007).

전반적 우대가 배제되어 있더라도, 전반적인 규제 생태계를 창의적으로 구성하면 지역업체의 낙찰 가능성이 높아질 수 있다. 예컨대 조달기관은 총비용을 감안한 삼중회계기준(triple bottom line accounting)을 사용할 수 있는데, 이러한 경우 입찰의 사회적·환경적 효과뿐만 아니라 계약 대상으로 인하여 국내에 발생하는 조세수입의 면(소득세 또는 소비세 증가)도 고려된다.[58] 또 다른 예로서 주요기관(anchor institutions)과 소규모 플랫폼 협동조합 사이에 이루어지는 창의적인 연계활동이 있는데, 병원이나 일반 의사로 하여금 전통적인 의약처방 대신에 혹은 그와 함께 건강음식처방을 하도록 장려하여 생태적으로 지속가능한 지역의 음식에 대한 투자 및 조달이 이루어지도록 할 수 있다.[59]

흥미롭게도, 위에서 논의된 규제장치들은 개발주도 국가와 규제중심 국가 간 정책을 비교하고 장점과 특징을 도출하기 위하여 정치경제학에서 오랜기간 벌인 논쟁과 상당히 유사하다.[60] 개발주도 국가는 산업적 발전(과거의 문헌상 표현이다) 또는 생태적·사회적으로 지속가능한 발전(위에서 논의한 내용이다)을 촉진할 일련의 적극적 정책 공약을 제시하는데, 위에서 논의된 것 중 많은 부분이 이러한 개발주도 국가의 공약과 일치한다. 상황이 달라지면 추정되는 결과도 달라진다. 여기에서 상술한 규제적 접근법은 자본집약의 대규모 산업 집단에 대한 전통적 개발주도 국가의 정책으로 보기는 어렵고, 오히려 앞서 본 소규모 산업집단인 세계지역적(cosmo-local) 산업의 지원과 조정에 치중하고 있다.[61] 이러한 연구가 진행되면서, 세계적으로 국가 간 경제관계의 내용이 급격하게 수정됨에 따라 '산업정책과 자유무역이 공존하기 어렵다'는 해묵은 견해에 변화가 생길 수 있게 되었다. 규제 국가와 개발주도 국가가 상호 배타적이기보다는 상승작용을 하고, 특히 '협업적 공적 영역'(collaborative public spaces)이 시장 경쟁으로부터 보호책을 제공하는 것이 혁신의 중요한 측면이라고 할 수 있다는 초기의 발견에서 장차 위 논의가 진행될 것이다.[62] 공유경제에 대한 PC/SSE적 접근법이 이 섹션에서 논의된 규제적 접근법에 자리를 잡게 되면 '협업적 공적 영역'의 한 형태가 출현한 것이라고 할 수 있을 것이다.

III. 다층적 규제의 독창적 관점

제도적으로 구분되는 두 가지 특징적 경로가 기업적 다양성과 수평적 확산인데, 표준적 대규

---

58 Shuman, supra note 41.

59 N. Rose, Community Food Hubs: An Economic And Social Justice Model For Regional Australia?(공동체 음식 허브: 오스트레일리아 지역의 경제적, 사회적 정의 모델) 26 Rural Society 225-37 (2017).

60 N. Dubash and B. Morgan, The Rise of the Regulatory State of the South: Infrastructure and Development in Emerging Economies(남반구 규제국가의 대두: 신흥경제의 사회기반시설과 발전) (2013).

61 Ramos, supra note 42.

62 S. Samford, Innovation and Public Space: The Developmental Possibilities of Regulation in the Global South(혁신과 공적 부문: 지구 남반구에서의 규제의 발전 가능성), 9 Reg. & Governance 294-308 (2015).

모 기업들이 경쟁이 치열한 환경에서 규모를 더욱 확장하고 있는 모습에서 쉽게 확인되는 현재의 경로와는 다른 관점을 위 두 경로가 제공한다. 우버와 에어비앤비가 두각을 나타내자, '벤처자금의 지원을 받은 대규모 플랫폼이 여러 지역의 규제제도를 십분 활용하여 세계적으로 독과점 수준으로 확장하고 있다'는 논의가 나타나게 되었다. 각국의 소득재분배정책은 노동자와 소비자 및 전통적 조세 기반을 보호하기 위하여 이러한 기업에 의무를 부과함으로써 이를 막으려고 한다. 이제 우리는 국가와 시장 사이의 익숙한 순환론을 다시 접하게 되는데, 서언 부분에서 논의한 프렌켄의 유형화에 의하면 '플랫폼 자본주의'와 '플랫폼 재분배주의'로 나눌 수 있다.

그러나 이 글에서는 다른 개념적 토대를 구축했다. 우리는 사이먼 디킨의 최근 주장에 따라서, 회사를 계약의 연결체로서 보지 아니하고 공동체의 구현으로 보고 공유경제의 규제에 대한 다른 접근법을 찾는 데 가교로 삼을 수 있다.[63] 디킨의 주장에 의하면, '기업은 집단적으로 관리되는 자원 혹은 공동체이고, 기업에 가치를 제공하는 각 이해당사자 혹은 구성원에 대하여 복수의·중첩된·모순될 수도 있는 여러 재산권을 제공하는 주체'라고 한다.[64] 디킨의 주장에서, 기업 자산에 대한 법적 청구권은 주주의 청구권 이상의 것이다. 여기에는 기업책임법, 불법행위법에 따른 의무, 보건과 안전에 대한 법정 책임, 환경 품질, 소비자 보호가 포함된다. 결과적으로 이러한 접근법에서는 규제가 회사 자산에 대한 법적 청구권의 일부인 재산권 유형으로서 구분된다. 기업 외부의 규제 틀에서 나오는 의무를 포함하여 기업에 대한 모든 법적 의무를 통하여, 각 이해당사자가 기업의 자산에 대하여 권리를 행사할 조건이 정해지며, 동시에 생산적 가치의 원천으로서 기업 자산이 보존되고 유지된다. 디킨의 주장에 의하면 이런 의미에서 기업은 개념적으로나 실질적으로 공동체에 해당된다고 한다.[65]

디킨의 접근법에서는 '내부적' 기업 지배구조와 '외부적' 규제(사회적 규제의 표준적 형태라고 부른다)를 개념적으로 통합시킨다. 사회적 규제의 표준적 행태에 관하여는 이 책의 제5절과 제8절을 보라. 그러나 이 글에서는 디킨의 개념을 확장한다. PC/SSE의 시각으로 보면, 공유경제의 규제와 관련하여 문제되는 규제 개념은 '규제받지 않는 시장을 통제하는 사회적 힘'으로부터 벗어나서 '국가적 지원을 부여한다'는 점을 강조하고 '연합 민주주의'의 성배와 함께 나아간다.

우리는 이 글의 주요한 두 섹션에서 이 점을 실제로 살펴보았다. 섹션 I 에서는 공유 소유권과 통제권을 실현하고 사회적·환경적 목표를 내부적 구성 절차에 내부화하는 법적 기업 모델로서 신구 두 가지를 주시해야 한다고 보았다. 스미스와 티스데일이 주장하듯이, 이로써 사회적 경제를 확장하여 조직형태에서 혁신적 행태를 보이는 사회적 기업을 창출할 수 있다.[66] 이 접근법은 공유경제의 기업가적·위험감수적 측면과 순수하게 비영리적인 조직의 사회적 성격(과거에 이것이 비

---

63 Deakin, supra note 19.

64 Id. at 381.

65 Id. at 355.

66 Smith and Teasdale, supra note 27.

영리 조직의 특징이었다)을 혼합한다. 스미스와 티스데일은 사업형태에 관한 법적 창의성을 발휘함으로써 이 점을 명시적으로 개념화하여, 연합 민주주의적 약속과 사회정책적 분배 문제를 연결하는 경로를 개척하고 있다. 스미스와 티스데일은 영국 CIC에서는 특히 책임성보다는 기업가적 활동을 촉진한다는 점을 지적하면서, 규제에 의하여 형성된 지배구조에서는 상대적으로 민주적 참여가 결여되어 있다는 이유로 법적 형태의 일부에 대하여 비판적 입장을 취하고 있다.

그러나 이러한 새로운 기업 형태가 PC/SSE적 공유경제 경로의 유일한 측면이 아니다. 섹션 Ⅱ에서는 재정, 규제, 네트워크적 전략을 결합하여 지역에 자리잡은 다수의 소규모 플랫폼 활동이 수평적으로 확산되고 복제되도록 하기 위한 정책적 접근법을 살펴보았다. 이러한 활동에서는 사회적 경제가 확산되어 책임 공유, 연합 민주주의, 공동체의 증진이 촉진될 수 있다. 국가가 파트너로서 매개체 역할을 한다는 미셸 바우웬스의 설명은 이 점을 반영하고 있다. 이 모델에서는 국가가 중요한 역할을 수행하는데, 공동체 기반의 동료 간 생산에 투자가 이루어지도록 하고, 시민과 사람들이 공개된 지식을 이용하여 역량을 강화하고 공동체의 생산에 기여하도록 한다. 이와 관련하여 세계지역적 관점에서 국가는 각 지역에서 설계, 제작, 공유가 이루어지도록 풀뿌리 활동을 지원할 것이다.[67]

이 중 어느 것도 공유경제에 관한 PC/SSE 경로의 전개과정에서 발생할 수 있는 격차와 불평등 문제의 심각성을 부정하는 것이 아니다. 이로 인하여 지역별로, 사회경제적 계층별로, 민주적 · 사회적 · 환경적 목표가 제대로 달성되지 않을 가능성이 있다.[68] 이 글에서 위 문제를 다루지는 않지만, 이 글에서 다룬 사안들은 자주 초당파적인 정치적 지지를 받는다는 점을 지적할 만하다. 미국의 공익법인법(새로운 법적 모델을 지지한다)과 2012년의 Jumpstart our Business Startups(JOBS) Act(수평적 확산을 촉진하는 법이다)가 좋은 두 예이다. 이러한 초당파적 지지를 보면, 누가 좌파이고 우파인가를 정하는 전제에 변화가 있음을 알 수 있다. 공유경제 규제에 대한 위와 같은 접근법에서 국가와 시장의 관계를 새로이 규정하면서 이러한 변화가 생겼다고 본다.

결론

결국 규제에 대한 탐구가 필요하기는 하지만, 플랫폼 조합주의와 사회연대적 경제의 관점을 통하여 공유경제를 파악하는 것이 갖는 의미를 제대로 음미하는 데에는 이것으로 부족하다. 충분한 검토는 두 부분에서 시작되어야 할 것이다. 첫째, 훨씬 더 장기적인 관점에서 제도적 문제들을 다시 생각해 보아야 한다. 예컨대 '시장을 사회에 재배치해야 한다'는 칼 폴라니의 주장에 최근 관심

---

67 M. Bauwens and V. Kostakis, Network Society and Future Scenarios for a Collaborative Economy(네트워크 사회와 협업경제의 미래 시나리오) (2017).

68 See Miller in this volume.

이 폭증한 점과 이 글에서 제기한 쟁점 사이의 연관성을 고려하는 것은 흥미진진한 일이다. 폴라니에 대한 관심의 폭증에서 제대로 탐구되지 않은 측면은 '재설정 대항운동'(re-embedding counter-movement)에 기여한 정도에서 '민주적 생산방식'과 우리가 전통적으로 이해하는 내용의 '사회적 규제'가 비슷하다는 점이다. 폴라니에 대한 새로운 관심은 재분배적 플랫폼에 집중되기보다는 폴라니가 초기에 가졌던 관념인 '생산수단의 공동체 소유와 함께 산업민주화를 추구하는 기업가적 시스템'(Ebner, 2015 #534: 49)[69]에 집중되고 있는데, 이 관념은 협업, 연대, 공동체 기반의 관점에서 전개되는 '신경제'현상에서 출발하고 있다.

그러나 협동조합의 조직적 측면, 사용자 소유의 생산, 이들을 받치는 규제 틀 등에 대한 역사를 더 멀리 살펴보더라도, 경제 발전과 성장 모델의 핵심인 '방 안의 코끼리'(elephant in the room)를 포착하지 못할 수 있다고 본다. 이와 관련하여 성장감퇴(degrowth)와 여러 경제현상에 관한 정치생태학 및 지리학적 문헌이 생겨나고 있다는 점은 우리에게 시사하는 바가 있다.[70] 이 문헌들은 여전히 법과 규제의 구체적 내용에 좀더 천착할 필요가 있는데, 그 부분을 이 글에서 다루지는 않았다.[71] 구체적 내용을 다루는 데에는 이 글에서 살펴본 내용들이 첫 단추가 될 수 있을 것이다. 이 글에서는 플랫폼 조합주의와 사회연대적 관점에서 공유경제의 규제적 측면을 개념화해 보았다. 위 관점의 핵심은 촉진자인 국가가 통제되지 않는 시장을 조절하는 데에 만족하지 아니하고, 어떻게 연합 민주주의를 지탱하면서 이에 동참할 것인가를 이해하는 것이다.

69 Ebner, Alexander. 2015. "The Regulation of Markets."(시장의 규제) In Regulatory Transformations: Rethinking Economy-Society Interactions, edited by Bettina Lange, Fiona Haines and Dania Thomas. Oxford: Hart Publishing.

70 성장감퇴에 관하여는 다음을 참조하라. See Giacomo D'Alisa, Federico Demaria, and Giorgos Kallis, DeGrowth: A Vocabulary for a New Era(성장감퇴: 새 시대의 어휘) (2014); 다양한 경제에 관하여는 다음을 참조하라. See Gibson-Graham et al., supra note 13; N. Johanisova and E. Fraňková, Eco-Social Enterprises(생태사회학 기업), in Routledge Handbook of Ecological Economics: Nature and Society 507 (C. L. Spash ed., 2017).

71 But see Bronwen Morgan (2018) "The Sharing Economy"(공유경제) 14 Annual Review of Law and Social Science, www.annualreviews.org/doi/abs/10.1146/annurev.lawsocsci-101317-031201.

제2부

구체적 규제사안의 해결

제5절
고용노동법

21

미국 근로자에 대한 분류

엘리자베스 티펫[*]

서언

한 기자가 승차공유 서비스를 이용하면서 운전석 머리받침에서 발견한 글(글 제목이 '평가시스템에 대한 설명'이라고 되어 있다)을 공유한 적이 있다.[1] 이 글은 이렇게 되어 있었다고 한다. 별 다섯 개는 '평범한, 평균의, 괜찮은, 만족스런' 서비스에 주어져야 한다. 별 네 개는 '이 운전자는 몹쓸 사람이니 천천히 해고하라. 평균 혹은 평균 이상에는 해당되지 않는다. 이런 운전자 대부분 및 나는 노숙자가 될 수 있다'는 것을 뜻한다.[2] 별 세 개는 '이 사람은 너무 형편이 없어서 다시는 보고 싶지 않다'는 것을 의미한다.[3] 별 한 개나 두 개는 위험한 운전이나 폭력적 위협의 경우에만 부여되어야 한다.[4]

이 안내문은 고객평가가 가져올 고용상 결과를 알려 주는 데에 사용되고 있었다. 고객 평가가 오로지 정보 제공의 목적으로만 사용될 것이라는 잘못된 가정하에 고객들이 행동하지 않도록 하기 위한 것이다. 승차공유 서비스 업체들은 그들이 고객 평점을 사용하여 운전자들을 평가한다는 점을 인정한다. 우버의 운전자 안내서에서는, 우버가 운전자의 별점 평가 및 고객 불만에 대한 관리를 한다고 언급하고 있다.[5] 운전자와의 계약서에서 우버는 별점 평가가 최저 기준에 미달하는 경우 운전자를 배제할 권리를 보유하고 있다.[6] 또한 우버는 과거에 고객 평가에 따라 운전자를 배제한 경우가 있음을 인정하고 있다.[7] 경쟁 업체인 리프트도 유사한 평가 시스템을 사용하는데, 별한 개는 끔찍한(awful) 서비스를 뜻하고, 별 다섯 개는 훌륭한(awesome) 서비스를 뜻한다.[8] 운전자의 평균 평점이 일정한 기준(최근에는 5점 만점에 4.6이 기준이었다)에 미달하면 리프트는 자동으로

---

[*] Catharine Roner Reiter와 Alexander Baker가 이 글에 대한 연구조력을 제공하였다.

1 Caroline O'Donovan, My Ride to Work(출근 차량에서 생긴 일), Twitter (Mar. 16, 2017), https://twitter.com/ceodonovan/staturs/842418425695674369.

2 Id.

3 Id.

4 Id. See also Noopur Raval and Paul Dourish, Standing Out from the Crowd: Emotional Labor, Body Labor, and Temporal Labor in Ridesharing(다른 사람보다 돋보이기: 승차공유의 감정노동성, 육체노동성 및 시간노동성), Proc. 19th ACM Conf. Comp.-Supported Cooperative Work & Soc. Computing, 5 (2016).

5 O'Connor v. Uber Technologies, Inc., 82 F. Supp.3d 1133, 1151 (N.D. Cal. 2015).

6 Id.

7 Id.

8 Cotter v. Lyft, Inc., 60 F. Supp.3d 1067, 1071 (N.D. Cal. 2015).

운전자를 비활성화하게 되어 있다.[9]

우버와 리프트의 징벌적 접근법은 고용자가 피용인에 대하여 사용하는 엄격한 근태관리와 매우 유사하다. 하지만 우버와 리프트는 운전자들을 독립계약자로 취급한다.[10] 이는 대다수의 공유경제 회사들도 마찬가지이다.[11] 이 글에서는 공유경제 노동자가 독립계약자인지, 근로자인지 및 현행 미국법률이 이 노동자들을 적절히 보호할 수 있는지 여부를 살펴본다.

공유경제 노동자들을 독립계약자로 분류하는 것은 대부분 적절하다. 그러나 피용인 지위의 한계선에 있는 노동자와 관련하여 공유경제에서 규제상 문제가 제기되고 있다. 그와 같은 노동자와 관련하여 법리가 중요하게 되었다. 이러한 노동자에 대한 고용 분류와 관하여 두 가지 문제가 제기된다. 하나는 위법행위(noncompliance)이고 다른 하나는 탈법행위(avoidance)이다.[12] 공유회사가 적발되지 않을 것이라고 생각하고 의도적으로 독립계약자로 오분류를 하는 경우에 위법행위가 발생한다. 고용상 지위에 관한 낡은 징표(proxies)를 사용한 결과로서, 공유 회사가 노동자를 합법적으로 독립계약자로 분류하는 경우도 있다. 이러한 형태의 탈법행위를 통하여 기존 법규의 적용을 피함으로써 경쟁상 이점을 확보하게 된다.[13]

이 글은 세 부분으로 진행된다. 첫 번째 부분에서는 노동자가 독립계약자인지 피용인인지를 분류하는 법적 기준을 간략히 살펴본다. 두 번째 부분에서는 현행 법률이 공유경제 노동자에 대한 위법행위와 탈법행위를 야기하는 측면을 살펴본다. 마지막으로 위와 같은 문제점을 해결하기 위하여 제안된 여러 방안을 논의한다.

---

9 Id. at 1082 n. 3.

10 Lyft Terms of Service, Lyft (Sept. 30, 2016), www.lyft.com/terms ("리프트 플랫폼의 운전자로서, 귀하는 귀하와 리프트가 직접적인 거래관계에 있으며 본 계약에 따른 당사자 사이의 관계는 독립계약자 관계임을 확인하고 동의한다."); see also Justin Worland, Uber wants to Settle a Lawsuit with Its California Drivers for Just $1 Each(우버는 캘리포니아 운전자 1인당 1달러를 주고 소송을 종결시키려고 한다), Fortune (Feb. 2, 2017), http://fortune.com/2017/02/02/uber-californialawsuit-settlement/.

11 Elizabeth Tippett, Using Contract Terms to Detect Underlying Litigation Risk: An Initial Proof of Concept(계약조건상 소송의 위험 파악: 초기의 개념증명), 20 Lewis & Clark L. Rev. 548, 560-62 (2016) (25개 조사대상 공유회사들 중 단 한 회사만 직원을 근로자로 분류했다).

12 이 글에서는 다음 책에서 분석한 위법행위와 탈법행위를 인용한다. Charlotte Alexander and Elizabeth Tippett, The Hacking of Employment Law(고용법의 회피), 82 Missouri L. Rev. 973 (2017).

13 Id. See also Matthew Yglesias, When is a Taxi Not a Taxi?(언제 택시가 택시 아닌 것이 되나?), Slate (Dec. 19, 2011), www.slate.com/articles/technology/technocracy/2011/12/uber_car_service_exposing_the_idiocy_of_american_city_taxi_regulations_.html (이 글에서는 우버가 기술을 매우 우아하게 사용하여 실질적으로 법률 시스템을 회피하고 있다고 묘사하고 있다). 다른 논평가들도 규제활용에 대한 논의를 하면서 이 문제의 여러 측면들을 기술하고 있다. See Orly Lobel, The Law of the Platform(플랫폼법), 101 Minn. L. Rev. 87, 92 (2016); Noah Zatz, Does Work Have a Future if the Labor Market Does Not?(노동시장에 미래가 없다면 노동에는 미래가 있는가?), 91 Chi-Kent L. Rev. 1081, 1093 (2016); Keith Cunningham-Parmeter, From Amazon to Uber: Defining Employment in the Modern Economy(아마존에서 우버에 이르기까지: 현대 경제의 피용인에 대한 정의), 96 BU. L. Rev. 1673, 1687 (2016).

I. 공유경제에서의 피용인 지위에 대한 법적 기준

노동자가 독립계약자나 피용인 중 어느 것에 해당하는가는 피용인이 적용을 추구하는 연방법 혹은 주법에 의하여 결정된다.[14] 최저임금 및 초과근무수당,[15] 반차별보호,[16] 산재보상,[17] 실업보험[18] 등과 같은 고용상 보호장치들은 해당 법률이 피용인으로 규정하는 자에게만 적용된다. 각 법률은 피용인 지위에 관하여 별도로 기준 혹은 규정을 둘 수 있다. 그 결과 어떤 개인이 피용인인가 여부를 정하는 단일의 척도는 존재하지 않는다.

미국의 고용법에 독립계약자와 피용인을 구분하는 명확한 법리는 거의 없다. 그 대신 복수요소로 구성된 척도가 기준으로 되어서 법원이 유연하게 그 기준을 적용하는 경향이 있다.[19] 해당 법규에 명확한 지침이 없는 경우에 법원이 적용하는 가장 보통의 기준은 '통제권설'이다.[20] 통제권설은 업무의 수행방식에 대한 통제권을 고용자가 갖고 있다고 볼 수 있는지 여부를 심사한다. 통제권설에서는 통제권의 양을 평가하는 데에 다음의 요소들을 사용하는데 이들 요소는 배타적인 것이 아니다.

요구되는 기술, 수단과 도구의 원천, 작업 장소, 관계의 지속기간, 사용자가 노동자에게 추가 업무를 맡길 수 있는지 여부, 노동 시기와 노동 시간에 대하여 노동자가 가지는 재량의 정도, 보수지급의 방식, 업무보조자의 채용과 보수에 관한 상대방의 역할, 업무가 사용자의 통상적 사업 범위 내에 있는가 여부, 사용자가 사업자인지 여부, 피용인 복지급여의 제공 여부, 상대방에 대한 조세취급.[21]

연방대법원은 Nationwide Mutual Co. v. Darden에서 보험대리인이 Employees Retirement Income Security Act(ERISA)에 따라 피용인 자격을 가지는가를 판단함에 있어서 통제권설을 채용하였다.[22] 보험대리인은 자신의 비용으로 사무실을 유지하고, 직원을 채용하고 그들의 보수를 지급하였으며, 스스로 근무 시간을 정하고, 시기·장소·상대방을 마음대로 정하여 보험모집을 하였기 때문에 독립계약자로 취급되었을 것이다.[23] 보험회사는 대리인의 일상업무에 영향을 미치지

---

14 이 섹션의 대부분은 Tippett, supra note 11, at 538-40에서 논의된 내용이다.

15 Fair Labor Standards Act, 29 U.S.C. §§206-207 (2012).

16 Title VII of the Civil Rights Act, 42 U.S.C. §2000e (2012) (피용인에 대한 정의를 하고 있다).

17 산재보상보호는 주법에서 정한다. See, e.g., O.R.S. §656.027; see also McCown v. Hones, 353 N.C. 683 (N.C. 2001) (독립계약자는 산재보상을 받지 못한다).

18 실업보험 보장범위는 주법이 정한다. See. e.g., O.R.S. §657.015.

19 Katherine V.W. Stone, Legal Protections for Atypical Employees: Employment Law for Workers Without Workplaces and Employees Without Employers(비전형적 피용인에 대한 법적 보호: 근무장소가 없는 노동자 및 고용자가 없는 피용인에 대한 노동법의 적용), 27 Berkeley J. Emp. & Labor L. 251, 260 (2006).

20 See Nationwide Mut. Ins. Co. v. Darden, 503 U.S. 318, 322-23 (1992).

21 Id. at 323-24 (internal quotations and citation omitted).

22 Id.

23 여기에서 독립계약자로 취급되었을 것이라고 기술한 이유는 이 사건이 항소법원에 환송되었는데 항소법원은 다시 그

않았기 때문에 고용자로 되기에는 충분하지 않은 통제권을 행사한 것이었다.

때로는 법률 혹은 규정이 피용인 혹은 고용의 개념을 정의하여 법원이 특정 개인이 해당 법률의 적용대상인지를 판단하는 데에 도움을 주기도 한다. 이들 법률의 대부분은 통제권설의 변종들이다.[24] 대안적인 척도 중 가장 중요한 것은 '경제적 현실설'인데, 이는 최저임금과 초과근무수당 관련 연방법률인 공정노동기준법(FLSA)에서 채용한 것이다. FLSA는 고용을 '노동에 대한 묵인 혹은 허용'(suffer or permit work)이라고 정의한다.[25] 법원은 이 문구를 넓게 해석하였는데, 법원이 사용한 경제적 현실설의 내용은 아래와 같다.

1) 작업이 수행되는 방식에 대하여 고용자가 갖는 통제권의 성질과 그 정도,
2) 피용인의 경영 기술에 따라 수익 혹은 손실이 날 가능성,
3) 작업에 필요한 장비 혹은 물자에 대한 피용인의 투자 여부 및 노동자의 고용 여부,
4) 제공되는 서비스에 특별한 기술이 요구되는지 여부,
5) 노동관계의 영구성과 기간의 정도,
6) 제공되는 서비스가 고용자의 사업에 필수적인 정도.[26]

업무에 대하여 고용자가 갖는 통제권의 정도가 심사의 일부를 구성한다. 그러나 그 외에도 노동자의 고용자에 대한 경제적 의존도를 평가하는 여러 요소가 징표로서 사용된다. 예컨대 Secretary of Labor v. Lauritzen에서 법원은 경제적 현실법을 사용하여 오이를 수확한 이주 농업노동자가 피용인에 해당되는지 여부를 판단하였다.[27] 농장 주인은 작업 수행 방법에 대해 통제를 거의 하지 않았다. 각 가정은 수확할 토지의 면적과 각 가족 구성원의 역할을 정하여 수확을 하였다. 가족별 수입(궁극적으로는 이익)은 수확한 오이의 품질과 수확의 전체 중량을 기준으로 하였다. 만약 판단척도가 순수하게 통제권의 문제였다면, 농업노동자들은 피용인으로 간주되지 않았을 것이다. 그러나 법원은 경제적 현실법을 적용하여 그들을 피용인으로 보았다. 수익이 경영수완에 의존하지 않는 점, 작업에 특별한 기술이 필요하지 않는 점, 농장의 토지·건물·장비·비품에 대한 투자액에 비하여 각 가족의 장비투자액은 미미한 점 등을 그 이유로 들었다.[28]

내가 이전의 연구에서 주장한 바와 같이, 공유회사는 제공하는 서비스의 유형에 따라서 통제권 행사의 수준이 상당히 다르다. 공유회사는 크게 세 범주로 나눌 수 있다. (1) 재산공유 회사(예:

사건을 지방법원에 환송하였다. 그전에 항소법원은 Darden이 피용인이 되기 어렵다는 취지로 판결한 적이 있었다. See Darden v. Nationwide Mut. Ins. Co., 969 F.2d 76 (4th Cir.1992). 그런데 지방법원은 그 뒤에 이 사건에 대한 판결문을 작성하지는 않았다.

24 Tippett, supra note 11, at 556.

25 29 U.S.C. §203(g) (2012).

26 Secretary of Labor, United States Dep't of Labor v. Lauritzen, 835 F.2d 1529, 1535 (1987).

27 Id.

28 Darden v. Nationwide Mut. Ins. Co., 969 F.2d 76, 77 (4th Cir. 1992).

에어비앤비), (2) 재산기반서비스 회사(예: 우버), (3) 서비스공유 회사(예: 태스크래빗, 아마존 MTurk)가 그 세 가지이다.[29]

재산공유 회사의 경우 고객이 구매한 서비스는 유체재산(자동차, 아파트, 고급 의류 등)에 대한 배타적인(혹은 거의 배타적인) 접근권이 주된 것이다. 노동은 서비스에 부가적인 것인데, 일정한 기간 사용을 하도록 점유를 이전하는 데에서 찾아볼 수 있을 뿐이다.[30] 이러한 형태의 사업에서는 상대적으로 노동이 거의 발생하지 않기 때문에 오분류 주장이 제기될 위험성은 낮다.

대조적으로, 우버·리프트·사이드카와 같은 재산기반서비스 업체는 소유자가 갖는 자산의 수익적 효용을 고객에게 판매한다.[31] 여기에서는 상당한 노동이 개입한다. 사업모델을 논의로 한다면, 운전자가 하는 일은 택시 및 배달 운전자가 하는 것과 유사하다. 택시 회사와 배달 회사는 수년 동안 피용인 오분류에 관한 소송을 많이 제기당하였다.[32] 따라서 재산기반서비스를 제공하는 공유 회사가 피용인 지위에 관한 소송을 상당히 제기당해 왔다는 점은 놀라운 일이 아니다.[33]

세 번째 범주인 서비스공유 회사에서는 오로지 노동만이 공유된다. 이러한 형태의 서비스는 문헌에서 '군집노동'(crowd work) 혹은 '군집원천노동'(crowd sourcing)으로 표현되어 왔다.[34] 본인의 과거 연구에 의하면, 위 회사들이 노동자에 대하여 행사하는 통제권에는 상당한 차이가 있고, 명백하게 높은 통제권을 행사하는 회사는 거의 없는 것으로 보였다.[35] 그러나 그 후에 다른 사람들이 수행한 연구에 의하면, 서비스공유 회사의 노동자들도 승차공유 노동자와 유사한 경험을 한 것으로 보인다. 일라나 거손과 멜리사 세프킨에 의하면, 일부 서비스 플랫폼에는 작업시간을 확인하는 자체 추적 시스템이 있는데, 이를 노동자들이 빅브라더와 같은 기능을 하는 것으로 표현하였다고

29 Tippett, supra note 11, at 553.

30 Id. But see Juliet B. Schor, Does the Sharing Economy Increase Inequality Within the Eighty Percent?: Findings from a Qualitative Study of Platform Providers(공유경제는 80%에게 불평등을 증가시키는가?: 플랫폼 제공자에 대한 정성적 평가에 따른 발견), 10 Cambridge J. Regions, Econ. & Soc'y, 23, 25 (2017) (에어비앤비에서 숙박을 위하여 한 청소와 준비작업을 조사하였는데, 이를 RelayRides에서 차량을 대여하기 위하여 필요한 최소한의 작업과 비교하였다).

31 Tippett, supra note 11, at 553-54.

32 See generally Id. at 551; see also Yellow Taxi Co. v. NLRB, 721 F.2d 366, 373-74 (D.C. Cir. 1983); Kubinec v. Top Cab Dispatch, Inc., No. SUCV201203082BLS1, 2014 WL 3817016, at 1, 13-15 (Mass. Super. Ct. June 25, 2014); Yellow Cab Coop. v. Workers' Comp. Appeals Bd., 277 Cal. Rptr. 434, 436 (Ct. App. 1991); Alexander v. FedEx Ground Package Sys., Inc., 765 F.3d 981, 989-94, 997 (9th Cir. 2014); see also Estrada v. FedEx Ground Package Sys., Inc., 64 Cal. Rptr. 3d 327, 331 (Ct. App. 2007).

33 Miriam Cherry, Working for (Virtually) Minimum Wage: Applying the Fair Labor Standards Act in Cyberspace(가상세계의 최소임금으로 일하기: 사이버공간에 공정노동기준법을 적용하는 문제), 60 Ala. L. Rev. 1077, 1078 (2009).

34 Id. at 1078 (2009); see also Miriam Cherry, Cyber Commodification(사이버 상품화), 72 Md. L. Rev. 381, 445 (2012); Miriam A. Cherry, A Taxonomy of Virtual Work(가상 노동의 분류), 45 Ga. L. Rev. 951 (2011); Janine Berg, Income Security and the On-Demand Economy: Findings and Policy Lessons from a Survey of Crowdworkers(소득 안정성과 주문형 경제: 군집노동자의 연구에 따른 발견과 정책적 교훈), 37 Comp. Lab. L & Pol'y J. 543, 545 (2016); Valerio De Stefano, The Rise of the "Just-In-Time Workforce": On-Demand Work, Crowdwork, and Labor Protection in the "Gig Economy,"(적시 노동력의 등장: 주문형 노동, 군집노동과 긱경제 노동의 보호) 37 Comp. Lab. L. & Pol'y J. 471, 472 (2016).

35 Tippett, supra note 11, at 562.

한다.[36] 서비스공유 회사가 우버, 리프트가 사용한 것과 같은 고객평가 제도를 사용하는 경우에,[37] 고객을 만족시켜야 한다는 감정노동과 관련된 스트레스를 경험한다고 노동자들은 말한다.[38] 디파다스 아세베도가 관찰한 바와 같이, 플랫폼과 고객은 원하기만 하면 제재를 가할 수 있고, 이는 본질적으로 예측가능하지도 않고 알 수도 없다.[39] 그러면 노동자들은 시스템과 고객이 설정한 한계에 자신들의 욕구를 맞춤으로써 대응을 한다.[40]

공유회사가 노동자에 대하여 행사하는 통제권이 상당히 다양하다는 점을 놓고 보면, 오분류는 일부 공유 노동자에게만 해당된다고 볼 수 있다. 전통적인 고용환경에서는 피용인으로 취급되었을 새로운 종류의 노동자가 공유경제의 일반적인 결과로서 만들어졌다고 볼 수는 없다. 오히려 궁극적으로는, 기술혁신으로 위법행위와 탈법행위를 감출 수 있는 한계 영역에서, 공유경제가 고용법제에 대한 준수를 갉아먹는 현상이 나타날 것이다. 다음으로 한계 영역의 노동자들이 전통적 고용법의 보호에서 벗어나게 되는 측면을 살펴보고자 한다.

II. 공유경제에서의 고용법 위반행위와 탈법행위

샬럿 알렉산더와 내가 과거의 연구에서 본 바와 같이, 공유경제에는 위법행위와 탈법행위가 있다.[41] 회사가 단체소송 포기 조항을 포함하는 중재약정을 하게 되면 집단책임소송의 제기를 봉쇄할 수 있는데, 회사는 그렇게 함으로써 노동자에 대한 오분류를 일부러 할 수도 있다. 공유경제 회사가 소프트웨어를 통하여 통제권을 행사하는 경우, 통제권 행사 사실을 확인하는 것이 어렵고 복잡하게 될 수도 있다. 현행 법적 척도에는 시대착오적 면이 있다는 점을 공유경제는 노정시키기도

---

36 Ilana Gershon and Melissa Cefkin, Click for Work: Rethinking Work, Rethinking Labor Through Online Work Distribution Platforms(클릭을 통한 작업: 노동에 대한 재고 및 온라인 노동 분배 플랫폼을 통한 노동에 대한 재고) [working paper], at * 20.

37 Deepa Das Acevedo, Unbundling Freedom in the Sharing Economy(공유경제에서의 자유에 대한 해부), 91 S.Cal. L. Rev. (2018년에 나올 예정) [working paper], at 18 (개 산책 서비스 Rover는 고객 요청을 취소한 노동자를 제재할 수 있으며, 고객은 고객 평가를 통해 노동자에 대한 제재를 가할 수 있다.); Josh Dzieza, The Rating Game: How Uber and Its Peers Turned Us into Horrible Bosses(평가게임: 우버와 그 사용자들이 어떻게 우리를 공포스러운 상사로 만들었는가), The Verge (Dec.19, 2011), www.theverge.com/2015/10/28/9625968/rating-system-on-demand-economy-uber-olive-garden (Postmates는 고객 평점이 4.7 미만인 노동자를 배제한다.); TaskRabbit, Ratings and Reviews on the TaskRabbit Platform(태스크래빗 플랫폼에서의 평가와 고객의견), https://support.taskrabbit.com/hc/en-us/articles/213301766-Ratings-and-Reviews-on-the-TaskRabbit-Platform.

38 Id. at *18; Schor supra note 30 at 26, 29 (태스크래빗에 관하여 '하인경제'로 표현하는 근로자도 있고, 자괴감이 들기도 한다고 표현하는 근로자도 있다). Raval & Dourish, supra note 4, at 5-6 (승차공유 노동자는 감정노동자라고 주장하기도 한다).

39 Das Acevedo, supra note 37 at 18.

40 Id.

41 See Alexander and Tippett, supra note 12, at 1004; Orly Lobel, supra note 13, at 112; Zatz, supra note 13, at 1086; Cunningham-Parmeter, supra note 13, at 1682; See generally Benjamin Means and Joseph Seiner, Navigating the Uber Economy(우버 경제의 탐색), 49 U.C. Davis L. Rev. 1511, 1517 (2016); Brishen Rogers, Employment Rights in the Platform Economy: Getting Back to Basics(플랫폼경제에서의 노동권: 기본으로 돌아가기), 10 Harv. L. & Pol'y Rev. 479 (2016).

한다. 예컨대 현행 판단법에서는 장비의 소유권, 일정의 유연성은 독립계약자 지위를 나타낸다고 추정한다. 위와 같은 독립성 판단 징표는 더이상 과거만큼 의미 있는 것이 아닌데도 현행 법리에 의하면 일부 공유경제 노동자가 적절히 분류된 것으로 볼 수도 있다. 위와 같은 여러 형태의 위법행위와 탈법행위를 아래에서 논의하고자 한다.

A. 중재합의를 통한 위법행위

공유경제에서 피용인 지위에 관한 많은 소송이 제기되었다. 한 잡지의 머리기사가 '긱경제는 죽을 때까지 소송을 당하기 때문에 오래가지 못할 것'이라고 선언한 적이 있다.[42] 한 법학지 논문에서 미리암 체리 교수는 공유회사에 대한 14개의 오분류 소송을 분석하였는데, 대부분이 캘리포니아에서 제기되었다.[43] 공유 업계에 운영되는 회사가 많지 않은 점을 고려할 때 이러한 소송 수준은 상당한 것이다.

그러나 이 중 다수가 사적 중재로 넘어갔기 때문에, 많은 사건에서 청구의 당부는 알려져 있지 않다.[44] 공유회사의 많은 노동자에게 중재조항이 적용된다. 공유경제에서 중재합의는 두 가지 중요한 효과가 있다. 첫째, 중재는 사적으로 진행된다.[45] 법원의 판결과는 달리 중재판정은 공적 기록의 일부가 되지 않는다. 이로 인하여 공유경제의 피용인 지위에 관한 법리의 발전이 저해된다.

둘째, 중재합의는 노동자가 이용할 수 있는 구제수단을 제한할 수가 있다. 일련의 대법원 판결에 의하면, 특히 AT&T v. Concepción 사건에 의하면,[46] 중재조항을 통하여 중재절차 혹은 법원절차에서 집단적 구제수단의 형태를 사용하지 못하게 할 수 있다.[47] 노동자가 여전히 중재를 통하여 개인적 청구를 할 수는 있지만, 집단적으로 소송을 해야 하는 경제적인 소액 청구(특히 임금과 초

---

42 Sarah Kessler, The Gig Economy Won't Last Because It's Being Sued to Death(긱경제는 죽을 때까지 소송을 당할 것이기 때문에 오래가지 못할 것이다), Fast Company (Feb. 17, 2015), www. fastcompany.com/3042248/the-gig-economy-wont-last-because-its-being-sued-to-death.

43 Miriam Cherry, Beyond Misclassification: The Digital Transformation of Work(오분류를 넘어서: 노동의 디지털적 변환), 37 Comp. Lab. L. & Pol'y J. 577, 584-87 (2016).

44 체리가 연구한 14건 중에서 4건에서 개별중재 항변이 제기되었는데, 그중 3건이 인용되었다. Cherry, supra note 43 at 584-87.

45 Lewis L. Maltby, Private Justice: Employment Arbitration and Civil Rights(사적 사법: 고용중재와 민권법), 30 Colum. Hum. Rts. L. Rev. 29, 30-32 (1998).

46 AT&T Mobility LLC v. Concepción, 563 U.S. 333, 349 (2011); see also American Exp. v. Italian Colors Restaurant, 133 S. Ct. 2304 (2013).

47 대법원은 집단소송 포기가 포함된 중재조항이 National Labor Relations Act의 집단행동권을 침해하는지 여부와 관련하여 3건에서 소송이송명령을 발하였다. Lewis v. Epic Systems Corp., 823 F.3d 1147 (7th Cir. 2016), cert. granted, 137 Sup. Ct. 809 (2017); Ernst & Young LLP v. Morris, 834 F.3d 975 (9th Cir. 2016), cert. granted, 137 S. Ct. 809 (2017); Murphy Oil USA, Inc., 361 N.L.R.B. No. 72 (2014), enforcement denied, 808 F.3d 1013 (5th Cir. 2015), cert. granted, 137 S. Ct. 809 (2017).

과근무수당)에 관하여는 유효한 구제책이 없는 것이 된다.[48] 38개 공유회사의 8년간[49] 서비스 계약 조건을 연구한 결과 약 2/3의 회사가 집단소송 포기 조항을 포함한 중재조항을 갖고 있는 것으로 나타났다.[50] 그 결과 고용에 관한 기존의 정의에 의하더라도 일부 노동자가 피용인에 포함되겠지만, 집단적 소송을 통한 집행에 의할 수밖에 없는 노동권은 기능적으로 보호를 받지 못하게 된다.

우버에 대한 단체소송을 보면,[51] 중재조항이 노동자의 구제책을 어떻게 제한하는지와 회사들이 피용인 분류를 하는 데에 어떤 영향을 미치는지를 알 수 있다. 위 두 사건은 모두 캘리포니아에서 진행되었는데, 법원은 약식재판신청을 기각하고 통상절차에 회부하였다. 당사자는 1억 달러에 합의를 하였으나 법원은 금액이 너무 적다면서 승인을 거부하였다.[52] 이 사건은 현재 지방법원이 개별중재를 요구했어야 하는지 여부에 관하여 항소심이 진행 중이다.[53] 원고 측 변호사에 따르면, 우버의 주장이 받아들여지는 경우, 이 사건에서 단체소송이 가능한 운전자로는 중재조항을 선택하지 않은 자나 중재조항이 2013년에 도입되기 전에 우버 운전을 그만둔 자만이 해당될 것이다.[54] 우버는 이제 서비스계약 조건에 집단소송 포기 조항이 포함된 중재조항을 두고 있다. 우버가 계속하여 노동자를 독립계약자로 분류하고 있는 것으로 보아 장래의 소송을 걱정하는 것 같지는 않다.[55]

대체적으로 단체소송 포기 조항을 포함한 중재조항은 시간이 지남에 따라 공유경제 노동자들의 근로조건을 저하시킬 수 있다. 임금 및 초과근무수당 소송을 우려하는 공유회사들은, 법원이 노동자를 피용인으로 보고 상당한 임금과 제재금을 부과하지 않게 하기 위하여, 실질적인 통제권을 행사하는 것을 주저하는 방향으로 갈 수도 있다. 집단적 소송이라는 장애물이 없다면, 회사들은 원하는 대로 관계를 설정하고 노동자에 대하여 더 많은 감시, 통제, 제재를 가함으로써 고객의

---

48 예컨대, 고용차별을 주장하는 개별 청구에서는 수만 달러가 인용될 수 있기 때문에 원고 측 변호사가 성공보수조건부로도 개별 중재사건을 맡으려고 할 것이다. 그러나 임금과 시간수당 사건에서는 노동자가 입은 피해가 수백 달러에 그칠 수 있다. 그러한 소송에서는 소송비용을 개별적으로 들일 만한 가치가 없다. 하지만 집단소송 혹은 단체소송에서는 비용을 들이고도 이익이 남을 수가 있다. 결과적으로, 집단 및 단체소송 포기 조항을 포함한 중재규정은 노동자의 일정한 피해에 대한 구제책을 실질적으로 봉쇄하는 효과가 있다.

49 2009년부터 2016년까지의 계약서인데, 우리는 각 연도별로 각 회사의 계약서를 검토한 것은 아니다.

50 Elizabeth Tippett and Bridget Schaaff, How Concepcion and Italian Colors Affected Terms of Service Contracts in the Gig Economy(Concepcion 사건과 Italian Colors 사건이 긱경제의 서비스계약조건에 미친 영향), 70 Rutgers L. Rev. 101 (2018).

51 Cotter v. Lyft, Inc., 60 F.Supp.3d 1067, 1071 (N.D. Cal. 2015); O'Connor v. Uber Technologies, Inc., 82 F.Supp.3d 1133, 1151 (N.D. Cal. 2015).

52 1억 달러의 합의금도 상당한 액수이지만, 판사는 위 사건의 징벌적 제재금이 10억 달러를 넘을 수도 있다고 평가했다. 위 합의금은 약 385,000명의 운전자들이 나눠 가졌을 것이다. Joel Rosenblatt, Uber's $100 Million Driver Pay Settlement Rejected by Judge(우버가 운전자에게 지급하려 한 1억 달러 합의금을 판사가 거부하였다), Bloomberg Technology (Aug. 18, 2016), www.bloomberg.com/news/articles/2016-08-18/uber-s-100-million-driver-pay-settlement-is-rejected-by-judge.r.

53 Shannon Liss-Riordan, Uber Drivers: Read Here About an Important Lawsuit by Uber Drivers To Recover the Tips They Should Have Received and Reimbursement for Expenses(우버 운전자 여러분! 우버 운전자가 받아야 할 팁과 비용변상액에 대한 중요한 소송에 대해 여기에서 읽어보세요), http://uberlawsuit.com/.

54 Id.

55 Jordan Golson, Judge Rejects Uber's $100 Million Settlement with Drivers(판사가 우버가 운전자들과 한 1억 달러의 합의를 배척하다), The Verge (Aug. 18, 2016), www.theverge.com/2016/8/18/12545018/uber-reject-settlement-lawsuit-class-action-independent-contractor.

경험을 개선하려고 할 수도 있다.[56]

B. 소프트웨어에 숨겨진 통제권

공유경제 회사는 '알고리즘에 의한 통제권'을 행사하는데,[57] 이를 '소프트웨어의 지배'라고도 부른다. 로렌스 레시그의 유명한 말처럼, 소프트웨어의 지배는 물리적 구조체로서 작동하면서, 법의 지배와 동일한 방식으로 행동을 제약한다.[58] 소프트웨어는 자기집행적이기 때문에 어떤 면에서는 법의 지배보다도 더 행동을 제약할 수 있다.[59] 경쟁자 사이의 담합을 금지하는 반독점법과 같은 법의 지배는 사업 행위자의 의사결정에 영향을 미침으로써 행동을 제약한다. 반면에 소프트웨어의 지배는 소프트웨어 내에서 어떤 행위를 불가능하게 하거나 극히 어렵게 하는 방식으로 작동한다.[60] 예컨대 많은 서비스공유 플랫폼이 고객과 노동자 사이의 교신을 못하게 하거나 금지하는데, 그 이유는 고객과 노동자가 플랫폼 외부에서 업무상 협상을 하여 관련 수수료 및 가격 구조를 잠탈하는 것을 막기 위하여서이다. 이러한 앱의 메시징 소프트웨어는 주소를 나타내는 @ 기호를 탐지하고 플랫폼 외부에서의 교신을 나타내는 여러 문구를 탐지하도록 설계되어 있다.[61] 이러한 유형의 소프트웨어는 오로지 이용자의 양심에 의해 작동하는 단순한 금지조치보다는 더 직접적으로 행동을 규제한다.

따라서 소프트웨어는 노동자에 대한 높은 수준의 통제권을 행사할 수 있는데, 이는 소프트웨어를 어떻게 설계하느냐에 달려 있는 문제이다. 운전자가 승차공유 업체의 피용인인지를 가리는 데에 고객평가 시스템은 규제권자를 곤란하게 하는 문제이다. 피용인 지위에 대한 대부분의 법적 판단척도의 시금석은 공유 업체가 노동자에 대하여 행사하는 통제권의 정도이다. 아래에서 더 자세히 보겠지만, 통제권설을 적용하는 경우에는 '피용인의 노동에 대한 통제가 관리자에 의하여 수행된다'는 점을 통상적인 전제로 한다. 그러나 공유경제의 경우에는 통제가 원격적으로, 분산적으로 이루어진다. 예컨대 본사에서 고위 관리자가 노동자를 탈퇴시키는 별점 평가의 최저 기준을 정하고, 이러한 기준은 자동적으로 소프트웨어를 통하여 집행된다는 점에서 이는 원격적이다. 업무수행에 대한 평가 작업이 고객에게 맡겨져 있고, 각 고객은 노동자와 공유 업체의 계약이 유지될지, 종료될지를 정하는 데에 부분적으로만 관여한다는 점에서 이는 분산적이다. 고객평가에 의존한다

---

56 Charlotte Garden and Nancy Leong, this volume.

57 Alexander and Tippett, supra note 12) at 1008; see also Cherry supra note 43 at 597–99. See Min Kyung Lee et al., Working with Machines: The Impact of Algorithmic and Data-Driven Management on Human Workers(기계와 함께 일하기: 인간 노동자에 대한 알고리즘과 데이터 기반 경영의 영향), in Proceedings of the 33rd Annual ACM Conference on Human Factors in Computing Systems, 1603, 1604 (2015), http://dx.doi.org/10.1145/2702123.2702548 (승차공유 시스템을 '알고리즘 경영'이라고 표시하고 있다).

58 See Lawrence Lessig, Code and Other Laws of Cyberspace(코드와 사이버공간의 법) 6 (1999).

59 R. Polk Wagner, On Software Regulation(소프트웨어 규제론), 78 S. Cal. L. Rev. 457, 460 (2005).

60 James Grimmelmann, Note, Regulation by Software(소프트웨어에 의한 규제), 114 Yale L.J. 1719, 1729 (2005).

61 필자는 공유앱인 Fiverr(www.fiverr.com/)를 사용하면서 이 기능을 경험하였다.

는 사실을 공유업체가 통제권을 거의 행사하지 않는다는 증거로 취급할 것인가? 아니면 그러한 제 3자의 평가에 기하여 운전자를 탈퇴시키는 권리가 유보되었다는 사실 자체가 통제권의 증거가 되는가? 공유경제 노동자의 피용인 지위에 대한 정확한 평가를 하기 위해서는 법원·규제권자·입법자 등이 기술을 통하여 행사되고 강화되는 통제권에 대하여 좀더 폭넓은 고찰을 하여야 한다.

예컨대, 리프트는 승차 요청에 대한 운전자의 수락률을 감시한다. 즉 리프트의 운전자/고객 연결 알고리즘에 의하여 제안된 고객의 승차 요청을 운전자가 얼마나 자주 거부하는지를 본다. 75% 미만의 수락률은 문제가 있는 것으로 간주되는데, 그러한 경우 이메일로 경고가 발송되기도 하고 궁극적으로 비활성화 조치가 이루어지기도 한다.[62] 또한 리프트는 운전자 취소 사례(승차 요청을 수락하였다가 취소하는 것)를 조사하여 운전자 비활성화를 하기도 한다.[63] 우버의 경우에는 파송수락률이 80%가 넘을 것을 기대한다.[64] 이에 비해 태스크래빗은 낮은 평점을 이유로 노동자를 배척하지는 않으나, 낮은 평가를 받은 노동자에게는 질이 낮은 일을 주거나 일을 잘 주지 않음으로써 연결 알고리즘을 통하여 제재를 가한다.[65]

이러한 경우 통제권의 정도가 높은 것인가, 아니면 낮은 것인가? 경우에 따라 다르다고 할 것이다. 첫째, 배차의 최소기준이 있다면 통제권이 있다는 어느 정도의 증거가 될 수 있다. 그러나 연결 알고리즘은 노동자 자율성에 관한 역할을 할 수도 있다. 이와 관련하여 소프트웨어를 같은 역할을 하는 인간(예: 택시 배차원)과 비교해 볼 필요가 있다. 택시 업자가 운전자로 하여금 무선 배차자의 지시를 따르도록 요구하는 경우, 상황에 따라 다르기는 하지만, 통상 운전자들은 피용인으로 취급될 것이다.[66] 택시 회사의 명시적 방침상 모든 운전자가 배차를 수락해야 하는 것으로 되어 있을 수도 있다. 그러나 사람 사이의 상호 작용에서는 협의와 배려의 여지가 있다. 인간 배차원은 휴식 혹은 낮잠을 원하거나 던킨 도넛 가게에 들르려는 운전자의 요청을 감안하여 줄 수 있다. 또한 인간 배차원은 일부 운전자가 특정 노선을 선호한다는 점을 고려하여 반영해 주려고 노력할 수도 있다. 사람은 운전자의 선호도에 따라서 배차시간을 조정할 수 있는데, 일을 빨리 끝내려는 사람에게는 연달아 배차를 하고, 느긋하게 일하려는 사람에게는 천천히 배차를 할 수도 있다. 이러한 융통성에도 불구하고 택시 운전자는 여전히 피용인으로 취급될 것이다.

통제권설을 적용하는 경우에 법원은 궁극적으로 배차수락률의 최저기준을 평가하여 우버 혹은 리프트의 운전자가 택시 회사의 피용운전자와 대등한 지위에 있는지 여부를 판단하게 될 것이다. 최소기준이 60% 또는 80%라면 운전자는 인간 배차원의 경우와 비슷한 경험을 할 것이고, 배차원과 소프트웨어는 동일한 기능을 수행할 것이다. 디파 다스 아세베도의 통계적 조사에 의하면,

---

62 Cotter v. Lyft, Inc., 60 F.Supp.3d 1067, 1071 (N.D. Cal. 2015).

63 Id.

64 O'Connor v. Uber Technologies, Inc., 82 F.Supp.3d 1133, 1149 (N.D. Cal. 2015).

65 Dzieza, supra note 37.

66 Yellow Taxi Co. v. NLRB, 721 F.2d 366, 374-79 (D.C. Cir. 1983).

실제로 노동자는 알고리즘 관리자를 인간 관리자보다 덜 억압적인 존재로 생각한다고 한다.[67] 한편으로 알고리즘은 각기 다르다. 넷플릭스 추천작 혹은 판도라/스포티파이 선곡목록과 같이, 시간이 지나면서 각 운전자의 선호도에 따라서 배차-연결 알고리즘이 맞춤형으로 만들어질 수 있을 것이다. 만약 알고리즘이 운전자가 선호하는 승차유형만을 정확히 제시한다면, 운전자에게는 60% 혹은 80%의 수락률이 비교적 부담스럽지 않을 것이다. 운전자에 대한 통제권을 평가함에서는 운전자가 소프트웨어를 사용하는 방식에 대한 이해가 필요하다. 카네기멜론 대학 연구자들의 논문에 의하면, 배차 알고리즘이 자신들의 선호도와 맞지 않는 경우에는 운전자가 배차 알고리즘을 우회하는 방법을 영리하게도 고안해 낸다고 한다.[68]

소프트웨어는 또한 더 미묘한 수단을 통해 통제권을 행사할 수 있다. 아마존 MTurk에서는, 요청자(고객)가 일정한 요건을 갖춘 노동자에 한하여 일정한 요율로 맡기겠다고 하면서 일을 등록할 수 있다. 노동자는 선호하는 일을 선택하고 원하지 않는 일을 무시할 수 있다. 많은 서비스공유 회사들이 비슷하게 운영되는데, 노동자는 플랫폼을 통하여 확보된 일을 선택하여 완성하게 된다.[69] 일에 대한 접근권은 고객이 작업 결과를 퇴짜 놓은 비율에 의존한다. 고객은 일정한 승인율을 가진 노동자(예컨대, 결과물이 고객에 의하여 승인된 비율이 90% 이상인 노동자)에게만 일을 맡기겠다는 조건을 설정할 수 있다. 이러한 기준은 장래의 일에 대한 접근권을 제한하거나 배제하므로 애매한 형태의 통제권이라고 할 수 있다. 이베이에서 판매자는 고객으로부터 평판평가를 받는데, 이 평가는 고객의 의사결정에 영향을 미칠 수 있다. 평가제도가 있다고 하여 이베이가 판매자에 대한 고용자 유사의 통제권을 꼭 행사한다고 볼 수는 없다. 한편 엄격한 품질 규격은 높은 통제 수준과 일맥상통할 수 있고, 어떤 면에서는 계산원 혹은 콜센터 직원(이들은 일정한 시간 내에 일정한 거래건수를 처리하여야 한다)과 유사한 지위를 만든다.

또한, 소프트웨어의 규칙이 공개되지 않는 경우에 노동자들은 억압적이라고 느끼게 되는데, 그러한 경우는 작업장 규칙을 전파하는 전통적인 방식과 현저하게 대비된다. 많은 경우에 소프트웨어의 규칙은 고용자의 정책(고용자의 정책은 보통 피용인 안내서에 설명되어 있다)과 유사한 기능을 한다. 그러나 회사는 고객 평점에 따른 탈퇴, 플랫폼 외부에서의 통신, 업무 불수락에 대한 제재 등에 관한 소프트웨어 규칙을 공개할 의무가 없다. 그 결과 공유 노동자는 업무계약의 기본적 조건에 대한 추측을 하는 수밖에 없을 것이다. 예컨대 리프트는 노동자에게 평점 기준 탈락 요건을 공개하지 않은 것으로 보인다. 이 사실은 한 임원의 선서증언을 통하여 밝혀졌다.[70] 노동자에게는 이러한 기준의 변덕성과 비공개성이 스트레스가 될 수 있다. 배달서비스 업체인 Postmates의

67 Das Acevedo, supra note 37 at 13.

68 See Lee et al., supra note 57 at 1603.

69 실제로 일부 사이트에 대한 불만 중 주요한 것은 확보할 수 있는 업무가 불충분하다는 점이다. See Berg, supra note 34, at 13-14.

70 Cotter v. Lyft, Inc., 60 F.Supp.3d 1067, 1082 n.3 (N.D. Cal. 2015).

한 노동자는 눈보라 속에서 배달이 늦게 이루어졌다는 이유로 탈퇴처리되었다고 보고하였다.[71] 디파 다스 아세베도가 본 바와 같이 이러한 노동자들은 엄청난 불확실성을 경험하는데, 그들이 유일하게 확신하는 것은 어떤 상황에서도 플랫폼과 고객이 노동자의 선택권을 제약할 권력을 갖고 있다는 점뿐이다.[72]

지금까지 법원은 소프트웨어를 통한 통제를 확인하고 평가하는 업무를 상당히 훌륭하게 수행하고 있는 것으로 보인다.[73] 우버와 리프트의 판결문에는 별점 평가에 대한 기대 및 배차 거부를 통하여 운전자 제재와 비활성화가 발생하는 여러 측면에 대한 논의가 포함되어 있다.[74] 소프트웨어에 의하여 심각한 제약을 받는 공유경제 노동자를 보호하기 위해서는 통제의 한 형태인 알고리즘 경영에 대하여 법원이 지속적인 주의를 기울여야 할 것이다.

C. 독립성에 관한 법적 징표의 의미가 약해졌다고 볼 수 있다

고용상 지위 평가의 법적 기준은 구시대적인 피용인 모델에 적용되는바, 그 피용인 모델은 공유경제의 피용인 지위를 탐지하는 데에는 쓸 만한 것이 못된다. 통제권설은 고용에 관한 주인/하인 모델에서 유래한다.[75] 영국 보통법에 따르면 주인(고용자)은 하인으로부터 서비스를 제공받는 대가로 하인에게 다양한 의무를 부담하였다.[76] 이 모델에서는 통제권이 업무수행의 핵심이었다.[77] 만약 19세기의 하인이 그들의 일정과 선호도에 따라 일을 하였다면 가정의 요리와 청소에 별로 쓸모가 없었을 것이다. 그러나 주인/하인 관계는 산업화 이전에 일을 수행하는 유일한 모델은 아니었다. 매튜 핀킨이 주장한 바와 같이 산업화 이전의 경제적 관계로서 경쟁자로 나선 것은 상업주의였다. 상업주의에서는 상인이 농촌 지역의 장인들에게 원료를 제공하여 일정한 수수료를 주고 완제품 혹은 반제품(예: 양모, 아마, 면)을 생산하도록 하였다.[78] 핀킨에 의하면 공유경제는 상업주의 모델과 매우 유사하다고 한다. 상업주의 모델에서는 통제가 적기 때문에 일부 공유경제 노동자는

---

71   Dzieza supra note 37.

72   Das Acevedo, supra note 37 at 20.

73   Id.

74   O'Connor v. Uber Technologies, Inc., 82 F.Supp.3d 1133, 1149-51 (N.D. Cal. 2015); Cotter v. Lyft, Inc., 60 F.Supp.3d 1067, 1071 (N.D. Cal. 2015).

75   See Nationwide Mut. Ins. Co. v. Darden, 503 U.S. 318, 324-25 (1992) (Restatement (Second) of Agency를 인용하면서 주인-하인 관련 요소들을 나열하고 있다); Restatement (Second) of Agency §220 (이 부분에서는 하인을 주인의 통제 혹은 통제권의 대상으로서 정의하고, 통제권설에 유사한 요소들을 설명하고 있다).

76   Jay Feinman이 설명한 바와 같이, 원래 미국법은 계속적 서비스계약(duration of service contract)에 관한 영국법리를 채택하였다가 나중에는 여기에서 벗어나 임의고용법리(at-will employment rule)를 채택하게 되었다. Jay Feinman, The Development of the Employment at Will Rule(임의고용법리의 발전), 20 Am. J. Legal Hist. 118, 118-19 (1976). 영국 법리에 의하면, 무기계약은 1년 동안 서비스를 제공하기로(고용을 제공하기로) 상호 간에 합의가 성립한 것으로 취급되었다. Id., at 120.

77   Restatement (Second) of Agency §220에서는 통제권을, '실제의 통제'와 서비스 제공에 관한 물리적 행동을 '통제할 권리'로 나누어 구체적으로 설명한다. Restatement (Second) of Agency §220, supra note 75.

78   Matthew Finkin, Beclouded Work, Beclouded Workers in Historical Perspective(역사적 관점에서 본 외주 작업과 외주 작업 노동자), 37 Comp. Lab. L. & Pol'y J. 603, 607 (2016).

'하인'의 개념에서 벗어나게 될 것이다.

통제권설과 경제적 현실설의 여러 요소 중에서 독립계약자로 기울게 만드는 요소는 공유경제 사업모델의 혁신성과 효율성에 일부 관련되어 있다. 공유경제에서 회사들은 노동자로 하여금 자신의 도구와 장비를 사용하도록 하는데, 이를 통하여 자본재 투자를 해야 하는 경쟁자에 비하여 경쟁상 이점을 제공받는다.[79] 위와 같은 사정은 '공유경제 노동자가 독립계약자'라는 공유경제 회사의 주장에 추가적인 지지를 제공한다. 공유경제 회사는 노동자에게 정해진 대로 교대 근무를 하게 하지도 않고, 일정한 기간 근무를 하도록 하지도 않는다. 대신 소프트웨어의 연결 기능으로 인하여, 노동자는 원하는 시기에, 원하는 기간 만큼 노동에 참여를 하게 된다. 통제권설('노동 시기와 노동 시간에 대하여 노동자가 가지는 재량의 정도'라는 요소[80])에 의하더라도 이 점으로 인하여 독립계약자 지위가 인정되기 쉽다.

도구와 장비의 제공 여부는 통제권설과 경제적 현실설 모두에 의미가 있는 요소이다. 전통적으로 자신의 도구와 장비를 제공하는 것은 독립적 사업자의 합리적 징표였다. 예컨대, Darden v. Nationwide 사건에서 문제가 된 보험대리인을 보자. 대리인이 자신의 사무실 공간을 가지고 있다는 점은 그의 업무에 대한 Nationwide의 통제권이 제한적이라는 증거가 된다. 경제적 현실설에서도 사무실 공간은 유사한 의미를 갖는다. 사무실 공간은 축소된 통제권을 증거함과 동시에, 대리인이 경영자적 수완에 의하여 손익의 기회를 갖는다는 점도 나타낸다. 그로 인하여 업무에 필요한 장비와 물자에 상당한 투자가 이루어졌다는 점도 입증되었다.

각 판단기준에서 모두 유사하게 공유경제 노동자들의 자본재 투자는 상당한 것으로 간주될 것이다. 어느 정도는 그렇게 보는 것이 합리적이라고 할 수 있다. 에어비앤비 숙박주는 부동산에 상당한 투자를 하는데, 그들이 올리는 수입은 노동에 대한 임금이라기보다는 진정한 영업이익으로 보인다. 승차공유 운전자는 자동차를 소유하여야 승차를 배정받을 수 있다. 실제로 일부 운전자들은 운전을 진정한 사업이라고 생각한다. 어떤 사람은 '우버의 고급승차 서비스에 제공하려고 고급 차량에 98,000달러를 투자하였는데 우버가 고급승차 요금을 내리는 바람에 파산을 하게 되었다'고 우버의 전 CEO인 트래비스 캘러닉에게 항의하기도 하였다.[81]

---

79 공유경제는 개별 노동자의 도구, 장비 및 기타 수단에 의존한다는 점에서 과거의 사업모델에서 벗어난다. 재산공유 기업의 핵심적인 아이디어는 소비자들이 이미 소유하고 있는 자산으로 이익을 얻는다는 것이다. Lisa Gansky, The Mesh: Why the Future of Business is Sharing(연결: 사업의 미래가 왜 공유에 달려 있는가)15-16 (2d ed., 2012). 마찬가지로, 재산기반서비스 회사는 운전자로 하여금 자신의 차량을 제공하도록 요구한다. 서비스공유 회사의 경우, 노동자가 자신의 컴퓨터 및 인터넷을 제공하고, 본인이 선택한 장소에서 일을 한다.

80 확실히, 각 판단척도에 공통적으로 나타나는 다른 요소들에 의하면, 피용인 지위가 인정되기 쉽다. 특히, 일이 공유회사의 통상적인 업무의 일부이고, 공유회사가 그 사업을 수행하고 있다는 사실이 있다면, 통제권설에 의할 때 피용인이 되기 쉽다. Darden, 323, 503 US 318 at 324. 또한, 제공되는 서비스가 고용자 사업의 핵심적 부분을 차지한다는 사실이 인정되면, 경제적 현실설에 의할 때 피용인 지위가 인정되기 쉽다. Secretary of Labor, United States Dep't of Labor v. Lauritzen, 835 F.2d 1529, 1534 (1987). 그러나 공유회사는 오프라인 경쟁자와 공통적으로 위와 같은 요소들을 가지고 있어서, 이들 요소와 관련해서는 둘 다 똑같이 불리하다. 대조적으로, 도구와 장비의 소유, 내재적인 노동자 유연성 등은 현행법리에 의할 때 공유회사에게 경쟁상 이점을 제공한다.

81 Eric Newcomer, In Video, Uber CEO Argues with Driver over Falling Fares(우버 CEO가 운전자와 요금 인하에 대하여 다투는 비디오가 있다), Bloomberg (Feb. 28, 2017), www.bloomberg.com/news/articles/2017-02-28/in-video-uber-ceo-argues-with-driver-over-falling-fares.

그럼에도 불구하고, 장비 소유는 독립계약자 지위에 관한 믿을 만한 징표가 더이상 아니다. 진정한 독립사업자가 장비를 소유하고 사용하는 것이 흔한 일이지만, 많은 종속적 노동자들도 그렇게 한다. 더구나 노동의 전제조건으로 장비의 소유를 요구하는 것은 노동자에게 비용을 전가하는 방식에 불과할 수도 있다. 노동경제학자 데이비드 웨일은 '파편화된 작업장'(fissured workplace)으로 가는 큰 흐름에 대한 연구를 하였는데, 파편화된 작업장이란 '큰 기업들이 사업의 핵심 영역을 하청주어 수행하고 본사에는 브랜드와 인력관리의 주요 기능과 절차의 일부만을 남겨두는 상태'를 말한다.[82] 명목상 독립 사업을 운영할 것으로 기대되는 개별 노동자에게 하청을 주는 것은 이러한 하청 과정의 자연스러운 연장이다. 다시 말해 공유회사들은 기존의 추세를 가속화하고 있다. 공유회사들은 자본에 투자하지 않고 수익의 일부를 차지하면서, 독립계약자 지위 여부를 판단하는 저울의 한쪽에 힘을 가하고 있다.

또한, 노동자는 일하는 시기와 기간을 선택할 수 있으므로, 기존의 법리에 의하더라도 공유회사에게 유리하다. 작업의 성질에 따라 달라지기는 하지만, 노동자는 작업을 할 장소에 대한 실질적인 결정권을 행사할 수도 있다. 이 두 요소는 통제권설의 명백한 구성요소를 구성한다('작업 장소'와 '노동 시기와 노동 시간'에 대하여 노동자가 가지는 재량의 정도). 경제적 현실설에서도 통제권 유무를 고려하므로, 이러한 요소들은 경제적 현실설에서도 의미가 있다.

도구와 장비에 대한 투자의 경우와는 달리, 노동자에게 통제권을 많이 부여하면 노동자에게는 현실적으로 이익이다. 화면의 터치만으로 작업을 중지하고 마음대로 작업을 다시 시작할 수 있는 유연성은 가치가 있다. 왜냐하면 전통적 산업 영역의 저임금 노동자는 막판까지 기다려야 일을 딸 수 있었고, 고용자가 언제라도 부르면 응답할 수 있는 상태를 유지했어야 했기 때문이다.[83] 실제로 Pew Research 연구대상으로 참여한 공유 근로자들은 유연성을 주요한 동기유발인자로 기술하였다.[84] 또한 많은 화이트칼라 피용인들은 공유경제 노동자의 유연성과 매우 유사한 유연성을 경험한다. 그들은 원격으로 일할 수도 있고, 일정을 유연하게 조정하여 일정시간표와 무관하게 일을 마무리할 수도 있다. 고임금 노동자에게 허용되는 유연성이 어떤 사람에게는 하나의 복지혜택이고, 어떤 사람에게는 상시대기 체제의 불편한 형태일 수도 있는데, 그로 인하여 피용인으로서의 지위가 약화되는 것으로 보이지는 않는다. 유연성이 거의 혹은 전혀 제공되지 않는 것이 피용인 지위의 강력한 징표이기는 하나, 독립계약자 지위에 대한 징표로서의 유연한 노동환경은 과거에 비하여 의존할 만한 것이 못된다.

---

82 David Weil, The Fissured Workplace: Why Work Became So Bad for So Many and What Can Be Done to Improve It(파편화된 작업장: 어찌하여 많은 사람의 노동이 이렇게 나빠졌는가 및 이를 개선하기 위해 무엇을 할 수 있는가) 12 (2014). See also Cherry supra note 43 at 579 (우리는 현재 광범위한 디지털적 전환을 경험하고 있다고 지적한다. 변화에는 '자동화된 경영'의 증가와 위태로운 노동의 경향이 포함된다).

83 Alexander and Tippett, supra note 12; Cherry, supra note 34 at 961; De Stefano, supra note 34 at 32; Lobel, supra note 13, at 131; Charlotte Alexander, Anna Haley-Lock, and Nantiya Ruan, Stabilizing Low-Wage Work(저임금 노동의 안정화), 50 Harv. C.R.-C.L.L. Rev. 1, 37 (2015).

84 Aaron Smith, Gig Work, Online Selling and Home Sharing(긱노동, 온라인 판매 및 주택 공유), Pew Research Center 20 (Nov. 17, 2016). See also Das Acevedo, supra note 37 at *11-13.

Ⅲ. 공유경제 노동자의 보호를 위한 규제적 접근법

논평가들은 공유경제 노동자를 보호하기 위한 제안을 다양하게 제시하는데, 그 일부가 이 책의 다른 곳에서 다루어지고 있다.[85] 다른 사람들의 제안에 덧붙여서 추가적으로 제안을 몇 가지 하고자 한다.

첫째, 공유회사들이 계속하여 단체/집단소송 포기 조항을 포함한 중재조항에 노동자를 묶어 놓는다면, 기존 법리를 바꾸어 보았자 그 효과가 제한적일 것이라고 본다. 앞서 본 바와 같이, 연방대법원은 현재 연방노동관계법에 의하는 경우 피용인의 단체/집단소송 포기 조항이 유효한지를 다투는 여러 사건을 심리하고 있다.[86] 연방대법원이 최근의 선례에서 벗어나 이러한 포기조항이 무효라고 선언하지 않는 한, 노동자에게 이러한 구제책을 회복해 주기 위해서는 1925년 연방중재법을 개정하여야 할 것이다.[87]

실체법의 측면에서 보면, 법원은 통제권설과 경제적 현실설을 현재에 맞게 수정함으로써 부적절하게 독립계약자 지위로 보게 하는 요소들의 비중을 낮출 수 있다. 장비 소유와 어느 정도의 작업 유연성이 그러한 요소에 해당한다. 유사하게, 발레리오 데 스테파노, 미리암 체리, 케이스 커닝햄파미터는 '법원이 통제권 개념을 넓게 파악하여 통제권에 소프트웨어에 기반한 통제와 감시를 포함시켜야 한다'고 주장한 바 있다.[88] 실제로 그렇게 하려면 법원이 소프트웨어 규칙을 고용자 정책으로 취급하고,[89] 그러한 규칙을 통하여 행사되는 통제권을 고용자에게 귀속시켜야 할 것이다.

일부 논평가는 '해악완화책'(harm reduction)으로 널리 알려진 접근법을 제안하기도 한다. 고용자에게 추가적 부담을 지우기보다는, 노동자의 고용상 지위와 상관없이 정부가 노동자에게 더 많은 혜택을 줄 수도 있다.[90] 올리 로벨이 주장한 바와 같이, 규제권자는 플랫폼의 발전을 저해하는 전면적 금지 정책을 채택할 것이 아니라, 플랫폼의 등장으로 국민과 사회에게 야기되는 부정적 결과를 직접 해결하는 데 필요한 정책을 채택하여야 한다.[91] 건강보험법(Affordable Care Act)은 해악완화책의 한 예이다. 왜냐하면 이 법으로 인하여 개인들이 고용상 지위와 무관하게 건강보험에 가입할 수 있게 되었기 때문이다.[92] 폴 세쿤다는 여러 고용자를 위하여 일하는 피용인이 퇴직

---

85 See Charlotte Garden and Nancy Leong, Chapter 33; Miriam Cherry and Atonio Aloisi, Chapter 23; Brishen Rogers, Chapter 22, all in this volume.

86 See supra note 47.

87 Maureen A. Weston, The Death of Class Arbitration After Concepción?(Concepción 사건 이후로 단체소송은 사망하였는가?), 60 Kans. L. Rev. 767, 793 (2012).

88 De Stefano, supra note 34, at 32; Cunningham-Parmeter, supra note 13, at 1707. See also Cherry, supra note 43 at 21.

89 Alexander and Tippett, supra note 12.

90 Id.

91 Lobel, supra note 13, at 137.

92 실제로, 벤처투자자인 Marc Andreeson은 '고용자가 없는 수백만의 사람들이 건강보험을 획득할 수 있게 되었다는 점에서 건강보험법은 공유경제를 가능하게 하였다'고 주장하였다. Evan McMorris-Santoro and Johana Bhuiyan, How Obamacare Drives the Sharing Economy(오바마케어는 어떻게 공유경제를 가능하게 하는가), Buzzfeed News (Oct. 14, 2014), www.buzzfeed.com/evanmcsan/how-obamacare-drives-the-sharing-economy?utm_term=.tnVm10NBr#.hcZY8ydgA.

저축을 합칠 수 있도록 ERISA에 다수고용자 퇴직연금제도를 도입할 것을 옹호하였다.[93] 세쿤다의 모델에서는 반드시 피용인 지위를 요구하지는 않으므로 공유경제 노동자들이 널리 이용할 수 있을 것이다.

노동자가 독립계약자이건 피용인이건 상관없이 현행 고용보호제도를 모든 노동자에게 확장하는 접근법이 있을 수 있다. 예컨대 민권법의 Title Ⅶ가 확대 적용되어 독립계약자를 포함하게 된다면, 공유경제 노동자는 현행 법리에 기한 피용인 분류 여부와 상관없이 차별에 대한 보호를 누리게 될 것이다. 이렇게 하면 고용주가 피용인 지위를 회피하기 위하여 근로의 조건을 변경하는 방식으로 규제의 틈을 이용하는 시도, 즉 규제활용(regulatory arbitrage)을 하지 않게 될 것이다.[94]

결론

공유경제 노동자는 대부분 독립계약자로 분류되고 있다. 기존 법리에 의하더라도 일부는 피용인으로 분류될 것이다. 집단소송 포기 조항을 담은 중재합의를 해 놓고서 공유회사들은 노동자를 피용인으로 분류하지 않으려고 한다. 집단소송 포기 조항이 있으면 집단적 청구를 받을 염려가 없기 때문이다. 기존 법리는 공유경제에 어울리지 않는 면이 있다. 회사가 노동자에 대하여 행사하는 통제권의 수준을 평가하는 것이 법원의 임무이기는 하지만, 통제권이 소프트웨어를 통하여 행사되는 경우에는 법원의 임무가 간단치 않다. 장비의 소유 혹은 유연한 일정과 같이 독립계약자 지위를 파악하는 데에 과거에는 믿을 만했던 징표들이 이제는 더이상 과거만큼의 의미를 갖고 있지 않을 것이다.

공유경제가 성숙해지면서 고용기회 전반에 걸쳐서 확고한 역할을 하게 된 이상 법원과 규제권자는 접근법을 조정할 필요가 있다. 이러한 조정은 공유회사가 고용법리를 회피하여 경쟁적 우위를 점하는 것을 막는 데에도 필요하고, 노동자들에게 기본적인 보호를 제공하는 데에도 필요하다.

---

93 Paul Secunda, Uber Retirement(우버 퇴직연금제도), 2017 U. Chi. Legal Forum 435, 438. https://ssrn.com/abstract＝2894566.
94 See discussion and citation, supra note 13.

22

노동의 파편화, 데이터 기반 지배구조 및 플랫폼경제의 근로조건

브리센 로저스

서언

우버, 리프트, 딜리버루, 태스크래빗, 케어닷컴 등 온라인 노동 중개업체가 대두함으로써 비공식적이고 위태로운 노동(informal and precarious work)이 높은 빈도로 발생하고 있는데, 이에 대하여 대중의 관심이 집중되었다.[1] 주문형 노동 플랫폼은 노동자를 피용인이 아닌 독립계약자로 분류하려는 경향을 띠는데, 독립계약자에게는 임금·초과근무수당 등에 관한 기본적 권리, 산재보상, 집단적 교섭, 고용보험, 반차별법 등의 적용을 하지 아니하여, 공식적인 직업 안정성이 거의 제공되지 않게 된다.[2] 플랫폼경제 노동자들은 자주 소송을 제기하여, 플랫폼이 피용인 지위에 관한 분류를 잘못하고 임금을 제대로 지급하지 않는다는 주장을 제기하여 왔다.[3]

플랫폼경제 회사들이 기존에 비하여 실제로 근로조건을 저하시키는지는 더욱 복잡한 별개의 문제이다. 실리콘밸리가 오분류, 저임금, 그리 좋지 못한 근로조건을 발명한 것이라고 보기는 어렵다.[4] 수십 년 동안 택시 회사[5]와 물류 회사들이[6] 자주 운전자들을 독립계약자로 분류하여 왔는데, 그것이 합법인 경우도 있었고 불법인 경우도 있었다. 오늘날 태스크래빗 또는 케어닷컴에서 일자리를 찾는 일용직 노동자와 보모는 대부분 과거에 회색시장 혹은 암시장에서 고용되었고 현금으

---

1 '비공식적' 노동에 대하여 보편적으로 합의된 정의는 없는 것으로 보인다. 이는 노동계에서 공식적인 노동법상 보호가 부여되지 않는 노동을 지칭하는 데 사용하는 용어이다. 이러한 노동은 보통 소기업 내에서 혹은 개개 독립계약자에 의하여 수행된다. 하지만 꼭 여기에 한정되는 것은 아니다. 고용 안정성 혹은 경제적 안정성이 없는 경우가 많다. 기초적 안내서로서 다음을 참조하라. See ILO, Unprotected Labour: What Role for Unions in the Informal Economy(보호받지 못하는 노동: 비공식 경제에서 노동조합이 무슨 역할을 할 것인가) (Labor Education 2002/2 No. 127) (2002).

2 이 글에서는 위와 같은 문제점을 미국법하에서 검토한다. 한편, 위 쟁점 중 다수는 다른 국가에서도 제기되었다. See generally Jeremias Prassl, Humans as a Service(서비스로서의 인간) (2017); Economia & Lavoro(경제와 노동) (2018) (후자는 심포지움 주제인데, 여러 유럽 국가, 일본, 브라질 등의 플랫폼경제 근로기준에 관하여 논의하였다).

3 See Elizabeth Tippett, this volume; Brishen Rogers, Employment Rights in the Platform Economy: Getting Back to Basics(플랫폼경제에서의 노동권: 기본으로 돌아가기), 10 Harv. Law & Pol'y Rev. 479 (2016) (피용인 오분류에 관한 우버 소송과 리프트 소송을 다루고 있다).

4 See generally David Weil, The Fissured Workplace: Why Work Became So Bad for So Many and What Can Be Done to Improve It(파편화된 작업장: 어찌하여 많은 사람의 노동이 이렇게 나빠졌는가 및 이를 개선하기 위해 무엇을 할 수 있는가) (이 글에서는 현대 경제에서 일어나는 오분류, 하청, 프랜차이즈를 자세히 설명하면서 위와 같은 현상이 근로조건을 저하시킨다고 주장하고 있다).

5 Yellow Cab Cooperative, Inc. v. Workers' Comp. Appeals Bd., 226 Cal.App.3d 1288 (1991) (캘리포니아 산재보상법을 적용함에는 택시 임차인을 독립계약자로 분류하는 것은 잘못이고, 법적으로는 택시 회사의 피용인에 해당한다고 보았다).

6 Alexander v. FedEx Ground Package Sys., Inc., 765 F.3d 981 (9th Cir. 2014) (FedEx가 운전자들을 수년간 잘못 분류하였다고 판시하였다).

로 보수를 받았다.[7] 그리고 인스타카트[8], 포스트메이츠,[9] 아마존[10]은 배달 노동자들을 잘못 분류하였다고 비난받은 최초의 회사가 아니며, 과거에 식료품점도 배달업자에게 배달하청을 주고 최저임금 이하로 보수를 지불하는 경우가 잦았다.[11]

하지만 여기에는 새로운 현상도 있다. 플랫폼경제 기업들은 업계를 통합하고 노동자에 대하여 데이터 기반 감시를 하는 경향이 있다. 이러한 변화가 노동자 복지에 미치는 영향은 양면적이다. 어떤 경우에는, 기업들이 노동수요에 대한 독점력을 획득함에 따라 시장 통합은 임금에 하방압력을 가할 수 있다. 또한 이 과정에서 많은 노동자가 자율성을 상실할 가능성이 있다. 회사나 택시 메달리온을 가진 운전자는 우버나 리프트의 감독이나 지시를 받는다는 사실에 망연자실할지도 모른다. 반면 회색시장 혹은 암시장에서 일하던 노동자들은 대규모의 기술기업으로 이동하면 더 이익일 수도 있다. 왜냐하면 노동자의 업무를 감시하기 위하여 수집된 데이터는 임금/시간수당, 조세, 반차별, 작업장 안전 등에 관한 법률의 준수를 확보하는 데에도 사용될 수 있기 때문이다.

플랫폼 기업들이 저임금 노동 시장에 미치는 영향을 보다 잘 조명하기 위하여 이 글에서는 그러한 시장의 산업구조를 두 측면으로 나누어 살펴본다. 이 글에서는 주요 저임금 기업들을 도표(grid)에 배치하는데, 그 도표에는 다음 두 가지가 표시한다. (a) 각 기업이 고용한 노동자가 누리는 법적 권리들(여기에는 피용인 지위의 인정, 노동조합 가입률, 다른 관련 규정에 의한 보호 등이 포함된다), (b) 각 기업의 기술적 · 규제적 대응능력(이들은 시장의 크기와 지리적 규모로 파악된다). 위 각 항목을 이해하기 쉽도록, 도표의 각 축을 '노동자 보호' 및 '기업규모'로 표현한다. 이렇게 함으로써 우리는 각 부문에서 발생하는 변화의 추이를 추적할 수 있고, 가능한 개혁 전략을 제시할 수 있을 것이다.

아래의 섹션 Ⅰ에서는 플랫폼경제의 독특한 사업모델(여기에서는 노동자가 데이터 기반의 감시를 치밀하게 받는데도 독립사업자로 취급된다)을 살펴보고, 어떻게 기술적 · 제도적 요소가 이러한 모델의 형성을 가능하게 하는지를 검토한다. 섹션 Ⅱ에서는 도표상 두 개의 축을 중심으로 저임금 기업에 대한 설명을 한다. 섹션 Ⅲ에서는 이러한 현상이 제기하는 시사점(위에서 본 것도 포함된다)을 포착하고자 한다.

---

7 E.g., National Employment Law Project, Written Statement on the Subject of Employment and Labor Protections for Day Laborers(일용노동자에게 고용노동법상 보호를 제공하기 위한 선언서) (Sept. 26, 2002); National Domestic Workers Alliance, Key Findings, Home Economics: The Invisible and Unregulated World of Domestic Work(핵심 사실, 가정 경제: 보이지 않고 규제되지 않는 가사노동의 세계) (2016), www.2016.domesticworkers.org/homeeconomics/keyfindings (가사근로자의 23%가 주 최저임금을 지급받지 못하고 있다고 한다).

8 Bonnie Eslinger, Instacart Can't Yet Ring Up $4.6M Misclassification Deal(인스타카트는 아직도 460만 달러 오분류사건 조정안을 승인받지 못하고 있다), Law360.com (Apr. 19, 2017) (인스타카트 오분류 소송에서의 조정 협상에 대한 설명을 한다).

9 Dorothy Atkins, Postmates' $9M Misclassification Deal Gets OK'd(포스트메이츠의 오분류 사건에서 900만 달러 합의안이 승인을 받다), Law360.com (Sept. 1, 2017).

10 Vin Gurrieri, Drivers Sue Amazon, Contractors in Joint Employment Claims(운전자들은 아마존과 계약업자를 공동피고로 하여 소송을 제기하다), Law360.com (Nov. 3, 2016) (일리노이주 소송에서 아마존 프라임 나우 서비스의 배달 운전자들이 독립계약자로 잘못 분류되었다는 주장을 하였다고 한다).

11 N.Y. Atty. Gen., Gristedes to Pay $3.2 Million in Back Wages and Fees in Deliverymen Case(슈퍼마켓 체인인 '그리스티드스'는 배달원 사건에서 체불임금과 비용조로 320만 달러를 지급하기로 하다) (Dec. 17, 2003), https://ag.ny.gov/press-release/gristedes-pay-325-million-back-wages-and-fees-deliverymen-case.

I. 플랫폼경제의 노동에 나타난 '혁신'의 형태

미국의 고용노동법은 다른 부유한 국가의 유사한 법률과 마찬가지로 산업생산 시대에 형성되었는데, 그때에는 주요 기업들이 수만 명의 노동자를 직접 고용하였고, 한 기업에 평생 일하는 경향이 있었다. 보통 이러한 법률은 직접적 고용자에게만 의무를 부담시키고, 고용을 '통제관계'로 정의한다.[12] 회사가 노동자의 작업 수행 방식을 통제할 권한을 가진 경우에는 고용관계가 존재하며, 회사가 노동자에게 전반적인 노동법적 의무를 부담한다. 반면 위임인이 감독할 의사와 능력이 없는 전문 기술을 가진 독립사업자에게 일을 맡긴 경우에는 고전적 독립계약관계가 발생한다.[13] 한 판사가 판시한 바와 같이 독립계약자 패러다임은 전문성을 판매하는 것이다.[14]

분명히, 아주 많은 노동관계가 회색지대에 놓여 있는데, 한편에는 극단적 업무 설정과 밀접한 감독이 있고(이는 고용관계에 해당한다), 다른 한편에는 독립기업에 의한 전문 기술과 재능의 발휘가 있다(이는 독립계약에 해당한다). 주요 기업들이 다양한 법적 전략과 사업구성 전략을 통하여 고용법상 의무를 회피하려고 함에 따라 규제활용(regulatory arbitrage) 현상이 대대적으로 나타나게 되었다.

첫 번째 전략은 오분류인데, 이는 법적으로 피용인으로 분류되어야 할 노동자를 독립계약자로 취급하는 것을 말한다. 앞서 언급한 바와 같이, 이는 플랫폼경제에서 흔한 일인데 페덱스와 같은 배달기업 및 물류회사에서도 확인된다. 두 번째 전략은 하청을 주는 것인데, 이러한 경우 업체들은 대행업체나 제3의 계약업자를 거쳐서 노동을 고용하게 된다. 노동자에게는 법적 고용자인 계약업자가 따로 있지만, 노동조건에 대하여는 하청을 준 회사가 실질적인 영향력을 행사한다. 하청은 특히 건설업, 농업, 호텔업 등에서 흔하게 보인다.[15] 세 번째는 가맹사업(franchising)을 운영하는 것인데, 특히 패스트푸드와 소매업에서 가맹사업자인 큰 회사들이 독립사업자들에게 영업표장과 계열 상품에 대한 라이선스를 하고, 가맹점인 독립사업자가 일선 노동자를 고용하게 한다.[16] 그럼에도 불구하고 가맹사업자는 노동조건에 대한 실질적인 영향력을 보유한다.[17]

---

12 See Nationwide Mut. Ins. Co. v. Darden, 503 U.S. 318, 323 (1992) (보통법상 통제권설이 ERISA에 적용된다고 한다); NLRB v. United Insurance, 390 U.S. 254, 256 (1968) (연방노동관계법상 고용 여부 판단기준은 통제권설이 되어야 한다고 판단하였다). 기계적으로 통제권설을 적용할 필요는 없다. See FedEx Home Delivery, 361 N.L.R.B. No. 55 (Sep. 30, 2014) (노동위원회는 연방노동관계법에 따라서 '독립계약자로 간주되는 자가 실제로 독립사업자의 업무로서 서비스를 제공하였다고 볼 증거가 있는지를 살펴보아야 한다'는 점을 명백히 하였다). See also Elizabeth Tippett, this volume (이 글은 여러 노동자 보호 법률상 고용과 독립계약을 구분하는 판단척도에 대한 논의를 하고 있다).

13 See Sec'y of Labor v. Lauritzen, 835 F.2d 1529, 1540 (7th. Cir. 1987) (Easterbrook, J., concurring); see also Restatement (Second) of Agency §220 (Am. Law Inst. 1958) (리스테이트먼트는 고용관계를 구성하는지 여부를 판단하는 데 사용될 요소를 열거하고 있다).

14 Lauritzen, 835 F.2d at 1545 n. 3 (Easterbrook, J., concurring).

15 하청현상에 대한 정확한 데이터를 구하기는 어렵다. 다만 한 데이터에 의하면 캘리포니아는 건설, 주택관리와 경비, 의류, 농업 노동에서 하청비율이 높다고 보고, 해당 부문의 기업에 대하여 강화된 의무를 부과하였다고 한다. California Labor Code §2810. See generally Weil, supra note 4 at 99-121 (이 글에서는 하청과 그 효과에 대한 논의를 하고 있다).

16 See generally Weil, supra note 4 at 122-58 (가맹사업과 그 효과를 다룬다).

17 Id., at 158(가맹사업자는 노동자에 관한 책임은 회피하면서도 사업전략에 필수적인 업무표준을 수립, 감독, 집행하고 있는 점을 지적한다).

위 전략들로 인하여 노동자는 고용노동법상의 권리를 거의 누리지 못하거나, 노동조건에 대한 영향력을 거의 혹은 전혀 갖지 못한 기업을 상대로 한 권리만을 갖게 된다. 그 결과로서 임금의 하락, 고용안정성의 약화, 산업안전기준의 미이행이 나타난다.[18] 이런 점에서 플랫폼경제 기업의 노동자 오분류가 근본적으로 새로운 현상이라고 할 수는 없다. 이것은 오래된 경향의 새로운 출현이라고 보는 것이 맞다.

그럼에도 불구하고 플랫폼경제 기업들은 저임금 노동시장의 선구자들과는 두 측면에서 다르다. 첫 번째 차이는 크기와 지리적 범위와 관련된다. 택시 회사, 가정부 송출업자, 임시직/자유직 소개업자는 오랫동안 노동시장의 중개인으로 활동하여 왔는데, 이들은 노동자들을 단기간으로 수요자에게 소개하는 일을 해왔다. 전형적으로 이들 회사들은 지역적 차원에서 활동하였고 전국적 · 국제적으로 활동을 하지는 않았다. 현재 우버, 리프트, 업워크, 태스크래빗, 케어닷컴 등은 전국적 · 국제적으로 활동하고 있거나 그럴 계획을 고려하고 있다.

첨단정보기술 덕분에 위 회사들이 급속하게 성장한 것은 상당 부분 사실이다.[19] 저렴한 통신비용, 미디어의 국제화, 모바일 컴퓨팅, 빅데이터 분석법 등 덕분에 기술 기업들이 브랜드 정체성을 유지하면서도 전국적인 수준으로 혹은 심지어 국제적인 수준으로 확장하는 것이 확연히 쉬워졌다. 그리하여 이런 기업들에게는 실물자산이 많지 않다는 점도 쉽게 설명된다. 예컨대 실리콘밸리의 용어로 표현하자면 우버는 급속히 '규모화'(scale)를 하였는데, 차량, 정비소, 대형 창고를 소유하지 않은 점이 한몫을 했다. 다른 실리콘밸리 기업들처럼 우버의 주요 재산권은 지적재산권의 형태이다.[20]

위 기업들은 다른 측면에서도 역사적 선구자와 다르다. 즉 이들은 첨단정보기술을 이용하여 감시능력을 크게 향상시켰다. 역사적으로 노동을 외주한 회사들은 감독을 은밀하게 하였는데, 중개인을 통하여 특정 결과를 달성하려고는 하였으나, 세밀하게 감독을 하지는 않았다.[21] 예컨대 미

---

18 See generally id.

19 지난 수십 년 동안 많은 부문에서 시장집중이 확연하게 증가함에 따라 반독점 정책이 중요한 주제가 되었다고 할 것이다. See, e.g., Lina Khan and Sandeep Vaheesan, Market Power and Inequality: The Antitrust Counterrevolution and its Discontents(시장지배력과 불평등성: 반독점에 대한 반혁명과 그 대항자들), 11 Harv. Law & Pol'y. Rev. 234 (2017) (농업/식료품, 통신, 제약, 항공 분야에서 증가한 시장집중에 대한 사례연구이다). 내가 보기에는 많은 기업들이 신규진입자인 점으로 보아, 이 시점에서 플랫폼경제 기업의 성장을 설명하는 데는 기술적 요소가 두드러지는 것 같다).

20 우버의 설명에 의하면, 택시 부문이 비효율적인 상태에서 우버가 운전자와 승객사 사이에 네트워크를 창출하고 활용함으로써 발전하게 되었다고 한다. 우버의 비판자들은 규제활용과 소비자 보조금을 핵심 요인으로 본다. 내가 보기에 어느 요소가 더 중요한지는 명확하지 않다. 하지만 최근 리프트가 시장 점유율을 높인 사실을 보면, 우버의 성장을 촉진하였다는 네트워크 효과는 우버가 생각한 것 만큼 강력한 장애물은 아닌 것으로 보인다. 우버의 경제적 어려움에 대하여는 다음을 참조하라. See Alison Griswold and Akshat Rathi, Is the Era of Cheap Uber Rides Over?(값싼 우버의 시대는 끝났는가?) Quartz Media (Mar. 24, 2017), https://qz.com/940605/is-the-era-of-cheap-uber-rides-over/ (우버가 이익을 높이기 위해서는 승객 요금을 올리거나 운전자 수수료를 올려야 한다고 지적한다. 우버가 리프트와 운전자 확보 경쟁을 해야 하고, 노동실태에 대한 규제권자의 감독을 받아야 하므로, 운전자 수수료를 올리는 것은 불가능할 것이라고 주장한다).

21 분명히 할 것은, 많은 경우 이러한 감독의 부재가 사용자 회사의 노동자에 대한 법적 책임을 면제해서는 안 되는데, 실제로도 보통 면제되지는 않는다는 점이다. Alan Hyde가 비꼬듯이 다음과 같이 말하였다. "나는 건물 소유주가 일반적으로 청소 계약업자를 이용하면서 그들의 직업적 재량에 따라 마음대로 건물을 유지하라고 말한다고 생각하지는 않는다." Alan Hyde, Legal Responsibility for Labour Conditions Down the Supply Chain(공급사슬 전반에 걸친 노동조건에 대한 법적 책임), in Challenging the Legal Boundaries of Work Regulation 83, 97 (Judy Fudge, Shae McCrystal, and Kamala Sankaran, eds., 2012).

국 의류산업의 '착취시스템'(sweating system)에서는 노무관리자가 계약업자로 하여금 생산을 하게 하면, 계약업자는 다시 하청업자를 고용하거나 각 가정의 개인들에게 작업을 위탁하였다. 제품 사양, 단가, 사후적 점검이 노동규율을 유지시켜 주었다. 이는 방글라데시 기성복 업계에서 현재도 유지되고 있는 방식인데, 불법하청이 횡행하고 많은 기업이 의류가 어느 가게에서 만들어지고 있는지를 당연히 모른다.[22] 유사하게 아주 최근까지도 택시 회사는 개별 노동자들이 무엇을 하고 있는지를 실시간으로 알 수는 없었다.

이제는 다르다. 우버와 리프트는 노동자의 현재 수행업무 및 과거의 업무에 대한 방대한 데이터를 가지고 있는데, 최근의 모바일 컴퓨팅 및 유사한 기술이 발전한 모습을 보면, 앞으로 다른 플랫폼경제 기업들도 그러한 데이터를 갖게 될 것으로 본다.[23] 우버는 운전자들이 일정 수의 승차요청을 받아들이도록 요구하면서 응하지 않을 경우 운전자를 비활성화하고, 아이폰에 내장된 가속도계 등 장치를 이용하여 운전 속도와 안전성을 감시하며, 일정한 수준의 고객평가를 유지하도록 요구한다.[24] 따라서 우버는 운전자가 최고인지 최악인지를 명확히 알고 있고, 사람이 직접 감시하는 것을 거의 전혀 하지 않고도 상시 변동하는 대규모 노동력을 관리할 수 있다. 리프트, 태스크래빗, 케어닷컴 등 다른 노동 중개 플랫폼도 고객평가를 이용하여, 고품질의 서비스를 확보하면서 플랫폼과 노동자 사이의 정보비대칭성을 해결하려고 한다. 프리랜서닷컴(Freelancer.com)은 노동자가 실제로 일한 시간에 한하여 보수를 청구하도록 하기 위하여, 노동자가 업무에 접속한 후의 자판입력 수를 확인하고 스크린샷을 찍어놓는 소프트웨어를 도입하였다.[25]

실제로 많은 경우에 첨단정보기술이 파편화를 조장하는 것이 긍정적일 수는 있다. 그 이유는 '효율적 임금이론'(efficient wage theories)에서 도출되는데, '어찌하여 노동시장에 철저히 충격을 가하여 실업률이 0이 될 때까지 임금이 하락하지 않게 되는지'라는 난해한 현상에 대한 설명이 효율적 임금이론으로 가능하다. 칼 샤피로와 조지프 스티글리츠의 설명에 의하면, 회사들이 노동자의 작업성과를 감독하기 어려울 때 시장가격보다 높은 임금을 지불할 가능성이 있다고 한다.[26] 어쨌든 노동자들은 이질적 능력과 동기를 가지고 있고, 작업이 수행되는 방식에 대하여 어느 정도의 재량을 가지기 때문에, 노동계약은 언제나 불완전하다. 따라서 시장가격보다 높은 임금은, 특히 실

---

22 Mark Anner et al., Toward Joint-Liability in Global Supply Chains: Addressing the Root Causes of Labor Violations in International Subcontracting Networks(국제적 공급사슬에서의 공동책임의 추구: 국제 하청 네트워크에서 노동법 위반의 근본 원인을 해결하기), 35 Comp. Lab. L. Pol'y J 1 (2013).

23 이러한 행위는 '실물' 경제에서도 일반화되고 있다. UPS, FedEx 등 운수회사들은 원격측정장치(telematics)를 이용하여 운전자의 배달 시간, 운전 속도, 안전벨트 사용 등을 감시한다. Jacob Goldstein, To Increase Productivity, UPS Monitors Drivers' Every Move(생산성 향상을 위하여 UPS는 운전자의 모든 움직임을 감시한다), NPR (Apr. 17, 2014).

24 See Elizabeth Tippett, this volume (노동자에 대한 플랫폼 기업의 기술적 감시에 대하여 다루고 있다).

25 Liang et al., Effects of IT-Enabled Monitoring on Labor Contracting in Online Platforms: Evidence from a Natural Experiment(온라인 플랫폼 상 노동하청을 IT 기술로 감시함으로써 생긴 효과: 실제 경험에서 얻은 증거), NET Institute Working Paper No. 16-01 (2016), https://papers.ssrn.com/sol3/papers.cfm?abstract_id=2844920.

26 Carl Shapiro and Joseph Stiglitz, Equilibrium Unemployment as a Worker Discipline Device(노동자 규율 유지수단으로서의 평형적 실업), 74 Am. Econ. Rev. 433 (1984). 효율적 임금이론에 대한 대체적 이론에 의하면, 시장가격 이상의 임금은 근로관계의 공평성과 상호주의를 반영한다고 한다. Robert Solow, The Labor Market as a Social Institution(사회제도로서의 노동시장) (1990); George A. Akerlof, Labor Contracts as Partial Gift Exchange(부분적인 증여로서의 노동계약), 97 Q. J. Econ. 543 (1982).

직의 위협과 결합하여 충성심을 이끌어내고 업무 태만을 방지할 수 있다.[27]

　주목할 만하게도, 샤피로-스티글리츠 효율적 임금 모델은 '기업이 시장계약의 거래비용을 줄이는 수단'이라는 코스-윌리엄슨 이론과 상당히 중복된다.[28] 거래비용에는 상대방을 정하기 위한 탐색 비용, 합당한 합의를 도출하는 협상 비용, 상대방의 이행을 확보하는 감시 비용이 포함된다. 이러한 중복은 우연이 아니다. 코스-윌리엄슨 이론에서는, 기업을 대리인을 통제하는 주체로서 정의하면서, 대리인 법리에 따라 고용을 '본인이 대리인의 작업을 통제할 권리를 갖는 관계'로 정의한다.[29]

　우리가 정보비대칭성을 거래비용의 원천으로 분류한다면, 비대칭성이 높으면 기업은 시장에서 독립계약을 하기보다는 고용관계를 더 많이 이용하게 될 것이다. 반대로 정보기술로 거의 무비용의 감시가 가능하다면, 다른 조건이 일정한 경우 기업은 노동자를 피용인으로 취급할 경제적 유인이 없게 된다.

　분명히, 이것은 고용분류의 '경제학'에 대한 논의이지, 고용분류의 '법리'에 대한 논의는 아니다. 노동법은 통상 시장질서로부터 노동자를 보호하는 것이 목적이므로, 플랫폼 기업이 노동자를 독립계약자로 분류하는 것이 효율적일지는 몰라도 합법은 아니다. 법적 의무와 경제적 유인 사이의 긴장관계로 인하여, 플랫폼경제 노동자들은 많은 소송을 제기하여 '자신들이 독립계약자로 잘못 분류되었다'고 주장하게 되었다. 미국 외에서는 많은 법원들이 노동자의 손을 들어주면서 그들이 사실상 근로자라고 판시하였다.[30] 미국에서는 소송이 화해로 종료되는 경향이 있는데, 화해로 종결되기 전에 피용인 지위로 볼 여지가 크다는 법원의 판단이 있었다. 우버와 리프트의 사건에서, 그렇게 볼 만한 근거로서 제시된 것으로서는 플랫폼이 운전자를 마음대로 해고할 권리를 가진다는 점, 운전자가 최소한의 운행 횟수를 채워야 한다는 점, 운전자의 업무수행을 기술을 이용하여 밀접하게 감시한다는 점 등이 있다.[31] 고용 개념이 모호하고 소송비용이 많이 들며 공적 단속자원이 감소한 상황에서, 플랫폼경제 기업들은 노동자를 잘못 분류하면서 점점 성장을 구가하게 되었다.

27　See also Joseph Stiglitz, Alternative Theories of Wage Determination and Unemployment in L.D.C.'s: The Labor Turnover Model(저개발국의 임금 산정과 실업에 관한 대안적 이론들: 이직률 모델), 88 Q. J. Econ. 194 (1974).

28　Ronald Coase, The Nature of the Firm(기업의 본질), 4 Economica 386 (1937) Oliver Williamson, The Economics of Organization: The Transaction Cost Approach(조직경제학: 거래비용 접근법), 87 Am. J. Sociology, 548 (1981).

29　Restatement (Second) of Agency §220 (1958).

30　E.g., Ed Taylor, Uber Drivers are Employees, Brazil Court Rules(브라질 법원이 우버 운전자를 피용인으로 판시하다), BNA Bloomberg (Apr. 19, 2017) (운전자가 근로자라는 최근 브라질 법원의 판결을 요약하고 있다); Hilary Osborne, Uber Loses Right To Classify UK Drivers as Self Employed(우버는 영국 운전자를 자기고용자로 분류할 권리를 상실하다), The Guardian (Oct. 28, 2016) (영국 법원에서 나온 같은 취지의 판결이다.

31　See generally O'Connor v. Uber Techs., Inc., 82 F. Supp. 3d 1133, 1135-36 (N.D. Cal. 2015); Cotter v. Lyft, Inc., 60. F. Supp. 3d 1067 (N.D. Cal. 2015) (위 사건의 별도의견에서는, 피용인 지위 문제는 배심의 판단에 회부되어야 한다는 점이 지적되었고, 운전자-플랫폼 관계의 요소들 중 상당수가 피용인 관계 쪽으로 기운다는 점이 설시되었다). 2017년 10월 현재 영국과 미국의 사건들이 항소심에 계류 중이다.

Ⅱ. 노동구조와 산업구조의 두 측면

플랫폼경제 회사들이 계속 성장하고 번창하게 되면 최종적으로 노동자 복지에 미치는 영향은 어떻게 될 것인가? 궁극적으로 이는 규제 설계의 문제이다. 현행법하에서는 플랫폼경제 노동자들이 적정 임금 등 고용법상의 권리를 누리지 못하는 현상이 지속될 것이다. 그러나 규제를 달리하면 플랫폼경제 노동자들은 가까운 과거의 저임금 노동자들보다 상황이 나아질 수 있다. 그 이유를 설명하기 위해서는 저임금 경제에서 오늘날 일어나고 있는 시장 파편화와 시장 집중의 관계에 대해 좀더 살펴보는 것이 좋을 것이다.

아래 도해 22.1에서는 산업구조의 두 차원을 이용하여 이를 살펴보고자 한다. 이 도해는 쟁점들에 대한 개략적인 설명을 하여 장래의 연구에 보탬이 될 의도로 만들어졌다.

A. 도해에 대한 설명

X축의 '노동자 보호 정도'는 각 기업의 노동자들이 노동법의 법적 보호 장치에서 어느 정도의 보호를 받는가를 나타낸다. 노동자 보호 정도는 저중고의 수준으로 분류하는데 이를 LWP(저), MWP(중), HWP(고)로 표시한다. 가장 왼쪽 끝에는 공식적인 법의 보호를 받지 못하는 독립계약자(그렇게 분류하는 것이 적법한지 여부를 불문한다)가 있다. 오른쪽으로 갈수록 노동자가 좀더 많은 법적

• **도해 22.1: 플랫폼경제 회사에 의해 주도되는 산업조직 변화**

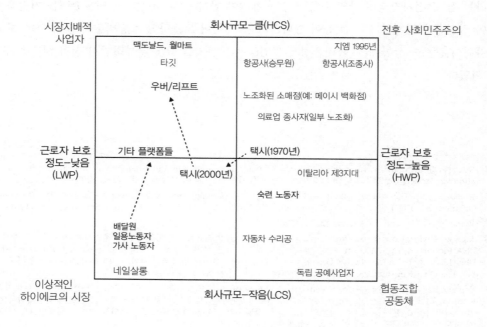

보호를 받는데, 중간 지점에는 작업에 대한 통제권을 행사하는 기업에 명백히 고용되어 있기는 하나 통상 노조에 가입되어 있지 않은 노동자들이 있다. 오른쪽으로 갈수록 노조화 등 노동자 대변기구가 증가하는데, 가장 오른쪽의 HWP에는 노조화가 많이 이루어진 부문의 노조 소속 노동자 및 자신들의 이익옹호 기구가 있는 노동자가 있는데, 후자의 예로서는 고도의 숙련된 기술이 있고 동업체 조직의 보호를 받는 공예가가 있다.

Y축의 '회사규모'는 노동자의 노동으로부터 직접 이익을 취하는 기업의 크기를 나타내는데, 이는 시가총액과 지리적 활동범위로 파악된 것이다. 이 도해에서 기업의 크기는 소중대로 표시하는데, 아래에서는 LCS(소), MCS(중), HCS(대)로 표시한다. LCS 지점에는 소규모 독립 가게와 식당이 있다. MCS 지점에는 중규모의 지역적 기업이 있다. HCS에는 각 국가의 대기업이 해당된다. 기업 크기는 두 가지 이유로 중요하다. 첫째, 대기업은 작은 기업에 비하여 돈이 훨씬 많은 편이라 패소 판결을 받더라도 쉽게 이행을 한다. 둘째, 대기업은 기술적 수단을 이용해서 노동자 감독을 더 잘한다.

위와 같이 하여 사분면(quadrant)을 구성하는데, 각 사분면은 현재의 미국 경제를 반영하고 있다.[32] 우측 상단 제1사분면은 대기업에서 제공되는 높은 수준의 노동자 보호를 표시하는데, 노조화된 노동자들이 중공업 생산에 종사하는 경우가 많다. 자동차 3사, 철강회사, GE, 보잉 등이 여기에 해당되는데 이들은 수십 년 동안 존속한 회사들이다. 대형 의료업체의 노조화된 노동자들도 여기에 속할 수 있는데, 다만 이들은 낮은 노조가입률 때문에 좀더 왼쪽으로 치우쳐 있다.[33]

제2사분면(우측 하단)의 특징은 높은 노동자 보호 수준과 작은 기업규모이다. 이는 오늘날 노조화된 공예품 생산 부문에 대응하는데, 특히 소도시에서 소규모 회사로 나타난다. 이탈리아 제3지대와 같은 소규모 산업지구에서 장인적 방식을 사용하여 고급제품을 생산하는 것도 여기에 해당한다. 이 시스템의 노동자들은 상당한 자율성을 누리고 고임금 등 복지혜택을 누린다. 그와 같은 이유는 이들이 노동 공급과 기술 이전 시스템에 대한 통제권을 행사하거나, 기업에 대한 통제권을 스스로 행사하기 때문이다. 우측 하단의 꼭지점에는 공예품 개인생산업자 혹은 가내 수공업자가 위치할 것이다.[34]

제3사분면(좌측 하단)의 특징은 낮은 노동자 보호 수준과 작은 기업규모이다. 오늘날 저임금 노동자의 상당 부분이 여기에 해당하는데, 이들은 대기업 혹은 대기업 유사의 업체에 고용되어 있지 않은 상태에 있다. 도해에 표시된 노동자들(가사 노동자, 일용노동자, 일부 택시 운전자, 네일 살롱 노동자) 외에도 이 영역에는 비체인 소규모 식당 및 가게의 노동자, 소규모 농장의 농업 노동자, 계절적인 유원지 노동자, 미용사 등 개인 서비스 노동자들이 포함된다. 노인 및 아동 돌봄 노동자도 포

---

32 각 사분면의 바깥쪽 꼭지점 외부에 표시된 바와 같이 각 사분면은 사회조직의 이상적 형태에 대응하기도 한다.

33 이 사분면은 전후 사회민주주의의 노동관계와 경제시스템에 대응하는데, 사회민주주의에서는 국가가 의도적으로 노동자의 권리를 강화하고 집단교섭을 장려하면서도 회사의 영향력과 시장집중을 상당히 용인하였다.

34 이 사분면은 협동조합 공동체의 이상에 대응하는데, 협동조합 공동체는 20세기 초의 노동계 지도자가 지지하기도 하였고, 오늘날에는 노동자 소유의 협동조합을 지지하는 일부 기술 사상가들이 주창하기도 한다.

함되는데, 이들은 제4사분면(좌측 상단)에서도 발견된다.[35]

마지막으로, 제4사분면의 특징은 낮은 노동자 보호 수준과 큰 기업규모이다. 월마트, 우버, 맥도날드가 여기에 속하는데, 이들은 각기 노동자에 대한 법률관계를 달리 한다. 월마트는 가게 노동자를 직접 고용하나, 우버는 운전자를 독립계약자로 취급하며, 맥도날드는 대부분의 패스트푸드 노동자를 가맹점의 피용인으로 취급한다. 위 세 기업의 노동자는 모두 노동법상의 보호를 받지 못한다. 우버 운전자와 많은 맥도날드 노동자는 공식적으로는 위 회사에 고용되어 있지 아니하고, 월마트 노동자는 노조화되어 있지 않다.[36]

B. 제도적 변화의 추세

산업구조를 이렇게 도해화하는 것의 장점은 시간의 경과에 따른 변화의 여러 차원을 볼 수 있다는 점이다. 도해 22.1의 화살표는 우버, 태스크래빗, 케어닷컴, 업워크 등 온라인 노동 플랫폼에 의하여 촉발된 변화를 추적하고 있다.

예컨대, 우버 이전의 택시 운전자는 독립계약자로 분류되었기 때문에 대체로 미국의 대부분의 도시에서 노동권을 누리지 못했으나,[37] 대부분의 도시에서 강력한 요금 규제와 진입 제한에 따른 혜택을 누렸다. 한편 업계의 자본소유구조가 파편화되어 있었으므로, 운전자는 자본가에 유사한 위치에 있었을 뿐이다. 우버가 성장하면서 운전자를 지역 택시위원회의 규제체제에서 이탈시킴에 따라 운전자에 대한 공식적 보호도 감소하였다. 하지만 최근의 사건에서는 회사로 하여금 노동자에게 적법절차권 등의 권리를 보호하도록 하였다. 우버가 택시 회사들을 밀어냄에 따라 운전자들은 도해에서 대규모 기업 쪽으로 이동하게 되었다. 이로써 노동자 보호는 MWP에서 LWP로 감소하지만, 기업규모는 LCS에서 HCS로 증가한다.

태스크래빗, 인스타카트, 케어닷컴에서는 이야기가 조금 달라진다.[38] 도해에서 나는 이들을 중규모 기업의 위치에 놓으면서 '기타 플랫폼들'로 표시하였다.[39]

---

35 이 사분면은 이상적인 하이에크의 시장에 대응하는데, 여기에서는 어느 당사자도 다른 주체에 대하여 큰 영향력을 행사하지 못한다.

36 이 사분면은 기업과 엘리트가 지배층을 형성한다는 정치경제학의 디스토피아적 시각에 대응한다. 아마도 이를 잘 표현하는 말이 '부자가 더 열심히 일하도록 하기 위해서는 돈을 많이 주어야 하고, 가난한 사람이 일을 더 열심히 하도록 하기 위해서는 돈을 적게 주어야 한다'는 말일 것이다.

37 그 우버 이전의 역사도 흥미로운데, 이 역시 도해에 반영되어 있다. 1970년대 말까지 택시운전자들은 많은 도시에서 노조화되어 있었다. See Yellow Cab Cooperative, Inc. v. Workers' Comp. Appeals Bd. 226 Cal.App.3d 1288 (1991) (1970년대 말 업계에서 일어난 산업구조의 변화에 대한 판단을 하고 있다).

38 케어닷컴 등 돌봄 플랫폼에 관하여는 다음을 참조하라. See Julia Ticona and Alexandra Mateescu, Trusted Strangers: Carework Platforms' Cultural Entrepreneurship in the On-demand Economy(낯선자에 대한 신뢰: 주문형 경제에 돌봄 플랫폼이 가져오는 문화적 기업가 정신) (draft, on file with author) (돌봄 시장의 부분적 공식화와 상업화에 대한 돌봄 플랫폼의 기여를 논하고 있다).

39 프리랜서들은 우버/리프트 운전자나 다른 플랫폼 노동자에 비하여 훨씬 높은 기술을 보유하고 있기 마련이므로 도해에 없다. 내 생각으로는, 거대 플랫폼으로 이동하여 프리랜서가 받는 영향은 각자의 인적 역량에 따라 다르다. 숙련 노동자는 더 많은 임금을 더 빨리 받는 등의 이익을 누린다. Upwork와 Freelancer는 점차 시장을 통합하여 프리랜서에게 상당히 표준적인 계약조건을 적용하였고 대부분의 경우 보수지급을 보장하였다. See Liang et al., supra note 25. 따라서 대

일용노동자는 오랫동안 입소문 소개로 일을 땄고 현금 방식으로 거래를 하였다. 일용노동자는 때로 대기업을 위하여 일하기도 하였기 때문에 이들은 Y축에서 다양한 위치를 점하기도 하였다. 그러므로 도해에서 표시한 위치는 그 중간적 지점인 것으로 파악하기 바란다. 보모, 가정부 등 가사 노동자도 유사하게 입소문으로 일을 땄고, 보통 현금으로 보수를 받았다. 보모는 개별 가정에서 일을 하기 때문에 작업장과 관련된 집단협상력이 없었고, 연방법상으로도 집단교섭권과 같은 기본적 보호장치에서 배제되어 있었다. 가정부와 청소부에게도 비슷한 관계가 형성되어 있는데, 다만 이들은 여러 고객을 상대하고 고객당 일하는 시간은 더 적다는 차이가 있다. 그리고 위에서 본 바와 같이, 식료품 배달 운전자는 소규모 하청업자를 위하여 일을 하였고 보수를 매우 적게 받았다.

태스크래빗, 케어닷컴, 인스타카트의 등장으로 이러한 역학관계가 바뀌었다. 위 노동자들이 현금이 아니라 플랫폼을 통하여 지불을 받는다는 사실만으로도 상당한 개선이 이루어졌다고 할 수 있다. 위 회사들이 오분류 주장이 제기된 소송에서 화해를 해나감에 따라, 노동자가 고용과 관련하여 받게 되는 보호가 더 많아질 것으로 보인다. 위 노동자들의 경우 노동자 보호의 정도는 같거나 LWP에서 MWP로 살짝 증가하지만, 회사규모는 LCS에서 HCS로 극적으로 증가한다.

III. 실질적 의미

위와 같이 노동과 산업구조를 도식화하면 플랫폼경제 기업이 야기하는 고용상 변화의 여러 측면을 규명하기가 용이하다. 첫째, 위와 같은 플랫폼 노동으로 귀결되는 제도적 혹은 정치경제적 경로가 단일하지 않다는 점은 분명하다.

둘째, 여러 다양한 경로들은 모두 기존의 여러 제도적 · 법적 구조에 내재되어 있거나 그 작용이라고 볼 것이다. 예컨대 가사 노동자는 원래 제공받던 보호책이 거의 없기 때문에 추가로 잃을 것이 없다. 그들은 연방노동관계법에 따라 노조를 설립할 권리가 없고,[40] 공정노동기준법이 규정한 보호를 전부 받지는 못한다.[41] 실제로 그들이 일을 했어도 노동으로 인정되지 않은 경우도 많았다. 이는 부분적으로나마 인종차별적 · 성차별적 정치경제현상의 귀결이다. 뉴딜 이전부터 가사 노동자와 농업 노동자들은 압도적으로 여성 혹은 유색인종이었고, 뉴딜 노동법의 보호에서 배제되었다.[42] 택시 운전자는 노동법적 보호를 많이 잃지는 않았으나(애초에 향유하지도 못한 경우가

부분은 아닐지라도 다수의 프리랜서가 상대하는 회사규모가 커지기는 하였으나(LCS-MCS/HCS), 그들의 보호수준은 기존의 시장 내 위치에 따라 그대로이거나 감소 혹은 증가하였다.

40 29 U.S.C. §152(3) (2012) (가사 노동자는 NLRA의 피용인에 해당되지 않는다).

41 29 U.S.C. §213(b)(21) (2012) (가사 노동자는 대부분 초과근무수당을 받지 못한다).

42 확실히, 여기에서는 기술, 산업구조, 노동자 보호에 관하여 추가로 배울 만한 교훈이 있다. 즉 특정 직업이 사분면 중 어느 곳에 위치하느냐를 결정하는 데에 기술과 산업부문이 중요하지 않다. 유통 노동자는 제1, 3, 4사분면에 속할 수도 있고, 노동자 소유의 요식업 협동조합을 포함시킨다면 심지어 제2사분면에 속할 수 있다. 숙련 공예 노동자들은 제1, 2사

많다), 요금 규제, 안전 규칙, 진입 제한(진입 제한으로 시장 경쟁으로부터 보호를 받았다)에 따른 보호를 상실하였다.

셋째, 민간 부문 노동자 간의 큰 차이는 대기업에 가까이 있는 노동자와 그렇지 않는 노동자 사이에서 발생한다. 근로자와 독립계약자 사이, 정규 근로자와 비정규 근로자 사이, 숙련 노동자와 비숙련 노동자 사이에서 보통 보이는 차이에 비하여 위에서 본 차이는 조금 다른 측면이다. 우리가 모든 노동자에게 노동법상 공식적 권리를 보장한다고 해도, 그들의 삶이 마법처럼 좋아지지는 않을 것이다. 이 점은 월마트에서 일하는 수백 만 명의 판매원(associates)의 사례에서 볼 수 있다. 플랫폼이 비대해짐에 따라 대기업 근처에 있게 되는 노동자의 수가 전체 노동자 중에서 차지하는 비율이 점점 증가하고 있는 것으로 보인다. 적어도 저임금 서비스 부문에서는 그러하다. 아래에서 보는 바와 같이, 이 점은 노동자 복지에서 중요한 의미가 있다.

A. 노동자 복지와 기업의 규모

피용인이건 독립계약자이건, 노동자가 대기업을 위하여 일하게 되면, 적어도 세 가지 이유에서 노동자에게는 큰 혜택이 있다.

첫째, 많은 소비자를 둔 대기업은 소기업이라면 상관이 없을 여러 방식으로 노동자와 소비자로부터 도덕적 압력을 받기가 쉽다. 중소 규모의 택시 회사, 지역의 식료품점, 지역 농산물점에 비하여 유명 브랜드 회사를 상대로 해서는 온·오프라인 캠페인을 벌이는 것이 훨씬 쉽다. 그러한 기업에 대한 대중의 관심은 전국적으로 매우 빨리 모아질 수 있는데, 그렇게 되면 그들이 노동관행을 바꾸게 될 것이다. 최근 기억에 의하면 월마트, 버거킹, 맥도날드 등 여러 패스트푸드 및 소매체인점은 농업 노동자의 권리를 보장해야 한다는 소비자 압력을 받고서 농산물 가격을 더 지불하기로 합의한 적이 있다.[43] 이와 유사하게, 정확한 데이터를 얻기는 힘들지만, 2017년 우버가 언론에서 나쁘게 보도되자 많은 소비자가 우버 플랫폼에서 이탈하였다는 사례가 많이 발견되고 있다.[44] 나쁜 뉴스의 상당수는 운전자에 대한 취급과 관련되어 있다.

분면에 속할 수 있는데, 태스크래빗을 통하여 고용된 배관공, 목수 등과 같은 노동자를 포함시키면 심지어 제3사분면에 속할 수도 있다. 보모는 어떠한가? 잘나가는 보모를 저숙련 노동자로 부르는 것은 실제로 이상하다. 왜냐하면, 보모를 하려면 높은 감정지능, 안전 훈련, 일처리 능력이 필요하기 때문이다. 그 측면에서 그들은 우버 운전자보다는 항공 승무원에 유사하다. 왜 그들에게는 협상력이 없는가? 본질적으로는 이는 숙련도의 문제가 아니고, 숙련도가 노동시장의 성차별적·인종차별적 정치경제론과 상호작용을 어떻게 하느냐의 문제이다. 노동계층 중에서 역사적으로 가장 보수를 많이 받는 제조업과 수공예품 직업 분야에 백인 남성이 많은 것은 우연이 아니다. 제3, 4사분면에 여성과 유색인종이 특히 많은 것도 우연이 아니다.

43 구체적으로 보자면, 그들은 Fair Food Program에 가입하였는데, 위 프로그램은 Immokalee 노동자연합이 토마토 수확 노동자 등 여러 노동자들에 대하여 요식업체가 책임을 지도록 촉구하기 위하여 만든 비영리단체이다. See www.fairfoodprogram.org/.

44 Verge는 #deleteuber 운동 과정에서 200,000명의 사용자가 우버 계정을 삭제하였다고 추산하고 있다. See Nick Statt, #DeleteUber Reportedly Led 200,000 People To Delete Their Accounts(#DeleteUber 운동으로 20만 명이 우버 계정을 삭제한 것으로 보도되었다), Verge (Feb. 2, 2017), www.theverge.com/2017/2/2/14493760/delete/uber/protest/donald/trump/accounts/deleted.

둘째, 대기업은 공공규제의 자연스러운 표적이 되는 경향이 있다. 예컨대 대형 플랫폼 기업은 과세당국의 핵심 파트너가 될 수 있다. 일부 도시에서 에어비앤비가 숙박주로부터 직접 조세를 징수한 것처럼 때로는 대형 플랫폼 기업이 공공당국의 호의를 얻기 위하여 이러한 부담을 떠안았다.[45] 하지만 어떤 경우에는 이러한 점이 노동자와 소비자 모두에게 주요한 홍보 요소가 될 수 있다. 가사 노동자에 대한 부적절한 세금 처리로 정무직 공직 후보자가 낙마하기도 하였는데, 많은 가정이 법을 준수하려고 하였으나 이는 쉽지 않은 일이었다. 케어닷컴 등 플랫폼들은 실업보험과 산재보상 등 제반문제를 처리해 줌으로써 노동자와 소비자가 플랫폼에서 이탈하는 것을 막을 수 있을 것이다.[46] 실제로 나는 이것이 케어닷컴이 제공하는 부가가치가 될 수 있다고 생각한다. 고객은 매일 혹은 매주 동일한 돌봄 노동자를 사용하려고 할 수 있으므로, 가사 노동 시장이 순수한 일일시장이 되지는 않을 것이기 때문이다. 만약 회사가 가정이나 노동자의 행정적 부담을 경감시켜 줄 수 있다면, 시장에서 확고한 위치를 차지할 수 있을 것이다. 유사하게, 우버가 노동자를 피용인으로 취급해야 한다면, 우버는 조세문제를 아주 낮은 비용으로 처리하면서 조세징수에 관하여 조세당국과 협력할 수 있을 것이다.

일부 대형 플랫폼 기업은 자연스럽게 집단적 교섭의 당사자가 될 수 있다. 우버 운전자 교섭 조직은 업계의 기준을 상당히 올려 놓을 수 있는데, 그러한 운전자들은 자연스럽게 미국 노동법이 요구하는 '이익공동체'(community of interest)를 구성한다. 왜냐하면 그들은 사실상 같은 업무를 수행하기 때문이다.[47] 실제로 노동조합이 여러 도시에 있는 택시 회사들과 교섭을 하기 위해서는 복수고용자 협상 조직을 구성하여야 하나, 이는 우버에는 해당되지 않는다. 우버 자체가 우버 운전자들과 직접적인 관계를 맺고 있기 때문이다. 태스크래빗 플랫폼에서 수행되는 업무의 다양성을 고려해 본다면 태스크래빗의 경우는 명확하지 않으나, 딜리버루와 케어닷컴에서는 우버와 유사한 역학관계가 보인다. 만일 택배 업무와 돌봄 업무가 이러한 플랫폼을 중심으로 통합된다면, 이 업계에서 일종의 단체교섭이 이루어질 가능성이 훨씬 더 높아진다.

셋째, 대기업은 상품과 서비스 품질을 보장하고 준법을 담보하는 데 활용되는 강한 내부적 규제역량을 갖고 있다.[48] 예를 들어 대기업에게는 성희롱 방지 정책을 수립 및 공포하고, 그러한 정책이 요구하는 사항에 대해서 직원들을 교육하고, 성희롱 진정 사안을 조사할 만한 특히 강력한 유인이 있다. 이러한 의무가 대기업에 국한되는 것은 아니지만, 작은 기업들은 상대적으로 비공식적

---

45 점유세에 관한 에어비앤비의 현황표를 참조하라. www.airbnb.com/help/article/654/what/is/occupancy/tax/-do-i-needto-collect-or-pay-it (에어비앤비가 포틀랜드, 샌프란시스코, 암스테르담에서 점유세를 자동으로 징수한다는 점을 적고 있다).

46 See Ticona and Mateescu, supra note 38 (돌봄 플랫폼이 돌봄 노동을 공식화하는 여러 방식을 설명하고 있는데, 소비자에게는 노동자격을 증명하는 문서를 요구하면서 사회보장 등의 급여를 제공하도록 촉구하고, 제공자에게는 모든 수입을 신고하도록 촉구하는 방식도 있다고 한다).

47 NLRB v. Catherine McAuley Health Ctr., 885 F.2d 341 (6th Cir. 1989).

48 See generally Susan Sturm, Second-Generation Employment Discrimination: A Structural Approach(2세대 고용 차별: 구조적 접근법), 101 Colum.L. Rev. 458 (2001); Cynthia Estlund, Regoverning the Workplace: From Self-Regulation to Co-Regulation(작업장 지배구조의 재구성: 자율규제에서 공동규제로) (2010).

인 방법으로 성희롱을 방지하기 위한 법적 의무를 이행할 수 있다.[49] 위의 결과로서 오늘날 대기업은 방대하고 전문적인 인력관리 부서를 두고, 데이터 분석론 등 작업장 관리방법을 이용하여 성희롱을 탐지하고 예방하기 위하여 노력하고 있다.[50]

또한, 대기업은 중소기업보다 차별을 방지하기 좋은 위치에 있다. 여러 소규모 식당들로 구성된 지역식당 부문과 대형 체인점이 주요 고용자로 되어 있는 부문을 비교해 보라. 전자의 경우 차별적 고용 패턴(예컨대 여성은 안내원 및 접대원으로, 남성은 바텐더로 채용하고, 백인은 앞쪽에, 라티노는 뒤쪽에 두는 행태)을 제거하기 위해서는 여러 기업의 행태를 바꾸어야 하고, 그러한 차별의 근저에 있는 관습과 사회적 현상을 제거해야 한다. 후자의 경우에는 대형 체인점이 직접 나서서 구직자의 현황 데이터를 파악하고, 효과적인 평등화 조치를 실시하며, 사안에 대한 조직내 분위기를 조장하는 방법으로 책임의 대부분을 이행할 수 있다. 어떤 면에서 이는 통계의 문제이다. 구조적 차별 대우와 차별적 결과에 대한 책임 유무는 대규모 데이터 자료가 있으면 확인할 수 있는데, 대규모 데이터는 오로지 규제권자와 대기업만이 축적할 수 있다.[51]

또 다른 예를 들자면, 거의 모든 회사는 임금과 근로시간 규제를 준수할 의무가 있는데, 대기업은 이 문제를 자동화할 수 있지만, 제2, 3사분면에 있는 직업의 경우에는 그에 대한 기록이 종이로 되어 있거나 전혀 남아 있지 않는 예가 많다. 우버 이전의 택시 운전자, 일용노동자, 보모는 회계서류에 흔적을 남기지 않고 현금으로 보수를 받았는데, 심지어 노동에 대한 기록이 전혀 없기도 하였다. 플랫폼을 위해 일하는 경우 노동자는 그 플랫폼의 자동 시간기록 및 임금 지불 소프트웨어에서 관리된다. 유사하게, 프리랜서 플랫폼은 자동으로 노동자의 시간을 측정하고 일하는 때의 스크린 화면을 포착해 둠으로써 멀리서 고객이 일의 진도를 관리할 수 있게 해준다. 이로써 사생활 문제가 야기되기는 하지만, 일부 플랫폼은 이런 관행을 사전약정 메커니즘에 포함시켜 왔다. 이러한 감독에 동의하는 노동자는 고객이 결제를 하지 않는 경우라도 플랫폼으로부터 조기에 결제를 받게 되었다.[52]

B. 노동법상 의무를 부과하고 집행하는 방법

물론, 플랫폼경제 회사가 노동자를 고용한 것인지 여부는 세계의 여러 법원 및 행정기관에서 다투어지고 있다. 그들이 고용된 상태가 아니라면 위에서 말한 의무는 적용되지 않는다. 그러나

---

49 See, e.g., Faragher v. City of Boca Raton, 118 S. Ct. 2275, 2293 (1998) (소규모 고용자는 관리자의 '적대적 노동환경 성희롱'에 대한 사용자책임을 모면하기 위하여 문서화된 성희롱방지 정책을 만들어야 하는 것은 아니지만, 대기업은 그럴 필요가 있음이 확실하다고 한다).

50 이러한 절차가 실제로 성희롱을 예방하는지는 또 다른 문제이다. See Noam Scheiber and Julie Creswell, Sexual Harassment Cases Show the Ineffectiveness of Going to H.R.(성희롱 사건을 보면 인력관리 부서가 효과적이지 않다는 점이 드러난다), N.Y. Times, Dec 12, 2017.

51 Teamsters v. United States 431 U.S. 324 (1977); Hazelwood School District v. United States, 433 U.S. 299 (1977).

52 Liang et al., supra note 25.

회사들이 인적자원의 관리를 위하여 데이터를 사용한다는 사실 자체가 그들이 이러한 의무를 부담하여야 한다는 주장의 강력한 근거가 된다.

예를 들어, 우버가 운전자에 대하여 가지고 있는 정보의 수준(다시 말하지만, 이는 전형적인 예이고 전혀 특수한 경우는 아니다)은 의류 하도급업자가 하청업자에 대하여 가지고 있는 정보보다 훨씬 높다.[53] 우버가 작업 결과를 받아서 그 품질을 평가하는 것에 그치는 것이 아니라, 우버는 운전자의 위치, 각 운전자의 노동 시간, 앱에 접속 중인지 아닌지, 심지어는 안전하게 운전하는지까지 다 파악하고 있다. 그 점은 리프트의 경우에도 대체로 동일하다. 태스크래빗, 딜리버루, 인스타카트도 이 점에서 크게 뒤처진 것으로 보이지 않는다.

그런데 우버 등의 기업들이 노동 현황에 대하여 광범위한 파악을 하고 있으므로, 의류 분야의 착취시스템(sweating system)을 해결하는 것보다는 데이터 기반 파편화의 문제를 해결하는 것이 더 쉽다. 만약 우버가 운전자가 앱에 접속한 시간 및 운송을 한 시간을 안다면 그들이 '합리적인' 시간 동안만 일을 하도록 보장할 수 있다. 현재는 우버가 합리적인 시간만 일하도록 하고 있지 않지만, 그것은 현행법상의 의무의 문제이지 기술적으로 가능한가 여부의 문제가 아니다. 여기에서 가능한 선택지 하나로서 '고용의 법적 개념을 수정하여, 임금/시간수당, 집단교섭, 차별법 등의 문제를 처리함에서 노동자를 선별하거나 감시하는 데 데이터를 사용하는 기업을 추정적 고용자로 취급하도록 하는 것'이 있다.[54] 앞서 언급한 바와 같이 기존 법리도 그러한 노동을 포함할 정도로 넓게 파악되고 있으므로, 이러한 개혁은 법을 명확히 하는 것에 해당되는 것이지 법을 근본적으로 바꾸는 것에 해당되지 않는다.

케어닷컴의 사안은 다르다. 앞서 본 바와 같이 그들이 부가하는 가치는 고용자의 고전적 기능의 일부를 수행하는 것이라고 할 수 있는데, 그 기능에는 조세의 원천징수, 집단적 건강보험 혹은 건강보험 계정의 제공 등이 포함된다. 오늘날 돌봄 업계 전역에서 위와 같은 일을 하는 주체는 전혀 보기 어렵다. 노동자는 보통 공식적으로 개별 가정에 고용되고 있고, 조세 회피와 임금 누락이 흔하다. 만약 케어닷컴이 노동 시간을 파악하기 위하여 시스템을 노동자의 휴대전화에 연결하거나 다른 수단을 이용한다면, 돌봄 분야의 노동을 실질적으로 공식화할 수 있을 것이고, 그리하여 선한 결과가 나타날 것이다.

규제권자가 더 큰 야심을 가질 수도 있다. 예컨대 회사들로 하여금 각 노동자의 근무 날짜, 임금, 노동 시간, 기타 활동에 대한 기본적 데이터를 사회보장번호별로 분류하여 국세청이나 노동부의 데이터베이스에 직접 공개하도록 요구할 수 있다. 규제권자와 노동자 조직은 그러한 데이터에 접근할 수 있을 것이고, 그 데이터를 이용하여 법 위반 행위를 적발할 수 있을 것이다. 또한 규

53　이와 관련하여, 우버가 많은 주의 규제당국과 체결한 규제 합의에 따르면, 우버가 개별 운전자의 업무에 대하여 파악할 것이 요구된다. 위 합의에서 우버는 신원조사를 하고 운전자가 보험에 가입하도록 요구하기로 하였다. See Luz Laso, New Regulations for Uber and Lyft Open the Door for Expansion(새로운 규제조치에 따라 우버와 리프트는 추가로 확장할 기회를 얻게 되다), Wash. Post, Feb. 21, 2015.

54　See, e.g., Brishen Rogers, Redefining Employment for the Modern Economy(현대 경제의 고용을 재정의하기), American Constitution Society Issue Brief (Oct. 2016) (이러한 문제를 해결하기 위하여 고용의 개념을 개혁할 것을 제안한다).

제권자는 회사에 대하여 데이터 공개를 강제하고 인공지능 기반의 프로그램을 개발하여 노동자가 임금 절취를 당하였는지, 작업장 보건안전규정의 위반이 있었는지, 차별이 있었는지를 노동자가 확인할 수 있게 할 수 있다. 물론 아주 단순한 임금 절취 사례라도 단순하지 않다는 것을 금방 알 수 있다. 인공지능이나 규제권자는 노동자가 실제로 일을 하고 있는지/아니면 개인적 일을 보고 있는지, 시간당 요율은 얼마인지, 임금 절취의 다른 징표가 명백한지를 파악할 필요가 있다. 차별에 관하여 보건대 인공지능 프로그램은 해당 기업의 지원자 분포 데이터 또는 전반적인 노동 시장의 데이터와 해당 기업의 고용 상황에 대한 정보를 필요로 할 것이다. 이들은 극복하기 쉽지 않은 장애물이지만, 이는 인공지능을 공공적인 용도에 사용한 형태에 해당하는 것으로서 우리가 추구할 만한 인공지능의 기능이다.

결론

노동운동가와 정책결정자는 플랫폼경제 노동의 비정규성과 열악성을 우려하는데, 그러한 우려에는 정당한 이유가 있다. 우버 등 플랫폼이 노동법과 조세법을 위반하면서 바람직하지 않은 일자리를 창출하고 있다는 증거가 많아지고 있다. 이는 일면으로는 파편화된 노동을 사용한 결과이기도 하고, 타면으로는 플랫폼의 크기에서 기인한 결과이기도 하다. 동시에 거대한 첨단 기업에 규제역량이 집중되므로, 플랫폼으로 이동함으로써 더 나은 일자리를 위한 제도적 선행조건이 만들어지고 있다고 볼 수도 있다. 특히, 규제권자가 집단교섭력 관련 법률을 개혁하여 노동자의 집단적 교섭력을 강화한다면, 플랫폼으로의 이동이 궁극적으로 저임금 노동자에게 이익이 될 수 있을 것이다.

주문형 노동을 제3의 고용 범주로 파악하는 것에 대한
비판적 고찰(비교법적 관점)

미리암 체리, 안토니오 알로이시[*]

서언

유럽 및 미국에서 지난 5년 동안 긱경제 노동자의 고용에 대한 분류를 다투는 소송이 많이 제기되었다.[1] 노동자를 피용인으로 분류하는 문제는 누가 노동고용법의 보호를 받게 될 것인가를 결정하는 중요한 관문이다. 노동고용법에서 노조조직권, 최저임금, 실업보상 및 조세 처리와 같은 제반 의무 등 여러 영역이 다루어진다. 긱노동자의 분류에 관하여 제기된 소송 및 광범위한 혼란에 대응하여 어떤 논평가들은 피용인의 범주와 독립계약자의 범주 사이 어딘가에 존재하는 제3의 범주 혹은 혼합적 범주를 제안해 왔다. 제안자들은 제3의 범주가 디지털 플랫폼 노동의 시대에 맞게 적절히 고안되고 다듬어진 혁신적 아이디어라고 자주 주장한다.[2]

하지만 우리가 과거에 쓴 글에서 적시하였듯이, 그러한 중간적 노동자 범주는 실제로 새로운 현상이 아니다.[3] 이 글에서는 비정규직 노동자에 관하여 제3의 범주와 유사한 법적 도구를 실험적으로 사용한 5개 국가의 법체계를 개략적으로 살펴보고자 한다. 5개 국가는 캐나다, 이탈리아, 스페인, 독일, 한국이다. 이 국가들에서는 다양한 결과가 나타났다. 어떤 경우에는 성공하기도 하였지만 어떤 경우에는 잘못된 실험으로 드러났다. 이러한 실험 내용을 면밀히 검토해 보면, 제3의 범주와 긱경제에 관한 논의를 하는 과정에서 발견한 잠재적 문제점들을 피하는 데에 도움을 얻을 수 있을 것이라고 우리는 믿는다.

---

[*] KU Leuven University의 Valerio De Stefano와 ILO의 Janine Berg에게 감사를 드린다. 이분들은 이 글을 쓰는 데에 많은 도움을 주었다. 한국노동연구원의 황덕순 박사와 정해웅, 서울대학교 법학전문대학원의 Dr. Ida Dahea Lee, University of Valencia의 Dr. Adrian Todoli Signes, J.W. Goethe University, Frankfurt의 Manfred Weiss 명예교수에게도 많은 감사를 드린다. 도서관 검색사서인 David Kullman과 Saint Louis University Law faculty fellow인 Louie Spinner가 연구에 많은 도움을 주었다.

[1] 주문형 경제를 둘러싼 소송의 목록을 보기 위해서는 다음을 참조하라. Miriam A. Cherry, Beyond Misclassification: The Digital Transformation of Work(오분류를 넘어서: 노동의 디지털적 변환), 37 Comp. Lab. L. & Pol'y J, 577, 584-85 (2016).

[2] See, e.g., Vin Guerrieri, Uber Cases Could Spur New Employee Classification(우버 사건이 고용의 새로운 분류를 촉발할 것이다), Law360 Blog, May 6, 2016.

[3] 우선 우리는 이전의 논문에서 이 글의 내용을 차용하였음을 알린다. 이전의 논문에서는 캐나다, 이탈리아, 스페인에서 논의되는 분류문제를 더 자세하게 다루었다. 위 나라들에서 취하고 있는 접근법에 대하여는 다음 논문을 참조하라. See Mirriam A. Cherry and Antonio Aloisi, "Dependent Contractors" in the Gig Economy?: A Comparative Approach(긱 경제에서의 의존적 계약자들: 비교법적 검토), 66 Am. U. L. Rev. 635 (2017).

이 글에서 우리는 플랫폼이 어떻게 작동하는지에 관한 배경 설명 및 노동자들이 어떤 일을 하는지에 대한 설명을 생략하고,[4] 그 대신에 분류 문제에 집중하고자 한다. 우리는 미국 내 긱노동자의 지위 및 제3의 범주의 도입 주장에 대하여 살펴본 후, 제3의 범주에 관한 5개 국가의 법체계와 그 실험을 개략적으로 살펴본다. 이탈리아에서 근로자의 지위가 중간의 준종속적 범주로 격하되었을 때 일부 피용인들이 실제로는 권리를 박탈당하게 된 점을 고려하여 볼 때 우리는 제3의 범주를 창설함으로써 의도되지 않은 결과가 발생할 수 있다는 점에 주의해야 한다. 위 국가들의 사례에 대한 연구에서 얻은 정보를 근거로 하여, 우리는 제3의 범주가 미국에 도입되었을 때 나타날 것으로 기대되는 현상을 검토하고, 현실적 문제도 짚어본다.

국가별 연구 및 제3의 범주에 대한 제안을 토대로 하여, 최종적으로 우리는 다른 개혁안을 제시하고자 한다. 우리는 제3의 범주를 창설하고 노동자 분류에 따른 추가적 결함을 감수하는 것보다는 플랫폼 노동자를 피용인의 지위 혹은 그와 매우 유사한 지위로 파악하는 것을 원칙적 규칙으로 설정하자고 제안한다. 동시에 우리는 공유경제에는 노동관계 혹은 노동자의 착취가능성과 무관한 측면이 있다는 점을 적극 인정한다. 공유경제에는 공동체, 혁신, 진정한 공유 등의 측면도 있다. 우리의 제안이 추구하는 바는 직업적 고용에 상응한 수입의 주 원천으로서 플랫폼을 사용하는 자는 보호하되, 공동체 가치를 창출하기 위하여 혹은 자원봉사의 수단으로서 플랫폼을 사용하는 자는 별도로 취급하는 것이다.

I. 미국에서의 분류 문제

우리는 먼저 미국을 살펴보는데, 미국은 긱경제가 발현된 곳이기도 하고 최근까지 대부분의 분류상 분쟁이 발생한 곳이기도 하다. 미국법에 의하면, 노동자가 피용인인가 아니면 독립계약자인가는 여러 요소로 구성된 기준으로 결정되는데 그 기준은 계약관계의 사실관계에 달려 있다.[5] '통제권' 기준은 대리인법리에 관한 판례법과 판결에서 도출되는데, 주된 당사자의 노동자에 대한 통제권이 그 중심을 이룬다. 요약컨대 피용인 지위를 인정하는 요소들로서 고용자가 작업의 수행 방법을 지시한다는 점, 고용자가 투입 노동시간을 결정한다는 점, 피용인에게 지시를 한다는 점을

---

4 이 문제는 이 핸드북의 제1부에서 다루어졌다. Antonio Aloisi, Commoditized Workers: Case Study Research on Labor Law Issues Arising from a Set of On-Demand/Gig Economy Platforms(상품화된 노동자: 주문형경제/긱경제 플랫폼들에서 나타나는 노동법 쟁점들에 대한 사례연구), 37 Comp. Lab. L. & Pol'y J. 577, 635-90 (2016).

5 See Katherine V.W. Stone, Legal Protections for Atypical Employees: Employment Law for Workers without Workplaces and Employees without Employers(비전형적 피용인에 대한 법적 보호: 근무장소가 없는 노동자 및 고용자가 없는 피용인에 대한 노동법의 적용), 27 Berkeley J. Emp. & Lab. L. 251, 257-58 (2006). (소송사건들에서 요소들을 추출함). 이 주제와 관련하여 자주 인용되는 사건들: Rutherford Food Corp. v. McComb, 331 U.S. 722, 728-29 (1947); Ira S. Bushey & Sons, Inc. v. U.S,, 398 F.2d 167 (2d Cir. 1968); Nationwide Mut. Ins. Co. v. Darden, 503 U.S. 318, 326 (1922).

들 수 있다.[6] 반면에 독립계약자로 분류하는 쪽으로 기울게 하는 요소로서는 고도의 기술을 이용한 작업이라는 점, 노동자가 스스로 장비를 제공한다는 점, 노동자가 근무 일정을 정한다는 점, 시간당이 아니라 작업당 보수를 받는다는 점을 들 수 있다.[7] 또 다른 기준에서는 법원이 법률관계의 '경제적 현실'을 포착하는데, 이 기준에서는 노동자가 사업가적 활동을 하는지 혹은 노동자가 재정적으로 고용자에게 의존하는지를 본다.[8] 법률관계에 붙여진 명칭도 판단의 요소이기는 하지만 그것이 결정적이지 않다는 점은 명백하다.

많은 논평가들이 노동자 분류에 관한 이러한 논쟁들이 북부캘리포니아 연방지방법원에 계류되었던 임금 및 시간외 수당 소송에서 해결될 것이라고 희망했었다. 하지만 가장 큰 사건인 O'Connor v. Uber 사건[9]은 현재 1년 이상 조정절차에 계류 중이다. 군집노동(Crowdwork)에서의 최저임금 사건인 Otey v. Crowdflower 사건 등 다른 사건에서도 조정절차가 진행 중이어서, 이러한 사건에서 플랫폼 노동자가 피용인인지 아니면 독립계약자인지에 대한 명확한 대답을 해주지는 않고 있다.[10]

II. 제3의 범주를 창설하라고 요구하는 미국 내에서의 경향

미국의 여러 관할구역에서 노동자 분류의 오류에 관한 소송이 제기되자, 제3의 범주의 주창자들은 이를 해결책의 하나로서 주시하게 되었다. 제3의 범주는 직관적으로 보면 매력적인데, 주문형경제 분야에 만연된 분류 오류에 대하여 제기되어 계류 중인 소송과 분쟁 중 많은 부분을 해결해 줄 것이라 기대하였다. 제3의 범주의 주창은 주로 실리콘밸리에서 나왔는데, 제3의 범주는 실질적으로 현재의 독립계약자 지위를 반영하는 형태이다.[11] 제3의 범주를 주창하는 자 중에는 그러한 제안으로 긱노동자들이 이익을 누릴 수도 있다고 주장하는 자도 있다. 적어도 피용인에게 부여되는 혜택 중 일부를 긱노동자들이 누릴 수 있을 것이라고 한다.

앨런 크루거와 세스 해리스는 2015년 보고서에서 제3의 범주를 창설할 것을 제안하였는데, 그 보고서는 브루킹스 연구소의 산하기관인 해밀턴 프로젝트의 후원을 받아서 작성되었다.[12] 이 제안

---

6 See, e.g., Herman v. Express Sixty-Minutes Delivery Service, Inc., 161 F.3d 299 (55th Cir. 1998).

7 See, e.g., Richard R. Carlson, Variations on a theme of Employment: Labor Law Regulations of Alternative Worker Relations(고용 문제에 관한 변용: 대안적 노동관계에 대한 노동법의 규율), 37 S. Tex. L. Rev. 661, 663 (1996).

8 See Stone, supra note 5.

9 O'Connor v. Uber, 3:13–cv–03826–EMC (N.D. Cal.).

10 Cherry, supra note 1, at 584-85.

11 최근 주문형경제에 관한 행사에서 벤처투자자이자 리프트와 태스크래빗과 같은 회사의 자문역인 Simon Rothman은 다음과 같이 말하였다. "이것은 1099 신고서와 W-2 신고서의 문제가 아니라고 생각한다. 제3의 노동자 분류 형태가 정답이라고 본다." Caroline O'Donovan, What a New Class of Worker Could Mean for the Future of Labor(제3의 노동자 분류가 노동의 미래에 어떤 의미를 주는가), BuzzFeed News, June 18, 2015, www.buzzfeed.com/carolineodonovan/meet-the-new-worker-same-as-the-old-worker?utm＞term=.uipR68pav#.qe99zxMmQ.

12 Seth D. Harris and Alan B. Krueger, A Proposal for Modernizing Labor Laws for Twenty-First-Century Work: The

에 따르면 모든 긱노동자들이 원칙적으로 독립노동자로 분류될 것이다. 해밀턴 프로젝트의 제안에 의하면 그러한 노동자는 연방노동관계법에 따라 노조조직권 및 집단교섭권을 보유하게 되고 Title Ⅶ에 따른 차별금지의 보장을 받게 될 것이다. 하지만 해밀턴 프로젝트의 제안은 시간외 수당과 최저임금보호를 제외한다. 해밀턴 제안을 대체적으로 반영한 다른 연구 결과도 있었다.[13] 한편 정치권에서는 최근에 버지니아주 출신 연방상원의원 마크 워너가 긱노동을 둘러싼 몇 가지 쟁점을 다룰 입법의 필요성을 논의하기 시작하였다.[14] 캘리포니아주 대법원은 2018년의 Dynamex Operations West, Inc. v. Superior Court 사건에서 노동자 분류에 관하여 ABC 판단법을 도입함으로써 원칙적으로 피용인 지위에 있다고 보는 쪽에 가까워졌다. 구체적으로 보건대 ABC 판단법은 사업자 측에 입증책임을 지우는데, 사업자는 다음의 세 가지를 통하여 노동자가 피용인이 아니라는 점을 입증하여야 한다. A: 노동자가 지시와 통제로부터 자유롭다는 점, B: 노동자가 노동을 제공받는 사업장의 통상적인 업무절차 밖에서 노동을 수행한다는 점, C: 제공되는 노동에 관련하여 볼 때 관행적으로 독립된 사업 혹은 직업의 형태를 띤다는 점. Dynamex 사건은 긱노동 사건이 아니어서 위 판단법의 세부적인 내용이 그대로 긱노동자에게 적용될지 여부는 미지수라는 점은 유념해야 한다.[15]

Ⅲ. 비교법적 고찰

　지금까지 독립노동자라는 제3의 범주에 대한 최근의 요구는 오로지 긱경제의 현재 상태에 초점이 맞추어져 있었다. 마찬가지로 이러한 요구는 거의 전적으로 미국에 집중되었는데, 이는 미국에서 여러 보편적인 군집노동(crowdwork) 서비스가 창설되었기 때문이다. 그런데 역사적 상황 및 세계적 관점에서 의존적 계약자라는 범주를 고찰해 보면, 여러 나라가 중간적 범주와 유사하게 기능하는 계약형태를 이미 실험해 보았다는 점과 그 결과는 다양하고 혼합적이라는 점을 알 수 있다. 우리는 이러한 법적 발명품을 개괄적으로 살펴보고자 한다.

　　"Independent Worker,"(21세기의 노동을 위한 노동법의 현대화 제안: '독립노동자'), The Hamilton Project, www. hamiltonproject.org/assets/files/modernizing_labor_laws_for_twenty_first_centrury_work_krueger_harris.pdf.

13　Abbey Stemler, Betwixt and Between: Regulating the Shared Economy(이것도 저것도 아닌 중간의 것: 공유경제에 대한 규제의 문제), 43 Fordham Urb. L.J. 31 (2017).

14　Mark Warner, Asking Tough Questions About the Gig Economy(긱노동의 몇 가지 어려운 문제들), Mark R. Warner (June 19, 2015), www.warner.senate.gov/public/index.cfm/newsclips?ContentRecord_id=9ec95aab-a96c-4dd5-8532-b45667013d2e.

15　Dynamex Operations West, Inc. v. Superior Court, 2018 Cal. LEXIS 3152 (Cal. April 30, 2018), available at https://urldefense. proofpoint.com/v2/url?u=http-3A__www.courts.ca._gov_opinions_documents_S222732.PDF&d=DwMGaQ&c=aqMfXOEvEJQh2 iQMCb7 Wy8l0sPnURkcqADc2guUW8IM&r=BUQebvPUw8Okclet5lJux8-bSRjbB6ywpg1D1xyqhzU&m=9Z2RASW-v5mtQd8jJJjgn_SxAyZZYc3E5ZJZYgo6Jpg&s=r0Aket-FMYct1ZgMT72F2UQc30yA4Onq11UsffpNyRU&e=" www.courts. ca.gov/ opinions/documents/S222732.PDF.

A. 캐나다

역사적으로 캐나다는 법적 보호 여부의 판단 관문으로서 '피용인'이라는 용어를 사용하였는데, 미국과 똑같이 피용인/독립계약자라는 이분법을 사용한다. '피용인'이라는 법률상 용어의 대부분은 순환어법에 불과하여 별로 도움이 되지 않으므로, 대개의 경우 분석의 출발은 지휘감독 여부의 판단에서 이루어진다. 지휘감독 판단법은 불법행위에 대한 대위책임론에서 전개된 이론이다.

1960년대 말과 1970년대 초에 이르러 캐나다가 의존적 계약자라는 개념을 채택함에 따라 피용인 지위를 둘러싼 이론에 흥미로운 변화가 있게 되었다. 이 범주의 발전은 저명한 법학교수인 해리 아서스의 노력에 힘입은 바가 크다.[16] 아서스 교수는 '1960년대에 영세상인, 예술가, 배관공, 기술자와 같은 사람들이 자신들을 독립된 사업체로서 구성하는 일이 잦아졌다'는 점을 지적하였다.[17] 이러한 업자들이 가게를 독립된 업체로서 설립함으로써 전통적인 피용인의 범위에서 벗어났음에도 불구하고, 그들이 다른 피용인을 고용한 것은 아니고 스스로 노동자 겸 사용자가 되었다. 아서스 교수는 경제적 현실에서 보면 독립사업체로 간주되는 이러한 사업자들은 더 큰 사업체에 거의 전적으로 경제적 의존을 한다고 지적한다. 아서스 교수의 주장에 의하면 법이 이러한 소규모 사업자들을 전통적인 노동관계의 경계 밖에 둠으로써 소규모 사업자들은 부당한 결과에 직면하게 된다고 한다.[18]

아서스 교수의 논문은 학계 밖으로까지 널리 영향을 미쳤다. 법원이 Fownes Construction v. Teamsters 사건에서 판시하였듯이 이 논문은 현실 세계에 실질적으로 영향을 미친 중요한 법률 논문이었다.[19] 아서스 교수의 영향이 워낙 강력해서 의존적 계약자라는 개념은 1970년대에 캐나다 법에서 받아들여지기도 하였다.[20] 그 결과는 괄목할 만한 것이었는데, 더 많은 노동자들이 집단교섭의 범위에 포함됨으로써 노동자들에게 더 이익이 되었다고 할 수 있다.

궁극적으로 캐나다에서는 의존적 계약자라는 제3의 범주로 인하여 피용인의 개념이 확장되었다. 경제적 의존을 하는 상태이지만 본질적으로 독자적으로 일하는 노동자들에게 도움을 주기 위하여 제3의 범주가 만들어졌는데, 그로 인하여 노동보호가 강화된 것이다.

플랫폼 노동을 둘러싼 쟁점들에 대하여 캐나다 법원 혹은 유권적 판단기관이 아직 심판을 한 적은 없다. 그러므로 본질적으로 확실한 예측을 할 수는 없다. 의존적 계약자의 범주 및 그에 따

---

16 Harry W. Arthurs, The Dependent Contractor: A Case Study of the Legal Problems of Countervailing Power(의존적 계약자: 대항수단의 법적 쟁점에 대한 사례연구), 16 U. Toronto L.J. 89 (1965).

17 Id.

18 Id.

19 Fownes Construction Co. Ltd. v. Teamsters, [1974] 1 CLRBR 452 (British Columbia Labour Relations Board).

20 See Michael Bendel, The Dependent Contractor: An Unnecessary and Flawed Development in Canadian Labour Law(의존적 계약자: 캐나다 노동법에서 불필요하고 하자투성이인 개념이다), 22 U. Toronto L.J. 374, 376 (1982) ("의존적 계약자라는 개념이 1965년까지 캐나다에서 나타나지는 않았지만, 그러한 지위에 대한 관심은 1970년대 초반에 이르러서는 노동관계에서 당연한 것이 되었다. 1972년과 1977년 사이에 캐나다 내 7개 지역에서 의존적 계약자에 대하여 노동관계법상의 피용인 지위를 부여하는 법률을 채택하였다.")

른 피용인 개념의 확장으로 인하여 긱경제 노동자들이 노동보호에 더욱 접근할 수 있게 되었다고 할 수는 있다.

B. 이탈리아

이탈리아에서의 노동자 분류는 고대로마법의 개념인 locatio operarum(노동자에 대한 지배권)과 locatio operis(구체적 작업에 관한 계약)에서 유래하였다.[21] 이러한 이분법은 1942년 민법전에서 피용인('종속적인 노동자') 및 독립계약자라는 두 개의 범주로 편입되었는데, 이 이분법은 아직도 유효하다. eterodirezione 즉 관리권 요건[22] 외에도 판례법은 고용관계의 존재를 나타내는 여러 가지 하위 요건들을 설시하였다.[23] 판사는 노동관계의 실질이 종속의 징표를 나타낸다면 계약상 명칭을 무시하게 될 것이다(이는 소위 '사실관계 우월'의 원리라고 한다).[24] 이러한 요소들로서는 1) 노동자가 통상적인 근로 규칙을 따르도록 요구되고 있는가, 2) 관계의 유지기간, 3) 정해진 근로시간의 준수 여부, 4) 봉급제 노동, 5) 생산에 관한 손실 부담의 부재 등이 있다. 위의 어느 것도 결정적인 것은 아니다.[25]

이탈리아 법률 533/1973은 자기고용 노동자의 일부에게 절차적 보호를 확장하였는데, 이러한 노동자들이 나중에 lavoratori parasubordinati 즉 준종속적 노동자라는 개념으로 알려지게 되었다. lavoratori parasubordinati는 여러 종류의 자기고용 노동자로 구성되어 있는데, 이들은 종속적 성질을 갖고 있지는 않지만 주된 당사자인 구매자와의 합의(coordination)에 따라 인적 관계를 형성하고 지속적으로(continuous) 협조관계(collaboration)를 유지하는 노동자로 파악된다(이들은 위 세 개의 단어를 조합하여 co.co.co로 약칭되기도 한다). 이러한 중간적 범주를 나타낸다고 인정받으려면 네 개 요소가 동시적으로 존재하여야 한다. 이들 요소로서 1) 협조, 2) 지속적인 관계 유지, 3) 주된 당사자와의 조정을 통한 기능의 수행, 4) 강한 개인적 성격의 서비스가 있다. 이러한 척도에 의하여 중간적 범주가 의도적으로 창설되었다.

---

21 로마법에서는 locatio conductio operarum과 locatio conductio operis이 구분되었다. 전자는 고전적인 주종계약을 지칭하는데 여기에는 지배권이 묵시적으로 포함되고 대위책임론이 포함된다. 후자는 구체적인 결과의 산출을 전제로 한다. 일반적인 내용에 관하여는 다음을 참고하라. William Burdik, Principles of Roman Law and Their Relations to Modern Law(로마법 원리와 현대법에 대한 관계), (1938); Matthew Finkin, Introduction(서문), 21 Comp. Lab. L. & Pol'y J. 1 (1999~2000).

22 Cass. 22 November 1999 no 120926, RIDL 200011633. 더구나 종속적 관계의 입증과 관련하여 정해진 절차와 막연한 지시가 있는 것으로는 부족하고 구체적이고 명확한 지시가 있어야 관리권이 있다고 볼 것이다. 왜냐하면 정해진 절차와 막연한 지시 정도라면 독립계약자 범주에도 해당될 것이기 때문이다. 독립 노동에 이러한 요소가 있다고 하더라도, 고용관계가 있다고 보기에는 충분하지 않다. (역주: 위의 Cass.는 이탈리아 대법원이다).

23 Cass. sez. lav. 27/03/2000, n. 3674. "관리권 및 징계권의 행사와 같은 막연한 요소들을 평가하는 것만으로는 피용인과 자기고용을 구분하기에 충분하지 않다(위 두 권한의 존재가 종속적인 관계의 안전한 징표가 되기는 하지만, 그것이 없다고 하여 자율권이 존재한다는 확실한 징표가 될 수는 없다)…" (역주: 위의 Cass. sez. lav.는 이탈리아 대법원 노동부를 말한다).

24 이탈리아 민법 제1362조는 계약의 해석은 쌍방의 공통된 의사와 행동에 의하여 이루어져야 하고, 문구의 문언적 의미만으로 이루어지는 것은 아니다라고 규정하고 있다.

25 Maurizio Del Conte, Lavoro autonomo e lavoro subordinato: la volontà e gli indici di denotazione(독립적 노동과 종속적 노동: 의사와 표시의 징표), Orientamenti Della Giurisprudenza del Lavoro 66 (1995).

준종속적 노동이라는 범주의 내용을 반영하여, 오로지 한정된 권리(주로 노동법원에 대한 접근권)가 이러한 노동자에게 확대되었다. 자율적 노동자의 하위 개념으로서 준종속적 노동자들은 여전히 노동실체법의 적용 밖에 있었다.[26] 그 결과 피용인을 고용하는 것보다는 준종속적인 노동자를 고용하는 것이 훨씬 저렴하였다. 왜냐하면 피용인에게는 노동실체법이 적용됨에 따라 연차휴가, 병가, 육아휴직, 기타 복지급여, 시간외 수당, 부당해고에 대한 직업보장 등의 여러 혜택이 제공된다.

바람직하지 않은 결과가 금방 나타났다. 사업체들이 기존에 피용인으로 분류되던 노동자들을 점점 더 lavoratore parasubordinato의 범주로 채용하기 시작하였는데, 이는 비용을 절감하고 노동자 보호조치를 피하기 위하여 진정한 고용관계를 숨기는 방식이다. 그리하여 엄격한 의미에서 주종관계를 구성하였던 직업을 통하여 피용인에게 부여되었던 보호장치들이 점점 잠식되는 것을 노동자들이 보게 되었는데, '부적절하게 정의된 개념'으로 이루어진 전인미답의 영역에 점점 더 들어가게 되었던 것이다.[27] 준종속적 노동자들은 안정적인 고용관계에 대한 저비용의 대체수단이 되었다. 특히 준종속적 노동자의 경우에는 고용자가 사회보장급여 분담금을 지불하지 않아도 되었기 때문이다.[28]

개정작업이 2003년에 시작되었는데, 의회는 Legislative Decree No. 276/2003(소위 Biagi Reform, 역주: Legislative Decree란 의회가 행정부에 입법사항을 위임하는 법률을 말한다)으로써 준종속적 범주의 내용을 개정하였다. 의회는 진정성을 확보하고 피용인을 준종속적 지위에 있다고 위장하는 것을 막기 위하여 협업체제가 적어도 하나의 특정업무에 한정되도록 요구하였다. 그리하여 종속적 노동자에 대하여 새로운 개념정의가 나타났다. 그것은 lavoro a progetto, 즉 특정업무 노동자인데 co.co.pro로 불리기도 한다. 2012년에 이탈리아 의회는 Law No. 92/2012(Monti-Fornero Reform)를 통과시켰는데 이 법률은 피용인으로 인정하는 것을 원칙으로 함으로써 중간적 범주의 남용을 방지하고자 하였다. 최종적으로 2015년의 직업법은 2003년 비아기법에서 탄생한 특정업무 노동이라는 개념을 근본적으로 제거하였다. 직업법은 원칙적으로 피용인으로 인정한다는 점을 확고히 하였다.[29] 기술적으로는 준종속적 범주가 여전히 존재하지만 이제 그 범위가 제한적이다.[30]

---

26 Stefano Liebman, ILO Nat'l Studies, Employment Situations and Workers' Protection(ILO 국가별 연구, 고용 상황과 노동자에 대한 보호), www.ilo.org/wemsp5/groups/public/-ed_dialogue/- dialogue/documents/genericdocument/ wems_205366.pdf; Mark Freedland and Nicola Kountouris, The Legal Construction of Personal Work Relations(개인적 노동관계에 대한 법적 해석), 122 n. 61 (2011) ("이탈리아 법률영역에서 준종속적이라는 개념이 대두한 것은 전통적으로 법률 533/1973로 연결된다. 위 법률은 노동소송 절차에서 적용되는 규정이 '종속적인 관계는 아닐지라도 주로 개인적인 영역으로서 지속적으로 협의를 하게 되어 있는 대리관계, 상사 대표관계 그리고 협력관계' 등에도 적용된다고 규정하고 있다.")

27 Liebman, supra note 25.

28 Ulrike Muehlberger, Dependent Self-Employment, Workers on the Border between Employment and Self-Employment(의존적 자기고용, 고용과 자기고용의 경계선에 있는 노동자들) (2007).

29 Legge 28 giugno 2012, n. 92–Disposizioni in materia di riforma del mercato del lavoro in una prospettiva di crescita (2012. 6. 28. 법률 제92호 성장의 관점에서 본 노동시장의 개혁에 관한 규정).

30 Legislative Decree 81/2015(직업법) 제2조는 '주된 당사자에 의하여 조직된 협업체제'라는 새로운 개념을 고안하였는데, 이 경우에는 상대방이 작업수행의 모든 면(특히 시간과 장소)을 결정하게 된다. 이와 같은 경우에는 종속적 노동자에게 부여된 모든 고용법상의 규정들이 자기고용 노동자에게 적용된다. See Antonio Aloisi, Il lavoro "a chiamata" e

지난 20년간 이탈리아에서 준종속적 범주는 적극 활용되었다가 반대투쟁을 거쳐 번복되는 절차를 거쳤다. 비정규직 계약을 도입한 초기에 피용인 일부는 분류상 지위가 격하되었다. 이러한 허점으로 인하여 불안한 비정규직 노동이 증가하게 되었다.

C. 스페인

스페인 노동자법은 1980년에 통과하였는데 이 시점은 이탈리아에서 주요한 입법적 개혁이 있은 후 대략 10년이 지난 때이다. 위 법률인 노동자지위법(Estatuto de los Trabajadores)은 오로지 피용인에게만 적용되는데, 위 법은 피용인을 '일정한 조직의 범위 내에서 그리고 자연인 혹은 법인(고용자 혹은 사업자라고 불린다)의 지시를 받아서 보상을 대가로 하여 자신의 의무를 자발적으로 수행하는 개인'이라고 정의한다.[31] 스페인법상 독립계약자는 헌법, 민법, 상법의 규정에 맡겨져 있었다.[32]

스페인에서 피용인과 독립계약자를 구분하는 이분법은 '계약자율권을 행사하여 자율적 조직을 하였느냐 여부'에 달려 있었다. 스페인 판례법은 피용인의 개념에서 다음의 두 요소가 함께 고려될 것을 요구하는 것으로 해석하여 왔다. 1) 지배관리권(dirección)의 행사 여부 및 2) 노동자가 얼마나 자율권을 갖고 있느냐 여부가 그것이다.[33] 스페인 법학자들은 '유리성'(스페인어로 ajenidad라고 하는데 이는 '타자의 소유'라는 의미이기도 하다)이라는 요소를 중시하여 왔는데, 이 요소에 의하여 피용인인가 아닌가를 판단한다. 유리성 여부는 위험 분배의 징표일 뿐만 아니라, 그 결과적으로 사업자가 생산수단을 소유한다는 점 및 피용인의 작업으로부터 사업자가 금전적 이익을 취한다는 점을 판단하는 요소가 된다.[34] 다른 나라와 마찬가지로 당사자가 붙인 계약상 명칭이 결정

---

le piattaforme online della "Collaborative Economy": nozioni e tipi legali in cerca di tutele/On-Demand Work and Online Platforms in the Collaborative Economy(협업경제에서의 주문형 노동과 온라인 플랫폼), 2 「LLI」 2421, (2016) 2018년 4월 토리노법원은 Foodora의 배달원 6명 제기한 청구를 기각하였는데, Foodora가 노동질서문란을 이유로 배달원을 해고하자 그들은 플랫폼의 피용인임을 주장하였다. Legislative Decree 81/2015 제2조의 과감한 해석(주된 당사자가 아닌 그 상대방에 의하여 조직된 협업체제에도 제2조가 적용된다고 해석하는 것)은 명시적 입법 의도를 무시하는 것일 뿐만 아니라 법문에도 반한다. 이 사건에서는 긱경제에 직업법 규정을 적용시키지 못하였다.

31 Article 1.1 Ley, 8/1980, de 10 de marzo 1980(1980년 3월 10일 법률 제8/1980호의 제1.1조)는 사용자 혹은 사업자를 다음과 같이 정의한다. '다른 사람의 감독이나 지시를 받지 않으면서 경제적 이득을 위하여 자신의 계산으로 정기적, 개인적, 직접적으로 사업 혹은 직업을 수행하는 자를 말하는데 다른 사람의 계산으로 타인을 고용하거나 고용하지 않거나 상관없다.'

32 최근의 규정으로서 1978년 12월 27일 개정 스페인 헌법이 있다.

33 Adalberto Perulli, Subordinate, Autonomous and Economically Dependent Work: A Comparative Analysis of Selected European Countries(종속적 노동, 자율적 노동, 경제적으로 의존하는 노동: 일부 유럽 국가의 비교법적 검토), in The Employment Relationship: A Comparative Overview 173-74 (Giuseppe Casale ed. 2011); J Lujan Alcaraz, Introduction(서론), El Estatuto del Trabajo Autonomo. Analisis de la Ley 20/2007, de 11 de julio, Laborum, 2007, 20. 중앙정부의 3월 24일자 위임명령 1/1995호에 의하여 노동자법이 재편철되었다. Official Gazette, No. 75, dated 29 March 1995, pp. 9654-88.

34 See Miguel Ramon Alarcón Caracuel, Dipendenza e alienita nella discussione spagnola sul contratto di lavoro, in Lavoro Subordinato E Dintorni. Comparazioi E Prospettive(노동계약에 관하여 스페인에서 논의되는 의존성과 유리성, '종속적 노동과 그 배경에 관한 비교법 및 관점들' 중에서), 296 (1989). Consejo General del Poder Judicial(사법평의회), Trabajadores autónomos(자율노동), 146 estudio de derecho judicial(사법연구) 100 (2008); Perulli, supra note 32.

적이지는 않다. 오히려 관계의 실질(일상적인 업무처리 내용 등)에 대한 법적 판단이 더 중요하다.[35]

2007년 스페인 의회[36]는 새로운 법률(7월 11일자 Law 20/2007, 자율노동법, 약칭 LETA)을 제정하였다.[37] LETA는 자기고용 혹은 독립계약자형 노동의 모든 형태를 규율하는데, 자기고용의 모든 측면을 관장한다. LETA는 제3자의 노동자 범주를 고안하였다. 그것은 Trabajador Autonomo Economicamente Dependiente로서 약칭하여 TRADE이고 이는 '경제적으로 의존적인 자기고용 노동자'라는 뜻이다. 피용인에게 부여되는 혜택과 보호가 TRADE 노동자에게도 거의 대등하게 포괄적으로 제공되었다.

그러나 TRADE 노동자로 인정되기는 어렵다. 노동자가 TRADE에 해당된다고 판단하는 데에 결정적인 요소는 경제적 의존도가 75%에 이르는가 여부이다. TRADE 노동자는 거래상대방의 확인을 받아 사회보장국에 등록을 하여야 하고, 변경사항도 신고하여야 한다. 이러한 엄격한 요건은 노동자 및 사업자에게 상당히 부담스럽고 시간이 많이 소요되기도 한다.[38]

TRADE 노동자로 분류된 사람은 많지 않은데, 아마도 여러 정보를 공개하여야 하고 법 준수에 상당한 부담이 따르기 때문일 것이다.[39] 한편 스페인의 노동조합은 TRADE 범주가 전통적으로 고용관계에 있는 자들에게 적용되는 것은 부적절하다고 불평하였다. 이 범주를 이용하는 자가 거의 없기 때문에 이 범주의 유용성은 제한적이다.

D. 독일

독일에서는 피용인(arbeitnehmer)과 독립노동자라는 범주가 인정되고 있다. 최근까지 법률상으로 피용인의 개념정의가 없었지만, 전통적으로 연방노동법원은 개인적 의존성 여부와 노동자가 시간, 장소, 업무내용에 관한 지시를 따를 의무가 있는지 여부를 중심으로 판단해왔다.[40] 계약에 주어진 명칭은 중요하지 않다. 오히려 중요한 것은 법률관계의 실질 내용이다.

서커스 공연자에 대한 독일연방노동법원의 판결이 시사적이다. 그 사건에서 법원은 서커스 소유자가 공연자에 대하여 통제권을 갖고 있지 않다는 점에 주목하고서는 그러한 노동자들이 독립

---

35 STS 29 dic. 1999 (RJ 1427/2000).

36 See AA. VV. Un Estatuo Para La Promoción Y Tutela Del Trabajador Autónomo, Informe de la Comision de Expertos, designada por el Ministerio de Trabajo y Asuntos Sociales, para la elaboración de un Estatuto del Trabajador Autonomo(공저, 자율노동자의 보호를 위한 연구- 자율노동법의 분석을 위하여 노동사회부의 지명으로 구성된 전문가 위원회의 보고서).

37 Law No. 20/2007, Official Gazette, No. 166, July 12, 2007, pp. 29964-78.

38 Mark Freedland, Application of Labour and Employment Law Beyond the Contract of Employment(고용계약을 넘어서 노동고용법을 적용하는 문제에 관하여), 146 Int'l Lab. Rev. 3 (2007).

39 2012년에 TRADE 계약건수가 400,000건으로 예상되었지만 체결건수는 9,000건에 불과하였다. 자율노동자 및 사업가 협회라는 스페인 단체의 최근 조사에 의하면, 2.4%의 노동자만이 주된 거래당사자를 두고 상당히 광범위한 보호(2007년 법이 TRADE 노동자에게 제공하는 보호)를 받았다.

40 Wolfgang Daubler, Working People in Germany(독일의 노동자들), 21 Comp. Lab. L. & Pol'y J. 77, 79 (1999-2000).

노동자에 가깝다고 판시하였다.[41] 독립노동자는 피용인과 대비하여 규정되는데 상법 section 84(1)(2)는 '독립노동자란 본질적으로 자유롭게 자신의 업무를 조직하고 업무시간을 결정하는 사람'이라고 규정한다.[42]

독일법도 피용인과 유사한 제3의 범주인 arbeitnehmeraehnliche Person을 인정한다. 어느 유명한 논평가가 지적하였듯이, 피용인에 유사한 노동자에게는 두 개의 공통된 특징이 있다. 하나는 경제적 의존성이고, 다른 하나는 유사하게 사회적 보호를 받을 필요성이다.[43] 독일노동법원은 이미 피용인 유사의 노동자를 인정하였는데 1974년에 이르러 이 범주가 독일집단교섭법(Tarifvertraggesetz) section 12a에 성문화되었다. section 12a에 의하여 피용인 유사의 노동자로 인정되기 위해서는 1) 고객의 이익을 위하여, 2) 특정 업무의 수행계약에 따라, 3) 개인적으로 업무를 수행하되 다른 피용인의 도움을 거의 받지 않아야 한다. 중요한 점은 그 규정에 의하면 피용인 유사의 노동자는 주로 한 고객을 위하여 일하고 수입의 50% 이상을 그 고객에 의존한다는 점인데, 50% 요건은 스페인법상의 TRADE 노동자의 요건과 공통점이 많다.[44]

법률에 따라 피용인 유사 노동자의 개념이 약간 다르기는 하지만 주요한 특성은 경제적 의존성이다. 피용인 유사 노동자는 피용인에게 부여되는 보호 중 일부를 받게 되는데, 여기에는 노조 조직권, 집단교섭권, 육아휴직, 유급휴가, 직장내 괴롭힘의 금지 등이 포함된다.

피용인 유사의 노동자라는 제3의 범주가 갖는 목적은 사회적 보호의 범위를 확대하는 것이다. 특히 전통적 고용관계를 둘러싼 조직과 경제가 변화되었다는 점을 고려하여 보면 그러하다. 긱경제의 노동자들이 피용인 유사의 노동자처럼 이러한 제3의 범주로서 보호를 받을 것인가? 베른트 바스 교수는 최근 글에서 '긱노동자에게 피용인 유사의 노동자 지위를 인정하는 데에 50%의 수입을 한 고객으로부터 획득하여야 한다는 요건은 상당한 장애물이 될 것이다'고 지적한다.[45] 그러나 바스 교수는 동일한 플랫폼에서라면 동일한 노동자에게 일을 시킨 여러 업체를 연결하는 방법으로서 '공동고용자 이론'을 사용할 수 있을 것이라고 주장한다.

E. 한국

한국에서는 피용인 범주가 법에 의하여 정해진다. 한국 근로기준법 제2조 제1항은 다음의 정의를 사용한다. "근로자란 직업의 종류와 관계없이 임금을 목적으로 사업이나 사업장에 근로를 제

---

41 Zirkus P GmbH & Co. KG v. Truppe C., Bundesarbeitgericht [BAG](연방노동법원), Aug. 11, 2015, 9 AZR 98/14.

42 Manfred Weiss and M. Schmidt, Labour Law and Industrial Relations in Germany(독일의 노동법과 산업관계론) 45 (2008).

43 Daubler, supra note 39 at 88-90.

44 Stefanie Sorge, German Law on Dependent Self-Employed Workers: A Comparison to the Current Situation Under Spanish Law(의존적 자기고용 노동자에 관한 독일법: 스페인법하의 현 상황과의 비교), 31 Comp. Lab. L. & Pol'y J. 249, 250 (2010).

45 Bernd Wass, Crowdwork in Germany(독일에서의 군집노동), in Crowdwork- A Comparative Law Perspective, 142-86 (Bernd Wass et al. eds., 2010).

공하는 자를 말한다."[46] 이 규정의 해석에 대한 유권적 판단을 보면, 분류에 관한 판단에서 종속이라는 개념이 중요함을 알 수 있다. 한국 대법원의 2006년도 판결은 근로기준법을 해석하면서 피용인의 지위를 판단하는 데 고려해야 하는 여러 요소를 열거하고 있다. 이러한 요소에는 다음의 것들이 포함되어 있다. 1) 고용자가 작업의 내용을 통제하는지 여부, 2) 피용인이 인사규정의 적용을 받는지 여부, 3) 고용자가 작업을 감독하는지 여부, 4) 피용인이 자유롭게 다른 사람을 고용하여 작업을 시킬 수 있는지 여부, 5) 누가 작업도구를 제공하는지, 6) 임금과 소득에 대한 조세가 어떻게 처리되는지, 7) 각자가 처한 경제적 상황.[47] 독립계약자 지위는 피용인에 대한 위의 법률상 정의 규정에서 역으로 추론될 수 있다.

이 점에 관하여 흥미롭게도 한국에서 비전형적이고 불확실하며 불안정한 영역에 속한 노동자의 비율이 오랜 기간 상당한 비율을 유지하여 왔다. 노동자의 대략 1/3이 비정규직 직업을 갖고 있다.[48] 과거에는 이렇게 많은 비율의 비정규직이 발생한 것은 농촌에서 도시로 인구이동이 있은 결과이자 노동 수요와 공급의 불일치 때문이기도 하고 노동자 대량실업 때문이라고도 한다.[49] 최근의 경우에는 1997년의 경제위기와 IMF 구제조치가 원인이라고 한다. IMF 구제금융 당시 유연성 있고 경쟁력 있는 경제를 만든다는 명목으로 전통적인 노동 보호 장치가 일부 제거되었다.[50] 그 결과 더 많은 노동자가 비정규직 고용에 종사하게 되었다.

비정규직 내에는 한국법이 특수직이라고 부르는 노동자 범주가 있다. 황덕순 교수가 지적하듯이 특수형태근로 종사자는 일반적인 개념이 아니라 노동자 보상체계를 확대하기 위하여 법률이 창설한 직업군을 말한다.[51] 구체적으로 보건대, 한국의 산업재해보상보험법 제125조는 근로자 보상법률을 일단의 특수형태근로 종사자에게도 확대하고 있다. 이러한 경우에 해당되려면 상시적·배타적으로 한 업체에 노무를 제공하여야 하고, 타인을 사용하여 노무를 제공하지는 않아야 한다. 이 규정은 의존적이고 보호를 필요로 하는 노동자를 진정한 사업자로부터 구분하려는 것으로 보인다.

특수직 고용형태는 법률에 열거되어 있는데 상당히 구체적이다. 예를 들면 "보험판매원, 학습지 방문교사, 레미콘 트럭 기사, 골프장 캐디, 택배원, 퀵서비스 기사, 대출모집인, 신용카드회원 모집인, 대리기사 등이다.[52] 대리기사는 2016년 7월 추가되었다. 왜 위와 같은 직종은 보호하고 다

---

46 한국 근로기준법 제2조 제1항. http://elaw.klri.re.kr.

47 대법원 2006년 선고 2004다29736 판결. 이러한 문구의 변형된 표현은 다음 자료에서 보라. 박종희, "고용 상황과 노동자 보호", 한국노동연구원, 위 글은 1999년 11년 국제노동기구에 제출된 보고서인데, 미발간된 것이다. www.ilo.org/wcmsp5/groups/public/-ed_dialogue/-dialogue/documents/genericdocument/wcms_205370.pdf.

48 비정규직 영역에 관한 논의에 대하여는 다음 자료를 보라. 전지혜, "1992-2012년간 한국 비정규직 노동자의 애로사항", 미발간 EOIW 연구보고서, 2014년. (역주: EOIW란 비정규직에 대한 경험을 공유하는 국제회의 프로젝트).

49 윤지환, "불균형적 개발: 비교법적 관점에서 본 한국 자영업 문제의 원인", J. Dev. Stud. 제47집, 2011년, 786면.

50 전지혜, supra note 48.

51 황덕순, 「한국의 플랫폼 노동」, 한국노동연구원. 번역본을 저자들이 갖고 있다. 이 글은 한국노동연구원에서 한국어로 발간되었다.

52 Id.

른 직종은 보호하지 않는지를 제대로 설명하기는 어렵다. 1990년대의 아시아 경제불황 와중에 노동조합의 보호와 관련하여 정치적 고려가 있었던 것으로 보인다.

한국노동연구원은 2016년 국제노동기구(ILO)와 연합하여 군집노동 및 긱경제에 대한 회의를 주최하였다. 한국 긱노동자의 지위에 관한 특별 세션이 열렸다. 한국 내에서는 언어 장벽과 통역의 문제로 긱경제의 발전이 더디기는 하였지만 그 분야가 계속하여 성장하고 있다.

운전자로 일하는 자와 같은 일부 긱노동자는 특수형태 근로종사자로서 보호되겠지만, 잡일을 하는 자와 인터넷상에서 일하는 자와 같은 긱노동자들은 보호받지 않을 것이라는 점을 사람들은 인지하고 있다. 또한 법에 열거된 특수형태 근로종사자의 경우에도 보호 범위와 방법은 여전히 유동적이다. 위에서 본 바와 같이 특수형태 근로종사자가 피용인에게 보장되는 노조조직권 등 보호 장치를 누릴 수 있는지는 확실하지 않다. 국제노동기구 회의에서 논평가들은 긱노동의 불안한 지위와 긱노동자에 대한 보호 정도에 관하여 우려와 좌절감을 표시하였다.

IV. 요약과 결과에 대한 평가

여러 나라에서 제3의 범주가 실현된 모습을 보면 성공도 드러나지만 문제점도 드러난다. 캐나다가 1970년대에 법을 통과시킴으로써 '의존적 계약자'라는 제3의 범주를 창설하였는데 이는 여러 법률에 규정된 '피용인' 개념을 수정함으로써 이루어졌다. 의존적 계약자라는 범주의 실용적 효과는 그것이 피용인 개념을 확대하여 더 많은 노동자가 노동법의 보호 범위 내로 들어왔다는 것이다. 결과적으로 보건대, 경제적 의존성에 비추어 보아 보호가 필요한 노동자들에게 보호를 강화하고 피난처를 제공하게 되었던 것이다. 제3의 범주는 잘 작동하여 더 많은 노동자들에게 법의 보호를 제공한 것으로 보인다.

제3의 범주에 관한 이탈리아의 실험 내용을 보면, 사업자들이 준종속적이라는 저하된 지위를 이용하여 피용인에게 적용되는 규정을 회피하고 사회보장 분담금을 내지 않으려고 한 사실을 알 수 있다. 준종속적 범주는 법의 허점을 만들어내서 실제로는 노동자의 보호가 감소되는 결과가 나타났다. 수년 동안 의회는 그 범주를 조정하여 노동자에게 정당한 보호를 제공하려고 노력하였다. 나중에 혼란스러워지자 2015년 이래로는 중간적 범주의 범위가 크게 제한되었다. 오히려 노동자는 원칙적으로 피용인이라는 추정을 받게 되었다.

스페인은 제3의 범주를 채택한 입법례를 보여 주었지만 일부 노동자만이 이에 해당한다. 법에 의하면 TRADE 노동자는 주로 한 사업체를 위하여 일하는 것으로 전제된다. 여러 플랫폼을 위하여 일하는 노동자에게는 이것이 문제이다. 이 범주가 제한적으로 사용된 원인을 살펴보면, 엄격한 경제적 요건 등으로 법정 요건을 충족시키는 게 매우 어렵다는 점을 볼 수 있다.

독일의 피용인 유사의 범주는 훨씬 덜 엄격하여 입증이 덜 부담스럽지만, 이 범주도 50% 의존

요건을 충족시켜야 한다. 독일 군집노동자들이 공동고용자 이론(이에 의하면 여러 플랫폼에 있는 계정이 하나로 묶일 것이다)에 의거하여 여러 고용자를 하나로 연결시키지 못한다면, 위와 같은 최소요건은 군집노동자들에게는 문제로 다가올 것이다.

마지막으로 한국에는 특수형태 근로자가 있으나, 범위가 매우 좁아서 오로지 일부 형태의 직업군만이 이에 해당된다. 하나 이상의 플랫폼에서 일하는 긱노동자에게는 이러한 배타적인 법적 요건이 문제를 야기할 수도 있다. 더구나 특수형태직 근로자에 포함된 노동자에게 제공되는 혜택도 크지 않다. 만약 제3의 범주의 적용범위가 좁다면 혹은 그 혜택이 별거 아니라면 주문형 경제에서 야기되는 도전과제를 해결하는 데에는 이 범주가 부적절할 수도 있다.

A. 분석

유념할 것은, 오분류에 대한 논의는 실제로 두 가지 관점으로 해석될 수 있다는 점이다. 이 쟁점을 보는 한 관점은 이분법에 쉽게 들어맞지 않는 긱노동의 형태에 관한 혼동도 이해할 만하다는 것이다. 결국 긱노동자는 독립계약자와 공통된 특성을 몇몇 갖고 있지만 또한 피용인을 상기시키는 특성도 갖고 있다. 이 관점에서 보면 문제점이 '법적 기준이 가변적이고 사실관계에 따라 달라지며 적용하기 어렵다'는 데에 존재한다. 오분류 문제를 보는 다른 관점은 법제도를 역이용하는 행태가 오랫동안 있어 왔다고 보는 것이다. 이러한 행태란 실제로는 고용관계인 것을 오분류하도록 유도하는 부당한 관행을 의미한다. 이러한 관행은 고용관계를 허위의(혹은 가짜의) 계약상황 속에 숨기는 데에 도움을 준다. 동일한 법체계에 위 둘의 문제점이 동시에 존재할 수 있다는 점을 유념하라.

적어도 이론적 측면에 본다면, 긱노동을 중간적 범주로 분류하게 되면 긱노동자에 적용하는 기준에 관한 혼란을 경감할 수 있을 것이다. 하지만 그러한 제3의 범주를 정립함으로써 사업자가 피용인을 중간적 지위로 떨어뜨려 이익을 취하는 결과가 생긴다면, 그것은 가짜 계약자 지위를 제거하는 데 무용지물이 될 것이다. 사실 새로운 범주를 추가하는 것은 악용가능성을 높일 수 있다. 세 개의 범주가 있게 되면 두 개의 범주가 있을 때보다 남용할 가능성이 커진다는 점을 우리는 인정해야 한다. 우리는 이탈리아 사례에서 준종속적 노동자 범주의 채택에 따라서 그러한 악용이 만연하게 되었다는 점을 볼 수 있다.

B. 미국에서 제3의 범주를 도입하는 것이 어려운 이유

피용인 지위에 수반되는 혜택과 보호조치를 살펴보면, 제3의 범주에서 이것들을 배제하는 것이 어려워진다. 어떤 보호조치를 전적으로 불필요하다고 볼 것인가? 많은 긱노동자들이 가진 주요한 불만은 들인 시간에 비하여 보수가 적정하지 않다는 것이다. 그러므로 임금과 근로시간 관련 법률을 배제하자는 해리스와 크루거의 제안에는 문제가 있는 것으로 보인다. 그 범주를 정의하는 것과 그것을 구성하는 방법의 어려움뿐만 아니라 실제적 난점도 있다. 미국에서 얽히고설킨 주법과 연방법을 아울러서 제3의 범주를 정립하는 것은 복잡한 일이다.

판사와 행정청이 법률의 해석을 변경하여 제3의 범주를 창설하는 것도 가능하겠지만, 법률 문언의 구성 내용을 고려하여 보면 그것이 쉽지는 않을 것이다. 지금의 정치적 분위기를 놓고 보면 현재 미국에서 제3의 범주 문제가 입법과제의 상위권에 놓여 있다고 보기는 어렵다. 법률에 오로지 두 개의 범주만이 규정되어 있는데 연방의회를 배제하고 제3의 범주를 추가하는 것은 엄청난 행정 적극주의 혹은 사법 적극주의를 요구하게 될 것이다. 적어도 현 시점에서는 그 방향을 통한 개혁은 실제적으로 불가능한 것으로 보인다.

C. 피용인 지위를 원칙으로 하는 방향으로의 이동

새로운 범주를 창설하지 않으면서 난제인 분류 문제를 극복하는 방법은 기본적 성격 분류 원칙을 변경하는 것이다. 플랫폼이 온라인상 서비스 계약조항에서 노동자를 독립계약자로 분류한 다음에 오랜 기간에 걸쳐 많은 비용과 시간이 드는 소송과정에서 그 입장을 방어하도록 하지 말고, 일정한 시간 이상을 일한 근로자를 피용인 지위로 추정하는 것으로 시작함이 어떤가? 그다음에 독립사업체 혹은 자기고용자에 해당되는 경우라면 이해가 용이한 기준에 기초하여 규제로부터 제외할 수 있을 것이다.

그런데 긱경제는 혁신적이니 취급이 달라야 한다는 말도 있다. 플랫폼이 새로운 기술이라는 이유로 특별취급을 받아야 하는가? 혁신이 노동법의 전형적인 면제사유로서 취급된 적은 없다. 진정한 혁신가와 부당한 폭리자를 구분하는 것은 어려운 문제이다. 전자는 공평하게 경쟁을 하고 독특하고 흥미로운 신기술 혹은 사업모델을 갖고 있는 반면에 후자는 법을 훼손하면서 값싼 노동을 이용하여 이익을 취한다. 그래서 우리는 플랫폼이 생각하는 예외주의에 대하여 왈가왈부하는 것이 아니다. 플랫폼을 정상화하여 다른 고용자와 동일한 취급을 받도록 하자고 주장하는 것이다.

사업모델 중에 진정으로 공유를 지향하거나, 영리와 비영리가 혼합되어 있거나(예를 들면, B류 회사가 있다),[53] 생산자 겸 소비자로서 거래를 하는 것의 경우에는 실험의 여지가 진정으로 필요할 수 있다. 업무가 자원봉사적 성격을 갖거나 진정한 공유를 지향하거나 이타적 혹은 공동체 옹호의 동기에서 제공되는 경우에는 '피난처' 조항이 주어져야 한다. 최근 유럽연합집행위원회는 협업경제에 관한 통신문(Communication)에서 직업적 제공자와 사적 개인을 구분하면서 위 견해를 지지하였다.[54]

---

53 Miriam A. Cherry, The Law and Economics of Corporate Social Responsibility and Greenwashing(기업의 사회적 책임 및 사이비 친환경론에 관한 법률과 경제학), 14 U.C. Davis Bus. L.J. 281, 294 (2014).

54 Communication from the Commission to the European Parliament, the Council, the European Economic and Social Committee and the Committee of the Regions, A European Agenda for the Collaborative Economy(협업경제를 위한 유럽연합의 안건). 유럽연합사법법원은 2017. 12. 20. 'UberPop이 정보사회서비스 업체가 아니라 교통서비스 업체라'고 판시하였다. 특히 법원은 플랫폼에 제공한 서비스가 '디지털 앱을 통하여 비직업 운전자와 사적 개인을 연계해 주

경우에 따라서는 서비스의 제공이 미미하여(혹은 어쩌다 한 번씩 제공되어) 피용인 지위가 무의 미할 수도 있다. 예를 들어 어떤 사람이 군집노동 플랫폼에 접속하여 한 달에 한 시간 가량 교정업무를 제공하였다면 그 사용자는 아마도 피용인이라고 할 수 없을 것이다. 또한 일주일에 세 번 카풀로서 리프트에 참여하는 자는 피용인이 아니다. 한두 번 사용하는 사용자에 대하여 과도한 법적 부담을 주는 것은 우리가 원하는 바가 아니다. 또한 진정으로 자원봉사를 하기 위하여 혹은 정당하게 비용을 절감하기 위한 목적으로 이웃이 혹은 자원봉사자가 서비스를 제공하는 것을 막고 싶지 않다. 비용을 절감하는 차원에서 이용하는 형태로서는 유럽의 도시 간 이동을 위하여 블라블라카를 이용하는 것을 들 수 있다. 우리는 불안정한 주문형 노동의 형태로서 전업고용과 경쟁하거나 이를 대체하는 것으로 보이는 플랫폼에 대한 우려를 더 크게 한다.[55]

결론

미국에서 제3의 범주를 도입하는 것은 긱경제에서 대두하는 문제들을 해결하는 데 적합하고 쉬운 해결책으로 보일 수도 있다. 하지만 그러한 일차적 반응은 다른 나라에서 제3의 범주를 실행한 역사와 그 내용을 살펴보면 주저함으로 바뀌게 된다. 이 글에서 우리는 확실한 전략을 추출하고 문제점을 피해나갈 희망으로 다른 나라의 경험을 살펴보았다.

이탈리아에서는 제3의 범주를 채택하게 되자 사업자들이 분류체계를 유리하게 이용하여 피용인들을 준종속적 범주의 저하된 지위(이는 합당한 지위가 아니다)로 밀어넣는 행태가 만연하였다. 스페인에서는 제3의 범주에 해당되기 위한 요건이 너무 엄격하여 제3의 범주는 극소수의 노동자에게만 적용되었다. 이러한 관점에서 비추어 보면 제3의 범주에 대한 실험이 처음에는 쉽고 확실한 것으로 보일지 몰라도 결국엔 오히려 위험한 실험이었던 것으로 파악된다.

분류체계의 악용과 일부 노동자가 실제로는 권리를 박탈당하는 결과를 감수하는 것보다는 원칙적으로 긱노동자들이 고용상 지위에 있다고 보는 것이 타당하다. 물론 많은 노동을 제공하지 않은 경우이거나(진정한 아마추어의 경우), 이타적 목적으로 자원봉사활동을 하는 경우(진정한 공유활동)에는 피난처 조항에 따른 예외를 적용하여야 한다. 중간적 범주가 있어야 한다면, 캐나다의 '의존적 계약자'처럼 고용관계의 범위를 확대하는 형태가 긱노동자의 욕구를 최대한 충족시키는 것

는 연결활동'에 불과한 것이 아니라 그 이상의 것이라는 견해를 취하였다. 실제로 중개서비스 제공자는 그와 동시에 도시의 교통서비스를 조직하고 제공하였다. C-434/15 Asociación Profesional Elite Taxi v. Uber Systems Spain (2014) ECLI:EU:C:2017:981에서 법원은 다음과 같이 판시하였다. "우버는 그 이름을 딴 앱을 통하여 적어도 운임의 상한을 책정하고, 고객으로부터 운임을 받은 후 일부를 비직업적 운전자에게 지급하며, 차량·운전자 및 그 행동의 품질에 대한 일정한 통제권을 행사한다(경우에 따라 운전자를 퇴출시킬 수도 있다)."

55 Janine Berg, Uber, Income Security in the On-Demand Economy: Findings and Policy Lessons from a Survey of Crowdworkers(우버와 주문형 경제에서의 수입안정성: 군집노동의 조사에서 발견한 사실 및 정책적 교훈), 37 Comp. Lab. L. & Pol'y J. 543 (2016). http://papers.ssrn.com/sol3/papers.cfm?abstract_id=2740940.

이 될 것이다. 우리가 생각하는 것이 긱노동자이건, 파편화된 작업세계의 노동자이건, 하청노동관계이건, 다른 비정규직 혹은 임시적 노동관계이건 상관없이 우선 피용인으로 분류하고 고용개념을 확대하는 것은 바람직한 방향이다.

24

더 공정한 공유경제의 두 가지 모델

마크 그레이엄, 모하마드 아미르 안와르

서언

세계적으로 매일 수백만의 노동자들이 소위 '공유경제'에 합류하여 다양한 작업을 수행한다. 이런 작업의 대부분은 플랫폼에 의하여 디지털적으로 중개되는데, 플랫폼은 인터넷에 기반하여 물품과 서비스의 매도인과 매수인을 연결하여 준다. 그런데 최근 연구에 따르면, 공유경제에서의 작업에는 많은 위험이 있음이 드러나고 있다.[1] 그러한 많은 작업들이 임시계약직·길고 불규칙적인 노동시간·저임금을 특징으로 하고, 자주 규제 밖에 놓여 있다. 업무가 고도로 상업화되어 있고, 이러한 업무에 관하여 세계적으로 시장이 형성되어 있기 때문에 많은 노동자들이 협상력도 거의 없는 대체가능한 존재가 되었다고 느끼고 있다.[2] 노동자들이 서로 경쟁을 하게 되어 임금이 내려가게 된다. 그리하여 자신이 소재한 국가의 최저임금보다 적게 벌게 될 것이다. 이러한 작업의 상당수가 소규모 작업이다 보니, 고객이 노동자에게 고용상 복지급여를 주도록 하는 공식적·법적 요건이 부과되지 않는다. 즉 많은 공유경제의 노동 관행상 다양한 형태의 불안정성이 존재하게 되고, 통상 노동자들은 표준적 노동시장에서보다는 협상력을 작게 가지게 된다. 이러한 위험은 저임금·중임금 국가에서 훨씬 두드러지는데, 우리는 이러한 국가들에 대한 연구를 진행하였다.

우리는 이 글에서 공유경제가 노동 관행을 세계적으로 더 공정하게 만듦으로써 경제개발에 기여할 수 있는 방법을 논의하고자 한다. 우리는 먼저 공유경제의 노동 관행에 대한 파악을 새로이 할 필요가 있다고 본다. 어떤 경우에는 플랫폼이 사용자로 간주될 수도 있다는 것을 의미한다(그렇게 되면 노동자는 자기고용이 아닌 피용인으로 취급될 것이다). 두 번째로 공유경제의 가치 사슬에서 중요한 노드(즉 영향력과 통제력이 강한 연결점)가 어떤 것인지를 더 잘 이해하게 되면, 더 많은 가치가 노동자를 위하여, 그리고 노동자에 의하여 포착되도록 노동 측의 혁신과 관여를 위한 전략을 수립할 수 있을 것이다. 이 글에서는 협동적 작업의 두 가지 모델을 소개하고 검토할 것인데, 공유경제가 전 세계 노동자들에게 더 공정해지도록 두 모델은 서로 연계되어 작동할 수 있을 것이다.

---

1 T. Scholz, Platform Cooperativism: Challenging the Corporate Sharing Economy(플랫폼 협동조합주의: 회사형 공유경제에 도전하기) (2016); T. Slee, What's Yours Is Mine: Against the Sharing Economy(당신의 것은 나의 것: 공유경제에 대한 반론) (2016).

2 M. Graham, I. Hjorth, and V. Lehdonvirta, Digital Labour and Development: Impacts of Global Digital Labour Platforms and the Gig Economy on Worker Livelihoods(디지털 노동과 개발: 세계적 디지털 노동 플랫폼과 긱경제가 노동자의 생계에 미치는 영향), 23 Transf. Eur. Rev. Labour Res. 135-62 (2017), doi:10.1177/1024258916687250.

첫 번째 것은 플랫폼 협동조합이다. 노동자 협동조합은 경제의 여러 영역에서 실시된 바 있는 데, 특히 농업에서는 농부가 약탈적 자본주의의 위험을 일부나마 극복하는 데에 도움을 줄 수 있다. 약탈적 자본주의적 위험으로는 고리대, 고가의 농업기계·종자와 비료, 불규칙적인 농장 노동, 저임금을 들 수 있다. 공유경제 관행에 동일한 원리를 적용하게 되면 노동자에게 노동에 대한 통제권을 더 줄 수 있을 것이다. 이러한 플랫폼은 권력의 집중을 막아 담당자의 권력 남용도 막을 수 있다. 사기업 혹은 주주가 아닌 노동자가 플랫폼을 운영하고 관리할 수 있는데, 그렇게 되면 노동자에게 더 많은 권한을 주고 노동을 조직하는 데에 대한 통제권을 주게 될 것이다. 두 번째로 공유경제에서의 노동 관행을 감독하기 위하여 '공정노동협회'를 만들 필요가 있다. 이 아이디어는 1차 산업 생산에서 일어난 '공정무역' 운동에서 영감을 얻은 것이다. 우리의 제안은 '디지털 경제의 가치 사슬에서 경제적 투명성을 제고하여, 사용자/플랫폼이 일정한 공정노동 관행을 준수하도록 하고, 가치 사슬의 모든 단계에서 공정노동 관행을 명백히 준수하는 사용자에 대한 인증절차를 두자는 것'이다. 이렇게 하면 윤리적 노동 관행이 유도되고, 공유경제에 참여하는 노동자들의 위험을 줄이게 될 것이라고 생각한다. 이 글에서 제기하는 아이디어가 이해당사자 사이에서 폭넓은 논의를 불러일으켜서 장차 더 공정한 노동 세상으로 향하는 운동을 촉진할 것을 희망한다.

I. 공유경제란 무엇인가?

휴대폰, 컴퓨터, 노트북, 인터넷, 스마트폰 등을 통하여 정보통신기술이 널리 퍼지면서 나타난 현재의 광범위한 경제현상을 지칭하기 위하여 '공유경제'라는 용어가 사용되어 왔다. 이와 같은 새로운 현상을 기술하기 위해 사용되는 유사한 용어로서는 협업경제, P2P경제, 접근권경제, 주문형경제, 온라인 아웃소싱, 긱경제 등이 있다.[3] 공유경제라는 용어는 다양한 관점에서 비판을 받아왔고 다양한 의미를 내포하는 경향도 있는데, 지속가능 경제를 의미하기도 하고, 심지어 신자유주의의 형태(특히 노동의 임시직화를 의미하는 경우)를 의미하기도 한다.[4] 우리는 들뢰즈, 가타리와 데

---

3 See G.M. Eckhardt and F. Bardhi, The Sharing Economy Isn't about Sharing at All(공유경제는 결코 공유에 대한 것이 아니다), Harv. Bus. Rev. (2015), https://hbr.org/2015/01/the-sharing-economy-isnt-about-sharing-at-all; J. Hamari, M. Sjoklint, and A. Ukkonen, The Sharing Economy: Why People Participate in Collaborative Consumption(공유경제: 왜 사람들은 협업적 소비에 참여하는가), 67 J. Assoc. Inf. Sci. Technol. 2047-59 (2016), doi:10.1002/asi.23552; Scholz, supra note 1; J. Schor, Debating the Sharing Economy(공유경제에 대한 논의), 4 J. Self-Gov. Manag. Econ. 7-22 92016); A. Taeihagh, Crowdsourcing, Sharing Economies and Development(군중기반작업, 공유경제 및 개발), 33 J. Dev. Soc. 191-222 92017), doi:10.1177/0169796X17710072; N. van Doorn, Platform Labor: On the Gendered and Racialized Exploitation of Low-Income Service Work in the "On-Demand" Economy(플랫폼 노동: 주문형 경제에서의 저임금 서비스 노동에 대한 성적/인종적 착취), 20 Inf. Commun. Soc. 898-914 92017); doi:10.1080/1369118X.2017.1294194. 대중매체와 학계에서 공유경제라는 용어와 다른 용어를 번갈아 사용하는 것이 통상의 관행이다. 우리는 이글에서 인터넷 플랫폼을 통하여 이루어지는 현대의 새로운 경제활동들을 묶어서 공유경제라고 지칭한다. 다른 용어를 사용하는 경우에는 그 용어가 사용된 작업과 관점을 강조하기 위하여서이다.

4 C. J. Martin, The Sharing Economy: A Pathway to Sustainability or a Nightmarish Form of Neoliberal Capitalism?(공유경제: 지속가능성으로 가는 길인가, 신자유주의 자본주의의 악몽적 형태인가?) 121 Ecol. Econ. 149-59 (2016), doi:10.1016/j.ecolecon.2015.11.027.

란다가 한 것처럼 다종다양한 부분(예를 들면, 다양한 경제적 현상과 정부·비정부 행위자 등)의 집합체로서, 그리고 전체가 기능하도록 하는 각 부분의 상호작용으로서 공유경제 개념을 활용하려고 한다.[5] 각 구성요소들은 집합체 밖에 존재하면서, 자율적이면서도 자리잡은 지역에서 독특한 특성을 취할 수도 있는데 이로써 집합체가 더욱 역동적이 될 수 있다.[6] 이렇게 하면 우리는 공유경제를 다수의 경제현상과 행위자들의 전 지구적 집합체로서 생각할 수도 있고, 더 큰 지구적 정보 경제(여기에는 정보 기술 하드웨어의 제조, 소프트웨어의 생산, 아웃소싱, 금융 서비스 등이 포함된다)의 하위 단위로 이해할 수도 있다. 따라서 우리의 이해에 의하면 공유경제에는 플랫폼을 개발하여 운영하는 주요 플랫폼 기업인 우버, 에어비앤비, 업워크, 아마존 미캐니컬 터크 등이 포함된다. 또한 이에는 정보의 흐름을 통제하는 능력과 소프트웨어/하드웨어의 공급을 통하여 플랫폼 기업에 기술적 지원을 제공하는 거대 기술기업인 구글, 애플, 삼성, 마이크로소프트, 페이스북 등이 포함된다.[7] 우리는 인터넷 및 금융서비스 제공자도 포함시키는데, 이들은 플랫폼 기업이 성공적으로 작동하고 서비스를 여러 지역에서 제공할 수 있게 해줌으로써 공유경제 기업이 전 세계에 네트워크를 확장하게 해준다.[8]

더구나 공유경제는 다수의 하위 집합체로 구성되어 있기도 한데, 이러한 하위 집합체는 새로이 나타나는 다양한 경제현상(임대차, 운송, 긱노동 등)으로 구성된다. 몇 개의 두드러진 예를 들자면, 주택임대차로서는 에어비앤비, 루모라마(Roomorama)가 있고, 운송 및 택시 서비스로서는 우버, 릴레이라이즈, 리프트가 있으며, 청소 서비스로서는 태스크래빗, 핸디닷컴, Helping.co.uk가 있고, 디지털 긱노동으로서는 업워크, 아마존 미캐니컬 터크, Freelancer.com이 있다. 프라이스워터하우스쿠퍼스의 평가에 의하면, 5개의 주요 공유경제 활동(여행, 차량공유, 금융, 인력파견, 음악과 비디오 스트리밍)이 2014년에 세계에서 올린 수입은 150억 달러에 이르고,[9] 2025년까지는 약 3,350억 달러에 이를 것으로 보인다.[10] 우버의 기업가치는 700억 달러로 평가되었는데 이는 포드와 지엠보다도 많고, 스탠더드앤푸어스 지수에 포함된 500대 기업 80%의 시총평가액보다 많다.[11] 공유경

---

5 See G. Deleuze and F. Guattari, A Thousand Plateaus(천 개의 고원) (2004); M. Delanda, A New Philosophy of Society: Assemblage Theory and Social Complexity(신사회철학: 집합체이론 및 사회적 복잡성) (annotated ed., 2006). 공유경제에 관한 논의에서 정부의 역할을 빠뜨리는 것은 주로 이러한 현상의 비규제적 성질 때문이다. 우리는 공유경제를 노동자에게 더 공정하게 만드는 데에 정부가 할 역할에 대하여 더 큰 주의를 기울이라고 요구하는 것이 더욱 필요하다고 주장한다.

6 Delanda, supra note 5.

7 이들 거대 기술기업은 정보 경제의 가치사슬에서 강력한 위치를 차지하고 있다. 그 수단은 지적재산권, 상품과 서비스에 대한 특허권, 정보흐름을 통제할 능력이다. 최근 연구에 의하면, 공유경제 기업은 정보에 대한 접근권을 이용하여 공유경제 참여자에게 불리한 방향으로 정보를 이용하고 있음이 드러나고 있다. See R. Calo and A. Rosenblat, The Taking Economy: Uber, Information, and Power(탈취경제: 우버, 정보 및 권력) (2017) (SSRN Scholarly Paper No. ID 2929643).

8 이러한 관련 행위자들은 상호의존적이다. 특이할 점은 공유경제의 대두로 모바일 결제 시스템이 성장하게 되었다는 것이다. WBS PayTech Conference: Mobile Payment Growth(WBS 지불기술 회의: 모바일 지불산업의 성장), Warwick Business School (5 Feb. 2016), www.wbs.ac.uknews/wbs-paytech-conference-mobile-payment-growth/.

9 Reuters, Uber's $70 Bln Value Accrues Mainly to Customers(우버의 시총액 700억 달러는 주로 고객들에게만 해당된다) (2016).

10 PricewaterhouseCoopers, The Sharing Economy(공유경제) (Aug. 15, 2014), http://pwc.blogs.com/press_room/2014/08/five-key-sharing-economy-sectors-could-generate-9-billion-of-uk-conference-mobile-payment-growth/.

11 C. Meyers, Decoding Uber's Proposed $50B Valuation (and What It Means for You)(우버의 500억 달러 시총 평가에 대한 해부 및 그것이 당신에게 주는 의미), Forbes (May 13, 2015), www.forbes.com/sites/chrismyers/2015/04/13/

제 활동이 급속하게 성장하였다는 징표의 다른 하나는 대략 4,800만 명이 여러 디지털 긱노동 플랫폼(대표적으로 Freelancer.com, 업워크, Zhubajie/Witmark, 구루, 피플퍼아워, 크라우드플라워, 아마존 미캐니컬 터크 등)에 등록되어 있다는 점이다.[12] 전 세계의 노동자들이 점점 더 여러 형태의 디지털 노동을 찾고 있는데, 이러한 디지털 노동에는 가상시스템을 통한 업무보조, 저술작업, 녹취록과 번역, 프로그래밍, 그래픽 디자인, 교정과 편집, 자료 입력 등이 있다. 우리는 현재 노동자의 이동이 없이 일어나는 '노동의 대량이동'을 경험하고 있는 것이다.[13]

정보통신기술과 데이터가 널리 보급되어 이것이 가능하게 되었다. 실리콘 밸리의 기술기업인 우버와 에어비앤비는 스마트폰에 다운로드받을 수 있는 앱을 개발하였고, 앱을 통하여 대여자(자산을 공유하거나 임대하려는 자)와 매수인/사용자(자산을 이용하려는 자)는 지리적 위치가 다름에도 불구하고 서로 연결된다. 결과적으로 물품과 서비스의 제공자와 고객을 직접 연결시킴으로써 전혀 사용되지 않거나 저수준으로 사용되던 자산의 가치를 열게 된다. 옹호자들은 주장하기를, 이러한 모델의 근본 원리는 중개자를 제거하여 물품과 서비스 제공의 비용을 감소시키는 것이라고 한다.[14] 그러나 우리가 이 글에서 보겠지만 공유경제에서는 새로운 중개자가 나타나게 된다.

우리가 여기에서 강조하고 싶은 것은 '위에서 본 많은 활동들이 근본적으로 다른 경제 활동이 아니라는 점'과 '그들의 제공 메커니즘이 대체로 동일하다는 것, 즉 물품과 서비스가 플랫폼을 통하여 인터넷에서 제공되는 것도 인간 노동의 도움이 있어야 한다는 점'이다. 따라서 우리가 논의의 목표로 삼는 것은 특정한 일련의 경제활동이 아니라, 공유경제에서 실제 인간 노동이 갖는 형태와 절차이다. 이러한 활동을 관통하는 인간 노동의 특징은 그러한 노동의 대부분이 다양하고 소규모이고 미세한 작업 혹은 여유활동(gigs)으로서 전 세계에 분산되어 있는 노동자들이 함께 완성시킨다는 점이다. 인터넷과 휴대폰의 급속한 침투로 인하여 전 세계의 인터넷 이용자가 급속하게 증가하였는데, 특히 OECD 외의 국가에서 그러하였다. 오늘날 인터넷 인구의 3/4 이상이 유럽연합과 북미대륙 이외의 지역에 살고 있는데 이 추세는 계속될 것으로 보인다.[15] 그러므로 앞으로 몇 년간 저임금 국가와 중임금 국가 국민들 중 공유경제에 합류하는 숫자가 크게 늘어날 것이다.[16] 우리가

decoding-ubers-50-billion-valuation-and-what-it-means-for-you)/.

12 World Bank, The Global Opportunity in Online Outsourcing(전 지구적으로 펼쳐지는 온라인 아웃소싱의 기회) (2015).

13 G. Standing, The Corruption of Capitalism: Why Rentiers Thrive and Work Does Not Pay(자본주의의 타락: 왜 불로소득자는 번영하고 노동은 돈이 되지 못하는가) (2016). cf. M. Graham and M. A. Anwar, Digital Labour(디지털 노동), in Digital Geographies (J. Ash, R Kitchin, and A. Leszczynski eds., forthcoming, 2018).

14 O. C. Ferrell, L. Ferrell, and K. Huggins, Seismic Shifts in the Sharing Economy: Shaking Up Marketing Channels and Supply Chains(공유경제의 지각변동: 시장의 경로와 공급 사슬의 교란), 24 J. Mark. Channels 3-12 (2017), doi:10.1080/1046669X.2017.1346973.

15 Data available from World Internet Stats. Internet World Stats, www.internetworldstats.com/stats.htm.

16 See T. R. Dillahunt and A. R. Malone, The Promise of the Sharing Economy Among Disadvantaged Communities (경제적으로 어려운 지역에 대한 공유경제의 약속). Presented at the 33rd Annual CHI Conference on Human Factors in Computing Systems, CHI 2015, Association for Computing Machinery (2015), doi:10.1145/2702123.2702189; B. Dreyer, F. Lüdeke-Freund, R. Hamann, and K. Faccer, Upsides and Downsides of the Sharing Economy: Collaborative Consumption Business Models' Stakeholder Value Impacts and Their Relationship to Context(공유경제의 장점과 단점: 협업적 소비 사업모델이 이해관계자의 가치에 미치는 영향 및 협업적 소비와 그 배경 사이의 관계). Technol. Forecast. Soc. Change (2017), doi:10.1016/j.techfore.2017.03.036; A. Hira, Profile of the Sharing Economy in the

이 글에서 집중하는 부분은 저임금 · 중임금 국가의 노동과 관련된 공유경제활동이다. 저임금 · 중임금 국가에서 공유경제의 단점(경제적 착취와 외부효과)이 두드러지는 경향이 있다.

II. 공유경제 현상에서의 노동 관련 위험성

공유경제에 대한 기대가 매우 커서 어떤 사람들은 공유경제가 지속가능성으로 가는 새로운 길이 될 수 있을 것이라고 보았다. 그 이유는 공유경제가 자산을 소유하는 문화에서 자산을 공유하는 문화로 옮겨가게 해주기 때문이라는 것이다.[17] 예를 들면 우버와 같은 플랫폼은 차량을 소유하지 않은 채 돈을 내고 다른 사람의 차가 제공하는 승차 서비스를 이용할 수 있게 해준다. 실제로 공유경제는 경제적 · 사회적 이점을 주기도 하는데 이러한 이점으로는 사람의 일시적 고용, 수입 획득의 기회 제공, 사회적 교류, 방치된 자원의 활용 등을 들 수 있다. 하지만 공유경제에는 단점도 있다.[18]

우버와 에어비앤비와 같은 플랫폼이 소비자에게 싸고 효율적인 서비스를 제공하게 해주기도 하지만, 그들의 사업모델은 플랫폼을 통하여 공유되는 개인의 (사적) 자산으로부터 가치를 뽑아가는 데에 의존한다.[19] 예를 들어 우버는 운전자의 매 운행당 요금 중 25%를 가져간다. 이러한 형태의 모델에서 개인의 자산과 자원을 상업화하여 그 자산의 가치를 뽑아내는 새로운 추세가 나타난다.

공유경제의 부상은 주문형 노동의 증가를 가져오기도 하였다. 숄츠가 주장하듯이 공유경제의 개념이 본질적으로 공유에 관한 것이 아니라 실제로는 '주문형 서비스 경제'를 의미한다.[20] 누구라도 스마트폰과 인터넷이 있으면 택시를 부를 수 있고, 집 현관으로 음식을 배달시킬 수 있으며, 집에서 애를 돌볼 사람을 구할 수 있고, 매주 구매물품을 배달시킬 수 있다. 공유경제에 발을 들여놓는 노동자들은 그들의 작업이 플랫폼에 의하여 지시되는 것을 자주 보게 된다. 예를 들어 우버는 운전자 대신에 운행당 비용을 결정한다. 우버 운전자의 평점은 고객이 결정하는데, 고객은 차량의 냄새, 운전자의 운전 행태, 운전자의 수다스러움(혹은 과묵함)을 싫어할 수도 있다.

그렇다면 차량 운전자, 오토바이 배달원, 가상공간 업무보조원과 같은 신형 노동자에게 공유경제의 미래는 어떻게 다가올 것인가?

Developing World: Examples of Companies Trying to Change the World(개발도상지역에서의 공유경제의 모습: 세계를 변화시키려는 기업들의 사례). 33 J. Dev. Soc. 244-71 (2017), doi:10.1177/0169796X17710074; C. Liem, The Rise of the Sharing Economy in Indonesia(인도네시아에서의 공유경제의 부상) (2015).

17 H. Heinrichs, Sharing Economy: A Potential New Pathway to Sustainability(공유경제: 지속가능성으로 이어질 수 있는 새로운 길), 22 GAIA 228-31, 228 (2013).

18 A. Malhotra and M. V. Alstyne, The Dark Side of the Sharing Economy ... and How to Lighten It(공유경제의 어두운 면, 어떻게 경감할 것인가), 57 Commun. ACM 24-27 (2014).

19 공유경제에서 무료로 물품과 서비스를 교환하는 경우도 있는데, 예를 들어 프리사이클 (www.freecycle.org)에서는 무료로 재화를 나누어 주고, 무료 온라인 백과사전인 위키피디아에서는 지식과 정보를 만들어서 무료로 공유한다.

20 Scholz, supra note 1.

현대 세계자본주의의 주요 문제는 노동이 노동조건에 대한 상시 위협에 직면하고 있고 상품으로서 취급되고 있다는 점인데, 이러한 현상은 마르크스 시대부터 문서화되어 왔다. 세계적으로 수백만의 사람들이 공유경제 플랫폼에서 같은 업무를 두고 경쟁하기 때문에, 일련의 노동조건이 추가로 악화될 가능성이 높다. 예를 들어 최대의 온라인 노동 플랫폼인 업워크에서는 노동자들이 이력서 편집과 같은 소규모 작업을 두고 전 세계에서 공급되는 자유노동자들을 상대로 입찰 절차에서 경쟁을 한다. 고객이 플랫폼에 작업을 올리면 노동자들은 계약을 따기 위하여 더 싼 가격 혹은 더 좋은 서비스를 제안하는 방식으로 상호 경쟁한다. 노동자와 고객/고용자가 서로 비대면 관계를 형성하게 되면 작업의 감시와 통제가 어려워진다. 그러므로 플랫폼 회사들은 사용자 기반의 평가시스템을 이용하여 품질관리, 효율적인 노동자와 고용자의 연결, 공급자와 이용자 사이의 신뢰 메커니즘 구축 등을 도모하게 된다. 노동자에 대한 이러한 평가와 평판 점수제는 고객/고용자에게 과도한 우월성을 부여한다. 그래서 평가시스템이 플랫폼에서 이루어지는 노동의 품질을 확보하기도 하지만, 이로 인하여 신규 노동자는 할 일을 못잡을 수도 있고 고객이나 고용자의 선택에 매달리는 경우가 많다. 긱노동자에 대한 우리의 연구 과정에서 우리는 첫 일감을 받기까지 수개월을 기다렸다는 노동자들을 만나기도 하였다.[21] 노동자가 일을 확보하기 위하여 극도로 낮은 임금을 수용하는 경우가 많았고, 장래에 온라인 노동을 잡는 데에 도움이 되는 높은 평점을 받기 위하여 무료로 일을 해주기도 하였다.[22]

여기에서 또 다른 문제점으로서 시장에서 노동을 사고파는 상품으로 취급하도록 온라인 노동 플랫폼이 설계되어 있다는 점이 있다. 디지털 긱노동은 자주 바이트 단위의 작업으로 쪼개져 있고 노동자는 손쉽게 대체될 수 있다.[23] 만약 노동력이 쉽게 사고팔 수 있는 상품으로 취급된다면, 온라인 시장의 수백만 노동자들은 일을 구하는 데 필사적이고 저임금도 수용하려고 하기 때문에 자신들에게 위험을 초래하게 된다.[24] 이로 인하여 임금에 하방압력이 가해지고 각 지역의 최저임금 혹은 생활임금은 덜 효과적이 된다. 왜냐하면 노동자들이 계약을 따기 위하여 전 세계에서 공급되는 노동을 상대로 경쟁해야 하기 때문이다.

---

21 M. Graham, S. Ojanpera, M. A. Anwar, and N. Friederici, Digital Connectivity and African Knowledge Economies(디지털 연결성과 아프리카의 지식경제), Questions de Communications, No. 32 (2017).

22 See, e.g., Graham et al., supra note 2. 우리는 동료들과 함께 디지털 노동에 대한 두 개의 프로젝트를 수행하였다 (Mark Graham, Microwork and Virtual Production Networks in Sub-Saharan Africa and Southeast Asia(사하라 이남 아프리카 및 동남아시아에서의 세분작업과 가상 생산 네트워크), Oxford Internet Institute, www.oii.ox.ac.uk/research/projects/microwork-and-virtual-production-networks/and Welcome to the Geonet Project(지오네트 프로젝트의 소개), Geonet, http://geonet.oii.ox.ac.uk/). 이러한 프로젝트는 아프리카 몇 개 국가(남아프리카, 케냐, 나이지리아, 가나 및 우간다)와 아시아 국가들(필리핀, 말레이시아, 베트남)에 집중하였다. 우리는 디지털 긱노동이 특히 노동의 관점에서 남반구의 개발에 미치는 영향에 관심을 두었다. 위 프로젝트에서 나온 두 개의 주요 논문으로 다음의 것들이 있다. Graham et al., supra note 2; and M. Graham, V. Lehdonvirta, A. Wood, H. Barnard, I. Hjorth, and D. Simon, The Risks and Rewards of Online Gig Work at the Global Margins(미개발지역에서의 온라인 긱노동의 위험과 보상)(2017). 우리는 긱노동을 지칭하는 여러 단어가 있음을 알고 있다. 위 노동이 주로 일시적인 노동인 긱으로서 플랫폼에 의하여 취급된다는 점을 포착하여, 우리는 이를 디지털 긱작업(digital gig work) 혹은 긱노동(gig labor)으로 부르고자 한다.

23 Graham et. al., supra note 2.

24 Id.

• 도해 24.1: 재중개의 형태와 수준에 관한 이해도

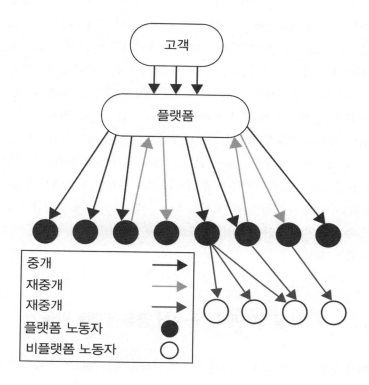

더구나 온라인 노동 플랫폼은 새로운 형태의 플랫폼 중개자를 가능하게 한다(도해 24.1 참조). 아프리카 국가에 대한 우리의 현지 조사와 아프리카 및 동남아시아에서 이루어진 이전의 협업적 연구결과를 진행하면서, 우리는 재중개의 증거를 발견하였다.[25] 점수가 비교적 높은 노동자들은 스스로 처리할 수 있는 것보다 플랫폼으로부터 많은 일을 제공받았다. 그들은 플랫폼을 이용하거나 혹은 다른 방법으로 일의 일부를 다른 사람에게 아웃소싱하는데, 아웃소싱에서는 비용의 일부만을 지급하고 대부분의 이익을 취한다. 유사하게 특히 몇몇 아프리카 국가의 자동차 대여 회사들은 우버 플랫폼에서 큰 이익을 보고 있다. 예를 들어 가나에서는 대형 자동차 대여 및 운송 회사가 많은 보유 차량을 우버에 등록해 두었다. 그런 다음 이러한 차량들은 우버 운전을 하려는 자에게 대여되는데, 우버 결제 계좌는 대여 회사가 관리한다. 이것이 가능하게 된 이유는 많은 운전자들에게 차량이 없고, 그들에게는 어떤 형태라도 임금노동이 꼭 필요하기 때문이다. 운전자들은 일간/주간으로 수입의 일정액을 지불한다(2017년 4-6월, 아크라에서의 현지 관찰 결과). 차량 대여 회

25 Graham et al., supra note 2; V. Lehdonvirta, I. Hjorth, M. Graham, and H. Barnard, Online Labour Markets and the Persistence of Personal Networks: Evidence From Workers in Southeast Asia(온라인 노동 시장 및 인간 네트워크의 지속성: 동남아시아 노동자로부터 얻은 증거), in The Changing Nature of Work in the Twenty-First Century. Presented at the American Sociological Association Annual Meeting 2015, Chicago (2015).

사가 우버의 가치 사슬에서 이러한 재중개를 하게 됨으로써 운전자가 받게 되는 가치의 액수가 더 줄어들고, 이미 가난하고 궁지에 처한 운전자/노동자의 생활과 생계에 악영향을 미친다. 예를 들어 우리가 조사한 많은 운전자들이 '자동차 임차료를 내기에 급급하고 하루 목표량을 채우기 위해서 극도로 장시간 노동을 해야 한다'고 말하였다. 우리가 조사한 라고스의 노동자들은 주말에도 집에 가지 못하고 차에서 자면서 고객을 집으로 모셔다 주는 시간을 최대한으로 확보하였다.

이러한 시나리오에서 공유경제 노동자들이 공정하게 취급받고, 생활임금을 벌고, 노동 활동에 대한 통제력을 더 갖게 하도록 하기 위하여 우리는 어떤 전략을 필요로 하는가? 우리가 연구를 진행한 저임금 지역의 공유경제가 주 연구대상이지만, 세계적으로 지역과 상관없이 공유경제의 노동은 생존 및 노동조건에 대한 위협을 점점 더 받고 있다는 점을 지적하는 것은 중요하다. 런던의 딜리버루 노동자와 나이로비의 우버 운전자는 서로 다른 사회경제적 환경에서 일하고 있지만, 그들은 동일하게 극도의 노동 압력, 열악한 노동 시간 및 극도의 저임금을 경험하고 있다. 그래서 아래에서 하는 논의와 제안은 저임금·중임금 국가에서뿐만 아니라 전 세계의 공유경제 노동에 해당되는 말들이다.

Ⅲ. 노동자에게 더 공정한 공유경제를 만들기

공유경제에서 노동자 권리 문제를 해결하는 첫 번째 단계는 공유경제에 관한 논의에서 사용되는 개념의 재구성에 대하여 생각해 보는 것이다. 우리는 플랫폼 회사를 단순히 기술기업으로 생각하지 말고, 수송회사, 미디어 기업, 배달기업으로 생각하여야 한다. 예를 들어 우버 운전자는 자주 노동자가 아닌 자기고용의 사업가로 분류된다. 최근 영국에서 노동법원이 '우버 운전자는 자기고용된 것이 아니고 국가 생활임금 적용 대상이다'라고 판시함으로써 플랫폼 회사와 다른 대기업의 고용 관행에 대한 추가적 심사의 길을 열었다.[26]

공유경제의 노동을 이렇게 재구성하게 되면 노동자 사이에 집단적 정체감을 형성하고 사회운동에 동력을 제공할 가능성이 생기고,[27] 결국 여러 사회 집단의 복리수준을 정하는 데에 중요한 열쇠가 된다.[28] 여기에서 노동조합은 중요한 역할을 수행하는데, 노동자를 동원하고(노동을 조

---

26 H. Osborne, Uber Loses Right to Classify UK Drivers as Self-Employed(우버가 영국 운전자를 자기고용으로 분류하는 권리를 상실하다), The Guardian, Oct 28, 2016. R. Davies. Uber loses appeal in UK employment rights case(우버가 영국 노동권 사건의 항소심에서 패소하다), The Guardian, Nov 10, 2017.

27 27 U. Huws and S. Dahlmann, New Forms of Work: New Occupational Identities(새로운 형태의 노동: 새로운 직업적 정체성), in Interrogating New Economy: Restructuring Work in 21st Century 65-92 (2010); F. Polletta and J. M. Jasper, Collective Identity and Social Movements(집단 정체성과 사회 운동), 27 Annu. Rev. Sociol. 283-305 (2001), doi:10.1146/annurev.soc.27.1.283; H. Tajfel and J. Turner, The Social Identity Theory of Intergroup Behaviour(집단내 행동에 대한 사회적 정체성 이론), in Psychology of Intergroup Relations 7-24 (S. Worchel and W. Austin eds., 1986).

28 M. Bryan and A. Nandi, Working Hours, Work Identity and Subjective Wellbeing(노동시간, 노동정체성 및 주관적 복리) (2015) J. F. Dovidio, S. Gaertner, A. R. Pearson, and B. M. Riek, Social Identities and Social Context: Social Attitudes and Personal Well-Being(사회적 정체성과 사회적 배경: 사회적 태도와 개인적 복리), in Social Identification

직화하는 데에 소셜 미디어는 유용한 도구가 될 수 있다), 계급의식과 집단 정체성을 달성하는 데에 도움을 주고, 공유경제 노동 관행의 위험성을 부각시킬 수 있다. 그다음으로는 이러한 회사들에 고용된 노동자들 사이에서 더 나은 노동조건을 확보하기 위한 협업, 협동, 집단적 교섭이 이루어질 가능성이 증가한다.[29]

두 번째로 우리는 공유경제 가치 사슬에서 가치가 창출되고 포착되는 중요한 연결점으로서 노동자가 교란시킬 수 있는 노드를 이해할 필요가 있다. 예를 들어 플랫폼 회사들은 플랫폼을 운영하기 위하여 빅데이터와 알고리즘과 같은 기술을 효과적으로 이용한다. 앱이나 인터넷 기반의 플랫폼이 없으면 우버는 운전자와 탑승자를 연결시키고 통상의 택시 운전자에 대하여 경쟁력을 유지할 수 없을 것이다. 노동자는 플랫폼을 소유하거나 통제하지 않기 때문에 규제 메커니즘과 플랫폼 정책(가격, 평가, 피드백, 감시수단 등)에 종속됨으로써, 노동자들은 아무런 힘을 쓰지 못하게 된다. 이러한 메커니즘이 노동/서비스의 품질을 보장하여 사용자에게 혜택을 주는 것이 맞기는 하지만, 일반 노동자들에게는 족쇄가 되기도 한다. 그래서 공유경제가 사용자와 노동자에게 공히 혜택을 주는 방법을 생각해 보는 것이 중요한 문제이다. 한 방법으로서 노동자가 가치를 포착하는 플랫폼에 대한 통제권을 더 갖고 플랫폼의 지배구조에 대한 발언권을 더 갖는 방법이 있다.

공유경제가 강력한 사회경제적 현상이라는 점에는 의문이 없지만, 플랫폼의 소유와 지배구조가 좀더 민주화되어 플랫폼이 노동자의 삶과 생계에 진정하고 의미 있는 영향을 미치도록 하여야 한다.[30] 우리는 여기에서 공유경제를 노동자에게 더 공정하게 만들 두 가지 견해를 보여주고자 한다.

A. 더 공정한 공유경제를 위한 협동조합

오랫동안 협동조합이 경제개발에서 한 역할에 대하여 인정을 받아 왔는데,[31] 주로 차, 커피, 코코와와 같은 1차 산업 영역에서 큰 성공을 거두어 왔다. 협동조합은 회원들이 소유하고 운영하므

---

in Groups, Advances in Group Processes 231-60 (2005), doi:10.1016/S0882-6145(05)22009-X; S. A. Haslam, J. Jetten, T. Postmes, and C. Haslam, Social Identity, Health and Well-Being: An Emerging Agenda for Applied Psychology(사회적 정체성, 보건과 복리: 응용심리학의 새로운 의제), 58 Appl. Psychol. 1-23 (2009), doi:10.1111/j.1464/0597.2008.00379.x.

29 워싱턴주 시애틀 시의회는 2015년 우버와 리프트 운전자가 노동조합을 조직하여 더 나은 임금과 노동권을 추구할 수 있다고 의결하였다. 그러나 그 조례는 미국 상공회의소의 소송 제기로 집행이 보류되었다. Law Allowing Uber and Lyft Drivers to Unionize Temporarily Halted in Seattle(시애틀에서 우버와 리프트 운전자에 노조를 조직하게 해주는 법률의 집행이 일시 정지되다), The Guardian, Apr. 4, 2017, www.theguardian.com/technology/2017/apr/04/uber-lift-ride-sharing-union-law-seattle-judge; and www.bna.com/seattlelaw-allowing-n73014463849/.

30 Shor, supra note 3.

31 국제노동기구와 식량농업기구와 같은 유명 국제기관들이 협동조합을 지지한다. See FAO, Agricultural Cooperatives are Key to Reducing Hunger and Poverty(농업협동조합은 기아와 가난을 제거하는 데 열쇠가 된다)(Oct 31, 2011), www.fao.org/news/story/en/item/93816/icode/; ILO, 2011. Cooperatives for People-Centred Rural Development(인간중심의 농촌 개발을 위한 협동조합), Policy Brief, International Labour Organisation, Geneva; ILO, Cooperatives and the Sustainable Development Goals: A Contribution to the Post-2015 Development Debate(협동조합과 지속가능한 개발목표: 2015년 이후 개발 논의에 대한 기고문) (2015).

로, 회원들은 사업의 운영에 참여할 기회를 갖게 된다.[32] 협동조합과 사적 소유 기업의 주요 차이점은 지분권이다. 사적 법인체에서는 투표권이 개인이 지배하는 지분의 숫자로 결정되는 데에 비하여, 권리가 회원들 사이에서 동등하게 보유되는 조합체는 더 민주적이라고 할 수 있다. 조합체에서는 한 개인 혹은 집단이 권한을 집중할 수 없으므로 민주적이라고 할 수 있다.[33]

이러한 생각은 '플랫폼 협동조합주의 컨소시엄'이라는 급격한 운동으로 발전하였는데,[34] 위 컨소시엄은 지속가능한 플랫폼 협동체를 만드는 노력을 촉진하기 위한 국제적 네트워크이다. 플랫폼 협동조합은 회원이 소유하는 플랫폼 혹은 조직으로서 기존의 회사형 플랫폼과 유사한 방식으로 물품과 서비스의 교환을 촉진하는 것이라고 정의할 수 있는데, 다만 이들은 가치를 추출해 가는 회사형 모델이 아니고 탈중앙화된 지배구조, 데이터의 공개, 정보 및 자료 공동체의 개발을 선호하는 모델이다.[35] 플랫폼 협동조합의 중심에는 세 개의 원리가 있다. 공동체적 소유, 민주적 지배구조, 투명한 데이터이다. 플랫폼 자본주의의 시대에 가치를 뽑아가버리는 공유경제의 대안으로서 탈중앙화되고 민주적인 것이 필요하다는 생각이 근저에 있다. 그러므로 플랫폼 협동조합은 우버, 에어비앤비와 유사하기는 하지만 사회적 소유와 운영이 가능한 플랫폼을 만들어야 하고, 소수가 아닌 모두에게 혜택을 주도록 혁신과 효율성의 개념을 재구성하여야 한다.[36] 그러한 플랫폼은 권력의 집중도 막고 운영자의 전횡도 막을 것이다. 대신에 플랫폼은 노동자에 의하여 운영되고 관리될 것이다. 이렇게 되면 노동자들은 자신들의 이익을 위하여 어떤 방식으로 플랫폼을 사용할 것인가에 대한 권한과 통제권을 더 갖게 될 것이다. 만약 노동자들이 동일한 기술, 데이터 및 알고리즘을 이용하여 자신들의 앱을 구성하고 개발하고 창조하여 관리한다면, 노동자들이 공정한 노동조건을 유지할 가능성이 커질 것이다. 오늘날 이러한 운동이 점점 커지고 있고, 협동조합 플랫폼이 늘어나고 있는데 이러한 플랫폼의 유형을 몇 개 들자면, 대체적 금융 모델, 간호사·마사지 치료사·청소원의 중개업체, 협동조합이 소유한 온라인 시장, 환자의 데이터 보호 플랫폼 등이 있다.[37]

주주가 아닌 노동자가 지분을 갖도록 하는 여러 플랫폼 협동조합이 여러 분야에서 나타났다. 그러한 플랫폼 협동조합은 현대의 기술 및 사회경제적 시스템에 대한 거대기업의 통제를 교란하려는 목적을 갖고 있다. 예를 들면 운전자들이 택시 앱을 만들어서 관리하고 운영하기도 하는데 이들은 회사를 소유하면서 수익을 나눠 갖는다. 이탈리아 볼로냐에는 Cotabo가, 텍사스에는 ATX

---

32 국제협동조합연맹은 협동조합을 '공동으로 소유하고 민주적으로 지배하는 사업체를 통하여 공통의 경제적, 사회적, 문화적 필요와 열망을 추구하기 위하여 자발적으로 조직된 자율적 모임'이라고 정의한다.

33 T. Mazzarol, Co-operative Enterprise: A Discussion Paper and Literature Review(협동조합 기업: 토론문 및 문헌검토 보고서) (2009), www.cemi.com.au/sites/all/publications/0901-COOPS-WA-LIT-REVIEW.pdf.

34 플랫폼 협동조합주의 컨소시엄은 연구, 최고 사례의 문서화, 자금지원의 조정 등을 통하여 디지털/플랫폼 협동조합주의를 지원하고 있다. 위 컨소시엄은 국제적 네트워크인데, 지속가능한 협동조합을 만드는 노력에 기여하는 것을 목표로 하고 있다.

35 O. Silvester-Bradley, Introducing Open 2017 – What Are Platform Co-Ops?(오픈 2017의 소개– 플랫폼 조합이란 무엇인가?) openDemocracy (2016), www.opendemocracy.net/open2017/introducing-open-2017-platform-co-ops.

36 Sholz, supra note 1.

37 Platform Co-op, https://platform.coop/about.

Co-op이, 콜로라도에는 Green Taxi Cooperative가, 미시간에는 The People's Ride가, 캘리포니아에는 Yellow Cab Cooperative가 각 있다. 다른 유사한 활동으로서는 사진가들이 소유하고 관리하는 사진저장 웹사이트인 Stocksy가 있고, 자유활동 치료사, 돌보미, 청소원들이 만들어서 그 수익의 100%를 가져가는 플랫폼인 Loconomics가 있다.[38]

택시 운송, 음식물 배달과 같은 공유경제 활동에서는 플랫폼 협동조합이 큰 가능성을 갖고 있다. 이와 같은 노동 활동은 먼 지역 혹은 다른 나라에 아웃소싱을 하기 어렵고 해당 지역에 한정되는 속성을 갖는다. 왜냐하면 이들 노동은 택시 운송과 같이 본질적으로 해당 지역에서 제공될 수밖에 없는 지역점착성(stickiness)을 갖고 있기 때문이다. 공유경제의 많은 부분이 디지털 기술에 의하여 중개되고, 그 기술은 해당 사회를 반영하여 구성되고 사회에 뿌리를 내리므로,[39] 공유경제의 그러한 기술 형태가 앱이건 플랫폼이건 간에 각 지역의 상황을 반영하여 고안되는 것이 중요하다. 로스앤젤레스, 뉴욕, 런던에서 고안되어 사용되는 택시 앱이 해당 지역의 운전자에게는 큰 적용력을 가지고 있으나, 라고스나 케냐와 같은 다른 지역에서도 그 앱이 반드시 적합하다고는 볼 수 없다. 이들 각 지역의 운전자들은 해당 지역과 활동 영역을 더 잘 안다고 할 수 있다. 즉 그들은 도시의 어느 지역을 피하여야 하는지, 교통이 혼잡한 시간, 지역에서 일어난 사고 등을 쉽게 알 수 있다. 그러므로 그들이 협업하고 소통하고 정보를 공유함으로써 특정 지역과 거주민에게 맞는 구조로 플랫폼과 앱을 개발할 수 있다. 이러한 지역점착적 업무에서는 구매자와 매도자가 지역적으로 근접하여 있으므로 지역의 관련 규제 법률을 적용하여 각 당사자를 보호하기가 용이하다.

공유경제에서는 일부 노동자가 일감을 많이 따서 재하청을 줄 수도 있는데, 플랫폼 협동조합은 이러한 재중개행위를 통제하는 데 도움이 될 수도 있다. 협동조합은 노동 시간을 제한하여 노동자들 사이에 일의 분배가 공정하게 이루어지도록 할 수도 있을 것이다. 예를 들어 한 노동자가 일주일에 일정한 시간의 노동만을 하게 할 수도 있다. 이러한 내용의 상세한 부분은 좀더 논의하여야 하겠지만, 공유경제가 제거하려고 하다가 오히려 재창조하고 있는 관행(재중개행위)을 억제하는 데에서 논의의 출발점으로 삼을 수 있다고 생각한다.

플랫폼 협동조합이 공유경제에서 권력을 노동자들에게 이전함으로써 노동자에 대한 위험을 감소시키는 중요한 수단이 될 수는 있겠지만, 이 운동은 여전히 초기 단계에 있고, 인지도, 자금조달, 활동의 규제, 지식의 이전, 협업 등에서 많은 도전 과제를 안고 있다.[40] 하지만 공유경제의 플랫폼 협동조합을 보완할 만한 방법이 있기도 하다. '생산 네트워크에서 경제적 투명도를 제고하는 것이 신생 공유경제에서 해롭고 비윤리적인 노동 관행을 해결하는 데에 열쇠가 된다'고 우리는 주장한다.

---

38 How Workers Can Profit by Taking Control of Technology(노동자들이 기술을 통제하여 어떻게 이익을 얻는가), Financ. Times, Apr. 16, 2017.

39 Donald MacKenzie and Judy Wajcman, The Social Shaping of Technology(기술의 사회적 형성) (2nd edition, 1999).

40 A. Bigot-Verdier, L. Dessein, and T. Doennebrink, Platform Coops Looking for the Next Steps(다음 단계를 바라보는 플랫폼 협동조합) (2017).

B. 디지털 경제의 가치 사슬에서의 경제적 투명성

다국적기업(TNCs)[41]은 생산 네트워크를 불투명하게 유지하기 위하여 온갖 노력을 기울이는데, 그 목적은 생산의 효율성을 확보하고, 신시장을 개척하며, 경쟁의 우위를 유지하기 위한 것이다.[42] 생산이 점점 더 세계화되어 소비자가 세계의 먼 지역에서 벌어지는 기업 생산 과정을 파악하고 생산물에 대한 정보를 적절히 얻는 게 훨씬 더 어렵게 되었다. 예를 들면 운동화나 휴대폰의 생산 과정을 소비자들이 알기는 대부분 어렵다.[43] 중국 내 애플 생산자 및 공급자에 의한 노동법 위반 사건,[44] 리보 조작 사건,[45] 2008년의 리먼브라더스의 몰락과 함께 찾아온 금융위기 등의 기업 추문 사례를 통하여, 세계적 생산 네트워크[46]의 문제가 더욱 두드러지게 되었다.[47]

현대 세계 경제에서 주요한 난제 중 하나는 물건으로 된 제품의 생산과정을 추적할 수는 있어도 정보 상품 혹은 서비스의 생산과정을 추적하기는 어렵다는 점이다. 그러므로 소비자들은 생산과 유통이 이루어지는 장소를 잘 알지 못하고, 디지털 상품이 고안되고 생산되는 방식을 잘 알지 못한다. 다시 말하면 소비자들이 디지털 상품 및 서비스의 가치 사슬과 생산 네트워크에 대한 정보를 덜 갖고 있는 게 보통이다. 예컨대 운전자 없는 차량을 사용하는 자는 기계를 작동하는 인공지능이 노동자로 가득 찬 나이로비 창고에서 훈련된 사실을 알지 못할 것이다. 저임금을 받는 노

---

41 P. Dicken, Global Shift: Mapping the Changing Contours of the World Economy(지구적 변혁: 세계경제의 변화하는 모습을 그려보기) (6th ed., 2011).

42 J. H. Dunning and S. M. Lundan, Multinational Enterprises and the Global Economy(다국적기업과 세계경제) (2008).

43 20004년 Cook이 쓴 '물품을 추적하기'(Follow the things)라는 논문은 자메이카, 브라질, 하와이에서 미국과 영국에 이르는 파파야의 생산 네트워크를 분석하기 위하여 다지점 인구분석법(multi-site ethnographic method)을 사용한다. 위 논문은 파파야의 생산에 관여된 다양한 사람들과 생산 과정에 대해 소비자들에게 정보를 제공한다. 그리하여 소비자들로 하여금 노동의 착취를 둘러싼 도덕적, 윤리적 문제를 생각해 보도록 권장한다. 윤리적 소비 관행의 진작은 인간 개발의 결과를 가져올 수 있다는 점에 관하여는 다음 글들을 보라. See D. Kleine, A. Light, and M-J. Montero, Signifiers of the Life We Value?: Considering Human Development, Technologies and Fair Trade from the Perspective of the Capabilities Approach(우리가 중시하는 삶의 지표?: 선택권의 관점에서 본 인간 개발, 기술 및 공정무역에 대한 고려), 18(1) Inf. Technol. Dev. 42–60 (2012).

44 G. Chamberlain, Apple Factories Accused of Exploiting Chinese Workers(중국 노동자에 대한 착취로 고발당한 애플 공장들), The Guardian, Apr. 30, 2011; "Even Worse than Foxconn": Apple Rocked by Child Labour Claims(팍스콘보다 더 나쁘다: 아동 노동에 대한 주장으로 충격을 받은 애플), The Independent (Jul. 30, 2013), www.independent.co.uk/life-style/gadgets-and-tech/even-worse-than-foxconn-apple/rocked-by-child-labour-claims-8736504.html.

45 D. Keegan, My Thwarted Attempt to Tell of Libor Shenanigans(리보 사기극을 밝히지 못하게 저지당하다), Financ. Times, July 26, 2012; The Rotten Heart of Finance(금융의 썩은 심장), The Economist, July 7, 2012.

46 2008년 금융위기는 금융상품(모기지와 같은 금융상품) 및 행위자들(거대 투자은행 등)이 1990년대 이후로 작동의 원리로 삼은 비밀주의와 불투명주의가 있었다는 점 및 그로 인하여 2008년의 주택시장 폭락이 있었다는 점을 노정하였다. See Y. Sato, Opacity in Financial Markets(금융시장의 불투명성), 27 Rev. Financ. Stud. 3502–46 (2014), doi:10.1093/rfs/hhu047; N. M. Coe, M. Hess, H. W. Yeung, P. Dicken, and J. Henderson, Globalizing Regional Development: A Global Production Networks Perspective(지역개발의 세계화: 전 지구적 생산 네트워크의 관점), 29 Trans. Inst. Br. Geogr. 468-84 (2004). 위 논문은 전 세계에 상당한 반향을 일으켰다. See D. Harvey, The Enigma of Capital and the Crises of Capitalism(자본의 수수께끼와 자본주의의 위기) (2011). 그 이후 유럽연합과 미국의 규제당국자들은 금융시장을 규제하고 금융흐름의 투명성을 제고하기 위한 일련의 개혁조치를 실시하였다. 그러한 개혁조치에 대한 비판적 분석에 관하여는 다음 글을 참조하라. E. Helleiner, The Status Quo Crisis: Global Financial Governance After the 2008 Meltdown(상존하는 위기: 2008년 붕괴 이후 세계 금융의 지배구조) (2014).

47 투명성이란 사회경제, 정치, 회사 영역에 걸친 다차원적 개념이다. 느슨하게 정의한다면, 투명성은 기관 임원진(agent)이 갖고 있는 신뢰성 있는 정보에 대한 접근권 및 활용권을 의사결정권자에게 부여하여 충분한 정보에 기반한 결정을 하도록 하는 것을 의미한다. 그 개념은 광범위한 논쟁의 대상이 되어 왔다. 투명성의 다양한 이론적 측면을 다룬 논문으로는 다음의 것들이 있다. J. Forssbaeck and L. Oxelheim, The Oxford Handbook of Economic and Institutional Transparency(경제적 투명성과 기관의 투명성에 대한 옥스퍼드 핸드북) (2014). C. Ball, What Is Transparency?(투명성이란 무엇인가?) 11 Public Integr. 293-308 (2009), doi:10.2753/PIN1099-9922110400.

동자들이 나무, 사람, 자동차, 도로를 유형화하여 최종적으로 기계가 스스로 그것을 구분할 수 있도록 하고 있다는 사실을 알지 못하는 것이다. 소셜미디어를 간혹 사용하는 자는 콘텐츠 점검자들이 필리핀 사무실을 가득 채운 채 플랫폼 가이드라인에 어긋난 사진이 올라와 있는지를 확인하고 있다는 점을 알지 못할 것이다. 그리하여 그들이 끔찍한 사진들에 지속적으로 노출되고 있다는 사실도 모를 것이다. 항공사에 전화해서 항공권을 변경하려는 자도 그들이 통화하고 있는 상대방의 생활을 거의 모른다.[48] 플랫폼 회사들은 데이터와 정보가 한 연결점(node)에서 다른 연결점으로 이동하는 현상에 의존하기 때문에, 플랫폼 회사들이 투명한 생산 관행을 유지하도록 하는 것이 공유경제에서 중요하다. 그렇게 되면 소비자들은 사용할 제품이 사회, 정치, 환경에 미치는 영향을 더 잘 알게 되고, 특히 정보 기반 제품의 생산에 투입되는 노동조건도 잘 알게 되어, 더욱 현명한 결정을 할 수 있게 된다.[49]

착취적 노동 관행을 억제하기 위한 여러 운동이 있어 왔다. 그 방법으로서 여러 생산 네트워크에 걸쳐서 이루어지는 물품과 가치의 흐름을 알리기도 하였고, 소비자 영향력을 이용하여 기업들에게 농장과 공장에서 열악한 노동 관행을 회피하도록 촉구하기도 하였다. 가장 두드러진 것이 공정무역운동인데, 이는 주로 1차 산업(차, 커피, 코코아, 콩 등)의 경제활동에 한정되어 있다.[50] 그런데 우리는 유사하게 '공정노동운동'을 생각해 볼 수 있다. 공정노동운동을 통하여 구글, 페이스북, 업워크, 우버 등 세계적 기업들이 가상공간의 생산 네트워크에서 열악한 근로 조건 혹은 디지털 가혹노동을 용인하는 경우에 책임을 물을 수 있다.[51]

---

48 콜/연락 센터의 노동조건은 일반적으로 알려져 있는 것보다 열악한 것으로 누구이 밝혀졌다. 이 분야에 대한 주요 논문으로는 다음의 것들이 있다. P. Bain, A. Watson, G. Mulvey, P. Taylor, and G. Gall, Taylorism, Targets and the Pursuit of Quantity and Quality by Call Centre Management(테일러주의, 콜 센터 운영자가 추구하는 목표, 양과 질), 17 New Technol. Work Employ. 170-85 (2002), doi:10.1111/1468-005X.00103; T. Hastings and D. MacKinnon, Re-embedding Agency at the Workplace Scale: Workers and Labour Control in Glasgow Call Centres(작업장 규모에 따른 노동 관리: 글래스고 콜 센터의 노동자와 노동 통제), 49 Environ. Plan. A 104-20 (2017); P. Taylor, and P. Bain, "An Assembly Line in the Head": Work and Employee Relations in the Call Centre(머릿속의 생산라인: 콜 센터의 노동과 피용인 관계), 30 Ind. Relat. J. 101-17 (1999), doi:10.1111/1468-2338.00113; J. Woodcock, Working the Phone: Control and Resistance in Call Centres(전화로 하는 업무: 콜 센터에서의 통제와 저항) (2016).

49 M. Graham and H. Haarstad, Transparency and Development: Ethical Consumption through Web 2.0 and the Internet of Things(투명성과 개발: 웹 2.0과 사물인터넷을 통한 윤리적 소비), 7 Inf. Technol. Int. Dev. 1-18 (2011).

50 공정무역은 공정무역운동을 지칭한다. 이 운동에는 여러 기관들이 국제공정무역표지기구(FLO)하에 참여하고 있는데, 여기에는 International Resources for Fairer Trade (IRFT), European Fair Trade Association(EFTA), Network of European Worldshops (NEWS) 등이 있다. FLO는 공정무역 표준의 개발·구성·검토를 진행하며, 관세, 보조금, 노동자권리 등에 관한 문제도 고려한다. 공정무역이라는 용어는 FLO가 관리하는 인증 및 표지 시스템을 지칭하는 데에 사용한다. 이를 통하여 소비자들은 물품이 합의된 윤리적 노동/환경 기준에 따라서 생산되었는지 여부에 관한 정보를 확인한 후 선택할 수 있게 된다. (See What is Fairtrade, www.fairtrade.net/about/fairtrade/what-is-fairtrade.html).

51 M. Graham, Digital Transformations of Work: Digital Work & the Global Precariat(노동의 디지털적 변환: 디지털 노동과 세계의 불안노동계층), USI-Union Solidar. Int., Mar. 30, 2016; Graham, M. and Woodcock, J. 2018. Towards a Fairer Platform Economy: Introducing the Fairwork Foundation(공정한 플랫폼경제를 향하여: 공정노동협회의 소개). Alternate Routes. 29. 242-253.

IV. 공정노동협회(Fair Work Foundation)에 대한 구상

가이 스탠딩(Guy Standing)은 '불안노동계층'(precariat)이라는 신노동계층의 대두를 주장하였는데, 불안노동계층의 특징으로는 노동 관련 안전보장책의 결여, 오로지 일시적인 지위의 부여, 불안한 수입, 사회보장 급여의 결여 혹은 미미함, 직업적 정체성의 결여, 깊은 생존 불안정성이 있다.[52] 우리는 아프리카와 아시아에 대한 연구 과정에서 여러 활동 영역의 플랫폼에서 일하는 2백명가량의 디지털 노동자(녹취자, 편집자, 가상업무보조자, 고객 서비스 수행자, 웹개발자, 작가 등)를 인터뷰하였는데, 그 결과 그들 중 많은 노동자들이 큰 예외 없이 불안노동계층에 해당함을 알게 되었다.[53] 그러므로 이들 노동자들은 노동조건의 개선을 위한 효과적인 대책을 필요로 한다.

우리가 제품, 서비스를 사용하거나 디지털 노동으로 만들어진 알고리즘을 이용할 때 그 배후에 기진맥진한 노동자가 있는지 여부를 알지 못한다. 노동자가 아프거나 임신하면 해고되는지 여부, 일주일 내내 일을 찾느라 20시간을 기다렸는지 여부, 소득원이 얼마나 불안정한지 여부, 불공정할 정도로 낮은 임금을 받고 있는지 여부를 알지 못한다.[54]

디지털 긱노동은 확실히 규제가 가능하고, 그리고 규제가 있어야 한다. 그러나 많은 나라들이 규제를 꺼려한다. 필리핀과 케냐와 같은 지역의 규제담당자들은 디지털 노동을 적절히 규제하려고 하는 경우(예컨대 최저임금제를 시행하는 경우) 디지털 업무가 들어오는 것과 같은 속도로 그 국가에서 빠져나가게 될 것이라는 점을 알고 있다. 그 대안으로서 디지털 긱노동을 고객의 소재지 국가에서 규제하는 것이 이론적으로는 가능할 것이다. 예를 들어 독일의 규제당국은 노동자의 소재지가 어디이든지 간에 독일기업이 일정한 노동조건이 충족되도록 보장할 것을 요구할 수 있을 것이다. 이미 북반구의 규제담당자들이 자국의 시민을 보호하는 것도 힘들어 하는 마당에 그러한 국제적 감각의 규제를 도입할 정치적 경향이 있을 리 없다.[55]

플랫폼 협동조합을 이용하는 전략에는 확실히 희망이 있지만, 그 전략은 몇 가지 근본적인 제약으로 주춤하고 있다. 첫째, 지배적인 플랫폼과 경쟁할 수 있는 플랫폼을 설립하는 데에 필요한 자금의 부족이 문제이다. 군집자금모집(crowdfunding)과 정부의 일정한 보조를 통하여 이 문제는 해결할 수 있을 것이다.[56] 두 번째의 구조적인 문제로서 노동력의 대량적 과잉 공급 및 대부분의

---

52 G. Standing, The Precariat: The New Dangerous Class(불안노동계층: 위태로운 신계층) (trade paperback ed., 2014).

53 See, e.g., Graham et al., supra note 2; and Graham et al., supra note 22.

54 위 문구들의 출처. M. Graham과 J. Shaw(eds.), Towards a Fairer Gig Economy(더 공정한 긱경제를 향하여) (2017).

55 그러나 최근 런던교통당국이 런던에서 우버를 금지하기로 결정한 사례는 우버와 같은 기업이 좀더 책임 있게 행동하도록 하기 위하여 정부당국이 압력을 높이고 있다는 점을 보여 준다. 우버를 금지할 논거가 무엇인지와 그 효과가 어떻게 될 것인지에 대한 논의가 여전히 진행 중이다. 유사한 조치가 퀘벡에도 있다. See Ashifa Kassam, Uber Threatens to Leave Québec in Protest at New Rules for Drivers(우버가 운전자에 대한 새로운 규칙에 항의하여 퀘벡을 떠나겠다고 하다), The Guardian, Sept. 26, 2017. www.theguardian.com/technology/2017/sep/26/uber-threatens-leave-quebec-drivers.

56 이 부분에 관하여 진행되고 있는 노력들이 있다. See Co-ops Can Find Finance and Members Through Crowd-Funding Platform(협동조합은 군집자금모집 플랫폼을 통하여 자금과 회원을 모집할 수 있다), Co-op. News, July 30, 2013; D. Spitzberg, How to Crowdfund a Platform Cooperative Like a Human(인간적으로 플랫폼 협동조합에 군집자금을 모으는 방법), Shareable (Apr. 5, 2016), www.shareable.net/blog/how-to-crowdfund-a-platform-cooperative-like-a-human.

플랫폼에서 일어나는 치열한 일자리 경쟁(이로써 집단교섭력이 약화된다)이 있다. 디지털로 연결된 노동자들이 지구적으로 거대한 공급원을 구성하고 있다는 사실을 놓고 보면, 비록 괜찮은 임금이 일부 노동자에게 지급된다고 하더라도 업무가 재아웃소싱되지 않게 할 방법이 없다는 것을 알 수 있다. 이미 노동이 과잉공급된 상태에서 저임금 국가에서 더욱 많은 노동자가 온라인으로 들어오고 있는바, 우리는 거대한 노동자 집단이 임금과 노동조건을 아래로 끌어내리는 자석이 될 것이라고 예상하지 않을 수 없다.

그렇다면 어떻게 하여야 하는가? 우리는 노동의 지구적 공급 사슬에 대한 더 많은 투명성을 요구하는 전략을 세울 만한 풍부한 조건을 현재 갖추게 되었다고 주장한다. 스타벅스와 캐드베리 등 제품의 소비자가 그 회사들에게 전체 생산 사슬이 공정무역의 인증을 받도록 압력을 넣었지만, 애플, 마이크로소프트, 우버, 아마존, 삼성, 업워크, 페이스북, 구글 등과 같은 기업이 제공하는 서비스의 경우에는 서비스 사용자가 위 기업들이 윤리적으로 행동하도록 설득할 방법을 아직 갖고 있지 않다. 현재 사용자들은 위 서비스를 만들고 유지하는 데 관여하는 노동자들이 공정하게 대우를 받는지 혹은 생활임금을 받는지를 알지 못한다. 많은 경우에 사용자들은 그러한 서비스의 배후에 실제 사람이 존재하는 사실조차도 알지 못할 수 있다. 그런데 디지털 서비스와 제품의 생산 네트워크를 추적하는 것이 사실상 어렵다고 하더라도 우리는 그 시도를 멈출 수 없다.

공정무역협회가 성공사례를 알리고 공급 사슬에서의 비윤리적 관행에 대하여 선도적 기업이 관심을 갖도록 한 방식과 비슷하게, 공정노동협회라는 것도 디지털 노동의 영역에서 유사한 효과를 가져올 수 있을 것이다. 그러한 노력이 취할 구체적 형태는 더 논의가 있어야 할 것이다.[57] 적어도 디지털 노동의 사슬을 감시하고 인증하는 일을 하게 될 것이다. 그리하여 공정한 임금과 같은 핵심 표준을 확보하고 임금 체불을 방지하는 조치를 강구하게 될 것이다.

신발의 구매는 우리를 베트남 저임금 공장으로 연결하고 초콜렛의 구매는 우리를 가나의 농부로 연결하듯이, 우리가 클릭하게 되면 궁극적으로 마닐라나 뭄바이의 디지털 노동자의 삶과 생계로 연결된다. 그러므로 스크린 너머에는 아무것도 없다고 생각하는 것은 더이상 유효하지 않다. 우리가 클릭할 때마다, 우리가 검색할 때마다, 우리가 사진에 '좋아요'를 붙일 때마다, 그 영향은 전 세계로 퍼져 나간다. 우리는 노동의 복잡하고 보이지 않는 네트워크에 얽혀 있다. 그러한 깨달음이 있으면 우리가 함께 차이를 만들어낼 능력이 오게 된다. 우리는 더 나은 것을 요구할 수 있다. 이러한 노동의 사슬에서 우리가 간접적으로 교섭하는 모든 사람들이 공정성과 존엄성으로 대우받도록 요구하여야 한다. 우리의 행동이 중요하다. 우리가 어디에 있든지 무엇을 하든지 간에 우리는 더 공정한 노동 세계를 가져오는 데 기여할 수 있다.[58]

---

57 자세한 내용은 다음을 참조하라. http://fair.work, Graham and Woodcock, supra note 51.

58 우리의 초기 원고에 대하여 의견을 준 Alex Wood와 Kat Braybrooke에게 감사를 드린다. 이 연구는 '유럽연합의 연구와 기술발전에 관한 제7차 기초 프로그램'에 따른 유럽연합연구위원회의 지원(FP/2007-2013) [ERC Grant Agreement n. 335716]으로 이루어졌다.

제6절

조세법

공유경제의 조세 문제: 노동자에게 미치는 영향

슈이 위, 다이앤 링

서언

지난 몇 년 동안 이른바 공유경제라고 불리는 것이 등장하였다. 이 용어는 일반적으로 개인이 기술플랫폼이나 앱을 통하여 상품 및 서비스를 생산 또는 유통하는 것을 의미한다.[1] 플랫폼은 서비스 제공자와 생산자를 상품 및 서비스의 소비자에게로 원활하게 연결함으로써 개인이 자산과 서비스를 금전화하도록 해 준다(항상 그런 것은 아니지만 보통 잉여능력을 활용한다). 공유 플랫폼을 통해 수행되는 활동의 유형은 다양하지만, 대표적인 예로서 에어비앤비 등의 플랫폼을 통한 부동산의 임대, 우버·리프트 등 운송네트워크회사(TNC)를 통한 운전, 태스크래빗과 로버(Rover)를 통한 작업의 수행, 에치(Etsy) 등의 웹사이트를 통한 상품의 판매 등이 있다. 미국 경제에서 이러한 플랫폼이 수행하는 업무의 크기와 성장도를 계량하기는 어렵지만, 상당히 크다고 볼 만한 징표가 있다. 미국 센서스 데이터의 '비고용자' 기업에 관한 데이터를 기반으로 한 브루킹스연구소의 최근 조사에 의하면, 비고용자 기업의 수는 2014년에 2,400만 개였는데, 이는 1997년의 1,500만 개와 2007년의 2,200만 개에서 늘어난 수치이다.[2] 또한 이러한 기업이 미국에만 있는 것은 아니다. 미국에서 처음 시작된 플랫폼의 다수가 다른 국가로 확장되기도 하였고, 여러 외국에서 자체 플랫폼이 출현하기도 하였다.

구체적 수치를 차치하더라도, 확실한 것은 점점 더 많은 개인이 공유경제에서 일을 하고 있다는 점이다. 이러한 증가로 인하여 조세 및 규제에 관련된 많은 문제가 야기되고 있는데, 공유경제 노동이 그 분야에서 활동하고 있는 노동자와 서비스 제공자에게 어떤 영향을 미치는가의 문제도 그중의 하나이다. 노동자에 대한 중요한 문제로서는 그들에게 조세부과를 어떻게 할 것인가, 이

---

1 이 부문은 때때로 긱경제, 플랫폼경제 혹은 P2P경제로 불리기도 한다. See, e.g., Elka Torpey and Andrew Hogan, Working in a Gig Economy(긱경제에서 일하기), U.S. Department of Labor, Bureau of Labor Statistics (May 2016), www.bls.gov/careeroutlook/2016/article/what-is-the-gig-economy.htm; Shu-Yi Oei, The Trouble with Gig Talk: Ambiguity, Choice of Narrative, and the Abetting Function of Law(긱 논의의 문제: 모호성, 설명의 선택, 법의 유도기능), 81 Law & Contemp. Probs. 107 (2018). 우리는 이 글에서 그 부문을 지칭하는 데 공유경제라는 용어를 사용한다.

2 Ian Hathaway and Mark Muro, Tracking the Gig Economy: New Numbers(긱경제의 추적: 새로운 숫자), Brookings Institution (Oct. 13, 2016), www.brookings.edu/research/tracking-the-gig-economy-new-numbers/. 비고용자 기업이란 총수입액이 1,000달러 이상이고 피용인이 없는 기업을 말한다. 비고용자 기업의 약 86%가 개인기업인 독립계약자이다. Id. at note 5. 위 저자들은 비고용자 기업의 성장이 모두 공유경제 때문인 것은 아니며 다양한 투자수단의 사용이 증가한 현상이 반영되어 있기도 하다는 점을 지적한다. Id.

러한 노동에 대한 조세 시스템이 효과적으로 작동하는가, 이러한 노동자들이 조세법 준수 문제를 어떻게 다룰 것인가 등이 있다.

이 글에서는 공유경제에서 일하는 개인이 마주하는 주요 세금 문제를 연구한다. 우리의 논의는 미국에 초점을 맞추고 있지만, 노동자 분류, 서류작업, 조세법 준수 문제는 다른 나라에서도 빈번히 발생한다. 공유경제 노동의 조세 관련 문제 대부분은 많은 플랫폼이 개인을 피용인으로 분류하지 않고 독립계약자로 분류하는 관건적 결정에서 발생한다. 그래서 우리는 먼저 노동자 분류 결정이 공유경제에서 활동하는 개인들의 조세 문제에 관하여 실체법이나 준수절차에서 어떠한 영향을 주는지를 논의하고자 한다. 우리는 공유경제 노동자에 대한 소득세 과세에 관한 조세법 원리를 요약하고자 하는데, 소득의 산입 법리 및 비용의 추적과 취급에 관한 법리도 살펴본다. 그다음에 우리는 공유경제 참여자가 조세법상 의무를 이행하는 과정에서 겪는 세법 이행 관련 문제를 논의하는데, 사업적 사용과 개인적 사용 사이에서 비용을 안분하는 문제, 자기고용에 따른 조세 책임, 불완전한 정보보고하에서 소득을 추적하는 문제 등을 다룬다. 그다음으로 공유경제 참여자의 노동 제공 결정에 영향을 미치는 조세 관련 요소(원천징수의 부재 등)를 검토한다. 개인이 노동을 제공함에 따른 수익 혹은 손실을 계산할 때 원천징수를 하지 않는다는 사실 및 비용 계산이 어렵다는 사실이 어떠한 영향을 미칠 수 있는지를 검토한다. 마지막으로 공유경제 노동의 조세법 준수 부담을 경감하고 개인의 의사결정이 제대로 이루어지는 방향으로 공유경제 참여자에 대한 과세문제를 개혁할 수 있는지를 살펴본다. 더불어 그러한 개혁의 단점도 탐구한다.

위와 같은 논의에서 우리가 참고한 자료로는 다른 학자들의 연구 결과도 있고, 우리가 과거에 공유경제 참여자에 대하여 수행한 실증적 연구 및 법리적 연구 결과도 있다.[3]

이 글에서는 세법에 초점을 맞추지만 공유경제에 대한 법적 분석이 각 분야별로 배타적으로 수행되어서는 안 된다. 한 법률 영역에서 이루어진 평가와 제안은 의도하건 의도하지 않건 다른 영역의 결과에도 영향을 미친다. 노동자 분류 등 동일한 쟁점이 여러 법률 영역에서 제기될 경우에 위와 같은 파악은 특히 유효하다. 조세와 관련하여 노동자 분류에 대한 정책적 제안을 하는 경우 그 파급 효과는 조세법 영역을 넘어서 노동법, 불법행위법 등 다른 법 영역에서 공유경제 노동자에 대한 분류를 하는 데에도 영향을 미친다.[4] 조세 시스템에서 어떤 법리가 타당한 결과를 가져

---

3 See, e.g., Shu-Yi Oei and Diane M. Ring, Can Sharing Be Taxed?(공유경제에 과세할 수 있는가?), 93 Wash. U. L. Rev. 989 (2016) [hereinafter Can Sharing be Taxed?]; Shu-Yi Oei and Diane M. Ring, The Tax Lives of Uber Drivers: Evidence from Internet Discussion Forums(우버 운전자의 조세생활: 인터넷 토론방에서 얻은 증거들), 8 Colum. J. Tax L. 56 (2017) [hereinafter The Tax Lives of Uber Drivers]; Michèle Finck and Sofia Ranchordás, Sharing and the City(공유와 도시), 49 Vand. J. Transnat'l L. 1299 (2017); Kathleen DeLaney Thomas, Taxing the Gig Economy(긱경제 과세), U. Pa. L. Rev. (forthcoming, 2018), https://papers.ssrn.com/sol3/papers.cfm?abstract_id=2894394; Jordan M. Barry and Paul L. Caron, Tax Regulation, Transportation Innovation, and the Sharing Economy(조세 규제, 운송 혁명 및 공유경제), 81 Chi. L. Rev. Dialogue 69 (2015); Jordan Barry, this volume; Caroline Bruckner, Shortchanged: The Tax Compliance Challenges of Small Business Operators Driving the On-Demand Platform Economy(불완전성: 주문형 플랫폼경제를 주도하는 소규모 사업자의 조세법 준수 문제), Kogod Tax Policy Center (May 2016), https://perma.cc/Z9J4-M49G; Miriam A. Cherry and Antonio Aloisi, this volume; Manoj Viswanathan, this volume.

4 예를 들어, 최근 상원에서 조세취급상 긱 노동자를 독립계약자로 분류하는 것이 옳다는 취지의 법안이 제출되었는데, 이로써 독립계약자로 분류하는 것이 옳을 것이라는 추정력이 발생하여 다른 법률 영역에서도 독립계약자로 취급하는 것을 공고히 하게 될 것이다. See The New Economy Works to Guarantee Independence and Growth (NEW GIG) Act of

온다고 하여, 반드시 다른 경우에도 유사하게 합당한 정책을 가져온다고 보기는 어렵다. 그러므로 특정 영역에 치우친 분석론에서는 어느 정도의 주의를 기울이는 것이 필요하다. 정책을 실제로 실행해 보면, 그 효과가 광범위할 수가 있기 때문이다.

I. 관건적 문제로서의 노동자 분류

공유경제 노동자에 대한 조세 취급은 우선 개인이 세법상 독립계약자로 분류되느냐 혹은 피용인으로 분류되느냐에 달려 있다.[5] 노동자 분류 문제는 여러 법률 영역에서 의미가 있는데, 주와 연방의 노동법상 보호에서도 그러하다.[6] 실제로 노동자 분류 문제는 약간의 차이가 있기는 해도 미국 외의 다른 나라에서도 제기되었는데, 다른 나라에도 기본적 긴장관계, 우려사항, 상충관계 등의 문제가 있다.

노동자 분류 문제의 해결은 개별 법률 영역 및 그 영역에서 채택하는 분류 기준에 달려 있다.[7] 더구나 노동자 분류는 플랫폼마다 다를 수 있는데, 노동자와 플랫폼 사이의 실제 관계에 달려 있다. 같은 플랫폼에서 활동하는 두 명의 노동자라도 작업 조건에 따라서 다르게 분류하는 것이 이론적으로는 적절할 수 있다. 에어비앤비에서 임대용 재산을 제공하는 공유경제 참여자에 비하여, 태스크래빗 등에서 서비스나 작업을 수행하는 자나 TNC 운전자에게 분류 문제가 더 중요할 수도 있다. 요컨대 노동자 분류 문제는 유동적이고 복잡하다. 여기에서는 세금과 관련된 주요 쟁점을 다루고자 한다.

노동자가 조세 취급상 독립계약자로 분류된다면 미국 연방세법은 소규모 독립사업자를 개인사업자로 취급하게 된다. 소규모 사업자로서 15.3%의 자기고용세(사회보장세 및 메디케어세)를 납부하고 Schedule SE를 제출하여야 하는데, Form 1010, Line 27에 따라서 그 조세의 절반을 공제받을 수 있다.[8] 이는 피용인에 대한 조세취급과 대비된다. 노동자가 피용인으로 분류되는 경우 고용자는 급여세를 원천징수하여 납부하여야 하고, 고용자가 사회보장세와 메디케어세의 절반을 명목상 책임져야 한다.[9] 따라서 고용자는 피용인의 임금에서 사회보장세와 메디케어세의 피용인 부

2017, 115th Congress, 1st Session (S. 1549), www.thune.senate.gov/public/_cache/files/c9e8dda1-dbb6-4a78/8f2a-88f39c14be1e/D975731B1FE56963DD1D09F2CB8D78CC.ott17387.pdf (proposed by Sen. John Thune, R-S.D.).

5 노동자 분류에는 노동법 등 여러 법률에서 문제되나, 여기에서는 조세 문제에 한정하여 본다.

6 See, e.g., V. B. Dubal, Wage Slave or Entrepreneur?: Contesting the Dualism of Legal Worker Identities(임금 노예인가, 기업가인가? 노동자의 이원론적 법적 정체성에 대한 이의의 제기), 105 Cal. L. Rev. 101 (2017); Benjamin Means and Joseph Seiner, Navigating the Uber Economy(우버 경제의 탐색), 49 U.C. Davis L. Rev. 1511 (2016). 이 쟁점은 이 책의 다른 글에서 더 깊이 논의된다. See, e.g., Elizabeth Tippett; Brishen Rogers.

7 See, e.g., Shu-Yi Oei, supra note 1).

8 I.R.C. §1401(a), (b); I.R.C. §164(f)(1); Can Sharing be Taxed?(공유경제에 과세할 수 있는가?), supra note 3, at 1019-20.

9 I.R.S. Publ'n No. 15 (Circular E), Employer's Tax Guide(고용자를 위한 조세안내) (2018).

담분을 원천징수해야 할 뿐만 아니라 상응하는 고용자 부담분을 납부하여야 한다.[10] 이론상으로는 피용인에 관하여 동일한 세금이 정부에 납부되겠지만, 피용인이건 독립계약자이건 노동자는 세후에는 동일한 수입을 받게 될 것이다. 이렇게 비교해 보면 노동자가 피용인 지위에서 독립계약자 지위로 이동하는 경우, 노동자는 고용자가 전에 부담하였으나 이제는 독립계약자가 부담해야 하는 조세액만큼 보수를 올려 달라고 협상할 수 있을 것이라고 예상된다(납세자는 소득세 과세표준 산정 시 그 부담액을 공제받을 수 있다). 물론 경제적 파급효과가 노동자를 덮쳐서 노동자에게 더 낮은 임금이 지급될 수도 있다.[11]

피용인과 독립계약자에 대한 조세 취급의 주요한 차이점으로는 네 가지가 더 있다. 첫째, 피용인에게 지급되는 임금은 플랫폼 지급자가 원천징수해야 하는 소득세에 해당되지만, 독립계약자에게 지급되는 금액에 대해서는 원천징수가 되지 않고 아래에서 보는 바와 같이 Form 1099에 의하여 정보보고가 되면 족하다. 그렇기에 독립계약자는 원천징수 대신에 분기별로 추정세액을 신고하고 납부해야 하는데, 그렇게 하지 않으면 과소신고 가산세를 부과받게 된다.[12] 둘째, 연방소득세 관련 공제에서 피용인은 독립계약자보다 훨씬 심한 제한을 받는다. 피용인이 사용자로부터 상환받지 못한 비용은 조정총소득 산정 이후의 공제(below the line deductions)로 분류되는데, 조정총소득에 기초한 제한을 받는다.[13] 셋째, 피용인을 고용하는 사업자는 연방실업보험세(FUTA tax)를 납부하여야 한다. 독립계약자는 이를 납부하지 않으며 동시에 실업보험혜택을 받을 수 없다.[14]

마지막으로 보건대, 2017년 12월에 새로운 규정인 Section 199A가 추가되었는데, 이 규정에 의하면 중간적 사업자(예, 비법인이고 비피용인인 사업자)의 일정한 사업소득 중 20%까지를 공제받을 수 있다. 정책결정자, 납세자, 조세전문가는 새로운 규정의 영향에 대한 저울질을 하는 중이다. 공유경제 노동자의 경우에 새로운 규정으로 인하여 독립계약자로 분류되는 것이 매력적일 수 있는데, 전체적인 노동 및 보수 상황에 비추어 보아 적어도 일부 노동자에게는 더 유리할 수도 있다.

적정한 노동자 분류에 대하여는 법률 영역마다 여러 판단법이 있는데, 이들은 서로 다르면서도 서로 연관되어 있다.[15] 국세청은 조세 목적상 독립계약자와 피용인을 구별하기 위하여 20개 요소법을 개발하였다.[16] 고려되는 요소에는 행동에 대한 통제 여부(노동자가 수행하는 업무와 수행방법

---

10 Id.

11 See, e.g., N. Gregory Mankiw, Principles of Macroeconomics(거시경제학 원리) 124 (8th ed., 2015).

12 See I.R.C. §6654(a), (d); see also Tax Withholding and Estimated Tax(세금 원천징수와 추정 세액), I.R.S. Publ'n No. 505 (2018). 국세청 발표문 505호에 따라서, 일반적으로 납세자는 다음의 경우에 2018년도분 추정세액을 납부하여야 한다. (1) 2018년도 세액이 1,000달러 이상이 될 것으로 예상되고, (2) 원천징수액과 환급세액의 합계액이 2018년도 세금신고서에 표시될 납세액의 90%와 2017년도 세금신고서에 표시된 세액의 100% 중 적은 금액에 미치지 않는 경우. Id. at 22.

13 I.R.C. §62(a)(2).

14 See I.R.C. §3301-3311.

15 사용되는 판단법에는 보통법상의 대리이론, 경제적 현실론, 여러 주가 사용한 ABC 판단론 등이 있다. See, e.g., Robert L. Redfearn III, Sharing Economy Misclassification: Employees and Independent Contractors in Transportation Network Companies(공유경제의 오분류: 운송네트워크회사의 피용인과 독립계약자), 31 Berkeley Tech. L.J. 1023 (2016); Brishen Rogers, Employment Rights in the Platform Economy: Getting Back to Basics(플랫폼경제에서의 노동권: 기본으로 돌아가기), 10 Harv. L. & Pol'y Rev. 480, 487 n. 48 (2016).

16 See, e.g., Schramm v. Comm'r, 102 T.C.M. (CCH) 223 (2011); Levine v. Comm'r, T.C.M. (RIA) 2005-86 (2005); Rev.

에 대하여 회사가 통제를 하는지 여부), 재정적 통제 여부(회사가 업무의 사업적 측면을 통제하는지 여부), 회사와 노동자 사이의 관계의 유형(연금, 휴가, 보험이 제공되는지 여부) 등이 포함된다.[17] 돈을 지불하는 플랫폼에게 수행할 업무와 방법을 통제할 권리는 없고, 수행 결과만을 통제하고 지시할 권리가 있다면 일반적으로 노동자는 독립계약자로 분류될 것이다.

이 글을 쓰는 현재 우버 및 리프트 운전자가 주요 집단소송을 제기하여 계류 중이다.[18] 위 원고들에게 소송상 위험이 있는데, 구체적으로 보자면 단체소송이 아닌 중재법정에서 분쟁을 해결하도록 요구하는 중재조항의 구속력이 있는가 여부의 문제를 극복하여야 한다.[19] 그동안에 많은 공유경제 기업이 조세 등과 관련하여 노동자를 독립계약자로 분류하였고, 납세신고철에 노동자에게 연간 IRS Form 1099를 발급하였다. 필자 중 한 사람인 슈이 위가 주장한 바와 같이, 공유경제 기업이 선택한 조세상 취급은 다른 법 영역에서도 독립계약자로 취급되도록 하겠다는 생각에 관련되어 일관되고 있는데, 조세상으로도 그렇게 해야 다른 영역에서도 그것이 유지될 것이라는 것이다.[20] 공유경제 기업의 이러한 선택을 감안하여, 이 글의 나머지 부분에서는 공유경제 노동자가 조세와 관련하여 계속하여 독립계약자로 분류되는 경우에 제기되는 조세법과 그 준수 문제를 다루고자 한다.

II. 공유경제의 조세법

이전 논문에서 우리는 공유경제 과세에 관한 조세법 원리에 관하여는 비교적 논쟁의 여지가 작다고 주장한 바 있다. 하지만 법 그 자체는 상당한 복잡성을 띠고 있다고 할 수 있다. 이러한 복잡성으로 인해 공유경제 참여자에게는 조세법 준수가 문제로 대두할 수 있는 것이다.[21]

Rul. 87–41, 1987–1 C.B. 296.

17 Independent Contractor (Self-Employed) or Employee?(독립계약자(자기고용자)인가 피용인인가?), IRS, www.irs.gov/businesses/small-businesses-self-employed/independent-contractor-self-employed-or-employee (last updated Apr. 18, 2017).

18 See, e.g., Yucesoy v. Uber Techs., Inc., No. C-15-0262 EMC, 2015 U.S. Dist. LEXIS 98515 (N.D. Cal. July 28, 2015); O'Connor v. Uber Techs., Inc., No. C-13-3826 EMC, 2015 U.S. Dist. LEXIS 116482 (N.D. Cal. Sept. 1, 2015); Del Rio v. Uber Techs., Inc., No. 15-cv-0 3667-E MC, 2016 U.S. Dist. LEXIS 40615 (N.D. Cal. Mar. 28, 2016); Lavitman v. Uber Techs., Inc., 32 Mass. L. Rep. 476 (2015); Cotter v. Lyft, Inc., No. 13-cv-04065-VC, 2017 U.S. Dist. LEXIS 38256 (N.D. Cal. Mar. 16, 2017) (최종 합의안이 승인되었다); Mohamed v. Uber Technologies, Inc., 848 F.3d 1201 (9th Cir. 2016) (우버 중재조항이 유효하다고 보았다).

19 제9연방항소법원이 우버 운전자가 체결한 중재조항이 유효하다고 판시함에 따라, 캘리포니아 연방지방법원은 2016. 11. 21. 상소심이 계류 중인 동안 5개의 관련 소송을 중지하기로 결정하였다. O'Conner v. Uber and related cases, Order re Stays, No. 3:13-cv-03826-EMC, Docket No. 769 (N.D. Cal. Nov. 21, 2016).

20 Oei, supra note 1).

21 Can Sharing be Taxed?(공유경제에 과세할 수 있는가?), supra note 3).

A. 소득의 과세표준 산입

공유경제 참여자에게 적용되는 소득세 법리는 독립적으로 소규모 사업을 운영하는 비법인 개인사업자에게 적용되는 것과 다르지 않다. 세법상 위 개인들은 총소득에 벌어들인 금액(총운임, 차임, 다른 지불금 등)을 포함시켜야 한다.[22] 총소득에는 플랫폼으로부터 지불받은 금액도 포함되어야 하는데, 여기에는 TNC의 운전자 소개비와 팁이 포함된다. 이러한 수령금은 플랫폼으로부터 Form 1099를 받았는지 여부와 상관없이 세법상 소득에 포함되어야 한다.

대부분의 공유경제 참여자들은 Schedule C(사업손익계산서)를 통하여 수행한 업무에서 올린 소득 및 비용 공제를 보고하게 될 것이다. (이와 관련하여 공유경제 참여자는 그들이 소규모 개인사업자와 동일하게 조세신고를 하여야 한다는 사실을 알고는 놀라움을 금치 못할 것이다.)[23] 에어비앤비 등 플랫폼에서 주택이나 아파트를 임대하는 사람들은 대개 Schedule E(부동산 등 기타 소득손실계산서) 혹은 Schedule C를 통하여 임대소득을 신고할 것이다.[24]

B. 비용의 공제

수령소득액이 연방법상 총소득에 포함되어야 하지만, 노동자는 조세신고 시 법정의 사업비용을 공제받을 수 있다. 공유경제 활동자에게 발생할 수 있는 주요한 문제로서 사업적 비용과 개인적 비용을 안분할 필요성이 존재한다. 그러한 이유는, 전형적인 공유경제 활동자가 파트타임으로 활동을 한다는 사실, 한 개 이상의 플랫폼에서 활동을 한다는 사실, 사업용으로 사용되기도 하고 개인용으로 사용되기도 하는 자산(자동차, 주택, 도구 등)을 보유하고 있다는 사실이 인정되기 때문이다. 사업 관련 비용은 공제될 수 있으나 개인적 비용은 공제될 수 없다.[25]

사업비용과 개인적 비용을 안분하는 규칙은 상황에 따라 다르게 된다. 예컨대 TNC 운전자가 일로서 운행을 한 경우, 에어비앤비 숙박주가 자주 개인적으로 사용되는 재산을 임대한 경우 등 공유경제 활동에 따라서 각기 다른 비용 할당 규칙이 적용될 것이다.

1. TNC 운전자의 경우

TNC 운전자는 일로서 운행한 거리를 비용으로 회수할 수 있다. 회수 비용의 산정법에 관하여

---

22   I.R.C. §61.

23   The Tax Lives of Uber Drivers(우버 운전자의 조세생활), supra note 3, at 89–90.

24   일부 에어비앤비 숙박주가 아침식사와 같은 서비스도 제공하므로 국세청이 고용세의 부과대상이라고 주장할 가능성도 있다. See, e.g., 10 Tax Tips for Airbnb, HomeAway & VRBO Vacation Rentals(에어비앤비, 홈어웨이, VRBO의 휴가시설 임대에 대한 조세처리 조언 10선), Turbotax, https://turbotax.intuit.com/tax/tools/tax-tips/Self-Employment-Taxes/10-Tax-Tips-for-Airbnb-HomeAway-VRBO-Vacation-Rentals/INF29184.html (updated for tax year 2016) (숙박주는 고용세를 부담할 가능성이 있다고 보고 있다); Aimee Picchi, Tax Tips if You Made Money Through Airbnb(에어비앤비를 통해 수익을 얻는 당신을 위한 세무 조언), Consumer Reports (Mar. 8, 2016) (same), www.consumerreports.org/taxes/tax/tips-if-you-made-money-through-airbnb/.

25   I.R.C. §§162, 262.

는 실제비용법과 표준운행거리법 중 하나를 선택할 수 있을 것이다.[26] 실제비용법에서는 운전자가 플랫폼 일을 하면서 지출한 실제 비용을 공제하게 해준다. 해당되는 경비로는 차량감가상각, 차고 임대료, 연료비, 보험료, 차량임대료, 면허료, 오일교환비, 주차비, 등록료, 수리비, 타이어, 통행료 등이 포함된다. 차량을 사업용 및 개인용으로 사용하는 경우 운전자는 반드시 비용을 양자에 안분하여야 한다. 공제액은 운행거리로 계산할 수 있는데, 이러한 경우 일로서 운행된 거리와 관련하여 지출된 비용만이 공제될 것이다.[27] 따라서 운전자는 TNC 운전과 관련된 주행 거리를 추적하고 기록하여야 한다.

대안적인 방법인 표준운행거리법에서는 운전자가 운행거리당 일정액을 공제받을 수 있는데, 2018년의 경우 그 금액이 1마일당 54.5센트였다.[28] 이 방법을 사용하는 운전자도 TNC 운행거리를 기록하여야 한다. 표준운행거리법을 사용하는 운전자는 실제 차량 관련 비용(자동차 임차료, 유지비, 수리비, 연료비 등)을 공제받지 못할 수도 있다. 그러나 그러한 운전자는 운송을 제공하는 과정에서 지출한 비용으로서 차량과 관련 없는 것(승객에게 제공한 물, 캔디바 등)을 공제받을 수는 있다.

세법 준수와 관련하여 중요한 점은, 표준운행거리법을 사용하든지 실제비용법을 사용하든지 간에, 세금 규제 준수 측면에서 운전자에게 중요한 점은 운전자가 거리를 기록해 두어야 한다는 것이다. 그래야 공제가능한 사업비용과 공제불가능한 개인적 비용을 적정하게 분배할 수 있다. 사업비용과 개인적 비용을 정확히 추적할 필요성이 있으므로 TNC 플랫폼 운전자의 조세법 준수 비용이 증가될 가능성이 있다.

2. 숙박공유의 경우

숙박공유에는 TNC 산업과는 다른 문제가 있기는 하나 서로 간에 관련성이 있기도 하다. 여기에서는 내국세법 Section 280A의 적용가능성이 납세자의 주요한 관심사항이다. Section 280A는 일부는 개인용으로, 일부는 사업용으로 사용된 재산에 관한 공제허용 범위를 제한하고 있다. 상시 임대용 재산처럼 개인적 사용이 전혀 없는 경우라면 Section 280A는 적용되지 않을 것이다. 개인용 자산의 잉여역량을 사업적으로 사용하는 것이 보통인 공유경제의 상황에서는 임대되는 재산이 혼용될 가능성이 높다.

Section 280A는 복잡하므로 여기에서는 간략히 요약하고자 한다. 첫째, 기본적으로, 임대되는 부분이 호텔, 모텔 등과 유사한 시설로 분류된다면, 납세자는 Section 280A의 적용을 피할 수 있

---

26 See Treas. Reg. §1.274-5(j)(2) (2000); I.R.S. Notice 2014-79, 2014-53, I.R.B. 1001, §3; I.R.S. News Release IR/2014-114 (Dec. 10, 2014).

27 See Travel, Entertainment, Gift, and Car Expenses(여행, 오락, 증여 및 자동차 비용), I.R.S. Publ'n No. 463, 16-17 (2018).

28 Id. at 16; I.R.S. News Release IR-2 017-204 (Dec. 14, 2017). 표준운행거리법이 사용될 수 없는 상황이 있다.

을 것이다. 이는 그 시설이 납세자의 주택에 있더라도 마찬가지이다.[29] 위 예외에 의하면 납세자가 유료 고객에게 상시적으로 주택의 일부를 임대하여 그 부분을 개인적으로 사용하지 않는 경우에, 임대비용 공제를 제한하는 Section 280A의 적용을 받지 않는다.[30] 그러나 공유경제 플랫폼을 통해 임대되는 부동산 상당수가 호텔 예외 규정의 대상이 되지 않을 것으로 본다.

만약 납세자가 거주시설(주택, 아파트, 콘도미니엄, 이동 주택, 보트 등)을 임대하면서 이를 개인적으로 사용하기는 하지만 주거로서 사용하지는 않는 경우라면, Section 280A에 의하여 총사용일수 중 임대일수의 비율로 비용을 공제받을 수 있다.[31] 주거에 해당되는 시설을 임대하는 경우에는 Section 280A의 공제규칙(아래에서 보는 바와 같이 더 제한적이다)보다 위와 같은 비율대로 공제받는 것이 일반적으로 더 유리하다.[32] 개인적 사용기간이 14일을 초과하거나, 공정한 가격으로 임대되는 날짜의 10%에 해당되는 경우에는 주거로 사용하는 것으로 된다.[33] 예를 들어 콘도를 소유한 납세자가 이를 일 년 중 대부분 임대하고 개인적으로는 단 5일만 사용하는 경우라면, 그러한 사용은 주거용으로 사용한 것에 해당되지 않으며, 납세자는 더 우호적인 위 규칙에 따라서 비용을 공제받을 수 있다.

그러나 납세자가 거주용으로 간주되는 수준으로 부동산을 사용하는 경우라면 조세상 결과는 임대되는 일수에 따라 달라진다. 부동산이 15일 미만으로 임대되는 경우 소득은 신고될 필요가 없고 덩달아 그 부동산에 관한 공제도 할 필요가 없다.[34] 부동산이 15일 이상 임대되는 경우 법정 할당 공식으로 공제를 받을 수 있는데, 법정 할당 공식은 주거용으로 취급되지 않는 시설(그러나 개인적 사용이 어느 정도 이루어지는 시설)의 임대에 비하여 공제를 덜해 준다.[35]

요컨대, 임대차 공제 할당에 관한 Section 280A는 복잡한데, 주거용으로 사용되는 거주시설이 임대되는 경우에는 더욱 복잡하다. 에어비앤비 등 플랫폼에서 재산을 임대하는 것에 관한 각 지역의 규정이 진화함에 따라, 주거용 임대에 관한 Section 280A에 의거하여 납세자가 과세받을 가능성이 커질 것이다. 각 지역정부가 에어비앤비 등 플랫폼에서 부동산이 임대될 수 있는 일수를 제한함에 따라, 그 결과로서 숙박주가 주거용으로 취급되는 부동산을 임대하는 경우가 많아질 것이다. 그렇게 되면 숙박주는 가장 제한적이고 혼란스러운 Section 280A에 따라 임대비용을 공제받게 될 것이다.

---

29 I.R.C. §280A(f)(1)(B).

30 주거시설(취침공간, 화장실, 요리시설 등 기본적 생활 편의시설을 포함하는 것으로 정의된다)을 임대하는 납세자는 호텔 예외 규정의 적용을 받지 않는다. 호텔 예외 규정은 단기 유료 고객에게 상시적으로 주택의 일부를 임대하는 것을 상정한다. Residential Rental Property(주거용 임대 부동산), IRS Publ'n No. 527, 17 (2018).

31 I.R.C. §280A(d)(1).

32 I.R.C. §280A(e)(1).

33 I.R.C. §280A(d)(1).

34 I.R.C. §§280A(c)(5), (g).

35 I.R.C. §§280A(c)(5), (e)(1).

3. 다른 공유경제 노동의 경우

공유경제 노동으로 숙박공유와 TNC 운전만이 있는 것은 아니다. 다양한 온라인 플랫폼이 있어서 다양한 물품과 서비스의 제공이 가능하게 되었다. 예를 들자면 태스크래빗[36]에서는 온갖 서비스가, 로버(Rover)[37]에서는 애완동물 돌보기가, 폰(Fon)[38]에서는 와이파이 서비스가 각 제공되고 있다. 위 모든 경우에 소규모 사업자는 소득을 얻고 관련 비용을 지출하면서 비용에 대한 기록을 남겨야 하고, 개인적 비용(보통 공제되지 않는다)과 사업상 비용(보통 공제된다)을 구분하는 데에 특별한 주의를 기울여야 한다. 공유경제 사업모델에서 서비스를 제공하는 과정에서 납세자의 주택 혹은 차량이 사용되는 한, 위에서 본 구체적인 규정들이 적용될 것이다. 더욱 일반적으로 보건대 공유경제 참여자가 플랫폼 노동을 수행하면서 원래 개인용 자산이었던 것을 사용하는 경우에는, 자산의 혼용으로 인하여 조세 분석론의 복잡성은 증대되고 덩달아 납세자에 대한 조세법 준수의 부담은 가중된다.

Ⅲ. 공유경제에서의 법 준수와 분류의 문제

섹션 Ⅱ에서 본 바와 같이, 공유경제에서 소득에 과세하고 비용을 공제하는 방법에 관한 실체법적 문제에 대하여는 일반적으로 현행법이 답을 주고 있다. 대체적으로 모든 직업과 사업에 적용되는 현행 조세법리는 공유경제 참여자에 대한 과세소득과 비용에 대하여도 적절히 규율하고 있다. 그러나 그렇다고 하여 현행 조세법체제가 노동자에게 단순하고 직관적이며 편의적이라는 의미는 아니다. 오히려 노동자는 문서 작업 부담, 예상하지 못한 법적 요건, 기타 혼란에 직면할 수 있다. 이러한 문제에 직면하여 필자를 포함한 다수 사람들이 조세 개혁안을 다수 제안하면서 공유경제 노동자가 당면한 조세상 문제들을 해결하려고 노력하였다. 이 섹션에서는 우선 노동자가 직면하고 있는 조세법 준수의 현황을 검토한다. 그다음에 다양한 조세개혁안이 타당한지 여부와 현존 문제의 해결에 기여할 가능성이 있는지 여부를 고려한다.

A. 공유경제 노동자의 조세법 준수 현황

공유경제 노동자가 독립계약자로 분류되는 한(대부분의 플랫폼에서 채택한 입장이다) 노동자들은 익숙하지 않은 문서작업 부담과 법 준수 의무에 직면하게 된다. 결과적으로 조세 시스템은 그러한 노동자가 사업에 종사하는 것으로 보며, 노동자는 고용세를 납부하여야 하고, 예상치 못하겠지만

---

36 www.taskrabbit.com/.

37 www.rover.com.

38 https://network.fon.com/.

분기별로 추정세액을 납부하여야 할 것이다.[39]

1. Form 1099-K에 대한 이해

노동자가 공유경제 노동에 관하여 신고하여야 할 두 개의 주요 항목은 소득항목과 비용이다. 소득을 전체적으로 파악하는 것은 일반적으로 어렵지 않지만, 플랫폼이 발급한 서류 때문에 때로는 소득금액에 대한 혼동이 발생하기도 한다. 통상적으로 공유 사업자는 소득액이 표시된 Form 1099-K를 노동자에게 보낸다.[40] 그러나 우리가 TNC 운전자에 대한 조사를 한 결과 일부 노동자는 신고된 숫자에 대하여 오해를 하고 있는 것으로 나타났다. Form 1099-K에는 노동자가 창출한 총소득이 기재된다. 우버 운전자의 경우 여기에는 승객에게 청구되는 기본요금, 우버가 승객에게 청구하는 안전운행료, 우버가 운전자에게 부과하는 요금 및 수수료를 포함한다.[41] 리프트의 경우 Form 1099-K에 기재된 총소득에는 리프트 수수료와 통행료가 포함되나, 다른 서비스 수수료, 제3자에 대한 수수료, 조세가 포함되지 않는다.[42] 두 항목인 안전운행료와 우버 수수료는 운전자가 아닌 우버가 보유하므로 운전자는 이를 공제받을 수 있다. 그러나 일부 운전자는 Form 1099-K에 기재된 금액이 우버로부터 받은 총금액(우버의 수수료까지 포함하여)이라는 사실을 이해하지 못하여 과세소득을 신고하기 전에 안전운행료와 우버의 수수료를 공제하지 않을 위험성이 있다.[43] 여러 인터넷 포럼에서 운전자들이 Form 1099-K를 정확하게 읽는 법을 다른 운전자에게 교육시키려고 노력하였으나, TNC 부문에서 이것이 어느 정도 문제되고 있는지와 다른 플랫폼과 노동자의 경우는 어떤 상황인지는 여전히 불분명하다.

2. 비용: 추적과 문서작업

조세법 준수의 두 번째 문제는 비용 공제와 관련된다. 공유경제 노동자가 업무의 수행 과정에서 개인적 가치자산을 사용하거나 서비스의 제공 과정에서 자신의 돈을 지출한 경우에 그 비용을 공제받고 싶을 것이다. 비용의 공제 가부와 그 계산방법에 관한 실체법을 확인하는 것 외에도 노동자는 (1) 사업적 사용과 개인적 사용의 양을 계산하여야 하고(무엇이 사업비용에 해당하는가에 대한 법적 판단이 필요할 것이다), (2) 사용 내역을 문서로 남겨야 하며, (3) 비용지출 기록을 보존하여야 할 것이다.

그러므로, TNC 운전자는 주행 거리 중 개인적 사용분과 사업적 사용분을 구분하여야 한다. 먼저

---

39 See supra notes 8, 12 and accompanying text.

40 여러 종류의 Form 1099를 적용하는 문제와 현행법에서 야기된 쟁점 및 격차의 문제에 대하여는 다음을 참조하라. See Can Sharing Be Taxed?(공유경제에 과세할 수 있는가?), supra note 3, at 1034/41.

41 See, e.g., How to Use your Uber 1099-K and 1099-Misc(우버 1099-K, 1099-Misc를 이용하는 방법), Stride, https://perma.cc/LGA8/JZ4U; Uber Partner Reporting Guide(우버 파트너의 조세신고 안내서), H&R Block, https://perma.cc/6YE4-475Z.

42 See 2016 Tax Info for Drivers(운전자에 대한 2016년 조세 안내), Lyft, https://perma.cc/BU7R/F5GM.

43 See The Tax Lives of Uber Drivers(우버 운전자의 조세생활), supra note 3, at 86-87.

무엇이 사업용 주행에 해당하는지에 관한 법적 결론을 내야 한다. 승객이 탑승했을 때는 답이 쉽지만, 답이 명확치 않을 때도 있다. 후자의 예로서는 운전자가 승객을 태우지 않은 채 주요 탑승 위치로 이동할 때, TNC 앱을 켜놓은 채 승객 없이 집으로 이동할 때(이런 때는 승차자를 태우려는 의사가 있는 것이다), 사이사이에 개인적 업무를 보는 때가 있다. 더구나 일단 법적 판단의 기준이 정해지면 TNC 운전자는 사업상 주행거리와 개인용 주행거리의 기록을 유지하는 행정적 업무를 처리하여야 한다. 이는 결코 사소한 문제가 아니다. 우버 등 플랫폼은 승객이 탑승한 운행거리만을 기록할 뿐이고, 사업상 운행거리로 될 만한 운행이라도 포함되지 않는 경우가 있을 것이기 때문이다. 후자의 예로서는 승객을 찾기 위하여 앱을 켜놓고 운행하였지만 실제로 탑승객이 없는 경우도 있다. 따라서 TNC 회사로부터 확보된 총운행거리는 조세 부과에 관한 한 실제보다 적은 것이며, 운전자는 직접 기록을 하고 문서증빙을 확보하여야 한다. 이를 효과적으로 처리하기 위하여 운전자들이 실험 삼아 전화기 앱과 다양한 전자원장을 사용하여 운행거리를 추적하고 기록하였으나, 국세청이 허용하는 증빙서류로 어떤 것이 있는지에 대하여는 약간의 불확실성이 있다.[44] 우리의 연구에 의하면, 일부 운전자는 당초에는 운행거리의 중요성을 알지 못하였거나, 비용 추적과 문서증빙이 필요하다는 사실(및 개략적 추산은 허용되지 않는다는 사실)을 인식하지 못하였던 것으로 보인다.

3. 분기별 추정세액의 납부

독립계약자 지위가 생소한 공유경제 참여자는 회계연도 중 추정세액을 신고하고 납부할 의무가 있다는 사실 및 조세부담액에는 고용세의 여러 요소가 포함된다는 사실을 깨닫지 못할 수도 있다. 간단히 말하자면 일 년 중 국세청에 납부된 원천징수 금액이 최종 평가세액에 비추어 부족할 것으로 보이면 납세자는 분기별 추정세액을 납부하여야 한다.[45] 노동자가 자기고용에 해당되어 고용자 원천징수의 대상이 되지 않는 경우에 원천징수액이 부족할 가능성이 있는데, 이는 대부분의 공유경제 노동자에게 해당되는 일이다. W_2 직업의 경우에 일부 노동자가 원천징수액을 증액함으로써 추정세액 신고 및 납부 책임을 면할 수 있겠지만, 다른 노동자는 이러한 의무를 면할 수 없을 것이다.

추정세액 납부의무를 부담하는 공유경제 참여자는 정확하게 그러한 조세를 계산하고 납부할 행정적 의무를 부담하는 것으로 끝나지 않는다. 그들은 추정세액 납부의무를 충족하기 위하여 얼마를 적립할지도 판단해야 한다. 만약 그들이 추정세액 납부의무를 충족시키지 못한다면 신고의무 미이행에 따른 이자와 가산세를 지불하여야 할 것이다. 납세자가 자금을 적절히 배분하고 재정을 관리할 만큼 금전관리에 현명하지 못하다면 이러한 행정적·실체법적 의무는 소비 충격 (consumption shock)을 가져올 수도 있다.

---

44 Id. at 84–86.

45 See, supra note 12; see also Estimated Taxes(추정세액), IRS, www.irs.gov/businesses/small/businesses-self-employed/estimated-taxes (last updated Apr. 26, 2018).

4. 공유경제 노동자의 노동공급 선택에 대한 조세법의 영향

법 준수 부담 외에도 조세 시스템의 구조와 운영이 공유경제 노동자의 노동공급 결정에 영향을 미칠 수 있다. 영향의 일부는 오정보와 명확성의 부재로부터 발생할 수 있는데, 그렇게 되면 골치 아픈 문제가 발생할 수 있다.

아마도 가장 중요한 첫 번째 문제는 노동자들이 착시효과(spotlighting)라는 것을 경험할 수 있다는 점이다. 이 용어는 노동자들이 공유경제 노동의 비용을 정확히 알지 못하여 노동의 순이익을 과대평가하고 노동을 과다공급할 위험이 있는 상황을 포착하고 있다. 공유경제 노동에 대한 과세는 공유경제 노동 플랫폼에서 수령하는 지불금에 대한 착시를 불러일으킬 수 있다. 예컨대 TNC 운전자는 지불금을 미리 받고, 나중에야 차량 감가상각 등 운행 비용을 계산하고 납부할 세금을 확인하는데, 이렇게 하면 노동에 따른 수익을 과대평가할 우려가 있다. 추정세액 외에는 조세 신고가 사후에 연간 단위로 이루어지므로, 과세로 인하여 이러한 효과가 심화될 여지가 있다.

다음으로 공유경제에서 제공할 노동의 양을 정할 때 노동자들이 한계세율이 아닌 평균세율에 치중할 가능성이 있기도 하다. 예컨대 노동자들이 연말에 세액이 얼마나 될지를 그저 어림짐작할 경우에 이러한 현상이 발생할 수 있다. 노동자가 주세 및 연방세 등 여러 세율표의 적용을 받는 경우에 특별한 위험이 있는데, 노동자가 한 개 이상의 직업을 갖고 있거나 정규 직업 외에 추가로 공유경제 노동을 하는 경우에 그 위험이 더욱 커진다. 이러한 노동자는 최종적인 소득세 구간 및 조세액이 어떻게 될지 명확히 알지 못할 수도 있고, 적정한 수준 이상으로 노동을 공급하게 될 가능성도 있다.

요컨대, 과세는 왜곡을 일으키는데, 노동자의 노동시간량 결정에서 왜곡의 한 형태가 발생한다. 1년세 제도의 현실, Form 1099-K 노동자에게 지불된 금액에 대한 원천징수의 결여, 공유경제 노동의 파편화 등의 이유로, 노동자는 수입액과 적정 노동시간량을 판단하는 데에 특별한 어려움을 겪고 있다.

Form 1099-K를 읽는 법을 배우고, 공제에 관한 조세법을 터득하고, 사업비와 개인적 비용을 분배하고, 사업적 용도와 실제 비용을 추적하고 증빙하며, 분기별 추정세액을 관리하는 과정에서, 공유경제 노동자가 느끼는 전반적인 부담감은 상당히 큰 것으로 보인다. 처음으로 독립계약자가 된 노동자처럼 소규모 사업체에 대한 과세에 익숙하지 않은 노동자, 파트타임으로 혹은 단기간 공유경제 노동을 제공하려는 노동자, 적정한 조세자문료를 포함한 조세법 준수 비용을 지출하기에는 수입이 적은 노동자 등의 경우에는 이러한 평가가 특히 타당할 것이다.

B. 피용인으로 분류하는 것이 조세문제의 해결책이 될 것인가?

공유경제 소기업가들은 조세법 준수 관련 부담을 상당히 받고 있는데, 이는 법적 개혁을 필요로 하는 문제라고 볼 것인가? 자기고용으로 직업 혹은 사업을 수행하는 개인에게 이러한 조세법 준수 의무는 오랜 기간 존속해 온 것이지 새로운 것은 전혀 아니다. 그러므로 개혁 필요성에 대한 제안을 하는 경우 단순히 공유경제 노동자만을 염두에 둘 것이 아니라 개인사업자 전부에 대한 조세법 준수의 부담을 고려하여야 한다. 한편 이러한 조세법 준수 부담이 전통적인 사업에 종사하는 자기고용 개인사업자에게는 과도하지 않을지라도, 플랫폼의 개인 소사업자(microbusiness)에 대하여 적절히 부담완화를 하지 않는 것에 대한 우려는 사소한 것이 아니다. 즉 플랫폼 노동을 가끔 하는 소사업자는 아주 소규모로 사업에 종사하므로 조세법 준수가 주는 부담이 노동에서 얻는 이익을 압도할 가능성이 있다.

공유경제 노동자에 대한 조세법 준수 부담을 완화시킬 수 방법으로서는 노동자를 독립계약자가 아닌 피용인으로 분류하는 것이 있다. 피용인으로 분류한다면 공유경제 노동자가 Form 1099-K 대신에 Form W₂를 받기 때문에 적어도 분기별 추정세액 신고와 사회보장세 납부와 관련된 부담은 경감될 것이다. 공유경제 노동자를 피용인 지위에 두는 것은 여러 사람들의 지지를 받았는데, 현행법에 따라 내린 결론으로서 제시되기도 하였고, 바람직한 법적 정책으로서 제시되기도 하였다. 그러나 이러한 태도를 야기한 주요 동인은 노동법에 기한 노동자 보호 문제였지 조세법이 아니었다.

피용인으로 분류하면 노동법 및 고용자 보호와 관련된 이익이 제공되겠지만, 그렇다고 하여 조세와 관련하여 노동자에게 긍정적 효과를 가져올지는 불명확하다. 피용인으로 분류하여 생길 수 있는 조세상 위험성으로서 다음의 세 가지가 두드러진다.

첫째, 문서작업 및 조세법 준수업무에서 오는 부담은 여전히 높을 것이다. TNC 운전자를 예로 들어보자. 피용인으로 분류된 후에도 운전자들이 전과 동일한 일을 한다고 가정해 보자. 즉 그들은 계속하여 자신의 차량을 이용하여 운전을 하고 승객 관련 비용(보험, 생수 등)의 비용을 지출한다고 생각해 보자. 그렇다면 운행거리를 사업용과 개인용으로 구분하여야 하고, 그 기록을 적절히 남겨야 하며, 공제 대상 여부와 공제 방법을 확정하여야 하고, 공제에 필요한 서류를 적절하게 갖추어야 한다. 이렇게 되는 데에는 두 가지 이유가 있다. 첫째, 피용인이 변상받지 못한 비용에 대한 공제를 받으려면, 서류작업과 세법상 요건이 여전히 충족되어야 한다. 둘째, 노동자가 고용자로부터 비용변상을 받기 위해서는 서류작업 및 추적 작업이 이루어져야 한다(주법에 따라서 고용자가 노동자 비용을 부담하여야 하는 경우).[46] 확실히 일부 부담은 제거될 것이다. 특히 분기별 신고 의무와 일 년 내내 일정한 조세가 납부되도록 하는 의무는 없어질 것이다. 고용자인 승차공유 회사가 이 부담을 떠안을 것이기 때문이다. 노동공급 결정에 대한 착시효과(salience-related effects)도 일부 개선될 가능성이 있다.

두 번째 것은 첫 번째 위험성과 관련된 것인데, 피용인 지위로 이전시키기만 하고 그에 상응하게 TNC 플랫폼의 사업모델에 근본적인 변화가 이루어지지 않는다면, 운전자는 계속하여 노동 관

---

46 See infra note 46.

련 비용의 상당 부분을 부담하는 결과가 될 것이다.[47] 이러한 비용의 관리에 대한 조세 업무상 부담은 계속될 것이고, 2017년 12월에 만들어진 세법 조항인 Section 67(g) 때문에 이러한 비용지출에 따른 세금 혜택도 사라질 것이다. 위 신설 규정이 없더라도 사업비 공제 범위에서 피용인은 독립계약자보다 제한을 더 받았다. 독립계약자가 비용을 공제받기 위해서는 Section 162의 핵심 요건인 '통상적이고 필요한 비용이라는 점'을 충족하여야 하고, Section 274가 요구하는 추가적 제한을 충족하여야 한다(Section 274는 사업용/개인용의 구분을 명확히 하는 등 공제의 오남용을 방지하기 위하여 만들어졌다).[48] 일단 위 요건들이 충족되면 독립계약자는 추가적 제한이 없이 비용의 공제를 받을 수 있을 것이다.

반면에, 피용인이 같은 업무를 수행하면서 동일한 비용을 지출한 경우에 2017년 12월까지는 세법상 추가적인 제한이 있었다. 피용인의 경우에는 공제가 '기준선 하단'(below the line) 항목으로 처리되었다. 이들은 내국세법 Section 67의 적용을 받았는데, 피용인으로서 업무나 사업을 수행하는 과정에서 비용을 부담한 경우에 납세자는 총비용 중 조정총소득(adjusted gross income)의 2%를 초과하는 부분만 공제를 받을 수 있었다.[49] 피용인 비용에 관한 세법 조항이 그대로 유지되었다면, 공유경제 노동자가 개인자산을 이용하여 노동을 제공하거나 노동 제공 과정에서 비용을 지출하고 변상받지 못하더라도, 피용인 지위로 이동한 후에는 소득공제를 받지 못하는 손실을 보게 되었을 것이다.[50] 그러나 2017년 12월 세제 개혁으로 도입된 신설 조항인 Section 67(g)에 의하여, 2026년 1월 1일 이전의 과세연도에서는 피용인이 직업 혹은 사업 비용을 공제받지 못하게 되었다. 피용인으로 분류되는 경우 2026년까지는 이와 같은 비용의 일부가 아니라 전부를 소득에서 공제받지 못하게 된 것이다.

셋째, 중간적 사업자(독립계약자는 포함되나 피용인은 포함되지 않는다)에 대한 신설 공제조항인 Section 199A의 도입으로 노동자에 대한 두 가지 분류 사이에 조세상 격차가 더 벌어지게 되었다. 피용인으로 분류되면 납세자는 10%의 신설 공제에 대한 접근권을 상실한다. 공유경제 사업자의 사업모델에서는 대부분 노동자를 독립계약자로 분류하는 것을 선호한다. 소송, 규제기관에 대한 신고, 사업모델에 대한 소개와 홍보에서 많은 사업자가 노동자를 독립계약자로 취급하는 것을 옹

---

47 주에 따라서는 예외가 있을 수 있다. 예컨대, 주법을 통하여 고용자로 하여금 피용인이 부담한 비용의 상당 부분을 피용인에게 변상하도록 할 수 있다. 그러한 경우에 고용자와 사이에 사업모델에 대한 재협상을 하지 않더라도, 법률에 의하여 피용인은 더 이상 그러한 비용을 부담하지 않게 될 것이다. See, e.g., Cal. Labor Code § 2802.

48 경우에 따라서는 비용의 유형에 따라 Section 195(창업비용) 등의 특별 규정이 적용될 수도 있다.

49 I.R.C. §67.

50 2017년 12월까지 적용되는 세법은 아래와 같이 단순한 사례로 설명이 가능하다. 노동자가 공유경제 노동에서 올린 총수입이 1만 달러, 다른 노동의 수입이 4만 5,000달러이고, 공유경제 노동의 수행에서 인정된 비용이 2,000달러라고 가정하자. 공유경제 노동에 관하여 노동자가 독립계약자로 분류되면, 2,000달러의 비용은 Section 62에 의거하여 '기준선 상단'(above the line) 비용으로서 공제될 것이다. 이러한 기준선 상단 비용은 노동자의 조정총소득을 산출하기 전에 전액 공제될 것이다. 그리하여 조정총소득액은 5만 3,000달러가 되는데, 납세자의 과세표준이 2,000달러 전액만큼 감소한 것이다. 반면에, 공유경제 노동에 관하여 노동자가 피용인으로 분류되면, Section 67(Section 62에서는 피용인 비용이 제외된다)에 의하여 기타공제항목에 해당하게 되고, 조정총소득의 2%를 초과하지 않으면, 공제가 허용되지 않을 것이다. 이 경우 노동자의 조정총소득은 그대로 5만 5,000달러이다. 조정총소득의 2%는 1,100달러이다. 따라서 납세자는 조정총소득에서 지출한 2,000달러 비용 중 900달러만을 공제받을 수 있다. 납세자는 나머지 1,100달러는 납세신고서의 어느 곳에서도 공제받을 수 없을 것이다.

호하여 왔다.[51] 추정컨대 이렇게 분류하게 되면 수익성의 측면(조세와 복지급여비의 절감) 및 사업위험성의 측면(불법행위책임 등)에서 사업자에게 가장 유리하다는 평가가 반영되어 있다고 본다.

C. 다른 해결책은 없는가?

노동자 재분류 외에 다른 개선책은 없는가? 일부 논평가는 있다고 한다. 공유경제 관련 문제 중 일부는 당국의 조세행정 및 집행의 측면에서 발생하지만,[52] 조세법 준수와 관련된 문제 중 상당수는 노동자의 문제들이다. 이런 문제를 완화시킬 방법이 있다. 하지만 이러한 방법에는 위험성이 내재하고 있기도 하다. 제대로 말하자면, 조세와 관련하여 개발된 해결책과 제안들은 다른 영역의 법적 결과에도 영향을 미칠 수 있고, 경우에 따라서는 상당한 경제적 손실이 있을 수도 있을 것이다.

예컨대, 연방의회가 세세한 비용 할당과 추적의 필요성을 완화하기 위하여 비용공제에 관한 피난처 조항(사업상 운행거리에 관한 현행 표준운송거리율 조항과 유사하다)을 둘 수도 있다. 이러한 추세에 따른 구체적인 제안을 캐슬린 토머스 교수가 한 적이 있는데, 표준사업비공제가 그것이다. 이에 의하면 공유경제 노동자는 사전에 정해진 금액(총수입의 일정 비율로 계산된다)을 공제받을 수 있기 때문에 일 년 내내 비용을 증빙하고 추적할 필요가 없어질 것이다.[53] 그러한 접근방식은 또 다른 문제를 야기할 수도 있는데, 이에는 공제대상자와 공제금액 수준을 정하는 문제도 포함된다. 하지만 현재 소규모 사업에 종사하는 노동자가 직면하는 세법 준수, 서류증빙, 비용추적 등의 부담은 확실하게 감소될 것이며, 세법 준수와 서류증빙의 비용액이 실제 수입액보다 훨씬 큰 경우에는 특별히 의미가 있을 것이다. 가장 큰 위험성은 공유경제 노동자를 위하여 단순화된 조세 체제를 구축하게 되면 노동자가 직면한 문제를 완화하기 위하여 단편적 대응을 할 가능성이 있다는 점이다. 그렇게 되면 종합적인 해결책은 요원하게 될 것이다. 단순화된 체제를 구축해 놓으면 '공유경제 노동자를 독립계약자로 분류하는 것이 적합하지 않다'는 합리적인 주장이 몰각될 가능성이 있다. 공유경제 기업 입장에서는 '독립계약자로 이 분야에서 활동하는 데에 별문제가 없다'라는 주장을 쉽게 제기할 것이기 때문이다.

노동자의 조세법 준수 부담을 일부나마 완화하는 직접적인 방법 중에는 '플랫폼이 어떤 지불금을 보고하여야 하는지'를 명확히 하는 것도 있다. 구체적으로 보면, 노동자가 플랫폼으로부터 Form 1099를 받지 아니한 경우에 공유경제 참여자 중 일부에게는 하나의 문제가 발생한다. 법률

---

51 Oei, supra note 1 (공유경제 기업은 전략상 긱(gig)으로 분류하는 것을 옹호한다고 한다); see also Francine McKenna, Uber Believes it has SEC Nod for Earnings Approach that Mirrors Business Model(우버는 사업모델을 반영한 수익계산법을 SEC가 승인하였다고 믿고 있다), Marketwatch (Oct. 26, 2017), www.marketwatch.com/story/uber-an-early-adopter-of-new-revenue-recognition-rules/believes-it-has-secs-blessing-of-its-business-model-2017-10-25?mg=prod/accounts-mw (우버는 SEC 신고서류에서 거래상대방은 운전자이지 승객이 아니라는 입장을 취하고 있다고 한다).

52 우리는 Can Sharing be Taxed?(공유경제에 과세할 수 있는가?)라는 글에서 이 문제들과 조세행정적 어려움에 대한 해결책을 논의하고 있다. Supra note 3. 여기에서는 관련 논의를 하지 않는다.

53 Thomas, supra note 3).

에 의하면 Form 1099에 의하여 지불금이 보고되지 않더라도 총소득에는 이를 포함시켜야 한다. 그리하여 Form 1099를 받지 아니한 경우라도 노동자는 연간 소득의 산입을 위해서 총수입을 합산하는 부담을 져야 한다. 플랫폼이 Form 1099의 발급이 필요한 기준(Form 1099-K의 발급에 관한 규정에 의하면 200건/2만 달러 기준이 있다)에 해당되지 않아서 Form 1099를 발행할 필요가 없다고 생각하는 때에는 Form 1099가 발행되지 않는 경우가 생긴다.[54] 우리가 과거의 연구에서 본 바와 같이, 이 기준이 공유경제 노동에 적용되는지에 관하여는 약간의 모호함이 있다.[55] 조세법 준수와 관련하여 노동자의 부담을 경감하는 단순한 방법은 국세청이 모든 소득액에 관하여 Form 1099가 발행되어야 한다는 점을 명백히 하는 것이다.

Form 1099를 발급 받은 노동자라도 조세신고를 정확하게 할 정도로 준비되지 않을 수가 있다. 앞서 본 바와 같이, 일부 노동자는 Form 1099로 보고할 숫자에 대하여 혼란스러워하고 있고, 보고서상 숫자가 총수입의 수치(플랫폼 수수료와 플랫폼 몫이 공제되지 않은 것)라는 사실을 제대로 이해하지 못하고 있다. 이러한 혼란의 경감을 위하여 플랫폼이 Form 1099에 더 명확한 안내문을 부기하거나 국세청이 양식의 디자인을 변경할 수 있을 것이다(변경된 디자인에서는 총소득과 순소득이 구분된다는 점을 강조하고, Schedule C의 해당 기재란에 정확한 수치를 기입하도록 안내를 할 수도 있을 것이다).

위에서 본 바와 같이, 조세법 준수의 구조와 현황은 공유경제에서 활동하는 납세자의 행동에 영향을 미칠 수 있다. 특히 독립계약자에 대한 지불금에서 원천징수를 하지 않음으로써 공유경제 활동자의 조세법 준수 부담이 증가하고 노동공급 선택권이 왜곡될 수 있다. 이러한 효과를 완화할 개선책으로서 일부 비피용인 지불금에 대하여 원천징수를 하도록 요구하는 것이 있다. 토머스 교수에 의하면, 이러한 경향에 따라 공유경제 노동자에 대한 비피용인 원천징수를 지불 전에 해야 하는 이유로 세 가지가 있다.[56] 지불 전 원천징수를 적절히 설계한다면, 추정세액 관련 부담이 경감될 수 있고, 노동자는 나중에 부담하게 될 조세액이 얼마로 될 것인지를 더 정확하게 이해하며, 그에 따라 의사결정을 할 수 있을 것이다. 그러나 역시 조세와 같은 한 영역에서만 단편적인 개혁이 이루어질 경우에는 다른 영역까지 포함하여 종합적인 개선책을 추진하는 움직임에 제동이 걸릴 위험은 있다.

마지막으로, 납세자 교육의 중요성은 아무리 강조해도 지나치지 않다. 공유경제는 많은 신규 참여자를 끌어들인 신흥 분야이다. 일부 신규 노동자는 소득을 신고해야 하는지도 모르고, 어떻게 신고해야 되는지도 모를 수 있다. 그리고 일부 노동자는 어떤 비용에 대하여 추적해야 하는지 혹은 어떻게 추적해야 하는지에 대하여 혼란스러워할 수도 있다. 우리는 이전의 연구에서 조세법 준수 의무에 대한 납세자 교육의 방법론을 제시한 바 있다. 이 글을 쓰는 현재 국세청은 National

---

54 Can Sharing Be Taxed?(공유경제에 과세할 수 있는가?), supra note 3, at 1031-41 (Form 1099-K 보고에 관하여 플랫폼들이 취하는 입장 및 그러한 입장에 따른 조세법 준수의 문제에 대한 논의를 하고 있다).

55 Id.

56 Thomas, supra note 3).

Taxpayer Advocate와 연합하여 공유경제 조세센터(Sharing Economy Tax Center)를 설립한 상태인데, 위 웹사이트에 가면 공유경제 노동자와 플랫폼에게 유용한 자료가 있다.[57] 이 웹사이트에는 많은 자료와 링크가 있는데, 이를 통하여 공유경제에서 일하는 사람들이 조세법상 의무에 관한 정보를 얻고, 그러한 의무를 이행하는 데에 도움을 받고 있다. 이것은 좋은 시작이다. 그리고 조세법 준수 의무를 경감시킬 대책이 검토되고 있기는 하나, 조세법 준수 의무에 관하여 납세자를 교육시키는 데에 더 노력하여야 한다.

조세법 영역에서 개발된 각 해결책과 제안을 실행하는 경우에는 다른 영역에서의 법적 결과에도 영향을 미칠 수 있다.

결론

공유경제의 노동 현상은 두드러진 토론과 논쟁을 불러일으켰다. 논의가 집중된 영역은 주로 노동자 보호 문제였는데, 여기에는 집단 교섭, 노동시장의 파편화, 전통적 산업의 궤멸 등이 포함된다. 하지만 조세 문제도 공유경제 노동자의 궁극적 경험에서 중요한 역할을 수행한다. 다만 조세의 역할은 지금까지 상대적으로 작은 주목을 받아 왔다. 공유경제에서 새로운 기술플랫폼을 통해 일을 수행하는 개인은 자연스럽게 조세법 준수와 보고의 현실에 직면할 수밖에 없다. 따라서 우리가 선택하는 조세 설계가 공유경제 노동을 장려할 수도 있고, 반대로 공유경제에서 브레이크 역할을 할 수도 있다. 더구나 공유경제 노동자에 대한 조세 취급과 관련하여 우리가 선택하는 설계는 노동법 및 더 넓게는 노동자 보호 논의론에 불가피하게 영향을 미치고 연쇄효과를 가져올 것이다. 정책결정자는 조세체계가 소규모 사업에 미치는 영향에 대하여 진지한 관심을 기울여야 한다.

---

57 Sharing Economy Tax Center(공유경제 조세센터), IRS, www.irs.gov/businesses/small-businesses-self/employed/sharing-economy-tax-center (last updated Feb 2, 2018).

26

조세법 준수와 공유경제

마노즈 비스와나단

서언

'공유'경제 혹은 '주문형 플랫폼' 경제로 알려진 '긱경제'는, 저사용 자산 혹은 노동을 소비자와 연결하는 시스템을 기술하는 데 사용되는 폭넓은 개념이다.[1] 공유경제의 경제활동으로 연방정부, 주정부, 지역정부에게 조세법 준수와 관련된 과제가 생겼다. 공유경제의 자산·노동 제공자는 국세청과 지역 과세관청이 잘 알고 있는 전통적인 수단이 아닌 방식으로 수익을 얻기 때문에, 의도하지 않고 소득세를 납부하지 않는 것과 의도적인 조세 회피의 가능성이 동시에 증가하고 있다. 공유경제에서는 소득세 외의 조세 문제도 발생하는데, 예를 들면 임금세, 판매세, 점유세, 자산세 등의 부과와 징수도 문제된다.

이 글에서는 현재의 조세준수 관행이 공유경제 제공자의 소득 문제를 제대로 처리하지 못하고 있는 측면도 살펴보고, 과세관청과 공유경제 제공자의 이익 사이에 균형을 유지하는 데에 필요한 조치가 무엇인지도 살펴본다. 이 글에서는 공유경제 회사에 대한 규제와 과세를 위하여 지역정부가 취한 조치와 그 조치의 잠재적 단점도 살펴보기로 한다. 이 글에서는 미국에서의 과세에 집중하겠지만, 여기에서 논의된 문제들은 공유경제 기업이 활동하고 있는 모든 지역에서 나름대로 의미가 있을 것으로 생각한다.

I. 연방소득세의 문제

국세청은 지불자가 제출하는 신고서(form)를 통하여 대부분의 데이터를 수집하는데, 위 신고서는 국세청 및 피지불자에게 교부된다. 내국세법상 모든 지불자는 이러한 정보보고를 하여야 할 법적 의무가 있는데, 위 정보보고는 상거래에서 이루어지는 대부분의 지불행위에 적용된다.[2] 예컨대 서비스 대가, 이자금, 배당금, 중개인에 의한 판매에 관하여 각각 IRS Form W-2, 1099-MISC,

---

[1] See Manoj Viswanathan, Tax Compliance in a Decentralizing Economy(분산경제에서의 조세법 준수), 34 Ga. S. T. U. L. Rev. 283 (forthcoming,2018) Shu-Yi Oei and Diane M. Ring, Can Sharing Be Taxed?(공유경제에 과세할 수 있는가?), 93 Wash. U.L. Rev. 989 (2016).

[2] See generally I.R.C. §6041.

1099-INT, 1099-DIV, 1099-B를 통한 정보보고가 이루어져야 한다. 위 각 신고서상 정보와 납세자가 제출하는 정보를 비교하는 것은 국세청이 납세자의 신고 소득이 정확한 것인지를 확인하는 주요 수단이다.

정보보고로부터 제외되는 것 중 두드러진 것은 소비자의 지불금인데, 위 지불금은 지불자의 직업이나 사업의 일환으로서 지불된 것이 아니라 지불자의 개인적 소비로서 지불된 것이다. 예를 들면 임차인은 임대인에게 지불한 1,000달러의 임대료를 국세청 소정의 신고서를 통하여 보고할 의무는 없다. 개인적 소비 성격의 지불금이 피지불자(지불금의 수령자)에게는 과세대상 소득이라고 하더라도 마찬가지이다. 위의 사례에서 임차인으로서는 위 지불금을 국세청에 통지할 의무가 없지만, 임대인은 1,000달러를 총소득에 포함시켜야 한다.

연방소득세법의 준수는 지불자가 피지불자에 대한 지불금을 정보신고서를 통하여 얼마나 잘 보고하느냐에 달려 있다. 납세자 겸 피지불자는 정보신고서 사본을 교부받기 때문에 국세청이 그에 관하여 신고된 소득액을 알고 있다는 점을 인지하고 있다. 그 결과 정보보고는 납세자의 세법준수를 급격하게 증가시킨다. 예컨대 피용인의 임금에 대하여 고용자는 Form W-2를 통하여 국세청에 보고하여야 한다. 이러한 보수의 과오신고 비율(총과오신고금액/납세자 신고 의무 액수)은 약 1%에 불과하다.[3] 정보보고가 거의 혹은 전혀 없는 소득 항목(사업용 재산의 매각, 개인사업자 소득, 임대료 등)의 경우에는 과오신고 비율이 60%로 급격하게 올라간다.[4] 결과적으로 정보신고서로 국세청에 보고되지 않은 소득은 납세자가 신고 및 납세를 하지 않을 가능성이 큰 반면에 정보신고서로 처리된 소득액은 납세자가 신고 및 납부를 할 가능성이 커지게 된다.

A. 정보보고와 공유경제

공유경제의 노동·자산 제공자가 소득을 창출하는 과정에서 이용하는 회사는 위 제공자를 피용인으로 취급하지 않는 것이 보통이다. 노동자가 독립계약자로 취급되는 경우보다 피용인으로 취급되는 경우에 회사로서는 비용이 더 많이 든다. 예컨대 피용인은 회사의 복지급여(건강보험, 퇴직연금 등)와 주정부 및 지역정부의 복지혜택(주법에 의한 육아휴가 등)을 누리는데, 독립계약자는 이를 누리지 못한다. 더구나 고용자는 피용인의 소득세 중 사용자 몫을 내야 한다. 노동자를 피용인으로 분류하느냐 독립계약자로 분류하느냐가 완전히 회사의 재량사항이라고 할 수는 없지만, 공유경제 회사들은 노동자에 대한 관리통제권을 갖지 않음을 기화로 노동자를 피용인으로 분류하지 않는 방향으로 나아가고 있다. 그리하여 공유경제에서 노동·자산 제공자가 얻는 소득은 Form W-2를 통한 신고가 잘 되지 않는 것이 보통이다.

---

3 Internal Revenue Service, Federal Tax Compliance Research: Tax Gap Estimates for Tax Years 2008-2010(연방세 준수에 대한 연구: 2008-2010 조세연간 조세 누락 추정액), at 18.

4 Id.

게다가 많은 공유경제 회사가 노동·자산 제공자를 대하는 입장은 노동·자산의 제공자가 독립계약자에도 해당되지 않는다는 것이다. 독립계약자의 수입이 피용인의 임금만큼 엄격하게 규제되지는 않지만, 노동자에 대한 누적 지불금이 600달러를 초과한 경우는 여전히 Form 1099-MISC를 통하여 국세청에 신고되어야 한다.[5] 에어비앤비, 우버, 태스크래빗, 에치 등은 Form W-2나 1099-MISC를 발급하지 않음으로써 자산·노동의 제공자가 피용인도 아니고 독립계약자도 아니라는 입장을 취하고 있다. 위 회사들에 따르면 노동·자산의 공급자에 대한 진정한 지불자는 고객이며, 회사는 단순히 중개인으로서 그 지불이 이루어지게 할 뿐이라는 것이다.[6]

공유경제 회사는 자주 자신들을 노동·자산의 제공자에 대한 지불금의 '제3자 결제기관'으로 파악하면서, Form W-2와 1099-MISC 발급을 배제하고 있다.[7] 이러한 파악은 소득의 신고와 관련하여 중요한 결과를 낳는다. 제3자 결제기관은 피지불자에 대한 지불금이 2만 달러를 넘으면서 총 거래건수가 200건이 넘는 경우에만 Form 1099-K를 통하여 각 개인에 대한 지불금을 신고할 의무를 진다.[8] 피지불자가 위 두 요건을 충족하지 않는 경우 국세청은 지불금에 관한 어떠한 보고도 받지 않게 된다. 그 결과, 예컨대 태스크래빗에서 서비스 제공자에게 지불된 돈이 과세대상 소득이 될 가능성이 매우 높기는 하지만, 그 지불금은 국세청에 보고되지 않을 것이다. 이러한 결과는 공유경제 전반에 걸쳐 흔한 현상이다. 2015년 조사에 의하면 공유경제 회사로부터 이러한 소득을 수령한 자의 61%가 정보신고서 사본을 받지 않았다.[9]

공유경제 회사로서는 노동·자산의 제공자가 얻는 수입에 대한 정보신고서를 제출하지 않으려는 동기가 충분하다. 이러한 소득에 과세가 되지 않으면 소득자는 사실상 몰래(under the table) 지불을 받는 것과 같다. 결과적으로 국세청에 소득이 신고되어 과세가 이루어지는 경우에 비하여, 공유경제 회사가 공유경제 참여를 독려하기 위해 노동·자산의 제공자에게 지불해야 하는 금액이 더 적게 된다. 소득을 신고하지 않음으로 인한 혜택이 노동자에게 귀속되는 것 같지만 공유경제 회사에게도 어느 정도 그 혜택이 돌아간다.

---

5 See generally Instructions for Form 1099-MISC(Form 1099-MISC에 대한 안내), Internal Revenue Service (2017).

6 See, e.g., Should I Expect to Receive a Tax Form From Airbnb?(에어비앤비는 조세신고서를 발급하는가?) Airbnb, www.airbnb.com/help/article/414/should/iexpect-to/receive/a/tax/form/from/airbnb and https://perma.cc/GJK8/7Z9C; 1099-K Tax Form and Your Earnings on Etsy(1099-K 조세신고서와 에치에서의 수입), Etsy, www.etsy.com/help/article/3675 and https://perma.cc/P2M9/ZWT2.

7 모호함이 없는 것은 아니지만 이러한 파악이 허용된다고 볼 수도 있다. 다만 이는 연방의회가 원래 의도한 바는 아니다. Erik J. Christenson and Amanda T. Kottke, Guidance Needed to Clarify Reporting Obligations for Online Marketplaces and Peer-to-Peer Platforms(온라인 시장과 P2P 플랫폼에 관한 보고의무를 명확히 하기 위한 지침), 55 Tax Mgmt. Memorandum 243 (2014).

8 I.R.C. §6050W(e). 제3자 결제기관이란 '제3자 네트워크상 거래'에 참여하는 피지불인에게 지불금을 제공하기로 하는 계약상 의무를 부담하는 중앙 조직을 말한다. 제3자 네트워크상 거래란 '제3자 지불 네트워크'를 통하여 결제가 이루어지는 거래를 말한다. 제3자 지불 네트워크란 다음에 해당되는 협약 혹은 기구를 말한다. (A) 상당한 인원이 중앙 조직에 계좌를 개설할 것(이 경우 계좌개설자는 (i) 중앙 조직과 관련이 없는 자로서, (ii) 물품 혹은 서비스를 제공하고, (iii) 위 협약 혹은 기구를 통하여 물품이나 서비스의 제공과 관련된 대금을 결제하기로 동의한 자를 말한다), (B) 결제의 기준과 메커니즘을 제공할 것, (C) 협약 혹은 기구에 따라 물품이나 서비스를 제공하는 자에게 대금 지급을 보장할 것. I.R.C. §6050W(d)(3).

9 Caroline Bruckner, Shortchanged: The Tax Compliance Challenges of Small Business Operators Driving the On-Demand Platform Economy(부당한 대우: 주문형 플랫폼경제를 주도하는 소규모 사업자의 조세법 준수 문제), Kogod Tax Policy Center, 2016.

위 회사들이 소득신고를 하지 않음으로써 이익을 본다는 점을 놓고 볼 때, 연방의회나 국세청이 조치를 취하는 경우에만 회사들이 정확한 정보신고를 하게 될 것이다. 2016 조세연도에 공유경제 기업인 우버는 소득액에 상관없이 모든 운전자에게 Form 1099-K를 발급하였다.[10] 우버가 왜 위와 같은 힘든 보고의무를 선택하였는지가 인뜻 명확하지 않지만, 학자들의 분석에 의하면 경쟁자들이 똑같은 소득신고 의무를 부담하게 함으로써(아직까지 다른 경쟁자들은 그렇게 하지 않고 있다) 경쟁자가 이용가능한 운전자 풀을 제한하기 위해서였다고 한다.[11] 2017 조세연도의 경우 우버는 정보보고 기준을 변경하여 지불금이 2만 달러가 넘고 횟수가 200회를 초과한 운전자에 대하여만 Form 1099-K가 발급되도록 하였다(아마도 2017년 이후도 마찬가지일 것이다).[12]

실제 공유경제 산업에서는 신고되지 않은 소득액이 상당히 많다. 에어비앤비 의뢰로 작성된 2015년 보고서에 의하면, 숙박주는 32억 달러 이상을 벌어들였고 평균적 숙박주가 한 주택에서 연간 7,350달러의 추가 수입을 올렸다고 한다.[13] 2017년 에어비앤비 보고서에 의하면 미국 내 50대 시장에서 에어비앤비가 징수한 지방세는 향후 10년간 25억 달러를 초과할 것이라고 한다.[14] 평균 호텔세율을 전제로 하면 숙박주에게 지급되는 총수입은 약 200억 달러라는 것을 산출할 수 있다. 이 데이터가 실제 Form 1099-K로 보고된 금액을 보여주지는 않지만, Form 1099-K의 발급대상인 평균적 숙박주의 수입이 국세청에게 보고되지 않고 있다는 점 및 과소신고 가능성이 매우 크다는 점을 보여준다.

위 예는 오로지 에어비앤비에 대한 것이지만 노동·자산의 제공자 다수와 공유경제 회사 사이의 관계를 잘 보여준다. 노동·자산의 제공자 대부분은 공유경제 노동에서 본인 총수입의 20-30%를 번다.[15] 따라서 2만 달러와 200건 거래 기준은 대부분의 피지불자에게 해당되지 않을 것이다. 이러한 상황이라면 획득된 수입의 상당 부분은 비보고 상태로 남아 있을 것이고, 정보보고 체제가 바뀌지 않는 한 대개의 경우 과세가 이루어지지 않을 것이다.

---

10 Uber, What tax documents will I receive?(어떤 조세서류를 받을 것인가?), available at https://perma.cc/2N8U-4U94 (2017).

11 Oei and Ring, supra note 1 and accompanying text.

12 Uber, What tax documents will I receive?(어떤 조세서류를 받을 것인가?), available at https://help.uber.com/h/6b3084d7-d0fa-4535-9868-8d314b3869ba and https://perma.cc/L34Y-XCTU (2018).

13 Gene Sperling, Airbnb: A New Resource for Middle Class Families(에어비앤비: 중산층의 새로운 수입원) (2015), www.airbnbaction.com/wp-content/uploads/2015/10/Middle-Class-Economic-Report-FINAL.pdf and https://perma.cc/F7SF-SUXS.

14 Gene Sperling, Airbnb: Generating $2.5 Billion in Potential Tax Revenue for America's Cities(에어비앤비: 미국의 도시에서 25억 달러의 조세수입을 올릴 예정이다) (2017), www.airbnbcitizen.com/wp-content/uploads/2017/01/US-Tax-Report3.pdf and https://perma.cc/S4VF-SA7G.

15 Caroline Bruckner, Kogod Tax Policy Center, Shortchanged: The Tax Compliance Challenges of Small Business Operators Driving the On-Demand Platform Economy(코고드경영대학원, 부당한 대우: 주문형 플랫폼경제를 주도하는 소규모 사업자의 조세법 준수 문제) (2016).

B. 정보보고 누락 문제의 해결

공유경제의 정보보고 문제를 해결하는 한 방법으로서 국세청이 Form 1099-MISC의 기준금액인 600달러에 맞추어서 Form 1099-K의 최저보고기준을 낮추는 것이 있다. 위 기업들이 Section 6050W에 따른 제3자 결제기관에 해당된다고 하더라도, 2만 달러 및 200회 기준에 의하면 너무 많은 소득이 비보고 상태에 놓이게 됨이 명확하다. 이와 같이 높은 기준의 당초 정당화 논거인 '업무상 부담'은 지불금에 관한 전자기록의 용이성을 감안하여 보면 일반적으로 설득력이 없다. Form 1099-K의 기준 금액을 낮추지 않는 경우의 대안으로서는 연방의회나 국세청이 Section 6050W 및 Form 1099-K가 적용되는 제3자 결제기관의 정의를 간단히 바꿈으로써 공유경제 회사들이 이에 해당되지 않게 하는 방법이 있다. 이 용어의 취지는 에어비앤비, 리프트 등의 회사가 피지불자에 대하여 행사하는 수준의 통제력을 가진 회사들을 포함시키려는 것이 아니었을 것이다.[16] 공유경제 기업이 제3자 결제기관에 해당되지 않는다면, 지급액은 독립계약자에게 지불된 것이고 Form 1099-MISC에 해당되는 600달러 기준이 적용된다고 볼 충분한 근거가 될 것이다.[17]

정보보고 규정의 변경에 관한 문제 대부분은 공유경제 노동자의 지위와 관련되어 있다. 이러한 쟁점 및 그에 따른 결과에 대한 논의는 제25장에서 자세히 다룬다.

C. 세무조사의 강화를 통한 세법 준수의 확보

국세청이 공유경제 회사의 정보보고 의무를 강화하는 대신에 공유경제 회사에 대한 법집행 노력을 다듬음으로써, 회사로부터 지불금을 수령하는 노동·자산의 제공자가 소득 관련 세금을 모두 납부하도록 할 수 있을 것이다. 공유경제 회사들이 노동·자산의 제공자에게 전자적으로 지불하는 것이 압도적이라는 점을 놓고 보면, 이러한 지불금에 대한 감시는 기술적으로 단순하다. 보통 공유경제 회사들이 노동·자산의 제공자로 하여금 금융거래와 신분에 관한 주요 정보를 제출하도록 한다는 면에서 보면, 지불금에 대한 감시는 기술적으로 단순하게 접근할 수 있음을 알 수 있다. 예컨대 태스크래빗은 유효한 사회보장번호, 은행계좌번호, 신원조사 동의서를 요구한다.[18] 우버는 유효한 운전면허와 차량등록증명서를 요구한다.[19] 공유경제 노동자에 대한 조사를 해보면 노동자에게 지불된 총액을 확인하는 것은 쉬울 것이다. 그 결과 국세청은 자산·노동의 제공자가 공유경제 회사로부터 수령한 총소득을 정확하게 확인할 수 있을 것이며, 그렇게 되면 피지불자가 조세신고를 하면서 그 수입액을 정확히 신고하게 될 것이다.

---

16 Oei and Ring, supra note 1, at 1036.

17 Christenson and Kottke, supra note 7.

18 What Do I Need To Be a Tasker?(작업자가 되는 데 필요한 것은 무엇인가?) TaskRabbit, https://support.taskrabbit.com/hc/en/us/articles/204411070/What/do/Ineed-to/be/a/Tasker/and https://perma.cc/9JVH/S3BX.

19 Signing Up(등록방법), Uber, https://help.uber.com/h/88b80350/8701/40c0/8493/9b21189a71ec and https://perma.cc/ZG7V/3BYA.

위와 같이 한다면 자산·노동의 제공자에 대한 세무조사율이 극적으로 증가하게 되므로, 이러한 접근법은 실현하는 데에 정치적 어려움이 있을 것이다. 조정총소득이 1달러에서 10만 달러 사이인 납세자가 경험하는 세무조사율은 현재 1% 미만이다.[20] 공유경제 회사가 자산·노동 제공자에게 지급하는 지불금을 제대로 확인하기 위해 국세청의 집행활동을 강화하기 위해서는 상당히 더 높은 세무조사율이 불가피하다. 조정총소득 50만 달러에서 100만 달러 사이의 납세신고분에 대한 세무조사율은 약 2%이므로, 더 낮은 소득의 납세자에 대한 세무조사를 크게 강화하는 것을 정치적으로 유지하기는 어려울 것이다.

D. 납세자 의식의 개선

공유경제에서 소득을 얻는 다수의 납세자가 소득세 신고에서 누락한다고 하여 그가 의도적으로 조세를 회피하는 것이라고 볼 것은 아니다. 소득세 납부에 대한 지식이 부족한 납세자로서는 정보신고서를 받지 않은 소득에 대하여 조세를 납부해야 한다고는 생각하지 않을 것이다. 위에서 말한 변경 조치가 없다면, 납세자에게 모든 획득 수입을 신고할 의무가 있다는 점을 알려주는 것만으로도 조세법 준수의 긍정적 효과가 있다. 공유경제 회사가 노동·자산의 제공자에게 지불하는 모든 지불금에 관하여 '지불금이 총소득에 포함되어야 한다'는 주의환기문을 첨부할 수 있을 것이다. 대부분의 공유경제 회사들이 정보신고서를 노동·자산의 제공자에게 발급하지는 않더라도 정보보고서 양식 대신에 주의환기문을 발급하는 것은 가능할 것이다.

E. 조세법 준수에 관한 공유경제 회사의 역할

공유경제 회사는 저사용의 노동과 자산을 원하는 소비자에게 효율적으로 연결해 주려고 노력한다. 원하는 당사자를 연결시키려고 노력할 때 기술을 사용할 뿐만 아니라, 사용하는 알고리즘을 최적화하기 위해 세세한 데이터를 유지하여야 한다. 이러한 회사들이 노동·자산의 제공자에 관하여 유지하는 데이터는 제공자에 대한 지불금을 관리하는 데에도 사용될 수 있고, 여러 면에서 효과적인 조세법 준수를 도모하는 데에도 사용될 수 있다.[21] 에어비앤비는 청소비를 지출한 기록을 유지하는데, 청소비는 에어비앤비 숙박주에게는 공제가능 비용에 해당한다. 우버 운전자의 주요 비용항목은 운행거리인데, 운행거리 기록은 우버에 의하여 관리되고 있다. 국세청이 이러한 정보에 접근권을 갖는다면 노동·자산 제공자에 대한 조세의 부과는 훨씬 쉬워질 것이다. 자산·노동 제공자가 자발적으로 공유경제 소득에 대한 세금을 신고하고 납부하는 경우라면, 공유경제 회사가 이러한 정보를 제공하는 것이 큰 도움이 될 것이다.

---

20 Internal Revenue Service, Internal Revenue Service 2016 Data Book(국세청 2016년 데이터 자료집), 36 (2016).
21 Oei and Ring, supra note 1, at 1036.

그러나 앞에서 논의한 바와 같이, 공유경제 소득의 대부분이 신고되지 않고 세금납부도 이루어지지 않을 것이다. 공유경제 노동에서 벌어들인 소득을 신고하지 않는 납세자는 공유경제 회사와 국세청 사이에서 정보흐름이 증가되는 것에 저항할 것이다. 세금을 내지 않는 자산·노동의 제공자들 때문에 공유경제 회사가 이득을 보는바, 정보를 제공하면 자산·노동 제공자가 공유경제에 참여하지 않게 될 것이니 공유경제 회사도 정보 제출에 저항할 것이다.

이러한 저항에도 불구하고 소득을 얻고 있는 자산·노동 제공자가 아니라 공유경제 회사에 의무를 부과하는 것이 국세청이 공유경제의 조세법 준수를 확보하는 성공적인 방책이 될 것이다. 집중된 부유층 집단을 목표로 삼아 세법 집행을 하는 것이 소득이 거의 없고 분산된 개인 집단을 감시하는 것보다 훨씬 간편하다. 물론 조세의 신고와 납부는 개인에게 달려 있지만, 개인의 조세법 준수가 회사의 행위로 영향을 받는 한 회사가 적절한 행위를 하도록 유도하는 것이 국세청의 업무방침이 되어야 한다.

II. 주세와 지역세의 문제

주정부와 지역정부는 관할구역 내의 소득행위자와 사업체에 다양한 조세를 부과한다. 소득세 외에도, 공유경제 회사 및 노동·자산의 제공자가 공히 다른 조세(임금 및 소득세, 점유세, 판매 및 사용세, 사업용 유형자산세)의 대상이 되어 가고 있다는 점은 주정부와 지역정부에게 점점 의미를 더하게 되었다.

현재 주정부 혹은 지역정부가 조세를 부과하는 물품과 서비스의 대체재가 제공되는 데도 그에 대한 조세가 부과되지 않는 경우에 대하여는 특별한 검토가 필요하다. 공유경제의 비과세 물품 및 서비스가 전통 경제의 과세대상 물품 및 서비스와 동일한 것인데도 이러한 차등적인 취급이 있다면, 공유경제 물품과 서비스를 선호하는 소비자 편향이 발생하게 된다.

A. 주소득세(State Income Tax)

납세자의 소득에 대해서 세금을 부과하는 주정부와 지역정부의 대다수는 주소득세 처리를 완결하는 데에 연방정부의 조세정보를 이용한다. 예컨대 뉴욕주와 캘리포니아주는 주소득세를 부과하는 출발선으로서 납세자의 연방세 조정총소득을 사용한다. 그리하여 연방소득에 관한 납세자의 정확한 신고 및 그와 관련된 세법 준수 문제는 주단위 과세에서도 의미가 있다. 소득 신고 문제가 연방 단위에서 해결되면 결과적으로 주와 지역 단위에서도 해결이 이루어진다.

주정부와 지역정부는 관할지역 내에서 노동·자산 제공자가 벌어들인 소득에 관한 2차적 정보보고자로서 역할을 할 잠재력이 있다. 공유경제 회사들은 지역정부의 관할지역에서 영업을 계속하기 위하여 일부 지역정부와 규제협약을 협상해 냈다.[22] 이러한 규제협약을 통하여 노동·자산 제공자에게 사업자로서 등록하게 할 수도 있고, 위 제공자로 하여금 지역 당국에 사업활동에 관한 신고서를 제출하게 할 수도 있다. 예컨대 샌프란시스코에서 신설된 부서인 Office of Short-Term Residential Rental Administration and Enforcement는 단기임대 숙박주로 하여금 단기임대의 기간과 형태에 관한 분기별 보고서를 제출하도록 요구한다.[23]

노동·자산 제공자가 보고의무를 이행하는 범위는 지역 당국과 공유경제 회사 사이에 체결되는 협약의 구체적 내용에 따라 정해진다. 이러한 보고의무의 강제를 통하여 노동·자산의 제공자에게 소득 명세서를 제출하게 할 수도 있을 것인데, 이러한 명세서는 주와 지역정부의 과세당국에게 전달될 수 있을 것이다. 이러한 소득 명세서는 보통 국세청에는 제공되지 않을 것이어서 주소득세를 계산하는 기준점인 연방세법 소득액에는 변동이 없을 것이다. 그러나 소득 명세서가 주당국에 공개되는 경우라면 노동·자산 제공자는 더 기꺼이 소득을 연방세 신고서에도 개시하려고 할 것이다.[24]

주정부와 지역정부는 노동·자산 제공자의 수입을 확정하면서 제공자 자신이 제출한 정보를 사용하지 아니하고 공유경제 회사들이 제출한 다른 정보를 사용할 가능성이 있다. 예컨대 에어비앤비는 손님으로부터 직접 점유세를 징수하여 숙박주 대신에 샌프란시스코시 당국에 납부한다. 이러한 징수와 납부가 세분화되어 샌프란시스코 당국이 숙박주가 특정 재산에서 창출된 점유세를 계산할 수 있다면, 특정 재산에서 올린 소득의 개산액을 산출하는 것이 상대적으로 쉽게 될 것이다. 샌프란시스코 내의 에어비앤비 숙박주는 시당국에 등록을 하여야 하는데, 숙박주가 등록의무를 이행한 경우라면 위의 소득을 각 숙박주에게 정확하게 할당하는 것은 쉬운 일이다.

B. 임금세 및 급여세(Wage and Payroll Taxes)

공유경제의 노동 제공자에게 과소신고된 소득이 있는 한 연방소득세 및 주소득세뿐만 아니라 연방급여세 및 경우에 따라 주급여세와 지역급여세의 과소납부도 있을 것이다. 예컨대 우버 운전자가 서비스의 대가를 수령한 경우에는 15%의 자기고용세(주세와 지역세도 있을 수 있다)가 소득에 적용된다. 노동을 제공하고 보수를 받는 다른 공유경제 참여자도 마찬가지이다. 납세자가 조세신고서를 제출할 때 위 세금들은 조세당국에 납부되어야 한다.

공유경제 참여자는 보통 조세를 잘 모르는 납세자이므로, 연말에 조세부담이 추가되면 노

---

22 Hugo Martin, Airbnb, HomeAway Settle Rental/Registration Lawsuit Against San Francisco(에어비앤비, 홈어웨이가 샌프란시코 당국과 사이에 임대/등록 소송을 합의로 끝내다), L.A. Times, May 2, 2017.

23 How Do I Become a Certified Host?(어떻게 인증 숙박주가 되는가?) San Francisco Office of Short/Term Rentals, https://shorttermrentals.sfgov.org/hosting/become/certified and https://perma.cc/BNP9-BYRM.

24 전자적 지불에 대한 국세청의 세무조사 강화에 대한 것과 마찬가지로 프라이버시 침해를 이유로 이에 대한 비판이 제기될 수 있다.

동 · 자산 제공자에게 유동성 문제가 생기거나 조세법 준수의 어려움이 생길 수 있다. 이러한 임금세와 급여세에 관한 과세당국의 집행 메커니즘은 소득세 일반에 대한 것과 비슷하다. 왜냐하면 정보보고 의무로 인하여 소득세와 임금세에 대한 집행이 가능하게 되기 때문이다. 연방소득 관련 보고를 적절하게 유도하면 임금소득을 정확하게 파악할 수 있게 될 것이다. 그 결과 연방소득세 측면에서 효과적인 소득세 집행이 이루어지면 지역적 차원에서의 임금세와 급여세가 적게 납부되는 것을 막을 수 있을 것이다.

C. 점유세(Occupancy Taxes)

많은 지역정부가 '에어비앤비, 홈어웨이 등 단기임대를 촉진하는 공유경제 회사가 호텔과 같은 방식으로 이러한 임대를 촉진하기 때문에 같은 지역의 호텔 손님이 내는 것과 같은 점유세를 단기임대 손님들도 내야 한다'고 주장한다. 숙박주가 아닌 공유경제 회사에 점유세의 부과와 징수 책임을 지움으로써 지역정부는 훨씬 쉽게 지불의무의 감독과 집행을 할 수 있다. 그러한 협약에서는 공유경제 회사가 숙박주와 지역정부 사이에서 중간자 역할을 하는데, 이러한 접근법은 개별 숙박주에게 관련 조세를 징수하고 납부할 의무를 지우고 이를 집행하는 것보다는 단순하다. 개별 숙박주보다 잃을 것이 많은 회사에 지역정부가 준수의무를 부과함으로써 조세법 준수의 가능성을 높일 수 있다.

향후 해당지역에서 에어비앤비의 영업을 배제하는 규제를 하지 않을 것이라는 지역정부의 확약을 받고서, 에어비앤비는 숙박주 대신에 지역정부에 납부할 점유세를 손님으로부터 징수하여 납부하기로 합의하여 왔다.[25] 이러한 법률은 흔히 숙박주의 임대 허용 범위에 관한 다른 규제요건 및 제한과 자주 관련되어 있다.[26] 현재 에어비앤비는 30개 이상의 주 및 지역정부에서 점유세를 징수하고 있다. 대조적으로 홈어웨이는 숙박주가 점유세를 징수하여 납부하도록 권유하기만 한다.

샌프란시스코와 에어비앤비 사이에 성사된 협상은 공유경제 회사가 일부 주요 시장에서 영업을 무난하게 유지하기 위하여 지역정부와 논의 중인 협약의 좋은 예시이다. 에어비앤비 숙박주로 하여금 샌프란시스코시 당국에 등록하도록 요구하는 조례에 대한 소송 과정에서 에어비앤비와 샌프란시스코 사이에 위와 같은 협약이 이루어졌다. 조정문에 따라서 에어비앤비는 시내 호텔 손님에게 부과되는 것과 동일한 점유세를 징수하여 시당국에 납부하게 되었다. 에어비앤비 숙박주는 샌프란시스코 Office of Short-Term Rentals에 등록하고(등록은 에어비앤비 웹사이트에서 바로 할 수 있다), 숙박주가 없는 상태의 숙박 횟수의 제한을 받고, 임대에 관한 분기별 보고를 한다. 에어비

---

25 In What Areas Is Occupancy Tax Collection and Remittance by Airbnb Available?(에어비앤비의 점유세 징수 및 납부가 가능한 지역은 어디인가?) Airbnb, www.airbnb.com/help/article/653/in/what/areas/is/occupancy/tax/collection/and/remittance/by/airbnb/available and https://perma.cc/R7YQ/K3P9.

26 예컨대 샌프란시스코에서는 에어비앤비 숙박주가 시의 신설 부서인 단기임대국에 등록하여야 하고, 일반적으로는 숙박주가 없는 상태로 임대하는 일수가 90일을 넘길 수 없게 되어 있다. 지역정부들이 에어비앤비를 숙박주가 사용할 유일한 플랫폼으로 요구하지는 않지만, 에어비앤비를 사용하면 보고요건 및 다른 규제상 부담이 덜 까다롭다.

앤비는 샌프란시스코와 협력하여 소사업자로서 제대로 등록된 숙박주만이 에어비앤비에 임대물을 등록하게 할 의무를 부담한다.[27]

　　단기임대 부문에서 활동하는 다른 회사는 에어비앤비만큼 엄격한 규제를 받고 있지는 않다. 예컨대 크레이그리스트와 넥스트도어 등은 일시체류용 등록물을 올리고 있지만, 손님이나 숙박주로부터 서비스 수수료를 받지 않는다. 이들을 통하여 지불이 이루어지지 않으므로, 이들로 하여금 점유세를 징수하고 납부하게 하는 것은 비현실적이다. 위와 같이 다른 웹사이트를 사용하는 단기임대 숙박주에게도 에어비앤비와 홈어웨이에 적용되는 똑같은 규제가 기술적으로는 적용되지만, 시당국이 현실적으로 개별 숙박주를 규제하는 것은 불가능하다. 단기임대 시장에 금전적 이해관계를 갖고 있는 중앙화된 대형 기업(에어비앤비 등)에 규제 부담을 지우고 그 기업으로 하여금 법위반 숙박주를 신고하도록 하는 경우에만 시당국의 단기임대법 집행 시도가 유지될 수 있을 것이다.

D. 판매세 및 사용세(Sales and Use Taxes)

　　공유경제 회사에게 미국 헌법상 요건인 '실질적 관련성'(substantial nexus)이 존재하는지 여부와 판매세를 징수하고 납부할 의무가 있는 당사자인지 여부를 확정하는 것은 간단한 일이 아니다. 연방판매세라는 것은 없기 때문에, 판매세의 부과대상인 구매행위는 주와 지역별로 매우 다양하다. 판매세의 대상 여부는 고도의 사실의존적 판단사항이다.

　　1992년의 Quill 사건에서 연방대법원은 '소매업자가 주와 실질적 관련성을 갖지 않으면 주는 소매업자에게 구매자로부터 판매에 대하여 판매세를 징수하도록 요구할 수 없다'고 판시하였다.[28] Quill 사건에서는 실질적 관련성이 있기 위해서 과세주의 경계선 내에 기업의 물리적 존재(physical presence)가 기본적 요건으로서 필요하다고 판시하였다. 2018년의 Wayfair 사건에서 연방대법원은 Quill 판결을 폐기하면서, 소매업자가 과세주 내에 실질적 관련성을 갖고 있다고 판단하는 데에 과세주 내의 물리적 존재가 필수요건은 아니라고 판시하였다.[29] Wayfair 사건에서 실질적 관련성이 인정되기 위해서 어떤 활동이 필요한지에 대하여는 명확히 하지 않았지만, 위 판시로 인하여 주정부의 판매세 징수권한은 의심할 여지없이 확대되었다.

　　Wayfair 판결 직전의 수년 동안 Quill 판결이 폐기될 것이라는 기대하에 여러 주가 판매세 관련 입법을 하였다. Wayfair의 심리대상은 2016년 통과된 사우스다코타 법률인데, 위 법률은 원격 판매자의 총판매액이 10만 달러를 초과하거나 거래건수가 200개를 초과하는 경우에는 원격 판매

---

27 Katie Benner, Airbnb Settles Lawsuit with Its Hometown(에어비앤비가 소재지인 샌프란시스코와의 소송에서 조정에 합의하다), San Francisco, N.Y. Times, at B2 (May 1, 2017), www.nytimes.com/2017/05/01/technology/airbnb/san/francisco/settle/registration/lawsuit.html. 에어비앤비가 다른 지역에서 체결한 합의는 세부적으로 다르나, 일반적으로 지역정부에 등록하게 하고 에어비앤비가 점유세를 징수하여 납부하도록 한다.

28 Quill Corp. v. North Dakota, 504 U.S. 298 (1992).

29 South Dakota v. Wayfair, Inc., 585 U.S._(2018).

자의 물리적 소재와 무관하게, 사용세를 징수·납부할 의무가 있다고 규정하였다. 오클라호마, 앨라배마 등의 주에서는 주 외의 일부 판매자에게 주 내 구매행위에 대한 판매세를 납부하도록 요구하였다. 콜로라도 법률은 주 외의 판매자가 판매세를 징수하지 않는 경우에는, 구매자에게 판매세가 징수되지 않은 점과 구매자가 그 조세를 납부하여야 할 수도 있다는 점을 고지하도록 의무화하였다.

공유경제 회사는 물리적 사무실이 존재하는 곳이 아닌 주에서 자주 활동을 한다. 하지만 판매세 징수 의무가 논란의 대상인 상황에서도(즉, Quill 사건 이전에도), 일부 공유경제 회사는 판매세를 징수하여 납부하였다. 우버와 리프트는 로드아일랜드에서 7%의 판매세를 징수·납부하였는데, 로드아일랜드에서 그렇게 해야 할 의무가 존재한 것으로는 보이지 않는다. 예컨대 에어비앤비가 인디애나에서 같은 조치를 취하였는데, 인디애나에서는 30일보다 짧은 호텔 체류 시 점유세보다는 판매세를 내게 되어 있다.[30] Quill 판결을 따른다면 인디애나가 에어비앤비에게 판매세를 부과할 수 없겠지만, 에어비앤비는 자발적으로 판매세를 징수·납부하였다.[31] 이러한 회사들은 판매세를 징수하여 납부하는 것이 장래에 더 나쁜 규제를 받는 것보다 낫다고 생각했을 것이다. 이러한 회사들은 회사의 금전적 이해관계를 활동지역의 요구에 맞춤으로써(즉, 조세를 납부함으로써) 해당지역에서 회사가 영업을 계속하는 것을 장려하도록 유도하는 것이다. Wayfair 사건 이후에도 이러한 전략은 여전히 효과적이다. 납부책임 유무가 다투어지는 세금이라도 선제적으로 납부함으로써 더 부담스러운 향후의 규제를 예방할 수 있게 된다.

규제 위험이 적은 이베이, 에치 등 공유경제 회사들은 판매세를 징수·납부할 가능성이 더 작다. 이러한 회사들은 판매세를 부과하거나 징수하는 대신에 판매자로 하여금 적정한 판매세를 부과할 선택권을 부여한다.[32] 이베이와 에치는 판매자에게 '판매세가 징수될 필요가 있을 수 있다는 점, 판매자가 판매세를 징수할 수 있다는 점, 그러나 이베이와 에치가 청구되는 판매세의 정확성이나 유효성을 보증하지는 않는다는 점'을 고지하고 있다. 판매세의 납부는 판매자의 책임이지 공유경제 회사의 책임이 아니다. 이러한 견해는 Wayfair 사건 이후에도 여전히 유효하다. 앞서 본 바와 같이 이러한 회사들이 스스로 제3자 결제 기관으로 규정짓는 태도와 위의 접근법은 서로 일관된다. 위 논리에 의하자면 회사는 소비자에 대한 직접적 판매자가 아니므로, 판매세를 부과·징수할 의무는 판매자에게 있지 회사에게 있지 않다는 것이다.

샌프란시스코가 징수될 점유세 부분을 명확히 규정하면서 에어비앤비에게 규제상 자유를 부여한 것과 유사하게, 어떤 주에서는 자발적으로 판매세를 납부하는 판매자에게 판매세 수입 중 일

---

30 State of Indiana, Department of Revenue, Information Bulletin #41: Sales Tax(안내소식지 #41: 판매세) (Jan 1, 2014).

31 Brian Eason, Airbnb to Mayors: "We Want to Pay Taxes,"(에어비앤비의 시장에 대한 제언: 우리는 조세를 납부하고 싶다) Indianapolis Star, June 26, 2016.

32 Etsy, How to Determine Your Sales Tax(판매세를 산정하는 방법), available at https://www.etsy.com/seller-handbook/article/how-to-determineyour-sales-tax/22717969977; eBay, Charging Sales Tax, available at https://pages.ebay.com/help/pay/checkout-taxtable.html#charge.

정액을 양보해 주려고 하는 것으로 보인다. 예컨대 앨라배마는 주외 판매자(실질적 관련성 요건을 충족하지 않은 경우라도)가 자발적으로 8%의 판매세를 징수·납부하는 경우 시나 카운티 단위의 다른 추가적인 조세를 내지 않도록 허용하고 있다. 그리하여 전체 납부세액도 줄고, 모든 지역정부의 조세를 정확히 계산해야 하는 복잡성도 줄어든다.[33] 위와 같은 양보가 주어지면 회사들이 명확하게 정의된 규제상 위치를 점하는 대신에 일정한 조세액을 납부하는 방안을 수용할 수 있을 것이다. 이는 에어비앤비가 샌프란시스코에서 타결한 협상 내용이다.

이러한 새로운 법률이 개인 판매자보다는 공유경제 회사에게 의무를 부담하게 하자, 주들은 공유경제 플랫폼으로부터 극적으로 증가된 지불금을 수령하는 효과를 누리려고 노력하고 있다. 개별 판매자가 아니라 감시가 용이한 대규모 회사에게 의무를 부담하게 하면 주는 조세법 준수를 더 많이 확보할 수 있다. 현재 에치와 이베이는 자산의 제공자로 하여금 판매세 징수와 납부 여부를 정하도록 하고 있는데, 에치와 이베이가 판매자의 판매세 징수가 정확한지 여부를 확인하지는 않는다. Wayfair 사건 이후로는 판매세 징수의무가 회사에게 이전되어 주 과세당국이 세법을 집행하기가 용이해질 수도 있다.

E. 사업용 유형자산세(Tangible Business Property Tax)

공유경제의 노동·자산 제공자는 자주 소규모 단독사업자로 간주된다. 그 결과 어떤 노동·자산 참여자는 소재 지역에서 사업용 유형자산세의 적용을 받을 수 있다. 이 조세는 직업이나 사업에서 사용되는 유체동산에 적용되는데, 주 단위와 지역 단위에서 사업자가 내는 가장 큰 액수의 세금이다.[34] 일반적으로 이 조세에서는 사업자에게 사업용 유형자산에 대한 가치를 평가하도록 요구한다. 사업용 유형자산세의 적용을 받는 자산은 지역마다 크게 다르다. 예컨대 샌프란시스코에서는 개인용 자산을 일시적으로 단기임대차에 사용하는 경우 단기임대에서 사용되는 가구 등 동산의 가액 중 1.2%가 사업용 유형자산세에 해당된다.[35]

전형적으로 사업자산세는 사업자가 자진신고를 한다. 결과적으로 자산·노동 제공자의 등록을 요구하는 지역에서만 공유경제 참여자에 대한 사업용 자산세를 부과하게 된다. 예컨대 샌프란시스코에서는 에어비앤비 숙박주에게 등록을 요구하므로 쉽게 이 세금을 납부하게 할 수 있다. 그러나 신고된 금액의 정확성을 담보하기는 어렵다. 공유경제에서 대부분의 참여자가 갖는 이해관

---

33 Chris Marr, Online Sales Tax Case to Take Most of 2017 in Alabama(2017년 내내 앨라배마에서 온라인 판매세 사건이 큰 쟁점이 되다), Bloomberg BNA, Weekly State Tax Report (Dec.16, 2016).

34 Ferdinand Hogroian, The State and Local Business Tax Burden: Update For Fiscal Year 2016(주정부와 지역정부에 대한 사업세 부담: 2016 회계연도 최신판), 27 (Nov) J. Multistate Tax'n 39 (2017).

35 Carolyn Said, Airbnb "Furniture Tax" Generates $120,000 for San Francisco(에어비앤비 가구세가 샌프란시스코에서 12만 달러의 수입을 창출하다), S.F. Chronicle (July 21, 2016), www.sfchronicle.com/business/article/Airbnb/furniture/tax/generates/120/000/for/8399617.php. 부과대상 에어비앤비 숙박주에 대한 사업용 유형자산세는 1인당 평균 약 60달러였다.

계가 일반적으로 낮다는 점을 감안하여 보면, 이 조세의 집행을 하려고 지역정부의 자원을 사용하는 것은 효율적이지 못할 것이다. 비싼 자전거를 사용하여 배달하는 포스트메이츠 배달원, 비싼 도구를 사용하는 태스크래빗 작업자 등 다른 공유경제 참여자의 경우에도 이 조세의 집행은 거의 불가능하다. 왜냐하면 위 회사들의 경우에는 등록이 요구되지 않는 것이 일반적이기 때문이다.

결론

공유경제는 노동·자산 제공자가 수익을 얻을 수 있도록 새롭고도 예상하기 어려운 방법을 창출함으로써 연방정부, 주정부, 지역정부의 조세당국에게 조세법 준수 확보에 관한 독특한 난제를 야기하고 있다. 국세청은 소득액에 대한 정확한 보고와 과세가 이루어지는 데에 필요한 적정한 정보보고제도가 시행되도록 하여야 한다. Wayfair 판결이 난 이후라 거래행위에 대한 과세가 쉬워진 현 상황에서, 주와 지역의 과세당국은 회사에 대한 과세를 어느 정도로 할 것인지를 검토하여야 한다. 조세법 준수 확보 노력이 성공하려면, 공유경제 회사들에게 의무를 부과하여야 한다. 조세법을 잘 모르는 노동·자산 제공자에 비하여 회사들은 많은 정보와 자원을 갖고 있기 때문이다.

27

공유경제에 대한 유럽연합의 과세제도

카테리나 판타자투

서언

　공유경제에 대한 유럽연합(EU)의 과세제도를 설명하는 데에는 내재적인 어려움이 있다. 현재 공유경제를 규율하는 유럽연합 차원의 과세법규가 없기 때문이다.[1] 이로 인해 다음과 같은 네 가지 상황이 발생한다. 첫째, 회원국은 공유경제에 대해 각기 다른 과세법규를 적용한다. 대부분의 회원국은 공유경제 부문 전체를 일관하는 과세법규를 적용하지 않기 때문에 다기성/차등성(divergence/differentiation)의 문제가 더욱 두드러진다. 예컨대 승차공유와 숙박공유는 각기 다른 과세법규의 적용을 받는다. 보통 과세법규의 집행은 활동의 노출도에 따라 달라지므로 덜 유명한 플랫폼을 이용하게 되면 과세를 회피할 수 있는 상황이 되는데, 이러한 경우에는 이 문제가 더욱 복잡해진다. 유럽연합의 구체적인 과세법규가 부존재하여 발생하는 두 번째 결과는 이 문제를 국가적 차원에서 뿐만 아니라 초국가적 차원(유럽연합 차원)에서도 다룰 필요성이 있다는 점이다. 이렇게 하는 경우 탈세 문제뿐만 아니라 법적 불확실성의 문제 또한 최소화할 수 있을 것이며, 예측 가능성 또한 향상될 것이다. 이런 맥락에서 사람들은 미미한 기존 유럽연합 조세법이 공유경제 분야에 적용되는지 혹은 적용될 수 있는지에 관하여 궁금해 할 것이다.

　세 번째 사항은 다른 영역의 유럽연합법에서 오는 파급효과와 관련된 것이다. 예컨대 우버 운전자가 노동자, 피용인, 독립계약자 중 어느 것인지는 우버 운전자에 대한 조세부과에 큰 영향을 미친다. 이와 같은 노동법 쟁점에 대하여 공통되고 포괄적인 유럽연합 법규가 없기 때문에, 플랫폼에 따라서 그리고 플랫폼 이용자에 따라서, 각 회원국 사이의 취급이 상이하다는 점은 놀랄 일이 아니다.

　마지막으로, 회원국마다 다른 조세와 조세감면 제도가 적용되고 공유경제 참여자에 대한 조세 집행 및 징수 메커니즘이 보통은 변변치 않은 까닭에 공유경제 밖의 경쟁자에 비하여 공유경제 참여자는 경쟁상 우위를 부여받을 수가 있다. 이렇게 결과적으로 차별대우를 하게 되면 유럽연합의 다른 법규에 저촉될 수 있는데, 특히 유럽연합 국가보조금 규정이 그러하다.

　이 글에서는 이 문제들을 모두 다루고자 한다. 첫째, 유럽연합의 조세제도와 공유경제 일반에

---

[1] 유럽연합 차원에서 디지털 경제와 전자상거래의 과세법규(대부분 간접세 규정)와 관련하여 진전이 이루어지고 있음은 주목할 만하다.

대한 과세를 개관한다. 그다음으로 검토할 대상은 유럽연합의 2차적 조세법규가 공유경제에 적용되는지, 적용된다면 그 범위는 어디까지인지, 노동법 등 다른 법 영역이 과세에 미치는 영향은 어떻게 되는지 등이다. 그 후에 공유경제 과세에 관한 회원국의 상이한 정책을 간략히 살펴보고 국가보조금 규정 등 회원국의 기타 도전과제에 대하여 살펴보고자 한다.

I. 유럽연합의 조세제도 개관

일반적으로 유럽연합 내에서 직접세는 통일되어 있지 않은 영역이다. 직접세를 통일하기 위해서는 평의회의 만장일치 결의가 필요한데,[2] 지금까지 28개 회원국(현재의 회원국)의 다양한 이해관계로 인하여 이 분야에 대한 광범위한 2차적 법률은 채택되지 못하고 있다. 이와 같은 상황에다가 공유경제와 같이 복잡하고 계속 변화하는 분야에 대한 입법의 본질적 어려움을 더하여 보면, 이 분야를 목표로 한 유럽연합 조세법이 없다는 사실은 전혀 놀랄 일이 아니다. 직접세 영역에 관한 제한적인 2차적 입법도 공유경제에 관하여는 거의 의미가 없는 것으로 보인다.[3] 동일한 만장일치 요건이 간접세 영역에도 적용되지만,[4] 간접세 특히 부가가치세 영역은 유럽연합에서 훨씬 더 진전되어 있다.[5] 그러나 이 경우에도 공유경제에 관한 특별한 조세법규는 없다.

회원국이 직접세 영역에 대한 권한을 갖고 있다는 사실로 인하여 개별 국가가 소득과 과세대상자의 정의에 관하여 각기 다른 기준을 가질 수 있게 된다. 공유경제 참여자에 대한 과세에는 위와 같은 본질적 요건 외에도 다른 중요한 쟁점으로서 적용세율, 최소기준액 법리(de minimis rules)의 적용 여부, 조세징수의 방법과 시기, 법이 규정할 면제와 공제 항목, 공제될 비용 등이 있는데, 이들은 회원국의 결정사항으로 되어 있고 유럽연합이 다루지는 않는 본질적 조세 쟁점이다.

이뿐이 아니다. 플랫폼이 매우 다양하고 사람들이 플랫폼에 참여하는 상황도 아주 많고 다양하므로, 동일한 회원국 내에서도 통일되고 포괄적인 법규를 정립하기가 어렵다. 공유경제의 다양한 활동과 행위자 모두에게 적용될 수 있는 충분히 일반적이고 유용한 법리를 만들어 내는 것은 매우 어렵다. 이와 같은 맥락에서, 한 회원국이 하나의 공유경제(예컨대 숙박공유)에서 발생한 소득을 사업소득으로 정의하고는 다른 공유경제 활동(예컨대 승차공유)에서의 수입에 대한 과세에 관한 규정을 두지 않는 현상이 일어날 가능성도 있다.[6]

원칙적으로 공유경제 활동에 참여하는 법인과 자연인은 소득세, 법인세, 부가가치세의 적용

---

2 Article 115, TFEU.

3 2차적 법률은 유럽연합 기구(특히 유럽연합평의회, 유럽연합의회)가 유럽연합 조약에 근거하여 제정한 법률을 말한다. 유럽연합 2차적 법률은 유럽연합 1차적 법률인 유럽연합 조약들에서 유래한다. 구속력 있는 2차적 법률의 형태로는 유럽연합 규정(EU Regulations), 유럽연합 지침(EU Directives), 유럽연합 결정(Decisions) 등이 있다.

4 Article 113, TFEU.

5 Council Dir. 2006/112/EC of 28 November 2006 on the common system of value added tax (OJ L 347, 11. 12. 2006).

6 For more specific examples, see infra Section V.A.

을 받는다. 이 외에도 플랫폼에 따라서는 관광세, 지역세, 사회보장분담금, 면허료 등 특별세가 적용될 수 있다.

II. 유럽연합의 직접세와 공유경제

직접세에 관한 유럽연합의 지침은 몇 개밖에 되지 않지만,[7] 최근의 조세회피와 탈세 추문으로 인하여 이 영역의 통일성을 기할 필요성이 생기게 되었다.[8] 유럽연합집행위원회는 조세회피에 관한 야심찬 조세법 패키지를 제출하였는데,[9] 조세회피는 공유경제 과세와 관련된 주요한 관심사 중의 하나이다.[10]

직접세 영역의 2차적 법률 대부분은 공유경제에 관하여 의미가 없거나 직접적 관련성과 적용 가능성이 본질상으로는(ratione materiae)[11] 부존재하는 것으로 보인다.[12] 대형 다국적 플랫폼의 자회사 대부분이 회원국 내에서 유한책임회사의 형태로 설립되었지만, 앞서 말한 지침들이 개별적으로(ratione personae) 적용되어야 하는 것으로 보인다.

현재의 조세회피방지 패키지는 법인세법 측면에서 조세회피 문제를 다룬다. 원칙적으로 위 패키지는 여러 가지를 포함하고 있는데, 특히 우버·에어비앤비 등 다국적기업이 국경 간 활동 과정에서 수립한 공격적 조세설계 및 조세회피 관행을 다룬다. 일반적으로 보건대, 이와 같은 관행에는 조세법규의 혜택을 받기 위하여 이익을 이전하는 문제 및 피지배 외국회사(실체도 없고 경제적

---

7 The Parent Subsidiary Directive (Council Dir. 2011/96/EU [recast]); the tax merger Directive (Council Dir. 2009/133/EC); the Interest & Royalty Directive (Council Dir. 2003/49/EC); the Directives relating to the administrative cooperation in the field of direct taxation (Council Dir. 2011/16/EU), as amended by Council Directives 2014/107/EU, (EU) 2015/849 and (EU) 2016/881; the Anti-Tax Abuse Directive (Council Dir. 2016/1164).

8 '파나마 페이퍼' 사건의 거대 탈세 사례 등 금융 스캔들의 여파가 사라지기 전에, '룩셈부르크 유출' 사건에서 룩셈부르크 등지의 조세탈루 구도가 노정되었다. 이러한 스캔들이 BEPS(base erosion and profit shifting) 프로젝트에 더하여져서 조세투명성의 방향으로 정치적 환경이 변화되었고, Anti-Tax Avoidance Directive가 신속하게 채택되는 계기가 만들어졌다.

9 패키지에 대한 개관은 다음을 참조하라. See The Anti Tax Avoidance Package- Questions and Answers(Updated)(조세회피방지 패키지- 질의응답(개정판)), European Commission, http://europa.eu/raid/press-release_MEMO-16-2265_3n.htm.

10 Technology Tools To Tackle Tax Evasion and Tax Fraud(탈세와 조세사기를 방지하기 위한 기술적 도구), OECD Report, 7 (2017).

11 직접세 영역의 지침 중 공유경제를 직접적 주제로 다루고 있는 것은 없다(ratione materiae). 관심의 대상은 공유경제 참여자에게 직접세에 관한 유럽연합의 법 제도가 적용되는지 여부이다. 다시 말해 유럽연합 직접세 법규가 공유경제 참여자에게 사안별로 적용되는지 여부이다(ratione personae).

12 대부분 조세 지침은 매우 제한된 범위와 적용 가능성을 가지고 있다. Parent Subsidiary Directive (Council Dir. 2011/96/EU [recast])는 기업집단에만 적용되어, 이중과세를 방지하고 일정한 모자회사 사이의 배당금 배분에서 조세를 원천징수하려는 목적을 달성하고자 한다. 유사하게 Interest and Royalty Directive (Council Dir. 2003/49/EC)는 기업집단 내에서 이자와 로열티가 국경 간 지급된 경우의 이중과세를 방지하려는 목적을 가지고 있다. Fiscal Merger Directive (Council Dir. 2009/133/EC)는 구조조정으로 미실현 자본이익에 대한 과세가 발생하지 않도록 하여 조세중립성을 유지하려고 한다. 최근의 Anti-Tax Avoidance Directive (ATAD 1, Council Dir. 2016/1164)는 역내시장의 기능에 직접적인 영향을 미치는 조세 회피 관행에 대한 구체적이고 직접적인 법규를 규정하고 있다. 마지막으로 Administrative Cooperation in the Field of Direct Taxation Directive (Council Dir. 2011/16/EU, as subsequently amended)는 여러 회원국의 과세당국 간 조세 정보의 자동 교환을 다루고 있다.

활동도 하지 않는다)를 이용하는 문제가 포함되어 있다. 사례를 들자면, 공유경제 내외의 다수 다국적기업처럼 에어비앤비는 유럽에서 얻은 이익을 아일랜드 자회사로 이전하여 아일랜드의 낮은 법인세율을 이용하기도 하고, 높은 법인세 국가로 손실을 이전하기도 한다. 결과적으로 에어비앤비는 활동 중인 모든 유럽 국가에서 소득세를 거의 혹은 전혀 내지 않는다.[13] 아일랜드와 같은 전통적 저세율 국가가 에어비앤비 등 다국적기업에게 조세통첩(tax ruling)을 제공하는 경우, 이 문제가 더욱 악화된다. 조세통첩은 국가조세당국이 제공하는 서면확인서 혹은 확약서면(comfort letter)으로서 개별 납세자에게 법인세의 계산방법 혹은 이전가격협정과 같은 특별조세규정의 사용에 대하여 명확성을 제공하는 방식이다. 조세통첩에는 사전조세통첩(advance tax rulings, ATR)과 이전가격사전협약(advanced pricing agreements, APA) 등 정부가 납세자에게 제공하는 모든 사전확약이 포함된다. 조세통첩은 조세부담액을 구체적으로 규정할 뿐만 아니라 보통은 법인세 감면도 규정하고 있어서 국가보조금 문제를 야기할 수도 있다.[14]

위와 같은 활동이 남용적이거나 인위적인 경우 혹은 특정 구조를 이용하여 조세를 회피하려고 하는 경우에는 현행 유럽연합 조세법이 그 활동을 억제할 것이다. 하지만 아직까지 이러한 활동이 공유경제 활동에서 회원국이 올리는 수입을 감소하게 하는 주요 원인인 것으로 보이지는 않는다.

공유경제와 관련하여 확인된 가장 흔한 문제는 공유경제 활동의 가시성 부족으로 촉발되는 조세탈루 문제이다.[15] 조세정보의 접근과 교환에 관한 기존의 법적 틀이 계속 개정되어 점점 더 많은 사람과 데이터가 보고되고 있으나, 이 제도는 여전히 회원국 내 및 회원국 간의 공유경제 활동에 참여하는 자에게 적용되지 않고 있다.[16] 다시 말해 유럽연합법은 회원국에게 공유경제 참여자를 대상으로 하는 법률을 채택하도록 강제하지 않으며, 그 결과 기존 지침들은 플랫폼 단계 및 서비스 제공자 단계에서의 조세탈루 문제를 다루지 않는다. 이 문제는 앞서 설명한 조세회피방지 패키지에서도 언급되고 있지 않다. 그 대신 집행위원회는 BEPS 프로젝트 Action 1에 따라 디지털 경제에 대한 전면적 과세를 잠재적 도전 과제로 선정하고 있다. 하지만 집행위원회는 '특별한 조치가 필요하지는 않고, 다만 유럽연합으로서는 일반적인 조세회피방지 조치만으로도 디지털 위험을 다루는 데 충분한지를 예의주시하기 위해 상황을 감시하겠다'는 의견을 제시하였다.[17]

---

13 이와 관련해서는 다음을 참조하라. See the Parliamentary question, Tax Optimisation by Airbnb in Europe(유럽에서의 에어비앤비의 조세최적화), European Parliament (Dec. 18, 2015), www.europarl.europa.eu/sides/getAllAnswers.do?reference=E/2015-016006&language=EN) and R. Booth and D. Newling, Airbnb UK Tax History Questioned as Income Passes Through Ireland(에어비앤비에 대한 영국의 과세 역사: 아일랜드로의 소득이전과 관련된 문제), The Guardian (Dec. 19, 2016), www.theguardian.com/technology/2016/dec/19/airbnb-uk-tax-history-questioned-as-income-passes-through-ireland.).

14 구체적 법인세 감면 혜택을 제공함으로써 조세통첩은 특정 납세자를 다른 납세자보다 우대하게 된다. 국가 자원 혹은 세액공제와 소득공제를 통하여 일부 회사에 제공하는 '선별적 우대조치'는 유럽연합법과 Article 107(1) TFEU에 의하여 금지된다. Article 107(1)은 위 조항이 적용되는 데 필요한 여러 조건을 규정하고 있다. 공유경제 참여자가 이러한 종류의 조세혜택을 누리고 있고 이들이 '전통경제' 참여자와 동일 시장에 속하는 것으로 판단되면, 이들에 대해 국가보조금 규정이 발동될 수 있다. 이 부분은 Section. V.C.에서 자세히 검토될 것이다.

15 Technology Tools to Tackle Tax Evasion(조세포탈을 방지하기 위한 기술적 수단), supra note 10, at 7.

16 Dir. 2011/16/EU as amended by Dir. 2014/107/EU; Dir. 2015/849; Dir. (EU) 2016/881.

17 See The Anti-Tax Avoidance Package- Questions and Answers(updated)(조세회피 방지 패키지- 질의응답 개정판), European Commission, Annex I, http://europa.eu/rapid/press-release_MEMO-16-2265_en.htm.

III. 유럽연합의 부가가치세와 공유경제

유럽연합집행위원회는 디지털 경제에 부가가치세를 적용하면 발생할 수 있는 많은 문제점을 인식하여 왔다.[18] 또한 현재의 부가가치세 규정을 공유경제에 적용하는 경우 발생하는 다수의 문제점을 확인했지만, 이와 관련해서 단지 두 개의 실무보고서(Working Paper)를 발간하는 데 그쳤다.[19] 실무보고서에는 구속력이 없지만, 공유경제에 기존의 유럽연합 부가가치세 규정을 적용하는 방법에 대한 지침을 제공하고 있다.

협업 플랫폼이 물품과 서비스를 제공하거나 플랫폼 사용자가 플랫폼을 통하여 이를 공급하는 경우가 원칙적으로 부가가치세 대상거래에 해당된다는 점은 널리 알려진 사안으로 보인다.[20] 집행위원회도 이렇게 파악하고는 부가가치세의 대상인 공유경제에 다층적 거래가 이루어지고 있다는 점을 진작 부각시키고 있다.

부가가치세는 서비스와 물품의 제공행위에 적용되므로, 공유경제 플랫폼 혹은 중개인(우버 등)이 플랫폼에서의 서비스 제공자(우버 운전자 등)에게 제공하는 '플랫폼 서비스'와 서비스 제공자가 최종 소비자(우버 사용자/여객 등)에게 제공하는 '서비스'(서비스는 플랫폼이 촉진한다)를 구분하여야 한다. 부가가치세 측면에서 위 두 거래 유형은 별도로 취급되어야 한다. 이 과정에서 각 거래유형의 상이한 구조가 검토되어야 하는데, 특히 플랫폼의 이용이 유료인지 여부와 플랫폼을 통하여 제공되는 서비스에 요금이 붙는지가 고려되어야 한다.[21]

부가가치세 측면에서 각 거래를 분리해서 독립적으로 부가가치세를 부과하기에 앞서서 참여자가 과세대상자인지 여부를 부가가치세 개정 지침에 따라 검토하여야 한다. 즉, 플랫폼 사용자가 지침상의 과세대상자인가를 물어야 한다.

부가가치세 지침에 의하면, 과세대상자의 정의에는 '그 목적이나 결과를 불문하고 어떤 장소

---

18 유럽연합집행위원회는 국경 간 전자상거래에 대한 부가가치세제를 현대화하려는 시도로서 2016년 12월에 'VAT Digital Single Market Package'(부가가치세 디지털 단일시장 패키지)를 제안하였다(European Commission, https://ec.europa.eu/taxation_customs/business/vat/digital-single-market/modernising-vat-cross-border-ecommerce_en). 같은 상황에서 지난 수년간 구속력은 없지만 보고서를 발간하였다. See Communication from the Commission to the European Parliament, the Council and the European Economic and Social Committee on an Action Plan on VAT, Towards a single EU VAT Area- Time to Decide(의회, 평의회, 유럽연합경제사회이사회에 대한 집행위원회의 통신문- 유럽연합 부가가치세 단일지역을 향한 행동계획- 결정의 시점), European Commission, COM(2016) 148, https://ec.europa.eu/taxation_customs/sites/taxation/files/com_2016_148_en.pdf; Modernising VAT for Cross-Border B2C E-Commerce(국경 간 B2C 전자상거래에 대한 부가가치세의 현대화), European Commission, COM(2016) 757 final, https://ec.europa.eu/taxation_customs/sites/taxation/files/com_2016_757_en.pdf.

19 VAT Treatment of Sharing Economy(공유경제에 대한 부가가치세 취급), taxud.c.1(2015)4370160-Working Paper No. 878, European Commission, Value Added Tax Committee (Sept. 22, 2015), https://circabc.europa.eu/sd/a/878e0591-80c9-4c58-baf3-b9fda1094338/878%20/%20VAT%20treatment%20of%20sharing%20economy.pdf. 공유경제와 직접적으로 연관되지는 않지만, 군집모금에 대한 집행위원회 보고서는 공유경제 상황에서 발생하는 유사한 문제들을 다루고 있다; VAT Treatment of Crowdfunding(군집모금에 대한 부가가치세 취급), taxud.c.1(2015)576037-Working Paper No. 836, European Commission, Value Added Tax Committee (Feb. 6, 2015), https://circabc.europa.eu/sd/a/c9b4bb6f-3313-4c5d-8b4c-c8bbaf0c175a/836%20-%20VAT%20treatment%20of%20Crowd%20funding.pdf.

20 A European Agenda for the Collaborative Economy(협업경제를 위한 유럽연합의 안건), Communication from the Commission, COM (2016) 356 final, 14.

21 VAT Treatment of Sharing Economy(공유경제에 대한 부가가치세 취급), supra note 19, at 3.

에서건 경제적 활동을 독립적으로 수행하는 모든 개인 및 주체'가 포함되어 있다.[22] 부가가치세 개정 지침의 Art. 4(2)를 충족하는지 여부를 판단할 때 유럽연합사법법원이 통상 사용하는 척도에는 '어떤 활동이 계속적으로 수입을 얻기 위하여 수행되는지 여부'에 대한 검토가 포함되어 있다.[23] 이 기준은 사건별로 각기 판단되어야 하고, 사건의 모든 요소를 감안하여야 하는데, 사용되는 재산의 성질을 특히 고려하여야 한다.[24]

유럽연합사법법원은 '경제적 활동'을 매우 넓게 해석하였는데, 그 목적이나 결과보다는 활동의 본질을 고려하였다.[25] 이러한 경향에 따라서 유럽연합사법법원이 거듭하여 판시하고 있는 내용은 아래와 같다.

특정 재산이 오로지 경제적 활용에 적합하다는 사실만으로도 소유자가 경제적 활동으로서 이를 사용한다는 점 및 그 결과 계속적으로 수입을 얻는다는 점을 인정하는 데에 보통은 충분하다. 반면에, 재산의 본질상 경제적 목적과 사적 목적 모두에 사용하는 것이 가능하다면, 그것이 사용되는 모든 정황을 검토하여 그것이 실제로 계속적으로 수입을 얻는 데 사용되는지 여부를 판단하여야 할 것이다.[26]

결과적으로, 재산의 본질상 계속적으로 수입 획득을 위해 사용되는 것이 명백하다면, 이는 경제적 활동으로 분류되어 부가가치세 과세대상이 된다. 재산 사용의 속성이 명확하지 않다면, 복잡한 사실판단 단계를 거쳐 그와 같은 활동이 계속적으로 수입을 얻기 위해 수행되었는지 여부를 판단하여야 한다.

공유경제 참여자가 현재 부가가치세 적용대상인지 및 앞으로 적용대상으로 되어야 하는지와 관련하여 여러 쟁점이 제기된다. 에어비앤비 임대 사건에서 최단기간의 재산 임대가 계속적으로 수입을 획득할 목적이 아니었음이 입증된다면, 법원이 취한 '계속성' 요건은 일단 번복될 것으로 보인다. 그리하여 문언적 해석을 엄격하게 하는 경우 지난 5년간 8월마다 아파트를 임대한 자에 대한 평가를 어떻게 할 것인지는 명확하지 않다.

부가가치세 지침 Article 12는 이러한 서비스 제공자도 부가가치세의 대상으로 보려고 한다. 위

---

22 Council Dir. 2006/112/EC, Art. 9(1). 두 번째 요건(즉, 독립적 수행)에 관하여 보면, 공유 플랫폼이 개별 서비스 제공자의 고용자로 인정되는 경우에는 개별 제공자가 과세대상자로 간주되지 않을 것이다. 유럽연합법상 개별 제공자에 대한 판단은 종속적 관계의 존부, 노동의 성질, 보상의 존부에 따라 이루어질 것이다. 이 경우 물품과 서비스의 공급과 관련하여 공유 플랫폼만이 과세대상자로 취급될 것이다.

23 Judgments of July 19, 2012 in Rēdlihs, C-263/11, EU:C:2012:497, para. 33; Judgments of June 20, 2013 in Finanzamt Freistadt Rohrbach Urfahr, C-219/12, EU:C:2013:413, para. 19.

24 Rēdlihs, C-263/15, para. 29.

25 Joined Cases C-354/03, C-355/03 and C-484/03 Optigen Ltd, Fulcrum Electronics Ltd, Bond House Systems Ltd v. Commission, ECLI:EU:C:2006:16, para. 43; Case 235/85 Commission v. Netherlands, ECLI:EU:C:1987:161, para. 8.

26 See Case C-230/94 Enkler [1996] ECR I-4517, para. 27, Rēdlihs, supra note 23, para. 34 and Finanzamt Freistadt Rohrbach Urfahr, supra note 23, para. 20.

조문은 '회원국은 Article 9(1)의 두 번째 문단에서 열거하고 있는 활동과 관련된 거래를 간헐적으로 영위하는 자를 과세대상자로 간주할 수 있다'고 규정하고 있다. 사법법원은 재산 소유권의 단순한 행사와 사유재산의 단순한 관리는 경제적 활동에 해당하지 않는 것으로 판시해 왔는데,[27] 동시에 '만약 당사자가 6차 지침 Article 4(2)가 규정하는 바와 같이 생산자, 판매자 혹은 서비스 제공자가 사용하는 자원을 동원하여 재산의 영업활동을 하는 적극적 조치를 취한다면, 이러한 조치는 단순히 사유재산을 관리하는 것을 벗어나는데, 이러한 적극적 조치로서는 특히 토지 개발을 위한 준비작업을 그 토지상에서 행하는 경우와 판촉활동으로 정립된 행위를 하는 경우를 들 수 있다'고 한다.[28] 즉 사법법원의 견해에 의하면, 재산의 '시장화'와 '광고행위'는 사유재산의 단순한 관리행위와 경제적 활용행위를 구분하는 요소라고 한다.

법원이 이렇듯 광범위하게 해석을 하자 집행위원회는 다음과 같은 제안을 내놓았다. "경제적 활동을 매우 넓게 이해하는 이상, 공유경제 플랫폼을 통한 물품과 서비스의 공급행위(승객을 원하는 곳으로 태워다 주는 것, 부동산을 임대하는 것 등)가 지속으로 이루어지건 좀더 간헐적으로 이루어지건 상관없이, 그 공급행위는 부가가치세 지침이 의미하는 경제활동에 해당하는 것으로 결론을 낼 수 있을 것이다."[29]

실제로, 집행위원회가 지적하듯이 이러한 상황에서 공유경제 사용자가 '과세대상자' 정의에서 벗어나기는 거의 불가능한 것으로 보인다. 그러므로 에어비앤비와 우버의 사례에서 아파트를 임대하기 위해 등록하거나 승객을 목적지로 태워다 주기 위해 우버앱을 사용하는 경우, 비록 간헐적으로 그렇게 한다고 하더라도 자동으로 부가가치세의 과세대상자가 된다.[30]

공유경제 플랫폼의 서비스 제공자를 과세대상자로 보는 것과 관련하여 두 번째 까다로운 문제는 소득 정의의 문제이다. 서비스 제공자가 받는 보수 혹은 소득은 플랫폼마다, 제공자마다 크게 다르다. 집행위원회가 지적하듯이, 위 소득은 비용회수 차원(승차공유/차량공유에서 차를 개인적으로 사용하는 데 드는 비용의 회수)에서부터 사업활동/노동에 상응하는 금액에 이르기까지 다양하다.[31] '과세법규는 회원국법에 따라야 하고 회원국이 어느 시기에 활동이 사업 활동으로 전환되는지를 결정하여야 한다'는 것이 집행위원회의 제안인바,[32] 소득은 모든 회원국에 대하여 획일적 방식으로 정의되지 않는다. 위와 같은 사정으로 인하여, 유럽연합사법법원의 해석에 따라서 무엇이 경제적 활동을 구성하는가를 정의하는 것에 대한 불확실성이 증대된다. 따라서 똑같은 활동이라도 한

---

27 Joined Cases C-180/10 and C-181/10 Sℓaby and others, ECLI:EU:C:2011:589, para. 36 and C-331/14, para. 23.

28 Joined Cases C-180/10 and C-181/10 Sℓaby and others, paras. 39-41 and C-331/14, para. 24.

29 VAT Treatment of Sharing Economy(공유경제에 대한 부가가치세 취급), supra note 19, at 6.

30 유일한 탈출구는 최소기준 규칙(de minimis)에 따라 부가가치세 과세거래에서 면제되는 것이다. 이러한 맥락에서 일부 회원국은 부가가치세 부과(부가가치세 등록 기준)를 위한 최소 연간매출액을 설정하였다. 예컨대 벨기에가 그렇게 한 예인데, 2016년 7월 1일자 벨기에 프로그램법에서는, EUR 5,000의 기준선을 넘지 않으면, 공유경제 서비스를 제공하는 개인은 부가가치세 납부자로서 등록하지 않아도 된다.

31 A European Agenda for the Collaborative Economy(협업경제를 위한 유럽연합의 안건), supra note 20, at 41.

32 Id.

회원국에서는 부가가치세의 대상인 경제적 활동이 되는데도 다른 회원국에서는 보수가 소득에 해당되지 않아 경제적 활동이 되지 않을 수도 있다. 위와 같은 현상에서 '직업적' 활동과 개인의 '간헐적' 관여를 구분하는 데 적용하는 기준선이 회원국마다 서로 다르다는 점이 복합적으로 작용하여, 회원국마다 위 각 개념을 구현하는 결과가 더욱 다르게 나타날 것이다.

또한, 부가가치세 등록의 면제대상인 소사업자(연간매출액이 소액인 사업자)를 정하는 것과 관련하여 회원국 사이에 차이가 있기도 하다.[33] 이러한 특별 면제 제도는 대부분의 회원국이 실시하고 있지만 강행규정은 아니다. 그러나 부가가치세 지침에서는 공유경제에 참여하는 '소규모 과세대상자'(간헐적으로 아파트를 임대하는 자 등)가 이러한 제도의 혜택을 받을 수 있는지에 대해 구체적으로 규정하고 있지는 않다. 행정적 부담이 큰 하나의 선택지로서 '과세시점'(tax points)을 토대로 하여 그들을 '완전한' 과세대상자로 취급하는 방법이 있다.[34] 다른 선택지로서는 소사업자에 대한 특별규정을 공유경제의 소규모 납세자에게 확대적용하는 방법이 있다.[35]

Ⅳ. 유럽연합의 다른 법 영역과의 상호의존성

유럽연합법과 회원국 국내법에 공유경제 특유의 조세법규가 없다는 점은 조세법과 다른 법 영역(노동법, 계약법 등) 사이의 상호의존성으로도 설명될 수 있는데, 다른 법 영역에도 공유경제에 관련한 진척이 없기는 마찬가지이다. 우버 운전자를 독립계약자, 노동자, 피용인 중 어느 것으로 귀속시키느냐에 따라(이는 개별적 상황과 회원국법에 따라 결정된다) 회원국의 조세부과가 커다란 영향을 받는다. 예컨대 부가가치세 개정 지침에 의하면, 부가가치세의 과세대상자는 독립하여 '경제적 활동'을 수행하는 자이다.[36] 고용계약이나 다른 법적 속박에 의하여 고용자에게 종속된 피용인 등으로 되면 노동조건, 보수, 사용자의 책임에 관하여 고용자-피용인 관계를 형성하게 되므로, 유럽연합 부가가치세법에 따라 조세부과를 피할 수 있게 된다.

유사하게, 플랫폼의 법적 지위에 대한 공통된 이해가 존재하지 않는다는 점에도 의의가 있다. 유럽연합사법법원에서 다루어진 우버 사건은 이러한 혼란을 여실히 드러낸다.[37] 우버는 단순한 디지털 플랫폼인가 아니면 (운송) 서비스 제공자인가?[38] 언뜻 보기에 이 질문은 조세와 무관한 것으

---

33 Council Dir. 2006/112/EC, Arts. 284-87. 회원국은 기준 금액 이하의 소규모 사업자에 대해 부가가치세 등록을 면제할 수 있는데, 일반적인 기준 금액은 EUR 5,000이다.

34 거래의 과세시점(혹은 공급시점)이란 부가가치세 부과를 위한 거래일을 말한다. 과세시점은 예컨대 송장표시일 혹은 실제 공급일이 된다.

35 H. Kogels and M. van Hilten, Never a Dull Moment(지루할 새가 없다), 28 Int'l VAT Monitor, 3 (2017).

36 Dir. 2006/112/EC on the Common System of Value Added Tax (Recast)), Arts. 9(1) and 10.

37 Asociación Profesional Élite Taxi v. Uber Systems Spain SL, C-434/15, ECLI:EU:C:2017. 이 대법정 사건에서 유럽연합사법법원은 우버가 제공한 서비스는 운송 영역의 서비스에 해당된다고 판결하였다.

38 2015년 5월 11일 슈푸나르(Szpunar) 법무관은, 스마트폰 앱을 통하여 승객과 운전자를 연결하는 행위는 부차적인 서비스이므로 우버가 운송회사로 취급되어야 한다는 의견을 제시하였다.

로 보일 수 있지만, 우버 운전자를 계약업자, 서비스 제공자, 피용인 혹은 노동자 중 어느 것으로 정하느냐에 따라 조세부과에 간접적인 영향이 있게 된다.

우버 운전자의 노동법상 지위에 관한 유사한 사건이 영국 고용심판원(employment tribunal)에서 처리된 바 있다.[39] 고용심판원은 우버 운전자가 자기고용자/독립계약인지 노동자인지에 대한 대답을 요청받았다. 우버 운전자가 독립계약자에 해당하는지 여부를 판단하면서 고용심판원은 급여에서 소득세 및 국가건강보험료가 공제되었는지를 심리하였다. 역으로 우버 운전자의 조세부담액을 정하기 위한 '조세산정기준'(tax test)에서는 유급휴가・유급병가・연금권 등을 감안하여야 한다.[40] 영국 고용심판원은 비록 우버 운전자가 조세와 관련해서는 자신을 자기고용자로 취급하였으나, 최저임금・유급병가・유급휴가 등에 대한 접근권에서는 노동자로 분류되어야 한다고 결정하였다.[41] 위 사건에서는 공유경제에서 노동법과 조세법 영역을 인위적으로 구분해도 되는지가 부각되었고, 서로 연계된 정책 영역들 사이에 조정의 필요성이 있는 것은 아닌지에 대한 문제제기가 뒤따랐다.

V. 공유경제에 대한 유럽연합의 과세: 개략적 비교

A. 다양한 정책방침과 도전과제

공유경제 과세에 관하여 회원국 사이에 서로 다른 여러 경향성이 나타나고 있다. 회원국 중 일부는 공유경제와 관련하여 구체적 법규를 채택하는 문제를 고려하고 있고, 일부는 기존 법적 틀을 변용하여 적용하고 있다(mutatis mutandis).[42] 후자의 방식이 성공하기 위해서는 플랫폼과 최종 사용자 사이뿐만 아니라 플랫폼과 과세당국 사이, 플랫폼과 서비스 제공자 사이에 매우 강력한 정보교환 네트워크가 성립되어야 한다.[43] 공유경제에서 누가 과세대상자이고 무엇이 과세소득을 구성하는지에 대하여, 현실에 맞고 명확한 개념 정의가 회원국 차원에서 먼저 이루어져야 한다. 이미 일부 회원국은 다종다양한 공유경제활동 중 일부에 대한 규정을 도입하였지만, 그렇지 않은 회원

---

39 Aslam and Farrar and others v. Uber BV, Uber London Ltd and Uber Britannia Ltd (2202550/2015), Employment Tribunal. 우버는 고용심판원의 결정에 이의하였다.

40 L. Sayliss, Be Careful What you Wish for(신중하게 원하는 바를 정하라), 12 (178) Taxation 12, 13 (2016).

41 Aslam and Farrar and others v. Uber BV, Uber London Ltd and Uber Britannia Ltd (2202550/2015), Employment Tribunal, para. 65.

42 공유경제와 관련하여 기존 조세법규에 대한 지침을 토대로 하는 국가로는 오스트리아, 슬로바키아, 리투아니아가 있다고 한다. A European Agenda for the Collaborative Economy(협업경제를 위한 유럽연합의 안건), supra note 20, at 42.

43 정보를 교환하는 국가에는 영국, 프랑스, 핀란드가 포함된다. Id.

국도 있다. 예컨대 그리스는 아주 최근에 세법에 새 조항을 추가하여,[44] 에어비앤비 유형의 단기임 대 수입을 부동산 수입으로 간주하면서 관련 조항의 적용을 받도록 규정하였다.[45] 숙박주가 다른 서비스(침대보, 수건 제공은 예외)를 제공하지 않은 경우에만 위와 같은 취급이 가능할 것이다. 조식, 청소 등 다른 서비스가 제공되면, 부동산 임대 소득은 사업 활동 소득으로 처리될 것이다.[46] 차량 공유 특유의 조세법규는 아직 제정되지 않고 있다. 집행위원회는 통신문(Communication)에서 일 부 회원국의 공유경제에 대한 조세정책을 개략적으로 소개한 바 있다.[47] 제안된 대책의 대부분이 중점적으로 고려하는 쟁점으로는, 공유경제 관련 개념의 정의, 조세 관련 쟁점에 대한 인식의 제 고, 정보교환의 촉진, 공유경제 참여자에 대한 조세감면 조치의 제시 등이 있다.

조세감면 조치는 직접적/의도적일 수도 있고, 간접적/비의도적일 수도 있다. 회원국이 조치를 법제화한 경우가 전자에 속하고, 회원국 과세관청이 공유경제의 사업 활동을 확인하기 어려워서 조세징수를 제대로 하지 못하는 경우는 후자에 속한다. 납세자의 과소신고가 있다는 점 및 납세자 와 과세소득을 파악하고 조세법 준수 및 집행을 확보하기가 어렵다는 점 때문에 후자의 문제가 생 기는 것이다. 이러한 조세탈루의 가능성 때문에 일부 회원국은 정보교환 시스템을 강화하면서 플 랫폼으로 하여금 부과 세액(주로 부가가치세와 관광세)을 징수하도록 촉구하지 않을 수 없었다. 일 부 회원국은 서비스 제공자가 소득세 신고를 할 때 공유경제 소득을 포함하도록 유도하였는데, 그 렇게 하기 위하여 서비스 제공자가 직접 플랫폼 자체에서 간소화된 절차 혹은 자동화된 사전기입 조세 신고서를 이용할 수 있게 하였다.[48] 예컨대 프랑스에서는 2016년 7월의 법률에 따라 협업 플 랫폼이 개별 서비스 제공자에게 연간 조세상황 요약서를 제공하여야 하는데, 요약서에서는 얼마 를, 어떻게 과세당국에 신고하여야 하는지를 기술하게 된다.[49]

조세 징수의 간소화와 효율화를 달성한 성공적인 전략적 사례로서 흔히 인용되는 나라가 에스

---

44 Law Decree 4472/2017에 의하여 규정이 추가되었다.

45 이 경우 소득금액별로 누진세율이 적용된다. EUR 0-12,000: 15%, EUR 12,001-35,000: 35%, EUR 35,001 초과: 45%.

46 이 경우 다음과 같은 누진세율이 적용된다. EUR 0-20,000: 15%, EUR 20,001-30,000: 29%, EUR 30,001-40,000: 7%, EUR 40,001 초과: 45%.

47 A European Agenda for the Collaborative Economy(협업경제를 위한 유럽연합의 안건), supra note 20, at 27 et seq., Table 6.

48 이를 미국의 보고의무와 비교해 볼 만하다. 이 점에 대하여는 다음을 참조하라. See Shu-Yi Oei and D. Ring, Can Sharing Be Taxed?(공유경제에 과세할 수 있는가?) 93 Wash. U. L. Rev. 989, 1070 (2016). "공유사업자는 독립계약자 에 관한 정보보고의 책임이 있다. 공유경제와 관련하여 주요한 정보보고 체제로서 다음의 두 가지가 있다. (1) I.R.C. §6041에 기한 Form 1099-MISC, (2) IRC §6050조에 기한 Form 1099-K. 모든 '제3자 결제기관'은 제3자 네트워크상 거 래의 결제를 위하여 피지불자에게 지불을 하는데, 네트워크에 참여한 피지불자에게 지급하는 금액이 2만 달러를 초과 하고 해당 피지불자에 대한 거래건수가 200건을 초과하는 때에는, Form 1099-K를 통하여 그러한 지불금을 직접 보고하여 야 한다. '제3자 결제기관'에는 페이팔(PayPal), 아마존(Amazon), 구글 체크아웃(Googgle Checkout)과 같은 서비스 가 포함된다." Id. at 1032-37. 만일 서비스 제공자의 수입액이 이 기준선을 하회하면 제출할 양식은 Form 1099-MISC 가 된다. 이 점과 Form 1099-K에 기재된 금액에 관한 혼동에 대한 자세한 내용은 다음을 참조하라. See Shu-Yi Oei and Diane Ring, this volume.

49 A European Agenda for the Collaborative Economy(협업경제를 위한 유럽연합의 안건), supra note 20, at 43. 2016 년 재정법(Finance Act of 2016)은 플랫폼과 납세자의 여러 의무를 도입하였는데, 이는 그들에 대한 과세를 확보하기 위 한 것이다. 구체적으로 보자면, 플랫폼은 2019년부터 사회보장당국 및 과세관청에 사용자의 수입액을 직접 보고하여야 한다. 원칙적으로 온라인 플랫폼은 프랑스 내외에 있음을 불문하고 모두 이에 해당된다. 그리하여 플랫폼이 작성한 세 금 신고서에는 1년 동안 온라인 플랫폼 활동을 통해 사용자가 수취한 전체 총소득과 같은 정보가 포함되며, 신고서 사 본이 사용자에게 교부된다.

토니아이다. 에스토니아는 승차공유에 관한 소득세 간소신고 제도를 시범적으로 도입하였다. 그 결과 운전자와 승객 사이의 거래는 협업 플랫폼에 기록되고, 조세와 관련된 데이터는 당국에 전달되며, 당국은 납세자 신고서를 사전기입해 놓는다. 주요한 취지는 납세자가 조세상 의무를 효과적으로, 최소의 노력으로 이행하도록 돕는 데에 있다. 에스토니아는 이제 이 제도를 모든 형태의 공유경제 사업에 확대하는 것을 검토하고 있다.[50]

B. 집행: 세금의 징수

조세 신고를 독려하는 데에 조세 간소화와 조세 명확성을 이용하는 것 외에도, 플랫폼과 국가 조세당국 사이의 협업을 통하여 공유경제의 조세 탈루를 줄이는 방법이 있기도 하다. 이 경우 플랫폼이 국가조세당국과 협약을 체결한 후 관련 조세를 직접 징수한다.

에어비앤비의 경우 이런 사례가 이미 여러 도시에서 실행된 바가 있다. 예컨대 암스테르담에서는 과세당국이 에어비앤비와 협약을 체결한 후 에어비앤비로 하여금 관광세를 징수하게 하였다. 마찬가지로 에어비앤비는 유럽의 리스본, 파리 등 세계 여러 지역정부와 협력관계를 형성한 후 점유세를 징수 · 납부하고 있다.

이와 유사하게, 에어비앤비는 에어비앤비 플랫폼을 통해 제공되는 용역에 대해 모든 회원국에서 부가가치세를 징수한다고 웹사이트에서 밝히고 있다.[51] 그러나 숙박주가 최종 사용자에게 제공한 용역에 대한 부가가치세는 여기에 포함되지 않는다. 숙박주가 최종 사용자에게 제공한 용역 관련 부가가치세의 징수는 오로지 숙박주의 호의에 달려 있다. 이 단계에서는 에어비앤비나 과세당국의 적극적 촉구를 통해 숙박주에게 부가가치세 납부를 종용할 수 있다. 회원국이 에어비앤비 사례의 숙박주로 하여금 부가가치세 혹은 기타 조세를 납부하게 하는 다른 방법으로서는 플랫폼을 통해 서비스를 제공하려는 숙박주에게 특별한 등록절차를 거치도록 의무화하는 것이 있다.[52] 그런데 이 방법의 문제점은 제공되는 서비스의 빈도와 기간을 감독할 수 없고, 그리하여 쉽게 무력화될 수 있다는 점이다.

서비스 제공자가 부가가치세를 납부하지 않아 생기는 조세 탈루의 해결책으로서는 숙박주가 부가가치세 등록 기준선을 넘기면 해당 플랫폼으로 하여금 부가가치세도 징수하도록 하는 방법이 있다.[53] 납세자의 납부세액 결정에 필요한 모든 자료를 플랫폼이 이미 이용할 수 있는 상태이므로, 이렇게 하면 탈세의 위험이 최소화될 것이다. 현재로서는 이와 같은 방식은 채택되지 않고 있다. 이러한 입법 누락으로 인해 이용자 사이에 많은 혼란이 발생되었다는 점이 점점 더 명확히 드러나

---

50 Id.
51 예를 들어, 그리스에서는 에어비앤비가 1박당 5%의 부가가치세를 징수한다.
52 이와 같은 시스템을 도입한 국가로 그리스가 있다.
53 자세한 내용은 앞의 섹션 Ⅲ을 참고하라.

고 있다.[54] 직접세의 징수에는 더 큰 문제가 있다. 현재 공유경제 서비스 제공자의 사업 활동을 감독하고 조세를 부과하기 위하여 효과적 메커니즘을 구축하는 것은 회원국의 책임이다. 플랫폼과 과세당국 간의 협력이 실무상 유용하기는 하나 유럽연합 데이터 보호 법률 체제와 충돌할 수 있다.[55] 즉 이러한 데이터법에 의하면, 플랫폼이 과세당국에게 모든 관련 정보(숙박주 이름, 임대기간, 재산의 명세 등)를 제공하는 행위가 유럽연합법에 저촉될 가능성이 높다. 따라서 데이터 보호 법규에 대한 예외를 규정하고 그 예외가 비례성의 원칙(principle of proportionality)에 부합하도록 조치할 책임이 회원국에게 있다. 그러나 이 경우에도 플랫폼 자체가 직접세를 징수하는 것은 쉽지 않다. 입법과 통제 기능의 일부를 플랫폼에게 위임하는 것이 일반론으로 제안된 적이 있기는 하지만,[56] 이러한 제안이 직접세 영역에서 이루어지기는 어려울 것이다. 모든 정보가 플랫폼에 집중되어 있기 때문에 플랫폼이 사용자의 법규 준수를 보장하는 데 최선의 위치에 있고, 서비스 제공자의 법적 의무를 집행하는 데에 가장 이상적인 위치에 있기는 하지만,[57] 서비스 제공자의 조세부담액 산정이 전체 조세책임에서 분리되어 독자적으로 이루어질 수는 없는 노릇이다. 즉 납세자의 다른 소득 및 본인과 가족의 상황을 고려하지 않고는 세액을 계산할 수 없다.

C. 경쟁상 우위와 국가보조금 규정(state aid rules)의 적용

공유경제 행위자 중 다수가 실질적으로 낮은 과세를 누리고 있다는 점이 일반적인 추세로서 확인된다. 영국 등 일부 회원국은 특히 공유경제 행위자를 위하여 이미 조세감면조치를 법제화하였고,[58] 일부 국가는 간접적으로·실질적으로 여러 조세의 불납부를 허용하고 있다.[59]

앞 섹션에서 본 바와 같이 부가가치세, 다른 지역세 혹은 공유경제 관련 조세 등의 징수는 회원국에게 여러모로 어려운 문제이다. 직접세의 경우는 더욱 어렵다. 서비스 제공자/프로슈머(에어비앤비 숙박주, 우버 운전자 등)로 하여금 조세신고 시에 소득을 신고하도록 강제하는 것에 어려움이 있다. 이 점 외에도 현재 대부분의 회원국이 공유경제 회사에 대하여 사회보장분담금을 내지 않게 하고,[60] 면허료도 청구하지 않는다는 사실까지 감안하여 보면, 이러한 회사들이 공유경제 참여자

---

54 이러한 불확실성에 관하여 에어비앤비의 경우를 보라. VAT, Airbnb, https://community.withairbnb.com/t5/Everything-Else/VAT/td-p/4501.

55 Charter of Fundamental Rights of the EU, the Data Protection Directive 95/46/EC repealed by Regulation (EU)2016/679 and Directive (EU) 2016/680, entering into force in 2018.

56 Europe Economics, The Cost of non-Europe in the Sharing Economy(공유경제의 비유럽연합화에 따른 비용) 57 (2015).

57 G. Vara Arribas, B. Steible, and A. De Bondt, Cost of non-Europe in the Sharing Economy: Legal Aspects(공유경제의 비유럽연합화에 따른 비용: 법적 측면), EIPA Report 65 (Feb. 2016).

58 이러한 추세에 대한 자세한 논의와 관련 문서의 검토에 대하여는 다음을 참조하라. See A European Agenda for the Collaborative Economy(협업경제를 위한 유럽연합의 안건), supra note 20, at 27 et seq., Table 6.

59 V. Hatzopoulos and S. Roma, Caring for Sharing? The Collaborative Economy under EU Law(공유를 좋아하시나요? 유럽연합법하의 협업경제), 54 Common Market L. Rev. 81, 112(2017).

60 물론 이는 서비스 제공자를 독립노동자와 피용인 중 어느 것으로 정의하느냐의 문제와 관련되어 있다. Nicola Countouris and Luca Ratti, this volume.

가 아닌 다른 회사와 비교하여 조세 등에서 경제적 이점을 누리고 있음은 분명하다.[61]

이러한 경제적 이점은 국가보조금 규정을 발동시킬 가능성이 있다.[62] 적극적 조세혜택을 주거나 조세 징수를 부실하게 혹은 전혀 하지 않음으로써 실질적인 조세 부담을 줄여주면, 에어비앤비, 우버 등 회사들은 경쟁자에 비하여 경쟁상 유리한 위치에 놓이게 된다.

호텔 소유자와 택시 운전자들이 조세 등 규제상 미비점으로 인하여 에어비앤비와 우버에 대하여 불공정한 경쟁을 하게 되었다고 불만을 제기하고 있음에도 국가보조금 규정의 적용 가부가 완전히 명확한 것은 아니다. Article 107(1) TFEU와 그에 대한 사법법원의 해석에서 보는 바와 같이, 국가보조금 규정이 적용되기 위해서는 해당 조세 조치가 선별적이어야 한다. 선별성 척도에서는 '비교 시스템'(reference system)의 확정이 있어야 한다. 달리 말하자면 택시와 우버, 에어비앤비와 호텔이 동일한 비교 체제(reference framework) 내에 있어서 상황의 비교가 가능한지 여부를 심사하여야 한다. 동일한 비교 체제 내에 있으면서 Article 107(1)의 다른 요건이 충족된다면 국가보조금 규정이 적용될 것이다. 비교 체제의 개념에 관한 구체적 척도를 유럽연합사법법원이 설시한 바는 없다. 유럽연합사법법원은 그때그때마다 비교 체제를 파악하려고 한다. 이러한 사실과 일관성 없는 일부 판결 때문에 공유경제와 비공유경제의 경쟁자들이 동일한 비교 체제에 속하는지 여부를 추단하기는 매우 어렵다.

VI. 나머지 과제들

최근 유럽연합집행위원회는 평의회에게 디지털 경제 과세 지침 두 개를 만들어 달라는 제안을 하였고,[63] 상당한 디지털 활동이 존재하는 사업체(significant digital presence)에 대한 법인세 과세에 관하여 집행위원회 권고안(구속력이 없다) 한 개를 공표하였다.[64] 현재 두 제안에 대해서 유럽연합 수준에서 정치적 합의가 이루어질 것 같지는 않다. OECD가 디지털화에서 발생하는 조세 문

---

61 Hatzopoulos and Roma, supra note 60, 112-13.

62 유럽연합에서 국가보조금 혹은 국가지원금은 금지된다. Article 107(1) TFEU의 국가보조금 정의 규정은 다음과 같다. "조약에서 달리 허용하는 경우를 제외하고는, 회원국가가 제공하거나 어떤 형태로든 국가자원에서 제공되는 지원으로서 회원국 사이의 무역을 왜곡하거나 왜곡할 위험이 있는 지원책이 특정 사업자나 특정 물품을 우대함으로써 회원국 사이의 무역에 영향을 미치는 경우라면, 이는 역내시장과 양립할 수 없다." 일반적 금지의 예외사유는 Article 107(2), (3) TFEU에 규정되어 있다. 주어진 상황에서 볼 때, 국가보조금에는 '적극적인' 국가보조 및 자본 지원만이 포함된 것이 아니라는 점이 흥미롭다. 오히려 조세 면제, 세액 공제, 소득 공제, 조세 비징수 등 모든 조세 경감조치가 일반적으로 포함된다.

63 Proposal for a Council Directive laying down rules relating to the corporate taxation of a significant digital presence (디지털 활동이 상당한 업체에 대한 법인세 부과에 관한 규칙을 규정하는 평의회 지침의 제안), 21 March 2018, COM (2018) 147 final, Proposal for a Council Directive on the common system of a digital services tax on revenues resulting from the provision of certain digital services(특정 디지털 서비스의 제공으로 인한 수익에 대한 디지털 서비스 세의 공동 시스템에 관한 평의회 지침의 제안), 21 March 2018, COM (2018) 148 final.

64 Commission Recommendation of 21 March 2018 relating to the corporate taxation of a significant digital presence (디지털 활동이 상당한 사업에 대한 법인세 부과에 관한 2018년 3월 21일자 집행위원회 권고안), C(2018) 1650 final.

제에 대한 중간보고서를 발표한 직후에 이 제안이 나왔다.[65] 위 문서들의 어느 것도 공유경제 과세문제를 구체적으로 다루지는 않지만, 과세 문제에 상당한 파급효과가 있을 것이다. OECD 중간보고서는 플랫폼과 서비스 제공자의 계약관계에 초점을 맞추어야 한다고 지적한다. 그 이유는 계약관계 내의 회색지대로 인하여 조세 부담과 조세 기반이 최소로 줄어들 수 있을 것이기 때문이라고 한다. OECD의 견해에 의하면, 공유경제 과세에 관한 해결책은 다음 두 개에 초점을 맞추어야 한다고 한다. a) 납세자에 대한 교육 강화, 자진신고의 촉구, 플랫폼 중개 거래에 대한 조세 데이터의 획득 등을 통하여 온라인 플랫폼이 중개하는 활동에 대한 과세를 효과적으로 증진하는 것,[66] b) 신기술을 이용하고 자동화된 준수 절차를 통하여 납세자의 준수 부담을 경감함으로써 조세법 준수의 실효성을 증진하는 것.

유럽연합의 제안은 디지털 경제에 초점을 맞추고 있다. 상황상 해석으로는 모든 디지털 플랫폼(공유경제 플랫폼을 포함하여)과 거기에서 제공되는 서비스에 동등하게 적용되는 것으로 보이기는 하나, 문언상 해석으로는 다른 결과가 나올 수도 있다.[67] 상당한 디지털 활동의 사업에 대한 법인세 과세의 제안은 유럽연합집행위원회가 장기적 해결책으로서 제시한 것이다. 위 제안의 목표는 대형 디지털 회사가 상당한 디지털 활동이 있는 곳(가상 고정사업장)에서 과세되는 것을 목표로 한다.[68] 유럽연합집행위원회의 견해에 의하면, 일부 디지털 서비스의 제공에 따른 매출액에 대하여 디지털 서비스세를 부과하는 것이 중간적 처방책이다. 이러한 조세 수입은 사용자가 소재한 회원국이 징수하게 될 것이다. 유럽연합의 제안이 치중하는 부분은 유럽연합 내에서 디지털 경제 플랫폼(아마도 공유경제 플랫폼일 것이다)에 대한 충분한 과세를 확보하는 것이다(수익 및 매출액에 각각 과세를 한다). 그러나 서비스 제공자(우버의 운전자, 에어비앤비의 숙박주)에 대한 과세는 까다로워서 같은 정도의 관심을 기울이지는 않으려고 한다.

부가가치세 영역에서, 집행위원회는 2016년 12월 국경 간 전자상거래에 대한 부가가치세의 현대화를 위한 입법 패키지를 제안하였는데, 여기에는 공유경제 고유의 법규가 포함되어 있지 않다.[69]

유럽연합의 두 제안이 채택된다고 하더라도, 내가 보기에 여전한 주요 과제로서 조세법 준수

---

65 OECD, Tax Challenges Arising from Digitalisation–Interim Report 2018–Inclusive Framework on BEPS(디지털화로부터 발생하는 조세문제 –2018년 중간보고서– BEPS를 고려함) (March 2018).

66 플랫폼을 통한 거래정보의 획득은 유럽연합의 데이터 보호 규정과 충돌할 수 있다.

67 예컨대, 상당한 디지털 활동의 사업에 대한 법인세 부과에 대한 제안에서 디지털 서비스에 무엇이 포함되고 무엇이 포함되지 않는가에 관한 정의를 놓고 보면, 공유경제 플랫폼이 제공하는 서비스가 위 정의에 포함되는가에 대한 논란의 여지가 있다. 그러나 집행위원회는 보도자료를 통해서 해당 제안은 디지털 플랫폼 전반(공유경제 플랫폼 포함)에 적용된다고 지적하였다.

68 회사가 회원국에 상당한 디지털 활동을 가지고 있다고 보기 위해서는 다음 중 하나는 충족되어야 한다. (a) 과세기간의 총매출액 중 회원국에 소재한 사용자에게 제공된 디지털 서비스로부터 창출되어 과세기간 중 획득된 것이 EUR 700만을 초과한 경우, (b) 과세연도 중 한 개 이상의 디지털 서비스를 사용한 사용자 중 회원국에 소재한 자의 숫자가 10만 명을 초과한 경우, (c) 디지털 서비스의 공급에 관하여 과세연도에 체결된 사업계약 중 회원국에 소재한 자에 의하여 체결된 숫자가 3,000을 초과하는 경우.

69 패키지의 개관을 위해서는 다음을 참조하라. See Digital Single Market–Modernising VAT for Cross Border e-Commerce: VAT Digtital Single Market Package(디지털 단일시장– 국경 간 전자상거래에 대한 부가가치세의 현대화: 부가가치세 단일시장 패키지)–European Commission, Dec. 1, 2016, https://ec.europa.eu/taxation_customs/business/vat/digital-single-market-modernising-vat-cross-border-ecommerce_en.

와 집행 문제가 있다. 회원국은 어떻게 직접세와 간접세의 징수를 확보할 것인가? 부가가치세, 관광세 등 여러 조세에 대하여는 플랫폼이 직접 징수함으로써 개선이 어느 정도 이루어졌다. 이미 설명한 바와 같이, 이 방식은 의도된 모든 조세에 포괄적으로 적용된 것도 아니고 단점이 없는 것도 아니지만, 회원국이 일부 조세를 징수할 수 있게 해준 것은 맞다.

두 번째 과제로서 납세자와 과세소득을 파악하는 문제가 있다. 서비스 제공자와 프로슈머 수준에서는, 효과적인 정보교환 메커니즘이 작동하는 경우에만 이 작업이 성공할 수 있을 것이다. 집행위원회가 제안하듯이, 납세의무에 관한 인식의 제고, 납세담당자들의 협업적 사업모델에 대한 인식의 제고, 안내문의 공표, 온라인 정보 제공을 통한 투명성의 증진 등은 모두 협업경제의 잠재력을 발현하는 수단이 될 것이다.[70]

과세를 면제하는 기준액 제도를 도입하면 실제로 서비스 제공자가 면세 대상인 소액의 소득을 신고하는 유인이 된다.[71] 그러나 이 제도는 고소득자의 신고를 확보할 수 없기 때문에 문제해결책이 될 수 없다.

플랫폼의 정보 공유는 조세법 준수를 확보하는 데 긴요하다. 특히 보고 문제에서 그러하다. 그러나 현행 유럽연합 조세 지침으로는 에어비앤비 등 플랫폼으로 하여금 사용자에 대한 정보를 과세당국에게 넘겨주라고 강제할 수 없다. 반대로, 유럽연합은 견고한 데이터 보호 법규를 갖고 있는데, 기본권 헌장(Charter of Fundamental Rights)이나 2차적 법률에서 이 법규가 명확히 선언되어 있다. 따라서 조세법 준수를 확보하는 것은 국내법의 영역인데, 데이터 보호 법규에 위반되지 않도록 추진되어야 한다.

결론

앞서 논의된 바와 같이, 유럽연합 내 공유경제 과세는 유럽연합 단계가 아닌 회원국 단계에서 규제되고 있다. 최근에 이르기까지 다수 회원국이 '공유경제 조세법규'를 갖고 있지는 않았으나, 조세 탈루의 가능성이 증가하게 되자, 회원국은 관련 규정들을 서서히 도입하고 있다. 따라서 회원국은 각기 다른 과세법규를 적용하고 있고, 감시시스템이 있더라도 서로 다른 감시시스템을 가동하면서, 플랫폼과 서비스 제공자가 조세법을 준수하고 조세를 납부하도록 노력하고 있다. 이러한 과정에서 회원국은 불완전한 유럽연합 조세법과 미비한 유럽연합법 영역에서 파생되는 과제에 자주 직면하게 된다.[72] 미비한 법 영역으로서는 노동법, 공유경제 서비스 제공자에 대한 분류 문제

---

70 A European Agenda for the Collaborative Economy(협업경제를 위한 유럽연합의 안건), supra note 20, at 356.

71 영국은 이러한 기준액을 도입하였다. '방 임대 사업'의 경우 공유경제 참여자는 2018년 기준 연간 7,500파운드까지의 소득에 대한 조세를 면제받았다. 프랑스도 최근 유사한 조치를 취하여 개별 사안에 적용하였는데, 기준액은 연간 EUR 5,000이다.

72 예컨대, 부가가치세와 관련하여 섹션 Ⅲ에서 논의한 과세대상자 정의 부분을 참고하라.

(노동자인가 독립계약자인가의 문제) 등이 있다. 이러한 불확실성과 모순점을 해소하기 위해서는 유럽연합이 공유경제에 관한 포괄적인 조치를 취하여야 한다. 비록 이 영역의 모든 문제를 완벽하게 규율하지는 못할지라도 모든 회원국에게 지침으로 기능할 일반원리를 확립하는 입법은 채택하여야 할 것이다. 아주 최근에 유럽연합은 디지털 경제 전반의 과세제도를 다룰 유럽연합 지침 두 개를 제안하였다. 위 두 제안에 대한 정치적 합의가 달성될 것 같지는 않다. 위 제안이 최종적으로 채택된다고 하더라도, 이들은 오로지 공유경제 과세 문제의 일부만을 다루게 될 것이다. 적어도 플랫폼이 유럽연합 내에서 올리는 수입에 대한 과세가 다루어질 것이다. 공유경제에서 서비스 제공자에 대한 과세는 조세 탈루의 주요 문제인데 이는 아직 해결되지 못하고 있다.

28

조세와 혁신: 공유경제에 대한 사례연구

조던 배리

서언

혁신이 기술과 시장에서 새로이 나타남에 따라 정책결정자에게는 과제와 기회가 동시에 제공된다. 이 글에서는 공유경제를 분석의 주요 대상으로 삼아서, 미국 연방소득세 제도와 혁신 사이의 관계를 검토한다. 섹션 Ⅰ에서는 조세제도가 혁신을 조장하는 데 적합한지, 적합하다면 어느 정도 적합한 것인지를 검토한다. 섹션 Ⅱ에서는 반대의 관점을 구사하는데, 혁신이 조세제도를 개선할 수 있는지 여부를 검토하고, 조세제도의 운영과 설계를 개선할 방법을 제시하고자 한다. 놀랍게도 조세제도가 혁신을 증진할 가능성보다는 혁신이 조세제도를 개선하는 데 기여할 가능성이 더 높다.

Ⅰ. 조세제도를 이용하여 혁신을 조장할 수 있는가

조세법은 혁신 장려의 좋은 수단이 될 수 있는가? 이 질문을 검토할 때는 혁신을 두 가지 유형으로 나누어 보면 좋을 것이다. 혁신 유형으로 기술혁신과 거래혁신이 있다. 기술혁신이란, 명칭이 시사하듯이, 새롭고 개선된 과학기술을 말한다. 반면 거래혁신은 다른 거래 방식을 말한다. 개념상으로는 이들이 구분되지만, 공유경제에서 잘 확인되는 바와 같이 이들은 서로 관련되어 있다. 공유경제는 거래혁신으로 정의된다. 즉 사람들이 이전에는 불가능하였을 방법으로 타인의 자산에 대한 접근성을 획득하는 거래가 이루어지고 있다. 우버와 리프트는 사람들에게 자동차와 운전자에 대한 접근성을 제공하는데, 접근성은 일시적으로, 단기로, 인근 장소에서, 필요할 때만 제공되는 방식으로 부여된다. 에어비앤비는 부동산에 대하여 비슷한 효과를 달성한다. 태스크래빗은 노동과 사람을 연결하여 준다.[1] 위 각 사례에서 거래 방식이 더욱 매력적으로 된 것은 신기술

---

[1] 예컨대, Just Park은 미사용 주차 공간을 가진 사람과 주차 공간을 찾는 운전자를 연결해 준다. EatWith는 가정식을 준비해 줄 지역 숙박주와 사람들을 연결해 준다. '트럭을 가진 당신의 친구'를 자칭하는 GoShare는 지역의 트럭·밴의 소유자와 사용자를 연결하여, 다양한 이사 서비스를 제공하게 해준다. Streetbank는 이웃 간에 다양한 물건들(퐁듀 세트, 롤러블레이드, 전기 캔따개 등)을 빌려 쓰게 해준다. JustPark, www.justpark.com/; Eat With, www.eatwith.com/; GoShare, www.goshare.com/; Streetbank, www.streetbank.com/. 다른 예들도 많다.

의 발전에 따른 것이다. 구체적으로 보자면 서로 연결되기 어려웠을 매수인과 매도인을 연결하는데 정보기술이 도움을 준다.[2]

거래혁신과 기술혁신은 개념적으로 구분이 가능하므로 하나씩 살펴볼 가치가 있다.

A. 거래혁신

우리의 상호작용 메커니즘은 매우 중요할 뿐만 아니라, 그 미치는 효과가 광범위하다. 주요 기술을 개발하는 것만큼 성공에 중요한 것이 기존 거래구조의 변경이라는 결론을 많은 기술 회사가 내렸다. 예컨대 전기자동차 제조업체인 테슬라는 자동차 판매를 규율하는 주법을 바꾸는 것이 사업모델의 필수 요소라는 판단을 하였다.[3] Hyperloop One은 시속 700마일 이상으로 승객을 운송하기 위해 미래지향적인 진공관 운송 네트워크(vacuum-tube transport network)를 개발하고 있는데, 위 회사의 최고기술책임자는 '필수적 기술을 개발하는 것보다 법 제도를 탐색하는 것에 더 관심을 쏟고 있다'고 말한 적이 있다.[4]

애석하게도, 일반대중과 정책결정자는 거래혁신에 관심을 거의 갖지 않는 경우가 많다. 그리고 조세 정책결정자와 규제권자가 새롭거나 비전통적인 거래구조를 생각한다고 해도 그들은 보통 회의적인 시각을 갖고서 볼 뿐이다.[5]

이 경우의 역학관계를 생각해 보면 이것도 이해할 만하다. 거래당사자가 협상 테이블에서 만나 거래의 조건과 구조를 짜고 있는 모습을 상상해 보면 도움이 된다. 이러한 협상이 말 그대로이건, 시장 등 기관의 중개로 이루어지는 비유적인 것이건, 양 당사자는 협상을 통하여 최대의 총합 이익을 주는 방식으로 거래를 구축할 기회를 서로 갖게 된다.[6]

이는 협상 테이블에 앉아 자신들의 이익을 챙길 수 있는 거래당사자 모두에게 잘된 일이며 좋은 것이다. 그러나 당사자들이 성사시킨 거래가 타인에게 영향을 미치기도 할 것이다. 특히 당사

---

2 기술혁신이 공유경제의 주요 동인이기는 하지만, 거래혁신은 기술혁신에 의존하지 않는 것이 일반적이다. 예컨대 회사 제도가 조직 형태로서 발전한 것은 중요한 거래혁신이고 효과가 더 광범위하지만, 이는 본질적으로 기술혁신에 따른 것이 아니다.

3 많은 주에서 자동차 제조자가 고객에게 직접 판매하는 것을 금지하면서, 독립 대리점을 통해 판매하도록 요구한다. 테슬라는 자동차 대리점이 휘발유차를 전기자동차보다 더 많이 추천하도록 하는 강력한 유인이 있으며, 그렇기 때문에 고객에게 직접 판매할 수 없는 한 성공할 수 없다고 확신하고 있다. 이러한 점이 테슬라로 하여금 주대리점법과 싸우도록 만들었고, 그에 따라 지역에서 정치적 영향력이 강한 자동차 대리점과도 싸우게 되었다. See, e.g., Daniel A. Crane, Tesla and the Car Dealers' Lobby(테슬라와 자동차 대리점의 로비), Regulation, 10-14 (Summer 2014), http://object. cato.org/sites/cato.org/files/serials/files/regulation/2014/7/regulation-v37n2-3.pdf; Elizabeth pollman and Jordan M. Barry, Regulatory Entrepreneurship(규제활용 기업가정신), 90 S. Cal. L. Rev. 383, 387 (2017).

4 Caroline O'Donovan, Hyping the Hyperloop: How A Moonshot Technology Could Become a Reality(하이퍼루프 띄우기: 어떻게 무모한 기술이 현실로 될 것인가), BUZZFEED (Oct. 11, 2015, 6:01 AM), www.buzzfeed.com/carolineodonovan/ hyping-thehyperloop-how-elon-musks-dream-could-become-a-rea#.ccRqWaX5l; see also Pollman and Barry, supra note 3, at 407-08.

5 Jordan M. Barry and Paul Caron, Tax Regulation, Transportation Innovation, and the Sharing Economy(조세규제, 운송혁신 및 공유경제), 82 U. Chi. L. Rev. Dialogue 69, 73-74 (2015).

6 See generally Victor Fleischer, Regulatory Arbitrage(규제활용), 89 Tex. L. Rev. 227 (2010); see also Jordan M. Barry, On Regulatory Arbitrage(규제활용에 관하여), 89 Tex. L. Rev. 69 (2011); Frank Partnoy, Financial Derivatives and the Costs of Regulatory Arbitrage(금융 파생상품과 규제활용의 비용), 22 J. Corp. L. 211 (1997).

자의 거래 구조에 따라서 조세수입이 많기도 하고 적기도 하므로, 미국 정부는 그 거래에 이해관계를 갖게 된다.[7] 당사자로서는 가급적 정부에 세금을 적게 내고 싶어 한다. 정부에 내지 않는 돈은 양 당사자가 나누어 가질 수 있는 것이다. 정부에 귀속되는 돈을 줄이려는 동기는 언제나 있어 왔다. 그리하여 창의적인 첨단 거래기법이 만들어지고 있다.[8]

　물론, 정부는 세 부담을 최소화하려는 당사자들의 동기를 이해하고 있기 때문에, 조세법을 잘 설계해서 조세법 준수를 촉진하면서, 조세 회피와 탈루를 위한 거래 구조를 저지하려고 한다. 예컨대 고용자는 개별 피용인에게 급료로 얼마를 지불하는지를 정부에 보고하여야 하고, 피용인 대신에 세금을 원천징수하여 납부하여야 한다.[9] 이러한 보고와 원천징수 의무 덕분에 피용인 급료를 적게 신고하여 조세를 회피하는 기회가 대개는 봉쇄된다.[10] 피용인과 고용자가 이러한 의무를 회피하지 못하도록 하는 규정도 있다.[11] 다른 예도 많다.[12]

　세법에 대한 납세자들의 반응을 보면 무한한 창의성이 드러난다. 납세자의 조세 회피와 탈루를 막기 위해 만들어진 세법조항에 대해서도 창의성이 발휘된다. 마틴 긴스버그 교수는 이에 대하여 다음과 같이 촌평한 적이 있다. "납세자의 머리를 때리려고 막대기를 만들면 그 막대기는 곧장 커다란 초록뱀으로 변하여 국세청장의 엉덩이를 물어버릴 것이다."[13] 이러한 창의성은 새로이 나타난 현상도 아니다. 기발한 조세 회피 방법은 수천 년으로 거슬러 올라간다.[14] 납세자의 동기가 위와 같이 분

7　보통 정부가 거래에 대하여 갖는 이해관계는 다양하지만, 이 글에서는 세금 징수자로서의 이해관계에 주로 집중한다. See Fleischer, supra note 6, at 238 ("개념적으로 보면 조세 관련 협상 테이블에는 두 당사자가 아닌, 세 당사자가 있다. 바로 매수인, 매도인, 정부이다. 주정부에도 같은 논리가 적용된다. 한 당사자의 지불금에서 나오는 세금이 감소하고 같은 금액만큼 상대방의 세금 청구서에서 증액이 이루어지므로 정부는 당사자가 구축한 거래의 세세한 부분에는 무관심할 것이라고 생각하고 싶어질 것이다. 여기에는 일리가 있고, 공정한 거래가 소득세 제도의 근간이라고 보는 이유가 여기에 있다. See, e.g., Jordan M. Barry and Victor Fleischer, Tax and the Boundaries of the Firm(조세와 기업의 한계), unpublished work in progress, at 3. 하지만 많은 문제가 그림을 복잡하게 한다. 양 당사자의 조세구간이 서로 다를 수 있다. 개인적 소비를 위하여 구입한 경우처럼 매수인이 지불금을 공제받지 못할 수도 있고, 한 당사자는 조세면제의 대상일 수도 있으며, 양 당사자의 조세연도가 다를 수가 있는 등 변수가 아주 많다.

8　예컨대, 모기업의 법적 소재지를 저세율 국가로 이전하는 역거래(inversion transaction)는 최근 인수합병의 뜨거운 유행이었다. 이러한 거래는 조세 문제 때문에 추진되는 것으로 널리 인식되고 있다. See, e. g., Shayndi Raice, How Tax Inversions Became the Hottest Trend in M&A(인수합병에서 어떻게 조세 역거래가 뜨거운 유행을 탔나), Wall St. J., Aug. 15, 2014, www.wsj.com/articles/how-tax-inversions-became-the-hottest-trend-in-m-a-1407240175.

9　26 U.S.C. §§3402, 6051.

10　See Internal Rev. Serv., Dep't of the Treasury, Federal Tax Compliance Research: Tax Gap Estimates for Tax Years 2008-2010(연방세 준수에 대한 연구: 2008-2010 조세연간 조세 누락 추정액) at 12 (2016), www.irs.gov/pub/irs-soi/p1415.pdf (정부가 임금과 봉급에 대한 소득세의 99%를 거두었다고 기록하고 있다); Bruce Bartlett, Tax Withholding Still Controversial after 70 Years(70년이 지난 후에도 논쟁거리인 원천징수제도), NY Times Blog (Oct. 22, 2013), http://economix.blogs.nytimes.com/2013/10/22/tax-withholding-still-controversial-after-70-years.

11　예컨대, 독립계약자에 대한 지급은 원천징수의 대상이 일반적으로 아니며, 보고의무의 대상이 아닌 경우가 많다. 따라서 고용자는 자신의 노동자를 피용인이 아닌 독립계약자로 분류하고 싶어 할 수 있다. 그러나 노동자를 피용인이 아닌 독립계약자로 선언한다고 하여 고용자가 손쉽게 더 가벼운 규제체제를 선택할 수 있는 것은 아니다. 더구나 노동자를 오분류하는 고용자는 민사책임 및 때로는 형사책임을 질 수도 있다. 26 U.S.C. §§6041, 6674, 7204.

12　예를 들어, 연방내국세법은 미국인 납세자 외의 자에게 하는 여러 지불금에 대한 원천징수를 하도록 하고, 사업거래에서 600달러를 초과하여 지불하는 경우 신고를 하도록 하며, 계약상 지급액을 배당지불금으로 보아 원천징수를 요구하기도 한다. See 26 U.S.C. §§871, 1441, 1442, 6041.

13　See, e.g., Martin D. Ginsburg, Making the Tax Law through the Judicial Process(사법절차를 통한 법의 형성), 70 ABA J. 74, 76 (Mar. 1984).

14　고대 로마에서는 토지소유자에게 부과되는 세금이 노예에게는 부과되지 않았다. 소규모 토지의 소유자들은 스스로 자신을 노예로 팔고는 지주의 보호 아래로 들어간 후 계속하여 기존의 토지를 경작하기도 하였다. Bruce Bartlett, How Excessive Government Killed Ancient Rome(수탈적 정부가 어떻게 고대 로마를 파괴하였는가), 14 Cato J. 287, 300-01 (1994).

명하고 역사적으로 많은 기록이 있으므로, 규제권자가 새로운 거래구조를 발견한 후 보이는 첫 번째 반응은 보통 의구심일 것이다. 새로운 구조가 조세 회피를 위한 것이라고 생각하기 쉽다.

규제권자의 두 번째 반응은 당혹스러움일 것이다. 성실 납세를 장려하기 위해 만들어진 법률과 규정은 보통 당사자의 거래방법에 대한 일정한 예상을 전제로 한다. 고용자가 피용인에게 임금을 지급하는 것, 회사가 주주에게 배당금을 지급하는 것 등등을 전제로 하는 것이다. 새로운 거래구조가 조세 회피 동기에서 촉발되지 않더라도 기존 조세제도에서 상정한 거래의 종류와 일치하지 않을 수가 있으므로, 조세징수 제도의 작동이 방해받을 수도 있고, 전반적으로 규제권자의 일을 힘들게 만들 수도 있다.[15]

종합하여 보면, 무슨 이유로 정부가 거래혁신을 조장하지 아니하고 이를 억지하려고 하는지를 이해할 수 있다. 정부가 새로운 거래구조를 조장하기 위한 행동을 취한 경우라고 하더라도, 이는 혁신의 조장에 일반적인 관심을 가져서가 아니라 특정의 정책적 목표를 구체적으로 가지고 있기 때문이다.[16] 다시 말해 정부가 거래혁신을 조장하는 경우에 이는 특정한 목표를 달성하는 수단으로서 그렇게 한 것이다. 정부는 거래혁신에서 보통 뒤처진 행위자이다. 새로운 거래구조가 널리 퍼져서 조세 회피 이외의 유용한 목적을 어느 정도 달성한 후에야 정부가 새로운 거래구조에 대응을 하기 때문이다.

B. 기술혁신

상대적으로 무시를 당하는 사촌인 거래혁신에 비하여, 기술혁신은 정치적 · 정책적 관심을 엄청나게 받는다. 사람들은 일반적으로 기술혁신의 육성을 선호할 뿐만 아니라, 조세혜택은 바람직한 행동을 유도하는 데 사용되는 정책 수단으로 널리 알려져 있고 자주 사용되고 있다.[17] 불행히도, 특히 요즘 시대에 이러한 도구가 실제로 얼마나 효과적인지는 의문이다.

앞서 본 역학관계, 즉 납세자는 정부가 예상하지 못했거나 의도하지 않은 방식으로 세금을 줄

---

15 거래형태가 일반적으로 유익한 것이라면(예컨대, 당사자가 각자의 이익을 추구하도록 믿어도 되고, 외부효과가 미미하거나 긍정적인 경우라면), 정부 정책상 이들을 받아들여야 한다. 새로운 거래구조가 부가적 거래를 창출한다면, 정부는 새로운 구조를 지원하고 조장하여야 한다. 새로운 구조가 규제권자의 일을 힘들게 한다는 이유로 새로운 거래구조를 막는다면, 이것은 일종의 규제기관 비용(agency cost)을 초래한다.

16 예컨대, 규제권자는 신용부도 스와프의 사용을 장려하였는데, 이는 은행이 위험을 헤지하면 은행 및 금융시스템 전반을 더욱 안정적이게 만들 것이라는 이론에 따른 것이다. See, e.g., Frank Partnoy, Infectious Greed: How Deceit and Risk Corrupted the Financial Markets(탐욕의 전염성: 사기와 위험이 어떻게 금융시장을 타락시켰는가) 373-75 (2009).

17 See, e.g., United States Cong. J. Comm. on Taxation, Estimates of Fiscal Tax Expenditures for Fiscal Years 2016-2020(2016-2020 회계연도의 재정적 조세혜택의 추정액), at 2 (2017), www.jct.gov/publications.html (조세혜택은 기준을 충족하는 자에게 급여수령권을 부여하는 직접적 지출 프로그램과 유사하다고 한다); id. at tbl. 1('과학 일반, 우주, 기술' 항목에 수십억 달러가 할당되는 등 여러 항목이 있다고 한다); see also Jordan M. Barry and Bryan T. Camp, Is the Individual Mandate Really Mandatory?(보험가입 강제가 실제로 필요한가?) 135 Tax Notes 1633 (2012). 또한 기술혁신과 사업 활동에 대한 유인을 창출하는 데 조세가 유일한 정책수단은 아니다. See, e.g., Jordan M. Barry, When Second Comes First: Correcting Patent's Poor Secondary Incentives Through an Optional Patent Purchase System(선후의 교체: 임의적 특허권 매수 제도를 통하여 특허권의 2차적 유발효과를 개선하기), 2007 Wis. L. Rev. 585; D. Gordon Smith and Darian M. Ibrahim, Law and Entrepreneurial Opportunities(법률과 사업기회), 98 Cornell L. Rev. 1533 (2013).

이기 위한 가용 수단을 모두 사용한다는 사정은 기술혁신을 조장하기 위한 세법 조항에서도 전면적으로 나타난다. 이는 정책결정자가 예측하거나 의도하지 않았던 결과를 초래할 수 있다. 예컨대 다수 연방의원이 폭력적인 비디오 게임을 비난하였고, 어떤 의원은 비디오 게임이 총기난사 등 폭력적인 행동을 야기한다고 주장하였으며, 여러 의원이 비디오 게임을 다양한 방법으로 억제하는 법안을 발의하였다.[18] 그러나 비디오 게임 회사들은 세법의 가장 큰 수혜자이다. 소프트웨어 개발, 엔터테인먼트 산업, 온라인 소매업에 혜택을 주는 조항을 게임 회사들이 이용할 수 있기 때문이다.[19] 의회가 폭력비디오 게임의 제작자들이 이러한 혜택을 받도록 의도한 것은 아니지만, 그들이 받은 혜택은 상당하다. 캘빈 존슨 교수의 추정에 의하면 소득세법으로 인하여 비디오 게임 제작자의 이익이 두 배로 되었다고 한다.[20] 의도와 다른 세법의 활용 사례는 수없이 많다.[21]

납세자가 창의성을 발휘할 뿐만 아니라, 정부가 인정하듯이 그러한 창의성이 어떻게 발현될지를 미리 알 수 없으므로, 특별한 소득공제와 조세혜택을 고안하는 경우에는 주의가 요망된다. 납세자와 그들의 변호사, 자산관리사, 회계사 등이 정부가 생각하지 못하는 것을 생각해 낸다는 사실을 인지하고서 정부는 신설 조항의 폭을 좁게 설계하는 경향이 있는데, 그 방법으로서는 수혜의 금액을 제한하거나 수혜자에게 다수의 요건을 충족하도록 요구하는 것이 있다.[22] 이러한 제한을 이해할 만하지만 이렇게 되면 정책도구로서의 효율성은 크게 떨어진다.

좁게 한정된 조항을 선호하게 되면 새로이 발전 중인 산업에서는 문제가 될 수 있다. 거래구조가 상시적으로 변동하고 있기 때문이다. 거래구조가 예상치 못한 방향으로 전개된다면 신규조항의 한정적 범위를 부분적으로 혹은 전체적으로 벗어나게 될 것이다.[23] 어떤 산업을 돕는다는 분명

---

18 See, e.g., Anne Broache, Video Games in Congress' Crosshairs(연방의회가 비디오 게임을 조준하다), CNet.com (June 5, 2006), www.cnet.com/news/video-games-in-congress-crosshairs/; Mike Snider, Debate Over Video-Game Violence Link Resurfaces(비디오 게임과 폭력 사이의 관계에 대한 논란이 재등장하다), USA Today (Dec. 19, 2012), www.usatoday.com/story/tech/gaming/2012/12/19/video-games-scrutinized-after-newtown/1778467/.

19 See, e.g., David Kocieniewski, Rich Tax Breaks Bolster Makers of Video Games(아낌없는 조세감면으로 비디오 게임 제작자들이 이익을 보다), N.Y. Times (Sept. 10, 2011), www.nytimes.com/2011/09/11/technology/rich-tax-breaks-bolster-video-game-makers.html.

20 Alexis Garcia, Tax Breaks for Game Makers = EPIC FAIL(게임 제작에 대한 조세혜택＝역대급 실패), Reason.com (May 6, 2014), http://reason.com/reasontv/2014/05/06/tax-breaks-for-game-makers-epic-fail.

21 예컨대, 조세법의 특별조항에 의하면, 특허권 판매로 인한 소득은 장기자본이득으로서 낮은 비율로 과세되는데, 해당거래가 자본이득거래가 아니어도 그러하다. 26 U.S.C. §1235. 좋은 대우를 받는 지적재산권은 특허권뿐이다. 지적재산권 중 저작권은 오히려 나쁜 대우를 받는다. 26 U.S.C. §1221(a)(3). 특허는 기술 개발에서 중요하고 특허를 진흥하면 기술이 발달한다는 근거하에 특허권에 대한 특별조항을 정당화하는 것이 보통이다. 수년간 조세회피 방법도 사업수단특허로서 특허의 대상으로 보았다. 조세 정책결정자가 의도하였을 리가 전혀 없는 조세회피전략을 조세법이 조장한 셈이 된 것이다.

22 수혜자를 제한하려는 이러한 시도로 인하여 세법이 더욱 복잡하게 되는 결과가 되었다는 점을 주목할 만하다. 26 U.S.C. §280A는 개인의 주택과 관련된 사업비용의 공제를 제한하고 있는데, 약 2,200개의 단어로 구성되어 있다.

23 예컨대, 세법은 자전거 출퇴근 비용에 대한 공제를 허용함으로써 미국인들의 자전거 출퇴근을 장려하려고 한다. Barry and Caron, supra note 5, at 77-78. 연방의원들도 자전거 공유 프로그램을 지지한다는 것을 명확히 하고 있다. See, e.g., Members of Congress Lead "Bike-Partisan" Campaign to Support Bike-Sharing at Conventions(연방의원들이 정치집회에서 자전거를 공유하도록 하기 위해 자전거 타기 운동을 전개하다), BusinessWire (July 30, 2008), www.businesswire.com/news/home/20080730005183/en/Members-Congress-Lead-Bike-Partisan-Campaign-Support-Bike-Sharing. 그러나, 자전거공유서비스를 이용해서 출퇴근할 때 드는 비용은 공제되지 않는데, 이것은 아마 의회가 자전거공유서비스가 이렇게까지 성장할 것으로 예측하지 못하고, 그에 따라 엄격히 제한된 자전거 출퇴근 공제 범위에 자전거공유서비스 이용대금을 포함시켜야 한다고 생각하지 못했기 때문일 것이다. See generally IRS Office of the Chief Counsel, Letter 2013-0032 (July 26, 2013), www.irs.gov/pub/irs-wd/13-0032.pdf; Barry & Caron, supra note 5, at 78-80.

한 의도를 가지고 도입된 조항조차 그 과녁을 놓치기 쉽다. 신규진입자에 대한 혜택을 최소화하여 경쟁을 줄이려고 하는 기존 업체가 규제권자의 축소지향성을 의도적으로 강화함으로써 위와 같은 문제를 악화시키기도 한다.[24]

한 조항이 목표로 한 과녁을 벗어나더라도 행로를 바꾸는 절차는 느리고 불확실할 수 있다. 연방정부의 바퀴는 천천히 돌아가기 때문이다. 문제가 해결될 무렵에는 해당 산업이 더이상 도움을 필요로 하지 않을 수도 있고 이미 기성 업체로 자리를 잡았을 수도 있다.[25] 그렇게 되면 새로운 조항은 소기의 결과를 조장하는 정책적 도구가 아니라 지대 추구의 특혜조항이 되기 쉽다.[26]

이러한 문제를 극복할 수 있다고 보더라도, 그동안 미국에서 혁신 구조가 크게 변하여 이제는 조세정책을 혁신의 지렛대로 보는 것은 의문의 대상이다. 1980년까지 미국에서 기존의 거대회사들이 연구개발 활동의 대부분을 차지하였다.[27] 기존 거대회사들은 대부분 뛰어난 세무 부서를 가지고 있어서 조세혜택을 잘 알고 적절히 이용한다. 이런 세상에서는 조세혜택이 정책결정자가 취할 수 유망한 수단으로 보일 것이다.

그 이후로 미국의 사적 부문에서 이루어진 연구개발에서 상대적으로 작은 신생회사들이 성장의 주요 원천이 되어 왔는데,[28] 이러한 회사들은 상대적으로 조세혜택에 대한 관심이 덜하다고 볼

---

24 Barry & Caron, supra note 5, at 75. 세금과 관련 없지만, 테슬라는 몇몇 주에서 자동차를 소비자들에게 직접 판매할 수 있도록 하는 법률을 확보하였다. 그러나 기존 자동차 대리점들의 강력한 저항에 부딪혀 이런 법률은 상당히 제한적이다. 예를 들어, 뉴저지와 메릴랜드는 주 내 판매점을 4개로 제한한다. 두 주의 법은 특정 유형의 친환경차량을 생산하는 제조업체에만 적용된다. A.B. 3216, 40th Leg. (N.J. 2015); H.B. 235, 2015 Sess. (Md. 2015). 따라서 이런 제한적인 예외조항은 1갤런으로 고속도로 84마일을 운행할 수 있는 6,800달러짜리 자동차를 만들겠다고 발표한 Elio Motors같은 다른 혁신적인 차량 제조업체들이 이용할 수 없다. See Marino Lao et al., Direct-to-Consumer Auto Sales: It's Not Just About Tesla(차량의 소비자 직접 판매: 테슬라의 문제만은 아니다), Fed. Trade Comm'n (May 11, 2015, 11:00 AM), www.ftc.gov/newsevents/blogs/competition-matters/2015/05/direct-consumer-auto-sales-its-not-just-about-tesla. 뉴저지법은 2014년 1월 1일 이전에 특별한 면허를 취득한 업체에만 적용되는데, 이는 사실상 테슬라만이 요건을 만족시킬 수 있다는 것을 의미한다. 다른 몇몇 주들도 동일한 제한을 하고 있다. Todd Bishop, Tesla Wins Battle Against Auto Dealers in Washington State, But Future Rivals Are Screwed(테슬라는 워싱턴주에서 자동차 대리점을 상대로 승리하였으나, 경쟁자들은 죽을 쑤게 되었다), GEEKWIRE (Feb. 18, 2014, 4:05 PM), www.geekwire.com/2014/tesla-wins-battle-auto-dealers-washington-state-future-rivals-screwed. See also Pollman and Barry, supra note 3, at 445-46

25 극적인 예를 들자면, 우버의 기업가치는 대략 4년 만에 천 배 이상 증가하여, 2011년 초에는 500만 달러에도 미치지 못하던 것이 2015년 중반에는 500억 달러 이상이 되었다. 이해를 돕자면, 우버의 기업가치가 GM에 근접한다는 말이다. 가령 2011년 당시 의회가 차량공유 산업의 성장을 돕기 위해 법조항을 통과시켰지만, 잘못된 조항으로 원하는 목적을 달성하지 못했다고 가정해 보자. 그 조항이 수정될 때쯤이면 그 도움은 필요하지 않게 되었을 것이다. Michael Arrington, Huge Vote of Confidence: Uber Raises $11 Million from Benchmark Capital(엄청난 신뢰의 결정: 우버가 벤치마크 캐피털로부터 1,100만 달러를 유치하다), TechCrunch.com (Feb. 14, 2011), https://techcrunch.com/2011/02/14/huge-vote-of-confidence-uber-raises-11-million-from-benchmark-capital/; Paul R. La Monica, Is Uber Really Worth More Than Ford and GM?(우버는 진짜로 포드나 GM보다 가치가 높은가?), CNN Money (Oct. 27, 2015), http://money.cnn.com/2015/10/27/investing/uber-ford-gm-70-billion-valuation/index.html. 그 반대도 가능하다. 정부가 제도를 바로잡는 동안에 이 산업은 쉽게 살아날 수 없을 정도로 고사할 수도 있다.

26 물론, 이것은 혁신을 장려하려는 모든 시도가 실패한다거나, 법은 항상 기술보다 뒤처져야 한다는 말은 아니다. See Elizabeth Pollman, The Rise of Regulatory Affairs in Innovative Startups(신생 혁신기업에서의 규제 문제의 등장), in The Handbook of Law and Entrepreneurship in the United States (D. Gordon Smith and Christine Hurt eds., forthcoming, 2018). 더구나 새로운 산업이 확립되기 전에 해당 산업을 규율하는 법을 만들면 규제포획의 가능성이 낮아진다.

27 Robert M. Hunt and Leonard I. Nakamura, The Democratization of U.S. Research and Development after 1980(1980년 이후 미국 연구개발의 민주화), at 8-9, fig. 2 (Soc'y for Econ. Dynamics, Working Paper No. 121, 2006), www.repec.org/sed2006/up.12143.1138646305.pdf.

28 Id. at 9; see also Michael J. Meurer, Inventors, Entrepreneurs, and Intellectual Property Law(발명가, 기업가 및 지적 재산권법), 45 Hous. L. Rev. 1201, 1202 (2008).

만한 충분한 이유가 있다. 가장 유명한 공유경제 회사들이 속한 집단인 실리콘밸리 신생기업들을 생각해 보자. 여러분이 생각하기에 이런 회사에는 노련하고 기업경험이 풍부한 기업가와 투자자가 있고, 야심찬 비전과 성장계획이 있어서, 소규모 신설기업이지만 가장 영리한 기업으로 보일지도 모른다. 하지만 벤처자금을 받는 신생기업들은 대부분 C형 법인들이다.[29] 기본적 조세계획 관점에서 보면 이는 말이 안 되는 조치로 보일 것이다. 나중에는 성공할지 몰라도, 이러한 회사에서는 상당한 기간 세무회계상 손실이 발생한다.[30] 보통 투자자는 고소득자이고 높은 한계세율의 적용을 받으므로, 이러한 손실은 세무회계상 귀중한 자산이다. 그러나 위 회사들이 C형 회사로 구성되어 있기 때문에, 위 손실은 회사 단계에 갇혀 있게 되어 투자자에게는 별로 가치가 없게 된다.[31]

정확히 왜 이 상태가 계속되는가에 대한 논쟁은 계속되고 있다.[32] 일반적인 견해로는 조세는 이 같은 회사의 1순위 당면과제가 아닐 뿐만 아니라, 조세계획의 추구에서 생긴 부수적 결과로 인하여 우선순위의 목표(자금조달 등)가 훼손된다고 보기 때문이라는 것이다.[33] 즉 신생기업들의 초기단계에서는 다른 중요한 일이 많기 때문에 조세혜택에는 신경을 쓰지 못한다는 것이다.

가장 잘나가는 신생기업이 기본적인 수준의 조세계획에도 신경을 쓰지 않는다는데, 더욱 복잡한 조세혜택이 신생기업에 대하여 쓸 만한 정책적 수단이 될 수 있을지는 의문이다.[34] 그리고 다른 조세혜택은 더욱 복잡해질 것으로 보인다. 왜냐하면 기술혁신이 점점 더 신생기업으로 이동하고 있지만, 여전히 기성의 대기업이 존재하는데 이들에게는 상당한 규모로 인원이 잘 갖춰진 조세부서가 있고, 고객의 조세부담을 낮추기 위한 창의적인 아이디어를 갖춘 회계기업과 외부변호사가 있기 때문이다. 앞서 서술한 바와 같이 혁신을 촉진하기 위해 만들어진 조치라 하더라도 예상하지

---

29 Joseph Bankman, The Structure of Silicon Valley Start-Ups(실리콘밸리 신생기업의 구조), 41 UCLA L. Rev. 1737, 1739-40 (1994) ("최초 투자 시에 벤처 투자자는 벤처사업체의 구조를 짜거나 변경하게 된다. 거의 대부분의 경우 벤처사업체는 회사형태로 되어 있다."); Eric J. Allen and Sharat Raghavan, The Impact of Non-Tax Costs on the Tax Efficiency of Venture Capital Investment(벤처투자의 조세효율성에 대한 비조세적 비용의 영향) 21 (2011 Am. Tax. Assoc. Midyear Meeting Paper: JLTR Conference, Working Paper, 2011), http://papers.ssrn.com/sol3/papers. cfm?abstract_id=1759558 (1996년에서 2011년 사이 IPO에 나섰던 1,067개 회사들 중 55개 회사만이 처음에 LLC로 조직되었고, IPO 당시까지 19개 회사만이 계속해서 LLC로 남아 있었다고 한다).

30 See, e.g., Allen and Raghavan, supra note 29 (1996-2011년 사이에 IPO를 수행한 1,067개의 신생기업을 살펴본 결과 IPO 당시 83.32%의 기업이 누적 순영업손실(NOL) 상태에 있었고, 해당 기업들의 누적 순영업손실액 총액은 거의 320억 달러에 육박하였다고 한다).

31 사적 사업체(비공개 사업체)는 파트너십, C형 회사 등 여러 형태로 구성될 수 있다. 단순하게 말하자면, 파트너십의 이익과 손실은 그대로 파트너에게 흘러가서 개인 소득세신고서에서 수익과 손실로 나타난다. 파트너십에서 수년간 손실이 발생하면, 그 손실은 파트너의 조세상 손실이 되어 해당 연도의 다른 소득을 차감하고 덩달아 전체적 세액이 줄게 된다. C형 회사의 이익과 손실은 주주에게 이전되지 않고 회사 단계에 머물러 있다. C형 회사의 손실도 장래 이익에서 차감될 수 있으나, 이익이 발생한다고 해도 수년이 걸릴 수 있다. 개인은 회사보다 더 높은 최고세율의 적용을 받으므로, 개인에게 반영된 손실이 훨씬 더 유리할 것이다.

32 See, e.g., Bankman, supra note 29, Victor Fleischer, The Rational Exuberance of Structuring Venture Capital Startups(벤처자본이 투자된 신생기업 구조의 이유있는 여유로움), 57 Tax L. Rev. 137 (2003); Daniel S. Goldberg, Choice of Entity for a Venture Capital Start-up: The Myth of Incorporation(벤처자금이 투자된 신생기업의 선택: 법인화의 신화), 55 Tax Law. 923 (2002); Calvin H. Johnson, Why Do Venture Capital Funds Burn Research and Development Deductions?(왜 벤처자본은 연구개발 공제를 태워버리는가?), 29 Va. Tax Rev. 29 (2009)

33 See, e.g., Allen and Raghavan, supra note 29; Fleischer, supra note 32, Susan C. Morse and Eric J. Allen, Innovation and Taxation at Start-Up Firms(신생기업의 혁신과 조세), 69 Tax L. Rev, 357 (2016).

34 See, e.g., Mirit Eyal-Cohen, Down-Sizing the "Little Guy" Myth in Legal Definitions(법률 개념상 '소기업' 신화의 해체), 98 Iowa L. Rev. 1041, 1062 (2012).

못한 방식으로 남용될 가능성이 있으므로 한도와 제한이 부가될 가능성이 높게 된다.

'연구실험'(Research and Experimentation) 세액공제는 이러한 문제를 잘 보여준다. 이 제도는 아마도 혁신을 장려할 수 있는 가장 핵심적인 세금 조항일 것인데, 따라서 초당적으로 지지받고 있다. 이에 관한 규정은 길고도 복잡하며 여러 제한과 제외를 포함하고 있고, 약 30개의 개념 정의를 갖고 있다.[35] 재무부가 이 공제 항목에 대하여 하도 많은 규정을 만들다 보니, 규정들의 목차를 만들 필요성을 느낄 정도가 되었다.[36] 연구실험 세액공제의 복잡함, 얻을 수 있는 혜택, 신생기업이 직면하는 다른 도전의 크기 등을 감안하여 보면, 이 공제가 신생기업의 혁신을 얼마나 조장하는지에 의문을 제기할 만한 충분한 이유가 있다.[37]

신생기업 분야에서 기술혁신을 장려하기 위한 정책수단으로 세법을 사용하자는 주장의 가장 강력한 논거는, 성공적인 신생기업 및 소기업이라고 하더라도 심각한 신용부족과 현금부족 현상을 겪는다는 점일 것이다.[38] 이와 관련하여 더 살펴보면 이 분야의 사업 투자는 이익의 재투자 형태로 이루어져서 투자에 한계가 있다. 이러한 관점에서 볼 때 사업의 현금흐름을 개선할 수 있는 방법이라면 어떤 것이든 기업의 생존과 성장에 도움이 된다. 그러므로 기술혁신에 보상을 부여하는 세법 조항은 긍정적인 효과를 가져온다. 왜냐하면 세법으로 인하여 자본예산(capital budgeting) 결정이 바뀌지는 않더라도, 회사가 사용할 수 있는 현금은 늘어나기 때문이다.

그러나 이것이 혁신을 촉진하기 위한 조세혜택을 정당화하는 논리라고 해도, 과연 이것이 적절한 도구인가에 대한 의문을 제기할 수 있다. 앞서 언급한 세금 로비의 정치경제학에 비추어 보면, 기존 거대기업들이 자신들에게는 유리하고 신생기업에게는 불리하도록 조세혜택 조항을 만들어 갈 것이라는 우려가 있을 만하다. 이런 조항이 신생기업의 행동에 영향을 거의 미치지 못하겠지만, 기존 기업에서 걷을 막대한 조세수입이 사라질 것이다. 전반적으로 낮은 세율이나 신생기업 혹은 소기업을 직접적 대상으로 하는 규정[39]이 더 나은 정책수단이라고 보는 사람도 있다.[40]

공유경제 회사들의 이력을 보면 공유경제의 발전에 조세체계가 미친 것으로 보이는 영향이 있다고 해도 이는 다소 우연적이거나 비의도적인 것으로 보인다. 예컨대 회사들은 실제의 감가상각보다 세무회계상 감가상각을 더 빨리 시킬 수 있으므로, 사업자로 하여금 경질자산(hard asset)을

---

35 26 U.S.C. §41. 이 조항은 대략 6,250단어로 구성되어 있다. 대략 이 책의 한 챕터에 해당하는 길이이다. 개념의 규정 중 10개에 'research'라는 단어가 포함되어 있고, 7개는 'qualified'라는 단어로 시작한다.

36 Treas. Reg. §1.41-0. 목차에도 거의 1,000개 단어가 있다.

37 Morse and Allen, supra note 33; Susan Morse, Entrepreneurship Incentives for Resource-Constrained Firms(한정된 자원을 가진 기업에 대한 기업가 정신의 독려), in The Handbook of Law and Entrepreneurship in the United States (D. Gordon Smith and Christine Hurt eds., forthcoming, 2018).

38 Ivo Welch, Corporate Finance(회사의 금융) 263-64 (4th ed., 2017); 현금 관리는 성공과 급속한 성장을 거치고 있는 신생기업들에게는 특히 부담스러운 문제가 될 수 있다. 그들은 생산설비와 물품을 사전에 구입해야 하지만, 고객들로부터 대금을 지급받기까지 기다려야 한다.

39 조세법에는 그러한 조항이 여럿 있다. See, e.g., 26 U.S.C. §§474, 1045, 1202, 1244; see also Eyal-Cohen, supra note 34, at 1081-86.

40 See also Morse, supra note 37.

사도록 부추긴다.[41] 이것은 공유경제 기업들의 제품에 대한 사업상 수요를 감소시키는 것처럼 보일 것이다. 반면에 개인이 사적 이용 목적으로 소유하는 자산에서는 구매 시에 공제가 없고, 시간이 지나면서 생기는 감가상각에 대한 공제도 없다.[42] 이로써 개인이 내구재(자동차, 자전거, 전동공구, 카펫청소기 등)를 소유하면 조세상 불리하게 되므로, 공유경제 제품에 대한 소비자의 수요를 증가시킬 것으로 추정할 수 있다.[43] 정책결정자들은 내구재가 사업자 측면에서는 공유경제 활동을 억제하면서 동시에, 소비자 측면에서는 공유경제 활동을 조장할 것이라고 생각하지는 못하였을 것이다. 하물며 그러한 결과를 의도한 것은 전혀 아니었다.

II. 혁신을 이용하여 조세제도를 개선할 수 있는가

잘 기능하는 규제체제를 구축하는 것은 쉽지 않다. 이 섹션에서는 일반적으로 혁신이, 그리고 특히 공유경제가, 어떻게 특정한 두 가지 유형의 문제를 정책입안자들이 해결하는 데에 도움을 줄 수 있는지를 살펴본다. 첫째, 규제를 설계할 때 모든 경우에서 원하는 결과를 가져오도록 집행가능한 규칙을 설계하는 것은 어려운 문제이다. 소득세의 경우처럼 경제활동 전반을 규율하려고 하는 규제에서 특히 그러하다. 둘째, 시스템이 어떻게 작동해야 하는지에 대한 명확한 비전이 있다고 해도, 이익집단이 예외조항을 통하여 시스템 전체의 이익을 해치면서 자신의 이익을 확보하려고 하는 과정에서 그 비전을 훼손할 수도 있다. 한 개의 예외조항은 사소할지 모르나 예외조항 전부를 합치면 상당한 규모가 되는데, 이는 제도를 수천 번 찔러서 죽이는 꼴이다. 나는 먼저 미시적 차원에서 조세혜택을 추구하는 로비집단의 문제를 다룬 후에, 거시적 차원에서 세법이 핵심 문제들을 어떻게 해결할 것인지를 다루고자 한다.

A. 혁신과 조세구조의 미시적 측면

소수의 집단에 집중적인 이익을 제공하고 다수의 집단에게는 비용을 전가하는 조세조항이 다수 있고 경제적으로 상당한 규모인데도, 정치적으로는 잘 드러나지 않는 수가 많다. 이들 조항의 다수가 조세정책 전문가에 의하여 비판을 받았지만[44] 정치경제학적 이유 때문에 지속되고 있다.

---

41 See 26 U.S.C. §§167, 168.

42 See 26 U.S.C. §§167, 262.

43 한편, 내구재를 소유하면 과세가 되지 않는 귀속소득(imputed income)이 발생하는데, 그렇게 되면 반대현상이 일어날 수도 있다. 반대현상은 본인소유 주택을 점유하는 경우에 두드러지게 나타나는데, 이 경우에는 다른 조세혜택도 동시에 부여되어 전체적으로는 조세상 불이익하다기보다는 이익이다. See, e.g., 26 U.S.C. §§121, 163.

44 See, e.g., Rosanne Altshuler, The Case for Fundamental Tax Reform(근본적 조세개혁의 필요성), 21 Kan. J. L. & Pub. Pol'y 399 (2012); Jordan M. Barry, The Emerging Consensus for Cutting the Corporate Income Tax Rate(법인소득세율의 인하를 위한 여론의 등장), 18 Chapman L. Rev. 19, 23-24 (2014); Jane G. Gravelle, Practical Tax Reform for a More Efficient Income Tax(효율적 소득세를 위한 실무상 조세개혁), 30 Va. Tax Rev. 389 (2010).

수혜자에게는 이러한 조항을 제정하여 유지시킬 강력한 동기가 있는 반면에 비수혜자 및 일반인에게는 이들을 저지할 만한 동기가 거의 없다.

이러한 역학관계가 조세조항에 국한된 것은 아니다. 예컨대 직업면허 요건이 최근 십 년간 급격하게 늘었는데, 이는 비교적 소수의 이해당사자로 구성된 피보호 산업에 이익을 집중시켜 주고는, 일반대중에게는 그에 따른 비용을 부담시킨다.[45] 오랫동안 이러한 규정이 증가하였는데 정치적 역학관계를 생각해 보면 이를 완전히 제거하기는 쉽지 않다.[46]

그러나 최근 몇 년간 우리는 이러한 유형의 조항이 후퇴하는 것을 목격했다. 이러한 현상의 많은 부분이 규제활용 기업가(Regulatory Entrepreneur)에 의하여 촉발되었는데, 규제활용 기업가란 법률의 개정을 사업계획의 중요한 부분으로 취급하는 회사들을 말한다.[47] 공유경제 기업은 잠재적 거래당사자들을 연결하는 중개업자 역할을 하는 것이 보통이므로, 일반적으로 규제활용 기업 전략을 추구하기에 적절한 위치에 있다. 결과적으로 그들은 규제활용 기업가정신 전략을 추진하기 좋은 상황에 있다.[48] 우버, 리프트, 에어비앤비 등 대표적 공유경제 회사들은 대표적인 규제활용 기업가에 해당된다.

이 점을 설명하기 좋은 사례가 있다. 몇 년 전만 하더라도 많은 도시에서 택시 영업을 하는 데에 정부 발급의 특별면허나 메달리온을 요구하였다. 이런 면허의 공급은 보통 제한적으로 이루어졌다.[49] 그리하여 택시 수는 많지 않고 경쟁이 심하지 않았는데, 결국 택시산업의 구성원에게는 이익이 되고 고객에게 해가 되었을 것이다.[50] 우버와 리프트는 이러한 제도를 겨냥하여 상당한 변화를 이끌어냈다. 그 결과 우버는 4년에 걸쳐 거의 12,000대의 승차용 차량을 뉴욕의 거리에 추가하였다.[51] 이와 비교하여 그 이전의 75년 동안에 뉴욕시의 택시는 총 1,000대 정도 증가하였을 뿐이다.[52]

세금로비와 다른 지대추구활동에 존재하는 정치적 역학관계가 유사하므로, 규제활용 기업가

---

45 Jacob Goldstein, So You Think You Can Be a Hair Braider?(머리손질업자가 될 수 있다고 생각하나?), N.Y. Times Mag. (June 12, 2012), http://nyti.ms/Lm66UT.

46 Nick Timiraos, White House Warns States on Job-Licensing Requirements(백악관이 주정부에게 직업면허 요건에 대한 경고를 하다), Wall St. J. (July 30, 2015, 7:44 AM), http://blogs.wsj.com/economics/2015/07/30/need-a-license-for-that-jobthe-white-house-warns-states-against-overdoing-it.

47 Pollman and Barry, supra note 3, at 439.

48 See id. at 416-17. 이러한 회사들은 게릴라 성장을 하고 다수의 사용자를 확보함으로써 규모의 확장을 쉽게 한다. 그들의 사업은 사람들을 연결해 주는 것이기 때문에 사용자와 소통을 원활히 함으로써 사람을 동원할 능력을 갖게 된다. 중개자에 따라 다르기는 하지만, 중개자가 계속 존속하는 것에 사용자가 큰 이해관계를 갖게 될 수 있다. 우버 운전자, 에어비앤비 숙박주, 태스크래빗 작업자는 회사와의 상호작용을 통하여 일주일에 수백수천 달러를 벌 수도 있다. 이들은 회사가 요청하면 회사의 이익을 옹호하기 위해 큰 목소리를 낼 수도 있다. 마지막으로 회사는 사용자가 어디에 사는지, 회사 제품을 어떻게 이용하는지 등 사용자에 대한 막대한 개인 정보를 갖고 있기 때문에, 정치적 목적을 최대한으로 달성하기 위하여 사용자들을 이용할 수 있게 된다. Id.; see also infra notes 58 and 59 and accompanying text.

49 See, e.g., Katrina M. Wyman, this volume; Paul Stephen Dempsey, Taxi Industry Regulation, Deregulation & Reregulation: The Paradox of Market Failure(택시산업의 규제, 탈규제와 재규제: 시장실패의 역설), 24 Transp. L.J. 73, 78 (1996) (택시는 전형적으로 지역정부에서 규제하는데 시 혹은 카운티의 위원회가 메달리온의 발급을 통하여 기업과 택시의 숫자를 제한하였는데, 뉴욕과 같은 지역에서는 메달리온을 엄격하게 제한하여 메달리온의 가격이 엄청나게 올랐다고 한다).

50 See Wyman, this volume.

51 Ginia Bellafante, Uber Makes its Pain New Yorkers' Problem(우버가 자신의 고충을 뉴욕시민의 문제로 만들다), N.Y. Times (July 24, 2015), www.nytimes.com/2015/07/26/nyregion/uber-makes-its-pain-new-yorkers-problem.html.

52 Id. (뉴욕이 12,000개의 택시면허를 13,000개로 증가시킨 과정을 설명하고 있다).

정신이 세법의 경우에도 이러한 문제를 완화할 수 있을 것이라는 희망을 가질 수도 있을 것이다. 불행히도 규제활용 기업가정신은 연방소득세법의 정책수단으로서는 적합하지 않다.

첫째, 규제활용 기업은 이타주의나 정치적 철학을 주요 동기로 삼지 않는다. 그들은 이윤동기에 따라 움직인다.[53] 우버와 리프트는 그들이 매개하는 운행 요금의 일부를 수취하는데, 택시 규제에 저항할 강력한 경제적 동기가 있었다. 단기임대 법률을 크게 변화시킨 에어비앤비도 위와 유사한 사업모델을 갖고 있어서 단기임대 분야에서 위와 유사한 동기가 있다. 우버, 리프트, 에어비앤비가 택시 규제와 단기임대 규제를 변경하여 얻은 것과 같은 정도의 집중된 이익을 연방조세정책을 개선함으로써 얻을 것이라고 상정하기는 어렵다.[54] 조세정책의 변화를 추구하는 회사는 단순히 해당 산업에 대한 예외조항을 통하여 조세부담액을 경감시키려고 노력할 것이다. 그리고 규제활용 기업활동으로 회사의 정치적 영향력이 증가할 것이므로, 장래에는 이익을 집중시켜 주는 의심스러운 법률이 더 적어지기는커녕 더 많아질 것으로 예상할 수 있다.

둘째, 규제활용 기업활동은 연방법보다는 주법이나 지역법을 목표로 하면 더 효과적으로 되는 경향이 있다.[55] 규제권자가 확실히 개입하기 전에 시장에 진입하여 신속하게 덩치를 키우는 것이 규제활용 기업가들의 효과적인 전술이었다.[56] 규제권자가 호출을 시작할 때쯤에는 이미 너무 커져서 금지할 수 없는 상태에 다다르려고 하는 것이다. 이미 고객과 공급자로 구성된 방대한 네트워크가 구축되어 회사를 위한 정치적 세력으로 동원될 수 있으므로 회사는 규제권자에 대하여 영향력을 갖게 된다.[57] 대부분의 기업에게 전국적인 단위로 이러한 게릴라 성장 전략을 펴는 것은 비용이 많이 들어서 쉽지 않다. 유사하게, 특히 초기에 손실을 볼 수밖에 없으므로 투자자금 줄이 짧은 신생기업에게는 시간이 곧 돈이다. 주정부와 지역정부는 연방정부에 비하여 빠르게 움직이도록 설계되어 있는 것이 보통이므로 법적 변화가 더 단기간 내에 이루어질 수 있다.[58] 더구나 주정부와 지역정부 수준에서는 상당한 정치적 영향을 행사하는 데에 필요한 자원이 연방정부 수준에서보다 더 적게 든다.[59] 회사가 연방소득세 정책에 상당한 영향을 미끼칠 수 있을 정도로 커졌을 때는 해당 세법조항이 필요한 시점은 이미 지났을 수도 있다. 공유경제의 가장 유명한 성공사례인 우버, 에어비앤비, 리프트가 발전 과정에서 주법과 지역법을 다수 변경시켰음에 반하여, 가장 유명한 실패사례인 에어리오(Aereo), 냅스터, 그록스터(Grokster), 카자(Kazaa)는 연방법에 대한 전투를 벌이다가 실패하였다.[60]

---

53 Pollman and Barry, supra note 3, at 443.

54 Id.

55 Id. at 418-21

56 Id. at 400-03.

57 Id. at 400-06.

58 See, e.g., Paul A. Diller, Why Do Cities Innovate in Public Health? Implications of Scale and Structure(도시들은 왜 공중보건에서 혁신을 추구하는가? 규모와 구조의 관련성), 91 Wash. U. L. Rev. 1219 (2013-2014).

59 주법과 지역법을 목표로 하는 것에는 추가적인 이점이 있는데, 전투의 시간과 장소를 회사가 정할 수 있다는 유연성이 포함된다. See Pollman and Barry, supra note 3, at 418-21.

60 Id. at 422-24.

B. 혁신과 조세구조의 거시적 측면

규제체제의 법규가 규제대상 활동의 경제적 실체와 맞지 않는 경우, 규제활용의 기회가 존재하게 되어(즉 당사자가 행위의 실체를 변경하지 않으면서도 행위에 대한 규제의 결과를 변경하게 되어) 규제는 소기의 목적을 달성할 수 없게 된다.[61] 그러나 세법과 같이 광범위한 영역을 다루는 규제체제에서 행위의 법적 결과를 실체에 완벽하게 맞추는 것은 거의 불가능하다. 완벽함의 달성은 불가능하므로, 이제는 규제가 어느 정도 들어맞는지, 차이점이 발생하는 지점은 주로 어디인지, 그에 따라 필요한 조치는 무엇인지를 밝히는 것이 필요하게 된다.

혁신은 이러한 의문점을 규명하는 데에 도움을 줄 수 있다. 거래방식과 기술이 새롭게 발전함에 따라, 각 규제영역이 목표를 제대로 파악했는지 및 기존 규제가 그 목표 달성에 얼마나 기여하는지를 점검할 기회를 갖게 되었다. 이전에는 보이지 않았던 문제들을 노정시키기도 한다. 예컨대 규제는 바람직한 활동을 고사시키기도 하는데, 이러한 현상은 밖으로 잘 드러나지 않는다. 위와 같은 문제를 해결하기 위해서는 먼저 문제점을 파악하는 것이 필수적이다.

이러한 관점에서 보면, 공유경제는 미국의 연방소득세 제도에 관해 우리에게 많은 것을 말해준다. 좋은 소식도 많다. 연방소득세는 소득에 과세하는 것을 목적으로 만들어졌는데, 정책결정자와 논평가들이 소득의 개념과 법적 정의에 대한 검토를 많이 해두었다. 이러한 과정에서 만들어진 결과물이 공유경제와 같은 새로운 경제활동 영역에도 자연스럽게 적용되게 되었다. 세법은 소득을 광범위하게 정의하고 있는데, '소득이란 모든 원천으로부터 생긴 모든 수입을 말하는데 개별적으로 규정된 15개의 항목에 한정된 것은 아니다'라고 규정하고 있다.[62] 이 법률상 문언은 소득세 과세에 대한 연방의회의 헌법상 수권 범위를 그대로 원용하고 있고, 재무부 규정은 위 법률의 범위를 재확인하고 있다.[63] 따라서 우버 운전자가 운임 수입을 얻는가, 에어비앤비 숙박주가 방을 임대하여 수입을 얻는가 혹은 태스크래빗의 토끼(rabbit)가 작업을 수행하고 수입을 얻는가와 같은 문제는 상대적으로 명확하여 그 대답이 '그렇다'라고 쉽게 나온다. 이들이 모두 수입을 얻고 있다는 결론은 우리가 원하는 바이기도 하고 기대하는 대답이기도 하다.[64]

마찬가지로, 공제 규정의 대다수는 충분한 근거에 기초하여 정립된 것이다. 소득을 창출하기 위하여 사용된 비용은 공제대상이고, 개인적 소비에 지출된 비용은 공제대상이 아니다. 개인적 동기와 사업적 동기가 혼재하거나, 개인적 비용과 사업적 비용이 한데 섞인 경우에는 이렇듯 명확한 구분법을 유지하기가 어렵다.

세법은 사업적 지출과 개인적 지출이 뒤섞인 경우의 문제에 대해 다양한 접근법을 제시한다.

---

61 Barry, supra note 6, at 73; Fleischer, supra note 6, at 229.

62 26 U.S.C. §61.

63 See U.S. Const. Amend. XVI; Treas. Reg. §§1.61-1, 1.61-2, 1.61-14.

64 See Shu-Yi Oei and Diane M. Ring, Can Sharing Be Taxed?(공유경제에 과세할 수 있는가?), 93 Wash. U. L. Rev. 989 (2016).

때로는 여러 평가기준에 의하여 비용을 완전히 사업비용으로 처리하거나 개인적 비용으로 취급한다.[65] 때로는 합쳐진 경제적 손실액을 분할하여 사업활동과 개인적 활동에 분배하기도 한다.[66] 위와 같은 해결책 다수는 극도로 복잡하여 단순화된 대안적 계산법이 생기기도 하였고,[67] 피난처조항이 생기기도 하였다.[68]

공유경제가 개인용 자산과 사업용 자산 사이의 경계선을 흐림으로써 이러한 법적 경계선에 대한 압력을 증가시켰다. 공유경제 제공자의 경험에 의하면, 개인적 요소와 사업적 요소에 해당되는 지출의 구분에 관한 규칙이 합리적 근거하에 설정된 것이기는 하지만, 실무상으로는 혼동스럽다는 점을 알 수 있다. 예컨대 제25장에서 위 교수와 링 교수가 언급하듯이, 일년 중 일시적으로 주택의 일부 혹은 전부를 임대하는 에어비앤비 숙박주는 공제의 가부와 공제금액과 관련하여 복잡하게 뒤범벅된 규정에 접하게 된다.[69] 점점 더 많은 사람이 공유경제 제공자로 나서고 있는 마당이라 공제 관련 규정이 단순화되면 더욱 좋을 것이다.

다른 측면에서도 공유경제에서 사업적 지출과 개인적 지출을 구분하는 것이 더욱 중요해졌다. 타인의 피용인인 납세자로서는 납세자의 수입 중 일정 비율을 초과하는 노동 관련 비용에 한하여 공제를 받을 수 있는 것이 일반적이다.[70] 이로써 사업적 지출과 개인적 지출 사이의 경계선에 존재하는 긴장도가 조금은 누그러진다. 구분하기가 어렵고 상대적으로 소액인 다수의 비용은 공제대상이 아닌 것으로 되어 추가적인 고민을 할 필요가 없게 되기 때문이다. 그러나 이러한 규정은 피용인으로서 부담한 비용에만 적용된다.[71] 현재까지 공유경제 제공자 중 다수가 조세부과 시 피용인으로 취급되지 않고 있다. 따라서 위와 같은 공제제한 규정은 적용되지 않아서, 개인적 지출과 사업적 지출 사이의 경계선에서 더욱 긴장도가 증가하고 있다.

실제로 지금까지 공유경제가 제기한 연방소득세 관련 문제 중 가장 큰 것은 서비스 제공자가 독립계약자인가 아니면 피용인인가를 판단하는 것일 것이다.[72] 공유경제 회사들은 서비스 제공자를 피용인이 아닌 독립계약자로 분류함으로써 조세절감을 달성하였다.[73] 이것은 아마 소득세 제

---

65 See, e.g., 26 U.S.C. §§262(b), 280A, 180F; Treas. Reg. §1.162-5; Pevsner v. Commissioner, 628 F.2d 467 (5th Cir. 1980). 출퇴근 비용은 일정한 예외를 제외하면 공제불가능한데, 반면에 출장여행비는 공제가능하다. Compare Commissioner v. Flowers, 326 U.S. 465 (1946) with 26 U.S.C. §162.

66 See, e.g., 26 U.S.C. §280A

67 See, e.g., 26 U.S.C. §280A; Rev. Proc. 2013-13; Rev. Proc. 2010-51; IRS Notice 2016-79.

68 See, e.g., 26 U.S.C. §183(d) (납세자의 사업소득액이 지난 5년 중 3개년 동안의 활동에서 발생한 공제액을 초과한다면, 그 공제액 야기 활동이 이익이 난 연도에 발생한 것으로 추정되며, 반대의 규정이 따로 없는 한 해당 연도에서 공제될 수 있다고 규정하고 있다).

69 Shu-Yi Oei and Diane Ring, Chapter 25 this volume.

70 See 26 U.S.C. §§62, 63, 67, 212.

71 See 26 U.S.C. §§62, 63, 67.

72 See Oei and Ring, this volume.

73 See, e.g., Benjamin Means and Joseph A. Seiner, Navigating the Uber Economy(우버 경제의 탐색), 49 U.C. Davis L. Rev. 1511, 1513-14 (2016) (독립계약자가 아닌 피용인으로 취급하는 경우 사업자에게는 급여세 등이 부과되므로 비용이 더 많이 든다고 한다); cf. Press Release, Employer Costs for Employee Compensation- September 2015(2015년 9월 기준 피용인에 대한 고용자의 부담액), U.S. Dep't of Labor, Bureau of Labor Statistics (Dec. 9, 2015), www.bls.gov/news.release/ecec.htm (피용인 보수비용의 30% 이상을 피용인 복리후생이 차지한다고 계산하고 있다). 급여세 부담액

도가 공유경제를 성장시켜온 가장 주된 모습이라고 할 것이다. 그러나 조세 정책결정자의 입장에서 보면 이것을 긍정적인 결과로 볼 수 있는지는 불명확하고, 더구나 의도한 것은 더욱 아니다. 조세법 준수와 관련된 조항의 상당수가 피용인-고용자 관계를 토대로 한다.[74] 그리하여 납세자는 고용관계를 형성하지 않으려는 동기를 갖게 될 것이고, 고용관계의 감소로 조세제도가 취약해질 것이다.

　　연방의회와 국세청은 공유경제가 노정시킨 거시적 문제점을 해결하기 위하여 훌륭한 노력을 해왔다. 고용자-피용인 관계를 벗어나서 이루어진 지불금에 대한 세법준수 문제를 개선하기 위한 법률을 연방의회가 제정하였고, 그에 따라 국세청은 관련 규정을 발령하였다.[75] 연방의회는 공유경제 참여자들이 직면하는 문제에 대해 청문회를 열어 왔고, 주요 의원들은 공유경제 제공자가 이해하기 쉽도록 조세법을 선진화하여야 한다는 성명을 발표하기도 하였다.[76] 국세청은 공유경제 조세센터(Sharing Economy Tax Center)를 만들었는데, 여기에서는 공유경제 참여자의 공통적 관심사에 대한 링크를 제공하고 있다.[77] 올려진 주제로는 피용인과 독립계약자의 구분 문제, 비용의 공제가 가능한 시기, 주택 임대에 관한 법규 등이 있다.[78] 최근 상원에서 제안된 법안에서는 공유경제 활동에 대한 조세 보고를 강화하고, 공유경제 참여자가 세법을 준수하기 쉽게 만들려고 하였다.[79] 이러한 것들은 훌륭한 조치들이지만, 아직 개선의 여지가 상당히 남아 있다.[80]

　　을 피용인의 자기고용 조세부담액으로 변환하여 조세가 절감되더라도, 그 결과로 독립계약자에게 지불되는 금액이 많아진다면, 그만큼 고용자의 절감액은 줄어들 것이다.

74 See, e.g., 26 U.S.C. §3402; Internal Rev. Serv., supra note 10, at 10-12.

75 See, e.g., 26 U.S.C. §6050W; 26 C.F.R. §31.3406(b)(3)-5; 26 CFR §1.6041-1(a); 26 CFR §1.6041A-1(d)(4); 26 CFR §1.6050W-1; 26 CFR §1.6050W-2.

76 See, e.g., Amir Nasr, The Sharing Economy and the Tax Code Don't Get Along(공유경제와 세법은 서로 잘 맞지 않는 상태이다), Morning Consult (May 24, 2016), https://morningconsult.com/2016/05/24/sharing-economy-needs-help-via-tax-reform-tech-argues/.

77 News Release, IRS Launches New Sharing Economy Resource Center on IRS.gov, Provides Tips for Emerging Business Area(국세청이 IRS.gov에 공유경제 자료센터를 도입하여 신흥경제 영역에 대한 정보를 제공한다), Internal Rev. Serv., Dep't of the Treasury (Aug. 22, 2016), www.irs.gov/uac/irs-launches-new-sharing-economy-resource-center-on-irsgov.

78 Sharing Economy Tax Center(공유경제 조세센터), Internal Rev. Serv., Dep't of the Treasury, www.irs.gov/businesses/small-businesses-self-employed/sharing-economy-tax-center.

79 The New Economy Works to Guarantee Independence and Growth Act of 2017 ("NEW GIG Act"), S. 1549, 115 Cong., www.thune.senate.gov/public/_cache/files/c9e8dda1-dbb6-4a78-8f2a-88f39c14be1e/D975731B1FE56963DD1D09F2CB8D78CC.ott17387.pdf. 위 법안은 기존의 보고의무를 명확히 하고 일부 정보보고 기준을 낮추어서, 공유경제 정보보고를 강화하려고 한다. 독립계약자 분류를 보장하는 피난처조항도 두고 있다. 피용인 지위와 독립계약자 지위를 명확히 구분하는 것은 칭찬할 만한 일이지만, 위 법이 그 구분선을 제대로 그었는지는 명확하지 않다. See Diane Ring, The Tail, the Dog, and Gig Workers(꼬리, 개 그리고 긱노동자), The Surly Subgroup (July 21, 2017), https://surlysubgroup.com/2017/07/21/the-tail-the-dog-and-uber-drivers/#more-14568.

80 See, e.g., Shu-Yi Oei and Diane M. Ring, The Tax Lives of Uber Drivers: Evidence from Internet Discussion Forums (우버 운전자의 조세생활: 인터넷 토론방에서 얻은 증거들), 8 Colum. J. Tax L. (2017)

결론

혁신은 그 본질상 정확히 예측하거나 기대하기가 어렵다.[81] 결과적으로 수평선 너머에서 어떤 발전이 이루어지고 있는지, 그 발전을 가속화하는 방법은 무엇인지, 우리의 규제체제가 이러한 상황을 다루기에 적절한 것인지 등을 파악하기는 어렵다. 이러한 불확실성에 직면하여 우리가 할 수 있는 최선의 일은 과거의 혁신사례를 통하여 현재를 살펴보고, 최선을 다하여 일반화해 보는 것밖에 없다.

이러한 관점에서 볼 때 조세법과 공유경제의 상호작용으로 만들어진 그림은 복합적이다. 밝은 부분도 있고, 회색지대도 있으며, 검은 구름도 있다. 정책결정자의 다수가 공유경제의 성장을 예측하지 못하였다. 우리의 소득세법에 공유경제의 발전을 촉진하도록 고안된 규정은 거의 없다. 연구실험 세액공제와 같은 일반적인 세금 우대 조항들이 공유경제를 성장시키는 데 크게 기여한 것도 아니다. 공유경제는 조세법에 존재하는 일부 회색지대(독립계약자와 피용인의 구분 등)를 악화시키기도 하였다. 공유경제가 궁극적으로 규제권자로 하여금 이 분야의 명확성을 개선하게 할 것인지, 아니면 불명확성을 증가시킬 것인지는 아직 명백하지 않다. 소득의 정의 등 조세법의 일부 영역은 상당히 잘 작동하여 왔다. 이러한 영역에서는 이론적 연구가 잘 되어 있고, 집행에 큰 문제가 없으며, 다음의 혁신이 어떻게 나타나더라도 큰 문제가 없을 것이라고 본다.

---

81 속담에도 있듯이 예측이란 어려운 일인데, 특히 미래에 대한 예측이 어렵다.

제7절

소비자보호 및 프라이버시에 관한 법

29

사이버법의 문제

레베카 터시넷

서언

네스터 데이비드슨과 존 인프랑카의 글에서 보듯이, 인터넷과 그 하위 단위인 '공유경제'에는 그 기능을 유지하게 하는 고유의 생명력이 있다.[1] 하지만 미국 통신품위법(Communications Decency Act) 섹션 230은 인터넷 특별법으로서 오프라인 경쟁자에 비하여 온라인 사업체에 특별한 경쟁상 이점을 제공하고 있다. 그리하여 법원과 규제권자는 정당화되기 어려운 인터넷 예외주의(internet exceptionalism)에 의하여 일반 소비자를 해하려고 하는 괴물 'Scylla'와 새로운 온라인 중개업체의 긍정적 기여를 탄압하려는 또 다른 괴물 'Charybdis' 사이에서 힘겹게 항해를 하고 있다.

섹션 230은 온라인에서 중요한 의사소통 수단이 게시판일 때에 제정되었는데, 이 법에 의하면 온라인 중개자는 제3자가 제공한 콘텐츠의 출처 혹은 공표자로 간주되지 아니하게 되어 있다(다만 지적재산권, 미국 연방형사법 및 아동음란물의 경우에는 제한적으로 예외이다). 한때 법원이 서비스 제공자가 이용자 사이에서 콘텐츠의 중개에 관여한 경우에 서비스 제공자는 이용자가 저지른 명예훼손 등의 불법행위에 대하여 책임이 있다고 판시한 바가 있는데, 이 법률은 원래 이러한 판결에 대응하는 차원에서 만들어졌다.[2] 섹션 230을 지지하는 입장에서는 위 판결에 의하면 서비스 제공자는 이용자가 올린 콘텐츠가 아무리 나쁜 것일지라도 이를 삭제하는 것을 일부러 하지 않게 될 것이라고 한다. 이러한 결과를 피하기 위하여 섹션 230은 서비스 제공자가 불법적 콘텐츠를 제작하는 등으로 이에 관여하지 않은 경우에는 책임을 면하도록 하였다. 즉 서비스 제공자가 나쁜 행위자의 콘텐츠를 감시하면서 이를 제거한 경우라도, 나중에 불법적인 것으로 밝혀진 콘텐츠를 미리 제거하지 않았다고 하여 그에 대한 책임을 물을 수는 없게 되었다.[3] 그러한 경우에 유일한 해결책은 온라인 배포자가 아닌 콘텐츠의 실제 제공자를 상대로 책임을 추궁하는 것이다.

---

1   Nestor M. Davidson and John J. Infranca, The Sharing Economy as an Urban Phenomenon(도시적 현상으로서의 공유경제), 34 Yale L. & Pol'y Rev. 215 (2016).

2   Stratton Oakmont, Inc. v. Prodigy Services Co., 23 Media L. Rep. 1794, 1995 WL 323710 (N.Y. Supp 1995).

3   "No provider or user of an interactive computer service shall be treated as the publisher or speaker of any information provided by another information content provider."(상호작용 컴퓨터 서비스의 제공자 혹은 이용자는 다른 이용자가 올린 정보 콘텐츠의 공표자 혹은 발언자로 취급되지 않는다) 47 U.S.C §230(c)(1) (2006). 동시에 섹션 230은 서비스 제공자가 공격적이나 해로운 것으로 생각되는 내용을 선의로 제거한 것에 대한 책임을 배제하고 있는데, 이 규정은 실무상 그리 중요하지는 않은 것으로 판명되었다.

섹션 230은 온라인 공표자와 오프라인 공표자에 관하여 비교적 약한 차별을 한다. 뉴욕타임스 인쇄판에서는 편집자가 인쇄판에 실은 독자의 편지에 대하여 명예훼손 책임을 질 여지가 있다. 다만 수정헌법 제1조상의 보호를 받기는 한다. 반면에 웹사이트상에서 공표되도록 한 댓글의 내용에 대하여는 절대적으로 면책된다(명예훼손적인 내용으로 편집을 하지 않는 한 그러하다). 명예훼손 입증은 어렵기 때문에 이러한 차이가 크지는 않다. 온라인 배포 구조는 다르기 때문에 이를 다르게 취급하는 것이 타당하다고 보는 것이 작금의 일반적 여론이다. 뉴욕타임스 인쇄판에는 모든 내용을 실을 수 없는 속성상 공표가 이루어지기 전에 편집자의 검토와 선별이 있을 수밖에 없는데, 온라인 표현은 무제한적으로 이루어진 후 이의제기가 있어야 비로소 검토가 이루어진다. 연방의회는 섹션 230에서 선등재 후검토(post-first, check-later)의 구조를 지지하였다. Digital Millennium Copyright Act(DMCA)는 서비스 제공자의 책임 범위를 더 제한적인 것으로 한정하였다. DMCA에 의하면, 서비스 제공자가 저작권자로부터 침해 통지를 받은 후 즉시 해당 콘텐츠를 삭제하면 저작권 침해로 인한 손해배상책임을 지지 않게 된다.

DMCA와는 달리 섹션 230에는 통지 및 삭제 요건이 없다는 점이 중요하다. 섹션 230의 대상 쟁점이 명예훼손이었다는 점에서 정책담당자에게는 이러한 차이가 타당하였다. 명예훼손을 주장하는 것은 용이할 뿐만 아니라, 발언 내용이 명예훼손적인가 여부를 판단하는 것은 쉽지 않기 때문에, 위험을 회피하려는 중개자로서는 이의의 대상을 모두 삭제할 것이라는 점이 쉽게 예상된다.[4]

뉴욕타임스와 같은 전통적 출판자에게는 위 차이가 크지 않지만, 경제활동에 대한 오프라인 규제에 대하여 수정헌법 제1조상 제약이 많이 가해지지 않는 경우라면 해당 활동자는 이익을 옹호하기 위하여 이 제도를 활용할 기회를 획득하게 된다. 단기임대차와 승차공유가 대표적인 예이다. 다만 'X 업계의 우버'라는 흔한 표현이 보여주듯이, 어떤 것이라도 공유경제의 일부로서 생각될 수 있다. 섹션 230의 문구 때문에, 그리고 원고 측 변호사들의 기발한 우회논리에 대한 판결에서 법원이 위 규정의 적용 범위를 넓게 파악한 것 때문에, 온라인 서비스 제공자들은 섹션 230에 기한 면책을 널리 주장할 수 있게 되었다. 타인의 순수한 표현행위를 전파한 경우를 보호하려는 것이 법의 핵심 취지인데도 이를 넘어서는 범위에서도, 심지어 서비스 제공자가 타인의 표현행위를 전파함으로써 직접적으로 이익을 취하는 경우에도 면책을 받게 된다.

이제 소비자보호법은 섹션 230과 매우 밀접하게 관련되어 있다. 규제권자와 법원은 섹션 230이 만들어진 20년 전에는 상상할 수 없었던 종류의 서비스에 어떻게 대응할지를 고민하고 있다. 나는 세 가지 논점을 언급하고자 한다. (1) 서비스 제공자의 주장이 실제로 이용자의 주장에 의존하는 경우에 서비스 제공자에게 표준적인 허위광고금지법을 적용하는 문제, (2) 연방무역위원회(FTC)의 지지행위(endorsement)에 대한 최신 가이드라인(이에 의하면 광고자는 지지자로 하여금 광고

---

4 통지 및 삭제 조항에는 저작권 주장에 관련하여 중대한 하자가 있다. 통지자는 올라온 내용에 대한 부동의가 진정한 의도임에도 불구하고 저작권 침해 주장을 제기할 수 있다. 여기에서 내가 제기하는 바는 미국의 서비스 제공자는 저작권 침해 외에 명예훼손 등의 주장에 대하여는 어떤 의무도 부담하지 않는다는 점이다.

자와 지지자 사이의 금전적 관계를 개시하도록 하여야 한다), (3) 에어비앤비 등을 규제하는 데에 지역정부가 신 대리인이론을 적용할 수 있는지 여부. 종합적으로 보건대 어떤 면에서는 섹션 230이 다소 완화되고 있다. 서비스 제공자가 표현행위에 덧붙여 혹은 그 이상으로 무엇인가를 생산하는 업무에 종사하는 경우에, 섹션 230의 핵심 내용은 유지하면서도 규제상 융통성을 더 허용하고 있는 법체계가 나타나고 있기 때문이다.

근본적인 문제는 '영역 붕괴'(context collapse)라고 규정지을 수 있을 것이다. 표현행위와 상행위의 구분, 공적 영역과 사적 영역의 구분, 노동과 자발적 공유의 구분이 각각 사라지고 있다. 그리하여 이러한 것들은 더이상 과거의 규제권자에게 제공한 것과 같은 구별 표지를 제시하지 못하고 있다. 그러나 모든 것이 사라진 것은 아니다. 법에는 새로운 경제적 구조를 다룰 새로운 도구가 생기고 있다. 상황에 따라서는 한 주체의 행위에 대하여 다른 주체에게 책임을 물을 수도 있다.

Ⅰ. 전통적인 허위광고금지법상의 청구권

소비자보호법상 쉬운 청구권으로서는 전통적인 허위광고금지법상 청구권이 있는데, 이러한 청구권은 공유기업이 자신 및 경쟁자에 대하여 주장한 내용에 기반하여 제기된다. 역사적으로 보면 기술적 혁신에 동반하여 사기적 행태도 출현하였다. 급변하는 환경에서는 무엇이 진실이고 무엇이 허위인지가 불명확하고, 더욱 중요한 점은 사업자의 행위 중 어떤 것을 규제권자가 금지할 것인지를 쉽게 알 수 없다는 것이다.[5]

새로운 플랫폼의 허위광고에 기한 청구권에 관하여 법원은 현행 소비자보호법의 범위에 속한다고 보는 데에 문제가 없다고 판단하였는데, 전통적인 택시업계로서는 더 안전하다는 우버의 주장을 다툴 수 있고, 소비자로서는 비슷한 주장의 기만성을 주장할 수 있으며, 규제권자로서는 소비자인 운전자를 위하여 필요 조치를 취할 수 있다.[6] 예컨대 우버 시스템의 작동원리가 자연스럽게 알려지겠지만, '우버가 기본 설정 화면에서 근처에 차량이 있다고 기만적으로 보여줌으로써 소비자에게 우버가 가장 빠른 수단이라고 오도한다'는 주장은 전통적 허위광고 청구원인으로서 손색이 없다.[7] 라이언 칼로와 알렉스 로젠블랏이 지적하듯이, 이 경우 주요 난제는 플랫폼이 작동하

---

5 See generally Edward J. Balleisen, Fraud: An American History from Barnum to Madoff(미국 사기의 역사: 바넘에서 메이도프까지) (2017)

6 Delux Cab v. Uber Technologies, Inc., 2017 WL 1354791, No. 16cv3057 (S.D. Cal. Apr. 13, 2017); Greater Houston Transportation Company v. Uber Technologies, Inc., F.Supp.3d, No. 4.14-0941, 2015 WL 9660022 (S.D. Tex. Dec. 18, 2015); L.A. Taxi Cooperative, Inc. v. Uber Technologies, Inc., F. Supp. 3d, 2015 WL 4397706, No. 15-cv-01257 (N.D. Cal. Jul. 17, 2015); Ehret v. Uber Technologies, Inc., No. C-14-0113 (N.D. Cal. Sept. 17, 2014); Federal Trade Commission, Uber Agrees to Pay $20 Million to Settle FTC Charges that It Recruited Drivers with Exaggerated Earnings Claims(우버가 과장된 수입 주장을 하여 운전자를 모집하였다는 FTC의 제소에 대하여 2,000만 달러를 지급하기로 합의하다), Press Release (Jan. 19, 2017).

7 Ryan Calo and Alex Rosenblat, The Taking Economy: Uber, Information, and Power(탈취경제: 우버, 정보 및 권력), 117 Colum. L. Rev. 1623, 1654-56 (2017) (이 글은 플랫폼의 디자인 문제를 언급하고 있다).

는 방식에 대한 정확한 정보를 얻는 것인데, 그렇게 해야 어떤 주장과 행태가 기만적인지를 알 수 있게 된다. 진실을 밝히고 개별 소비자와 대기업 사이에서 정보의 비대칭성을 해결하는 데에는, 소송상 증거개시제도, 민사적 정보청구제도(civil investigative demand) 및 다른 행정절차적 메커니즘(주법무장관이 사용할 수 있을 것이다)이 본연의 역할을 수행할 수 있을 것이다.

전통적인 불공정거래 규제가 플랫폼 규제에서 점점 중요해지고 있다. 불공정 거래관행이 반독점법 등 구체적 법률을 위반하지 않은 경우에 경쟁자에게 일반적 청구소권이 인정되지는 않으나, 연방무역위원회 및 주법무장관들은 일반적 불공정행위를 저지할 권한을 갖고 있는데, 캘리포니아주는 소비자에게도 불공정거래 관련 청구권을 허용하고 있다. 통상 불공정거래로 인정되기 위해서는 소비자가 회피할 수 없는 정도로 상당한 피해가 있다는 점과 그 거래로 인한 효용이 피해보다 크지 않다는 점이 입증되어야 한다. 프라이버시는 소비자보호의 문제인데, 불공정금지 제도는 프라이버시 문제를 해결하는 데 사용될 수 있다.[8] 구체적으로 보자면 소비자 정보를 이용하여 소비자 선택권을 왜곡하거나 취약성을 이용하는 사안에 대하여 불공정성을 제기할 수 있는데, 칼로와 로젠블랏이 든 사례에서처럼 전화기 배터리가 얼마 남지 않은 사람에게 승차요금을 더 많이 징수하는 앱은 이 경우에 해당될 것이다.[9]

플랫폼이 주장하는 내용의 진위가 이용자 제공 콘텐츠의 진위에 달려 있는 경우에 섹션 230이 관련되므로 더욱 어려운 문제가 발생한다. 때때로 법원은 콘텐츠의 취사선택에 관한 전통적 편집활동(이는 섹션 230의 보호를 받는다)과 다른 활동을 구분해 왔다. 예컨대 애플이 앱 승인에 관련하여 하는 편집적 판단은 섹션 230에 의하여 보호를 받으나, 앱 개발자에게 프라이버시를 침해하는 행위를 하라고 지시한 경우 애플은 그에 따른 결과에 대하여 책임을 질 수 있는데, 그러한 예로서는 앱을 처음 출시할 때 이용자가 라이선스계약을 체결하지 않고도 앱을 이용하게 하도록 지시하는 경우가 있을 것이다.[10] 동일하게 이베이가 온라인 경매에 참여하는 경매사를 선별한다고 주장하더라도 이러한 선별행위는 섹션 230이 보호하므로 이베이가 책임을 지게 되지는 않겠지만, 경매사를 이용하는 것이 안전하다는 점 및 국제적으로 현장 참가자(floor buyer)가 경매에 참여하고 있다는 점을 적극적으로 확인해 주었다면, 이는 편집적 판단행위(editorial judgment)와 무관하므로 허위광고에 해당될 여지가 있다.[11] 또 다른 법원에 의하면, 다음 사례의 피고는 섹션 230의 보호를 받지 못한다고 한다. 사안의 내용: 피고가 이사업체로서 고객평가를 웹사이트에 게시하면서 정확하고 충실한 고객평가를 제공한다고 주장하였으나, 실제로는 경쟁 이사업체에 대한 긍정적 평가를 삭제하였고, 자신에 대한 부정적 평가를 삭제하였다.[12]

---

8 Chris Jay Hoofnagle, Federal Trade Commission Privacy Law and Policy(연방무역위원회 사생활보호법 및 정책) (2016).

9 Calo and Rosenblat, supra note 7, at 1656-57.

10 Opperman v. Path, Inc., 2014 WL 1973378, No. 13-cv-00453 (N.D. Cal. May 14, 2014).

11 Mazur v. eBay, Inc., No. C 07-3967 MHP, 2008 WL 618988, at *10 (N.D. Cal. Mar. 4, 2008).

12 Moving & Storage, Inc. v. Panayotov, No. 12-12262, 2014 WL 949830 (D. Mass. Mar. 12, 2014). See also Demetriades v. Yelp, Inc., 228 Cal.App.4th 294, 175 Cal.Rptr.3d 131 (Cal. Ct. App. July 24, 2014) (옐프가 품질과 신뢰성에 관한 고

큰 논란거리일 테지만, 제9연방항소법원은 이용자 사이에 성폭력 사태를 조장하였다고 의심받는 모델 네트워킹 사이트에 대하여 경고의무 위반을 이유로 하여 청구를 인용한 적이 있다.[13] 원고의 핵심적 청구원인은 플랫폼이 원고와 가해자로 하여금 콘텐츠를 올리도록 허용하였다는 것이었지만, 법원은 웹사이트에 패소판결을 내렸다. 그런데 제9연방항소법원의 판결 이유에 의하면 웹사이트는 공표자로서 제소된 것이 아니었고, 경고의무의 주체로서 제소된 것이었다. 그 웹사이트는 웹사이트 게시물이 아닌 외부의 정보원으로부터 모델들이 유인되어 피해를 당하고 있다는 범죄 정보를 획득하였는데도 경고를 하지 않은 것이었다. 더구나 웹사이트가 반드시 이용자 제공 콘텐츠를 선별하거나 제거하여야 할 의무가 문제된 것은 아니었고, 이용자에게 경고하는 것으로 족할 상황이었다.[14] 광고자가 자신이 과거에 한 적극적 발언 내용을 고려하여 보면 고지되지 않은 내용이 중요하다는 점을 알면서도, 고지를 하지 않은 경우에 대하여 통상의 허위광고금지법에서 책임을 묻고 있는데, 그러한 결과와 위 웹사이트 사건의 처리 결과는 서로 일맥상통한다(위 사건에서는 웹사이트가 모델과 모델 에이전트를 연결하는 일을 하였으므로 고지의무가 있다).

중개인의 행위를 통제하는 데에 사용될 수 있는 여러 불법행위 이론이 섹션 230에 의하여 배제되었다. 법률 개정의 압력이 존재한다. 연방의회는 최근에 성적 착취를 용이하게 한 중개인에 대한 소송을 용이하게 만들었지만, 연방의회의 법개정 의지는 그 정도에 불과한 것으로 보인다. 추가적 개정이 있게 되면 온라인 경제에 불확실성이 추가될 것인데, 섹션 230이 보호하는 정보제공자도 불확실성에 직면하게 된다. 거의 마비상태에 있는 연방의회를 감안하여 보면, 연방법이 크게 개정될 가능성은 거의 없다. 그러므로 원고로 나서려는 일반인 및 미국의 각급 규제권자로서는 당분간 섹션 230을 고려할 수밖에 없을 것이다.

II. 지지행위와 경험담: 규제활용(regulatory arbitrage)에 대한 연방무역위원회의 노력과 그 교훈

앞의 섹션에서는 '새 병에 담긴 헌 술'을 다루었다. 인터넷 기반 사업자에 대하여 허위광고금지법에 기한 표준적 청구권을 다룬 것이니 말이다. 공유경제에는 공유의 중요한 형태의 하나로서 경험과 의견의 공유가 있다. 때로는 단순히 다른 사람들에게 자신의 의견을 제시하는 기쁨 때문에, 때로는 좀더 현실적인 보상 때문에 경험과 의견을 공유한다. 대가를 받고서 제공하는 지지행위(endorsement)와 경험담(testimonial)은 허위광고와 마찬가지로 전혀 새로운 것은 아니나, 이것들

객평가를 왜곡하였다는 청구원인은 허위광고 소송에 해당된다).

13 Doe v. Internet Brands, Inc., 824 F.3d 846 (9th Cir. 2016).

14 당사자들의 관계를 고려하여 보면, 경고의무 부준수 주장이 성공할지 여부는 불확실하지만, 여기에서 중요한 것은 제9연방항소법원이 섹션 230에 기한 전면적 면책을 인정하지 않았다는 점이다.

의 존재를 탐지하는 것은 더 어렵다. 왜냐하면 자기가 좋아하는 물품을 자랑하려는 자발적 태도가 적지 않은 게 현실이며, 유료 광고로서 쉽게 구분되도록 30초 단위로 쪼개져 있지 않기 때문이다.

보통의 공유경제는 '이용자 생산 콘텐츠'에 집중하는 플랫폼과 구분된다. 광의의 공유경제에는 단순히 정보를 제공하는 것뿐만 아니라 물품이나 서비스를 제공하는 것도 포함되기 때문이다. 공유경제 중개인에게는 지지행위와 경험담을 통한 조작이 그리 큰 문제가 아닐지도 모른다. 공유경제 중개인은 서비스의 실제 사용 여부를 추적할 수 있어서 순전한 가짜뉴스를 방지할 수 있다. 플랫폼은 여러 수단을 통하여 담합행위를 못하게 할 수 있다. 사람들은 좋은 평가의 대가로서 유가물을 제공하는 담합행위를 할 수 있는데, 에어비앤비는 이를 '강요'(extortion)라고 부른다. 공유경제에서 이루어지는 평가와 관련하여 중요한 문제들로서 '과대평가' 문제와 '제공자와 이용자 사이에 기대치가 다르다'는 문제(별 5개 평가를 유지하여야 한다는 압력이 강하다는 면을 참고하라)가 있기는 하나, 위 문제들은 개별 제공자와 평가고객 사이의 은닉된 담합관계와는 별개이다. 지지행위와 경험담에 관한 FTC의 경험에 비추어 보면, 대리인 법리와 같은 오래된 법적 수단을 사용해서 새로운 경제적 현상을 해결할 수 있다는 교훈을 얻을 수 있다. 이러한 교훈은 섹션 230에도 반영시킬 수 있고, 일반적으로 법적 책임을 타에 귀속시키는 법리에도 적용할 수 있다.

지지행위자와 광고자의 관계가 소비자에게 중요하다는 점을 지지행위자가 인식한 경우에는 지지행위 중에서 그 관계를 개시하여야 한다는 것이 FTC의 입장이다.[15] 또한 지지행위자가 입증되지 않은 사실을 주장하면, 광고자가 그 주장을 한 것으로 간주될 위험성이 있다. 지지행위자에게 대가를 지불하는 광고자는 지지행위자로 하여금 입증이 가능한 사실로서 혹은 사실이 아니라면 의견으로서 제시하도록 요구하여야 하며, 필요하면 사실인지 의견인지를 밝히도록 하여야 한다. 지지행위자가 요구를 따르지 않는 경우에는 광고자가 관계를 종료시키는 등의 시정조치를 취하여야 한다.[16] 즉 FTC의 입장에 의하면, 통상 광고자(그들도 자신의 인터넷 콘텐츠를 창출하고 있다)는 지지행위자의 발언 내용 혹은 불고지 사실에 대하여 책임을 지게 될 것이다. 섹션 230은 이러한 책임귀속을 허용하지 않는 것으로 보인다.

그러나 규제권자가 할 일이 없는 것은 아니다. 인터넷 서비스 제공자가 제3자가 제공한 콘텐츠에 대한 책임을 지지 않는다는 것은 여전히 사실이다. 콘텐츠 제공자가 제3자인지 여부 혹은 법적으로 해당 업체의 일부인지 여부를 정하는 법적 기준은 무엇인가? 법인은 직원을 통하지 않고는 행위를 할 수 없는데, 섹션 230에 의하면 직원의 온라인 발언에 대하여 법인이 책임을 지지 않는가? 그렇게 되지는 않을 것이며, 내가 아는 한 그렇게까지 주장한 사람은 아직 없다.[17] 그러므로 특

---

15 FTC Guides Concerning the Use of Endorsements and Testimonials in Advertising(지지행위와 경험담에 관한 연방무역위원회 지침), 74 Fed. Reg. 53,124, 53,125 (Oct. 15, 2009) (codified at 16 C.F.R. pt. 255).

16 FTC Endorsement Guides, at 53,139.

17 See Lansing v. Southwest Airlines Co., 2012 IL App (1st) 101164 (Ill. Ct. App. June 8, 2012) (섹션 230에 의하여, 직원의 행위에 대한 사용자의 책임이 면해지지는 않는다); Cornelius v. DeLuca, 2010 WL 1709928 (D. Idaho April 26, 2010) (섹션 230이 있다고 하여, 웹사이트 관리자가 사이트의 대리인으로서 취한 행동에 대하여 웹사이트 소유자가 책임을 지지 않는 것은 아니다). But see Miller v. Federal Express Corp., 2014 WL 1318698 (Ind. Ct. App. April 3, 2014) (섹션

정 상황의 경우 기본적 법리에 따라 한 주체의 행위(직원의 업무 범위 내 행위)는 다른 주체(사용자)의 행위로 귀속될 수 있다. 진짜 문제는 이러한 법리가 고용관계 이상으로 확대될 수 있느냐 여부인데, FTC는 확대될 수 있다고 보았고 이 점은 이해할 만하다.[18] 보통법과 제정법에서 대리인의 업무 범위 외에서 한 어떤 행위에 대하여 본인에게 책임을 묻도록 하는 것은 흔하다.[19]

이러한 이해에 기초하여, 법원은 기존의 대리인 법리에 의하여 불법행위자의 행위를 피고에게 귀속시킬 수 있는 경우에는, 섹션 230에도 불구하고, 인터넷 서비스 제공자에게 법적 책임을 인정하여 왔다.[20] 섹션 230은 대리인 이론에서도 의미가 있다. 일방이 타방에게 인터넷 접근권 혹은 인터넷 서비스를 제공하고, 접근권의 대가를 수수하는 경우라도, 법은 사용자 관계 혹은 대리인 관계를 인정해서는 안 된다. 유사하게 인터넷 서비스 제공자가 불법적 콘텐츠를 인지하고 그에 대한 조치를 하지 않은 사실이 있다고 하더라도, 어떤 경제적 관계가 존재하여 화자가 서비스 제공자를 위하여 행동한 것으로 되지 않는 한 책임을 인정하기에는 충분하지 않다. 법원은 통상의 인터넷 서비스 호스팅에 대하여 섹션 230의 적용을 배제하고 책임을 묻기 위한 방편으로서 고의 및 유도 이론(knowledge-based and inducement theories)을 채용하지 않고 있는데, 이는 타당한 조치이다. 불법적 콘텐츠를 유도한 포럼이라도(이는 일종의 소란 유도행위라고 할 수 있다) 섹션 230에 의하여 보호를 받는다. 그러한 책임이 바로 의회가 배제하려고 한 종류에 해당된다. 그러나 관계에 다른 요소가 존재한다면 여전히 타인의 행위에 대한 책임을 정당화할 수 있다.

그 결과, 의견의 공유를 하도록 사람들을 유인하는 인터넷 서비스 제공자는 섹션 230에 의하여 견고하게 보호를 받으며, '이용자 생산 콘텐츠'의 호스팅, 재전송 등의 방법으로 콘텐츠를 촉진하는 전통적 광고자는 보통 책임을 지지 않게 될 것이다. 그러나 물품이나 서비스를 홍보하는 데에 대가를 지불하는 서비스 제공자라면, 지지행위자에 대한 감시를 계속 하여야 FTC의 규칙을 준수하는 것이 될 것이다. 넓게 보자면 온라인에서 펼쳐지는 새로운 형태의 의사소통과 상행위가 어떻게 기존 법리에 포섭될 것인지에 관하여, 우리는 지지행위와 경험담의 사례에서 시사점을 얻을 수 있다.

230은 고용자가 제공한 인터넷 서비스를 직원이 이용한 부분에 대하여 고용자에게 책임을 묻지 않고 있다); Delfino v. Agilent Technologies, Inc., 2006 WL 3635399 (Cal. App. Ct. Dec. 14, 2006) (섹션 230에 의하면, 직원이 업무와 무관하게 고용자의 시스템을 사용한 경우 고용자에게는 책임이 없다).

18 E.g., Federal Trade Commission v. Credit Bureau Center, LLC, 235 F. Supp. 3d 1054 (N.D. Ill. 2017) (대리인 이론에 의거하여 온라인 제휴업체의 행위에 대해 본인에게 책임을 인정하였다).

19 See Restatement (Third) of Agency §7.06 (2006) ("계약상 혹은 법률상으로 타인을 보호할 의무가 있는 자는 그 의무의 이행을 타인에게 위임하였다고 하더라도, 그 타인이 대리인이건 아니건 책임을 면할 수 없다."); id. §7.08 cmt. b (본인-대리인 관계가 없는 경우의 법률상 책임을 논하고 있다); id. §7.01 cmt. c (2006) (대리인에게 불법행위 책임을 물 수 있는지 여부, 엄격책임을 지울 수 있는지 여부 등에 관하여 제정법이 보통법을 변경할 수 있다는 점을 인정하고 있다).

20 See, e.g., FTC v. LeadClick Media, LLC, 838 F.3d 158 (2d Cir. 2016) (판매자는 (1) 제휴 마케팅 산업에 가짜뉴스가 많고 일부 제휴업체가 이를 이용하고 있다는 점을 알았고, (2) 이러한 웹사이트의 사용을 승인하였으며, (3) 때로는 제휴업체에게 가짜뉴스 페이지에서 사용할 콘텐츠를 제공하였다. 판매자가 기망행위를 알고 있었고 이를 통제할 권한을 갖고 있었으므로, 판매자는 섹션 230에서 말하는 불법적 콘텐츠의 제공자에 해당되었다).

III. 경제적 관계에 대한 규제

앞의 섹션에서는 새로운 형태의 판촉활동을 검토하였다. 판매자는 소비자보호 책임을 지지행위자에게 떠넘길 수 있는데, 지지행위자들은 전통적인 광고대행사가 아니다. 또한 소비자들에게 서로 간에 판촉행위를 하도록 함으로써 소비자에게 그 책임을 떠넘길 수도 있다. 위와 같은 상황에서 판매자가 스스로 콘텐츠를 올린 경우는 별로 없다. 킴 카다시안은 인스타그램을 사용하여 광고 파트너의 홍보를 하지, 광고 파트너의 웹사이트를 사용하지는 않는다. 그렇게 하는 것이 훨씬 현실적이고 친근감이 있어서 판매자는 이러한 신형태의 지지행위를 더 좋게 생각한다. 보통 판매자와 지지행위자 사이의 관계는 플랫폼과 표현행위자 사이의 관계(이것이 의회가 섹션 230으로써 보호하려는 것이다)와 크게 유사하지는 않다. 그런데 때로는 플랫폼이 개인 사이의 거래 공간을 제공하는 방법으로 경제적 거래에 깊숙이 간여하는 수가 있다. 일견 이것은 섹션 230의 핵심 사안으로 보이기는 한다. 돈을 목적으로 그렇게 관여하더라도 다른 이용자를 미혹케 하는 사실적 콘텐츠를 제공하는 자는 이용자이므로 플랫폼이 그 내용에 대하여 책임질 수는 없다.

2015년에 샌프란시스코는 숙박업주가 주택을 단기임대차에 내놓기 전에 시청에 등록하도록 요구하게 되었다.[21] 시청은 단기임대물의 소재지 정보가 없었기 때문에 등록 요건을 집행하기가 어려웠다. 정보 문제를 해결하기 위하여 2016년 8월자 조례는 무등록 주택의 임대에 관한 예약서비스를 제공하고서 수수료를 받는 행위를 경범죄로 규정하였다. 예약서비스에는 '개인이나 단체가 소유자와 여행예정자/일시적 체류자 사이의 거래를 촉진하기 위하여 예약/지불 서비스를 제공하고, 예약/지불 서비스에 관련하여 수수료를 징수하거나 수령하는 것'이 포함된다.[22] 에어비앤비 등 관련 서비스는 이용자 사이의 거래를 촉진하고 수수료를 받았으므로 위 조례의 규정을 적용받았다.

에어비앤비 등의 숙박 플랫폼은 소를 제기하여 그 조례가 섹션 230에 의하여 배제된다고 주장하였다. 연방지방법원은 이에 동의하지 않았다.[23] 법원은 플랫폼을 임대등록물에 관한 공표자 혹은 표현행위자로 취급하지 않았다. 플랫폼은 완전히 자유롭게 숙박업주의 등록물을 공표할 수 있었고 그에 관한 수수료를 수령할 수 있었는데, 이는 등록물이 합법적으로 등록되었느냐 여부를 불문하였다. 책임을 유발하는 요소는 플랫폼 자신의 행위였던 것이다. 플랫폼은 무등록 주택에 관한 예약서비스를 해주고 수수료를 받은 것이다. 플랫폼은 그 조례가 여전히 플랫폼에게 무등록 임대물인지를 확인해서 이를 제거하라고 요구하는 실질적 효과를 가져온다고 주장하였다. 그러나 법원은 이것이 강제되는 것은 아니라고 판시하였다. 플랫폼으로서는 샌프란시스코에서 예약서비스는 합법적 등록물에 한하여 이루어진다는 점을 이용자들에게 명백히 할 수 있다는 것이다. 혹은

---

21   S.F. Ordinance 218-14 (2015).

22   S.F. Ordinance 178-16 (2016).

23   Airbnb, Inc. v. City and County of San Francisco, 217 F.Supp.3d 1066 (N.D. Cal. 2016).

플랫폼이 거래 촉진이 아닌 등록물의 공표를 이유로 하여 수수료를 징수할 수도 있다는 것이다. 등록물의 공표행위는 위 조례의 적용범위 밖에 있다.

섹션 230에도 불구하고 샌프란시스코 규정이 적용될 수 있다고 볼 강력한 주장으로서, 위 조례가 플랫폼을 플랫폼으로서 규제하는 것이 아니라 비플랫폼적 기능에 관하여 규제한다는 주장이 제기될 수 있다. FTC와 마찬가지로 샌프란시스코는 피규제자가 온라인 활동을 하는지 여부에 무관심하다. 피지지자(endorsee)는 오프라인 가게에서 사업을 영위하면서 웹사이트 자체는 가지고 있지도 않을 수 있으며, 만약 온라인에서 인플루언서에게 대가를 지급한다면 FTC의 지지행위 가이드라인이 정한 권고사항을 준수하여야 할 것이다. 이러한 논리는 에어비앤비와 그 중개활동에도 적용된다.

유능한 변호사는 섹션 230을 회피하기 위하여 이러한 종류의 논리를 이용하는 방법을 알아낼 것이다. 피고의 행위가 플랫폼으로서의 역할과 무관하게 이루어졌다고 정의하는 것은 거의 언제나 가능하다. 인터넷 서비스 제공자가 아닌데도 섹션 230의 영향을 받는 실제 집단이 있으므로, 규제권자가 피고의 행위를 플랫폼 무관의 방식으로 규정하여야 하듯이, 새로이 책임을 인정하는 데에는 정치적 제약이 있을 수 있으므로, 참신한 이론을 합리적으로 구성하여야 한다.

비록 샌프란시스코 조례가 전통적인 경제활동의 규제이고 전통적인 정치적·문화적 표현활동의 규제가 아니어서 섹션 230의 의도된 내용으로부터 벗어나기는 하나, 위 조례는 다른 측면에서 보더라도 FTC의 관할영역을 벗어난다. 즉 대리인 이론이 적용되지 않는다. 만약 당신이 돈을 주고 당신의 제품을 홍보하라고 한다면 여러 책임 문제에서는 그의 발언이 당신의 발언이라고 볼 수 있기 때문에 당신은 법률상 '정보 콘텐츠 제공자'에 해당될 것이지만, 샌프란시스코의 조례가 아니라면 어떠한 법리로도 에어비앤비를 등록번호의 제공자 혹은 비제공자로 취급할 수 없다. 에어비앤비가 이용자의 대리인으로 될 수는 있지만, 전통적인 법리로는 이용자가 에어비앤비의 대리인이 될 수는 없으므로, 다른 콘텐츠 제공자의 부작위에 대하여 에어비앤비가 처벌을 받는 것으로 보인다.

그럼에도 불구하고, 샌프란시스코의 조례는 문면상 중개인이 웹사이트를 보유하고 있는지 여부에 무관심하며, 다른 제공자가 올린 정보 콘텐츠를 호스팅하는 웹사이트가 있는지 여부에는 더욱 무관심하다. 규제상 연결 고리는 다른 콘텐츠 제공자의 정보를 전파하는지 여부와 관련이 없다. 이러한 논리에 근거하여 섹션 230의 대부분을 무력화하기는 어려울 것이다. 다만 특정 사업모델의 이용자가 원하지 않는 규제를 받게 될 여지는 있다. 주법이 적절한 행위를 규제 대상으로 삼는다면(주정부가 재판매자/중개자 일반을 관련 법률의 적용 대상으로 삼으려고 한다면), 특히 아마존과 이베이는 많은 활동영역에 관하여 섹션 230의 보호를 받지 못하게 될 것이다.[24] 이러한 결과가 있다고 하더라도 섹션 230이 표현의 자유를 보호하는 기능은 위협받지 않을 것이다. 왜냐하면 아마존

---

24 But see Milo & Gabby LLC v. Amazon.com, Inc., Fed.Appx. (Fed. Cir. 2017) (위 판결은 아마존이 지적재산권과 관련해서는 판매자가 아니라고 판시하였다).

이 판매하는 책에 담긴 명예훼손적 내용에 대하여 아마존에게 책임을 지우는 것은 아마존이 공표자로 취급되거나 아마존이 콘텐츠의 전파자라고 사실상 인정되는 경우에만 가능할 것이기 때문이다. 콘텐츠를 판매하고 수익금의 일정 비율을 가져가는 행위는 전통적인 공표자/배포자 기능이라고 할 수 있는데, 임대료의 일정 비율을 가져가는 행위는 그에 해당되지 아니한다.[25]

다음과 같은 의문을 가질 수는 있다. 광고 중개인이 돈을 지불하는 웹사이트에 소비자를 연결하는 경우(구글의 AdWords가 중개인에 해당한다) 주정부가 그 중개인을 규제할 수 있다면, 섹션 230에도 불구하고 구글에게 웹사이트들을 감시하도록 실체적 의무를 부과할 수 있는가? 명백히 샌프란시스코는 등록번호가 등록물에 포함되도록 하고 있지는 않다. 샌프란시스코는 등록물의 내용을 변경시키거나 관리하려고 하지는 않는다. 등록물을 생산하는 사람들의 비표현적 행동을 변경시키려고 한다. 즉 등록번호의 확보 여부를 확인하는 것이다. 유사하게 우버 운전자의 보험 상태에 관한 규제를 하거나 신규 진입자가 크게 규제를 받는 기존업자와 경쟁하도록 하면서 공유경제 플랫폼에 규제를 하는 경우, 이러한 분석론에 따를 때 이러한 규제가 섹션 230에 의하여 금지된다고 보기는 어려울 것이다. 상업적 웹사이트가 고객을 찾기 위하여 AdSense를 이용하는데, 구글에 대하여 명예훼손 혹은 허위광고에 대하여 책임을 지우려는 시도는 섹션 230을 빠져나가지 못할 것이다. 고전적 제조물책임론은 이용자의 표현 내용에 기반하지 않으므로 이론적으로는 구글도 광고의 촉진자로서 그 적용을 받을 것이다. 그러나 그러한 경우에도 광고 중개인에게 책임을 묻는 것은 일반적으로 매우 어렵거나 불가능하다. 설사 섹션 230이 없더라도 마찬가지이다.

규제 법률이 인터넷 서비스 제공자가 의사소통을 촉진하였다는 이유로 그 제공자를 중개인(broker)과 동일시한다면 섹션 230은 여전히 그 법을 배제하게 될 것이다. 규제를 받는 행위는 공표행위와 동등한 것이 될 것인데, 그 공표행위가 바로 섹션 230이 보호하려는 것이다. 유사하게, 만약 규제권자가 광고로 유지되는 웹사이트(예컨대, 페이스북)에게 광고로 유지되는 무료 콘텐츠에 대한 책임을 지우려고 한다면, 구글에게 광고 내용의 진실성을 입증하라고 요구하는 시도의 경우와 동일한 법리가 적용될 것이다. 이용자가 온라인상에 게재한 콘텐츠의 내용을 고려하지 아니하고 행위자의 책임 여부를 묻는 경우에만 섹션 230 저촉 문제가 제거될 것이다.

IV. 섹션 230의 교훈: 인터넷 예외주의가 무한정 인정되는 것은 아니다

섹션 230은 전통적 인쇄물에 의한 공표자에 비하여 온라인 서비스 제공자를 특별대우하려는 시도의 표현이다. 이는 이용자의 표현행위를 촉진하는 데에 온라인 서비스 제공자가 새로이 기여

---

25 유사하게, Grindr 이용자가 오프라인에서 저지른 행위에 대하여 Grindr에게 책임을 묻는 것은 성공하지 못할 것이다. 왜냐하면 이용자를 위험에 처하게 한 것은 다른 이용자를 유인하기 위하여 그 이용자가 플랫폼에서 한 말이기 때문이다. See Doe v. MySpace Inc., 2008 WL 2068064 (5th Cir. May 16, 2008) (원고는 웹사이트에서 만난 이용자에게서 성폭행을 당했다고 주장했는데, 판결은 섹션 230을 이유로 하여 웹사이트 운영자에 대한 감독과실책임 주장을 배척하였다).

할 가능성을 보장하기 위한 것이다. 인터넷 상행위가 인간 활동의 모든 영역에 침투하여 전에는 비상업적일 뿐만 아니라 범위가 제한되었던 '공유영역'에까지 영향을 미치게 됨에 따라 섹션 230은 점점 더 많은 압력을 받게 되었다. 전혀 놀랍지 않게도, 창의적인 변호사와 규제권자는 섹션 230을 피해가는 방법을 생각해 냈고, 온라인과 오프라인의 경계가 무너지는 상황에서 법원은 그들의 주장을 귀담아듣게 되었다. 어쨌건 연방의회가 섹션 230을 제정할 때에는 명예훼손법이 표현행위를 억압하는 현상을 우려한 것이지, 호텔 규제를 염두에 둔 것이 아니었다.

공유경제에 대한 지역정부의 규제를 다투기 위하여 섹션 230을 원용하는 것은 일반적인 경제규제에 반대하기 위하여 수정헌법 제1조를 점점 더 많이 원용하고 있는 현상과 매우 유사하다. 이를 혹자는 수정헌법 제1조의 로크너사건화(Lochnerization)라고 부르기도 한다. 이 명칭은 연방대법원의 유명한 사건인 로크너 사건에서 유래한 것인데, 이 사건에서는 제과점 종업의 근로시간을 제한하는 것은 근로자의 계약의 자유를 침해하는 것으로 위헌이라고 판시되었다. 20세기 대부분 동안에 정부는 상대적으로 자유롭게 경제규제를 할 수 있었다. 그러나 상업적 거래에는 필연적으로 거래 내용에 관한 의사소통이 있게 되는데, 연방대법원은 상업적 표현행위를 점점 더 보호하게 되었다. 경제적 자유를 표현의 자유의 형태로 구성하면 성공할 가능성이 높아지자, 회사법 변호사들은 수정헌법 제1조를 이용하여 모든 경제규제(예컨대 신용카드 추가수수료, 최저임금, 흡연자에 대한 사은품 증정 등)에 대항하게 되었다. 상행위가 모두 표현행위로 정의되면, 표현행위법리가 적용되느냐 상사법리가 적용되느냐의 문제가 발생하는데, 대체로 그에 대한 해답은 전자가 된다.

유사하게, 혁신기업들은 전통적 상업관계를 교란하면서 모든 것을 온라인 플랫폼으로 옮기고 있고, 우버와 에어비앤비 등은 섹션 230을 원용하여 이용자와의 경제적 관계를 보호받으려 하고 있는데, 이러한 관계는 표현행위 촉진과는 한참 무관한 것들이다. 그런데 수정헌법 제1조 주장과 섹션 230 사이에는 주요한 차이점이 있다. 최근 수정헌법 제1조 사건이 새로이 증가하는 이유는 정치권과 사법부의 변동으로 사업자의 주장이 받아들여질 가능성이 높아졌기 때문이고, 섹션 230 사건이 증가하는 이유는 인터넷을 이용하는 새로운 사업형태가 늘어났기 때문이다. 공유경제 규제에 대한 섹션 230 항변에는 분명히 정치적·이념적 면이 있기는 하지만, 실제로는 섹션 230의 제정자들이 생각하지 못한 사업모델이 자금 지원을 많이 받아 활약하게 되면서 섹션 230 주장이 많이 제기되고 있다. 주목할 만하게도 아직까지 법원은 모든 온라인 활동을 섹션 230의 '공표행위'에 포섭시키려는 사업자들의 시도를 대부분 받아들이지 않고 있다. 섹션 230의 인터넷 예외주의에 기하여 규제상 이익을 취하려는 태도는 크게 성공하지 못하였으나, 경제규제에 대한 수정헌법 제1조의 제약은 늘어나고 있다. 이러한 현상이 지속될지 여부 및 새로운 활동형태가 나타나면서 섹션 230의 적용범위가 달라질지 여부는 좀더 두고 볼 일이다.

30

플랫폼 구조와 브랜드: 상표권 현대화의 기회

소니아 카티알, 레아 찬 그린발드[*]

서언

Web 1.0이 인터넷을 통한 정보의 접근을 의미하고, Web 2.0이 온라인 시장의 형성이었다면, Web 3.0은 플랫폼을 의미한다. 온라인 거래에 의하여 오프라인 시장(특히 서비스 산업)에 변혁이 일어난 사실을 말한다.[1] 여가, 소비, 서비스업, 제조업에 알고리즘적 수단을 적용함으로써 서비스 경제에 중대한 변혁이 초래되었다.[2] 더욱이 이러한 서비스의 다수가 클라우드 서비스로 이동함으로써 커다란 변혁이 전 세계적으로 일어났다.[3] 클라우드 서비스로 전 세계적인 인프라가 갖춰짐으로써, 케니와 자이스만이 언급하듯이 플랫폼과 클라우드의 구조가 형성되고 세계화라는 것이 재구성되었다.[4]

또한 플랫폼의 대두와 함께 개념과 규제가 복잡해짐에 따라 법률가와 논평가들 앞에는 중대한 난제가 놓이게 되었다. 아주 단순하게 파악하자면 플랫폼이란 '알고리즘을 통하여 경제적 · 사회적 활동을 조직하고 구성하는 온라인 디지털 작동체'라고 할 수 있다.[5] 플랫폼은 탈중앙화된 혁신을 추구하는 도구 · 기술 · 인터페이스의 공유 시스템을 만들기도 하고, 역으로 그러한 공유를 통하여 플랫폼이 형성되기도 하며, 플랫폼을 통하여 시장과 사회적 상호작용의 혼합체가 창설되기도 하는데, 이러한 혼합체는 우리가 여태까지 디지털 경제에서 보지 못한 형태이다.[6]

플랫폼은 그들이 제공하는 서비스로서 파악되기도 하고, 그들이 교란하는 사업모델로서 파악되기도 한다.[7] 올리 로벨 등이 설명하였듯이, 플랫폼이라는 명칭은 의도적으로 포괄적으로 파악되

---

[*] Sonya K. Katyal and Leah Chan Grinvald. 이 글은 다음의 글에서 따온 것이다. Platform Law and the Brand Enterprise, 32 Berkeley Tech. L.J. 1135 (2017). 편집진의 의견에 감사드린다. 의견이 있으면 다음 주소로 보내주기 바란다. skatyal@berkeley.edu, lgrinvald&suffolk.edu.

[1] Orly Lobel, The Law of the Platform(플랫폼법), 101 Minn. L. Rev. 87, 94 (2016).

[2] See generally Martin Kenney and John Zysman, The Rise of the Platform Economy(플랫폼경제의 대두), 32 Issues in Sci. & Tech. 61 (2016)(citing work by Stuart Feldman, Kenji Kushida, Jonathan Murray, and others).

[3] 이 책에서는 전 세계의 상표권에 대한 영향을 다루지만, 지면의 한계상 주로 미국의 상표권을 다룬다는 점을 유념하라.

[4] Kenney and Zysman, supra note 2, at 61.

[5] Id. at 66. For more on the definition and attributes of platforms, see Diane Coyle, Making the Most of Platforms: A Policy Research Agenda(플랫폼의 활용: 정책적 검토사안), at https://papers.ssrn.com/sol3/papers.cfm?abstract_id=2857188.

[6] Kenney and Zysman, supra note 2, at 67.

[7] Arun Sundararajan, The Sharing Economy: The End of Employment and the Rise of Crowd-Based Capitalism(공유경제: 고용의 종말과 군중 기반 자본주의의 대두) 77 (2016).

지만, 생산·소비·금융·지식·교육 등에 관한 기존의 경제를 교란하는 수많은 신사업모델을 의미하기도 한다.[8] 전통적인 범주의 사업이 고용자/피용인, 판매자/매수자, 생산자/소비자의 이분법에 의존한다고 한다면 플랫폼 사업은 네트워크를 활용한다고 할 수 있는데, 이와 같은 네트워크에서는 공유와 군집(pooling)의 경제로 인하여 경계선이 모호해진다.[9] 플랫폼경제는 소비자를 직접 생산자에게 연결함으로써 거래비용을 줄이면서, 낭비를 줄이고, 공급과 수요의 단위를 낱개의 소규모 단위(이를 올리 로벨은 discrete modular units라고 불렀다)로 쪼갤 수 있다. 예를 들면 가구 설치, 요리, 운전 등과 같은 가정 내 업무를 단시간에 제공할 수 있는 작은 작업으로 쪼개서 공급과 수요가 맞추어지게 한다.[10] 로벨의 주장에 의하면, 'Web 3.0은 공급과 수요의 정적 평형을 잘 유지할 뿐만 아니라 새로운 공급과 수요의 짝을 만들어내고 시장을 재구성함으로써 대중의 생활 스타일을 바꾸고 있다'고 한다.[11]

하지만 이러한 새로운 경제 현상은 개념과 규제에 대한 복잡한 문제를 가져온다. 이렇게 보는 입장에는 플랫폼경제가 복지향상제도(장기고용계약, 보험, 품질관리규정 등)의 회피를 가능하게 한다는 주장이 포함되어 있다.[12] 로벨은 아래와 같이 주장한다.

"찬성론자는 플랫폼이 회사의 지배로부터 자유로운 시대로 복귀한 것에 해당된다고 낭만적으로 생각한다. 그 시대에는 개인들이 직접적으로, 긴밀하게 상호작용을 하였고, 사회구조가 상향식이었으며, 시장이 아닌 공동체에서 관계가 형성되었다는 것이다. 이에 대하여 반대론자들은 우버 자본주의의 디스토피아가 생겼다고 주장한다. 여기에서는 모든 상호작용이 시장거래의 기반이 되었고, 프라이버시와 여가는 상실되었으며, 실리콘밸리 식의 자유주의자들은 부자가 되고 나머지는 모두 가난하게 되었다는 것이다."[13]

이러한 문제점의 중심에는 빠짐없이 브랜드 가치가 있는데, 브랜드는 플랫폼 구조의 거의 모든 단계에 침투해 있다. 상표권은 플랫폼경제의 성공에 중요한 요소인데도, 상표권이 신경제현상의 대두에 미친 영향 및 신경제현상의 대두가 상표권에 미친 영향에 대하여 연구한 학자는 거의 없다. 그래서 우리는 이 글에서 상표권의 상호작용 전반을 고찰하고 플랫폼 사업형태에 두 가지 주요 형태가 있다는 점을 짚어 보고 나서, 이 두 형태의 설계와 구조에서 상표법의 현대화에 대한

8　Lobel, supra note 1, at 98-99.

9　Id. at 100-01.

10　Id. at 109-10.

11　Id. at 114.

12　Id. at 130-37. See also Nathan Heller, Is the Gig Economy Working?(긱경제는 작동하고 있는가?), New Yorker (May 15, 2017), www.newyorker.com/magazine/2017/05/15/is-the-gig-economy-working; Ruth Berins Collier et al., The Regulation of Labor Platforms: The Politics of the Uber Economy(노동 플랫폼의 규제: 우버 경제의 정치학) (March 2017) at 7 (working paper on file with authors) (이 글은 플랫폼경제의 노동 관련 문제를 다루고 있다).

13　Lobel, supra note 1, at 105.

도전과 기회가 도출되는 측면을 분석하고자 한다.

플랫폼 사업의 성공에서 상표법은 중요하고도 결정적인 역할을 한다. 우선 넓게 보면, 플랫폼 경제는 소위 매크로브랜드의 출현을 촉진한다고 본다. 이는 브랜드 자체의 가치 때문에 플랫폼경제에 자본이 몰리는 현상을 지칭하는데, 에어비앤비, 우버와 같은 매크로브랜드가 세계에 수없이 존재한다.[14] 다음으로 좁게 보면 플랫폼경제는 개인을 강화함으로써 동시에 마이크로브랜드의 출현을 촉진하였다. 이는 개별적인 소규모 기업을 말하는데, 이들은 브랜딩과 상표권 보호의 원리를 이용하는 데에 큰 이해관계를 갖고 있다. 매크로브랜드와 마이크로브랜드는 현존 상표법으로부터 받는 압력이 다르기 때문에 이해관계가 충돌하기도 한다. 매크로브랜드 입장에서 보면 2차적 책임 유무가 불확실하므로, 매크로브랜드는 근거가 약하더라도 상표권 침해를 쉽게 제기할 유인이 있다.[15] 그리하여 어떤 경우에는 마이크로브랜드가 효과적으로 사업을 수행하는 데에 장애가 되기도 하였다.[16] 이러한 충돌 상태를 보면 변화가 필요하다는 점은 분명해 보인다.

실제로, 이와 같은 사업모델의 문제점을 해결하는 과정에서 플랫폼경제가 기존 상표법의 현대화를 이루어낼 중심적 기회를 제공할 것이다. 이 글의 섹션 Ⅰ과 Ⅱ에서 보는 바와 같이, 매크로브랜드와 마이크로브랜드가 상호 작용하면서 상표법을 발전시켜서 플랫폼경제로 야기된 새로운 문제를 해결하게 될 것이다. 그런데 동시에 기존의 법체계도 플랫폼이 유발하는 문제를 원만하게 해결할 수 있는데, 그 과정에서 우리 상표법의 근본 원리에 존재하는 지혜로움이 확인되기도 한다. 섹션 Ⅲ에서는 디지털 경제의 상표법을 대체하지 않고 오히려 현대화하는 여러 방법을 간략히 살펴본다. 입법이나 자발적 조치로 변화를 꾀할 수 있을 것인데, 우리는 법률상 피난처 조항(safe harbors)의 형성과 보통법상 침해 기준의 수정에 대하여 구체적으로 살펴본다. 아래에서 보는 바와 같이 디지털 불확실성의 시대에서 이러한 조치는 플랫폼경제를 보호하고 진흥하게 될 것이다.

Ⅰ. 플랫폼 구조와 매크로브랜드의 대두

플랫폼기업의 경제 및 인권보장에 대한 전반적 영향에 관한 분석과 논의에는 많은 노력이 경주되었으나, 플랫폼경제에서 상표권이 하는 중심적 역할에 대하여는 연구가 거의 없었다. 그런

---

14 다른 사람들도 유사한 이용자 관계와 마케팅을 지칭하기 위하여 매크로브랜드와 마이크로브랜드라는 용어를 사용하였다. 다만 이들은 플랫폼 이외의 상황에서 사용하였다. See, e.g., Jose Marti, Enrique Bigne, and Antonio Hyder, Brand Engagement(브랜드 관계), in The Routledge Companion to the Future of Marketing 253 (Luiz Montinho, Enrique Bigne, and Ajay K. Manrai eds., 2014) (각 형태가 소비자에게 접근하는 역할을 논의하고 있다); T. Scott Gross, Microbranding: Build a Powerful Personal Brand & Beat Your Competition(마이크로브랜딩: 강력한 개인 브랜드를 형성하여 경쟁자를 물리쳐라) (2002) (개인적 브랜드 및 지역 브랜드의 구축방법을 논하고 있다).

15 See e.g., examples discussed in Section Ⅱ infra.

16 예컨대 상표권 침해가 있다는 의심스러운 주장에 따라서 플랫폼이 등록물 혹은 물품을 삭제하였다. See, e.g., Section Ⅱ infra, notes 44 and 55. 이는 사업생태계에 중대한 영향을 미칠 수 있고, 플랫폼경제의 장기적 건강에 악영향을 미칠 수 있다.

데 상표권과 브랜딩 현실은 플랫폼 구조와 사업수행의 거의 모든 면에서 문제가 되며, 규제의 역할에 대한 중요한 의문을 제기한다. 예컨대 주차공간을 찾고 확보하는 데에 도움을 주는 Parking Panda라는 플랫폼을 보자.[17] Parking Panda라는 말은 상표권이자 브랜드이다(뒤에서 위 둘의 차이점을 논하겠다).[18] Parking Panda는 플랫폼 생태계의 일부로서 존재하지만, 플랫폼에서 광고하는 차고나 주차공간을 직접 소유하지는 않는다. 오히려 주로 개인이나 주차회사가 주차공간을 소유한다. 이러한 주차회사들은 고유의 상표권을 보유하는데, 뉴욕시에서 가장 큰 두 기업의 상표인 Icon Parking, ABM Parking Services를 예로서 들 수 있다.[19]

플랫폼 사업에서도 상표권은 다른 영역의 상표권처럼 정보제공적 기능과 경제적 기능을 한다.[20] 상표권은 소비자의 특정 제품에 대한 경험을 특정 상표에 지속적으로 연결해 줌으로써 소비자의 검색비용을 줄여 준다.[21] 그런데 상표권은 플랫폼 사업에서 훨씬 중심적인 역할을 수행한다. 왜냐하면 상표권이 소비자에게 특정 플랫폼과 상표권을 동일시하게 만들기 때문이다. 예컨대 Parking Panda 플랫폼에서 소비자는 Parking Panda의 상표와 주차회사들의 상표를 통하여, 과거의 주차 경험을 회상하면서 여전히 동일한 주차 경험을 하게 될 것이라고 기대하기 때문에 과거의 결정에 따라 새로운 주차 구매를 하게 된다.

브랜딩도 이러한 사업의 중요한 측면이다.[22] 한편 브랜드는 사업자의 상표권을 포함하지만 정보의 제공을 주목적으로 하지 아니하고 소비자에게 경험을 제공하려고 한다. 특히 플랫폼 생태계에서 브랜드는 소비자에게 제품을 구매한 다른 소비자에 대한 이야기를 제공함으로써 유사한 소비자들로 구성된 공동체를 만들어 간다.[23] 예컨대 Parking Panda의 과제는 소비자의 주차공간 찾기와 예약을 도와주는 것이지만, 그 회사의 임무는 단순한 주차 조력 이상의 것이다. 아래는 Parking Panda의 소개글이다.

"Parking Panda를 통하여 운전자는 미리 주차공간을 확보함으로써 스마트하게 출퇴근 계획을 세울 수 있다. Parking Panda 고객은 북미지역 40개 이상의 도시에서 주차방법 및 가격을 검

---

17 See Parking Panda, How It Works(Parking Panda의 작동원리), www.parkingpanda.com/how-it-works (컴퓨터에서 사전에 주차 예약을 할 수도 있고, 휴대폰으로 즉시 예약을 할 수도 있다).

18 U.S. Trademark No. 4295552 ("운전자에게 주차공간을 찾아 예약할 수 있게 해주고 이용자에게는 주차공간을 대여할 수 있게 해주는 온라인 시장의 운영자인 Parking Panda의 등록상표"); see Parking Panda, 2016 Year in Review(2016년의 회고), www.parkingpanda.com/year-in-review.

19 See Parking Panda, Search for Parking in New York City(뉴욕시 주차 안내) (images on file with authors).

20 William M. Landes and Richard A. Posner, Trademark Law: An Economic Perspective(상표법: 경제적 관점에서), 30 J.L. & Econ. 265, 369 (1987).

21 Id.

22 See Deven R. Desai, From Trademarks to Brands(상표권에서 브랜드로), 64 Fla. L. Rev. 981, 985 (2012); Sonia K. Katyal, Trademark Cosmopolitanism(상표권 세계주의), 47 U.C. Davis L. Rev. 875, 890 (2014); Irina D. Manta, Branded(브랜드화), 69 SMU L. Rev. 713, 734 (2016).

23 See Katya Assaf, Brand Fetishism(브랜드 숭배주의), 43 Conn. L. Rev. 83, 95 (2010); Deborah R. Gerhardt, Social Media Amplify Consumer Investment in Trademarks(소셜 미디어로 인하여 소비자는 상표권에 더 많은 투자를 하게 된다), 90 N.C. L. Rev. 1491, 1495 (2012).

색하고 비교할 수 있게 되었다."[24]

　　Parking Panda는 위 글에서 스마트한 통근자(smart commuters)[25]로 구성된 공동체를 만들고 소비자로서의 정체성과 경험을 구축하려고 하는데, 이것이 바로 그들의 브랜드이다. 동시에 여전히 Parking Panda라는 상표권도 보유하고 있다. 플랫폼경제는 본질적으로 두 가지 형태의 브랜드를 창조하였다. 넓게 파악하면 매크로브랜드가 있는데, 여기에서는 Parking Panda가 그에 해당한다. 브랜드 그 자체에 매크로브랜드의 가치가 내재한다. 그것은 Parking Panda가 이용자에게 제공하는 경험의 총체이다. 좁게 파악하면 마이크로브랜드가 있는데, 여기에서는 Parking Panda 생태계에서 활동하는 주차회사들을 가리킨다. 마이크로브랜드의 상표권 및 브랜드에도 가치가 있어서 매크로브랜드와 마이크로브랜드는 모두 상표법에 강력한 이해관계를 갖고 있다.

　　그런데 상표권 및 그 연장인 브랜드의 법적 보호로 인하여 매크로브랜드와 마이크로브랜드 사이에 긴장이 발생한다. 상표법은 상표권 소유자가 소비자의 신뢰와 재구매를 유도하도록 일관된 품질 수준을 유지하도록 촉구한다.[26] 이는 상표권 소유자에게 한정된 독점권을 부여함으로써 달성된다. 예컨대 온라인 주차 서비스에서는 오로지 한 업체만이 Parking Panda로 통용된다. 더구나 상표법은 상표권 침해의 감시를 열심히 한 상표권자에게 강한 지위 혹은 저명성의 지위를 부여하는 보상을 한다.[27] 따라서 상표권자는 상표권자의 물품으로 행세하는 경쟁자의 침해를 막기 위해 노력할 뿐만 아니라, 관련된 혹은 연결된 사용을 막기 위해서 노력할 동기를 갖게 된다.[28] 그리하여 어떤 경우에는 상표권 과잉행사가 나타나기도 하는데, 마이크로브랜드가 플랫폼에 올린 내용에 대하여 상표권 침해를 주장하는 자가 그 내용의 삭제를 매크로브랜드에게 요구하는 경우가 이에 해당될 수 있다.[29] 예컨대 에치 등의 플랫폼에 의하면 많은 삭제 요구가 의심스러운 침해 주장과 관련되어 제기된다고 한다. 이러한 침해 주장은 기본적으로 정치적 행태에 해당될 것이다.[30]

　　불행하게도, 상표권과 중개인 책임론(주로 기여과실책임 혹은 2차적 책임이 이에 해당한다)에 관련된 법리는 혼란스럽기도 하고 낙후되어 있기도 하다. 특히 이 법리를 플랫폼에 적용하면 더욱 그러하다. 기여과실책임 혹은 2차적 책임의 지배적 기준은 미국 연방대법원의 Inwood Laboratories v. Ives Laboratories 사건에서 나왔다.[31] 이 사건에서는 범용 약품의 제조자가 상표권을 침해하는

---

24 See Parking Panda, About Us(소개란), www.parkingpanda.com/company (이 글에서는 마치 비영리단체처럼 고상한 문투로 회사의 목표를 홍보하고 있다).

25 Id.

26 Jordan Teague, Promoting Trademark's Ends and Means through Online Contributory Liability(온라인 기여과실책임을 통하여 상표권의 목표와 수단을 고양하기), 14 Vand. J. Ent. & Tech. L. 461, 465 (2012).

27 Id.

28 Id.

29 Id. at 476.

30 See infra notes 44 and 55.

31 456 U.S. 844 (1982).

포장지로 그 약품을 포장해서 판매한 약국의 행위에 대하여 책임을 져야 하는지가 문제되었다.[32] 연방대법원은 제조자와 배포자는 타인이 상표권을 침해하도록 의도적으로 유도한 경우이거나, 행위자가 상표권 침해행위를 한다는 사실을 알았거나 알 만한 근거가 있는데도 그러한 행위자에게 계속하여 물품을 공급한 경우에만 기여과실책임을 진다고 판시하였다.[33] 그 이후의 사건들에서 이러한 기준이 다듬어졌는데, 피고가 의도적으로 무관심한 태도를 취한 경우(불법을 의심하면서도 일부러 조사하지 않은 경우)는 기여과실침해의 수준에 다다른 것으로 파악되었다.[34] 여전히 두 가지 요소인 의심과 비조사는 존재하여야 한다. 위조행위를 저지하기 위한 조치를 취하지 않았다는 것만으로는 '의도적인 무관심'(willful blindness)에 해당되지 않는다고 법원은 판시하여 왔다.[35]

인터넷 서비스 제공자(ISP)의 세계에서 이러한 법리는 잘 어울리지 않았다. 그리하여 플랫폼에 대한 불안정성이 야기되었다. 그러한 경우 대체로 법원은 제9연방항소법원이 Lockheed Martin v. Network Solutions 사건에서 설시한 법리를 따라 왔는데, 제9연방항소법원은 ISP가 침해행위를 직접 통제하거나 감시한 경우에만 2차적 책임을 지게 된다고 판시하였다.[36] 도메인 네임 등록소가 도메인 네임을 웹호스팅 서버의 IP 주소에 연결하는 것과 같이, ISP가 수동적인 라우팅 서비스만을 제공한다면, ISP에게 기여과실책임을 물을 수 없다.[37] 그러나 만약 ISP가 침해수단에 대한 상당한 통제권을 행사하는 경우, 즉 호스팅 업체, 검색 엔진 혹은 온라인 시장인 경우에는 Inwood 기준이 적용될 것이다.[38] 만약 Inwood 기준이 적용된다면 의도적 유도(intentional inducement)의 문제와 ISP가 침해자의 침해행위를 알았거나 알 수 있었는데도 계속하여 침해자에게 서비스를 제공했느냐 여부의 문제가 검토의 대상이 될 것이다.[39]

두 가지가 모두 특히 온라인 상황에서 해결하기가 어렵다. 의도적 유도에서는 ISP의 적극적 관여가 있다는 증거가 있어야 하는데, 이러한 '스모킹 건' 증거는 획득이 쉽지 않다.[40] ISP가 자신의 서비스나 사이트가 침해에 이용되고 있다는 점을 일반적으로 알고 있더라도, 구체적 침해건을 인지하지 않고 있으면 ISP는 책임을 지지 않을 수 있는데, 그 이유는 상표권 침해가 발생하지 않도록 적극적으로 노력할 실체적 의무는 없기 때문이다.[41]

이러한 접근법이 예측가능하고 획일적이기는 하지만 의도하지 않은 결과를 야기하기도 한다.

---

32 Id. at 846.

33 Id. at 854.

34 Hard Rock Cafe Licensing Corp. v. Concession Servs., Inc., 955 F.2d 1143, 1149 (7th Cir. 1992) ("의도적으로 모른 체한 경우란 어떤 사람이 불법을 의심했음에도 불구하고 이를 의도적으로 조사하지 않은 경우를 말한다.").

35 Id.

36 194 F.3d 980, 984 (9th Cir. 1999).

37 Teague, supra note 26, at 471-72.

38 Lockheed, 194 F.3d at 984.

39 Inwood, 456 U.S. 844, 854 (1982).

40 Rian C. Dawson, Wiggle Room: Problems and Virtues of the Inwood Standard(여유공간: Inwwod 기준의 단점과 장점), 91 Ind. L.J. 549, 564 (2016).

41 See Tiffany (NJ) Inc. v. eBay Inc., 600 F.3d 93, 104 (2d Cir. 2010).

한 논평가가 언급하였듯이 Inwood의 주관적 요건은 너무나 불명확하여, 플랫폼이 과잉대응하여 상표권자의 통지 및 삭제 요건에 과도하게 반응할 가능성이 있다.[42] 그에 따라 소규모 사업자와 소형 플랫폼은 허위로 판명될 수 있는 기여과실책임 주장에 대응하여 자신을 방어할 만한 자력이 되지 않기 때문에 과잉반응으로 인하여 심각한 영향을 받을 수 있다.[43] 실제로 위와 같은 확실성의 부재로 인하여 다섯 개의 플랫폼 회사(Etsy, Foursquare, Kickstarter, Meeetup, Shapeways)가 플랫폼과 관련된 상표권의 집행에 대하여 확실성을 높여 달라고 요구하고 나섰다.[44] 플랫폼들은 공동 의견에서 다음과 같이 언급하였다. "상표권 침해 주장에 대한 법령상 보호수단이 없으므로, 플랫폼들은 상표권 침해 주장이 있는 경우 별로 고민을 하지도 못한 채 사이트에서 관련 내용을 삭제할 수밖에 없었다. 장기적으로 보면 이렇게 보호책이 없으므로 인터넷의 상징인 자유로운 표현과 상업활동의 성장은 더디게 될 것이다."[45] 아래의 섹션 Ⅲ에서는 플랫폼이 제안하는 해결책을 살펴보기로 한다.

Ⅱ. 플랫폼 탈중앙화와 마이크로브랜드

플랫폼에서는 누구나 사업가가 된다. 학자들은 여러 문헌에서 소사업가(micro-entrepreneurship) 문화에 대하여 언급하였는데, 특히 개발도상국에서 그러한 현상이 많이 나타났다.[46] 예컨대 볼리비아 같은 나라에서는 미국보다 3배 더 사업활동을 많이 벌인다고 한다.[47] 사업활동이 많으면 중소규모 사업자들은 효과적으로 마케팅을 할 수 있는데, 특히 플랫폼경제가 디지털 마케팅에 강력한 수단을 제공하기 때문이라고 한다.[48] 앱 개발자는 안드로이드나 iOS에서 개발을 할 수 있고, 아마존 웹 서비스(Amazon Web Services)는 생태계 구축을 촉진할 수 있다.[49] 남는 시간에 리프트나 우버의 운전자로 일할 수 있고, 빈 공간을 에어비앤비에서 임대할 수 있다. 플랫폼의 종류를 불문하고 그들은 공동의 목표를 향해 간다. 공동의 목표란 모든 사람의 참여를 독려하는 것이다.[50] 가

---

42 Teague, supra note 26, at 475-76.

43 이는 이베이 사건이 이후에 특히 그러한데, 이베이 사건에서 법원은 이베이가 값비싼 VERO 시스템을 운영하고 있다는 것을 주된 이유로 하여 2차적 책임을 인정하지 않았다. 소규모 플랫폼은 이베이가 겪은 것과 같은 소송에서 자신을 방어할 능력도 안되고, 특히 유사한 형태의 값비싼 삭제 시스템을 운영할 여력도 되지 않는다. See id. at 491.

44 See Etsy, Foursquare, Kickstarter, Meetup, & Shapeways, Comments in the Matter of Development of the Joint Strategic Plan for Intellectual Property Enforcement(지적재산권 집행을 위한 공통 전략계획의 수립에 관한 의견서) (Oct. 16, 2015) http://extfiles.etsy.com/advocacy/Etsy_IPEC_Comment.pdf.

45 Id. at 2.

46 Karl Loo, How the Gig Economy Could Drive Growth in Developing Countries(긱경제가 개발도상국에서 어떻게 성장을 견인하는가), Forbes (Mar. 23, 2017, 12:04PM) www.forbes.com/sites/groupthink/2017/03/23/how-the-gig-economy-could-drive-growth-in-developing-countries/#3db6d56a4a49.

47 Id.

48 Id.

49 Kenney and Zysman, supra note 2 at 3.

50 Id. at 2.

장 낙관적으로 전망해 본다면, 평범한 사람 누구라도 쉽게 사업가가 될 수 있고, 일정의 유연성을 최대한 활용할 수 있으며, 목표추구 과정에서 개인적/전문적 자산으로 돈을 벌 수 있을 것이다.

그에 따라, 소규모 사업가는 마이크로브랜드의 출현을 야기한다. 디지털 공간에서도 플랫폼은 평범한 시민을 브랜드로 변형시킨다. 어떤 연구 결과에서 보듯이 "온라인에서 사람과 물품, 개인과 브랜드를 표현하는 방식의 유사성은 현저하다. 모두 같은 인터페이스와 전술을 적용하여 서로가 전보다 더 비슷해졌다."[51] 소셜 미디어를 사용할 때 어떤 사람은 교류를 목적으로 하고, 어떤 사람은 홍보, 인맥 쌓기를 목적으로 하며, 어떤 사람은 의사표현을 목적으로 한다.[52] 그런데 플랫폼이 자기 브랜드와 결합되면서 위의 모든 목적들이 소사업가(micro-entrepreneurship)라는 단일 목적으로 변형되면서 발전되고 있다.

거의 모든 주요 플랫폼은 사업가의 자기 브랜드화를 권장하여 보통의 시민들도 추종 소비자를 거느리는 실질적 사업체가 되고 있다. 예컨대 에어비앤비는 명시적으로 마이크로브랜드를 창설하라는 표현을 다음과 같이 사용하고 있다. "당신의 브랜드, 즉 마이크로브랜드가 있으면 당신의 등록물이 경쟁자에 비하여 돋보이고 눈에 쉽게 띕니다. 등록물을 브랜드화하는 것이 정말 중요합니다. 적절히 브랜드화하면 당신이 노리는 시장에서 인기를 끌게 되고 원하는 손님을 맞이할 수 있습니다."[53]

언뜻 보기에는 자기 브랜드화와 상표법이 서로 무관한 것처럼 보이나, 실제로는 재산권, 정체성, 연관성에서 비슷한 논점을 안고 있다. 지속적인 자기 브랜드화와 브랜드 감시는 상표권 실행에 대하여 두 가지로 영향을 미친다. 첫째, 마이크로브랜드는 상표권 실행을 위하여 상당한 시간과 돈을 투입하도록 유인한다. 그 이유는 부분적으로 마이크로브랜드가 처한 브랜드 환경이 끊임없이 변하고 있기 때문이다. 브랜드 실행에 투입되는 자원은 어떤 면에서 낭비되고 있다고 볼 수 있다. 왜냐하면 우버와 같은 플랫폼은 일정한 품질의 유지를 위하여 평점과 평판 도구를 이용하는 데에 더 관심이 있기 때문이다. 둘째, 매크로브랜드가 브랜드 관리에 지속적으로 치중하다 보면 마이크로브랜드가 지출하는 추가적인 비용이 그대로 매크로브랜드에 내재화될 수 있다. 그렇게 되면 과도한 상표권 감시 및 과잉집행에 이르게 될 것이다. 마지막으로 이러한 차이로 인하여 소규모 플랫폼과 대형 플랫폼 사이의 격차가 더 벌어질 수 있다. 플랫폼들은 실행 자원이나 능력이 다르기 때문에 플랫폼 혁신의 경로가 서로 다르다.

플랫폼과 관련하여 많은 학자와 논평가가 플랫폼 소유자(platform owner)와 사업가/계약자 사이에 계층적 구분이 이루어지고 있는가에 대한 의문을 제기하여 왔는데, 실제로 사업가와 계약자

---

51 José van Dijck, You Have One "Identity": Performing the Self on Facebook and LinkedIn(하나의 정체성만 있다. 페이스북과 링크트인에서 자신을 표현하기), 35 Media, Culture & Soc. 199, 207 (2013).

52 Id. at 211.

53 Airbnb Guide, Good Design is Good Business(디자인이 좋아야 사업도 잘 된다), www.airbnbguide.com/good-design-is-good-business/.

가 플랫폼경제를 뒷받침하고 있는데도 말이다.[54] 같은 문제가 상표권 영역에서도 제기될 수 있다고 본다. 기여과실책임론이 좋은 의도로 만들어지기는 했지만 그로 인하여 불평등한 시스템이 만들어져서, 상표권의 보호와 실행에서 나오는 혜택이 소수에게 집중되고, 플랫폼 활력을 대표하는 소규모 사업가들의 기여를 극히 낮게 평가하게 되지는 않았는가라는 의문이 생기는 것이다. 상표권에 대한 피난처 조항이 법령에 없는 상황에서, 소규모 플랫폼은 법적 자원도 충분치 아니하여, 현안을 해결하는 데에 특히 불리한 것이 현실이다.[55] 대부분의 소규모 플랫폼은 저작권 침해내용 삭제 요청에 대한 자동대응 시스템을 갖추고 있지 않으므로, 통지와 실행 시스템의 개선을 도모하는 데에는 플랫폼의 다양성을 고려하는 것이 중요하다.[56]

예컨대 에치에 의하면, 저작권 침해 통지 건수보다는 상표권 침해 통지 건수가 더 많았다고 한다.[57] 에치 등의 주장에 의하면 상표권 침해 주장이 의심스럽거나 권리남용에 해당되더라도 상표법에 ISP에 대한 명백한 피난처 조항이 없기 때문에, 많은 플랫폼이 고비용의 소송에 연루되는 것이 싫어서 침해 주장에 대하여 대응하지 않는다고 한다.[58] 에치는 침해 주장의 사례를 몇 개 들었다. 그래픽 디자이너가 파티 초대장에 상표등록된 텔레비전 프로그램 이름을 사용한 사건, 화가가 풍자성 유화에 상표등록된 만화 캐릭터를 사용한 사건, 소규모 사업자가 음식포장지로 지갑을 만들고 술병으로 물컵을 만든 사건이 있었다고 한다.[59] 침해에 해당되지 않는다고 강력하게 주장할 수 있는 사안이지만 모두 삭제 요청의 대상이 되었다.[60] 에치 등은 최근 의견서에서 '아무리 근거가 약할지라도, 상표권 침해 주장은 표현행위 및 경제적 활동을 영구히 저지하는 데에 효과적인 수단이 될 수 있다'고 결론짓고 있다.[61] 그러한 경우에 상표법이 복잡하고 이용자와 상표권자는 다윗 대 골리앗의 관계이으므로, 플랫폼이 이용자에게 침해 주장을 다툴 기회조차 주지 않을 가능성이 있다.[62] 이 경우 소규모 사업자, 개인 사업자, 보통의 창작자들은 침해 주장에 대항할 자원과 방법이 없기 때문에, 그러한 침해 주장에 가장 큰 영향을 받을 수 있다.[63] 소규모 플랫폼은 조사를 수행하는 데 필요한 법적 자원이 없기 때문에 침해 주장을 너무 쉽게 수용하는 잘못을 저지를 수가 있다.[64] 장기적으로는 이러한 권리남용행위는 지적재산권 일반에 대한 지지를 갉아먹는 결과를 초래할 수도 있다. 에치 등이 지적했듯이 계속하여 남용적 행위가 쌓이게 되면, 일반인의 시각

---

54 Kenney and Zysman, supra note 2, at 7.
55 See Kickstarter, Makerbot, Meetup, & Shapeways, Additional Comments in the Matter of Section 512, Docket No. 2015-7, at 3 (Feb. 23, 2017).
56 See id., at 3-4.
57 Id. at 3.
58 See Etsy et al., supra note 44, at 3.
59 Id.
60 Id.
61 Id.
62 Id.
63 Id. at 4.
64 Id.

에서 모든 권리자의 정당성이 약화될 수 있고, 정당하게 제기하는 침해 주장에 대하여도 일반인이 지지를 보내지 않을 가능성이 있다.[65]

그러한 경우에 상표권의 남용적 집행과 상표권의 정당한 집행을 구분하는 것이 중요하다.[66] 후자에 대하여 지지를 보내는 것이 마땅하지만, 전자의 시나리오인 과잉집행에서는 신생기업과 소규모 플랫폼이 분쟁에 적절히 대응할 만한 자원을 갖고 있지 않기 때문에 악영향을 받을 수가 있다. 이러한 상황에서 자동화된 집행 시스템으로 조장된 과도한 상표권의 주장은 사람의 관여가 이루어지지 않은 채 잘못된 침해 인정으로 귀결될 수가 있다.[67] 어떤 경우에는 상표권자가 권리 침해 주장을 통보함으로써 경쟁자를 억압하거나 비판적 의견을 억누르려고 할 수도 있다.[68] 에치 등의 최근 의견서에 의하면 한 정치운동단체가 힐러리 클린턴의 캠페인 로고를 풍자한 내용의 삭제를 요청한 사례가 있다고 한다.[69] 다른 후보자인 벤 카슨의 출마 관련 상품에 사용된 벤 카슨의 이름을 다른 상품이 사용하자 벤 카슨이 그 사용 중지를 요청한 유사한 사례가 있다.[70] 이러한 주장에는 상표권과 저작권이 포함되어 있기 때문에 방어 진영에서는 한 치 앞을 내다보기가 어려워지기도 한다.[71] 침해 주장이 집적되면 정보와 아이디어의 자유로운 유통 가능성이 제한되고, 과도하고 비일관적인 규제 시스템에서 소규모 플랫폼이 더 큰 곤란을 겪게 될 것이다.

III. 상표권의 현대화를 통한 플랫폼 구조의 개혁

플랫폼에는 이상한 역설이 있다. 플랫폼이 전통적 사업모델을 교란하고 규제에 관한 고전적 가정에 도전을 하는 만큼 인허가, 면허, 보호수단을 늘리는 방향으로 규제가 증가하기도 한다.[72] 즉 법의 부재로 플랫폼이 대두하게 되었으면서도 플랫폼이 증가하면서 성장을 유지하는 데 규제 시스템이 필요하게 되었다. 요컨대 플랫폼이 기존의 시장원리에 도전을 하면서도 규제의 증가를 가져오기도 한다는 것이다.

동일한 논리가 지적재산권 시스템과 플랫폼 구조의 상호작용에 적용될 수 있다. 특히 상표법의 영역에서 플랫폼은 플랫폼 사업의 발전과 보호를 추구하면서도 마이크로브랜드와 매크로브랜드를 조화시킬 방법을 찾을 수 있을 것이다. 플랫폼에 관하여 로버트 머지스가 주장하였듯이 지적

---

65   Id.

66   Id. at 5.

67   See Shapeways, 2016 Transparency Report(2016년 투명성 보고서), at www.shapeways.com/legal/transparency/2016.

68   Id.

69   Id.

70   Id.

71   Id.

72   Lobel, supra note 1, at 90.

재산권은 권리자에게 권리를 실행할 권능(option)을 부여할 뿐이다.[73] 그러므로 때로는 법이 지적 재산권의 실행에 사후적으로 개입하면서 융통성과 주의력을 발휘하여 경쟁과 규제가 균형을 이루도록 노력하여야 한다.[74] 마지막으로 우리는 이러한 관찰을 토대로 하여, 플랫폼 구조가 야기하는 도전을 해결하도록 하기 위하여 상표법을 현대화하는 방법을 고찰하고자 한다. 우리는 이러한 복잡한 문제를 해결할 확실한 한 방(silver bullet)이 없다는 점을 인정하지만, 여러 각도에서 입법 개선의 방법을 제시하고자 한다. 변화는 입법 혹은 자발적 조치로 이루어질 수도 있겠지만, 플랫폼에게 법령상 피난처를 제공하는 방법, '통지 및 통지'의 방식, 보통법의 두 가지 개선 방향(실질적 피해 요건의 적용 및 감시의무의 명확화)이 제시될 수도 있다.

A. 피난처 조항(Safe Harbors)

상표법에서 진정한 피난처 조항은 드물다.[75] '진정한 조항'이라는 말은 침해로 간주되지 않는 비허가 상표권 사용의 범주를 지칭하는데, 혹자는 이를 포괄적 면제(categorical exemptions)라고도 부른다.[76] 법원은 포괄적 면제를 부여하거나 명확하게 상표법 원리를 정립하는 데에 미적지근한 태도를 보여 왔기 때문에 피난처 조항은 의식적으로 만들어진 것으로 보는 것이 맞다.[77] 그 이유는 전통적으로 상표법은 개별 상황별로 판단을 하면서, 소비자의 혼동을 최소화하거나 완전히 제거하는 데에 집중하고 있기 때문이다.[78] 법원이 오랜 시간과 힘을 들여 상세하게 분석을 하면서 간단한 판단기준을 정립하려고 하면 많은 저항이 제기되었다.[79]

그런데 상표법에는 그러한 포괄적 면제를 둘 현실적 필요성이 있는데, 특히 오늘날의 온라인 세계에서 모든 것의 상표화(trademarking everything)[80] 추세가 있는 것을 보면 더욱 그러하다. 전에 본 바와 같이 상표권 침해 주장은 그 정당성 여부와 무관하게 위협적이기 때문에, 플랫폼들은 직접 나서서 피난처 조항 및 더 명확한 사업 환경('통지 및 통지'에 관한 뒤의 제안에서 자세히 볼 것이

---

73 See Robert P. Merges, IP Rights and Technological Platforms(지적재산권과 기술플랫폼) 18 (Dec. 2008) (unpublished manuscript, draft on file with authors).

74 See id. at 10.

75 좁은 범위의 두 가지 피난처 조항인 선의의 공표자 및 도메인 네임 등록소는 예외적 현상이다. 15 U.S.C. §1114(2). See also William McGeveran, Rethinking Trademark Fair Use(상표권 공정사용에 대한 재고), 94 Iowa L. Rev. 49, 104-09 (2008) (이 글은 희석화법의 피난처 조항에 대한 비판적 고찰을 한다).

76 William McGeveran, The Trademark Fair Use Reform Act(상표권 공정사용 개혁법), 90 B.U. L. Rev. 2267, 2272 (2010); Lisa P. Ramsey, Increasing First Amendment Scrutiny of Trademark Law(상표법에 대한 수정헌법 제1조의 심사를 강화하기), 61 SMU L. Rev. 381 (2008).

77 McGeveran, supra note 76, at 2268.

78 Leah Chan Grinvald, Shaming Trademark Bullies(상표권자의 횡포에 대한 비판), 2011 Wis. L. Rev. 625, 658 (2011).

79 Compare Vornado Air Circulation Systems, Inc. v. Duracraft Corp. 58 F.3d 1498 (10th Cir. 1995) (특허권 사안에서 명확한 기준을 정립하려고 시도하였다) with TrafFix Devices, Inc. v. Marketing Displays, Inc. 532 U.S. 23, 29 (2001) (명확한 기준이 세워지지 않았다).

80 See generally Lisa P. Ramsey, Trademarking Everything? Why Brands Should Care About Limits on Trademark Rights(모든 것의 상표화? 브랜드가 상표권의 한계에 대하여 주의해야 하는 이유), presentation at The 2015 Works-in-Progress Intellectual Property Roundtable, United States Patent and Trademark Office, Alexandria, VA (Feb. 6, 2015).

다)의 필요성을 제기하였다.[81] 이러한 플랫폼의 주장에 의하면 법령상 피난처 조항을 만들게 되면 책임감과 일반인의 인식이 제고되고, 좀더 통일된 법리로 온라인상 상표권 분쟁을 해결할 수 있을 것이라고 한다.[82]

그러나 포괄적 면제는 여러 방식으로 매크로브랜드와 마이크로브랜드에게 혜택을 제공한다. 매크로브랜드의 경우 모든 침해 주장에 대하여 플랫폼이 대응하지 않아도 된다는 것을 의미한다. 더구나 생태계에서 허용되는 것과 허용되지 않는 것에 대한 명확한 기준을 매크로브랜드가 마이크로브랜드에게 제공할 수 있게 된다.[83] 대부분의 상표권 침해는 사법제도 밖에서 발생하므로, 명확한 지침을 갖게 되면, 어떤 주장이 타당하고 어떤 주장이 과잉집행(혹은 횡포)인지를 판단할 때 플랫폼 생태계의 모든 사람들에게 도움을 줄 것이다.[84]

불행하게도 포괄적 면제는 실제로 명확한 사건에만 적용될 수 있다. 중간지대에 있는 상표권 사용이 많다. 그래서 우리는 상표권자, 매크로브랜드, 마이크로브랜드에게 온라인 플랫폼에서 새로운 시스템을 사용하도록 권유한다. 그것이 바로 '통지 및 통지' 방식이다.

B. '통지 및 통지'(Notice and Notice)의 방식

위에서 본 바와 같이, 2차적 책임이론은 플랫폼에서 상표권 침해 주장을 다룸에서 불확실성을 야기하는 주요 원인이다. 다른 형태의 피난처 조항이 없는 관계로 플랫폼 등 온라인 활동 주체가 이용자에 의한 침해행위에 대하여 책임을 지게 될 수도 있는데, 이로 인하여 그 불확실성이 배가되고 있다. 저작권자가 플랫폼에게 저작권 침해 통지를 하면서 상표권 침해도 포함시키기 때문에 (비록 법이 저작권 침해 주장에 대해서만 적용되지만), 저작권에 관한 '통지 및 삭제' 방식은 상표권 침해 주장에서도 의도하지 않게 기본 처리기준이 되었다.[85]

일부 플랫폼은 스스로 DMCA에 있는 것과 같은 피난처 조항 및 절차규정의 도입을 옹호하면서도, 이 문제가 저작권을 상표권으로 대체하는 것처럼 단순하지 않다는 점을 지적한다.[86] 우리는 저작권과 상표권 사이에는 차이가 있기 때문에 통지 및 삭제 시스템은 너무 투박하여, 그 시스템으로 상표권 침해 주장에 대한 세세한 분석을 하기는 어렵다고 본다.[87] 예컨대 저작권법은 비교적 상세한 '실질적 유사성'의 검토에 대해 규정하고 있지만, 상표법은 유사성 외에도 여러 요소를 고

---

81 See Etsy, et al., supra note 44.

82 See id.

83 안내지침을 제공하는 플랫폼들이 있다. See, e.g., Etsy.com, www.etsy.com/teams/7722/discussions/discuss/13810041/.

84 피난처에 관한 문헌의 일부로서 다음을 참조하라. See Eric Goldman, Deregulating Relevancy in Internet Trademark Law(인터넷 상표법상 관련성 요건에 대한 규제완화), 54 Emory L.J. 507, 588-95 (2005) Ramsey, supra note 76, at 455-56; McGeveran, supra note 76, at 2303-17.

85 See Etsy, et al., supra note 44, at 3.

86 Id. at 5.

87 Maayan Perel and Niva Elkin-Koren, Accountability in Algorithmic Copyright Enforcement(알고리즘에 의한 저작권 집행에 대한 책임), 19 Stan. Tech. L. Rev. 473 (2016). See also Teague, supra note 26, at 488-89.

려하도록 요구하는데, 그러한 요소로서는 사용되는 마케팅 경로, 피고 물품과 원고 물품 사이의 시장격차 해소(bridging the gap)의 가능성, 현실적 혼동의 증거 등이 있다.[88] 위조 상품의 경우에 상품이 위조되었는지 여부를 판단하는 것은 극히 어렵다.[89] 이를 원고의 판단에 맡기면, 제3자의 독립적인 심사도 없는 상태에서 권리남용적인 삭제 요구가 수없이 나타나게 될 것이다.[90] 미국도 캐나다가 최근 저작권과 관련하여 채택한 '통지 및 통지' 공식을 채택하여야 한다는 것이 우리의 의견이다.[91] 통지가 있으면 플랫폼이 침해적 내용을 삭제해야 하는 통지 및 삭제 포맷과는 달리, 통지 및 통지 공식에서는 플랫폼이 받은 통지를 침해자로 지목된 자에게 보내기만 하면 된다.[92] 한 논평가가 주장하듯이 통지 및 통지 체제는 강조해야 할 부분(불법행위자로 지목된 자)을 강조하고 있고, 자율규제에 대한 좀더 온건한 접근법을 취하여 중개인(intermediary)에게 중간자(middleman)로서의 자연스러운 역할을 부여하면서 집행에 대한 책임을 법원에게 복귀시키고 있다.[93] 통지 및 통지 제도가 통지 및 삭제 체제보다는 최종 이용자의 프라이버시와 표현의 자유를 더 효과적으로 보호하기도 한다.[94]

이상적 세계라면, 상표권자의 이러한 통지는 위에서 본 포괄적 피난처 조항에 해당되지 않는 사용행위만을 포함하고 있을 것이다. 그러한 경우라면 통지 및 통지 공식의 준수만으로 플랫폼은 이용자의 침해행위에 대한 2차적 책임을 면하게 될 것이다. 덜 이상적인 세계에서 침해 주장이 정당하지 않은 사안이라도 통지 및 통지 공식의 준수에 관한 절차는 명확하다. 특히 우리가 상정하는 통지 및 통지 시스템에서 플랫폼은 어떠한 내용도 삭제할 의무가 없다. 플랫폼이 통지를 받으면 이용자에게 상표권자로부터 받은 통지를 단순히 전달하기만 하면 된다. 침해라고 주장되는 내용의 삭제 여부는 이용자에게 달려 있다. 그러므로 최종적으로 이용자가 실제로 타인의 상표권을 침해한 것으로 되더라도 플랫폼에게는 2차적 책임이 없다. 이러한 새 시스템의 세부적 내용도 역시 중요하지만 이 글에서는 다루지 않는다. 캐나다에서 통지 및 통지 체제를 저작권 침해 주장에 적용한 사례에서 보듯이 구체적 제안 내용에 대하여는 신중한 검토가 있어야 한다.[95]

---

88 Teague, supra note 26, at 489.

89 Id.

90 See Jennifer M. Urban and Laura Quilter, Efficient Process or Chilling Effects–Takedown Notices under Section 512 of the Digital Millennium Copyright Act(효율적인 절차인가, 부정적인 효과를 가져오는가– DMCA 섹션 512의 삭제 요구권), 22 Santa Clara Computer & High Tech. L.J. 621, 694 (2006) (copyright context).

91 See Notice and Notice Regime, Off. of Consumer Aff. (Jan. 20, 2015), www.ic.gc.ca/eic/site/oca-bc.nsf/eng/ca02920.html.

92 Teague, supra note 26, at 488.

93 Christina Angelopoulous and Stijn Smet, Notice-and-Fair-Balance: How to reach a Compromise Between Fundamental Rights in European Intermediary Liability(통지와 공정한 형량: 유럽 중개인 책임에 관한 근본원리들의 조화를 이루는 방법), 8 J. of Media L. 266, 295 (2016).

94 Id. 위조자들은 보통 통지를 무시해버릴 것이므로 위조와 상표권 침해 사이에는 집행전략상 차이가 있다는 점을 주의할 필요가 있다. 통지 및 통지 제도는 위 두 가지 다른 침해행위를 모두 다룬다. 하지만 순수한 위조행위에는 다른 접근법도 있다고 본다. See, e.g., Frederick Mostert and Martin Schwimmer, Notice and Takedown(통지와 삭제), IP Magazine 18–19 (June 2011).

95 Canada Copyright Act, 41.25(2). See Claire Brownell, Pirates in Your Neighbourhood: How New Online Copyright Infringement Laws Are Affecting Canadians One Year Later(이웃의 해적들: 1년 후에 온라인저작권침해금지법이 캐나다인에게 어떤 영향을 미치는가), FP Tech Desk (Feb. 12, 2016 at 4:57 PM) http://business.financialpost.com/

C. 보통법의 변화

연방상표법의 개정이 정치적으로 쉽지 않고 시간이 많이 걸릴 수 있으므로, 지금까지 많은 사람들이 제안해온 것처럼, 우리도 단기적 처방을 몇 개 제시하여 법원이 법 해석 과정에서 활용하도록 하고자 한다.[96] 다른 사람들의 제안에 우리는 두 개를 덧붙이고자 한다. (1) 피해의 실질성(materiality of harm) 요건과 (2) 감시의무의 명확화가 그 둘이다. 법원이 상표권 침해 사건에서 위 두 가지를 꾸준히 반영해 나아간다면, 플랫폼 구조가 상표권과 엮이면서 야기하는 부정적 외부효과를 일부나마 경감시키는 방향으로 가게 될 것이다.

1. 피해의 실질성 요건(Materiality of Harm Requirement)

상표권 침해 법리는 불법행위법의 한 종류이다. 다른 형태의 불법행위와는 달리, 상표권 침해 분석론에서는 피고의 상표 사용으로 실제로 혼동이 발생하여 원고의 제품 판매량이 감소함으로써 원고가 피해를 보았는가 여부는 고려되지 않고 있다. 실제의 혼동 여부는 다중요소 침해기준(혼동의 가능성 기준)으로서 평가될 수 있겠지만, 사실판단자가 그 기준이 충족되었는지 여부를 확정할 의무는 없다.[97] 이것은 옳지 않다. 왜냐하면 소비자의 생각에 대한 추측만으로 피고의 책임이 인정되고, 원고는 어느 경우에도 소비자가 피고의 상표 사용으로 실제로 어떻게 생각했는지에 대하여 입증할 필요가 없기 때문이다.

'상표권 침해사건에서 실질성에 대한 고려를 하는 형태로 복귀하여야 한다'는 여러 학자의 주장에 우리도 동참한다.[98] 이러한 기준을 실질적으로 적용한다면, 상표권 침해사건의 사실판단자는 '소비자가 어떤 제품이 상표권자에 의하여 제조, 연합, 후원, 지지되었다고 생각하고 그 제품을 구매하기로 하거나 더 많은 돈을 지불하기로 한 것인가'라는 물음에 답하여야 할 것이다.[99] 만약 대답이 아니오라면 원고의 상표와 같거나 유사한 상표를 피고가 사용한 것은 실질성 요건을 충족하

---

fp-tech-desk/pirates-in-your-neighbourhood-how-new-online-copyright-infringement-laws-area-ffecting-canadians-one-year-later; Nicole Bogart, No, You Do Not Have To Pay a 'Settlement Fee' if You Get an Illegal Download Notice(불법 다운로드 경고문을 받더라도 합의금을 지급할 필요가 없다), Global Star (Jan. 13, 2017) http://globalnews.ca/news/3179760/no-you-do-not-have-to-pay-a-settlement-fee-if-you-get-an-illegal-download-notice/; Michael Geist, Canadians Face Barrage of Misleading Copyright Demands(저작권에 관한 잘못된 요구를 캐나다인들이 수없이 받다), Toronto Star (Jan. 9, 2015) www.thestar.com/business/tech_new/2015/01/09/canadians_face_barrage_of_misleading_copyright_demands.html.

96 관련 저작을 몇 개 제시한다. See generally Graeme Dinwoodie, Developing Defenses in Trademark Law(상표법에서의 항변사유들), 13 Lewis & Clark L. Rev. 99 (2009); Gerhardt, supra note 23; Mark Lemley and Mark P. McKenna, Irrelevant Confusion(관련없는 혼동), 62 Stan. L. Rev. 413 (2010); Ramsey, supra note 76; Alexandra J. Roberts, Tagmarks(태그 마크), 105 Cal. L. Rev. 599 (2017); Rebecca Tushnet, Running the Gamut from A to B: Federal Trademark and False Advertising Law(연방상표허위광고금지법의 모든 것), 159 U. Pa. L. Rev. 1305 (2011).

97 4 J. Thomas McCarthy, McCarthy Trademarks and Unfair Competition(매카시 상표권 및 불공정경쟁) §23:19 (5th ed., 2018).

98 Mark P. McKenna, Testing Modern Trademark Law's Theory of Harm(현대 상표법의 피해이론에 대한 검토), 95 Iowa L. Rev. 63, 70-71 (2009); Graeme W. Austin, Tolerating Confusion about Confusion: Trademark Policies and Fair Use(혼동에 대한 혼동의 감수: 상표권 정책 및 공정사용), 50 Ariz. L. Rev. 157, 175 (2008); Tushnet, supra note 96, at 1344.

99 Tushnet, supra note 96, at 1368.

지 아니하여 피해가 없는 것이 된다. 이 경우 피고가 이기게 될 것이다. 피고의 상표 사용으로 혼동이 발생하더라도 마찬가지이다. 실질성 요건을 재도입하면 종국적으로는 매크로브랜드와 마이크로브랜드의 관계에 균형을 가져올 것이다. 왜냐하면 온라인 상표권 침해사건의 상당수가 출처와 상관없는 혼동(후원, 연합, 지지 등에 관한 혼동)에 관련되기 때문이다. 실질성 요건을 적용하면 이러한 주장은 더이상 제소가치가 없다. 게다가 우버 등 일부 플랫폼은 서비스 품질의 일관된 유지를 위하여 개별 상표권에 의존하기보다는 평점 혹은 평판시스템에 더 집중을 한다. 이러한 경우에 플랫폼 이용자로서는 상표보다는 평점과 개인적 브랜드에 더욱 신경을 쓰게 되고, 결국 실질성 요건의 유용성을 옹호하게 될 것이다.

2. '감시의무'(Duty to Police)의 명확화

공격적으로 상표권을 집행하는 이유는 그에 따른 보상이 주어질 뿐만 아니라 법적 한계를 벗어난 데에 대하여 책임을 묻지 않기 때문이다. 법원은 공격적 집행전략을 '강한' 상표의 유력한 증거로 인정하여 왔다.[100] 레아 찬 그린발드가 앞의 글에서 언급한 바와 같이 분쟁당사자가 서로 대등한 관계에 있지 않은 경우에는 이러한 공격성이 한계선을 넘어가서 남용의 수준에 이르기도 한다.[101] 상표법에는 횡포를 일삼는 상표권자에게 책임을 묻는 제도가 없기 때문에 상표권자가 권리를 남용하기가 쉽다. 과잉집행에 대하여 실질적으로 아무런 책임을 묻지 않는다.[102] 강한 상표와 저명한 상표에는 더 많은 보호가 부여되므로 그 보상은 실로 크다.[103]

실질성 요건에 대한 위 제안과 관련되면서도 서로 배타적이지 않은 방안으로서, 우리는 '판사들이 상표권에 대한 감시의무를 명확하게 하기 위하여 서로 협력하여야 한다'고 제안한다. 이전부터 많은 논평가들이 이러한 명확화가 필요하다고 지적하여 왔다.[104] 우리는 이러한 논평가의 의견에 동의하며, 더 나아가 필요한 것은 "상표권 사건을 주로 다루는 항소법원(제2, 7, 9연방항소법원이 그에 해당한다)이 리더십을 발휘하여, '중요한 문제는 원고의 상표권에 대한 일반인의 인식이지, 전투횟수 즉 얼마나 많이 제소 위협 혹은 제소를 하였는지가 아니다'라고 판결에서 선언하는 것"이

---

100 Jessica M. Kiser, To Bully or Not to Bully: Understanding the Role of Uncertainty in Trademark Enforcement Decisions(횡포를 부리느냐 마느냐: 상표권 집행 결정에서 불확실성이 하는 역할), 37 Colum. J.L. & Arts 211, 224-26 (2014).

101 Leah Chan Grinvald, Policing the Cease-and-Desist Letter(침해중지 통지서에 대한 통제), 49 U.S.F. L. Rev. 411, 417-18 (2015).

102 Id.

103 또한 상표권에 대한 감정적 애착을 다룬 제시카 카이저의 글을 보면, 상표권자가 왜 공격적으로 감시를 하는지에 대한 이해의 단초가 보인다. See generally Kiser, supra note 100, at 73.

104 See Xiyin Tang, Against Fair Use: The Case for a Genericness Defense in Expressive Trademark Uses(공정사용의 반대: 표현적 상표사용에 관한 보통명칭화 항변의 필요성), 101 Iowa L. Rev. 2021, 2063 (2016); see Kiser, supra note 100, at 73.; Stacey Dogan, Bullying and Opportunism in Trademark and Right-of-Publicity Law(상표권과 퍼블리시티권에 관한 횡포와 기회주의), 96 B.U. L. Rev. 1293, 1319 (2016); Kenneth L. Port, Trademark Extortion Revisited: A Response to Vogel and Schachter(상표권자의 횡포에 대한 재검토: 보겔과 샥터에 대한 응답), 14 Chi.-Kent J. Intell. Prop. 217, 219 (2014); Jeremy N. Sheff, Fear and Loathing in Trademark Enforcement(상표권 집행에 대한 공포와 혐오), 22 Fordham Intell. Prop. Media & Ent. L.J. 873, 877-79 (2012) Deven R. Desai and Sandra L. Rierson, Confronting the Genericism Conundrum(보통명칭화 난제에 직면하여), 28 Cardozo L. Rev. 1789, 1791, 1834-42 (2007).

라고 주장하고자 한다.[105] 법원은 나쁜 행동에 더이상 보상을 주어서는 안 된다. 제3자의 사용이 없으면 상표권이 자동으로 강한 상표 혹은 저명한 상표가 된다는 잘못된 논리(일부 상표권자가 주장하는 내용이다)를 받아들이지 말고, 법원은 식별성이 획득되었다는 강력한 증거를 요구하여야 한다. 이렇게 해야 종국에는 과잉감시에 대한 보상을 바라는 상표권자의 기대를 낮출 수 있고, 플랫폼에게 보내는 삭제요구의 숫자를 줄일 수 있을 것이다.

결론

플랫폼은 기여과실책임이론에 대한 도전을 하면서도 동시에 규제 강화의 필요성도 제기하였다. '상표권이 거의 모든 측면에서 플랫폼의 설계와 형성에 특별한 역할을 수행하여 두 개의 뚜렷한 주체인 매크로브랜드와 마이크로브랜드를 창출한다'는 것이 우리의 주장이다. 그렇게 형성된 것들이 상호 작용하면서 상표법에 도전을 하기도 하고 변혁을 가져오기도 한다. 상표법이 플랫폼 생태계의 활력과 혁신성을 보장하기 위해서는 기여과실 책임 문제를 다루도록 스스로를 개혁하여야 한다. 온라인 침해행위를 다루는 데에 저작권법의 예를 답습할 것이 아니라, 입법적 개혁과 보통법의 조정을 통한 추가적 도구의 개발이 필요하다는 점도 살펴보았다. 상표법에서 입법적 개혁과 보통법의 개선을 고려한다면 플랫폼 생태계에서 성장과 혁신의 수준을 높이는 데 기여할 수 있을 것이다.

105　2 J. Thomas McCarthy, McCarthy Trademarks and Unfair Competition(매카시 상표권 및 불공정경쟁) §11:91 (4th ed., 1996).

31

연결플랫폼과 강행적 대리법리의 적용

로살리 쿨호벤*

서언

유럽연합집행위원회는 유럽연합법을 공유경제 또는 협업경제의 경제활동에 적용하는 데에 대한 지침을 제시하여 왔다.[1] 집행위원회는 저렴성·지속성·포용성을 갖춘 시장이 발전하는 데에 공개시장(open marketplace)이 미치는 영향에 대하여 긍정적인 입장을 취하고 있다.[2] 그러나 공통적으로 느끼는 법적 괴리감이 있다. 플랫폼은 공유계약 당사자에 의한 계약위반 및 불법행위에 대하여 플랫폼에게는 손해배상책임이 없다고 주장하고 있기 때문이다. 플랫폼이 인간의 행동에 미치는 막대한 영향과 벌어들이는 돈의 양을 보면 이러한 입장은 어울리지 않는다. 이러한 괴리감에 관한 법적 논쟁은 일반적으로 공법적 규제 시스템에 치중되어 있다. 이 글에서 다루고자 하는 바는 그와 같은 책임이 (강행적) 사적 규범에서 부여될 수 있는지 여부이다.

유럽연합 각 회원국이 고유의 국내사법을 갖고 있다는 측면에서 보면 이 문제에 대한 해답은 쉽지 않다. 공유경제의 개념 안에 들어가는 활동은 매우 다양한데, 여기에는 자산, 자원, 시간, 기술의 공유가 포함된다.[3] 더구나 공유행위는 다양한 연결계약으로 매개된다.

나는 이러한 계약의 법적 효과를 규명하는 데에는 오로지 하나의 방법이 있다고 보는데, 그 방법은 무엇보다도 각 관계를 별도로 분석해서 협업경제를 연결경제와 공유경제로 나누는 것이다.[4] 이렇게 하면 우선 어떤 법적 틀을 적용해야 하는지를 가늠할 수 있게 될 것이다.

유럽연합에서 사법(私法)은 다층적 구조를 갖고 있으므로, 나는 관할법원과 섭외사법의 문제

---

* 이 글의 초고에 의견을 준 Jelmer Snijder, Derek McKee, Nestor Davidson에게 감사드린다.

1 European Commission, A European Agenda for the Collaborative Economy(협업경제를 위한 유럽연합의 안건) (통신문) COM (2016) 356 final, 3, www.europa.eu/resources/docs/com2016-356-final.pdf.(이하 '집행위원회 통신문'(EC Communication)이라고 한다.)

2 European Commission, A European Agenda for the Collaborative Economy-Supporting Analysis(협업경제를 위한 유럽연합의 안건 - 분석문), COM (2016) 184 final, 5, https://ec.europa.eu/docsroom/documents/16881/attachments/3/translations/en/renditions/pdf/(이하 '집행위원회 분석문'(EC Supporting Analysis)이라고 한다.)

3 J. Sénéchal, The Diversity of the Services Provided by Online Platforms and the Specificity of the Counter-Performance of these Services-A Double Challenge for European and National Contract Law(온라인 플랫폼에서 제공되는 서비스의 다양성 및 반대급부의 개별성 - 유럽계약법 및 국내계약법의 이중적 도전), 5 J. Eur. Consumer & Market L. 39-44 (2016).

4 EC Communication, supra note 1, at 3-4, n. 6. 별도 평가는 위 통신문을 준비하는 과정에서 마련된 Impulse Paper 가 권장한 사항 중 하나이다. R. Koolhoven, E. D. C. Neppelenbroek, O. E. Santamaria, and T. H. L Verdi, Analytical Paper on Liability Issues in the Short-Term Accommodation Rental Sector in Barcelona, Paris and Amsterdam(바르셀로나, 파리, 암스테르담의 단기숙박임대 부문이 지는 법적 책임에 대한 분석서) (2016), http:..ec.europa.eu/DocsRoom/documents/16946/attachments/1/translations.

를 살펴봄으로써 회원국의 국내법이 유럽연합법을 어떻게 보완하는지를 규명하고자 한다. 그다음 대리인, 중개인 혹은 '제한적' 대금추심대리인으로 작동하는 플랫폼 연결 서비스를 회원국들이 어떻게 달리 파악하는지를 살펴본다. 대리인, 중개인, 대금추심대리인이 계약 당사자가 아님에도 불구하고 계약의 이행 혹은 불이행에 대한 책임을 지느냐 여부는 계약 자체의 성질에 의하여 결정된다.[5] 이러한 논의를 하게 된 이유는 서비스 제공자가 타인의 이익을 추구하는 것이 계약의 핵심이라고 보는 것과 관련된다.

사법 측면에서 보면, 유럽연합 내에서 소비자보호의 수준이 서로 다르기는 하나, 공법적 규제에서 논하는 것보다는 보호수준이 높다는 것을 알 수 있다.

I. 연결 대 공유

협업경제와 공유경제를 하나의 경제로 언급하게 되면, 우리는 서로 다른 영역의 너무 다양한 행위자와 너무 다양한 서비스를 언급하게 되므로 법적 명확성을 확보하기가 어렵게 된다. 직업적 사용자, 소비자 사용자 및 플랫폼이 있기도 하다. 어떤 플랫폼은 온라인 게시판을 제공하는가 하면, 어떤 플랫폼은 사용자들이 가상공간에서 만나는 것을 촉진하기도 한다. 단순한 게시판 플랫폼은 계약의 체결, 관리, 수행에 관여하는 우버 등의 플랫폼과는 달리 취급되어야 한다. 슈푸나르 법무관의 의견에 의하면 우버의 연결활동과 공유운송계약은 경제적으로 서로 의존하여 우버는 기본적으로 하나의 복합적 서비스를 제공하는데, 위 복합적 서비스에는 전자적 방식에 의한 계약체결과 실제의 운송행위가 공히 포함되어 있다고 한다.[6] 다만 모든 상업적 플랫폼이 복합적 서비스를 제공하고 공유서비스를 제공하는 것은 아니다. 연결계약과 공유계약이 경제적으로 독립되어 있지만, 두 개의 연결계약(플랫폼과 각 사용자 사이)과 한 개의 공유계약이 서로 분리되기는 하더라도 결국 하나의 삼각관계를 형성함을 알 수 있다.[7]

연결계약에 기하여 플랫폼에 부과되는 법적 의무는 전자상거래지침 2000/31/EC에서 도출되고, 각 부문(운송 혹은 숙박)의 규제와 연결계약에 관한 국내계약법이 이를 보완한다. 연결행위는 계약법에서 여러 가지 형태로 발견된다. 중개행위(brokerage)에서는 플랫폼에게 위임자(사용자)와 제3자 사이에 계약이 체결되는 데에 필요한 조치를 취할 권한을 주고 관련 지시도 주어진다. 이제

---

5 EU Supporting Analysis, supra note 2, at 7.

6 슈푸나르 법무관의 의견은 2017년 5월 11일 다음 사건에서 제시되었다. Case C-434/15, Asociación Profesional Elite Taxi/Uber Systems Spain SL, no 26-28, 33-24. 이후 사법법원은 우버 서비스의 핵심 요소는 운송서비스이므로, 우버가 '정보사회 서비스'가 아니라 '운송영역 서비스'로 분류되어야 한다고 판단하였다. C-434-15, ECJ 20 December 2017, ECLI:EU:C:2017:981.

7 C. Wendehorst, Platform Intermediary Services and Duties under the E-Commerce Directive and the Consumer Rights Directive(전자상거래지침과 소비자권리지침에 따른 플랫폼 중개서비스 및 그 의무), 1 J. Eur. Consumer & Market L. 30-34 (2016).

두 번째 연결행위인 대리행위(agency)를 살펴보자. 대리행위에서는 플랫폼이 본인을 위하여 법률행위를 할 권한과 위임을 받게 되는데, 이 경우에 플랫폼이 법률행위의 당사자로 된다. 공통참조기준초안(Draft Common Frame of Reference, DCFR)에서는 중개행위와 대리행위에 관여한 자를 모두 대리인(agent)으로 부른다.[8] 다른 연결행위에서는 본인을 법률행위의 당사자로 하여 대리인이 본인을 대표하여 행위하기도 한다. 보통법에서는 세 번째 유형도 대리행위(agency)로 지칭되나, 유럽연합법에서는 이를 직접대리행위(direct representation)로 부른다.[9] 용어의 차이가 있기는 하지만, 위 계약들의 핵심은 서비스 제공자인 플랫폼이 타인의 이익을 옹호하여야 한다는 점이다. 이러한 활동에서 도출되는 규범을 제대로 이해해야 플랫폼이 역할을 수행하는 시장이 지속가능하고 소비자 친화적이기 위해서 어떠한 모습을 띠어야 하는지에 대한 지침을 얻을 수 있다.

A. 전자상거래지침 2000/31/EC은 보완되어야 하는가?

플랫폼의 의무를 평가할 때, 유럽연합에서 출발점으로 삼는 것은 전자상거래지침이다.[10] 이 지침의 목적은 회원국 사이에 '정보사회 서비스'(information society services)가 자유롭게 이동하게 함으로써 역내시장의 적정한 기능 발휘에 기여하는 것이다. 이 지침의 중심적 내용은 단순히 도관, 저장소, 호스팅의 역할을 한 인터넷 서비스 제공자의 손해배상책임을 제한하는 것이다.

플랫폼과 계약을 할 때 가정 먼저 다루어야 할 일은 플랫폼이 정보사회 서비스를 제공하는 자연인 혹은 법인에 해당되는가 여부이다.[11] 정보사회 서비스란 '개인의 서비스 요청이 있는 경우에 보통 대가를 받고, 전자적으로, 원격으로 제공되는 모든 서비스'를 지칭한다.[12]

정보사회 서비스 제공자들은 정보제공의무(Article 5, 6, 10) 및 잘못된 정보를 시정하는 효과적 수단의 제공의무(Article 11) 등 다양한 의무를 진다. 서비스 제공자는 이러한 의무를 부담하는 것 외에는 거짓정보에 대한 책임 혹은 손해를 야기하는 정보에 대한 책임으로부터 면제되는 이익을 누리는 것으로 보인다. 그러나 최근 유럽연합집행위원회와 사법법원은 연결활동을 하는 플랫폼에 대한 이러한 취급을 재고하게 되었다.

---

8 공통참조기준초안(DCFR)은 유럽연합 사법전문가 다수로 구성된 과학적 프로젝트인데, 최선의 제도와 공통점을 기초로 유럽연합민법전을 만들기 위해 여러 작업그룹을 만들었다. DCFR이 강제규범은 아니나, 학자들이 비교법 연구를 할 때 사용되고 법관이 미완의 규범을 보충하는 데에 사용되며, 입법자에게는 영감의 원천을 제공한다.

9 C. von Bar and M. Clive, Study Group on a European Civil Code and the Research Group on EC Private Law, Principles, Definitions and Model Rules of European Private Law, Draft Common Frame of Reference(유럽연합사법의 원리, 개념 및 모범규칙, 공통참조기준초안) Art. IV. D.-1:101, pp.19-20 (2009). (이하 공통참조기준초안을 'DCFR'이라고 한다.)

10 Directive 2000/31/EC of the European Parliament and of the Council of 8 June 2000 on certain legal aspects of information society services, in particular electronic commerce, in the internal market, (2000) Official Journal L 178/1.

11 Article 2(a) refers to Article 1(2) of Directive 98/34/EC of 22 June 1998 laying down a procedure for the provision of information in the field of technical standards and regulations [1998] Official Journal L 204/37.

12 Article 1(1)(b) of Directive (EU) 2015/1535 of the European Parliament and of the Council of 9 September 2015 laying down a procedure for the provision of information in the field of technical regulations and of rules on Information Society services [2015] Official Journal L 241/1.

B. 추가적 · 부수적 서비스(Additional and Ancillary Services)에 관하여

먼저, 오늘날에는 플랫폼이 정보 전달을 넘어서 추가적 · 부수적 서비스를 제공한다는 사실이 더 관심을 끈다. 유럽연합집행위원회는 추가적 · 부수적 서비스를 제공한다고 하여 호스팅 서비스가 면책에서 배제되지는 않으나, 추가적 · 부수적 서비스에 대한 책임은 별도로 판단되어야 한다는 의견을 통신문에 기재하였다.[13] 이 점에 관하여는 전자상거래지침의 회원국 조율사항(coordinated field)과 지침의 고려사항(Considerations)이 중요하다. 회원국 조율사항이란 정보사회 서비스 제공자에 적용되는 행동규칙을 말하는데, 이는 일반적인 성질의 것이건 서비스 제공자에게 특정한 것이건 불문한다(Article 2(h)-(i)). 이 말은 행동규칙이 전자상거래지침과 동등한 수준에서 통합될 것으로 기대된다는 것을 뜻한다. 일부 회원국은 유럽연합 기준보다 더 나은 소비자 법규를 제공한다. 그러한 경우에 전자상거래지침은 회원국법상의 더 나은 보호조치에 적용상 우선권을 준다. 위 지침은 "지침이 적용된 결과로 인하여, 소비자가 상시 거주하는 회원국 법률의 강행규정이 계약상 의무에 대하여 제공하는 보호를 소비자로부터 박탈하는 결과가 되어서는 안 된다"라고 규정하고 있다.[14]

모든 활동을 별개로 평가한다는 말은, 만약 대리인법리가 소비자계약에서 더 큰 보호를 제공하는 경우라면 그 대리인법리가 적용되고 존중되어야 한다는 결과가 된다는 뜻이다.

C. 능동적 플랫폼의 책임(Active, Responsible Platforms)

'강행적 소비자 보호 법규를 적용하는 것이 의무이고, 대리법리(mandate rules)와 그에 따른 소비자보호를 고려하는 것이 플랫폼−사용자 관계의 공정한 발전에 이익이 된다'고 생각할 만한 이유가 있다.

전자상거래지침 Article 14가 규정하는 책임 면제는 수동적 호스팅에 한정된다. 호스팅 제공자가 다음과 같은 경우에는 사용자의 요청에 따라 저장된 정보에 대하여 책임을 지지 않는다. (a) 호스팅 제공자가 불법적 활동이나 정보에 대하여 실제로 인지하지 못하였고, 손해배상청구 건과 관련하여 불법적 활동이나 정보를 확인할 수 있는 사실관계를 인식하지 못한 경우이거나, (b) 호스팅 제공자가 인지 혹은 정황에 대한 인식을 실제로 하자마자, 신속하게 정보에 대한 접근성을 제거하거나 무력화한 경우.

즉, 우버가 성범죄자인 운전자 X를 신뢰할 만한 운전자라고 표시하였다고 하여 그 운전자가 입힌 손해를 우버가 배상하여야 하는 것은 아니라는 결론이 된다. 그러나 Google France/Louis Vuitton 사건에서 유럽연합사법법원은 '서비스 제공자가 저장된 데이터를 인지하였거나 그에 대

---

13 EC Communication, supra note 1, at 9.

14 See Consideration 54 and 55 to the E-Commerce Directive(전자상거래 지침 고려사항 54와 55).

한 통제권을 행사하였다고 볼 정도로 능동적 역할을 수행한 것이 아닌 때에만 책임 면제가 적용된다'고 판시하였다.[15]

플랫폼이 행사하는 통제력의 정도와 알고리즘 경영(algorithmic management)을 통하여 사용자에게 미치는 영향을 평가해 보면, 어떤 플랫폼은 수동적 역할에 그치는 것이 아니라 능동적 역할을 한다는 결론에 도달할 것이다. 마리 율 쇠렌슨의 설명에 의하면, 덴마크법에서는 우버가 성범죄자를 앱에서 제거하지 않은 경우 우버가 승객에 대한 손해배상책임을 질 수 있다고 한다. 그 이유는 우버가 운전자와 자동차에 대한 제반 기준을 설정함으로써 운전자에 대한 상당한 통제권을 행사하고, 행실이 좋지 않은 운전자를 제거할 결정적 권한을 갖고 있기 때문이라고 한다.[16]

우버 사건에서 제시된 의견과 판결에 비추어 보아 이것이 미래의 민사책임법이 될 것임이 명백하다. 경제적 관점에서 보면 연결활동과 공유활동을 항상 분리할 수 있는 것은 아니다. 슈푸나르 법무관과 사법법원의 의견과 같이 기본적으로 우버는 정보사회 서비스 제공자가 아니고, 운송 서비스 제공자이다.

둘째로, 통신문을 보면 유럽연합집행위원회는 플랫폼으로 하여금 소비자가 보호를 잘 받는 플랫폼 시장을 책임지고 창설하도록 권유하고 있음을 알 수 있다. 플랫폼이 불만사항, 보험서비스, 지불금추심서비스, 평가, 신분확인 등을 처리함으로써 거래의 질을 확보하려고 나서는 경우, 공유계약 고유의 본질적 부분에 대한 이행의 책임을 누가 질 것인가가 불명확하게 된다.[17]

II. 관할법원과 준거국가법

A. 관할법원

각국의 계약법이 플랫폼–사용자 관계를 규율한다고 보는 경우에, 소비자 겸 사용자가 플랫폼의 일반계약조건 중 하나를 다툰다면, 우선적으로 어느 법원이 재판을 하고 어느 법을 적용할 것인가의 문제가 대두된다.

플랫폼은 자주 배타적 혹은 비배타적인 중재조항을 이용한다. 관할법원의 배타적 선정이 있으

---

15 Joined Cases C-236/08 to C-238/08 Google France SARL and Google Inc. v. Louis Vuitton [2010] ECLI:EU:C:2010:159, no. 120 and operative part 3. confirmed in Case C-324/09 L'Oreal SA and Others v. eBay International AC and Others [2011] ECLI:EU:C:2011:474, no. 116, 123 and operative part 6.

16 M. J. Sørenson, Uber-a Business Model in Search of a New Contractual Legal Frame?(우버는 새로운 계약법적 틀을 추구하는 사업모델인가?) 3 J. Eur. Consumer & Market L. 15-19 (2016). 이 글에서 우버의 무관용정책을 언급한다.

17 Asser/Hartkamp & Sieburgh 6-III 2014/90는 '본질적 계약'과 '부수적 계약'을 구분하는데 후자는 본질적 계약을 준비하는 계약이다. 협업경제에서 공유계약은 본질적 계약이고 권한위임/협상/(간접)대리는 부수적 계약이다. A. S. Hartkamp and C. H. Sieburgh, Mr. C. Assers Handleiding tot de beoefening van het Nederlands Burgerlijk Recht. 6. Verbintenissenrecht. Deel III Algemeen overeenkomstenrecht (2014).

면 다른 법원에는 재판권이 없게 된다.[18] 중재의 강제가 미국법에서는 유효하나[19] 유럽연합 소비자법에서는 그렇지 않다. 네덜란드 민법 Article 6:236n(유럽연합법에 기초하여 만들어진 것이다)은 소비자가 한 달 동안 법이 정한 법원을 통하여 분쟁을 해결할 것인지 여부를 선택할 수 있도록 하는 조건으로 중재조항을 허용한다.[20] Brussels I bis 지침(EEX II로도 불린다)[21]의 Article 18은 소비자 소재지 법원이 정당한 관할법원이라고 규정하고 있다.

이에 따라서 우버의 계약조건 Article 6은 Brussels I bis의 Article 18이 부여하는 소비자권을 존중하는 중재조항을 두고 있고, 암스테르담에 기반을 둔 회사의 경우에는 네덜란드 민법 Article 6:236n의 규정도 따르고 있다. 에어비앤비는 계약조건 중 37번에서 '아일랜드 에어비앤비와 계약하는 사용자를 위한 추가적 규정'이라는 제목으로 다음과 같은 규정을 두고 있다. "귀하와 당사는 쌍방 간의 모든 분쟁을 해결함에서 아일랜드 법원의 비배타적 관할권에 따르기로 합의한다. 분쟁해결조항 부분의 적용은 배제한다."[22]

중재조항이나 관할법원 선택조항을 두지 않은 플랫폼은 각국의 소송법 규정에 의존하게 될 것이다. 당사자들이 특정 관할법원으로 합의한 경우에도 네덜란드 법원은 자신의 관할권을 인정할 것이다. 네덜란드 법원의 경우 직업적 당사자와 소비자 사이의 계약에서 소비자가 네덜란드에 거주지를 두고 있고 직업적 당사자가 네덜란드 역내에서 직업적 활동을 수행한 때에는 네덜란드 법원의 관할권을 인정한다(Article 6(d)). 네덜란드 판사는 네덜란드의 법적 영역에 관련된 사건에 대한 관할권을 인정할 것이다.[23]

B. 준거법

플랫폼과 유럽연합 사용자 간의 계약에 적용되는 준거법은 Regulation (EC) No 593/ 2008 on the law applicable to contractual obligations에 의하여 결정된다.[24] 이 규정은 Rome I로 불리는데, 민사적·상사적 계약상 의무에 적용된다. Rome I이 직접 규정하고 있는 법률은 그것이 회원국의 법률인지 여부와 상관없이 적용된다.

---

18 Court (Hof) Den Haag 15. 10. 2013, ECLI:NL:GHDHA:2013:3895, Llanos Oil/Repuliek Colomvia, Supreme Court (Hoge Raad) 9. 2. 2001, ECLI:NL:PHR:2001:AA9896, Cogenius/Schothorst.

19 V. Mak, Private Law Perspectives on Platform Services(플랫폼 서비스에 대한 사법적 관점) 5(1) J. Eur. Consumer and Market L.19 2016.

20 See also C-168/05 ECLI:EU:C:2006-675 [2006] Mostaza Claro v. Centro Móvil Milenium SL; Court (Hof) 's-Hertogenbosch 17.03.2009, ECLI:NL:GHSHE:2009:BH6958, JOR 2009/310.

21 Regulation (EU) 1215/2012 of 12 December 2012 on jurisdiction and the recognition and enforcement of judgments in civil and commercial matters(민상사 사안에 대한 관할권과 판결의 승인 및 집행에 관한 유럽연합 규정 1215/2012(2012년 12월)) (Brussels I bis) [2012] Official Journal EU 2012 L351/1.

22 Airbnb, Terms of Service(last updated June 19, 2017)(서비스 조건, 2017년 6월 19일자 갱신판), www.airbnb.nl/terms.

23 J. J. Kuipers and J. Vlek, Het Hof van Justitie en de bescherming van de handelsagent: over voorrangsregels, dwingende bepalingen en openbare orde, 2 Nederlands Internationaal Privaatrecht 198-206 (2014).

24 Regulation (EC) No 593/2008 of 17 June 2008 on the law applicable to contractual obligations(계약상 의무의 준거법에 관한 유럽연합 규정 593/2008(2008년 6월 17일)) (Rome I) [2008] Official Journal L 177/6.

계약당사자가 준거법을 선택하였음이 계약조건 혹은 계약의 정황에 의하여 명시적으로 혹은 분명하게 인정되면 그 준거법이 적용된다(Article 3(1)). 준거법 선택 당시의 다른 고려 요소가 준거법 국가 이외의 국가에 존재하고, 그 요소로 인하여 당사자의 합의로써도 그 국가의 법률조항을 배제할 수 없는 경우라면, 당사자의 준거법 선택에도 불구하고 그 국가의 법률이 적용된다. 이 말은 다른 국가의 강행법규가 적용된다는 뜻이다. 예컨대 에어비앤비가 계약의 해석은 아일랜드 법에 따른다고 규정했다고 보자. 독일 소비자와 체결한 계약에서는 독일의 강행적인 소비자보호법을 무시하면서 아일랜드의 관대한 법규가 주는 혜택을 누릴 수 없다. 네덜란드 소비자보호법에 의하면 동일한 매개자 혹은 중개인에 의존하는 양 당사자로부터 보수를 받는 것이 금지되어 있는데(Article 7:425 jo. 417), 위와 같은 입장을 견지한다면, 에어비앤비가 제공하는 서비스는 네덜란드의 소비자보호법을 위반된다는 결론에 도달하게 된다.

준거법 선택조항이 없는 경우에 에어비앤비의 계약조건 Article 6은 당사자의 상시거주지가 어디든지 그 법에 따르도록 규정하고 있다.

유럽연합의 법적 틀에 대한 인식이 제고되고 있다는 점의 좋은 사례는 에어비앤비가 최근 일반조건을 개정한 사실에서 발견할 수 있다. 2017년 6월 19일부로 일반조건 21.3은 다음과 같이 바뀌었다.

계약은 아일랜드법에 따라 해석된다. […] 준거법 선택을 하더라도 거주지 국가의 소비자보호법이 인정하는 소비자로서의 권리에 영향을 주지는 않는다. 귀하가 소비자에 해당된다면 귀하는 아일랜드 법원의 비배타적 관할권에 동의하는 것이다. 이 계약에 기하여 혹은 이 계약과 관련하여 귀하가 당사에 대하여 제기하는 법적 절차는 오로지 아일랜드 법원 혹은 귀하의 거주지 법원에만 제기할 수 있다. 소비자인 귀하에 대한 우버의 권리 집행은 귀하의 거주지법원에서만 진행한다. 귀하가 사업자인 경우에는 아일랜드 법원의 배타적 관할권에 동의하는 것이다.

III. 중개인으로서의 플랫폼

플랫폼이 일반조건에서 장래 체결될 공유계약의 당사자가 아니라고 명시하고 있더라도, 플랫폼 활동에 대한 해석은 강행적 정의규정(소위 Legaldefinitionen)을 뛰어넘을 수 없다.[25] 당사자가 어떤 법규를 적용할 것인지 정할 수는 없고, 일정한 활동은 일정한 규정에 따라야 한다는 것이다.[26] 이러한 강행규정은 주의의무, 결과에 대한 책임, 장래 계약의 이행 등에 관하여 다양하게 존재한다.

---

25 Busch, C., "BGB §312i" [2017] BeckOGK, no.5-8; C. Busch, G. Dannermann, and H. Schulte-Nölke, Ein neues Vertrags-und Verbraucherrecht für Online-Plattformen im Digitalen Binnenmarkt?(디지털 역내시장의 온라인 플랫폼에 관한 신계약과 소비자보호법) 12 Multimedia und Recht 787-92 (2016).

26 Case C-149/15 Watherlet/Garage Bietheres & Fils ECLI:EU:C:2016:840, NJW 2017/874.

법적 정의에서 시작해 보건대, 남녀교제 플랫폼과 사이에 맺은 계약에 대한 독일의 사건을 보면, 활동의 정의가 중요하지 사용한 이름이 중요한 것이 아니라는 점을 알 수 있다.[27] 독일법은 대가를 받고 결혼중개업을 하는 것을 금지하고 있다(§656 German Bürgerliches Gesetzbuch: BGB). 어떤 플랫폼이 파트너 중매사업을 하면서 이 규정을 피하기 위하여 처리 행위를 업무(work)로 규정하여 도급계약(Werkvertrag)으로 취급하였고(§631 a.f. BGB), 결국 §649 BGB의 적용을 받으려고 하였다. 그에 따르면 일이 완성되면 대금 전액이 지불되게 된다. 도급계약에서는 계속적으로 업무를 수행하여 특정 결과를 만들어 내야 한다. 해당 플랫폼은 심리 분석에 따라서 25명의 파트너 명단을 제공하는 것이 이러한 업무에 해당된다고 주장하였다. 법원은 이 상황에서 업무라는 용어를 사용하는 것은 잘못된 것이라고 판시하였다. 대신에 그 계약은 중개에 유사한 계약관계(Maklervertrag ähnliches Vertragsverhältnis)라고 판시하였다.

또한 네덜란드법에 따르면 플랫폼의 활동은 중개의 범주에 포함된다. 네덜란드 민법 7:425는 양 당사자 사이의 계약 체결을 촉진하는 것은 중개행위에 해당된다고 한다.

예컨대, 덴마크법에 따르면 우버는 대리인에 해당된다. 쇠렌슨에 따르면 '우버는 사용자들이 (슈퍼마켓과 같이) 물품을 게시하는 단순한 게시판이 아니다. […] 우버는 능동적인 매개자 역할을 수행한다.'[28] 앞서 본 DFCR에서와 같이 덴마크는 직간접대리 행위뿐만 아니라 (장래) 계약의 체결을 돕는 행위를 지칭하기 위해 대리(agency)라는 용어를 사용한다.

유럽연합집행위원회는 플랫폼이 공개시장을 제공하는 데 그치지 않고 중개활동을 한다는 사실을 인정하고 있다.[29] 알고리즘의 사용으로 인하여 그들이 기술적 혁신체로만 보이고, 대리인으로서의 측면이 근저에 숨겨져서 가려질지도 모른다. 또한 이와 같은 이유로 유럽연합에서 대리인 관련 법률체계는 하나의 통일된 모습으로 나타나지 않다는 점을 알 수 있다.[30] 플랫폼 활동이 규제받지 않는 혁신의 대상으로 생각될지 모르겠지만, 위와 같은 사정을 감안하여 보면 플랫폼 활동에도 여러 규범이 적용될 수 있고, 이 규범들로 인하여 '책임지는 플랫폼'으로 구성된 미래 경제가 형성될 수 있을 것이다.[31]

---

27 OLG Hamburg 28. 8. 1985-5 U 135/84, "Partnervermittlungsvertrag als Maklervertrag,"(중개계약으로서의 파트너중매계약) NJW 1986/325.

28 Sørensen, supra note 16.

29 T. Gillespie, The Politics of Platforms(플랫폼 정치학), 12 New Media & Soc'y 347 (2010/12); Mak, supra note 190; EC Supporting Analysis, supra note 2, at 28-30.

30 독일에는 중개인(Vermittler), 민사중개인(Zivilmakler, 부동산중개인 혹은 노동중개인), 상사중개인(Handelsmakler, 운송), 청약권유권한만을 가진 상사주선인(Handelsvertreter)이 존재한다. Ebenroth/Boujong/Joost/Stohn (Reiner), Handelsgesetzbuch §93 2014/32-36; OLG Hamburg GRUR 2006, 788; BeckOGK/Meier, BGB §652 2017/37-41; DCFR, supra note 9, at 439-40.

31 물론 책임의 정도는 플랫폼이 정보만을 제공하는 데 그쳤는지 아니면 사용자들에 대해 조언을 제공하거나 통제권을 가졌는지에 따라 달라질 수 있다. 예컨대, Article Ⅳ.C.-7:104 DCFR는 기술과 주의를 갖출 의무를 조언자(advisor)만을 구속하고 정보 제공자를 구속하는 것은 아니라고 규정한다.

A. 장래의 공유계약에 관한 의무

일부 나라의 중개법리 및 대리법리에 의하면 장래의 계약이 불이행되는 경우 플랫폼이 책임을 지기도 한다.[32] 네덜란드의 젤란트(Zeeland) 법원은 파산하여 임료를 내지 못하는 임차인을 주택소유자에게 소개한 데에 대한 책임을 부동산 중개인에게 지우고 있다.[33] 다른 두 건에서도 같은 결론이 나왔다.[34] 한 사건에서는 법적 책임이 고객에 대한 중개인의 주의의무에서 나온다고 보았다.

우버 사건에서 제시된 법무관의 의견에 의하면 장래 계약의 이행에 대한 책임은 플랫폼 자체가 장래 계약의 서비스 제공자라는 사실에서 나온다고 한다.[35]

우버가 사실상 서비스 제공자라는 점과 인터넷 연결서비스의 제공행위는 경제적으로 연결되어 있어서 이들은 하나로 취급된다. 위 의견이 나오기 전에 이미 독일의 일부 법원에서 승객운송계약을 제공하는 소프트웨어 응용프로그램은 운송서비스를 포함한 전체 서비스의 본질적 일부를 구성한다는 판시가 있어 왔다. 몇몇 법원에서 이미 승객운송계약을 제공하는 소프트웨어 애플리케이션은 운송서비스에 관련한 전체 서비스에 포함된 것으로 보아야 한다고 판시한 바 있다.[36] 따라서 독일에서는 운송서비스의 제공행위가 위법한 것이라면 플랫폼이 그에 대한 책임을 질 것이다.[37] 또한, 프랑스 운송법(L3120-3)은 운송서비스의 이행에 대한 중개인의 책임조항을 두고 있다.

네덜란드 민법 Article 3 : 70은 플랫폼 활동이 대리행위에 해당된다면 수임인이 장래 계약의 불이행에 대한 책임을 진다고 규정하고 있다. 숙박주가 에어비앤비에서 멋진 방을 보여 주었는데 실제로는 그것이 지하실인 경우라면, 플랫폼은 숙박서비스의 제공에 대한 책임을 지는 것이 아니라 금전손해에 대한 배상책임을 지게 된다. 물론 그래서 플랫폼은 자주 다음과 같은 조항을 포함시킨다. "귀하의 플랫폼과 숙박주에 대한 관계는 회원으로서의 지위 및 제3의 독립계약자로서의 지위로 한정된다."

이 점에 관하여 DCFR은 다소 복잡하다. 대리법리(중개인, 직접대리, 간접대리가 모두 대리에 해당한다)에 의하면, 장래계약이 불이행되어 본인에게 손해가 생기더라도 관련 규정에 따라 행위하는 대리인만이 책임을 면한다. Article Ⅱ.-3 : 301 DCFR은 신의성실 및 공정거래의 원칙을 부과함으로써 이 문제를 해결하려는 것으로 보인다. 예컨대 사기 혹은 이행약속은 손해배상청구권의 근거가 된다.[38] 이는 플랫폼이 장래 계약의 특정한 결과를 보증하였는가 여부와 연관된다. 플랫폼이 보

---

32 Asser/Hartkamp and Sieburgh, supra note 17, at 6-III 2014/516-18; see also DCFR, supra note 9, at 454-55.

33 Court of First Instance (Rechtbank) Zeeland-West-Brabant 29.6.2016, ECLI:NL:RBZWB:2016:3999.

34 Court of Appeal (Gerechtshof) Amsterdam 1.3.2016, ECLI:NL:GHAMS:2-16:755, Court of Appeal (Gerechtshof) Arnhem 1.3.2011, ECLI:NL:GHARN:2011:BP9121.

35 Opinion of Advocate General Szpunar Delivered on 11 May 2017, in case C-434/15 Asociación Professional Elite Taxi/Uber Systems Spain SL, no. 26-28, 33-34.

36 Oberverwaltungsgericht Hamburg, 24.9.2014 (3 Bs 175/14); Oberverwaltnugsgericht Berlin-Brandenburg, 10.4.2015 (VG 11 L 353.14).

37 EC Supporting Analysis, supra note 2, at 29-30.

38 DCFR, supra note 9, at 273, 2045-46 and 2141-45.

증을 하면 의무가 발생하기 때문이다.[39]

　덴마크에서는 대리행위에 대한 DCFR의 포괄적 규정을 이용하여 중개행위 등 대리행위를 다루려고 한다. 여기에서도 장래 계약의 불이행에 대한 대리인의 책임이 인정될 수 있다. 교통사고로 피해를 입은 승객은 운전자와의 연대책임론에 근거하거나 중개인법리에 따라 플랫폼에게 책임을 물을 수 있을 것이다. 쇠렌슨은 운전자가 승객을 강간한 사례를 든다. 우버가 그 전의 성범죄를 알고 있는데도 그 운전자에게 앱 접근권을 거부하지 않아서 재차 성범죄가 발생한 경우라면 우버에게 책임이 있다.[40] 쇠렌슨의 설명에 의하면 일반 연대책임법리 및 대리법리에 기하여 볼 때, 플랫폼 책임론은 플랫폼이 기대를 야기한다는 점 및 우버가 운전자에 대한 통제권을 갖고 있다는 점에 관련되어 있다고 한다.

　계약 불이행에 대하여 플랫폼으로 하여금 중개인 혹은 대리인으로서 책임을 지도록 하는 근거는 다양하게 제시된다. (때로는 보험을 통하여서라도) 고객의 이익을 옹호할 의무가 있다고 보는 근거로서는 플랫폼에게 경제적 연관성, 통제권, 주의의무, 보증, 계약체결의 원인 제공 등 사유가 있다는 점을 들고 있다. 공유계약의 결과에 대한 플랫폼의 책임을 정당화하는 데에는 여러 가지 근거가 있다는 게 일반적인 생각이다. 물론 룩셈부르크의 유럽연합사법법원이 슈푸나르 법무관이 우버 사건에서 제시한 의견을 받아들인다면 '능동적 플랫폼이 실제의 서비스 제공자라는 가정'에 기하여 플랫폼의 책임이 인정될 것이다.[41]

B. 다른 의무들

　연결경제에서 평균적으로 총수입의 85% 이상이 서비스 제공자에게 귀속됨을 알 수 있다. 승차공유서비스의 수입모델은 다양한데, 고정수수료 혹은 변동수수료가 있고, 수수료율도 1%에서 20%까지 다양하다.[42] 대부분의 플랫폼은 공유계약이 체결되어 연결 결과가 달성되자 마자 바로 보수를 요구한다. 플랫폼 사용자가 소비자에 해당된다면 보수 측면도 강행규범의 적용을 받게 된다.

　독일법(§652 I BGB)은 두 사용자 사이에서 구체적 계약이 체결되면 연결효과가 발생한 것으로 설명한다. 장래 계약의 한 당사자가 나중에 계약을 취소하더라도 연결 결과에 관한 보수청구권은 인정된다. 네덜란드법에 의하면 장래 계약의 당사자 일방이 불이행을 하는 경우에는 보수를 돌려주지 않아도 된다(채권자 채무불이행 조항, Article 6:58 CC).[43] 덴마크의 수수료 규정에 의하면 장래

---

39 Asser/Hartkamp and Sieburgh, supra note 17, at 6-III 2014/531-32.

40 Sørensen, supra note 16.

41 부시는 배상책임의 근거를 신뢰의 원칙과 플랫폼이 잠재적으로 중요한 역할을 담당할 수 있다는 점에 두는 유럽연합 플랫폼 지침을 주창한다. See C. Busch, The Rise of the Platform Economy: A New Challenge for EU Consumer Law?(플랫폼경제의 대두: 유럽연합 소비자법에 대한 새로운 도전인가?) 3 J. Eur. Consumer &Market L.3-10 (2016).

42 EC Supporting Analysis, supra note 20, at 8-9.

43 Asser/Tjong Tjin Tai7-IV*2009/129; Supreme Court (Hoge Raad) 23.5.2003, ECLI:NL:HR:2003:AF4626; Bijzondere Overeenkomsten (S.Y.Th. Jeijer), 2016, p.272.

계약이 불이행되었더라도 본인이 본인의 지배범위 내에 있는 상황에 의하여 발생한 것이 아님을 입증한 경우에는 대리인이 보수를 청구할 수 없다. 즉 제3자의 부도 위험은 대리인이 부담한다.[44]

보수영역에서 문제로 되는 것은 상당한 비용(계약비용, 행정비용, 서비스 비용 등)이 자주 중개인 보수에 숨겨져 있다는 점이다. 여러 입법자에 의하면 시장에서 제3자의 도움을 필요로 하는 당사자는 의존적 입장에 있고, 과다한 비용청구 혹은 부당한 계약조건의 피해자가 되기 쉽다고 한다. 소비자 계약에서 필요한 의무는 바로 투명성이다. 구체적으로는 투명성이란 사용자에게 보수를 미리 고지하는 것을 말한다.[45] 변동하는 수수료는 투명하다고 할 수 없다. 에어비앤비처럼 가격을 맨 마지막 단계에 가서야 책정하는 것은 소비자를 보호하고자 하는 전자상거래 법규의 취지에 비추어 보았을 때 부당한 것이다.[46] 여러 회원국을 분석해 보면 직업적/비직업적 대리인과 그 분야에 의존하는 자 사이에 적용되는 강행규범과 임의규범은 매우 다양함을 알 수 있다. 그리하여 플랫폼이 하나의 일반조건 양식을 이용하여 위 규범들을 모두 준수하기는 쉽지 않다. 해결책은 투명성인 것으로 보인다. 장래 계약이 체결되기 전에 가격이 명확하게 드러난다고는 나도 알고 있으나, 사용자는 이미 훨씬 그전에 등록을 하면서 개인정보를 모두 제공해버린다. 데이터가 어디에 사용될지 명확하게 밝히지 않는 것은 불공정한 관행이다. 다수 플랫폼이 소액의 수수료를 요구하므로 다수 소비자는 에어비앤비를 통한 숙박이 호텔보다 싸다고 생각하는 것 같다. 그러나 전체 규모를 놓고 보면(유럽연합집행위원회에 의하면 유럽연합에서 여섯 명 중 한 명이 협업경제를 이용한다고 한다), 총거래금액이 EUR 200억에 이르는데다가 개별거래의 내용은 대부분 명확하지 않다.[47]

또 다른 의무로서 서비스 제공의 핵심이라고 할 수 있는 고객이익보호 의무가 있다. 이를 오스트리아 상법(Ccom §347)에서는 '신중한 사업자로서 적절한 노력을 기울이거나 주의의무를 다할 것'이라고 표현하고, 불가리아법과 에스토니아 채무법(LOA §620)에서는 '본인의 이익을 위하여 가능한 최선의 방식으로 행동하는 것'이라고 표현한다. 핀란드에서는 본인의 이익에 부합하게 행위를 해야 할 의무가 있는데, 대리인이 과실로 이를 이행하지 못한 경우 본인의 손해를 대리인이 보상하여야 한다. 같은 법리가 프랑스의 판례법(Cass. civ. 1re, 3 Jun 1997, no. 95-17111), 독일 민법 (BGB §666 jo. 280) 및 스페인 민법(Código Civil §255)에서 발견된다. 무료로 서비스를 제공하는 것은 플랫폼이 규모를 확장하기 위해 사용한다고 잘 알려져 있는데, 대리행위가 무료로 제공되어도 이러한 의무가 있다(네덜란드 민법 Article 7:425). 플랫폼이 대규모로 성장하였을 때에는 높은 가격

---

44 DCFR, supra note 9, at 2079 et seq.

45 Asser/Tjong Tjin Tai7-IV*2009/126, 134-137.

46 G. Straetmans, Misleading Practices, the Consumer Information Model and Consumer Protection(잘못된 관행, 소비자정보모델과 소비자보호), 5 J. Eur. Consumer & Market L. 199-210 (2016).

47 에어비앤비, 우버 등 보통법상 사업모델에서 영감을 받아서 대륙법계에 위 사업모델을 도입하는 것이 항상 적합한 것은 아니라는 점을 유의하라. 투명성과 관련하여 많은 정보제공의무가 다음의 지침에서 발생한다. Directive 2005/29/EC on Unfair Commercial Practices(불공정 상사관행에 대한 유럽연합 지침 2005/29/EC); Directive 2011/83/EU on Consumer Rights(소비자권에 대한 유럽연합 지침 2011/83/EU); Directive 93/13/EEC on Unfair Terms in Consumer Contracts(소비자계약의 불공정 조항에 대한 유럽연합 지침 93/13/EEC). See D. P. Kuipers and M. A. M. van de Sanden, E-Commerce Sector Inquiry(전자상거래 분야 조사보고서), 10NtER 341-48 (2016).

에 서비스를 제공하게 될 수도 있다. 독점력이 생긴 경우라면 이 점이 더욱 중요해진다. 이는 대리인이 고객의 이익을 추구할 의무와 대비된다. 공유경제가 이념적인 판촉활동을 하다 보니 연결경제의 위와 같은 측면 및 대리행위의 본질이 가려지게 된다. 플랫폼은 본질적으로 고객을 위하여 서비스를 제공하는 자로 취급되어야 하는 것이다. 오스트리아 · 스코트랜드 · 잉글랜드에서는 이를 신인의무(fiduciary duty)라고 하고, 벨기에 · 프랑스에서는 이를 공정거래의무라고 한다. 아일랜드에서는 여기에 비밀이익추구금지의무까지 더한다.[48]

네덜란드법에 따르면, 본인에게 공개하지 아니하고 자신의 이익 혹은 다른 이익을 추구하는 경우에는 취소권이 생기고 보수청구권을 상실하게 된다(Article 3:40 Dutch CC). 저자에 따라서는 동시에 두 고객에게 서비스를 제공하는 것이 불법이라는 의견을 개진하기도 한다.[49] DCFR에서는 이를 쌍방대리(double mandate)라고 부르는데(IV.D.-5:102), 소비자를 대리하는 경우라면 대리인이 그 사실을 밝히고 쌍방이 명시적으로 그에 동의한 경우와 위임계약에서 장래 계약의 내용이 구체적으로 확정되어 있어서 본인의 이익이 훼손될 위험성이 없는 경우에만 쌍방대리가 허용된다. 유럽연합 내에서도 국가마다 쌍방대리에 대한 취급이 다른데, 독일에서는 대리행위에서는 쌍방대리를 불허하고(§181 German BGB), 중개행위에서는 이를 허용하며(§654 BGB), 동의를 얻은 때에는 쌍방대리가 가능하게 되어 있다. 쌍방으로부터 보수를 받는 문제에 대하여도 다양한 입장이 있다.[50]

플랫폼이 사용하기 편리하고 소비자가 전통적 시장에서보다 저렴한 가격에 서비스를 사용할 수 있기는 하다. 하지만 그렇다고 하여 가격책정과 모든 이해관계의 균형 유지에 대한 투명성 유지 의무가 면제되지 아니하고, 서비스계약의 근저에 있는 주의의무(이는 통제권, 경제적 연관성, 중개계약의 본질에서 도출된다)도 면제되지 아니한다. 쌍방대리 행위로 인한 결과는 다양하다. 쌍방으로부터 보수를 취하지 못하게 하는 나라도 있고, 계약의 취소권이 발생하거나 법적 책임이 발생하는 나라도 있다.

Ⅳ. 대리인으로서의 플랫폼

마지막으로 검토할 대상은, 플랫폼이 소유자/운전자/서비스 제공자를 대행하여 임차인/승객/사용자로부터 대금을 추심하는 행위의 법적 성격이다.

에어비앤비가 대금을 추심하는 법적 근거는 계약에 있다. 채권자의 채무자에 대한 청구권이 플랫폼에게 양도된 것이 아니다. 대륙법계 국가에서는 엄격한 권리법정주의가 적용되고, 신탁법리를 채용하지 않고 있는데, 그러한 대륙법계 국가에 보통법상의 '제한적 대금추심대리인'제도를

---

48 DCFR, supra note 9, at 2136–39.

49 H. C. F. Schoordijk, De ontwerpregeling van de opdracht in het zevende boek, 24A NJB 65–66 (1973); Groene Serie Bijzondere overeenkomsten (Van Neer-van den Broek), Art. 7:417, no. 1; A. C. van Schaick, Volmacht (Mon. BWB-5), no. 36–38.

50 DCFR, supra note 9, at 2229–32.

도입하게 되면 채권자에게 플랫폼의 파산에 따른 위험을 지우게 된다.[51]

A. '제한적' 대금추심대리인 제도(Limited Payment Collection Agent)

보통법에서 대리인은 본인을 대신하여 자신의 이름 혹은 본인의 이름으로 행위를 할 수 있다.[52] 대리인 행위에 적용되는 1978년 3월 14일 헤이그협약(The Hague Convention on the Law Applicable to Agency of 14 March 1978)에 의하면, 본인 이름으로 하건 대리인 이름으로 하건 대리인에 해당한다(Article 1). 덴마크, 아일랜드, 스코틀랜드, 영국(대륙법 국가에 대비하여 이들은 보통법 국가라는 용어로 불린다)에는 모든 대리유형을 동일하게 규율하는 법 제도가 있다. 그러나 일반 대리인과 특별대리인 혹은 제한적 대리인의 구별은 있다. 일반 대리인은 본인의 모든 업무 혹은 특정 유형의 모든 업무를 수행한다. 특별 대리인 혹은 제한적 대리인은 특정 거래만을 수행한다.

일부 대륙법 국가에서는 본인의 이름으로 행위한 대리인을 직접대리인이라고 하고(이 경우에는 본인의 법적 지위에 직접 영향을 미친다[53]), 자신의 이름으로 행위한 대리인을 간접대리인이라고 하여 서로 다른 법리를 적용한다.[54] 나아가, 어떤 나라에서는 (수권된) 타인 채무의 추심은 법률행위로서 대리법리가 적용된다고 보고 있고, 어떤 나라에서는 비법률행위로서 다른 법리가 적용된다고 보고 있는데 그 이유는 대리인은 타인을 위한 법률행위에만 적용되기 때문이다.

모든 국가에 들어맞는 단일의 '번역용어'를 찾기가 어렵기는 하지만, 일부 개념은 여러 법 체계에서 통용될 수 있다.

B. 파산에 대한 위험

신탁제도를 인정하지 않는 나라에서 플랫폼이 자신의 이름으로 금전을 추심하는 경우에는, 대리인이 계약상으로는 추심된 금전을 채권자에게 넘겨줄 의무가 있다고 하더라도, 채권자는 플랫폼의 파산에 따른 위험을 부담한다.[55]

---

51 독일 등 일부 회원국은 더욱 엄격하여 일방적인 가격책정도 금지한다. DCFR에 의하면 보수는 위임계약의 일부가 아니므로, 무료중개계약에도 이러한 제한이 적용된다.

52 D. Busch, Middellijke vertegenwoordiging in het Europese contractenrecht, diss. Utrecht, 2002, at 149: common law knows a uniform agency concept(보통법에는 통일된 대리인 개념이 있다). See J. L. E. Verhagen, Agency in Private International Law(국제거래법에서의 대리인 이론) (2005); H. L. E. Verhagen and L. Macgregor, Agency and Representation(대리와 대표), in Elgar Encyclopedia of Comparative Law 37-64 (2nd ed., J. M. Smits ed., 2012).

53 Article II.-6:102 DCFR.

54 대리인 일반, 유상 대리인, 위임관계 등으로 나누어 규율하는 나라도 있고, 사무관리를 간접대리로 보는 나라도 있다. 어떤 나라에서는 '본인 은닉의 대리행위'와 특별대리(mandato especial) 또는 대리권 없는 위임(mandatário sem representação) 등을 구분하기도 한다. DCFR, supra note 9, at 2053-56. 네덜란드법은 일방적 행위에 의한 직접대리와 계약에 의한 직접대리를 구별하기도 하고, 권한이 있는 대리와 의무가 있는 대리를 구분하기도 한다. 프랑스에서는 완전대리(공개된 대리)와 불완전대리(비공개 대리)를 구분한다. DCFR, at 447.

55 Supreme Court (Hoge Raad) 3.2.1984. NJ 1984/752 (Slis-Stroom); Asser/Van der Grinten&Kortmann 2-I 2004/61-63.

신탁과 같은 제도가 없다면 추심된 돈은 플랫폼의 재산에 속한다. 이는 은행계좌에서 누가 예금의 청구권자인가를 알 수 있는 상황과 같다. 그런데 플랫폼이 파산하면 채권자는 돈을 넘겨 달라고 해봐야 소용이 없다.[56]

신탁법 제도하에서 활동하는 플랫폼은 아마도 안전할 것이나, 플랫폼이 다른 시장에서 유사한 활동을 하려고 한다면 소비자는 쉽게 혼동을 일으킬 수 있다. 네덜란드에서는 특정 공증인과 변호사만이 자신의 재산과 법률상 분리되는 재산을 보유할 수 있는데, 플랫폼은 여기에 해당되지 않는다.[57] 그러나 에스토니아법에 의하면, 대리인이 본인의 계산으로 대리인의 이름으로 행위를 함으로써 취득한 청구권은 대리인의 파산재단에 포함되지 아니하고 집행절차에서 대리인의 재산으로 취급되지 않는다.[58]

요컨대, 보통법 국가에서는 플랫폼의 파산이 채권자에게 문제되지 않는데, 그 이유는 에스크로 상태의 자금은 신탁에 따라 보관되는 것이기 때문이다.[59] 이러한 계약 내용이 모든 대륙법계 국가에서 효력이 있는 것은 아니다. 내가 강조하는 바는 플랫폼 활동을 통하여 '신뢰증진'이 이루어진다고 광고하지만, 소비자로서는 실제로 사용자를 충분히 보호해 주지 않을 수 있다는 점, 나라마다 법이 다르다는 점을 인식하고 있어야 한다는 것이다.

결론

서비스에 대한 값싼 접근성 때문에 소비자와 규제권자의 눈이 멀 수도 있다. 전통 경제에서보다 더 나아졌다고 생각하는데, 가격의 면에서는 그럴지도 모른다. 하지만 플랫폼이 실제 행동에서 중개인 및 간접대리인으로 작용한다는 점을 망각한다면 낭패를 볼 수도 있다. 중개인, 대리인 등 모든 유형의 대리인은 계약당사자의 이익을 추구할 의무를 부담한다. 이러한 의무의 핵심은 주의의무이다. 이 의무의 준수에서 플랫폼 사용자는 법적으로나 도덕적으로 구속을 받는다. 플랫폼의 사업모델이 인간의 행동을 조작하여 최대한의 수수료를 추출하려 하고는 사용자의 이익을 도외시한다면 이는 주의의무와 양립되지 않는다.

일부 플랫폼의 연결활동은 공유계약과 너무나도 강하게 얽혀 있다는 사실 때문에 플랫폼은 공

---

56 채권자가 채무자에 대하여 직접청구권을 행사하여 돈이 플랫폼 재산에 섞이지 않도록 직접 수령할 수는 있다. 하지만 이는 지불이 이루어지기 전에만 의미가 있다.

57 Supreme Court (Hoge Raad) 13. 6. 2003. NJ 2004/196 (ProCall/Van Dam). 위임계약에서는 대리인이 본인/채권자의 이름으로 혹은 대리인의 이름으로 대가를 수령할 수 있기 때문에 논쟁이 있다. Article 7:414 (2) jo. 7:419-421 Dutch CC. Asser/Van der Grinten & Kortmann 2-I 2004/130.

58 DCFR, supra note 9, at 460, 4217.

59 팩터링은 여러 가지 법적 개념으로 사용되지만, 그 결과는 마찬가지이다. Asser/Houben 7X 2014/95; J. W. A. Biemans, Rechtsgevolgen van stille cessie, diss. Nijmegen; Serie Onderneming en Recht (Deel 65) 2011, at 34; Asser/Bartels & Van Mierlo 3-IV 2013/359.

유계약의 불이행에 대하여 책임을 지게 된다.

플랫폼을 추심대리인으로 고려하는 경우 금전적 위험을 누가 부담하는가를 고려하는 것이 중요하다. 신탁으로 '안전하게' 보관되어 있는 돈이 실제로 플랫폼 재산의 일부를 구성하는가 아닌가를 사용자가 명확히 알고 있다고 생각되지는 않는다. 모든 법 체계에서 신탁제도가 이용될 수 있는 것은 아니므로, 전반적으로 협업경제가 서비스를 제공하는 측면에 있는 소비자(숙박주/소유자/운전자)와 서비스를 받는 측면에 있는 소비자(손님/임차인/차용자/승객)에게 모두 혜택을 부여하는지에서 회원국마다 차이점이 발생하고 있다.

플랫폼경제에서의 약자 보호

귀도 스모르토

서언

최근 수년에 걸쳐 완전히 새로운 사업모델이 나타났는데, 이 모델에서는 디지털 기술을 이용하여 여러 사용자 집단을 연결해 줌으로써 자산과 서비스에 관한 거래를 촉진하고 있다. 이 사업모델은 플랫폼경제, 공유경제, P2P경제, 협업경제 등 여러 명칭으로 불린다. 오프라인 제공자 및 온라인 제공자와 비교하건대 이들은 직접적 공급자로 활동을 하지는 않고, 널리 확산된 인터넷과 모바일 기술을 활용하여 공급과 수요가 만나는 가상의 지점으로 작동하면서 이러한 시장의 원활한 기능에 필요한 부수적인 장치들을 제공한다.[1]

사업조직과 시장구조에 극적인 변화가 생김에 따라 B2C 양자 간 거래에서 전형적으로 약자를 보호하던 규제수단이 여전히 필요한지에 대한 치열한 논의가 진행되고 있다. 플랫폼경제에서 고객과 제공자의 지위가 강화되었다고 한다. 플랫폼은 신뢰를 향상하기 위한 새로운 메커니즘을 택하여 거래가 안전하고 효율적으로 이루어지게 하고 있는 가운데, 고객은 많은 선택지와 낮은 가격을 누리고 있고, 제공자는 신사업의 무한한 기회라는 혜택을 받고 있다고 한다. '공정한 경쟁의 장'(level playing field)이 널리 요구되는 상황인지라, 기존 규제의 범위를 재고하고 플랫폼에게 규제책임을 위임하여야 한다는 주장이 강력히 제기되고 있다. 따라서 자율규제 메커니즘에 대한 의존과 가벼운 규제에 대한 요구가 널리 퍼지고 있다.[2]

이 글에서는 이와 같은 추정에 의문을 제기하고자 한다. 이 글에서는 플랫폼이 복잡한 약관(boilerplate), 거래구조, 알고리즘을 이용하여 이용자(고객 및 제공자)에 대하여 영향력을 행사하고

---

1 Cf. Kenneth A. Bamberger and Orly Lobel, Platform Market Power(플랫폼의 시장 지배력), 32 Berkeley Tech. L.J. 1051 (2017), Liran Einav et al., Peer-to-Peer Markets(P2P 시장), 8 Ann. Rev. Econ. 615 (2016); Bertin Martens, An Economic Policy Perspective on Online Platforms(온라인 플랫폼에 대한 경제정책적 관점), Institute for Prospective Technological Studies Digital Economy Working Paper 2016/05. JRC101501 (2016), https://ec.europa.eu/jrc/sites/jrcsh/files/JRC101501.pdf.

2 See generally Adam Thierer et al., How the Internet, the Sharing Economy, and Reputational Feedback Mechanisms Solve the "Lemons Problem"(어떻게 인터넷, 공유경제 및 평판 피드백 메커니즘이 저품질 문제를 해결하는가), 70 U. Miami L. Rev. 830 (2016); Christopher Koopman et al., The Sharing Economy and Consumer Protection Regulation: The Case for Policy Change(공유경제와 소비자보호 규제: 정책변경을 위한 제안), 8 J. Bus. Entrepreneurship & L. 529 (2015); Molly Cohen and Arun Sundararajan, Self-Regulation and Innovation in the Peer-to-Peer Sharing Economy(P2P 공유경제에서의 자율규제와 혁신), 82 U. Chi. L. Rev. Dialogue 116 (2015); Darcy Allen and Chris Berg, The Sharing Economy: How Over-Regulation Could Destroy an Economic Revolution(공유 경제: 과잉규제가 어떻게 경제혁명을 파괴할 수 있는가) (2014).

있다는 사실[3]과 이러한 문제를 해결하는 데 시장 기반의 해결책이 얼마나 효과적인지는 불확실하다는 사실을 보여주고자 한다. 섹션 Ⅰ에서는 불평등성이 감소되었다고 주장하는 이유를 살펴보고, 이와 같은 주장은 그 반대되는 현상을 제대로 이해하지 못한 것으로 보아야 하는 이유도 설명한다. 섹션 Ⅱ에서는 온라인 플랫폼이 채택한 계약조건을 검토하고, 쌍방의 권리의무에 존재하는 불균형성이 계약조건에 반영된 것은 아닌가를 가늠해 본다. 이 글의 결론에서는 신흥시장의 약자를 보호하는 것이 중요하다는 점을 적시하고, 더불어 간단한 제안을 한다.

Ⅰ. 플랫폼경제에서의 협상력

A. 소비자 영향력 강화의 과정: 인터넷의 등장에서부터 P2P 거래에 이르기까지

약자의 보호는 오랜 기간 동안 사업자-소비자(B2C) 간의 쌍방 거래에 대한 외부 규제개입의 주요한 근거였다. 거래상대방이 직업적 전문가이다 보니 약자가 동등한 기반에서 협상할 능력이 없다는 것이 주요한 정당화 근거였다. 그러나 인터넷과 플랫폼경제의 등장으로 이러한 필요성이 극적으로 감소되었다고 한다.

1. 인터넷의 등장

시장 지배력과 관련하여 소비자에게 이익이 되는 방향으로 첫 번째 중요한 변화가 나타날 것이라고 웹이 등장한 때부터 예견되어 왔다. 지역적·시간적 제약이 없어지면서 선택의 폭의 넓어졌다는 점이 주된 이유로 흔히 거론되었다. 군중과 전문가로부터 많은 정보를 얻을 수 있게 되고 검색 비용이 감소하게 되자, 물품과 서비스에 대한 접근성과 비교가능성이 증가하였고, 결국에는 소비자 잉여가 크게 증가하였다.[4] 그 결과 오늘날 소비자들은 보다 똑똑하고 더 잘 알고 있

---

3 See Communication from the Commission to the European Parliament, the Council, the European Economic and Social Committee and the Committee of the Regions, A European Agenda for the Collaborative Economy(협업경제를 위한 유럽연합의 안건), {WD(2016) 184 final, at 3 ("협업경제에는 다음과 같이 세 부류의 행위자가 있다. (i) 자산, 자원, 시간, 기술을 공유하는 서비스 제공자. 이들은 사적 개인으로서 이따금씩 서비스를 공급하는 동료(peer)일 수도 있고, 직업적으로 서비스를 공급하는 자일 수도 있다. (ii) 이들에 대한 사용자. (iii) 온라인 플랫폼을 통하여 제공자와 사용자를 연결해 주고 거래를 촉진하는 중개자(협업플랫폼)."

4 See generally Jeremy Heimans and Henry Timms, Understanding "New Power"(새로운 권력의 이해), Harv. Bus. Rev., Dec. 2014, https://hbr.org/2014/12/understanding/new/power; Lauren I. Labrecque et al., Consumer Power: Evolution in the Digital Age(소비자 권력: 디지털 시대의 진화), 27 J. Interactive Marketing 257 (2013); Eric Brynjolfsson et al., Consumer Surplus in the Digital Economy: Estimating the Value of Increased Product Variety at Online Booksellers(디지털 시대의 소비자 잉여: 온라인 서점의 상품 다양성 증가로 인한 가치의 추정액), 49 Mgmt. Sci. 1580 (2003). 특히 공유경제와 관련한 문헌으로는 다음을 참조하라. See Arun Sundararajan, The Sharing Economy. The End of Employment and the Rise of Crowdbased Capitalism(공유경제: 고용의 종말과 군중 기반 자본주의의 대두)(2016), at 111 ("검색엔진의 사용이 널리 확산되면서, 소비자들이 힘은 더욱 커지고 있다— 이들은 보다 양질의 정보, 많은 수의 시장, 그리고 상품에 대한 최근의 피드백과 평가를 이용하여 보다 나은 선택을 할 수 있다").

기 때문에 더욱 현명한 결정을 할 수 있게 되었고, 그에 따라 기업들도 그에 더 잘 부응하려고 노력하게 되었다. 더구나 소비자는 전보다 많은 정보를 갖게 되었을 뿐만 아니라 평가와 의견 제시를 통하여 정보를 생산하는 적극적 역할을 하게 되어, 각 개인이 불만을 표시하고 시장에 영향을 미칠 역량이 강화되었고, '목소리'(voice)와 '탈퇴'(exit)라는 수단을 이용하여 시장에 대한 제재를 할 수도 있게 되었다.[5]

2. 플랫폼과 디지털 시장

온라인 플랫폼이 등장하고 거래업자와 소비자 사이의 계약에서 플랫폼을 중개자로 한 삼면적 관계로 거래형태가 변화함에 따라 소비자의 권력이 강화되는 방향으로 전이하는 현상이 더욱 두드러졌다. 물품과 서비스를 직접 공급하는 인터넷 공급업자와는 달리 온라인 플랫폼은 거래를 중개하는 제3자로서 작용한다. 플랫폼의 상업적 성공은 시장의 품질에 연결되어 있음이 분명하므로, 플랫폼은 안전한 환경을 만들고 도덕적 위험을 줄이는 데에 중대한 이해관계를 갖고 있다. 나아가 플랫폼은 이러한 과업 수행에서 막대한 정보와 광범위한 도구(사전 심사, 평판 메커니즘 등 감시시스템)를 사용할 수 있는데, 이들을 통하여 시장을 관리하고, 규칙을 설정하며, 행위에 대한 제재를 할 수 있다. 플랫폼은 현실의 가게에서 제공하는 보장책과 유사한 것들(예컨대, 물품의 사진 혹은 동영상, 자세한 설명과 기술적 사양, 온라인 대화, 불만해소 절차 등)을 만들었을 뿐만 아니라, 완전히 새로운 신뢰성 확보 방안(평가시스템, 신뢰 메커니즘 등)도 제공한다.[6] 원래 기업 대 소비자 거래에서 정부의 규제를 정당화해 주는 것이 시장실패였는데, 위와 같은 이유로 디지털 플랫폼은 많은 시장실패 문제를 해결하는 데에 명백한 이해관계를 갖고 있고 또한 그 수단도 보유하고 있다고 볼 수 있다.

3. 직업인에게서 동료(peer)에게로

소비자에게 유리한 방향으로 협상력을 최종적으로 변화시킨 것은 P2P 거래와 직접적으로 관련되어 있다고 설명된다. 전통적 대규모 회사에서 비직업적인 소기업가 군중으로 중심이 이동하면서 공급자와 고객 사이의 불평등성이 존재할 가능성이 낮아졌다. 정보의 비대칭성과 부의 불평등성에서 똑같이 나타난 현상이다. 정보의 비대칭성은 전통적으로 B2C 거래에서 외부의 개입을 정당화한 사유인데, 거래가 동료 사이에 일어남에 따라 비대칭성이 양방향으로 발생할 수 있게 되었다. 상대방에 대한 신뢰에 관하여 단기 숙박의 숙박주 및 승차공유의 운전자는 손님 및 승객과 사이에 서로 간의 신뢰에 대하여 동등한 우려를 갖고 있다.[7] 유사하게 보통 사람들이 시간과 자산

---

5 목소리와 탈퇴의 중간에 있는 방식이 제시되기도 하였다. Albert O. Hirschman, Exit, Voice, and Loyalty: Responses to Decline in Firms, Organizations, and States(탈퇴, 목소리 그리고 충성심: 기업, 조직, 국가의 쇠퇴에 대한 대응) (1970).

6 See generally Hassan Masum and Mark Tovey (eds.), The Reputation Society: How Online Opinions are Reshaping the Offline World(평판사회: 온라인 의견이 어떻게 오프라인 세상을 바꾸는가)(2012).

7 Cf. Alex Tabarrok and Tyler Cowen, The End of Asymmetric Information?(비대칭적 정보의 종식?), Cato Unbound (Apr. 6, 2015), www.catounbound.org/2015/04/06/alex-tabarrok-tyler-cowen/end-asymmetric/information; Alex Tabarrok and Tyler Cowen, Symmetric Information Won't Be Perfect(완전한 대칭적 정보는 없다), Cato Unbound

을 공유하면서 다량의 서비스를 제공함에 따라 기업 대 소비자 거래에서 전형적으로 나타나는 부의 불평등성이 나타날 가능성은 훨씬 낮다. 이 경우에는 쌍방의 경제력이 훨씬 동등해지고, 비직업인 끼리의 관계는 B2C 관계보다 더욱 평등해질 것이기 때문이다.

B. 플랫폼경제에 약자가 존재하는가?

위와 같은 변화가 인터넷 시장의 구조와 디지털 경제의 조직에 영향을 미친 사실은 부인할 수 없을 정도이지만, 거래당사자의 협상력에 대한 영향 유무는 명확하지 않다. 플랫폼 사용자가 충분한 정보를 갖고 있고 지위가 강화되어 상대방과 동등한 지위에서 거래를 한다는 믿음이 널리 퍼져 있기는 하나, 이는 너무 편면적인 입장이다. 반대로 다른 관련 요소를 감안하여 보면 사뭇 다른 그림이 나타난다.[8]

1. 정보 비대칭성의 새로운 형태

플랫폼 사용자의 힘이 강해진 것으로 보인다는 결론에 조심스럽게 접근하는 첫 번째 이유는 플랫폼에게 막대한 정보를 수집하여 사용할 능력이 있기 때문이다.[9] 힘의 균형이 이루어졌다고 주장되기는 하나, 이러한 새로운 현상으로 인하여 실제로 그렇게 되었는지는 명확하지 않다. 플랫폼이 방대한 정보를 수집하게 되면 한쪽의 플랫폼 운영자와 다른 쪽의 플랫폼 사용자 사이에 새로운 정보 비대칭성이 발생할 수 있다. 특히 이와 같은 결론은 플랫폼에 대한 소비자에게 해당될 뿐 아니라, 더 일반적으로 모든 사용자(고객일 수도 있고 제공자일 수도 있다)에게도 해당되는 말이다.

소비자와 관련하여 보건대, 평판 메커니즘은 소비자 지위 강화의 중심에 있는 것이라고 흔히 생각되는데, 여기에서는 조작 등 여러 형태의 남용적 방법으로 사용자의 점증하는 의존도를 악용할 가능성이 있다.[10] 사용자 생성 콘텐츠는 보통 소비자에 대한 정보를 수집하는 데에 사용되는

(Apr. 20, 2015), www.cato-unbound.org/2015/04/20/alextabarrok-tyler/cowen/symmetric-information-wont-be-perfect).

8　See generally Yochai Benkler, Degrees of Freedom, Dimensions of Power(자유의 정도와 권력의 측면들), 145 Doedalus 18 (2016). 위 문헌 20쪽에서는 인터넷이 원래 탈중앙화된 방식으로 설계되어 있었는데 비교적 소수의 행위자의 손에 의해 권력의 집중이 발생한 점에 대해 논의하고 있다("모바일 및 클라우드 컴퓨팅, 사물인터넷, 광섬유 통신, 빅데이터, 감시장비, 행동마케팅은 사회적 · 문화적 · 경제적 플랫폼인 인터넷에 새로운 통제지점과 권력의 측면을 가져왔다."). Cf. also Vasilis Kostakis and Michel Bauwens, Network Society and Future Scenarios for a Collaborative Economy(네트워크 사회와 협업경제의 미래 시나리오) (2014) (네트워크 자본주의(netarchical capitalism)에서는 분산된 인프라를 중앙에서 통제하면서 자본을 축적한다고 설명한다).

9　See Julie E. Cohen, Law for the Platform Economy(플랫폼경제의 법), 51 U.C. Davis L. Rev. 133 (2017), at 145 ("경제적으로 말하자면, 플랫폼은 사용자 데이터의 잉여 가치를 추출하기 위한 수평적 · 수직적 전략에 해당한다"). 지식 기반 시장의 중요성에 대하여는 다음을 참조하라. See Mayo Fuster Morell, Online Creation Communities Viewed through the Analytical Framework of the Institutional Analysis and Development(기관 분석 및 발전론적 틀에서 살펴본 온라인 창조 공동체), in Governing Knowledge Commons (Brett M. Frischmann, Michael J. Madison, and Katherine J. Strandburg eds., 2014).

10　See Juliet B. Schor, Does the Sharing Economy Increase Inequality Within the Eighty Percent?: Findings from a Qualitative Study of Platform Providers(공유경제는 80%에게 불평등을 증가시키는가?: 플랫폼 제공자에 대한 정성적 평가에 따른 발견), 10 Cambridge J. Regions, Econ. & Soc'y 263 (2017) ("일반적으로, 사용자는 이들 사이트의 평가와 평판 데이터를 과대평가하는 것으로 보인다."; Sonja Utz et al., Consumers Rule: How Consumer Reviews Influence Perceived Trustworthiness of Online Stores(소비자의 지배: 어떻게 소비자 평가가 온라인 상점의 신뢰도에 영향을 미치

데, 전통적인 시장실패가 발생할 수도 있고, 시장조작(market manipulation)을 통하여 인지적 취약성을 이용할 가능성이 커진다.[11] 게다가 플랫폼은 빅데이터 분석을 통하여 차별화된 가격을 제공하고 각 고객에게서 최적의 유보가격(reservation price, 이는 고객에게 지불할 의사와 능력이 있는 최대 가격을 말한다)을 뽑아낼 기회를 더 많이 갖게 된다.[12] 이러한 새로운 현상으로 인하여 가격 및 거래조건의 차별화가 쉬워지고, 소비자가 전통적인 정적가격하에서 누렸던 후생이득(welfare gains)을 누릴 여지가 줄어들게 된다.[13]

제공자와 관련하여 보건대, 온라인 시장에서 서비스를 제공하는 공급자에게 대부분의 관련 정보에 대한 접근권이 주어지지 않는 경우가 흔하다. 온라인 플랫폼은 알고리즘의 작동방법과 사용된 등급 기준에 대해 충분한 정보를 제공하지 않는다. 플랫폼은 개별요소의 의미와 비중, 즉 개별요소가 어떻게 고려되는지를 상세히 알려 주지 않는다.[14] 나아가 제공자는 사전에 거래의 수익성을 평가하거나 가격을 정하기가 어렵고, 선호도와 상관없이 제안을 받아들여야 하는데,[15] 이와 같은 관행은 해당 플랫폼이 경쟁을 위해 가격을 낮게 유지할 이유가 있을 때 특히 문제가 있다.[16]

는가), 11 Elec. Comm. Res. & Apps. 49, at 54 (2012) (정보와 상품의 분리로 인하여 소비자들은 정보가 보다 객관적이라고 생각할 수 있는데, 이로 인해 과거의 전통적인 광고보다 상황이 더 위험하게 될 수 있다).

11 See e.g., Damian Clifford, Citizen-Consumers in a Personalised Galaxy: Emotion Influenced Decision-Making, a True Path to the Dark Side?(개인화된 은하계에서의 시민 소비자: 감정에 치우친 의사결정은 진정 어두운 면으로 가는 길인가?) (Sept. 15, 2017), CiTiP Working Paper Series, 31/2017, https://ssrn.com/abstract=3037425; Max N. Helveston, Regulating Digital Markets(디지털 시장의 규제), 13 N.Y.U. J. L. & Bus. 33 (2016); Ryan Calo, Digital Market Manipulation(디지털 시장의 조작), 82 Geo. Wash. L. Rev. 995 (2014). See also Sofia Ranchordás, Online Reputation and the Regulation of Information Asymmetries in the Platform Economy(온라인 평판과 플랫폼경제의 정보 비대칭성에 대한 규제), Critical Analysis of Law 5(1), 127, at 146 ("플랫폼경제에서, 평판에 대한 피드백이 완벽한 정보의 시나리오를 만들어 내지 않는다. 오히려, 완벽한 정보라는 착각을 불러일으킨다").

12 알고리즘과 가격 봇이 경쟁과 가격차별에 미치는 영향에 대하여는 다음을 참조하라. See Salil K. Mehra, Antitrust and the Robo-Seller: Competition in the Time of Algorithms(반독점과 판매로봇: 알고리즘 시대의 경쟁), 100 Minn. L. Rev. 1323 (2016); Maurice E. Stucke and Ariel Ezrachi, How Pricing Bots Could Form Cartels and Make Things More Expensive(가격을 책정하는 봇이 어떻게 카르텔을 형성하고 물건을 더 비싸게 만드는가), Harv. Bus. Rev. (Oct. 27, 2016), https://hbr.org/2016/10/how-pricing-bots-could-form-cartels-and-make/things-more-expensive; Ariel Ezrachi and Maurice E. Stucke, Artificial Intelligence & Collusion: When Computers Inhibit Competition(인공지능과 담합: 컴퓨터가 경쟁을 저해할 때), 2017 U. Ill. L. Rev. 1775 (2017).

13 See, e.g., Saul Levmore and Frank Fagan, The End of Bargaining in the Digital Age(디지털 시대에서의 협상의 종말), Cornell L. Rev. (forthcoming 2018), https://ssrn.com/abstract=3062794 (매도인이 소비자와 계약을 체결할 때 가격차별을 할 수 없도록 통일적이거나 투명한 가격책정 체계가 필요하다고 주장한다). 가격차별이 소비자 후생과 경쟁에 어떠한 영향을 미치는지에 대한 일반적인 논의로는 다음을 참조하라. See generally Dirk Bergemann et al., The Limits of Price Discrimination(가격차별의 한계), 105 Am. Econ. Rev. 921 (2015), www.aeaweb.org/articles.php?doi=10.1257/aer.20130848; Hal R. Varian, Computer Mediated Transactions(컴퓨터 중개의 거래), 100 Am. Econ. Rev. 1 (2010) (고정비용이 높고 한계비용이 낮을 때 개별화된 가격책정은 생산량, 소비자 잉여, 후생을 늘리는 경향이 있다고 주장한다); Kenneth S. Corts, Third-Degree Price Discrimination in Oligopoly: All-Out Competition and Strategic Commitment(과점에서의 3차 가격차별: 전면적 경쟁과 전략적 조치), 29 (2) RAND J. of Econ. 306 (1998), www.jstor.org/stable/2555890?seq=1#page_scan_tab_contents. See also UK Office of Fair Trading, The Economics of Online Personalised Pricing(온라인 개별 가격책정의 경제학) (2013), http://webarchive.nationalarchives.gov.uk/20140402142426/; www.oft.gov.uk/shared_oft/research/oft1488.pdf.

14 See discussion infra Section Ⅱ.

15 Cf. Alex Rosenblat and Luke Stark, Algorithmic Labor and Information Asymmetries: A Case Study of Uber's Drivers (알고리즘 노동과 정보의 비대칭성: 우버 운전자에 대한 사례 연구), 10 Int. J. Comm. 3758 (2016).

16 가격을 낮게 유지하는 데에는 여러 이유가 있다. See, e.g., David S. Evans and Richard Schmalensee, Market with Two-Sided Platforms(양면적 플랫폼의 시장), 1 Issues in Competition Law and Policy (ABA Section of Antitrust Law), Ch. 28, 690 (2008) ("이윤 극대화를 추구하는 양면적 플랫폼으로서는 어느 한쪽의 가격을 평균가변비용 미만, 한계비용 미만, 심지어 0 미만으로 책정하는 것이 이익이라는 것을 알 수 있다"), https://ssrn.com/abstract=1094820. 나아가 플랫폼들은 '선성장 후수익'(growth first, revenue later) 전략을 택할 수도 있다. 즉 가격이 경쟁자들의 평균 비용보다 낮아질 때까지 낮춘 다음 가격을 인상함으로써 독점적 이윤을 취득하고 그전의 손해를 만회하는 것이다. Amelia

2. 의사소통, 통제권 및 영향력

온라인 플랫폼에 대한 고객과 제공자의 협상력 평가에서 계약당사자가 거래의 규칙에 대한 협상을 하고 영향력을 행사하는지 여부 및 상대방과 의사소통을 할 수 있는지 여부에 관련되는 또 다른 근본적인 측면이 있다. 플랫폼경제에서 계약당사자가 위와 같이 할 수 있는지 여부는 의심스럽다. 통상 플랫폼은 사용자에게 서비스 조건을 제시하면서 '수락하든지 아니면 그만두라'고 한다. 따라서 사용자가 서비스 조건에 영향을 미치거나 이를 수정할 여지가 없다. 계약당사자가 '동의합니다'라는 아이콘을 클릭만 하고는 계약조건을 읽었다고 확인해 주는 것이 보통이므로, 이러한 계약은 거의 읽히지 않은 상태에서 공식적으로 성립하게 된다.[17]

이에 더하여, 플랫폼은 참여자 사이의 정보교환과 상호작용을 제한하는 웹사이트 구조를 점점 많이 구축하고 있다.[18] 실증적 연구에 의하면 이러한 폐쇄성으로 인하여 '플랫폼 걷어내기'(platform churn)라는 현상이 나타났는데, 특히 제공자가 우려사항을 제기하고 계약조건을 협상하는 목소리(voice)를 내지 못하게 되는 경우 유일한 선택지는 탈퇴(exit)밖에 없으므로 플랫폼에서 이탈할 수밖에 없는 것이다.[19]

3. 알고리즘에 의한 지배

온라인 대량 거래에서는 계약에 대한 승낙뿐만 아니라 계약 집행의 형태도 극적으로 변하게 된다. 계약조건은 자주 알고리즘, 즉 '기계규칙'에 의하여 실현되는데 이는 일종의 '자동화된 사적 명령'으로서 법적 심사를 거의 받지 아니하고, 결과의 발생에 영향을 미칠 만한 상황을 전부 고려하지도 아니한다.[20] 구제수단이 있는 경우에도 이러한 메커니즘의 작동에 관한 명확한 안내가 없으며, 실제로는 사법절차에 대한 접근성이 제한되기 쉽다. 외국법원의 관할권 및 준거법이 자주 적용되며, 내부적 구제 메커니즘은 이메일로만 처리되어서 사람의 직접적인 접촉이 있기 어렵고

Fletcher, Predatory Pricing in Two-Sided Markets: A Brief Comment(양면적 시장에서의 약탈적 가격책정: 간략 의견서), 3 Competition Pol'y Int'l 221 (2007).

17 소비자 중 소수만이라도 계약문구를 읽어봄으로써 기업이 보다 효율적인 계약조건을 도입하도록 유도한다면 소비자들이 계약조건을 읽지 않는 것은 별다른 문제가 되지 않을 수도 있다. 충분한 정보를 가지고 있으며 지적 수준이 높은 소수의 소비자들이 보통 이하인 소비자의 이익을 위해 행동에 나섬으로써 시장을 교정할 수 있다는 이론을 편 유명한 논문으로 다음의 것이 있다. Alan Schwartz and Louis Wilde, Intervening on Markets on the Basis of Imperfect Information: A Legal and Economic Analysis(불완전한 정보에 기초한 시장 개입: 법경제학적 분석론), 127 U. Pa. L. Rev. 630 (1979). 이 이론은 경쟁과 정보 대칭성에 관한 의심스러운 경험적 가정에 기초하고 있다는 비판을 받고 있다. See Yannis Bakos et al., Does Anyone Read the Fine Print? Consumer Attention to Standard-Form Contracts(작은 글자의 계약조건을 읽는 사람이 있는가? 표준양식계약에 대한 소비자의 주의 정도), 43 J. Legal Stud. 1 (2014).

18 See, e.g., Cohen, supra note 9, at 155 ("플랫폼은 소위 계약상 통제와 기술적 통제를 결합시켜서 플랫폼이 중개하는 만남의 절차를 통제하는 수단으로 사용하고 있다.").

19 See G. Newlands et al., Power in the Sharing Economy(공유경제의 권력관계) (2017), at 6 ("공유경제 플랫폼의 공급자층에서 이탈 현상이 증가하고 있다"), www.bi.edu/globalassets/forskning/h2020/power-working/paper.pdf. Min K. Lee et al., Working with Machines: The Impact of Algorithmic and Data-Driven Management on Human Workers (기계와 함께 일하기: 인간 노동자에 대한 알고리즘과 데이터 기반 경영의 영향), Proceedings of the 33rd Annual ACM Conference on Human Factors in Computing Systems 1603 (2015) (제공자가 위 회사들에게 이메일을 보내도 대부분 답장을 받지 못한다고 설명하고 있다).

20 Cf. Margaret J. Radin, The Deformation of Contract in the Information Society(정보사회에서의 계약의 변형), 37 Oxford J. Legal Stud. 505, (2017) at 511.

사건처리 담당자도 없다.[21] 이와 같은 알고리즘에 의한 집행시스템이 투명해야 한다는 요청이 널리 퍼지고 있지만, 이는 기계학습 알고리즘에서는 달성하기 어려운 결과여서 결국 제공자와 고객은 실효적인 법적 구제수단을 갖지 못하고 있다.[22]

4. 시장의 구조

플랫폼이 시장에서 지배적 위치를 점하여 공급자와 소비자에게 유일한 접근지점이 될 때, 협상력이 플랫폼 쪽으로 불균형적으로 기우는 현상이 명백하게 악화된다. 지배적 플랫폼은 두꺼운 시장을 보여줄 수 있기 때문에, 이러한 시장 구조가 플랫폼 양면에 있는 사용자에게 이익이 된다고 볼 수 있다. 그러나 제공자와 고객이 플랫폼에 전적으로 의존함에 따라 높은 가격과 약탈적 관행의 위험성이 동시에 존재한다.

대부분의 온라인 시장은 내재적으로 독점화 경향이 있고 반경쟁적 구조를 보이는 것으로 생각되는데, 자주 유일한 운영자가 되기도 한다(이는 승자독식 혹은 거의 비슷한 수준에 이르는 것을 말한다). 지배적 지위의 위험성을 포착하는 주요한 근거는 '간접적 네트워크 외부효과'(indirect network externalities)의 발생에서 찾을 수 있다. 일정한 집단의 참여자가 증가하면 다른 사용자 집단의 참여가 갖는 가치가 증가하는데, 그로 인하여 신규진입자는 경쟁을 하기에 충분한 초기 고객을 확보하기가 극도로 어려워진다.[23] 네트워크 효과 외에도 고유의 데이터를 대량으로 획득하면 유일한 운영자에게 상당한 경쟁상 우위를 제공할 수 있는데, 그 이유는 플랫폼을 통한 거래가 많아질수록 거래를 규율하는 알고리즘과 관련 서비스가 개선될 수 있기 때문이다.[24] 요컨대 네트워크 효과와

---

21 Ecorys, Business-to-Business Relations in the Online Platform Environment(온라인 플랫폼 환경에서의 기업 대 기업의 관계). Final Report. FWC ENTR/300/PP/2013/FC-WIFO (2017), at 29.

22 See generally Frank Pasquale, The Black Box Society. The Secret Algorithms that Control Money and Information (블랙박스 사회. 돈과 정보를 통제하는 비밀 알고리즘) (2015).

23 See generally Federal Trade Commission, The "Sharing" Economy: Issues Facing Platforms, Participants and Regulators(공유경제: 플랫폼, 참여자, 규제기관이 직면한 쟁점들) (2016), at 26 ("양면적 네트워크 효과로 인하여, 대형 플랫폼은 지배적인 지위를 점하면서 참여자가 적은 소규모 플랫폼의 경쟁을 차단할 수 있다"); Geoffrey G. Parker, Marshall W. Van Alstyne, and Sargeet P. Choudary, Platform Revolution: How Networked Markets Are Transforming the Economy – and How to Make Them Work for You(플랫폼 혁명: 네트워크화된 시장이 경제를 어떻게 변화시키는가 – 그리고 네트워크화된 시장이 당신을 위해 작동하게 하려면 어떻게 해야 하는가) (2016). But see Andrei Hagiu and Simon Rothman, Network Effects Aren't Enough(네트워크 효과로는 충분하지 않다), Harv. Bus. Rev., April 2016; David S. Evans and Richard Schmalensee, Why Winner-Takes-All Thinking Doesn't Apply to the Platform Economy(왜 승자독식의 사고가 플랫폼경제에는 적용되지 않는가), Harv. Bus. Rev, May 2016; Jonathan A. Knee, All Platforms Are Not Equal(모든 플랫폼이 다 같은 것은 아니다), MIT Sloan Mgmt. Rev., Sept. 15, 2017 (디지털 영역에서 네트워크 효과의 가치를 견인하는 핵심적인 구조적 속성은 다음과 같다고 주장한다. 네트워크가 재정적 손익분기점에 이를 수 있는 최소한의 시장 점유율, 고객관계의 성질 및 지속가능성, 네트워크가 생성해 내는 데이터가 제품 및 가격 최적화를 가능하게 만들어 주는 정도). 공유경제에 대해 구체적으로 언급하고 있는 문헌으로는 다음을 참조하라. See Sundararajan, supra note 4, at 119 (공유경제는 지역적으로 전개되는 특성이 있기 때문에 양면적 네트워크 효과는 공유경제 플랫폼에 따라 상당히 다르고 주장한다).

24 See generally Federal Trade Commission, Big Data: A Tool for Inclusion or Exclusion? Understanding the Issues(빅데이터: 포용의 도구인가 배제의 도구인가? 쟁점들에 대한 이해) (2016); Autorité de la concurrence – Bundeskartellamt, Competition Law and Data(경쟁법과 데이터) (2016) ("데이터의 수집은 진입장벽을 야기할 수 있다. 신규진입자는 데이터를 수집할 수 없거나 데이터에 대한 접근성을 구매하기 어려울 수도 있다. 정보의 양과 다양성에서 기존 회사에 필적할 수 없다."); OECD, Data Driven Innovation for Growth and Well-Being: Interim Synthesis Report(성장과 복지를 위한 데이터 주도의 혁신: 중간 종합보고서) (2014); Autoritat Catalan de la Competència, The Data-Driven Economy. Challenges for Competition(데이터 주도 경제. 경쟁에 대한 도전) (2016). See also Bruno Carballa Smichowski, Data as a Common in the Sharing Economy: a General Policy Proposal(공유경제 공공재로서의 데이터: 일반적인 정책 제

데이터 수집이 결합할 경우 상당한 경쟁 우위를 발생시킬 수 있고, 이에 따라 하나의 플랫폼이 인위적 진입장벽을 만들어서 경쟁을 제한하고 사용자에게 해를 가할 수 있다.

II. 플랫폼경제를 위한 법적 틀

앞서 살펴본 바를 고려하면, 플랫폼경제에서 협상력 차이가 발생할 위험이 낮아졌거나 근절되었다고 결론짓기는 어렵다. 불평등이 감소했다고 주장하는 견해는 거래에서 약자 보호와 관련하여 여전히 남아 있는 문제를 인식하지 못하고 있다. 이 섹션에서는 가장 성공적으로 운영되고 있는 플랫폼이 채택하고 있는 표준계약서를 조사한다. 이후에는 행위자 사이의 법적 관계를 검토함으로써 현존 법체계로 효과적인 보호가 가능한지를 검증하고, 언제 규제가 개입하는 것이 바람직한지를 제안하고자 한다.

A. 표준계약서에 대한 조사 결과

전통적인 표준계약서는 통상 직업적 공급자가 작성하고 소비자가 수용하는 데에 비하여, 플랫폼경제에서 사용되는 계약서에는 세 당사자가 있다. 온라인 플랫폼, 플랫폼을 통하여 거래를 체결하는 제공자, 사용자(제공자와 사용자를 통칭 사용자라고도 한다)가 있다. 각 행위자는 나머지 행위자와 각기 법률관계를 형성하므로 극도로 복잡한 법적 시나리오가 만들어진다. 대부분 단 하나의 계약으로 모든 거래를 규율한다. 계약조항은 플랫폼이 작성하고 사용자가 이를 수용하는데, 별도의 규정이 없는 한 동일한 규정이 서비스 제공자와 고객에게 적용되는 것이 보통이다(서비스 제공자와 고객은 모두 플랫폼이 제공하는 서비스의 사용자에 해당한다).

계약서들을 검토하여 드러난 결과는 이중적이다. 우선 계약조항은 통상 동료에게 대략 비슷한 권리와 의무를 부여하면서 각자가 의무이행에 대해 전적인 책임을 지도록 하고 있다. 제공자와 소비자 간의 계약관계는 플랫폼에서 정해 주는 바에 따라 규율되는데, 쌍방 계약에 비하여는 편파적인 조항이 통상 덜 발견되고 있으며, 양 당사자가 각자 부담하는 기본적인 의무를 이행할 것을 강제하고 있다. 이와 동시에 플랫폼은 연결시스템 전반을 통제함으로써 소비자와 제공자에 대하여 상당한 영향력을 행사하고 있고, 이와 같은 영향력은 계약조건에 명백하게 드러나 있는데, 계약조건에는 당사자 간 협상력의 불균형을 반영하고 있다고 일반적으로 여겨지는 조항이 많이 들어 있다.[25]

안), CEPN Document de travail n. 2016-10 (2016), at 25 ("우리가 공유경제에서 발견한 경쟁 관련 문제의 대부분은 사용자 정보로 생성하는 데이터베이스에 대하여 플랫폼이 사적·독점적 권리를 보유하고 있다는 사실에서 발생한다.").

25 표준계약서의 편파성은 일반적으로 정보와 인지의 문제, 그리고 역선택의 결과로 설명되고 있다. See, e.g., Oren Bar-Gill, Seduction by Plastic(신용카드의 유혹), 98 Nw. U. L. Rev. 1373 (2004); Eric A. Posner, Contract Law in the

협상력의 불균형은 계약조건뿐만 아니라 높은 플랫폼 사용 수수료에도 반영될 수 있다. 계약 조건은 통상적으로 플랫폼이 일방적으로 내용을 변경할 수 있도록 규정하고 있으며, 심지어는 최종적인 가격까지 일방적 변경의 대상이 될 수 있게 해 놓은 경우도 있는데,[26] 사전 통지가 없거나 변경을 뒷받침하는 정당한 이유가 없더라도 이와 같은 변경이 가능하도록 해 놓은 경우가 있다.[27] 변경에 대한 사전 통지가 아예 없거나 있더라도 그 직전에 이루어지는 경우가 대부분이고, 사용을 계속하면 해당 변경사항에 대한 동의가 있는 것으로 추정된다. 플랫폼은 이와 같은 권능을 광범위하게 사용하고 있는 것으로 보이며, 거의 매일에 가까운 빈도로 변경이 이루어지는 경우도 있다. 이와 같은 관행으로 인해 변경사항이 적용되기 전에 사용자가 적시에 그리고 완벽하게 적응하는 것이 가능하지 못할 수도 있다.[28]

플랫폼이 임의로 계약을 종료시킬 권리,[29] 계정을 정지시키거나 개별 상품이나 서비스를 플랫

Welfare State: A Defense of the Unconscionability Doctrine, Usury Laws, and Related Limitations on the Freedom to Contract(복지국가의 계약법: 사회질서위반이론, 고리대금법 등 계약자유의 제한에 대한 옹호), 24 J. Legal Stud. 283 (1995); Michael I. Meyerson, The Efficient Consumer Form Contract: Law and Economics Meets the Real World(효율적인 소비자표준계약: 법경제학이 현실세계를 만나다), 24 Ga. L. Rev. 583, 594–603 (1990); Phillipe Aghion and Benjamin Hermalin, Legal Restrictions on Private Contracts Can Enhance Efficiency(사적 계약에 대한 법적 제한이 효율성을 증대할 수 있다), 6 J. L. Econ. & Org. 381 (1990).

26 Ct. European Commission– Press release, The European Commission and EU consumer authorities are calling on Airbnb to align their terms and conditions with EU consumer rules and be transparent on their presentation of prices(유럽연합집행위원회와 유럽연합소비자보호국이 에어비앤비에게 유럽연합 소비자보호규정에 맞추어 계약조건을 정하고 가격제시에 관한 투명성을 제고하라고 촉구한다), Brussels, 16 July 2018, http://europa.eu/rapid/press-release_IP-18-4453_en.pdf.

27 Airbnb Terms and Condition, §3 ("Airbnb reserves the right, at its sole discretion, to modify the Site, Application or Services or to modify these Terms, including the Service Fees, at any time and without prior notice (…) If the modified Terms are not acceptable to you, your only recourse is to cease using the Site, Application and Services. If you do not close your Airbnb Account you will be deemed to have accepted the changes."); Uber Terms and condition, §1 ("Uber may amend the Terms from time to time. Amendments will be effective upon Uber's posting of such updated Terms at this location or in the amended policies or supplemental terms on the applicable Service(s). Your continued access or use of the Services after such posting confirms your consent to be bound by the Terms, as amended."); Etsy, Terms of Use, §12 ("Changes to the Terms. We may update these Terms from time to time. (…) You are responsible for reviewing and becoming familiar with any changes. Your use of the Services following the changes constitutes your acceptance of the updated Terms."); BlaBlaCar, Terms & Conditions, §13 ("BlaBlaCar reserves the right to modify or suspend all or part of access to the Platform or its functionalities, at its sole discretion, temporarily or permanently."); Getaround Terms of Service ("Eligibility. We may, in our sole discretion, modify or update this Agreement from time to time, and so you should review this page periodically (…) Your continued use of the Service after any such change constitutes your acceptance of the new Terms of Service"); TaskRabbit Terms of Service, §26 ("Company reserves the right, at its sole and absolute discretion, to change, modify, add to, supplement or delete any of the terms and conditions of this Agreement (including the Privacy Policy) and review, improve, modify or discontinue, temporarily or permanently, the TaskRabbit Platform or any content or information through the TaskRabbit Platform at any time, effective with or without prior notice and without any liability to Company.")

28 Cf. Ryan Calo and Alex Rosenblat, The Taking Economy: Uber, Information, and Power(탈취경제: 우버, 정보 및 권력), 117 Colum. L. Rev. 1623 (2017). Cf. also David Horton, The Shadow Terms: Contract Procedure and Unilateral Amendments(그림자 조항: 계약체결 절차와 일방적 변경(), 57 UCLA L. Rev. 605 (2010) (세세한 조항 등을 변경함으로써 그림자 조항(shadow terms)이 생기는데, 소비자는 이를 잘 알지 못한다고 한다).

29 Airbnb Terms and Conditions, §24 ("Airbnb may deactivate or delay Listings, reviews, or other Member Content, cancel any pending or confirmed Bookings, limit your use of or access to your Airbnb Account and the Site, Application or Services, temporarily or permanently revoke any special status associated with your Airbnb Account, or temporarily or permanently suspend your Airbnb Account if (i) you have breached these Terms or our Policies, including material and non-material breaches and receiving poor ratings from Hosts or Guests, or (ii) Airbnb believes in good faith that such action is reasonably necessary to protect the safety or property of Members, Airbnb or third parties, for fraud prevention, risk assessment, security or investigation purposes."); Uber Terms and condition, §1 ("Uber may immediately terminate these Terms or any Services with respect to you, or generally cease offering or deny access to the Services or any portion thereof, at any time for any reason."); Etsy, Terms of Use, §7 ("Termination

폼 목록에서 내릴 권리[30]와 관련하여서도 이와 유사한 조항이 있다. 일방적으로 목록에서 내리거나 계정을 정지 혹은 폐쇄하는 행위가 일정한 경제활동의 존재 자체를 위협할 수는 있는데도 불구하고, 계정이나 물품의 정지와 봉쇄에 관련된 조건과 절차는 투명하지도 않고 존재하는 경우도 거의 없으며 계약상 설명의무도 없으므로, 이러한 행위에 대하여 이의를 제기하기도 어렵다.[31]

그 외에 흔히 보이는 조항으로서 준거법과 관할법원의 선택 조항,[32] 중재 합의 및 분쟁해결 조항(보통 집단소송 및 배심재판포기 조항과 함께 규정된다),[33] 가격 및 비가격에 관한 동등취급

By Etsy. We may terminate or suspend your account (and any related accounts) and your access to the Services at any time, for any reason, and without advance notice."); BlaBlaCar, Terms & Conditions, §9 ("BlaBlaCar reserves the right to terminate the T&Cs binding you with BlaBlaCar immediately and without notice."); Getaround Terms of Service ("Termination. We may terminate your participation in the Service at any time, for any reason or no reason, without explanation"); TaskRabbit Terms of Service, §8 ("Company may terminate, limit or suspend your right to use the TaskRabbit Platform in the event that we believe that you have breached this Agreement (...) you will not be entitled to any refund of unused balance in your account (...) this Agreement will remain enforceable against you"); Lyft Terms of Service, §16 ("Lyft may terminate this Agreement or deactivate your User account immediately in the event").

30 Airbnb Terms and Conditions, §7 ("Airbnb reserves the right, at any time and without prior notice, to remove or disable access to any Listing for any reason"); Uber Terms and conditions, §4 ("Uber may, but shall not be obligated to, review, monitor, or remove User Content, at Uber's sole discretion and at any time and for any reason, without notice to you").

31 Ecorys, supra note 21, at 70. (많은 사용자들이 등록물 삭제와 활동의 정지를 상당한 위험요소로 보고 있다. 즉 계약조건의 위반을 주장하는 자가 브랜드 소유자이건, 경쟁사업자이건, 고객이건, 부지의 제3자이건, 계약위반 주장이 남용될 소지가 있다는 것이다. 나아가, 전자상거래에서 활동 중인 사업자 사용자에 대한 면담을 한 결과, 그들이 매출손실액과 지급된 수수료에 대한 보상을 요구하였으나, 보상을 한 플랫폼은 없는 것으로 파악되었다. 심지어 플랫폼이 자신의 과실로 정지가 되었음을 인정한 경우에도 마찬가지였다.)

32 Airbnb Terms and Conditions, §33 ("These Terms and your use of the Services will be interpreted in accordance with the laws of the State of California and the United States of America, without regard to its conflict-of-law provisions."); Uber Terms and Conditions, §7 ("These Terms are governed by and construed in accordance with the laws of the State of California, U.S.A., without giving effect to any conflict of law principles."); Etsy Terms of Use, §11 ("A. Governing Law. The Terms are governed by the laws of the State of New York, without regard to its conflict of laws rules, and the laws of the United States of America."). Last visited, Sept. 13, 2017.

33 Airbnb Terms and Conditions, §34 ("Any dispute, claim or controversy (...) will be settled by binding arbitration"); Uber Terms and conditions, §2 ("You are required to resolve any claim that you may have against Uber on an individual basis in arbitration (...) This will preclude you from bringing any class, collective, or representative action against Uber, and also preclude you from participating in or recovering relief under any current or future class, collective, consolidated, or representative action brought against Uber by someone else (...) You acknowledge and agree that you and Uber are each waiving the right to a trial by jury or to participate as a plaintiff or class member in any purported class action or representative proceeding."); Etsy Terms of Use, §11 ("B. Arbitration. You and Etsy agree that any dispute or claim arising from or relating to the Terms shall be fi nally settled by final and binding arbitration (...) you and Etsy are each waiving the right to trial by jury or to participate in a class action or class arbitration."); Getaround Terms of Service ("Arbitration. We each agree to resolve any claim, dispute, or controversy (...) by binding arbitration (...) All claims must be brought in the parties' individual capacity and not as a plaintiff or class member in any purported class or representative proceeding (...) you and Getaround are each waiving the right to a trial by jury or to participate in a class action, collective action, private attorney general action, or other representative proceeding of any kind."); TaskRabbit Terms of Service, §20 ("You and company mutually agree to waive your respective rights to resolution of all claims between you (...) in a court of law by a judge or jury and agree to resolve any disputes by binding arbitration on an individual basis (...) you acknowledge and agree that you and company are each waiving the right to participate as a plaintiff or class member in any purported class action or representative proceeding"); Lyft Terms of Service, §17 ("You and Lyft mutually agree to waive our respective rights to resolution of disputes in a court of law by a judge or jury and agree to resolve any dispute by arbitration (...) Class arbitrations and class actions are not permitted (...) All disputes and claims between us (...) shall be exclusively resolved by binding arbitration solely between you and Lyft"). 블라블라카가 유럽연합 온라인분쟁해결 플랫폼에 대한 원용을 하고 있음을 주목할 필요가 있다(BlaBlaCar Terms & Conditions, §15). 이러한 규정과 함께 플랫폼에게 다른 관할권과 준거법을 선택할 권리를 부여하고 상대방에게는 이러한 선택권을 부여하지 않는 경우도 있다. See, e.g., Booking.com General Delivery Terms, §10.6("Notwithstanding this Clause 10.5, nothing in this Agreement shall

조항[34] 등이 있다. 나아가 이와 같은 계약들은 '묶음판매'(bundling) 조항을 두고서, 플랫폼에서 제공하는 일정한 부가서비스(결제시스템, 데이터 클라우드, 통신채널, 배송서비스)를 사용하도록 하는 것이 보통이다.[35]

중요한 것은 대부분의 플랫폼이 자신을 네트워크(networks) 혹은 시장(marketplaces)으로 묘사하고 있다는 점이다.[36] 이와 같은 정의조항은 보통 예외조항과 결합하여 사용자를 서비스를 제공하는 유일한 자로 취급하고, 플랫폼의 활동(및 그 법적 책임)은 거래서비스(transactional services)의 제공에 국한하려고 한다. 플랫폼이 사용자 사이의 공급과 수요가 연결되도록 인프라를 제공함으로써 단순히 독립거래자들에게 연결시스템만을 제공한다면 이러한 결론은 타당할 것이다. 하지만 플랫폼이 높은 수준의 통제권과 영향력을 행사하는데도, 플랫폼의 통제권 안에 있는 문제(즉 사용자의 통제권 밖에 있는 문제)에 대한 책임을 사용자에게 전가하는 것은 명백히 부당하다.[37]

결론적으로, 원칙적으로는 플랫폼이 서비스 제공에 관한 계약이 더욱 공평해지도록 만드는 데 기여했다고 볼 수 있지만,[38] 플랫폼과 사용자 간의 법적 관계도 공평해졌다고 보기는 어렵다. 온라

---

prevent or limit Booking.com in its right to bring or initiate any action or proceeding or seek interim injunctive relief or (specific) performance before or in any competent courts (...) the Accommodation waives its right to claim any other jurisdiction or applicable law to which it might have a right.").

34 위 조항에서는, 매도인이 상품 또는 서비스에 관하여 다른 플랫폼에서 제시한 가격보다 불리하지 않은 가격을 제시하기로 합의한다. 이러한 조항은 시장 지배력의 불균형을 반영할 뿐만 아니라, 또 다른 문제들 가령 새로운 플랫폼에 대한 진입 장벽 형성, 소비자의 이익에 반하는 가격 인상 등을 야기할 수 있다. 이와 관련하여 가장 주목할 만한 사례는 Booking.com과 관련된 것인데, 이탈리아, 프랑스, 스웨덴 경쟁 당국에서 이 문제를 다룬 바 있다. See European Union press release, Antitrust: Commission announces the launch of market tests in investigations in the online hotel booking sector by the French, Swedish and Italian competition authorities(반독점: 집행위원회는 프랑스, 스웨덴, 이탈리아 경쟁당국이 온라인 호텔 예약 부문에 관한 시장조사를 개시하였음을 공표한다) (Dec. 15, 2014), http://europa.eu/rapid/press/release_IP-14-2661_en.htm. 결국 경쟁당국은 Booking.com에서 이 문제를 해결하겠다는 약속을 받아들였다. 그리고 독일 연방카르텔감독청은 Booking.com이 이와 같은 조항을 이용하는 것을 금지하였다. www.bundeskartellamt.de/SharedDocs/Meldung/EN/Pressemitteilungen/2015/23_12_2015_Booking.com.html.

35 Cf. Report of an engagement workshop hosted by the European Commission, Business-to-Business Relationships in the Online Platforms Environment – Legal Aspects and Clarity of Terms and Conditions of Online Platforms(온라인 환경에서의 기업간 관계: 온라인 플랫폼 계약조건의 법적 측면 및 명확성) (Brussels, Nov. 14, 2016), http://ec.europa.eu/newsroom/document.cfm?doc_id=43829.

36 Airbnb Terms and Conditions, §1.1 ("The Airbnb Platform is an online marketplace that enables registered users and certain third parties who offer services (...) to publish such Host Services on the Airbnb Platform and to communicate and transact directly with Members that are seeking to book such Host Services"); TaskRabbit Terms of Service, §1, 12, 17 ("The TaskRabbit Platform only enables connections between Users for the fulﬁllment of Tasks. Company is not responsible for the performance of Users (...) The TaskRabbit Platform is not an employment service and Company is not an employer of any User"); Lyft Terms of Service, §1, 12 ("The Lyft Platform provides a marketplace where persons who seek transportation to certain destinations ("Riders") can be matched with persons driving to or through those destinations ("Drivers") (...) Lyft does not provide transportation services, and Lyft is not a transportation carrier"; "We disclaim liability for, and no warranty is made with respect to, connectivity and availability of the Lyft Platform or Services (...) We cannot guarantee that each Rider is who he or she claims to be. Please use commonsense when using the Lyft Platform and Services").

37 Cf. C-434/15 Press and Information Asociación Profesional Elite Taxi v. Uber Systems Spain SL (우버가 제공하는 서비스는 중개 서비스 이상의 것이다. 해당 서비스는 운송 서비스와 본질적인 면에서 연결되어 있는 것으로 판단되어야 하고, 따라서 EU 법상 '운송 분야의 서비스'(a service in the field of transport)로 분류되어야 한다). See also Pierre Hausemer et al., Final Report, Exploratory Study of Consumer Issues in Online Peer-To-Peer Platforms Markets(최종 보고서, 온라인 P2P 플랫폼 시장에서의 소비자 문제에 대한 탐사 연구) (2017) ("P2P 거래에 플랫폼이 개입하는 수준과 플랫폼 계약조건의 책임 관련 조항이 불일치하는 문제는, P2P 거래에 문제가 발생했을 때 플랫폼의 책임과 관련하여 사용자를 혼란스럽게 하거나 오인하게 만들 위험이 있다"), http://ec.europa.eu/newsroom/just/item-detail.cfm?item_id=77704#_ftn4.

38 다만, 플랫폼이 일정한 행위자 집단을 선호할 만한 이유가 존재하는 경우도 있다. See, e.g., Rosenblat and Stark, supra note 15, at 3765 (우버 운전자는 우버가 소비자를 우대한다고 느낀다고 한다). 양면적 시장의 가격구조에 관하여는 다

인 플랫폼과 사용자 사이의 관계에 관한 계약조항을 보면 법적 구제수단의 가용성, 플랫폼의 계약 불이행에 대한 책임 추궁 등에 관한 계약상 권리가 인정되고 있는지 의문이다.[39]

B. 플랫폼과 사용자들

플랫폼경제에서 공급자와 소비자의 경계선이 점점 희미해지면서 소비자가 생산자 혹은 매도 인과 더이상 별개의 존재로 구별되지 않는다는 점은 주지의 사실이다. 그럼에도 불구하고 제공자 와 소비자는 플랫폼에 대하여 여전히 다른 종류의 도전에 직면해 있으므로, 본 연구의 목적을 위해서는 각자의 지위를 별개로 검토하는 것이 바람직하다.

플랫폼과 제공자 사이의 관계는 통상적으로 노동법의 관점에서 검토되어 왔다. 주문형 서비스 를 제공하는 온라인 플랫폼 중 압도적 다수는 근로자를 채용하기보다는 개별 업무별로 계약업자 를 이용한다고 주장하는데, 그에 따라 장기고용계약에서 임시노동시장 및 긱경제로의 이동이 발 생하고 있다. 대체로 예상할 수 있는 바와 같이 노동자의 성격에 관한 이러한 입장은 전 세계에 걸 쳐 법적 소송의 대상이 되었다. 시장의 세력이 노동자를 제대로 보호하지 않을 경우에는 여러 법 적 보호장치가 요구되는데, 이러한 보호장치를 회피하려고 하거나 노동자의 지위를 잘못 분류할 위험성이 있기에 소송이 제기된 것이다. 여기서 중요한 질문은 플랫폼에서 서비스를 공급하는 자 를 노동자로 취급해야 하는지, 아니면 독립계약자로 취급해야 하는지이다. 어느 한쪽으로 갈 수밖 에 없는 기준을 중심으로 현재의 논의가 진행되고 있는데, 변화의 추이에 따라 이러한 엄격한 이 분법이 수정되어야 하는지도 논의의 대상이다.[40]

노동자와 독립계약자의 구별 문제는 이 글의 범위를 벗어나지만, 관련 측면으로서 이 장에서 분석할 여지가 있다. 제공자가 피용인으로 간주되면 고용노동법이 적용되어 고용자에 비하여 약 자로 생각되는 부류에 제공되는 법적 보호 틀이 부여된다. 대조적으로 제공자가 진정으로 자율적 인 기업가로서 온라인 플랫폼을 통하여 서비스를 제공하는 경우라면 보호정도가 덜한 B2B의 법

음을 참조하라. See Jean C. Rochet and J. Tirole, Platform Competition in Two-Sided Markets(양면적 시장에서의 플랫폼 간 경쟁), 1 J. Eur. Econ. Assn. 990 (2003) (플랫폼은 가격구조와 가격수준을 결정하여, 시장의 양 당사자 사이에 가격을 배분한다).

39 See, e.g., Radin, supra note 20, at 505 ("오늘날 정보 사회의 기술적 특성과 이에 수반되는 사회적 특성으로 인하여 사기업은 자신들에게 유리한 방향으로 법적 권리를 대규모로 재편할 수 있게 되었다"); Jack M. Balkin, Free Speech in the Algorithmic Society: Big Data, Private Governance, and New School Speech Regulation(알고리즘 사회의 언론의 자유: 빅데이터, 사적 지배구조 및 새로운 방식의 언론 규제), 51 U.C. Davis L. Rev. 1149 (2018) ("빅데이터는 새로운 형태의 조작과 통제를 가능하게 해 주는바, 사기업들은 이를 정당화하고 규제를 차단하려고 할 것이다"). 복잡한 약관에 대한 일반적 논의는 다음의 문헌을 참고하라. See generally Margaret J. Radin, Boilerplate: The Fine Print, Vanishing Rights, and the Rule of Law(복잡한 약관: 아주 작은 글자, 사라지는 권리와 법의 지배) (2013); Nancy S. Kim, Wrap Contracts(랩 계약) (2013); Omri Ben-Shahar (ed.), Boilerplate. The Foundation of Market Contracts(복잡한 약관. 시장계약의 토대) (2007).

40 이 책의 6장을 참조하라. 운전자가 우버의 고객 혹은 파트너라는 우버의 주장은 미국과 영국의 법원에서 배척되었다. Cf. O'Connor v. Uber Technologies Inc., 82 F.Supp.3d 1133 (N.D. Cal. 2015); Cotter v. Lyft Inc., 60 F.Supp. 3d 1067 (N.D. Cal. 2015); Aslam v. Uber, judgment of Oct. 28, 2016 (London Employment Tribunal) ("런던의 우버가 3만 개 소기업이 공통의 플랫폼으로 연결된 집합체라는 관념은 우리가 보기에 웃기지도 않는 주장이다").

적 틀이 적절하다.[41]

하지만, 직업적 독립제공자의 경우에도 계약상 권리의 불균형이 발생할 위험성과 거래의 약한 당사자를 보호할 필요성은 여전히 존재한다.[42] 간혹 유력한 사업자는 디지털 플랫폼과 사이에 자신에게 적용될 계약조건을 협상할 수 있겠지만,[43] 대부분의 경우에 이는 현실적이지 못한 선택지이다.

위에서 검토한 조항(§1.3 참조)에 더하여 서비스 제공자 입장에서 볼 때 일정한 계약조항은 플랫폼과의 관계에서 특히 중요하다. 이와 관련하여 보건대, 특히 거래의 핵심적 측면(가령 검색 순위의 산정 기준, 평판 시스템, 가변적 가격책정)에 관한 투명성의 부재는 주된 우려의 대상이다.[44] 실제로 많은 경우에 플랫폼은 서비스 제공자에게 그들의 등록물이 어떻게 진열되고 순위가 매겨지는지에 관한 충분한 정보를 제공하지 않고 있고, 사용하는 기준에 대하여 명확한 설명을 하지 않고 있으며, 극도로 모호한 문구를 사용하고 있다(가령 인기도와 같은 기준의 의미는 제공자에게 명확하지 않다).[45] 플랫폼은 일반적이고 예시적인 요소들의 긴 목록을 제시하고, 때로는 자신의 의지대로 순위를 바꿀 수 있는 권능을 스스로에게 부여함으로써 상당한 재량권을 행사하고 있다.[46] 그리고 등록물을 올리고 제시하는 방식은 가장 의미 있는 변수로서 누가 고객의 관심을 받게 되는지, 어느

---

41 약자의 지위에 있는 상거래 당사자를 보호하기 위한 특별한 규제가 필요한지는 큰 논란의 대상이다. 그럼에도 불구하고 유럽연합법에 따르면, 중소기업들은 일정한 경우 특별한 보호를 받는다. See, e.g., Council Directive 90/314, 1990 O.J. (L 158), 59–64 (EEC); European Parliament and Council Directive 2011/7, 2011 O.J. (L 2011), 48–1 (EU). See also Communication from the Commission to the European Parliament, the Council, the European Economic and Social Committee and the Committee of the Regions, Online Platforms and the Digital Single Market – Opportunities and Challenges for Europe(온라인 플랫폼과 디지털 단일 시장– 유럽의 기회와 도전) (May 25, 2016), COM (2016) 288/2.

42 Cf. European Commission, Proposal for a Regulation of the European Parliament and of the Council on promoting fairness and transparency for business users of online intermediation services), Brussels, 26.4.2018 COM(2018) 238 final, 2018/0112 (COD). Ecorys, supra note 21, at IX (사업자 사용자의 46%가 플랫폼과 사이에 분쟁 및 의견 불일치를 경험하였다. 빈번사용자 중에서는 이 비율이 75%로 상당히 높다).

43 이베이의 경우 '최우수 판매자'(power sellers)가 되면 '대량 등록'(bulk listings) (다량의 제품을 자동으로 등록할 수 있다)을 할 수 있고, 이와 같은 판매자는 플랫폼과 협상하여 등록물 당 수수료를 낮출 수 있다. See Hagiu and Rothman, supra note 23 ("최근 몇 년 사이에 최우수 판매자가 이베이의 공급측면을 지배하게 되어, 비직업적인 판매자가 이와 경쟁하기가 어려워졌다").

44 See Hausemer et al., supra note 36, at 8 ("플랫폼과 사용자 사이의 관계와 관련한 주요 문제는, 온라인 P2P 플랫폼의 규칙과 관행에 투명성이 결여되어 있다는 점과 관련되어 있다").

45 Cf. Report of an engagement workshop hosted by the European Commission Business-to-Business Relationships in the Online Platforms Environment – Algorithms, Ranking and Transparency"(온라인 환경에서의 기업 간 관계: 알고리즘, 순위 및 투명성) (Brussels, Mar. 16, 2017), http://ec.europa.eu/information_society/newsroom/image/document/2017-12/report_on_the_workshop_16_03_2017_clean_F7EF00C2-E39F-1747/949E9C1820629D05_43830.pdf).

46 Airbnb Terms and Conditions, §7 ("You understand and agree that the placement or ranking of Listings in search results may depend on a variety of factors, including, but not limited to, Guest and Host preferences, ratings and/or ease of booking."); BlaBlaCar Terms & Conditions, §4.1 ("You recognise and accept that the criteria taken into account in the classification and the order of display of your Advert among the other Adverts are at the sole discretion of BlaBlaCar."); Booking.com General Delivery Terms, §4.1.1 ("The order in which the Accommodation is listed on the Platforms (the 'Ranking'), is determined automatically and unilaterally by Booking.com. Ranking is based on and influenced by various factors, including but not limited to the commission percentage (to be) paid by the Accommodation, the minimum availability stated by the Accommodation, the number of bookings related to the number of visits to the relevant accommodation page on the Platform (the 'Conversion'), the volume realized by the Accommodation, the ratio of cancellations, the guest review scores, the customer service history, the number and type of complaints from Guests and the on- time payment record of the Accommodation.").

물품이나 서비스가 선택될 것인지를 결정하기 때문에,[47] 플랫폼이 이러한 융통성을 상당히 누리는 경우에는 상대방에게 상당한 피해가 가해질 가능성이 있다.[48]

플랫폼이 시장으로서 기능하면서 이와 동시에 자신의 상품을 직접 제공하는 수직통합의 경우에는 위와 같은 위험이 증가한다. 플랫폼이 이러한 혼합적 사업모델을 채택하는 경우 플랫폼이 시장으로서 가지는 동기와 서비스 제공자로서 가지는 동기가 충돌할 수 있다. 시장이 성숙하기 전까지는 시장으로서 가지는 이해관계가 우선적이겠지만, 일단 플랫폼이 경쟁할 상대방이 없게 되는 단계에 이르면 서비스 공급자로서의 이해관계가 더 우세하게 작용할 가능성이 높다. 플랫폼이 일부 제공자로부터 많은 수익을 확보하는 경우(즉, 제공자가 높은 수준의 수수료를 지급함으로써 상위 순위를 받은 경우)에도 마찬가지의 결과가 나온다.[49]

상기 두 가지 상황에서 플랫폼은 자신의 등록물을 제일 높은 순위에 둘 수도 있고, 돈이 많은 제공자가 다른 업자보다 좋지 않은 서비스를 제공하는데도 수수료를 올리는 방식으로 더 나은 순위를 받을 수도 있다. 이와 같은 처사는 제공자에게 명백히 해로울 뿐만 아니라 소비자에게도 해롭다. 제공자로서는 경쟁력을 유지하기 위해 추가 비용을 지출하여야 할 수 있고, 소비자로서는 최선의 등록물 혹은 가장 관련성 있는 등록물을 보지 못하고 수수료를 많이 낸 등록물을 보거나 더 높은 가격을 지불하게 될 수 있다(알고리즘이 순위 수수료와 다른 요소의 비중을 어떻게 책정하는지를 사업자인 사용자와 소비자가 알기는 어렵다).[50] 실제로 많은 경우에 플랫폼은 편집자 콘텐츠와 광고 콘텐츠를 명확하게 구분하지 않고 있어서, 소비자들은 검색 결과가 광고료에 영향을 받은 것인지 여부를 잘 모른다.[51] 그리하여 이해충돌의 문제가 더 나빠지는데, 특히 시장에 진출하는 관문으로 플랫폼밖에 없는 경우에는 더욱 그러하다.

서비스 제공자에 관한 두 번째 중요한 쟁점으로서 데이터에 대한 접근 및 사용을 제한하는 계약조항의 문제가 있다. 데이터는 사용자가 만든 것임에도 불구하고, 데이터를 플랫폼 밖에서 사용하는 것은 계약조항에 의하여 자주 제한을 받는다. 플랫폼은 데이터보호법률이 요구하는 것 이상으로 사용자 평가 등 관련 정보에 대한 배타적 소유권을 행사하는 데 따른 것이다.[52] 이와 같은 관

---

47 See, e.g., Matthew Goldman and Justin M. Rao, Experiments as Instruments: Heterogeneous Position Effects in Sponsored Search Auctions(도구로서의 실험: 검색광고경매에서의 상이한 위치에 따른 효과) (Nov. 20, 2014) (구매자들이 제일 높은 순위에 있는 등록물을 클릭할 가능성은 그보다 한 단계 아래에 있을 때에 비하여 대략 두 배 크다), https://ssrn.com/abstract=2524688.

48 Ecorys, supra note 21, at 38 ("사업자 사용자에게는 언제 자신의 실수와 위반행위로 순위가 내려가는지와 언제 순위알고리즘의 적절한 기능으로 순위가 내려가는지가 명확하지 않다.").

49 See, e.g., Booking.com's General Delivery Terms §4.1.2 ("숙박업소는 수수료율과 특정 시기의 예약가능성을 변경하고 다른 요소를 지속적으로 개선하는 방식으로 순위에 영향이 미칠 수 있다.").

50 Cf. EC Report, supra note 44.

51 Cf. European Commission– Press release, The European Commission and EU consumer authorities are calling on Airbnb to align their terms and conditions with EU consumer rules and be transparent on their presentation of prices, Brussels(유럽연합집행위원회와 유럽연합소비자보호국이 에어비앤비에게 유럽연합 소비자보호규정에 맞추어 계약조건을 정하고 가격제시에 관한 투명성을 제고하라고 촉구하다), 16 July 2018, http://europa.eu/rapid/press-release_IP-18-4453_en.pdf.

52 Airbnb Terms and Conditions, §24 ("If you or we terminate this Agreement, we do not have an obligation to delete or return to you any of your Member Content, including but not limited to any reviews or Feedback.");

행은 서비스 제공자가 다른 플랫폼으로 옮겨가는 비용을 인위적으로 상승시킬 수 있고, 서비스 제공자는 자신이 쌓아 놓은 평판을 이전해 갈 수 없기 때문에 플랫폼에 더욱 의존할 수밖에 없게 된다(즉 족쇄(lock-in)하에 놓이게 된다).[53] 그리하여 제공자는 목소리(voice)를 제대로 내지 못할 뿐만 아니라, 그 대안인 탈퇴(exit)까지도 억제받게 되는 결과가 된다.

C. P2P 거래

서비스를 제공하는 사용자는 피용인으로 되고 플랫폼이 진정한 서비스 제공자로 취급된다면, 플랫폼은 사용자책임법 등 관련 법리에 따라 채무불이행 및 손해배상에 대한 책임을 지게 된다. 이러한 경우 플랫폼이 고객에 대한 직업적 상대방이 되고, 관련 서비스의 제공에는 소비자보호법 및 해당 분야의 법률이 적용된다.

더구나 플랫폼을 통하여 온라인 거래를 하는 경우 고객은 보통 상대방 및 플랫폼의 각 평판에 의존한다. 중개인이 존재한다는 사실 및 제공자가 플랫폼을 통하여(로고, 계정 등을 사용하여) 서비스를 제공하도록 허용받는다는 사실을 통하여, 일정한 수준의 안전성이 확보된다는 점 및 경우에 따라서는 플랫폼이 서비스 제공자가 된다는 점을 추정할 수 있다. 이와 같은 점에서 사전의 합리적 기대치와 사후의 비용 및 편익 사이에 존재하는 간극을 감안하여야 한다.[54] 또한 플랫폼은 스스로 만들어 낸 혼란에 대하여 책임져야 하고, 채택한 계약조항에 머물러 있어서는 안 되며, 시장 설계에 대한 검토도 하여야 하는데, 특히 위험에 대한 오해가 널리 퍼져 있을 가능성이 있는 경우에는 더욱 그러하다.[55]

Uber Terms and Conditions, §4 ("By providing User Content to Uber, you grant Uber a worldwide, perpetual, irrevocable, transferable, royalty- free license, with the right to sublicense, to use, copy, modify, create derivative works of, distribute, publicly display, publicly perform, and otherwise exploit in any manner such User Content (...)."; Etsy Terms of Use, §7 ("If you or Etsy terminate your account, you may lose any information associated with your account, including Your Content."); TaskRabbit Terms of Service, §10 ("You hereby grant Company a non-exclusive, worldwide, perpetual, irrevocable, royalty- free, sublicensable (through multiple tiers) right to exercise all copyright, publicity rights, and any other rights you have in Your Information, in any media now known or not currently known in order to perform and improve upon the TaskRabbit Platform")

53 플랫폼이 지원하는 자동차 대출금과 같은 유사한 관행에서도 같은 결과가 발생할 수 있다. www.uber.com/en-GB/drive/vehicle-solutions/. See Newlands et al., supra note 19, at 8 ("제공자가 플랫폼이 사용하는 자동차 대출금에 속박된 경우에, 플랫폼은 상당한 수준의 영향력을 행사할 수 있다").

54 See, e.g., Ecorys, supra note 21, at 29 (소비자는 온라인 거래와 관련하여 누가 무엇에 대해 책임을 부담하는지 구별할 수 없고, 이에 따라 보통 자신들이 거래한 상대방에게 연락한다); Mareike Möhlmann, Digital Trust and Peer-to-Peer Collaborative Consumption Platforms: A Mediation Analysis(디지털 신뢰와 P2P 협업적 소비 플랫폼: 중개론적 분석) (July 22, 2016) (플랫폼에 대한 신뢰는 플랫폼에서 공유서비스를 제공하는 동료에 대한 신뢰에 긍정적인 영향을 미친다), https://ssrn.com/abstract=2813367; Hausemer et al., supra note 35 (규모가 큰 플랫폼의 경우, 동료들은 무엇인가가 잘못되었을 때 누가 책임을 지는지에 대해 혼란스러워 하거나 오인할 가능성이 높다. 플랫폼의 운영 실무를 보면 무엇인가 문제가 발생했을 때 플랫폼이 최소한 일부라도 책임을 부담하는 것 같은 인상을 주지만, 이들의 계약조건을 보면 책임 일체로부터 배제되어 있다. 문제가 발생했을 때 누가 책임을 지는지, 플랫폼이 어떤 책임을 지는지, 소비자가 배상이나 비용변상을 받을 권리가 있는지에 대하여, 동료 소비자의 약 60%가 모르거나 확실하게 알지 못한다고 대답한다. 동료 제공자의 약 40%는 그들의 권리와 책임에 대하여 모르거나 잘 모른다고 하고, 약 30%는 다소간 알고 있다고 한다. 한편 이와 동시에, 무엇인가가 잘못되었을 때 누가 책임져야 하는지에 대하여 플랫폼이 명확하고 투명하게 알려주는 게 중요하거나 매우 중요하다고 보는 것이 동료 소비자의 약 85%가 가진 견해이다.

55 See, e.g., Robert H. Sloan and Richard Warner, When Is an Algorithm Transparent?: Predictive Analytics, Privacy, and Public Policy(알고리즘은 언제 투명하게 되는가?: 예측분석, 프라이버시 및 공공정책), https://ssrn.com/

대조적으로, 플랫폼을 통해 활동하는 행위자가 실제의 서비스 제공자라면 두 개의 서로 다른 시나리오가 가능하게 된다. 제공자가 관련법상 직업인이 될 수도 있다. 직업인과 아마추어의 경계선이 흐려지면서 시간이 지나면서 점점 많은 직업인이 이 시장에 진입하게 되었고, 많은 플랫폼이 직업인과 간헐적인 제공자에게 개방되었다. 이 경우 직업적 제공자와 소비자 사이의 계약에 소비자보호법이 적용되는 것은 명백하다. 이러한 결론은 직업인에 대한 소비자보호의 필요성에 따른 것일 뿐만 아니라, 기존업자와 신규진입자 사이에 불평등한 경쟁의 장이 만들어지는 것을 막는다는 면에서도 타당하다. 기존업자나 신규진입자나 모두 직업인 행위자라는 성격에 비추어 보면 불평등한 경쟁의 장은 정당화될 수 없을 것이다.

이와 달리 제공자가 직업인이 아닌 경우 관련 서비스의 제공에는 소비자보호법 및 해당 영역의 법률이 적용되지 않는다. 이 경우에 우선은 일반적인 민사적 구제수단만 원용될 수 있다. 사후 구제책이 혁신을 장려하는 데 가장 적합한 해결책이라는 사실은 확인되었지만,[56] 사전적 요건을 이용하다가 사후적 구제책에 거의 배타적으로 의존하는 방향으로 이렇듯 완전히 이동하는 것이 늘 바람직하다고 볼 수는 없다. 비직업인에 의한 서비스 제공이 크게 증가하자 진입장벽이 크게 낮아졌는데, 여기에서 전통적 사업에 대한 법적 사전규제(사전심사, 허가절차, 검사, 인증 등)가 요구될 수는 없다. 더구나 동료 제공자는 확립된 사업 평판이 없고, 물리적 상업공간에 대한 투자도 하지 않는다. 그리하여 새로운 형태의 시장실패가 일어날 가능성이 있고, 소비자를 보호할 필요성은 목전의 문제로 된다.[57]

이와 같은 시나리오에서는 손해 발생에 따른 제재가 괜찮은 해결책이 되는 경우가 있을 것이다. 그러나 효과적이지 못한 경우가 있을 것이다. 가령 행위자의 자산에 비하여 발생 가능한 손해의 규모가 훨씬 큰 경우, 집행이 어려운 당사자가 있는 경우, 위험한 행위를 관찰하고 확인하기 어려운 경우가 이에 해당한다. 피해위험이 현실적인 것이라면 공적 집행을 통한 예방책이 더 효과적일 뿐만 아니라, 적어도 기본적 안전성의 제공 및 위험성 제거에 대한 근본적인 가정과 기대를 충족한다는 점에서 더 나을 것으로 보인다.[58] 따라서 많은 플랫폼이 등록물을 게시하면서 사적 개인(동료)과 직업적 제공자를 구분하지 아니하여, 거래자의 성질과 정체성에 대하여 고객이 오도될 수

abstract=3051588 (만약 소비자가 자신에게 적용되는 예측시스템의 위험과 효용을 쉽게 확인할 수 있다면, 그러한 예측시스템은 소비자에게 투명한 것이라고 한다); Lauren E. Willis, Performance-Based Consumer Law(이행확보중심의 소비자보호법)), 82 U. Chi. L. Rev. 1309 (2015) (온라인 거래에서 소비자의 거래가 소비자의 기대와 일치하도록 하기 위한, 소비자보호법에 대한 새로운 접근법을 논하고 있다).

56 Koopman et al., supra note 2, at 18; Adam Thierer, Permissionless Innovation. The Continuing Case for Comprehensive Technological Innovation(무허가 혁신: 포괄적 기술적 혁신을 위한 지속적 주장) (2014); Richard A. Epstein, The War Against Airbnb(에어비앤비에 대한 전쟁), Hoover Institution (Oct. 20, 2014), www.hoover.org/research/war-against-airbnb.

57 See Hausemer et al., supra note 36 (동료 소비자는 자주 P2P 플랫폼 거래에 대한 문제를 보고한다. 절반 이상(55%)이 지난 1년간 적어도 한 건의 문제를 경험하였다. 가장 흔한 문제는 물품이나 서비스의 품질이 열악하거나 설명된 바와 다르다는 점과 관련된다. P2P 시장에서 물품과 서비스의 품질 문제가 발생한 비율은 29%로 온라인 구매 시장 전반의 15%에 비하여 거의 두 배 높다.

58 효율의 관점에서 법적 개입의 일반적인 구조에 대하여 검토한 다음 글을 참조하라. See Steven M. Shavell, Foundations of Economic Analysis of Law(법에 대한 경제학적 분석의 기초) (2004).

있다는 점을 고려하는 것이 중요하다. 소비자보호법의 적용 여부 등 여러 쟁점과 관련하여 개인과 직업적 제공자를 구분하는 것은 매우 중요하다.[59]

결론

플랫폼경제에도 협상력의 차이는 존재한다. 다만 협상력의 차이가 B2C의 양 당사자 거래형태가 아니라 다른 형태를 통하여 나타날 뿐이다. 동시에 이 문제를 해결하는 데에 효과적인 시장 기반의 해결책이 어느 정도 구현되었는지는 결코 명확하지 않다. 오히려 반대로 복잡한 계약조항, 플랫폼 구조, 숨은 알고리즘의 효과가 복합적으로 작용하여 플랫폼에게 유리한 방향으로 법적 권리의 재구성이 이루어지고 있을 뿐만 아니라, 국가에 의한 법적 권한의 행사에서 온라인 플랫폼에 의한 사적 권한 행사의 방향으로 권력의 재편이 이루어지고 있다. 그리하여 플랫폼은 자신의 결정에 대하여 외부의 의미 있는 감독을 받지 않고 있다.

앞서 검토한 계약조건에 명백히 반영되어 있는 바와 같이 플랫폼은 다양한 메커니즘을 자주 구사하여 사용자에 대한 영향력을 행사하고 있다. 플랫폼은 안전기준에 대한 책임이 없다고 생각하고 있고 서비스 규정의 준수 책임을 제공자에게 부담시키고 있는데, 결국 과도한 책임이 사용자에게 지워지고 있다. 나아가 플랫폼은 자신이 중립적 중개자로서 제공자와 고객 사이의 분쟁을 중재하기에 가장 적합하다고 자주 묘사하고 있음에도 불구하고, 때로는 플랫폼이 객관적인 심판자로 행위하기보다는 플랫폼에서 활동하는 경제적 행위자 중 한 집단을 우대할 가능성이 충분히 있다. 그러한 경우 플랫폼이 공정한 판단행위에 적합하지 않게 될 위험성이 있다.

이와 같은 이유에서, 플랫폼경제에서 시장 기반의 해결책에 거의 전적으로 의존하자는 빈번한 주장은 정당화하기 어렵다. 확실히 플랫폼의 자율성 역량은 전통적 형태의 규제를 제대로 보완할 수 있을 것이다. 플랫폼에게 자율 메커니즘과 데이터 기반의 해결책을 구축하는 놀라운 능력이 있다는 점을 인정하는 것이 중요하기는 하다. 하지만 플랫폼에게 해결할 능력 혹은 의지가 없는 여러 쟁점을 가려내는 것도 중요하다.

때로는 약자를 보호하는 문제가 기존의 법적 틀(노동법과 소비자보호법, 불법행위법, 기타 실손에 기반한 구제수단 등)을 통해 해결될 수 있겠지만, 규제적 개입이 확실히 필요한 경우도 있다. 사후적 구제책 외에도 어느 정도의 선제적 규제가 필요할 수 있다. 이러한 선제적 규제는 서비스가 직업적으로 제공되는지 여부와 무관하게, 보건과 안전의 기본적 조건을 확보하기 위해서 책임법 체

---

59 Cf. European Commission- Press release, The European Commission and EU consumer authorities are calling on Airbnb to align their terms and conditions with EU consumer rules and be transparent on their presentation of prices(유럽연합집행위원회와 유럽연합소비자보호국이 에어비앤비에게 유럽연합 소비자보호규정에 맞추어 계약조건을 정하고 가격제시에 관한 투명성을 제고하라고 촉구한다), Brussels, 16 July 2018, http://europa.eu/rapid/press-release_IP-18-4453_en.pdf.

제에서 보완책의 역할을 할 수 있다. 플랫폼경제에 피난처를 제공하여 특별한 대우를 하자는 주장이 널리 퍼져 있기는 하나, 위와 같은 견지에서 보자면 위 주장을 받아들이더라도 외부의 의미 있는 규제권한을 포기하여서는 안 되며, P2P 거래가 협상력의 동등성을 의미하지 않는다는 사실을 항상 유념하여야 할 것이다.

제8절

반차별법

플랫폼의 정체성 위기: 책임론, 차별문제 및 중개자에 대한 기능주의적 접근론

샬럿 가든, 낸시 리엉

서언

차량 서비스가 언제 차량 서비스가 아닌 것이 되는가? 아마도 "운송을 제공하려는 사업자와 운송을 이용하려는 고객을 연결하는 데 '연결점 창출 플랫폼'이 사용될 때"일 것이다.[1] 위 표현은 우버가 운전자 오분류 집단소송에서 제시한 것인데, 우버의 원래 광고문구인 '우리 모두의 개인 운전사'라는 표현보다는 확실히 무미건조하다.

달리 표현하자면, 장단기 주택임대를 제공하는 회사가 언제 주택임대회사가 아닌 것이 되는가? 아마도 그 회사가 "전 세계 사람들이 모바일폰 혹은 태블릿을 통하여 온라인으로 고유의 숙박시설을 올리고 검색하고 예약하도록 구축된 신뢰받는 공동체 시장인 때"일 것이다.[2] 에어비앤비가 자신을 묘사한 위 표현은 에어비앤비가 차별행위를 시정하고 포용성을 증진하기 위하여 벌였다는 노력을 정리한 2016년도 보고서에서 나왔다.[3] 유색인종 투숙객에 대한 차별이 있다는 신고가 들어오고, 트위터에서 #AirbnbWhileBlack 해시태그 운동이 전개되고, 에어비앤비 숙박주 및 에어비앤비 자체에 대하여 소송이 제기되자 에어비앤비는 그에 대한 대응 차원에서 위의 노력을 전개하였다.

그렇다면, 우버는 연결점 창출 플랫폼인가, 개인 운전사인가 아니면 그 중간의 무엇인가? 에어비앤비는 주택임대회사, 공동체 숙박시장, 그 혼합체 중 어느 것인가?

이 질문은 이론적 관심사에 불과한 것이 아니다. 그 대답은 많은 미해결 법률문제에서 매우 중요하다. 운전자가 독립계약자인가 피용인인가의 문제일 뿐만 아니라, 플랫폼경제(혹은 긱경제, 공유경제)에서 누가 책임을 질 것인가에 관하여 많이 제기되는 문제와도 관련된다.[4] 예를 몇 개 들어

---

1 O'Connor v. Uber Techs., 82 F. Supp. 3d 1133, 1133 (N.D. Cal. 2015).

2 Laura W. Murphy et. al., Airbnb's Work to Fight Discrimination and Build Inclusion(차별을 철폐하고 포용력을 키우기 위한 에어비앤비의 노력), Airbnb (Sept. 2016), https://blog.atairbnb.com/wp-content/uploads/2016/09/REPORT_Airbnbs-Work-to-Fight-Discrimination-and-Build-Inclusion.pdf.

3 Id. at 2.

4 필자 중 한 사람인 낸시 리엉이 다른 곳에서 왜 플랫폼이라는 용어가 더 명확한 것인지에 대해 설명한 바 있다. Nancy Leong and Aaron Belzer, The New Public Accommodations: Race Discrimination in the Platform Economy(신공중접객업: 플랫폼경제에서의 인종차별), 105 Geo. L.J. 1271 (2017).

보자. 제휴 노동자나 서비스 제공자가 인종, 성적취향 등 차별금지 특성에 기하여 차별을 한 경우 플랫폼이 책임을 지는가? 관계자가 고객에게 불법행위나 범죄를 행한 경우는 어떠한가? 고객이 노동자에게 해를 가하거나 제공자의 재산을 침해한 경우는 어떠한가? 정부는 플랫폼 기반 거래를 기존 전통경제에서 이루어지는 거래와 비슷하게 규제해야 하는가, 아니면 고객과 노동자는 말할 것도 없이 대부분의 플랫폼 기업을 자유 시장의 자비에 맡겨야 하는가?

이 글에서는 우버, 에어비앤비 등 플랫폼경제의 선도적 기업들이 스스로 만든 정체성 위기에 처해 있다는 것을 보여준다. 한편으로 이 기업들은 그들의 기능이 고객과 서비스 제공자 사이의 거래를 용이하게 하는 것에 한정되어 있으므로, 자신들을 전통경제체제하의 기업처럼 규제해서는 안 된다고 주장한다. 다시 말하면 고객과 제공자 간의 양자거래를 가능하게 하는 플랫폼일 뿐이며, 그 거래의 실질적 내용에는 관여하지 않는다고 주장한다. 하지만 몇몇 플랫폼 기업이 대외적으로 비춰지는 이미지는 꽤 다르다. 광고, 앱 화면의 UI를 통해 이 기업들은 '제공자와 고객에 대한 통제, 공동체의 형성, 소비자 선택의 중개에 일정한 역할을 한다'는 점을 강조하고 있다. 다시 말하면 플랫폼은 제공자-고객 관계에 개입하여 통제권을 행사할 뿐 아니라, 이제는 삼자거래형태의 참여자로서 다른 참여자인 제공자 및 고객과 사이에도 관계를 구축하고 있는 것이다.[5]

이 글은 플랫폼 정체성 위기가 플랫폼경제 상황에서 발생하는 법적 분쟁을 어떻게 복잡하게 만드는지를 두 가지 측면에서[6] 설명하면서 시작하고자 한다. 첫째, 법원과 행정기관이 플랫폼이 대외적으로 법적으로 자신을 표시한 내용을 믿어 줄 수 있는지를 판단하기가 어렵다. 플랫폼이 타인 간의 양자관계를 그저 촉진한다는 점에서 단순한 플랫폼에 불과한가, 아니면 플랫폼이 삼자관계에서의 적극적 참여자인가를 어떻게 파악할 것인가? 두 번째 문제는 훨씬 근본적이다. 플랫폼 거래에서 법적 분쟁은 두 당사자를 중심으로 각각 돌아간다. 플랫폼과 고객 사이, 플랫폼과 제공자 사이, 제공자와 고객 사이에 분쟁이 생기는 것이다. 우리의 대립당사자 구조상 양자를 서로 간에 대립하도록 하는 형국이다. 많은 공유경제 플랫폼에서 나타난 혁신적 현상은 위 세 당사자가 권리와 책임을 분배하는 방식은 전통 경제에서의 것과는 다르다는 점이다. 따라서 플랫폼경제와 관련해서는 결정권자가 플랫폼이 단순하게 양자관계를 촉진하는 역할에 머무는지, 아니면 자신의 역할을 수행하면서 삼자관계를 형성해 나아가는지에 대해 질문하면서 사안을 분석해야 한다는 것이 이 글에서 우리가 주장하는 바이다. 삼자관계가 형성된 경우 결정권자는 원고의 나머지 두 당사자에 대한 지위를 분석하여야 한다. 우리가 현실세계에서 나타난 플랫폼경제 관련 분쟁을 참고할 때는 독특한 상황을 감안하여야 하겠지만, 기존 분쟁과 그 해결책은 아직 해결하지 못한 법적 쟁점에도 특별한 시사점을 갖고 있다. 이러한 법적 쟁점으로는 차별문제, 공중접객업 해

---

5 플랫폼, 소비자, 제공자의 세 당사자 관계에서 일어나는 거래를 '협력적 소비'(collaborative consumption)라고 묘사한 연구자가 있다. Sabine Benoit et al., A Triadic Framework for Collaborative Consumption (CC): Motives, Activities and Resources & Capabilities of Actors('협력적 소비'의 세 당사자 구조: 행위자의 동기, 활동 및 자원과 능력), 79 J. Bus. Res. 219 (2017).

6 확실히, 이 두 측면만이 있는 것은 아니다. 필자 중 한 명이 말했듯이, 다른 측면으로는 플랫폼이 고객, 노동자/제공자 사이에 맺은 계약에 개별중재조항이 꼭 들어 있다는 점을 들 수 있다.

당 여부, 노동자권리 보장 문제 등이 있고, 플랫폼이 플랫폼경제 내에서 이와 관련된 규범을 전파할 책임의 문제도 있다.

I. 플랫폼의 정체성

'플랫폼경제'에 대한 단일의 확립된 정의는 없다.[7] 라이언 칼로와 알렉스 로젠블랏은 플랫폼경제를 "디지털 설계를 통하여 낯선자 사이에서도 믿고 거래를 하게 해주는 일련의 업무 절차와 기법"[8]이라고 규정하였다. 올리 로벨은 조금 다르게 표현한다. 그에 의하면 "플랫폼 회사들은 '자신에게 해당되지 않은 것'이 무엇인가를 강조함으로써 자신을 규정하려고 적극적으로 노력한다. 자신들은 물건을 팔지 않는다는 등등… 오히려 그들은 소프트웨어·연결 알고리즘, 사용자 사이의 평판과 신뢰에 관한 디지털 시스템에 대한 접근권을 판다고 한다."[9]

이러한 정의에서 플랫폼 정체성 위기의 한 원인이 태동한다. 플랫폼 설계자는 낯선자 사이의 광대한 네트워크에 신뢰 시스템을 만들고자 한다. 그리고 여기서 '신뢰'라는 말은 세금을 내거나 강아지 배설물을 치우게 하는 등의 친사회적인 행동을 유도하는 '일반적·사회적 상호주의' 이상의 것을 의미한다. 플랫폼 기업은 완전한 낯선자의 차에 타거나 집에 머무는 것에 대한 자연적인 경계심을 극복할 정도의 '직접적·물리적 안전감'을 배양해야 한다. 한 지방법원 판사가 말한 것처럼, "수백 년 동안 부모들은 아이들에게 낯선자와 함께 차에 있지 말라고 경고하여 왔다. 그러나 오늘날의 공유경제에서는 이러한 경고는 시대착오적인 것이 되었다."[10] 유사하게, 성공적인 플랫폼이라면 양 당사자가 합리적으로 바라고 기대하는 경제적 결과가 거래에서 달성될 것이라는 신뢰감을 심어주어야 한다. 낯선자에게 지불이 되도록 앱에 신용카드정보를 입력하도록 하고, 낯선자를 태워다 주면 시간과 기름만 낭비하는 것이 아니라 보수를 받게 될 것이라는 확신을 운전자에게 주기 위하여 플랫폼은 양 당사자에게 어느 정도의 '경제적 안전감'을 제공하여야 한다.

물리적 신뢰와 경제적 신뢰를 확보하는 데에는 섬세한 사회공학이 필요하다. 사회경제적 지위, 인종, 배경, 교육, 생활방식 등 많은 요소들의 축을 따라서 사람들은 서로 다른데, 이런 사람들 사이에 신뢰가 흐르도록 하려면 특히 그러하다. 그러므로 전혀 놀랍지 않게도 플랫폼경제 기업은 고객과 서비스 제공자 사이의 상호작용에 대한 사전통제권을 행사하려고 하고, 거래 중 혹은 거래

---

7 정의의 다양성에 대해 논의한 바 있다. 예를 들어 다음 자료를 참고하라. See, e.g., Nancy Leong and Aaron Belzer, The New Public Accommodations: Race Discrimination in the Platform Economy(신공중접객업: 플랫폼경제에서의 인종차별), 105 Geo. L.J. 1271 (2017).

8 Ryan Calo and Alex Rosenblat, The Taking Economy: Uber Information, and Power(탈취경제: 우버, 정보 및 권력), 117 Colum. L. Rev. 1623, at 1634 (2017). 칼로와 로젠블랏은 '공유경제'라는 용어를 사용하였다. 이는 종종 '플랫폼경제', '긱경제', '주문형경제', '앱기반경제' 또는 '협업경제' 등과 혼용된다. Id.

9 Orly Lobel, The Law of the Platform(플랫폼법), 101 Minn. L. Rev. 87, 100 (2016).

10 Search v. Uber Techs. Inc., 128 F. Supp. 3d 222, 226 (D.D.C. 2015).

후에 고객과 제공자로부터 다소 지속적인 피드백 흐름을 받으려고 한다.

예컨대, 에어비앤비는 이제 사용자들이 '인종, 종교, 출신국, 민족, 장애, 성별, 성정체성, 성적 취향, 나이'에 따른 차별을 하지 않겠다는 '공동체서약서'(community commitment)를 받고 있으며, '공동체센터'(community center)를 만들어서 사용자가 에어비앤비 거래의 모든 측면에 대한 정보와 통찰력을 공유할 수 있도록 하고 있다.[11] 에어비앤비는 숙박주가 등록물을 올리고 손님과 상호 작용할 때 '공감력'과 '존중심'을 발휘하도록 촉구하고, 숙박 제공에서 생기는 '개인적 유대감'을 강조하고,[12] 숙박주와 손님으로 하여금 신뢰를 구축하는 데 필요한 실명과 선명한 인물사진을 프로필에 올리도록 권유한다. 유사하게 처음에 승차공유 서비스업체인 리프트는 승객에게 친구가 태워다 주는 것과 같은 경험을 느끼도록 앞자리에 앉아서 운전자와 주먹인사를 하면서 여행을 시작하라고 권유한 적이 있다. 이것 때문에 일부 승객이 서비스 이용을 꺼리자 리프트는 정책을 변경하여 뒷자리에 앉아도 되며, 뒷자리에 앉는 경우에는 운행 중 운전자와 대화하고 싶지 않다는 것을 뜻하는 것이 된다고 승객에게 고지하였다.[13]

플랫폼 기업이 자주 중시했던 감독의 역량을 최대한 이용할 것이라고 생각할지도 모른다. 신뢰는 이용을 촉진하고, 이용은 이익으로 연결되는 것이니 말이다. 하지만 사실 그렇지 아니하다. 아니 적어도 항상 그렇지는 않다. 오히려 플랫폼은 그들이 양자적 시장이 형성되도록 인프라를 구축하는 것 외에는 하는 일이 거의 없다는 인상을 주려고 노력하는 것이 보통이다.

물론 이렇게 하는 것은 거래에 대한 높은 수준의 감독권과 통제권을 행사하는 경우 초래될 규제에 대한 노출과 법적 책임을 최소화하기 위한 것이다. 우버와 리프트가 운전자가 지켜야 할 규칙을 너무 많이 설정하게 되면 운전자는 독립계약자가 아닌 피용인 지위에 있는 것으로 판단될 수 있다.[14] 아마도 이것 때문에 우버와 리프트는 많은 노동자가 다른 회사를 위하여 동시에 일하고 있어도 이를 용인하고 있을 것이다(운전자가 운전 중에 다른 회사의 호출을 받는 게 흔하다). 그리고 두 회사가 운전자를 두고 경쟁관계에 있지만, 어느 회사도 경업금지 서약서에 서명하라고 하지 않는다. 유사하게 만약 에어비앤비가 숙박주에 대한 통제권을 더 행사하게 되면 공중숙박법과 민권법을 위반한 차별행위가 발생한 경우나 과실 있는 숙박주의 재산 내에서 불법행위가 발생하는 경우에 에어비앤비가 법적 책임을 지게 될 수도 있다. 또한 핸디와 태스크래빗이 그들의 직업인에 대하여 행사하는 심사권과 감독권을 과도하게 주장하였다가는 직업인이 주택을 파손하거나 거기에서 범죄를 저지른 경우에 책임을 지게 될 수도 있다. 감독을 지나치게 하면 회사가 원하지 않은 규

---

11 General Question About the Airbnb Community Commitment(에어비앤비 공동체서약서에 대한 일반적 질문들), Airbnb, www.airbnb.com/help/article/1523/general-questions-about-the-airbnb-community-commitment.

12 Guide to Hosting Success(숙박업 성공 가이드), Airbnb, http://blog.atairbnb.com/guide-to-hosting-success/.

13 Tracy Lien, Lyft Distances Itself from Fist Bump During Busiest Week Yet(승객이 가장 많은 주에 리프트는 주먹인사를 하지 않아도 된다고 발표하다), L.A. Times (Nov. 28, 2014), www.latimes.com/business/technology/la-fi-tn-lyft-fist-bump-20141128-story.html.

14 Cf. S. G. Borello & Sons, Inc. v. Department of Industrial Relations, 769 P. 2d 399, 404 (Cal. 1989) (피용인과 독립계약자를 구분하는 데에 사용되는 11요소 판단법을 설명한다).

제를 받을 수도 있고, 법원과 행정기관이 책임을 부과할 수도 있다.

요컨대, 어떤 때는 플랫폼 회사가 거래를 긴밀히 감독하는 것(그리고 감시하고 있다는 인상을 주는 것)이 유리하고, 어떤 때는 회사가 노동자와 소비자에 대하여 방관적인 태도를 취한다는 외양을 보이는 것이 유리하다. 에어비앤비의 공동체센터에 대한 접근태도에서 이러한 내재적 긴장관계를 볼 수 있다.

> 공동체센터는 대체적으로 자율적으로 운행되나, 수시로 에어비앤비 담당팀원을 대면하여 최신 뉴스나 까다로운 질문에 대한 답을 들을 수 있고, 쾌적하고 안전한 환경을 만드는 데 도움을 받을 수 있다.[15]

위 인용문은 플랫폼 정체성 위기의 핵심을 완벽하게 보여준다. 에어비앤비는 플랫폼의 일상적 운영에 너무 깊이 관여하고 싶지 않기 때문에, 공동체센터는 대체적으로 자율적으로 운영될 것이다. 하지만 에어비앤비가 완전히 방임적인 태도를 취할 수는 없다. 만약 그러하다면 플랫폼의 성격이 바뀔 수 있고, 사용자 간의 신뢰가 감소할 수도 있다. 그래서 에어비앤비팀원이 수시로 나타날 것이다. 그 의도는 명백하다. 커뮤니티에 확신을 심어주는 데에는 충분하나, 현실 사업체에 대한 것과 동등한 규제를 가져올 만큼은 충분하지 않은 정도의 관여를 하고자 하는 것이다. 하지만 긴장관계를 야기하지도 않고 플랫폼 자신의 설명과 정면으로 모순되지 않게 하면서도, 가느다란 외줄을 타는 것은 어려운 일이다.

이렇게 스스로 긴장관계에 놓인 플랫폼을 법원은 어떻게 취급할 것인가? 법원은 어떤 경우에 플랫폼을 경제적 활동에 깊숙이 관여한 감독자가 아니라 거래의 단순한 촉진자인 것으로 취급할 것인가? 다음 두 섹션에서 이 질문을 다룬다.

II. 법원에 나타난 플랫폼 정체성 위기

플랫폼 정체성 위기는 자주 플랫폼 기업의 법적 의무에 관한 소송 과정에서 가장 극심하게 나타난다. 예컨대 플랫폼 기업과 노동자가 동일한 사업에 종사하는지(즉 우버가 기술기업인지 아니면 우리 모두의 개인 운전사인지)는 주와 연방의 노동법상 노동자를 독립계약자로 분류하는 것이 적절한지 여부와 관련된다. 공중접객시설에 의한 차별을 규율하는 1964년 민권법의 Title Ⅱ는 '일시 체류 손님에게 숙박을 제공하는 모든 시설'에 적용되는데, 소유자 점유하의 일정한 소규모 시설은 예외로 하고, 공정주거법(Fair Housing Act)은 주거시설의 판매와 임대에 있어서 유사하게 차별을

---

15 What is the Airbnb Community Center?(공동체센터란 무엇인가?), Airbnb, www.airbnb.com/help/article/1183/what-is-the-airbnb-community-center?topic=376.

금지하는데, 역시 소규모 거래에 대해서는 비교적 한정된 예외를 둔다. 그리하여 이러한 정의규정에서는 숙박을 제공하는 자가 에어비앤비인가 아니면 숙박주인가라는 문제가 제기된다. 우버, 리프트와 같은 회사들이 '일반운송업자'(common carrier, 일반운송업자란 '유료로 화물이나 여객을 운송하겠다고 일반대중에게 자신을 표방하는 자'를 말한다[16])인가 아니면 그저 다른 사람이 운송을 하도록 도와주는 것뿐인가라는 질문에서 많은 법적 분쟁이 도출되고 있다. 일반운송업자 여부에 따라 사용자책임이 적용되는지 여부(플랫폼 노동자가 고객에게 피해를 입힌 경우에 문제된다)와 공중접객업자의 차별을 금지하는 반차별법상의 책임이 발생하는지 여부(반차별법위반 책임이 일반운송업자에게 부여되는 경우가 있다)가 문제되는 분쟁의 결론이 도출된다. 그리고 마지막으로 플랫폼이 새로운 규제에 반대하면서, 노동자나 제공자를 규율하는 법률의 집행에 관한 역할을 플랫폼에게 기대해서는 안 된다고 주장하는 경우에, 유사한 의문이 공공정책 영역에서도 제기될 수 있다.[17]

그러나 이러한 사안들이 중요하고 빈발함에도 불구하고 법률가, 법원, 행정기관은 이를 어떻게 분석해야 할지에 대해 어려움을 겪는 듯하다. 이러한 어려움을 잘 보여준 사례로서 샌프란시스코 연방지방법원의 운전자 오분류 사건인 O'Connor v. Uber와 Cotter v. Lyft가 있는데, 위 사건 외에도 사례가 많다.

O'Connor 사건과 Cotter 사건은 대규모의 집단소송으로 시작되었는데, 이 사건에서 운전자를 독립계약자로 분류하는 것이 캘리포니아법상 타당한가라는 질문이 제기되었다. 위 두 사건에서는 해당 기업인 리프트와 우버가 기술플랫폼인지 아니면 운송업자인지가 가장 중요한 쟁점이었다. 캘리포니아법에서는 간주고용자에게 서비스를 제공하는 노동자는 피용인으로 추정되기 때문이다. 우버는 O'Connor 사건의 약식재판 절차에서 그 추정을 피하기 위하여 다음과 같이 주장하였다. "원고들은 우버 앱에서 운송기회에 접근하는 데에 대한 수수료를 지불하며, 피고의 판촉활동과 지불절차를 이용한다. 승객과 마찬가지로 원고들 및 운전자들은 피고로부터 서비스를 제공받는 고객이다."[18] 마찬가지로 리프트도 Cotter 사건에서 다음과 같이 주장하였다. "리프트의 업무는 온라인 플랫폼을 관리하고, 탑승자와 운전자가 공동체 구성원들과 사이에 자동차 운송협약을 자유롭게 체결하도록 도와주는 것이다… 리프트가 제공하는 서비스에는 플랫폼 관리의 일환으로서 서비스 조건의 준수 여부를 확인하는 것과 플랫폼 접속의 관리를 통하여 승차공유 공동체 구성원 사이에 적정한 수준의 신뢰와 안전을 유지하는 것이 포함되어 있다."[19] 우버와 리프트의 설

---

16 Black's Law Dictionary (10th ed., 2014).

17 이 글은 미국법에 중점을 두고 있다. 하지만 비슷한 문제가 전 세계 법원에서 생겨나고 있다. 예를 들어 유럽연합사법법원 법무관은 '우버는 운송회사이고 정보사회 서비스 업체가 아니다'라는 의견을 두 번 제시한 바 있다. Opinion of AG Szpunar in Case C_434/12 Uber Spain (2017) EU:C:2017:364 and Opinion of AG Szpunar in Case C-320/16 Uber France (2017) EU:C:2017:51, and the Court of Justice agreed, 434/15, ECJ 20 December, 2017.

18 Notice of Motion & Motion of Defendant Uber Techs, Inc., for Summary Judgment; Memorandum of Points and Authorities in Support Thereof, O'Connor v. Uber Techs., Inc., No. 13-03826-EMC, 2014 WL 10889983 (N.D. Cal. Dec. 4, 2014).

19 Defendant Lyft, Inc's Motion for Summary Judgment Against Plaintiffs Patric Cotter & Alejandra Maciel, Cotter v. Lyft, 3:13-cv-04065, 2014 WL 8185387 (N.D. Cal. Dec. 22, 2014).

명에 의하면 그들은 운전자에게 서비스를 제공하는 기술 회사들이지 그 반대가 아니라는 것이다.

놀랍지 않게도, 원고들은 우버와 리프트의 사업모델에 대하여 다른 설명을 한다. Cotter 사건의 약식절차에서 원고들은 제품판촉담당 이사가 '회사의 임무는 P2P 승차서비스를 제공하는 것'이라고 한 발언을 강조하였고,[20] 운전자 없이는 회사도 존속할 수 없다고 주장하였다. 더욱이 원고들은 리프트가 승차공유 시장을 창출하는 데 기여한 역할을 고려하여 달라고 법원에 촉구하였다. 놀랍지 않게도 O'Connor 사건의 원고들 주장도 Cotter 사건에서 제기된 것과 비슷하였는데(두 사건의 원고 측 변호사가 같았다) 원고들은 '운전자 없이는 우버가 사업을 영위하는 것이 불가능하고, 운전자의 노동은 우버가 대중에게 제공하는 핵심 서비스를 구성한다'고 강조하였다.[21]

위 두 사건에서 플랫폼의 주장은 받아들여지지 않았다. O'Connor 사건에서 지방법원은 다음과 같이 설시하였다. "우버는 운전자와 승객을 연결하는 수단인 소프트웨어를 고안하였으나, 소프트웨어는 큰 사업의 맥락에서 사용된 하나의 수단일 뿐이다. 우버는 단순히 소프트웨어를 판매하는 것이 아니라 승차를 판매한다."[22] 법원은 '우리 모두의 개인 운전사'라는 광고문구 및 '우버가 샌프란시스코 최고의 운송업체'라는 우버 자체의 표현 등을 인용하는 등 우버의 판촉자료를 원용하였다. 리프트의 사정은 더 나빴다. 법원은 리프트의 자체 판촉자료 및 리프트가 운전자에게 어떻게 행동하여야 하는지를 자세히 지시하였다는 점에 의거하여, 리프트의 주장은 명백히 잘못된 것이라고 지적하였다.[23]

O'Connor 사건과 Cotter 사건이 약식재판 절차를 거치게 되어 각 사건의 판사가 사실관계에 법을 적용할 기회가 있었던 관계로, 위 두 사건은 도움이 될 만한 선례가 되었다. 하지만 두 사건이 모두 캘리포니아주법하에서 제기된 관계로 특이한 사례이기도 하다. 캘리포니아법에서는 노동자가 간주고용자에게 서비스를 제공하였는지 여부를 강조한다는 점에서 캘리포니아법은 특수하다고 볼 수 있다.[24] 하지만 피용인과 독립계약자를 구분하는 다른 통상적 방식에서도 유사한 분석론이 전개된다. 다른 방식에서 반드시 노동자로 추정하는 것은 아니지만 말이다. 예컨대 일부 주노동법과 연방노동법(연방노동관계법 포함)에서는 Restatement (Second) of Agency §220에 규정된 다중요소 판단법을 사용하여 피용인과 독립계약자의 구분 문제를 해결한다. 다중요소 판단법에서는 '피용인이 고유의 직업 혹은 사업에 종사하였는지 여부'를 판단자가 검토하도록 요구한다. 공정근로기준법상 노동자가 피용인에 해당되는지 여부를 분석하는 '경제적 현실설'의 판단법에서도 다

---

20 Memorandum of Points and Authorities in Support of Plaintiffs' Motion for Summary Judgment as to Liability, Cotter v. Lyft, No. 3:13-cv-04065-VC, 2014 WL 10890008 (N.D. Cal. Dec. 1, 2014).

21 Plaintiff's Opposition to Defendant Uber Technologies, Inc.'s Motion for Summary Judgment, O'Connor v. Uber Techs., Inc., No. CV-13-3826-EMC, 2015 WL 2456295 (N.D. Cal. Jan. 29, 2015).

22 O'Connor v. Uber Techs., 82 F. Supp. 3d 1133 (N.D. Cal. 2015).

23 Cotter v. Lyft, Cotter v. Lyft, Inc., 60 F. Supp. 3d 1067, 1078 (N.D. Cal. 2015).

24 이 책이 출판되기 직전 캘리포니아주 대법원은 임금규제와 관련하여 독립계약자와 피용인을 구분하는 새로운 척도인 ABC 판단법을 채택하였다. Dynamex Operations W. v. Superior Ct., 416 P.3d 1(Cal. 2018). 그러나 여기에서 논의하는 O'Connor와 Cotter 사건은 Dynamex 이전의 것인데, 여기에서는 위 사건 및 ABC 판단법에 대하여 더 논의하지는 않는다.

수 요소를 고려하는데, 고려요소 중에는 '노동이 고용자의 사업에 필수적인 것인지 여부'가 포함된다. 다른 지역에서는 세 요소로 구성된 ABC 판단법을 사용하기도 하는데, 이 판단법에서는 간주피용인이 수행한 서비스가 간주고용자의 '통상적 사업범위를 벗어나는지 여부'를 묻는다.[25] 여기에서 핵심은 피용인과 독립계약자를 구분하는 각 지역의 접근방식을 열거하는 데에 있는 것이 아니고, 여러 지역의 노동자 오분류 소송에서 플랫폼이 기술사업자인지 아니면 특정한 서비스 사업자인지에 관한 문제가 자주 제기되고 있다는 점을 보여주는 데에 있다.

이 문제는 노동자 오분류 사안에만 한정되지 않는다. 예컨대 National Federation of the Blind v. Uber 사건에서, 원고들은 우버가 연방법인 장애인법(Americans With Disabilities Act)과 캘리포니아 민권법인 Unruh Act를 위반하여 시각장애인 승객을 차별하였다고 주장하였다. 이에 대한 우버의 답변 중에는 '우버는 스마트폰 앱으로서 오로지 가상공간에만 존재하므로 공중접객업에 해당되지 않는다'는 주장과 '우버는 차량을 소유하지 않으므로 택시 서비스 업체에 해당되지 않는다'는 주장이 포함되어 있었다.[26] 법원은 우버의 청구기각 신청을 배척하면서, 우버와 같은 기업이 공중접객업에 해당되는지 여부를 결정할 '구속력 있는 법률'이 결여되어 있음을 판시하였다. 결국 위 사건은 조정으로 종결되었다. Doe v. Uber 사건도 비슷하게 종결되었는데, 위 사건은 불법행위 사건으로서 승객들이 운전자로부터 성폭력을 당했다는 주장이 제기된 사건이다. 이 사건에서 우버는 자신이 운송서비스의 중개자에 불과하므로 일반운송업자 책임법의 적용을 받지 않는다고 주장하였다. 법원은 '우버 서비스가 일반대중에게 제공되고 우버가 승차에 대한 표준화된 요금을 고객으로부터 징수한다'는 원고의 주장은 타당하다고 판시하였다.[27]

운송업 분야 이외에도 사례들이 있다. Airbnb v. San Francisco 사건은 불법임차자로부터 예약 수수료를 받는 플랫폼에게 책임을 묻는 조례를 무효화하기 위하여 단기임대차 플랫폼인 에어비앤비와 홈어웨이가 제기한 소송이다. 위 두 회사는 '통신품위법(Communications Decency Act)이 규정하는 상호작용 컴퓨터 서비스의 제공자로서 제3자의 콘텐츠를 공표한 것에 대한 보호를 받아야 한다'고 주장하면서, '위 법에 의하면 플랫폼이 숙박주의 등록물을 감독할 책임이 없다'고 주장하였다. 법원은 플랫폼의 가처분 신청을 기각하면서, '플랫폼이 단기임대를 촉진하는 데에 직접 참여한다는 점을 무시하고 있다'고 판시함과 동시에 다음과 같이 설시하였다. "플랫폼은 완전히 자유롭게 숙박주의 등록물을 올리고 그에 대한 수수료를 받는다. 조례는 원고들 자신의 행위, 즉 무등록 임대물에 대한 임대서비스를 제공하고 그에 대한 수수료를 징수하는 행위에 대하여 책임을 묻는 것이다."[28]

---

25 See, e.g., Costello v. BeavEx, Inc., 810 F. 3d 1045, 1050 (7th Cir. 2016) (일리노이와 매사추세츠 주법을 논의하고 있다).

26 Defendant's Notice of Motion and Motion to Dismiss Plaintiffs' First Amended Complaint and/or for a More Definite Statement; Memorandom of Points and Authorities in Support There of, Nat'l Fed. of the Blind of Cal. V. Uber Techs., Inc., No. 3:14‐cv‐04086‐NC, 2014 WL 108889967 (N.D. Cal. Dec. 3, 2014).

27 Doe v. Uber Techs., 184 F. Supp. 3d 774 (N.D. Cal. 2016) (우버가 일반운송업자라는 주장을 지지하는 충분한 사실적 근거를 원고들이 제시하였다고 판시하였다).

28 Airbnb, Inc. v. City and Cty of San Francisco, 2017 F. Supp. 3d 1066, 1073 (N.D. Cal. 2016)

지금까지 살펴본 사례에서 법원은 기술의 단순한 제공자로서 자신을 묘사하는 플랫폼의 시도를 배척하였는데, 우리가 보기에 법원의 조치는 정당하다. 하지만 이것은 보편적인 시각이 아니다. 예컨대 플로리다 경제기회부(Florida Department of Economic Opportunity)는 우버 운전자를 독립계약자로 보고 운전자의 실업급여 신청을 기각하였다. 위 기관은 '미술 갤러리가 미술가에 대한 고용자가 아닌 것처럼 우버는 운전자의 고용자가 아니다'라고 보면서,[29] 우버가 스스로를 '기술플랫폼'으로 묘사한 것을 받아들였다. 위 기관은 O'Connor와 Cotter 사건에서 법원이 취한 분석론을 배척하면서, 우버가 돈을 버는 데 운전자를 필요로 한다는 사실은 다른 모든 중개인의 경우에도 해당되는 것이라고 하면서, 이 점은 해당 사건의 해결과 거의 무관하다는 결론을 내었다.[30] 개별중재사건과 다른 실업급여 사건 등 사적 쟁송절차에서도 판단권자가 비슷한 결론을 냈을 가능성이 높다.

일반적으로 법원은 에어비앤비, 우버 등 플랫폼의 실제 모습에 따라서 그 성격을 파악하였다. 플랫폼은 노동자/제공자와 고객 사이의 거래에 적극적으로 관여하는 주체이지 단순한 기술플랫폼은 아니라고 본 것이다. 하지만 다음 섹션에서 보는 바와 같이 모든 플랫폼이 똑같은 것은 아니며, 법원이 이 문제를 분석하는 데에는 더 좋은 방법이 있다.

III. 플랫폼 정체성 위기의 해결

플랫폼경제 기업의 성격에 대한 법원의 현재 접근방식에는 두 가지 문제점이 있다. 첫째, 현재 방식에서는 사적 당사자 사이의 거래가 촉진되도록 하는 것 이상으로 관여하지 않는 플랫폼과 소비자에게 서비스를 제공하는 데에 적극적 역할을 하는 플랫폼을 구분하게 해주는 믿을 만한 방법을 제공하지 못한다. 둘째, 현재 방식에서는 플랫폼이 사업활동의 핵심 성질을 바꾸지 않고도 얼마든지 조작할 수 있는 요소들에 대부분 의존한다.

에어비앤비 숙박주에 의한 차별을 둘러싼 논란을 생각해 보자. 분노가 개별 숙박주뿐만 아니라 회사에게도 향하는 이유의 대부분은 에어비앤비가 숙박주와 손님 사이의 개별 거래 및 공동체 전반에 걸쳐서 관여를 하기 때문이다. 에어비앤비는 사용자에게 신뢰를 구축하기 위해 사진을 올리고 실명을 사용하도록 권유하는데, 이렇게 하면 차별행위를 하려는 자가 필요로 하는 정보를 그대로 제공하는 결과가 된다.

에어비앤비가 단순히 사람들을 연결해 줄 뿐이라는 항변(및 차별행위를 하는 숙박주를 즉각 퇴출

---

29 Rasier LLC v. Fla. Dep't of Econ. Opportunity, Protest of Liability Nos. 0026 2825 90–02, 0026 2834 68–02, 0026 2850 33–02 (Exec. Dir. Dec. 3, 2015), http://miamiherald.typepad.com/files/uber-final-order-12-3-15.pdf, aff'd on review sub nom., McGillis v. Dep't of Econ. Opportunity, No. 3D15-2758 (Fla. Dist. Ct. App. Feb. 1, 2017), https://casetext.com/case/mcgillis-v-dept-of-econ-opportunity.

30 Rasier LLC v. Fla. Dep't of Econ. Opportunity, supra note 28, at 2.

시킨다는 항변)에도 불구하고, 에어비앤비의 주요 경쟁자인 '단순한' 플랫폼과 에어비앤비의 행동은 결정적으로 다르다. 힐튼, 매리엇 등 호텔의 온라인 예약시스템 혹은 오비츠, 트래블로시티, 카약 등의 종합 서비스업체를 생각해 보라. 호텔에 방이 있고 유효한 신용카드 번호가 있으면 마음대로 예약할 수 있는 위 업체들과는 달리, 에어비앤비는 더 높은 수준의 관여도를 보이고 있다. 사업구조 자체가 경쟁자의 것과는 확연히 구분된다. 그 결과 차별행위에 대한 책임이 없다는 에어비앤비의 목소리는 공허하게 들린다. 책임이 없다고 말하는 것과는 별개로 차별이 어려워지도록 플랫폼을 재설계하는 노력을 취할 수 있었기 때문이다.

승차공유 플랫폼에도 동일한 원리가 적용된다. Cotter와 O'Connor 사건에서 충분한 논증이 이루어지 않은 점을 이해하기 위해서 일련의 다음 사건을 검토해 보자. 텍사스의 오스틴시가 승차공유 플랫폼에게 운전자에 대한 지문검사를 요구하자 우버와 리프트는 오스틴에서 영업을 중단하였다.[31] 그에 따라 만들어진 공백을 페이스북 그룹인 Arcade City Austin/Request A Ride가 메꾸었다. 3만 명의 회원으로 성장한 이 그룹은 승차를 필요로 하는 사람과 이를 제공하려는 사람을 연결해 주고 서로 승차의 조건을 협상하게 해 주었다. 승차자가 안심할 수 있도록 하기 위하여 이 그룹은 운전자가 페이스북이나 트위터 프로필, 신원조회, FBI 조회, 운전면허, 실질주거지증명서 등을 프로필에 올릴 수 있도록 허용하였지만, 이를 강제하지는 않았다.[32] Cotter와 O'Connor 판결의 접근법에 의하면 페이스북은 유용한 기술의 제공 그 이상을 하지 않으므로, 페이스북 혹은 그룹 운영자가 그룹에서 활동하는 운전자의 고용자로 취급되지는 않을 것이다. 독자와 우리의 생각도 이 결론과 같을 것이다.

하지만 페이스북 그룹을 시작하는 대신 웹 개발자가 별도의 독립적인 웹페이지를 만들어 동일한 방식으로 운영하되 사이트에서 예약된 운송마다 1달러를 징수한다면 어떻게 될 것인가? 이 사이트가 돈을 버는 유일한 방법이 승차행위를 판매하는 것이라는 사실에 의하여 사이트를 플랫폼 이상의 것으로 보는 쪽으로 기울 것이라고 결론을 낼 수도 있다. 이것은 차량서비스인 것이다. 그 사이트가 기술 기반의 중개자인지 아니면 택시 대체물인지에 대한 법원의 최종 판단은 사이트 자체의 설명과 판촉 노력과 같은 요소에 의존하게 될 것이다. 그런데 위 요소는 플랫폼과 운전자 사이의 관계에는 의미가 거의 없다.

Cotter와 O'Connor 판결 이후의 향후 소송에서 운송기업이 아니라 기술기업이라는 주장이 받아들여질 가능성을 높이기 위하여, 우버 · 리프트 등 기업이 취할 수 있는 조치를 생각해 보자. 비교적 쉬운 방법으로는 기업이 광고문구를 바꾸는 것이 있다. '우리 모두의 개인 운전사'라는 문구를 바꾸어서, 좀더 기술을 떠올리고 운전과 관련성이 적은 문구를 사용할 수 있다. 예를 들면 '생

---

31   David Kravets, Uber, Lyft Returning to Austin as Driver-Fingerprinting Dispute Ends(운전자 지문검사 문제가 종식되자 우버와 리프트가 오스틴으로 복귀하다), Ars Technia (May 26, 2017) https://arstechnica.com/tech-policy/2017/05/driver-fingerprinting-fracas-is-over-uber-lyft-returning-to-austin/.

32   Fitz Tepper, How a 30K-Member Facebook Group Filled the Void Left by Uber and Lyft in Austin(오스틴에서 3만 명의 회원을 가진 페이스북 그룹이 우버와 리프트가 남긴 공백을 메꾸다), TechCrunch (June 7, 2016), https://techcrunch.com/2016/06/07/how-a-30k-member-facebook-group-filled-the-void-left-by-uber-and-lyft-in-austin/.

활방식이 물류와 만나는 곳'이라는 문구를 예시할 수 있는데, 이는 2013년에 우버가 실제로 채택한 문구이다.[33] 또한 기업은 사업다각화를 할 수 있다. 아마도 음식배달업 등 다른 영역으로 진출하여 같은 기술을 이용하면서도 승차판매에 의존하는 모습을 축소시킬 수 있을 것이다. 실제 그럽허브 배달 운전자에 관한 최근의 오분류 사건에서, 그럽허브는 사업을 다각화하고는 '손님이 새로운 식당을 찾도록 도움을 주는 것에 집중하고 있기도 하므로 그럽허브가 음식배달업에 종사하는 것은 아니다'라고 주장하였다.[34] 그리하여 최종적으로 기업은 노동자나 제공자에게 자세한 지시를 직접 하지 아니하고, 비공식적인 규범설정 시스템을 구축하면서 고객으로 하여금 공격적으로 업무평가를 하도록 할 것이다. 하지만 위의 변화 중 어떠한 것도 기업의 근본적 성질을 건드리지 못하며, 노동자 혹은 제공자와 플랫폼 사이의 관계에 영향을 미치지도 못한다. 이들은 대개 표면적 조정을 한 것에 불과하다.

우리는 플랫폼인가 아니면 서비스 제공자인가라는 난제를 법원이 해결하는 데 더 좋은 방법이 있다고 생각한다. 우리가 우선 조심스럽게 제기하는 주장은 '이 문제를 해결함에 가장 중요한 요소는 기업의 실제 행위 내용이지, 그들이 주의를 기울여 설계해 놓은 외관 혹은 스스로의 설명이 아니라는 것'이다. 따라서 우리는 판단자가 이 문제에 기능주의적 접근을 하라고 촉구한다. (제레미아스 프라슬의 연구 내용을 기억하는 독자라면, 고용자의 정의에 관한 그의 기능주의적 접근법이 생각날 것이다. 우리가 조금 다른 문제에 집중하고 있기는 하나, 우리의 입장은 그의 접근법에서 영향을 받았고, 그의 접근법과 일맥상통한다.[35])

그러한 기능주의적 접근법을 구현할 때 법원은 플랫폼 등 제3자의 촉진이 없는 아날로그적 거래와 플랫폼 기반 거래를 비교하여야 한다. 법원이 이렇게 비교를 해보면 원래 서비스 제공자와 고객 사이의 관계에 속했을 측면이 어느 정도로 플랫폼에 의하여 탈취되었는지를 평가할 수 있을 것이다. 달리 말하자면 원래 제공자와 고객의 양자관계였던 것이 어느 정도로 삼자관계로 되어서 플랫폼이 다른 두 당사자와 관계를 형성하게 되었는지를 알 수 있다.

이 접근법의 장점을 보기 위하여 승객과 운전자 사이의 관계에 대한 우버의 촉진행위 및 우버를 살펴보자. 승객과 운전자 사이의 순수한 양자관계는 3단계로 구성된다. 첫째, 탐색단계가 있는데, 여기에서는 승객과 운전자가 서로를 찾고 협상을 한다. 둘째, 서비스 제공 단계가 있는데, 여기에서는 운전자가 실제로 승차를 제공한다. 셋째, 지불 및 승차 후 단계가 있는데, 여기에서는 승객이 완료된 서비스에 대한 대가를 지불하고, 운전자와 승객이 분실물 처리와 같은 관련 분쟁을 해

---

33 Adam Vaccaro, Uber Isn't a Car Service. It's the Future of Logistics, Inc.(우버는 차량서비스가 아니다. 우버는 미래의 물류회사이다) (Dec. 13, 2013), www.inc.com/adma-vaccaro/uber-isnt-a-car-service.html.

34 Maya Kosoff, Sued for Underpaying Drivers, GrubHub Claims It Isn't a Food-Delivery Company(임금미지불로 제소된 그럽허브는 음식배달업 회사가 아니라고 주장한다), Vanity Fair (Sept. 8, 2017), www.vanityfair.com/news/2017/09/sued-for-underpaying -drivers-grubhub-claims-it-isnt-a-food-delivery-company.

35 Jeremias Prassl, The Concept of the Employer(고용자 개념) (2015); Jeremias Prassl and Martin Risak, Uber, TaskRabbit & Co: Platforms as Employers? Rethinking the Legal Analysis of Crowdwork(우버, 태스크래빗 주식회사: 고용자로서의 플랫폼? 군집노동에 대한 법적 분석을 재고하기), 37 Comparative Lab. L., & Pol'y J. 619 (2016).

결한다. 각 단계마다 양 당사자가 결정해야 할 중요한 문제가 있다. 예를 들자면 다음과 같다. 승객이 운전자에게 보험이나 예치금증명서를 제시하라고 요구할 것인가? 이를 제시하지 못하면 승객이 더 적은 요금을 제시해야 하는가? 운전자가 교통사정이 안 좋으면 수익성이 떨어진다는 사실을 인지한 경우 운행 시간에 따른 요금을 요구할 것인가, 아니면 고정비율의 요금을 요구할 것인가? 운행 도중에는 운전자가 어느 경로를 택할 것인지를 결정하기도 하는데, 돌아가면 요금이 더 많이 나오지만 승객을 잃을 위험성이 있다는 점을 인식하여야 한다. 운행 종료 시에는 운전자가 여러 지불방법 중에서 어느 것을 택할 것인지에 대한 고민을 할 수도 있고, 승객이 두고 내린 휴대전화가 있으면 추가 요금을 요구해야 하는지도 결정해야 한다.

위 단계들을 나열한 것은 얼마나 철저하게 우버가 양자관계를 탈취하여 대부분의 결정권을 갖는지를 설명하기 위한 것이다. 우버 승객은 더 저렴한 요금을 내기 위하여 더 낮은 수준의 안전을 받아들이거나 낡은 차를 선택할 수 없다. 운전자는 짧은 거리의 승객을 거절할 수 없고, 우버 앱을 통한 결제 대신에 실물 신용카드를 받을 수 없다. 물품을 두고 내린 승객은 앱을 통하여 운전자에게 연락하고 운전자는 우버의 지시를 받아 물품 회수에 협조하게 된다. 우버는 양자 간 평가시스템을 운영하면서 서로 간에 평가를 하도록 권유하며, 그 평가를 토대로 운전자와 승객의 접속을 정지하는 등의 제재를 하기도 한다. 다시 말하면 우버를 통하여 승차를 요청하는 경험은 공개시장에서의 경험과 거의 유사성이 없다. 왜냐하면 우버가 주요 결정권을 보유하고 있고, 승객에 대한 관계와 운전자에 대한 관계를 별도로 형성하기 때문이다. 그래서 우버는 차량서비스 업체로서 '당신의 사적 운전사'인 것이지 단순한 기술 회사가 아닌 것이다.

이러한 기능주의적 접근법에는 여러 장점이 있다. 첫째, 플랫폼 기업이 조작을 쉽게 하지 못할 것이다. 확실히 기업은 노동자 또는 제공자에 대한 관계 및 고객에 대한 관계에서 어떤 측면을 변경시킬 수 있을 것이나, 그러한 변경은 표면상 조정 이상의 것이어야 한다. 그리고 신뢰환경을 구축하기 위해 플랫폼이 현재 하고 있는 일들을 감안하여 보면 그렇게 하지는 못할 것이다. 둘째, 위의 장점과 연결되는데, 판단권자가 Austin Request A Ride group, 가상적 독립업체, 우버를 의미 있게 구별할 수 있고, 가상적 독립업체가 우버보다는 Austin Request A Ride에 더 가까운 이유를 명백히 할 수 있다는 장점이 있다. 셋째, 플랫폼이 실제의 제공자인지 여부를 분석하는 법원에게 도움을 줄 만한 판례법이 결여된 상황에서 법원은 이 분석 틀을 사용할 수 있을 것이다. 법원은 입법부가 나설 때까지 기다릴 필요가 없다.

Ⅳ. 결론

법원이 플랫폼 정체성 위기를 인식하고 해결한다면 큰 진전이 이루어질 것이다. 양자관계를 단순히 촉진하는 것과 삼자관계에 실제로 참여하는 것을 우리와 같이 구분하면 플랫폼경제의 지적 딜레마를 해결할 수 있을 것이다. 그리하여 플랫폼이 전통적인 사업과 유사한지 아니면 완전히 새로운 실체인지를 분석하고, 새로운 거래 방식을 만들어내는 틀을 마련할 것이며, 자주 모순되고 혼란스러운 방식으로 단편적으로 전개되어 온 일련의 관련 문제를 더욱 명료하게 할 것이다.

우리가 개발한 이 모델의 가치는 앞서 논의한 구체적인 예에 한정되지 않는다. 우리가 주로 차별금지 문제와 노동자 권리에 초점을 맞추기는 하였으나, 우리가 세운 분석 틀은 플랫폼 사업이 관련된 모든 영역에서 의미를 가진다. 기능주의적 접근법은 거의 모든 실체법 영역에서 문제를 해결하는 데 도움을 줄 수 있다. 우리가 플랫폼 정체성 위기를 해결해 가는 방향은 지식재산권, 계약법, 고용노동법, 불법행위, 민법, 심지어 형법에서도 의미가 있다.

보다 일반적으로, 우리가 제시한 이 접근법은 플랫폼 이외에서도 의미가 있다. 새로운 기술이 등장하면, 동시에 새로운 사업방식이 등장하고, 회사와 그 거래상대방 사이에 새로운 관계가 등장하며 새로운 법적 문제가 등장한다. 이러한 문제에 접근하는 것이 단편적이어서는 곤란하고, 처음부터 체계적인 방법을 취하여야 한다. 법원과 변호사들이 처음부터 이렇게 접근하였다면 우리는 많은 혼란을 피할 수 있었을 것이다. 노동자는 노동조건에 대한 더 많은 정보를 얻음으로써 이익을 얻었을 것이다. 소비자는 플랫폼 사업체를 이용하는 것의 위험과 효용을 더 잘 이해하였을 것이다. 그리고 사업자는 사업모델의 구축 방법에 관한 의문점을 철저히 검토함으로써 이익을 얻었을 것이다. 사업자로서는 신뢰를 촉진하여 수익을 올릴 것인가 아니면 규제를 피하기 위해 더욱 방임적 태도를 취할 것인가를 결정할 수 있다.

플랫폼은 사업체 진화의 마지막 단계는 아닐 것이다. 다음에 무엇이 오든 우리가 여기서 채택한 접근방식을 기준으로 삼는 것이 올바른 접근방법이다. 즉 새로운 혁신이 기존의 사업관계에 접속하는 방식을 규명할 수 있도록 기능주의적 접근법을 모델로 삼아야 한다. 그렇게 하면 미래의 경제도 정체성 위기를 피할 수 있을 것이다.

34

공유경제의 친밀성과 평등성

나오미 쇼엔바움*

서언

공유경제 거래의 대다수에서 전제로 삼고 있는 친밀성(intimacy)은 인종차별과 성차별에 대한 우려를 가진 사람에게는 기대와 위험을 동시에 제공한다. 친밀노동에 대한 기존 연구를 토대로 하여,[1] 이 글에서는 공유경제에서 친밀성이 갖는 의미와 평등권에 대한 영향을 탐구하고자 한다. 공유경제 거래는 개인적 공간에서 이루어질 가능성이 높고 공유경제 거래의 신뢰를 높이기 위해 개인적 특성에 의존하게 되는 까닭에 공유경제 거래에서는 친밀성이 크게 대두한다. 통상 타인과 공유하지 않는 개인정보가 노출된다. 공유경제 거래의 친밀성으로 인하여 이러한 거래에서는 정체성 식별요소가 유난히 부각되는데, 그렇게 되면 반차별법과 긴장관계에 놓이게 된다. 반차별법은 시장에서 이러한 요소들이 부각되는 것을 막으려는 목적이 있기 때문이다. 이에 대응하여 공유경제 플랫폼은 거래의 친밀성을 축소함으로써 차별문제를 해결하려는 노력을 점점 더 하게 되었는데, 특히 거래를 더욱 익명화하게 되었다. 그렇게 하면 부작용이 있다는 것이 이 글에서 내가 하는 주장이다. 즉 친밀성이 가져오는 혜택이 사라질 수 있고, 사람의 생각과 감정을 변화시키는 방식으로 차별문제에 대처할 기회를 회피하게 될 수 있는 것이다.

이 글은 세 개 섹션으로 나누어 전개된다. 첫 섹션에서는 친밀성과 평등권의 기본적 관계를 검토하면서, 거래과정의 친밀성으로 인하여 어떻게 정체성이 드러나는지와 공유경제에서 이러한 역동성이 얼마나 중요한지를 설명하고자 한다. 두 번째 섹션에서는 공유경제에서 그려진 친밀성의 역사적 궤적을 탐구한다. 공유경제의 최초 단계에서는 노동자와 소비자 사이에 신뢰가 형성되도록 하기 위하여 거래행위의 친밀성을 기업들이 적극적으로 이용하는 경향이 특징적이었다. 공유경제가 성숙하면서 차별의 우려가 커지자 플랫폼은 거래를 익명화하고 덜 친밀적이게 만들었다. 세 번째 섹션에서는 이러한 변화에 따른 결과를 제시한다. 이 짧은 글에서 나는 결론을 제시하지는 않으며, 다만 친밀성이 주는 독특한 혜택이 있는데도 우리가 이를 누리지 못하고 있다는 점과 차별을 시정하기 위한 소모적 접근법에서 상당한 비용이 지출된다는 점을 강조하고자 한다.

---

* 본서에 참여할 기회를 준 본서의 편집자와 오슬로대학 법학교수부가 주최한 Welfare, Rights, and Discrimination Research Group Workshop의 참석자에게 감사드리며, 본서의 저술을 위한 워크숍에 참석해서 귀중한 조언을 주신 본서의 집필자들께 감사를 드린다.
[1] Naomi Schoenbaum, The Law of Intimate Work(친밀노동법), 90 Wash. L. Rev. 1167 (2015)

I. 공유경제의 친밀성과 정체성

시장의 친밀성은 차별을 배양할 수 있다.[2] 친밀성으로 인하여 서비스 제공자(노동자라고 한다) 및 그 정체성이 서비스 소비자(소비자라고 한다)에게 두드러지게 드러난다.[3] '친밀노동자'는 그가 제공하는 '친밀노동'으로부터 분리될 수 없다.[4] 노동자의 정체성 관련 특성은 고객이 제공받는 서비스에 대한 기대를 형성하도록 하는 표지로서 작용한다.[5] 예컨대 필리핀 출신 아동 돌보미는 배려심 깊고, 가족적이며, 유순하다고 인식된다.[6] 이 징표가 믿을 만하지는 못하지만 정보를 얻는 데 비용이 많이 들고 편향성이 강한 상황에서는 이것이 신속한 판단지표가 될 수 있다.

친밀노동자의 정체성은 소비자에게 여러 유형의 정보를 표시한다. 전문성을 표시할 수도 있다. 여성은 산부인과 여자의사가 자신의 문제를 더 잘 이해할 것이라고 믿을 것이다.[7] 정체성은 친밀노동자가 소비자를 더 잘 이해한다는 신호를 줄 수도 있는데, 그렇게 되면 소비자는 노동자에게 더 편안하게 대하고, 부당한 대우나 차별이 있을 것이라는 염려를 적게 하게 된다. 특히 소비자와 노동자가 같은 정체성을 공유하면 더욱 그러하다.[8] 여성은 산부인과 남자의사에 비하여 여자의사는 이해심이 더 많고, 산부인과적 진료에 대한 자신의 선택에 대한 편견이 덜하다고 생각할 것이다. 이러한 신호는 역방향으로 작용하여 친밀노동자가 선호하는 소비자의 정체성이 있을 수도 있다.[9]

거래의 특성상 공유경제에서의 거래는 전통경제에 비하여 일반적으로 더 친밀적이어서 정체성 선호가 발호할 가능성이 특히 크다. 아마도 공유경제의 가장 결정적인 특징은 자동차, 주택 등

---

2 내가 사용하는 친밀성이라는 용어는 경제사회학에서 차용한 것이다. See Vivianna A. Zelizer, The Purchase of Intimacy(친밀성의 구매) 14-15 (2005). ("한 사람에게 특히 제공된 지식 및 한 사람이 보이는 관심–제3자에게 널리 허용되지는 않는 지식과 관심").

3 See, e.g., Harry J. Holzer and Keith R. Ihlanfeldt, Customer Discrimination and Employment Outcomes for Minority Workers(고객의 차별행위와 소수인종에 대한 고용상 결과), 113 Econ. 85, (1998) (고객과 직접 접촉을 필요로 하는 직업에서는 기존 고객의 인종적 구성이 채용되는 인종에 상당한 영향을 미쳤다고 확인하고 있고, 이는 고객의 관계선호도 때문이라고 가정하고 있다).

4 See Robin Leidner, Emotional Labor in Service Work(서비스업에서의 감정노동), 561 Annals Am. Acad. Pol & Soc. Sci. 81, 83 (1999); Amy S. Wharton, The Sociology of Emotional Labor(감정노동의 사회학), 35 Ann. Rev. Soc. 147, 152, (2000).

5 Wharton, supra note 4, at 152(internal quotation marks omitted).

6 See Cameron Lynne Macdonald and David Merrill, Intersectionality in the Emotional Proletariat(감정 프롤레타리아에 대한 신분 분석), in Service Work; Critical Perspectives 113, 120-22 (Marek Korczynski, Cameron Lynne Macdonald eds, 2009) (부모들은 민족에 따라 추정되는 특질을 기준으로 인종적·민족적 집단별로 돌보미를 선호한다고 한다. 돌보미 안내소 운영자의 다음 말을 인용하고 있다. "누구나 아이를 소중히 여기는 다른 행성에서 온 사람들이 필리핀인이라고 사람들이 생각한다.").

7 See Tamar Lewin, Women's Health Is No Longer a Man's World(여성의 건강은 더이상 남성의 영역이 아니다), N.Y. Times(Feb. 7, 2001), www.nytimes.com/2001/02/02/us/women-s-health-sino-longer-a-man-s-world.html.

8 See Jennifer Malat and Mary Ann Hamilton, Preference for Same-Race Health Care Providers and Perceptions of Interpersonal Discrimination in Health Care(같은 인종의 의료인에 대한 선호와 의료에서의 인간적 차별에 대한 인식), 47 J. Health & Soc. Behav. 173 (2006), Federick, M. Chen et al., Patients' Beliefs About Racism, Preferences for Physician Race, and Satisfaction with Care(인종주의에 대한 환자의 인식, 의사의 인종에 대한 선호도 및 의료에 대한 만족도), 3 Annals Fam. Med. 138 (2005).

9 See, e.g., Elane Photography, LLC v. Willock, 209 P.3d 53 (N.M. 2013) (동성애 커플의 사진 촬영을 거부한 결혼식 촬영업자의 수정헌법 제1조 항변을 배척하면서 차별금지 청구를 인용하였다).

재산과 노동의 매각을 분할하는 것일 것이다.[10] 재산에 관하여 보건대 매도인은 개인 재산의 일부(주택의 방 혹은 자동차의 승차)를 단기간 동안 판매할 수 있다. 노동에 관하여 보건대 매도인은 노동을 잘게 쪼개서 판매할 수 있다. 거래의 중점이 기업과 사이의 몰개성적 거래에서 개인 간의 개인적 · 사교적 상호작용(그래서 P2P 거래[11]라고 한다)으로 이동함에 따라 거래행위가 더욱 친밀적인 것이 되었다. 그리하여 매수인과 매도인의 정체성이 더욱 두드러지게 되었다.[12]

공유경제 노동은 전통적인 작업장 이외의 장소에 이루어지고 있는데(보통 에어비앤비의 경우 노동자의 주택이, 우버의 경우 자동차가, 태스크래빗의 경우 소비자의 주택이 각 작업장이 된다), 이러한 사실을 보면 1차 장소(가정), 2차 장소(직장), 3차 장소(일반인에게 공개된 공통의 공간) 사이의 구분선이 흐려지고 있음을 알 수 있다.[13] 우리의 행동을 지배하는 규칙(scripts)은 처한 환경에서 단서를 포착한다. 거래를 중개하는 기업과 작업장이 없다면, 개인적 상호작용을 함에 매도인과 매수인은 규제를 덜 받고 차별행위가 여전히 허용되는 공간(가정 등)을 지배하는 규칙을 따르게 될 것이다.[14] 공유경제 참여자는 온라인 거래시에 감시를 받지 않는다고 느끼기 때문에 반차별 규범 등 사회적 규범의 압력에서 자유롭게 된다.

주의할 점이 두 가지 있다. 첫째, 노동과 친밀성의 경계선이 흐려진 것은 공유경제에 완전히 새로운 현상도 아니고 고유의 현상도 아니지만, 공유경제의 거대한 규모 때문에 과거 어느 때보다도 이 경계선에 대한 논쟁이 커졌다.[15] 둘째, 공유경제의 모든 거래가 친밀적인 것은 아니며, 친밀적인 거래들 사이에 정도의 차이가 존재한다. 플랫폼이 구축한 구조에 따라서 그리고 노동자와 소비자의 선호도에 따라서 친밀도는 달라질 수 있다.[16]

---

10 See Daniel E. Rauch and David Shleicher, Like Uber, but for Local Government Policy: The Future of Local Regulation of the "Sharing Economy"(우버 유사 업체의 지역정부 정책 준수: 공유경제에 대한 지역적 규제의 미래) at 5-6, (George Mason Univ. Law & Econ. Research Paper Series, Paper No. 15-01). www.law.gmu.edu/assets/files/publications/working_papers/1501.pdf.

11 See generally Liran Einav et. al. Peer-to-Peer Markets(P2P 시장), 8 Ann. Rev. Econ, 615 (2016) (P2P 시장에 대한 일반적 특징을 설명하고 있다. 기업보다는 개별 노동자와 소비자에 대한 평판에 더욱 의존하게 되었다고 한다).

12 See Stacy Perman, Is Uber Dangerous for Women?(우버는 여자에게 위험한가?), Marie Clarie(May 20, 2015), www.Marieclaire.com/culture/news/a14480/uber-rides-dangerous-for-women (이 글에서는 우버의 선임부사장 David Plouffe의 다음과 같은 말을 인용하고 있다. "우버 승객에게 가장 중요한 관계는 우버 운전자와의 관계이다. 그것이 우버가 소중히 여기는 대상이다."), Jenna Wortham, Ubering While Black(흑인의 우버 이용하기), Medium (Oct. 23, 2014), https://medium.com/matter/ubering-while-black-146db581b9db ("공유경제의 사회적 속성으로 인하여 공유경제는 전통경제보다 차별행위에 더욱 취약하게 된다.").

13 See generally Ray Oldenburg, The Great Good Place: Cafes, Coffee Shops, Community Centers, Beauty Parlors, General Stores, Bars, Hangouts, and How They Get You Through the Day(멋진 장소: 카페, 커피점, 공동체센터, 미용실, 슈퍼마켓, 술집, 휴게소 등에서 하루를 보내는 방법) (1999); Leo W. Jeffers et. al. The Impact of Third Places on Community Quality of Life(공동체 생활의 품질에 관한 3차 장소의 영향), 4 Applied Res. Quality Life, 333, 334 (2009).

14 Marjorie L. De Vault, Home and Work: Negotiating Boundaries Through Everyday Life(가정과 노동: 일상생활에서 하는 경계의 협상), 102 Am. J. Soc. 1491, 1492 (1997).

15 John Hawsworth and Robert Vaughan, The Sharing Economy- Sizing the Revenue Opportunity(공유경제- 매출 신장의 기회를 가늠하기), PWC (2015), www.pwc.co.uk/issues/megatrends/collisions/sharingeconomy/the-sharing-economy-sizing-the-revenue-opportunity.html (2015년까지 5개 주요 공유경제 분야의 잠재적 가치가 3,350억 달러에 이를 것이라고 추정한다).

16 See Greg Muender, Uber vs. Lyft: A Former Driver Compares the Two Services(우버와 리프트의 비교: 전직 운전자가 두 서비스를 비교하다), Pando (Dec. 3, 2014), https://pando.com/2014/12/03/uber-vs-lyft-a-former-driver-compares-the-two-services (리프트는 '좋은 친구'가 되기를 권유하고, 우버는 '운전자'가 되어서 '전문성'을 발휘하도록 요구한다는 점에서 양자를 비교하고 있다).

II. 공유경제에서 나타난 친밀성의 두 형태

시장 거래에는 위험성이 있기 마련인데, 매도인에게는 판매하는 물품이나 서비스에 대한 대금을 받을 수 있을지에 대한 염려가 있고, 매수인에게는 사려는 물품이나 서비스를 제대로 받게 될지에 대한 염려가 있다. 이러한 기본적 거래 위험 외에도 매수인과 매도인이 접하는 추가적인 위험들이 있는데, 예컨대 대면거래를 하는 경우에는 안전성에 대한 우려가 있다. 적절한 거래상대방을 찾고 낯선자의 신뢰도를 평가하는 데에는 상당한 거래비용이 소요된다.[17] 기업은 평판에 기반하여 신뢰를 형성함으로써 이러한 비용을 줄인다.[18]

기술이 P2P 거래를 촉진하게 되자 공유경제에서 기업이 매수인과 매도인을 연결하는 역할이 줄어들었다.[19] 기업에 대한 의존도가 낮아질수록 거래는 노동자와 소비자 사이의 관계에 더욱 의존하게 된다.[20] 이러한 개인적 거래가 늘어남에 따라 신뢰의 필요성이 고양된다. 공유경제에서 나타나는 새로운 거래방식을 생각해 보면 이 점은 특히 맞는 말이다. 처음에 사람들은 낯선자를 믿고서 낯선자에게 태워다 달라고 하거나 방을 빌려 주는 것을 이상하게 생각하였다. 공유경제 플랫폼은 이러한 신뢰에 대한 장애물을 극복하여야 했다.

당초에는 이러한 신뢰 부족에 대한 주된 대응방식 중의 하나가 공유경제를 더욱 친밀하게 만드는 것이었는데, 이를 위하여 기업에 대한 신뢰를 개별 노동자 및 소비자에 대한 신뢰로 대체하였다.[21] 공유경제 거래가 이러한 개인적인 특성에 의존하게 된 것이다. 노동자나 소비자는 다른 사람들이 '자신을 믿을 만하고 진정성 있고 플랫폼의 정신에 충실하다'고 느끼도록 하기 위하여 프로필을 만들어서 이름, 사진 등 자신에 대한 정보를 노출한다.[22] 노동자와 소비자가 서로를 평가할

---

17 See Rauch and Schleicher, supra note 10, at 9; see also The Rise of the Sharing Economy: On the Internet, Everything Is for Hire(공유경제의 등장: 인터넷에서는 모든 것이 대여의 대상이다), The Economist(Mar. 9, 2013), www.economist.com/news/leaders/21573104-internet-everything-hire-sharing-economy.

18 Benjamin G. Edelman and Michael Luca, Digital Discrimination: The Case of Airbnb.com(디지털 차별: 에어비앤비닷컴의 경우), 9 Am. Econ. J.: App. Econ. 1 (2017), http://pubs.aeaweb.org/doi/pdfplus/10.1257/app.20160213; PWC, The Sharing Economy(, Consumer Intelligence Series 16(공유경제, 소비자인지도조사서 16), www.pwc.com/us/en/technology/publications/assets/pwc-consumer-intelligence-series-the-sharing-economy.pdf(조사된 소비자의 69%가 신뢰할 만한 사람으로부터 추천을 받기 전에는 공유경제 회사를 믿을 없다고 답변했다는 점을 인용하고 있다).

19 See Rauch and Schleicher, supra note 10, at 9. 하지만 뒤에서 자세히 보는 바와 같이, 공유경제 기업은 원하기만 하면 연결에 대한 상당한 통제권을 행사할 수 있다. 이제 우버가 운전자와 승객을 근접도에 따라 무작위로 연결시키는 것도 우버의 선택이다.

20 See Brishen Rogers, The Social Costs of Uber(우버의 사회적 비용), 82 U. Chi. L. Rev. Dialogue 85, 97 (2015), https://lawreview.uchicago.edu/sites/lawreview.uchicago.edu/files/uploads/Dialogue/Rogers_Dialogue.pdf (우버 운전자가 일정한 평점을 얻기 위해서는 '세세한 관계'에 신경을 써야 한다는 점을 지적한다).

21 See Rauch and Shleicher, note 10, at 9.

22 See Why Do I Need to Have an Airbnb Profile or Profile Photo?(왜 에어비앤비 프로필이나 프로필 사진이 필요한가?), Airbnb, www.airbnb.com/help/article/67/why-do-i-need-to-have-an-airbnb-profile-or-profile-photo ("사람들이 방을 예약하거나 손님을 받을 때 당신의 프로필은 당신에 대하여 미리 알 수 있는 좋은 방법이다… 숙박주이건 손님이건, 프로필이 완벽할수록 예약이 이루어지기가 쉽기도 하다… 우리는 모든 숙박주가 프로필 사진을 올리도록 요구하며, 손님은 예약을 하기 전에 프로필 사진을 올리도록 요구한다."); Airbnb Announces "Verified Identification,"(에어비앤비는 신분확인제도를 도입하기로 하다) Airbnb (Apr. 30, 2013), www.airbnb.nl/press/news/airbnb-announces-verified-identification (신뢰는 투명성에서 나오고, 익명성을 제거하면 사람들이 최선으로 행동한다고 설명한다.); Jamiev2014, Putting the "Pro" in Profile(프로필을 전문적으로 관리하기), TaskRabbit Blog (Apr. 10, 2013) https://blog.taskrabbit.com/2013/04/10/putting-the-pro-in-profile.

수 있는데, 평가는 온라인 프로필에서 두드러지는 항목이다.[23] 이로써 중점이 소비자와 공유경제 기업 사이의 거래에서 소비자와 노동자 사이의 거래로 옮겨간다.[24]

더 나아가 어떤 공유경제 기업은 노동자와 소비자 사이의 개인적 연결을 강조한다. 리프트는 '차량을 가진 당신의 친구'라는 문구를 사용하였다.[25] 장거리 승차공유 플랫폼인 트립다(Tripda)는 '승차공유가 얼마나 재미있고 사교적인지'를 강조하였고, '우리는 당신이 승차를 공유하도록 새롭고 흥미로운 사람에게 연결해 준다'라고 홍보하였다.[26] 에어비앤비는 서비스를 판매하면서 '숙박주와 손님 사이의 끈끈한 관계는 숙박이 끝난 뒤에도 오랫동안 지속된다'고 하였고,[27] '에어비앤비 사용자는 친구를 사귀거나 남편, 아내, 오랫동안 찾았던 영혼의 동지를 만날 수도 있다'고 홍보하였다.[28]

일부 공유경제 기업은 한 걸음 더 나아가서, 거래에 대한 신뢰를 구축하고 소비자와 노동자가 서비스 제공 과정에서 편안함을 느끼도록 하기 위하여, 정체성(특히 성별)을 적극 이용하기도 하였다. 승차공유 기업은 안전대책의 하나로서 승객이 운전자의 성별 선택을 허용해 왔다.[29] 우버는 안전문제에 관한 주요 대책으로 장차 여성운전자를 더 많이 확보하겠다는 약속을 하였다.[30] 다른 공유경제 기업은 사이트에서 청소하는 여자와 물건을 옮기는 남자의 이미지를 보여줌으로써 특정

23　See Rauch and Schleicher, supra note 10, at 9; How Are Ratings Calculated(평점은 어떻게 계산되는가), Uber, https://help.uber.com/h/66ce3340-aa1f-4357-b955-027ef50441d3; Rachel Botsman, The Changing Rules of Trust in the Digital Age(디지털 시대의 신뢰규칙의 변화), Harv. Bus. Rev. (Oct. 20, 2015), https://hbr.org/2015/10/the-changing-rules-of-trust-in-the-digital-age ("에어비앤비 평판시스템에서는 내가 숙박주를 평가하기도 하고 숙박주가 나를 평가하기도 하므로, 에어비앤비에서 나는 다르게 행동한다. 신뢰는 양자의 인식 속에 깊이 자리잡고 있다.")

24　차량공유 업체인 RelayRides의 설립자는 다음과 같이 말하였다. "당신은 대단하고 흥미로운 사람들을 만난다. 당신은 좋은 경험을 하게 된다." Natasha Singer, In the Sharing Economy, Workers Find Both Freedom and Uncertainty(공유경제에서 노동자는 자유와 불확실성을 발견한다), N.Y. Times (Aug. 16, 2014), www.nytimes.com/2014/08/17/technology/in-the-sharing-economy-workers-fi nd-both-freedom-and-uncertainty.html; see also In the Battle Between Lyft And Uber, The Focus Is On Drivers(리프트와 우버의 싸움에서 중점은 운전자에게 있다), NPR All Tech Considered (Jan. 18, 2016), www.npr.org/sections/alltechconsidered/2016/01/18/463473462/is-uber-good-to-drivers-it-s-relative.

25　Jason Tanz, How AirBnB and Lyft Finally Got Americans to Trust Each Other(에어비앤비와 리프트는 어떻게 최종적으로 미국인이 서로를 신뢰하게 만들었나), Wired (2014. 4. 23.), www.wired.com/2014/04/trust-in-the-share-economy/.

26　How It Works(운영의 원리), Sharing Trip, http://sharingtrip.in/how-it-work.html#. 트립다는 2016년 2월 영업을 중지하였다. Tripda, https://tripda.com/.

27　See Laura W. Murphy, Airbnb's Work to Fight Discrimination and Build Inclusion: A Report Submitted to Airbnb(차별을 철폐하고 포용력을 증진하기 위한 에어비앤비의 노력: 에어비앤비 보고서), at 23, blog.atairbnb (Sept. 8, 2016), http://blog.atairbnb.com/wp-content/uploads/2016/09/REPORT_Airbnbs-Work-to-Fight-Discrimination-and-Build-Inclusion.pdf (위 보고서는 이를 에어비앤비가 최종적으로 추구하는 목적이라고 설명한다).

28　Anh-Minh Le, "When Strangers Meet" Film Contest Winners("낯선자들이 서로를 만날 때" 영상경연대회 수상자들), Airbnb Blog (Jan. 27, 2015), http://blog.airbnb.com/when-strangers-meet-film-contest-winners (에어비앤비는 에어비앤비에서 수많은 사람들이 만나서 사랑에 빠진다는 점을 강조하기 위해 에어비앤비에서 우연히 만난 특별한 사람들에 대한 영상의 경연대회를 열었다).

29　See Hiawatha Bray, Hitchhiking Goes Digital with Tripda Ride Sharing Service(트립다 승차공유 서비스로 인하여 히치하이킹이 디지털화하다), Bos. Globe (Nov. 21, 2014), www.bostonglobe.com/business/2014/11/21/hitchhiking-goes-digital-with-tripda-ride-sharing-service/4JjciQxKybC2FD7HymwxUK/story.html; Seven Ways to #RideSafe This Season with Sidecar(이번 계절에 사이드카와 함께 안전하게 다니는 7가지 방법), Sidecar Blog (Dec. 16, 2014), www.side.cr/seven-ways-to-ride-safe-this-season-with-sidecar ("사이드카와 함께 안전하게 다니는 7가지 방법. 선택을 하라. 새 차를 타고 싶거나 여성운전자를 원하거든, 와서 선택을 하라!").

30　See Meet the Uber Team Driving Our Women Partner Program(여성운전자 프로그램을 운영하는 우버 팀을 만나보라), Uber (July 27, 2015), http://newsroom.uber.com/2015/07/meet-the-uber-team-driving-our-women-partner-program/ (2020년까지 백만 명의 여성운전자를 목표로 한다고 한다).

유형의 노동자가 어떤 유형의 노동을 하는지에 관한 미묘한 신호를 보내기도 하였다.[31]

그런데 일부 공유경제 기업이 친밀성에 대한 접근법을 바꾸었다.[32] 이 기업들은 거래를 덜 개인적인 것으로 만들고 전통경제와 더욱 유사한 것으로 만들기 시작하였는데, 그 추세를 강화하라는 요구를 받고 있다. 이러한 기업에는 에어비앤비 등 일부 대기업도 포함되어 있다. 종합하자면 이러한 변화로 인하여 공유경제 거래는 더욱 익명성을 띠게 되었다. 소비자가 노동자를 선택하고 노동자가 소비자를 수락하는 순간에는 특히 그러하다. 이러한 변화는 뒤에서 논의하겠고, 우선 그 배경이 이해되도록 하기 위하여 무엇이 이 변화를 촉발하였는지를 보겠다. 이 글에서는 이 변화의 원인에 대한 단정적인 주장을 하지는 아니하고, 이러한 변화를 초래하고 그 성격을 형성한 차별문제와 시장의 세력에 대한 설명을 하고자 한다.

아마도 공유경제 거래의 탈개인화를 초래한 요인 중 가장 중요한 것은 차별문제일 것이다.[33] 공유경제 기업은 자신이 반차별법의 적용대상이 아니라고 강력히 주장하기는 하지만 여전히 다른 세력들이 차별문제 해소를 요구할 수 있다. 노동자와 소비자의 사진과 이름에 크게 의존함으로써 승차공유와 주거공유에서 차별문제가 생긴 것이라는 주장이 오랫동안 제기되어 왔는데,[34] 연구 결과 이는 사실로 밝혀졌다. 우버와 리프트에 대한 연구 결과 흑인이름으로 보이는 이름을 가진 자는 백인으로 보이는 이름에 비하여 승차배정을 받는 데 35%를 더 기다렸고, 어떤 지역에서는 취소 비율이 3배 정도로 더 높았다.[35] 위 연구에 의하면 보스턴에서 여자승객의 경우 주행노선이 더 길었는데, 이로써 요금이 더 나왔을 뿐만 아니라 운전자가 '잡혀 있는 관객'에 해당되는 승객에게 수작을 걸 기회가 더 늘어났다는 것을 알 수 있다.[36] 에어비앤비에 대한 다른 연구에 의하면 백인으로 보이는 사람에 비하여 흑인으로 보이는 사람은 숙박요청이 받아들여질 가능성이 16% 가량 낮았다고 한다.[37] 2016년에 한 숙박주가 흑인손님의 예약을 취소하면서 인종차별적 욕설을 퍼부은 사건이 있고 나서 에어비앤비에서의 인종차별이 큰 관심을 끌었고, 의회 흑인원내단체(Congress Black

---

31 See Naomi Shoenbaum, Gender and the Sharing Economy(성과 공유경제), 43 Fordham Urb. L.J. 1023, 1055-56 (2016).

32 See Megan Rose Dickey, Here's Airbnb's Plan to Fix Its Racism and Discrimination Problem(이것이 인종주의와 차별문제를 해결할 에어비앤비의 계획이다), Tech Crunch (Sept. 8, 2016), https://techcrunch.com/2016/09/08/airbnb-plan-fix-racism-discrimination.

33 See, e.g., Katie Benner, Airbnb Tries to Behave More Like a Hotel(에어비앤비는 호텔처럼 행동하려고 한다), N.Y. Times (June 17, 2017), www.nytimes.com/2017/06/17/technology/airbnbs-hosts-professional-hotels.html (에어비앤비가 탈개인화 방향으로 가게 된 계기로서 차별문제를 들고 있다.); Murphy, supra note 27 (차별문제에 대응하여 에어비앤비가 취한 탈개인화조치를 열거하고 있다.); Trip Safety: Our Commitment to Riders(여행안전: 승객에 대한 우리의 약속), Uber, www.uber.com/ride/safety/[hereinafter Trip Safety] ("모든 승차요청은 최근접 운전자에게 무작위로 배정된다. 그러므로 인종, 성, 목적지에 따른 차별이 없다.").

34 See Ian Ayres, Mahzarin R. Banaji, and Christine Jolls, Race Effects on Ebay(이베이에 대한 인종의 영향), 46 Rand J. Economics 891 (2015) (야구카드를 보유한 여러 인종이 야구카드 매도인에 대하여 이베이에서 보인 인종차별을 다루고 있다.); Marianne Bertrand and Sendhil Mullainathan, Are Emily and Greg More Employable than Lakisha and Jamal? A Field Experiment on Labor Market Discrimination(라키샤, 자말에 비하여 에밀리, 그렉이 더 쉽게 고용되는가? 노동시장 차별 현장의 연구), 94 Am. Econ. Rev. 991, 991-92 (2004).

35 Yanbo Ge et al., Racial and Gender Discrimination in Transportation Network Companies(운송네트워크회사에서의 인종차별과 성차별), NBER Working Paper No. 22776, at 2 (Oct. 2016), www.nber.org/papers/w22776.

36 Id.

37 See Edelman, Luca, supra note 18, at 1.

Caucus)는 에어비앤비에게 플랫폼에서 일어나는 차별행위를 시정하도록 촉구하였다.[38]

차별문제 외에 소비자 수요 등 다른 요소도 이러한 변화를 촉발하였다.[39] 에어비앤비는 '호텔에 익숙한 여행자는 숙박주가 배후에 숨어 있거나 전혀 나타나지 않는 등 호텔 직원처럼 행동하기를 기대하게 되었다'고 생각하고 있다. 소비자 수요와 차별문제는 서로 연결되어 있음을 유념하라. 에어비앤비의 확장 여부는 다른 국적과 민족 출신의 사람들이 플랫폼에서 환영받는다는 느낌을 갖느냐 여부에 어느 정도 달려 있다. 평판만 놓고 보더라도 기업이 모든 사람에게 개방되어 있다는 확신을 주게 되면 기업에게는 큰 이익이다.

마지막으로, 거래에 대한 신뢰 및 거래 중개 업체에 대한 신뢰가 충분히 형성된 단계에 이르도록 공유경제가 성숙하게 되면 기업으로서는 거래의 개인화에서 파생되는 사업적 비용을 더이상 감당할 필요가 없다는 판단을 내릴 수도 있다. 전통적 경제에서와 마찬가지로 소비자와 노동자 사이의 관계에 지나치게 의존하게 되면 소비자와 기업 사이의 관계가 위험에 처하게 된다.[40] 우버와 같은 기업은 승객이 궁극적으로 우버를 다시 찾기를 바라지 플랫폼 내 특정 운전자를 다시 찾기를 바라지는 않는다.

변화의 추이를 보면, 여러 유형의 공유경제 서비스에서 변화가 나타나고 있음을 알 수 있다. 주택공유의 경우 에어비앤비는 2백만 명 이상의 숙박주를 전문화함으로써, 주택공유가 아닌 그저 잠잘 곳을 찾는 손님에 대비하게 한 바가 있다.[41] 이러한 노력의 일환으로서 표준화가 진행되었다. 그리하여 숙박주는 청결, 의사소통, 취소 등에 관하여 호텔급의 일관된 기준을 충족하여야 하는데, 탐탁지 않은 욕실용품을 제거한다거나 즉시예약 프로그램을 도입하여 사용자가 숙박주 승인 없이도 예약을 할 수 있게 하여야 한다.[42] 에어비앤비는 많은 변화를 도입하였는데, 숙박주로 하여금 화장실을 호텔급으로 유지하고, 사용자로부터 수수료와 세금을 징수하도록 하였을 뿐만 아니라, 취소수수료의 원칙적 부과, 체크인과 체크아웃 시간의 설정, 헤어드라이어 · 와이파이 등 기본적 편의시설을 갖춘 등록물, 취소의 제한, 수요에 따라 요율을 조정하는 할증요금 등을 추가로 도입하였다.

어떤 사람들은 차별을 시정하기 위하여 탈개인화를 위한 추가적 조치를 하도록 제안하기도 하였다. 에어비앤비가 손님 프로필에서 사진을 제거하도록 요구하거나, 이름 사용을 요구하지 않게 하자는(즉 가명 사용을 허용하자는) 제안도 있다.[43] 하지만 에어비앤비의 탈개인화 정책에는 한계가

---

38 See Dickey, supra note 32.

39 See Benner, supra note 33 (누구를 집 안에 들일 것인지에 관한 통제권을 상실하는 것에 대하여 숙박주가 우려함에도 불구하고, 에어비앤비가 즉시예약제도를 도입한 점을 설명하고 있다). See generally Naomi Schoenbaum, Law and Norms in the Market's Response to Discrimination in the Sharing Economy(공유경제에서의 차별에 대한 시장의 대응에 관한 법과 규범), L. & Ethics Hum. Rts. J. (forthcoming 2018) (manuscript on file with author) (공유경제에서의 차별에 대하여 기업이 대응하도록 요구하는 것과 관련하여 반차별 규범의 역할과 이와 상호 작용하는 시장의 요구에 대해 설명하고 있다).

40 Schoenbaum, supra note 1, at 1212-13.

41 See Benner, supra note 33 (한 숙박주의 설명에 의하면, 에어비앤비는 숙박주에게 남는 침실을 힐튼이나 하얏트 호텔방처럼 준비하고 소형 호텔 직원처럼 행동하기를 원한다고 한다).

42 Id.

43 See, e.g., Jun Li et. al., A Better Way to Fight Discrimination in the Sharing Economy(공유경제에서 차별을 철폐하는

있다. 에어비앤비는 계속하여 자신의 서비스를 호텔과 다른 '더 개인적인' 서비스라고 정의한다. 에어비앤비는 숙박주와 손님의 사진을 사이트에서 제거하지 않겠다고 하였는데, 그 이유는 '사진은 중요한 요소로서 숙박주와 손님이 관계를 형성하는 데 도움을 주고, 예약을 하기 전에 서로를 파악하게 해 주는데, 이러한 특성은 익명의 거래를 촉진하는 것과는 크게 다른 측면이기 때문'이라고 설명한다.[44] 대신에 에어비앤비는 다른 방식으로 차별문제를 해결하겠다고 한다. 즉 예약절차에서 사진의 비중을 약화시키는 방법을 실험해 보고, 객관적 정보와 평판 증진 데이터(평가, 신분확인 등)를 더 부각하는 방법을 사용하는 등 좀더 온건한 탈개인화 수단을 시도하려고 한다.[45]

숙박공유 영역에서는 새로운 공유경제 기업이 나타나 에어비앤비가 만든 공백을 채웠다. 이 기업들은 '익명적'(blind) 플랫폼을 통해 차별문제를 구체적으로 해결하려고 한다.[46] P2P 숙박사이트인 인클루시브(Innclusive)는 에어비앤비보다 더 포용적인 대안으로서 개발되었다. 이 사이트는 특별히 편견을 제거하도록 설계되었다.[47] 숙박주는 예약에 동의한 후에야 손님의 프로필 사진이나 개인정보를 볼 수 있다. 그전에는 숙박주가 손님에 대한 평점을 볼 수 있을 뿐이다.

승차공유 서비스도 익명성에 의존하여 차별에 대처하였는데, 연결이 이루어지기 전에는 운전자와 승객의 인종 및 성 관련 정보에 접근하지 못하게 하였다.[48] 그러나 운행이 합의된 뒤에도 승객이나 운전자가 차별행위를 할 기회가 여전히 있다. 승객의 경우 운전자와 연결이 이루어진 후에 운전자의 이름, 차량등록번호, 사진, 평점을 볼 수 있어서, 누가 승객을 태우러 올지를 미리 알 수 있다.[49] 그리하여 운전자의 인종이나 성을 기초로 탑승을 취소할 수 있다. 연결이 이루어진 뒤에 취소하면 다시 다른 운전자를 기다려야 하므로 전혀 비용이 지출되지 않는 것은 아니다. 운전자의 경우 운행이 수락된 후에만 승객의 이름과 사진을 보도록 허용된다.[50] 그리고 우버는 지나치

더 좋은 방법), Harv. Bus. Rev. (Feb. 27, 2017), https//hbr.org/2017/02/a-better-way-to-fight-discrimination-in-the-sharing-economy.

44 Murphy, supra note 27, at 23.

45 Id. ('평가점수와 같은 평판시스템이 이질적인 사용자 사이의 신뢰도를 크게 향상시켰고, 그러므로 평가 등 객관적 데이터를 공개하면 자신과 비슷한 사람만을 선호하는 심리를 극복하는 데 도움이 된다'는 연구결과를 원용하고 있다.); Ray Fisman and Michael Luca, Fixing Discrimination in Online Marketplaces(온라인 시장에서의 차별을 시정하기), Harv. Bus. Rev. (Dec. 2016), https://hbr.org/2016/12/fixing-discrimination-in-online-marketplaces (홈어웨이는 임대목적물 사진만을 보여주는데, 숙박주 사진은 뒤의 페이지에서 보여주기도 하고 전혀 보여주지 않기도 한다고 설명한다.).

46 Katie Benner, Airbnb Vows to Fight Racism, but Its Users Can't Sue to Prompt Fairness(에어비앤비는 인종주의와 싸우겠다고 공언하나, 사용자는 공정성을 확보하기 위한 소송을 제기할 수 없다), N.Y. Times (June 19, 2016) www.nytimes.com/2016/06/20/technology/airbnb-vows-to-fight-racism-but-its-users-cant-sue-to-prompt-fairness.html (Innclusive와 Noirbnb는 모든 인종과 민족을 위하여 안전한 단기임대를 제공한다는 광고를 한다고 한다).

47 Ellen Powell, How Can the Gig Economy Address Discrimination?(긱경제는 어떻게 차별을 시정하는가?) Christian Sci. Mon. (Nov. 2, 2016), www.csmonitor.com/Business/2016/1102/How-can-the-gig-economy-address-discrimination.

48 Trip Safety, supra note 33 (우버에서 승차요청은 최근접 운전자에게 무작위로 연결된다고 설명한다); What Information Do Uber Drivers Know Before They Choose to Pick up a Passenger?(우버 운전자가 승객을 받기로 결정하기 전에 어떤 정보를 알게 되는가?), Quora (updated Apr. 3, 2016), www.quora.com/What-information-do-Uber-drivers-know-before-they-choose-to-pick-up-a-passenger (과거에는 연결이 되기 전에 승객의 이름을 알 수 있었는데, 그래서 인종차별과 성차별이 발생할 수 있었다고 설명한다). 어떤 승차공유 서비스는 훨씬 개인적인 특성정보도 보유하고 있다. See Schoenbaum, supra note 31, at 1035 (리프트는 우버보다 거래의 개인적 성격에 중점을 더 둔다는 점을 설명한다); infra note 50.

49 Trip Safety, supra note 33.

50 See Fisman and Luca, supra note 45; Ge et al., supra note 35, at 2. 리프트는 운행이 승낙되기 전에도 승객정보에 대한 접근을 허락한다. 이론상으로는 리프트 운전자가 승객에 대한 차별을 더 쉽게 할 것이다. 하지만 우버 운전자도 같은 정

게 취소를 자주 하는 운전자는 배제하고 있는데, 그렇게 하면 운전자가 승객의 정체성을 파악한 뒤에 취소할 가능성이 줄어들게 될 것이다. 우버나 리프트가 승객과 운전자의 취소건수를 검사해서 차별 여부를 확인하고 있는지는 명확하지 않다.[51]

우버는 승객과 운전자가 서로 연락하도록 허용하지만 전화번호를 익명화하는 기술을 사용하여 자세한 연락처가 드러나지 않게 한다.[52] 이것은 안전조치이기도 하고 탈개인화조치이기도 하다. 운행 이후에 우버를 통하지 아니하고 승객과 운전자가 서로 연락하는 것은 금지된다. 중요한 점은 우버의 궁극적인 목적이 운전자를 자율주행차로 대체하는 것인데, 이것은 탈개인화의 최종 단계가 될 것이다.[53]

주목할 만하게도, 에어비앤비와 마찬가지로 우버와 리프트는 추가적인 익명화를 하라는 요청을 받았는데, 특히 승객과 운전자가 연결된 뒤에도 각자의 개인정보를 공개하지 말 것을 요구받고 있다.[54] 우버와 리프트는 이를 거부하면서 신뢰와 안전을 확보하는 데 정보가 필요하다고 주장하고 있다.[55]

III. 친밀성 약화에 따른 결과

앞의 섹션에서는 공유경제 거래의 탈개인화에 대한 설명을 하였다. 이 섹션에서는 한 걸음 물러나 전통경제의 거래와 비교하여 공유경제 거래에서, 친밀성 수준과 관련하여 이러한 변화가 어떤 의미를 갖는지를 검토하고자 한다. 또한 이러한 변화가 가져올 결과도 살펴본다. 모든 점을 종합하여 보면, 당초에는 노동자와 소비자가 전통경제에서 제공받은 서비스와 똑같은 것을 공유경제에서 좀더 친밀한 형태로 받을 기회를 갖게 될 것이라는 점이 상당히 분명하게 보였다. 위와 같은 변화가 있은 후에는 그와 같이 될 것인지 여부가 분명하지 않게 되었고, 영역과 플랫폼에 따라서 그 정도도 달라지게 되었다.[56]

도의 차별을 하는 것으로 보인다. 운행이 수락된 후에 취소하는 것이다. See Ge et al., supra note 35, at 2.

51 See Letter from Al Franken, U.S. Senator, to Travis Kalanick, Chief Executive Officer of Uber Technologies, Inc., and Logan Green, Chief Executive Officer of Lyft, Inc. (Nov. 2, 2016), www.franken.senate.gov/files/letter/161102_UberLyft.pdf (위 서신에서는 우버와 리프트가 위와 같은 확인을 하고 있는지를 묻고 있다.).

52 Trip Safety, supra note 33 ("세계의 많은 지역에서 우버는 전화번호 익명화 기술을 사용하여 상세한 연락처가 공개되지 않게 한다. 당신과 운전자가 서로 연락할 필요가 있더라도 당신의 개인정보는 비밀로 유지된다.").

53 Nayantara Mehta, Uber Employees Aren't The Only Ones Vulnerable To Discrimination(우버 피용인만이 차별행위에 취약한 것이 아니다), Forbes (June 13, 2017), http://fortune.com/2017/06/13/eric-holder-uber/.

54 See Ge et al., supra note 35, at 20 (승객과 운전자의 이름을 숫자로 완전히 익명화하자고 요구한다).

55 See Megan Rose Dickey, In Light of Discrimination Concerns, Uber and Lyft Defend Their Policies to Show Rider Names and Photos(차별문제와 관련하여, 우버와 리프트는 승객의 이름과 사진을 보여주는 정책을 옹호한다), TechCrunch (Dec. 29, 2016), https://techcrunch.com/2016/12/29/uber-lyft-respond-al-franken-about-discrimination.

56 동일한 서비스를 제공하는 공유경제 플랫폼이라도 친밀성의 정도가 다양하다는 사실은 새롭다고 할 수 없으나, 다양성의 정도가 증가한 것으로 보인다. See Schoenbaum, supra note 31, at 1035 (이 점에 관하여 우버와 리프트를 비교하고 있다).

숙박 영역의 경우, 특히 주거공유의 경우 공유경제는 여전히 상당히 친밀한 거래를 제공한다. 에어비앤비가 거래를 탈개인화한 이후에 한 숙박주는 '등록절차가 너무 복잡하여 자주 녹초가 된다'고 말하였다.[57] 그 숙박주는 '호텔에서 어떤 사람은 손님이 떠난 후 청소하고, 어떤 사람은 안내 서비스를 하면서 방문자와 대화하고, 어떤 사람은 규제 관련 업무 및 회계를 하는 등 작업이 여러 노동자에게 분담되고 있지만, 숙박주는 혼자서 이 모든 일을 처리한다'고 하소연한다.[58] 그 숙박주는 가끔 이렇게 농담을 한다고 한다. "제 직업은 침대보와 수건을 세탁하는 일이지만, 가끔 손님과 대화를 나누고 나면 다시 기분이 좋아지는 느낌이랍니다."[59] 에어비앤비 숙박주가 수행하는 업무 대다수에 친밀성이 있다는 점을 놓고 보면, 한 노동자가 이 모든 일을 하는데 그것도 집 안에서 하므로 친밀성의 농도가 상당히 짙다. 에어비앤비가 이름과 사진에 의존하고 숙박주에게 손님을 거부할 선택권을 부여하는 등 친밀성을 고수하기로 결정함에 따라 에어비앤비는 호텔보다는 더 친밀한 경험을 계속하여 제공할 것이다.

그러나 그렇다고 하여 모든 숙박공유 서비스가 필연적으로 상당한 친밀성을 보유하게 될 것이라는 말은 아니다. 우리는 에어비앤비가 거부한 익명성 유형을 정확히 사업의 기반으로 삼은 새로운 숙박공유 서비스(인클루시브 등)와 에어비앤비를 비교해 볼 수 있다. 그러한 업체가 숙박주와 함께 하지 않는 숙박을 제공하는 경우에는 힐튼과 같은 호텔 이상의 친밀성을 제공하지는 않게 된다.

승차공유의 친밀도가 택시 승차보다 낮아졌다는 주장이 있다. 거래가 완료된 이후에 승객과 운전자가 직접 접촉하는 것을 불가능하게 하는 우버의 기술은 거래의 친밀성을 크게 제한한다. 운전자와 승객은 서로를 선택할 수 없고 운행이 끝난 후에는 서로 연락할 수 없으므로, 친밀성이 발생한다면 운행 도중에만 있을 수밖에 없다.[60] 운행 도중에 운전자[61]와 탑승자[62]가 친구와 위치 정보를 공유하게 해주는 Share My Trip과 같이 안전을 증진하기 위한 승차공유의 새로운 기술에서는 감시요소를 도입하였는데, 이로써 운전자와 승객 사이의 친밀도는 감소한다.

기술로 익명화를 실시하여 차별문제를 해결하는 것이 쉽고 매력적으로 보이기는 하나 친밀성을 줄이는 방식으로 평등을 확보하는 데에는 비용이 수반된다. 이 글의 나머지 부분에서는 비용 부분을 다루고자 하는데, 비용은 친밀성이 거래에 가져다 주는 가치에 관하여도 발생하고, 평등성

---

57 Benner, supra note 33.

58 Id.

59 Id.

60 See Schoenbaum, supra note 1, at 1178 and n. 52 (상호 작용이 반복되어야 친밀성이 올라간다고 한다).

61 See Share My Trip: A New Feature to Let Loved Ones Know Where You Are(Share My Trip: 사랑하는 사람이 당신의 위치를 알게 해주는 새로운 기능), Uber, www.uber.com/drive/partner-app/share-my-location/ ("친구가 당신의 이동 상황과 지도상 위치를 쉽게 알 수 있어서, 당신이 신뢰하는 사람이 당신의 위치를 언제나 파악할 수 있다").

62 See Rider Safety Tips: Staying Safe While Riding with Uber(승객안전 정보: 우버를 이용할 때 안전을 유지하는 방법), Uber, www.uber.com/info/rider-safety-tips/("친구와 이동정보를 공유하라. 이동 중 앱에서 'Share status'를 탭하면 운전자의 이름, 사진, 면허번호, 위치를 친구 혹은 가족과 공유할 수 있다. 그러면 그들은 우버 앱이 없어도 당신의 여행경로를 추적하고 도착예상 시각을 알 수 있다."); id. ("혼자 탔을 때에는 뒷좌석에 앉아라. 그러면 당신과 운전자는 각자 약간의 개인적 공간을 확보할 수 있게 된다.").

자체에 관하여도 발생한다. 내가 이러한 비용을 부각한다고 하여 차별과 싸우는 것이 아주 중요한 것이 아니라는 취지는 아니다. 대신에, 거래를 탈개인화하여 공유경제에서의 차별을 줄이려고 하는 과정에서 발생할지도 모르는 비용을 우선 검토함으로써 정책결정자가 차별을 해결하기 위한 전략을 수립할 때 참고하도록 하는 것이 내가 시도하는 바이다.

첫째로 친밀성 자체에서 생기는 비용이 있다. 공유경제에서 차별을 시정하기 위한 방법으로서 익명을 제안한 사람들은 익명성이 차별을 줄이는 데에 기여하는 중요한 역할을 강조하기 위하여 유명한 오케스트라 연구 사례를 제시한다. 그 연구에서 음악가의 성별을 감춘 오디션 절차를 도입하면 주요 오케스트라의 여성 비율이 크게 증가한다는 점이 밝혀졌다.[63] 그러나 이러한 환경에서의 익명성은 오케스트라 단장과 음악가 사이에 존재하고, 음악가와 청중 사이에는 존재하지 않으며, 결국 음악가와 청중의 관계는 이미 충분히 익명화되어 있다. 대조적으로 공유경제 서비스의 경우 노동자와 소비자 사이의 관계가 익명화되면 무엇인가가 포기된다.

확실히, 거래가 맺어질 때, 즉 노동자와 소비자가 연결될 때 익명화되었다고 하더라도 일단 거래가 시작된 이후에, 즉 노동자가 승차나 방을 제공하는 과정에서 친밀성을 형성할 기회가 완전히 사라지는 것이 아니다. 그러나 이러한 익명성 조치가 공유경제의 다른 친밀성 축소 조치와 결합함으로써 거래의 친밀성이 거의 일어나지 않게 될 것이라고 볼 만한 여러 가지 이유가 있다. 관계의 초기 단계에서 익명성은 계약조건으로 되는데, 그리하여 '제공되는 것은 서비스 자체이지 제공하는 사람이 아니라는 점'이라는 신호가 양 당사자에게 보내진다. 소비자가 거래의 시작 전에 사람으로서의 노동자에 투자를 많이 하면 할수록 거래가 진행되는 도중에도 사람으로서의 노동자에 더욱 투자를 하게 된다.[64] 에어비앤비 숙박을 규격화하거나 우버 승객이 뒷좌석에 앉게 하는 등의 탈개인화 조치가 진행 중인 거래에 영향을 미침에 따라 거래 도중에 친밀성이 발생할 가능성은 더욱 감소하였다.[65] 마지막으로 가장 훌륭한 형태의 친밀성은 반복된 거래에서 발전하기 쉽다.[66] 공유경제 기업, 특히 승차공유 기업이 소비자에 의한 노동자의 선택 및 노동자에 의한 소비자의 선택을 금지함에 따라 현실적으로 반복된 거래가 발생하는 데에 어려움이 있다.[67]

친밀성이 거래의 효율성과 생산성을 높여주는 효용이 있다는 점에서 보면 거래의 친밀성

---

63 See Claudia Goldin and Cecilia Rouse, Orchestrating Impartiality: The Impact of "Blind" Auditions on Female Musicians(공정성의 확보: 여성 음악인에 대한 익명적 오디션의 영향), 90 Am. Econ. Rev. 715 (2000).

64 이러한 관념은 심리학의 '집착과 일관성 이론'에 의하여 지지된다. 소비자가 노동자에 투자를 하게 되면, 집착과 일관성 경향 때문에 거래 도중에도 계속하여 노동자에 투자를 하게 된다. See generally Robert Cialdini, Influence: The Psychology of Persuasion(영향력: 설득의 심리학) 57-113 (2d ed. 1993).

65 반대 방향으로 가는 기능도 있다는 점에 주목하라. 우버에는 운동 도중에 형성된 값진 친밀성을 부각하는 '칭찬' 기능이 있다. See Mike Truong, Introducing Compliments(칭찬 기능 도입), Uber (Nov. 21, 2016), https://newsroom.uber.com/compliments/ (승객은 운전자에 대하여 '유쾌한 운전자' 혹은 '훌륭한 대화' 등의 평가를 우버 앱에 올릴 수 있다).

66 See supra note 61 and accompanying text.

67 See id. 복수의 승객이 승차공유를 하게 해주는 UberPool은 승객이 여러 승객과 폭넓은 친밀성을 형성하도록 해주기는 하나, 여성에게는 평등성 침해의 위험성을 제공한다. See Maggie M. K. Hess, Dear Fellow Rider, Using Uberpool To Pick Up Dates Is Creepy(승객 여러분! 우버풀에서 데이트 상대를 찾는 것은 좋지 않습니다), Wash. Post (Sept. 24, 2015), www.washingtonpost.com/news/soloish/wp/2015/09/24/uberpool-is-not-your-private-dating-service ('승객들이 우버풀을 통하여 일자리를 찾고, 연락이 끊긴 친구를 오랜만에 만나고, 애인을 만나고, 결혼까지 하였다'는 우버 대변인의 말을 인용하면서, 다른 승객이 거주지를 알 수 있다는 점 등 때문에 성폭력의 위험성도 있다고 강조하고 있다.)

이 감소하게 됨으로써 노동자와 소비자 모두에게 발생하는 비용이 있다.[68] 거래의 친밀성은 노동자와 소비자를 공히 이타적으로 행동하게 만드는데, 서로가 좀더 베풀려고 하고, 거래를 효율적으로 만들며, 노동자는 더욱 생산적이 된다.[69] 친밀성이 관계의 윤활유 역할을 함으로써 더 나은 거래를 형성하도록 추가적인 정보가 교환되기도 한다.[70] 예컨대 에어비앤비 숙박주가 손님에 대하여 잘 알게 되면 손님에게 적합한 여행일정을 짜줄 수 있고 그에 필요한 정보를 줄 수도 있다.[71]

노동자와 소비자 중에는 공유경제가 제공하는 친밀성 및 그 효용성 때문에 공유경제에서 거래하는 사람도 있다. 예컨대 에어비앤비의 한 숙박주의 설명에 따르면, 남는 방을 임대하는 과정에서 생기는 친밀성을 즐길 수 있었고, 에어비앤비로 인하여 자신의 삶이 '엄청나게 풍요로워졌다'고 한다.[72] 그 숙박주는 손님과 밥도 같이 먹고, 욕실도 같이 쓰는 등으로 손님과 돈독한 관계를 만들었고, 나중에 그 손님을 만나러 외국에 가기도 하였다고 한다.[73] 그 손님도 마찬가지로 같은 이유로 에어비앤비를 선택한 것으로 숙박주는 느끼고 있다고 하면서 다음과 같이 말하였다. "사람들은 아주 편안하고 집에 있는 것처럼 느껴져서 에어비앤비를 좋아한다."[74]

노동자와 소비자 사이의 친밀성이 주는 효용인 개인적 유대감과 생산성 증대는 공유경제 노동자에게 특히 중요하다. 왜냐하면 그들은 전통적 사업장 밖에서 동료 노동자도 없이 일을 하기 때문이다. 이러한 노동자들은 소비자 외에는 직업적 유대감을 형성할 상대방이 없다. 이들이, 특히 여성 노동자가 자아실현을 하는 데에 직업적 유대감은 중요하다.[75]

평등성의 목표 달성에 관련된 비용도 있다. 차별은 '봉쇄'를 통하여 회피된다. 즉 소비자가 차별을 하는 데에 사용할 만한 노동자 정보에 대한 소비자의 접근성을 봉쇄하고, 노동자가 차별을 하는 데에 사용할 만한 소비자 정보에 대한 접근성을 봉쇄함으로써 차별을 회피하려고 하는 것이다. 기업과 법이 취하는 이러한 방식을 나는 '평등권으로서의 무지'(ignorance as equality)라고 부르고자 한다.[76] 평등권으로서의 무지는 오랫동안 법의 일부로 존재해 왔는데, 예를 들면 채용자는 구직자에게 일정한 법정 사항을 물을 수 없게 되어 있다.[77] 이제 새롭게 나타난 것은 입법자뿐만 아

---

68 See Schoenbaum, supra note 1, at 1180-83.

69 Id.

70 Id.

71 See Benner, supra note 33 (한 숙박주가 에어비앤비가 제공하는 친밀성을 적극 활용하여 에어비앤비의 '슈퍼호스트'가 된 경험을 기술하고 있다. 그 숙박주는 언제나 기대되는 것 이상으로 손님을 도와주는 적극성을 보였다고 한다.).

72 Id.

73 Id.

74 Id.

75 See Schoenbaum, supra note 1, at 1180-83; Naomi Schoenbaum, Towards a Law of Coworkers(동료 노동자 법리의 발전을 위하여), 68 Ala. L. Rev. 607, 612-14 (2017).

76 See Naomi Schoenbaum, Ignorance as Equality(평등권으로서의 무지) (unpublished work in progress).

77 See Naomi Schoenbaum, It's Time That You Know: The Shortcomings of Ignorance as Fairness in Employment Law and the Need for an "Information-Shifting" Model(이제는 이 점을 알아야 한다. 노동법의 공정성을 위한 무지에 단점이 있다는 점과 정보이동 모델이 필요하다는 점을 알아야 한다.), 30. Harv. J. L. & Gender 99, 100 (2007).

니라 공유경제 기업과 같은 시장행위자도 차별을 예방하기 위하여 무지에 더욱 의존하는 방향으로 간다는 점이다. 앞서 본 바와 같이 공유경제에서 평등권으로서 무지성이 강화되는 추세에 더하여,[78] 입법자들은 소수인종과 여성에 특별한 영향을 미치는 범죄 전력 및 급여 이력 등의 사항에 대하여 고용자가 질문하지 못하도록 하였다.[79]

무지가 고객차별에 대한 단기적 예방책이 되기는 하겠지만 언뜻 보이는 것만큼 효과적이지는 않을 수 있다. 예컨대 에어비앤비의 대체적 기업으로서 익명성을 추구하는 인클루시브는, 손님을 익명화하여 편견의 기회를 제거한다고 말하지만, 이 업체도 여전히 평가제도에 의존한다.[80] 이러한 평점제도도 편견의 영향을 받을 수 있다.[81] 그리고 소비자가 숙박주의 승인 없이 즉시 숙박을 예약할 수 있다고 해도, 숙박주의 집 앞에 도착했는데 숙박주가 입장을 금지하거나 더 험악한 상황이 발생하는 경우에는 어찌할 것인가?[82] 익명성은 형식적 평등을 달성하는 데에 도움을 주지만, 실질적 평등을 달성하기는 어렵다.

아마도 가장 중요하게도, 평등권으로서의 무지는 실익 없는 평등관을 반영한 것으로서, 반차별법의 전통적인 목표에는 훨씬 못 미친다. 차별을 받는다고 생각하는 사람들에게 자신의 신분을 감추는 행위의 부담을 지우고,[83] 그들이 원하지 않더라도 차별을 피하기 위해 조금 덜 친밀한 형태의 거래를 선택하도록 한다.[84] 차별의 잠재적 피해자가 차별을 피하기 위하여 위와 같은 의무를 부담하여야 한다고 함으로써, 평등권으로서의 무지는 삶과 법의 다른 영역에서 잘못이라 비판을 받고 있는 피해자 비난하기와 유사한 것이 된다.

마지막으로, 평등권으로서의 무지는 차별적인 태도를 바꿀 가능성에 대하여 냉소적인 태도를 취하고, 차별적 태도에 정면으로 도전하기보다는 이를 작동하지 않게 하는 정도로만 기능한다. 이러한 접근법을 취하면 교육적 기능과 규범을 변화시키는 역사적 기능을 반차별적 조치가 제대로

---

78 See supra Section II.

79 See, e.g., Michael Alison Chandler, More State, City Lawmakers Say Salary History Requirements Should Be Banned (많은 주와 도시의 입법자들이 기존 봉급 이력에 대한 질문이 금지되어야 한다고 말한다), Wash. Post (Nov. 14, 2016), www.washingtonpost.com/local/social-issues/more-state-city-lawmakers-say-salary-history-requirements-should-be-bannedadvocates-for-women-argue-that-the-practice-contributes-to-the-nations-pay-gap/2016/11/14/26cb4366-90be-11e6-9c52-0b10449e33c4_story.html.

80 See Powell, supra note 47.

81 See Alex Rosenblat, et al., Discriminating Tastes: Uber's Customer Ratings as Vehicles for Workplace Discrimination (취향의 차별: 작업장 차별의 수단으로서의 우버의 고객평가제도), 9 Pol'y & Internet 256 (2017).

82 See Brentin Mock, As Black Travelers Turn Away, Airbnb Creates New Anti-Bias Policies(흑인 여행자들이 외면을 하자, 우버가 새로운 편견예방 정책을 만든다), CityLab (Sept. 8, 2016), www.citylab.com/equity/2016/09/as-black-travelers-turn-away-airbnb-creates-new-anti-bias-policies/499169/.

83 Murphy, supra note 27, at 23 ('손님이 숙박할 장소를 찾을 때 익명성의 커튼 뒤에 숨도록 요구하거나 강요하여서는 안 되며, 기술이 우리를 통합시켜 주어야 하는 것이고 기술이 우리에게 신분을 속이도록 요구해서는 안 된다'라고 설명하고 있다).

84 Katie Benner, Airbnb Adopts Rules to Fight Discrimination By its Hosts(에어비앤비가 숙박주의 차별행위를 철폐하기 위한 규칙을 채택하다), N.Y. Times (Sept. 8, 2016), www.nytimes.com/2016/09/09/technology/airbnb-anti-discrimination-rules.html ('에어비앤비에서 주로 소수인종이 즉시예약시스템을 이용하는 데에 편안함을 느낀다면, 결국에는 두 종류의 예약시스템이 있게 될 수 있다'는 자밀라 제퍼슨존스 교수의 우려를 인용하고 있다.).

수행하지 못 한다.[85] 결국 무지가 차별행위에 어떤 효과를 가져오기는 하겠지만 생각과 감정에 큰 변화를 가져오고자 하는 궁극적 목표는 달성하지 못할 것이다.[86]

---

85 See generally Kenworthey Bilz and Janice Nadler, Law, Moral Attitudes, and Behavioral Change(법, 도덕적 태도 및 행동의 변화), in The Oxford Handbook of Behavioral Economics and Law 241, 242-43 (Eyal Zamir and Doron Teichman eds., 2014) (성희롱법이 남녀 사이의 적절한 태도에 대하여 어떻게 광범위한 변화를 가져왔는지를 설명하고 있다).

86 See, e.g., Wendy Scott Brown, Transformative Desegregation: Liberating Hearts and Minds(변혁적 차별철폐: 생각과 마음의 해방), 2 J. Gender, Race & Just. 315 (1999).

35

차별행위와 단기임대차

자밀라 제퍼슨존스

서언

공유경제의 두드러진 매력은 전통경제의 역사적 장애물로부터 해방시켜준다는 것인데, 이러한 장애물로서는 인종주의, 성차별, 장애인차별, 민족중심주의 등이 있다. 공유경제 단기임대차 플랫폼의 시장선도자인 에어비앤비[1]는 '모든 곳에 속합니다'(Belong Anywhere)라는 슬로건을 통하여 포용성을 자랑한다. 실제로 에어비앤비의 로고 아이콘인 'Bélo'는 '소속의 보편적인 상징'이라고 한다.[2] 이러한 명시적인 약속에도 불구하고, 구경제의 차별행위가 공유경제의 단기임대차 영역에서도 고개를 처들었다.

단기임대 숙박주가 숙박을 수락하기 전에 잠재적 손님의 프로필을 확인할 기회가 있는데 프로필에는 이름과 사진(손님이 제공한 경우)이 있다. 플랫폼 사용자의 경험사례에 비추어 보면, 숙박주는 이러한 프로필 정보를 본 후 인종적·민족적 배경에 따라서 손님을 배제하기도 하는 것으로 확인되었다.[3] 학자들이 이러한 사례를 보강할 경험적 증거를 정리한 바가 있었다. 개별 사례와 경험적 증거를 종합하여 보면, 공유경제는 기존의 주거차별 행태에 취약한 것으로 나타났다. 미국에서는 흑인이 숙박주 혹은 손님으로서 단기임대차 시장에 진입하려는 경우에 인종에 기한 차별이 나타난 것으로 특히 확인되었다.[4]

최근 하버드경영대학원에서 진행한 두 연구에서는 흑인에 대한 인종차별이 단기임대차에 존

---

1 에어비앤비는 2008년에 창립된 이래로 190개 이상의 나라와 65,000개의 도시에서 1억 6천만 명의 손님을 숙박물에 연결했다고 자랑한다. About Us, Airbnb www.airbnb.com/abou/about-us. 에어비앤비는 잠재적 손님에게 독채, 단독실(공용공간 포함), 공용실(공용공간 포함) 중 선택권을 제공한다. Airbnb, www.airbnb.com/s/homes?refinements%5B%5D=homes&allow_override%5B%5D=&s_tag=YkvJcMLj. 비교하건대, 경쟁자인 FlipKey(TripAdvisor의 소유이다)는 11,000개 이상의 도시에서 300,000개의 휴가용 주택과 방을 제공한다(에어비앤비와 같은 공용실은 없다). About Us., FlipKey, www.flipkey.com/pages/about_us.

2 Airbnb, http://blog.airbnb.com/belong-anywhere/.

3 에어비앤비를 통해 숙박을 구하려던 중 차별을 경험한 흑인들이 차별문제에 대한 인식을 제고하기 위하여 트위터 해시태그 #AirbnbWhileBlack을 만들었다. See Shankar Vendantam et. al., AirbnbwWhileBlack: How Hidden Bias Shapes the Sharing Economy(숨겨진 편견이 만든 공유경제의 모습), NPR (Apr. 26, 2016. 12:10 AM ET), www.npr.org/2016/04/26/475623339/-airbnbwhileblack-how-hidden-bias-shapes-the-sharing-economy. 이 해시태그가 인기를 끌자 트위터는 핸들(handle)을 만들어서 사건을 #airbnbwhileblack"에 올리도록 하였고, 차별 철폐에 대한 지원책으로서 만든 @airbnb에 경험담을 올리도록 하였다. Airbnbwhileblack(@airbnbwhileblak), Twitter, https://twitter.com/airbnbwhileblak.

4 에어비앤비에서는 단기임대자에 대하여 숙박주(host)라는 용어를 사용하고, 플랫폼을 통하여 임차하는 자에 대하여 손님(guest)이라는 용어를 사용한다. 나는 이 글에서 에어비앤비 사용자이건 다른 플랫폼 사용자이건 단기임대인과 단기임차인을 지칭하는 데에 위 용어들을 사용한다.

재한다는 증거 사례를 확인하였다. 위 연구에 의하면 흑인 숙박주는 에어비앤비의 잠재적 손님으로부터 차별당하고,[5] 흑인 손님은 에어비앤비의 잠재적 숙박주로부터 차별당하였다고 한다.[6] 예컨대 뉴욕시에서 에어비앤비 흑인 숙박주는 비백인 숙박주에 비하여 임대료 수입이 12% 정도 적었다.[7] 연구자가 지역과 임대물 품질에 관한 요소를 통제하고 조사해도 같은 결과가 나왔다.[8] 이와 유사하게 에어비앤비에서 숙박을 예약하려는 흑인 손님은 백인에 비하여 예약에 성공할 확률이 16% 가량 낮았다.[9]

에어비앤비에서 흑인차별이 있다는 연구결과에 더하여, 최근 학자들은 단기임대차 플랫폼에서 장애인차별이 있다는 연구 결과를 내놓기 시작하였다. 예컨대 러트거스대학의 연구에 의하면 에어비앤비에서 장애인들도 숙소를 구할 때 차별당한다고 한다.[10] 위 연구에서는 시각장애, 뇌성마비, 왜소증, 척추손상증의 네 개 장애유형을 조사하였는데, 이들 유형에 속하는 사람들이 모두 에어비앤비 플랫폼에서 차별당하였다고 한다.[11] 위 연구에서는 사전승인 예약률을 비교하였는데, 왜소증 손님 중 61%, 시각장애 손님 중 50%, 뇌성마비 손님의 43%, 척추손상 손님 중 25%만이 에어비앤비 숙박주로부터 사전 숙박승인을 받았음을 확인하였다.[12] 이러한 비율은 비장애인 손님에 대한 75%의 사전 승인율보다는 좋지 않게 나온 수치이다.[13]

단기임대차의 차별 문제에 대한 분석방법론 및 미국의 기존 반차별법을 적용할 수 있는지 여부는 우리가 위와 같은 임대차를 어떻게 분류하느냐에 달려 있다. 법적 분석의 중점을 개별 숙박주의 역할과 행위에 두어야 하는가, 아니면 공유경제 기업과 그들이 운영하는 온라인 플랫폼에 두어야 하는가? 법원이 개별 숙박주의 행위를 분석하는 경우에 각 숙박주는 숙박을 제공하는 데 사용하는 플랫폼의 대리인으로 볼 것인가, 아니면 독립계약자에 유사한 것으로 볼 것인가? 반대로 법원이 기업과 그 플랫폼에 중점을 둔다면, 구경제의 공중숙박업법을 적용할 것인가 아니면 신경제의 차별을 해결하기 위하여 새로운 패러다임을 만들 것인가? 법학자들은 최근에 이르러서야 위 문제들 및 유사한 문제들을 다루기 시작하였다.[14] 이 글을 쓰고 있는 지금, 아직 미국법원에서 이

---

5 Benjamin Edelman and Michael Luca, Digital Discrimination: The Case of Airbnb.com(디지털 차별: 에어비앤비닷컴의 경우) (Harvard Bus. Sch., Working Paper No.14-054, 2014), www.hbs.edu/faculty/Publication%20Files/14-054_e3e04a43-coeef-4ed8-91bf-cboea4ba59e6.pdf

6 See Benjamin Edelman et al., Racial Discrimination in the Sharing Economy: Evidence from a Field Experiment(공유경제에서의 인종차별: 현장실험에 따른 증거), Amer. Econ. J.: Applied Econ. (forthcoming 2017) www.benedelman.org/publications/airbnb-guest-discrimination-2016-09-16.pdf

7 Edelman and Luca, supra note 5.

8 Id.

9 Edelman et al. supra note 6, at 11-12.

10 Mason Ameri et al., No Room in the Inn? Disability Access in the New Sharing Economy(여관에 방이 없다? 신공유경제의 장애인 접근성), Rutgers Univ. (2017), http://smlr.rutgers.edu/sites/smlr.rutgers.edu/fi les/documents/PressReleases/disability_access_in_sharing_economy.pdf .

11 Id.

12 Id. at 11, Figure 1, Table 1.

13 Id.

14 See Jamila Jefferson-Jones, Shut Out of Airbnb: A Proposal for Remedying Housing Discrimination in the Modern Sharing Economy(에어비앤비에서의 배제: 현대 공유경제의 숙박 차별을 해결하기 위한 제안), 43 CitySquare, Fordham

러한 쟁점을 다룬 바 없다. 그래서 이 글에서는 단기임대차 영역에 미국의 제반 반차별법을 적용할 수 있는가의 문제를 다룸에서 차별행위에 대한 책임의 주체가 개별 숙박주인가 아니면 플랫폼소유자인가와 연관지어 살펴보고자 한다. 나는 특히 인종과 장애에 기반한 차별행위를 살펴보고, 구경제의 반차별법을 신경제 플랫폼에 적용하는 데에 대한 여러 장애물을 검토한다. 이 글의 말미에서는 앞으로 단기임대차에서의 차별문제를 해결하는 방법을 제안하고자 한다.

Ⅰ. 미국 반차별법의 내용과 이를 단기임대차에 적용할 수 있는지 여부

현실 세계에서의 주거차별에 대하여 개인을 보호하기 위한 미국의 주요한 연방법률로 네 개가 있다. 1866년 민권법(Sections 1981 and 1982),[15] 1964년 민권법(Title Ⅱ),[16] 공정주거법(FHA),[17] 장애인법(Title Ⅲ)[18]이 그것이다. 위 법률들은 함께 작용하여 인종, 피부색, 종교, 성, 가족관계, 출신국, 장애에 따른 주거차별로부터 개인을 보호한다. 여러 주와 지역의 법률 및 조례가 성적지향, 성정체성, 수입원 등을 보호대상으로 추가함으로써 연방법의 흠결이나 부족함을 보완하고 있다.[19]

A. 1866년 민권법의 Section 1981, 1982

1866년 민권법은 남북전쟁 후의 재건 시기에 통과되었는데, 이 법은 새로이 자유를 얻은 흑인에게 여러 권리를 부여하였다. 1866년 민권법 Section 1981은 다음과 같이 규정하고 있다. "모든 사람은 백인이 누리는 것과 동일하게 계약을 체결하고 집행할 권리 및 신체와 재산의 안전에 관한 모든 법의 혜택과 보호를 누릴 권리를 가진다."[20] Section 1982는 부동산 거래에 관한 인종차별을 금지하는데 여기에는 임대차거래도 포함되어 있다. 위 조항은 다음과 같이 규정한다. "미국의 모든 시민은 모든 주와 영토에서 백인이 영위하는 것과 동일하게 부동산과 동산에 관한 상속, 매수, 임차, 매도, 보유, 양도의 권리를 갖는다."[21] 위 두 조항은 재산에 관한 계약, 매매, 임대차에서 공

Urban L.J. (online) 12 (2016), Nancey Leong and Aaron Belzer, The New Public Accommodations: Race Discrimination in the Platform Economy(신공중접객업: 플랫폼경제에서의 인종차별), 105 Geo. L.J. 1271 (2017), Michael Todisco, Share and Share Alike? Considering Racial Discrimination in the Nascent Room-Sharing Economy(공유인가 공유 유사물인가? 새로 생겨난 숙박공유경제에서의 인종차별에 대한 고찰), 67 Stan. L. Rev. Online 121 (2015).

15 42 U.S.C. §1981, §1982 (2014).

16 §2000a.

17 §3601 et seq.

18 §12181 et seq.

19 See, e.g., Cal. Gov't. Code §12955 (West 2012); N.Y. Exec. §296 (McKinney 2016); New Orleans, La., Code art. V, §86-28 (2017).

20 42 U.S.C. §1981(a)(2014).

21 Id. at §1982.

공기관 및 사인이 하는 모든 인종차별행위에 적용된다.[22]

　Section 1981, 1982를 합쳐서 보면 인종에 기한 주거차별을 해소할 메커니즘이 되는 것으로 보이나, 단기임대차 온라인 플랫폼의 사용자가 위 조항에 기한 청구를 인정받는 데 필요한 입증의 정도는 만만치 않을 것이다. Section 1981 혹은 1982에 기한 청구에서 원고가 승소하기 위해서는 피고가 차별했다는 점을 입증하여야 할 뿐만 아니라, 피고가 그럴 의도가 있었다는 점도 입증하여야 한다.[23] 차별 의도를 입증하는 것은 어려운 일인데, 숙박주가 그러한 의도를 인정하는 발언(예컨대 "나는 비백인에게는 임대하지 않는다"는 말)을 하지 않는 한 차별 의도를 입증하기는 불가능할 것이다.[24] 오히려 숙박주가 차별을 의도한 경우라도 손님에게 임대를 거부하는 사유로서 차별과 무관한 핑계를 쉽게 댈 수 있을 것인데, 예컨대 임대날짜, 부정적이거나 낮은 평점, 과거의 고객평가를 핑계로 내세울 수 있다.[25] 더구나 Section 1981, 1982는 '인종과 무관하게 공적 생활에 참여하는 것'을 보장하기 위하여 만들어진 조문이므로,[26] 인종차별에만 적용되는 한계가 있다. 그래서 1964년 민권법 Title Ⅱ, 공정주거법, 장애인법 등 다른 반차별법을 이용하여 단기임대차 플랫폼에서 이루어지는 차별행위에 대한 청구권을 행사할 수 있는지를 검토할 필요가 있다.

B. 1964년 민권법의 Title Ⅱ

　1964년 민권법 Title Ⅱ는 '공중접객업소'(places of public accommodation)에서의 인종차별 행위를 금지하는데, 위 법은 공중접객업을 '공중에게 봉사하는 시설로서 통상에 영향을 미치는 활동'(establishments which serve the public and whose operations affect commerce)이라고 정의한다.[27] 여기에는 '여관, 호텔, 모텔 등 일시체류 손님에게 숙박을 제공하는 모든 시설'이 포함된다.[28] Title Ⅱ의 위 규정에 의거하여 신경제의 단기임대차를 위 법상의 공중접객업소에 포함시키는 방법으로는 세 가지가 있다.

22　Id. at 1981(c) (§1981에 따른 권리는 비정부기관의 차별행위 및 주법에 기한 차별행위로부터도 보호를 받는다); see also Jones v. Alfred H. Mayer Co., 392 U.S. 409 (1968) (위 판결에서는 §1982이 주정부 및 사인에게 적용된다는 점을 명백히 하였다); Runyon v. McCrary, 476 U.S. 160 (1976) (위 판결에서는 §1981이 주정부 및 사인에게 적용되며 §1982와 동일하게 해석된다는 점을 명백히 하였다).

23　See, e.g., Daniels v. Dillard's, Inc., 373 F.3d 885, 887 (8th Cir. 2004).

24　이 글의 후반부에서 '숙박주가 손님의 인종에 기하여 손님에 대한 임대를 거절한다'고 명시적으로 말하였다는 최근 사례에 대해 살펴본다. 이 글의 섹션 Ⅱ.A에서 여러 반차별법상의 입증기준 문제를 다루고자 한다.

25　예컨대 에어비앤비에는 숙박주와 손님은 숙박이 끝난 후에 서로에 대해 평점과 평가를 부여할 기회를 제공하는 시스템을 갖고 있다. 에어비앤비는 웹사이트에 이러한 평점과 평가를 게시한다. 다른 손님과 숙박주는 이를 이용하여 장래의 숙박에 대한 결정을 한다. But see Nancy Leong, New Economy, Old Biases(새로운 경제, 오래된 편견), 100 Minn. L. Rev. 2153, 2162 (2016) (공유경제 사업자가 채용한 평점시스템에는 편견이 묵시적으로 나타날 위험성이 있고, 심지어 이를 확대할 가능성도 있다고 한다).; Leong and Belzer, supra note 14 at 1289 ("전형적인 평점시스템의 일부 기능에서 편견과 차별적 행위에 대한 우려가 제기된다").

26　42 U.S.C. §§1981(a), 1982 (2014).

27　§2000a(b)(1).

28　Id.

첫째, 단기임대물은 Title Ⅱ에 열거된 시설물의 기능적 등가물이라고 볼 수 있다.[29] 단기임대차를 선택할 여지가 없었다면 손님들이 어차피 '여관, 호텔, 모텔 등 일시체류 손님에게 숙박을 제공하는 모든 시설'에서 머무를 수밖에 없을 것이다. 이러한 분석론에 따르면 에어비앤비와 같은 단기임대업체도 Title Ⅱ의 적용을 받는다. 이들이 Title Ⅱ의 적용을 받는 사업체를 대체하고 있으므로, 소비자의 입장에서 보면 사실상 Title Ⅱ의 적용을 받는 전통사업체가 충족하려는 동일한 수요를 충족하고 있는 것이기 때문이다.[30] 이러한 시설물의 소유자, 즉 단기임대차 플랫폼에서 숙박을 제공하는 개별 숙박주는 여관주인과 호텔업자의 기능상 등가물이므로 이들에 대하여도 Title Ⅱ가 적용된다고 보아야 할 것이다.

개별 숙박주가 아닌 플랫폼 기업에 중점을 두고서 기능상 등가물이론을 주장하는 것도 생각해 볼 만하다. 에어비앤비 플랫폼을 통해서 사용자는 호텔 산업의 시장선도자들이 소유하는 것과 거의 맞먹는 숫자의 단기임대물에 접근할 수 있다.[31] 하지만 개별 숙박주나 구경제의 숙박회사와는 달리, 에어비앤비는 플랫폼에서 제공되는 숙박시설에 대한 소유권 혹은 다른 재산권을 실제로 보유하고 있지는 않다. 에어비앤비는 개인들이 물리적 공간과 경험을 공유하도록 연결하는 수단을 제공할 뿐이므로 여관주인이나 호텔체인과 동일하지는 않다.[32]

단기임대 영역에 Title Ⅱ를 적용하자는 두 번째 주장은 공중접객업으로서의 인터넷 자체에 중점을 둔다. 인터넷 사이트는 '공중에 봉사하고 운영 과정에서 통상에 영향을 미친다'는 점에서 공중접객업이라고 주장할 수 있다.[33] 법원이 모든 웹사이트를 공중접객업으로 볼 것인지, 아니면 '물리적 장소와 명백한 관련성'을 가진 곳만을 공중접객업으로 볼 것인지에 대하여는 의견이 분분하다.[34] 이러한 이견과 상관없이 단기임대차 플랫폼은 현실 세계의 물리적 관련성을 가진 웹사이트의 분명한 예이고, Title Ⅱ가 정한 공중접객업의 대상이 되기에 충분하다. 위와 같은 분석의 연장선에서 Title Ⅱ의 적용가능성에 관한 세 번째 주장이 도출된다. 이 주장은 단기임대차에서 구경제와 신경제가 중첩되는 측면을 강조한다. 이와 같은 상황에서는 특정 웹사이트가 단순히 물리적 세계로의 링크를 제공하는 것이 아니라, 전통적 공중접객업의 기능상 등가물을 현실세계에서 접근할 유일한 수단을 제공하는 것이다.[35] 이 점은 에어비앤비와 그 아류에 그대로 해당되는 말이다.

---

29 Leong and Belzer, supra note 14 at 1298.

30 Id.

31 Zainab Mudallal, Airbnb Will Soon Be Booking More Rooms Than the World's Largest Hotel Chains(조만간 에어비앤비는 세계의 가장 큰 호텔체인보다도 더 많은 방을 예약시킬 것이다), Quartz (Jan. 20, 2015), https://qz.com/329735/airbnb-will-soon-be-booking-more-rooms-than-the-worlds-largest-hotel-chains/.

32 See Jefferson-Jones, supra note 14 at 12 ("이론적으로, 공유경제의 숙박영역은 '공유'의 공동체와 신뢰요소를 '경험'의 자유와 모험성에 결합시킨다."); Leong and Belzer, supra note 14 at 1275 ("그러나 이러한 공유경제 사업자는 전통적인 숙박업체와는 기능을 달리한다. 누군가를 호텔에 투숙시키는 것이 아니라, 에어비앤비는 그 누군가를 재산을 임대하려는 자에게 연결시켜 주고는 연결을 가능하게 해주는 데에 대한 수수료를 징수한다").

33 See generally, Colin Crawford, Cyberplace: Defining A Right to Internet Access Through Public Accommodation Law(사이버공간: 공중접객업법을 통하여 인터넷 접근권을 정의하기), 76 Temp. L. Rev. 225 (2003).

34 Leong and Belzer, supra note 14 at 1299 (citations omitted).

35 See id. at 1301-02 ("인터넷 플랫폼이 공유경제 사업의 본질적 요소이기는 하나, 플랫폼도 전통경제에서 공중접객업으로 기능하는 물리적 장소에 밀접하게 연결되어 있다. 회사의 온라인 플랫폼은 물리적 측면에 접근하는 유일한 방법이다.").

C. 공정주거법

공정주거법(FHA)[36]은 1968년 민권법의 Title Ⅷ로서 제정되어 1988년 개정된 바 있다. 공정주거법의 Section 3604는 '인종, 피부색, 종교, 성, 가족관계, 출신국을 이유로 하여 누구에게든지 주택의 임대 협상을 거부하거나 다른 방법으로 주택의 사용을 못하게 하거나 거부하는 것'을 불법으로 만들었다.[37] 이 법에서는 또한 '주택이 사용가능한데도 인종, 피부색, 종교, 성, 장애, 가족관계, 출신국을 이유로 하여 주택을 사용할 수 없다고 표시하는 것'도 불법으로 선언하고 있다.[38] 게다가 공정주거법은 임차인, 거주예정자, 임차인이나 거주예정자의 관계인에게 장애(handicap)[39]가 있다는 이유로 주거차별을 하는 것을 금지하고 있다.[40] 그리고 공정주거법에는 주택소유자가 장애인 거주자의 생활이 가능하도록 시설과 임대정책을 합리적으로 수정하도록 하여야 한다고 규정되어 있다.[41]

단기임대 숙박주에 의한 차별행위에 공정주거법을 적용하는 방법으로는 두 가지가 있다. 온라인 플랫폼을 통하여 숙박을 제공하는 개별 숙박주에 이를 적용하거나, 플랫폼을 공정주거법이 규정하는 부동산 서비스 중개자로 보고 플랫폼에 이를 적용할 수 있다.[42] 공정주거법 Section 3603은 특히 단기임대차에서 의미가 있는 두 개의 예외를 규정하고 있다. 첫째, 단일세대주택의 소유자는 예외인데, 소유자가 세 채 이하의 집을 소유하고 있고, '중개인, 대리인, 판매원 혹은 주택의 매매와 임대 사업에 종사하는 사람의 서비스나 시설'을 이용하지 않은 경우만 이에 해당한다.[43] 둘째, 'Mrs. Murphy 예외'[44]에 해당되면 공정주거법이 적용되지 않는데, '네 개 이하의 독립된 가구가 점유하거나 점유할 예정인 생활시설부 주택(dwellings containing living quarters)의 방이나 세대에 해당되고 소유자가 실제로 생활시설의 하나를 주거로서 점유관리하는 경우'가 위 예외가 성립한다.[45]

공정주거법은 임대인에 의한 차별을 금지할 뿐만 아니라 '주거용 부동산 관련 거래'에 종사하는 자(조문이 이렇게 규정한다)에 의한 차별도 금지한다.[46] 위와 같은 거래에는 주거용 부동산 임대

---

36 42 U.S.C. §3601(f) (2014).

37 Id. at §3604(a).

38 Id. at §3604(d).

39 공정주거법이 규정하는 장애(handicap)는 장애인법의 장애(disability)와 동일한 방식으로 정의된다. See infra Section I.D.

40 42 U.S.C. §3604(f) (2014).

41 Id.

42 Jefferson-Jones, supra note 14 at 19; see also Leong and Belzer, supra note 14 at 1310.

43 42 U.S.C §3603(b)(1) (2014).

44 See infra Section II.B. (Mrs. Murphy Exception를 설명한다).

45 Id. at §3603(2).

46 Id. at §3605(a) (이 조항은 '주거용 부동산 거래에 관여하는 것을 사업 내용으로 하는 사람이나 단체가 거래를 진행함에 있어서 인종, 피부색, 종교, 성, 장애, 가족관계, 출신국을 이유로 하여 다른 사람에 대한 차별을 하는 것'은 불법이라고 규정한다).

중개도 포함된다.[47] 따라서 위 첫 번째 예외는 단기임대 숙박주에게 적용되지 않을 것이다. 단일세대 소유자라도 마찬가지이다. 나는 전에 '에어비앤비와 같은 플랫폼은 숙박주와 손님의 소개, 정보교환 및 대금지불 등을 촉진하므로 중개인으로서 기능하는 것이다'라고 주장한 바 있다.[48] 법원이 이와 같은 평가에 동의한다면 에어비앤비와 같은 온라인 플랫폼은 사용자의 차별행위에 대한 책임을 져야 할 것이다.[49] 하지만 아래의 섹션 Ⅱ에서 보는 바와 같은 여러 가지 이유 때문에 플랫폼은 그러한 책임으로부터 보호될 수도 있다. 두 번째 예외는 Title Ⅱ에서와 동일한 질문을 남긴다. 과연 "점유(occupancy)란 무엇인가?"

D. 장애인법

장애인법(ADA)[50]은 1990년에 통과되었는데, 1964년 민권법 Title Ⅱ 등을 본떠 만들어진 것이다.[51] 장애인법 Title Ⅲ은 공정주거법과 함께, 차별에 대한 장애인 보호를 제공하는데, 이는 단기임대차 영역에 적용할 만하다. 장애인법은 장애(disability)란 '생활의 주요 활동 중 하나 이상을 제약하는 신체적 장해(impairment)나 정신적 장해가 있는 경우, 그러한 장해의 기록이 있는 경우, 그러한 장해가 있는 것으로 간주되는 경우'를 말한다고 정의한다.[52] 장애인법은 Title Ⅲ에서 다음과 같이 규정한다. "누구도, 공중접객업소의 물품, 시설, 권리, 편익, 이용을 완전히 향유함에 공중접객업소의 소유자, 임대자, 임차자, 운영자 등 그 누구로부터도 장애를 이유로 한 차별을 받지 아니한다."[53] 그리하여 법원이 신경제의 단기임대차를 호텔의 기능적 등가물로 보거나, 공유경제 웹사이트가 현실의 물리적 공중접객업소와 관련성이 있다는 이유로 이를 공중접객업으로 본다면, Title Ⅱ가 인종 기반의 차별에 적용되는 것과 마찬가지로 장애인법은 장애인에 대한 차별행위에 적용될 것이다.[54] 그러나 법원이 기능적 등가물에 관한 이러한 주장을 배척한다면, 차별을 당한 장애인 손님은 공정주거법에 기한 구제책을 추구할 수밖에 없고, 그러한 구제책에는 위의 섹션 Ⅰ.C에서 본 바와 같은 예외조항의 적용을 받게 된다.

장애인법은 공중접객업소에서 장애인 차별을 하지 못 하도록 할 뿐만 아니라, 공중접객업소로 하여금 장애인을 수용하기 위하여 정책, 관행, 절차에 대한 합리적인 수정을 하도록 요구하는데, 다만 그러한 수정행위가 제공되는 물품, 서비스, 시설, 권리, 편익 혹은 이용의 성격을 근본적으로

---

47 Id. at §3605(b)(2).
48 Jefferson-Jones, supra note 14, at 21.
49 Id.
50 42 U.S.C. §12101 et seq. (2014).
51 See supra Section I.B.
52 42 U.S.C. §12012(1) (2014).
53 Id. at §12182(a).
54 See supra Section I.B (위와 같은 주장을 자세히 논의하고 있다).

변화시키거나, 과도한 부담을 주는 경우에는 그러하지 아니한다.[55] 이로 인하여 예컨대 동물의 구내 출입을 금지하거나 동물 출입 수수료를 받거나 동물의 품종과 크기를 제한하는 정책이 있는 경우, 그 정책은 장애인 거주자가 안내동물 혹은 위로동물을 이용하는 것을 봉쇄하므로, 원칙적으로 장애인법을 위반하는 것이 될 것이다.[56] 따라서 구경제에서와 마찬가지로 단기임대차 영역에서도 이러한 정책을 바꾸지 않으면 장애인법 위반행위에 해당될 것이다.

II. 단기임대차에서 차별 주장이 인정받는 데의 장애물

단기임대 숙박주와 회사에 대하여 차별행위에 대한 청구를 하여 승소하는 데에는 주요한 장애물로서 다음의 네 가지가 있다. (1) 여러 반차별법에서 요구하는 입증의 기준, (2) Title II와 공정주거법에 대한 Mrs. Murphy 예외, (3) 통신품위법 Section 230에 규정되어 있는 인터넷 예외주의, (4) 대부분의 플랫폼 기반 서비스의 이용약관. 최근의 인종차별 단체소송 사건인 Selden v. Airbnb, Inc.[57]와 Hobzek v. HomeAway.com, Inc.[58]에서 이러한 네 가지 장애물을 볼 수 있다. Selden 사건은 2016년 5월 워싱턴시 연방지방법원에 제기된 사건이다.[59] Hobzek 사건은 2016년 9월 서부텍사스 연방지방법원에 제기된 사건이다.[60] 양 사건에서 동일한 법률사무소가 지명원고를 대리하였고 유사한 변론서면을 제출하였다.

Selden 사건에서, 지명원고인 그레고리 셀든(Gregory Selden)은 흑인인데 '필라델피아의 Paul이라는 이름의 숙박주가 원하는 날짜에는 숙박시설을 사용할 수 없다고 하면서 셀든의 숙박 요청을 거부하였다'고 주장하였다.[61] 셀든의 에어비앤비 프로필에는 사진이 올라와 있었다.[62] 숙박주가 셀든의 숙박 요청을 거부한 당일에 다시 보니, 필라델피아의 그 임대물이 셀든이 숙박하려고 했던 날짜에 이용가능한 상태로 남아 있는 것으로 나타났다.[63] 셀든은 '연계실험'(paired testing)[64]을 해

---

55 42 U.S.C §12182(b)(2)(A)(ii) (2014).

56 HUD Notice FHEO-2013-01, Apr. 25, 2013, https://portal.hud.gov/hudportal/documents/huddoc?id=servanimals_ntcfheo2013-01.pdf. 러트거스대학 연구는 이러한 유형의 위반행위를 포함하고 있다. 위 행위들은 섹션 II.A에서 논의한다.

57 Selden v. Airbnb, Inc., 2016 WL 6476934 (D.D.C. Nov. 1, 2016) (No. 16-cv-00933-CRC), appeal dismissed (D.C. Cir. Feb. 2, 2017) (No. 16-07139), petition for cert. filed (U.S. July 14, 2017) (No. 17-00079).

58 Hobzek v. HomeAway.com, Inc., 2017 WL 476748 (W.D. Tex, Austin Div. 2016), appeal docketed, Feb. 22, 2017 (5th Cir. 2016).

59 Class Action Complaint, Selden v. Airbnb, Inc., 2016 WL 6476934 (D.D.C.) (No. 16-cv-00933-CRC) (petition for cert. filed July 14, 2017).

60 Class Action Complaint, Hobzek v. HomeAway.com, Inc., 2017 WL 476748 (W.D. Tex., Austin Div. Sept. 12, 2016) (No. 16-cv-1058) (appeal docketed Feb. 22, 2017) (No. 17-50144).

61 Second Amended Complaint at 28, 37-38, Selden v. Airbnb, Inc. (D.D.C. 2016) (No. 16-cv-00933-CRC).

62 Id. at 33.

63 Id. at 39.

64 전통주택경제에서 주거권을 집행하는 방법 중의 하나가 연계실험이다. 연계실험이란 두 실험자가 사회적·경제적 특성이 동등한 것처럼 하되 오로지 실험의 대상이 된 요소만을 달리하여 인종, 장애, 혼인상태 등에 대한 차별 여부를 알아보

보기로 했다. 셀든은 두 개의 가상 프로필을 만들었다.[65] 첫 번째 프로필은 'Jessie'라는 이름으로 되어 있는데 셀든의 인적정보와 유사하게 만들어져 있다.[66] 두 번째 프로필은 'Todd'라는 이름으로 되어 있는데 나이가 좀더 많았다.[67] 제시와 토드 모두 백인으로 설정했다.[68] 제시와 토드는 셀든과 동일한 날짜에 동일한 곳에 숙박을 하고 싶다고 했다.[69] 폴은 가상의 백인 손님 두 명의 숙박요청을 수락하였다.[70] 셀든은 에어비앤비와 폴에게 위 사례에 대하여 항의하였다.[71] 셀든은 폴과 에어비앤비의 대응이 충분하지 않다고 생각하고[72] Section 1981, Title Ⅱ 및 공정주거법의 위반을 이유로 하여 소송을 제기하였다.[73]

Hobzek 사건의 지명원고인 이베트 오브젝(Yvette Hobzek)은 흑인여성인데, 뉴욕시내에 숙박처를 얻으려고 VRBO 사이트(VRBO는 익스피디아의 자회사인 홈어웨이가 소유하고 운영하는 사이트이다)에 접속하였다고 한다.[74] 오브젝은 웹사이트에 있는 즉시예약기능(instabook)을 이용하여 할렘의 타운하우스를 임차하려고 하였다.[75] 그녀가 요청한 날짜에 숙소가 제공가능한 것으로 표시되어 있음에도 불구하고 숙박주는 그녀의 숙박 요청을 거절하였다.[76] 오브젝이 숙박주에게 전화로 항의하자 숙박주는 '그녀와 같은 부류'(her kind)는 받지 않는다고 말했다고 한다.[77]

홈어웨이/익스피디아/VRBO는 손님에게 프로필에 이름 이외에 사진이나 다른 정보를 올리도록 요구하고 있지 않지만, 회사의 고객담당 직원은 오브젝에게 '회사가 숙박주에게 페이스북 등의 소셜미디어를 통하여 배경조사를 하도록 권유한다'고 말하였다.[78] 오브젝의 소장에 따르면 '그 후에 우연이 아니게도 페이스북의 데이터 알고리즘에 따라 숙박주가 잠재적 친구로 그녀의 페이스북 페이지에 나타나는 것을 보았다'고 한다.[79] 따라서 오브젝으로서는 숙박주가 오브젝의 페이스북 페이지를 검색하여 그녀의 인종을 알게 된 것으로 볼 수밖에 없었다.[80]

는 방식을 말한다. Office of Policy Development and Research, U.S. Department of Housing and Urban Development, Paired Testing and the Housing Discrimination Studies(연계실험과 주거차별에 대한 연구), Evidence Matters (2014), www.huduser.gov/portal/ periodicals/ em/ spring14/ highlight2.html .

65 Second Amended Complaint at 40, Selden v. Airbnb, Inc. (D.D.C.) (No. 16-cv-00933-CRC).

66 Id. at 41.

67 Id. at 42.

68 Id. at 41-42.

69 Id. at 43.

70 Id. at 44.

71 Id. at 45-46.

72 이를테면, 폴은 '셀든 같은 사람이 스스로를 피해자화하는 것에 불과하다'고 셀든에게 말하였다고 한다. Id. at 46.

73 Id. at 53-81.

74 Amended Class Action Complaint at 15, 17, Hobzek v. HomeAway.com, Inc. (W.D. TX, Austin Div.) (No. 16-cv-1058).

75 Id. at 20-22.

76 Id. at 23-24.

77 Id. at 26-27.

78 Id. at 31.

79 Id.

80 See id. at 54.e., 84.

셀든과 마찬가지로 오브젝은 소송에서 Section 1981, Title Ⅱ 및 공정주거법의 위반을 주장하였다.[81] 그러므로 이제 숙박주와 플랫폼 소유자에게 반차별법을 적용할 수 있는지 여부와 숙박주와 플랫폼이 제기할 수 있는 항변은 무엇인지를 검토할 가치가 있다.

A. 입증의 기준: 차별적 의도 대 차별적 결과

위에서 본 바와 같이, 원고가 Section 1981, 1982에 따른 구제를 받기 위해서는 피고가 의도적으로 차별행위를 했다는 점을 입증하여야 한다.[82] 이 입증책임에는 두 가지 문제가 있다. 먼저, 피고는 잠재적 손님을 거부한 이유로서 차별과 관련 없는 핑계를 댈 수 있다. 예컨대 해당 날짜에 임대물을 사용할 수 없다든지, 부정적 평가 혹은 평점이 있다든지 등의 핑계를 댈 수 있다.[83] 차별과 무관하다는 이러한 설명을 원고가 반박하기는 쉽지 않을 것이다. 둘째, 개별 숙박주가 의도적으로 차별하였음을 입증할 수 있다고 하더라도 원고가 차별행위를 단기임대회사에 귀속시키기는 불가능할 것이다. 숙박주에게 차별행위에 대한 책임을 묻는 것도 나쁘지 않지만, 플랫폼 회사가 플랫폼을 통하여 일어난 차별행위에 대하여 책임지게 되면 시스템적 변화가 이루어질 가능성이 높아질 것이다.

Selden 사건과 Hobzek 사건에서 원고들은 Section 1981을 이용하여 숙박주에게 차별행위에 대한 책임을 물으려고 하였을 뿐만 아니라, 숙박주의 차별행위에 대하여 피고 회사들에게도 책임을 물으려고 하였다. 셀든과 오브젝은 자신들을 차별한 숙박주가 피고 플랫폼 회사의 '대리인, 대표자 혹은 종업원'이라고 주장하였다.[84] 이렇게 함으로써 원고들은 에어비앤비와 홈어웨이에 대하여 숙박주의 행위에 관한 사용자책임을 지우려는 의사를 표시한 것이다. 그러나 논평가들에 따르면, 본인-대리인 관계의 징표가 약한 단기임대 영역에서 사용자책임이론을 적용하는 것은 만만치 않다.[85] 오히려 원고들이 회사들을 직접적인 목표물로 삼아서 '온라인 플랫폼의 구조와 평점시스템의 사용행위에서 차별적인 의도의 증거가 발견된다'는 사실 및 '인종차별이 나타남에도 평점시스템에 의존하고 있다는 점과 회사의 다른 행위를 보면 차별적 패턴과 관행이 확인된다'는 사실을 주장하면 승소하기가 더 쉬울 것이다.[86] 셀든과 오브젝은 사용자책임 주장에 더해서 위와 같은 주장 및 유사한 주장을 제기하였다.[87]

---

81 Id. at 61-92.

82 See supra Section Ⅰ.A.

83 See supra note 25 and accompanying text.

84 Second Amended Complaint at 2, 4, 8, 10, 35, 50- 51, 65, 79, Selden v. Airbnb, Inc. (D.D.C.) (No. 16-cv-00933-CRC); Amended Class Action Complaint at 1, 37-38, 46, 48, 73, 90, Hobzek v. HomeAway.com, Inc. (W.D. TX, Austin Div.) (No. 16-cv-1058).

85 See Leong and Belzer, supra note 14 at 1312.

86 Id.

87 Second Amended Complaint at 10, 13, 75, Selden v. Airbnb, Inc. (D.D.C.) (No. 16-cv-00933-CRC); Amended Class Action Complaint at 49, 54, 84, Hobzek v. HomeAway.com, Inc. (W.D. TX, Austin Div.) (No. 16-cv-1058).

Section 1981, 1982에 따른 청구와 마찬가지로 원고가 Title Ⅱ에 기한 청구를 하는 경우에도 요구되는 입증의 수준이 장애물로 될 수 있다. 법원은 차별의 의도에 대한 입증이 필요한지 아니면 차별적 효과의 입증만으로 충분한지에 관하여 의견의 일치를 보지 못하고 있다.[88] 차별적 의도의 입증을 요구하는 법원에서 차별행위에 따른 청구권을 구성하려는 잠재적 손님은 Section 1981, 1982에 기한 청구와 동일한 어려움에 직면하게 된다.[89] 하지만 필요한 입증기준이 차별적 효과인 경우에는 흑인 손님에 대한 거절 비율이 과도하게 높다는 최근의 하버드대학원 연구 결과가 차별적 효과를 입증하는 데에 도움을 줄 수 있을 것이다.[90] 하버드대학원의 위 연구와 러트거스대학의 위 연구[91]는 공정주거법과 장애인법에 기한 청구에서도 차별적 효과의 증거로서 사용될 수 있을 것이다.

온라인 숙박주에 대한 차별행위 구제책을 제공하는 데에 Section 1981, 1982와 Title Ⅱ보다는 공정주거법과 장애인법이 더 희망적일 것이다. 미국 연방대법원은 최근에 '공정주거법에서는 차별행위가 일응 추정되는 사건(prima facie case)을 인정받는 데에 차별적 의도의 입증이 필요한 것은 아니다'라고 판시하였다.[92] 그 대신 공정주거법에 기한 소송에서 원고는 차별적 효과 혹은 차별적 취급을 입증하면 족하다고 한다.[93] 유사하게 장애인법 Title Ⅲ에 기하여 소송을 제기한 원고는 피고가 의도적으로 행동했다는 점을 입증할 필요가 없다.[94] 그리하여 공정주거법과 장애인법에 기한 청구를 입증하는 데에 플랫폼 구조와 평점시스템 사용에 대한 검토결과 및 하버드대학원과 러트거스대학의 연구보고서와 같은 연구결과는 특히 유용하다. 실제로 Selden 사건과 Hobzek 사건의 소장에서 하버드대학원의 연구 결과를 차별적 결과의 증거로서 원용하는데,[95] 러트거스대학 연구보고서에서는 장애인법의 위반에 이르는 많은 사례를 보여주었다.

B. Title II와 공정주거법에 대한 'Mrs. Murphy 예외'

법원에서 개인이 제공하는 단기임대에도 Title Ⅱ와 공정주거법이 적용된다고 판단하더라도,

---

88 Compare Olzman v. Lake Hills Swim Club, Inc., 495 F.2d 1333, 1340-42 (2d Cir. 1974) (Title Ⅱ에 기한 청구에 차별의도의 입증이 필요하다고 판시하였다); Hardie v. Nat'l Collegiate Athletic Ass'n, 97 F. Supp. 3d 1163 (S.D. Cal. 2015) (Title Ⅱ 청구에 차별적 효과의 입증만으로는 부족하다고 보았다), with Arguello v. Conoco, Inc., 207 F.3d 803, 813 (5th Cir. 2000) (차별적 효과에 기한 청구가 Title Ⅱ에서도 인정될 수 있다고 전제한다); Robinson v. Power Pizza, Inc., 993 F. Supp. 1462, 1465 (M.D. Fla. 1998) (Title Ⅱ하에서 차별적 효과의 입증만으로 충분하다고 한다).

89 See supra Section I.A.

90 See supra notes 5-9 and accompanying text.

91 See supra notes 10-13 and accompanying text; infra Section II.D.

92 Tex. Dept. of Hous. & Cmty. Aff. v. The Inclusive Cmtys. Project, Inc., 135 S.Ct 2507, 2518 (2015).

93 Id.

94 Lentini v. Cal. Ctr. for the Arts, Escondido, 370 F.3d 837, 846-847 (9th Cir. 2004); Ass'ns for Disabled Ams., Inc. v. Concorde Gaming Corp., 158 F. Supp. 2d 1353 (S.D. Fla 2001); Emery v. Caravan of Dreams, 879 F. Supp. 640, 643(N.D. Tex. 1995), aff'd without opinion sub non Emery v. Dreams Spirits, Inc., 85 F.3d 622 (5th Cir. 1996).

95 Second Amended Complaint, Selden v. Airbnb, Inc. (D.D.C.) (No. 16-cv-00933-CRC); Amended Class Action Complaint, Hobzek v. HomeAway.com, Inc. (W.D. Tex, Austin Div.) (No. 16-cv-1058).

일부 숙박예약은 위 법률의 준수에서 면제된다고 주장할 여지가 있다. Title Ⅱ의 Section 2000a(b)는 '다섯 개 이하의 임대용 방을 가진 건물 내 시설로서 실제로 그 시설의 제공자가 주거로서 점유하고 있는 임대목적물'[96]은 적용대상에서 면제하고 있다. 이러한 면제는 Mrs. Murphy 예외라고 불리는데, 하숙인이나 숙박자를 받아서 생계를 유지하는 사람들의 결사의 자유를 보장하기 위한 것이다.[97] 공정주거법의 Section 3603도 유사한 예외조항을 두고 있는데, 차별금지 조항은 '네 개 이하의 독립된 가구가 점유하거나 점유할 예정인 생활시설부 주택의 방이나 세대에 해당되고 소유자가 실제로 생활시설의 하나를 주거로서 점유관리하는 경우'에는 적용되지 않는다.[98] 한 숙박주가 몇 개의 방을 임대하는지를 확인하는 것은 쉽다. 오히려 Mrs. Murphy 예외가 온라인 단기임대차에 적용되는지 여부를 결정할 때 결정적인 관건은 법조문이 규정하는 '실제로 점유한다'는 말이 무엇을 뜻하느냐이다.[99]

주요 온라인 단기임대차 플랫폼인 에어비앤비, 플립키, VRBO/홈어웨이에서는 여러 종류의 숙박 유형이 제공되는데, 그중의 일부는 Title Ⅱ와 공정주거법의 예외조항을 적용받을 수 있다. 세 플랫폼이 모두 소유자가 손님과 함께 체류하지 않는 독채의 숙박유형을 제공한다. 하지만 에어비앤비와 플립키에는 독립방을 제공하되 소유자나 다른 손님이 임대물에 체류하면서 부엌, 거실과 같은 공용공간을 공유하는 유형도 있다. 마지막으로 에어비앤비에는 손님이 공용공간 외에도 숙박주 혹은 다른 손님과 침실을 같이 사용하는 유형도 있다.

숙박주가 임대기간 중 임대물에 체류하는 경우에는 '실제의 점유' 요건을 충족한다고 볼 수 있기 때문에 Title Ⅱ와 공정주거법의 예외조항이 적용될 것을 보인다. 하지만 단기로 주택 전부를 임대하되(한 손님에게 임대할 수도 있고, 공용공간을 공유하는 여러 손님에게 각기 임대할 수도 있다), 임대가 끝나면 주택으로 돌아와 거주할 의사를 갖고 있는 경우에 Mrs. Murphy 예외조항을 이용할 수 있는지는 명확하지 않다.[100] 임대기간 중에도 숙박주가 '실제의 점유'를 하여야 하는가? 아니면 돌아올 의사만 있어서도 실제의 점유에 해당되는가? 법원은 아직 이 문제에 대해 판단을 내린 바가 없다.

---

96   42 U.S.C. §2000a(b)(1) (2014).

97   Jefferson-Jones, supra note 14 at 19; Todisco, supra note 14 at 124-25; see also Jamila Jefferson-Jones, Airbnb and the Housing Segment of the Modern "Sharing Economy": Are Short-Term Rental Restrictions an Unconstitutional Taking?(에어비앤비와 현대 공유경제의 주택영역: 단기임대차에 대한 제한은 위헌적인 수용에 해당하는가?), 42 Hastings Const. L.Q. 101, 562-64 (2015) (공유경제 단기임대차를 구경제의 하숙집과 비교하고 있다). 하숙집 운영자인 Mrs. Murphy는 하숙집 구내에 거주하고 있고 흑인에 대한 임대를 원하지 않는 자인데 의회청문회 과정에서 의회가 위 하숙집 운영자 사건을 지칭하다 보니 Mrs. Murphy 예외라고 부르게 되었다. See House Judiciary Committee Report reprinted in BNA, Inc., The Civil Rights Act of 1964: What it Means to Employers, Businessmen, Unions, Employees, Minority Groups 135-287 (1964).

98   42 U.S.C. §3603(2) (2014); see supra Section I.C.

99   See Jefferson-Jones, supra note 14 at 18.

100   See Todisco, supra note 14 at 125; see also Jefferson-Jones, supra note 14 at 20; Leong and Belzer, supra note 14 at 1297.

C. 통신품위법 Section 230

통신품위법(CDA)[101]은 사용자생산의 콘텐츠로 인한 법적 책임으로부터 온라인 플랫폼 제공자를 일반적으로 보호한다. 통신품위법이 선언하는 목적으로 아래와 같은 것들이 있다.

(1) 인터넷 등 상호작용 컴퓨터 서비스 및 다른 상호작용 미디어의 지속적 발전을 증진하기, (2) 현재의 인터넷 등 상호작용 컴퓨터 서비스가 연방과 주의 규제로부터 구속을 받지 아니하고 발전하도록 활기차고 경쟁적인 시장을 유지하기, (3) 인터넷 등 상호작용 컴퓨터 서비스를 이용하여 어떤 정보를 수령한 것인지에 대한 개인의 통제권을 극대화하는 기술의 발전을 진작하기.[102]

통신품위법 Section 230은 '상호작용 컴퓨터 서비스'(interactive computer services)를 제공하는 자는 '다른 정보콘텐츠 제공자가 제공한 정보의 공표자(publisher)나 표현자(speaker)로 간주되지 않는다'고 규정하고 있다.[103] 이는 '인터넷 예외주의'를 입법화한 주요 사례이다. 인터넷 예외주의란 '인터넷을 통한 정보 전파에 대한 규제는 19세기와 20세기의 미디어인 인쇄물, 라디오, 텔레비전을 통한 정보 전파에 대한 규제와 달라야 한다'는 사고방식을 말한다.[104]

원고가 주장하는 청구의 근거가 Section 1981, 1982, Title II, 공정주거법, 장애인법 중 어느 것이든지 간에, 온라인 제공자의 사용자가 플랫폼을 이용하여 위의 반차별법을 위반한 경우도, 원고는 Section 230 때문에 온라인 제공자에 대한 청구에서 승소하지 못할 수도 있다. 숙박주가 플랫폼을 이용하여 그가 인종과 장애를 이유로 손님을 받지 않겠다고 말하더라도, 사용자의 발언은 플랫폼 회사에게 귀속되지 않기 때문에, Section 230은 단기임대 회사를 법적 책임으로부터 보호할 수도 있다. 이러한 이유로 단기임대차 플랫폼은 숙박주의 반차별법 준수를 감시할 유인이 없게 될 것이다.[105]

통신품위법이 반차별법하의 법적 책임으로부터 공유경제 온라인 플랫폼 제공자를 보호하는지 여부에 대하여는 아직 법원이 답을 내린 바가 없다. 하지만 다음의 두 사건에서 나온 판결문을 보면 법원이 어떤 상황의 경우에 통신품위법 보호막을 제거할 것인지를 알게 해주는 법원의 추론과정을 볼 수 있다. 위 두 사건은 하지만 온라인 플랫폼 회사를 상대로 제기된 것인데, 하나의 판결

---

101   47 U.S.C. §230(c) (2014).

102   Id. at §230(b)(1)-(3).

103   Id. at §230(c).

104   Mark Tushnet, Internet Exceptionalism: An Overview from General Constitutional Law(인터넷 예외주의: 헌법일반론적 고찰), 56 Wm. & Mary L. Rev. 1637, 1638 (2015); see also Stephen R. Miller and Jamila Jefferson-Jones, Airbnb and the Battle Between Internet Exceptionalism and Local Control of Land Use(에어비앤비 및 인터넷 예외주의와 토지 사용에 대한 지역정부의 통제권 사이의 다툼), 31 Probate & Property 36 (May/June 2017).

105   Jefferson-Jones, supra note 14 at 22; Todisco, supra note 14 at 128.

은 미국 제9연방항소법원이 Fair Housing Counsel of San Fernando Valley v. Roomates.com 사건에서 선고한 것이고,[106] 다른 하나는 미국 제7연방항소법원이 Chicago Lawyers' Committee for Civil Rights v. Craiglist 사건에서 선고한 것이다.[107] Roomates.com 사건에서 제9연방항소법원은 '룸메이트를 찾게 해주는 온라인 서비스인 룸메이츠닷컴의 웹사이트는 사용자로 하여금 미리 준비된 드롭다운 상자에 성, 성적취향, 가족관계를 입력하도록 하므로, 위 업체는 통신품위법의 보호조항을 적용받을 수 없다'고 판시하였다.[108] 반면 제7연방항소법원에서는 Craiglist 사건에서 '온라인 광고회사인 크레이그리스트가 순수하게 사용자가 창출한 콘텐츠를 올릴 포럼을 제공하였을 뿐이고 콘텐츠를 실제로 창출한 것은 아니므로, 사용자의 차별적 등록물에 대하여 공정주거법에 기한 책임을 지지는 않는다'고 판시하였다.[109]

논평가들은 적극적 '능동적 개발자'와 '수동적 중개인'을 구분한 후 에이비앤비는 Craiglist 사건의 온라인 플랫폼이라기보다는 Roomates.com의 온라인 플랫폼에 가깝다는 논리를 정립하였다.[110] 더구나 앞서 본 바와 같이 에어비앤비 및 그와 유사한 업체는 단순히 호텔의 기능적 등가물에 불과한 것이 아니라, 부동산 중개인의 기능적 등가물에도 해당하여 공정주거법의 Section 3603을 적용받는다고 볼 수 있다.[111] 중개인은 업무의 성격상 수동적이지 아니하고 거래를 촉진하는 데에 능동적이다.[112]

반차별법이 단기임대에 적용되느냐 아니면 통신품위법이 제공자를 보호하느냐의 문제가 중요하기는 하지만, 법원이 이러한 문제를 고려하지 못하게 한 주요한 장애물이 하나 있다. 온라인 플랫폼의 사용자 계약서 대부분에 포함되어 있는 계약조건이 바로 그것이다. 이러한 사용자계약서는 전형적으로 단체소송과 배심재판을 배제하면서 중재를 통한 분쟁해결을 강제하는 조항을 두는 것이 전형적이다.

D. 계약조건: 중재조항

에어비앤비와 홈어웨이는 반차별법 위반 단체소송에서 제1의 항변으로서 웹사이트와 앱의 사용조건을 들었다. 에어비앤비는 셀든이 제기한 소송에 대응하여 '중재회부 및 소각하 신청'과 '중재절차 중 소송중지 신청'을 선택적으로 제기하였다.[113] 위 신청서에서 에어비앤비는 '셀든 및 원

---

106 Fair Hous. Council of San Fernando Valley v. Roomates.com, LLC, 521 F.3d 1157 (9th Cir. 2008).

107 Chicago Lawyers' Comm. for Civil Rights Under Law, Inc. v. Craigslist, Inc., 519 F.3d 666 (7th Cir. 2008).

108 Roomates.com, 521 F.3d at 1165.

109 Craigslist, Inc., 519 F.3d at 670-71.

110 Leong and Belzer, supra note 14 at 1308.

111 See supra Section I.C.

112 Jefferson-Jones, supra note 14 at 23; see Robin Paul Malloy and James Charles Smith, Real Estate Transactions: Problems, Cases and Materials(부동산 거래: 쟁점, 사례와 연구) 25 (3d ed., 2007) (부동산 중개인을 '거래적 중개인'으로 묘사한다).

113 Motion to Compel Arbitration and Dismiss or, In the Alternative, to Stay Pending Arbitration, Selden v. Airbnb, Inc.

고단 구성원은 에어비앤비의 서비스 조건(Terms of Service)에 동의하였는데, 그 조건에는 강제중재 조항, 배심재판배제조항, 단체소송금지조항이 있다'고 주장하였다.[114] 워싱턴시 연방지방법원은 에어비앤비의 주장을 받아들여 신청을 인용하였다.[115] 지방법원은 계약법리와 연방중재법(Federal Arbitration Act) Section 2[116]에 근거하여 '전자계약의 중재조항이라도 그것이 합리적인 방법으로 소비자에게 알려진 이상, 상사사건 및 반차별법 사건에서 공히 구속력을 갖는다'라고 판시하였다.[117] 워싱턴시 연방항소법원은 지방법원의 명령은 항소의 대상이 아니라고 보았다.[118] 셀든은 2017년 7월 14일 미국 연방대법원에 사건이송명령신청(petition for certiorari, 역주: 연방대법원이 이송명령을 발령하면 사건이 대법원에 이송되어 심리를 받게 된다)을 하면서 항소법원의 기각결정에 대한 상고심리를 요청하였지만, 대법원은 2017년 10월 2일 이송명령신청을 기각하였다.[119]

홈어웨이도 오브젝의 청구에 대해서 '중재회부 및 소송중지 신청'을 제기하는 것으로 대응하였다.[120] 에어비앤비와 유사하게 홈어웨이는 '오브젝과 다른 원고들이 회사의 이용조건(Terms and Conditions)에 동의하였는데, 위 조건에 의하면 모든 청구는 법원이 아닌 구속력 있는 중재에 의하여 해결되어야 하고, 모든 절차는 개별 사건으로 진행되어야 하며, 단체소송, 병합소송 혹은 대표소송으로는 진행하지 못한다'고 주장하였다.[121] 셀든 사건의 법원과 유사하게 오브젝 사건의 법원은 다음과 같이 판시하였다. "연방중재법은 중재조항을 다른 계약과 동등한 위치에 놓고, 법원으로 하여금 중재조항 내용에 따라 이를 집행하도록 요구한다."[122] 더욱이 법원은 '당사자가 분명하고 의심할 여지가 없이 중재 가부에 대한 판단권을 중재인에게 부여하기로 하였다'고 판시하였다.[123] 지방법원은 홈어웨이의 신청을 인용하면서 '피고가 중재에 따를 것, 중재가 진행되는 동안 소송을 중지할 것, 쌍방은 매 90일마다 중재절차의 상황에 대한 보고서를 제출할 것'을 각 명령하였다.[124] 오브젝은 2017년 2월 제5연방항소법원에 중간적 항소를 제기하였는데, 위 법원은 지방법원의 명령은 최종적인 것이 아니어서 항소가 불가능하므로 항소법원에는 판단권한이 없다고 하면서, 위 항소를 기각하였다.[125]

(D.D.C.) (No. 16-cv-0933-CRC).

114 Id.

115 Selden v. Airbnb, Inc., 2016 WL 6476934 (D.D.C. Nov. 1, 2016).

116 9 U.S.C §2 ("상업적 거래에서 향후 계약에서 발생하는 분쟁을 중재로 해결하기로 한 것으로 인정되는 내용의 서면조항은 유효하고 취소불가능하며 집행할수 있다. 다만, 법률상 혹은 형평법상 그 계약을 취소할 근거가 있는 경우에는 그러하지 아니하다.").

117 Selden v. Airbnb, Inc., 2016 WL 6476934, *2 (D.D.C. Nov. 1, 2016).

118 Selden v. Airbnb, Inc., 2017 WL 2681950 (D.C. Cir. Feb. 2, 2017).

119 Selden v. Airbnb, Inc., _S.Ct._, 2017 WL 3036756 (Mem), 86 USLW 3127 (No. 17-79) (Oct. 2, 2017).

120 Motion to Compel Arbitration and Stay Action, Hobzek v. HomeAway.com, Inc. (W.D. TX, Austin Div.) (No. 16-cv-1058).

121 Id. at ¶19.

122 Hobzek v. HomeAway.com, Inc., 2017 WL 476748, *2 (W.D. TX, Austin Div.) (No. 16-cv-1058).

123 Id. at *5.

124 Id.

125 Hobzek v. HomeAway.com, Inc., 2017 WL 3630286, *1 (5th Cir. 2017) (No. 17-50144).

Ⅲ. 공유경제 단기임대차에서의 차별을 시정하기 위한 제안

공유경제의 성장 속도는 법률이 신경제에서 제기되는 여러 문제에 대처하는 능력보다 훨씬 빠르다. 단기임대차에서 발생하는 차별문제의 경우에도 그렇다. 최근 단기임대차 플랫폼에서 차별적 관행이 노정됨에 따라, 우리는 이 문제를 해결할 방법을 고안해야 한다. 당초에 논평가들은 단기임대차 플랫폼에서 보이는 차별적 관행에 대한 바람직한 해결책으로서 플랫폼의 자율규제를 제안하였다.[126] 논평가들은 숙박이 예약되기 전까지는 이름, 사진과 같은 잠재적 인종식별 요소를 감추도록 플랫폼을 재설계하는 방법을 특히 제안하기도 한 바 있다.[127] 그들은 또한 '에어비앤비가 사용자의 인종 데이터를 수집하고, 차별적 행태를 추적하며, 그런 행태를 보인 사용자에 대하여 제재를 가하라'는 제안을 하기도 하였다.[128] 마지막으로 그들은 '에어비앤비가 평점시스템을 수정하여 사용자로 하여금 의견과 같은 정성적 정보를 제공하게 함으로써 정량적 평점제도를 보강하라'고 제안하였다.[129]

에어비앤비는 이용자와 논평가들의 압력에 대응하여 2016년 9월 플랫폼에서의 차별을 시정하기 위한 개혁책을 자발적으로 제도화하였다. 다른 논평가 및 나는 이 개혁조치가 피상적인 것에 불과하다고 비판하였다.[130] 에어비앤비의 개혁책에는 모든 사용자가 차별을 하지 않겠다는 취지의 '에어비앤비 공동체 서약서'(Airbnb Community Commitment)를 적극적으로 채택하도록 의무화하는 것이 포함되어 있다.[131] 에어비앤비는 직원 구성을 다양화하기로 하고, 플랫폼에서 이루어지는 차별적인 행위를 전담해서 감시하는 팀을 만들고, 이용자들에게 반차별 교육을 제공하기로 약속하였다.[132] 논평가들이 예약 전 절차에서는 사진과 이름이 차별을 조장할 가능성이 있다고 특정했음에도 불구하고 에어비앤비는 사진과 이름을 제거하지 않았다. 에어비앤비는 예약초기절차에서 사진과 이름을 제거하지 않는 조치의 근거로서 에어비앤비가 신뢰와 사용자 창출의 고객평가를 기초로 존립하게 되었다는 점을 들었다. 에어비앤비는 이름과 사진을 제거하면 에어비앤비 공동체와 플랫폼상의 숙박공유 경험의 성격이 근본적으로 바뀔 것이라고 주장한다.

에어비앤비가 차별에 대하여 완전하게 의미가 있는 자율규제를 채택하지 않으려고 하므로 입

---

126 Leong and Belzer, supra note 14 at 1321-22; Todisco, supra note 14 at 128.

127 Leong and Belzer, supra note 14 at 1321; Benjamin Edelman, Preventing Discrimination at Airbnb(에어비앤비에서의 차별의 금지) (June 23, 2016), www.benedelman.org/news/062316-1.html .

128 Leong and Belzer, supra note 14 at 1321.

129 Id.

130 See Jamie Condliffe, Airbnb Isn't Really Confronting Its Racism Problem(에어비앤비는 인종주의 문제에 제대로 대응하지 않고 있다), MIT Tech. Rev. (Sept. 12, 2016), www.technologyreview.com/s/602355/airbnb-isnt-really-confronting-its-racism-problem (에어비앤비의 새로운 반차별 정책에 대한 벤저민 에델만과 자밀라 제퍼슨존스의 비판을 인용하고 있다).

131 Laura W. Murphy, Airbnb's Work to Fight Discrimination and Build Inclusion: A Report Submitted to Airbnb(차별을 철폐하고 포용력을 키우기 위한 에어비앤비의 노력: 에어비앤비 보고서) (Sept. 8, 2016), https://blog.atairbnb.com/wp-content/uploads/2016/09/REPORT_Airbnbs-Work-to-Fight-Discrimination-and-Build-Inclusion.pdf.

132 Id.

법적 개혁조치가 효과적일 것이다. 이러한 맥락에서 낸시 리엉과 아론 벨저는 Title Ⅱ에 대한 두 개의 개정안을 제안하였다. 첫째 개정안은 Title Ⅱ에 기한 청구에서는 차별적 의도의 입증을 요구하지 않고 차별적 결과의 입증만으로 충분하도록 하는 것이다.[133] 둘째 개정안은 전통경제의 공중접객업자가 제공하는 물품과 서비스와 동등한 것을 제공하는 플랫폼 기반 사업자도 위 조항의 적용을 받는 것으로 보자는 것이다.[134] 두 번째 개정안은 에어비앤비와 같은 사업자는 현실세계 호텔의 기능적 시장등가물이라는 관념을 반영하고 있다. 리엉과 벨저는 다음과 같이 지적하였다. "두 경우 모두 차별은 숙박을 얻을 수 있는 기회를 제한하거나 부인함으로써 동일한 방식으로 최종 사용자에게 영향을 미친다."[135]

리엉과 벨저는 또한 플랫폼 소유자로 하여금 사업에 대한 정보를 법무부 인권국(Civil Rights Division of the Department of Justice)에 보고하도록 하고 이를 일반인에게 공개하는 것을 주창하였다.[136] 리엉과 벨저는 '에어비앤비가 임대의 횟수, 비용, 크기, 특징, 위치, 기간에 관한 정보를 공개하게 해야 하고, 위반 시에 막대한 벌금을 내게 해야 한다'고 주장하였다.[137] 벤저민 에델만은 에어비앤비에게 플랫폼에서 연계실험을 허용하도록 권고한 바 있는데,[138] 위의 요구는 이러한 권고사항과 결합하면 실효적일 것이다. 현재 에어비앤비는 그레고리 셀든과 하버드경영대학원의 에델만 연구진이 진행한 것과 같은 연계실험과 가상 프로필의 사용을 금지하고 있다.[139]

마지막으로, 나는 다른 논평가들과 함께 숙박주인 플랫폼 사용자가 반차별법 위반행위를 한 경우에, 통신품위법에 대한 예외를 만들어서 취약계층 구성원이 플랫폼에 대한 제소를 하도록 허용하자고 제안한 바 있다.[140] 이러한 예외는 통신품위법에 대한 기존의 예외조치와 일관된다. 기존의 예외조치는 인터넷 예외주의의 지도적 정책과 다른 중요한 정책(착취로부터 아동을 보호하는 것[141] 혹은 지적재산권을 보호하는 것[142]) 사이에 균형을 맞추기 위한 것이다. 주거차별을 해결하는 것도 근본적인 정책 목표이므로, 온라인 주거차별도 통신품위법의 예외에 포함시킬 시기가 무르익은 상태이다.[143]

에어비앤비 등 단기임대차 플랫폼 제공자가 중재조항을 이용함에 따라 원고들이 법원으로 가

---

133 Leong and Belzer, supra note 140 at 1320.

134 Id. at 1518.

135 Id.

136 Id. at 1319.

137 Id.

138 Edelman, supra note 126.

139 Airbnb, Terms of Service, www.airbnb.com/terms .

140 Jefferson-Jones, supra note 14 at 25; Todisco, supra note 14 at 128; see also Leong and Belzer, supra note 14 at 1321 (연방의회가 통신품위법 Section 230을 개정하거나, Title Ⅱ에서 Section 230으로 인하여 플랫폼이 인종차별 책임에서 면제되는 것은 아니라는 점을 명시하여야 한다고 주장한다).

141 47 U.S.C §230(e)(1) (2014) ("이 section의 어떤 조항도 이 Title의 section 223, 231, Title 18의 chapter 71(외설물 관련), chapter 110(아동에 대한 성적 착취 관련) 혹은 다른 연방형사법을 배제하는 것으로 해석되어서는 아니 된다.").

142 Id. at §230(e)(2) ("이 section의 어떤 조항도 지적재산권에 관한 법률을 확장하거나 축소하도록 해석되어서는 아니 된다.").

143 Jefferson-Jones, supra note 14 at 25.

는 길이 봉쇄되어 있고 자율규제의 성공가능성이 한정적인 이상 공유경제에서 차별에 싸우는 가
장 직접적인 수단은 입법적 해결책이 제시하여야 한다. 또한 Title II와 통신품위법을 개정하게 되
면 민권법 입법절차를 부활하게 될 것이며, 전통경제에서와 마찬가지로 공유경제에서도 차별은
받아들일 수 없다는 강력한 메시지를 전달하게 될 것이다.[144]

결론

  현실 세계의 반차별 규제에 상응하게 공유경제의 반차별 규제를 실현할 수 있도록 연방의회가
입법적 변화를 도모할 정치적 의지를 모을 수 있을지는 두고 볼 문제이다. 연방의회가 그렇게 할
수 있다면 주거차별 법률은 크게 도약하여 나날이 성장하는 공유경제를 따라갈 수 있을 것이다.

---

144 Leong and Belzer, supra note 14 at 1317.

공유경제와 유럽연합 반차별법

니콜라 쿤투리스, 루카 라티

> 오늘날의 정부 기구는 사이버네틱스에 기하여 설계된 관계로 더이상 법의 지배가 이루어지지 않고, 항상성 기능을 보장하는 프로그램의 지배가 이루어진다. … 후자의 경우 서방세계의 또 다른 이상에는 충실한 것이 된다. 그 이상이란 '연산에 의한 조화'를 말한다.[1]

서언: 알고리즘을 통한 일하기와 '숫자에 의한 조화'의 신화

'겉으로 중립성, 효과성, 효율성, 객관성, 투명성을 갖춘 것으로 보이나, 실제로 매우 비인간적인 프로그램이 현대 세계를 지배하고 있다'는 알랭 쉬피오(Alain Supiot)의 비관적 묘사는 슬프게도 그리고 좀 아이러니하게도 새로이 드러나는 데이터에 의하여 더욱 뒷받침되고 있다. 소위 '공유경제'에서 각종 서비스의 제공자를 지원하는 알고리즘이 그것을 설계·운용하거나 사용하는 사람들보다 덜 편향적이지는 않다는 점이 확인되고 있다. 예를 들면 '현실'경제의 비슷한 영역과 비교하여 보면, 성별 임금격차와 다른 형태의 불평등 대우가 공유경제에 훨씬 널리 퍼져 있다는 사실은 점점 더 명확해지고 있다.[2] '가격차별'이 주로 성별 편견에 기한 것으로 보이기는 하지만,[3] 연구에 의하면 소위 긱노동자들 사이에서 노동 기회를 분배하는 경우와 같은 때 인종, 출신민족, 종교/신념도 고려 요소로 작용하는 것으로 보인다. 미국의 여러 도시에서 진행된 연구에 의하면, 주문형 운전자들이 인종적·종교적 소수파에 속하지 않은 경우 더 많은 운송 요청을 받는데, 위 두 가지 식별요소는 플랫폼에 제공된 운전자의 이름, 성, 사진 등 개인 정보를 통하여 고객들에 의하여 자주 유추된다.[4] 데이터를 종합하여 보면 표면적으로는 중립적으로 보이는 소프트웨어에 의한 차별의 위험이 얼마나 현실적이고 구체적인지를 알 수 있다. 이 문제를 좋게 본다면, 프

---

1 A. Supiot, La Gouvernance par les nombres(숫자를 통한 지배) CH. 1 (2015).

2 Arianne Renan Barzilay and Anat Ben-David, Platform Inequality: Gender in the Gig-Economy(플랫폼 불평등: 긱경제에서의 성별), 47 Seton Hall L. Rev. 393 (2017).

3 Sara C. Kingsley, Mary L. Gray, and Siddharth Suri, Monopsony and the Crowd: Labor for Lemons?(수요독점과 군중: 값싼 노동?) 2014 Policy 1 (2016), http://ipp.oii.ox.ac.uk/sites/ipp/files/documents/Monopsony_and_theCrowd_SCK_MLG_SS.pdf.

4 Yanbo Ge, Christopher R. Knittel, Don MacKenzie, and Stephen Zoepf, Racial and Gender Discrimination in Transportation Network Companies(운송네트워크회사에서의 인종차별과 성차별), NBER Working Paper No. 22776, Oct. 2016.

로그래머가 차별적 결과를 의도적으로 추구한 것이 아니라 그들의 소프트웨어가 고객 및 사회 전체의 선호도와 편견을 반영하거나 방치함으로써 기존의 차별을 영구화하거나 강화하는 것뿐이라고 할 수 있을 것이다.[5] 덜 좋게 본다면, 공유경제에서 활동하는 기업과 기업의 활동을 보조하는 소프트웨어가 이러한 문제점을 충분히 인식하고서도 해결책을 취하지 아니하고는 의식적으로 혹은 무의식적으로 '소비자 선택권, 투명성, 사업상 필요'라는 이름의 제단에 '공정성'을 제물로 바친 것이라고 할 수 있을 것이다.

공유경제에서 노동 및 서비스 제공 약정에 의하여 언뜻 새로운 환경이 구축된 것으로 보이는 바, 과연 유럽연합법(더 구체적으로는 유럽연합 평등법)이 이러한 환경에서 생긴 차별적 관행으로 유발된 오랜 문제들을 해결하는 데 얼마나 적합하게 갖춰지고 구성되어 있는가가 이 글의 중심적 고찰 대상이다. 주목할 만한 것은 유럽연합의회가 나서서 유럽연합법의 많은 규정이 협업경제에 이미 적용될 수 있다고 인정하면서도 집행위원회에게 '이 분야에 대한 추가적 분석과 조언을 거친 후에 관련 반차별법 규정에 대한 검토를 하도록' 권고하였다는 점이다.[6] 아래 섹션 Ⅰ에서는 기존 노동시장 영역의 노동관계를 이해하기 위하여 개발된 전통적 개념에 의존하여 공유경제의 노동약정(working arrangements)을 어느 정도까지 분석할 수 있는지를 먼저 검토하고자 한다. 섹션 Ⅲ에서는 더 나아가 공유경제의 차별적 관행을 타파하는 데 유럽연합 평등법이 중요한 기여를 할 가능성을 분석해 보고자 한다. 유럽연합 반차별법은 문면상으로 광범한 적용 범위를 갖고 있고, 경제적·사회적 기본권으로서 이중적 지위를 갖고 있는바, 원칙적으로 이러한 새로운 노동형태에 적용되는 데에 완벽할 정도로 적합하다고 할 수 있다. 그러나 섹션 Ⅳ에서 보듯이 이러한 잠재력이 대부분 실현되었다고 볼 수도 있겠으나 실현되지 않는 부분도 있을 수 있다. 그 이유는 극복불가능한 복잡성과 특이성이 공유경제의 노동관계에 영향을 미치고 있기 때문이라기보다는 유럽연합 사법법원(CJEU)이 유럽연합 평등법을 해석하고 적용하는 데에 구조원리에 관한 어떤 내재적 결함이 영향을 미치고 있기 때문이다.

Ⅰ. 공유경제의 노동약정과 반차별법- 개념적 틀

서비스와 물품에 관하여 다양한 공급약정이 있다는 점이 공유경제의 특징이라는 데에는 의심의 여지가 없지만, 우리가 보기에 알고리즘, 소프트웨어와 모바일 앱을 통하여 전개되는 디지털 노동의 여러 형태에는 여러 면에서 원형적이라고 할 수 있는 두 가지 주요 모델이 있다. 하나는 군

---

5 Erika Kovács, Gender Equality in Virtual Work: The Regulatory Aspects(가상공간 노동에서의 성별 평등: 규제적 측면에서), paper presented at the LLRN3 Toronto Conference, June 2017, manuscript.

6 European Parliament, "European Parliament resolution of 15 June 2017 on a European Agenda for the collaborative economy(협업경제를 위한 유럽연합의 안건에 관한 2017. 6. 15.자 유럽연합의회 결의)" (P8_TA/PROV(2017)0271), paragraph I.

집노동(crowdworking)이고, 다른 하나는 앱을 통한 주문형 노동(working on-demand via apps)이다.[7]

첫 번째 모델은 '개인 혹은 대개는 회사가 온라인 플랫폼에 구체적이고 상세하며 디지털적으로 구성된 업무를 일정한 요율로 일정한 시간 내에 수행할 수 있는 사람을 찾아 달라고 요청하는 것'을 특징으로 한다. 이러한 종류 중 가장 널리 알려지고 연구된[8] 국제적 온라인 플랫폼은 아마존 미캐니컬 터크일 것인데, 미캐니컬 터크에서 의뢰인(최종 이용자)은 수많은 소규모 작업(인간지능 작업 Human Intelligence Task, HIT라고 한다)을 플랫폼에 올려 놓고서 그 작업을 수행할 사람을 찾는다. 이러한 방식의 경제적 이점은 플랫폼과 최종 이용자가 공히 '자원의 최적화' 및 '노동시간과 비노동시간의 비동기화'에서 이익을 얻는다는 사실에서 나온다.[9] 아마존 미캐니컬 터크는 여러 면에서 이러한 종류의 군집외주 플랫폼의 원형이지만,[10] 많은 다른 사업자들[11]도 비슷한 사업모델을 개발하여 수많은 노동자와 고객 사이에 비슷한 거래를 성사시켜서 매우 다양한 업무를 수행하게 하였다.

대신에 두 번째 모델은 현실 세계에서 업무를 수행하는 형태로서 '모바일 노동시장'을 만들어서 각기 다른 서비스를 제공한다.[12] 그 서비스에는 개인적 운송 업무, 가구 옮기기, 청소와 같은 작은 집안일 등이 포함된다. 그 원형은 운송회사인 우버인데,[13] 태스크래빗이나 리프트 같은 플랫폼도 이 범주에 포함시킬 수 있다.[14]

방금 말한 두 모델 사이에서 실질적인 차이를 발견할 수 있다. 첫 번째 모델에서는 온라인 플랫폼이 중개자로 활동하는 반면에,[15] 앱을 통한 주문형 노동의 경우에는 플랫폼이 훨씬 더 적극적인

---

7 'P2P 임대차와 서비스공유의 플랫폼에서는 주로 재산의 사용과 사용료의 교환이 이루어지고, 대개의 경우 노동은 개입되더라도 계약에서 한정적으로, 부수적으로만 존재한다'는 가정(아마도 빈약한 가정)을 토대로 하여, 우리는 온라인 플랫폼의 또 다른 원형(아마도 에어비앤비와 같은 서비스 제공자가 전형적일 것이다)을 이 글의 논의 범위에서 일시적으로 제외해 보자고 감히 제안한다. 하지만 그러한 서비스에서 차별적 관행이 일어나지 않는다고 보지는 않는다.

8 See Birgitta Bergvall Kåreborn and Debra Howcroft, Amazon Mechanical Turk and the Commodification of Labour(아마존 미캐니컬 터크와 노동의 상품화), 29 New Tech., Work & Emp. 213 (2014); Miriam A. Cherry, A Taxonomy of Virtual Work(가상 노동의 분류), 45 Ga. L. Rev. 951 (2011); Miriam A. Cherry, The Global Dimensions of Virtual Work(가상 노동의 국제적 측면), 54 St. Louis Univ. L.J. 471 (2010); Miriam A. Cherry, Working for (Virtually) Minimum Wage(가상세계의 최소 임금으로 일하기), 60 Ala. L. Rev. 1077 (2009); Miriam A. Cherry, Cyber Commodification(사이버 상품화), 72 Md. L. Rev. 381 (2013).

9 이론적 틀에 관하여는 다음 글을 참조하라. See Émilie Genin, Proposal for a Theoretical Framework for the Analysis of Time Porosity(시간 투과성 분석을 위한 이론적 틀의 제안), 32 Int'l J. Comp. Lab. L. & Indus. Rel. 280 (2016).

10 See Eurofound, New Forms of Employment 1(새로운 형태의 고용 1), 104 (2015), www.eurofound.europa.en/publications/report/2015/working-conditions-labour-market/new-forms-of-employment.

11 많은 것들이 있지만 예를 들자면 다음과 같은 것을 들 수 있다. Crowdflower, Crowdsource, Clikworker, Fiverr, PeoplePerHour, CloudFactory, CrowdComputing Systems, MobileWorks, oDesk, OneSpace.

12 See Christiano Codagnone, Fabienne Abadie, and Federico Biagi, The Future of Work in the "Sharing Economy": Market Efficiency and Equitable Opportunities or Unfair Precarisation?(공유경제 노동의 미래: 시장 효율성과 공평한 기회인가 아니면 불공정한 불안정화인가?) 1, 17-20 (2016), publications.jrc.ec.europa.eu/repository/bitstream/JRC101280/jrc101280.pdf.

13 Valerio De Stefano, The Rise of the "Just-in-Time Workforce": On-Demand Work, Crowdwork, and Labor Protection in the "Gig Economy,"(적시 노동력의 대두: 주문형 노동, 군집노동과 긱경제 노동의 보호) 37 Comp. Lab. L. & Pol'y J. 471 (2016).

14 Jeremias Prassl, Humans as a Service. The Promise and Perils of Work in the Gig Economy(서비스로서의 인간. 긱경제의 노동이 주는 희망과 위험) (2018).

15 Luca Ratti, Online Platforms and Crowdwork in Europe: A Two-step Approach to Expanding Agency Work Provisions?(유럽의 온라인 플랫폼과 군집노동: 파견노동 규정의 확대적용에 대한 두 단계 접근법) 38 Comp. Lab. L. & Pol'y J. 477 (2017).

역할을 한다. 후자의 경우에는 플랫폼이 유휴자원의 활용에 관한 선행조건 구조를 설정하고, 유휴자원 혹은 승차서비스의 요금을 일방적으로 책정하며, 지불과정을 다루고, 피드백을 수집하여 전파하며, 끝으로 제공된 서비스에 대한 일정한 수수료를 보유한다.[16] 경험적 분석을 해 보면, 온라인 플랫폼이 알고리즘에 기반하여 가동하는 체제에서는 플랫폼 혹은 최종 이용자가 개인의 업무수행을 지속적으로 통제하는 권한이 강화되고 있음을 알 수 있다. 이러한 현상은 우버나 리프트에서와 같이 개인의 업무수행이 현실세계에서 실시간으로 일어나는 경우에도 시험해 볼 수 있고, 플랫폼을 통한 디지털 작업을 통제·표준화·평가하는 경우에도 시험해 볼 수 있다.[17]

두 가지 노동이 기하급수적으로 증가하는 것을 분석하면서, 해석가와 법관들은 그 개념과 분류방법에 대한 의문을 제기하고 사회보장·상품화[18] 및 착취[19]에 대한 우려를 개진하기 시작하였다. 어떤 이는 "두 형태의 노동을 파악함에서 고용자가 노동법 및 사회법적 의무로부터 벗어나려는 '탈출전략'으로 볼 수는 없다고 하더라도,[20] '무책임성의 조직화'로 가는 고용자 측의 일반적인 전략으로 볼 수는 있다[21]"고 강조한다. 온라인 플랫폼, 작업을 수행하는 개인 및 최종 이용자/의뢰인/고객 사이에 형성된 관계(일회성의 단발적인 거래나 협상이 아닌 어떤 관계가 형성되는 범위에서)의 법적 성질을 파악하는 것이 노동법의 중요한 쟁점이 되었다. 온라인 플랫폼을 통하여 일을 하는 개인은 사실상 모든 경우에 공식적으로 독립계약자 혹은 자기고용인으로 분류되어서 과업/임시업무/운송을 수행할 의무도 없고, 제때에 그것을 완성할 의무도 없으며, 의뢰인을 만족시킬 의무도 없고, 더구나 직접 지시를 받을 필요도 없다. 작업요구를 받은 개인이 체결하도록 요구받는 법적 약정에서 이러한 모든 요소들이 보통 (명시적으로) 다루어진다. 그러한 관계의 재분류에 내재하는 위험성을 플랫폼이 잘 인지하고 있다는 점은 플랫폼이 작성한 법적 약정서를 세밀하게 규정하고 있다는 사실에서 분명하게 드러난다. 예를 들어 아마존 미캐니컬 터크의 '참여계약서'(Participation Agreement)에서는 요청자(Requester)인 최종 이용자에게 '제공자(Provider)가 피용인이 아닌 독립계약자로서 서비스(Services)를 제공하기로 하였지만 동일한 제공자가 요청자를 위하여 반복적으로 자주 서비스를 제공한 경우에는 고용관계로 재분류될 수도 있다'는 사실을 주지시키고 있다.[22]

---

16 De Stefano, supra note 13.

17 예를 들면 '업워크'에 의한 개인의 생산성 평가는 주로 타자 기록에 의거한다. See John J. Horton and Prasanna Tambe, Labor Economists Get Their Microscope: Big Data and Labor Market Analysis(노동 경제학자들이 현미경을 들이대다: 빅 데이터와 노동시장 분석), 3 Big Data 130 (2015).

18 Antonio Aloisi, Commoditized Workers, Case-Study Research on Labor Law Issues Arising from a Set of "On-Demand/Gig Economy" Platforms(상품화된 노동자들, "주문형/긱 경제" 플랫폼상에서의 노동법 쟁점에 대한 사례연구), 37 Comp. Lab. L. & Pol'y J. 653 (2016).

19 Trebor Scholtz, Digital Labor: The Internet as Playground and Factory(디지털 노동: 놀이터 겸 공장으로서의 인터넷) (2013).

20 Wolfgang Däubler and Thomas Klebe, Die Neue Form der Arbeit-Arbeitgeber auf der Flucht? [The New Form of Work-Employers on the Run?(새로운 형태의 노동- 도망다니는 고용자?], 17 Neue Zeitschrift Für Arbeitsrecht 1032 (2015).

21 Hugh Collins, A Review of the Concept of the Employer by Dr. Jeremias Prassl(제레미아스 프라슬이 바라본 고용자 개념에 대한 검토), Lab. L. Blog (Nov. 10, 2016), www.law.ox.ac.uk/content/labour-law-0/blog/2015/11/review-concept-employer-dr-jeremias-prassl.

22 아마존 미캐니컬 터크의 참여계약서 제3a조. 그에 따라 플랫폼은 참여계약서에 손해방지조항을 포함하고 있는데, 손해

일부 사례에서 고용관계가 인정된다고 하더라도 고용자를 식별하는 문제는 극복하기 어려운 법적 문제로 보인다. 고용관련 급여를 제공할 책임이 플랫폼에게 있는지 아니면 최종 이용자에게 있는지를 판단하는 문제는 불가능하지는 않더라도 어렵다고 볼 수 있다. 미국의 항소법원들과 정부기관(연방노동관계위원회(NLRB) 등)이 채택한 공동고용이론에서는 플랫폼을 공동고용자로 보기 쉬울 것이다. 왜냐하면 플랫폼의 지위는 공정노동기준법(FLSA)이 정한 공동고용의 개념에 들어맞기 때문이다. 공정노동기준법은 한 고용자가 다른 고용자의 이익을 위하여 직접적 혹은 간접적으로 행동하는 경우 공동고용관계가 있다고 본다.[23] 그러나 유럽의 경우 이 이론은 문제투성이다. 왜냐하면 입법기관과 법원이 고용관계를 단일고용자 측면에서 파악하고 있기 때문이다.[24] 다만 일단의 기업들이 계약관계를 맺거나[25] 불법행위법에서 대위책임이 발생하는 경우에 그 예외가 인정되기는 한다.[26]

유럽에서는 공동고용 개념을 제한적으로 수용하고 있으므로, 몇몇 저자들은 고용자로 간주되는 자가 행사하는 고용자 기능의 종류에 따라서 각기 별개 규정을 적용하는 것을 설정하면서 기능적 고용자 개념(functional concept of the employer)으로 문제를 해결하자고 제안한다.[27] 이러한 해석론에서는 개인에 대하여 고용관계에서 행사되는 통제 요소에 대한 분석론이 고용자의 전형적인 기능이 온라인 플랫폼에 의하여 처리되는지 여부와 그 범위를 강조하는 방향으로 대체된다. 많은 온라인 플랫폼이 사용자 약정에서 고용자 지위를 명시적으로 배척하고 있지만, 위와 같은 입장으로 가는 경우 우리는 오로지 약정의 기능적 현실을 포착함으로써 플랫폼이 고용자인지 여부를 판단할 수도 있고, 각 사안별로 공동고용자에 해당되는지 여부에 따라 의무 · 위험 · 혜택을 상대적으로 떠안거나 공유하는 것으로 취급할 수도 있을 것이다.[28]

노동법의 근저에 있는 표준적 규제 틀은 종속적 고용관계라고 할 수 있는데, 이는 오랜 기간 사

방지조항은 다음과 같이 되어 있다. "당신은 이 사이트의 사용과 관련된 모든 청구절차(각종 청구, 소송, 감사, 조사, 수사 혹은 개인이나 법인이 개시한 모든 절차) 및 당신의 법률 및 규정 위반으로부터 발생하는 비용, 손실, 손해배상책임, 판결, 벌금, 이자 및 비용(합리적인 변호사 비용 포함)에 관한 책임이 아마존 미캐니컬 터크와 관련업체(각 피용인, 이사, 직원 및 대리인)에게 생기지 않도록 하여야 한다." (아마존 미캐니컬 터크 참여계약서 제9.a조).

23 C.F.R. §791.2(b)(2)은 FLSA의 당초 규정과 Greenberg v. Arsenal Building Corp. et al. 144 F.2d 292 (2d Cir. 1944)에 의존한다. 보다 최근에 연방노동관계위원회는 공동고용의 정의를 다음과 같이 확장했다. "둘 이상의 법정 고용자가 동일한 법정 피용인에 대한 고용의 본질적 조건을 공유하거나 공동으로 정하는 경우 공동고용자가 된다." See Browning-Ferris Indus. of California, Inc., 362 N.L.R.B. No. 186, 2 (2015).

24 See Jeremias Prassl, The Concept of the Employer(고용자 개념) (2015); Luisa Corazza and Orsola Razzolini, Who is an Employer?(누가 고용자인가?), in Comparative Labour Law 132 (Matthew W. Finkin and Guy Mundlak eds., 2015).

25 이는 많은 회원국에서 발생하고 있으며 유럽연합사법법원에서도 일정한 인정을 받은 바 있다. Albron Catering 2010 E.C.R. C-2342/109, 21.

26 See Luca Ratti, Agency Work and the Idea of Dual Employership(파견 노동과 공동고용자 지위의 개념), 30 Comp. Lab. L. & Pol'y J. 835 (2009). 이러한 결론은 일반 시민을 보호하기 위하여 필요하다는 정책적인 고려를 반영하여 대부분의 지역에서 인정된다.

27 Jeremias Prassl and Martin Risak, Uber, Task Rabbit, & Co.: Platforms as Employers?(우버, 태스크 래빗 주식회사: 고용자 집단으로서의 플랫폼들?) 37 Comp. Lab. L. & Pol'y J. 619 (2016). 위 저자들은 이러한 기능들로서 적어도 다섯 가지를 제시한다. 1) 고용 관계의 개시 및 종료, 2) 노동과 그 과실의 수취, 3) 업무와 급여의 배분, 4) 회사 내부의 시장 관리, 5) 회사 외부의 시장 관리.

28 Id.

용되어 온 판단 척도에 기하여 결정된다.[29] 그러나 군집노동과 앱을 통한 주문형 노동의 현실을 보면, 이러한 척도가 만족할 만한 결과를 도출해 주지 않을 수도 있음을 알 수 있다. 이러한 형태의 노동이 지닌 특성 자체가 일시·장소에 따라 계속하여 변하기 때문에 분류를 하는 것이 거의 불가능할 수도 있다는 점이 그 이유의 하나이다. 이러한 이유로 어떤 학자들은 플랫폼 노동자가 새로운 중간적 범주에 포함되어야 한다고 주장한다. 이 범주는 준종속적 노동자(quasi-subordinate worker)를 말하는데,[30] 이는 개인이 자신의 노동에 대하여 가지는 인식과 일치한다고 한다.[31] 이러한 중간적 접근법을 옹호하는 자들은 입법이 관여하여 과거의 이분법에 딱 들어맞지 않는 관계를 규율하여야 한다고 자주 요구한다.[32] 이 측면에서 이 문제는 페덱스 운전자들에 대한 문제와 유사한데,[33] 특기할 것은 미국의 한 연방법원이 리프트 운전자에 관하여 이러한 중간적 접근법을 이미 취하였다는 점이다.[34] 하지만 실제로는 그러한 중간적 범주가 존재하는 법 체계에서도 근로제공자에 대한 명칭 및 올바른 분류를 둘러싼 난제들이 아직 해결되지 않고 있다.[35] 제3의 범주에 속하는 자들에게 부여되는 권리의 범위도 논쟁의 대상이 되는데, 너무 많은 권리를 주게 되면 서비스 제공자들이 새로운 회피 및 오분류 전략을 추구하게 될 것이다.[36]

유럽연합 수준에서 단일의 통일된 노동자 개념이 없고, 사법법원(Court of Justice)은 종속적 노동자와 독립계약자의 이분법을 취하고 있기 때문에,[37] 유럽연합 기관들이 작성한 일부 보고서들은

---

29 이런 의미에서 다음의 점들을 상기하여야 한다. 보통 온라인 플랫폼은 개인에게 일할 기회를 제공한다는 점, 수행 작업에 대한 전반적 통제를 한다는 점(예를 들어 최종 이용자로 하여금 완성된 업무를 보유하도록 함), 보다 일방적으로 고용조건을 정한다는 점. 더구나 플랫폼은 최종 이용자로 하여금 하시라도 개인의 업무수행을 감시하고, 개인이 제출하는 최종 결과물에 대한 평가를 하고, 개인의 수행상태를 확인하도록 하는데, 때때로 개인의 컴퓨터에서 스크린샷을 얻거나, 개인의 중간 단계나 업무를 승인(혹은 불승인)하여 협업 작업을 계속할 것인지 여부를 결정하게 허용하기도 한다. 이러한 모든 요소들은 독립계약자가 아닌 고용상태로 분류할 것을 요구한다.

30 Andrei Hagiu, Work 3.0: Redefining Jobs and Companies in the Uber Age(노동 3.0: 우버 시대에서 직업과 회사의 정의를 새로하기), Harv. Bus. Sch. (Sept. 29, 2015), http://hbswk.hbs.edu/item/work-3-0-redefining-jobs-and-companies-in-the-uber-age; Andrei Hagiu and Rob Biederman, Companies Need an Option Between Contractor and Employee(회사는 계약자와 피용인 사이에서 선택하여야 한다.), Harv. Bus. Sch. (Aug. 21, 2015), https://hbr.org/2015/08/companies-need-an-option-between-contractor-and-employee. See S. D. Harris and A. B. Krueger, A Proposal for Modernizing Labor Laws for Twenty-First Century Work: The "Independent Worker"(21세기 노동에 관한 노동법의 현대화를 위한 제안: 독립노동자) (2015).

31 Joan T. A. Gabel and Nancy R. Mansfield, The Information Revolution and its Impact on the Employment Relationship: An Analysis of the Cyberspace Workplace(정보혁명과 고용관계에 대한 영향: 사이버 노동현장에 대한 분석), 40 Am. Bus. L J. 304 (2003).

32 Eva Grosheide and Mark Barenberg, Minimum Fees for the Self-Employed: A European Response to the "Uber-ized" Economy?(자기고용자의 최저수수료: 우버식 경제에 대한 유럽의 대응책인가?) 22 Colum. J. Eur. L. 193 (2016).

33 Robert Sprague, Worker (Mis)Classification in the Sharing Economy: Square Pegs Trying to Fit in Round Holes(공유경제의 근로자에 대한 (오)분류: 둥근 구멍에 사각형 쐐기를 억지로 맞추어 넣기), 31 A.B.A. J. Lab. & Emp. L. 1, 16 (2015).

34 Cotter et al. v. Lyft Inc., No. 13-cv-04065-VC (Nd. Cal. 2015).

35 Prassl and Risak, supra note 27 at 288-90; De Stefano, supra note 13 at 18-21.

36 Kovács, supra note 5.

37 See Nicola Countouris, The Concept of "Worker" in European Labour Law: Fragmentation, Autonomy and Scope(유럽 노동법의 "근로자" 개념: 파편화, 자율성 및 범위), 47 Indus. L.J. 192 (2018). 이 글은 특히 다음의 기념비적인 판결들을 인용하고 있다. Allonby (CJEU, Jan. 13, 2004, case C-256/01, ECLI:EU:C:2004:18), O'Brien (CJEU, Mar. 1, 2012, case C-393/10, ECLI:EU:C:2012:110), Betriebsrat der Ruhrlandklinik (CJEU, Nov. 17, 2016, case C-216/15, ECLI:EU:C:2016:883).

중간적 지위를 '경제적으로 의존적인 노동'[38] 혹은 '의존적인 자기고용 노동'[39]이라고 불러 왔다. 이러한 명칭은 ILO[40] 혹은 OECD[41]와 같은 국제기관 다수가 제시한 여러 권고와 정책 제안을 수용하기 위한 시도 과정에서 자주 사용된다. 현대의 노동시장과 인적자원 관리 실무에서 점점 더 다양하고 복잡한 노동형태가 나타나고 있는 상황인지라, 이러한 중간적 범주에 속하는 고용 및 노동관계의 다양성으로 인하여[42] 역설적이게도 새로이 나타나는 노동형태를 법적으로 규정하는 작업이 더 어려워지게 되었다.[43]

놀라울 것도 없이, '법원이 주문형 경제의 노동자를 피용인과 독립계약자 중 어느 것으로 판단할 것인지에 대한 명백한 합의는 도출되지 않았고 그러한 지위를 판별하는 법적 척도가 대체적으로 유동적이며 과거의 선례에 의존하고 또한 대체로 불확정이다'라는 인식이 나타나고 있다.[44] 곧 살펴보겠지만, 유럽연합 반차별법은 이러한 일반적 추세의 예외가 아니다. 다만 고용·자기고용·직업에 대한 접근권 보장 요건과 관련하여 인적 적용범위가 문면상으로 더 넓기는 하다.[45]

II. 시장규제와 기본원리 사이에 놓인 유럽연합 평등대우법과 반차별법

유럽연합 평등대우법은 다양하고도 복잡한데, 1957년 로마조약 체결 및 유럽경제공동체의 설립 시로 거슬러 올라간다. 유럽연합의 사회적 입법은 다양한 측면이 있는데, 일관된 규제수단과 원리를 기준으로 하여 이를 단 몇 개로 구분하여 보자면, 유럽연합 평등법은 뚜렷이 구분되는 3개의 차원에서 공유경제 노동에 대한 규제와 상호작용할 수 있다고 볼 수 있을 것이다. 그 3개의 차

---

38 EU Commission, Green Paper Modernising Labour Law to Meet the Challenges of the 21st Century(21세기의 도전을 받아들이기 위한 노동법의 현대화 제안서) 5-6 (2006), w ww.europarl.europa.eu/meetdocs/2004_2009/.../com_com(2006)0708_en.pdf.

39 EU Commission, Employment and Social Developments in Europe 2015(2015년도 유럽의 고용과 사회 발전) 86 (2016).

40 ILO, Non-Standard Forms of Employment(고용의 비정규적 유형) 14-15 (2015), www.ilo.org/wcmsp5/groups/public/@ed_protect/@protrav/@travail/documents/meetingdocument/wcms_336934.pdf.

41 OECD, OECD Employment Outlook 2014(2014년 OECD 고용 전망), 153 (2014), www.oecd.org/els/employment-outlook-previouseditions.htm.

42 EU Parliament, Social Protection Rights of Economically Dependent Self-Employed Workers(경제적으로 의존적인 자기고용 노동자의 사회보장권) 8 (2013), adapt.it/professionioggi/docs/Economically_dependent_selfemployment.pdf

43 전체적인 비교개관은 다음 글을 참조하라. Nicola Countouris, The Changing Law of the Employment Relationship(변화하는 고용관계법) (2007) 특히 독일의 노동자 개념에 관하여는 다음의 글들을 보라. Wolfgang Däubler, Working People in Germany(독일의 노동자), 21 Comp. Lab. L & Pol'y J. 77 (1999); Armin Hoeland, A Comparative Study of the Impact of Electronic Technology on Workplace Disputes: National Report on Germany(노동현장 분쟁에 전자기술이 미치는 영향에 대한 비교법적 연구: 독일의 국가 보고서), 24 Comp. Lab. L. & Pol'y J. 147 (2005). 오스트리아의 준종속(자유서비스 제공자) 개념에 대하여는 다음의 글을 보라. Stefanie Watzinger, Der Freie Dienstvertrag im Arbeits/und Sozialrecht(노동법과 사회법에서의 자유서비스 계약) (2016).

44 Miriam A. Cherry, Beyond Misclassification: The Digital Transformation of Work(오분류를 넘어서: 노동의 디지털적 변환), 37 Comp. Lab. L. & Pol'y J. 577 (2016) at 18.

45 Cf. Article 3(1)(a) of Council Directive 2000/43/EC of 29 June 2000 implementing the principle of equal treatment between persons irrespective of racial or ethnic origin.

원이란 시장자유의 기본원리, 사회권적 측면, 기본적 권리/원리의 측면을 말한다.

　오늘날까지 유럽연합은 자유무역지대로 남아 있는데, 더 정확히 말하면 관세동맹과 공통의 대외통상정책으로 움직이는 역내시장이라고 할 수 있다. 유럽연합에서 역내시장을 지배하는 기본적 규제원리는 '물품, 서비스, 자본 및 경제활동인이 원칙적으로 자유롭게 이동하도록 한다는 것'인데, 위 원리는 때로 '4대 자유'라고 불리기도 한다.[46] 일부 예외가 있기는 하지만 일반적으로 보면, 자유이동의 원칙은 연혁적으로 '유럽연합 회원국은 국내 물품 혹은 노동자에게 보장된 대우와 다른 회원국의 물품 혹은 노동자에게 보장된 대우에 있어서 차별을 해서는 안 된다'는 의무로 이어졌다. 최근 더 진보적이고 시장통합적인 '시장접근권' 원리가 단일시장을 규제하기 위한 지배적 원리로 나타나기는 했지만,[47] 반차별원칙은 여전히 유럽연합 시장을 규제하는 데에 중심적 도구로 남아 있다. '협업경제'에서 약정에 따라 제공되는 활동을 '서비스'로 파악한다면, 서비스 자유이동에 관한 유럽연합의 일반 규정 및 개별 규정이 여러 영역에 걸쳐 필연적으로 적용될 것이다.[48] 병행적인 시장규제기능으로서 유럽연합의 동등급여 원칙을 지적할 필요가 있는데, 동등급여 조항은 로마조약 제119조에 최초로 포함된 바 있다. 1970년대에 유럽연합사법법원(ECJ)이 지적한 바와 같이 위 조항의 경제적 목적은 '실제로 동등급여 원칙을 채택한 국가의 사업체가 급여에서 여성 차별을 제거하지 않은 국가의 사업체에 비하여 역내 경쟁에서 불이익을 받는 상황을 피하고자 하는 것'이었다.[49]

　유럽연합 평등대우 원칙의 두 번째 측면은 공유경제의 노동관계에 대한 규제를 다루는 노동법 및 평등법 변호사들에게 좀더 전통적인 분석 관점을 제공할 것이다. 유럽연합 반차별법은 1차 법원(조약에 기반한 것) 혹은 2차 법원(지침에 포함된 것)에 담겨 있는데, 이들은 이 규제영역을 '사회유럽'(Social Europe)의 핵심 측면으로 특징지우고 있다. 유럽연합 역내시장의 기능 과정에서 이러한 규정들은 경제적 목표와 사회적 목표라는 이중의 목표를 갖고 있다고 할 수 있다. 그런데 사법법원이 동등급여법에 관하여 제시한 판시 내용을 확장하여 보면, '해당 조항이 추구하는 경제적 목표는 사회적 목표에 대하여 2차적인 것'이라고 말할 수 있을 것이다.[50] 이러한 규정들은 동일노동 동일임금 규정 및 남녀임금차별 금지 규정[51]에서부터 인종 및 다른 보호요소에 기한 차별 금지 지침에

46　See C. Barnard, The Substantive Law of the EU: The Four Freedoms(유럽연합 실체법: 4대 자유) (2016).

47　See G. Davies, Between Market Access and Discrimination: Free Movement as a Right to Fair Conditions of Competition(시장접근권과 차별행위에 관하여: 공정한 경쟁조건 요구권으로서의 자유 이동), in Research Handbook on the Law of the EU's Internal Market 13 (P. Koutrakos and J. Snell eds., 2017).

48　Cf. European Commission, A European Agenda for the Collaborative Economy(협업경제를 위한 유럽연합의 안건), COM(2016)356 final, esp. 3-7.

49　Case 43/75, Defrenne v. Sabena, para. 9.

50　Case C-270/97, Deutsche Post AG v. Elisabeth Sievers, Para 57.

51　Directive 2006/54/EC of the European Parliament and of the Council of 5 July 2006 on the implementation of the principle of equal opportunities and equal treatment of men and women in matters of employment and occupation (recast), [2006] OJ L 204/23; Directive 2004/113/EC of 13 December 2004 implementing the principle of equal treatment between men and women in the access to and supply of goods and services, [2004] OJ L 373/37; Directive 2010/41/EU of 7 July 2010 on the application of the principle of equal treatment between men and women engaged in an activity in a self-employed capacity and repealing Council Directive 86/613/EEC, [2010] OJ L 180/1. 편의상 이

이르기까지 다양하다.[52][53] 이러한 지침의 인적 적용범위 및 내적 구조는 문서와 지침마다 다르다. 하지만 보장조항들이 고용상황을 포함하여 폭넓은 범위에서 적용되도록 할 목적으로 주요 반차별 지침들이 설계되었다고 보는 것이 타당하다. 예를 들어 지침 2006/54의 제14조, 지침 2000/43 및 지침 2000/78의 제3(1)조에 포함된 평등대우 조항의 인적 적용범위에 관하여 보건대, 위 각 조항의 적용범위는 다음과 같이 규정되어 있다. "(a) 고용, 자기고용 혹은 직업에 대한 접근조건에 적용되는데, 여기에는 선발기준 및 채용조건이 포함되고, 활동의 종류와 직업적 단계의 수준을 불문하며 승진도 포함된다." 이는 인적 적용범위가 넓다는 것을 뜻하는데, 이로써 고용 혹은 자기고용을 불문하고 공유경제의 노동자에게는 유리한 규정이 되었다고 할 수 있다.

　　세 번째로, 평등대우와 비차별 원칙들은 유럽연합법의 일반원리로 인정되어 왔는데, 유럽연합 사법법원은 성별, 나이 및 인종 차별 사건에서 위와 같은 성질을 누누이 밝혀 왔다.[54] 남녀평등 및 비차별 원칙은 유럽연합 인권협약 제21, 23조에서 물론 인정하고 있는데, 이로써 유럽연합법의 일반적 근본원칙으로서의 지위가 공고해졌다.[55] 이러한 지위는 비차별법의 법적 효과를 평가함에서는 매우 중요하다. 왜냐하면 비차별법은 다른 일반원칙과 마찬가지로 사인들 사이의 수평적 상황에서 적용될 수도 있고, 각국의 판사들이 국내법 규정을 적용할 때 평등지침에 일치되게 국내법을 해석하여야 하며, 그러한 해석이 불가능하고 다른 방법이 없다면 차별을 금지하는 일반원칙에 배치되는 국내법 규정의 적용을 거부하여야 하기 때문이다.[56]

III. 평등대우 원칙, 유럽연합 역내시장의 규제 및 공유경제

　　섹션 Ⅱ의 서두에서 본 바와 같이 시장 기반으로 비차별법을 파악하는 것은 공유경제에 관한 규제를 다루는 평등법 변호사에게는 약간 비전통적인 분석 관점을 제공하는 것일지도 모른다. 하지만 광의의 유럽연합 반차별법이 공유경제에 미치는 영향에 대한 균형잡히고 더 정확한 이해를 하기 위해서는 시장 기반 관점이 중요하다. 왜냐하면 공유경제의 경제활동자가 점점 더 서비스 제공자로 보이고(이 말은 맞을 것이다), 그리하여 유럽연합법의 서비스 규정 일반 및 각 분야의 서비스

　　하에서는 위 지침을 '수정지침', '상품과 서비스 지침', '자기고용 지침'이라고 부르기도 한다.

52　Council Directive 2000/43/EC of 29 June November 2000 implementing the principle of equal treatment between persons irrespective of racial or ethnic origin. [2000] OJ L 180/22.

53　Council Directive 2000/78/EC of 27 November 2000 establishing a general framework for equal treatment in employment and occupation [2000] OJ L 303/16. cf. E. Ellis and P. Watson, EU Anti-Discrimination Law(유럽연합 반차별법) (2012); N. Countouris and M. Freedland, The Personal Scope of the EU Sex Equality Directives(유럽연합 성평등 지침의 인적 적용범위) (2012).

54　E.g., Case C-144/04, Mangold v. Rüdiger Helm; Case C-236/09, Association belge des Consommateurs Test-Achats ASBL v. Conseil des ministres; Case C-555/07, Kücükdeveci v. Swedex GmbH & Co. KG; Case C-83/14, CHEZ Razpredelenie Bulgaria AD v. Komisia za zashtita ot diskriminatsia.

55　Cf. Takis Tridimas, The General Principles of EU Law(유럽연합법의 일반원칙) Ch. 2 (2nd ed, 2007).

56　Case C-441/14, Dansk Industri v. Estate of Karsten Eigil Rasmussen, para. 43.

규정이 적용되는 다양한 영역에 속하게 되기 때문이다. 공유경제의 개별 경제행위자에게 적용되는 규제의 성격은 그들이 실제로 수행하는 활동과 서비스의 성격에 따라 달라질 것이다. 어떤 행위는 서비스 지침 2006/123의 적용을 받을 것인데, 위 지침은 역내시장에 대한 상당한 정도의 진입을 허용하고 있다. 다만 위 지침은 몇몇 형태의 서비스를 적용범위에서 제외하고 있기는 하다.[57] 어떤 행위는 '일시적 노동 파견 서비스'에 해당된다고 보이고, 그렇게 되면 지침 2008/104(일시적 파견 노동자 지침)의 적용을 받게 되는데, 위 지침은 매우 엄격한 규정하에서 노동 파견을 허용한다.[58] 그러나 어떤 행위는 '정보사회 서비스'(information society services)에 해당되는 것으로 보이는데, 이에 해당되면 각 국가가 인허가 체제 혹은 면허 제도를 통하여 엄격하게 규제하려는 시도로부터 사실상 자유롭게 된다.

C-434/15 사건에서 슈푸나르 법무관이 제출한 의견서에 의하면 우버가 제공하는 핵심 서비스 활동은 '전통적인 운송서비스'의 제공에 해당되고, 그것을 승차공유 플랫폼으로 볼 수 없다고 한다.[59] 그리하여 슈푸나르 법무관은 우버를 전자상거래 지침 2000/13(이 지침은 정보사회 서비스가 수행하는 활동에 대하여는 최소한의 제한만을 허용한다)의 적용 밖에 두고 오히려 유럽연합기능조약(TFEU) 제91조의 적용대상이라고 본다. 그렇게 되면 비거주 운송사업자는 운송 서비스를 회원국에서 수행하기 위한 여러 조건을 충족하여야 하는데, 이 사건에서는 각 국가가 요구하는 도시운송 면허 및 인허가를 받아야 한다.

특정 디지털 플랫폼이 유럽연합 서비스 규정의 어떤 영역에 속한다고 보느냐는 디지털 서비스 제공자와 노동 및 서비스 제공자 사이의 법적 관계를 파악하는 데에도 중요하고, 사회법 및 노동법(노동자에 대한 차별금지법 포함)의 여러 영역에서 플랫폼 소유자에 대한 현실적 의무를 확정하는 데에도 중요하다. 다시 한번 슈푸나르 법무관은 Uber Systems Spain SL 사건에서 귀중한 시사점을 제공하는데, 그에 의하면 우버는 우버가 제공하는 운송서비스의 여러 측면을 광범위하게 통제한다고 한다. 즉 우버는 서비스 가격을 통제하고, 평가시스템으로 운전자의 행위를 통제하고, 마지막으로는 플랫폼에서 운전자를 배제할 수도 있다.[60] 슈푸나르 법무관은 위와 같은 이유가 있다고 하여 우리가 성급하게 우버 운전자가 반드시 피용인에 해당된다고 간주해서는 안 된다고 경고한다. 회사가 회사를 위한 하청업자로서 독립거래자를 고용하여 서비스를 제공할 수도 있다고 그는 주장한다.[61] 그러나 슈푸나르 법무관은 '우버의 간접적 통제 방식은 고용자가 피용인에게 공식적 명령을 하달하고 그러한 명령의 수행을 직접 통제하는 경영 방식에 버금갈 정도로 ─그보다 더하지는 않더라도─ 효과적일 수 있다'는 점을 명백히 한다.[62]

---

57 제2조는 운송 서비스와 일시적 노동 파견과 같은 경우를 제외하고 있다.
58 Cf. Ratti, supra note 15.
59 AG Szpunar Opinion in Case C-434/15, Asociación Profesional Elite Taxi v. Uber Systems Spain SL, para. 42.
60 Id. at para 51.
61 Id. at para 54.
62 Id. at para 52.

따라서 공유경제의 경제행위자는 어떤 특정 서비스의 제공자로 파악되기 쉬우므로 (제공하는 서비스의 종류에 따라 정도가 다르겠지만) 시장접근 등에 대한 제한을 적용받지 않게 될 것이다. 하지만 그러한 제한요건이 차별적이지 않고, 명백하게 적시된 공공이익을 달성하는 데에 필수적이며, 그 이익 달성에 비례적이라면 적용이 가능할 것이다.[63] 하지만 그들이 인적 노동 제공자들 및 서비스 제공자들과 거래하거나 조정하는 과정에서 맺은 계약관계가 더욱 엄밀한 심사의 대상이 되어서, 그것들이 고용 혹은 자기고용의 영역에 속하는지 여부의 판단을 받고, 그리하여 반차별법의 적용대상이 되는지 여부(이 점은 곧 검토하고자 한다)를 판단받게 될 수도 있다.

IV. 유럽연합 반차별법과 공유경제

위에서 본 바와 같이 적어도 조문상으로는 유럽연합 반차별법이 원칙적으로 여러 관계에 폭넓게 적용되어서 어떤 경우에는 자기고용관계에 적용되기도 하여, 고용계약의 존재가 항상 요구되는 것은 아니기도 하다.[64] 하지만 유럽연합사법법원이 반차별법의 기능과 작용에 대하여 독특한 사법적 이해를 하는 바람에 많은 장애물이 대두되고 있다. 특히 다음과 같은 점에 관한 법원의 입장이 문제이다. 차별적 대우를 입증하는 데에 적정한 비교대상을 특정하는 문제, 고용주체의 구조가 복잡하다는 점(그리하여 차별대우의 단일 원천을 특정하기 어렵다), 차별사건의 개별 청구인이 통계적 데이터를 확보하기가 실질적으로 어렵다는 점 등이다. 위 상황들을 이 섹션에서 다루고자 한다.

유럽연합 평등 및 반차별법에 관한 한 적정한 비교대상을 특정하는 것은 매우 중요한 문제이다. 대체적으로 '비교대상'이란 '청구인과 비슷한 상황에 있는데 보호근거가 되는 차별사유 중 하나를 이유로 하여 청구인과 다르게 더욱 혜택을 받는 자'로 정의된다. 유럽연합법에서는 일부 지침들이 현실의 비교대상을 요구하는데, 이의 충족이 쉽지 않음은 분명하다. 어떤 지침은 잠재적 비교대상을 넓게 인정하는데, 이에 의하면 해당 사업체가 직접적 고용을 하여 같은 일을 시킬 때 적용되는 그러한 조건들을 법해석자가 고려할 것이 요구된다.[65] 노동관계가 매우 특수하여 사실상 독특하고 유일하다고 할 정도의 고용조건하에서 노동자가 고용될 때 비교대상을 정하는 일은 특히 어렵게 된다. Wippel 사건은 그 의미에서 대표적인 사례이다. 여성 청구인은 주단위 노동시간도 정하지 않고 어떤 근로시간도 정해지지 않은 형태의 계약으로 고용되었는데 그녀는 일을 할 수도 있고 거부할 수도 있는 선택권을 가졌다(사실 의무근로시간이 0인 계약이었다). 그리하여 그녀는 전속 노동자와의 구별을 거부당하였는데, 그 이유는 동일한 근무처에 어떤 전속 노동자도 같

---

63 Cf. European Commission supra note 48, at 3-4.
64 CJEU, Jan. 13, 2004, C-256/01, Allonby, ECLI:EU:C:2004:18, at 71.
65 Article 5, Dir. 2008/104. See Gavin Barret, Shall I Compare Thee To ...?(당신의 비교대상은?) On Article 141 EC and Lawrence, 35 Indus. L.J. 93 (2006).

은 형태의 계약 혹은 고용관계를 갖고 있지 않았기 때문이다.[66] 이러한 현상은 공유경제 노동자에게 주요한 장애물로 나타나기 쉽다. 왜냐하면 작업, 직업무, 승차의 공급을 규율하는 계약조건(우버의 '역동적 가격 모델'을 생각해 보라)과 관련하여 장차 업무의 파편화 및 다양성이 증가될 가능성이 있기 때문에 바로 그렇다. 이것은 또한 유럽연합사법법원이 협소하게 파악한 비교대상 개념의 주요 모순점과 부당성을 전면에 드러내 준다. 청구인과 비교대상 사이에 광범위한 유사성이 있기를 요구하는 것은 완전히 엉터리라고 할 수는 없어도 비논리적이라는 것이다. 왜냐하면 그렇게 요구한다면 반차별법의 주요 목적 중 하나인 '계약조건상 차별적 구별 금지'의 달성이 보통 불가능해지기 때문이다.

이는 반차별법 청구를 추구하는 데에 두 번째 어려움으로 이어진다. 잠재적 비교대상의 존재를 평가함에 있어서, 유럽연합사법법원은 '동일노동 혹은 동일가치의 노동을 수행한 노동자의 임금조건에 존재하는 차이가 단일 원천(single source)으로 귀속되지 않는다면, 불평등에 대하여 책임을 지고 평등대우를 회복할 주체가 없다'라고 판시함으로써[67] 차별의 단일 원천이 존재할 것을 반복하여 요구하여 왔다. Lawrence 사건 및 Allonby 사건 등에서 유럽연합사법법원이 이렇게 제한적으로 해석을 함으로써 군집노동자 및 온라인 앱을 통한 주문형 노동자에게는 특히 어려운 장애물이 나타나게 되었다. 그러나 우리는 위와 같은 사건들에서 온라인 플랫폼(및 그 소유자가)이 차별의 원천(source)으로 파악되어야 한다고 감히 주장한다. 알고리즘에 의하여 사용된 데이터와 그 설정을 관리하는 자는 실제로 플랫폼이기 때문이다. 중간자로 활동하는 인력송출 업체와는 다르게 공유경제에서는 플랫폼 자체가 개인이 제공하는 서비스의 조건을 일방적으로 결정한다. 따라서 플랫폼의 위치에 있는 자를 유럽연합사법법원이 사용하는 의미의 단일 원천으로 파악하는 것이 가능하다고 보아야 한다.[68]

그러나 마지막 문제는 조약 및 관련 지침에 의하여 부여된 권리를 실현가능한 것으로 만들 구체적 필요성에서 발생한다. 유럽연합 반차별법은 차별을 받았다고 주장하는 개인에게 고용자가 올바르게 그리고 중립적으로 행동했는지 여부를 알려 주는 모든 정보에 대한 접근권을 주지 않는다. Meister 판결에서 지적된 바와 같이, 예를 들어 선발과정, 고용조건 혹은 다른 데이터에 관한 정보의 제공을 거부하는 행위가 있는 경우 판사가 이를 고려하여 차별이 추론되는 사실관계가 존재한다고 판단할 수 있다.[69] 이를 보면 유럽연합법이 입증책임에 관하여 회원국이 제공하는 규칙을 수정하지 않았음을 알 수 있는데, 회원국의 입증책임규칙에 의하면 청구원인이 되는 주요 사실의 입증책임은 보통 청구인에게 있다.[70] 플랫폼이 스스로 보유하고 처리한 방대한 데이터의 사용

---

66 Case C-313/02, Wippel, para. 59-61.

67 CJEU, Jan. 13, 2004, C-256/01, Allonby EU:C:2004:18, at 46, citing CJEU, C-320/00 Lawrence and Others EU:C:2002:498, at 18.

68 Miriam Kullmann, Platform Work, Gender Equality, and Algorithmic Pay Differences(플랫폼 노동, 성평등, 알고리즘에 의한 급여 차이), paper presented at the LLRN3 toronto Conference, June 2017, manuscript.

69 CJEU, 19 April 2012, C-415/10, Meister ECLI:EU:C:2012:217.

70 Id.

을 허용하지 않으려고 하더라도 청구인이 절차 진행을 하는 데에 장애가 되지 않으므로 위 사실을 보면 플랫폼과 개인 사이의 비대칭성 문제가 해결된 것처럼 보이기는 하나, 실제로 플랫폼에게 관련 데이터를 공유하도록 의무를 부과한 것은 전혀 아니며, 그리하여 청구인이 청구원인을 구성하는 데에 필요한 정보 및 일단 차별이 추론되는 경우 본안승소에 필요한 정보에 각 접근할 가능성을 플랫폼이 저지할 수 있다.[71]

결론

유럽연합 반차별법은 유럽연합 사회법 및 고용법의 왕관에 박힌 보석이라고 칭송된다. 그 발전 과정에서 규칙의 실효성과 실현가능성이라는 중추적 역할을 강조함으로써 형식적 평등에서 좀 더 실질적 형태의 평등으로 진화하여 왔다고 설명된다. 이와 같은 진화 궤적의 더 나아간 단계는 프레드먼(Fredman)이 말하는 획기적 평등(transformative equality)일 것이다. 획기적 평등이라는 개념은 차별법의 인적 적용범위에 피용인 혹은 위장 피용인을 포함시킬 뿐만 아니라 보통 노동법에서 보호를 받지 않는 일시적 · 비표준적 노동자도 포함시키기도 한다.[72] 유럽연합사법법원은 위와 같은 상황에서 보호를 제공한 것을 자랑스럽게 옹호하여 왔는데, 예를 들자면 임신 노동자의 권리에 대한 획기적 법리확립을 언급해 왔다.[73]

그러나 앞 섹션에서 지적한 바와 같이 여러 결함이 유럽연합 반차별법의 구조에 영향을 미치고 있다. 위와 같은 결함을 방치해 두면 온라인 플랫폼에서 서비스를 제공하는 노동자들에게 크게 불리한 영향을 미칠 수 있다. 이는 군집노동약정에 따라서 일하는 경우나, 주문형 작업에 종사하는 경우나 마찬가지이다. 이러한 약정의 강력한 특성은 노동 제공자, 이용자, 중간적 주체 사이의 관계를 '특히 파편화되고 분열된 상태(중립적인 표현이라고 할 수 있다.)'로 구성하는 것이다. 아웃소싱과 하청 절차의 특징이라고 할 수 있는 파편화를 더욱 증가시킬 것으로 보이는 디지털 플랫폼들이 난무함으로써 이러한 효과가 생산된다. 명백한 사실을 말하자면 장기간 프로젝트 혹은 장래 업무의 상호 간 제공보다는 작업 · 승차 · 긱업무를 강조함으로써 플랫폼은 노동의 관계적 측면을 파편화하고, 고용관계의 성립을 무산시킨다(심지어 간헐적이고 비지속적인 고용관계의 성립도 무산시킨다). 이러한 플랫폼은 노동자 집단도 파편화함으로써 적절한 실제 비교대상의 파악을 극도로 어렵게 하고, 동시에 고용 주체의 기능과 책임도 파편화함으로써 결과적으로 차별적 취급의 다중 원천

---

71 Kullmann, supra note 68. Meister의 청구가 회부법원(referring court)에 의하여 기각되었음을 주목하라. See L. Farkas and O. O'Farrell, Reversion of the Burden of Proof – Practical Dilemmas at the European and National Level(입증책임의 전환– 유럽연합 및 각 국가 차원에서의 현실적 딜레마) 29 (2015).

72 Sandra Fredman, Pasts and Futures: EU Equality Law(과거와 미래: 유럽연합평등법), in Research Handbook on EU Labour Law 391 (Alan Bogg, Cathryn Costello, and A. C. L. Davies eds., 2017).

73 CJEU, Nov. 11, 2011, C-232/09, Danosa v. LKB Lizings SIA ECLI:EU:C:2010:674.

을 만들어 내어 단일 원천 요건의 충족을 어렵게 한다. 유럽연합 반차별법의 구조 체계는 노사 이격(distancing)과 아웃소싱이라는 전통적 형태의 문제로 이미 고군분투하고 있다고 볼 수 있다. 그런데 공유경제에서 새로운 형태의 노동의 대두와 함께 뚜렷하게 드러나는 복잡성으로 인하여 유럽연합 평등법의 구조적 약점이 더욱 악화될 여지가 있다.

찾아보기

책임번역자 겸 감수자 소개

박덕희 변호사
전남대학교 법학과 졸업
제10회 군법무관임용시험 합격
공군 법무관 근무
제41회 사법시험 합격(사법연수원 31기 수료)
서울동부지방법원, 서울중앙지방법원, 광주지방법원 판사 역임
University of Washington School of Law Visiting Scholar
블록체인법학회 회원(현)
법무법인 에이프로 변호사(현)

이정엽 부장판사
서울대학교 철학과 졸업
제41회 사법시험 합격(사법연수원 31기 수료)
서울북부지방법원, 서울중앙지방법원, 광주지방법원, 대전지방법원 등 판사 역임
한국의료분쟁조정중재원 비상임조정위원 역임
한국인공지능법학회 부회장 역임
블록체인법학회 회장(현)
의정부지방법원 부장판사(현)

김원순 변호사
UC Berkeley 경제학과 최우등 졸업
서울대학교 법학전문대학원 졸업
제8회 변호사시험 합격
서울대학교 대학원 박사 과정(상법 전공) 재학
자본시장연구회 간사(현)
블록체인법학회 회원(현)
법무법인(유한) 지평 변호사(현)

케임브리지 핸드북: 공유경제와 법률

초판발행	2021년 1월 12일
엮은이	Nestor M. Davidson, Michèle Finck, John J. Infranca
옮긴이	블록체인법학회 번역팀(책임번역 및 감수: 박덕희·이정엽·김원순)
펴낸이	안종만·안상준
편 집	이면희
기획/마케팅	장규식
디자인	BEN STORY
제 작	고철민·조영환
펴낸곳	(주) **박영사**
	서울특별시 금천구 가산디지털2로 53, 210호(가산동, 한라시그마밸리)
	등록 1959.3.11. 제300-1959-1호(倫)
전 화	02)733-6771
f a x	02)736-4818
e-mail	pys@pybook.co.kr
homepage	www.pybook.co.kr
ISBN	979-11-303-3677-0 93360

* 파본은 구입하신 곳에서 교환해 드립니다. 본서의 무단복제행위를 금합니다.
* 역자와 협의하여 인지첩부를 생략합니다.

정 가 33,000원